Wichtige Hinweise an alle Leser:
Dieses Werk soll allen Steuerzahlern helfen, ihre Abgabenlast in dem unvermeidbaren, von den Steuergesetzen abgesteckten Rahmen zu halten. Zu diesem Zweck wurde die vorliegende Ausgabe wieder sorgfältig bearbeitet und an die aktuellen Änderungen angepasst. Berücksichtigt wurde das Einkommensteuergesetz 2014. Ferner wurden Schreiben des Bundesministeriums der Finanzen, die Rechtsprechung des Bundesfinanzhofs und der Finanzgerichte nach dem Stand bis zum 31.5.2014 einbezogen.
Die Tricks und Tipps sind durch eine Vielzahl von Quellenhinweisen belegt, vorzugsweise wird dabei auf Veröffentlichungen im »Bundessteuerblatt« und in den »Entscheidungen der Finanzgerichte« verwiesen. Gleichwohl kann eine Garantie für die Ratschläge nicht übernommen werden, zumal es in der Natur der Sache liegt, dass sich nach einiger Zeit Widerstand des Fiskus regt, wenn er seine Felle davonschwimmen sieht. Eine Haftung des Autors oder des Verlags ist ausgeschlossen.

Tipps, die auch Gewerbetreibenden und selbständig Tätigen helfen können, sind durch ein **S** besonders gekennzeichnet.

Steuersparende Hinweise zum geschickten Ausfüllen der Formulare für die Steuererklärung 2014 gibt ***KONZ – Das Arbeitsbuch zur Steuererklärung*** (Knaur TB).

»Aber der Staat lügt in allen Zungen des Guten und Bösen; und was er auch redet, er lügt – und was er auch hat, gestohlen hat er's. Ach, auch in euch, ihr großen Seelen, raunt er seine düsteren Lügen!«

Friedrich Nietzsche

Über den Autor:
Kaum hat der Fiskus wieder eine von Franz Konz aufgetane Lücke in seinem dichten Steuernetz geschlossen, schon hat Franz Konz für seine Leser wieder neue Tricks ausgetüftelt, mit denen er Finanzämter und Finanzgerichte seit fast 30 Jahren zur Verzweiflung treibt. Wie es einmal ein Leser seiner über 7 Millionen großen Anhängerschar formuliert hat: **»Franz Konz ist der einzige Fachbuchautor, bei dem man bis ins Innerste spürt, dass er seinen Lesern unbedingt helfen und beistehen will. Was er uns jedes Jahr aufs Neue beweist.«**
Franz Konz war Steuerinspektor, Steuerberater und Revisor bei Wirtschaftsprüfungsgesellschaften und Verbänden, als solcher bestens vertraut mit allen Steuerfragen.

Franz Konz

KONZ
2015

1000 ganz legale Steuertricks

Der erfolgreichste Steuerratgeber Deutschlands
im 31. Jahr

KNAUR

Dieses Werk entspricht dem ehemaligen *Großen Konz*.

Besuchen Sie uns im Internet:
www.knaur.de

Völlig überarbeitete Neuausgabe 2015 für das Jahr 2014
und die zurückliegende Steuererklärung

Umschlaggestaltung: fpm factor product münchen
Satz: Vornehm Mediengestaltung GmbH, München
Druck und Bindung: CPI books GmbH, Leck

ISBN 978-3-426-78707-6

5 4 3 2 1

Vorwort

Liebe Leserinnen und Leser,

»Alle Jahre wieder« könnte man sagen. Er geht wieder los, der Kampf um die Steuergroschen.

Bislang hat die Große Koalition zumindest bei der Steuer nichts wirklich Großes angestoßen. Ganz im Gegenteil. Bringt man es mit einem Vergleich auf den Punkt, dann sind bei der Steuergesetzgebung zurzeit nicht die besten Handwerker am Ball. In den meisten Steuergesetzen, die aktuell auf den Weg gebracht werden, müssen »redaktionelle Anpassungen« in ganz großem Umfang erfolgen. Im Klartext: Es werden handwerkliche Fehler korrigiert. Bei so viel Pfusch darf man sich nicht wundern, wenn für den Steuerzahler selbst nicht viel Vernünftiges herauskommt.

Wo bleibt denn die seit Ewigkeiten immer wieder versprochene Steuervereinfachung? So wirklich ernsthaft glaubt niemand mehr, dass es da irgendwann zu nennenswerten Versuchen kommt.

Und wo bleibt die Steuersenkung? Wie großspurig war die Rede vom Abbau der kalten Progression! Das Einzige, was davon übrig geblieben ist, war der kalte Regen, in dem man uns Steuerzahler wieder einmal hat stehen lassen. Wenn der Fiskus schon in Zeiten hoher Steuereinnahmen seinen Bürgern keinen roten Heller davon abtritt, dann graut mir vor den Zeiten, in denen die Steuerquellen einmal nicht mehr so ergiebig sprudeln werden.

Also bleibt uns allen bei der Steuer nur die Devise »Hilf dir selbst, dann hilft dir Gott«.

Damit Sie das auch erfolgreich umsetzen können, versuche ich mit diesem Buch für Sie wieder etwas Licht in den Steuerdschungel zu bringen.

Viel Spaß beim Lesen und viel Erfolg beim Steuern sparen

wünscht Ihr

Franz Konz

Steuervorschau und wichtige Nachrichten vorab

Bei Redaktionsschluss war noch das sog. Steuervereinfachungsgesetz in der Gesetzgebungspipeline. Wer allerdings den großen Wurf erwartet, wird wieder einmal bitter enttäuscht werden. Mit diesem zweiten Aufguss eines im Jahr 2013 im ersten Ansatz nicht verabschiedeten Gesetzes sollen lediglich einige wenige Regelungen neu gefasst werden. Bei manchen dieser Vorhaben kann man sich zudem fragen, wo denn die Steuervereinfachung steckt. Außerdem ist fraglich, ob sich für das Änderungspaket im Bundestag die erforderlichen Mehrheiten finden. Im Wesentlichen geht es dabei um folgende Gesetzesänderungsvorschläge:

Steuerfreie Arbeitgeberzuschüsse zu Kindergartenbeiträgen und Tagesmüttern
Bislang kann der Arbeitgeber die tatsächlich anfallenden Kindergartenbeiträge steuerfrei erstatten. Künftig soll die Steuerfreiheit auf nur noch $^2/_3$ der Kosten und höchstens 4.000 € pro Kind beschränkt werden. Als Betroffener bleiben Sie demnach für $^1/_3$ der Zahlungen Ihres Brötchengebers auf der Steuer und der Sozialversicherung hängen.
Allerdings will man in Zukunft zulassen, dass ein Teil Ihres Gehalts in Kindergartenzuschüsse umgewandelt wird. Derzeit muss der Arbeitgeber die Zuschüsse zusätzlich zu dem Lohn zahlen, den Sie ohnehin beziehen. Künftig können Sie in Höhe der Kindergartenbeiträge auf einen Teil Ihres laufenden Lohnes verzichten. Der Arbeitgeber zahlt dann im Gegenzug diesen Teil des Lohns unter der Überschrift »Arbeitgeberzuschuss zu den Kinderbetreuungskosten« aus. Der Vorteil für Sie besteht darin, dass Sie für $^2/_3$ des Zuschusses keine Steuern bezahlen. Ist die Kindergartenzeit des Kindes zu Ende, endet auch die Umwandlung und Sie bekommen wieder Ihr altes Gehalt in voller Höhe gezahlt. Wird das so umgesetzt, können diesen Steuervorteil viele Eltern nutzen, die bisher in die Röhre geschaut haben, weil es dem Arbeitgeber zu teuer war, die Zuschüsse über normalen Lohn hinaus zu zahlen.

Absenkung der Steuerfreiheit für Gutscheine
Dank der sog. Bagatellgrenze für kleinere Sachleistungen des Arbeitgebers können Sie von Ihrem Arbeitgeber z. B. jeden Monat steuerfrei einen Tankgutschein von bis zu 44 € einstreichen. Diese wunderbare Motivationsspritze für die Mitarbeiter war dem Fiskus aber seit jeher ein Dorn im Auge. Jetzt versucht man den Steuerzahlern den Spaß zu vermiesen, indem man die Steuerfreiheit auf lächerliche 20 € senkt.

Steuervorschau und wichtige Nachrichten vorab

Arbeitnehmerpauschbetrag
Der Arbeitnehmer- bzw. Werbungskostenpauschbetrag soll von aktuell 1.000 € auf 1.130 € angehoben werden.

Arbeitszimmer
Auch wenn der Werbungskostenabzug für das Arbeitszimmer auf 1.250 € im Jahr begrenzt war, mussten Sie bisher jeden Euro an Kosten für das Arbeitszimmer nachweisen und mühselig belegen. Künftig sollen Sie z.B. als Lehrer oder anderer Arbeitnehmer, dem kein Arbeitsplatz im Betrieb zur Verfügung steht, die Kosten ohne Nachweis pauschal mit 100 € monatlich absetzen können. Der maximale Pauschalbetrag im Jahr beträgt damit zwar etwas weniger als die bisherige Grenze von 1.250 €, dafür sparen Sie bei Ihrer Steuererklärung eine ganze Menge Arbeit, weil sie keine Belege mehr sammeln, zusammenstellen und einreichen müssen.

Abzug von Pflegeheimkosten
Künftig kann nur noch der Teil der Kosten für die Unterbringung in einem Heim als außergewöhnliche Belastungen abgezogen werden, der nachweislich auf die reinen Pflegeleistungen entfällt. Der Anteil für Unterkunft und Verpflegung kann nicht mehr pauschal herausgerechnet werden. Sie müssen dem Finanzamt vielmehr eine haarklein aufgeschlüsselte Rechnung des Heims vorlegen, in der bis auf den letzten Cent genau die Pflegekosten von den übrigen Heimkosten abgerechnet werden. Ja hallo, wo ist denn da bitteschön die Steuervereinfachung???
Ausnahmsweise können Sie die Kosten für die Unterkunft **weiterhin** als außergewöhnliche Belastung abziehen, wenn es sich bei der Heimunterbringung um eine Kurzzeitpflege von maximal 6 Monaten handelt.

Unterhalt an Angehörige im Ausland
Wohnt die von Ihnen unterstützte Person nicht in Deutschland oder in der EU, werden massive Hürden für den Abzug des Unterhaltsfreibetrags aufgebaut. Sie müssen zunächst einmal durch ein Gerichtsurteil oder einen Bescheid der für Unterhaltsangelegenheiten zuständigen Stelle des Heimatstaats nachweisen, dass Sie gesetzlich zur Unterhaltszahlung an die Angehörigen im Ausland verpflichtet sind.
Außerdem können Sie nur noch solche Unterstützungen absetzen, die Sie per Überweisung von Ihrem Konto auf ein Konto auf den Namen des unterstützten Angehörigen im Heimatland zahlen. Barzahlungen sind damit auch im Zusammenhang mit Besuchsfahrten nicht mehr möglich.

Steuervorschau und wichtige Nachrichten vorab

Anhebung der Behindertenpauschbeträge
Die Pauschbeträge für behinderte Menschen sollen endlich angepasst werden. Die geplanten Beträge liegen abhängig vom Grad der Behinderung (GdB, in %) bei

30 % → 400 €
40 % → 560 €
50 % → 740 €
60 % → 940 €
70 % → 1.250 €
80 % → 1.590 €
90 % → 1.850 €
100 % → 2.130 €
Merkzeichen H, BL → 5.550 €

Handwerkerleistungen
Für die Steuerermäßigung bei Handwerkerleistungen soll ein Sockelbetrag von 300 € eingeführt werden, bis zu dem es keine Steuerermäßigung mehr geben soll. Im Ergebnis fallen also die ersten Rechnungen bis zu insgesamt 300 € steuerlich unter den Tisch.

Gesetz zur Einschränkung der Steuerhinterziehung
Mit einem Gesetz zur Änderung der Abgabenordnung soll die Steuerhinterziehung konsequent bekämpft werden. Dazu werden vor allem die Konditionen, unter denen man einer Bestrafung durch eine Selbstanzeige entgehen kann, neu gefasst. Im Einzelnen soll

- die Verjährung für nicht erklärte Zinsen aus ausländischen Kapitalanlagen verlängert werden,
- die Zahl der Gründe, wegen der eine Selbstanzeige nicht mehr als rechtzeitig gilt und damit nicht wirksam ist, deutlich ausgeweitet werden,
- geregelt werden, dass für eine wirksame Selbstanzeige nicht nur die hinterzogenen Steuern unverzüglich nachentrichtet werden, sondern auch die darauf entfallenden Hinterziehungs- und Nachzahlungszinsen,
- die strafrechtliche Verjährung in allen Fällen der Steuerhinterziehung 10 Jahre beträgt und nicht mehr wie bisher teilweise nur 5 Jahre,
- der Zuschlag, der zusätzlich zur Steuer zu zahlen ist, um bei Hinterziehungsbeträgen über 50.000 € hinaus ausnahmsweise der Strafverfolgung zu entgehen, je nach Höhe der hinterzogenen Beträge von bisher 5 % auf bis zu 20 % angehoben werden.

Inhalt

Die mit **S** markierten Textpassagen gelten auch für Selbständige **Seite**

I. Allgemeine Steuertipps ... 17

S 1. Steuervergünstigungen ... 17

S 2. Die Jahres-(Abschnitts-)Besteuerung, die Einkommensteuerprogression und das Existenzminimum ... 18

S 3. Wie hoch ist meine Steuerersparnis? ... 19

S 4. Steuerbelastungstabellen ... 20

5. Arbeitnehmersparzulagen – Bausparbeiträge – Wohn-Riester ... 22

II. Lohn – Gehalt steuerfrei oder steuerpflichtig!? ... 37

1. Wie vermeide ich steuerpflichtigen Lohn? ... 37
2. Abfindungen aus dem Dienstverhältnis ... 84
3. Reisekostenersatz ... 86
4. Fahrten zwischen Wohnung und Arbeitsstätte – Fahrgelder ... 86
5. Firmenwagen ... 92
6. Zuschläge für Sonntags-, Feiertags- und Nachtarbeit ... 109
7. Pauschalierung der Lohnsteuer ... 115
   a) Allgemeiner Überblick ... 115
   b) Möglichkeiten zur Pauschalierung der Lohnsteuer ... 116
   c) Kirchensteuer bei Pauschalierung der Lohnsteuer ... 120
   d) Solidaritätszuschlag bei Pauschalierung der Lohnsteuer ... 121
8. Altersversorgung ... 130
9. Die Riester-Förderung ... 140

III. Berufliche Kosten der Arbeitnehmer ... 143

1. Werbungskosten – Ihre Berufskosten ... 143
2. Reisekosten ... 144
3. Als Reisekosten abzugsfähige Aufwendungen ... 145
   3.1 Erste Tätigkeitsstätte ... 146
   3.2 Verpflegungsmehraufwendungen ... 149
   3.3 Fahrtkosten bei Auswärtstätigkeiten ... 159
   3.4 Übernachtungskosten und Reisenebenkosten ... 170

4. Fahrten zwischen Wohnung und Arbeitsstätte 178
a) Die Entfernungspauschale 178
b) Autodiebstahl, Unfall oder Motorschaden 186
c) Gemeinsame Fahrten von Eheleuten 191
d) Fahrtkosten bei Einsatzwechseltätigkeit 191
e) Fahrgemeinschaften 194
f) Haben Sie mehr als eine Wohnung? 195
5. Häusliches Arbeitszimmer 197
a) Ganz oder gar nicht, so lautet die Devise 197
b) Die Abzugsbeschränkungen beim Arbeitszimmer 198
c) Wie prüft das Finanzamt, ob es bei Ihnen überhaupt ein Arbeitszimmer anerkennt? 213
d) Arbeitsmittel im häuslichen Arbeitszimmer 216
e) Was können Sie für Ihr Arbeitszimmer absetzen? 217
6. Das strittige Problem der Berufskleidung 223
S 7. Die Kosten für Ihre Fortbildung 234
S 8. Bei Studienreisen heißt es aufpassen! 250
9. Hilfe durch Arbeitsmittel 260
a) In welcher Höhe sind Ihre Aufwendungen abziehbar? 261
b) Welche Arbeitsmittel gehen beim Fiskus durch? 266
10. Welche Telefongebühren sind absetzbar? 280
11. Umzugskosten – Was gibt das Finanzamt dazu? 283
12. Doppelte Haushaltsführung und was alles dazugehört 294

IV. Der Lohnsteuerabzug 313
1. Die Steuerkarte und die Steuerklassen 313
2. Ab welchem Verdienst bin ich überhaupt steuerpflichtig? 315
3. Frei- und Pauschbeträge 316
4. Wählen Sie die Steuerklasse richtig, wenn Sie und Ihr Ehepartner verdienen 316
5. Mehrere Arbeitsverhältnisse 322

V. Lohnsteuerermäßigung durch Freibetrag beim Lohnsteuerabzug 325

VI. Machen Sie in der Einkommensteuererklärung alles geltend! 329
1. Das Verfahren 329
2. Wann müssen Sie als Lohnsteuerzahler Belege beibringen? 338

VII. Nebeneinkünfte – Veranlagung von Arbeitnehmern ... 341
1. Wann müssen Sie als Arbeitnehmer eine Steuererklärung abgeben? ... 341
2. Abgabetermin für die Steuererklärung ... 343
S 3. Wie verhalte ich mich geschickt bei Nebeneinkünften? ... 344

VIII. Sonderausgaben ... 351
1. Vorsorgeaufwendungen ... 351
a) Was sind Vorsorgeaufwendungen, und welche sind steuerlich interessant? ... 352
b) Was können Sie von Ihren Vorsorgeaufwendungen höchstens absetzen? ... 357
2. Übrige Sonderausgaben ... 369
a) Unterhaltsleistungen ... 370
b) Renten und dauernde Lasten ... 375
c) Kirchensteuer ... 379
d) Steuerberatungskosten ... 381
e) Ausbildungskosten ... 382
f) Private Spenden (§ 10b EStG) ... 385
g) Schulgeld ... 393

IX. Außergewöhnliche Belastungen ... 397
A. Außergewöhnliche Belastungen im Allgemeinen ... 397
S 1. Auch Sie sind außergewöhnlich belastet ... 397
2. Das sind Krankheitskosten ... 403
a) Kosten für Medikamente, Heil- und Hilfsmittel ... 404
b) Krankheitsbedingte Fahrtkosten ... 406
c) Kosten für Vorsorgemaßnahmen ... 409
d) Erweiterte Krankheitskosten ... 411
e) Pflegekosten ... 416
3. Wann ist die Beschaffung von Hausrat und Bekleidung steuerlich abzugsfähig? ... 420
4. Ein freudiges Ereignis? Jedenfalls für die Steuervergünstigung! ... 424
5. Wann bekomme ich eine Steuervergünstigung wegen Kurkosten? ... 425
6. So bringen Sie Prozess- und Anwaltskosten bei der Steuer unter ... 430
7. Steuervergünstigung beim Tod eines Angehörigen ... 432
8. Wann und wie sind Scheidungskosten abzugsfähig? ... 434
9. Abc-Übersicht zu allgemeinen außergewöhnlichen Belastungen ... 437

B. Außergewöhnliche Belastungen in besonderen Fällen 448
1. Was man wissen muss, wenn man jemanden unterstützt 448
2. Ausbildungsfreibetrag für Kinder (§ 33a Abs. 2 EStG) 457
3. Haushaltshilfen, haushaltsnahe Beschäftigung und Dienstleistung 459
4. Pauschbeträge für Behinderte 468
5. Pflegepauschbetrag 476

X. Steuervergünstigungen für Kinder 481
1. Kindergeld – Kinderfreibetrag 481
a) Überblick zum Familienleistungsausgleich 481
b) Kinder 482
c) Kinderfreibetrag und Betreuungsfreibetrag 490
d) Auslandskinderfreibetrag 491
e) Übertragung von Kinder-/Betreuungsfreibeträgen 491
f) Entlastungsbetrag für Alleinerziehende 493
g) Kindergeld 495
S 2. Was steht Ihnen außerdem noch zu? 497
a) Kapital übertragen 497
b) Entgeltliche Mitarbeit des Kindes mit Steuerklasse I 502
3. Kinderbetreuungskosten 504

XI. Steuerersparnisse durch Hausbesitz und Bauen 511
1. Allgemeines 511
2. Wohnraumförderung durch Riester-Zulagen (Eigenheimrentengesetz) 511
2.1 Begünstigte Investitionen 512
2.2 Förderung und Besteuerung nach dem Eigenheimrentengesetz 512
3. Einkünfte aus vermietetem Hausbesitz 515
3.1 Gebäudeabschreibung 516
3.2 Herstellungskosten – Anschaffungskosten – laufende Hauskosten 519
3.3 Sonstiges zu den Werbungskosten 525
3.4 Was Sie als Vermieter unbedingt über die Hausmodernisierung wissen müssen 531
3.5 Mit Reparaturen eine höhere Steuerersparnis erlangen 538
3.6 Die Kosten vor dem Bau oder Kauf eines Hauses 542
3.7 Reparaturkosten bei der selbstgenutzten Immobilie 544
3.8 Vermietung möblierter Zimmer 544
3.9 Vermietung von Ferienwohnungen 546
3.10 Woran Sie als Vermieter sonst noch denken sollten 549
3.11 Wenn nahe Angehörige in Ihrem Haus wohnen 558
3.12 Sie haben Ihr Haus verkauft? 566

4. Finanzierungsfragen – Besonderheiten zum Abzug von Zinsen ... 567

XII. Sonstige Einkünfte (Renten, Unterhalt, Spekulationsgewinne) ... 571
1. Einkünfte aus wiederkehrenden Bezügen (Renten) ... 571
1.1 Altersversorgung durch Rente ... 571
1.2 Altersversorgung aus Pensionen ... 582
1.3 Noch steuerbegünstigte Alterseinkünfte ... 583
1.4 Wie viel Sie als Rentner nebenbei verdienen dürfen, ohne Ihre Rente zu gefährden ... 586
a) Vollrente wegen Alters ab 60 bzw. 63 ... 587
b) Teilrente wegen Alters ab 60 bzw. 63 ... 587
1.5 Wann bin ich bei einer Nebenarbeit von der Sozialversicherung befreit? ... 588
2. Einkünfte aus Unterhaltsleistungen ... 591
3. Einkünfte aus privaten Veräußerungsgeschäften (§ 23 EStG) ... 592
3.1 Spekulationssteuer bei Immobilienverkauf ... 592
3.2 Spekulationssteuer bei Aktiengeschäften ... 593
3.3 Spekulationssteuer bei anderen Sachwerten ... 593

XIII. Kapitaleinkünfte ... 595
1. Versteuerung von Kapitaleinkünften (Abgeltungsteuer) ... 595
2. Sparerpauschbetrag ... 597
3. Berechnung der Abgeltungsteuer (Kapitalertragsteuer) ... 598
4. Freistellungsauftrag ... 599
5. Nichtveranlagungsbescheinigung ... 601
6. Zinsen und ähnliche Erträge ... 602
a) Zufluss der Zinsen ... 602
b) Stückzinsen ... 603
c) Wechselkursgewinne ... 604
d) Zinsen aus Lebensversicherungen ... 604
e) EU-Zinsrichtlinie oder europaweite Zinsschnüffelei ... 605
7. Dividenden und Wertpapierveräußerungen ... 607
a) Dividenden ... 607
b) Veräußerungsgewinne ... 607
8. Werbungskosten bei Kapitalvermögen – Was können Sie dem Fiskus unterjubeln? ... 608
9. Wie komme ich im Alter gut über die Runden? ... 609
10. Veranlagung trotz Abgeltungsteuer? ... 610

XIV. Gewerbliche und freiberufliche Einkünfte 615
1. Überschussrechnung oder Bilanzierung? 615
S 2. Einnahmenüberschussrechnung – die Buchführung für alle, die in kleinem Rahmen selbständig arbeiten 616
3. Reisekosten 627
a) Inlandsreisen 627
b) Auslandsreisen 628
4. Bewirtungskosten 637
5. Vertragsverhältnisse zwischen nahen Angehörigen 639
a) Arbeitsvertrag mit dem Ehepartner 640
b) Verträge mit eigenen Kindern 645
c) Verträge mit anderen Familienangehörigen 650
6. Angenehmer arbeiten und dabei Steuern sparen 655
7. Passen Sie auf, dass man Ihnen keine Liebhaberei anhängt! 661
8. Abschreibungen 668
9. Investitionsabzugsbetrag für kleinere und mittlere Betriebe sowie für Freiberufler – Die Abschreibung auf Zuruf 674
10. Vermasseln Sie dem Fiskus gänzlich die Tour 679
11. Die steuerliche Betriebsprüfung 684

XV. Die anderen Steuern 693
1. Die Gewerbesteuer 693
2. Die Umsatzsteuer (Mehrwertsteuer) 696
3. Die Grundsteuer 705
4. Die Grunderwerbsteuer 708
5. Die Kirchensteuer 709
6. Der Solidaritätszuschlag 712

XVI. Der Umgang mit dem Finanzamt 715
S 1. Das Finanzamt stellt Steueransprüche. Was ist zu tun? 715
S 2. Einspruchsfrist verpasst! Was ist zu tun? 716
S 3. Haben Sie vergessen, Ausgaben abzusetzen? 720
S 4. Das Finanzamt mahnt Steuerbeträge an – aber Sie haben keinen Steuerbescheid erhalten 721
S 5. So setzen Sie sich beim Finanzamt durch 724
6. Decken Sie das Finanzamt mit Belegen ein! 728
7. Darf das Finanzamt Sie vorladen? 731
8. Darf das Finanzamt Ihnen die Beweislast übertragen? 732

Einkommensteuer- und Splittingtabellen für 2014 und die Vorauszahlungen 735

Stichwortverzeichnis 769

Abkürzungen

S	=	Abschnitt gilt auch für Selbständige
AfA	=	Absetzung für Abnutzung (Abschreibung)
AFG	=	Arbeitsförderungsgesetz
AO	=	Abgabenordnung
BewG	=	Bewertungsgesetz
BFH	=	Bundesfinanzhof
BGB	=	Bürgerliches Gesetzbuch
BMF	=	Bundesministerium der Finanzen
BStBl	=	Bundessteuerblatt
BVerfG	=	Bundesverfassungsgericht
DB	=	Der Betrieb
EB-FAGO	=	Ergänzende Bestimmungen zur Finanzgeschäftsordnung
EFG	=	Entscheidungen der Finanzgerichte
EStDV	=	Einkommensteuer-Durchführungsverordnung
EStG	=	Einkommensteuergesetz
EStH	=	amtliches Einkommensteuerhandbuch
EStR	=	Einkommensteuerrichtlinien
FG	=	Finanzgericht
HFR	=	Höchstrichterliche Finanzrechtsprechung
LStR	=	Lohnsteuerrichtlinien
nrk	=	nicht rechtskräftig
NV	=	nicht veröffentlicht
NWB	=	Verlag Neue Wirtschafts-Briefe
rk	=	rechtskräftiges Urteil
Rz	=	Randziffer
SGB	=	Sozialgesetzbuch
UStG	=	Umsatzsteuergesetz
WoPG	=	Wohnbauprämiengesetz

Wehe dem Staat, der dem Volk durch zu hohe Steuern die Lust am Arbeiten nimmt.
(Steuerprofessor Eugen Schmalenbach, Universität Köln)

I. Allgemeine Steuertipps

1. Steuervergünstigungen

S Neben der Verpflichtung zum Zahlen haben Sie das Recht, ich meine sogar geradezu die Pflicht, Steuervergünstigungen in Anspruch zu nehmen. Diese Steuervergünstigungen stehen Ihnen gesetzmäßig zu. Sie holen sie dadurch heraus, dass Sie sie in der Steuererklärung geltend machen. Es sind im Groben: 1

- Zulagen und Zuschüsse (z.B. Arbeitnehmersparzulage, Riester-Zulage für die private Altersversorgung),
- steuerfreie Einnahmen,
- berufliche Ausgaben (Werbungskosten bzw. Betriebsausgaben),
- persönliche, aber durch Gesetz begünstigte Aufwendungen in Form von Sonderausgaben oder
- außergewöhnliche Kosten der privaten Lebensführung (außergewöhnliche Belastung),
- Inanspruchnahme von Sonderfreibeträgen. Das sind hauptsächlich: Kinderfreibeträge, Ausbildungsfreibetrag, Freibetrag für Alleinerziehende, Körperbehindertenpauschbetrag, Pflegepauschbetrag,
- Inanspruchnahme von Kürzungen beim Steuertarif, wie z.B. Steuerermäßigung für außerordentliche Einkünfte, für hauswirtschaftliche Beschäftigungsverhältnisse, Dienst- und Handwerkerleistungen, für die Belastung von Einkünften mit Gewerbesteuer, Steuerabzug für Parteispenden,
- Abzug aller betrieblichen Ausgaben,
- Inanspruchnahme von steuersparenden Rücklagen und Investitionsabzugsbeträgen,
- Verlagerung von Einnahmen (bei Überschussrechnung z.B. einfach die Rechnung später oder früher ausstellen),
- Einbeziehung von Kapitaleinkünften in die Steuererklärung, um einen Teil der Abgeltungsteuer auf Kapitaleinkünfte erstattet zu bekommen, wenn der persönliche Steuersatz unter 25 % liegt oder die Bank die Kapitalerträge unzutreffend hoch besteuert hat,
- vertragliche Abmachungen, z.B. Arbeitsverträge, Mietverträge oder Darlehensverträge mit Angehörigen,
- Rechtsformänderungen des Unternehmens,
- Auswerten der wichtigsten diesbezüglichen Gesetzeslücken (die Ihnen der Verfasser hier auftut).

Das Steuerrecht ist der sich ständig wiederholende Versuch,
manisch-depressives Irresein
als Ausfluss höchster Vernunft darzustellen.
(Der Verfasser)

2. Die Jahres-(Abschnitts-)Besteuerung, die Einkommensteuerprogression und das Existenzminimum

2 **S** Die Jahresabschnittsbesteuerung ist eines der grundlegenden Prinzipien der Einkommensteuer. Dahinter verbirgt sich die Regelung des § 25 EStG, nach der die Einkommensteuer im Jahresrhythmus nach dem Einkommen berechnet und erhoben wird, das Sie in dem jeweiligen Kalenderjahr bezogen haben. Für die Höhe der Steuer ist es also unter Umständen entscheidend, in welchem Jahr Ihr Einkommen anfällt.
Der Steuersatz ist seit Jahren nicht fest geregelt. Die prozentuale Belastung wächst vielmehr mit steigendem Einkommen. Man spricht deshalb von Steuerprogression. Die Progression trifft vor allem mittlere Einkommen und wirkt sich besonders bei schwankenden Einkünften nachteilig aus.

Zurzeit ist der Steuertarif mit folgenden Eckwerten geregelt:

2014

Steuersatz	0 %	14 %	progressiv steigend	42 %	45 %
Einkommens-grenzen	0 – 8.354 €	8.355 € – 13.469 €	13.470 € – 52.881 €	52.882 € – 250.731 €	ab 250.731 €

Wie sehr Ihnen der Fiskus durch die Steuerprogression in die Tasche langt, will ich Ihnen an einem Beispiel zeigen: Angenommen, Sie sind ledig. Bei einem Einkommen von 25.000 € zahlen Sie 2014 an Steuern 4.039 €. Das sind 16,16 %. Verdoppelt sich Ihr Einkommen auf 50.000 €, sind schon 12.780 € fällig. Ihr Steuersatz beträgt nun bereits 25,56 %. Die ganze Misere wird erst so richtig deutlich, wenn Sie sich die Steuerbelastung für die zweiten 25.000 € ansehen. Dafür bittet Sie der Fiskus mit sage und schreibe 8.741 € zur Kasse. Das ist mehr als doppelt so viel wie für die ersten 25.000 € und entspricht einem Steuersatz von 34,96 %. Der Steuersatz auf jeden weiteren Euro beträgt bei einem Einkommen von 50.000 € sogar mindestens 40,68 %. Wichtig ist also, der Steuerprogression die Schärfe zu nehmen – ihr ganz ausweichen können Sie nicht.

3 **Steuerfreistellung des Existenzminimums**
Die Steuerfreistellung des Existenzminimums erfolgt bei der Einkommensteuer im Wesentlichen über den Grundfreibetrag, bis zu dem keine Einkommensteuer anfällt. Der Grundfreibetrag bei der Einkommensteuer beträgt zurzeit:

Jahr	Alleinstehende	zusammen veranlagte Ehegatten
2013	8.130 €	16.260 €
2014	8.354 €	16.708 €

Durch den Grundfreibetrag und weitere in die Lohnsteuertabellen eingearbeitete Freibeträge bleibt 2014 Arbeitslohn in folgender Höhe steuerfrei:

bei Renten- und Krankenversicherung

Steuerklasse	I/IV	II	III	V	VI
Monatslohn	946,91 €	1.078,74 €	1.789,49 €	105,24 €	0,83 €
Jahresarbeitslohn	11.362,99 €	12.944,99 €	21.473,99 €	1.256,99 €	9,99 €

bei Renten- und Krankenversicherungsfreiheit (z.B. Beamte)

Steuerklasse	I/IV	II	III	V	VI
Monatslohn	889,99 €	1.013,91 €	1.681,83 €	98,91 €	0,83 €
Jahresarbeitslohn	10.679,99 €	12.166,99 €	20.181,99 €	1.186,99 €	9,99 €

Was ärgern Sie sich groß über die Steuer!
Ihr Geld ist doch nicht weg – es hat nur ein anderer!
(Unbekannt)

3. Wie hoch ist meine Steuerersparnis?

S »Wie überschlage ich schnellstens, ob das Finanzamt mir genug erstattet hat?«, fragen Sie. 4

Ich gebe Ihnen dazu ganz einfache Steuerbelastungstabellen (➤ Rz 5, Rz 6) an die Hand, mit denen sich leicht nachprüfen lässt, ob das Finanzamt die von Ihnen geltend gemachten Aufwendungen voll anerkannt hat.

Um die Steuerbelastung für Sie als Arbeitnehmer herauszufinden, wenn Sie ausschließlich Arbeitseinkünfte beziehen, verwenden Sie die Steuerbelastungstabelle so, dass Sie zunächst von Ihrem Jahresbruttolohn folgende Beträge abziehen:

1. **Berufliche Aufwendungen (Werbungskosten), bei aktiven Arbeitnehmern mindestens Arbeitnehmerpauschbetrag von 1.000 €. Sind Sie Pensionär, reduziert sich dieser Pauschbetrag auf 102 €.**
2. **Sonderausgabenpauschbetrag; wenn Sie allein veranlagt werden von 36 €, bei Zusammenveranlagung und Witwensplitting von 72 €.**
3. **78 % der Rentenversicherungsbeiträge abzgl. des Arbeitgeberanteils, (8,2 %–4 % =) 7,87 % des Bruttolohns für Krankenversicherung und 1,025 % (Sachsen 1,525 %) des Bruttolohns für Pflegeversicherung (ggf. zzgl. 0,25 %**

bei kinderlosen Arbeitnehmern). Als privat Krankenversicherter ziehen Sie die von der Krankenversicherung bescheinigten Basiskranken- und Pflegeversicherungsbeiträge ab.

Der verbleibende Betrag ist das zu versteuernde Einkommen (erste Spalte der Steuerbelastungstabellen). Die Steuerbelastung ergibt sich für Arbeitnehmer mit der Steuerklasse I aus der Grundtabelle (➤ Rz 5) und für Arbeitnehmer mit der Steuerklasse III aus der Splittingtabelle (➤ Rz 6). Sie müssen jetzt nur noch die Kosten, die Sie absetzen können, mit dem Prozentsatz multiplizieren, der der Belastung der letzten 1.000 € entspricht. Das Ergebnis ist in etwa Ihre Steuerersparnis.

S 4. Steuerbelastungstabellen

5 Steuerbelastungstabelle 2014 für den Grundtarif (ohne KiSt und SolZ) (geringfügige Abweichungen bleiben vorbehalten)

Zu versteuerndes Einkommen	Einkommensteuer insgesamt nach Grundtabelle		Belastung der letzten 1.000 €
€	€	%	%
8.000	0	0,00	0,00
9.000	94	1,04	9,40
10.000	256	2,56	16,20
11.000	438	3,98	18,20
12.000	639	5,33	20,10
13.000	860	6,62	22,10
14.000	1.098	7,84	23,80
15.000	1.343	8,95	24,50
16.000	1.592	9,95	24,90
17.000	1.845	10,85	25,30
18.000	2.104	11,69	25,90
19.000	2.366	12,45	26,20
20.000	2.634	13,17	26,80
21.000	2.905	13,83	27,10
22.000	3.182	14,46	27,70
23.000	3.463	15,06	28,10
24.000	3.748	15,62	28,50
25.000	4.039	16,16	29,10
26.000	4.333	16,67	29,40
27.000	4.633	17,16	30,00
28.000	4.937	17,63	30,40
29.000	5.245	18,09	30,80
30.000	5.558	18,53	31,30
31.000	5.876	18,95	31,80
32.000	6.198	19,37	32,20
33.000	6.525	19,77	32,70
34.000	6.856	20,16	33,10
35.000	7.192	20,55	33,60
44.000	10.421	23,68	37,70
45.000	10.803	24,01	38,20
46.000	11.189	24,32	38,60
47.000	11.580	24,64	39,10
48.000	11.975	24,95	39,50
49.000	12.375	25,26	40,00
50.000	12.780	25,56	40,50
51.000	13.189	25,86	40,90
52.000	13.602	26,16	41,30
53.000	14.021	26,45	41,90
54.000	14.441	26,74	42,00
55.000	14.861	27,02	42,00
56.000	15.281	27,29	42,00
57.000	15.701	27,55	42,00
58.000	16.121	27,79	42,00
59.000	16.541	28,04	42,00
60.000	16.961	28,27	42,00
61.000	17.381	28,49	42,00
62.000	17.801	28,71	42,00
63.000	18.221	28,92	42,00
64.000	18.641	29,13	42,00
65.000	19.061	29,32	42,00
66.000	19.481	29,52	42,00
67.000	19.901	29,70	42,00
68.000	20.321	29,88	42,00
69.000	20.741	30,06	42,00
70.000	21.161	30,23	42,00
71.000	21.581	30,40	42,00

Zu versteuerndes Einkommen	Einkommensteuer insgesamt nach Grundtabelle		Belastung der letzten 1.000 €
€	€	%	%
36.000	7.532	20,92	34,00
37.000	7.877	21,29	34,50
38.000	8.227	21,65	35,00
39.000	8.581	22,00	35,40
40.000	8.940	22,35	35,90
41.000	9.303	22,69	36,30
42.000	9.671	23,03	36,80
43.000	10.044	23,36	37,30

Zu versteuerndes Einkommen	Einkommensteuer insgesamt nach Grundtabelle		Belastung der letzten 1.000 €
€	€	%	%
72.000	22.001	30,56	42,00
73.000	22.421	30,71	42,00
74.000	22.841	30,87	42,00
75.000	23.261	31,01	42,00
80.000	25.361	31,70	210,00
90.000	29.561	32,85	420,00
100.000	33.761	33,76	420,00
110.000	37.961	34,51	420,00

Liegt Ihr Einkommen als Alleinstehender **über 250.731 €**, so liegt die Belastung des darüber hinausgehenden Einkommens durchgehend bei 45 %.

Steuerbelastungstabelle 2014 für den Splittingtarif (ohne KiSt und SolZ) **6**
(geringfügige Abweichungen bleiben vorbehalten)

Zu versteuerndes Einkommen	Einkommensteuer insgesamt nach Splittingtabelle		Belastung der letzten 1.000 €
€	€	%	%
15.000	0	0,00	0,00
16.000	0	0,00	0,00
17.000	40	0,24	4,00
18.000	188	1,04	14,80
19.000	346	1,82	15,80
20.000	512	2,56	16,60
21.000	690	3,29	17,80
22.000	876	3,98	18,60
23.000	1.072	4,66	19,60
24.000	1.278	5,33	20,60
25.000	1.494	5,98	21,60
26.000	1.720	6,62	22,60
27.000	1.956	7,24	23,60
28.000	2.196	7,84	24,00
29.000	2.440	8,41	24,40
30.000	2.686	8,95	24,60
31.000	2.934	9,46	24,80
32.000	3.184	9,95	25,00
33.000	3.436	10,41	25,20
34.000	3.690	10,85	25,40
35.000	3.948	11,28	25,80
36.000	4.208	11,69	26,00
37.000	4.468	12,08	26,00
38.000	4.732	12,45	26,40
39.000	4.998	12,82	26,60
40.000	5.268	13,17	27,00

Zu versteuerndes Einkommen	Einkommensteuer insgesamt nach Splittingtabelle		Belastung der letzten 1.000 €
€	€	%	%
70.000	14.384	20,55	33,80
71.000	14.724	20,74	34,00
72.000	15.064	20,92	34,00
73.000	15.408	21,11	34,40
74.000	15.754	21,29	34,60
75.000	16.104	21,47	35,00
76.000	16.454	21,65	35,00
77.000	16.808	21,83	35,40
78.000	17.162	22,00	35,40
79.000	17.520	22,18	35,80
80.000	17.880	22,35	36,00
81.000	18.242	22,52	36,20
82.000	18.606	22,69	36,40
83.000	18.974	22,86	36,80
84.000	19.342	23,03	36,80
85.000	19.714	23,19	37,20
86.000	20.088	23,36	37,40
87.000	20.464	23,52	37,60
88.000	20.842	23,68	37,80
89.000	21.222	23,84	38,00
90.000	21.606	24,01	38,40
91.000	21.990	24,16	38,40
92.000	22.378	24,32	38,80
93.000	22.768	24,48	39,00
94.000	23.160	24,64	39,20
95.000	23.554	24,79	39,40

Zu versteuerndes Einkommen	Einkommensteuer insgesamt nach Splittingtabelle		Belastung der letzten 1.000 €	Zu versteuerndes Einkommen	Einkommensteuer insgesamt nach Splittingtabelle		Belastung der letzten 1.000 €
€	€	%	%	€	€	%	%
41.000	5.538	13,51	27,00	**96.000**	23.950	24,95	39,60
42.000	5.810	13,83	27,20	**97.000**	24.348	25,10	39,80
43.000	6.086	14,15	27,60	**98.000**	24.750	25,26	40,20
44.000	6.364	14,46	27,80	**99.000**	25.154	25,41	40,40
45.000	6.644	14,76	28,00	**100.000**	25.560	25,56	40,60
46.000	6.926	15,06	28,20	**101.000**	25.968	25,71	40,80
47.000	7.210	15,34	28,40	**102.000**	26.378	25,86	41,00
48.000	7.496	15,62	28,60	**103.000**	26.790	26,01	41,20
49.000	7.786	15,89	29,00	**104.000**	27.204	26,16	41,40
50.000	8.078	16,16	29,20	**105.000**	27.622	26,31	41,80
51.000	8.370	16,41	29,20	**106.000**	28.042	26,45	42,00
52.000	8.666	16,67	29,60	**107.000**	28.462	26,60	42,00
53.000	8.964	16,91	29,80	**108.000**	28.882	26,74	42,00
54.000	9.266	17,16	30,20	**109.000**	29.302	26,88	42,00
55.000	9.568	17,40	30,20	**110.000**	29.722	27,02	42,00
56.000	9.874	17,63	30,60	**120.000**	33.922	28,27	420,00
57.000	10.180	17,86	30,60	**130.000**	38.122	29,32	420,00
58.000	10.490	18,09	31,00	**140.000**	42.322	30,23	420,00
59.000	10.802	18,31	31,20	**150.000**	46.522	31,01	420,00
60.000	11.116	18,53	31,40	**160.000**	50.722	31,70	420,00
61.000	11.432	18,74	31,60	**170.000**	54.922	32,31	420,00
62.000	11.752	18,95	32,00	**180.000**	59.122	32,85	420,00
63.000	12.072	19,16	32,00	**190.000**	63.322	33,33	420,00
64.000	12.396	19,37	32,40	**200.000**	67.522	33,76	420,00
65.000	12.722	19,57	32,60	**210.000**	71.722	34,15	420,00
66.000	13.050	19,77	32,80	**220.000**	75.922	34,51	420,00
67.000	13.380	19,97	33,00	**230.000**	80.122	34,84	420,00
68.000	13.712	20,16	33,20	**240.000**	84.322	35,13	420,00
69.000	14.046	20,36	33,40	**250.000**	88.522	35,41	420,00

Liegt Ihr Einkommen als Verheirateter **über 501.462 €**, so liegt die Belastung des darüber hinausgehenden Einkommens durchweg bei 45 %.

5. Arbeitnehmersparzulagen – Bausparbeiträge – Wohn-Riester

7 Legen Sie Teile Ihres Arbeitslohns als vermögenswirksame Leistungen (VL) an! In den meisten Fällen müssen Sie den Beitrag nicht einmal aus eigener Tasche zahlen; viele Arbeitgeber übernehmen die Zahlung der vermögenswirksamen Leistungen in voller Höhe oder zahlen zumindest einen Zuschuss.

Sie sichern sich die Arbeitnehmersparzulage bei Anlagen in Sparverträge über Wertpapiere, Vermögensbeteiligungen und Beteiligungen am Arbeitgeberunternehmen, wenn Ihr zu versteuerndes Einkommen max. 20.000 €/40.000 € (Alleinstehende/Ehegatten) beträgt. Bei einer Anlage in Wohnungsbauanlagen, wie z.B. Bausparverträge, liegt die Einkommensgrenze mit 17.900 €/35.800 € (Alleinstehende/Ehegatten) etwas niedriger. Die Höhe der Arbeitnehmersparzulage ist von der Anlageform abhängig (➤ Rz 8) und wird jährlich mit Ihrem Einkommensteuerbescheid zusammen festgesetzt. Eine Auszahlung, die nicht die bisher festgesetzten Prämien gefährdet, kann in aller Regel erst nach Ablauf einer Sperrfrist von sieben Jahren erfolgen. Sie warten also im Zweifel bis zu sieben Jahre auf die Auszahlung der Sparzulage.

Im Einzelnen ist die Förderung wie folgt geregelt: 8

Die Sparzulage beträgt 20 % für VL von max. 400 € jährlich, die angelegt werden in

- Sparverträge über Wertpapiere oder andere Vermögensbeteiligungen,
- Wertpapierkaufverträge,
- Beteiligungsverträge oder Beteiligungskaufverträge,
- Aktien, die zum Börsenhandel oder zum Handel im Inland zugelassen sind,
- Gewinnschuldverschreibungen und Wandelschuldverschreibungen des Arbeitgebers oder von inländischen Unternehmen, die keine Kreditinstitute sind,
- Anteilscheine an Aktienfonds inländischer Kapitalgesellschaften (Wertpapiersondervermögen, Wertpapierbestand zu mindestens 60 % Aktien und stille Beteiligungen),
- Anteilscheine an Beteiligungssondervermögen inländischer Kapitalgesellschaften (Bestand an Wertpapieren und stillen Beteiligungen muss mindestens 60 % Aktien und stille Beteiligungen enthalten),
- Genussscheine, die vom Arbeitgeber ausgegeben werden und zum Börsenhandel bzw. zum Handel im Inland zugelassen sind,
- Genossenschaftsguthaben an inländischen Kreditgenossenschaften (z.B. Volksbanken),
- GmbH-Anteile am Unternehmen des Arbeitgebers,
- stille Beteiligungen am Unternehmen des inländischen Arbeitgebers oder an einem inländischen am arbeitgebenden Unternehmen durch Vertrag gesellschaftsrechtlich beherrschend beteiligten Unternehmen,
- Anteilscheine an speziellen Mitarbeiterbeteiligungs-Investmentfonds, bei denen mindestens 60 % des Kapitals wieder in die Unternehmen investiert werden, die ihren Mitarbeitern entsprechende Fondsanteile als Mitarbeiterbeteiligung überlassen,
- eine Darlehensforderung gegen den in- oder ausländischen Arbeitgeber; eine Förderung in Höhe von 9 % erhalten Sie für Anlagen bis 470 € in
- Bausparverträgen und
- Verträgen nach dem WoPG und zum Wohnungsbau.

Unter Anlage zum Wohnungsbau ist zu verstehen: Erwerb oder Entschuldung von Wohnungseigentum, Bezahlung von Handwerkerrechnungen für Wohnungsbauarbeiten. Das gilt auch für Ferien- und Wochenendwohnungen!

Zum Nachweis Ihrer vermögenswirksamen Leistungen stellt Ihnen das Anlageinstitut eine »Anlage VL« aus, die Sie Ihrer Steuererklärung unbedingt beifügen müssen.

Für die Zukunft soll die Papierbescheinigung durch eine elektronische Anlage VL ersetzt werden. Ähnlich wie in anderen steuerlichen Bereichen (Krankenversicherungsbeiträge, Renten etc.) übermittelt dann das Anlageinstitut (Bank, Bausparkasse, Fondsgesellschaft), bei dem Sie Ihren Vertrag über die Anlage vermögenswirksamer Leitungen abgeschlossen haben, die entsprechenden Daten unmittelbar an das Finanzamt. Deshalb müssen Sie Ihrem Anlageinstitut

1. **Ihre steuerliche Identifikationsnummer mitteilen und**
2. **Ihre Zustimmung zur elektronischen Übermittlung der Daten erteilen.**

Für schon bestehende Verträge wird Ihnen die Arbeit erleichtert: Das Anlageinstitut teilt Ihnen schriftlich mit, dass es künftig die Daten der Anlage VL elektronisch übermitteln wird und von Ihrem Einverständnis ausgeht. Wenn Sie dem nicht innerhalb von vier Wochen widersprechen, gilt Ihre Zustimmung als erteilt.

TIPP

Profitieren Sie von der Unterstellung Ihres Einverständnisses!

9 Halten Sie es doch einfach wie ein typischer deutscher Beamter: Tun Sie nichts – also widersprechen Sie nicht – und kassieren Sie die Arbeitnehmersparzulage, ohne dass Sie sich selbst um die Anlage VL kümmern müssen.
Wann das elektronische Verfahren allerdings funktionieren wird, steht derzeit noch in den Sternen. Solange Sie also kein Informationsschreiben Ihres Anlageinstituts erhalten, bleibt alles wie bisher, das bedeutet: Sie bekommen Ihre Anlage VL in Papier zugeschickt und fügen sie wie gewohnt Ihrer Steuererklärung bei.

10 **Bausparen**
Die Vorteile gegenüber anderen Sparformen liegen auf der Hand: Zum einen gibt es für Bausparbeiträge, die nach dem Vermögensbildungsgesetz eingezahlt werden, eine Arbeitnehmersparzulage. Zum anderen fördert der Staat diese Anlageform mit der Wohnungsbauprämie. Sie beträgt grundsätzlich 8,8 % von

max. 512 €/1.024 € Sparbeiträgen (Alleinstehende/Verheiratete). Anspruch hat allerdings nur, wessen Einkommen unter 25.600 €/51.200 € (Alleinstehende/Verheiratete) liegt.

Einschränkungen für Bausparverträge

Mit dem Eigenheimrentengesetz (»Wohn-Riester«) wurde dem Bausparvertrag als reine Geldanlagemöglichkeit weitgehend der Garaus gemacht. Für Bausparverträge, die nach dem 31.12.2008 abgeschlossen wurden (Neuvertrag) oder bei denen die erste Sparrate erst nach dem 31.12.2008 floss, gibt es eine Bausparprämie nur noch, wenn entweder der Bausparer selbst oder derjenige, an den er den Vertrag abtritt, die Mittel aus dem Vertrag unmittelbar für Wohnungsbauzwecke einsetzt. Ansonsten muss die Bausparprämie zurückgezahlt werden. Fließen vermögenswirksame Leistungen in den Bausparvertrag, bleibt die Arbeitnehmersparzulage erhalten.

TIPP

Ausnahme für junge Bausparer!

Für Bausparer, die bei Vertragsabschluss das 25. Lebensjahr noch nicht vollendet haben, gilt weiterhin – also auch für Neuverträge ab 2009 –, dass nach Ablauf der Sperrfrist von sieben Jahren über das Bausparguthaben frei verfügt werden kann. Dies kann jedoch nur einmal in Anspruch genommen werden. Die Wohnungsbauprämie gibt es dann für Einzahlungen der letzten sieben Sparjahre bis zur Verfügung über das vorhandene Sparkapital. Zu Ausnahmen bei vorzeitiger Verfügung wegen sozialer Härtefälle siehe ➤ Rz 15.

GUTER RAT

Als neuer Vertrag gilt auch, wenn bei einem Bausparvertrag nach dem 31.12.2008 die Bausparsumme erhöht wird. Hatten Sie z.B. 2007 einen Bausparvertrag mit einer Bausparsumme von 10.000 € abgeschlossen und stockten diesen 2014 auf 30.000 € auf, gilt der Vertrag nur zu einem Drittel als uneingeschränkt begünstigter Altvertrag.

Achtung! Fangeisen: Abschlussgebühren für Bausparvertrag 11

Abschlussgebühren können Sie als Werbungskosten bei den Einkünften aus Vermietung und Verpachtung absetzen, wenn der Bausparvertrag in engem zeitlichem und wirtschaftlichem Zusammenhang mit einem Bauvorhaben steht, aus dem Sie Mieteinkünfte erzielen wollen (BFH-Urt. v. 24.7.1990 – BStBl 1990 II S. 975) oder wenn Sie mit dem Bausparvertrag die Hypothek ablösen wollen (BFH-Urt. v. 1.10.2002 – II R 12/00).

Prämientabelle

Personenkreis	begünstigte Sparleistung je Kalenderjahr max.	Wohnungsbauprämie		Vermögenswirksames Sparen			staatlich geförderte Gesamtsparleistung	Wohnungsbauprämie + Arbeitnehmer-Sparzulage
		%-Satz	€	Zusätzliche Sparleistung	Sparzulage %-Satz	Sparzulage €		
Alleinstehende	512	8,8	45,05	470	9	42,30	982	87,35
Verheiratete* (1 AN)	1.024	8,8	90,10	470	9	42,30	1.494	132,40
Verheiratete* (2 AN)	1.024	8,8	90,10	940	9	84,60	1.964	174,70

* Die Ehe muss zumindest während eines Teils des Kalenderjahres, für das Wohnungsbauprämie beansprucht wird, bestanden haben, und die Ehegatten dürfen nicht während des gesamten Kalenderjahres dauernd getrennt gelebt haben. Zu den Einkommensgrenzen siehe ➤ Rz 13.

SUPER TRICK

Mit der richtigen Strategie schnell zu Baugeld kommen!

12 **Wohnungsbauprämie + Arbeitnehmersparzulage = Ihr Gewinn**

Größten Gewinn bei kleinstem Risiko bringen Ihnen Verträge, die sich schnell umschlagen: Wer nach Zuteilung des Bausparvertrags die Mittel für ein Bauvorhaben verwendet, muss die im Gesetz genannte Sperrfrist von sieben Jahren nicht einhalten. Dabei gilt der Kauf bestimmter Immobilienzertifikate (geschlossener Immobilienfonds) ebenso als Bauvorhaben wie Ausgaben für kleinere Umbauten oder Energiesparmaßnahmen. Auch Mieter können den Bausparvertrag zur Finanzierung von Renovierungen und Umbauten in ihrer Mietwohnung einsetzen. Überdies lassen sich Hypotheken ohne Rücksicht auf Mindestfristen mit Bausparverträgen ablösen.

Wenn Sie schlau sind, machen Sie Folgendes: Schließen Sie als Verheirateter einen Vertrag über 6.000 € ab und zahlen unmittelbar vor Ende des Jahres 1.000 € bei der Bausparkasse ein. Am Ende des folgenden und des dritten Jahres und dann sofort zu Beginn des vierten Jahres nochmals je 1.000 €, insgesamt also 4.000 €. Prämien und Zinsen erhöhen dann Ihr Guthaben auf ca. 4.500 €.

Der Clou: Die tatsächliche Vertragsdauer beträgt etwas mehr als zwei Jahre – Sie bekommen aber Prämien für vier Jahre!

Wegen der hohen Ansparsumme können Sie schnell mit der Zuteilung und einem zinsgünstigen Darlehen rechnen.

Einkommensgrenzen 13

Sie sollten wissen, bis zu welchem Bruttoarbeitslohn Ihnen auf jeden Fall die Bauspar- bzw. Wohnungsbauprämie zusteht, wenn keine anderen Einkünfte hinzukommen.

Übersicht zu Einkommensgrenzen 2014 **(Bausparprämie)**		
	Alleinstehende	Verheiratete*
Einkommensgrenze	25.600 €	51.200 €
+ Arbeitnehmerpauschbetrag	1.000 €	2.000 €
+ Sonderausgabenpauschbetrag	36 €	72 €
+ Vorsorgeaufwendungen	4.268 €	7.172 €
Bruttoarbeitslohn (Grenze)	30.904 €	60.445 €

* beide Ehegatten beziehen Arbeitslohn

Wollen Sie neben der Bausparprämie für Ihren Bausparvertrag auch noch von der Arbeitnehmersparzulage profitieren, liegen die Einkommensgrenzen deutlich niedriger.

Übersicht zu Einkommensgrenzen 2014 **(Bausparprämie + Arbeitnehmersparzulage)**		
	Alleinstehende	Verheiratete*
Einkommensgrenze	17.900 €	35.800 €
+ Arbeitnehmerpauschbetrag	1.000 €	2.000 €
+ Sonderausgabenpauschbetrag	36 €	72 €
+ Vorsorgeaufwendungen	3.034 €	6.068 €
Bruttoarbeitslohn (Grenze)	21.970 €	43.940 €

* beide Ehegatten beziehen Arbeitslohn

Werden Verluste aus anderen Quellen, z.B. vermieteten Immobilien, höhere Werbungskosten, Sonderausgaben oder außergewöhnliche Belastungen geltend gemacht, erhöht sich die Bruttoarbeitslohngrenze natürlich um diese Mehrbeträge. Auch Kinder erhöhen die Bruttoarbeitslohngrenzen.

GUTER RAT

14 Sie können innerhalb der Sperrfrist mit den Mitteln aus Ihrem Bausparvertrag auch Einbaumöbel kaufen, ohne auf Prämien oder Steuervorteile verzichten zu müssen. Denn da Einbaumöbel zum wesentlichen Bestandteil eines Hauses gehören, wird das Bauspargeld »wohnungswirtschaftlich« eingesetzt. Will das Finanzamt nicht mitmachen, verweisen Sie es auf das BFH-Urteil vom 29.10.1976 (BStBl 1977 II S.152).

Auch der Mieter kann für eine Renovierung seiner Mietwohnung ein Bauspardarlehen prämienbegünstigt einsetzen (§ 2 Abs. 2 S. 8 WoPG). Die Beiträge müssen auf sieben Jahre festgelegt werden, wenn die Prämie erhalten bleiben soll.

Bei vorzeitiger Kündigung des Vertrags (vielleicht infolge Geldmangels) muss man gutgeschriebene Prämien natürlich zurückzahlen.

15 Für Alt- wie Neuverträge gilt: Wird vor Ablauf der Sperrfrist von sieben Jahren die Bausparsumme ausgezahlt, abgetreten oder beliehen, handelt es sich um eine sog. *schädliche Rückzahlung und muss die Wohnungsbauprämie zurückgezahlt werden.*

Ausnahmen gelten in folgenden Fällen:

- Die empfangenen Beträge fließen komplett in den Bau oder Erwerb eines ausschließlich Wohnzwecken dienenden Gebäudes bzw. bei einem gemischtgenutzten Bau in den Teil, der Wohnzwecken dient (BFH-Urt. v. 27.11.1964 – BStBl 1965 III S. 214).
- Der Bausparer oder sein Ehegatte verstirbt oder wird völlig erwerbsunfähig. Stirbt der Prämiensparer, können die Erben den Vertrag fortsetzen.
- Der Bausparer ist seit mindestens einem Jahr ununterbrochen arbeitslos.

16 **Achtung! Es können nur die Bausparkassenbeiträge berücksichtigt werden, die bis zur vollen oder teilweisen Erlangung (Auszahlung) des Bauspardarlehens entrichtet werden. Dazu gehören nicht nur die vertraglich bestimmten Beiträge, sondern auch darüber hinaus geleistete freiwillige Beiträge, die auf das Bausparguthaben gutgeschriebenen Zinsen, die man zur Beitragszahlung verwendet, sowie die beim Abschluss eines Bausparvertrags anfallenden Abschlussgebühren (Umschreibegebühren).**

TRICK

Finanzierungsmöglichkeiten, an die kaum jemand denkt

S **Wie, Sie können die Wohnungsbauprämie nicht bekommen, weil Ihr Einkommen zu hoch ist? Dann lassen Sie doch Ihren Vater oder eines Ihrer Kinder den Vertrag schließen! Das spätere Baudarlehen können sie Ihnen dann für den Bau oder die Renovierung von Wohnraum abtreten.** 17

Denn: Bei einer Abtretung von Bausparvertragsansprüchen ist im Fall der Auszahlung der Bausparsumme innerhalb der Sperrfrist die Nachversteuerung auszusetzen, wenn der Erstsparer (Vater, Kind) eine Erklärung des Eingetretenen (Sie selbst) beibringt, dass dieser die Bausparsumme unverzüglich und unmittelbar zum Wohnungsbau für sich oder Angehörige verwendet (Nachweis: § 2 Abs. 2 WoPG).

SUPER TRICK

Treten Sie Ihren Bausparvertrag an einen nahen Verwandten ab!

S **Bauspargelder können also unter nahen Verwandten weitergegeben werden, ohne dass Prämien- oder Steuervorteile verlorengehen. So kann man Bausparmittel, die man bei Auszahlung der Bausparsumme, bei Rückzahlung der Bausparverträge oder bei Beleihung oder Abtretung von Bausparvertragsansprüchen vor Ablauf der Sperrfrist (sieben Jahre) erhält, Angehörigen überlassen. Voraussetzung ist lediglich, dass die Gelder für Ihre wohnwirtschaftlichen Zwecke oder die Ihrer Angehörigen (§ 15 AO) verwendet werden, auch nach Ablauf der Sperrfrist. Sparen Verwandte mit, indem sie ebenfalls Bausparverträge abschließen, bekommt grundsätzlich jeder von ihnen die Bausparprämie. Indem sie später die Ansprüche aus ihren Verträgen an Sie abtreten, lässt sich so ein mehrfacher Prämienbezug bei nur einem einzigen Bauvorhaben erreichen.**

Verwandte sind: 18

- Verwandte in gerader Linie (Kinder, Eltern, Großeltern) sowie zweiten und dritten Grades in der Seitenlinie (Geschwister, Onkel, Tanten, Nichten, Neffen),
- Verschwägerte in gerader Linie (z. B. Schwiegersöhne) und Verschwägerte zweiten Grades in der Seitenlinie (z. B. Ehemann der Schwester),

- Verlobte,
- durch Annahme an Kindes statt in gerader Linie Verbundene (Adoptivkinder und -eltern), Pflegeeltern und Pflegekinder,
- der Ehegatte, auch wenn die Ehe nicht mehr besteht.

Achtung! Ehegatten bilden zusammen mit ihren unter 16 Jahre alten Kindern eine Höchstbetragsgemeinschaft. Alle Sparleistungen der Familienmitglieder werden zusammengerechnet.
Für die Übertragung von Bauspargeldern auf andere Konten nach Zuteilung des Vertrags benötigen die Bausparkassen in der Regel folgende Unterlagen:

1. eine Willenserklärung des Bausparers, dass ein Sparguthaben aus dem zugeteilten bzw. beliehenen Vertrag an einen Verwandten überwiesen werden soll,
2. einen Darlehensantrag, wenn der Verwandte auch das Bauspardarlehen in Anspruch nehmen möchte und nicht nur die Ansparsumme,
3. vom Verwandten den Nachweis über die eigene wohnwirtschaftliche Verwendung.

In folgenden Fällen ist eine formelle Vertragsübertragung erforderlich:

- Der Bausparer, also der helfende Verwandte, will eine Mithaftung für weitergehende Bauspardarlehen ausschließen.
- Der begünstigte Verwandte, also der Bauherr, will die Schuldzinsen als Werbungskosten geltend machen.

Anmerkung: Sie brauchen jedes Jahr die neueste Ausgabe dieses Steuerratgebers. Manchmal ist es nur ein einziger neuer oder geänderter Trick, der Ihnen wieder einen großen Steuervorteil bringt.

19 Das Eigenheimrentengesetz – Wohn-Riester

Um nach Wegfall der Eigenheimzulage die Schaffung selbstgenutzten Wohneigentums weiterhin zu fördern, wurde mit dem »Eigenheimrentengesetz« die Riester-Förderung (vgl. ➤ Rz 176ff.) auf den Kauf oder den Bau einer Wohnung oder eines Hauses ausgedehnt. Gleichzeitig wurden vor allem Bausparverträge in die Riester-Förderung mit einbezogen.
Wie bei der Eigenheimzulage ist bei der Wohn-Riester-Förderung Voraussetzung, dass die geförderte Immobilie **ausschließlich selbst bewohnt** wird.

Begünstigte Investitionen

- Kauf oder Bau einer Wohnung bzw. eines Einfamilienhauses,
- Erwerb von Genossenschaftsanteilen an Wohnungsgenossenschaften, wenn später eine Wohnung dieser Genossenschaft bezogen wird,
- Erwerb von Dauerwohnrechten, etwa in einem Seniorenheim,

- Tilgung von Darlehen, die für die Finanzierung einer selbstgenutzten Wohnimmobilie eingesetzt werden.

TIPP

Förderung gibt es nur für den Hauptwohnsitz!

Die geförderte Immobilie muss Ihr Hauptwohnsitz sein. Damit sind Ferien- und Wochenendhäuser von der Wohn-Riester-Förderung ausgeschlossen. Zudem wird nur der Bau, der Erwerb oder die Entschuldung einer Immobilie gefördert, nicht jedoch Reparaturen oder Instandhaltungsarbeiten.

Da kommt dann wieder der gute alte Bausparvertrag ins Spiel. Förderfähig sind demnach

- Bausparverträge, aber auch andere Sparverträge, wenn diese eine Darlehensoption beinhalten. Zuerst werden also eigene (Bau-)Sparbeiträge angesammelt und als Altersvorsorgebeiträge mit Riester-Zulage bzw. Sonderausgabenabzug gefördert. Nach der Ansparphase können Sie die geförderten Eigenmittel für eine begünstigte Investition verwenden. Zusätzlich ist eine Darlehensaufnahme möglich, bei der die entsprechenden Tilgungsleistungen auf das Darlehen weiter gefördert werden.
- Zertifizierte reine Darlehensverträge; hier nehmen Sie ohne vorherige Ansparung von Eigenmitteln ein Darlehen zum Erwerb der selbstgenutzten Immobilie auf. Die Riester-Förderung erhalten Sie dann für die Tilgungsleistungen auf das Darlehen.
- Vorfinanzierungsdarlehen; ein zertifizierungsfähiges Vorfinanzierungsdarlehen besteht aus einem tilgungsfreien Darlehen in Kombination mit einem Sparvertrag, bei dem bei Vertragsabschluss unwiderruflich vereinbart wird, dass das Sparkapital zur Darlehenstilgung eingesetzt wird.

Die Riester-Zulagen werden dem Darlehensvertrag gutgeschrieben und dienen unmittelbar und zu 100 % der Darlehenstilgung. Die vollständige Darlehenstilgung muss allerdings bis zum 68. Lebensjahr erfolgen.

WICHTIGER HINWEIS

Bei allen Varianten, bei denen die Darlehenstilgung aus Riester-geförderten Verträgen erfolgen soll, ist Voraussetzung, dass Sie persönlich oder Ihr Ehegatte zum durch Riester begünstigten Personenkreis gehören.

20 **Wer kann »wohn-riestern«?**

Die Wohn-Riester-Förderung können Sie in Anspruch nehmen, wenn Sie in Deutschland wohnen oder hier zumindest Ihren gewöhnlichen Aufenthalt haben und zu folgendem Personenkreis gehören:

- Pflichtversicherte in der gesetzlichen Rentenversicherung,
- Pflichtversicherte in der Alterssicherung der Landwirte,
- Beamte und Empfänger von Amtsbezügen,
- Arbeitssuchende ohne Leistungsbezug wegen mangelnder Bedürftigkeit,
- Kindererziehende während der rentenrechtlich zu berücksichtigenden Zeiten,
- Bezieher von Erwerbsminderungs- oder Erwerbsunfähigkeitsrenten,
- Pensionäre, die eine Versorgung wegen Dienstunfähigkeit erhalten.

TRICK

Auch als Selbständiger können Sie von der Wohn-Riester-Förderung profitieren!

S Wie Sie sehen, sind Sie als Selbständiger von den Möglichkeiten der Wohn-Riester-Förderung ausgeschlossen. Mit einem einfachen Kniff lässt sich dieses Problem umgehen: Mit einem Ehegattenarbeitsverhältnis schaffen Sie sich eine mittelbare Vergünstigung – und profitieren gleichzeitig davon, dass durch den Arbeitslohn und die Abgaben aus dem Arbeitsverhältnis Betriebsausgaben für Sie anfallen. Wichtig ist hier allerdings, dass der Arbeitslohn des Ehegatten sozialversicherungspflichtig ist, also über einen Minijob hinausgeht. Die Abgaben an die Sozialversicherung werden zum großen Teil schon dadurch kompensiert, dass sich aus den Rentenbeiträgen später ein Rentenversicherungsanspruch für den Ehegatten ergibt und dieser zudem nun für kleines Geld in der gesetzlichen Krankenversicherung versichert ist.

Als zusätzliches Bonbon gibt es darüber hinaus nun wie gesagt auch für Sie die Riester-Förderung, was sich vor allem dann lohnt, wenn Sie Kinder haben.

21 **Wie hoch ist die Förderung?**

Für entsprechende Beiträge, z. B. Bausparbeiträge, bestehen pro Jahr folgende Ansprüche auf Riester-Zulage:

- für jeden rentenversicherungspflichtigen Erwachsenen **154 €**,
- für jedes Kind, das vor 2008 geboren ist, **185 €**,
- für jedes Kind, das ab 2008 geboren wurde, sogar **300 €** jährlich;

- einmaliger Berufseinsteigerbonus von **200 €** im ersten Jahr für Sparer, die bei Vertragsabschluss noch keine 25 Jahre alt waren.

Alternativ können Beiträge bis zu **2.100 €** (wenn ein Ehegatte mittelbar begünstigt ist **2.160 €**) auch als Sonderausgaben abgezogen werden. Auf die sich daraus ergebende Einkommensteuerersparnis wird allerdings der Anspruch auf Zulagen angerechnet.

Diese Anrechnung erfolgt auch, wenn Sie gar keinen Antrag auf Zulage gestellt haben. Sie müssen also unbedingt zweigleisig fahren und sowohl einen Antrag auf Riester-Zulage stellen als auch die Steuerermäßigung im Rahmen Ihrer Einkommensteuererklärung beantragen.

Das Problem der nachgelagerten Besteuerung 22

Wie normale Riester-Verträge folgt auch »Wohn-Riester« dem Prinzip der Förderung von Ansparleistungen und der späteren nachgelagerten Besteuerung. Nur wird bei Wohn-Riester im Alter nicht eine tatsächlich gezahlte Rente besteuert, sondern im Prinzip die durch die frühere Förderung eingesparten Kosten für das Wohnen im Alter. Das in die Finanzierung der selbstgenutzten Immobilie eingeflossene steuerlich geförderte Altersvorsorgekapital wird dazu in einem speziellen Verrechnungsposten – dem sog. *Wohnförderkonto* – erfasst. Auf diesem *Wohnförderkonto* werden die durch Zulagen oder Sonderausgabenabzug geförderten Beiträge, die Zulagen selbst und die eventuellen darüber hinausgehenden Steuervorteile durch den Sonderausgabenabzug aufgezeichnet. Zusätzlich wird dieses Konto pro Jahr um eine fiktive Verzinsung von 2 % erhöht.
Dieser fiktive Betrag wird ab einem im Wohn-Riester-Vertrag vereinbarten Zeitpunkt – zwischen Vollendung des 60. und spätestens des 68. Lebensjahres – in monatlichen Raten als fiktives Einkommen angerechnet.
Bis dahin ist das Kapital gebunden. Wird es vor Erwerb einer Immobilie für nicht geförderte Zwecke entnommen, müssen alle Zulagen und Steuervorteile zurückgezahlt werden. Das eingezahlte Kapital und die bis dahin tatsächlich erwirtschafteten Zinsen können allerdings beliebig verwendet werden. Wird dagegen eine gefördert erworbene Immobilie z. B. durch Verkauf, Vermietung oder aus anderen Gründen aufgegeben, wird der Betrag des Wohnförderkontos sofort und in voller Höhe als Einkommen besteuert.

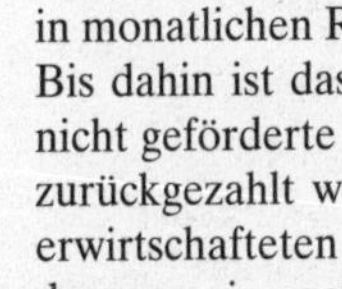

TIPP

Sie können die Versteuerung vermeiden!

Eine Rückzahlung der Zulagen und Steuervorteile bzw. eine vorzeitige Versteuerung des *Wohnförderkontos* lässt sich allerdings vermeiden. Sie haben dazu folgende Möglichkeiten:

- Bei einem Verkauf der Immobilie zahlen Sie einen Betrag in Höhe des Wohnförderkontostandes in einen anderen Riester-zertifizierten Altersvorsorgevertrag ein (z.B. Riester-Rentenversicherung) oder reinvestieren ihn innerhalb von vier Jahren in eine andere förderfähige Wohnung.
- Bei einer Vermietung der Immobilie wegen beruflich bedingten Umzugs schließen Sie einen befristeten Mietvertrag ab und erklären darin, dass Sie die Wohnung später – spätestens bei Vollendung des 67. Lebensjahres – wieder selbst nutzen wollen.
- Wird die Selbstnutzung infolge einer Ehescheidung beendet, ist dies unschädlich, wenn die eheliche Wohnung aufgrund richterlicher Entscheidung dem Ehegatten des Riester-Sparers zugewiesen wird.
- Verstirbt der Wohn-Riester-Sparer, führt dies nicht zu einer schädlichen Beendigung der Selbstnutzung, wenn die Wohnung vom Ehepartner weiter selbst genutzt wird.

Besteuerung nach Eintritt in den Ruhestand
Für die Besteuerung können Sie zwischen zwei Alternativen wählen.

1. Verrentung
Der Betrag aus dem Wohnförderkonto wird gleichmäßig auf den Zeitraum zwischen dem vertragsgemäßen Besteuerungsbeginn und der Vollendung des 85. Lebensjahres aufgeteilt, also auf 17 bis max. 25 Jahre. In jedem Jahr wird dann ein entsprechender Teilbetrag vom Wohnförderkonto abgezogen und als sonstige Einkünfte im Rahmen der Einkommensteuerveranlagung versteuert. Ob sich daraus eine Steuer ergibt und wie hoch diese letztlich ist, hängt vom individuellen Steuersatz im Ruhestand ab.

Beispiel
Auf Ihrem Wohnförderkonto ist ein Betrag von 72.000 € erfasst. Sie gehen mit 67 Jahren in Rente, bis zur Vollendung Ihres 85. Lebensjahres vergehen also 18 Jahre. Der jährlich zu versteuernde Betrag beläuft sich demnach auf 72.000 € ÷ 18 Jahre = **3.000 €.**

2. Sofortversteuerung
In diesem Fall werden bei Eintritt in den Ruhestand 70 % des auf dem Wohnförderkonto erfassten Betrags auf einen Schlag als »sonstige Einkünfte« mit dem persönlichen Steuersatz ohne weitere Steuerermäßigung besteuert. Die restlichen 30 % bleiben unversteuert.

Beispiel
Auf Ihrem Wohnförderkonto ist ein Betrag von 72.000 € erfasst. Sie gehen mit

67 Jahren in Rente und wählen die Sofortversteuerung. Im Jahr des Rentenbeginns müssen demnach 72.000 € × 70 % **= 50.400 €** versteuert werden.
Auch nach Beginn der Besteuerung – ob nun als Verrentung oder als Sofortversteuerung – bleibt die Nutzungsbindung der Immobilie erhalten. Wird die Immobilie in der »Auszahlungsphase«, zu dessen Beginn die Sofortversteuerung gewählt wurde, verkauft oder vermietet, muss bis zum zehnten Jahr nach Beginn der Auszahlungsphase das Doppelte der noch nicht besteuerten 30 % des Wohnförderkontos versteuert werden und vom elften bis zum 20. Jahr das Einfache dieses Betrags.
Wird die geförderte Immobilie in der Versteuerungsphase veräußert, bevor der Betrag lt. *Wohnförderkonto* vollständig versteuert ist, muss der Restbetrag grundsätzlich voll versteuert werden. Dies lässt sich allerdings z.B. dadurch vermeiden, dass Sie einen entsprechenden Betrag in eine andere selbstgenutzte Immobilie investieren, etwa Ihr selbstgenutztes Haus verkaufen und mit dem Erlös einen Platz in einem Seniorenwohnheim erwerben.

Tod des Anspruchsberechtigten
Verstirbt der Wohn-Riester-Berechtigte, kann grundsätzlich sein Ehegatte die Wohnung unschädlich weiter nutzen. Der Ehepartner muss dann allerdings auch die Versteuerung fortführen.
In allen anderen Fällen gilt der Restbetrag des *Wohnförderkontos* mit dem Tod als schädlich verwendet. Die Erben müssen diesen Betrag in der letzten Einkommensteuererklärung für den Verstorbenen in voller Höhe nachgelagert versteuern.

Das Steuersystem der Bundesrepublik hat den Charakter gesetzlichen Unfugs.
(Wirtschaftsprofessor Spitaler)

II. Lohn – Gehalt steuerfrei oder steuerpflichtig!?

1. Wie vermeide ich steuerpflichtigen Lohn?

Dies ist die wichtigste Frage für den Nichtselbständigen, wenn er Steuern sparen will.

Als Arbeitnehmer zahlen Sie auf Ihren Arbeitslohn oder Ihr Gehalt genauso 23
Einkommensteuer wie Selbständige auf die Einkünfte aus ihrem Betrieb oder ihrer Praxis. Und wer seinen Lebensunterhalt aus der Vermietung von Immobilien erzielt oder schlicht nur sein Geld für sich arbeiten lässt und von den Erträgen und Zinsen seines Kapitals lebt, zahlt ebenfalls.
Zwar legt die Bezeichnung Lohnsteuer den Schluss nahe, diese sei eine eigene Steuerart, doch wird mit »Lohnsteuer« lediglich die besondere Besteuerungsform umschrieben, mit der der Fiskus Sie als Arbeitnehmer schon im Lauf des Jahres bei jeder Lohn- und Gehaltszahlung zur Kasse bittet. Die Lohnsteuer ist letztlich nichts anderes als eine besondere Erhebungsform der Einkommensteuer. Man könnte sie auch als Quellensteuer für Lohneinkünfte bezeichnen, da sie bereits an der »Quelle«, vom Arbeitgeber, einbehalten und an das Finanzamt für Ihre Rechnung gezahlt wird. Sie zahlen mit Ihrer Lohnsteuer also laufend Abschläge auf Ihre Einkommensteuer. Wenn die dann bei der Gesamtabrechnung nach Ablauf des Jahres aufgrund Ihrer Einkommensteuererklärung niedriger ausfällt als die Lohnsteuer, bekommen Sie den zu viel gezahlten Betrag erstattet.
Der Fiskus macht also Ihren Brötchengeber zum Gehilfen beim Kassieren Ihrer Steuern. Ihr Arbeitgeber berechnet nach festgelegten Formeln die auf Ihren Lohn entfallende Lohnsteuer. Damit Ihre wichtigsten persönlichen Verhältnisse und Besonderheiten in die Besteuerung einfließen können, benötigt er Ihre Lohnsteuerabzugsmerkmale, die er aus einer zentralen Datenbank abruft: Ihre Steuerklasse, die Zahl Ihrer Kinderfreibeträge, Ihre Konfession und eventuelle Freibeträge für erhöhte Werbungskosten, Sonderausgaben oder außergewöhnliche Belastungen, die schon während des Jahres für eine gewisse Steuerentlastung sorgen.
Abgesehen davon gibt es viele große und kleine Kniffe, wie Sie Teile Ihrer Vergütungen aus dem Arbeitsverhältnis steuerfrei kassieren oder die Steuerbelastung auf Ihren Lohn zumindest drücken können.

Übungsleiterfreibetrag 24
Vielleicht sind Sie nebenberuflich in einem gemeinnützigen Verein oder bei einer öffentlich-rechtlichen Institution als Übungsleiter, Ausbilder, Erzieher,

Kranken- oder Altenpfleger, Musiker oder Trainer tätig. Dann veranlassen Sie, dass von der Vergütung, die Sie dafür erhalten, ein Betrag von bis zu 2.400 € jährlich als *Aufwandsentschädigung* steuer- und sozialabgabenfrei bleibt. Sagen Sie im Lohnbüro einfach, Sie seien nebenberuflich tätig. Quelle: § 3 Nr. 26 EStG. Wenn Sie weniger als 2.400 € im Jahr erhalten, kann natürlich nur der geringere Betrag steuerfrei bleiben.

25 *Steuerermäßigung für ehrenamtlich Tätige, die nicht unter den Übungsleiterfreibetrag fallen*

Das Problem beim Übungsleiterfreibetrag ist, dass Sie ausbildend, erziehend oder im Rahmen der Pflege tätig sein müssen, um von der Steuerfreiheit profitieren zu können. Hier bringt § 3 Nr. 26a EStG Abhilfe. Wenn Sie für einen gemeinnützigen Verein oder eine Körperschaft öffentlichen Rechts nebenberuflich tätig sind, ohne dass die Voraussetzungen gemäß ➤ Rz 24 gegeben sind, können zumindest Ihre Vergütungen und Aufwandsentschädigungen bis zu 720 € im Jahr steuerfrei bleiben.

Unter die 720-€-Steuerermäßigung fallen – die Zahlung einer entsprechenden Vergütung vorausgesetzt – z. B.

- Vereinsvorstände,
- Kassierer,
- Platz-, Zeugwarte,
- Schreibkräfte in der Geschäftsstelle,
- Reinigungskräfte,
- Fahrer.

Außer dass Sie gemeinnützige, mildtätige oder kirchliche Arbeit leisten müssen, ist die Steuerfreiheit nur noch davon abhängig, dass Sie nebenberuflich und nicht hauptberuflich für die jeweilige Organisation tätig sind. Das heißt nichts anderes, als dass Sie nicht mehr als **ein Drittel** der Stunden einer Vollzeitarbeitskraft leisten dürfen, also z. B. nicht mehr als ca. 13 Stunden in der Woche arbeiten (BFH v. 30.3.1990 – BStBl 1990 II S. 854).

Nicht von der Steuerermäßigung erfasst werden Personen, die in sog. wirtschaftlichen Geschäftsbetrieben von gemeinnützigen Organisationen arbeiten. So kann etwa die Bedienung im Vereinslokal die Steuerbefreiung ebenso wenig beanspruchen wie etwa derjenige, der dem Verein Werbekunden beschafft und diese betreut.

Der Steuerfreibetrag von 720 € ist ein Jahresbetrag. Er steht Ihnen deshalb auch dann in voller Höhe zu, wenn Sie nicht das ganze Jahr, sondern nur einige Monate gemeinnützig tätig waren. Haben Sie z. B. am 1.11.2014 eine gemeinnützige Tätigkeit aufgenommen und erhalten dafür jeden Monat eine Aufwandsentschädigung von 400 €, bleiben von den im Jahr 2014 gezahlten 800 € volle 720 € steuerfrei.

TRICK

Aufwandsentschädigung kassieren und zurückspenden!

Wenn Sie als Vorstand oder Kassierer Ihres Vereins jährlich eine Aufwandsent- 26
schädigung von 720 € kassieren, bleibt diese Zahlung für Sie also steuerfrei. Selbstverständlich ist es schön, einen kleinen Obolus für die Mühen zu erhalten, die Sie im Dienst Ihres Vereins auf sich nehmen. Andererseits ist Ihr Verein finanziell vielleicht nicht gerade auf Rosen gebettet und könnte dieses Geld anderweitig sinnvoll einsetzen.

Wer sagt denn eigentlich, dass Sie die Aufwandsentschädigung nicht einfach als Spende an den Verein zurückzahlen können? Der Vorteil für alle liegt auf der Hand.

- Der Verein ist unter dem Strich durch die Aufwandsentschädigung nicht belastet, da er sie von Ihnen als Spende zurückbekommt.
- Die Einnahmen aus der Aufwandsentschädigung belasten Sie finanziell nicht, da sie ja steuerfrei sind.
- Die an den Verein geleistete Spende von z.B. 720 € können Sie von der Steuer absetzen und sparen so je nach Einkommen und Steuersatz zwischen 100 € und 370 €.

WICHTIGER HINWEIS

Vergütungen an Vereinsvorstände müssen in der Satzung geregelt sein!

Die Vergütungen an den Vorstand müssen unbedingt in der Vereinssatzung geregelt sein, ansonsten droht die Aberkennung der Gemeinnützigkeit durch das Finanzamt. Nach § 27 Abs. 3 BGB sind die Vorstandsmitglieder von Vereinen vom Grunde her unentgeltlich tätig. Sie können allerdings die tatsächlich entstandenen Aufwendungen ersetzt bekommen. Fährt der Vereinsvorstand z.B. die Jugendmannschaft zum Auswärtsspiel, kann ihm der Verein die Fahrtkosten erstatten. Erhalten Vorstandsmitglieder aber Vergütungen für ihre (Vorstands-)Tätigkeit, muss die Zahlung derartiger Vergütungen ausdrücklich in der Satzung des Vereins geregelt werden. Falls noch nicht geschehen, sollte Ihr Verein also in einer der nächsten Mitgliederversammlungen regeln, dass und in welcher Höhe den Vorstandsmitgliedern eine Aufwandsentschädigung gezahlt wird.

Für die Satzungsänderung hat der Verein bis Ende 2014 Zeit.

Die Bezahlung der Vergütungen sollte dabei natürlich nicht an die Verpflichtung geknüpft werden, sie als Spende zurückfließen zu lassen. Denn dann wäre die Spende nicht mehr freiwillig und könnte nicht von der Steuer abgesetzt werden.

TRICK

Als Ehrenamtlicher Freibeträge von 3.120 € kassieren!

27 Nach dem Willen des Gesetzgebers sollen Sie den Übungsleiterfreibetrag und den Freibetrag für ehrenamtliche Tätigkeiten nicht nebeneinander für **dieselbe** Tätigkeit in Anspruch nehmen können. Wenn Sie also z. B. in Ihrem Sportverein als Übungsleiter 3.200 € Vergütungen erhalten, bleiben davon nur 2.400 € steuerfrei. Dasselbe Problem haben Sie, wenn Sie in zwei Vereinen als Trainer tätig sind, denn den Übungsleiterfreibetrag gibt es insgesamt nur einmal.

Günstiger sieht das Ganze aus, wenn Sie neben dem Übungsleiter- oder Trainer-Job noch in anderer Funktion für Ihren Verein tätig sind, etwa als Vorstand, Kassierer oder Platzwart. Sie werden also Ihre Vereinsführung auf folgende pfiffige Idee bringen: Für die Tätigkeit als Übungsleiter bekommen Sie künftig nur noch 2.500 € im Jahr. Dafür zahlt Ihnen der Verein aber für die bisher unentgeltlich geleistete ehrenamtliche Tätigkeit als Platzwart eine jährliche Aufwandsentschädigung von 700 €.

Damit erhalten Sie jetzt Vergütungen für zwei eindeutig voneinander abgrenzbare Tätigkeiten – mit der Folge, dass von der Übungsleitervergütung nur 100 € steuerpflichtig sind und die Aufwandsentschädigung ganz steuerfrei ist.

28 Der *Übungsleiterfreibetrag* gilt nicht nur für Trainer bei Sportvereinen, sondern auch für Chorleiter und Dirigenten in Gesangvereinen, Lehrer an Volkshochschulen (auch der Leiter einer Volkshochschule kann Ausbilder sein, wenn er das Unterrichtsgeschehen durch seine Persönlichkeit mitgestaltet, so der BFH v. 23.1.1986 – BStBl 1986 II S. 398), Betreuer bei der Mütterberatung, der Seelsorge, bei den Anonymen Alkoholikern oder anderen Selbsthilfegruppen, bei Erste-Hilfe-Kursen usw., für Lehrpersonen und Vortragende im Rahmen der beruflichen Aus- und Weiterbildung, wie etwa bei Industrie-, Handels-, Handwerker-, Ärzte- oder Steuerberaterkammer oder in Finanz-, Justiz- und Kreisverwaltung. Artverwandte und eng damit zusammenhängende Tätigkeiten, wie etwa die eines Prüfers bei Abschlussprüfungen, sind ebenfalls begünstigt. Auch Umweltschutzunterweiser und Gesundheitsberater von kleinen Vereinen können diese Vergünstigung beanspruchen. Durch einen entsprechenden Vertrag mit dem Verein sorge man auch hier vor.

Der Freibetrag steht Ihnen außerdem zu für die nebenberufliche Pflege alter, kranker oder behinderter Menschen, also etwa, wenn Sie sich im Nebenberuf oder in Ihrer Freizeit als Sanitäter, z.B. für das Rote Kreuz, um Unfallopfer kümmern.

TRICK

Übungsleiterfreibetrag für die freiwillige Feuerwehr

Mitglieder der freiwilligen Feuerwehren erhalten für ihre Tätigkeit geringe Vergütungen und Aufwandsentschädigungen. Je nachdem, welche Funktion sie in der freiwilligen Feuerwehr ausüben, können diese Zahlungen als Entgelt für eine Ausbildertätigkeit behandelt werden. Da der Dienst bei der Feuerwehr für eine öffentlich-rechtliche bzw. gemeinnützige Institution und zudem nebenberuflich geleistet wird, fallen die Zahlungen ganz oder zum Teil unter die Begünstigung des Übungsleiterfreibetrags (§ 3 Nr. 26 EStG).
Abhängig von der Funktion bei der Feuerwehr gilt das für folgende prozentuale Teile der gezahlten Beträge (Finanzministerium des Landes NRW vom 3.12.2013 S 2337 – 32 – V B 3).

Funktionsträger	**Anteil der Ausbildungstätigkeit**
Leiter der Feuerwehren	60 %
Stv. Leiter der Feuerwehren	80 %
(Stv.) Zug- und Gruppenführer	80 %
sowie sonstige Ausbilder	80 %
Gerätewarte und Atemschutzgerätewarte	80 %
Kinder- und Jugendfeuerwehrwarte	100 %
Sicherheitsbeauftragte	100 %

Der Freibetrag gilt außerdem für sog. Betreuer. Nach dem Willen des Steuergesetzgebers soll dabei der Begriff des Betreuers nicht eng ausgelegt werden. Wenn Ihnen ein Finanzer etwa mit dem Ansinnen kommt, damit seien nur Personen im Sinn des Betreuungsgesetzes gemeint, die z.B. in der Betreuung körperlich und geistig gebrechlicher Personen tätig sind, klopfen Sie ihm gehörig auf seine raffgierigen Finger. Von dieser Steuerbefreiung sind vielmehr alle begünstigt, die durch direkten pädagogisch ausgerichteten Kontakt zu den von ihnen betreuten Menschen im ehrenamtlichen Bereich aktiv sind. Über diese positive Nachricht können Sie sich also freuen, wenn Sie z.B. im Jugendbereich als Gruppenleiter, Leiter einer Pfadfindergruppe, Betreuer bei Sommerlagern oder nebenberuflich in der Kinderbetreuung tätig sind. Die Ausbildung und Betreuung von Tieren (Pferden, Hunden) zählt jedoch nicht zu den begünstigten Tätigkeiten.

Auch die Aufwandsentschädigung, die ein ehrenamtlicher Vormund, ehrenamtlicher rechtlicher Betreuer oder ehrenamtlicher Pfleger gem. § 1835a BGB kassiert, fällt unter den Freibetrag von 2.400 € (§ 3 Nr. 26b EStG). Damit ist die Steuerfreiheit nicht auf den Ehrenamtsfreibetrag von 720 € begrenzt.

Sind Sie ehrenamtlich in einer Bahnhofsmission tätig, trifft für Sie ebenfalls § 3 Nr. 26 EStG zu. Von Ihren Vergütungen ist dann zumindest der Teil steuerfrei, der auf Pflege und Betreuung entfällt.

Sie können diesen Anteil im Zweifel mit 60 %, höchstens jedoch mit 2.400 € im Jahr ansetzen. Berufen Sie sich auf den im Einvernehmen mit dem BMF und den anderen Bundesländern herausgegebenen Erlass des Finanzministeriums Sachsen-Anhalt vom 7.4.1992 (432 – S 2121 – 15 – DStR 1992 S. 913).

Auch die Kunst und die Kultur werden in Deutschland steuerlich gefördert. Deshalb sind Vergütungen, die nebenberuflich tätige Künstler (insbesondere Musiker) erhalten, als Aufwandsentschädigung bis zu 2.400 € steuerfrei. Quelle: § 3 Nr. 26 EStG.

Gute Nachrichten für alle gemeinnützigen Organisationen: Für die steuerfrei gezahlten Beträge – egal ob Übungsleiterfreibetrag oder Freibetrag für nebenberufliche Tätigkeiten – müssen keine Sozialversicherungsbeiträge abgeführt werden (§ 14 Abs. 1 S. 2 SGB IV). Dabei spielt es keine Rolle, ob Sie im Rahmen eines 450-€-Arbeitsverhältnisses für Ihren Verein tätig sind oder dort neben Ihrem Hauptberuf z. B. als Sporttrainer oder Reinigungskraft einen Nebenjob haben. Ja, Sie lesen ganz richtig! Angenommen, Sie sind für Ihren Verein, die öffentliche Hand oder eine Wohlfahrtsorganisation auf 450-€-Basis tätig. Dieser Job ist entweder Ihre einzige Beschäftigung oder zumindest der einzige Nebenjob, dem Sie zusätzlich zu Ihrem normalen Beruf nachgehen. In diesem Fall kann Ihr Brötchengeber die Steuer auf den 450-€-Job mit 2 % pauschal berechnen und an die Bundesknappschaft abführen. Darüber hinaus drückt er 28 % pauschale Sozialversicherungsbeiträge, 0,99 % an Umlagen (U1 bei Krankheit, U2 für Mutterschutz, Insolvenzgeldumlage) und Beiträge zur Unfallversicherung für Ihren Lohn ab. Für Sie ist der Job damit steuer- und sozialversicherungsfrei.

So kann der Verein z. B. für einen Trainer auf 450-€-Basis bei der Berechnung der Abgaben monatlich $^1/_{12}$ des Übungsleiterfreibetrags = 200 € abziehen. Pauschale Steuern und Sozialabgaben fallen dann nur noch auf den Restbetrag von 250 € an. Bei der Reinigungskraft, die die Vereinsräume auf 450-€-Basis putzt, kann er die Abgaben um monatlich $^1/_{12}$ des Freibetrags von 720 € für nebenberufliche Tätigkeiten kürzen. Statt auf die vollen 450 € Lohn muss der Verein nur noch auf 390 € Steuern und Sozialabgaben abführen.

TRICK

Kassieren Sie 575 € im Nebenjob abgabenfrei!

Statt die Freibeträge von dem Lohn aus dem Minijob abzuziehen, besteht auch die Möglichkeit, den regelmäßigen monatlichen Lohn von 450 € abgabenbegünstigt um den steuerfreien Betrag von 2.400 €/200 € (Jahr/Monat) bzw. 720 €/60 € (Jahr/Monat) aufzubessern, ohne dass Sie oder Ihr Arbeitgeber dafür einen Cent an Abgaben zahlen müssten.
So sieht die Rechnung im günstigsten Fall für Sie und Ihren Arbeitgeber aus:

Monatslohn	650 €
./. steuer- und sozialversicherungsfreier Betrag nach § 3 Nr. 26 EStG	– 200 €
Verbleibender Arbeitslohn	450 €

Nur dieser Restbetrag ist für die pauschale Steuer und die Sozialversicherung interessant. Ihr Arbeitgeber wird dafür pauschal mit insgesamt 30,99 % (2 % Steuern, 15 % Rentenversicherung, 13 % Krankenversicherung und 0,99 % Umlagen) = 139,45 € zur Kasse gebeten. Hinzu kommen noch Beiträge zur gesetzlichen Unfallversicherung.

Ist Ihr Minijob Ihre einzige Erwerbsquelle und können Sie deshalb eine Steuerkarte mit der Steuerklasse I, II, III oder IV vorlegen, erspart das Ihrem Arbeitgeber zusätzlich die pauschale Steuer von 2 %, und er muss lediglich die Sozialversicherungspauschalen von 28,99 % zzgl. gesetzliche Unfallversicherung abdrücken. Sobald bei Ihnen oder Ihrem Ehepartner aber noch andere Einkünfte anfallen, sollten Sie tunlichst auf die Steuerkarte verzichten. In diesem Fall fahren Sie mit der pauschalen Steuer von 2 % besser.

Auf die richtige Verteilung der Freibeträge von 2.400 € bzw. 720 € kommt es an. **29**
Steuerlich haben Sie grundsätzlich zwei Möglichkeiten.
Angenommen, Sie bekommen im Monat 500 €. Dann könnte der Freibetrag so schnell wie möglich aufgezehrt werden. Ihr Arbeitgeber würde dann die gesamten Abgaben für Januar bis April sparen, und für Mai ergäbe sich noch ein 100-€-Job (500 € – Restfreibetrag von 400 €). Spätestens ab Juni laufen Sie und Ihr Arbeitgeber aber in die volle Sozialversicherungs- und Steuerpflicht. Sie selbst werden dann mit 20,175 % Sozialversicherung zur Kasse gebeten, und Ihr Arbeitgeber darf auch noch seinen Anteil von 19,275 % zahlen. Außerdem kann Ihr Arbeitgeber die Lohnsteuer nicht mehr pauschal erheben, so dass Sie eine Steuerkarte vorlegen müssen. Als Nebenberufler, der noch einen Hauptjob hat, würde das bedeuten: Lohnsteuer zahlen nach Steuerklasse VI!

Unter dem Strich fahren Sie und Ihr Arbeitgeber also besser, wenn die Freibeträge gleichmäßig aufs Jahr verteilt werden, somit jeden Monat nur ein Teilbetrag von 200 € bzw. 60 € berücksichtigt wird. In diesem Fall akzeptiert die Sozialversicherung durchgehend Ihren Minijob und damit, dass übers Jahr lediglich pauschale Arbeitgeberbeiträge gezahlt werden.
Sie sehen also, ein bisschen Geduld bei der Ausschöpfung von Steuerbefreiungen zahlt sich manchmal in barer Münze aus.

Außerdem sollten Sie Folgendes wissen:

30 • Die Freibeträge von 2.400 € und 720 € sollen alle Ausgaben im Zusammenhang mit der nebenberuflichen Tätigkeit abgelten. Übersteigen Ihre Ausgaben den jeweiligen Freibetrag, setzen Sie stattdessen die höheren tatsächlichen Kosten an, versteht sich.

31 • Üben Sie Ihren Nebenjob als Arbeitnehmer aus, erhalten Sie zusätzlich zum Übungsleiterfreibetrag den Arbeitnehmerpauschbetrag von 1.000 €. Es sei denn, Sie sind auch im Hauptberuf Arbeitnehmer und brauchen den Arbeitnehmerpauschbetrag schon dafür.

32 • Üben Sie Ihren Nebenjob für eine öffentlich-rechtliche Institution aus, wie z.B. für eine Behörde, Sparkasse, Industrie- und Handels-, Handwerks-, Ärztekammer etc., bleiben zusätzlich zu den 2.400 €/720 € die ersetzten **Reisekosten** steuerfrei (§ 3 Nr. 13 EStG). Denken Sie daran, wenn Sie Ihren Vertrag abschließen, und vereinbaren Sie, dass Ihnen die Reisekosten gesondert erstattet werden.

Tragen Sie die Kosten dagegen selbst, können Sie sie absetzen, wenn sie zusammen mit Ihren anderen beruflichen Ausgaben höher sind als der jeweilige Freibetrag und höher als Ihre Einnahmen. So der Fiskus in R 3.26 Abs. 9 LStR. Damit lassen die Fiskalritter – anders als früher – endlich auch zu, dass Sie Verluste aus Ihrer nebenberuflichen Tätigkeit absetzen können.

• Nebenjobs als Lehrer, Übungsleiter, Musiker usw. werden oft selbständig (freiberuflich) ausgeübt, also nicht in einem Arbeitsverhältnis. Der *Übungsleiterfreibetrag* gilt aber selbstverständlich auch für Freiberufler. Also sind auch hier bis zu 2.400 € steuerfrei.

33 • Ist der Veranstalter, für den Sie nebenberuflich tätig sind, kein gemeinnütziger Verein oder keine öffentlich-rechtliche Einrichtung, sondern z.B. ein gewerbliches Unternehmen, wird Ihnen kein Freibetrag zuerkannt. Machen Sie stattdessen eine Ausgabenpauschale von 25 % Ihrer Einnahmen, höchstens 614 € jährlich, geltend (H 18.2 EStH, Betriebsausgabenpauschale).

34 • Der *Übungsleiterfreibetrag* steht auch allen nebenberuflich selbständig tätigen Volksmusikern zu. Mit der Pauschale sind dann allerdings die Kosten für Instrumente, Uniformen, Fahrten und Verpflegung abgegolten (OFD Münster v. 4.10.1990 – S 2143).

Weitere Fälle für den Übungsleiterfreibetrag nennt die OFD Hannover in ihrer 35
Verfügung vom 15.12.2009 (S 2121 – 55 – StO 215, EStB 2010 S. 103):

- **Ärzte**

Vergütungen an Ärzte, die nebenberuflich im Behinderten- oder Koronarsport betreuend tätig sind, sofern die übrigen Voraussetzungen stimmen: öffentlicher oder gemeinnütziger Auftraggeber.

- **Aufsichtsvergütung für die juristische Staatsprüfung**

Vergütungen an Richter, Staatsanwälte und Verwaltungsbeamte des höheren Dienstes, die nebenamtlich als Leiter von Arbeitsgemeinschaften für Referendarinnen und Referendare tätig sind.

- **Behinderten- und Krankentransport**

Es ist sachgerecht, den *Übungsleiterfreibetrag* für 50 % der Vergütung zu gewähren. Damit ist auch die Tätigkeit im Bereitschaftsdienst abgegolten.

- **Diakon**

Begünstigt sind bei einem nebenberuflich tätigen Diakon die ausbildenden und betreuenden Tätigkeiten mit pädagogischer Ausrichtung sowie Arbeiten im sozialen Bereich, die als Pflege alter, kranker oder behinderter Menschen gewertet werden können. Die Tätigkeiten im Zusammenhang mit Taufen, Krankenkommunion, Trauungen, Predigtdienst sind dagegen nicht begünstigt.

- **Essen auf Rädern**

Vergütungen an Helfer des Mahlzeitendienstes sind nicht begünstigt, da die Lieferung einer Mahlzeit keine Pflegeleistung darstellt. Allerdings kommt die Inanspruchnahme des Freibetrags von 720 € in Betracht, wenn die Tätigkeit nebenberuflich ausgeübt wird.

- **Ferienbetreuer**

Ehrenamtliche Ferienbetreuer, die zeitlich begrenzt zur Durchführung von Ferienmaßnahmen eingesetzt werden, sind nebenberuflich tätig. Ihre Vergütungen sind deshalb begünstigt, wenn sie von einer gemeinnützigen Organisation oder einer Körperschaft öffentlichen Rechts gezahlt werden.

- **Hausnotrufdienst**

Bei Hausnotrufdiensten inkl. sog. Hintergrunddienste sind nur die Vergütungen für tatsächliche Rettungseinsätze und die Bereitschaftszeiten hierfür begünstigt, nicht hingegen die Vergütungen, die auf die Einweisung, Einrichtung, Wartung und Überprüfung der Hausnotrufgeräte entfallen. Werden nur Notrufe entgegengenommen und weitergeleitet, ist weder die Tätigkeit noch die Bereitschaftszeit begünstigt.

- **Lehrbeauftragte an Schulen**

Vergütungen an ehrenamtliche Lehrbeauftragte, die von den Schulen für einen ergänzenden Unterricht eingesetzt werden, sind begünstigt. In der Regel stellen sie Einkünfte aus selbständiger Arbeit (§ 18 EStG) dar.

- **Organisten**

In Kirchengemeinden eingesetzte nebenberufliche Organisten haben Anspruch auf den *Übungsleiterfreibetrag*.

- **Rettungsschwimmer**

Rettungsschwimmer üben eine im Sinne des *Übungsleiterfreibetrags* begünstigte Tätigkeit aus.

- **Rettungssanitäter**

Die Vergütungen für die Tätigkeit von Rettungssanitätern und Ersthelfern im Rettungsdienst, bei Sportveranstaltungen, kulturellen Veranstaltungen, Festumzügen etc. sind begünstigt. Eine Aufteilung der Vergütung nach Rettungseinsätzen und Bereitschaftszeiten ist nicht erforderlich.

- **Schulweghelfer und Schulbusbegleiter**

Die von den Gemeinden an Schulweghelfer und Schulbusbegleiter gezahlten Aufwandsentschädigungen können begünstigt sein, wenn die Tätigkeit nebenberuflich ausgeübt wird. Gleichzeitig kommt aber auch eine Steuerbefreiung für Aufwandsentschädigungen (§ 3 Nr. 12 EStG) in Betracht. Die Steuerbefreiungen müssen in der für Sie jeweils günstigsten Reihenfolge berücksichtigt werden.

- **Stadtführer**

Die Tätigkeit von Stadtführern ist mit einer unterrichtenden Tätigkeit an einer Volkshochschule und der Tätigkeit eines Museumsführers vergleichbar und fällt damit grundsätzlich unter den *Übungsleiterfreibetrag*, wenn der Auftraggeber z. B. eine Stadt, Gemeinde, Kirchenkörperschaft oder eine andere gemeinnützige Organisation ist.

36 **Heirats- und Geburtsbeihilfe**

Obwohl es keine ausdrückliche gesetzliche Steuerbefreiung für entsprechende Zuwendungen des Arbeitgebers gibt, können Sie zumindest kleine Sachgeschenke steuerfrei kassieren. Weil die Geburt oder die Hochzeit ein besonderes persönliches Ereignis ist, kann Ihnen Ihr Arbeitgeber mit einem Sachgeschenk im Wert von bis zu 40 € (ab 2015: 60 €) eine Freude machen, ohne dass der Fiskus die Hand aufhält. Er kann dazu die Regelung zu *Aufmerksamkeiten* in R 19.6 LStR ausnutzen. So bleibt Ihre Freude über den Strampler oder die Spieluhr für den Nachwuchs ungetrübt.

37 **Jubiläumsgeschenke**

Jubiläumsgeschenke an Arbeitnehmer sind sowohl bei Arbeitnehmer- als auch bei Firmenjubiläen in voller Höhe steuerpflichtig. Da sie aber in aller Regel Arbeitslohn für mehrere Jahre darstellen, unterliegen sie der etwas günstigeren ermäßigten Besteuerung (§ 34 EStG).

Beispiel

Bei einem zu versteuernden Einkommen von 30.000 € erhalten Sie für jahrelange Betriebstreue ein Jubiläumsgeld von 10.000 €.
Im Jubiläumsjahr 2014 ergibt sich für Sie damit folgende Steuerersparnisrechnung:

Steuer lt. Grundtabelle auf	30.000 €	> 5.588 €	> 5.558 €
Jubiläumsgeschenk 10 000 €			
Davon ⅕	2.000 €		
Steuer lt. Grundtabelle auf	32.000 €	> 6.198 €	
Differenz		640 €	
		× 5	
Steuer auf Jubiläumsgeschenk		3.200 €	> 3.200 €
Steuer insgesamt			8.758 €
Einkommensteuer ohne »Fünftel-Regelung« auf 40 000 € lt. Grundtabelle			8.940 €
Steuerermäßigung			182 €

GUTER RAT

Regen Sie bei gutem Betriebsklima an, dass der Chef zum Jubiläum oder zu 38
Ihrem runden Geburtstag eine (kleine) Feier steigenlässt. Tritt die Firma formal als Gastgeber auf und werden hauptsächlich Geschäftsfreunde und Kollegen eingeladen, sind die Kosten steuerfrei (BFH-Urt. v. 28.1.2003 – BStBl 2003 II S 724; R 19.3 Abs. 2 Nr. 3 LStR). Das gilt aber nur dann uneingeschränkt, wenn die Kosten der Feier pro Teilnehmer nicht über 110 € liegen.
War der Spaß teurer, müssen Sie sich zumindest den Anteil der Kosten als Arbeitslohn zurechnen lassen, der auf Sie selbst und Ihre privaten Gäste, wie Familienangehörige und enge Freunde, entfällt.

TRICK

Zuschüsse zur Kinderbetreuung

Obwohl Sie Ihre Kinderbetreuungskosten von der Steuer absetzen können, 39
sind steuerfreie Zuschüsse vom Arbeitgeber für die Unterbringung Ihrer Kinder im Kindergarten oder in ähnlichen Einrichtungen die bessere Alternative,

weil Sie neben Steuern nämlich auch die Sozialversicherung auf die Zuschüsse sparen. Die Kleinen dürfen allerdings noch nicht schulpflichtig sein. Die Schulpflicht richtet sich dabei nach den im jeweiligen Bundesland geltenden Regelungen. Sie wird aber in aller Regel nicht geprüft, wenn das Kind das sechste Lebensjahr bis zur Jahresmitte noch nicht vollendet hat. Steuerfrei bleiben die Arbeitgeberzuschüsse übrigens auch, wenn Ihr Kind noch nicht schulreif und deshalb von der Schulpflicht zurückgestellt ist.

TIPP

zum Kostennachweis und für Lebenspartner

Wenn Ihnen Ihr Brötchengeber die Betreuungskosten überweist oder direkt an die Betreuungseinrichtung zahlt, müssen Sie Ihrem Boss die Originalbelege geben, z.B. den Bescheid über die Kindergartengebühren, Rechnungen der Betreuungseinrichtung und die Zahlungsquittungen bzw. die Überweisungsträger. Damit will der Fiskus verhindern, dass Sie die Kosten möglicherweise zweimal geltend machen.

Bei der Erstattung durch den Arbeitgeber sind übrigens – anders als beim Absetzen der Kinderbetreuungskosten in der Steuererklärung – auch die Verpflegungskosten für Ihr Kind begünstigt.

Gute Nachricht für nichteheliche Partner mit Kind: Bei nicht verheirateten Eltern muss meist die Mutter das Kind im Kindergarten anmelden. Die Belege über die Kinderbetreuung lauten also auf ihren Namen. Wenn nun ihr Lebensgefährte einen großzügigeren Chef hat, ist das kein Problem. Auch wenn der Nachweis der Kindergartenkosten nicht auf seinen Namen lautet, erhält er die Zuschüsse seines Arbeitgebers steuerfrei. Dazu muss er allerdings der Vater des Kindes sein. Berufen Sie sich, wenn es beim Finanzamt Probleme gibt, auf R 3.33 Abs. 1 S. 2 LStR.

TIPP

zur Gehaltsumwandlung

40 Leider lässt der Fiskus eine Gehaltsumwandlung von z.B. Weihnachtsgeld oder Gratifikationen, auf die Sie einen arbeitsrechtlichen Anspruch haben, in Kindergartenzuschüsse nicht zu. Diese Einschränkung können Sie umgehen, wenn

Sie schon bei Ihrer Einstellung oder bei einem Gespräch über eine Gehaltserhöhung geschickt mit Ihrem Chef verhandeln. Gehen Sie mit Ihrer Forderung nach Gehalt bzw. Gehaltserhöhung etwas herunter und **schlagen Sie vor, er möge stattdessen Ihre Kindergartenbeiträge übernehmen.** Statt sich also um den letzten Euro die Köpfe heißzureden, treffen beide sich in der Mitte und machen trotzdem beide ein gutes Geschäft. Sie kassieren nämlich einen dicken Batzen Ihres Gehalts steuerfrei, und Ihr Arbeitgeber spart sich die Sozialversicherungsbeiträge auf diesen Gehaltsteil.

Einfacher wird die ganze Sache mit der Gehaltsumwandlung, wenn Ihr Chef freiwillige Zahlungen leistet, das Weihnachtsgeld oder die Gratifikation also ausdrücklich ohne Anerkennung einer Rechtspflicht ausgezahlt wird. In diesem Fall kann die Sonderzahlung ohne weiteres ganz oder teilweise als Kindergartengartenzuschuss und damit steuerfrei gezahlt werden.

SUPER TRICK

Wie Sie mit einer Tagesmutter 750 € im Jahr verdienen können

Der Kniff bei der Tagesmutter ist, dass das Finanzamt sie zwar als »ähnliche Einrichtung« – wie einen Kindergarten – akzeptiert, aber nur, wenn Ihre Kleinen *außerhalb* Ihrer Wohnung betreut werden. 41

Ihrem Chef legen Sie also folgende Bescheinigung Ihrer Tagesmutter vor:

Bescheinigung

Ich, ..., bestätige hiermit Herrn/Frau . . . .,
dass ich die Kinder . . . . und . . . . (usw.)
in meiner Wohnung betreue. Für die Kinderbetreuung zahlt mir Herr/
Frau . . . . monatlich 250 €.

. . . .
Ort und Datum (Unterschrift)

Übrigens: Diese Kinderbetreuerin kann Ihre erwachsene Tochter, Schwiegertochter, Mutter, Schwiegermutter, Oma oder Opa sein.
Zahlt Ihnen Ihr Chef jetzt 12 × 250 € = 3.000 € unter der Bezeichnung »Zuschuss zur Kinderbetreuung«, beträgt Ihre Steuerersparnis schon bei einem Steuersatz von 25 % 750 € im Jahr. Wichtig ist: Sie müssen diesen Zuschuss zusätzlich zum Arbeitslohn erhalten. Eine einfache Gehaltsumwandlung funktioniert nicht.

TIPP

für Tages- und Wochenmütter

42 **Vergessen Sie nicht die Steuern der Tagesmutter.** Kümmert sich die Tagesmutter nur um ein Kind und betreut es darüber hinaus im Haushalt der Eltern, nimmt der Fiskus sehr schnell ein Arbeitsverhältnis an. Dann kostet die Tagesmutter zusätzlich Sozialversicherungsbeiträge, und Sie müssen als Arbeitgeber Lohnsteuer einbehalten und abführen.

Betreut sie dagegen ein oder gar mehrere Kinder in ihrem eigenen Haushalt, ist sie in aller Regel selbständig tätig und muss selbst für die Versteuerung ihrer Einkünfte sorgen – egal ob sie unmittelbar von Ihnen als den Eltern der Kinder oder vom Jugendamt bzw. der Gemeinde bezahlt wird. Steuerfrei bleiben allerdings Beitragserstattungen für eine Unfallversicherung (zu 100 %) und für die Alterssicherung sowie eine angemessene Kranken- und Pflegeversicherung (zu je 50 %) (Kinderförderungsgesetz v. 10.12.2008 – BGBl. I S. 2403).

Da die Tagesmutter selbständig tätig ist, kann sie natürlich alle in Zusammenhang mit der Betreuung entstandenen Betriebsausgaben absetzen. Dazu gehören vor allem Kosten für

- Ausstattungsgegenstände (Mobiliar),
- Spielzeug,
- Beschäftigungsmaterialien,
- Fachliteratur,
- Hygieneartikel,
- Miete und Betriebskosten der zur Kinderbetreuung genutzten Räume,
- Verpflegung des Kindes,
- Telefonkosten,
- Weiterbildungsmaßnahmen,
- Versicherungen, z. B. Unfall- und Berufshaftpflichtversicherung,
- Fahrten im Zusammenhang mit der Kinderbetreuung,
- Freizeitgestaltung.

Damit die Tagesmutter keine umfangreiche Buchhaltung einrichten muss, kann sie für die Kinder, die sie in ihrem **eigenen** Haushalt betreut, statt der tatsächlichen Kosten pauschal **300 € je Kind und Monat** als Betriebsausgaben abziehen. Diese Pauschale bezieht sich auf eine Betreuungszeit von acht Stunden und mehr pro Kind und Tag. Bei kürzerer Betreuung wird sie anteilig gekürzt. Sie beträgt somit bei einer Betreuungszeit von z. B. vier Stunden nur noch 150 €. Sie darf zudem nur bis zur Höhe der gezahlten Vergütungen abgezogen werden, es kann also anders als beim Einzelnachweis der Kosten kein Verlust entstehen.

Wenn die Tagesmutter das Kind im Haushalt seiner Eltern betreut, bleibt ihr ohnehin nur der Einzelnachweis ihrer Kosten.

Beachten Sie: Erhält die Tagesmutter trotz Urlaubs, Krankheit oder Fortbildung das Entgelt weitergezahlt, hat sie auch weiter Anspruch auf die Pauschale. Fallen dagegen in einem vollen Monat keine Einnahmen an, bleibt der Tagesmutter für diesen Monat nur die Möglichkeit, Kosten einzeln nachzuweisen bzw. glaubhaft zu machen (Quelle: BMF v. 20.5.2009 – BStBl 2009 I S. 642).

TRICK

Vergessen Sie bei der Berechnung der Betriebsausgabenpauschale die Fahrzeiten nicht!

Zur Betreuung des Kindes gehören selbstverständlich auch die Fahrten, um das Kind von den Eltern abzuholen und zurückzubringen. Mit Umziehen, Abliefern des Kindes, kurzer Besprechung des Tagesablaufs mit den Eltern kommt schnell eine zusätzliche Stunde zusammen. Statt $^{4}/_{8}$ = 150 € steigt die Pauschale damit auf $^{5}/_{8}$ = 187,50 €. Das macht im Jahr 450 € mehr an Betriebsausgabenpauschale.

Leistungen des Arbeitgebers zur Gesundheitsförderung 43

Leistungen des Arbeitgebers zur Verbesserung des allgemeinen Gesundheitszustandes und der betrieblichen Gesundheitsförderung können je Arbeitnehmer bis zu 500 € im Jahr steuerfrei bleiben (Quelle: § 3 Nr. 34 EStG). Unter die Steuerbefreiung fallen neben innerbetrieblich angebotenen Kursen und Maßnahmen auch zweckgebundene Barzuschüsse zu extern durchgeführten Maßnahmen. Begünstigt sind vor allem folgende Programme:

- Verhaltens- und gesundheitsorientierte Bewegungsprogramme zur allgemeinen Reduzierung von Bewegungsmangel und zur Vorbeugung gegen spezielle Risiken, z. B. Rückengymnastik,
- Vorbeugemaßnahmen gegen arbeitsbedingte Belastungen des Bewegungsapparates, z. B. Massagen,
- Vorträge und Ernährungskurse zur Vermeidung von Mangel- und Fehlernährung sowie zur Vermeidung und Reduzierung von Übergewicht,
- Maßnahmen und Kurse zur Stressbewältigung,
- Suchtprävention und -bekämpfung, z. B. Nichtraucherprogramme, Umgang mit Alkohol.

Die Leistungen muss Ihr Brötchengeber zusätzlich zum übrigen Arbeitslohn erbringen. Eine Umwandlung von Arbeitslohn, z. B. des Weihnachtsgelds oder anderer Sonderzahlungen, ist grundsätzlich nicht möglich.

WICHTIGER HINWEIS

500 € sind nicht unbedingt das letzte Wort!

Maßnahmen des Arbeitgebers zur Gesundheitsförderung, die nach einer gutachterlichen Stellungnahme des medizinischen Dienstes oder der Berufsgenossenschaft in ganz überwiegend eigenbetrieblichem Interesse durchgeführt werden, sind auch dann steuerfrei, wenn sie mehr als 500 € im Jahr kosten. Die Kosten für solche Maßnahmen werden auch nicht auf die 500-€-Grenze des § 3 Nr. 34 EStG angerechnet. Der Arbeitgeber kann also ohne weiteres noch andere Gesundheitsfördermaßnahmen steuerfrei bezuschussen.
Als ausgesprochener Spaßverderber hat sich der Gesetzgeber gezeigt, indem er die Übernahme von Beiträgen für einen **Sportverein** oder ein **Fitnessstudio** ausdrücklich nicht in die Steuerfreiheit einbezogen hat.

TIPP

Einzelkurse beim Verein oder im Studio sind begünstigt!

Der Ausschluss der Steuerfreiheit betrifft nur die Bezuschussung **laufender Vereins- und Studiobeiträge**, nicht dagegen Einzelkurse, die der Sportverein oder ein Fitnessstudio unabhängig von einer Mitgliedschaft anbietet. Somit bleibt ein Zuschuss Ihres Arbeitgebers von z. B. 400 € zu einem Kursus »Rückengymnastik«, der vom örtlichen Sportverein an 20 Abenden angeboten wird, steuerfrei.

TRICK

Abnehmen mit staatlich subventioniertem Zuschuss!

Plagen Sie sich schon seit Jahren mit Ihrem Gewicht? Nach jeder Diät mit ein paar Pfund Gewichtsverlust schlägt unbarmherzig der Jo-Jo-Effekt zu, und nach kurzer Zeit sind mehr Pfunde auf den Rippen als vor der Diät. Hier hilft nur eine dauerhafte Umstellung der Gewohnheiten, vor allem der Essgewohnheiten. Es gibt dazu genügend einschlägige Kurse von der Volkshochschule bis zu professionellen Vereinen. Die kosten aber nicht nur Zeit, sondern auch mehr oder weniger viel Geld. Lassen Sie sich von Ihrem Brötchengeber – statt des Bonus für verdiente Mitarbeiter – doch einfach einen Ernährungsberatungskurs mit bis zu 500 € im Jahr steuer- und abgabenfrei sponsern.

44-€-Freigrenze für Sachbezüge 44

Sachzuwendungen Ihres Arbeitgebers, z.B. die verbilligte Überlassung einer Wohnung, kostenloses Telefonieren, kostenlose Dienstleistungen und Warenlieferungen bleiben steuerfrei, wenn die Differenz zwischen ihrem Wert und Ihrer Gegenleistung im Monat nicht höher als 44 € liegt.

TIPP

zur Bagatellgrenze

Einen zusätzlichen Steuerbonus über die Freigrenze von 44 € hinaus streichen Sie ein, wenn als Wert Ihres Sachbezugs nicht der tatsächliche Wert angesetzt wird. Um übliche Rabatte oder Preisunterschiede auszugleichen, muss der Fiskus zunächst immer einen Preisabschlag von 4 % vom tatsächlichen Wert Ihres Sachbezugs vornehmen (Quelle: R 8.1 Abs. 2 S.9 LStR). Für die Frage, ob die steuerfreie Grenze von 44 € überschritten ist, kommt es also auf die Differenz zwischen 96 % des tatsächlichen Wertes und Ihrer Zahlung an.

Ihr Chef kann Ihnen als steuerfreien Sachbezug auch einfach einen **Gutschein** geben, den Sie bei der nächsten Tankstelle oder einer Kaufhauskette einlösen.

Der Fiskus hatte bislang die Latte für die Anerkennung der 44-€-Freigrenze bei Tank- oder anderen Warengutschein sehr hoch gelegt. So scheiterte früher die Steuerfreiheit schon, wenn auf dem Gutschein ein bestimmter Höchstbetrag angegeben war oder Arbeitnehmer sich die Ware selbst aussuchen konnten. Dieser kleinlichen Sichtweise hat der BFH gleich in mehreren Urteilen eine klare Abfuhr erteilt. Entscheidend ist nach seiner Meinung nur, dass dem Arbeitnehmer mit dem Gutschein eine Sachleistung zugewendet werden soll und er den Gutschein nicht zu Bargeld machen kann. Die Steuerbefreiung bis zu 44 € ist deshalb in folgenden Fällen ohne weiteres anwendbar:

- Ihr Arbeitgeber schenkt Ihnen einen auf z.B. 40 € lautenden Gutschein eines Kaufhauses, Supermarktes, einer Buchhandlung etc., für den Sie aus dem Warensortiment des Geschäfts einkaufen können.
- Ihr Arbeitgeber stellt Ihnen einen Tankgutschein aus über Kraftstoff im Wert von 40 €. Sie gehen mit dem Gutschein zur Tankstelle, tanken dort und lassen sich den Gutschein quittieren. Sie bezahlen den Sprit zunächst selbst und legen dann Ihrem Brötchengeber den quittierten Gutschein und die Kassenquittung vor. Ihr Arbeitgeber kann Ihnen den verauslagten Betrag nun steuerfrei erstatten.
- Ihr Arbeitgeber überlässt Ihnen einmal im Monat die Firmentankkarte, mit der Sie bei der Vertragstankstelle Ihres Arbeitgebers bis zu einem Höchstbetrag von 44 € tanken können.

Der BFH hat in all diesen Fällen zugunsten der Steuerzahler entschieden, dass Sachzuwendungen vorliegen und damit die 44-€-Freigrenze zur Anwendung kommt.
(BFH-Urteile v. 11.11.2010, VI R 27/09, VI R 41/10 und VI R 21/09)
Der Betrag von 44 € ist allerdings eine **Freigrenze**, achten Sie also darauf, ihn nicht zu überschreiten, denn sonst wird der volle Betrag steuerpflichtig. Außerdem müssen Sie wissen, dass die 44-€-Freigrenze nicht für eine einzelne Sachzuwendung gilt, vielmehr dürfen sämtliche kleinen Vorteile eines Monats zusammengerechnet diese Grenze nicht überschreiten.
Sehen Sie sich also vor, dass Ihnen nicht folgendes Malheur passiert: Ihr Chef schenkt Ihnen einen Tankgutschein über 25 Liter Superbenzin (Preis/l zzt. 1,62 €). Da Sie nur einen Gegenwert von 40,50 € erhalten haben, sind Sie noch auf der sicheren Seite. Erlaubt Ihnen aber Ihr Boss im selben Monat, ein Paket Kopierpapier im Wert von 3,99 € mit nach Hause zu nehmen, weil Sie vergessen hatten, rechtzeitig welches einzukaufen, schauen Sie schön blöd aus der Wäsche. Nun sind nämlich die kompletten 44,49 € (Tankgutschein und Kopierpapier) steuerpflichtig.

TRICK

Mit einer kleinen Zuzahlung retten Sie die Steuerfreiheit!

Das oben geschilderte Problem lösen Sie ganz einfach: Sie bezahlen Ihrem Arbeitgeber schlicht die 3 € für das Kopierpapier, und schon ist Ihr Gesamtvorteil unter 44 € und damit wieder im sicheren Bereich.

Stellen Sie sich einmal vor, Ihr Chef drückt Ihnen die Firmentankkarte in die Hand und erlaubt Ihnen, für 43 € zu tanken. Normalerweise ein schönes steuerfreies Geschenk. Nun passiert Ihnen aber beim Tanken ein Malheur: Sie passen nicht auf und beenden den Tankvorgang zu spät. Statt für 43 € ist für 48 € Kraftstoff geflossen.

Sie lösen das Problem elegant dadurch, dass Sie Ihrem Arbeitgeber nicht die Tankkarte mit Beleg, sondern zusätzlich 5 € in die Hand drücken. Auch in diesem Fall wird die Zuzahlung angerechnet und drückt den Vorteil unter die 44-€-Grenze.

Nicht unter die Bagatellgrenze fallen:

- die Nutzung Ihres Firmenwagens, für die die 1-%-Regelung gilt;
- Mahlzeiten im Betrieb sowie Kost und Logis, für die bereits die besonders günstigen Sachbezugswerte nach der Sachbezugsverordnung gelten, und

- Personalrabatte, für die Sie den viel günstigeren Rabattfreibetrag in Anspruch nehmen;
- Bezüge, für die die Lohnsteuer mit 25 % pauschal angesetzt wird:
  - Mahlzeiten im Betrieb, Essenmarken,
  - Betriebsveranstaltungen,
  - Erholungsbeihilfen,
  - Verpflegungszuschüsse bei Dienstreisen, Fahrtätigkeit etc.,
  - Computerschenkung oder Übernahme Ihrer privaten Internetkosten durch den Arbeitgeber,
- verbilligte Überlassung von Vermögensbeteiligungen;
- verbilligter Versicherungsschutz durch den Arbeitgeber.

TIPP

Ist die 44-€-Grenze bei Versicherungen vielleicht doch anwendbar?

Der Fiskus weigert sich schon lange, die Bagatellgrenze auf verbilligten Versicherungsschutz des Arbeitgebers anzuwenden. Der Knackpunkt liegt darin, dass die Bagatellgrenze nur bei Sachleistungen, nicht aber bei Barlohn greift. Barlohn liegt wohl immer dann vor, wenn der Arbeitgeber zwar die Beiträge ganz oder teilweise übernimmt, der Arbeitnehmer selbst aber Versicherungsnehmer ist. Ist dagegen der Arbeitgeber Versicherungsnehmer, weil er die Versicherung zugunsten des Arbeitnehmers abgeschlossen hat, kommt die 44-€-Bagatellgrenze zur Anwendung. So hat das jedenfalls der BFH für eine Gruppenkrankenversicherung entschieden (BFH v. 14.4.2011 – BStBl 2011 II S. 767). Bei der Versicherung, die der Arbeitgeber für seine Arbeitnehmer abgeschlossen hatte, lag die monatliche Beitragsvergünstigung für die einzelnen Arbeitnehmer unter 44 €. Ausschlaggebend war für den BFH, dass die Arbeitnehmer ausschließlich Anspruch auf Behandlung aus der Versicherung hatten und keine Geldleistungen beanspruchen konnten.

Trotz dieser Entscheidung will der Fiskus wieder kategorisch die 44-€-Bagatellgrenze für verbilligte Versicherungen ablehnen (BMF v. 10.10.2013 – BStBl 2013 I, S. 1301).

SUPER TRICK

So bekommen Sie trotz gestrichener Steuerbefreiung Ihr Jobticket weiter steuerfrei

45 Eigentlich sollen Sie nach dem Willen des Fiskus für Ihr verbilligtes Jobticket Steuern zahlen. Flugs nachgedacht, fällt aber auf, dass das Jobticket ja schließlich eine Fahrkarte ist, also eine Sache, die Sie verbilligt oder kostenlos von Ihrem Arbeitgeber beziehen. Also haben wir einen glasklaren Sachbezug, für den natürlich die 44-€-Freigrenze gilt.

Sie müssen gemeinsam mit Ihrem Arbeitgeber nur noch dafür sorgen, dass der steuerliche Vorteil aus Ihren verbilligten Fahrkarten nicht höher ist als 44 € im Monat. Wenn Ihr Arbeitgeber auf die Jobtickets einen Rabatt bekommt und diesen an Sie weitergibt, ist diese Verbilligung für Sie von vornherein kein Arbeitslohn.

Kostet das Jobticket Ihren Arbeitgeber also weniger als 44 €/Monat und bekommen Sie die Monatskarte kostenlos, ist der ganze Spaß für Sie nach wie vor steuerfrei.

Sind die Tickets teurer und Sie müssen einen Teil zuzahlen, können Sie den steuerfreien Teil des Jobtickets nach folgendem Schema selbst berechnen.

Regulärer Preis für eine Monatskarte	75,00 €
./. Preisnachlass des Verkehrsbetriebs für den Arbeitgeber	– 15,00 €
Vom Arbeitgeber bezahlt	50,00 €
Steuerlich maßgebend davon 96 % (4 % Unsicherheitsabschlag)	48,00 €
./. 44-€-Freigrenze	– 44,00 €
Zuzahlung zum Jobticket, die Sie mindestens leisten müssen	4,00 €

Wenn Sie in diesem Fall also mindestens 4 € zuzahlen, bleibt der restliche Vorteil von 71 € aus dem Jobticket steuer- und auch sozialversicherungsfrei. Auf so elegante Art und Weise dem Fiskus ein Schnippchen zu schlagen wird auch Ihrem Chef gefallen.

Das funktioniert allerdings nur, wenn Sie keine anderen verbilligten Sachbezüge bekommen (➤ Rz 44) und das Jobticket aus Monatskarten oder monatlichen Wertmarken besteht. Bei Jahreskarten will der Fiskus die Freigrenze nämlich nur in dem Monat zulassen, in dem Sie die Jahreskarte bekommen. Da dann aber der Vorteil von 12 Monaten zusammengeballt in einem Monat zufließt, ist in der Regel die Grenze von 44 € überschritten und damit der schöne Vorteil aus der Freigrenze zum Teufel.

Rückendeckung bekommt der Fiskus durch den Bundesfinanzhof. Der hat nämlich die wenig steuerzahlerfreundliche Haltung des Fiskus bestätigt und rechnet beim Jahresticket den gesamten Vorteil dem Monat zu, in dem Sie Ihr Ticket bekommen. Dabei ist egal, dass Sie das Ticket in monatlichen Raten bezahlen (BFH v. 14.11.2012 – VI R 56/11, BStBl 2013 II S. 382).

TIPP

Was für Jobtickets recht ist, ist für andere Fahrkarten und Flugtickets nur billig!

Wenn Sie mit dem Auto zur Arbeit fahren, profitieren Sie natürlich nicht von **46**
Jobtickets. Wie wäre es dann mit einer schönen Städtereise per Bahn oder Flugzeug nach Berlin, Hamburg oder München? Ihre Fahrkarte lassen Sie sich vom Arbeitgeber besorgen. So kann er Ihnen die Kosten mit bis zu 44 € im Monat sponsern.

Rabattfreibetrag 1.080 € **47**
Gibt's in Ihrem Betrieb Personalrabatt? Wenn nicht, schlagen Sie Ihrem Chef vor, er möchte bei guter Gelegenheit Personalrabatte als geldwerte Vorteile einräumen. Warum? Den Rabatt hält der Fiskus für einen Teil des Arbeitslohns, lässt aber einen Vorwegabschlag von 4 % des Listenpreises und zusätzlich bis zu 1.080 € (Jahresbetrag) steuerfrei. Das sind ca. 173 bis 519 € jährlich an Lohnsteuer eingespart!

Beispiel

Endpreis der Ware im Einzelhandel z.B.	6.250 €
./. Abschlag, 4 % von 6.250 €	– 250 €
Vergleichswert	6.000 €
./. Personalpreis bei 25 % Rabatt	– 4.688 €
Geldwerter Vorteil	1.312 €
./. Rabattfreibetrag (§ 8 Abs. 3 EStG)	– 1.080 €
Steuerpflichtiger Arbeitslohn	232 €

Bis zu welchem Warenwert Einkäufe mit Rabatt steuerfrei bleiben, zeigt die folgende Übersicht:

Bis 4 % Rabatt: steuerfreier Einkauf	unbegrenzt
5 % Rabatt: steuerfreier Einkauf bis	108.400 €
10 % Rabatt: steuerfreier Einkauf bis	18.000 €
15 % Rabatt: steuerfreier Einkauf bis	9.818 €
20 % Rabatt: steuerfreier Einkauf bis	6.750 €
25 % Rabatt: steuerfreier Einkauf bis	5.143 €

Den Rabattfreibetrag gibt es insbesondere für

- alle Sachen (Lebensmittel, Kleidung, Autos etc.),
- Strom, Gas, Wasser, Fernwärme,
- Beförderungsleistungen,
- Beratungen,
- Kontoführung,
- Vermittlungsleistungen,
- Reiseleistungen,
- Versicherung,
- Vermietung von Immobilien,
- Vermietung/Gebrauchsüberlassung von beweglichen Sachen (z.B. Pkw, Segelboot, Wohnmobil),
- Darlehen.

TRICK

Speziell für Krankenschwestern, Altenpfleger, Köche, Kellner, Bedienungen

48 Sie alle stehen vor dem Problem, dass der Fiskus Ihnen einen steuerpflichtigen Sachbezug ans Bein binden will, wenn Sie im Betrieb kostenlos oder verbilligt essen können.

Variante 1
Sie versteuern jeweils den amtlichen Sachbezugswert, also pro Mittag- oder Abendessen je 3,00 € (2014) ohne weitere Abzüge.

Variante 2
Sie versteuern den tatsächlichen Preis, den das Essen normalerweise kosten würde, allerdings unter Berücksichtigung des Rabattfreibetrags von 1.080 € und des Bewertungsabschlags von 4 %.

Wenn Sie in der Arbeit speziell zubereitete Mahlzeiten erhalten, die den Patienten oder Gästen nicht serviert werden, ist die Sache eindeutig. In diesem Fall muss Ihr Brötchengeber bei der Versteuerung zwingend von der Differenz zwischen amtlichem Sachbezugswert und Ihrer eventuellen Zuzahlung ausgehen. Demgegenüber haben Sie die Art und Höhe der Versteuerung in der Hand, wenn Ihnen dieselbe Verpflegung aufgetischt wird. Grundsätzlich ist in einem solchen Fall die Rabattregelung anzuwenden, die dann allerdings von den hohen Preisen ausgeht, die den Patienten bzw. Gästen abverlangt werden.

Angenommen, Sie arbeiten als Kellner an 240 Tagen im Jahr im Restaurant »Zur goldenen Gans« und bekommen als Abendessen jeweils kostenlos ein Gericht Ihrer Wahl aus dem Speisenangebot. Im Durchschnitt liegt der Preis des Gerichts, für das Sie sich entscheiden, bei etwa 10 €. Ihr Chef rechnet dann beim Lohnsteuerabzug wie folgt:

Üblicher Preis 240 Tage à 10 €	2.400 €
./. Bewirtungsabschlag 4 %	– 96 €
	2.304 €
./. Rabattfreibetrag	– 1.080 €
Steuerpflichtiger Teil der kostenlosen Verpflegung	1.224 €

Die Versteuerung können Sie in diesem Fall deutlich günstiger gestalten, wenn Ihr Brötchengeber sich entschließt, die eventuelle Steuer auf Mahlzeiten pauschal mit 25 % zu tragen. Durch die Pauschalierung fliegen Sie nämlich automatisch aus der Rabattregelung. Die Folge ist, dass die Bewertung der Verpflegung mit dem amtlichen Sachbezugswert vorgenommen wird. Die Rechnung sieht dann so aus:

240 Mahlzeiten à 3,00 €	720 €

Wie Sie sehen, ist schon die Bemessungsgrundlage bei Pauschalierung der Lohnsteuer um ca. 504 € günstiger. Hinzu kommt für Sie der Vorteil, dass die Pauschalsteuer von lediglich 25 % grundsätzlich vom Arbeitgeber getragen wird und keine Sozialversicherungsbeiträge anfallen.

TIPP

Rabattregelung statt Pauschalsteuer

Nicht immer ist die Variante Pauschalierung und Ansatz der Sachbezüge für Sie und Ihren Brötchengeber günstiger. Liegen Ihre geldwerten Vorteile aus der Gewährung der Mahlzeiten unter oder nur geringfügig über dem Rabattfreibetrag, **bringt die Rabattregelung für Sie Vorteile,** weil sie dazu führt, dass bis zu 1.080 € Ihres Vorteils unversteuert bleiben. Hätten Sie im obigen Beispiel nur 100 Mahlzeiten erhalten, hätte sich folgende Rechnung ergeben:

Üblicher Preis 100 Tage à 10 €	1.000 €
./. Bewertungsabschlag 4 %	– 40 €
	960 €
./. Rabattfreibetrag	– 1.080 €
Steuerpflichtiger Teil der kostenlosen Verpflegung	0 €

Bei Pauschalierung und Ansatz der Sachbezugswerte hätte sich dagegen ein steuerpflichtiger Arbeitslohn in Höhe von 100 Mahlzeiten à 3,00 € = 300 € ergeben.

SUPER TRICK

Lassen Sie sich vom Finanzamt die Miete bezahlen!

49 Pochen Sie auf Ihr Recht und verlangen, dass Sie mit allen anderen Arbeitnehmern, die Personalrabatte erhalten, gleich behandelt werden. Ist Ihr Arbeitgeber z. B. in der Wohnungsbranche tätig und überlässt Ihnen verbilligt eine seiner Wohnungen? Sie versteuern keine Preisvorteile mehr, die nicht höher als 1.080 € liegen.

Für Ihre monatliche Mietverbilligung um 150 € auf 350 € ergibt sich für Sie z. B. folgende Rechnung:

Übliche Monatsmiete	500 €	× 12 =	6 000 €
./. Abschlag 4 %			– 240 €
			5 760 €
./. tatsächlich gezahlte Miete	350 €	× 12 =	– 4 200 €
Geldwerter Vorteil			1 560 €
./. Rabattfreibetrag			– 1 080 €
Steuerpflichtiger Arbeitslohn			480 €

Von dem tatsächlichen Vorteil aus der Mietverbilligung von 1.800 € (150 € × 12) versteuern Sie also nur 480 €. Ihre Steuerersparnis (inkl. Kirchensteuer und Solidaritätszuschlag) darauf beträgt je nach Einkommen zwischen 212 € und 680 €. Wie Sie sehen, bezahlt Ihnen der Fiskus im günstigsten Fall fast zwei Monate lang Ihre Wohnung.

TRICK

Kassieren Sie den Rabattfreibetrag zweimal!

Wenn Sie im laufenden Jahr Ihren Arbeitgeber wechseln, sollten Sie beim ver- 50
billigten Personaleinkauf in der alten Firma noch einmal richtig zuschlagen und den Rabattfreibetrag ausschöpfen. Den gibt es nämlich für jedes Arbeitsverhältnis, auch für einen Minijob, den Sie nebenher machen. Statt 1.080 € bleiben dann 2.160 € (oder je nach Anzahl der Arbeitsverhältnisse noch mehr) steuerfrei. Den doppelten Rabattfreibetrag können Sie auch kassieren, wenn Sie mit Ihrem Ehegatten in derselben Firma arbeiten. Sie müssen dazu bei größeren Anschaffungen den Kaufvertrag nur gemeinsam abschließen. Auf diese Weise bleiben vom Rabatt für jeden 1.080 € steuerfrei. Dieser Trick funktioniert ebenfalls mit anderen Angehörigen.

Angenommen, Sie arbeiten mit Ihrem Ehepartner zusammen bei einem Autohändler. Sie kaufen ein Auto und schließen den Kaufvertrag zusammen ab. Die Rechnung für das Finanzamt sieht dann bei einem Rabatt von 20 % z.B. so aus:

Listenpreis des Autos	15.000 €
./. 4 % Abschlag	– 600 €
	14.400 €
./. Kaufpreis (15.000 € – 3.000 € Rabatt)	– 12.000 €
Vorteil	2.400 €
./. Ihr Rabattfreibetrag	– 1.080 €
./. Rabattfreibetrag Ihres Ehepartners	– 1.080 €
steuerpflichtig	240 €

SUPER TRICK

Gängige Rabatte des Arbeitgebers gelten auch für Sie!

Gehören Sie zu dem Kreis der Begünstigten, die Personalrabatte gewährt be- 51
kommen, müssen Sie unbedingt wissen, dass die Fiskalritter bei der Berechnung der Steuer in der Regel von dem »Endpreis« ausgehen, der auf dem Preisschild oder in der Preisliste steht und mit dem Ihr Arbeitgeber in die Verkaufsverhandlungen mit seinen Kunden startet. Bei der Ermittlung des tatsächlichen Endpreises akzeptiert der Fiskus dank Nachhilfe vom BFH nun endlich, dass von dem Preis lt. Preisliste die üblichen Preisnachlässe abgezogen werden, die Kunden normalerweise eingeräumt werden (BMF v. 16.5.2013 – BStBl II S. 729).

Also gibt es zwei Möglichkeiten, den günstigen tatsächlichen Preis als Basispreis für Ihren Personalrabatt zu bekommen. Entweder weist der Arbeitgeber die durchschnittlichen Kundenrabatte nach, oder er zeichnet die Waren gleich mit dem günsitgeren Endpreis aus und schreibt z.B. Folgendes auf das Preisschild:

1-a-Spitzen-Einbauküche »Kochprofi«	
Katalog-/Listenpreis	10.000 €
unser Spezialhauspreis nur	7.500 €

Und schon wird bei der Berechnung Ihres Arbeitslohns aus dem Rabatt für die von Ihnen gekaufte Küche von 7.500 € ausgegangen statt von 10.000 €.

TRICK

Suchen Sie sich einen günstigeren Preis im Internet!

52 Verzichten Sie auf den Rabattfreibetrag! Auch wenn Sie es im ersten Moment nicht glauben wollen: Das kann tatsächlich für Sie günstiger sein. Statt der Rabattregelung mit Freibetrag können Sie die allgemeine Bewertung für Sachbezüge wählen. Während sie bei der Rabattregelng auf die Preise des Arbeitgebers festgelegt sind, können Sie bei der allgemeinen Sachbezugsbewertung (§ 8 Abs. 2 EStG) als Berechnungsgrundlage den günstigsten Preis im Inland wählen, den Sie ausfindig machen können.
Wenn Sie also z.B. die Küche, die Ihr Arbeitgeber mit allen Preisnachlässen für 7.500 € anbietet, für 6.000 € finden. können Sie bei Ihrer Einkommensteuerveranlagung darauf bestehen, dass das Finanzamt den Vorteil auf der Basis des günstigeren Preises berechnet. Allerdings darf dann der Freibetrag von 1.080 € nicht mehr abgezogen werden.

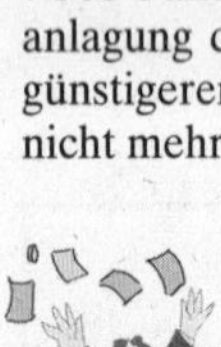

TRICK

Mit Hilfe des Betriebsrats steuerfreie Rabatte ergattern

53 Vorsicht ist geboten, wenn Sie bei Kunden oder befreundeten Unternehmen Ihres Brötchengebers zu Sonderkonditionen einkaufen können. Hat Ihr Arbeitgeber beim Aushandeln dieser Preisvorteile die Hände im Spiel, werden Ihnen die Fiskalakrobaten den Rabatt als Arbeitslohn anhängen mit der Begründung, es liege ein »Beziehungskauf« und damit eine Arbeitslohnzahlung von dritter

Seite vor (BMF-Schreiben v. 27.9.1993 – BStBl 1993 I S. 814). Den Rabattfreibetrag sollen Sie aber nicht bekommen, da der Rabatt nicht unmittelbar von Ihrem Arbeitgeber eingeräumt wurde. Wenn man so etwas liest, bleibt einem glatt die Spucke weg.
Um die Rabatte dennoch steuerfrei zu kassieren, bleibt die Hintertür über den Betriebsrat. Bringen Sie ihn dazu, mit der Leitung Ihres Betriebs eine Vereinbarung zu treffen, nach der der Betriebsrat in eigenem Namen mit Kunden, Lieferanten etc. über Preisnachlässe für die Betriebsangehörigen verhandelt. Solcherart ausgehandelte Rabatte sind für Sie steuerfrei.
Ihr Brötchengeber selbst soll sich schön im Hintergrund halten und seine Mithilfe darauf beschränken, Angebote an seine Arbeitnehmer zu dulden, sie z.B. selbst am Schwarzen Brett bekanntzumachen oder Ihnen eine Bescheinigung über die Betriebszugehörigkeit auszustellen.

TIPP

Ein Abschlag von 4 % ist immer drin!

Falls aus irgendeinem Grund der Kniff mit dem Betriebsrat nicht klappt und man Ihnen den Rabattfreibetrag nicht zugestehen will, haben Sie zumindest **Anspruch auf einen Abschlag von 4 % des Ladenpreises**.

Die Rechnung sieht dann z.B. beim Kauf eines Fernsehers mit 10 % Rabatt bei einem befreundeten Unternehmen so aus:

Ladenpreis des Fernsehers	1.250 €
./. 4 %	– 50 €
	1.200 €
./. Ihr Kaufpreis	– 1.125 €
steuerpflichtiger Rabatt	75 €

Statt Ihres tatsächlichen Rabatts von 125 € versteuern Sie also nur 75 €.

SUPER TRICK

Lassen Sie sich als Teilzeitkraft mit verbilligten Waren bezahlen!

Beim Lohn für Teilzeitkräfte fallen in der Regel bis zu 30,99 % pauschale Bei- 54
träge zu Sozialversicherungen, Umlagen und pauschale Steuern an. Aber da Arbeitslohn alles ist, was Sie für Ihre Tätigkeit im Dienst der Firma erhalten, kann niemand etwas dagegen haben, wenn der Lohn in verbilligter Firmenware

statt in bar ausgezahlt wird. Es können sogar Preisnachlässe von 100 % eingeräumt werden. Wenn also beim Personaleinkauf nichts zugezahlt wird, bleibt der Lohn bis zu 1.125 € zusätzlich steuerfrei (§ 8 Abs. 3 EStG).

Ladenendpreis an erhaltenen Waren	1.125 €
./. 4 % Abschlag	– 45 €
./. Rabattfreibetrag	– 1.080 €
steuerpflichtig	0 €

Und Ihre Firma spart pauschale Steuern und Sozialversicherung inkl. Umlagen von 30,99 % auf 1.125 € = 348,64 €.

Wichtiger Hinweis:
Damit der Rabattfreibetrag problemlos greift, müssen Sie eine Gehaltsumwandlung vermeiden. Haben Sie nämlich laut Arbeitsvertrag Anspruch auf Lohn in Geld und bekommen stattdessen Waren, soll nach dem Willen des BFH der Rabattfreibetrag nicht anwendbar sein (BFH-Urt. v. 6.3.2008 – BStBl 2008 II S. 530). Das Problem umgehen Sie aber ganz einfach, indem Sie neben dem Barlohn als Vergütung in Ihrem Arbeitsvertrag den Warenbezug bei Ihrem Arbeitgeber festlegen.

55 Ihr Arbeitgeber kann Ihnen auch günstiger ein *Kraftfahrzeug verkaufen.* Doch aufgepasst, denn dem Lohnsteuerprüfer läuft gleich das Kinnwasser, wenn er auf solche Geschäfte stößt. Argwöhnt er doch, dass Ihnen klammheimlich Vorteile aus dem Arbeitsverhältnis eingeräumt worden sein könnten, die steuerpflichtigen Lohn darstellen. Damit bei einem Gebrauchtwagenkauf solche Erörterungen gar nicht erst aufkommen, sollten Sie z. B. den Preis lt. Marktspiegel der DAT oder lt. Schwacke-Liste zugrunde legen. Der Fiskus akzeptiert aber nicht den niedrigeren Händlereinkaufspreis, sondern nur den höheren Händlerverkaufspreis inkl. Umsatzsteuer (BFH v. 17.6.2005 – BStBl II 2005 S. 795).

SUPER TRICK

Schlagen Sie dem Finanzamt mit einer Delle im Kotflügel ein Schnippchen!

56 Gut, dass Sie Ihren künftigen fahrbaren Untersatz zusammen mit Ihrem Chef genauer unter die Lupe genommen haben, sonst wären Ihnen die Dellen in der Stoßstange und im Kotflügel sicher entgangen. Im Kaufvertrag notieren Sie diesen leichten Unfallschaden und nehmen so dem eifrigen Lohnsteuerprüfer den Wind aus den Segeln, wenn er Ihnen mit einem angeblichen Vorteil wegen zu niedrigen Kaufpreises kommt.

Den Rabattfreibetrag von 1.080 € bekommen Sie nur für den Bezug von Waren 57
und Dienstleistungen, mit denen Ihr Arbeitgeber regelmäßig handelt. Es muss sich dabei nicht um sein Kerngeschäft handeln. Deshalb bekommen Sie z.B. als Krankenhausangestellte den Rabattfreibetrag, wenn Sie Medikamente aus der Krankenhausapotheke kostenlos oder verbilligt erhalten (BFH-Urt. v. 27.8.2002 – BStBl 2003 II S. 95).
Allerdings darf Ihr Arbeitgeber vergleichbare Geschäfte nicht nur überwiegend mit seiner Belegschaft machen (BFH – BStBl II 1995 S. 338 und BStBl II 1997 S. 363). So meinen die Richter beim BFH, dass es bei einem Arbeitgeberdarlehen keinen Rabattfreibetrag geben darf, wenn der Arbeitgeber nur gelegentlich Kredite auch an Nichtarbeitnehmer vergibt, z.B. an Tochterunternehmen oder an Banken (Urt. v. 18.9.2002 – BStBl 2003 II S. 371). Ihr Arbeitgeber muss die betreffenden Geschäfte also schon mehr als nur gelegentlich auch mit Kunden oder anderen nicht bei ihm beschäftigten Personen machen.

TRICK

Kassieren Sie den Mietrabatt von Ihrem Arbeitgeber steuerfrei!

Ist Ihr Brötchengeber ein Wohnungsunternehmen und überlässt Ihnen eine 58
Wohnung für weniger als die übliche Miete, ist der Abzug des Rabattfreibetrags selbstverständlich. Aber auch bei anderen Arbeitgebern kommt der Rabattfreibetrag für eine verbilligte Vermietung zur Anwendung, wenn entsprechende Wohnungen auch an Fremde vermietet werden. So hat der BFH einem Hausmeister den Rabattfreibetrag zuerkannt, weil sein Arbeitgeber andere Hausmeisterwohnungen an Nichtarbeitnehmer vemietet hatte (BFH v. 16.2.2005 – BStBl 2005 II S. 529).

Steuerfrei sind außerdem **Mitgliedsbeiträge**, wenn Sie im betrieblichen Inter- 59
esse einem Verein oder Club (etwa Industrieclub) beigetreten sind (BFH v. 20.9.1985 – BStBl 1985 II S. 718) oder einem Wirtschaftsclub (Niedersächsisches Finanzgericht v. 6.7.2007 – 11 K 192/04). Das gilt leider nicht für Kammerbeiträge für den angestellten Geschäftsführer einer Wirtschaftsprüfungs- und Steuerberatungsgesellschaft (BFH v. 17.1.2008 – BStBl 2008 II S. 378) oder die vom Arbeitgeber getragenen Beiträge zur Berufshaftpflichtversicherung einer Rechtsanwältin (BFH v. 26.7.2007 – BStBl 2007 II S. 892).

Unter der Überschrift Betriebssport unter gleichzeitiger Förderung des Be- 60
triebsklimas kann der Arbeitgeber seiner Belegschaft betriebseigene **Tennis**- oder **Squashplätze** zur Verfügung stellen, ohne dass daraus steuerpflichtige

geldwerte Vorteile entstehen. Bei solchen Vorteilen spricht man nämlich von Zuwendungen im überwiegend eigenbetrieblichen Interesse des Arbeitgebers. Anders sieht die Sache allerdings aus, wenn der Arbeitgeber nicht über eigene Anlagen verfügt, sondern die Plätze anmietet. In diesem Fall stellt die Überlassung steuerpflichtigen Arbeitslohn dar (BFH v. 27.9.1996, BStBl 1997 II S. 146). Wenn Sie jedoch nur zwei- bis dreimal im Monat den Platz nutzen und die gesparte Platzmiete für Sie nicht über 44 € liegt, bleiben Sie aufgrund der **44-€-Freigrenze** steuerfrei ➤ Rz 44.

61 **Unterstützungen in Notfällen**

Ein Notfall liegt regelmäßig vor bei Krankheit, Tod oder einem Unglücksfall und wenn der Arbeitnehmer keine Erstattungen von Dritten, z. B. einer Versicherung, zu erwarten hat. Für die Frage, ob und in welchem Umfang Unterstützungen Ihres Brötchengebers dann steuerfrei bleiben können, kommt es entscheidend darauf an, wie groß Ihr Betrieb ist und ob es dort eine Personalvertretung gibt.
Bei Betrieben mit mehr als fünf Arbeitnehmern gibt es drei Möglichkeiten, steuerfreie Zahlungen zu organisieren:

1. Der Arbeitgeber gründet eine selbständig rechtsfähige Unterstützungskasse (meistens in der Rechtsform eines e.V.) und stattet sie mit entsprechenden Mitteln aus. Die Beihilfen werden dann von der Unterstützungskasse entsprechend ihrer Satzung gezahlt.
2. Der Arbeitgeber stellt der Personalvertretung entsprechende Mittel zur Verfügung, aus denen diese Beihilfen und Unterstützungen zahlt.
3. Der Arbeitgeber zahlt selbst nach einheitlichen, allgemeinen Grundsätzen, die verbindlich mit der Personalvertretung abgestimmt wurden. In diesem Fall ist allerdings bei jeder Beihilfezahlung die ausdrückliche Zustimmung der Personalvertretung erforderlich. Ein Tipp: Die Zustimmung sollte jeweils kurz schriftlich festgehalten und zu den Lohnunterlagen genommen werden für den Fall, dass der Lohnsteueraußenprüfer des Finanzamts die Zahlungen unter die Lupe nimmt.

Sind diese Anforderungen erfüllt, bleiben Unterstützungen in Notfällen bis zu 600 € ohne weitere Voraussetzungen steuerfrei. Bis zu dieser Höhe spielt das Einkommen des Unterstützten keine Rolle. Liegt hingegen eine besondere Notlage vor, sind auch höhere Beihilfen, praktisch ohne betragsmäßige Begrenzung, steuerfrei. In diesem Fall kommt es aber ganz entscheidend darauf an, wie viel der Arbeitnehmer verdient und ob es ihm nicht doch zuzumuten wäre, die Kosten aus dem eigenen Einkommen zu tragen. Im Klartext bedeutet das, dass die gleiche Beihilfe beim Fließbandarbeiter anders zu beurteilen ist als bei einem wesentlich besser verdienenden leitenden Angestellten.
Bei Umweltkatastrophen, z. B. Hochwasserschäden, wird die max. Höhe der steuerfrei möglichen Unterstützungen in einem sog. Katastrophenerlass des BMF und der Länderfinanzministerien verbindlich festgelegt.

SUPER TRICK

So kommen Sie an eine besonders billige private Krankenversicherung!

Als Besserverdienender sind Sie nicht mehr krankenversicherungspflichtig. 62
Entscheiden Sie sich deshalb für eine private Krankenversicherung, kann Sie das eine ganze Stange Geld kosten, obwohl der Arbeitgeber in der Regel einen Zuschuss zumindest in Höhe des Arbeitgeberanteils in der gesetzlichen Krankenversicherung beisteuert. Doch können Sie sich die Möglichkeit steuerfreier Beihilfen zunutze machen. Viele Krankenkassen bieten nämlich erheblich billigere Sondertarife an, wenn die ersten 600 € Krankheitskosten im Jahr von der Erstattung ausgeschlossen werden. Diesen Eigenanteil, auf dem Sie sitzenbleiben, soll Ihnen Ihr Brötchengeber als Beihilfe steuerfrei erstatten. Durch diesen Kniff sparen nicht nur Sie ganz enorm an Krankenversicherungsbeiträgen, meistens ist auch für Ihren Arbeitgeber die Ersparnis bei seinem Pflichtzuschuss so groß, dass er trotzdem noch ein gutes Geschäft macht.

Mahlzeiten vom Betrieb 63

Gibt es in Ihrem Betrieb eine Kantine, wird Ihnen für jede Mahlzeit, die Sie kostenlos erhalten, pauschal der Wert der Mahlzeit aus der Sachbezugsverordnung als Arbeitslohn zugerechnet. Müssen Sie Ihr Essen dagegen bezahlen und entspricht der Preis mindestens den Sachbezugswerten, entfällt die Versteuerung.
Um Sie von dieser Steuer zu verschonen, kann Ihr Arbeitgeber die Vorteile aus den Mahlzeiten pauschal mit 28,125 % versteuern (§ 40 Abs. 2 EStG).
2014 sind für Mahlzeiten folgende Beträge anzusetzen:

	Mahlzeit	Sachbezugswert	Pauschalsteuer (28,125 %)
Arbeitnehmer inkl. Jugendliche/ Azubis	Frühstück	1,63 €	0,46 €
	Mittagessen	3,00 €	0,84 €
	Abendessen	3,00 €	0,84 €

Pauschalsteuer = Lohnsteuer 25 %, darauf Solidaritätszuschlag 5,5 % + Kirchensteuer, länderspezifisch, z.B. 7 %

Betriebsveranstaltungen 64

Steuerfrei sind auch *Aufwendungen für Betriebsveranstaltungen,* d.h. für Betriebsausflüge und -feste oder Weihnachtsfeiern – sofern sie allen Arbeitnehmern des Betriebs oder zumindest der Filiale oder Abteilung offenstehen. Wäre ja auch hirnrissig, hieraus Arbeitslohn herzuleiten, denn schließlich ist in erster Linie die Firma selbst an solchen Veranstaltungen interessiert, die das Betriebsklima verbessern sollen.

Nun kommt allerdings der Fiskus und schränkt ein, nur übliche Betriebsveranstaltungen seien steuerfrei. Und was üblich ist, das misst er an zwei Kriterien: nicht zu oft – höchstens zweimal im Jahr (BFH v. 16.11.2005 – VI R 68/00); nicht zu teuer – bis 110 € pro Teilnehmer, das wäre angemessen (BFH v. 16.11.2005 – BStBl II 2006 S. 439 und BStBl II 2006 S. 442). Die Dauer der Veranstaltung spielt keine Rolle. Auch mehrtägige Veranstaltungen mit Übernachtung können steuerfrei sein, sofern die Kosten nicht über 110 € je Teilnehmer liegen (BFH v. 16.11.2005 – BStBl II 2006 S. 439). (Quelle: R 19.5 LStR)

Aufgepasst: Hier lauert eine böse Steuerfalle, wenn an der Betriebsveranstaltung auch Angehörige teilnehmen. Nach stark umstrittener Auffassung des Fiskus soll nämlich jedem Arbeitnehmer der Kostenanteil für seinen Begleiter wie Ehegatten, Freundin, Lebenspartner etc. ans Bein gebunden werden! Kommt er dadurch über die 110-€-Grenze, ist der Spaß für ihn steuerpflichtig.

TIPP

Üblich bleibt üblich, auch wenn der Partner mitfeiert!

65 Der BFH hat dem Fiskus bei der viel zu kleinlichen Berechnung der 110-€-Grenze kräftig auf die Finger geklopft. Zwar hält er die Höhe der Grenze nach wie vor für zeitgemäß, doch seines Erachtens rechnen die Finanzämter viel zu viele Kosten mit ein. Nach Meinung der obersten Finanzrichter in München dürfen nur solche Kosten der Veranstaltung berücksichtigt werden, die für Sie einen unmittelbaren Vorteil darstellen, die Sie im tatsächlichen oder übertragenen Sinn sozusagen konsumieren können (BFH v. 16.5.2013 – VI R 94/10, BFH NV 2013 S. 1846).

Dazu gehören vorrangig Kosten für
- Speisen,
- Getränke,
- Musik, künstlerische Darbietungen etc.

Kosten, die nur für die äußerliche Ausgestaltung der Betriebsveranstaltungen anfallen, sind dagegen nicht zu berücksichtigen, als da wären:
- Kosten der Organisation,
- Kosten der Buchhaltung,
- Kosten für einen Event-Manager,
- Reisekosten für die An- und Abreise zur Betriebsveranstaltung

Das war der erste Schlag ins Kontor. Der zweite folgte unmittelbar. Die unselige Handhabung, nach der Ihnen als Arbeitnehmer der Kostenanteil für eine Begleitung zur Betriebsveranstaltung zugerechnet wird, hatte vor den strengen

Augen des BFH keinen Bestand. Er sagt klipp und klar: Die Kosten für die Veranstaltung müssen auf die Anzahl der Teilnehmer – egal ob Arbeitnehmer, Kunden oder Begleitpersonen – aufgeteilt werden. Liegt der Pro-Kopf-Anteil nicht über 110 €, ist die Veranstaltung steuerfrei. Beträgt also der Kostenanteil pro Kopf beim Betriebsfest z.B. 100 €, bleibt es für Sie auch dann bei der Steuerfreiheit, wenn Sie Ihre bessere Hälfte zu der Varanstaltung mitgenommen haben. Sollte das Finanzamt weiterhin eine andere Meinung vertreten, wehren Sie sich unter Hinweis auf die glasklare BFH-Entscheidung (BFH v. 16.5.2013 – VI R 7/11, BFH NV 2013 S.1848).

TRICK

Vom Arbeitgeber gesponserter Wochenendtrip an die See!

Auch **Barzuschüsse** des Arbeitgebers zu einer von der Belegschaft selbst oder 66
der Personalvertretung organisierten Betriebsveranstaltung bleiben steuerfrei, sofern alle Betriebsangehörigen oder bei abteilungsweisen Veranstaltungen alle Angehörigen der jeweiligen Abteilung daran teilnehmen können. Auch hier darf der Zuschuss pro Teilnehmer die Grenze von 110 € nicht übersteigen (BFH v. 16.11.2005 – BStBl II 2006 S.437). Wenn Sie und Ihre Kollegen also einmal einen Ausflug, auch übers Wochenende oder über mehrere Tage, z.B. an die Nordsee oder zum Skilaufen in die Berge machen wollen, kann Ihr Arbeitgeber das durch einen saftigen Zuschuss in die Kasse sponsern.

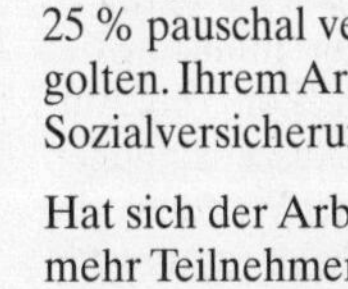

TIPP

für teure Betriebsveranstaltungen

Ausweg in diesem Fall: Der Arbeitgeber kann diesen Teil des Arbeitslohns mit 67
25 % pauschal versteuern. Vorteil für Sie: Mit der Pauschalsteuer ist alles abgegolten. Ihrem Arbeitgeber tut das übrigens nicht sehr weh, denn er spart sich die Sozialversicherungsbeiträge von immerhin auch gut 20 %.

Hat sich der Arbeitgeber bei der Veranstaltung verkalkuliert und mit erheblich mehr Teilnehmern gerechnet, als tatsächlich erschienen sind, kann er einen Teil der Kosten aus der Versteuerung ausklammern. Schließlich kann der Fiskus den tatsächlichen Teilnehmern ja nicht dafür einen Vorteil zurechnen, dass der Arbeitgeber das halbe Büfett in den Müll werfen musste, weil statt der erwarteten 100 nur 50 Leute gekommen sind (FG Düsseldorf v. 17.1.2011 – 11 K 908/10 L).

WICHTIGER HINWEIS

Keine Pauschalierung der Steuer bei begrenztem Personenkreis!

Eine z.B. den Führungskräften vorbehaltene Veranstaltung ist nach dem Willen des Fiskus mangels Offenheit des Teilnehmerkreises keine Betriebsveranstaltung. In einem solchen Fall bleibt nur die Möglichkeit, den Vorteil für die Arbeitnehmer mit dem viel höheren individuell für den Teilnehmerkreis berechneten Nettosteuersatz pauschal zu versteuern (§ 40 Abs. 1 EStG) oder jedem Arbeitnehmer seinen Anteil zuzurechnen und über die Steuerkarte zu versteuern. In beiden Fällen kostet die ganze Angelegenheit erheblich mehr Steuern und entfällt zudem die Sozialversicherungsfreiheit (BFH v. 15.1.2009 – VI R 22/06).

SUPER TRICK

Organisationstalente, Personalchefs und Betriebsratsmitglieder feiern steuerfrei!

68 Geraten Sie in Gefahr, dass für Sie der Ausflug steuerpflichtig wird, z.B., weil Sie unbedingt Ihren Partner mitnehmen wollen, greifen Sie zu einem Kniff. Melden Sie sich freiwillig zum Organisieren des Betriebsausflugs oder als Begleitperson an. Für Sie ist damit die ganze Veranstaltung kein steuerpflichtiges Vergnügen mehr, sondern harte Arbeit. Das bedeutet jedoch nicht, dass Sie sich nicht zwischendurch einmal einen genehmigen können oder nicht etwa das Tanzbein schwingen dürften. Schließlich sind Sie als Mitorganisator dafür verantwortlich, dass die Getränketemperatur und der Zustand der Tanzfläche einer regelmäßigen Kontrolle unterzogen werden. Oder sind Sie da anderer Meinung? Scherz beiseite! Einen perfekten beruflichen Anstrich Ihrer Teilnahme am Betriebsausflug haben Sie, wenn es Ihnen darzulegen gelingt, dass Sie unter erheblichem Zeitaufwand für die organisatorische Durchführung der Reise verantwortlich waren. Es genügt aber auch, wenn Sie ganz konkrete Aufgaben übernommen haben, z.B. die offizielle Verleihung von Auszeichnungen an verdiente Mitarbeiter oder an die Gewinner innerbetrieblicher Wettbewerbe (BFH v. 18.2.1994 – BFH-NV 1994 S. 708). Ein zusätzlicher Vorteil ist, dass Sie als Mitorganisator in offizieller betrieblicher Mission eine Dienstreise machen. Dauert die ganze Aktion über 8 Stunden, müssen Sie für Ihr Mittag- und Abendessen keinen Sachbezugswert für Mahlzeiten versteuern, können im Gegenzug aber auch keine Verpflegungspauschale absetzen.

Ab der dritten und für jede weitere Betriebsveranstaltung im Jahr kassiert der Fiskus Lohnsteuer. Allerdings gilt das nicht für den Teil der Kosten, der auf die Organisatoren entfällt oder auf andere Teilnehmer, die in offizieller Mission, z.B. als Personalchef oder Betriebsratsmitglied, an der Veranstaltung teilnehmen müssen (BFH v. 16.11.2005 – BStBl II 2006 S. 440).

SUPER TRICK

Jubilare feiern steuerfrei!

Haben Sie nach zehn, 20, 25, 30, 40 oder gar 50 Berufsjahren Ihr Arbeitnehmer- 69
jubiläum, soll Ihr Chef eine schöne Feier organisieren. Diese wird nicht als Betriebsveranstaltung gewertet, kommt also dem Betriebsausflug und der Weihnachtsfeier nicht in die Quere. Aufwendungen bis zu 110 € pro Teilnehmer sind somit nach R 19.5 Abs. 2 Nr. 3 LStR steuerfrei; darin darf sogar ein Geschenk im Wert von bis zu 40 € (ab 2015: 60 €) enthalten sein.

GUTER RAT

Schwierigkeiten mit der Kostengrenze von 110 € je Teilnehmer beim Betriebs- 70
ausflug? Da gibt es einen ganz einfachen Kniff. Am ersten Tag wird ein buntes Programm mit Musik und Tanz veranstaltet; am zweiten Tag geht es zu einem Kunden der Firma, um dessen Betrieb zu besichtigen. Schon wird aus dem Betriebsausflug eine teilweise dienstlich veranlasste Reise. Der Kostenteil, der auf die Betriebsbesichtigung entfällt, zählt nicht zum Betriebsausflug und wird somit auch bei der Berechnung der 110-€-Grenze nicht einbezogen. Die Aufteilung ist ganz einfach. Alles, was direkt dem gemütlichen Teil zugeordnet werden kann, wie Saalmiete, Abendessen, Musik, zählt zum Betriebsausflug. Alles, was für die Betriebsbesichtigung anfällt, wie Transport zur Firma des Kunden, Imbiss etc., ist im Interesse des Brötchengebers und fällt unter die allgemeinen steuerfreien Reisekosten. Der Clou ist, dass die größten Anteile an den Kosten, wie z.B. für Übernachtung, Hin- und Rückreise, ebenfalls aufgeteilt werden – und zwar im Verhältnis. Angenommen, Sie haben am ersten Tag zehn Stunden lang gefeiert und am zweiten Tag inkl. Anreise zum Betrieb des Kunden fünf Stunden in die Betriebsbesichtigung investiert, dann sind ein Drittel der Kosten allgemeine Reisekosten und fallen aus der Berechnung der 110-€-Grenze heraus.

Ihr Brötchengeber bekommt hier gleich mit zwei Urteilen Schützenhilfe vom BFH (Urt. v. 18.8.2005 – BStBl 2006 II S. 30 und Urt. v. 16.11.2005 – BStBl 2006 II S. 444).

SUPER TRICK

Kassieren Sie beim Betriebsausflug Bares steuerfrei!

71 Ein Arbeitgeber kann einen zweckgebundenen Zuschuss an seine Arbeitnehmer zahlen, z.B., damit diese sich während des freien Nachmittags verpflegen können und nicht bis zum Beginn der Tanzveranstaltung mit Büfett darben müssen, oder für Eintrittskarten, Bus-, Bahn- oder Taxikosten während des Ausflugs. Wenn Sie als sparsame Seele von Ihrem Zuschuss von z.B. 50 € nur 10 € ausgeben, streichen Sie satte 40 € steuerfrei ein.

72 **Arbeitgeberdarlehen**

Interessante Vorteile können sich aus zinslosen oder zinsgünstigen Arbeitgeberdarlehen ergeben. Bankkredite wie Verbraucherdarlehen, Ratenkredite oder gar die Überziehung des Girokontos sind recht teuer – unter 8 bis 10 % Zinsen läuft da nichts. Somit liegt es auf der Hand, beim nächsten Lohngespräch – vielleicht unter dem Vorwand der Steuerersparnis – zusätzlich um ein zinsloses Darlehen zu ersuchen. Allerdings will der Fiskus die dabei gesparten Zinsen vom ersten Euro an versteuern. Bei der Berechnung des Zinsvorteils kommt es auf die Differenz zwischen dem Zins an, den Sie Ihrem Brötchengeber zahlen müssen, und dem Zins, den Ihnen üblicherweise die Bank abknöpft.

Lassen Sie sich aber davon nicht schrecken. Mit einem zinsgünstigen Darlehen Ihres Chefs fahren Sie trotz Steuerpflicht immer noch besser als bei der Bank. Und so rechnet der Fiskus:

	Arbeitgeberdarlehen	Bankdarlehen
Darlehenssumme	10.000 €	10.000 €
Vereinbarter Zinssatz	2,5 %	8,0 %
Marktzins der Hausbank Ihres Arbeitgebers	8,0 %	
Marktzins in €	800 €	800 €
./. Pauschalabschlag 4 % von 800 €	– 32 €	– 32 €
./. tatsächlich gezahlte Zinsen	– 250 €	– 800 €
Steuerpflichtiger Vorteil	518 €	0 €

Beim Arbeitgeberdarlehen entstehen Ihnen zu Ihren Schuldzinsen von 2,5 % von 10.000 € = 250 € zusätzliche Zinskosten in Form von Lohnsteuer, deren Höhe von Ihrer Steuerbelastung abhängt. Sie betragen bei einem Steuersatz von z.B. 30 % ca. 178 € (30 % von 518 € zzgl. Kirchensteuer und Soli) und 20 %

Sozialversicherung = 104 €. Ihnen entstehen also insgesamt Zinskosten in Höhe von 532 €, was einem Effektivzins von 5,3 % entspricht. Zahlen Sie den üblichen Bankzins von hier angenommen 8 %, sind Sie mit 800 € belastet und somit um nahezu 300 € ärmer.

TIPP

Drücken Sie das Restdarlehen auf 2.600 €!

Bei kleineren Arbeitgeberdarlehen bis max. 2.600 € bzw. sobald die Restschuld eines größeren Darlehens unter diese Summe gesunken ist, stellt die Zinsverbilligung aus Vereinfachungsgründen keinen Arbeitslohn mehr dar, ist also faktisch steuerfrei. Auf die Höhe der Vergleichszinsen kommt es in diesem Fall nicht an. Wenn Sie also statt eines Anschaffungsdarlehens von 3.000 € lediglich eines von 2.600 € in Anspruch nehmen, entgehen Sie und Ihr Arbeitgeber der Steuer und der Sozialversicherung (Quelle: BMF v. 1.10.2008 – BStBl 2008 I S. 892).
Mit einer gestaffelten Tilgungsvereinbarung holen Sie auch aus einem höheren Darlehen ganz einfach ein optimales steuerliches Ergebnis heraus. Bei einem Darlehen über z. B. 4.000 € vereinbaren Sie eine Laufzeit von 42 Monaten, eine Tilgung von jeweils 200 € in den ersten sieben Monaten und die Rückzahlung der Restschuld in einem Betrag am Ende der Darlehenslaufzeit. So haben Sie nur für gut ein halbes Jahr die Steuer auf den Zinsvorteil zu verschmerzen. Ab dem achten Monat ist das Darlehen dann für fast drei Jahre steuerfrei.

TRICK

Suchen Sie sich möglichst günstige Vergleichsangebote!

Sie werden zusammen mit Ihrem Brötchengeber natürlich nicht den erstbesten Kreditzins als Berechnungsgrundlage akzeptieren. Sie müssen auch nicht die Zinsen zugrunde legen, die die Hausbank Ihres Arbeitgebers oder Ihre eigene Bank nimmt. Erkundigen Sie sich über Angebote der Banken vor Ort, alternativ auch über das Internet bei Direktbanken, die in der Regel günstigere Zinskonditionen anbieten. Denn: Mit jedem Zehntelprozent, um den die Vergleichsangebote günstiger sind, sparen Sie bares Geld, weil Ihr steuer- und sozialversicherungspflichtiger Zinsvorteil sinkt. Oder Sie greifen einfach auf die Zinsstatistiken der Bundesbank zurück, die für alle denkbaren Darlehensvarianten die Durchschnittszinssätze ausweisen. Sind diese niedriger als der Zinssatz der Hausbank oder einer Internetbank, kann Ihr Arbeitgeber sie selbstverständlich als Berechnungsgrundlage nehmen (Quelle: BMF v. 1.10.2008 – BStBl 2008 I S. 892).

TIPP

Monatliche Zinszahlungen verhelfen Ihnen zu satten Steuervorteilen

Die Zinsvorteile eines verzinslichen Arbeitgeberdarlehens fließen Ihnen zum jeweils mit dem Arbeitgeber vereinbarten Fälligkeitstermin der Zinsen zu. Bei zinslosen Darlehen gelten die Zinsvorteile am jeweiligen Tilgungstermin als zugeflossen (BMF v. 1.10.2008 – BStBl 2008 I S. 892).

Wenn Sie im obigen Beispiel mit Ihrem Arbeitgeber monatliche Zinszahlungen vereinbaren, beträgt Ihr bei der Steuer zu erfassender Vorteil 43,16 € pro Monat. Na, merken Sie was? Genau, der monatliche Sachbezug aus dem verbilligten Arbeitgeberdarlehen liegt unter der Bagatellgrenze von 44 € und ist damit komplett steuerfrei. Obendrein fallen keine Sozialversicherungsbeiträge an. Wie Sie sehen, bleibt damit die gesamte Zinsverbilligung durch Ihren Arbeitgeber unversteuert.

Liegen Ihre Vorteile aus einem Arbeitgeberdarlehen nur knapp über 44 €, lohnt es sich also, dem Arbeitgeber ein halbes Prozent mehr an Zinsen zu zahlen, statt dem Fiskus ein Vielfaches davon in den Rachen zu werfen.

TRICK

Nehmen Sie bei Baudarlehen den Arbeitgeber ins Grundbuch!

Bei der Ermittlung des steuerlichen Referenzzinssatzes achtet der Fiskus penibel darauf, dass die Darlehenskonditionen wie Laufzeit und Absicherung genau so sind wie bei den zum Vergleich herangezogenen Bankdarlehen. Bekommen Sie also von Ihrem Arbeitgeber ein Darlehen zum Bau oder Kauf einer Immobilie, kommen die günstigen Hypothekenzinssätze von teilweise unter 4 % natürlich nur dann als Vergleichsgröße in Betracht, wenn das Darlehen durch eine Grundschuld zugunsten des Arbeitgebers im Grundbuch abgesichert ist.

73 Weiter sind steuerfrei:
Lehrgangs- und Tagungsbeihilfen, inkl. Fahrtkosten, Gebühren und zulässiger Spesensätze.

Sachgeschenke (Annehmlichkeiten) 74
bis zu 40 €, (ab 2015: 60 €) wenn sie nicht über den üblichen Rahmen hinausgehen, z.B. Theaterkarten, Tabakwaren, Speisen und Getränke, wenn Sie sie als Gelegenheitsgeschenk zu besonderen persönlichen Ereignissen, z.B. Hochzeit, Ehejubiläum, bestandene Prüfungen von Auszubildenden (BFH, BStBl 1962 III S.281) etc., bekommen. Aber: *Geldgeschenke,* auch kleiner Art, sind stets voll zu versteuern.
Als Sachgeschenk gilt auch ein Gutschein (➤ Rz 44) für eine Kaufhauskette, eine Buch- oder Musikalienhandlung.

Betriebsratsvergütungen, 75
wenn sie als Ersatz von Auslagen gegen Einzelnachweis gezahlt werden.

Trinkgelder, 76
wenn es sich um freiwillige Gaben handelt (§ 3 Nr. 51 EStG, H 19.3 LStR). Vertraglich feststehende oder tarifvertraglich vereinbarte »Trinkgelder« wie z.B. das feste Bedienungsgeld im Gaststättengewerbe oder das Metergeld in der Möbeltransportbranche sind dagegen ab dem ersten Euro steuerpflichtig.

Unfallkostenersatz 77
für Schäden am Pkw, wenn der Unfall während einer Auswärtstätigkeit geschah, bleibt als Reisenebenkosten steuerfrei (R 9.8 Abs. 1 Nr. 3 LStR). Dazu müssen Sie wissen: Zur Auswärtstätigkeit zählt z.B. auch die Umwegstrecke, die Sie morgens vor Arbeitsbeginn abweichend von Ihrer direkten Fahrtroute zurücklegen, weil Sie zunächst die Post abholen oder einen Kunden besuchen. Wegen der Fahrtkosten vgl. ➤ Rz 106.
Im Grunde genommen lässt sich die Abzugsmöglichkeit der Unfallkosten auf eine einfache Formel reduzieren: Wenn Sie für die jeweilige Fahrt entweder die tatsächlichen Kosten oder die Fahrtkostenpauschale von 0,30 € je gefahrenen Kilometer von Ihrem Arbeitgeber steuerfrei erstattet bekommen können, kann er Ihnen auch die Kosten eines Unfalls auf einer solchen Fahrt als Reisenebenkosten steuerfrei zahlen.

Unfallversicherung 78
Zunächst einmal gilt der Grundsatz, dass steuerpflichtiger Arbeitslohn vorliegt, wenn der Arbeitgeber Ihnen Ihre Unfallversicherungsbeiträge erstattet oder selbst zu Ihren Gunsten eine Unfallversicherung abschließt. Das gilt nicht nur bei Unfallversicherungen, die sowohl Freizeit- als auch berufliche Unfälle, sondern selbst dann, wenn sie ausschließlich das berufliche Unfallrisiko abdecken. Doch wie so oft im Leben keine Regel ohne Ausnahme: Eine reine Dienstreiseunfallversicherung kann Ihr Arbeitgeber steuerfrei übernehmen.
Aber auch bei einer Unfallversicherung, die private und berufliche Unfälle abdeckt, gibt es zumindest teilweise steuerfreie Zuschüsse zu den Versicherungsprämien. Wenn nicht schon die Versicherung die Prämien aufteilt, können Sie

von einer Pauschalregelung profitieren. Auf private Unfälle entfallen danach 50 % der Prämien, die sind per se Arbeitslohn. Die restlichen 50 % entfallen auf allgemeine berufliche Unfälle und Unfälle bei Dienstreisen. Davon sind 40 %, also im Ergebnis 20 % der Gesamtprämie, steuerfrei. Die restlichen 60 % (30 % der Gesamtprämie) werden Ihnen als Arbeitslohn zugerechnet. Die können Sie aber als Werbungskosten von der Steuer absetzen.

79 Manchmal hilft schon ein kleiner Kniff, und schon haben Sie die schönste steuersparende Gestaltung gezaubert. Die laufenden Prämien zur Unfallversicherung bleiben nämlich als Arbeitslohn in voller Höhe außer Betracht, wenn Sie zwar aus dem von Ihrem Arbeitgeber gefütterten Vertrag begünstigt sind, aber im Versicherungsfall nicht ohne seine Zustimmung über die Versicherungssumme verfügen können (FG Münster v. 30.5.1996, EFG 1996 S. 1102).
Dasselbe gilt für Beiträge Ihres Arbeitgebers zu einer Gruppenunfallversicherung. Kann nach den Versicherungsbedingungen – unabhängig davon, ob er zivilrechtlich verpflichtet ist, die Versicherungsleistung an Sie weiterzuleiten – zunächst nur Ihr Arbeitgeber die Rechte aus dem Versicherungsverhältnis gegenüber der Versicherung geltend machen, liegt im Zeitpunkt der Beitragszahlung kein Lohnzufluss bei Ihnen als Arbeitnehmer vor. Die Beiträge Ihres Arbeitgebers sind daher noch nicht lohnsteuerpflichtig (BFH-Urteil v. 16.4.1999 – VI R 66/97 – BStBl 2000 II S. 408).
Der Pferdefuß kommt allerdings, wenn Ihr Arbeitgeber bei einem privaten Unfall eventuelle Versicherungsleistungen an Sie auszahlt. In diesem Moment werden die von der Versicherung über Ihren Brötchengeber an Sie gezahlten Beträge in voller Höhe als steuerpflichtiger Arbeitslohn behandelt.

80 **Erfrischungen und Stärkungsmittel,**
die während der Arbeitszeit gewährt werden, wie Tee, Kaffee, Cola, Gebäck, Genussmittel, sind steuerfrei. Aber auch Speisen, die der Betrieb während einer außerplanmäßigen Besprechung, einer Betriebsstörung oder während einer Großaktion spendiert (R 19.6 Abs. 2 LStR), sind steuerfrei, wenn ihr Wert 40 €/ Arbeitnehmer (ab 2015: 60 €) nicht übersteigt.

TIPP

Steuerfreies Pizzaessen beim Italiener um die Ecke!

Die Verpflegung während eines außergewöhnlichen Arbeitseinsatzes muss nicht zwingend im Betrieb erfolgen. Steuerfrei bleibt auch der Besuch eines in der Nähe gelegenen Restaurants, wenn das Essen die 40-€-Grenze nicht überschreitet – allerdings nur, wenn Ihnen der Arbeitgeber das Essen noch am selben Tag spendiert. Bezahlt er Ihnen stattdessen die Rechnung für ein Essen am Wochenende, ist das eine steuerpflichtige Belohnung.

Für die Mitarbeiter einer Werbeagentur hat das Finanzgericht Hamburg entschieden, dass Mahlzeiten in einem Restaurant während oder nach Ende des Arbeitstags leistungsbeschleunigend wirken und deshalb steuerfrei bleiben (FG Hamburg v. 24.7.2002, EFG 2003 S. 89).
Problematisch sind dagegen regelmäßige Arbeitsessen in einer ortsansässigen Gaststätte. Gerade wegen der Regelmäßigkeit soll nach dem Willen der obersten Finanzrichter der Wert der Mahlzeit als Arbeitslohn zu versteuern sein (BFH v. 5.5.1994 – BStBl 1995 II S. 59).

Führerschein 81

Kosten für einen *Lkw-Führerschein,* die für den Arbeitnehmer übernommen werden, weil es im betrieblichen Interesse liegt, unterliegen nicht der Steuer (BFH v. 26.6.1968, BStBl II S. 773 und FG Brandenburg, EFG 1996 S. 310).

Betriebspensionen 82

bleiben zumindest bei Beginn der Pensionszahlungen vor 2040 teilweise steuerfrei. Der Versorgungsfreibetrag inkl. Zuschlag von z. B. 2.496 € bei Pensionsbeginn im Jahr 2014 wird aber in den kommenden Jahren für neu hinzukommende Pensionäre Jahr für Jahr niedriger.

Wenn Sie die Wahl haben zwischen monatlich 200 € mehr brutto oder einer betrieblichen Altersversorgung, greifen Sie lieber zur Altersversorgung.

TRICK

Lieber eine Pensionskasse oder eine Direktversicherung füttern!

Mit Hilfe der betrieblichen Altersversorgung können Sie bis zu 4 % der Beitragsbemessungsgrenze in der Rentenversicherung von Ihrem Lohn steuerfrei kassieren. Für 2014 sind das immerhin 2.856 €. Wenn der Vertrag über die Altersversorgung nach dem 31.12.2004 abgeschlossen wurde, erhöht sich dieser Betrag sogar noch um max. 1.800 €, auf insgesamt also max. 4.656 € im Jahr. Einzelheiten finden Sie unter ➤ Rz 168 ff.

Achtung: Fußangel Sozialversicherung:
Leider sind nur die ersten max. 2.856 € sozialversicherungsfrei, der zusätzliche Höchstbetrag von 1.800 € unterliegt dagegen der Sozialversicherungspflicht.

Fehlgeldentschädigungen 83

bis zu 16 € im Monat für Arbeitnehmer mit Kassierertätigkeit (R 19.3 Abs. 1 Nr. 4 LStR).

84 **Vermögensbeteiligung**

Der Arbeitgeber kann seinen Arbeitnehmern eine Vermögensbeteiligung zum Vorzugskurs überlassen. Der Vorteil, d.h. die Differenz zwischen dem gemeinen Wert (je nach Art der Vermögensbeteiligung ist das der Börsenkurs, der Ausgabepreis oder der Nennbetrag) und dem Überlassungspreis, ist bis zur Hälfte des gemeinen Wertes, max. aber 135 € im Jahr steuerfrei (§ 19 a EStG).

Begünstigt sind insbesondere folgende Anlageformen:

- Sparverträge über Wertpapiere oder andere Vermögensbeteiligungen,
- Wertpapierkaufverträge,
- Beteiligungs- oder Beteiligungskaufverträge,
- Aktien, die zum Börsenhandel oder zum Handel im Inland zugelassen sind,
- Gewinnschuld- und Wandelschuldverschreibungen des Arbeitgebers oder von inländischen Unternehmen, die keine Kreditinstitute sind,
- Anteilscheine an Aktienfonds inländischer Kapitalgesellschaften (Wertpapiersondervermögen, Wertpapierbestand zu mindestens 60 % Aktien und stille Beteiligungen),
- Anteilscheine an Beteiligungssondervermögen inländischer Kapitalgesellschaften (Bestand an Wertpapieren und stillen Beteiligungen muss mindestens 60 % Aktien und stille Beteiligungen enthalten),
- Genussscheine, die vom Arbeitgeber ausgegeben werden und zum Börsenhandel bzw. zum Handel im Inland zugelassen sind,
- Genossenschaftsguthaben an inländischen Kreditgenossenschaften (z.B. Volksbanken),
- GmbH-Anteile am Unternehmen des Arbeitgebers,
- stille Beteiligungen am Unternehmen des inländischen Arbeitgebers oder an einem inländischen am arbeitgebenden Unternehmen durch Vertrag gesellschaftsrechtlich beherrschend beteiligten Unternehmen,
- eine Darlehensforderung gegen den in- oder ausländischen Arbeitgeber.

§ 19 a EStG ist grundsätzlich zum 1.1.2009 ausgelaufen (s. aber ➤ Rz 85). Aus Gründen des Bestandsschutzes bleibt die Steuerfreiheit für eine Übergangszeit bis einschließlich 2015 aber weiter in Kraft in allen Fällen, in denen

- die Vermögensbeteiligung zwischen dem 1.1. und dem 1.4.2009 überlassen wurde oder
- vor dem 1.4.2009 die Überlassung einer Vermögensbeteiligung vereinbart wurde.

Wie unklug sind jene Gesetze,
die die Häufung von Reichtum
unter den Reichen fördern!
(Goldsmith)

Mitarbeiterkapitalbeteiligungen 85

An die Stelle der Steuerfreiheit nach § 19 a EStG trat eine neue Befreiung speziell für Mitarbeiterkapitalbeteiligungen (§ 3 Nr. 39 EStG). Der steuer- und sozialversicherungsfreie Höchstbetrag beträgt 360 €, also mehr als das 2,5-Fache, und die unnötig komplizierte Begrenzung der Steuerfreiheit auf 50 % des Wertes der Beteiligung ist weggefallen.

Der Wermutstropfen der Neuregelung liegt darin, dass nur noch

- direkte Beteiligungen am Unternehmen des Arbeitgebers,
- Beteiligungen an einem Unternehmen desselben Konzerns (§ 18 des AktG),
- Beteiligungen an einem Mitarbeiterbeteiligungs-Sondervermögen (das sind spezielle Fondsmodelle, bei denen der Arbeitgeber den Mitarbeitern Fondsanteile überträgt und der Fonds sein Kapital überwiegend in die Unternehmen investiert, die für ihre Mitarbeiterkapitalbeteiligung diesen Fonds nutzen)

gefördert werden.

Damit es mit der Steuerfreiheit keine Probleme gibt, müssen die Beteiligungen

- freiwillig durch den Arbeitgeber eingeräumt werden,
- zusätzlich zum ohnehin geschuldeten Arbeitslohn übertragen werden,
- allen Beschäftigten des Unternehmens offenstehen. Bei einem Konzern gilt dies aber nicht auch für die Beschäftigten der übrigen Konzernunternehmen.

TIPP

Schöpfen Sie die Steuerfreiheit mehrfach im Jahr aus!

Die Steuerbefreiung von 360 € ist arbeitsverhältnisbezogen. Sie kann also bei einem Arbeitgeberwechsel im laufenden Jahr oder bei parallelen Arbeitsverhältnissen für jedes Arbeitsverhältnis – unter dem Strich also mehrfach – in Anspruch genommen werden.

WICHTIGER HINWEIS

Während der Übergangszeit bis 2015 können die Steuerbefreiungen für Vermögensbeteiligungen nach § 19 a EStG (➤ Rz 84) und die für eine Mitarbeiterkapitalbeteiligung nicht gleichzeitig bei demselben Arbeitgeber berücksichtigt werden. Kommen beide Steuerbefreiungen in Betracht, geht Letztere vor. Wechseln Sie im Lauf des Jahres den Arbeitgeber, spielt die steuerliche Behandlung beim bisherigen Arbeitgeber allerdings keine Rolle.

86 **Erholungsbeihilfen**

Für *Erholungsbeihilfen* wird, wenn sich der Arbeitgeber verpflichtet, die Lohnsteuer zu übernehmen, die Lohnsteuer auf seinen Antrag hin nach einem festen Pauschsteuersatz von der Summe seiner Aufwendungen erhoben (§ 40 Abs. 2 EStG) (➤ Rz 146).

87 **Berufskleidungsersatz**

Hat man als Arbeitnehmer ständig einen etwa gleich hohen Aufwand an typischer Berufskleidung, so bleibt eine ausdrücklich dafür gezahlte Barablösung völlig steuerfrei. Hier ist also eine besonders leichte Umwandlungsmöglichkeit von steuerpflichtigen Bezügen in steuerfreie möglich (R 3.31 LStR).

GUTER RAT

Die Steuerfreiheit der Barablösung hängt davon ab, dass Sie nach Gesetz, Tarifvertrag, Unfallverhütungsvorschriften oder Betriebsvereinbarung einen Anspruch darauf haben, dass Ihnen der Betrieb Arbeitskleidung zur Verfügung stellt. Klemmen Sie sich also hinter den Betriebsrat, damit er mit Ihrem Chef eine solche Vereinbarung aushandelt, oder sprechen Sie direkt mit Ihrem Chef.

TIPP

zur Berufskleidung

88 Berufskleidung muss nicht immer nur der Blaumann oder der Laborkittel sein. So entschieden jedenfalls die Richter am Hessischen Finanzgericht (EFG 1993 S. 648), die die schicken dunkelblauen Anzüge und Kostüme der Mitarbeiter einer Fluglinie als steuerfreie Berufskleidung einstuften, weil der Arbeitgeber in einer betrieblichen Kleiderordnung seine Angestellten zum Tragen dieser Kleidung verpflichtet hatte und ihnen zudem das Firmenlogo an die Jacketts heftete. Also aufgemerkt im Bank-, Einzelhandel-, Restaurantgewerbe etc.: Was einem Fluggesellschaftsmitarbeiter recht ist, sollte Ihnen doch billig sein!
Gute Karten haben unter Umständen auch Filialleiter sowie angestellte Metzger und Verkäufer von Lebensmittelketten. Die ihnen vom Arbeitgeber zur Verfügung gestellten einheitlichen Pullunder, Strickjacken, Hemden, Blusen, Krawatten und Tücher werden als im betrieblichen Interesse überlassene Be-

rufskleidung anerkannt. Ihr Arbeitgeber muss nur argumentieren, er habe die Kleidung gestellt, weil er ein einheitliches Erscheinungsbild wünsche und weil sie durch die einheitliche Beschaffenheit besser zu reinigen sei, was die Hygiene fördere (BFH v. 22.6.2006 – BStBl 2006 II S. 782).
Anders sieht das der BFH allerdings, wenn der Arbeitgeber besonders hochwertige Bekleidung zur Verfügung stellt. Neben dem Repräsentationszweck für die Firma sieht der BFH ein erhebliches Interesse der Arbeitnehmer an der Kleidung. Deren Wert muss daher als Arbeitslohn versteuert werden (BFH v. 11.4.2006 – BStBl 2006 II S. 691).
Zu Berufskleidung mehr unter ➤ Rz 292 ff.

Brillen 89
Ja, Sie lesen richtig, Ihr Arbeitgeber kann Ihnen steuerfrei eine Brille spendieren, allerdings nur eine sog. Bildschirmarbeitsplatzbrille. Wappnen Sie sich also in Absprache mit Ihrem Arbeitgeber mit einer entsprechenden Bescheinigung einer in Augenuntersuchungen fachkundigen Person, dass Ihre normale Brille für Ihren Bildschirmarbeitsplatz nicht ausreicht. Dass Sie sich dann für ein modisches Gestell entscheiden, ist nur recht und billig, schließlich wollen Sie bei Ihren Arbeitskollegen weder Horror noch Lachkrämpfe auslösen (R 19.3 Abs. 2 Nr. 1 LStR).

Werkzeuggeld, 90
das Sie für die Abnutzung und die übrigen Kosten für selbstgekauftes Werkzeug erhalten (§ 3 Nr. 30 EStG). Ein leider wahrer Treppenwitz: Werkzeug sind nach Meinung der Steuerbürokraten nur Hammer, Zange, Säge und Ähnliches. Alle Handwerker können sich also beruhigt zurücklehnen. Schreibmaschinen oder Musikinstrumente seien dagegen kein Werkzeug.

Garagengeld, 91
wenn Ihnen Ihr Brötchengeber dafür, dass Sie Ihren Firmenwagen in Ihrer Garage unterstellen, einen Obolus zahlt (BFH-Urt. v. 7.6.2002, BStBl 2002 II S. 829).

TRICK

Machen Sie ein optimales Geschäft mit der Garage für den Firmenwagen!

Sie haben zwei Möglichkeiten, dem Fiskus ein Schnippchen zu schlagen. 92

Variante 1:
Wie oben beschrieben, zahlt Ihr Arbeitgeber ein Garagengeld. Haben Sie die Garage gemietet, bleibt das Garagengeld in Höhe der Garagenmiete und der auf die Garage entfallenden Nebenkosten steuerfrei. Also ab mit Ihrem Miet-

vertrag und der Nebenkostenabrechnung zum Kopierer und die Kopien beim Chef eingereicht. Haben Sie dagegen ein Häuschen, müssen Sie sich die Mühe machen und die anteiligen Kosten, die auf Ihre Garage entfallen, zusammenrechnen. Dazu gehören z.B. Zinsen für Hypotheken, Abschreibung, Grundsteuer, Grundbesitzabgaben, Strom, Wasser etc.

Variante 2:
Nicht jeder Boss ist so großzügig und erstattet Ihnen alle Garagenkosten. Häufig ist die Schmerzgrenze bei dem Betrag erreicht, der üblicherweise als Miete für eine »normale Garage« verlangt wird. Was also tun, wenn Sie gerade neu gebaut haben und Ihre anteiligen Kosten für die Garage wegen der hohen Zinsen und Abschreibung 150 €/Monat betragen, Ihr Chef aber nur 40 € herausrücken will?

Dann streichen Sie die 40 € ein – und bitten zusätzlich den Fiskus mit einem Mietvertrag über die Garage zur Kasse:

Schließen Sie mit Ihrem Chef einen astreinen Garagenmietvertrag mit einer Monatsmiete von 40 €. Jetzt dürfen Sie nämlich die Differenz aus Miete und Garagenkosten als Mietverluste in Ihrer Steuererklärung angeben.
Ihre Abrechnung für das Finanzamt sieht dann so aus:

Einnahmen aus Garagenvermietung 12 × 40 €	480 €
./. Kosten für die Garage 12 × 150 €	– 1.800 €
Verlust aus Vermietung und Verpachtung	1.320 €

Damit haben Sie nicht nur Ihre 40 € pro Monat steuerfrei, sondern können auch noch den Verlust von 1.320 € von der Steuer absetzen. Das füllt Ihnen Ihren Geldbeutel je nach Steuersatz zusätzlich mit 231 bis 634 € im Jahr. Bei einem mittleren Steuersatz verdoppelt Ihnen der Fiskus damit praktisch Ihr Garagengeld.

93 **Kaufkraftausgleich**
Ihn kann der Betrieb für einen begrenzten Zeitraum allen Leuten gewähren, die im Ausland tätig sind. Er bleibt bis zu bestimmten Höhen steuerfrei (siehe www.bundesfinanzministerium.de).

94 **Fernsprechgebühren**
Die Vorteile des Arbeitnehmers aus der privaten Nutzung von betrieblichen Personalcomputern und Telekommunikationsgeräten sind steuerfrei (§ 3 Nr. 45 EStG). Diese Steuerbefreiung umfasst alle Kosten des Telefons, des Computers, des Faxgeräts und auch der Online-Verbindung zum Internet.
Für die Steuerbefreiung gibt es keine betragsmäßigen Grenzen. Sie können also – das Einverständnis Ihres Chefs vorausgesetzt – unbelastet von Lohnsteuer und Sozialversicherung praktisch unbegrenzt hohe Vorteile aus der Privatnutzung ziehen.

TIPP

für Handy und Home-Office

Die Steuerfreiheit ist nicht auf die private Nutzung von Geräten Ihres Brötchengebers im Betrieb beschränkt. Sie gilt selbstverständlich auch für Geräte, die sich zwar in Ihrem Besitz befinden, aber Eigentum Ihrer Firma sind. Steuerfrei bleiben somit die privaten Telefonate mit dem Ihnen zur Verfügung gestellten betrieblichen Handy. Zudem greift die Steuerbefreiung, wenn Sie in Ihrer Wohnung über einen vom Arbeitgeber eingerichteten Telearbeitsplatz verfügen und die betrieblichen Geräte wie Telefon, PC, Fax etc. auch für private Zwecke benutzen. **95**

Zum Abzug von Telefonkosten als Werbungskosten finden Sie mehr unter ➤ Rz 377 ff.

Vorsorgeuntersuchung **96**

Die Kostenübernahme durch den Arbeitgeber kann steuerfrei sein, wenn sie im überwiegend eigenbetrieblichen Interesse erfolgt (BFH v. 17.9.1982, BStBl 1983 S. 39).

Von einem eigenbetrieblichen Interesse spricht der Fiskus in der Regel, wenn

- der Arbeitgeber den untersuchten Personenkreis, den Untersuchungsrhythmus und das Untersuchungsprogramm bestimmt;
- sichergestellt ist, dass dabei festgestellte Erkrankungen behandelt werden. Dazu muss der Arbeitgeber nicht unbedingt vom Untersuchungsergebnis unterrichtet werden. Es genügt, dass z.B. ein Werksarzt die Ergebnisse kennt und den Untersuchten hinsichtlich der Behandlung beraten kann;
- sichergestellt ist, dass alle Untersuchungen von Ärzten vorgenommen werden, die über die notwendige Kompetenz und die technische Ausstattung für derartige Untersuchungen verfügen.

Verwarnungsgelder **97**

Seine günstige Rechtsprechung, nach der der Arbeitgeber Verwarnungsgelder, z.B. wegen Falschparkens, steuerfrei erstatten kann (BFH v. 7.7.2004 – BStBl 2005 II S. 367), hat der Fiskus leider aufgegeben. Nach einer aktuelleren Entscheidung führt die Übernahme von Buß- und Verwarnungsgeldern durch den Arbeitgeber immer zu Arbeitslohn. Dabei kommt es auf die Schwere des Verkehrsverstosses nicht an (BFH v. 14.11.2013 – BStBlk 2014 II S. 278).

2. Abfindungen aus dem Dienstverhältnis

98 Arbeitnehmer, die Abfindungen aushandeln, sollten unbedingt berücksichtigen, dass Steuern die Abfindung ganz erheblich mindern.
Für Abfindungen, die wegen Beendigung des Arbeitsverhältnisses für den Wegfall der Verdienstmöglichkeiten gezahlt werden, fallen **keine Sozialversicherungsbeiträge** an.

Sozialversicherungspflichtig sind dagegen Abfindungen, die nach einer einvernehmlichen Änderung des Arbeitsvertrags als Gegenleistung für die Verschlechterung von Arbeitsbedingungen gezahlt werden.
Achten Sie darauf, dass der Arbeitgeber auf die Ihnen zugedachte Abfindung die darauf anfallenden Steuern und evtl. Sozialversicherungen aufschlägt. Am besten fahren Sie, wenn Ihre Abfindung als Nettobetrag festgesetzt wird und Ihr (Ex-)Arbeitgeber alle Abzüge tragen muss.

99 Abfindungen können nach der sog. **Fünftel-Regelung** ermäßigt besteuert werden, d.h., sie werden bei der Besteuerung nur mit einem Fünftel angesetzt und die Steuer, die auf diesen Abfindungsteil entfällt, anschließend verfünffacht. Dadurch ergibt sich in der Regel – Spitzenverdiener ausgenommen – eine Abmilderung der Progression.

Damit Sie in den Genuss dieser ermäßigten Besteuerung kommen, müssen Sie einige wichtige Grundregeln beachten:

- Ihre Abfindung muss in einer Summe gezahlt werden, oder zumindest müssen alle Raten der Abfindung in demselben Kalenderjahr fließen.
- Ihre Einkünfte im Entlassungsjahr müssen inkl. Abfindung höher sein, als wenn Sie weiterbeschäftigt worden wären.
- Die Zahlung einer Abfindung darf nicht von vornherein in Ihrem Arbeitsvertrag vereinbart gewesen sein (FG München v. 16.9.1999 – EFG 2000 S. 67).
- Außer der Abfindung dürfen Ihnen in späteren Jahren keine weiteren wesentlichen Leistungen Ihres Arbeitgebers zufließen.

Allerdings gilt auch hier: keine Regel ohne Ausnahme. Folgende Zahlungen und Sachleistungen sollen die ermäßigte Besteuerung Ihrer Abfindung nicht beeinflussen:

- **Outplacement-Beratungen**, um schneller einen neuen Job zu finden (BFH v. 14.8.2001 – BFH/NV 2002 S. 402).
- Kurzzeitige Weiterbenutzung des **Firmenwagens** (BFH v. 14.8.2002 – BStBl II 2004 S. 447).
- Spätere **Aufstockung der Abfindung** aus einem Sozialplan oder aus sozialer Fürsorge bis zu 50 % (BFH v. 21.1.2004 – BStBl 2004 II S 715, BMF v. 24.5.2004 – BStBl I 2004 S. 505).

- Weitere Nutzung einer **Werkswohnung** zu einer günstigen Miete (BMF v. 18.12.1998 I S. 1512, TZ 19).
- **Nachzahlung von Abfindungen** in späteren Jahren. Hier können Sie beantragen, dass die Nachzahlung dem Jahr zugeschlagen wird, in dem die Abfindung ursprünglich fällig gewesen wäre, und so die ermäßigte Besteuerung retten (BMF v. 24.5.2004 – BStBl 2004 I S. 505 Tzn 17–20).

TRICK

Verlagern Sie Ihre Abfindungen in das Jahr nach der Kündigung!

Ganz erhebliche Steuervorteile können Sie herausholen, wenn Sie die Abfin- 100
dung in das Jahr nach der Auflösung des Arbeitsverhältnisses verlagern. Das lohnt sich vor allem, wenn Sie im Folgejahr keine oder nur geringe Einkünfte haben, z. B. weil von vornherein klar ist, dass Sie nicht sofort wieder einen neuen Arbeitsplatz finden. Durch die Verlagerung der Abfindung kann die Progressionswirkung der Einkommensteuer im günstigsten Fall so weit gemildert werden, dass gar keine Steuer auf die Abfindung anfällt.
Vereinbaren Sie also mit Ihrem Abeitgeber, dass die Abfindung in dem für Sie günstigsten Jahr gezahlt wird. Gegen eine solche Zahlungsvereinbarung kann der Fiskus selbst dann nichts einwenden, wenn sie von einer ursprünglich getroffenen Fälligkeitsvereinbarung abweicht. Entscheidend ist lediglich, dass Sie die Verschiebung der Fälligkeit vor dem ursprünglich vereinbarten Zahlungstag vereinbaren (BFH v. 11.11.2009 – IX R 1/09, Der Betrieb 2010 S. 148).

Beispiel
Angenommen, Sie sind ledig und werden zum 1.12.2014 entlassen. Ihr Arbeitslohn bis zur Entlassung beträgt 40.000 €. Sie erhalten eine Abfindung von 50.000 €, die vereinbarungsgemäß zum 1.12.2014 fällig sein soll. Im Jahr 2015 haben Sie keine weiteren Einkünfte. Sie vereinbaren mit Ihrem Arbeitgeber, dass die Abfindung erst zum 1.2.2015 gezahlt wird.

Zahlung der Abfindung 2014	*Bruttolohn*	*Steuer*		*Steuer insgesamt*
Bruttolohn ohne Abfindung	40.000 €	6.616 €		6.616 €
⅕ von 50.000 €	10.000 €			
	50.000 €			
Steuer darauf lt. Jahrestabelle		9.664 €		
Differenz		3.048 €	× 5	15.240 €
Steuer 2014 inkl. Abfindung				21.856 €

Zahlung der Abfindung 2015	*Bruttolohn*	*Steuer*		*Steuer insgesamt*
Bruttolohn 2015	0 €	0 €		0 €
⅕ von 50.000 €	10.000 €			
	10.000 €			
Steuer darauf lt. Jahrestabelle 2015		0 €		
Differenz		0 €	× 5	0 €
Steuer 2015 inkl. Abfindung				0 €
Steuer 2014 ohne Abfindung				6.616 €
Steuer insgesamt bei Verlagerung				6.616 €

Dadurch, dass die Abfindung zwei Monate später erfolgt, sparen Sie 15.240 € Lohnsteuer zzgl. Solidaritätszuschlag und Kirchensteuer, insgesamt ca. 17.450 €.

3. Reisekostenersatz

101 Ihr Arbeitgeber kann Ihnen unter der Überschrift »Reisekosten« steuerfreie Leistungen zahlen für

- Verpflegungskosten,
- Fahrtkosten,
- Übernachtungskosten,
- Reisenebenkosten,

wenn Sie eine sog. **Auswärtstätigkeit** durchführen. Gemeint ist damit, dass Sie als Arbeitnehmer Dienstreisen machen, im Rahmen einer Einsatzwechseltätigkeit beschäftigt sind oder als Berufskraftfahrer eine Fahrtätigkeit auf einem Fahrzeug ausüben. Die Höhe der steuerfreien Zahlungen entspricht den Beträgen, die Sie für dieselben Aufwendungen als Werbungskosten absetzen könnten. Zu Einzelheiten vgl. ➤ Rz 182 ff.

4. Fahrten zwischen Wohnung und Arbeitsstätte – Fahrgelder

102 Fahrgelder Ihres Arbeitgebers für die tägliche Fahrt zur Arbeit sind zunächst einmal steuer- und sozialversicherungspflichtig. Deshalb habe ich ein paar Kniffe für Sie ausgeknobelt, wie Sie dem Fiskus hier ein Schnäppchen schlagen können.

TRICK

Kassieren Sie Rabatte auf Ihre Fahrkarten/ Benzingutscheine bis 44 € steuerfrei!

Statt Fahrgeld zu kassieren, lassen Sie sich lieber vom Arbeitgeber ein Jobticket **103**
oder Monatskarten mit einem Preisnachlass von bis zu 44 € im Monat besorgen. Der Vorteil bleibt dann nämlich komplett steuerfrei.
Wenn Sie mit dem Auto fahren, kann Ihnen Ihr Chef statt Fahrgeld einen steuerfreien Benzingutschein im Wert von bis zu 44 € im Monat geben. Zu Einzelheiten vgl. ➤ Rz 44 ff.

TRICK

Pauschalsteuer für Fahrtkostenzuschüsse als billigere Variante!

Haben Sie die Freigrenze von 44 € für Sachzuwendungen Ihres Arbeitgebers **104**
schon ausgeschöpft, liegt der Wert der Fahrkarte, die Sie kostenlos bekommen, über diesem Betrag, oder scheut Ihr Brötchengeber schlicht den Aufwand mit dem Fahrkartenkauf oder dem Benzingutschein und will Ihnen nur Bares zahlen, hilft Ihnen die Pauschalsteuer für Fahrtkostenzuschüsse zumindest teilweise aus der Bredouille. Ihr Arbeitgeber kann nämlich Fahrgelder oder Sachleistungen für Fahrten zur Arbeit, wie Fahrkarten, ja sogar den Vorteil aus der Überlassung eines Firmenwagens mit 15 % pauschal versteuern – und zwar bis zur Höhe der andernfalls ansetzbaren Entfernungspauschale. (Quelle: § 40 Abs. 2 EStG) Daraus ergibt sich gleich ein doppelter Vorteil. Für Sie ist der Fahrtkostenzuschuss damit steuerfrei, und zudem fällt darauf keine Sozialversicherung an. Das ist sogar für Ihren Brötchengeber ein gutes Geschäft: Versteuert er die Lohnsteuer mit 15 % pauschal, belastet ihn das zwar inkl. Kirchensteuer und Solidaritätszuschlag mit insgesamt ca. 17 %, dafür spart er aber den Arbeitgeberanteil zur Sozialversicherung von etwa 21 % ein.
Will Ihr Arbeitgeber von der pauschalen Lohnbesteuerung nichts wissen, können Sie ihm den Betrag aus der eigenen Tasche erstatten. Unter dem Strich ist das für Sie oft immer noch ein gutes Geschäft.

Beispiel
Sie bekommen als Lediger in Steuerklasse I einen Monatslohn von 3.000 €. Zusätzlich zahlt Ihr Chef einen monatlichen Fahrtkostenzuschuss von 200 €. Die einfache Entfernung von Ihrer Wohnung bis zur Arbeit beträgt 50 km.

Entfernungspauschale (es kann von 15 Tagen pro Monat ausgegangen werden) monatlich 50 km × 0,30 € × 15 Tage = 225 €.
Der Fahrtkostenzuschuss von 200 € kann also in voller Höhe mit 15 % pauschal besteuert werden.

Bruttolohn	3.200,00 €	
./. Steuer und Sozialversicherung (20,475 %) auf 3.200 €	– 1.250,60 €	
Nettolohn	1.949,40 € >	1.949,40 €
Mit Übernahme der Pauschalsteuer:		
Bruttolohn	3.000,00 €	
./. Steuer und Sozialversicherung (20,475 %) darauf	– 1.146,60 €	
Fahrtkostenzuschuss	200,00 €	
./. pauschale Lohnsteuer 15 % von 200,00 €	– 30,00 €	
./. pauschale Kirchensteuer 7 % von 30,00 €	– 2,10 €	
./. Solidaritätszuschlag 5,5 % von 30,00 €	– 1,65 €	
Nettolohn bei Pauschalierung des Zuschusses	2.019,65 € >	2.019,65 €
Mehrbetrag pro Monat		70,25 €
Im gesamten Jahr		843,00 €

Wie Sie sehen, machen Sie trotz Übernahme der pauschalen Steuern auf den Fahrtkostenzuschuss im Jahr ein sattes Plus von über 620 €.
Wenn Sie noch andere Werbungskosten haben, mit denen Sie schon über dem Werbungskostenpauschbetrag von 1.000 € liegen, können Sie zusätzlich die Entfernungspauschale absetzen:

Arbeitstage 230 × 50 km × 0,30 € =	3.450 €
./. pauschal besteuerte Fahrtkosten	– 2.400 €
Verbleibende Werbungskosten	1.050 €

TIPP

Wandeln Sie freiwillige Lohnzahlungen in Fahrtkostenzuschüsse um!

Fahrtkostenzuschüsse müssen an sich zusätzlich zum ohnehin geschuldeten Arbeitslohn gezahlt werden. Ist das der Fall, können sie mit 15 % pauschal besteuert werden. Anders als der Fiskus ist der BFH der Meinung, dass andere freiwillige Sonderzahlungen in Fahrtkostenzuschüsse umgewandelt werden können. Entscheidend ist nicht, ob Ihr Arbeitgeber die Sonderzahlung auch ohne Fahrtkostenzuschuss zahlen würde, sondern ob Sie aufgrund Ihres Arbeitsvertrags oder aufgrund betrieblicher Übung einen Rechtsanspruch auf die Sonderzahlung haben (BFH v. 1.10.2009 – VI R 41/07; BStBl 2010 II S.487). Will Ihr Arbeitgeber nicht so recht anbeißen, können Sie sich z.B. ein freiwilliges Weihnachtsgeld, das vom Betrieb immer unter Vorbehalt gezahlt worden ist, ganz oder zum Teil als Fahrtkostenzuschuss auszahlen lassen.

Sammelbeförderung 105

Die Sammelbeförderung von Arbeitnehmern zwischen Wohnung und Arbeitsstätte mit einem vom Arbeitgeber gestellten Fahrzeug (§ 3 Nr. 32 EStG) ist steuerfrei, sofern sie für den betrieblichen Einsatz des Arbeitnehmers notwendig ist. Das wird z.B. in folgenden Fällen unterstellt:

1. Die Beförderung mit öffentlichen Verkehrsmitteln ist entweder gar nicht oder nur mit ganz erheblichem Zeitaufwand möglich.
2. Die Arbeitnehmer arbeiten, wie z.B. Bau- und Montagearbeiter, an ständig wechselnden Einsatzstellen.
3. Die Arbeitnehmer werden, wie z.B. Waldarbeiter, an verschiedenen Stellen eines weiträumigen Arbeitsgebiets eingesetzt.
4. Der Arbeitsablauf im Betrieb macht es erforderlich, dass die beförderten Arbeitnehmer gleichzeitig ihre Arbeit aufnehmen.

Ihr Arbeitgeber muss nicht unbedingt selbst ein Fahrzeug für den Sammeltransport anschaffen, genauso gut kann er ein Bus- oder Taxiunternehmen beauftragen.

Hinweis:
Wenn Sie per Sammelbeförderung zu Ihrer Arbeitsstelle fahren, können Sie keine Entfernungspauschale absetzen.

TRICK

Steuerfreies Fahrgeld für den Heimweg

Die Idee, auf dem Weg zur Arbeit oder nach Hause einen schnellen Abstecher zur Post oder zur Bank zu machen, um durch diesen kleinen dienstlichen Auftrag aus Ihrer Fahrt zwischen Wohnung und Arbeitsstätte eine steuerlich viel lukrativere Dienstreise zu machen, fand vor den Augen der obersten Steuerrichter keine Gnade (BFH, BStBl 1991 S.134). 106

Ungeachtet dessen steht Ihnen steuerfreies Fahrgeld oder die erhöhte Kilometerpauschale für Dienstreisen für die Mehrkilometer zu, die durch den Umweg angefallen sind.

107 **Kurz zur Post reicht also nicht. Wenn Sie aber z.B. häufiger im Auftrag Ihres Chefs Kunden besuchen, sollten Sie Ihre Termine so planen, dass Sie nach dem Kundenbesuch direkt nach Hause fahren können. Jetzt kann Ihnen das Finanzamt ja wohl kaum noch mit »kurzfristigen Erledigungen« kommen.**

TRICK

Vermeiden Sie, den Betrieb jeden Tag kurz anzufahren!

108 Einen ganz bösen Fallstrick hat der Fiskus für Kundendienstmonteure, Kraftfahrer, Mitarbeiter von Pflegediensten etc. vorgesehen. Arbeitnehmer aus diesen und ähnlichen Berufsgruppen suchen häufig den Betrieb an jedem Arbeitstag kurz auf, um Aufträge zu holen, Material zu besorgen, Berichte abzuliefern oder um Kollegen abzuholen, um mit ihnen zusammen weiter zu einer auswärtigen Einsatzstelle zu fahren, oder schlicht, um das Fahrzeug zu übernehmen. Diese kurzen Tätigkeiten allein führen nicht dazu, dass der Betrieb zur sog. ersten Tätigkeitsstätte wird. Die Fahrten zum Betrieb gelten also weiter als auswärtige Tätigkeit, mit der Folge, dass der Arbeitnehmer Reisekosten absetzen kann. Leider soll das ausgerechnet für die größte Kostengruppe, die Fahrtkosten, nicht gelten. Sucht der Arbeitnehmer auf Betreiben seines Brötchengebers den Betrieb, das Fahrzeugdepot oder einen anderen Sammel- oder Abholpunkt dauerhaft an jedem Arbeitstag auf, gibt es für diese Fahrten nur die Entfernungspauschale.

Auf die Entfernungspauschale heruntergestuft werden Sie allerdings nur, wenn Sie den Betrieb für sehr lange Zeit und vor allem ausnahmslos an jedem Arbeitstag aufsuchen müssen. Also ist es höchste Zeit für ein Gespräch mit Ihrem Chef. Gemeinsam werden Sie in Zukunft dafür sorgen, dass sich die Verhältnisse ein klein wenig ändern. Es genügt schon, wenn Sie an einem Tag in der Woche von zu Hause direkt zum Kunden fahren, ohne vorher den Betrieb aufzusuchen. Sie bekommen eben den Auftrag schon am Tag vorher oder per Telefon, SMS oder E-Mail. Mit diesem Trick können Sie für die Fahrten in den Betrieb in Zukunft wieder die Reisekostenpauschale von 0,30 € je gefahrenen Kilometer statt der nur halb so hohen Entfernungspauschale absetzen. Auch Kraftfahrer bekommen das hin, wenn der Übernahmepunkt gelegentlich verändert wird. Warum also den Bus immer im Depot abholen? Man kann den Schichtwechsel ja auch an einer Haltestelle durchführen.

Und schon kann Ihnen Ihr Chef nicht nur für die Fahrt zum Kunden das Fahrgeld steuerfrei zahlen, sondern auch für die Fahrt zur Firma selbst. Bekommen Sie kein Fahrgeld, setzen Sie bei Ihrer Steuererklärung jeden Kilometer mit 0,30 € als Werbungskosten ab.

TIPP

Vorsicht, Ihr Chef stößt das Finanzamt mit der Nase darauf, dass Sie Fahrgeld kassieren!

Ihr Arbeitgeber muss durch eine entsprechende Eintragung in die Lohnsteuer- 109
bescheinigung das Finanzamt darauf hinweisen, dass Sie steuerfreie oder pauschal besteuerte Fahrtkostenzuschüsse erhalten haben. Damit stellt der Fiskus sicher, dass Ihnen die Beträge bei der Steuererklärung von Ihren Entfernungskilometern abgezogen werden.

Profitieren Sie von einer Sammelbeförderung, steht in Ihrer Lohnsteuerbescheinigung ein »F«.

TRICK

Zahlen Sie weniger Lohnsteuer bei steuerpflichtigem Fahrgeld!

Die Werbungskosten aus Ihrer Entfernungspauschale für den täglichen Weg zur 110
Arbeit können Sie sich als Freibetrag auf der Lohnsteuerkarte eintragen lassen und so schon im Lauf des Jahres einen hübschen Betrag an Steuern sparen. Warten Sie damit nicht erst bis zu Ihrer Einkommensteuererklärung.

Zahlt Ihnen Ihr Brötchengeber Fahrgeld oder dürfen Sie mit einem Firmenwagen zur Arbeit fahren, rechnet man Ihnen daraus steuerpflichtige Einnahmen zu. (Natürlich können Sie auch hier Ihre laufende Steuerlast mit einem Freibetrag auf der Steuerkarte drücken.)

Bei einer Entfernung zur Arbeit von 60 km zahlt Ihnen Ihr Chef monatlich ein Fahrgeld von 200 €. Bei einem Gehalt von 2.500 € zahlen Sie also 2014

an Steuern für monatlich 2.700 € (2.500 € + 200 €)	447,40 €
Allein für Ihre Fahrtkosten stünde Ihnen bei 230 Arbeitstagen ein Freibetrag von ca. 270 € im Monat zu.	
Damit liegt die Steuer auf Ihr steuerpflichtiges Gehalt von 2.700 € – 270 € = 2.430 € nur noch bei	368,58 €
Monatliche Ersparnis an Lohnsteuer, Kirchensteuer, Soli	78,82 €
Gesamtersparnis im Jahr ca.	946,00 €

111 **Parkplätze, Stellplätze**
Nach Meinung des FG Köln (Urt. v. 15.3.2006 – 11 K 5680/04, EFG 2006, 1516) führt die kostenlose Überlassung von Parkplätzen durch den Arbeitgeber grundsätzlich zu steuerpflichtigem Arbeitslohn. Lediglich die Parkplatzgestellung an Mitarbeiter mit Firmenwagen und an schwerbehinderte Arbeitnehmer will das Finanzgericht wegen der arbeitsrechtlichen Fürsorgepflicht des Arbeitgebers steuerfrei lassen. Doch geschehen gelegentlich noch Zeichen und Wunder, der Fiskus folgt dieser restriktiven Rechtsprechung nämlich nicht. Der Arbeitgeber kann seinen Arbeitnehmern daher Park- bzw. Stellplätze zur Verfügung stellen, ohne dass der Vorteil aus den gesparten Parkgebühren zu besteuern ist (FM Nordrhein-Westfalen v. 28.9.2006 – S 2334 – 61 – VB 3; NWB Steuer-Telex 2006 S. 703).

5. Firmenwagen

112 Stellt die Firma ihrem Arbeitnehmer ein Fahrzeug zur Verfügung, das er auch für Privatfahrten und Fahrten zwischen Wohnung und Arbeitsstätte verwenden darf, dann ist der darin liegende geldwerte Vorteil vom Arbeitnehmer zu versteuern, das ist klar. Für Privatfahrten ist dem Monatslohn 1 % des Listen(neu-)preises des Fahrzeugs (inkl. Umsatzsteuer) hinzuzurechnen, macht 12 % pro Jahr. Für Fahrten zwischen Wohnung und Arbeitsstätte beträgt der geldwerte Vorteil zusätzlich 0,03 % des Listenpreises je Entfernungskilometer für jeden Monat.

Beispiel
Ein Arbeitnehmer fährt arbeitstäglich mit einem Firmenwagen (Listenpreis 30.000 €) zu seiner 30 km entfernt liegenden Arbeitsstätte. Für die private Nutzung des Firmenwagens leistet er eine Zuzahlung von mtl. 150 €. Als geldwerten Vorteil hat er zu versteuern:

Für Privatfahrten	
12 % von 30.000 € (Jahresbetrag)	3.600 €
Für Fahrten zwischen Wohnung und Arbeitsstätte	
(Monatl. 0,03 % v. 30.000 € =) 9 €	
je Entfernungskilometer × 30 km × 12 Monate =	3.240 €
Insgesamt	6.840 €
./. Zuzahlung (150 € × 12 Monate)	– 1.800 €
Vom Arbeitgeber über die LSt-Karte zu versteuernder Jahresbetrag	5.040 €
Monatsbetrag $^{1}/_{12}$	420 €

In der Einkommensteuererklärung kann der Arbeitnehmer seine Fahrten zwischen Wohnung und Arbeitsstätte mit der Entfernungspauschale von 0,30 € für jeden Entfernungskilometer als Werbungskosten geltend machen:

30 km × 0,30 € = 9,00 € × 230 Tage =	2.070 €

Die 1-%-Regelung kommt übrigens auch zur Anwendung, wenn es sich bei 113
Ihrem Firmenwagen um ein Wohnmobil oder einen Geländewagen handelt. Es ist also nicht entscheidend, ob das Gefährt kraftfahrtechnisch als Pkw oder als sonstiges Fahrzeug zugelassen wurde und bei der Kraftfahrzeugsteuer etwa wie ein Lkw besteuert wird. Allerdings legt der Fiskus als Listenpreis bei solchen **Sonderfahrzeugen** höchstens 80.000 € zugrunde (FM Saarland v. 29.1.2003 – B/2 – 4 – S 2334).

Besonders teuer kann es werden, wenn Sie als Arbeitnehmer nicht nur ein, son- 114
dern mehrere Kfz privat nutzen dürfen. Bislang galt die vernünftige Regelung, dass Sie nur dasjenige Fahrzeug versteuern mussten, das Sie überwiegend für private Zwecke nutzten. Im Zweifelsfall haben Sie sich mit dem Finanzamt darauf geeinigt, das Fahrzeug mit dem höchsten Listenpreis zu nehmen.

Inzwischen ist der BFH aber von dieser günstigen Regelung abgerückt. Er verlangt die Besteuerung eines jeden Fahrzeugs, das Ihnen zur Verfügung gestellt wird. Ob und in welchem Umfang Sie das Fahrzeug privat fahren, spielt dabei keine Rolle. Die reine Möglichkeit reicht schon aus (BFH v. 13.6.2013 – VI R 17/12, BStBl 2014 II S. 340). Wenn es also nicht unbedingt erforderlich ist, sollten Sie darauf verzichten, dass Ihnen vertraglich mehrere Fahrzeuge zur Verfügung gestellt werden.

TIPP

Zur Privatnutzung ungeeignete Dienstwagen unterliegen nicht der 1-%-Regelung!

Firmenwagen, die aufgrund ihrer objektiven Beschaffenheit und Einrichtung 115
typischerweise nur zur Beförderung von Waren, Gütern oder Material und Werkzeug bestimmt sind, fallen nicht unter die pauschale 1-%-Regelung. Gemeint sind damit typische Transportfahrzeuge wie Pritschen- oder Werkstattwagen. Der Bundesfinanzhof hat hier wieder einmal dem Fiskus auf die Finger geklopft und den allzu unverschämten Griff in die Geldbörse der Steuerzahler unterbunden (BFH v. 18.12.2008 – BFH/NV 2009 S. 481).

Der BFH geht davon aus, dass Fahrzeuge dieser Art allenfalls gelegentlich und nur ausnahmsweise für private Zwecke eingesetzt werden, weil sie dafür denkbar ungeeignet sind. Das Finanzamt darf deshalb **nicht mehr einfach unterstellen,** dass Sie Ihren Werkstattwagen auch für private Zwecke nutzen, sondern muss es **beweisen.** Und selbst wenn eine Privatnutzung gelegentlich der Fall sein sollte, darf das Finanzamt nicht pauschal die 1-%-Regelung ansetzen. Der Nutzungsvorteil muss nach Auffassung des BFH für jede einzelne Fahrt mit dem dafür üblichen Preis bewertet werden. Er dürfte sich somit auf die anteiligen Kilometerkosten für die privat gefahrenen Kilometer zzgl. der Gewinnmarge der Firma beschränken.

Diese günstige Rechtsprechung betrifft leider nicht die Fahrten zwischen Wohnung und Arbeitsstätte, die weiterhin nach der sog. 0,03-%-Regelung zu bewerten sind.

TIPP

Drücken Sie bei einem Elektrofahrzeug den steuerpflichtigen Teil!

116 Wenn Sie als Firmenwagen ein Elektrokraftfahrzeug nutzen, sind Sie benachteiligt, weil dessen Listenpreis derzeit höher ist als bei einem herkömmlich angetriebenen Fahrzeug. Damit Elektrofahrzeuge trotzdem als Firmenwagen konkurrenzfähig sind, wird die Berechnungsgrundlage für die Besteuerung pauschal gekürzt. Davon können auch Sie profitieren.

Von dieser Regelung begünstigt sind Fahrzeuge, die ausschließlich durch Elektromotoren angetrieben oder ganz oder überwiegend aus mechanischen oder elektrochemischen Energiespeichern gespeist werden (z.B. Brennstoffzellen).

Allerdings hat der Fiskus die Ermäßigung unnötig verkompliziert, indem die Kürzung des Listenpreises Jahr für Jahr reduziert wird. Wurde Ihr Firmenwagen 2013 oder früher angeschafft, beträgt die Kürzung 500 €/kWh, max. 10.000 €. Für jedes Jahr, das das Fahrzeug später zugelassen wird, reduziert sich der Betrag je kWh um jährlich 50 € und der Maximalbetrag um 500 €. Kauft Ihr Brötchengeber also einen Firmenwagen in 2015, beträgt die Kürzung nur noch 400 €/kWh und der Maximalbetrag 9.000 €.

Beispiel
Ihr Arbeitgeber hatte am 1.10.2013 einen neuen Firmenwagen mit Hybridantrieb gekauft. Die Batteriekapazität beträgt 30 kWh. Der Listenpreis des Wagens beläuft sich auf 45.000 € inkl. USt.
Der monatliche Nutzungsvorteil für private Fahrten wird wie folgt berechnet:

Bruttolistenneupreis	45.000,00 €
./. pauschale Kürzung 30 kWh × 500,00 € (= 15.000,00 €), max. aber 10.000 €	– 10.000,00 €
Bemessungsgrundlage	35.000,00 €

Der monatliche private Nutzungsanteil würde in diesem Fall mit 1 % v. 35.000 € = 350,00 € berechnet.

117 Ärgerlich ist neben der Anwendung der 1-%-Regelung für reine Privatfahrten vor allem die Versteuerung der Fahrten zwischen Wohnung und Arbeitsstätte. Der pauschale Ansatz des Monatswerts von 0,03 % wird vom Finanzamt nämlich völlig unabhängig davon vorgenommen, in welchem Umfang Sie das Fahr-

zeug tatsächlich für Fahrten zwischen Wohnung und Arbeitsstätte nutzen und ob es Ihnen überhaupt während des ganzen Monats zur Verfügung steht. Besonders teuer kann das für Sie werden, wenn Sie mit dem Firmenwagen das »park and ride«-Verfahren praktizieren, da die *gesamte* Entfernung zwischen Wohnung und Arbeitsstätte der Berechnung des Nutzungsvorteils zugrunde gelegt wird. Im Klartext bedeutet das: Fahren Sie 3 km mit dem Wagen zum Bahnhof und dann 47 km mit der Bahn, bindet Ihnen der Fiskus den geldwerten Vorteil für 50 km ans Bein.

TRICK

Drücken Sie mit Fahrkarten den Nutzungsvorteil!

Dieser Auffassung ist der BFH entschieden entgegengetreten (BFH v. 4.4.2008 – BStBl 2008 II S. 890 – und v. 28.8.2008 – BStBl 2009 II S. 280). Für den »park and ride«-Fall wird demnach die 0,03-%-Regelung nur für die Teilstrecke angesetzt, für die der Pkw tatsächlich genutzt wird.

Lösung für einen Firmenwagen mit 40.000 € Listenpreis

Nutzungsvorteil lt. Finanzamt	
0,03 % v. 40.000 € = 12,00 € × 50 km	600 €
Nutzungsvorteil lt. BFH	
0,03 % v. 40.000 € = 12,00 € × 3 km	36 €
Differenz pro Monat	564 €
Differenz pro Jahr	564 € × 12 = 6.768 €

Das Finanzamt muss die günstigere Berechnung zumindest aus Billigkeitsgründen anwenden, wenn Sie Ihrem Arbeitgeber eine Jahresfahrkarte oder schlicht Ihre gesammelten Monatskarten für öffentliche Verkehrsmittel vorlegen oder er Ihnen ein entsprechendes Job-Ticket zur Verfügung stellt (BMF v. 1.4.2011 – BStBl 2011 I Seite 301).

TRICK

Mit einem Nutzungsverbot entgehen Sie der Steuerfalle!

Sie können auch auf andere Weise eine Begrenzung des völlig überhöhten Nut- 118
zungsvorteils erreichen: Ihr Arbeitgeber stellt Ihnen das Fahrzeug ausdrücklich nur für die Fahrt zum Bahnhof zur Verfügung. Das Ganze wird schriftlich fest-

gelegt. Außerdem kontrolliert er gelegentlich am Abend und am anderen Morgen den Kilometerstand und protokolliert dies für sein Lohnkonto – und schon versteuern Sie statt 50 km nur 3 km (s. auch ➤ Rz 135).

Nach der Reform des Reisekostenrechts ab 2014 ist inzwischen klar, dass ein Arbeitnehmer max. *eine* erste Tätigkeitsstätte haben kann. Wenn Ihr Arbeitgeber den Betrieb ausdrücklich als erste Tätigkeitsstätte festlegt, hat das Konsequenzen für die Fahrten dorthin. In diesem Fall müssen Sie die Fahrten mit einem Firmenwagen versteuern.
Ohne ausdrückliche Arbeitgeberfestlegung wird Ihr Betrieb aber nicht schon allein dadurch zur ersten Tätigkeitsstätte, dass Sie ihn in regelmäßigen Abständen aufsuchen (s. auch BFH v. 9.6.2011 – VI R 55/10, VI R 36/10 und VI R 58/09, BStBl 2012 II S. 34–38). Schon gar nicht, wenn Sie sich dort nur kurz aufhalten oder nur Arbeiten ausführen, die in Ihrem Job nicht die Kernaufgaben darstellen. Auch Springer, Filialleiter, die mehrere Filialen betreuen, oder Bezirksleiter von Filialketten haben höchstens dann in einer der Filialen eine erste Tätigkeitsstätte, wenn der Arbeitgeber das ausdrücklich so regelt oder wenn die dort ausgeübten Arbeiten sich von denen in den übrigen Filialen wesentlich unterscheiden und Sie dort mindestens an zwei Tagen pro Woche oder 30 % Ihrer Arbeitszeit arbeiten.
Wenn Sie mit Ihrem Arbeitgeber die Bedingungen für Ihr Arbeitsverhältnis so geregelt haben, dass der Betrieb nicht die erste Tätigkeitsstätte ist, umgehen Sie auch das Problem mit der Versteuerung der Fahrten zur Arbeit. Sie können sich für Fahrten von der Wohnung zum Betrieb vielmehr darauf berufen, dass es sich um Fahrten im Rahmen einer Auswärtstätigkeit handelt. Für solche Fahrten kann der Arbeitgeber ein Firmenfahrzeug steuerfrei zur Verfügung stellen.
In allen anderen Fällen setzt der Fiskus tatsächlich einen Vorteil mit 0,03 % des Listenpreises pro Monat und Entfernungskilometer an. Allerdings gibt es auch hier für Arbeitnehmer, die ihre erste Tätigkeitsstätte nur gelegentlich aufsuchen, dank des BFH eine günstigere Besteuerungsvariante (BFH v. 22.9.2010 – BStBl 2011 II S. 358 f.). Danach muss nur der tatsächlich entstandene Vorteil versteuert werden – und zwar für jede tatsächlich durchgeführte Fahrt mit 0,002 % des Listenpreises je Entfernungskilometer. Der BFH machte dabei eine Anleihe bei der in der Praxis selten vorkommenden Regelung für mit einem Dienstwagen durchgeführte zusätzliche Familienheimfahrten im Rahmen einer doppelten Haushaltsführung.
Die Finanzämter müssen nunmehr die günstigere Regelung anwenden (BMF-Schreiben v. 1.4.2011 – BStBl 2011 I S. 301). Sie müssen Ihrem Brötchengeber nur für jeden Monat eine Liste vorlegen, in der Sie mit Wochentag und Datum angeben, wann Sie mit dem Dienstwagen zur Arbeit gefahren sind. Ihr Arbeitgeber muss dann in der Lohnabrechnung nur für diese Tage den Nutzungsvorteil des Pkw ansetzen. Beharrt er darauf, sicherheitshalber weiter die 0,03-%-Regel anzuwenden, können Sie die Anwendung der für Sie günstigeren 0,002-%-Regel bei der Einkommensteuerveranlagung beantragen. Das Finanz-

amt muss dazu die Differenz zwischen den Methoden vom Arbeitslohn abziehen.
Bei einem Firmenwagen mit einem Listenpreis von 30.000 € und einer Entfernung zum Betrieb des Arbeitgebers von 20 km beträgt der Nutzungsvorteil aus der 0,03-%-Regelung (0,03 % von 30.000 € = 9 € × 20 km =) 180 € monatlich. Nach der viel günstigeren Rechnung des BFH ergibt sich lediglich ein Nutzungsvorteil von (30.000 € × 0,002 % = 0,60 € × 20 km × 4 Fahrten =) **48 €.** Auf das Jahr gerechnet macht das einen Unterschied von 1.548 €.

Steuerlich auf der sicheren Seite sind Sie also, wenn

- Ihr Arbeitgber keine Festlegung zum Betrieb (Filiale) als erste Tätigkeitsstätte trifft und
- Sie nicht mindestens an zwei ganzen Arbeitstagen oder 30 % Ihrer regelmäßigen Arbeitszeit dort arbeiten müssen.

TRICK

Nehmen Sie die Pauschalregelung bei Firmenwagen in Anspruch!

Die Möglichkeit, den Vorteil aus der Überlassung eines Firmenwagens für Fahr- 119
ten zwischen Wohnung und Arbeitsstätte pauschal zu versteuern (➤ Rz 104), führt zu Wirkungen, die selbst für Steuerfachleute kaum zu überblicken sind. Von den 0,03 % des Listenpreises, die für solche Fahrten pro Entfernungskilometer zu versteuern sind, kann der Betrieb einen Betrag in Höhe der Entfernungspauschale von 0,30 € je Entfernungskilometer pauschal mit 15 % versteuern. Für die Pauschalierung kann von 180 Fahrten im Jahr (15 Fahrten im Monat) ausgegangen werden. Bei Pauschalversteuerung ergibt sich also z.B. folgender Arbeitslohn:

Für Privatfahrten 12 % vom Listenpreis, z.B. 30.000 €	3.600,00 €
Für Fahrten zwischen Wohnung und Arbeitsstätte, z.B. 30 km	3.240,00 €
./. Pauschalsteuer (30 km × 0,30 € = 9,00 € × 180 Tage)	– 1.620,00 €
Verbleiben	5.220,00 €
./. monatliche Zuzahlung für die private Nutzung 150 €	– 1.800,00 €
Als Rest zu versteuern (Jahresbetrag) über Lohnsteuerkarte	3.420,00 €

Der Betrieb zahlt an Pauschalsteuern	
Pauschale Lohnsteuer 15 % von 1.620,00 €	243,00 €
Pauschale Kirchensteuer z.B. 7 % von 243,00 €	17,01 €
Solidaritätszuschlag 5,5 % von 243,00 €	13,36 €

Wie Sie sehen, ist die Pauschalregelung günstig, zumal auch keine Sozialversicherungsbeiträge für den pauschal versteuerten Lohn anfallen.

TRICK

Geteiltes Leid ist halbes Leid!

120 Die 1-%-Regelung gilt fahrzeug-, nicht personenbezogen, d.h., das Finanzamt darf für die Privatnutzung eines Firmenwagens, egal, ob er von einem oder von 20 Arbeitnehmern genutzt wird, insgesamt nur einmal die 1-%-Regelung anwenden. Der als Arbeitslohn steuerpflichtige Vorteil wird im Zweifel gleichmäßig auf alle Arbeitnehmer verteilt, die den Wagen nutzen (BFH-Urteil v. 15.5.2002 – BStBl 2003 II S. 311). Teilen Sie sich also den Firmenwagen mit einem Arbeitskollegen, muss jeder von Ihnen beiden nur 0,5 % vom Listenpreis versteuern.

121 Profitieren können Sie von dem Urteil auch, wenn es in Ihrer Firma einen Fahrzeugpool gibt, aus dem Sie und Ihre Kollegen je nach Bedarf auf eines der Fahrzeuge auch für private Zwecke zurückgreifen können.
Angenommen, in der Firma sind fünf Angestellte beschäftigt und es stehen zwei Autos zur Verfügung, Listenpreis Auto 1 = 20.000 € und Listenpreis Auto 2 = 30.000 €. Ihr Arbeitgeber berechnet den Arbeitslohn dann nach H 8.1 Abs. 9 – 10 LStH wie folgt:

Nutzungsvorteil Auto 1:	1 % von 20.000 € =	200 €
Nutzungsvorteil Auto 2:	1 % von 30.000 € =	300 €
Monatlicher Gesamtarbeitslohn		500 €
Verteilt auf 5 Arbeitnehmer macht pro Kopf monatlich		100 €
statt 1 % = 300 € für das teuerste Auto im Pool		
Weniger »Arbeitslohn« für Sie pro Monat		200 €
Aufs Jahr gerechnet		2.400 €

Zu empfehlen ist eine solche Durchschnittsberechnung nur in Fällen, in denen die Zahl der im Pool befindlichen Fahrzeuge geringer ist als die Zahl der Arbeitnehmer, die sie auch für private Zwecke nutzen. Sind es dagegen weniger Arbeitnehmer als Fahrzeuge, kommt man unter dem Strich billiger davon, wenn jeder 1 % des durchschnittlichen Listenpreises versteuert.

TRICK

Verdienen Sie mit einem Fahrtenbuch schnell 800 €!

Wenn Sie mit dem Firmenwagen nur wenig privat fahren, lohnt es sich, ein Fahr- 122
tenbuch zu führen. Als Arbeitslohn brauchen Sie dann nur die Privatkilometer, die Sie in Ihr Fahrtenbuch eingetragen haben, mit den anteiligen Autokosten zu versteuern. Nehmen wir einmal an, aus Ihren Eintragungen ergeben sich folgende Daten für die Privatnutzung:

52 Wochen à 50 Privat-km	2.600 km
Für Urlaub und sonstige Fahrten	1.400 km
Insgesamt	4.000 km
Tatsächliche Kosten je km ca.	× 0,35 €
Arbeitslohn =	1.400 €

Nach der 1-%-Regelung versteuern Sie dagegen weit mehr, selbst bei einem Auto mit einem Listenpreis von 25.000 € und einer Entfernung von nur 8 km zwischen Wohnung und Arbeitsstätte:

Für Privatnutzung 12 % von 25.000 € =	3.000 €		
Für Fahrten Wohnung/Arbeitsstätte			
0,03 % von 25.000 € = 7,50 € × 8 km × 12 Monate =	720 €		
Insgesamt	3.720 €	>	3.720 €
Durch das Fahrtenbuch sparen Sie also die Steuer auf			2.320 €

Das sind bei einem Steuersatz von 30 % zzgl. Kirchensteuer und Solidaritätszuschlag immerhin 797 €. Dafür lohnt sich das bisschen Schreibarbeit. Meinen Sie nicht auch?

Beharrt Ihr Arbeitgeber auf der 1-%-Regelung, kann es sich rechnen, ein Fahr- 123
tenbuch und die Kostenaufzeichnungen für das Auto zusammen mit Ihrer Steuererklärung vorzulegen. Das Finanzamt muss dann nämlich den für Sie günstigeren Betrag laut Fahrtenbuch ansetzen. Was Sie zu viel an Steuern für Ihre Autonutzung geblecht haben, bekommen Sie auf diese Weise über den Einkommensteuerbescheid mit etwas Verzögerung zurück.
Kommt Ihnen Ihr Fiskalvertreter mit fadenscheinigen Argumenten, weisen Sie ihn auf R 8.1 Abs. 9 Nr. 3 S. 4 LStR hin. Dort steht ausdrücklich, dass die vom Arbeitgeber gewählte Methode bei der Einkommensteuererklärung nicht bindend ist.
Als Arbeitnehmer, der nicht der Sozialversicherung unterliegt oder der als Spitzenverdiener über den Beitragsbemessungsgrenzen liegt, können Sie völlig be-

ruhigt so vorgehen. Anders sieht es bei Arbeitnehmern aus, die mit ihrem Nutzungsvorteil der Sozialversicherung unterliegen – und auf den zu viel gezahlten Sozialversicherungsbeiträgen sitzenbleiben, denn einen der Einkommensteuererklärung vergleichbaren Ausgleich nach Ablauf des Jahres gibt es da nicht. Deshalb sollten Sie als Sozialversicherungspflichtiger mit Nachdruck darauf bestehen, dass Ihr Brötchengeber schon im laufenden Jahr nach der Fahrtenbuchmethode abrechnet.

GUTER RAT

124 Wenn Sie Ihrem Finanzamt mit einem Fahrtenbuch kommen, müssen Sie mit besonderer Pingeligkeit rechnen. Damit Ihre mühevoll geführten Aufzeichnungen nicht für null und nichtig erklärt werden, müssen Sie wissen, was mindestens an Eintragungen in Ihrem Fahrtenbuch auftauchen muss. Und zwar sind das

für Ihre dienstlichen Fahrten

- Datum und Kilometerstand am Anfang und am Ende jeder einzelnen Dienstfahrt
- Ziel und Fahrtroute
- Zweck der Fahrt
- Name und Adresse des Geschäftspartners/Kunden

für Ihre Privatfahrten

- die gefahrenen Kilometer und der Vermerk »privat«
- für die Fahrten zwischen Wohnung und Arbeitsstätte die gefahrenen Kilometer und der Vermerk »Wohnung/Arbeitsstätte«.

Nehmen Sie an einem Tag nacheinander mehrere berufliche Termine wahr, genügt die Eintragung des Kilometerstands am Anfang und am Ende der Dienstfahrt. Allerdings müssen alle aufgesuchten Kunden oder Geschäftspartner mit korrekter Adresse (Ort, Straße, Hausnummer) in der zeitlich richtigen Reihenfolge im Fahrtenbuch vermerkt werden. Eine Ausnahme von der genauen Adressangabe ist nur möglich, wenn sich schon aufgrund der Kundenbezeichnung und des Orts eine eindeutige Zuordnung ergibt, z.B. »Berlin, Reichstag« oder »München, BFH«, nicht dagegen »Köln, Lidl« oder »Düsseldorf, Aldi« (BFH v. 1.3.2012 – VI R 33/10, DStR 2012 S. 1011).

Sobald zwischendurch eine private Fahrt anfällt, müssen Sie eine neue Eintragung machen und den jeweils aktuellen Kilometerstand eintragen.

Wenn Sie zusätzlich andere Aufzeichnungen wie Terminkalender oder Reisekostenabrechnungen heranziehen müssen, ist die Ordnungsmäßigkeit Ihres Fahrtenbuchs nur dann nicht in Gefahr, wenn diese Aufzeichnungen lückenlos vorhanden, leicht greifbar, übersichtlich, vollständig und nicht nachträglich veränderbar sind (BFH v. 16.3.2006 – BStBl II 2006 S. 625). Letzteres ist z.B. bei elektronischen Terminkalendern in aller Regel nicht der Fall.

Also: Wenn Sie sich schon die Mühe machen, ein Fahrtenbuch zu führen, dann sollten Sie darin auch alle erforderlichen Angaben machen. Alles andere bringt nur Probleme und wirkt auf den Fiskus wie eine Einladung, nach Fehlern im Fahrtenbuch zu suchen und es ggf. als nicht ordnungsgemäß anzuerkennen.

Ein Fahrtenbuch muss nach Meinung des obersten Steuergerichts in aller Regel 125
in Buchform geführt werden. Loseblatt- und Zettelsammlungen reichen nicht (BFH v. 9.11.2005 – BStBl II 2006 S. 408). Genauso wenig genügt es, wenn das Fahrtenbuch am Computer mit einem Textverarbeitungs- oder Tabellenkalkulationsprogramm erstellt wird: Die pure theoretische Möglichkeit der nachträglichen Veränderung der Eintragungen verhindert, dass es als ordnungsgemäß anerkannt wird. Auch nachschreiben sollten Sie Ihr Fahrtenbuch nicht. Wenn Sie z.B. Ihre Fahrten auf losen Zetteln notieren und sie am Monatsende fein säuberlich in Ihr Fahrtenbuch übertragen, dreht man Ihnen schon daraus einen Strick, dass die Eintragungen nicht zeitnah erfolgt sind (BFH v. 16.11.2005 – BStBl II 2006 S. 410).

TIPP

Elektronisches Fahrtenbuch nutzen!

Computerfahrtenbücher können allerdings dann anerkannt werden, wenn sich Eintragungen nicht nachträglich verändern lassen, ohne dass dies dokumentiert wird. Wenn Aufzeichnungen nachträglich geändert werden können, ist das unter den folgenden Voraussetzungen ausnahmsweise unschädlich:
Eine geänderte Eingabe muss sowohl in der Anzeige am Bildschirm als auch im Ausdruck unveränderbar dokumentiert werden.
Die Daten müssen bis zum Ablauf der Aufbewahrungsfrist unveränderlich aufbewahrt und unverändert lesbar gemacht werden können.
Eventuelle Änderungen bei den Eintragungen müssen in einer Historie mit Änderungsdatum und dem ursprünglichen Inhalt ersichtlich sein.
Die Änderungshistorie darf nicht nachträglich veränderbar sein.
Mit einem handelsüblichen und von manchen Automobilunternehmen angebotenen »elektronischen Fahrtenbuch« sind Sie daher auf der sicheren Seite.
Ein elektronisches Fahrtenbuch, das Sie über ein Webportal führen, wird von der Finanzverwaltung aber nur anerkannt, wenn sich daraus dieselben Erkenntnisse wie aus einem manuell geführten Fahrtenbuch gewinnen lassen. Die Eintragungen müssen auch hier zeitnah zu den Fahrten erfolgen. Dazu reicht es in der Regel aus, dass Sie Fahrten innerhalb von sieben Kalendertagen eintragen.

TIPP

So wird das Fahrtenbuch geführt

Wenn Sie ein wirklich ordnungsgemäßes Fahrtenbuch führen wollen, kommen Sie mit den Mini-Fahrtenbüchern, die es z.B. an Tankstellen zu kaufen gibt, nicht aus. Für mehrere Fahrten an einem Tag fehlen da meist die Eintragungsmöglichkeiten. Viel besser ist da ein DIN-A5-Schulheft, in das Sie Ihre Fahrten fortlaufend nach folgendem Muster eintragen:

Datum	Kilometerstand		Fahrtziel, Kunden	gefahrene km		Kraftstoff	
	Beginn	Ende		Beruf	privat	Liter	Preis

126 Nicht jeder Fehler im Fahrtenbuch führt automatisch dazu, dass das Finanzamt es als nicht ordnungsgemäß zurückweisen kann. Dies sei dem Fiskus nach dem Grundsatz der Verhältnismäßigkeit zumindest dann verboten, wenn es sich um vereinzelte **kleinere Mängel** handelt. So hat das FG Köln entschieden, dass eine einzelne nicht aufgezeichnete Tankfahrt in einem Zeitraum von über drei Monaten oder einmalige geringe Abweichungen zwischen Fahrtenbuch und Werkstattrechnungen allein dazu nicht ausreichen (BFH v. 10.4.2008 – BStBl 2008 II Seite 768). In Jahren, in denen derartige Fehler mehrfach aufgetreten sind, waren aber auch die Richter beim BFH unerbittlich und haben statt des Fahrtenbuchs die viel teurere 1-%-Regelung angewendet.

Um allem Ärger aus dem Weg zu gehen, sollten Sie sich also besser etwas Mühe geben! Und denken Sie daran, dass auf den **Tankbelegen** nicht nur das Datum, sondern in der Regel auch die Uhrzeit ausgewiesen wird, zu der Sie getankt haben. Diese Zeitangaben müssen natürlich mit denen in Ihrem Fahrtenbuch korrespondieren, sonst droht steuerliches Ungemach.

127 Erleichterungen gibt es u.a. für Personen, die besonderen Verschwiegenheitspflichten unterliegen, z.B. Ärzte, Rechtsanwälte, Geistliche etc. Bei ihnen muss nicht zwingend Name und Adresse des Geschäftspartners bzw. Kunden aufgeführt werden. Führen Sie ein gesondertes Verzeichnis (Kunden-, Mandanten- oder Patientendatei), genügt es, wenn in dieser Datei die Kunden, Mandanten oder Patienten unter einer Nummer oder Buchstabenkombination mit Namen und Adresse aufgeführt sind und so leicht und einwandfrei identifiziert werden können. Sie können diese Verschlüsselung für Ihr Fahrtenbuch nutzen, es reicht dann z.B. die Angabe »Kundenbesuch«, verbunden mit der entsprechenden Kundennummer. Berufen Sie sich ggf. auf das Schreiben des BMF vom 21.1.2002 (BStBl I 2002 S. 148). Bei der Prüfung des Fahrtenbuchs verlangt der Fiskus al-

lerdings, dass Sie das Verzeichnis mit den Verschlüsselungsnummern und den Klarnamen und Adressen beifügen.
Auch in anderen Berufen können Sie sich auf Vereinfachungen für Ihr Fahrtenbuch berufen:

- **Kundendienstmonteure, Kurierdienstfahrer und Handelsvertreter** 128

Sind Sie Kundendienstmonteur, Kurierdienstfahrer oder Handelsvertreter, der an ständig wechselnden Orten seiner Arbeit nachgeht, muss sich der Fiskus damit begnügen, dass Sie aufschreiben, welche Kunden Sie an welchem Ort besucht haben. Ergänzende Angaben über Ihre Reiseroute oder zu den Entfernungen zwischen an einem Tag aufgesuchten Kunden müssen Sie nur machen, wenn sich größere Differenzen zwischen der direkten Entfernung und der von Ihnen zurückgelegten tatsächlichen Fahrtstrecke ergeben.

- **Taxifahrer** 129

Soweit Sie Fahrten in Ihrem sog. Pflichtfahrgebiet absolvieren, genügt es vollkommen, wenn Sie für jeden Tag den Kilometerstand zu Beginn und am Ende Ihrer Schicht eintragen. Wenn Sie allerdings ausnahmsweise eine Tour außerhalb Ihres Pflichtfahrgebiets bekommen haben, verlangt der Fiskus genaue Angaben zu Fahrtziel und Fahrtroute.

- **Fahrlehrer** 130

Wenn Sie pflichtgemäß einen Tagesnachweis führen, ist es vollkommen ausreichend, bei aufeinanderfolgenden Fahrstunden nur den Kilometerstand zu Beginn und am Ende der jeweiligen Fahrstunde oder bei zusammenhängenden Fahrschulfahrten den Kilometerstand zu Beginn und am Ende der Gesamtlehrzeiten aufzuschreiben.

- **Sicherheitsgefährdete Personen** 131

Wenn Sie als Prominenter oder als in besonderer Stellung exponierter Mitbürger zu den sog. sicherheitsgefährdeten Personen gehören, liegt es nahe, dass Ihre Fahrtroute aus Sicherheitsgründen häufig wechselt. Selbstverständlich können Sie in diesem Fall auf die Angabe der genauen Reiseroute auch dann verzichten, wenn sich größere Differenzen zwischen der direkten Entfernung und der tatsächlichen Fahrtstrecke ergeben (BMF v. 28.5.1996 – BStBl I 1996 S. 654).

TRICK

Wechseln Sie im richtigen Moment die Methode!

Wenn Sie die Kosten für Ihre Privatfahrten mit dem Firmenwagen einzeln nachweisen, wird Ihr Arbeitslohn z.B. so berechnet: 132

Gesamtkosten des Autos im Jahr	8.000 €
Privat-km lt. Fahrtenbuch	5.000 km
Gesamtfahrleistung des Autos im Jahr	40.000 km

$$\text{Arbeitslohn} = \frac{8.000\ € \times 5.000\ \text{km}}{40.000\ \text{km}} = \underline{\underline{1.000\ €}}$$

Zu dieser Methode rate ich Ihnen, wenn die Abschreibung für Ihren Firmenwagen wegfällt. In der Regel ist das spätestens nach acht Jahren der Fall. Dann brauchen Sie nämlich bei der Ermittlung der Pkw-Kosten den dicksten Batzen, die Abschreibung, nicht mehr mitzurechnen.

TRICK

Das ist die richtige Strategie für Sie und Ihren Chef bei der Ermittlung der Abschreibung!

133 Führen Sie ein Fahrtenbuch, dann sind für die Berechnung Ihres geldwerten Vorteils zunächst einmal die tatsächlichen Autokosten maßgebend, wie sie Ihre Firma gebucht hat. Das gilt allerdings nicht für die **Abschreibung**. Etwaige Sonderabschreibungen etwa, die Ihr Arbeitgeber für das Auto in Anspruch nimmt, müssen Sie sich nicht ans Bein binden. Die Finanzämter versuchen oft, die Abschreibung statt mit nur $^1/_8$ pro Jahr nach den amtlichen Abschreibungstabellen mit $^1/_6$ anzusetzen. Damit müssen Sie sich aber nicht abfinden. Beharren Sie auf der für Sie günstigeren Nutzungsdauer von acht Jahren (BFH v. 29.3.2005 – BStBl II 2006 S. 368; H 8.1 [9 – 10] LStH »Gesamtkosten«).
Ihr Chef und Sie können also die jeweils günstigste Regelung in Anspruch nehmen, ohne sich dabei ins Gehege zu kommen.

Beispiel
Ihr Firmenwagen hat 30.000 € + 5.700 € Mehrwertsteuer = 35.700 € gekostet.
Ihr Chef schreibt im ersten Jahr davon ab: (lineare Abschreibung 20 % + Sonderabschreibung 20 % =) 40 % von 30.000 € = 12.000 €.
Bei der Berechnung Ihres geldwerten Vorteils wird aber nur $^1/_8$ Abschreibung zugrunde gelegt: 35.700 € × 12,5 % (= $^1/_8$) = 4.462,50 €.

TIPP

Achtung Fallstrick Unfallkosten!

Die Kosten eines Unfalls während einer privaten Tour werden in voller Höhe auf den Nutzungsvorteil für Privatfahrten aufgeschlagen. Hatten Sie den Crash dagegen bei einer Dienstfahrt, gehen die Unfallkosten voll zu Lasten des Ar-

beitgebers. Um der Versteuerung von einigen tausend Euro privater Unfallkosten zu entgehen, sollten Sie unbedingt darauf bestehen, dass Ihr Firmenwagen vollkaskoversichert wird. Für eine Besteuerung steht dann allenfalls die Selbstbeteiligung im Raum.
Aber auch mit einer Teilkaskoversicherung wird ein Unfall auf einer privaten Fahrt nicht ohne weiteres zum finanziellen Mega-GAU. Für die Besteuerung eines Vorteils aus der Übernahme der Unfallkosten durch Ihren Arbeitgeber kann fiktiv eine Versicherung mit 1.000 € Eigenanteil unterstellt werden. Wenn Sie also nicht gerade volltrunken am Steuer gesessen haben, müssen Sie von den privaten Unfallkosten max. 1.000 € versteuern (R 8.1 Abs. 9 Nr. 2 S. 15 LStR).

SUPER TRICK

Nehmen Sie einen ganzen Monat Urlaub, und in Ihrer Kasse klingelt's zusätzlich!

Egal, ob Sie Ihren fahrbaren Untersatz an nur einem oder an jedem Tag eines 134
Monats privat nutzen, ist 1 % vom Listenpreis fällig. **Nutzen Sie ihn jedoch in einem Monat überhaupt nicht, gibt es in diesem Monat auch keinen Nutzungsvorteil zu versteuern.** Bei einem 40.000-€-Auto und 40 % Steuersatz spart Ihnen das allein an Lohnsteuer ca. 160 €.
Mein guter Rat daher: Nehmen Sie einen kompletten Monat Urlaub statt nur drei Wochen. So tun Sie nicht nur Leib und Seele etwas Gutes, weil Sie richtig ausspannen und den täglichen Berufsstress weit hinter sich lassen können, sondern auch Ihrem Portemonnaie.
Selbstverständlich klappt das nur, wenn Sie nicht mit der Firmenkutsche in Urlaub fahren. Um besonders argwöhnischen Finanzern den Wind aus den Segeln zu nehmen, stellen Sie den Wagen während des Urlaubs bei Ihrer Firma ab. Dann kann später keiner behaupten, der Wagen habe Ihnen oder Ihren daheimgebliebenen Kindern zur Verfügung gestanden. Ein weiterer netter Nebeneffekt dabei ist, dass Sie so auch vor unliebsamen Überraschungen wie zerstochenen Reifen, abgebrochenen Spiegeln oder zerkratztem Lack sicher sind.

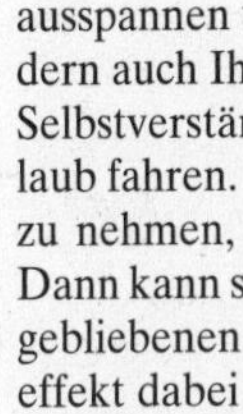

TRICK

Entkommen Sie mit einem Nutzungsverbot elegant der Versteuerung!

Der einfachste Weg, die Versteuerung der Dienstwagennutzung zu vermeiden, 135
ohne dass Sie sich den lästigen Papierkram mit einem Fahrtenbuch ans Bein

binden müssen, ist ein vom Chef ausgesprochenes Nutzungsverbot für private Zwecke.

Die Geschichte ist an sich ganz einfach. In Ihren Arbeitsvertrag oder die Nutzungsvereinbarung für Ihren Firmenwagen wird eine Klausel aufgenommen, nach der Sie das Auto nur für dienstliche Fahrten benutzen dürfen und jegliche Privatnutzung ausdrücklich untersagt ist.

Seien Sie aber auf der Hut, denn das Finanzamt kommt gern mit dem fadenscheinigen Argument: »Papier ist ja bekanntlich geduldig! Das Nutzungsverbot ist null und nichtig, weil der Arbeitgeber es nicht regelmäßig kontrolliert hat und deswegen wohl auch nicht richtig ernst gemeint hat.«

Lassen Sie sich davon auf keinen Fall einschüchtern. Wenn es hart auf hart kommt, muss nämlich das Finanzamt Belege dafür bringen, dass Sie gegen ein von Ihrem Brötchengeber ausgesprochenes Nutzungsverbot verstoßen haben. Es darf ein arbeitsvertragliches Nutzungsverbot nicht nur deswegen ignorieren, weil es der Arbeitgeber nicht wie oben beschrieben überwacht hat. Das gilt selbst dann, wenn es sich bei dem Arbeitnehmer um einen leitenden Angestellten oder um einen am Unternehmen beteiligten Gesellschafter-Geschäftsführer handelt. Auch wenn Ihnen das Betriebsfahrzeug für Fahrten zwischen Wohnung und Arbeitsstätte überlassen wird, kann das Finanzamt nicht einfach eine weitergehende Nutzung für private Zwecke unterstellen (BFH v. 8.8.2013 – VI R 71/12, BFH/NV 2014 S.153).

Absolut wasserdicht wird die Geschichte mit dem Nutzungsverbot, wenn Sie Ihr Firmenauto auf Anforderung, z.B. nach Inspektionen, nach dem Wochenende oder einmal im Monat, Ihrem Chef vorführen, damit der anhand des Kilometerstands prüft, ob Sie tatsächlich nur für die Firma gefahren sind. Für den gestrengen Blick der Herren vom Fiskus wird jedes Mal ein kleines Kontrollprotokoll geschrieben:

Der Firmenwagen (amtl. Kennzeichen . . . .) von Herrn/Frau . . . . wurde am . . . . vorgeführt. Die Kontrolle des Kilometerstandes mit den aktuellen Inspektions- und Reparaturrechnungen und ein stichprobenhafter Abgleich mit den Auftragszetteln und Reisekostenabrechnungen ergaben, dass das Verbot der Nutzung des Fahrzeugs für private Zwecke eingehalten wurde.

Herr/Frau . . . . wird ausdrücklich darauf hingewiesen, dass ihm/ihr auch weiterhin eine Nutzung des Firmenfahrzeugs für private Zwecke untersagt ist.

X-Stadt, den . . . .

. . . .

Geschäftsführer Arbeitnehmer

Sie bekommen eine Kopie, das Original wandert als Beleg zum Lohnkonto, und schon kann Ihnen der Fiskus den Buckel runterrutschen. Wenn Sie an einen besonders hartnäckigen Fiskusjünger geraten, helfen Sie ihm mit dem oben erwähnten Urteil des BFH auf die Sprünge. Machen Sie ihm außerdem mal ganz entschieden klar, dass die Protokolle schon ein äußerst großzügiges Entgegenkommen Ihrerseits sind, um sein fiskalische Gewissen zu beruhigen. damit ihn nicht die Sorge um Ihre private Pkw-Nutzung um den Schlaf bringt.

Zahlungen an den Arbeitgeber für die Firmenwagennutzung 136

Wie bei allen anderen Sachbezügen auch, müssen Sie nur den Teil des Vorteils aus der Nutzung des Firmenwagens versteuern, für den Sie Ihrem Arbeitgeber nichts bezahlt haben. Es werden also die von Ihnen an Ihren Brötchengeber geleisteten Zahlungen von den steuerlichen Vorteilen abgezogen.

Für eine optimale Gestaltung der Zuzahlung haben Sie folgende Möglichkeiten:

- pauschale monatliche Zuzahlungen, z.B. 250 €/Monat,
- kilometerabhängige Zahlung, z.B. 0,20 € je privat gefahrenen Kilometer,
- Übernahme der Leasingraten ganz oder zum Teil
- Übernahme eines Teils vom Kaufpreis des Firmenwagens.

Beispiel

Sie nutzen einen Firmenwagen mit einem Listenpreis von 30.000 € privat. Dafür behält Ihr Arbeitgeber von Ihrem Nettogehalt jeden Monat 100 € ein.

Geldwerter Vorteil 30.000 € × 1 %	300 €
./. Zuzahlung	– 100 €
monatlicher Arbeitslohn	200 €

Aufs Jahr gesehen ist der Arbeitslohn um 1.200 € geringer. Bei einem Steuersatz von 35 % sparen Sie dadurch etwa 480 € an Steuern und zusätzlich ca. 250 € an Sozialversicherung. Unter dem Strich trägt Vater Staat also über 60 % Ihrer Zahlungen an den Arbeitgeber.

Nicht zu empfehlen sind dagegen Zuzahlungsregelungen, bei denen Sie einen bestimmten Teil der Kosten übernehmen, z.B. für den Sprit während der Privatfahrten oder die Versicherung. Wird der Nutzungsvorteil nach der 1-%-Regelung ermittelt, fallen die von Ihnen übernommenen Kosten nämlich schlicht unter den Tisch. Bei Anwendung der Fahrtenbuchmethode lässt der BFH zwar zu, dass Sie die übernommenen Kosten als Werbungskosten abziehen, bezieht sie aber auf der anderen Seite in die Berechnung des Nutzungsvorteils mit ein (BFH v. 18.10.2007 – BStBl 2009 II S. 199).

Rechnen Sie die Teilkosten in ein pauschales Entgelt um!

Allen Problemen mit einer überhöhten Versteuerung des Vorteils aus der Firmenwagennutzung entgehen Sie wie folgt: Ermitteln Sie grob, wie viel Sie pro Jahr z.B. an Treibstoffkosten selbst bezahlen. Angenommen, Sie kommen dabei auf etwa 1.800 € im Jahr. Nun vereinbaren Sie mit Ihrem Arbeitgeber, dass er sämtliche Bezinkosten übernimmt – auch die für Ihre Privatfahrten. Im Gegenzug zahlen Sie ihm ein monatliches Pauschalentgelt für die Autonutzung von 150 €. Dadurch sparen Sie sich die Steuer und die Sozialversicherung auf diese 150 €. Auch für Ihren Arbeitgeber lohnt sich diese Vereinbarung, da er den Arbeitgeberanteil zur Sozialversicherung auf die 150 € Zuzahlung spart, ohne dass er im Endeffekt höhere Kosten zu tragen hat.

Sparen Sie mit Sonderzubehör auf eigene Kosten!

Viele Unternehmen haben Dienstwagenverordnungen, die den Preis des Dienstwagens auf eine bestimmte Obergrenze beschränken. Angenommen, Ihr Arbeitgeber limitiert den Preis auf 30.000 €. Mit dem Sonderzubehör, das Sie gern hätten, käme der Wagen aber auf 33.000 €. Ihr Boss hat bestimmt nichts dagegen einzuwenden, dass Sie die Differenz von 3.000 € aus der eigenen Tasche bezahlen.

Für den im Oktober 2014 ausgelieferten Wagen ergibt sich nun folgende Rechnung:

Geldwerter Vorteil 2014	
30.000 € × 1 % = 300 € × 3 Monate	900 €
./. Zuzahlung 3.000 €, max. aber geldwerter Vorteil	– 900 €
Daraus Arbeitslohn 2014	0 €
Geldwerter Vorteil 2015	
30.000 € × 1 % = 300 € × 12 Monate	3.600 €
./. restliche Zuzahlung (3.000 € – 900 €)	– 2.100 €
Daraus Arbeitslohn 2015	1.500 €

Wie Sie sehen, kommt es nicht darauf an, wann Sie den Kaufpreisanteil zahlen. Können Sie die Zuzahlung im ersten Jahr nicht voll verrechnen, lässt das Finanzamt zu, dass Sie den Rest in den nächsten Jahren abziehen, und zwar bis die Zuzahlung voll verrechnet ist (BMF v. 6.2.2009 – BStBl 2009 I Seite 413).

»Denen habe ich es aber richtig gegeben!« –
meinte ein Steuerzahler händereibend,
als er das Finanzamt verließ.

6. Zuschläge für Sonntags-, Feiertags- und Nachtarbeit

An die Steuerfreiheit von Sonntags-, Feiertags- und Nachtarbeitszuschlägen hat sich die hohe Politik entgegen anderen Plänen zunächst doch nicht herangetraut. Es bleibt hier im Wesentlichen erst einmal beim Alten.

S Den größten Reibach mit steuerfreien Zahlungen können Sie machen, 137
wenn Ihnen ein Teil Ihres Arbeitslohns als Zuschlag für Arbeit zu ungünstigen Zeiten gezahlt wird. Diese Zuschläge sind nämlich nach § 3 b EStG in großem Umfang steuerfrei, wenn sie Ihnen für

- Sonntagsarbeit,
- Feiertagsarbeit,
- Nachtarbeit

zufließen. Profitieren können Sie von dieser Steuerbefreiung aber nur, wenn Sie Arbeitnehmer im steuerlichen Sinne sind. Diese Regelung gilt im Grunde also auch für

- Teilzeitkräfte, und zwar unabhängig davon, ob ihr übriger Arbeitslohn als 400-€-Job pauschal besteuert wird,
- Ehegatte, Sohn, Tochter etc., die (am besten mit schriftlichem Arbeitsvertrag) bei Ihnen im Betrieb mitarbeiten.

Auch falls die Sonntags-, Feiertags- oder Nachtarbeit gegen das Arbeitszeitgesetz verstößt, weil Sie nicht genügend Ruhezeiten eingehalten haben, muss das Finanzamt die steuerfreien Zuschläge akzeptieren.
In vielen Berufen sind solche Lohnzuschläge heute an der Tagesordnung, z.B. bei Druckern, Krankenpflegern etc. Aber wer sagt denn, dass das für Sie nicht auch gelten soll? Schauen Sie zunächst einmal in der folgenden Übersicht nach, ob ein Teil Ihrer Arbeitszeit als »ungünstig« durchgeht:

Nachtarbeit:	20.00 Uhr bis 6.00 Uhr
Sonntags-, Feiertagsarbeit:	0.00 Uhr bis 24.00 Uhr
Zusätzlich am Folgetag, wenn Ihr Arbeitsbeginn vor 24.00 Uhr lag:	0.00 Uhr bis 4.00 Uhr

Na, wie ist es, Sie aufstrebende Führungskraft, Außendienstler, Versicherungsfachmann, Angestellter im Gastronomiegewerbe? Fallen nicht tatsächlich viele Ihrer Arbeitsstunden in die begünstigten Zeiten? Oder als Selbständiger: Brütet Ihr Ehegatte nicht oft noch abends und am Wochenende über der Buchführung, den Abrechnungen oder den Erklärungen für das Finanzamt oder die Krankenkasse?

Nehmen Sie doch einmal die Politiker ernst, die immer wieder laut hinausposaunen, dass sich Fleiß und Leistung lohnen müssen, und lassen Sie sich Ihren Fleiß und Ihre Leistungen mit einem saftigen steuerfreien Zuschuss versüßen.

TRAURIGE NACHRICHT

138 für alle Geschäftsführer und Vorstände, die in Ihrer Firma das Sagen haben. Dabei ist es egal, ob Sie Angestellte sind oder ob Ihnen als Gesellschafter-Geschäftsführer ein Teil des Unternehmens gehört. Die Richter beim BFH waren der Meinung, in solch herausgehobener Stellung bekomme man ein so klotziges Gehalt, dass Überstunden und Arbeit zu ungünstigen Zeiten eine Selbstverständlichkeit seien. Also haben sie die steuerliche Anerkennung von Überstundenvergütungen an Sonn- und Feiertagen sowie bei Nachtarbeit für Spitzenangestellte dieser Art abgelehnt. Bei der Zahlung von Überstundenvergütungen und Zuschlägen an Geschäftsführer, Gesellschafter-Geschäftsführer bzw. Vorsitzende lägen regelmäßig verdeckte Gewinnausschüttungen vor (BFH 19.3.1997 – I R 75/96; BStBl 1997 S. 577).

TRICK

Gegentrick für GmbH-Gesellschafter

139 Mit etwas Überlegung schlagen Sie als GmbH-Gesellschafter dem Fiskus aber doch ein Schnippchen. Der BFH hat sich ausdrücklich nur auf geschäftsführende Arbeitnehmer bezogen, und wer sagt denn, dass Sie in ihrer Firma unbedingt als Geschäftsführer fungieren müssen? Überlassen Sie diesen Posten einfach Ihrer besseren Hälfte! Sie selbst können sich dann als normaler Arbeitnehmer auf den Standpunkt stellen, dass das BFH-Urteil für Sie nicht gilt. Natürlich müssen Sie eine astreine Gehaltsvereinbarung vorweisen können, in der auch die Zahlung der Zuschläge – diesmal entsprechend steuersparend – geregelt wird. Völlig auf der sicheren Seite sind Sie, wenn in Ihrer GmbH noch ein angestellter Geschäftsführer arbeitet, der nicht an der Firma beteiligt ist und ebenfalls Zuschläge bekommt. Dann können Sie die ganze restriktive Rechtsprechung vom Tisch wischen und sich selbst dieselben Zuschläge genehmigen (BFH v. 14.7.2004 – BStBl II 2005 S. 307; BFH v. 3.8.2005 – BFH/NV 2006 S. 131; BFH v. 27.3.2012 – VIII R 27/09). Allerdings verlangen die obersten Steuerrichter, dass Ihr Vergleichsangestellter hinsichtlich der Art der Tätigkeit und der Höhe und Struktur des Gehalts mit Ihnen vergleichbar ist (BFH v. 19.7.2006 – BFH/NV 2006 S. 2131).

140 Bezogen auf Ihren rechnerischen Stundengrundlohn – höchstens aber 50 € –, bleiben die von Ihrem Arbeitgeber gezahlten Zuschläge bis zu folgenden Prozentsätzen steuerfrei:

Nachtarbeit

- 25 %,
- 40 % von 0.00 bis 4.00 Uhr, wenn Ihr Arbeitsbeginn vor 0.00 Uhr lag.

Sonntagsarbeit

- 50 %,
- Ist Ihre Sonntagsarbeit zugleich Nachtarbeit,
  - regelmäßig 50 % + 25 % = 75 %
  - Montag 0 bis 4 Uhr 50 % + 40 % = 90 %

Feiertagsarbeit

- allgemeine Feiertage 125 %
- Silvester (von 14.00 bis 0.00 Uhr) 125 %
- Heiligabend (von 14.00 bis 0.00 Uhr) 150 %
- Weihnachten (25. 12. und 26. 12.) 150 %
- 1. Mai 150 %

Auch zum Feiertagszuschlag können Sie zusätzlich Nachtzuschläge kassieren. Dass dabei steuerfreie Sonderzahlungen von nahezu 200 % Ihres normalen Arbeitslohns herausspringen können, sehen Sie an der folgenden Zuschlagstabelle.

Arbeitszeit	0.00 bis 4.00	0.00 bis 4.00	4.00 bis 6.00	6.00 bis 14.00	14.00 bis 20.00	20.00 bis 24.00
	Arbeitsbeginn am Vortag	Arbeitsbeginn nach 0.00 Uhr				
Nachtzuschlag	40 %	25 %	25 %	–	–	25 %
Sonntagszuschlag	90 %	75 %	75 %	50 %	50 %	75 %
Feiertagszuschlag	165 %	150 %	150 %	125 %	125 %	150 %
Silvesterzuschlag (Werktag)	40 %	25 %	25 %	–	125 %	150 %
Silvesterzuschlag (Sonntag)	90 %	75 %	75 %	50 %	125 %	150 %
Zuschlag 1. Mai	190 %	175 %	175 %	150 %	150 %	175 %
Weihnachtszuschlag	190 %	175 %	175 %	150 %	150 %	175 %
Heiligabendzuschlag (Werktag)	40 %	25 %	25 %	–	150 %	175 %
Heiligabendzuschlag (Sonntag)	90 %	75 %	75 %	50 %	150 %	175 %

TIPP

für Zuschläge

Hier noch einige wichtige Hinweise, die Sie beachten sollten, damit Ihnen das Finanzamt nicht wegen formaler Fehler einen Strich durch die Steuerfreiheit macht:

- Ihre Zuschläge müssen **zusätzlich** zu Ihrem übrigen Arbeitslohn gezahlt werden. Die Finanzämter erkennen es nicht an, wenn Sie aus Ihrem Gehalt von 4.000 € einfach 20 % als Sonntags-, Feiertags- oder Nachtzuschlag herausrechnen, weil Sie häufig in den begünstigten Zeiten gearbeitet haben.
- Der steuerfreie Betrag muss nicht jeden Monat spitz abgerechnet werden. Ihre Firma kann **zunächst den Betrag steuerfrei lassen**, der sich über den Daumen gerechnet ergibt. Spätestens nach Ablauf des Jahres muss die genaue Abrechnung aber nachgeholt und müssen zu viel oder zu wenig steuerfrei belassene Beträge ausgeglichen werden (BFH v. 23.10.1992 – BStBl 1993 I S. 314).
- Steuerfreie Zuschläge können Sie nur beanspruchen, wenn Sie tatsächlich gearbeitet haben. Vereinbarungsgemäß weitergezahlte Zuschläge während Ihres Urlaubs oder einer Krankheit sind von der Steuerbefreiung ausgenommen.

TIPP

Sehen Sie zu, dass Sie abrufbereit sind!

141 Wenn Sie häufiger Rufbereitschaft haben, können Sie sich für die Bereitschaftsvergütung steuerfreie Zuschläge zahlen lassen.

Möglich wird das, weil der BFH (Urt. v. 27.8.2002 – BStBl 2002 II S. 883) in einem Anfall von Großzügigkeit eingesehen hat, dass Rufbereitschaft auch dann geleistete Arbeit darstellt, wenn Sie nicht zum Einsatz kommen. Schließlich können Sie bei Rufbereitschaft nicht uneingeschränkt Ihren Freizeitaktivitäten frönen oder zum Länderspiel ein paar Bierchen zischen. Also kann man da wohl kaum von Freizeit sprechen. So, nun gilt es nur noch, Ihren Chef zu überzeugen, dass er statt nur einer pauschalen Bereitschaftsvergütung zusätzlich die steuerlich zulässigen Sonntags-, Feiertags- und Nachtzuschläge zahlt. Das dürfte ihm schon deshalb nicht allzu schwerfallen, weil er durch die Steuerfreiheit der Zuschläge nicht nur einen glücklicheren und zufriedeneren Mitarbeiter hat, sondern überdies einen schönen Batzen Sozialversicherungsbeiträge einspart.

TRICK

Über 2.200 € vom Finanzamt für ein paar Stundenzettel

Vorsicht, Fußangel! Bei steuerfreien Zuschlägen will das Finanzamt von Ihnen regelmäßig einen schriftlichen Nachweis darüber, wann und wie lange Sie am Sonntag oder nachts gearbeitet haben. 142

Wie Sie den Nachweis führen sollen, wird Ihnen nirgendwo vorgeschrieben! Sie können z.B. Stundenzettel verwenden und darauf Ihre Eintragungen machen. Einfacher und bequemer ist natürlich – wenn vorhanden – die elektronische Zeiterfassung, also das klassische »Stempeln«. Wenn in Ihrer Firma nach festen Schichtplänen gearbeitet wird, reichen auch diese. Gesondert aufzeichnen müssen Sie dann nur eventuelle Abweichungen. Und wenn alle Stricke reißen und Sie z.B. einmal Ihre Stundenaufzeichnungen verschlampt haben, genügen mit höchstrichterlicher Genehmigung auch Zeugenaussagen Ihrer Kollegen (BFH, BStBl 1991 II S.298).

S Ich empfehle Ihnen die Stundenzettel, denn Papier ist bekanntlich geduldig. Aber nicht, dass Sie jetzt auf krumme Gedanken kommen! Ich meine natürlich nur, dass Sie die Stundenzettel überallhin mitnehmen können und so sicherstellen, dass Ihre Aufzeichnungen immer zeitnah erfolgen, auch wenn Sie sich einmal am Sonntag auf der Messe in Hannover umsehen.

Was für Sie dabei herausspringen kann, sehen Sie am folgenden Beispiel:

Ihr Monatsgehalt beträgt als besonders qualifizierter Arbeitnehmer 5.000 €. Dazu kommen 1.000 € für Pkw-Nutzung, Direktversicherung und Zuschuss zur Krankenversicherung. Nach Ihrem Arbeitsvertrag beträgt Ihre monatliche Arbeitszeit 180 Stunden. Davon entfallen lt. von Ihnen geführten Stundenzetteln nachweislich pro Monat 15 Stunden auf Nachtarbeit (vor 0.00 Uhr) und 16 Stunden auf Sonntagsarbeit.

Stundengrundlohn 143

Monatslohn	5.000,00 €
Sonstige laufende Zahlungen	1.000,00 €
Grundlohn	6.000,00 €

$$\text{Stundengrundlohn} = \frac{6.000\text{ €}}{180\text{ Stunden}} = 33{,}33\text{ €}$$

Steuerfreie Zuschläge:

Nachtarbeit:	15 Stunden × 33,33 € × 25 %	124,99 €
Sonntagsarbeit:	16 Stunden × 33,33 € × 50 %	266,64 €
Monatlich		391,63 €
Jährlich 391,63 € × 12		4.699,56 €

Ihre Steuerersparnis beträgt ca. 2.260 €.

TRICK

Weniger arbeiten spart Steuern

Damit die Bäume bei der Steuerfreiheit von Zuschlägen vor allem für gutverdienende Arbeitnehmer nicht zu sehr in den Himmel wachsen, ist der Stundengrundlohn, auf den die Zuschlagsätze angewendet werden, auf max. 50 € begrenzt. Die Sozialversicherung ist da noch kleinlicher und begrenzt ihn auf nur 25 €.

S Wie Sie oben in meinem Beispiel gesehen haben, richtet sich die Berechnung Ihrer steuerfreien Sonntags-, Feiertags- und Nachtzuschläge nach Ihrem rechnerischen Stundenlohn. In seine Ermittlung werden nur die vereinbarten regelmäßigen Lohnzahlungen einbezogen. Überstundenvergütungen, Gratifikationen und Weihnachtsgelder bleiben dagegen unberücksichtigt.
Genauso fließt in die Berechnung nur die vertraglich fest vereinbarte Arbeitszeit ein. Fehlt eine solche Vereinbarung, richtet sich die Berechnung nach den tatsächlich geleisteten Arbeitsstunden, was Ihren rechnerischen Stundenlohn unnötig nach unten drücken kann.
Als leitender Angestellter haben Sie es oft in der Hand, sich einen höheren Stundenlohn zu verschaffen, indem Sie in Ihrem Arbeitsvertrag eine möglichst kurze Regelarbeitszeit festschreiben und z.B. folgende Formulierung aufnehmen lassen:
»Die monatliche (wöchentliche) Arbeitszeit wird mit 152 Stunden (38 Stunden) festgelegt. Überstunden sind entsprechend den betrieblichen Erfordernissen zusätzlich zu leisten und werden mit einem Stundensatz von … € vergütet.
Zusätzlich zum übrigen Arbeitslohn erhält der Arbeitnehmer für Sonntags-, Feiertags- und Nachtarbeit Lohnzuschläge in dem Umfang, wie sie in § 3 b EStG festgelegt sind.«

Der Vorteil für Sie:

1. Sie haben eine wasserdichte, klare schriftliche Vereinbarung.

2. Ihre »Überstunden« wirken sich nicht mehr negativ auf die Höhe der Zuschläge aus. Ihr Stundenlohn beträgt z.B. bei 6.000 € Monatslohn nicht – wie im Beispiel oben – 33,33 €, sondern jetzt ca. 39,50 €. Dementsprechend höher fallen Ihre steuerfreien Zuschläge aus.

7. Pauschalierung der Lohnsteuer

a) Allgemeiner Überblick

Bevor wir uns im Detail in die Besonderheiten der Lohnsteuerpauschalierung stürzen, müssen Sie vorab ein paar allgemeine Dinge wissen. Die Pauschalierung der Lohnsteuer ist ein besonderes Verfahren, das sich von der normalen Besteuerung Ihres Arbeitslohns anhand einer Lohnsteuerkarte und der Lohnsteuertabelle vor allem durch folgende Punkte ganz wesentlich unterscheidet: 144

- Ihr Arbeitslohn wird völlig unabhängig von Ihren individuellen Verhältnissen besteuert. Ihr Arbeitgeber benötigt deshalb auch keine Lohnsteuerkarte.
- Die Steuersätze werden, von einigen Ausnahmen abgesehen, im Gesetz mit festen Prozentsätzen (z.B. 2 %, 15 %, 20 % oder 25 %) geregelt. Die Lohnsteuertabellen kommen daher grundsätzlich nicht zur Anwendung.
- Der besondere Clou ist aber, dass aufgrund einer ausdrücklichen gesetzlichen Bestimmung (§ 40 Abs. 3 EStG) nicht Sie Schuldner der pauschalen Lohnsteuer sind, sondern Ihr Arbeitgeber. Er trägt die Pauschalsteuer, wird sie also nicht wie sonst üblich von Ihrem Bruttolohn einbehalten. Deshalb kann auch nur Ihr Arbeitgeber formal den Antrag auf Pauschalierung der Lohnsteuer stellen und arbeitsrechtlich in aller Regel nicht zur Pauschalierung gezwungen werden.

Arbeitgeber und Arbeitnehmer können zwar zivilrechtlich vereinbaren, dass entgegen der gesetzlichen Normalregelung die pauschale Lohnsteuer vom Arbeitnehmer übernommen wird, allerdings hat so eine Abwälzung der Lohnsteuer steuerlich keine Wirkung. Die Pauschalsteuer wird weiterhin vom vereinbarten Arbeitslohn berechnet, auch wenn der Arbeitnehmer sie seinem Chef erstattet. 145

Angenommen, Sie haben mit Ihrem Brötchengeber vereinbart, dass er zwar den Arbeitslohn aus Ihrer geringfügigen Beschäftigung pauschal versteuert, Sie ihm die Steuer aber erstatten, weil er schon mit den pauschalen Renten- und Krankenversicherungsbeiträgen belastet ist.

So sieht die Rechnung für Sie dann aus:

Vereinbarter Arbeitslohn				450 €
Pauschale Steuer	450 €	× 2 %	9 €	
Zu übernehmende Steuer insgesamt			9 € >	– 9 €
Auszahlungsbetrag				441 €

- Durch die Pauschalierung ist der Arbeitslohn für Sie praktisch steuerfrei. Denn alle pauschal besteuerten Arbeitslöhne bleiben bei der Einkommensteuerveranlagung außer Betracht. Durch die Pauschalsteuer ist die Einkommensteuer (Lohnsteuer) auf den Arbeitslohn abgegolten. Da zudem noch der Arbeitgeber die Steuer trägt, sind Sie selbst nicht belastet und bekommen den Lohn insoweit netto wie brutto ausgezahlt.

b) Möglichkeiten zur Pauschalierung der Lohnsteuer

Pauschalierung mit besonderen Steuersätzen (§ 40 Abs. 1 EStG)

146 • Der Arbeitgeber zahlt in einer größeren Anzahl von Fällen sonstige Bezüge (Einmalzahlungen), die allerdings je Arbeitnehmer aufs Jahr gesehen 1.000 € nicht übersteigen dürfen. Zahlt er mehr, muss der übersteigende Betrag ganz normal über Ihre Lohnsteuerkarte versteuert werden.

- In einer größeren Anzahl von Fällen muss die Lohnsteuer nacherhoben werden, weil der bisherige Steuerabzug nicht richtig vorgenommen worden ist. Dabei ist egal, worauf der Besteuerungsfehler beruht, ob auf einem Versehen, einem Computerfehler oder einfach einer zunächst anderen rechtlichen Beurteilung der Steuerabzugspflicht durch Ihren Arbeitgeber. Auf die Höhe des nachzuversteuernden Arbeitslohns im Einzelfall kommt es hier nicht an. Anders als bei den sonstigen Bezügen ist die Pauschalierung hier auch dann zulässig, wenn der Betrag bei einem Arbeitnehmer über 1.000 € liegt.

In beiden Fällen wird für alle betroffenen Arbeitnehmer ein einheitlicher durchschnittlicher Pauschalsteuersatz ausgerechnet, der hier ausnahmsweise aus den Lohnsteuerklassen der Betroffenen und der Lohnsteuertabelle abgeleitet wird. Eine große Anzahl von Fällen liegt übrigens immer dann vor, wenn mindestens 20 Arbeitnehmer betroffen sind (R 40.1 Abs. 1 LStR).

Der **Vorteil der Pauschalierung** liegt in diesen beiden Fällen vor allem darin, dass der Arbeitslohn aus der Besteuerung im Rahmen Ihrer Einkommensteuererklärung herausfällt und für Sie damit praktisch steuerfrei bleibt. Eine günstige Methode also, wenn Ihr Arbeitgeber Ihnen und Ihren Kollegen einmal etwas Gutes tun will.

147 Pauschalierung mit einem festen Pauschalsteuersatz von 25 % (§ 40 Abs. 2 EStG)

- Verbilligte Kantinenmahlzeiten im Betrieb oder Essenszuschüsse, die er an einen anderen Unternehmer (Gaststätte, Catering-Service) für kostengünstige Essenslieferungen an die Belegschaft zahlt.
- Erholungsbeihilfen von jährlich nicht mehr als
  - 156 € für den Arbeitnehmer selbst,
  - 104 € für dessen Ehegatten,
  - 52 € für jedes steuerlich zu berücksichtigende Kind.

- Arbeitslohn aus einer Betriebsveranstaltung. Eine Versteuerung muss z.B. erfolgen, wenn bereits zwei andere Betriebsveranstaltungen stattgefunden hatten oder die durchschnittlichen Kosten je Arbeitnehmer über 110 € lagen.
- Höhere Erstattung von Verpflegungskosten als die steuerfreien Pauschalen für Dienstreisen (siehe ➤ Rz 196 ff.).
- Vorteile aus der kostenlosen oder verbilligten Überlassung von Computern 148
und Zubehör und der Übernahme privater Internetkosten.

SUPER TRICK

Nutzen Sie den Firmen-PC ruhig mal privat!

Lassen Sie sich vom Chef einen Firmen-PC für zu Hause geben. Solange dieser im Eigentum der Firma bleibt, können Sie damit in aller Ruhe auch privat arbeiten, im Internet surfen etc. (§ 3 Nr. 45 EStG).
Besonders günstig ist die Pauschalierungsmöglichkeit für die Übernahme Ihrer Internetkosten. Darunter fallen insbesondere

- Grundgebühr für den Internetzugang,
- laufende Gebühren für die Internetnutzung,
- ISDN-Anschluss, DSL etc.,
- Modem.

An sich setzt die Pauschalierung voraus, dass Sie Ihrer Firma einen Nachweis über die Höhe Ihrer Kosten vorlegen. Wenn Sie sich aber mit einer monatlichen Erstattung von 50 € begnügen, reicht eine Eigenbescheinigung nach dem Motto: Lieber Chef, hiermit bestätige ich, dass ich über einen privaten Internetzugang verfüge, für den mir im Lauf des Jahres Kosten von mindestens 600 € entstehen. Mit freundlichen Grüßen Willi Schlaumeier

Wenn Sie so bescheiden bleiben, kommen Sie zudem um das Problem herum, dass Ihnen der pauschalierte Betrag von eventuellen beruflichen Internetkosten, die Sie in Ihrer Steuererklärung als Werbungskosten unterbringen möchten, abgezogen wird. (Siehe dazu R 40.2 Abs. 5 S. 12 LStR.)

Pauschalierung mit einem festen Pauschalsteuersatz von 15 % (§ 40 Abs. 2 EStG) 149
Diese Pauschalierungsmöglichkeit besteht, wenn Ihr Arbeitgeber Ihnen Fahrtkostenzuschüsse für die Fahrten zwischen Wohnung und Arbeitsstätte mit Ihrem Auto zahlt oder Ihnen zu diesem Zweck einen Firmenwagen zur Verfügung stellt.

Die Pauschalierung mit 15 % darf insoweit erfolgen, als Sie Fahrtkosten als Werbungskosten absetzen könnten. Mehr zu diesem Thema finden Sie unter ➤ Rz 104.

150 **Pauschalierung bei Teilzeitbeschäftigten (§ 40 a EStG)**

Das Hauptanwendungsgebiet für die Lohnsteuerpauschalierung sind Aushilfen oder Teilzeitkräfte. Dabei werden folgende Fälle unterschieden:

- Aushilfen bzw. kurzfristig Beschäftigte mit 25 %
- geringfügig Beschäftigte/Teilzeitkräfte mit 2 % und mit 20 %
- Aushilfen in der Land- und Forstwirtschaft mit 5 %

151 **Pauschalierung von Zukunftssicherungsleistungen (§ 40 b EStG)**

Der Arbeitgeber kann insbesondere vor 2005 abgeschlossene Direktversicherungen, Zahlungen an Pensionskassen, aber auch Beiträge, die er zugunsten seiner Arbeitnehmer in eine Gruppenunfallversicherung zahlt, in bestimmten Grenzen mit 20 % pauschal versteuern. Zu Einzelheiten vgl. ➤ Rz 168 ff.

152 **Pauschalierung von Sachgeschenken (§ 37 b EStG)**

Der Arbeitgeber kann Sachgeschenke an Arbeitnehmer mit 30 % zzgl. Kirchensteuer und Solidaritätszuschlag pauschal besteuern. Die Pauschalierung ist allerdings nur bei solchen Sachgeschenken möglich, die nicht schon dem Grunde nach gem. § 40 Abs. 2 EStG mit 15 % oder 25 % besteuert werden können (➤ Rz 148 f.) oder nach ➤ Rz 146 pauschal besteuert wurden. Ein weiterer Pferdefuß dieser Pauschalierung ist, dass der Arbeitgeber alle Sachgeschenke des gesamten Jahres, die unter § 37 b EStG fallen, dann auch zwingend pauschal besteuern muss. Er kann die Pauschalierung nicht auf einzelne Geschenke oder einzelne Personen beschränken.

Damit die Pauschalierung durch den Arbeitgeber ihre Abgeltungswirkung entfaltet, muss er sie bis zum 28. 2. des folgenden Jahres durchführen. Hat er nämlich erst einmal die elektronische Lohnsteuerbescheinigung an den Fiskus übermittelt, ist ein Antrag auf Pauschalierung nicht mehr möglich.

TRICK

Zu viel gezahlte Steuer gibt es mit der richtigen Arbeitgeberbescheinigung zurück!

Viele Arbeitgeber entschließen sich erst zum Jahreswechsel, die Pauschalierung für Sachgeschenke durchzuführen. Arbeitnehmern, die in der Zwischenzeit gekündigt haben oder aus anderen Gründen aus dem Betrieb ausgeschieden sind, kann deshalb die zunächst zu viel einbehaltene Steuer auf die Sachgeschenke nicht zurückgezahlt werden. Lassen Sie sich in so einem Fall eine Bescheinigung Ihres ehemaligen Brötchengebers ausstellen, in der er bestätigt, dass Ihnen für das Sachgeschenk im Wert von z.B. 700 € bisher Steuern abgezogen wurden, er inzwischen aber eine Pauschalbesteuerung nach § 37 EStG vorgenommen hat. In der Einkommensteuererklärung machen Sie dann die einbehaltene Steuer geltend.

Bei der Pauschalierung nach § 37 b EStG sind noch folgende Dinge zu beachten: **153**

1. Nicht nur Sachgeschenke an Arbeitnehmer können pauschal besteuert werden. Auch für Kundengeschenke besteht diese Möglichkeit. Der Unternehmer kann sich letztlich für drei verschiedene Gruppen getrennt entscheiden, ob er von der Pauschalierung der Steuer Gebrauch macht: 1. seine eigenen Mitarbeiter, 2. Mitarbeiter eines Tochter-, Mutter- oder Schwesterunternehmens, 3. Kunden und Geschäftsfreunde. Die Wirkung ist dieselbe: Durch die Pauschalierung ist die Besteuerung erledigt.
2. Den Antrag auf Pauschalierung der Kundengeschenke muss der Unternehmer bis zum Ende des Jahres bzw. Wirtschaftsjahres stellen.
3. Innerhalb der jeweiligen Gruppe müssen alle Sachgeschenke – ausgenommen sog. *Streuwerbeartikel:* Kleingeschenke mit einem Wert bis zu 10 € – pauschal besteuert werden. Eine Beschränkung auf einzelne Kunden ist nicht möglich.
4. Berechnungsgrundlage der pauschalen Steuer von 30 % sind die Kosten des Unternehmens für die Sachgeschenke zzgl. Mehrwertsteuer.
5. Sachleistungen an einzelne Arbeitnehmer oder an die Belegschaft im überwiegenden betrieblichen Interesse stellen von vornherein keinen Arbeitslohn dar. Deshalb fällt z.B. auf Bagatellsachbezüge bis zu 44 € im Monat oder Aufmerksamkeiten bis 40 € zu besonderen persönlichen Anlässen keine Pauschalsteuer an.
6. Pro Person und Jahr können max. 10.000 € pauschal besteuert werden. Bekommt ein Arbeitnehmer in einem Jahr also zwei Geschenke zu je 6.000 €, kann der Arbeitgeber von den insgesamt 12.000 € nur einen Betrag von 10.000 € pauschal besteuern. Die Steuer auf die restlichen 2.000 € muss der Arbeitnehmer selbst tragen. Extrem teure Einzelgeschenke im Wert von über 10.000 € fallen ganz aus der Pauschalierung heraus.
7. Die Pauschalsteuer selbst stellt beim Arbeitgeber eine abzugsfähige Betriebsausgabe dar, soweit sie auf Geschenke an eigene Mitarbeiter und an Kunden im Wert von bis zu 35 € pro Jahr und Person entfällt. Die Pauschalsteuer auf Kundengeschenke im Gesamtwert von über 35 € pro Jahr und Person (§ 4 Abs. 5 S. 1 Nr. 1 EStG) kann dagegen ebenso wenig als Betriebsausgabe abgezogen werden wie das Geschenk selbst.

(Quelle: BMF v. 29.4.2008 – IV B 2 – S 2297-b/07/0001)

154 c) Kirchensteuer bei Pauschalierung der Lohnsteuer

Auch wenn Ihr Arbeitgeber die Lohnsteuer pauschaliert, fällt grundsätzlich Kirchensteuer an. Weil aber bei der Pauschalierung nicht immer ganz klar ist, ob alle betroffenen Arbeitnehmer einer Kirche angehören, wird der reguläre Kirchensteuersatz gekürzt. Die Kürzung ist je nach Bundesland unterschiedlich geregelt und liegt je nach Bevölkerungsstruktur zwischen 4,5 und 7 %.

Eine Besonderheit stellt die Pauschalierung der Steuer für Aushilfen mit 2 % dar. Hier ist die Kirchensteuer mit abgegolten.

TRICK

Vermeiden Sie mit ein paar Federstrichen die Kirchensteuer!

Dank des Bundesverfassungsgerichts wird niemand gezwungen, Kirchensteuer zu zahlen, der keiner kirchensteuerberechtigten Kirche angehört. Weisen Sie Ihrem Arbeitgeber also nach, dass das auf Sie zutrifft, muss er für Ihren Arbeitslohn keine Kirchensteuer abführen. Der Nachweis ist nicht sonderlich schwierig, Sie legen einfach eine Lohnsteuerkarte vor.

Als Aushilfskraft oder geringfügig Beschäftigter reicht auch eine schriftliche Bestätigung Ihrerseits, dass Sie keiner hebeberechtigten Kirche angehören. Für diese Bestätigung müssen Sie einen besonderen Finanzamtsvordruck verwenden (BMF v. 19.5.1999 – BStBl 1999 I S.509).

Bundesland	Steuersatz der Pauschalkirchensteuer			
	ohne Nachweis	mit Nachweis		
		§ 40	§ 40a	§ 40b
Baden-Württemberg	6,5	8,0	8,0	8,0
Bayern	7,0	8,0	8,0	8,0
Berlin	5,0	9,0	9,0	9,0
Brandenburg	5,0	9,0	9,0	9,0
Bremen	7,0	9,0	9,0	9,0
Hamburg	4,0	9,0	9,0	9,0
Hessen	7,0	9,0	9,0	9,0
Mecklenburg-Vorpommern	5,0	9,0	9,0	9,0
Niedersachsen	6,0	9,0	9,0	9,0
Nordrhein-Westfalen	7,0	9,0	9,0	9,0
Rheinland-Pfalz	7,0	9,0	9,0	9,0
Saarland	7,0	9,0	9,0	9,0

Bundesland	Steuersatz der Pauschalkirchensteuer			
	ohne Nachweis	mit Nachweis		
		§ 40	§ 40a	§ 40b
Sachsen	5,0	9,0	9,0	9,0
Sachsen-Anhalt	5,0	9,0	9,0	9,0
Schleswig-Holstein	6,0	9,0	9,0	9,0
Thüringen	5,0	9,0	9,0	9,0

d) Solidaritätszuschlag bei Pauschalierung der Lohnsteuer **155**

Genauso wie Kirchensteuer fällt bei der Lohnsteuerpauschalierung auch der Solidaritätszuschlag an. Er wird ohne Beschränkung mit 5,5 % ab dem ersten Euro der pauschalen Lohnsteuer erhoben. Schuldner ist auch hier der Arbeitgeber. Bei der Pauschalierung mit 2 % steckt er wie die Kirchensteuer schon mit drin.

Geringfügige Beschäftigung – Teilzeitkräfte **156**

aa) Gesamtüberblick

Mit diesem amtsdeutschen Begriff sind die sog. Mini- oder 450-€-Jobs gemeint. Bevor ich Ihnen die Details vorstelle, zunächst ein schneller Überblick:

- Bei geringfügiger Beschäftigung mit einem durchschnittlichen monatlichen Arbeitslohn von höchstens 450 € fallen ab dem ersten Euro pauschale Beiträge zur Krankenversicherung von 13 %, zur Rentenversicherung von 15 % und Umlagen von 0,99 % an. Die Beiträge muss in voller Höhe der Arbeitgeber zahlen.
- Bei geringfügiger Beschäftigung in einem Privathaushalt reduzieren sich die Beitragspauschalen des Arbeitgebers auf jeweils 5 % für Kranken- und Rentenversicherung; an Umlagen fallen hier 2,44 % an.
- Durch die Rentenversicherungspauschale erwirbt der Arbeitnehmer nur eingeschränkte Ansprüche aus der Rentenversicherung (➤ Rz 158 f.).
- Durch den pauschalen Krankenversicherungsbeitrag ergeben sich keine Ansprüche aus der Krankenversicherung.
- Der Lohn aus einem geringfügigen Beschäftigungsverhältnis kann grundsätzlich vom Arbeitgeber mit 2 % pauschal versteuert werden. In diesem Fall ist die gesamte Besteuerung (Lohnsteuer, Kirchensteuer und Solidaritätszuschlag) für den Lohn aus dem Minijob erledigt.
- Die Lohngrenze ist sowohl für die Sozialversicherung als auch für das Steuerrecht auf 450 €/Monat festgeschrieben und wird nicht jährlich angehoben.

bb) Sozialversicherung

Die Sozialversicherung unterscheidet bei Teilzeitbeschäftigten folgende Kategorien:

- Kurzfristige Beschäftigung/Saisonbeschäftigung über höchstens zwei Monate bzw. 50 Arbeitstage im Kalenderjahr. Diese Beschäftigungen bleiben komplett sozialversicherungsfrei.
- Geringfügige Beschäftigung (geringfügig entlohnte Beschäftigung), bei der der Arbeitslohn in der Regel 450 € im Monat nicht übersteigt und daher nur pauschale Renten- bzw. Krankenversicherungsbeiträge des Arbeitgebers anfallen.

Für die Berechnung der Monatslohngrenze von 450 € und der Wochenstundenzahl werden mehrere Arbeitsverhältnisse generell zusammengerechnet. Haben Sie z.B. zwei geringfügige Arbeitsverhältnisse mit je 250 € Monatslohn, unterliegen beide Arbeitsverhältnisse der vollen Sozialversicherungspflicht. Es fallen somit Regelbeiträge zur Renten-, Kranken-, und Pflegeversicherung an, die teilweise vom Arbeitgeber und teilweise vom Arbeitnehmer gezahlt werden müssen.
Besonderheiten gelten bei der Arbeitslosenversicherung. Liegt der Lohn im einzelnen Arbeitsverhältnis unter 450 € – wären also isoliert betrachtet die Minijobkriterien erfüllt –, fällt für keine der Beschäftigungen Arbeitslosenversicherung an. Allerdings haben Sie dann im Fall der Arbeitslosigkeit auch keine Leistungsansprüche aus den Minijobs.
Besonders günstig ist ein 450-€-Job, wenn Sie ihn neben Ihrem Hauptjob ausüben. Dann wird nämlich nicht zusammengerechnet. Für Ihren Minijob bleibt es bei der grundsätzlichen Sozialversicherungsfreiheit. Nur Ihr Arbeitgeber muss die pauschalen Beiträge zahlen. Angenommen, Sie verdienen in Ihrem Hauptjob 1.400 € im Monat, daneben fahren Sie aushilfsweise Taxi für »Taxi-Krause« und kassieren dafür im Monat 350 €. Die 350 € bekommen Sie völlig ohne Abzüge.
Haben Sie neben Ihrem Hauptjob mehr als einen 450-€-Job, wird die Zusammenrechnung nur für den zeitlich zuerst aufgenommenen Minijob vermieden. Der Lohn aus Ihren anderen Minijobs wird dagegen mit Ihrem Hauptjob zusammengerechnet, und Sie müssen sich dafür normale Sozialversicherungsbeiträge abziehen lassen.

TRICK

Verdienen Sie zweimal im Jahr fast unbegrenzt hinzu!

157 Eine geringfügige Beschäftigung setzt voraus, dass Ihr regelmäßiger Monatslohn 450 € durchschnittlich nicht übersteigt. Sind Sie durchgehend beschäftigt und schwankt Ihr Arbeitslohn z.B. saisonbedingt oder wegen unterschiedlicher Arbeitsstunden in den einzelnen Monaten, kommt es darauf an, dass Sie im Jahr insgesamt nicht mehr als 5.400 € verdienen.

Unabhängig von dieser Durchschnittsberechnung können Sie in zwei Monaten im Jahr praktisch unbegenzt hinzuverdienen. Allerdings setzt das voraus, dass Sie sagen können, dass es sich in diesen Fällen um einen nicht vorhersehbaren, nicht geplanten Arbeitseinsatz handelte. Müssen Sie z.B. im Juli und August eine Krankheitsvertretung übernehmen, bleibt Ihr Job auch dann ein versicherungsfreies geringfügiges Beschäftigungsverhältnis, wenn Sie z.B. 30 Stunden in der Woche arbeiten und in den beiden Monaten jeweils auf einen Monatslohn von 1.700 € kommen.

Pauschale Renten- und Krankenversicherungsbeiträge

Auf den ersten Blick etwas unlogisch ist das Gesetz über die 450-€-Jobs ja schon. Wenn Sie als Arbeitnehmer die Voraussetzungen für eine geringfügige Beschäftigung erfüllen, ist Ihr Arbeitslohn sozialversicherungsfrei. Trotzdem fallen für diese sozialversicherungsfreie Tätigkeit pauschale Beiträge an.

Rentenversicherung 158

Der Arbeitgeber muss in jedem Fall den Pauschalbeitrag zur Rentenversicherung von 15 % bei normaler Beschäftigung, von 5 % bei einer Beschäftigung im Privathaushalt zahlen.
Durch den pauschalen Rentenversicherungsbeitrag erwerben Sie Ansprüche aus der Rentenversicherung. Für ein Jahr Minijob wird Ihnen etwa $^1/_3$ der Wartezeit für den Rentenanspruch angerechnet, die Sie bei einem Vollzeitjob erwerben. Bei ca. 4 Monaten pro Beschäftigungsjahr im Minijob brauchen Sie also mindestens 15 Jahre, um auf die erforderlichen 60 Beitragsmonate zu kommen.

Die Rentenansprüche sind allerdings sehr geringfügig. Der Arbeitnehmer kann 159
aber aus eigenen Mitteln den Rentenbeitrag von 5 % auf 18,9 % aufstocken. Der Vorteil für Sie liegt darin, dass Sie dann aus dem Arbeitslohn von 450 € vollwertige Ansprüche aus der Rentenversicherung erwerben. Als Faustregel gilt: **Ein Jahr 450-€-Job = ca. 4,45 € Rentenanspruch pro Monat** (Quelle: Deutsche Rentenversicherung »Minijob – Midijob: Bausteine für die Rente«). Nach 45 Jahren Beschäftigung würden Sie also aus Ihrem Minijob eine Monatsrente von mageren 200 € erhalten.

Zunächst sind alle Minijobs rentenversicherungspflichtig!

Für geringfügig entlohnte Minijobs, die am 1.1.2013 oder später begannen, besteht Versicherungspflicht in der Rentenversicherung. Der volle Rentenversicherungsbeitrag ist mindestens von 175 € zu zahlen. Der Arbeitgeberanteil beträgt im Haushaltsscheck-Verfahren 5 % des tatsächlichen Arbeitsentgelts. Die Haushaltshilfe trägt – wie bisher – die Differenz zwischen dem Arbeitgeberanteil und dem vollen Beitrag zur Rentenversicherung (13,9 Prozent). Den Beitragsanteil des Arbeitnehmers behält der Arbeitgeber vom Arbeitsentgelt ein. **Minijobber haben die Möglichkeit, sich auf Antrag von der Versicherungspflicht in der Rentenversicherung befreien zu lassen.** Bei geringfügig Beschäf-

tigten im Privathaushalt ist ein gesonderter Antrag nicht erforderlich, weil die relevanten Angaben auf dem Haushaltsscheck zu machen sind.
Neben dem vollwertigen Anspruch auf Rente zählen vor allem pro Jahr zwölf statt nur vier Monate als Wartezeit für Ihren Rentenanspruch. Außerdem können Sie das volle Leistungsspektrum der Rentenversicherung in Anspruch nehmen, z.B. Rehabilitationsleistungen, Rente wegen verminderter Erwerbsfähigkeit, vorgezogene Altersrente.

GUTER RAT

Besonders interessant ist die Aufstockung für Sie, wenn Ihnen nur noch einige Beitragsmonate fehlen, bis Sie die erforderlichen 60 Monate zusammenhaben, z.B., weil Sie nur drei oder vier Jahre rentenversicherungspflichtig beschäftigt waren, als Mutter Anspruch auf Kindererziehungszeiten haben oder nur durch die Pflege von Angehörigen Anrechnungszeiten verdient haben.

Formell müssen Sie gegenüber Ihrem Arbeitgeber schriftlich auf die Rentenversicherungsfreiheit verzichten (bei Minijobs, die vor 2013 begannen) bzw. nichts unternehmen (Neuregelung seit 2013). Der Arbeitgeber trägt dann weiterhin 15 % und Sie die restlichen 3,9 % des Gesamtbeitrags. Allerdings verlangt die Rentenversicherung in Aufstockungsfällen einen Mindestbeitrag von 33,08 €. Verdienen Sie in Ihrem Minijob also z.B. nur 100 €, trägt Ihr Arbeitgeber 15 € (= 15 % von 100 €). Diesen Betrag müssen Sie aus eigenen Mitteln auf 33,08 € aufstocken, Sie müssen also 18,08 € dazulegen.

WICHTIGER HINWEIS

Der Verzicht auf die Rentenversicherungsfreiheit kann in demselben Arbeitsverhältnis nicht widerrufen werden. Sie sind also gezwungen, den Aufstockungsbetrag so lange zu zahlen, bis Sie aus dem Arbeitsverhältnis ausscheiden.

TRICK

Verdienen Sie durch einen Rausschmiss mehr.

Angenommen, Ihnen fehlten noch 24 Beitragsmonate von Ihrer Wartezeit für den Rentenanspruch. Schlau, wie Sie sind, haben Sie deshalb auf die Rentenversicherungsfreiheit verzichtet. Nach Ablauf der zwei Jahre berappen Sie aber munter weiter jeden Monat 3,9 % aus eigener Kasse. Na, die würden Sie natürlich ganz gern selbst behalten, zumal Sie finanziell sowieso nicht auf Rosen gebettet sind.

»Ja, aber wie denn?«, fragen Sie. »Sie haben mir doch gerade erklärt, dass ich meinen Verzicht nicht widerrufen kann.« Richtig! Aber wenn Ihr Chef Sie kurzerhand aus betriebsbedingten Gründen entlässt, ist das Arbeitsverhältnis beendet und damit der Verzicht auf die Rentenversicherungsfreiheit hinfällig. Wenn Sie nach einer angemessenen Schamfrist wieder eingestellt werden, weil sich die Auftragslage verbessert hat, werden die Karten neu gemischt. Sie haben jetzt wieder einen Minijob, für den nur die pauschalen Arbeitgeberbeiträge von 15 % anfallen, sofern Sie sich von der Rentenversicherungspflicht befreien lassen.

Krankenversicherung 160

Der pauschale Krankenversicherungsbeitrag beträgt 13 % für normale Beschäftigungen, 5 % für eine Beschäftigung im Privathaushalt. Anders als der Rentenversicherungsbeitrag muss die Krankenversicherung aber nur für Personen gezahlt werden, die in der gesetzlichen Krankenversicherung selbst versichert oder über die Familienversicherung mitversichert sind. Damit fallen vor allem bei folgenden Personen keine Beiträge zur Krankenversicherung an:

- privat krankenversicherte Arbeitnehmer und deren Familienangehörige
- Selbständige
- Beamte und deren Familienangehörige, wenn sie nicht ausnahmsweise freiwillig in der gesetzlichen Krankenversicherung versichert sind
- Pensionäre
- nicht sozialversicherungspflichtige Arbeitnehmer und deren Familienangehörige, z.B. Gesellschafter-Geschäftsführer.

Aus den Krankenversicherungsbeiträgen für Ihren Minijob haben Sie keinerlei Ansprüche gegen die Krankenkasse.

Umlagen

Neben der Renten- und Krankenversicherung fallen für Minijobs noch Umlagen an: bei einem regulären Minijob 0,84 % Umlagen zum Ausgleich der Arbeitgeberaufwendungen bei Krankheit und Mutterschaft zzgl. Beiträge zur Unfallversicherung; bei einer Beschäftigung im Privathaushalt fällt für die gesetzliche Unfallversicherung eine pauschale Umlage von 1,6 % an, insgesamt also 2,44 %.

cc) Steuer für geringfügig Beschäftigte 161

Für die Besteuerung von Minijobs ergeben sich folgende Möglichkeiten:

Der Arbeitslohn kann

- unter Vorlage einer Lohnsteuerkarte besteuert werden;
- mit 2 % pauschal versteuert werden, wenn Ihr Arbeitgeber pauschale Beiträge zur Rentenversicherung von 15 % bzw. 5 % (bei Beschäftigung im Privathaushalt) abführt; die Pauschalsteuer ist so gering, dass es fast einer Steuerbefreiung gleichkommt;
- mit 20 % pauschal besteuert werden, wenn Ihr Arbeitgeber keine pauschalen Beiträge zur Rentenversicherung zahlt.

Durch die Pauschalierung wird Ihr Arbeitgeber Schuldner der Lohnsteuer. Zudem wird pauschal besteuerter Arbeitslohn nicht in Ihre Einkommensteuerveranlagung einbezogen, was für Sie praktisch Steuerfreiheit des 400-€-Jobs bedeutet.

Pauschalierung der Steuer: 2 % oder 20 %?
Sie können Ihren Arbeitgeber weder zu einer Pauschalierung der Steuer mit 2 % noch mit 20 % zwingen.

Durch den Pauschalsteuersatz von 2 % ist nicht nur die Lohnsteuer, sondern auch gleichzeitig die Kirchensteuer und der Solidaritätszuschlag abgegolten.

Die Pauschalsteuer von 2 % zahlt der Arbeitgeber auch nicht an sein Finanzamt, sondern zusammen mit dem Pauschalbeitrag zur Sozialversicherung an die **Bundesknappschaft – Verwaltungsstelle Cottbus** –, die als bundesweit zentrale Einzugsstelle fungiert.

Es sind insoweit keine besonderen Anmeldungen der Lohnsteuer erforderlich. Die Steueranmeldung ist vielmehr mit der Meldung der Sozialversicherungsbeiträge verbunden.

Der Ministeuersatz von 2 % kommt in folgenden Fällen zur Anwendung:

1. Sie haben nur eine geringfügige Beschäftigung, Ihr Monatslohn liegt nicht über 450 €.
2. Sie haben mehrere geringfügige Beschäftigungen nebeneinander, der monatliche Arbeitslohn aus allen Arbeitsverhältnissen liegt aber nicht über 450 €. Liegt er hingegen über 450 €, sind die Arbeitsentgelte sozialversicherungspflichtig und müssen Ihre Arbeitgeber keine pauschalen Rentenbeiträge zahlen. In einem solchen Fall können Ihre Chefs die Pauschalierung der Steuer mit 20 % durchführen.
3. Sie haben eine geringfügige Beschäftigung mit einem Monatslohn von normalerweise unter 450 €. Wegen einer überraschenden Krankheitsvertretung verdienen Sie zwei Monate lang aber statt 450 € z. B. jeweils 1.250 €.
4. Sie haben neben Ihrem Hauptjob einen Job auf 450-€-Basis.

5. Haben Sie neben Ihrem Hauptjob mehrere Minijobs, gilt der Steuersatz von 2 % nur für den zeitlich zuerst aufgenommenen Nebenjob. Alle weiteren »geringfügigen« Beschäftigungen sind sozialversicherungspflichtig, d.h., es fallen die normalen Beiträge an, und Sie müssen entweder Ihren Chefs eine Steuerkarte VI vorlegen, oder die müssen den Lohn mit 20 % zzgl. Kirchensteuer und Solidaritätszuschlag versteuern.

TIPP

Passen Sie auf!

Da für alle geringfügigen Beschäftigungsverhältnisse Pauschalbeiträge an Kran- **162**
kenkassen abgeführt werden müssen, laufen spätestens dort die Informationen über Arbeitslohn und Arbeitszeit aus allen Arbeitsverhältnissen zusammen. Die Krankenkassen informieren die Arbeitgeber, wenn durch die Zusammenrechnung mehrerer Arbeitsverhältnisse kein geringfügiges Beschäftigungsverhältnis mehr vorliegt, und fordern sie auf, statt der Pauschalbeiträge die vollen Regelbeiträge abzuführen. Außerdem müssen die Sozialversicherungsträger die Finanzämter informieren, wenn sich herausstellt, dass ein bisher als geringfügig eingestuftes Arbeitsverhältnis die Kriterien der Geringfügigkeit doch nicht erfüllt.

Berechnungsgrundlage für die Pauschalsteuer

Steuerfreie Teile Ihres Einkommens, wie z.B. Reisekosten, Personalrabatte **163**
oder Sachleistungen im Rahmen der 44-€-Bagatellgrenze, werden als Einkünfte nicht angesetzt. Genauso bleibt Arbeitslohn außer Betracht, für den die Lohnsteuer vom Arbeitgeber pauschaliert wird. Dafür in Betracht kommen z.B.:

- sonstige Bezüge (§ 40 Abs. 1 EStG),
- Mahlzeiten im Betrieb (§ 40 Abs. 2 EStG),
- Zuwendungen bei Betriebsveranstaltungen (§ 40 Abs. 2 EStG),
- Erholungsbeihilfen (§ 40 Abs. 2 EStG),
- Verpflegungsmehraufwendungen bis zur Höhe der steuerlichen Pauschalen (§ 40 Abs. 2 ESt),
- Übernahme privater PC- und Internetkosten (§ 40 Abs. 2 EStG),
- Leistungen des Arbeitgebers für Fahrten zwischen Wohnung und Arbeitsstätte (§ 40 Abs. 2 S. 2 EStG),
- kurzfristige Beschäftigungen (§ 40 a Abs. 1 EStG).

Ungemach droht, wenn Ihnen Ihr Arbeitgeber zusätzlich zum Lohn aus Ihrem **164**
Minijob Fahrgeld zahlt. Dieses zählt zunächst einmal zu Ihrem Arbeitslohn. Liegt Ihr Monatslohn nicht weit weg von der 450-€-Grenze, könnte diese durch die Fahrgeldzahlungen überschritten und aus Ihrem Minijob ein sozialversiche-

rungs- und steuerpflichtiges Regelarbeitsverhältnis werden. Um das zu vermeiden, muss der Fahrtkostenzuschuss von Ihrem Arbeitgeber mit 15 % pauschal versteuert werden (§ 40 Abs. 2 S. 2 EStG). Obergrenze für diese Pauschalversteuerung ist der Betrag, der sich bei Ihnen als Entfernungspauschale ergibt: für jeden Arbeitstag 0,30 € je Entfernungskilometer.
Angenommen, Ihr Arbeitgeber zahlt Ihnen in Ihrem Minijob 430 € im Monat und für die zehnmal im Monat, die Sie die 10 km Entfernung zur Arbeit mit Ihrem Auto fahren, ein Fahrgeld von 60 €. Für Ihren Minijob ergibt sich jetzt folgende Berechnung:

Fahrtkostenzuschuss	60,00 €
./. pauschal versteuerter Zuschuss 10 km × 0,30 € × 10 Tage	– 30,00 €
Verbleibender, normal zu versteuernder Fahrtkostenzuschuss	30,00 €
Laufender Lohn aus dem Minijob	430,00 €
Regelmäßiger Lohn aus dem Minijob	460,00 €

Damit haben Sie keinen Minijob mehr, und es fallen sowohl für Sie als auch für Ihren Arbeitgeber Pflichtbeiträge zur Sozialversicherung an. Außerdem kann Ihr Arbeitgeber den Lohn nicht mehr mit 2 % pauschal versteuern, und Sie müssen wieder selbst die Steuer tragen, was Sie vor allem dann einen Batzen Geld kostet, wenn bei Ihnen oder Ihrem Ehepartner noch andere Einkünfte vorliegen.

TRICK

Nehmen Sie statt Fahrgeld einen Benzingutschein oder ein Jobticket.

Dem oben geschilderten Problem gehen Sie aus dem Weg, wenn Ihnen Ihr Chef einen Teil des Fahrgeldes als Sachleistung in Form eines monatlichen Benzingutscheins oder eines Jobtickets für öffentliche Verkehrsmittel zukommen lässt. Wenn dessen monatlicher Wert unter 44 € liegt, ist diese Leistung des Arbeitgebers steuerfrei und wird auch nicht in die Lohngrenze Ihres Minijobs eingerechnet (➤ Rz 44 ff.).

TIPP

Keine Steuer für 1-€-Jobs

165 In einem 1-€-Job können Sie für Ihre – gemeinnützige – Arbeit 1 bis 2 € pro Stunde bei max. 30 Stunden in der Woche verdienen. Viel ist das ja nicht gerade. Aber jetzt die gute Nachricht: Ihr Zuverdienst ist komplett steuerfrei (§ 3 Nr. 2 b EStG) – und zwar sowohl für Sie als auch für Ihren Arbeitgeber.

GUTER RAT

Bei Rentnern geht es auch ohne Pauschalsteuer.

Wenn Sie Ihre kleine Rente mit einem 450-€-Job aufbessern, brauchen Sie sich 166
keine großen Gedanken zu machen, dass man Sie dafür mit Steuern zur Kasse bittet. Ihrem Brötchengeber können Sie sogar die Pauschalsteuer ersparen, indem Sie ihm eine Steuerkarte, z.B. mit der Steuerklasse I (ledig) oder III (verheiratet), vorlegen. Wenn Ihre monatliche Rente nicht deutlich über 771 €/1.991 € (Alleinstehende/Verheiratete) liegt, fällt keine Steuer auf den Minijob an.

So sieht die Rechnung für Sie aus, wenn Sie z.B. 2014 mit 65 Jahren in Rente gegangen sind:

	Ledige		Verheiratete	
Monatslohn 450 € × 12	5.400 €			
./. Arbeitnehmerpauschbetrag	– 1.000 €			
./. Altersentlastungsbetrag	– 1.216 €			
Arbeitslohn	3.184 €>	3.184 €		> 3.184 €
Rente mtl. 771,33 €	9.256 €			
Rente mtl. 1.991,92			23.903 €	
./. steuerfreier Rentenanteil 32 %	– 2.962 €		– 7.649 €	
./. Pauschbetrag für Renten	– 102 €		– 102 €	
Renteneinkünfte	6.192 €>	6.192 €	16.152 €>	16.152 €
./. Sonderausgabenpauschbetrag		– 36 €		– 72 €
./. Vorsorgeaufwendungen		– 949 €		– 2.450 €
Einkommen		5.207 €		13.630 €
./. Grundfreibetrag		– 8.354 €		– 16.708 €
bleiben zu versteuern		0 €		0 €

Wie Sie sehen, zahlen so weder Sie noch Ihr Arbeitgeber Steuern für Ihren 450-€-Job. Sind Sie schon 2013 oder früher in Rente gegangen, sinkt der Besteuerungsanteil der Rente auf 66 % – 50 %. Dementsprechend höher ist der Betrag der Renteneinkünfte, bis zu dem für den Minijob keine Steuern anfallen.

TIPP

Als »reicher« Rentner fahren Sie mit der Pauschalierung besser.

Gehören Sie zu den Rentnern, die über eine besonders hohe Rente verfügen oder bei denen sich der Fiskus schon wegen anderer Einkünfte, z.B. aus der Vermietung von Immobilien oder wegen hoher Zinsen, bedient, fahren Sie mit der Pauschalsteuer für Ihren 450-€-Job deutlich besser. Sie werden also Ihrem Arbeitgeber keine Steuerkarte vorlegen und ihn bitten, die Steuer mit 2 % pauschal abzuführen.

GUTER RAT

Wechseln Sie im richtigen Moment die Besteuerungsmethode beim Ehegattenarbeitsverhältnis.

167 **S** Wenn Sie Ihre bessere Hälfte in Ihrer Firma als 450-€-Kraft beschäftigen, fahren Sie in aller Regel mit der Pauschalierung der Lohnsteuer besser. Doch kann es passieren, dass Sie später merken, dass eine Versteuerung nach Lohnsteuerkarte deutlich günstiger gewesen wäre, z.B., wenn sich herausstellt, dass Sie mit Ihrer Firma Verluste gemacht haben oder das gemeinsame Einkommen so gering ist, dass keine Steuern anfallen.
Dank des BFH können Sie, selbst wenn das Kalenderjahr längst abgelaufen ist, noch von der Pauschal- zur Regelbesteuerung wechseln. Sie geben dazu einfach eine geänderte Lohnsteueranmeldung ohne die Pauschalsteuer ab und erklären in Ihrer Steuererklärung den Arbeitslohn Ihres Ehegatten in der Anlage N als normales Arbeitseinkommen (BFH-Urt. v. 26.11.2003 – BStBl II 2004 S. 195).

8. Altersversorgung

168 Zunächst ein Überblick, welche Möglichkeiten der betrieblichen Altersvorsorge Sie nutzen können und wo die Vorteile und die Fallstricke für Sie liegen:

Wege der steuerlich geförderten betrieblichen Altersvorsorge

Form der betrieblichen Altersvorsorge	*Kurzbeschreibung*	*Steuerliche Förderung in der Ansparphase*	*Besteuerung in der Leistungsphase*
Pensionszusage/ Direktzusage	Der Arbeitgeber verspricht bei Eintritt in den Ruhestand eine regelmäßige monatliche Altersversorgungszahlung (Pension); der Arbeitnehmer muss dafür keine Zahlungen leisten.	Der Aufbau der Altersversorgung ist nicht steuerpflichtig; dadurch entsteht in der Ansparphase keine finanzielle Belastung.	Die späteren Pensionszahlungen stellen Arbeitslohn dar und müssen vom Arbeitnehmer zusammen mit seinen anderen Einkünften voll versteuert werden.
Pensionszusage/ Direktzusage (aus Gehaltsumwandlung)	Der Arbeitgeber verspricht bei Eintritt in den Ruhestand eine regelmäßige monatliche Altersversorgungszahlung (Pension); der Arbeitnehmer finanziert dies durch einen regelmäßigen Gehaltsverzicht.	Der Aufbau der Altersversorgung ist nicht steuerpflichtig; der Besteuerung unterliegt nur noch der Lohn abzgl. Gehaltsverzicht, dadurch ergibt sich ein laufender Steuervorteil.	Die späteren Pensionszahlungen stellen Arbeitslohn dar und müssen vom Arbeitnehmer zusammen mit seinen anderen Einkünften voll versteuert werden.
Werksrente	Der Arbeitgeber zahlt ohne verbindliche Zusage an ehemalige Arbeitnehmer eine betriebliche Altersversorgung unmittelbar aus Betriebsmitteln oder z. B. über eine Unterstützungskasse.	Der Aufbau der Altersversorgung ist nicht steuerpflichtig; dadurch entsteht in der Ansparphase keine finanzielle Belastung.	Die Werksrente wird behandelt wie eine Pension. Sie stellt Arbeitslohn dar und muss vom Arbeitnehmer zusammen mit seinen anderen Einkünften voll versteuert werden.
Direktversicherung	Der Arbeitgeber zahlt zugunsten des Arbeitnehmers Beiträge in eine durch ihn abgeschlossene Lebensversicherung, die dem Arbeitnehmer als Altersvorsorge eine regelmäßige monatliche Rentenzahlung garantiert.	Die Direktversicherungsbeiträge sind bei Vertragsabschluss nach dem 31.12.2004 bis zu 4 % der Beitragsbemessungsgrenze in der Rentenversicherung (2014 = 2.856 €) zzgl. weiterer 1.800 € (2014 insgesamt also 4.656 €) steuerfrei. (Sonderregelungen für Altverträge vor 2005)	Die späteren Zahlungen aus der Direktversicherung müssen vom Arbeitnehmer zusammen mit seinen anderen Einkünften voll versteuert werden (§ 22 Nr. 5 EStG). (Sonderregelungen für Altverträge vor 2005)
Pensionskasse/ Pensionsfonds	Der Arbeitgeber zahlt zugunsten des Arbeitnehmers Beiträge an eine Pensionskasse, die dem Arbeitnehmer als Altersvorsorge eine regelmäßige monatliche Zahlung garantiert.	Wie bei Direktversicherungen + wahlweise Förderung durch Riester-Zulage. (Sonderregelungen für Altverträge vor 2005)	Wie bei Direktversicherungen. (Sonderregelungen für Altverträge vor 2005)

169 **Direktversicherung, Pensionskasse, Pensionsfonds**

Wenn die Vereinbarung über die betriebliche Altersversorgung mit dem Arbeitgeber nach dem 31.12.2004 getroffen wurde, werden Beiträge zu Direktversicherung, Pensionskasse und Pensionsfonds nahezu gleich behandelt. Sie bleiben nach § 3 Nr. 63 EStG unter folgenden Voraussetzungen steuerfrei:

- Durch die Zahlungen wird eine kapitalgedeckte betriebliche Altersversorgung aufgebaut, das bedeutet, dass das eingezahlte Kapital für Sie individuell angelegt und später mit Zins und Zinseszins ausgezahlt wird.
- Die Auszahlung darf nur als laufende Rente erfolgen, Verträge mit einmaliger Kapitalauszahlung sind nicht steuerbegünstigt.
- Die Auszahlung darf frühestens mit dem 60. Lebensjahr bzw. dem Beginn der Rentenzahlung aus der gesetzlichen Rentenversicherung beginnen.
- Umfasst die betriebliche Altersversorgung auch Hinterbliebene, darf sie nur Ehegatten und Kinder bzw. den Lebenspartner berücksichtigen. Bezugsrechte für andere Personen wie Eltern oder Geschwister sind dagegen schädlich und verhindern die Steuerfreiheit.
- Die Beiträge machen max. 4 % der Beitragsbemessungsgrenze zur Rentenversicherung aus (2014 = 2.856 €).

Bei Versorgungszusagen (Vertragsabschluss) nach dem 31.12.2004 können zum Ausgleich dafür, dass die Lohnsteuer nicht mehr pauschal berechnet werden kann, zusätzliche 1.800 € steuerfrei bleiben. Wenn Ihre Direktversicherung also z. B. 2008 abgeschlossen wurde, können im Jahr 2014 Beiträge bis zu einer Höhe von 4.656 € steuerfrei bleiben.

Wenn die Versorgungszusage und die Verträge schon vor 2005 abgeschlossen wurden, gelten die früheren Regelungen weiter. Für Altverträge kann der Arbeitgeber auch noch die Lohnsteuer pauschal mit 20 % erheben. Im Einzelnen sieht das dann so aus:

170 **Altverträge (= Versorgungszusage 2004 oder früher):**

1. Pensionsfonds

Beiträge an Pensionsfonds bleiben bis zu 4 % der Beitragsbemessungsgrundlage zur Rentenversicherung (2014 = 2.856 €) steuerfrei. Sind die Beiträge höher, ist der Restbetrag steuerpflichtig, aber Sie können dafür die Riester-Zulage erhalten.

TIPP

zur Riester-Zulage

Wenn Ihnen die Steuerfreiheit nichts bringt, z. B. weil Sie wegen Ihres niedrigen Einkommens keine Steuern zahlen, können Sie stattdessen für den gesamten Betrag die Riester-Zulage beantragen.

2. Pensionskasse
Beiträge an eine Pensionskasse bleiben ebenfalls zunächst bis zu 4 % der Beitragsbemessungsgrenze zur Rentenversicherung steuerfrei (§ 3 Nr. 63 EStG). Liegen die Beiträge höher (z.B. für 2014 höher als 2.856 €), können weitere 1.752 € nach § 40 b EStG mit 20 % pauschal versteuert werden. Und wenn auch dann mit den Beiträgen noch nicht Schluss ist, können Sie dafür die Riester-Zulage beantragen.

3. Direktversicherung
Anders als die Beiträge zu Pensionskassen und Pensionsfonds waren die Beiträge zu Direktversicherungen bis einschließlich 2004 nicht steuerfrei. Sie konnten allenfalls mit 20 % pauschal besteuert werden (§ 40 b EStG). Um diese Pauschalbesteuerung fortzuführen, mussten Sie bis zum 30.6.2005 Ihrem Arbeitgeber schriftlich mitgeteilt haben, dass Sie das wünschen.

TIPP

zur Pauschalsteuer für Direktversicherungsverträge

Wenn Sie Ihren Arbeitgeber wechseln, übernimmt der neue in der Regel Ihren Direktversicherungsvertrag. Um weiter von der Pauschalbesteuerung zu profitieren, müssen Sie bei Ihrem neuen Brötchengeber vor dessen erster Beitragszahlung einen entsprechenden schriftlichen Antrag stellen.

TIPP

zur Pauschalsteuer für Altverträge

Auch wenn Sie es auf den ersten Blick ziemlich komisch finden, auf die Steuerfreiheit zu verzichten und stattdessen eine Besteuerungsvariante zu wählen, die 20 % Lohnsteuer zzgl. Kirchensteuer und Solidaritätszuschlag kostet, sollten Sie nicht vorschnell handeln. Die Pauschalierung der Lohnsteuer kann durchaus Vorteile haben:

1. Bei Steuerfreiheit werden später Ihre Erträge aus der Lebensversicherung nachgelagert und damit voll besteuert. Wird dagegen die Lohnsteuer pauschaliert, unterliegt die Rente aus Ihrer Direktversicherung nur mit einem geringen Ertragsanteil der Besteuerung. Sind Sie bei Rentenbeginn z.B. 65 Jahre alt, werden nur 18 % der Rentenzahlung als Einkommen angerechnet, 82 % bleiben steuerfrei.

2. Der Verzicht auf die Steuerfreiheit kann sich auch dann lohnen, wenn Sie sich bei Ablauf der Versicherung keine Rente, sondern einen Kapitalbetrag auszahlen lassen. In diesem Fall erhalten Sie sich durch den formell ausgesprochenen Verzicht die Steuerfreiheit der Kapitalzahlung.

Neuverträge

TRICK

Zahlen Sie im Zweifel die Beiträge selbst!

171 Nicht jeder Arbeitgeber ist so großzügig und zahlt die Beiträge zu Ihrer Altersversorgung. Damit Sie bei der notwendigen Aufstockung Ihrer gesetzlichen Altersversorgung nicht in die Röhre schauen, hat der Gesetzgeber im Betriebsrentengesetz festgelegt, dass Sie in jedem Fall einen Anspruch auf betriebliche Altersversorgung haben, wenn Sie bereit sind, die erforderlichen Beiträge durch einen Verzicht auf einen Teil Ihres Gehalts zu finanzieren. Im schönen Amtsdeutsch spricht man dann von einer »Gehaltsumwandlung«. Der Vorteil für Sie liegt klar auf der Hand. Den Teil Ihres Gehalts, auf den Sie verzichten, müssen Sie nicht versteuern. Auf diese Weise sparen Sie einen dicken Batzen an Lohnsteuer und können sozusagen indirekt den Fiskus an der Finanzierung Ihrer Altersversorgung beteiligen.
Mit einer betrieblichen Altersversorgung fahren Sie in aller Regel günstiger als mit privaten Verträgen. Zumindest bis zu Beiträgen von jährlich 4 % der Beitragsbemessungsgrenze (2014 = 2.856 €) haben Sie die volle Steuerfreiheit. Bei der privaten Vorsorge bekommen Sie über den Abzug als Vorsorgeaufwendungen nur einen Teil steuerfrei. Hinzu kommt, dass für die Beiträge zur betrieblichen Altersversorgung keine Sozialversicherung anfällt.
Was dabei für Sie herausspringt, wenn Ihr Arbeitgeber einen Direktversicherungsvertrag abschließt, dessen Beiträge Sie durch einen Gehaltsverzicht finanzieren, sehen Sie an folgendem Beispiel:
Angenommen, Ihr Monatsgehalt liegt bei 3.500 €. Als Lediger können Sie es sich erlauben, einen größeren Betrag davon zu investieren, und verzichten daher auf 350 € zugunsten einer Direktversicherung.

Steuern (StKl I/ 0) auf den Monatslohn von	3.500,00 €	685,93 €
./. Gehaltsverzicht	– 350,00 €	
Steuer auf den gekürzten Monatslohn von	3.150,00 €	– 572,50 €
Ersparnis an Steuer monatlich		113,43 €
Ersparnis an Sozialversicherung		72,01 €
Gesamtersparnis pro Monat		185,44 €
Jährlich		2.225,28 €

Damit bezahlen Sie von den 4.200 € für Ihre Altersversorgung nur etwa 1.975 €, also 47 %, aus der eigenen Tasche. Die übrigen 53 % steuert freundlicherweise der Fiskus bei.

TRICK

Machen Sie aus Ihrer Abfindung in späteren Jahren steuerfreie Altersvorsorgeleistungen!

Haben Sie als gutverdienender leitender Angestellter nicht auch schon ärger- 172
lich die Stirn gerunzelt, weil die Steuerfreiheit für Entlassungsabfindungen gestrichen wurde? Vor allem wenn Sie mit der Abfindung etwas für Ihre spätere Altersversorgung tun wollen, ist es ärgerlich, wenn Ihnen der Fiskus zuvor bis zu 48 % (bei absoluten Spitzenverdienern sogar 51,5 %) an Steuern (inkl. Kirchensteuer und Solidaritätszuschlag) abknöpft.

Nutzen Sie deshalb lieber die Segnungen der betrieblichen Altersversorgung und kassieren weiter einen Teil Ihrer Abfindung steuerfrei.

Das geht ganz einfach. Statt sich die komplette Abfindung auszahlen zu lassen, kassieren Sie nur den Teil, den Sie brauchen, um die Zeit bis zu Ihrem nächsten Job zu überbrücken. Den Rest zahlt Ihr Arbeitgeber in eine Direktversicherung, aus der Ihnen bei Eintritt in das Rentenalter Monat für Monat eine zusätzliche laufende Rente zufließen wird. Für jedes Jahr nach dem 31.12.2004, das Sie bei Ihrem Arbeitgeber geschafft haben, bleiben davon 1.800 € (§ 3 Nr. 63 EStG) steuerfrei – und zwar zusätzlich zu den steuerfreien 4 % der Beitragsbemessungsgrenze zur Rentenversicherung zzgl. 1.800 € für eine evtl. bereits laufende Direktversicherung.

Wenn Sie allerdings schon vorher steuerfreie Zahlungen in eine Pensionskasse, Direktversicherung oder einen Pensionsfonds kassiert haben, wird der vervielfältigte Höchstbetrag um die steuerfreien Beträge der letzten sieben Jahre (gezählt wird aber erst ab dem Jahr 2005) gekürzt.

Beispiel

Angenommen, Sie werden im Jahr 2015 von Ihrem Arbeitgeber nach 25 Jahren im Betrieb an die Luft gesetzt. Als langjährigem verdientem Mitarbeiter versüßt Ihnen Ihr Boss die Entlassung mit einer Abfindung von 60.000 €. Eine betriebliche Altersversorgung hatten Sie bisher nicht. Sie fällen den Entschluss, 15.000 € von der Abfindung in eine Direktversicherung einzuzahlen.

Und so sieht es dann steuerlich für Sie aus:

Abfindung		60.000 €
Daraus in eine Direktversicherung gezahlt	15.000 €	
Davon max. steuerfrei für betriebliche Altersversorgung		
1800 € × 8 Jahre =	14.400 € >	– 14.400 €
Verbleibender steuerpflichtiger Teil der Abfindung 2014		45.600 €

Wie Sie sehen, müssen von Ihrer Abfindung 2015 nun statt 60.000 € nur noch 45.600 € versteuert werden.

S Eine Direktversicherung kann auch im Rahmen eines Ehegattenarbeitsverhältnisses zugunsten des im Betrieb mitarbeitenden Ehegatten abgeschlossen werden. Voraussetzung ist hier allerdings immer, dass das Arbeitsverhältnis dem Grunde nach anerkannt werden kann.

TRICK

Kassieren Sie mit einem zusätzlichen Vertrag 1.800 € steuerfrei!

173 Wenn bislang für Sie nur Beiträge in Höhe der 4-%-Grenze in eine Pensionskasse oder einen Pensionsfonds flossen, wurde die Steuerfreiheit von 1.800 € verschenkt. Was tun?
Leider genügt es nicht, wenn Ihr Arbeitgeber diese 1.800 € aus Ihrem Lohn in den schon bestehenden Vertrag zahlt. Die bloße Anhebung der Beiträge akzeptiert der Fiskus nämlich nicht als neue Versorgungszusage. Damit es mit der zusätzlichen Steuerbefreiung klappt, haben Sie folgende Möglichkeiten:

- Sie erweitern Ihren bisherigen Vertrag um ein zusätzliches biometrisches Risiko und zahlen dafür höhere Beiträge. Unter biometrischen Risiken versteht der Fiskus die Absicherung für Tod, Invalidität, Unfall, Berufsunfähigkeit oder die Hinterbliebenenversorgung. Interessant ist das für Sie z.B., wenn Ihr Vertrag bisher keine Hinterbliebenenversorgung vorsah, Sie aber inzwischen geheiratet haben und der erste Nachwuchs da ist. Die zusätzlichen Beiträge für die Hinterbliebenenversorgung sind dann bis zu 1.800 € steuerfrei (§ 3 Nr. 63 EStG).
- Noch einfacher ist es, wenn Sie einen weiteren Altersversorgungsvertrag in einer anderen Sparte der betrieblichen Altersversorgung abschließen. Haben Sie z.B. einen Vertrag in einer Pensionskasse oder bei einem Pensionsfonds, können Sie einen Direktversicherungsvertrag mit monatlicher Zahlung von 150 € (= 1.800 €/Jahr) abschließen, den Sie selbst aus einem Gehaltsverzicht finanzieren.

Wichtige Einschränkung:
Die zusätzliche Steuerfreiheit von 1.800 € können Sie in den Wind schreiben, wenn Sie z.B. noch eine vor 2005 abgeschlossene Direktversicherung haben, für die weiterhin die Beiträge mit 20 % pauschal besteuert werden. Dabei ist völlig gleichgültig, wie hoch die pauschal besteuerten Beiträge sind. Auch Miniversicherungen mit nur 200 bis 300 € Jahresbeitrag machen Ihnen die Steuerfreiheit kaputt.

TRICK

Ein kleiner Verzicht bringt Ihnen 1.800 € Steuerbefreiung!

Angenommen, Sie haben seit Jahren eine kleine Direktversicherung und möchten nun gern mehr für die alten Tage auf die Seite legen. Den alten Vertrag zu kündigen und einen neuen abzuschließen ist nicht zu empfehlen, denn wie bei jedem anderen Lebensversicherungsvertrag rückt die Versicherungsgesellschaft bei vorzeitiger Kündigung nur den mickrigen Rückkaufwert heraus, und der ist oft geringer als die bisher eingezahlten Beiträge. Sie machen stattdessen Folgendes:

- **Für Ihre alte Direktversicherung verzichten Sie auf die Pauschalierung der Lohnsteuer. Bitten Sie Ihren Arbeitgeber, er möge die Beiträge nunmehr Ihrem Arbeitslohn zuschlagen und nach der Lohnsteuerkarte versteuern.**
- **Gleichzeitig schließen Sie einen Vertrag mit 1.800 € Jahresbeitrag z.B. bei einer Pensionskasse ab.**

So kommt Ihre alte Direktversicherung der Steuerfreiheit für Beiträge bis zu 1.800 € für Ihren neuen Altersversorgungsvertrag nicht mehr ins Gehege. Bei einem Steuersatz von ca. 35 % sieht Ihre Ersparnisrechnung etwa so aus:

Lohnsteuer auf Direktversicherungsbeiträge von 300 €	105,00 €
Sozialversicherung darauf (ca. 21 %)	62,00 €
Früher gesparte pauschale Lohnsteuer (20 % von 300 €)	– 60,00 €
Gesparte Lohnsteuer auf 1.800 € Beiträge für den neuen Vertrag	– 630,00 €
Ersparnis	523,00 €

Da Sie außer Lohnsteuer auch noch Kirchensteuer und Solidaritätszuschlag sparen, liegt Ihre tatsächliche Gesamtersparnis sogar noch höher und finanziert Ihnen Vater Staat so etwa ein Drittel der Beiträge aus dem Steuersäckel.

TRICK

Sparen Sie mit Ihrer Tantieme oder Ihrem Weihnachtsgeld Steuern!

174 Auch mit Hilfe einer Pensionszusage können Sie die Versteuerung Ihres Gehalts in Zeiten verlagern, in denen Sie nicht der horrenden Progression unterliegen, z.B. in der Rente. Zudem ist die Steuerfreiheit für Beiträge zu einer Pensionszusage nicht auf einen jährlichen Höchstbetrag begrenzt.

Schlagen Sie Ihrem Chef eine »arbeitnehmerfinanzierte Pensionszusage« vor. Ein Modell, von dem beide profitieren.
Sie verzichten rechtzeitig vor Beginn des Jahres auf einen Teil Ihres Gehalts, z.B. Ihre Jahresgratifikation, Ihre Tantieme oder das Weihnachtsgeld. Im Gegenzug dafür erteilt Ihnen Ihr Brötchengeber eine Pensionszusage. Auf diese Weise können Sie Jahr für Jahr einen immer höheren Pensionsanspruch aufbauen, und Ihr Arbeitgeber trägt nicht von vornherein das Risiko, ab dem ersten Tag eine volle Pension zahlen zu müssen, da bei einer Umwandlung eine Pension nur in der Höhe zugesagt wird, in der sie aus dem Gehaltsverzicht finanziert werden könnte.

Ihr Vorteil dabei:

1. Für den zugunsten der Pensionszusage umgewandelten Gehaltsteil zahlen Sie keine Steuern, auch nicht, wenn er den Betrag von 4.656 € (2014) überschreitet.
2. Sie können sich von Jahr zu Jahr neu entscheiden, ob Sie mit dem Geld, das Sie übrig haben, Ihren Pensionsanspruch aufstocken oder z.B. lieber eine Urlaubsreise machen.

Damit es mit der steuerlichen Anerkennung Ihrer arbeitnehmerfinanzierten Pensionszusage auch wirklich klappt, müssen Sie einige Dinge beachten, die der Fiskus im BMF-Schreiben vom 4.2.2000 (BStBl 2000 I S. 354) festgehalten hat:

- Die Herabsetzung Ihrer Bezüge darf ausschließlich künftige, rechtlich noch nicht entstandene Gehaltsbestandteile betreffen.
- Bei der Ihnen für den Verzicht im Gegenzug zugesagten Versorgungsleistung muss es sich um eine betriebliche Altersversorgung im Sinne des Gesetzes zur Verbesserung der betrieblichen Altersversorgung (BetrAVG) handeln.
- Die Versorgungszusage muss ein sog. biometrisches Risiko (Tod, Invalidität, Krankheit) abdecken. Es genügt nicht, wenn Ihnen lediglich das aus dem Gehaltsverzicht »angesparte« Kapital zzgl. einer Verzinsung ausgezahlt wird.

Leistungen aus einer Unfallversicherung 175

Völlig unproblematisch sind Leistungen aus der gesetzlichen Unfallversicherung. Diese Zahlungen sind auf jeden Fall steuerfrei nach § 3 Nr. 1 a EStG.

Anders sieht die Sache aus, wenn Ihr Arbeitgeber eine zusätzliche Unfallversicherung bei einem privaten Versicherungsunternehmen zugunsten seiner Arbeitnehmer abgeschlossen hat.

Entscheidend ist, wer nach den Versicherungsbedingungen den unmittelbaren Zahlungsanspruch aus der Versicherung hat.

Problemlos ist die Geschichte, wenn die laufenden Beiträge bereits als Arbeitslohn entweder über Ihre Gehaltsabrechnung oder vom Arbeitgeber pauschal versteuert wurden. In diesem Fall haben Sie regelmäßig den direkten Anspruch auf die Versicherungsleistung. Erhalten Sie eine Kapitalzahlung, bleibt diese steuerfrei. Falls Sie aus der Unfallversicherung eine Rente bekommen, müssen Sie diese nur mit dem günstigen Ertragsanteil versteuern.

Problematischer sind die Gruppenunfallversicherungen, die Ihnen keinen eigenen unentziehbaren Rechtsanspruch einräumen. Die Versicherung zahlt zunächst an den Arbeitgeber, und dieser entscheidet über die Weiterleitung der Versicherungsleistungen an Sie. In diesem Fall müssen nicht die laufenden Beiträge, dafür aber die Auszahlung der Versicherung an Sie als Arbeitslohn versteuert werden.

Als Arbeitslohn muss höchstens die Summe der bis zur Auszahlung vom Arbeitgeber für Sie gezahlten Versicherungsbeiträge versteuert werden, nicht hingegen die Überschussanteile und Zinsen, die in der Versicherungssumme stecken. Sollten ausnahmsweise wegen der langen Laufzeit die kumulierten Versicherungsbeiträge höher sein als die Versicherungsleistung, so wird die Versteuerung auf die ausgezahlte Versicherungsleistung begrenzt (BFH v. 11.12.2008 – BFH/NV 2009 S. 474).

In aller Regel sind mit einer solchen Gruppenunfallversicherung neben privaten auch berufliche Unfälle abgesichert. Ist das der Fall, wird der Beitragsanteil für das Risiko beruflicher Unfälle von der Besteuerung freigestellt. Aus Vereinfachungsgründen kann dieser Anteil mit mindestens 50 % angenommen werden. Im Ergebnis sind damit nur 50 % der Summe der Beiträge bzw. der tatsächlichen Versicherungsleistung zu versteuern.

Beispiel

Nach einem Skiunfall erhalten Sie von Ihrem Arbeitgeber aus einer Gruppenunfallversicherung 18.000 € ausgezahlt. Laut einer Bescheinigung der Versicherung hatte Ihr Arbeitgeber für Sie insgesamt 8.500 € eingezahlt. Die Versicherung galt sowohl für private als auch für berufliche Unfälle.

Versicherungsleistung		18.000 €
Summe der Versicherungsbeiträge	8.500 €	
Anteil für Berufsunfälle 50 %	– 4.250 €	
Steuerpflichtiger Arbeitslohn	4.250 €	> – 4.250 €
Steuerfreie Zahlung der Unfallversicherung		13.750 €

Denk ich an Deutschland in der Nacht,
so bin ich um den Schlaf gebracht.
(Heinrich Heine)

9. Die Riester-Förderung

176 Um die Lücken zu stopfen, die sich künftig bei der Altersversorgung ergeben werden, wurde mit der »Riester-Rente« ein Modell der staatlich geförderten privaten Altersversorgung aus der Taufe gehoben, deren Beiträge durch Zulagen und einen besonderen Sonderausgabenabzug steuerlich gefördert werden.
Um sicherzustellen, dass nur Verträge gefördert werden, die den staatlichen Fördervoraussetzungen entsprechen, erhalten begünstigte Riester-Verträge ein besonderes Zertifikat und eine eigene Zertifizierungsnummer. Dieses Zertifikat sagt Ihnen aber nur, dass Sie für den Vertrag die Riester-Förderung erhalten und dass Sie später mindestens Ihre Beiträge ausgezahlt bekommen. Es ist kein staatliches Gütesiegel dafür, dass das jeweilige Anlageinstitut besonders wirtschaftlich arbeitet und eine hohe Rendite erwirtschaftet.

Folgende Personen können die Riester-Förderung unmittelbar in Anspruch nehmen:

- Arbeitnehmer,
- Angestellte,
- Beamte,
- Wehr-, Zivildienstleistende,
- Absolventen eines sozialen Jahres,
- Arbeitslose, auch wenn wegen der Einkünfte des Ehegatten oder eigenen Vermögens keine Ansprüche an die Agentur für Arbeit (= Arbeitsamt) bestehen,
- Bezieher von Vorruhestandsgeld,
- nicht erwerbstätige Pflegepersonen,
- Kindererziehende für Kindererziehungszeit,
- 450-€-Jobber, die auf ihre Versicherungsfreiheit verzichten und den pauschalen Rentenversicherungsbeitrag ihres Arbeitgebers auf den Regelbeitrag aufstocken,
- in die Handwerksrolle eingetragene Handwerker,
- in der Altersversicherung der Landwirte pflichtversicherte Landwirte,
- Empfänger von Berufsunfähigkeitsrenten,
- Empfänger von Versorgungsbezügen (Pensionen) wegen Berufsunfähigkeit.

Dagegen ist keine Förderung möglich, wenn Sie selbständig sind.

Zum mittelbaren Anspruch auf Riester-Zulage, wenn zwar nicht Sie selbst, aber Ihr Ehegatte zum oben beschriebenen Personenkreis gehört, vgl. ➤ Rz 178 Ziffer 2.

Zur Wohn-Riester-Förderung vgl. ➤ Rz 19ff.

Umlagefinanzierte Pensionskassen teilweise steuerfrei 177

Beiträge an sog. umlagefinanzierte Pensionskassen sind 2014 in Höhe von 2 % der Beitragsbemessungsgrenze zur Rentenversicherung = 1.428 € steuerfrei. Solche umlagefinanzierte Pensionskassen erkennen Sie daran, dass der Arbeitgeber für jeden Arbeitnehmer pauschal einen bestimmten Prozentsatz des Arbeitslohnes einzahlt. Liegen die Umlagen über dem steuerfreien Betrag, kann entweder der Arbeitgeber den Differenzbetrag pauschal versteuern, dann haben Sie selbst mit der Versteuerung nichts am Hut, oder Sie müssen die Steuer auf die Beiträge selbst tragen.
Zu den hiervon am stärksten betroffenen Steuerzahlern gehören diejenigen, die in der Versorgungskasse des Bundes und der Länder (VBL) oder den Kirchlichen Zusatzversorgungskassen (KZVK) versichert sind, die ihr Kassensystem noch nicht von der Umlagefinanzierung auf die Kapitaldeckung umgestellt haben. Wenn Sie Zweifel haben, ob Sie zu den Betroffenen gehören, fragen Sie im Lohnbüro Ihres Arbeitgebers nach.

1. Riester-Zulage 178

Für Altersvorsorgeverträge können Sie besondere Zulagen beantragen, die Ihnen neben den Beiträgen auf Ihren Altersvorsorgevertrag gezahlt werden. Die Berechnungsgrößen sind gestaffelt und steigen stufenweise an.

Übersicht

Mindesteigenbeitrag vom Bruttolohn des Vorjahres	4 %
Höchstbeitrag (abzgl. Zulagen)	2.100 €
Grundzulage	154 €
Einmaliger Berufseinsteigerbonus für unter 25-Jährige	200 €
Kinderzulage für vor dem 1.1.2008 geborene Kinder	185 €
Kinderzulage für nach dem 31.12.2007 geborene Kinder	300 €

Wenn Sie nicht wenigstens einen Betrag in Höhe des Mindesteigenbeitrags abzgl. der Ihnen zustehenden Zulagen einzahlen, werden Ihre Zulagen anteilig gekürzt.

Beispiel

Angenommen, Ihr Bruttolohn betrug im Jahr 2013 umgerechnet 30.000 €. Sie haben zwei Kinder, die beide vor 2008 geboren sind.

Mindesteigenbeitrag 4 %		1.200 €
Ihnen stehen folgende Zulagen zu:		
Grundzulage	154 €	
Kinderzulage 2 × 185 €	370 €	
Zulage insgesamt	524 €	> – 524 €
Verbleiben für Sie 2014 aus der eigenen Tasche zu zahlen		676 €

Bei kinderreichen Familien könnte es dazu kommen, dass die Zulagen insgesamt höher sind als der Mindesteigenbeitrag. Sie müssen dann mindestens einen Sockelbetrag von 60 € selbst zahlen.

2. Zulagenanspruch bei Ehegatten

Ehegatten werden bei der Bemessung der Grundzulage getrennt behandelt. Jeder Ehegatte hat somit nur dann einen Zulagenanspruch, wenn er zum begünstigten Personenkreis gehört, er muss auch jeweils den Mindesteigenbeitrag zahlen. Kinderzulage bekommt man als Ehepaar allerdings nur einmal. Sind beide Ehepartner zulagenberechtigt, erhält vorrangig die Mutter die Kinderzulage. Sie kann die Zulage aber jährlich auf den Vater übertragen.

Eine nette Besonderheit hatten die Erfinder der Riester-Förderung für Eheleute aber dennoch auf Lager. Als nicht begünstigter Ehegatte, z.B., weil Sie selbständig oder nicht berufstätig sind, steht Ihnen ein abgeleiteter Zulagenanspruch zu, wenn Ihr Ehegatte dem Grunde nach Riester-begünstigt ist und Sie selbst einen eigenen Altersvorsorgevertrag abschließen.

Der Vorteil: Der Ehegatte mit dem abgeleiteten Zulagenanspruch muss selbst keinen Mindesteigenbeitrag leisten, und zudem wird seine Zulage auf den Mindesteigenbeitrag des anderen Ehepartners angerechnet.

179 **3. Zusätzlicher Sonderausgabenabzug**

Für Ihre Zahlungen in einen begünstigten – zertifizierten – Altersvorsorgevertrag können Sie nach § 10 a EStG einen Sonderausgabenabzug in Anspruch nehmen. Dieser beträgt zusätzlich zu den üblichen Höchstbeträgen 2.100 €.

Von der Steuerersparnis wird allerdings die Zulage, die Ihnen auf Ihren Vertrag gutgeschrieben wurde, abgezogen (Günstigerprüfung).

180 **4. Was blüht mir an Steuern, wenn ich später einmal die Rente aus meinem Riester-geförderten Altersvorsorgevertrag kassiere?**

Der Teil der Riester-Rente, der aus steuerlich geförderten Beiträgen stammt, wird später zu 100 % besteuert (»nachgelagerte Besteuerung«).

Es gibt gute, achtbare und es gibt weniger gute, achtbare Gesetze.
Steuergesetze sind wenig achtbare Gesetze.
Denn sie beruhen nicht auf den Regeln von Tugend, Sitte und Anstand,
sondern auf Geldgier und Ausbeutungsstreben des Staates.

(Der Verfasser)

III. Berufliche Kosten der Arbeitnehmer

1. Werbungskosten – Ihre Berufskosten

Werbungskosten sind die beruflichen Ausgaben oder, wie die Steuergesetze sich 181
ausdrücken, die Aufwendungen zur Erwerbung, Sicherung und Erhaltung Ihres Arbeitseinkommens. Praktisch sind das alle Kosten, die Ihr Beruf mit sich bringt, auch die Vorbereitung darauf. Abzugsfähig sind die tatsächlichen Kosten, mindestens aber 1.000 € (Arbeitnehmerpauschbetrag).

Es fallen also alle beruflichen Kosten bis 1.000 € sang- und klanglos unter den Tisch.

Stehen Sie nicht mehr im aktiven Arbeitsleben und beziehen als Pensionär oder Werksrentner Versorgungsbezüge oder als Rentner eine Rente, beträgt die Werbungskostenpauschale nur 102 €.

TRICK

zum Arbeitnehmerpauschbetrag

Bleiben Sie mit Ihren Werbungskosten entweder deutlich unterhalb der Grenze von 1.000 €, um den Vorteil des Pauschbetrags möglichst optimal auszuschöpfen, oder überschreiten Sie sie deutlich. Legen Sie täglich mindestens 15 Kilometer zur Arbeit zurück, ist die Pauschale schon fast erreicht. Zur Kontrolle: 15 km × 0,30 € × 220 Tage = 990 €. Alles, was Sie zusätzlich an Werbungskosten in petto haben, wirkt sich jetzt steuermindernd aus.

Wie können Sie die Werbungskosten geltend machen? Da gibt es zwei Möglichkeiten:

- Schon im Lauf des Jahres sich für die voraussichtlichen Werbungskosten einen Freibetrag auf der Lohnsteuerkarte eintragen lassen. In diesem Fall müssen Sie nach Ablauf des Jahres eine Einkommensteuererklärung abgeben. Mehr dazu unter ➤ Rz 453 ff.
- Nach Ablauf des Jahres die Werbungskosten in der Einkommensteuererklärung (Antragsveranlagung) angeben. Siehe dazu ➤ Rz 457 ff.

2. Reisekosten

182 Unter dem Begriff Reisekosten werden im Steuerrecht die Kosten zusammengefasst, die entweder vom Arbeitgeber steuerfrei erstattet oder von Ihnen als Werbungskosten abgesetzt werden können, wenn Sie außerhalb Ihrer regelmäßigen Arbeitsstätte tätig werden. Dabei sind der Umfang der steuerfreien Arbeitgebererstattungen und der eines möglichen Werbungskostenabzugs nahezu identisch. Lediglich im Bereich der Übernachtungskosten kann der Arbeitgeber Pauschalen erstatten, die es für den Werbungskostenabzug nicht gibt; dazu später mehr.

Reisekosten fallen an, wenn Sie eine sog. Auswärtstätigkeit ausüben, d.h. eine

- Dienstreise durchführen,
- Einsatzwechseltätigkeit oder
- Fahrtätigkeit ausüben.

In allen drei Fällen kommen für einen Werbungskostenabzug oder eine steuerfreie Arbeitgebererstattung folgende Aufwendungen in Betracht:

- Verpflegungsmehraufwendungen,
- Fahrtkosten,
- Übernachtungskosten,
- Nebenkosten.

Bei den Erstattungen durch Ihren Arbeitgeber kommt es für die Steuerfreiheit nicht darauf an, unter welcher Bezeichnung Ihnen die Zahlungen zufließen. Häufig tauchen Begriffe auf wie Aufwandsentschädigungen, Auslösungen, Spesen etc., gemeint sind aber immer die Kosten, die im Verwaltungsdeutsch des Fiskus als Reisekosten bezeichnet werden.

Zunächst einmal gilt immer die Devise: So viel wie nur irgend möglich als steuerfreien Spesen- und Auslagenersatz vom Arbeitgeber kassieren. Jeder Euro steuerfreier Spesensatz ist für Sie auch wirklich 100 Cent wert. Beschränken Sie sich dagegen darauf, Ihre Kosten als Werbungskosten abzusetzen, holen Sie höchstens so viel wieder herein, wie Sie bei Ihrem persönlichen Steuersatz an Steuerersparnis erzielen können. Inklusive Ersparnis bei der Kirchensteuer und beim Solidaritätszuschlag sind das höchstens ca. 55 Cent für jeden Euro Werbungskosten.

Was der Fiskus unter den einzelnen Reisekostensparten versteht (Quelle: R 9.4 LStR):

183 - **Dienstreise** ist jede Außendiensttätigkeit außerhalb Ihrer Wohnung und Ihrer »ersten Tätigkeitsstätte« (früher »regelmäßige Arbeitsstätte«). Das setzt einen Ortswechsel einschließlich Hin- und Rückfahrt aus Anlass einer vorübergehenden auswärtigen Tätigkeit voraus. Dabei kommt es nicht dar-

auf an, in welcher Entfernung von Ihrer ersten Tätigkeitsstätte Sie beruflich tätig werden. Wenn Sie z.B. als Vertreter an einem Tag mindestens acht Stunden lang Ihre unmittelbaren Nachbarn von den Vorteilen des Bausparens überzeugt haben, machen Sie die Dienstreisepauschalen geltend, selbst wenn die größtmögliche Entfernung zu Ihrer Wohnung nur 125 Meter betragen hat. Allerdings dürfen Sie nicht zwischendurch zu Ihrer Wohnung zurückkehren.

- Eine **Fahrtätigkeit** üben Sie aus, wenn Ihre erste Tätigkeitsstätte ein Fahrzeug **184**
  ist, wenn Sie also Ihre Brötchen z.B. als Flugzeugführer, Brummi-, Linienbus-, Straßenbahn-, Kies- oder Taxifahrer, Lokführer oder Zugbegleiter verdienen. Bei Fahrtätigkeit werden Sie, was Ihre Verpflegungspauschale angeht, wie ein Dienstreisender behandelt. Allerdings müssen Sie sich nicht mit der kleinlichen Zeitbeschränkung auf drei Monate herumärgern, sondern können auch für längere Zeiträume Verpflegungsmehraufwendungen absetzen. Siehe dazu auch ➤ Rz 191, Rz 201.
- Eine **Einsatzwechseltätigkeit** wird angenommen, wenn Sie von Ihrem Arbeit- **185**
  geber typischerweise an ständig wechselnden Einsatzstellen beschäftigt werden und keine erste Tätigkeitsstätte – z.B. im Betrieb des Arbeitgebers – haben. Für die Frage, ob eine Einsatzwechseltätigkeit vorliegt, ist nicht ein abstraktes Berufsbild maßgebend, sondern ob Ihr Arbeitgeber Sie nach den Vereinbarungen in Ihrem Arbeitsvertrag jederzeit an anderen Orten einsetzen kann. Gleichwohl gehören Sie z.B. als Bau-, Montage- oder Leiharbeiter oder als Springer einer Betriebsreserve in der Regel zu dieser Klientel. Bei einer Einsatzwechseltätigkeit können Sie die Fahrtkosten ohne Wenn und Aber als Reisekosten absetzen.

Mehr zu Fahr- und Einsatzwechseltätigkeit unter ➤ Rz 201 ff.

Die Flut an Gesetzen und Verordnungen hat sich wie Mehltau über das Land gelegt.
(Ex-Wirtschaftsminister Rexrodt)
Wie wahr!
Nur: Warum hat er es nicht geändert?

3. Als Reisekosten abzugsfähige Aufwendungen

186 Seit 2014 ist das steuerliche Reisekostenrecht neu geregelt. Mit dem Gesetz zur Änderung und Vereinfachung der Unternehmensbesteuerung und des steuerlichen Reisekostenrechts hat der Gesetzgeber eine Reform des Reisekostenrechts vorgenommen, die hochoffiziell zu Vereinheitlichungen und Vereinfachungen führen soll. In Wahrheit war ihm das auf der BFH-Rechtsprechung basierende Reisekostenrecht schlichtweg zu teuer. Deshalb wurden neben einigen Vereinfachungen vor allem Restriktionen in die Neuregelungen eingebaut, die für Sie als betroffenen Steuerzahler nicht unbedingt immer günstiger sind. Einen Überblick über das, was für Sie wichtig ist, welche Fallstricke Sie vermeiden sollten und wie Sie sich vom Fiskus über die Abrechnung Ihrer Reisekosten ein wenig von Ihrem sauer verdienten Geld zurückholen können, erhalten Sie im Folgenden.

3.1 Erste Tätigkeitsstätte

187 Dreh- und Angelpunkt der Frage, ob eine Auswärtstätigkeit mit Reisekosten oder lediglich eine Fahrt zwischen Wohnung und Arbeitsstätte vorliegt, ist nach wie vor, **ob, und wenn, wo** der Arbeitnehmer eine erste Tätigkeitsstätte hat. Und es bleibt dabei, dass ein Arbeitnehmer innerhalb eines Arbeitsverhältnisses nur max. **eine** erste Tätigkeitsstätte haben kann. Außerdem kann nur eine ortsfeste betriebliche Einrichtung überhaupt erste Tätigkeitsstätte sein. Damit scheiden Fahrzeuge, Flugzeuge, Schiffe etc. als erste Tätigkeitsstätte bereits dem Grunde nach aus.

Eine erste Tätigkeitsstätte kann eine örtlich feste Einrichtung z.B.

- des Arbeitgebers,
- eines verbundenen Unternehmens (§ 15 AktG), beispielsweise eine Mutter-, Tochter- oder Schwestergesellschaft etc.,
- eines Kunden oder Auftraggebers

sein.

Allerdings muss Ihr Brötchengeber Sie auch ab 2014 einer solchen ersten Tätigkeitsstätte für eine gewisse Dauer zuweisen, und zwar

- zeitlich unbefristet (auf Dauer)
- oder für die Dauer Ihres gesamten (befristeten) Arbeitsverhältnisses
- oder von vornherein über mehr als 48 Monate.

Entscheidend ist dabei die Planung Ihres Arbeitgebers zu Beginn der jeweiligen Tätigkeit. Schon zu diesem Zeitpunkt muss die Prognose in die soeben beschriebene zeitliche Richtung gehen. Treten später unvorhersehbare Umstände ein, durch die Ihr Einsatz von der ursprünglichen Prognose abweicht, spielt das keine Rolle für die Frage, ob Sie Ihre Arbeit an einer ersten Tätigkeitsstätte ausüben.
Wie sich das im Einzelfall auswirkt, sehen Sie an folgenden Beispielen.

Beispiel 1
Ein Leiharbeitnehmer, der immer wieder anderen Auftraggebern seiner Personalservicefirma zugewiesen wird, hat durchgehend eine Auswärtstätigkeit.

Beispiel 2
Der Leiharbeitnehmer, der von vornherein für die gesamte Vertragslaufzeit dem Kundenbetrieb zugewiesen wird, mit dem seine Personalservicefirma einen Vertrag mit einer Laufzeit von fünf Jahren schließt, hat von Beginn an seine erste Tätigkeitsstätte im Kundenbetrieb. Er kann keine Reisekosten ansetzen.

Beispiel 3
Ein Kraftwerksingenieur, der zunächst für drei Jahre vor Ort beim Kunden seines Arbeitgebers eingesetzt wird und dessen Einsatz sich aufgrund einiger nicht planbarer Störfälle letztlich auf 4,5 Jahre verlängert, ist zwar per Saldo mehr als 48 Monate beim Kunden tätig, da das aber nicht von vornherein geplant war, bleibt es in diesem Fall bei einer Auswärtstätigkeit mit Reisekostenabzug.

Zweistufige Prüfung der ersten Tätigkeitsstätte
Für die Abgrenzung, ob eine erste Tätigkeitsstätte vorliegt, sieht der Gesetz- **188**
geber künfig eine Prüfung in zwei Stufen vor.

1. Wie sind die arbeits- bzw. dienstrechtlichen Festlegungen durch den Arbeitgeber?
2. Wie verteilt sich der rein zeitliche Umfang der Tätigkeiten?

Vorrangig kommt es auf das erste Merkmal an. Die Frage, ob Sie eine erste Tätigkeitsstätte haben, entscheidet also in erster Linie Ihr Arbeitgeber, indem er das schlicht und ergreifend in eigener Regie festlegt. Ob er dabei auch auf ein möglichst günstiges steuerliches Ergebnis schaut, bleibt ihm überlassen. Eine bestimmte Form für diese Regelung durch den Arbeitgeber gibt es nicht. Er kann das natürlich schriftlich machen, könnte die Anweisung aber auch mündlich erteilen oder über ein betriebliches Organigramm regeln. Letztlich können acuh nschlicht Rückschlüsse auf eine solche Festlegung daraus gezogen werden, ob der Arbeitgeber zum Beispiel Ihre Kosten für die Fahrt zum Betrieb als Reisekosten behandelt oder er keine Fahrgelder zahlt, weil er davon ausgeht, dass der Betrieb Ihre erste Tätigkeitsstätte ist.

TIPP

Wie legt der Arbeitgeber die erste Tätigkeitsstätte fest?

Wie Ihr Arbeitsort bezeichnet wird, spielt keine Rolle. Der Arbeitgeber muss also **189**
nicht zwingend den Begriff »erste Tätigkeitsstätte« verwenden, er kann sie auch »Hauptarbeitsstätte«, »zentrale Arbeitsstätte«, »Haupteinsatzort«, »Stammdienststelle« etc. nennen.
Die Arbeit, die Sie dort ausüben, muss keinen bestimmten zeitlichen Mindestumfang haben. Auch bei nur geringem Arbeitsumfang an diesem Ort folgt die Finanzverwaltung der Arbeitgeberfestlegung, wenn eine solche vorliegt und eindeutig ist. Die Art der dort ausgeübten Arbeiten spielt ebenfalls keine Rolle.
Ihr Arbeitgeber kann – **muss aber nicht** – z.B. folgende Festlegungen treffen, mit der Folge, dass der betreffende Ort Ihre erste Tätigkeitsstätte ist:

- Bei einem Rechtsanwalt- und Notargehilfen wird die Kanzlei als erste Tätigkeitsstätte festgelegt.

- Bei einem Kraftfahrer legt der Arbeitgeber den Betrieb als erste Tätigkeitsstätte fest.
- Ein Verkehrsunternehmen bestimmt das Busdepot als erste Tätigkeitsstätte.
- Für einen Außendienstmitarbeiter wird die Firmenzentrale als erste Tätigkeitsstätte festgelegt, obwohl er dort nur sporadisch tätig wird.

Erst in zweiter Linie kommt es auf den Zeitumfang der Arbeit an. Auf dieses Kriterium zur Bestimmung der ersten Tätigkeitsstätte wird aber erst zurückgegriffen, wenn der Arbeitgeber nicht selbst etwas in der Richtung festlegt oder dessen Festlegungen nicht eindeutig sind. Eine erste Tätigkeitsstätte hat der Arbeitnehmer dann an dem Ort, an dem er

- typischerweise an jedem Arbeitstag
- oder je Arbeitswoche zwei volle Arbeitstage
- oder mindestens ein Drittel seiner vereinbarten regelmäßigen Arbeitszeit

tätig ist.

TIPP

Es kann nur eine geben?

190 So kann es natürlich dazu kommen, dass die Voraussetzungen einer ersten Tätigkeitsstätte für mehrere Arbeitsorte erfüllt sind. Es bleibt aber dabei: Es kann für jedes Arbeitsverhältnis nur eine erste Tätigkeitsstätte geben. Entweder muss sich Ihr Brötchengeber entscheiden und doch eine solche ausdrücklich festlegen, oder es wird gesetzlich unterstellt, dass es den Arbeitsort trifft, der am nächsten zu Ihrer Wohnung liegt. Im Zweifel gilt also schon rein gesetzlich für Sie die günstigere Lösung: Für die kurzen Entfernungen gibt es die Entfernungspauschale, und für die Fahrten zum weiter entfernten Arbeitsort setzen Sie die mindestens doppelt so hohen Reisekosten-Kilometersätze ab.

TRICK

Vermeiden Sie eine erste Tätigkeitsstätte

Nach dem Reisekostenrecht hat eine erste Tätigkeitsstätte fast nur Nachteile:

1. Die Fahrtkosten zur ersten Tätigkeitsstätte können nur mit der Entfernungspauschale angesetzt werden.

2. Der Arbeitgeber kann keinen steuerfreien Fahrtkostenersatz leisten
3. Wenn Sie ein Firmenfahrzeug nutzen, müssen Sie den Nutzungsvorteil für Fahrten zwischen Wohnung und erster Tätigkeitssstätte selbst dann voll versteuern, wenn Sie nur gelegentlich im Betrieb auftauchen.
4. Kilometergelder oder der Vorteil aus der Nutzung eines Firmenwagens für Fahrten zwischen Wohnung und Arbeit kann Ihr Brötchengeber pauschal mit 15 % besteuern (§ 40 Abs. 2 S. 2 EStG)
5. Die Abwesenheitszeit für die Berechnung der Verpflegungspauschalen beginnt erst ab Verlassen der ersten Tätigkeitsstätte zu laufen.

3.2 Verpflegungsmehraufwendungen

Bei der Berücksichtigung von Verpflegungsmehraufwendungen wird es etwas 191
einfacher. Künftig wird zwischen folgenden Fällen unterschieden:

- eintägige Auswärtstätigkeiten (An- und Abreise am selben Tag) => Pauschale pro Tag = 12 € (ab einer Abwesenheit über 8 Stunden)
- mehrtägige Auswärtstätigkeiten mit Übernachtung => Pauschale am An-/Abreisetage = je 12 € (Mindestabwesenheit ist nicht nötig) => Pauschale pro vollem Dienstreisetag (Zwischentage) = je 24 €
- zweitägige Auswärtstätigkeiten ohne Übernachtung => Pauschale für die Reise = 12 € (Gesamtabwesenheit > 8 Std)

Diese Spesensätze sind auch für Geschäftsreisen und Geschäftsgänge der Selbständigen anzuwenden. Ihnen liegen § 4 Abs. 5 EStG und R 9.6 LStR zugrunde. Wir wissen, dass sich alle jene ungünstig stellen, denen die Firma zwar Reisespesen zahlt, aber nicht in der Höhe, dass die entstandenen Kosten damit voll abgedeckt wären. Wenn Ihnen Ihre Verpflegungskosten von der Firma mit Spesensätzen ersetzt werden, die nicht an die o. a. Pauschsätze heranreichen, verfahren Sie am besten wie bei den Autokosten und machen den Unterschiedsbetrag als Werbungskosten geltend.
Das Sammeln von Belegen für Ihre Verpflegungsspesen lohnt sich nur, wenn Ihr Chef großzügig ist und Ihnen Ihre Kosten gegen Nachweis ersetzt. Bei der Steuer nutzen Ihnen diese Nachweise nichts. Auch von den Erstattungen Ihrer Firma können höchstens die Pauschbeträge steuerfrei bleiben.

50.000 € Steuergelder verschwendeten Stuttgarter Parlamentarier für eine »Bildungsgruppenfahrt« (Höhlen- und Klosterbesichtigung, Konzert in Kiew) im »Interesse des deutschen Volkes«…

Die Verpflegungspauschalen werden wie bisher nur für die ersten drei Monate an derselben Tätigkeitsstätte anerkannt. Künftig fängt aber bei jeder Unterbrechung der Arbeit an diesem Ort von mindestens vier Wochen eine neue Dreimonatsfrist an. Dabei kommt es anders als früher nicht mehr darauf an, warum Ihre Tätigkeit unterbrochen wird. Also fängt auch dann eine neue Dreimonatsfrist an, in der Sie wieder Verpflegungspauschalen beanspruchen können, wen Sie länger als 4 Wochen

- an einem anderen Arbeitsort eingesetzt waren,
- Urlaub hatten oder
- wegen einer Erkrankung nicht arbeiten konnten.

TRICK

So befreien Sie sich aus der Dreimonatsfalle!

Mit der richtigen Begründung sind Sie von der Dreimonatsfrist nicht betroffen. Das Finanzamt darf Ihnen nämlich nicht so ohne weiteres mit der Dreimonatsfrist kommen, wenn Sie sich nicht ständig an Ihrem auswärtigen Tätigkeitsort aufhalten.

Gute Karten haben Sie, wenn Sie sagen können, dass Sie sich an dem jeweiligen auswärtigen Tätigkeitsort pro Woche nicht mehr als ein bis zwei Tage aufhalten. Wenn Sie den Rest der Woche im Betrieb oder bei anderen Kunden sind, greift die Dreimonatsfrist nicht (R 9.6 Abs. 4 LStR). Dann bleibt dem Finanzamt nichts anderes übrig, als Ihnen auch für die Fahrten im vierten, fünften und sechsten Monat die Verpflegungspauschalen zuzugestehen.

SUPER TRICK

In der Kürze liegt die Würze

192 Da keine Mindestentfernung für Dienstreisen erforderlich ist, machen Sie bereits eine erstklassige Dienstreise, sobald Sie einen Fuß vor die Tür setzen, um für Ihre Firma außerhalb Ihrer Wohnung und außerhalb des Firmengeländes tätig zu werden. Also werden Sie künftig Kunden in unmittelbarer Nähe Ihrer Arbeitsstelle oder Ihrer Wohnung möglichst selbst besuchen, statt sie in den Betrieb zu bitten. Sie greifen sich also Ihren Aktenkoffer und legen die 50 Meter auf Schusters Rappen zurück. Und schon haben Sie bei entsprechender Abwesenheitszeit Anspruch auf einen Verpflegungspauschbetrag.

SUPER TRICK

Kleinvieh macht auch Mist

Gute Nachrichten für alle, die mehrmals am Tag einen dienstlichen Kurztrip 193
unternehmen, z.B. bei einer Außendiensttätigkeit innerhalb einer Großstadt. Angenommen, Ihre Reise morgens dauert mit An- und Abfahrt drei Stunden, nachmittags waren Sie noch einmal sechs Stunden unterwegs. Jede der Dienstreisen für sich verhilft Ihnen noch nicht zu einer Verpflegungspauschale, weil die Abwesenheit jeweils unter acht Stunden liegt. Sie rechnen aber beide Reisen zusammen, und schon waren Sie insgesamt neun Stunden aushäusig tätig und werden mit einem Bonus in Form einer Verpflegungspauschale von 6 € belohnt.

Kommen Sie nur auf 7,5 Stunden, werden Sie nicht auf den einfallslosen und darüber hinaus illegalen Kniff zurückgreifen und Ihre Abwesenheitszeiten in der Reisekostenabrechnung auf mindestens acht Stunden hochmanipulieren.

Sie gehen viel geschickter vor und hängen einfach abends noch eine Minidienstreise von einer halben Stunde z.B. zur Post oder zur Bank an. Besser ist natürlich, Sie lassen es gar nicht erst so weit kommen. Man kann eine Dienstreise auch dadurch steuerschlau ausdehnen, dass man sich vor der Rückkehr eine wohlverdiente Pause gönnt und erst einmal zum Essen geht oder sich in der nächsten Konditorei Kaffee und Kuchen genehmigt. Und laden Sie dazu noch einen Geschäftspartner ein, können Sie mit guter Begründung für Ihr Gespräch auch noch Speisen und Getränke absetzen.

TIPP

Reisen über Mitternacht einfach zusammenrechnen!

Mit der Verpflegungszeitgrenze von acht Stunden kommen Sie auch dann schnell 194
in Konflikt, wenn Ihre Auswärtstätigkeit von spätnachmittags oder abends bis zum nächsten Morgen dauert. Fängt die Tätigkeit nach 16.00 Uhr an und endet vor 8.00 Uhr am anderen Tag, sind Sie an keinem der beiden Tage mindestens acht Stunden abwesend. Bevor Sie sich nun aber verärgert abwenden, weil Sie fiskalisch wieder einmal völlig zu Unrecht den Kürzeren ziehen, sollten Sie einen Blick

auf § 4 Abs. 5 S. 2 EStG werfen. Schön versteckt in dieser unübersichtlichen Vorschrift steht nämlich der Rettungsanker für Ihre Verpflegungspauschale. Bei einer »Über-Mitternacht-Tätigkeit« können Sie die Abwesenheit beider Tage schlicht zusammenrechnen und dem Tag zuschlagen, an dem Sie länger abwesend waren. Und schon liegen Sie über der magischen Acht-Stunden-Grenze.

Beispiel
Sie beginnen am Donnerstag um 17.00 Uhr eine Fahrt mit Ihrem Lkw und kehren am Feitag um 6.30 Uhr in den Betrieb zurück. Die Gesamtabwesenheitszeit beträgt somit 13,5 Stunden, und Sie haben für Donnerstag Anspruch auf eine Verpflegungspauschale von 12 €.

TRICK

Verdoppeln Sie Ihre Verpflegungspauschale!

Und nun zeige ich Ihnen, wie Sie den Fiskus mit seinen eigenen Regelungen so richtig austricksen. Im obigen Beispiel bekommen Sie trotz über 13-stündiger Abwesenheit nur die kleine Verpflegungspauschale von 12 €. Nun mal angenommen, Sie haben schon von Mittwoch 19.00 Uhr auf Donnerstag 6.00 Uhr ebenfalls eine Fahrt absolviert. In diesem Fall beträgt die zusammengerechnete Abwesenheitszeit elf Stunden. Sie wird dem Donnerstag zugeschlagen und löst ebenfalls eine Verpflegungspauschale von 12 € aus.

Sie geben sich aber nicht mit 12 € zufrieden, sondern rechnen die beiden Auswärtstätigkeiten, die dem Donnerstag zugeschlagen werden – einmal 11 und einmal 13,5 Stunden –, zusammen. Schon ergibt sich eine Abwesenheit von über 24 Stunden, und Ihre Verpflegungspauschale ist mit 24 € ohne zusätzliche Mühen gleich doppelt so hoch.

195 Gute Nachricht für Seeleute und Soldaten der Marine. Jedes Mal, wenn sie mit ihrem »Pott« einen ausländischen Hafen ansteuern, können sie die hohe Auslandsverpflegungspauschale (➤ Rz 921) absetzen (BFH v. 16.11.2005 – BStBl II 2006 S. 267).

Eine Kreisamtsbauleiterin lässt sich neben ihrem Dienstzimmer eine Dusche einbauen, um sich »frisch machen« zu können. Klar: Als Beamtin schwitzt man ja auch so schrecklich. Der Umbau war schwierig, die Dusche luxuriös. Die Kosten für die Steuerzahler: fast 50.000 €.

SUPER TRICK

Doppelte Verpflegungspauschalen bleiben steuerfrei!

Wenn Ihnen Ihr Chef Gutes tun will, zahlt er Ihnen den doppelten Betrag der Pauschalen. Er kann nämlich, neben der normalen steuerfreien Verpflegungspauschale von 12 €/24 €, jeweils denselben Betrag noch einmal zusätzlich zahlen und mit 25 % pauschal versteuern. Damit werden die Zahlungen für Sie praktisch steuerfrei, weil pauschal versteuerter Arbeitslohn in Ihrer Steuererklärung nicht erfasst wird (Quelle: § 40 Abs. 2 Nr. 4 EStG). 196

Beispiel
Sie sind auf einer Dienstreise zehn Stunden von Ihrer Wohnung und Ihrem Betrieb abwesend.

Ihr Arbeitgeber zahlt Ihnen als Verpflegungskosten	davon bleiben steuerfrei	zusätzlich können mit 25 % pauschal versteuert werden	verbleiben als steuerpflichtiger Arbeitslohn
12 €	12 €		
18 €	12 €	6 €	
24 €	12 €	12 €	
35 €	12 €	12 €	11 €

TIPP

Ködern Sie Ihren Chef!

Wenn Ihr Brötchengeber Bauchschmerzen wegen der Übernahme der Pauschalsteuer hat, können Sie ihm die Sache schmackhaft machen: Wenn er nämlich die Steuer gem. § 40 Abs. 2 Nr. 4 EStG pauschal berechnet, löst das für diesen Teil des Arbeitslohns **Sozialversicherungsfreiheit** aus. Damit sparen nicht nur Sie, sondern auch Ihre Firma ca. 20 % an Sozialversicherungsbeiträgen. Die Pauschalbesteuerung geht für Ihre Firma im Ergebnis also nahezu plus/minus null aus.

Verpflegung durch den Arbeitgeber
Stellt Ihr Arbeitgeber Ihnen Essen im Rahmen Ihrer Auswärtstätigkeit zur Verfügung, müssen Sie immer dann, wenn Ihnen eine Verpflegungspauschale zusteht, dafür keinen Lohn versteuern. 197
Zu einer Lohnversteuerung von Mahlzeiten kommt es deshalb nur noch in folgenden Fällen:

- eintägige Auswärtstätigkeit von max. 8 Std.,
- Auswärtstätigkeit an zwei Tagen ohne Übernachtung und Abwesenheit von max. 8 Std.,
- längere Auswärtstätigkeit nach Ablauf der Dreimonatsfrist.

In diesen Fällen muss der Arbeitgeber die von ihm bezahlte Mahlzeit zwar besteuern, kann den Wert aber mit den amtlichen Sachbezugswerten ansetzen. Voraussetzung ist lediglich, dass der Wert der einzelnen Mahlzeit nicht über 60 € liegt. Die Besteuerung kann individuell nach Ihren persönlichen Lohnsteuermerkmalen erfolgen oder – wie bisher – mit einem Pauschalsteuersatz von 25 % (§ 40 Abs. 2 EStG). Bei Letzterem sind die Vorteile auch noch sozialversicherungsfrei.

SUPER TRICK

Als Bau- und Montagearbeiter durch Pauschalversteuerung zusätzlich absahnen!

Besser, als die Werbungskosten bei Ihrer Steuererklärung abzusetzen und somit vielleicht nur 25 bis 30 % der Kosten über die Steuererstattung zurückzuholen, ist es, wenn Ihnen Ihr Arbeitgeber die Kosten ersetzt. Soweit er das steuerfrei tun kann, klingeln dann nämlich volle 100 % in Ihrer Geldbörse.
Als Bau- und Montagearbeiter bekommen Sie für Ihre Baustellentätigkeit solche Arbeitgebererstattungen normalerweise unter der Bezeichnung »Auslösungen«. Der Arbeitgeber rechnet im Prinzip genauso wie Sie und ermittelt zunächst den Betrag, der als Werbungskosten abzugsfähig wäre. Diesen Teil der Auslösung kann er steuerfrei zahlen. Vom übersteigenden Betrag muss er Lohnsteuer einbehalten.
Reicht der Werbungskostenbetrag nicht, um die Auslösung in voller Höhe steuerfrei zu stellen, darf der Arbeitgeber von ihm über die Verpflegungspauschalen hinaus gezahlte Verpflegungskosten in bestimmtem Umfang pauschal versteuern (§ 40 Abs. 2 Nr. 4 EStG). Und das sind 12 € (mehr als 8 Stunden) pro Tag.
Ihr Arbeitgeber kann also in den ersten drei Monaten pro Tag von der Auslösung 24 € als Verpflegungspauschale steuerfrei lassen und zusätzlich weitere 24 € bzw. an den Reisetagen 12 € mit 25 % pauschal und für Sie abgabenfrei versteuern.
Das sind immerhin ca.

40 Tage à 24 € =	960 €
26 Tage à 12 € =	312 €
	1.272 €

die Ihnen Ihr Arbeitgeber zusätzlich zuwenden kann, ohne dass Sie dafür Steuern oder Sozialversicherungsbeiträge zahlen müssen.

TRICK

Lassen Sie sich auf Dienstreisen vom Chef einmal so richtig verwöhnen!

Machen Sie sich diese aberwitzigen Bestimmungen des Steuerrechts zunutze. 198
Sie müssen nämlich wissen: Bei während der Dienstreise gewährter Verpflegung ist Mahlzeit gleich Mahlzeit. Egal, ob Sie in der Kantine der Zweigniederlassung, in der Sie vorübergehend tätig sind, eine Bockwurst mit Brötchen verdrücken oder in einem guten Restaurant auf Kosten Ihres Arbeitgebers ein Menü für 60 € tafeln.

Wenn Sie also bei Ihrem Chef gut angesehen sind und er Ihnen etwas Gutes tun will, dann können Sie ohne weiteres auf einer Dienstreise einmal ein paar Tage auf Kosten der Firma so richtig schlemmen, ohne dass Sie anschließend Sodbrennen wegen der Steuer bekommen müssen. Hauptsache, der tatsächliche Preis je Mahlzeit liegt nicht über 60 € und es gewährt zumindest formal Ihre Firma das Essen. Sie dürfen also nicht einfach losziehen und anschließend Ihrem Chef die Rechnung präsentieren. In diesem Fall könnte der Ihnen nämlich von angenommen 60 € entstandenen Kosten höchstens 24 € steuerfrei erstatten. Der Rest wäre voll steuer- und sozialversicherungspflichtiger Arbeitslohn.

Die Buchung von Übernachtung mit Frühstück oder anderen Mahlzeiten bei dienstlichen Reisetätigkeiten muss nicht zwingend durch den Arbeitgeber erfolgen. Wichtig ist in erster Linie, dass die Rechnung für die Hotelübernachtung oder das Essen im Restaurant auf ihn ausgestellt wird, damit er Ihnen die tatsächlich angefallenen Kosten für eine Mahlzeit (bis zu 60 €) steuerfrei ersetzen kann. Oder, wenn es ausnahmsweise zu einer Versteuerung kommt (Überschreiten der Dreimonatsfrist, Abwesenheiten unter 8 Stunden), lediglich den amtlichen Sachbezugswert von 3,00 € in der Lohnabrechnung ansetzen muss.

Wie die Rechnung beglichen wird, ob zunächst vom Arbeitnehmer oder durch Bezahlung mit Firmenkreditkarte, ist dabei ohne Belang (R 8.1 Abs. 6 LStR).

TRICK

Der Kunde verhilft Ihnen zu steuerfreien Mahlzeiten.

Wollen Sie ganz heraus aus der Besteuerung Ihrer Mahlzeiten, wenn Sie mal 199
über die Stränge geschlagen und dabei die 60-€-Hürde gerissen haben? Dann brauchen Sie nur einen Kunden zum Essen mitzunehmen. Sofern Sie das im Auftrag Ihrer Firma tun, wird aus Ihrem Abendessen eine geschäftlich veran-

lasste Bewirtung, an der Sie als Arbeitnehmer teilnehmen. Vorteil für Sie: Ihnen entsteht jetzt kein steuerpflichtiger Arbeitslohn. Bei einem solchen Arbeitsessen mit Kunden steht für Sie nämlich nicht Ihre Verpflegung, sondern die Arbeit im Vordergrund. Dass Sie auch etwas essen müssen, ist sozusagen lästige, aber unvermeidbare Pflichterfüllung. (Quelle: R 8.1 Abs. 8 Nr. 1 LStR)

Werbungskostenabzug für Verpflegungsmehraufwendungen

200 Für den Abzug von Verpflegungsmehraufwendungen als Werbungskosten gelten dieselben Pauschalen und zeitlichen Regelungen wie im Bereich der Arbeitgebererstattungen.
Hat Ihnen Ihr Arbeitgeber allerdings Mahlzeiten zur Verfügung gestellt, wird die Verpflegungspauschale um folgende Beträge gekürzt:

Frühstück	20 % der vollen Verpflegungspauschale von 24 € = 4,80 €
Mittagessen	40 % der vollen Verpflegungspauschale von 24 € = 9,60 €
Abendessen	40 % der vollen Verpflegungspauschale von 24 € = 9,60 €

TIPP

Setzen Sie Ihren Kostenbeitrag zur Verpflegung ab!

Eine Besonderheit gilt, wenn Sie dem Arbeitgeber für die Verpflegung einen Obolus beisteuern müssen. Dieser wird auf die Kürzungsbeträge angerechnet.

Beispiel

Sie sind für Ihren Arbeitgeber von Montag bis Freitag auf einer Messe. Ihr Boss hat für Sie ein Hotel gebucht, in dem Sie jeweils ein Frühstück und ein Abendessen auf Rechnung Ihrer Firma erhalten. Das Mittagessen müssen Sie aus der eigenen Kasse bezahlen. Außerdem knöpft Ihnen Ihre Firma für jedes Frühstück 4 € und für jedes Abendessen 6 € ab.
Sie können in diesem Fall folgende Verpflegungspauschalen absetzen:

Mo =		12,00 €
Di, Mi, Do je 24 € =		72,00 €
Fr =		12,00 €
Verpflegungspauschalen		96,00 €
Kürzung um		
Abendessen Mo	9,60 €	
Frühstück, Abendessen Di–Do 3 × 14,40 €	43,20 €	
Frühstück Freitag	4,80 €	

Kürzung der Werbungskosten	57,60 €	
Minderung der Kürzung um Zuzahlungen		
4 × 4 € (Frühstück) + 4 × 6 € (Abendessen)	– 40,00 €	
Verbleibende Kürzung	17,60 €	> – 17,60 €
Abzugsfähig als Werbungskosten		78,40 €

Verpflegungskosten bei Fahr- oder Einsatzwechseltätigkeit

Ist Ihre erste Tätigkeitsstätte ein Fahrzeug oder üben Sie typischerweise Ihre 201
Tätigkeit nur an ständig wechselnden Einsatzstellen aus, z. B. als Bau- oder Montagearbeiter oder als Springer einer Betriebsreserve, ohne dass Sie eine erste Tätigkeitsstätte haben, üben Sie nach der Definition von Reisekosten eine Auswärtstätigkeit aus. Infolgedessen können Sie für den Verpflegungsmehraufwand dieselben Pauschalen wie jeder Dienstreisende geltend machen (➤ Rz 191).
Das Problem dabei ist die Dreimonatsfrist. Für die Berechnung – ihren Neubeginn und Ausnahmen, wenn Sie während der Woche nur sporadisch an Ihrer Einsatzstelle tätig werden – gelten dieselben Regelungen wie bei Dienstreisen (➤ Rz 192 ff.).

Was Sie als Kraftfahrer unbedingt wissen müssen! 202

Sind Sie als Kraftfahrer praktisch nur auf einem Fahrzeug tätig, etwa als Bus- oder Straßenbahnfahrer, Fernfahrer, Taxifahrer, Zugführer, Zugbegleiter etc., üben Sie eine Auswärtstätigkeit aus. Für Sie ist die Dreimonatsfrist praktisch nicht anwendbar. Immer wenn Sie eine neue Fahrt beginnen, beginnt auch eine neue Dreimonatsfrist zu laufen. Das gilt selbst dann, wenn Sie z. B. als Auslieferungsfahrer Tag für Tag dieselben Filialen ansteuern oder als Fahrer im Personennahverkehr immer auf derselben Linie eingesetzt werden.
Per saldo setzen Sie also – eine mehr als achtstündige Abwesenheit von Ihrer Wohnung unterstellt – für jeden Arbeitstag des Jahres mindestens 12 € ab. Und als Fahrer, der auf Ferntouren mehrere Tage von zu Hause abwesend ist, stehen Ihnen für die vollen Abwesenheitstage sogar 24 € zu.
Führt Sie Ihre Fahrt ins Ausland, können Sie sich über erheblich höhere Verpflegungspauschalen freuen. Mehr dazu finden Sie unter ➤ Rz 921 ff.

TRICK

Ein Tankstopp jenseits der Grenze verdoppelt Ihre Verpflegungspauschale!

Als Kraftfahrer, der seine täglichen Touren im Grenzgebiet macht, können Sie durch einen kurzen Abstecher ins benachbarte Ausland erreichen, dass Ihnen die viel höheren Auslandsverpflegungspauschalen zustehen. Sie profitieren dabei von einer Regelung, nach der bei eintägigen Reisen mit Auslandsberührung immer die Auslandspauschale angesetzt wird. Wie lange Sie sich dabei im Ausland aufhalten, ist völlig ohne Belang. Fahren Sie also kurz einmal zum Tanken in die Niederlande oder nach Luxemburg, stehen Ihnen statt 12 € Inlandspauschale (mind. 8 Std. Abwesenheit) 26 € Auslandspauschale zu.

203 **Was Sie als Arbeitnehmer mit Einsatzwechseltätigkeit unbedingt wissen müssen!**
Bei täglicher Rückkehr an Ihren Wohnort können Sie **Verpflegungskosten** wie bei Dienstreisen absetzen, also 12 € bei einer Abwesenheit von mehr als acht Stunden. Unter Abwesenheitsdauer versteht der Fiskus grundsätzlich die Zeit zwischen Verlassen der Wohnung und Rückkehr in die Wohnung.
Wenn Sie längere Zeit am selben Ort eingesetzt sind, können Sie längstens drei Monate lang Verpflegungspauschalen absetzen (➤ Rz 191).

204 **Sie übernachten an der Einsatzstelle**
Mit einem ganzen Strauß von Urteilen hat der BFH den Fiskus gezwungen, sämtliche Kosten wie bei Dienstreisen anzuerkennen. Das gilt – von den Verpflegungspauschalen abgesehen – ohne zeitliche Einschränkungen (BFH-Urteile v. 11.5.2005 – BStBl II 2005 S. 782–793).

SUPER TRICK

Fünf Minuten vor zwölf ist optimal.

205 Dummerweise erfüllen Sie an den Tagen, an denen Sie nach Hause fahren, nicht die Voraussetzung für die volle Verpflegungspauschale von 24 €. Günstiger wäre es, wenn Sie sagen könnten: »Ich muss montags um 7.00 Uhr taufrisch auf der Baustelle zur Arbeit erscheinen. Damit ich mich noch ein paar Stunden aufs Ohr legen kann, fahre ich immer schon am Sonntag kurz vor Mitternacht zurück.«
Auf diese Weise holen Sie zumindest in den ersten drei Monaten zusätzlich für jeden Montag die volle Pauschale von 24 €.
Beispiel für einen sechsmonatigen Baustelleneinsatz mit Übernachtung:

Unterkunftskosten:		
6 Monate à 200 €		1.200,00 €
Fahrtkosten:		
Erste Hinfahrt 210 km × 0,30 €	63,00 €	
Letzte Rückfahrt 210 km × 0,30 €	63,00 €	
24 Heimfahrten à 420 km × 0,30 €	3.024,00 €	

Fahrten Unterkunft – Baustelle (einfache Entfernung 4 km) 125 Tage × 8 km × 0,30 €		300,00 €	
		3.450,00 €	> 3.450,00 €
Verpflegungskosten:			
1.–3. Monat: Volle Tage:	40 Tage × 24 €	960,00 €	
Heimfahrttage: (Abwesenheit > 8 Std.)	26 Tage × 12 €	312,00 €	
		1.272,00 €	> 1.272,00 €
Werbungskosten insgesamt			5.922,00 €

3.3 Fahrtkosten bei Auswärtstätigkeiten 206

Sind Fahrtkosten beruflich veranlasst, können Sie sie von den Lohn- und Gehaltsbezügen als Werbungskosten abziehen. Fahrtkosten sind die tatsächlichen Aufwendungen, die Ihnen durch die persönliche Benutzung eines Beförderungsmittels entstehen.

Die meisten Berufstätigen nehmen heute ihr privates Auto für berufliche Fahr- 207
ten, es können aber auch die Kosten für öffentliche Verkehrsmittel und für Taxen abgezogen werden. Ob angemessen oder nicht: Man muss Ihnen auch hohe Fahrtkosten anerkennen, wenn sie objektiv im Zusammenhang mit dem Dienst stehen und nicht so exorbitant hoch sind, dass man sie als pures Privatvergnügen einstufen muss (§ 9 Abs. 5 und § 4 Abs. 5 Nr. 7 EStG).

Bei den Autokosten ist zu unterscheiden:

- Wenn das Auto für *Fahrten zwischen Wohnung und erster Tätigkeitsstätte* benutzt wird, lässt § 9 EStG eine Entfernungspauschale von 0,30 € je Entfernungskilometer – d.h. für die einfache Strecke, also nur für die Fahrt von der Wohnung zur Arbeitsstätte, nicht für die Fahrt zurück – zu. Allerdings gilt auch weiterhin, dass bei der Benutzung von öffentlichen Verkehrsmitteln und Arbeitnehmern mit entsprechender Schwerbehinderung die tatsächlich anfallenden Kosten berücksichtigt werden

TIPP

Ansatz der Entfernungspauschale trotz Reisetätigkeit!

Eine unschöne Besonderheit gilt, wenn Sie auf Dauer an jedem Arbeitstag denselben Ort oder eine weiträumige Arbeitsstelle aufsuchen. Für Sie zählt eine solche Fahrt auch dann als Fahrt zwischen Wohnung und Arbeitsstätte, wenn der Arbeitsort formal gar keine erste Tätigkeitsstätte darstellt.

Damit gilt für Fahrten zu einem

- Busdepot
- Treff- bzw. Abholpunkt
- Fährhafen etc.
- Waldgebiet
- Zustellbezirk

die Entfernungspauschale.
Da es für den Ansatz der Entfernungspauschale nicht darauf ankommt, dass der entsprechende Ort als erste Tätigkeitsstätte zu qualifizieren ist, müssen Sie diese Fälle klar voneinander unterscheiden. Für den Abzug der Fahrtkosten ergeben sich dieselben Konsequenzen wie oben.
Stellt der Treffpunkt, das Busdepot etc. aber nicht die erste Tätigkeitsstätte dar, können Sie Verpflegungsmehraufwendungen bzw. Unterkunftskosten als Reisekosten absetzen.

Beispiel
Das Verkehrsunternehmen regelt nichts zur ersten Tätigkeitsstätte. Nach den Arbeitsabläufen muss der Busfahrer aber morgens seinen Bus immer im selben Depot abholen. Für die morgendliche Fahrt zum Depot bekommt er lediglich die Entfernungspauschale. Allerdings kann er weiterhin für jeden Arbeitstag die Verpflegungspauschalen beantragen.

Lieber Leser, dass müssen Sie nicht unbedingt verstehen, Sie müssen es lediglich wissen, damit Ihnen nicht die schönen Werbungskosten aus der Verpflegungspauschale durch die Lappen gehen.

TIPP

Vermeiden Sie es, an jedem Arbeitstag in den Betrieb, zum Depot oder zum Sammelpunkt zu fahren!

208 Wenn es sich irgendwie einrichten lässt, sollte Ihr Brötchengeber darauf verzichten, Sie an wirklich jedem Arbeitstag regelmäßig an denselben Ort einzubestellen. Der beschriebenen ungünstigen Regelung für Fahrtkosten entkommen Sie nämlich schon dann, wenn Sie an einem einzigen Arbeitstag pro Woche *nicht* im Betrieb, Depot oder an einem Sammelpunkt antreten müssen. Als Kundendienstmitarbeiter könnten Sie doch ein- oder zweimal pro Woche direkt die Kunden aufsuchen. Die Aufträge kann Ihr Chef Ihnen auch telefonisch oder per E-Mail schicken. Auch für Kraftfahrer gibt es einfache Lösungen. Erfolgt die Übergabe des Fahrzeugs gelegentlich an einer Haltestelle oder einem anderen Ort statt immer im Fahrzeugdepot, kassieren Sie auch für Ihre Fahrten mit dem Privatwagen wieder 0,30 € pro gefahrenen Kilometer statt der nur halb so hohen Entfernungspauschale: Wenn das private Auto bei *Auswärtstätigkeiten*

benutzt wird, lässt das Finanzamt die tatsächlich entstandenen Autokosten zu, die allerdings einzeln nachzuweisen sind. Wird kein Einzelnachweis erbracht, gibt es ohne Rücksicht auf Typ und Größe des Autos 0,30 € je gefahrenen Kilometer (H 38 LStH »Pauschale Kilometersätze«), für Mitnahme 0,02 € je Person und Kilometer.

Wenn Sie heute im Beruf etwas werden wollen, müssen Sie möglichst mobil sein. Wenn Ihnen Ihre Firma aus Kostengründen keinen Pkw zur Verfügung stellt, wird von Ihnen meist erwartet, dass Sie Ihren eigenen fahrbaren Untersatz einsetzen. Es macht sich in den Augen Ihres Chefs sicher nicht gut, wenn er von Ihnen dauernd zu hören bekommt: »Den Termin bei Kunde XY oder die außerordentliche Besprechung um 20.00 Uhr kann ich leider nicht wahrnehmen, weil mein Zug/mein Bus zu der Zeit nicht fährt.« Also werden Sie die dienstlichen Fahrten mit Ihrem privaten Pkw absolvieren.

Natürlich können Sie solche Fahrten als Werbungskosten absetzen. Viel besser fahren Sie allerdings, wenn Ihnen Ihr Chef – und das ist ja eigentlich recht und billig – die Kosten für die Verwendung Ihres Autos erstattet. Bei Dienstreisen hat er da zwei Möglichkeiten. Entweder er zahlt Ihnen eine Kilometerpauschale von 0,30 € je tatsächlich dienstlich gefahrenen Kilometer, oder er erstattet Ihnen die mittels Belegen und Fahrtenbuch nachgewiesenen Autokosten (➤ Rz 123 ff.). Übrigens: Beide Methoden gelten natürlich auch, wenn Sie Werbungskosten beim Finanzamt beantragen.

Auch für die Fahrtkosten gilt die Devise, dass Sie am besten abschneiden, wenn Ihnen Ihr Chef so viel wie möglich steuerfrei erstattet. Über den Werbungskostenabzug und die daraus resultierende Steuerersparnis (inkl. Kirchensteuer und Solidaritätszuschlag) bekommen Sie nämlich höchstens ca. 48 % Ihrer Kosten heraus und verlieren zudem den Vorteil aus dem Arbeitnehmerpauschbetrag. Den aber können Sie bei steuerfreien Erstattungen zusätzlich absetzen.

Worauf Sie achten sollten, wenn Sie an ständig wechselnden Einsatzstellen arbeiten!

Sie können vom ersten Kilometer an die tatsächlichen Kosten oder alternativ 0,30 € je gefahrenen Kilometer absetzen.

Fahren Sie z.B. 220 Tage im Jahr zu Baustellen, die je 25 km von Ihrer Wohnung entfernt liegen, setzen Sie Reisekosten für den Hin- und Rückweg von 50 km × 0,30 € × 220 Tage = 3.300 € ab.

WICHTIGER HINWEIS

Fahrtkosten können Sie natürlich nur absetzen, wenn Sie mit Ihrem eigenen Auto unterwegs sind oder zumindest mit einem, das einem Familienangehörigen oder Ihrem Lebenspartner gehört. Werden Sie dagegen von Ihrer Firma im Kleinbus transportiert oder fahren Sie bei einem Kollegen mit, können Sie keine Fahrtkosten absetzen. Damit Ihnen der Fiskus nicht wegen fehlender Nachweise für Ihre Fahrten einen Strich durch die Werbungskosten macht, wappnen Sie sich und bewahren z.B. Inspektionsrechnungen und TÜV-Berichte auf. Gut macht es sich auch, wenn Sie unterwegs tanken. Dann können Sie Ihrem überkritischen Sachbearbeiter mit Tankquittungen den Wind aus den Segeln nehmen.

WICHTIGER HINWEIS

209 Ihr Arbeitgeber kann aus den Reisekostenzahlungen an Sie keine Vorsteuern abziehen. Damit gibt es für ihn einen wichtigen Vorteil nicht.

Neben den Verpflegungspauschalen und pauschalen Übernachtungskosten betrifft diese Einschränkung vor allem die Fahrtkosten für die Benutzung des Pkws des Arbeitnehmers.

TIPP

Lassen Sie den Wagen mal in der Garage!

Kein Fiskaltrick ohne Gegenkniff. Vorsteuern gibt es für Ihren Brötchengeber weiter, wenn er Ihnen einen **Betriebs-Pkw zur Verfügung stellt** oder Ihnen für Ihre Dienstreise eine **Fahrkarte für die Bahn oder ein Flugticket kauft** oder **das Taxi bezahlt** oder wenn er für Ihre **Übernachtungs- bzw. Verpflegungskosten** eine auf seinen Namen lautende Hotel- oder Restaurantrechnung mit offen ausgewiesener Umsatzsteuer hat.

Für Ihre Dienstreise von Hamburg nach München sollten Sie also lieber auf den Flieger umsteigen, statt sich mit dem eigenen Auto über verstopfte Straßen zu quälen. Unter dem Strich ist das auch nicht viel teurer, und Sie sind statt neun Stunden gerade einmal zwei unterwegs.

SUPER TRICK

Kassieren Sie mehr als die Fahrtkostenpauschale von 0,30 € steuerfrei!

210 Wenn Ihr Brötchengeber Ihnen für Dienstreisekosten Bares erstattet, ist es zunächst einmal egal, unter welcher Überschrift dies läuft. Für die Frage, was von

Ihrer Reisekostenerstattung steuerfrei bleiben kann, wird der tatsächlich gezahlte Betrag mit den max. steuerfreien Fahrt-, Verpflegungs-, Übernachtungs- und Nebenkosten verglichen. Bekommen Sie z.B. eine Kilometerpauschale von 0,50 €, dafür aber keine Verpflegungskosten erstattet, können je nach Abwesenheitsdauer zusätzlich zu den 0,30 € je km 12 oder 24 € pro Tag steuerfrei bleiben. Bleibt trotz dieser Sonderrechnung ein steuerpflichtiger Betrag über, kann Ihr Arbeitgeber denselben Betrag, den er steuerfrei als Verpflegungspauschale zahlen könnte, mit 25 % pauschal und für Sie abgabenfrei versteuern.

Beispiel

Sie bekommen für eine 16-stündige Dienstreise von insgesamt 300 km eine Fahrtkostenerstattung von 0,40 € je Kilometer.

Pauschale Fahrtkostenerstattung 300 km × 0,40 €	120 €
Davon bleiben steuerfrei als Fahrtkosten 300 km × 0,30 €	– 90 €
und als Verpflegungspauschale bei über 8-stündiger Abwesenheit	– 12 €
	18 €
./. pauschal besteuerte zusätzliche Verpflegungspauschale	– 12 €
Bleiben für Sie zu versteuern nur noch	6 €

Einzelnachweis der Kraftfahrzeugkosten 211

Und so errechnen Sie Ihre Autokosten, falls Sie nicht die Pauschale von 0,30 € in Anspruch nehmen. Tragen Sie dazu einfach Ihre Kosten für zwölf Monate in die folgende Checkliste ein.

Checkliste für den Einzelnachweis von Kfz-Kosten

Kosten	€
Versicherungsbeiträge • Kfz-Haftpflichtversicherung • Kfz-Vollkaskoversicherung • Kfz-Teilkaskoversicherung • ./. Prämienrückerstattung	
Kfz-Steuern **Treibstoffkosten** • lt. Belegen • durchschn. Verbrauch × berufliche km × Literpreis	
Öl, Schmierstoffe	
Wartungsarbeiten (Ölwechsel etc.)	
Inspektionen	
Reparaturen (ohne außergewöhnliche Kosten wie Unfallkosten)	

Kosten	€
Ersatz- und Verschleißteile, Verbrauchsmaterial, z. B. • Reifen • Beleuchtungslampen • Scheibenwaschanlage • Frostschutz	
Fahrzeugreinigung und -pflege, z. B. • Fahrzeugwäsche (Waschanlage) • Reinigungs- und Poliermittel	
Garagenkosten, Einstellplatz • Miete • Anteil an den Gesamtkosten bei Eigenheimen	
Zinsen für Anschaffungsdarlehen • Agio, Disagio (im Zahlungsjahr) • Zinsen	
Leasing • Leasingsonderzahlung (im Zahlungsjahr) • laufende Leasingraten	
Abschreibung • bei Neufahrzeugen: Nutzung regelmäßig 6 Jahre = 16,67 % • Gebrauchtfahrzeuge: ggf. kürzere Nutzung 2–5 Jahre = 50–20 %	

Gesamtkosten z. B.		12.000 €
Gesamtfahrleistung in km z. B.		25.000 km
Durchschnittlicher Kilometersatz (12.000 € ÷ 25.000 km) =		0,48 €
Als Werbungskosten machen Sie geltend:		
Gefahren bei Dienstreisen und Dienstgängen z. B.	9.600 km	
Nachgewiesener Kilometersatz	0,48 €	
Gesamtkosten 9.600 km × 0,48 € =		4.608 €
./. Fahrtkostenersatz der Firma		– 2.880 €
Steuerlich abziehbar		1.728 €

212 **Abschreibung für das Auto**

Für Autos gilt eine Regelabschreibungsdauer von sechs Jahren (BMF-Schreiben v. 15.12.2000 – BStBl I 2000 S. 1532). Sie sollten aber tunlichst prüfen, ob nicht bei Ihnen wegen Gebrauchtwagenkauf oder hoher Fahrleistung von vornherein ein Abschlag bei der Abschreibungsdauer angezeigt ist (➤ Rz 215).

GUTER RAT

Bei Einzelnachweis der Autokosten sollen neben den laufenden, normalen Kosten auch außergewöhnliche wie für Reparaturen nach einem Unfall oder sehr frühe Motorschäden in die Kostenaufteilung zwischen privaten und beruflichen Fahrten einbezogen werden. Ist der Schaden auf einer Berufsfahrt passiert, sind die Aufwendungen für seine Behebung also u.U. nicht zu 100 % Werbungskosten. So zumindest H 9.5 LStH »Einzelnachweis«. In diesem Fall rate ich Ihnen, es im Unfalljahr ausnahmsweise einmal mit den Kilometerpauschalen zu versuchen. Die Pauschalen decken nämlich die Unfallkosten nicht ab, so dass Sie sie voll nebenher absetzen können (H 9.5 LStH »Pauschale Kilometersätze«). Dieser Kniff lohnt sich für Sie vor allem dann, wenn der Umfang Ihrer beruflichen Fahrten, gemessen an der Gesamtfahrleistung, nicht besonders hoch ist und/oder die Unfallkosten einen besonders dicken Batzen ausmachen. 213

TRICK

Einmal arbeiten, mehrmals kassieren

Natürlich ist es recht lästig, für jede Wagenwäsche, jedes Fläschchen Türschlossenteiser etc. Jahr für Jahr die Belege zu sammeln. Sie sollten deshalb einmal zwölf Monate lang sorgfältig jeden Beleg, der irgendwie mit Ihrem Auto zu tun hat, zusammentragen. Aus den so ermittelten Kosten und der Gesamtfahrleistung in diesem Jahr können Sie wie im Beispiel oben einen persönlichen Kilometersatz für Ihr Auto berechnen. Diesen setzen Sie auch für die kommenden Jahre ein. Es genügt dann völlig, wenn Sie dem Finanzamt Ihre beruflich gefahrenen Kilometer in einer schön ordentlich geschriebenen Zusammenstellung präsentieren. Berufen Sie sich dazu notfalls auf R 9.5 Abs. 1 S. 4 LStR, die dieses Verfahren ausdrücklich zulässt. 214

WICHTIGER HINWEIS

Eine neue Berechnung wird erst fällig, wenn sich die Kostenverhältnisse bei Ihrem Auto wesentlich ändern, z.B. die Abschreibung ausläuft, sich die Leasingkonditionen erheblich ändern oder Sie sich einen neuen Wagen zulegen. Dann steht es Ihnen frei, noch einmal für zwölf Monate die Kosten nachzuweisen oder die Kilometerpauschale von 0,30 € abzusetzen.

Übrigens: Änderungen beim Schadensfreiheitsrabatt in der Autoversicherung sind kein Grund für eine Neuberechnung des Kilometersatzes.

Die Rolle unseres KGB wird im Westen von den gigantischen Steuerbehörden übernommen, mit denen jeder selbständig tätige Mensch dauernd im Krieg liegt.

(Adenauer-Preisträger W. Bukowski)

SUPER TRICK

Tricksen Sie mit einem Gebrauchtwagen das Finanzamt aus!

215 Mit der Sechs-Jahres-Regelung für die Abschreibung haben die Finanzer sich selbst reingelegt. Sechs Jahre Nutzungsdauer gelten nämlich nur für Neuwagen. Gebrauchte haben eine entsprechend kürzere Nutzungsdauer. Wenn Sie nicht allzu anspruchsvoll sind und nicht unbedingt immer den neuesten Schlitten vor der Tür stehen haben müssen, können Sie durch den Kauf eines Gebrauchtwagens eine schöne Stange Geld beim Finanzamt lockermachen.

Kaufen Sie sich einfach einen gut erhaltenen, z.B. vier Jahre alten Gebrauchten. Da von dessen Nutzungsdauer nur noch ein Rest von zwei Jahren übrig ist, können Sie den Kaufpreis mit 50 %/Jahr abschreiben. Und wenn Sie den Wagen nach Ablauf der zwei Jahre weiterverkaufen, müssen Sie nicht einmal Ihren Gewinn versteuern, denn Gewinne aus dem Verkauf von Vermögensgegenständen unterliegen bei einem Arbeitnehmer nur dann der Besteuerung, wenn er sie innerhalb von zwölf Monaten nach dem Kauf veräußert. Selbständige, Gewerbetreibende sowie Land- und Forstwirte haben es da leider nicht so gut, können im Gegenzug dafür aber ein eventuelles Verlustgeschäft beim Autoverkauf absetzen.

GUTER RAT

Es kann Ihnen passieren, dass Sie an einen Finanzer geraten, der sich mit dieser einfachen Differenzberechnung der Restnutzungsdauer Ihres Autos nicht anfreunden mag. Er wird Sie möglicherweise auf H 9.5 LStH »Einzelnachweis« verweisen. Dort haben nämlich die ministeriellen Rechenkünstler in Berlin festgelegt, dass sechs minus vier nicht immer unbedingt zwei ist. Wen wundert es bei solchen Hirnakrobaten noch, wenn es bei der Steuer drunter und drüber geht. Bei einem gebrauchten Fahrzeug wollen sie, dass die voraussichtliche Restnutzungsdauer geschätzt wird. Um dem dünnbrettbohrenden Finanzer bei seiner Schätzung auf die Sprünge zu helfen, machen Sie ihm klar, dass die amtlichen Abschreibungstabellen ja extra deshalb so gefasst worden sind, um die Werte an die tatsächlichen Verhältnisse anzupassen und realistische Nutzungsdauern zu liefern.

SUPER TRICK

Besser Sie schätzen, als sich mit der Pauschale zu begnügen.

Der Bundesfinanzhof hat entschieden, dass das Finanzamt auch geschätzte Kos- 216
ten für das Auto anerkennen muss, wenn feststeht, dass sie auf jeden Fall anfallen, wie etwa für Benzin oder Versicherung (BFH-Urt. v. 7.4.1992 – BStBl II S. 894). Wenn Sie also beim Sammeln von Einzelnachweisen nicht so ganz sorgfältig waren, schätzen Sie Ihre Benzinkosten und schreiben sie auf einen »Eigenbeleg«, statt dem Finanzamt nur die Hälfte der Belege vorzulegen.

TRICK

Bitten Sie das Finanzamt beim Autokosteneinzelnachweis mit einem Leasingvertrag zur Kasse!

Sind Sie mit Ihrem Auto viel beruflich unterwegs, lohnt sich ein Einzelnachweis 217
der Kosten. Die echten Kosten liegen nämlich erfahrungsgemäß weit höher als die Pauschale von 0,30 €. Aber kleinlich, wie die Beamten und manche Richter nun mal sind, haben sie den Dreh mit der Abschreibung gefunden, um Ihre Kosten künstlich niedrig zu halten.

Wenn Sie allerdings einen Leasingvertrag in der Tasche haben, muss das Finanzamt gem. § 11 EStG die dicke Einmalzahlung im ersten Jahr voll berücksichtigen und Ihnen für Ihre beruflichen Fahrten einen Kilometersatz anerkennen, der weit über der Pauschale liegt.
Und in den nächsten Jahren, wenn nur noch die niedrigeren Raten zu zahlen sind, kann es nichts machen, wenn Sie 0,30 € je km ansetzen.
Bei uneinsichtigen Finanzämtern hilft der Hinweis auf das BFH-Urteil vom 5.5.1994 (BStBl 1994 II S. 643) und H 9.5 LStH »Einzelnachweis«.

Das Armsein darf nicht zum Erwerbsmittel für faule Menschen werden.
(Kant)

GUTER RAT

Passen Sie beim Abschluss Ihres Leasingvertrags auf: Bei sehr kurzen Laufzeiten bis zu zwei Jahren und langen Laufzeiten über vier Jahre laufen Sie Gefahr, dass Sie als »wirtschaftlicher Eigentümer« angesehen werden und statt Leasingraten und Sonderzahlung nur die normale Abschreibung anerkannt bekommen.

SUPER TRICK

Wie Sie als Vielfahrer das Finanzamt bei der 40.000-km-Grenze austricksen können

218 In unseliger Eintracht haben es Fiskus und Bundesfinanzhof geschafft, aus einer so einfachen Sache wie der Kilometerpauschale ein Buch mit sieben Siegeln zu machen.
Die staatlichen Geldeintreiber bekommen immer dann Bauchweh, wenn Sie mit Ihrem Auto mehr als 40.000 km im Jahr fahren und für Ihre Dienstreisen 0,30 € absetzen wollen. Wegen angeblich unzutreffender Besteuerung wollen sie Ihnen den Kilometersatz kürzen.
Flattert Ihnen ein Brief vom Finanzamt ins Haus, etwa mit diesem Inhalt: »... haben wir festgestellt, dass die Gesamtfahrleistung Ihres Pkw über 40.000 km im Jahr liegt. Eine überschlägige Schätzung der tatsächlichen Kfz-Kosten hat ergeben, dass der Ansatz der Kilometerpauschale zu einer unzutreffenden Besteuerung führt. Die Pauschale ist daher um ... % zu kürzen«, nehmen Sie das nicht widerspruchslos hin. In Ihre gepfefferte Antwort sollten Sie Folgendes aufnehmen:

Sehr geehrte Damen und Herren,

in den vergangenen Jahren haben Sie immer die Kilometerpauschalen akzeptiert. Nach Treu und Glauben konnte ich mich daher darauf verlassen, dass ich auch in Zukunft Pauschalen absetzen kann. Ihre Schätzung entbehrt außerdem jeder Grundlage.

Leider haben Sie mir durch Ihren viel zu späten Hinweis auf eine eventuelle unzutreffende Besteuerung jede Möglichkeit genommen, für einen Gegenbeweis entsprechende Beweisvorsorge zu treffen.

Ich fordere Sie daher auf, es aus Gründen des Vertrauensschutzes für die Vergangenheit bei der Kilometerpauschale zu belassen.

Gleichzeitig werde ich von heute an für einen repräsentativen Zeitraum von drei Monaten meine Kfz-Kosten aufzeichnen und Ihnen damit auch für die Zukunft belegen, dass bei mir keine unzutreffende Besteuerung, was immer das heißen mag, eintritt.

Jetzt heißt es für Sie: klotzen. Natürlich sammeln Sie jeden Beleg für Ihr Auto, egal ob für Reparaturen, Benzin oder Wagenwäsche. Außerdem packen Sie natürlich alle größeren und kleineren Reparaturen, die Sie sonst vielleicht noch aufgeschoben hätten, in Ihren Nachweiszeitraum. Auch den Satz Winterreifen, die Schneeketten und das neue Autoradio sollten Sie sich jetzt schon zulegen. Es wäre doch gelacht, wenn Sie auf diese Weise Ihre laufenden Kfz-Kosten nicht so hoch drücken, dass dem Fiskalritter der Dreh mit der unzutreffenden Besteuerung vergeht.

Kommen Sie trotzdem mit Ihren Kosten nicht ganz auf 0,30 € je Kilometer, berufen Sie sich auf eine Verfügung der OFD Köln vom 9.2.1987 (S 2525 – 8 – St 12 A). Danach muss das Finanzamt die Kilometerpauschale akzeptieren, wenn Ihr Vorteil dadurch gegenüber den tatsächlichen Kosten nicht höher als rund 1.500 € im Jahr liegt.

TRICK

Setzen Sie die Kosten für die Waschanlage ab!

S Natürlich ist es lästig, an der Tankstelle für die Wäsche jedes Mal eine Quittung zu verlangen. Aber Sie kennen doch das Spielchen: »Ohne Beleg keine Steuerersparnis.« Und schließlich kostet heute eine normale Wäsche locker 8 €. Wenn Sie Ihr Auto nur einmal pro Woche auf Hochglanz bringen lassen, sind das im Jahr schnell mal 400 €. Ihre Steuerersparnis liegt zwischen 60 € und 190 €. 219

TRICK

Machen Sie die Kosten für den Führerschein bei der Steuer geltend!

Das Finanzamt sagt: Aufwendungen für den Führerschein gehören grundsätzlich zu den Kosten der Lebensführung, selbst wenn der Beruf oder der Betrieb die Benutzung eines Autos erforderlich macht. 220

»Und was ist, wenn ich Taxifahrer werden will?«, fragen Sie. Tja, wenn Sie das glaubhaft machen können, muss das Finanzamt die Führerscheinkosten als berufliche Kosten anerkennen, so der BFH (BStBl 1969 II S. 433).
»Und was ist, wenn ich kein Auto habe, mir auch keins anschaffen will, mein Chef aber erwartet, dass ich die Fahrprüfung ablege? Wenn er sagt, ohne Führerschein könne er mich nicht länger brauchen?« Auch in diesem Fall muss das Finanzamt klein beigeben, weil die Kosten ausschließlich durch den Beruf veranlasst sind. Ich rate Ihnen, in Ihrer Einkommensteuererklärung auf das Urteil des FG Köln vom 24.7.1984 (EFG 1985 S. 120) hinzuweisen und eine Bescheinigung Ihres Chefs beizufügen, wonach der Erwerb des Führerscheins für Sie aus beruflichen Gründen unverzichtbar war.

Unsere Steuergesetze seien eine klare Einladung zum Betrug, und die meisten Steuerhinterziehungen würden von den die Kilometerpauschalen für Fahrten zwischen Wohnung und Arbeitsstätte in Anspruch nehmenden Arbeitnehmern begangen. So der ehemalige Präsident des Bundesfinanzhofs Prof. Dr. Franz Klein.
(Kölner Stadtanzeiger 12.3.1993)

TRICK

Wenn der Chef nur einen Teil der Fahrtkosten ersetzt?

221 Ihr Boss gibt Ihnen nur 0,20 € pro Kilometer? Dann können Sie die restlichen 0,10 € dem Finanzamt präsentieren, weil es die Differenz ohne weiteres anerkennt (H 9.5 LStH »Pauschale Kilometersätze«). Nehmen Sie jemanden mit, gibt's pro Kilometer 0,02 € mehr.

Wenn der Arbeitgeber den vom Finanzamt abgesegneten Satz von 0,30 € gibt, Sie aber damit nicht auskommen, weil Ihre jährliche Fahrleistung niedrig liegt, bei Ihnen höhere Reparaturen anfallen oder Sie einen teuren Wagen fahren, dann führen Sie halt den Einzelnachweis nach dem Schema unter ➤ Rz 213.

3.4 Übernachtungskosten und Reisenebenkosten

Wenn Sie während Ihrer Dienstreise, Ihrer Einsatzwechseltätigkeit oder als Kraftfahrer aus beruflichen Gründen auswärts übernachten müssen, fallen zwangsläufig Hotel- oder Pensionskosten an.
Und haben Sie sich nicht auch schon einmal Gedanken darüber gemacht, wo Sie eigentlich den ganzen Kleinkram wie Parkgebühren, Telefonkosten etc. steuerlich geschickt unterbringen?

Übernachtungskosten 222

Bei einer Auswärtstätigkeit können Sie innerhalb der ersten 48 Monatdie Unterkunftskosten in der Höhe abziehen, in der sie tatsächlich angefallen sind. Nach Ablauf von 48 Monaten Auswärtstätigkeit an demselben Ort gelten allerdings die Regelungen für eine doppelte Haushaltsführung. Im Endeffekt bedeutet das, dass die Unterkunftskosten auf höchstens 1.000 € im Monat gedeckelt werden.

Unter Übernachtungskosten können Sie die Kosten absetzen, die Ihnen da- 223
durch entstanden sind, dass Sie eine Unterkunft in Anspruch genommen haben. Dabei müssen Sie auf jeden Fall in den sauren Apfel beißen und bei Übernachtungen sowohl im Inland als auch im Ausland alle Kosten auf Heller und Pfennig durch Belege nachweisen.

Die für Auslandsdienstreisen länderspezifisch festgelegten Übernachtungspauschalen (➤ Rz 921) gelten nicht für den Werbungskostenabzug, können aber vom Arbeitgeber nach wie vor pauschal steuerfrei erstattet werden. Bei Inlandsübernachtungen kann der Arbeitgeber je 20 € ohne Nachweis steuerfrei zahlen.

TRICK

Und es gibt sie doch: pauschale Übernachtungskosten für Lkw-Fahrer!

Für Berufskraftfahrer im Auslandsverkehr ist es ärgerlich, dass man ihnen 224
keine Übernachtungspauschalen zugestehen will. Leider hat der Fiskus hier Rückendeckung vom BFH erhalten. Auch der BFH geht nämlich davon aus, dass Kraftfahrer in der Schlafkabine ihres Lkws übernachten, die amtlichen Pauschalen für Übernachtungen bei Auslandsdienstreisen gelten jedoch nur für die Übernachtung in Hotels oder Pensionen. Doch es gibt einen Ausweg: Wenn schon nicht die amtlichen Pauschalen, so können Sie zumindest Ihre tatsächlichen Kosten absetzen (BFH v. 28.3.2012 – BStBl 2012 II S.926). Zu diesem Zweck stellen Sie die Kosten und Gebühren für die Benutzung der Sanitäreinrichtungen auf Rastplätzen, die Aufwendungen für die Reinigung der Bettwäsche und der Handtücher sowie der Schlafkabine zusammen und ziehen sie als Übernachtungskosten ab.

Noch einfacher wird die Sache, wenn Sie diese Kosten für drei Monate aufschreiben, die entsprechenden Belege sammeln und daraus eine eigene Übernachtungspauschale ermitteln. Diese können Sie dann in Zukunft mit ausdrücklicher Genehmigung des Bundesfinanzministeriums ohne weiteres Nachweistheater für jeden Fahrtag abziehen (BMF-Schreiben v. 4.12.2012 – BStBl 2012 I S.1249).

Wenn Sie sich die Mühe sparen wollen, können Sie auch versuchen, dem Finanzamt eine Tagespauschale von 5 € schmackhaft zu machen. In dieser Höhe hat nämlich das Finanzgericht Schleswig-Holstein für einen Lkw-Fahrer die täglichen Kosten geschätzt (FG Schleswig-Holstein v. 27.9.2012 – 5 K 99/12).

TIPP

Vereinbaren Sie mit Ihrem Arbeitgeber den Übernachtungskostenersatz!

225 Wenn Ihnen Ihr Arbeitgeber Übernachtungskosten erstattet, darf er die Pauschalen auch dann nutzen, wenn Sie bei Verwandten oder Freunden unterkommen. Die Einladung abends in die nächste Kneipe ist damit zumindest teilweise abgedeckt. Wenn Sie sich mit Ihrem Chef einig sind, können Sie sich also Belege für Übernachtungen – Hotelrechnungen, Quittungen von Pensionen oder Mietverträge über angemietete Unterkünfte – weiterhin sparen. Das lohnt sich natürlich besonders bei Auslandseinsätzen. Wenn Sie günstig untergekommen sind und Ihr Arbeitgeber trotzdem die hohen Übernachtungspauschalen zahlt, kann er Ihnen so ein nettes steuer- und sozialabgabenfreies Zubrot zukommen lassen.

TRICK

Übernachtungskosten auch ohne Dienstreise absetzen!

226 Was einer Stewardess recht ist, kann Ihnen nur billig sein. Einer Flugbegleiterin, die nach einer Fortbildung an ihrem Heimatflughafen nicht nach Hause gefahren ist, sondern sich dort ein Hotel genommen hat, gestand der BFH die Übernachtungskosten als allgemeine Werbungskosten zu. Obwohl keine Dienstreise vorlag und auch von einer doppelten Haushaltsführung nicht die Rede sein kann, lagen nach Meinung der Münchener Richter Werbungskosten vor, da die Übernachtung beruflich bedingt war (BFH-Urt. v. 5.8.2004 – BStBl II 2004 S. 1074).

Wenn es also einmal spät geworden ist, Sie keinen Zug mehr nach Hause bekommen haben und ein Taxi schlichtweg zu teuer geworden wäre, müssen Sie sich nur noch einen hübschen Grund einfallen lassen, der als beruflicher Anlass für Ihre Übernachtung durchgeht, z.B., **dass es nach einer Fortbildung, einer Betriebsversammlung oder einer Besprechung am anderen Tag gleich in aller Herrgottsfrühe beruflich weiterging und Sie die Firmenkunden schon morgens**

im Hotel betreuen mussten. Im Zweifel kann Ihnen eine Bescheinigung Ihres Brötchengebers helfen.

> Herr/Frau . . . . hat am . . . . . . im XYZ-Hotel in der Nähe unseres Firmensitzes übernachtet. Diese Übernachtung war notwendig, weil . . . . Wir begrüßen es außerordentlich, dass unser/e Mitarbeiter/in dadurch zu einem reibungslosen Ablauf der Fortbildungsveranstaltung/des Kundenbesuchs beigetragen hat. Angesichts der großzügigen Bemessung des Gehalts unseres/r Mitarbeiter/s/in haben wir die Hotelkosten nicht gesondert erstattet.

GUTER RAT

In den meisten Hotels sind heute Übernachtungen inkl. Frühstück üblich. Ihre **227**
Rechnung enthält also in der Regel einen Teilbetrag für Verpflegung. Da die Verpflegung aber bereits durch die Verpflegungspauschale abgegolten ist, werden Ihre nachgewiesenen Übernachtungskosten um den Frühstücksanteil gekürzt. Lässt sich dieser Anteil aus der Rechnung nicht feststellen, wird er bei Inlandsdienstreisen pauschal mit 20 % der Verpflegungspauschale von 24 € = 4,80 € und bei Auslandsdienstreisen generell mit 20 % der für den jeweiligen Staat maßgebenden Verpflegungspauschale angesetzt. Wegen der geringeren Umsatzsteuer auf Beherbergungsleistungen müssen Hotels Rechnungen nach Unterkunft und anderen Leistungen aufteilen. Das Frühstück wird deshalb oft – zusammen mit anderen Nebenleistungen – in der Rechnung getrennt ausgewiesen. Siehe dazu auch den Trick unter ➤ Rz 229.

TRICK

Werfen Sie die Rechnung weg!!!

Vor allem, wenn in der Rechnung ein teures Frühstück enthalten ist, sollten Sie sich ihrer entledigen. Lassen Sie sich vom Hotel stattdessen eine normale Quittung über den Gesamtpreis der Übernachtung ausstellen. Dann können Sie den Frühstückspreis mit 4,80 € ansetzen.

Gute Karten haben Sie bei Übernachtungen im Ausland. Hier reicht es aus, wenn Sie auf der Hotelrechnung selbst handschriftlich vermerken, dass im Preis kein Frühstück enthalten war. Das Finanzamt nimmt dann keine Kürzung vor. Das geht aus der Verfügung der OFD Erfurt vom 24.10.2001 (S 2353 NWB-Eilnachricht Nr. 1596/2001) hervor, deren Inhalt auch für andere Bundesländer gilt, da sie auf eine Antwort des Bundesfinanzministeriums an den Bundesverband der Arbeitgeberverbände zurückgeht.

TRICK

Passen Sie auf, wenn Sie Ihren Ehepartner auf Reisen mitnehmen!

228 Das Finanzamt sagt dann nämlich gern: Sie machen gar keine Dienstreise, sondern gönnen sich ein paar Tage Privaturlaub. Zunächst einmal müssen Sie nachweisen, dass der eigentliche Grund für die Reise ein dienstlicher ist. Gelingt Ihnen das, kann Ihnen das Finanzamt aus der Begleitung durch Ehe- oder Lebenspartner keinen Strick drehen. Nachdem der BFH eine Aufteilung bei teilweise beruflich und teilweise privat veranlassten Reisekosten zulässt (BFH v. 21.9.2009 – GrS 1/06, BFH/NV 2010 S. 285), können Sie den größten Teil der Hotel-, Verpflegungs- und Fahrtkosten absetzen.

Eventuelle Flug- oder Verpflegungskosten für Ihre bessere Hälfte haben natürlich in Ihren Werbungskosten nichts verloren. Bei den Übernachtungskosten ist die Sache dagegen ganz einfach. Statt der Doppelzimmerkosten können Sie die vergleichbaren Kosten für ein Einzelzimmer absetzen. Lassen Sie sich diese deshalb unbedingt vom Hotel für die Zeit Ihres Aufenthalts bestätigen (R 9.7 Abs. 1 LStR 2011).

229 **Reisenebenkosten**

Reisenebenkosten sind Ihre während einer Dienstreise anfallenden tatsächlichen Ausgaben z. B. für

- Transport und Aufbewahrung Ihres Gepäcks,
- Telefongespräche und Schriftverkehr beruflichen Inhalts mit Ihrem Arbeitgeber oder Kunden, Mitarbeitern bzw. Geschäftspartnern,
- Straßenbenutzungs- und Parkgebühren,
- Unfallkosten und Schadenersatzleistungen infolge von Verkehrsunfällen,
- Trinkgelder,
- Platzkarten,
- Reisegepäckversicherung,

- Dienstreisevollkaskoversicherung,
- Kundenbewirtungen.

Reisenebenkosten können Sie ebenfalls nur insoweit als Werbungskosten absetzen, als sie Ihnen nicht vom Arbeitgeber steuerfrei erstattet wurden.

TRICK

Setzen Sie den Sammelposten für übrige Nebenleistungen aus Ihrer Hotelrechnung als Reisenebenkosten ab!

Seit die Übernachtung in Hotels nur noch 7 % Mehrwertsteuer kostet, muss in der Hotelrechnung die Beherbergungsleistung gesondert ausgewiesen werden und daneben ein Sammelposten für übrige Nebenleistungen. Rechnen Sie das Frühstück mit 4,80 € heraus. Den Rest des Sammelpostens können Sie als Reisenebenkosten absetzen. Das geht nur dann nicht, wenn sich aus der Rechnung ergibt, dass in dem Pauschalbetrag eindeutig Kosten für private Ferngespräche, Massagen, Minibar oder Pay-TV enthalten sind.
Fehlen Ihnen die Belege, beeindrucken Sie Ihr Finanzamt mit einer detaillierten Aufstellung über Datum, Art und Höhe der Kosten.

GUTER RAT

Da Sie als Außendienstler ständig von unterwegs telefonieren müssen, haben 230
Sie sich ein Handy zugelegt. Nun haben Sie zwei Möglichkeiten: Entweder Sie begnügen sich mit 20 % Ihrer Telefonkosten inkl. Anschaffung, max. aber 20 € im Monat, oder Sie weisen mit Hilfe eines Einzelnachweises einen hohen beruflichen Kostenanteil nach. Da Sie natürlich außerdem häufiger von zu Hause aus telefonieren müssen, beziehen Sie selbstverständlich auch die entsprechenden Kosten für Ihren Festnetzanschluss in die Aufteilung mit ein.

Wenn Ihnen Ihr Gepäck bei einer Dienstreise abhandenkommt, können Sie da- 231
durch entstandene Kosten als Reisenebenkosten absetzen (Kopie der Anzeige bei der Polizei beilegen). Natürlich nur den Betrag, auf dem Sie sitzengeblieben sind, weil ihn Ihr Arbeitgeber oder die Reisegepäckversicherung nicht übernommen hat. Damit Sie nicht in eine Steuerfalle tappen, müssen Sie wissen, dass nach der BFH-Rechtsprechung Ihr Verlust nur anerkannt wird, wenn Sie entsprechende Sicherheitsvorkehrungen zum Schutz vor Diebstahl getroffen haben (BFH v. 30.6.1995 – BStBl 1995 II S. 744).

TRICK

So ist mehr drin für leitende Angestellte, Reisende, Geschäftsführer, Selbständige

232 S Wie ist das eigentlich, wenn Sie als leitende Kraft in einem Unternehmen tätig sind? Da sind Sie doch gehalten, stets Ihre Firma zu repräsentieren und sich nobel zu geben. Also werden bei Ihnen auch häufiger Kosten für die Bewirtung von Kunden und Geschäftspartnern anfallen.

Zeigt sich Ihr Fiskalvertreter zugeknöpft, weisen Sie ihn auf die für Sie günstige BFH-Rechtsprechung hin, wonach Aufwendungen eines Arbeitnehmers für ein Essen mit einem Kunden als Werbungskosten abziehbar sind, wenn der Arbeitgeber ihm dafür keinen Ersatz leistet (BFH-Urt. v. 16.3.1984 – BStBl 1984 II S.433). Der BFH hat zudem die Bedingungen, unter denen Sie Kosten für die Bewirtung von Geschäftspartnern und Kunden als Werbungskosten absetzen können, wesentlich vereinfacht. Entscheidend ist nach Meinung der Münchener Steuerrichter nur, dass die Bewirtung beruflich veranlasst ist. Im Gegensatz zu früher spielt es keine entscheidende Rolle mehr, ob Ihr Gehalt ganz oder teilweise erfolgsabhängig ist (BFH v. 11.1.2007 – BStBl II 2007 S.317).

Einen Pferdefuß gibt es allerdings zu beachten. Wenn Sie die Einladung aussprechen, also als Bewirtender auftreten, greifen wie bei einem Selbständigen formale Anforderungen für den Abzug von Bewirtungskosten. Sie müssen sich also mit einer zeitnah zur Bewirtung erstellten Rechnung/Bewirtungsquittung wappnen. Am einfachsten gelingt das mit einer ordentlichen Restaurantrechnung. Auf der Rechnung – die meisten Restaurantquittungen weisen einen entsprechenden Vordruck auf – machen Sie Angaben zum Anlass der Bewirtung und führen die bewirteten Personen auf. Um dem Finanzamt von vornherein den Wind aus den Segeln zu nehmen, müssen Sie sich dabei etwas Mühe geben. Beschränken Sie sich beim Bewirtungsgrund nicht auf Floskeln wie »Verkaufsgespräch«, »Vertragsverhandlung« oder »Acquise«. Allzu allgemeine Angaben lässt der Fiskus nicht gelten. Besser ist da die Angabe »Verhandlung mit Vertretern der Firma XYZ wegen Liefervertrag über ABC« oder »Verhandlung über Abschluss Lebensversicherung«. Auch bei den bewirteten Personen sollten Sie auf jeden Fall Name, Vorname und Wohnort sowie ggf. Funktion wie »Prokurist«, »Ehepartner des Kunden« etc. angeben. Damit steht dem Abzug als Werbungskosten dem Grunde nach nichts mehr im Weg. Allerdings können Sie auch in diesen Fällen nur 70 % der Aufwendungen absetzen (§ 4 Abs. 5 Satz 1 Nr. 2 EStG).

TIPP

für die Feier mit Ihren Kollegen

Nicht nur der renommierte Einkommensteuerkommentar Schmidt/Densek 233
(Randnummer 15 zu § 12) hilft Ihnen hier mit Argumenten weiter. Sie bekommen inzwischen auch Rückendeckung vom BFH, wenn Sie als leitender Angestellter Ihren Repräsentationspflichten schon mit anderen Feiern nachgekommen sind und nun Ihre Mitarbeiter z.B. zu einem Gartenfest aus Anlass Ihres Geburtstags oder eines Dienstjubiläums einladen. In diesem Fall können Sie die Kosten als Werbungskosten absetzen, weil die Höhe Ihrer Tantiemen ja von der Motivation Ihrer Mitarbeiter abhängt, die Sie mit dieser Einladung steigern wollen (BFH v. 1.2.2007 – BStBl 2007 II S. 459). Nach Meinung der Richter in München waren die Tantiemen nur ein zusätzliches Argument, den Werbungskostenabzug hätte es letztlich auch ohne gegeben. Die Bewirtungskosten können Sie nun auch absetzen, wenn Sie als Abteilungsleiter Ihre Mitarbeiter z.B. zu einem Weihnachtsessen einladen (BFH-Urt. v. 19.6.2008 – BStBl 2009 II S. 11), als Behördenleiter mit Ihrer Belegschaft und anderen Personen aus Ihrem beruflichen Umfeld Ihr fünfjähriges Jubiläum feiern (BFH v. 6.3.2008 – VI R 68/06, HFR 2008 S. 928) oder als Chefarzt die Krankenschwestern und Ärzte Ihrer Abteilung einladen (BFH v. 10.7.2008 – VI R 26/07, BFH/NV 2008 S. 1831).

WICHTIGER HINWEIS

Voller Werbungskostenabzug ohne formale Hürden!

Die Abzugsbeschränkung auf 70 % der Kosten des § 4 Abs. 5 Satz 1 Nr. 2 EStG greift nicht für die Bewirtung von Mitarbeitern. Das gilt vor allem für solche Mitarbeiter, die Ihnen unterstellt sind und die durch ihre Zu- und Mitarbeit unmittelbaren Einfluss auf Ihre Karriere haben. Deshalb sind auch die strengen formalen Anforderungen nicht anwendbar.

Auch eine Feier zu Ihrem Abschied aus der Firma oder von der Dienststelle, an der vor allem Mitarbeiter, Geschäftsfreunde und Personen des öffentlichen Lebens teilnehmen, mit denen Sie beruflich zu tun hatten, können Sie als Werbungskosten absetzen, wenn Sie sie aus der eigenen Tasche gesponsert haben. Was bei einem Bundeswehrgeneral anlässlich seiner Verabschiedung in den Ruhestand recht war (BFH v. 11.1.2007 – BStBl 2007 II S. 317), sollte bei Ihnen als leitendem Angestellten, Behördenleiter oder leitendem Mitarbeiter einer

Dienststelle billig sein. In aller Regel sind Sie nicht von der Kürzung des Abzugs Ihrer Kosten auf 70 % betroffen. Stellen Sie sich auf den Standpunkt, dass Ihre Einladung an die Teilnehmer nicht aus geschäftlichem Anlass erfolgt, sondern aus allgemeinem beruflichem Interesse. Letzteres läuft immer durch, wenn die Feier von Ihrem Dienstherrn oder Arbeitgeber veranstaltet wird und Sie einen Obolus beisteuern, zum Beispiel um die Feier etwas üppiger gestalten zu können, oder Sie nur Ihnen unterstellte Mitarbeiter oder lediglich Personal aus Ihrer Firma bzw. Behörde einladen (OFD Niedersachsen v. 29.11.2011 – S 2350 – 32 – St 215; NWB-Eilnachricht 126/2012).

4. Fahrten zwischen Wohnung und Arbeitsstätte

234 **a) Die Entfernungspauschale**

Mit der Entfernungspauschale wird seit Jahren ungeachtet der tatsächlich anfallenden Kosten und steigender Benzinpreise der Werbungskostenabzug für den täglichen Weg zur Arbeit steuerlich berücksichtigt – besser gesagt: »nicht berücksichtigt«. Denn so nach und nach hat sich die Vorschrift zu einer *Werbungskostenverhinderungsgregelung* entwickelt.

235 So wird die Entfernungspauschale berechnet:

Angenommen, Sie legen den täglichen Weg zur Arbeit von 30 km mit dem Auto zurück, und dies an 220 Tagen im Jahr:

30 km × 0,30 € × 220 Tage = 1.980 €

Hier greift ggf. die Kostendeckelung auf 4.500 € (vgl. ➤ Rz 239).

Wenn Sie öffentliche Verkehrsmittel benutzen, sieht die Rechnung für Sie im Grunde genommen genauso aus:

Angenommen, Sie fahren an 220 Tagen im Jahr 80 km mit dem Zug zur Arbeit und zahlen für Ihre Fahrkarten erster Klasse 300 € monatlich, macht 3.600 € im Jahr. Mit der Entfernungspauschale gerechnet, ergäbe sich folgender Betrag:

80 km × 0,30 € × 220 Arbeitstage = 5.280 €

Da die tatsächlichen Kosten für die Fahrkarten mit 3.600 € geringer sind als die Kostendeckelung, sind letztlich max. **4.500 €** abzugsfähig.

Wären die tatsächlichen Kosten höher als die Entfernungspauschale, könnten Sie die tatsächlichen Kosten absetzen. Deren Abzug wird nämlich nicht durch die Kostendeckelung begrenzt.

TRICK

Die tatsächlichen Kosten absetzen!

Die Entfernungspauschale, die Ihnen auch bei Benutzung öffentlicher Verkehrsmittel zusteht, ist völlig unabhängig von der Höhe Ihrer Kosten. Selbst wenn Ihre tatsächlichen Fahrtkosten nur einen Bruchteil dessen ausmachen, was sich aus der Entfernungspauschale ergibt, dürfen die Fiskalritter deshalb nicht den Rotstift ansetzen. 236

Statt der Entfernungspauschale können Sie aber auch die tatsächlichen Kosten für öffentliche Verkehrsmittel absetzen, falls diese höher sind als die Entfernungspauschale. Haben Sie z.B. einen weiten Weg zur Arbeit und fahren erster Klasse oder müssen häufiger ein Taxi benutzen? Dann vergleichen Sie die tatsächlichen Kosten und die Entfernungspauschale. Den höheren Betrag setzen Sie als Werbungskosten ab. Kommt der Abzug der tatsächlichen Kosten in Betracht, spielt die Kostendeckelung auf 4.500 € keine Rolle.

WICHTIGER HINWEIS

Achtung Bus- und Bahnfahrer mit kurzen Entfernungen zur Arbeit!

Das Sammeln Ihrer Fahrkarten zahlt sich besonders dann aus, wenn Sie nur einen kurzen Weg zur Arbeit haben, diesen mit Bus, Bahn oder Straßenbahn zurücklegen und dafür eine Zeitkarte nutzen. Gerade in diesem Fall sind die tatsächlichen Kosten höher als die Entfernungspauschale. **Übrigens:** Dass Sie Ihre Zeitkarte auch für private Fahrten nutzen, spielt keine Rolle und führt nicht zu einer Kürzung bei den Werbungskosten.
Einige Besonderheiten gelten für **Familienheimfahrten bei doppelter Haushaltsführung.** Zwar greift hier ebenfalls eine vom Verkehrsmittel unabhängige Entfernungspauschale, nicht aber die Deckelung auf 4.500 €.

Wirkungsbereich der Entfernungspauschale: 237

- Fahrten zwischen Wohnung und regelmäßiger Arbeitsstätte,
- Familienheimfahrten bei doppelter Haushaltsführung,
- Berechnung der Grenze für die Pauschalierung der Lohnsteuer mit 15 % auf Fahrtkostenzuschüsse.

238 **Begünstigte Verkehrsmittel**

Wie Sie schon oben gelesen haben, ist der Ansatz der Entfernungspauschale unabhängig davon, welches Verkehrsmittel Sie benutzen. Sie gilt einheitlich für:

- Kraftfahrzeug (Pkw, Motorrad),
- Moped oder Mofa,
- Fahrrad,
- öffentliche Verkehrsmittel (Bus, Bahn, Straßenbahn, Fähre etc.),
- Fahrgemeinschaft,
- Fortbewegung zu Fuß.

Aber auch hier gilt natürlich der alte Satz: Keine Regel ohne Ausnahme. Die Ausnahme bilden **Flugkosten.** Bei der Benutzung eines Flugzeugs z. B. für Familienheimfahrten hat der Fiskus den Ansatz der Entfernungspauschale für die reine Flugstrecke ausdrücklich ausgeschlossen. Dasselbe gilt, wenn der Flug ausnahmsweise als Fahrt zwischen Wohnung und Arbeitsstätte zu qualifizieren ist. Da für diese Wegekosten somit nichts abzugsfähig wäre, hat der Fiskus Gnade vor Recht ergehen lassen und erlaubt ausnahmsweise, dass die tatsächlichen Kosten für das Flugticket als Werbungskosten abgezogen werden.

Aber aufgepasst! Sie müssen ja auch irgendwie zum Flughafen kommen. Egal, ob Sie mit dem Taxi, der Bahn oder dem eigenen Auto fahren: Sie können für diesen Teil des Weges die Entfernungspauschale absetzen.

TRICK

Vermeiden Sie die Kostendeckelung!

239 Auch wenn Sie kein eigenes Auto besitzen, müssen Sie nicht in jedem Fall die Deckelung der Entfernungspauschale auf 4.500 € im Jahr hinnehmen. Sie dürfen die Entfernungspauschale ohne Deckelung auch dann ansetzen, wenn Sie mit einem geliehenen oder Ihnen zur Nutzung überlassenen Auto zur Arbeit fahren. Ob Sie die Kosten für den Wagen tragen, spielt dabei keine Rolle (R 9.10 Abs. 2 LStR).

Die Kostendeckelung greift im Übrigen nur für die Kosten öffentlicher Verkehrsmittel. Nehmen wir einmal an, Sie fahren zunächst mit dem Auto zum Bahnhof, steigen dort in den Zug ein und legen an Ihrem Arbeitsort das letzte Stück des Weges mit der Straßenbahn zurück. Die Entfernungspauschale für die Fahrten mit Bahn und Staßenbahn ist auf 4.500 € gedeckelt. Die Entfernungspauschale für die morgendliche und abendliche An- und Abfahrt zum Bahnhof bekommen Sie aber in jedem Fall zusätzlich. Das gilt selbst dann, wenn dadurch die Grenze von 4.500 € überschritten wird.

Hinweis

Das Einkommensteuergesetz sieht keine besonderen Nachweispflichten vor, dass Sie tatsächlich ein Auto benutzen. Es reicht also auch hier aus, wenn Sie die Nutzung des Autos durch wahrheitsgemäße Angaben in der Steuererklärung glaubhaft machen. Allerdings kann es Ihnen passieren, dass Ihr Finanzamt bei großen Entfernungen einen Nachweis über die Gesamtfahrleistung des Autos verlangt. Wappnen Sie sich also für diesen Fall, indem Sie z.B. die Kilometerstände notieren, TÜV- und ASU-Berichte sowie Ihre Werkstattrechnungen aufbewahren.

Drehen wir denen den Hahn zu. Zahlen wir Steuern auf Sperrkonten. Dann können sie sich die Penunzen anschauen wie Jagdhunde ein Karnickel im Käfig, dass ihnen vor Gier der Geifer aus dem Mund tropft.

(Sybil Gräfin Schönfeldt im ZEIT-Magazin)

Welche Strecke ist bei der Berechnung der Pauschale maßgebend? 240

Maßgebend für die Berechnung der Pauschale ist die kürzeste Straßenverbindung zwischen Wohnung und Arbeitsstätte. Aber: Wenn Sie mit dem Auto lieber auf die zeitlich günstigere, etwas längere Strecke ausweichen, sollten Sie sich nicht scheuen, diese anzugeben. Schließlich heißt es im Gesetz eindeutig, dass Sie eine zwar längere, aber verkehrsgünstigere Strecke ansetzen können, wenn Sie sie regelmäßig benutzen (§ 9 Abs. Abs. 1 Nr. 4 S. 4 EStG).

TIPP

Auf eine absolute Zeitersparnis kommt es nicht an!

Der BFH hat glasklar entschieden, dass für die Frage, ob eine Strecke offensichtlich verkehrsgünstiger ist, nicht eine Zeitersparnis von mindestens 20 Minuten verlangt werden kann. Eine solche absolute Zeitgrenze ergibt sich nicht aus dem Gesetz. Die Fahrzeitersparnis darf nur im Verhältnis zur Gesamtfahrzeit nicht von untergeordneter Bedeutung sein. Probleme könnte es damit geben, wenn die Zeitersparnis durch die längere verkehrsgünstigere Strecke unter 10 % liegt. Andererseits können auch Kriterien wie die Verkehrssicherheit, Streckenführung oder Ampelschaltungen eine längere Strecke als verkehrsgünstig rechtfertigen, selbst wenn sich keine signifikante Fahrzeitersparnis ergibt (BFH v. 16.11.2011 – VI R 46/10, BFH/NV 2012 S. 505 und BFH v. 16.11.2011 – VI R 19/11, BFH/NV 2012 S. 508). Deshalb kann z.B. in den Wintermonaten eine schon morgens gut gestreute längere Strecke über eine Hauptverkehrsstraße maßgebend sein, wenn eine kürzere Nebenstrecke nicht zuverlässig von Schnee und Eis befreit ist.

Sie müssen sich vor allem mit Ihrem Finanzamt nicht mehr auf Diskussionen einlassen, ob es statt der von Ihnen benutzten Strecke eine Alternative zur kürzesten Fahrstrecke gibt, die noch schneller ist. Entscheidend ist nur, dass Ihre Strecke günstiger ist als die kürzeste Verbindung. Günstiger bedeutet nicht, dass die Strecke kostengünstiger ist: Dass Sie eine mautpflichtige Brücke, eine Fähre oder einen Tunnel vermeiden, reicht als Argument nicht aus (BFH v. 12.12.2013 –VI R 49/13).

Interessanterweise wird Ihre Entfernungspauschale auch dann nach der Straßenentfernung berechnet, wenn Sie mit öffentlichen Verkehrsmitteln zur Arbeit fahren. Die sehr wahrscheinlich davon abweichenden Entfernungen z.B. der Bahn spielen keine Rolle. Angenommen, Sie fahren mit der Bahn zur Arbeit. Die Tarifentfernung der Bahn beträgt 38 km; zusätzlich legen Sie am Wohnort und am Arbeitsort noch jeweils 1 km zu Fuß zurück. Die kürzeste Straßenverbindung von Ihrer Wohnung zum Arbeitsplatz beträgt aber 45 km. Für die Berechnung der Entfernungspauschale kommt es einzig und allein auf die Straßenentfernung an. Ihre Werbungskosten belaufen sich also auf:

45 km × 0,30 € × 220 Arbeitstage	2.970 €

241 Besonders kurios wird es, wenn Sie den kürzeren Weg über die Autobahn nicht nehmen, weil Ihr Kleinkraftrad für die Autobahn nicht zugelassen ist. Gleichwohl wird für die Berechnung der Entfernungspauschale nur die kürzeste Straßenverbindung über die Autobahn angesetzt (BFH v. 24.9.2013 – VI R 20/13).

Was passiert, wenn Ihr Arbeitgeber einen Teil Ihrer Kosten übernimmt?

Keine Entfernungspauschale steht Ihnen zu, wenn Sie von einer steuerfreien Sammelbeförderung durch den Arbeitgeber profitieren.

In Fällen, wo Ihr Brötchengeber

- an Sie gezahlte Fahrgelder oder den Vorteil aus der Benutzung eines Firmenwagens mit 15 % pauschal versteuert,
- Ihnen als Beschäftigtem im Personennahverkehr über Personalrabatte steuerfrei die Fahrtmöglichkeit mit öffentlichen Verkehrsmitteln einräumt,
- Ihnen ein Job-Ticket steuerfrei überlässt (vgl. ➤ Rz 45),

wird Ihnen das auf Ihre Entfernungspauschale angerechnet. Damit auch der schläfrigste Finanzbeamte kapiert, dass Sie von solchen steuerbegünstigten Leistungen für Ihre Fahrten zwischen Wohnung und Arbeitsstätte profitieren, muss Ihr Arbeitgeber auf Ihrer Lohnsteuerbescheinigung ein »F« vermerken. Da die Lohnsteuerbescheinigung elektronisch an das Finanzamt übermittelt wird, kann dieser Hinweis auf Kürzung Ihrer Werbungskosten kaum übersehen werden.

242 **Welche Besonderheiten gibt es für Behinderte?**

Liegt Ihr Grad der Behinderung bei mindestens 70 % oder mindestens 50 bis 65 % und steht in Ihrem Schwerbehindertenausweis zusätzlich ein »G«, »aG« oder »H«, dann müssen Sie sich nicht mit der Entfernungspauschale abspeisen lassen. Sie können entweder Ihre tatsächlichen Kosten oder hilfsweise die Pauschalbeträge für Dienstreisen ansetzen. Beides bekommen Sie taggenau berechnet ab dem Tag, an dem das Ausweismerkzeichen im Behindertenausweis oder im Bescheid über die Behinderung eingetragen ist (BFH, Beschluss v. 11.3.2014 – VI B 95/13).

Zusätzlich machen Sie die Parkgebühren geltend (BMF v. 18.3.1980 – BStBl I 1980 S. 147). Lassen Sie sie sich nicht mit dem Hinweis auf das BFH-Urteil vom 2.2.1979 (BStBl 1979 II S. 372) ausreden, das einem Nichtbehinderten die Parkgebühren verwehrt hat, weil sie durch den gesetzlichen Kilometerpauschbetrag abgegolten seien. Für Sie gilt vielmehr R 9.5 LStR und R 9.8 Abs. 1 Nr. 3 LStR, die den Abzug der Parkgebühren zusätzlich zu den tatsächlichen Kfz-Kosten bzw. den Dienstreisepauschalen ausdrücklich absegnen.

Können Sie wegen Ihrer Behinderung nicht selbst fahren oder haben Sie deswegen keinen Führerschein und fährt Sie deshalb Ihr Ehe- oder Lebenspartner zur Arbeit und holt Sie auch wieder ab, sind auch dessen Leerfahrten abzugsfähig (H 9.10 LStH »Behinderte«). Sie können für diese Fahrten ebenfalls die Dienstreisepauschalen oder die tatsächlichen Kosten absetzen (BFH v. 2.12.1977 – BStBl 1978 II S. 260).

Berechnung der Arbeitstage 243

Man geht aus von			365
die um freie Samstage/Sonntage	104		
Feiertage (12–14)	12		
und Urlaubstage	27		
zu kürzen sind:	143	>	– 143
Es verbleiben			222

Sind Sie an 240 Tagen 40 km zur Arbeit gefahren, rechnen Sie natürlich mit 240 Tagen:

40 km × 0,30 € × 240 Arbeitstage = Entfernungspauschale jährlich 2.880,00 €

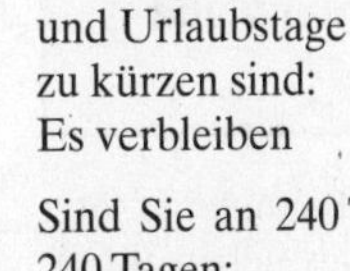

TIPP

Volle Entfernungspauschale nur bei Hin- und Rückfahrt zur Arbeit!

Zur Spitze der Kleinigkeitskrämerei haben sich jetzt Fiskus und Finanzgericht Baden-Württemberg verschworen. Sie lassen die volle Entfernungspauschale von 0,30 € nur zu, wenn an dem betreffenden Tag sowohl eine Hin- als auch eine Rückfahrt von der Wohnung zur Arbeitsstätte durchgeführt wurde. Da frage ich mich doch ganz ernsthaft, ob es den Damen und Herren noch gutgeht. Da stampfen sie den Abzug der Entfernungspauschale aus angeblichen Vereinfa-

chungsgründen auf eine Pauschale pro Arbeitstag zusammen. Fährt ein Arzt oder Musiker, Schauspieler oder Lehrer aus eindeutig beruflichen Gründen zwei- oder dreimal am Tag zur Arbeit, beruft sich der Fiskus auf die Pauschalierung und den Ansatz pro Arbeitstag und streicht gnadenlos die Zusatzfahrten. Kommt es aber ausnahmsweise einmal vor, dass am selben Tag keine Rückfahrt erfolgt, soll die Pauschalierung keine Rolle mehr spielen, und die Entfernungspauschale wird halbiert. ***Ja, geht's noch?***
Treffen kann Sie diese Kleinigkeitskrämerei vor allem, wenn Sie

- über Mitternacht arbeiten,
- an Ihrer Arbeitsstätte übernachtet haben oder
- eine mehrtägige Dienstreise am Arbeitsort beginnen oder beenden.

In all diesen Fällen sollen Ihnen für den betreffenden Tag nur 0,15 € je Entfernungskilometer zustehen.
Bezeichnend finde ich, dass der Fiskus für diesen Fall in seinen Steuererklärungsformularen überhaupt keine Eintragungsmöglichkeit anbietet. Versuchen Sie doch einmal im Steuererklärungsprogramm der Finanzverwaltung »Elster-Formular« halbe Arbeitstage einzutragen. Eine solche Eintragung weist das Programm als fehlerhaft zurück.

WICHTIGER HINWEIS

Vermeiden Sie Fahrten zwischen Wohnung und Arbeitsstätte mit einem Firmenwagen!

244 S Aufgepasst, Ihr Selbständigen, deren bessere Hälfte als Arbeitnehmer tätig ist und mit Ihrem Firmenwagen zur Arbeit fährt. Auch als neben Ihrem Hauptberuf selbständig Tätiger sollten Sie jetzt die Ohren spitzen.
Für einen mehr als zu 50 % freiberuflich oder gewerblich genutzten Pkw, dessen Kosten Sie bei der Gewinnermittlung absetzen, müssen Sie als Privatanteil 1 % des Bruttolistenpreises pro Monat versteuern. Damit sind grundsätzlich sämtliche außerbetrieblichen Nutzungen abgegolten. Und da Sie alle Autokosten über den Betrieb absetzen, können Sie den Privatanteil von 12 % des Listenpreises pro Jahr locker verschmerzen.
Aber: Zusätzlich zum privaten Nutzungsvorteil für den Pkw müssen die Kosten, die auf Fahrten zwischen Wohnung und Arbeitsstätte entfallen, als steuererhöhende Entnahme erfasst werden (BFH v. 26.4.2006 – BStBl 2007 II S. 445).

Beispiel
Meier ist Arbeitnehmer und fährt täglich 40 km zur Arbeit, im Jahr insgesamt also 18.400 km. Dazu kommen etwa 5.000 km rein private Fahrten. Nebenher ist Meier als selbständiger Versicherungsvertreter tätig, und im Rahmen dieser Tä-

tigkeit nutzt er das Auto überwiegend (26.600 km pro Jahr). Deshalb hat er es im Betriebsvermögen aktiviert und versteuert einen Privatanteil von 12 % pro Jahr. Anschaffungskosten für das Auto: 24.000 € (Listenpreis 25.000 €).

Meier hat zunächst einmal folgende Kfz-Kosten als Betriebsausgaben gebucht:

Abschreibung: $^1/_6$ von 24.000 €	4.000 €
Laufende Kosten (Benzin, Wartung, Steuern, Versicherung etc.)	8.000 €
Betriebsausgaben	12.000 €
./. Privatanteil 12 % von 25.000 €	– 3.000 €
./. zusätzlicher Privatanteil 18.400/50.000 × 12.000 €	– 4.416 €
Steuerwirksame Pkw-Kosten im Betrieb	4.584 €
Hinzu kommen Werbungskosten für Fahrten zur Arbeit	
230 Tage × 40 km × 0,30 €	2.760 €
Steuerwirksame Kosten insgesamt	7.344 €

Wie Sie sehen, ist das nicht wirklich ein lohnendes Geschäft. Besser ist es da schon, wenn man dem Finanzamt sagen kann, man sei den Weg zur Arbeit mit dem Zweitwagen oder öffentlichen Verkehrsmitteln gefahren. Sogar ein völliger Verzicht auf die Entfernungspauschale wäre hier lukrativer.

Zwei Mücken treffen sich vor dem Finanzamt.
Die eine kommt gerade heraus, die andere will hinein.
Meint die, die herauskommt, zu der, die hineinwill:
»Zwecklos, die saugen selbst!«

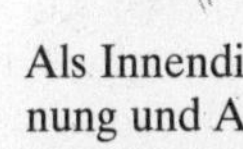

TRICK

Holen Sie mit Wechselgeld und Briefmarken aus Ihrem Mittagessen über 200 € Steuerersparnis heraus!

Als Innendienstler erkennt Ihnen das Finanzamt nur die Fahrt zwischen Woh- 245
nung und Arbeitsstätte an. Normalerweise können Sie also keine mittäglichen Fahrtkosten absetzen. Außerdem rechnen nach dem BFH-Urteil vom 4.7.1975 (BStBl 1975 II, S. 738) Aufwendungen für Mittagsheimfahrten bei geteilter Arbeitszeit zu den Lebenshaltungskosten, auch bei einer Mittagspause von zwei Stunden oder wenn Sie auf Diätverpflegung angewiesen sind. Wenn Sie also als Banker, Versicherungsangestellter, Verkäuferin usw. mittags in einer nahe gelegenen Gaststätte essen, sollen Sie das zu 100 % auf eigene Kosten tun.
Sie sind aber schlau, schlagen dem Fiskus ein Schnippchen und greifen sich dazu erst einmal Ihren Chef. Erklären Sie ihm, Sie seien bereit, den täglichen Botengang zur Post, zur Bank usw. zu übernehmen, falls Sie im Anschluss daran Ihre Mittagspause einlegen dürften. Auf diese Weise befinden Sie sich jeden Tag um die Mittagszeit auf einer hochoffiziellen Dienstreise mit zu 0,30 € je gefahrenen

Kilometer absetzbaren Fahrtkosten. Bei 230 Arbeitstagen ergibt sich daraus für Sie z.B. folgende Rechnung:

Fahrtkosten für tägliche Dienstgänge zu Post, Bank etc.	
230 Tage à 10 km × 0,30 €	690 €
Steuerersparnis bei einem Steuersatz von ca. 30 %	207 €

GUTER RAT

246 Ihre Fahrtkosten sind nur dann auf die Entfernungspauschale begrenzt, wenn es sich um Fahrten zwischen Wohnung und erster Tätigkeitsstätte handelt. Für alle anderen Fahrten können Sie die tatsächlichen Kosten oder stattdessen 0,30 € je gefahrenen Kilometer absetzen (➤ Rz 208).

247 **b) Autodiebstahl, Unfall oder Motorschaden**

Bei der Berücksichtigung von Kosten durch einen Unfall, Diebstahl oder Motorschaden des Autos kommt es entscheidend darauf an, dass die betreffende Fahrt beruflich veranlasst war. Dann können die Kosten neben der Entfernungspauschale abgesetzt werden. Unfall, Diebstahl oder Motorschaden müssen sich also entweder bei einer Auswärtstätigkeit oder bei einer Fahrt zwischen Wohnung und Arbeitsstätte ereignet haben. Beim Motorschaden kommt außerdem dazu, dass der Schaden aufgrund von Alter und Laufleistung des Autos ungewöhnlich ist.

Zu den beruflichen Kosten gehören dann auch Schadenersatzleistungen, Prozesskosten und alle sonstigen Aufwendungen aus Anlass eines Unfalls. Nach Ansicht einiger Finanzgerichte gilt dies selbst dann, wenn der Unfall fahrlässig verschuldet wurde.

Wer allerdings meint, er könne sich erst kräftig einen hinter die Binde gießen und anschließend ans Steuer setzen, der wird doppelt bestraft – vom Gericht und vom Fiskus. Sie können die Unfallkosten nicht absetzen, wenn Sie blau wie ein Veilchen waren (BFH v. 18.12.1981 – BStBl 1982 II S. 261).

Abzugsfähig sind bei Behinderten auch die Unfallkosten, die während der Leerfahrt zum Abholen des behinderten berufstätigen Ehegatten (BFH – BStBl 1980 II S. 655), zum Betanken des Kfz oder zurück vom Bahnhof entstanden, nachdem der behinderte Ehegatte zum Zug gebracht worden war, mit dem er weiter zur Arbeit fährt (BFH v. 26.6.1987 – BStBl 1987 II S. 818).

Schwierigkeiten macht Ihnen der Fiskus, wenn der Unfall passiert ist, als Sie ein Mitglied Ihrer Fahrgemeinschaft abgeholt haben. War dazu ein Umweg nötig, ist ein Unfall auf dem Umwegstück nicht abzugsfähig. Besser also, wenn es auf dem direkten Weg zur Arbeit gekracht hat.

Beginnt oder endet die Fahrt zur Arbeit nicht an Ihrer Wohnung, erkennt das Finanzamt generell keine Unfallkosten an. Deshalb sehen Sie sich vor: Wenn Sie schon unbedingt Ihre Mühle zu Schrott fahren müssen, dann möglichst

nicht, wenn Sie bei Ihrer Freundin übernachtet haben und von dort zur Arbeit fahren (BFH v. 25.3.1988 – BStBl 1988 II S. 706).
Was, wenn Sie nach einem Autounfall gesundheitlich so schlecht dran sind, dass Sie deswegen in Kur fahren, durch eine Physiotherapeutin behandelt werden oder zu Gymnastikkursen gehen? Dann können Sie die Kosten dafür dem Finanzamt als Betriebsausgaben/Werbungskosten in Rechnung stellen (BStBl 1960 III S. 511).

Ist der Pkw als berufliches Arbeitsmittel einzustufen – was eine sehr hohe be- 248
rufliche Nutzung von z. B. 90 % voraussetzt –, sind auch Verluste durch Diebstahl im privaten Bereich – z. B. aus dem zur Wohnung gehörenden Garagenhof – abzuziehen (BFH – BStBl 1983 II S. 586) oder Beschädigungen infolge von Vandalismus.

TIPP

Seien Sie hartnäckig!

Unfallkosten können Sie nicht nur absetzen, wenn Sie an Ihre eigene Mühle 249
Beulen fahren. So hat eine hartnäckige Steuerzahlerin, die auf dem Weg zur Arbeit mit dem Auto eines Bekannten in den Graben gerutscht war, sich nicht mit der Ablehnung durch das Finanzamt zufriedengegeben. Vor dem Finanzgericht hat sie den Schadenersatz, **den sie ihrem Bekannten gezahlt hat, als Werbungskosten durchgeboxt** (EFG 1993 S. 647).

SUPER TRICK

Holen Sie Geld vom Finanzamt für das kaputte Auto Ihres Partners!

Wenn Sie sich für den Weg zur Arbeit das Auto Ihres Ehepartners geliehen haben und damit einen Unfall verursachen, können Sie zwar die Fahrtkosten absetzen, den Unfallschaden wollen die Fiskalritter aber mit einer ganz hinterlistigen Argumentation vom Tisch fegen: Sie hätten keinen Aufwand durch den Unfall, da der Wagen nicht Ihnen gehöre und Schäden an einem fremden Auto nur als sog. Drittaufwand abgesetzt werden könnten, wenn die Mühle Ihrem Ehepartner gehöre (FG Niedersachsen v. 19.1.1994, EFG 1994 S. 785).
Aber die Bürokraten haben die Rechnung ohne den Wirt gemacht: Sie schaffen sofort klare Verhältnisse und zahlen Ihrem Ehepartner Schadenersatz für das kaputte Auto.

Damit sich die Sache lohnt, rechnen Sie untereinander genauso ab, wie Sie es mit einer Autoversicherung machen würden. Also nicht nur die Reparaturkosten erstatten, sondern auch einen ordentlichen Teil für Wertminderung des Unfallwagens, Auslagen und Nutzungsausfall für die Zeit der Reparatur. Die Rechnung für das Finanzamt könnte dann z.B. so aussehen:

Aufgrund einer außergerichtlichen Vereinbarung gezahlte Kostenerstattung an Herrn/Frau . . . . . für den von mir auf dem Weg zur Arbeit verursachten Unfallschaden am . . . .(Datum) mit dem Fahrzeug . . . .(Kennzeichen):

Reparaturkosten lt. Rechnung Autohaus Schnell	2.535,50 €
Pauschaler Auslagenersatz für Telefonate, Porto etc.	50,00 €
Wertminderung für das Unfallfahrzeug lt. außergerichtlicher Vereinbarung	600,00 €
Nutzungsausfall während der Reparatur 8 Tage à 45,00 €	360,00 €
Als Werbungskosten abzugsfähiger Unfallkostenersatz	3.545,50 €

Damit alles wirklich wasserdicht ist, werden Sie den Betrag auf den Cent genau auf das Konto Ihres Herzblatts überweisen. Dass Sie auf diese Weise sogar die Wertminderung absetzen können, die man Ihnen beim Unfall mit dem eigenen Wagen immer streicht, wird die Fiskalritter dabei besonders ärgern … (Schwierigkeiten? Das Urteil in den EFG 1993 S.647 steht Ihnen bei.)

TIPP

Nutzen Sie Ihren Vorteil bei einem Unfall!

250 Haben Sie eine **Dienstreise** mit Ihrem **privaten Pkw** durchgeführt und dabei einen Unfall verursacht, so können Sie, wenn Sie das Fahrzeug nicht reparieren lassen, den Wertverlust als Werbungskosten geltend machen (FG München v. 7.12.2001 – Az 1 K 5272/00).

Seien Sie besonders auf der Hut, wenn Sie handwerklich begabt sind und aus Kostengründen den Unfallschaden selbst reparieren. Die Wertminderung durch den Unfall sollen Sie dann nämlich nicht absetzen können. Lediglich die Reparaturkosten gestehen Ihnen die Herren Geiz & Co. beim Bundesfinanzhof zu (BFH-Urt. v. 27.8.1993 – BStBl 1994 II S.235). Sagen Sie dem Finanzamt also: »Das Auto wurde bisher nicht repariert, sondern nur notdürftig fahrtüchtig gemacht.« Nun kann das Finanzamt Ihnen die Wertminderung nicht streichen.

Bei einem Totalschaden an Ihrer Kiste können Sie den Restwert vor dem Unfall 251
absetzen. Die Differenz zum Kaufpreis Ihres neuen Autos ist dagegen weder als Werbungskosten noch als außergewöhnliche Belastung abzugsfähig, weil insoweit keine Vermögensminderung eingetreten ist (FG Niedersachsen v. 10.11.1988 – NWB 1989 Fach 1 S. 217).

TIPP

Passen Sie bei Totalschaden auf!

Nach Meinung des BFH (BStBl 1995 I S. 318) soll als Restwert nicht der tatsächliche Wert Ihres Autos anerkannt werden, es wird also nicht auf die Schwacke-Liste oder ein Gutachten zurückgegriffen. Der Restwert ergibt sich vielmehr aus den Anschaffungskosten nach Abzug einer fiktiven Abschreibung bis zum Unfall. Fazit: Wenn Ihre Mühle älter als acht Jahre war (FG München v. 7.12.2001 – 1 K 5272/00), schauen Sie ganz schön alt aus. Bei einer Nutzungsdauer für Pkw von acht Jahren beträgt der Restwert nämlich 0 €.

Bei einem älteren Auto sollten Sie sich **einen irreparablen Totalschaden also möglichst verkneifen**, weil zum Ärger über den Unfall auch noch der Frust bei der Steuer kommt. Bei jüngeren Autos rechnen Sie das dem Finanzamt so vor:

Anschaffungskosten im Januar 2012	36.000 €
Abschreibung bis zum Unfall im April 2014 = 27 Monate: 27/96 × 36.000 €	– 10.125 €
Restwert zum Zeitpunkt des Unfalls	25.875 €

Macht das Finanzamt bei dieser Berechnung nicht mit, weil die Nutzungsdauer für Pkw lt. amtlicher Tabelle nur sechs Jahre beträgt, wehren Sie sich dagegen mit dem BFH-Urteil vom 29.3.2005 (BStBl 2006 II S. 368), das ebenfalls von einer Nutzungsdauer von acht Jahren ausgeht.

Das Steuerrecht ist ja so gerecht: Das Mehr an unfallbedingten Versicherungskosten – der Verlust des Schadensfreiheitsrabatts – kann der Selbständige absetzen, der Nichtselbständige nicht (BFH v. 11.7.1986 – BStBl 1986 II S. 866)!

Natürlich müssen Sie die Unfallkosten selbst getragen haben. Hat sie die Versicherung bezahlt, sollten Sie sie nicht bei der Steuer geltend machen, wenn Sie keinen Ärger haben möchten. Zahlte Ihnen die Versicherung nur einen Teil, können Sie den Rest natürlich sehr wohl geltend machen.

TRICK

Verdienen Sie mit kaputten Scheiben 1.000 € und mehr!

252 Wenn Sie schon die Fiskalritter nicht mit dem Unfall zur Kasse bitten können, sollten Sie wenigstens versuchen, sich bei der Autoversicherung schadlos zu halten. »Ja, wie denn?«, fragen Sie. »Die alte Karre war nicht mehr vollkaskoversichert. Und da ich die Rostlaube selbst gegen den Baum gefahren habe, zahlen doch die Versicherungsfritzen keinen Cent.«

Dazu müssen Sie wissen, dass bei der Teilkasko Glasbruch mitversichert ist. Auch bei einem selbstverschuldeten Unfall muss die Versicherung Ihnen über die Teilkasko jedes beschädigte Glasteil am Auto ersetzen. Sie werden sich wundern, wie viel Glas an so einem Auto ist. Nicht nur die Scheiben, auch Spiegel, Scheinwerfer, Blinker, Sonnendach sind aus zerbrechlichem Material. Lassen Sie sich bei einem Totalschaden von Ihrer Werkstatt unbedingt eine Aufstellung über die defekten Glasteile und deren Preise geben. Natürlich nur für die, die beim Unfall zerbrochen sind. Die Scheiben, die Ihre Kinder beim Spielen in dem Wrack nachträglich zerdeppert haben, fallen nicht unter die Kaskoversicherung. Die Aufstellung reichen Sie dann zusammen mit ein paar Fotos bei der Versicherung ein, und schon kommt ein warmer Geldregen, der ohne weiteres 500 bis 1.000 € betragen kann.

Aufstellung der Unfall- und Berufskosten

1. Reparaturrechnung vom … der Firma … über	2.410 €
Weitere Schäden durch Unfall:	
a) vom Sitz geschleuderter Laptop: Wiederherstellungskosten lt. Rechnung	40 €
b) von der Ablage gefallene Minolta-Kamera (Wiederherstellungskosten)	225 €
Zerstörung der Brille … Kosten einer neuen	100 €
Ausgelaufenes Benzin	20 €
Bekleidungsschaden (Reinigungskosten, Wertminderung)	150 €
Arztrechnung	100 €
Anwaltskosten und Gerichtsgebühren (BFH v. 2.3.1962 – BStBl 1962 III S. 192)	400 €
Sonstige Kosten: Telefonate, Taxifahrten zur Versicherung, Kosten der Korrespondenz	50 €
Unfallkosten	3.495 €

TIPP

Motorschaden, setzen Sie die Reparaturkosten ab!

Wie Kosten aufgrund eines Wegeunfalls können auch die Kosten, die während 253
einer beruflich bedingten Fahrt durch eine Falschbetankung mit der Folge eines Motorschadens verursacht wurden, als Werbungskosten abgezogen werden (FG Niedersachsen v. 24.4.2013 – 9 K 218/12). In diesem Fall beruht der Motorschaden nämlich nicht auf normalem Verschleiß, sondern stellt außergewöhnliche Kraftfahrzeugkosten dar, die nicht durch die Entfernungspauschale abgegolten sind.
Wenn der Schaden repariert werden konnte, setzen Sie die Reparaturkosten ab. Denken Sie dabei auch an die Kosten, um zur Werkstatt zu kommen. Außerdem sind mit Sicherheit Telefon-, Abschleppkosten etc. angefallen. Wenn Sie Ihren fahrbaren Untersatz verschrotten mussten, setzen Sie den Restwert abzgl. eventueller Ersatzleistungen, z.B. von Versicherungen, und der Zahlung des Schrotthändlers als Werbungskosten ab.

c) Gemeinsame Fahrten von Eheleuten 254

So richtig vorteilhaft wirkt sich die Entfernungspauschale für Sie aus, wenn Sie gemeinsam mit Ihrem Ehegatten zur Arbeit fahren. Egal, ob jeder selbst mit dem Auto fährt, ob beide am selben Ort arbeiten und mit dem gemeinsamen Auto fahren oder Sie Ihre bessere Hälfte erst zur Arbeit bringen, dann zur eigenen Arbeitsstätte weiterfahren und Ihr Schätzchen abends wieder abholen – Sie kassieren auf jeden Fall beide die Entfernungspauschale für den jeweiligen Arbeitsweg. Im Idealfall also die doppelte Pauschale.

Beispiel

Sie fahren morgens Ihren Ehegatten nach A (40 km), anschließend fahren Sie weiter zu Ihrer Arbeit nach B (30 km). Abends machen Sie die gleiche Tour in umgekehrter Richtung. Die direkte Entfernung von Ihrer Wohnung nach A beträgt 40 km, nach B 35 km.

Und so rechnen Sie beim Finanzamt die Entfernungspauschalen ab:
Ehemann: 40 km × 0,30 € × 230 Tage = 2.760 €
Ehefrau: 35 km × 0,30 € × 230 Tage = 2.415 €

d) Fahrtkosten bei Einsatzwechseltätigkeit 255

Geht Ihr Beruf als Einsatzwechseltätigkeit durch, wirkt sich das günstig auf Ihre Fahrtkosten aus, weil Sie die tatsächlichen Kosten Ihres Autos oder stattdessen 0,30 € je gefahrenen Kilometer absetzen können.

Zu den Einzelheiten vgl. ➤ Rz 185, Rz 208, Rz 210.

WICHTIGER HINWEIS

Wie Sie trotz Sammelbeförderung Fahrtkosten absetzen!

256 Nicht alle Einsatzwechseltätigen, die von ihrer Firma per steuerfreiem Sammeltransport (➤ Rz 241) zur Arbeit gebracht werden, schauen bei den Fahrtkosten komplett in die Röhre.

Werden Sie z.B. nicht zu Hause abgeholt, sondern fahren morgens erst zu Ihrer Firma oder einem Treffpunkt und steigen dort mit den anderen Kollegen in den Firmenbus, steht Ihnen für diese Fahrt die Reisekosten-Kilometerpauschale von 0,30 € je gefahrenen Kilometer zu. Sie müssen sich nicht mit der geringeren Entfernungspauschale begnügen, weil die Firma nicht schon deswegen, dass Sie dorthin fahren, um in ein Firmenfahrzeug umzusteigen, zur regelmäßigen Arbeitsstätte wird.

Aufgepasst, wenn Sie Ihr Brötchengeber zwar zur Einsatzstelle transportiert, Ihnen dafür aber einen finanziellen Obolus in Form einer Fahrtkostenbeteiligung abknöpft. Zwar bekommen Sie dann trotzdem keine Entfernungspauschale, aber Sie können den Fahrtkosten-Obolus als Werbungskosten absetzen. Wenn sich der für Sie zuständige Fiskalvertreter damit schwertut, helfen Sie ihm mit einem Hinweis auf § 9 Abs. 2 EStG.

TRICK

Die richtige Arbeitsplanung bringt bei Kundendienstmonteuren bares Geld!

257 Richten Sie als Kundendienstmonteur Ihre Touren so ein, dass Sie nicht mehr als 30 % Ihrer Arbeitszeit und möglichst nicht zwei ganze Arbeitstage pro Woche im Betrieb verbringen. Dann haben Sie nämlich dort keine erste Tätigkeitsstätte, und Ihre Fahrten dorthin stellen keine Fahrten zwischen Wohnung und Arbeitsstätte dar, sondern können wie Dienstreisen abgesetzt werden. Statt der Entfernungspauschale von 0,30 € je Entfernungskilometer setzen Sie die Fahrten mit den tatsächlichen Kosten für Ihr Auto oder der Dienstreisepauschale von 0,30 € je gefahrenen Kilometer ab.

Im Übrigen profitieren Sie so auch noch von der Verpflegungspauschale. Da die Fahrt zum Arbeitgeber jetzt Teil Ihrer Auswärtstätigkeit ist, beginnt Ihre Abwesenheitszeit mit Verlassen der Wohnung und endet erst, wenn Sie abends nach Hause zurückkehren. Damit kommen Sie locker auf eine Abwesenheitszeit von mehr als 8 Stunden pro Tag und können somit mindestens 12 € pro Tag als Verpflegungspauschale zusätzlich absetzen.

TRICK

Sie arbeiten in einer Zweigniederlassung oder Filiale?

Dann seien Sie clever: Fahren Sie nicht gleich frühmorgens zur Filiale, wofür Sie 258
nur den Satz von 0,30 € je Entfernungskilometer geltend machen können. Fahren Sie stattdessen – sofern das einigermaßen praktisch und plausibel ist – zuerst den Hauptsitz Ihres Betriebs an, besprechen dort z.B., was in der Filiale zu tun ist, und setzen sich erst dann zur Niederlassung in Trab.

»Und wieso soll das ein Vorteil sein?«, fragen Sie.

Weil Sie für die anschließende Filialfahrt den Kilometersatz der Dienstreise geltend machen können. Und dafür spendiert Ihnen der Fiskus 0,30 € für jeden gefahrenen Kilometer.

WICHTIGER HINWEIS

für Berufsschüler und Auszubildende

Die Berufsschule, der Lehrgangsort oder das Seminar wird für Sie auch bei län- 259
gerem Aufenthalt nicht zur regelmäßigen Arbeitsstätte. Entscheidend ist nur, dass der Aufenthalt dort befristet ist, was er ja in nahezu 100 % aller Fälle sein wird. Damit können Sie Ihre Fahrtkosten statt mit der mickrigen Entfernungspauschale mit den vollen Kosten oder mit 0,30 € je gefahrenen Kilometer absetzen.

Ob Sie nur tageweise Unterricht haben oder in mehr oder weniger langen Blöcken, spielt dabei keine Rolle (BFH-Urt. v. 10.4.2008 VI – BStBl 2008 II S. 825).

TIPP

Reisekosten für Bauleiter und andere!

Als Bauleiter werden Sie Ihre regelmäßige Arbeitsstätte fast immer am Be- 260
triebssitz haben. Das ist zumindest dann der Fall, wenn Sie am Betriebssitz wesentliche qualitative Planungsaufgaben erledigen. Somit führen Sie bei Ihrer

Tätigkeit auf der auswärtigen Baustelle Dienstreisen aus und können die tatsächlichen Fahrtkosten oder pauschal 0,30 € je gefahrenen Kilometer geltend machen.
Sie sollten auch darauf achten, dass Sie pro Woche höchstens ein bis zwei Tage auf derselben Baustelle verbringen und die restlichen drei bis vier Tage entweder im Betrieb oder auf anderen Baustellen. So retten Sie zusätzlich den zeitlich unbegrenzten Abzug der Verpflegungspauschalen (➤ Rz 191).

261 **e) Fahrgemeinschaften**

Bei einer einseitigen Fahrgemeinschaft, bei der also lediglich eines der Mitglieder mit dem eigenen Auto fährt, die übrigen lediglich Mitfahrer sind, bekommt jedes Mitglied der Fahrgemeinschaft zunächst einmal die Entfernungspauschale. Allerdings schauen die reinen Mitfahrer bei größeren Entfernungen ein wenig in die Röhre, weil ihre Entfernungspauschale auf max. 4.500 € gedeckelt wird.

Beispiel

Sie und Ihr Nachbar Willi arbeiten im selben Betrieb. Da Willi kein Auto hat, nehmen Sie ihn immer mit zur Arbeit. Die einfache Entfernung liegt bei 100 km. Die Entfernungspauschale beträgt zunächst einmal für beide

100 km × 0,30 € = 30,00 € × 230 Tage = 6.900 €

Da Sie für die Fahrten Ihr eigenes Auto benutzen, wird Ihre Entfernungspauschale nicht gedeckelt. Sie setzen also für Ihre Fahrten 6.900 € als Werbungskosten ab.
Ihr Nachbar Willi wird dagegen mit 4.500 € abgespeist.
Bei einer wechselseitigen Fahrgemeinschaft wird es ein bisschen komplizierter, die Deckelung gilt nämlich nur für die Fahrten als Mitfahrer. Deshalb wird zunächst einmal für jedes Mitglied der Fahrgemeinschaft die Entfernungspauschale für die Tage ermittelt, an denen es lediglich als Mitfahrer fungierte. Der sich hierfür ergebende Betrag wird evtl. auf höchstens 4.500 € begrenzt. Zusätzlich zu diesem Betrag wird für jedes Mitglied die Entfernungspauschale angesetzt, die sich für die Arbeitstage ergibt, an denen es im Rahmen der Fahrgemeinschaft jeweils selbst mit dem Auto gefahren ist.

Beispiel

Ihr Nachbar Willi aus dem vorhergehenden Beispiel hat selbst ein Auto, und Sie wechseln sich mit dem Fahren ab. Dann kann dem Finanzamt folgende Rechnung aufgemacht werden:

		Sie selbst	**Nachbar Willi**
Entfernungspauschale für reine Mitfahrtage	115 × 30,00 €	3.450 €	3.450 €
Entfernungspauschale für Fahrten mit eigenem Kfz	115 × 30,00 €	3.450 €	3.450 €
Entfernungspauschale		6.900 €	6.900 €

f) Haben Sie mehr als eine Wohnung? 262

Als Ausgangspunkt für die Fahrten zur Arbeit kommt jede eigene Wohnung in Betracht, die Sie regelmäßig zur Übernachtung nutzen (R 9.10 Abs. 1 LStR).

Besitzen Sie etwa eine Zweitwohnung, weil Sie und Ihr Ehepartner vielleicht eine moderne Ehe führen, bei der Mann und Frau getrennt wohnen, sind die anfallenden Fahrtkosten zur Arbeitsstätte von der weiter entfernt liegenden Wohnung abziehbar, wenn diese (zumindest zeitweise) Mittelpunkt des häuslichen Lebens ist. Theater mit dem Finanzamt gibt es aber, wenn Sie die gemeinsame Wohnung nicht mindestens sechsmal im Jahr aufsuchen.

Wenn Sie als Lediger noch einen zweiten Wohnsitz bei Ihren Eltern haben oder an deren Wohnort gar ein Einfamilienhaus Ihr Eigen nennen, ansonsten aber in der Nähe Ihres Arbeitsorts eine Zweitwohnung unterhalten, können Sie auch die gelegentlichen Fahrten von Ihrem Eigenheim aus beim Finanzamt als Fahrtkosten zwischen Wohnung und Arbeitsstätte geltend machen – egal, wie weit Sie fahren (BStBl 1986 II S. 221). Wichtig ist nur: Dort muss der Mittelpunkt Ihrer Lebensinteressen sein. Mittelpunkt der Lebensinteressen ist nach Meinung des Bundesfinanzhofs der Ort, zu dem Sie die größten persönlichen Bindungen haben.

Aber auch ein anderer Wohnort lässt sich schnell zum Lebensmittelpunkt umfunktionieren. Treten Sie in einen Verein ein und suchen Sie sich einen netten Menschen am Ort, von dem Sie dem Finanzamt gegenüber als von Ihrer/Ihrem Verlobten sprechen können. Damit haben Sie sichergestellt, dass Ihre Fahrtkosten beim Finanzamt durchgehen. Wenn Sie dann noch mindestens zwei Fahrten im Monat zu dieser Wohnung geltend machen, bleibt auch dem streichwütigsten Fiskalisten nichts anderes übrig, als zu kapitulieren. Verweisen Sie ihn notfalls auf R 9.10 Abs. 1 S. 8 LStR.

für Heimfahrten

Gute Nachrichten für alle, die es nicht immer schaffen, mindestens zweimal monatlich oder bei weit entferntem Lebensmittelpunkt mindestens sechsmal im Jahr nach Hause zu fahren. Der BFH meinte nämlich recht großzügig, die Anzahl der Fahrten sei zwar ein Indiz, aber der Lebensmittelpunkt müsse nach den Gesamtumständen festgestellt werden, und der auswärtige Wohnort könne auch dann als Lebensmittelpunkt anerkannt werden, wenn nur drei Fahrten im Jahr dorthin stattgefunden hätten (BFH-Urt. v. 10.2.2000 – VI R 60/98, BFH/NV 2000 S. 949). Für entscheidend hielt der BFH, dass der Aufenthalt am Arbeitsort befristet war, die dort bezogene Wohnung gegenüber der Hauptwohnung am Lebensmittelpunkt nach Größe und Ausstattung minderwertig war und der Steuerzahler am Arbeitsort keinen privaten Bekanntenkreis aufgebaut hatte. In die gleiche Kerbe schlug der BFH mit seinem Urteil vom 26.11.2003 (BStBl 2004 II S.233).

Das deutsche Steuerrecht ist überkompliziert,
undurchsichtig, oft ungerecht.
So sehr, dass man es als Hochschullehrer heute
nicht mehr ohne Scham unterrichten kann.
(Prof. Klaus Vogel, Staatsrechtler)

GUTER RAT

263 Sind Sie verheiratet, liegt der Mittelpunkt Ihrer Lebensinteressen immer in der Wohnung, in der Ihre Familie wohnt. Ist das die weiter entfernte Wohnung, gehen Ihre Fahrtkosten in der Regel sowieso als Familienheimfahrten im Rahmen einer doppelten Haushaltsführung durch.

Schwieriger wird die Sache, wenn Sie mit Ihrer Familie zwei Wohnungen unterhalten. Jetzt müssen Sie dem Finanzamt beibringen, dass die weiter entfernte die eigentliche Familienwohnung und damit Ihr Lebensmittelpunkt ist. Steine legt Ihnen dabei das Finanzgericht Köln in den Weg. Dessen Richter meinten nämlich, der Hauptwohnort einer Familie richte sich nicht danach, wo der Steuerzahler mit seiner Familie mehr *Tage* im Jahr verbringt, sie zählten vielmehr die *Wochen,* in denen sich die Familie jeweils in ihren Wohnungen aufhielt. Die Wochenenden haben sie unfairerweise außen vor gelassen (EFG 1995 S.14). Man muss kein Hellseher sein, um zu erkennen, dass sie damit den Lebensmittelpunkt aus der weiter entfernt liegenden Wohnung in die näher gelegene verlegt haben und der Fahrtkostenabzug für die weiten Fahrten zum Teufel war.

Ich meine, solchen Entscheidungen muss Einhalt geboten werden. Es geht doch nicht an, dass der Fiskus seine Regeln mal so und mal anders auslegt. Ständig zählen die Fiskalritter fleißig die Aufenthalts*tage,* wenn es auf den überwiegenden Aufenthalt im Jahr ankommt, so z.B. bei der Frage, ob Sie unter die Steuerbefreiung eines Doppelbesteuerungsabkommens fallen oder bei welchem Finanzamt Sie Ihre Steuererklärung abgeben müssen. Das gilt nach § 19 Abs. 1 AO auch für Familien. Hält sich also Ihre Familie (Wochenenden, Ferien und Feiertage mitgerechnet) mehr als 182 Tage in A-Dorf auf, ist für Ihre Steuererklärung das Finanzamt A-Dorf zuständig. Es muss doch auch dem borniertesten Finanzbeamten einleuchten, dass er dann nicht plötzlich wochenzählenderweise Ihren Lebensmittelpunkt nach B-Stadt verlegen kann.

5. Häusliches Arbeitszimmer

a) Ganz oder gar nicht, so lautet die Devise 264

Auch beim häuslichen Arbeitszimmer geht es um das leidige Thema der gemischten Aufwendungen. Wird das Arbeitszimmer nämlich sowohl beruflich als auch privat genutzt, müsste der beruflich veranlasste Teil der Aufwendungen vom privat veranlassten getrennt werden. Da eine solche Trennung aber bei einem einzelnen Raum nicht leicht und einwandfrei möglich ist, lässt der Fiskus überhaupt nichts zum Abzug zu und rechnet alle Aufwendungen zu den nicht abziehbaren der privaten Lebensführung (§ 12 EStG).

In diese hartleibige Sichtweise der Finanzverwaltung kommt neuerdings Bewegung. Die Finanzgerichte dürfen sich nämlich aktuell mit der Frage befassen, ob der berufliche Teil der Arbeitszimmerkosten selbst dann abgezogen werden kann, wenn das Arbeitszimmer in größerem Umfang auch privat genutzt wird. Das Finanzgericht Köln hat zugunsten der Steuerzahler einen teilweisen Abzug zugelassen (FG Köln v. 19.5.2011 – 10 K 4126/09).

Inzwischen ist auch der BFH in dieser Sache tätig geworden. Er hat in der Frage, ob bei einem gemischt genutzten Arbeitszimmer zumindest ein Teil der Kosten Werbungskosten darstellt, seine oberste Instanz, den Großen Senat, eingeschaltet (BFH-Beschluss v. 21.11.2013 - IX R 23/12, BStBl 2014 II S. 312). Der wird endgültig und verbindlich entscheiden, ob und in welchem Umfang eine Kostenaufteilung möglich ist. Im ersten Aufschlag hat der BFH in seiner Vorlage beim Großen Senat zumindest schon einmal steuerzahlerfreundlich argumentiert, dass ein häusliches Arbeitszimmer nicht immer eine nahezu ausschließliche berufliche Nutzung voraussetzt und dass es nur recht und billig sei, wenn die Kosten in einen privaten und einen beruflichen Anteil aufgeteilt würden.

Allerdings hat sich der BFH zunächst nur mit einem Fall beschäftigt, in dem der Steuerzahler sein insgesamt als Büro eingerichtetes Arbeitszimmer zu 60 % beruflich und zu 40 % privat genutzt hat. Ob eine Kostenaufteilung auch bei einer Arbeitsecke im Wohnzimmer oder einem sonst zum Wohnen genutzten Raum möglich ist, hat der BFH noch ausgeblendet.

TIPP

Legen Sie bei gemischter Nutzung unbedingt Einspruch ein!

Angesichts des Verfahrens beim Großen Senat (Az GrS 1/14) und weiterer Revisionen (Az X R 32/11, VIII R 52/13, X R 26/13, XI R 20/13 XI R 21/13) sollten Sie in jedem Fall auch dann den anteiligen Abzug Ihrer Arbeitszimmerkosten als Werbungskosten beantragen, wenn Sie das Zimmer nicht ausschließlich beruflich nutzen. Wenn Sie keinen anderen Aufteilungsmaßstab haben, können Sie zunächst einmal mit einer Aufteilung 50:50 in die Verhandlung mit dem Fiskus gehen. Verweisen Sie dazu auf die Revision mit dem Az X R 32/11. Gegen die vermutlich ablehnende Entscheidung Ihres Finanzamts legen Sie Einspruch ein unter Hinweis auf die o.g. Revisionsverfahren. Die Entscheidung ruht dann, bis der BFH sich eine abschließende Meinung gebildet und in den anhängigen Verfahren entschieden hat. Vor allem in folgenden Fällen sollten Sie so vorgehen:

- Ein Büroraum wird sowohl privat als auch beruflich genutzt.
- Sie haben eine Arbeitsecke in einem ansonsten privat genutzten Raum.
- Ihr Arbeitszimmer befindet sich auf einer offenen Galerie.
- Ihr Arbeitszimmer lässt sich nicht durch eine Tür von anderen Räumen trennen.
- Sie haben ein Arbeitszimmer, das als Durchgangszimmer zu anderen Wohnräumen genutzt wird.

TIPP

Mit einer 100%igen beruflichen Nutzung sind Sie immer auf der Gewinnerseite

Um unnötigen Streitereien aus dem Weg zu gehen, lautet die Devise bis auf weiteres: Das Arbeitszimmer wird so gut wie gar nicht privat (unter 10 %) genutzt. Wenn Sie das sagen können, ist der Weg für den Abzug frei.

265 **b) Die Abzugsbeschränkungen beim Arbeitszimmer**

Selbst wenn Sie nachweislich ein steuerlich astreines, 100 % beruflich genutztes Arbeitszimmer Ihr Eigen nennen, lässt der Fiskus die Kosten nur dann zum Abzug zu, wenn sich in Ihrem Arbeitszimmer der Mittelpunkt Ihrer gesamten beruflichen und betrieblichen Tätigkeit befindet. In diesem Fall können Sie Ihre Arbeitszimmerkosten zu 100 % von der Steuer absetzen.

Die Richter des Bundesfinanzhofs sind seit einigen Jahren auf dem Kriegspfad gegen die Beschränkungen beim Kostenabzug für Arbeitszimmer. Ganz feinsinnig haben sie sich am Gesetzeswortlaut entlanggehangelt und entschieden, dass in einer ganzen Reihe von Fällen die steuerlichen Abzugsbeschränkungen nicht greifen, Sie also Ihre Arbeitszimmerkosten in voller Höhe als Werbungskosten oder Betriebsausgaben durchdrücken können. Wichtig sind dabei vor allem zwei Punkte:

1. Die Abzugsbeschränkung gilt nur für **Arbeitszimmer im eigentlichen Wortsinn.** Ist der von Ihnen beruflich genutzte Raum also kein »Arbeitszimmer«, gibt es auch keine Probleme beim Kostenabzug.
2. Der Kostenabzug kann Ihnen zudem nur versagt werden, wenn es sich bei Ihrem Arbeitszimmer um ein **häusliches** Arbeitszimmer handelt. Ein Arbeitszimmer, das nicht zu Ihrem Wohnbereich gehört, unterliegt folglich keinerlei steuerlichen Abzugsbeschränkungen.

TRICK

Lassen Sie es also gar nicht erst zum »Arbeitszimmer« kommen!

Nicht nur der BFH schießt quer: Das Bundesverfassungsgericht erteilte der Ge- 266
setzgebung den Auftrag zur Schaffung eines rückwirkenden verfassungsgerechten Gesetzes zum Abzug der Kosten für ein Arbeitszimmer. Sie warten nicht ab, sondern gehen von vornherein sämtlichem Ärger aus dem Weg, indem Sie Ihre beruflich genutzten Räume gar nicht erst unter der verfänglichen Bezeichnung »häusliches Arbeitszimmer« deklarieren. Um sich den vollen Abzug Ihrer Arbeitszimmerkosten zu sichern, verfahren Sie nach folgender Strategie:

- Machen Sie aus Ihrem beruflich genutzten Raum z.B. eine Werkstatt, ein Studio oder eine Praxis!
- Verlegen Sie Ihr Arbeitszimmer aus den eigenen vier Wänden heraus!

Räume, die begrifflich kein Arbeitszimmer darstellen: Hier hilft der BFH mit seiner Grundsatzentscheidung vom 16.10.2002 (BStBl II 2003 S.185). Ein steuerlich anrüchiges Arbeitszimmer sei nur ein Raum in Ihrem häuslichen Privatbereich, der vorwiegend zur Erledigung gedanklicher, schriftlicher, verwaltungstechnischer oder organisatorischer Arbeiten dient oder künstlerisch genutzt wird und deshalb büromäßig eingerichtet ist, also mit Bücher- und Aktenschränken bzw. -regalen, Aktenbock und ähnlichen »Büromöbeln« sowie mit Büchern, Aktenordnern, Schreibmaschine oder Computer und ähnlichen Arbeitsmitteln. Dem hat sich der Fiskus wohl oder übel anschließen müssen (BMF-Schreiben v. 3.4.2007 – BStBl I 2007).
Nennen Sie Ihre Stube Werkstatt, Tonstudio (BFH v. 28.8.2003 – BStBl II 2004 S.55) oder Praxis, wie die Ärztin, die in einem Zimmer ihrer Wohnung eine Notfallpraxis unterhielt (BFH v. 5.12.2002 – BStBl II 2003 S.463), können Sie ohne Einschränkung alle auf das Arbeitszimmer entfallenden Kosten absetzen, egal, ob die nun 100 € oder 13.500 € betragen. Allerdings verlangt der BFH zusätzlich, dass die Räume erkennbar dem Publikumsverkehr gewidmet sind. Sie sollten daher so liegen, dass sie sich von Ihren übrigen Wohnräumen abheben,

also möglichst über einen zumindest optisch getrennten Eingangsbereich verfügen und nicht ausschließlich über andere Räume Ihrer Wohnung erreichbar sind (BFH v. 20.11.2003 – BStBl II 2005 S. 203).

TIPP

für die Praxis zu Hause

Sie funktionieren am besten einen Raum direkt neben der Eingangstür um, damit Ihre Kunden und Patienten nicht erst durch die halbe Wohnung laufen müssen. Idealerweise trennen Sie ihn durch eine zusätzliche Tür im Flur ab.
Die Finanzämter erkennen nach dem BMF-Schreiben vom 3.4.2007 (s. o.) für folgende Räume an, dass es sich nicht um Arbeitszimmer handelt:

- Freiberuflerpraxen, wenn die Räume für einen intensiven und dauerhaften Publikumsverkehr vorgesehen sind.
- Büroräume, die sich zusammen mit anderen angrenzenden Betriebsräumen im Haus des Steuerzahlers befinden.

Ebenfalls gute Karten haben Sie, wenn Sie den Raum nur als Lager für Waren oder Werbemuster etc. nutzen.

Kleinlicher ist der Fiskus mit einem »Archivraum«. Werden darin ausschließlich Gegenstände aufbewahrt, mit denen Sie sich zuvor oder danach im eigentlichen Arbeitszimmer in gedanklicher oder in schriftlicher Form geistig befasst haben oder befassen (Fachliteratur, bearbeitete Dokumente etc.), bildet der Archivraum zusammen mit dem Arbeitszimmer eine funktionelle Einheit und unterliegt gemeinsam mit diesem den Abzugsbeschränkungen (FG Berlin-Brandenburg v. 29.4.2008 – 6 K 1567/04). Der BFH sah dazu in einem ähnlichen Fall allerdings noch Aufklärungsbedarf und hat in seinem Urteil vom 26.3.2009 (VI R 15/07) entschieden, dass die Abzugsfähigkeit der Kosten zunächst einmal für jeden Raum getrennt ermittelt werden müsse. Eine Ausnahme gelte nur, wenn verschiedene Räume nahezu identisch genutzt würden. Insoweit könne insbesondere auch ein als Archiv genutzter Raum unter Berücksichtigung seiner Ausstattung, Lage und Funktion als Teil des häuslichen Arbeitszimmers anzusehen sein. Allerdings müsse das nicht zwangsläufig für jedes Archiv gelten. Die Chancen steigen deshalb für Sie, wenn Sie Ihr Archiv mehr oder weniger nur zur Endlagerung erledigter Arbeiten nutzen, auf die Sie – wenn überhaupt – nur gelegentlich zurückgreifen.
Schlechte Nachrichten für **Berufsmusiker:** Den Raum, in dem Sie zu Hause üben, sieht der BFH ebenfalls als Arbeitszimmer an. Dabei stört er sich nicht daran, dass dieser Übungsraum weder mit Büromöbeln noch einem Computer oder Telefon ausgestattet ist (BFH v. 10.10.2012 – VIII R 44/10, BFH/NV 2013 S. 359).

Raus mit Ihrem Arbeitszimmer aus den eigenen vier Wänden! 267

Wenn Ihr Arbeitszimmer nicht mehr »häuslich« ist, d.h. keine Verbindung zu Ihrer Privatwohnung hat, greifen die Einschränkungen ebenfalls nicht. Worauf Sie besonders achten müssen:

- **Arbeitszimmer in der eigenen Wohnung oder im Einfamilienhaus**

Ein Arbeitszimmer im Einfamilienhaus oder in Ihrer Miet- bzw. Eigentumswohnung ist immer ein »häusliches« und fällt unter die Abzugsbeschränkungen (BFH v. 26.2.2003 - BStBl II 2004 S.75). Der steuerliche Abzug bleibt Ihnen immer dann verwehrt, wenn es in unmittelbarer Nähe zu Ihren privaten Wohnräumen liegt und mit diesen als gemeinsame Wohneinheit verbunden ist. Bewohnen Sie ein Einfamilienhaus, nutzt es Ihnen wenig, das Arbeitszimmer in den Keller, unter das Dach oder in die Mansarde zu verlegen. Auch bei einem Arbeitszimmer in einem separaten Anbau zu Ihrem Häuschen handle es sich um ein »häusliches«, meinte der BFH (Urt. v. 13.11.2002 – BStBl II 2003 S.350). Der gebeutelte Steuerzahler hatte zwar recht geschickt argumentiert, der Anbau habe keine unmittelbare Verbindung zum Wohnhaus. Einen Strick hat man ihm aber daraus gedreht, dass er nur über seinen Garten Zugang zu dem Anbau hatte. Und schon argumentierten die obersten Steuerrichter: »Der Garten gehört mit zum häuslichen Bereich. Wenn das Arbeitszimmer also nur über den eigenen Garten zu erreichen ist, ist es ein häusliches!« Aus demselben Grund fällt somit ein Gartenhaus als Arbeitszimmer flach. In dieselbe Richtung geht das FG Berlin-Brandenburg. Ein Arbeitszimmer in einem Bungalow, der auf dem vom Steuerpflichtigen bewohnten Hausgrundstück unmittelbar neben dem Wohnhaus liegt, ist nach Meinung der Finanzrichter in die häusliche Sphäre eingebunden und damit als häusliches Arbeitszimmer anzusehen, selbst wenn der Bungalow über einen separaten Eingang verfügt (FG Berlin-Brandenburg v. 25.9.2008 – 14 K 6286/04 B). Dasselbe gilt für ein Arbeitszimmer, das sich in einem Ausbau auf der Garage auf dem eigenen Grundstück befindet (BFH v. 23.5.2013 – BFH/NV 2013 S.1233)

TRICK

Berechnen Sie die Arbeitszimmerkosten für jedes Zimmer getrennt!

Wenn Sie mehrere in Ihrer Wohnung liegende Räume als Arbeitsräume nutzen, muss die Frage des häuslichen Arbeitszimmers für jeden Raum gesondert überprüft werden.

Sind die Räume nicht büromäßig ausgestattet, können Sie Kosten für die jeweiligen Zimmer in voller Höhe als Werbungskosten absetzen.

Angenommen, Sie nutzen im Erdgeschoss Ihres Wohnhauses drei Räume für berufliche Zwecke: ein Büro, einen mit bequemen Sitzmöbeln ausgestatteten Raum zum Empfang von Kunden und Geschäftspartnern und eine Gästetoilette. Die Kosten des Büroraums können Sie nicht abziehen (vgl. dazu aber ➤ Rz 276). Der Empfangs- und Besprechungsraum sowie die dazu gehörende Gästetoilette unterliegen den Beschränkungen nicht. Die auf diese Räume anteilig entfallenden Kosten sind in voller Höhe als Werbungskosten abzugsfähig (BFH v. 26.3.2009 – VI R 15/07, BStBl 2009 II S. 598).

268 • **Gesondert angemietetes Arbeitszimmer**

Wenn Sie sich irgendwo ein separates Büro anmieten, sind Sie natürlich sonnenklar aus der kleinlichen Regelung für »häusliche Arbeitszimmer« heraus. In diesem Fall können Sie Ihre sämtlichen Kosten für das Arbeitszimmer von der Steuer absetzen.

Aufpassen müssen Sie allerdings immer dann, wenn Sie den Raum im selben Haus mieten, in dem Sie Ihre Wohnung haben. Mieten Sie eine Wohnung auf derselben Etage, reicht dem BFH schon die räumliche Nähe zu Ihrer Privatwohnung, um Ihnen die Kosten zu kürzen. Dabei ist es egal, ob die »Bürowohnung« direkt nebenan liegt (BFH-Urteile v. 26.2.2003 – BStBl II 2004 S. 69 u. 72).

269 • **Arbeitszimmer im Mehrfamilienhaus**

Den BFH stört vor allem, wenn Ihr Arbeitszimmer auf derselben Etage liegt wie Ihre Privatwohnung. Darauf sollten Sie sich einrichten. Wenn Sie sich also mit dem Gedanken tragen, sich für Ihr Büro im selben Haus Räume zuzulegen, weichen Sie einfach auf eine andere Etage aus. Hat nämlich das Arbeitszimmer keine Verbindung zu Ihrer Wohnung, gilt es als sog. außerhäusliches Arbeitszimmer, dessen Kosten voll abgezogen werden können (FG Köln v. 29.8.2007 – EFG 2008 S. 205, BFH v. 10.6.2008 – VIII R 52/07, EStB 2009 S. 60, und FG Baden-Württemberg v. 15.5.2009 – 10 K 3583/08).

TRICK

Ab mit Ihrem Arbeitszimmer in den Keller!

270 Wohnen Sie in einem Mietshaus, können Sie steuerlich geschickt in den Keller ausweichen. Aber Vorsicht! Richten Sie sich Ihr Arbeitszimmer ja nicht in dem sowieso zu Ihrer Wohnung gehörenden Kellerraum ein, denn der gehört nach Meinung des Fiskus zu Ihrem häuslichen Bereich. Stattdessen werden Sie einen anderen Raum im Keller mieten und diesen zu Ihrem Arbeitszimmer umfunktionieren. Schon haben Sie ein nicht »häusliches« und damit erstklassiges und vor allem in vollem Umfang steuerbegünstigtes Arbeitszimmer. Will Ihr Finanz-

amt nicht mitziehen, bekommen Sie Unterstützung durch das BFH-Urteil vom 26.2.2003 (BStBl II 2003 S.515).

Übrigens: Wenn Sie mit Ihrem Vermieter verhandeln, schließen Sie möglichst 271
einen eigenen Mietvertrag für den Kellerraum ab. Vielleicht können Sie ihn ja überzeugen, Ihnen bei Ihrer Wohnung einen Mietnachlass zu geben und statt 600 € nur 500 € Miete zu verlangen. Im Gegenzug kommen Sie ihm bei der Miete für den Kellerraum entgegen, denn schließlich mieten Sie ja nun Büroflächen an, und die sind bekanntlich viel teurer als Wohn- oder Kellerräume.

TRICK

Im Zweifamilienhaus machen Sie mit dem Arbeitszimmer im Dachausbau ein Riesengeschäft!

Als stolzer Besitzer eines Zweifamilienhauses oder eines Einfamilienhauses mit 272
Einliegerwohnung können Sie mit einem ganz einfachen Trick nicht nur ein Arbeitszimmer absetzen, sondern dem Fiskus auch noch einen ansehnlichen Teil Ihrer Haus- und Finanzierungskosten ans Bein binden.
Und so funktioniert's: Sie wohnen im Erdgeschoss. Die darüberliegende Wohnung ist vermietet. Wenn Sie jetzt Ihr Dach ausbauen und sich dort Ihr Arbeitszimmer einrichten, sind Ihr Arbeitszimmer und Ihre Wohnung nicht mehr unmittelbar miteinander verbunden, Sie haben also kein »häusliches« Arbeitszimmer. Wichtig ist allerdings, dass die vermietete Wohnung und das Arbeitszimmer über ein separates Treppenhaus bzw. einen Gemeinschaftsflur zu erreichen sind. Außerdem dürfen Sie sich im Dachgeschoss nicht noch andere Wohnräume einrichten. Wenn Sie das beachten, winkt Ihnen mit dem Segen des BFH (BFH v. 10.6.2008 – VIII R 52/07, EStB 2009 S.60 und BFH v. 18.8.2005 – BStBl II 2006 S.428) eine beträchtliche Steuerersparnis.
Angenommen, die beiden Wohnungen sind jeweils 100 qm groß und Sie richten sich unter dem Dach ein 50-qm-Arbeitszimmer ein. In diesem Fall würden 20 % Ihrer gesamten laufenden Gebäudekosten, Zinsen, Abschreibung, Reparaturen etc. auf das Arbeitszimmer entfallen und wären als Werbungskosten abzugsfähig.

GUTER RAT

Damit dieser Trick funktioniert, müssen Sie nicht unbedingt Fremde in Ihr Haus holen. Die Wohnung im Obergeschoss können Sie auch an Ihre Eltern oder eines Ihrer Kinder vermieten (BFH v. 10.6.2008 – VIII R 52/07, EStB 2009

S. 60). Mit einem sauberen Mietvertrag und regelmäßigen Mietzahlungen machen Sie unter Umständen sogar ein doppeltes Geschäft: Wenn Sie noch einiges an Zinsen zahlen müssen, ergibt sich aus dem Mietverhältnis vielleicht ein steuerlicher Verlust, den Sie zusätzlich absetzen können. Mit der doppelten Steuerersparnis aus diesem **Abschreibungsmodell des kleinen Mannes**, die Sie so einfahren, kann kein windiger Anlageberater mit seinen Schiffsfonds oder überteuerten Immobilienbeteiligungen mithalten.

TRICK

Schlagen Sie dem Fiskus mit dem Arbeitszimmer im Anbau Ihres Zweifamilienhauses ein Schnippchen!

273 Wie Sie schon gelesen haben, wird der Fiskus hartleibig, sobald Ihr Arbeitszimmer irgendwie in Ihren häuslichen Wohnbereich eingebunden und nur über exklusiv Ihnen und Ihrer Familie zugängliche Verbindungsräume, Treppenhäuser, den eigenen Garten etc. zugänglich ist.
Machen Sie es daher so wie der Steuerzahler in einem vom BFH positiv entschiedenen Fall. Der hatte nämlich die Zwischentüren von seiner Wohnung zum Arbeitsbereich komplett mit Rigips verkleidet und tapeziert. Er musste das Haus verlassen, um über die Straße und einen eigenen Treppenaufgang seine Büroräume zu erreichen. Weil er dafür einen auch von seinem Mieter genutzten Vorplatz überqueren musste, akzeptierte der BFH, dass kein häusliches Arbeitszimmer vorlag, und ließ die gesamten Kosten für das Büro in voller Höhe als abzugsfähig zu (BFH v. 20.6.2012 – IX R 56/10, BFH/NV 2012, S. 1776).
Würde der Steuerzahler in diesem Fall allerdings mit seiner Familie allein in dem Haus wohnen, klappte der Trick schon wieder nicht, weil es an der Mitbenutzung der Zugangswege durch familienfremde Personen fehlte.

274 **Das Arbeitszimmer als Tätigkeitsmittelpunkt**
Gelingt es Ihnen nicht, das Finanzamt davon zu überzeugen, dass der von Ihnen beruflich genutzte Raum kein Arbeitszimmer oder zumindest kein häusliches Arbeitszimmer ist, können Sie dennoch alle Kosten absetzen, wenn es den Mittelpunkt Ihrer gesamten beruflichen und betrieblichen Tätigkeit darstellt. Dabei kommt es darauf an, dass Sie dort die Arbeiten durchführen und die Leistungen erbringen, die für Ihren Job wesentlich und prägend sind.
Wenn Sie als Heimarbeiter oder Schriftsteller Ihre ganze Arbeit in Ihrem Arbeitszimmer erledigen, haben Sie natürlich allerbeste Karten. Sind Sie aber z. B. neben Ihrer Tätigkeit als Arbeitnehmer noch selbständig tätig, werden beide Bereiche in die Prüfung einbezogen. Dabei haben die streichwütigen Fiskalritter Rückendeckung durch den BFH: Der Mittelpunkt der gesamten betrieb-

lichen und beruflichen Tätigkeit könne nicht isoliert für jede einzelne Tätigkeit, sondern nur für sämtliche Tätigkeiten des Steuerzahlers zusammen bestimmt werden (BFH v. 23.9.1999 - BStBl II 2000 S.7). Jedoch befand der BFH in einem späteren Urteil, dass Ihr Arbeitszimmer selbst dann Ihr Tätigkeitsmittelpunkt sei, wenn nicht bei allen Jobs Ihr Arbeitsschwerpunkt dort liege (Urt. v. 13.10.2003 - BStBl II 2004 S.771). Allerdings werden bei dieser Prüfung nur Einkünfte aus aktiven Tätigkeiten berücksichtigt. Alterseinkünfte wie Pensionen oder Renten bleiben außer Betracht. Die frühere aktive Tätigkeit, aus der sie resultieren, spielt insoweit keine Rolle. Erzielt ein Rentner/Pensionär hingegen neben seinen Alterseinkünften noch Einkünfte aus einer Erwerbstätigkeit, die er im Wesentlichen in seinem Arbeitszimmer betreibt, stellt das Arbeitszimmer den Mittelpunkt der gesamten beruflichen und betrieblichen Tätigkeit dar (FG Niedersachsen v. 8.11.2011 – 12 K 264/09).

Dank des BFH sind Ihre Aussichten auf einen Vollkostenabzug somit deutlich rosiger geworden. Entscheidend ist nämlich nicht die Zeit, die Sie in Ihrem Arbeitszimmer und außerhalb zubringen, sondern ob Sie dort den »qualitativen Schwerpunkt« Ihrer Arbeiten erledigen. Vor allem als Außendienstler, der Sie auf das Büro in Ihren vier Wänden angewiesen sind, müssen Sie sich mit vollmundigen und möglichst hochtrabenden Beschreibungen Ihrer dort verrichteten Tätigkeiten wappnen. Stellen Sie heraus, dass Sie in Ihrem Arbeitszimmer die wesentlichen technischen und kaufmännischen Arbeiten erledigen, die Produktentwicklung betreiben, Konzepte für Ihre Kunden entwickeln oder die gesamten Betriebsabläufe organisieren bzw. die Einsatzpläne für Ihre im Außendienst tätigen Mitarbeiter fertigen etc. pp. Dann spielt es nämlich keine Rolle mehr, wenn Sie auch selbst noch im Außendienst tätig werden. Das Finanzamt kann Ihnen keine lange Nase mehr drehen.

Besonders einfach ist es, wenn zwischen den Arbeiten, die Sie innerhalb und außerhalb Ihres Arbeitszimmers erledigen, kein qualitativer Unterschied besteht. In diesem Fall reicht dem BFH für den Tätigkeitsmittelpunkt schlicht und ergreifend aus, wenn Sie mehr als 50 % Ihrer Gesamtarbeitszeit im Arbeitszimmer erledigen (BFH v. 23.5.2006 – BStBl II 2006 S.600). Gute Karten haben Sie deshalb vor allem dann, wenn Sie für Ihre Firma – weil die z.B. Raumkosten sparen will oder weil schlicht nicht genügend Platz im Betrieb ist – nur ein oder zwei Tage in der Woche vor Ort im Büro arbeiten können und den Rest der Woche dieselben Arbeiten in Ihrem häuslichen Arbeitszimmer erledigen.

Auch mit den folgenden BFH- und Finanzgerichtsentscheidungen können Sie Ihrem unwilligen Finanzamt in Sachen Arbeitszimmer als Tätigkeitsmittelpunkt einmal den Hauch der besseren Erkenntnis zufächeln. Anerkannt wurde das Arbeitszimmer einem (einer):

- **Architekten,** der neben der Planung keine Aufgaben der Bauaufsicht oder -überwachung ausübt (BFH v. 26.6.2003 – BStBl 2004 S.50).
- **Außendienstmitarbeiter** im Prüfungsdienst der Deutschen Rentenversicherung (Niedersächsisches FG v. 17.11.2009 – 11 K 98/08). Anderer Ansicht war

in einem vergleichbaren Fall allerdings das FG Nürnberg (v. 23.4.2009 – 7 K 1954/2007)

- **Fuhrparkmanager,** der ohne Arbeitsraum beim Arbeitgeber den Einsatz von über 30 Fahrern aus seinem Arbeitszimmer koordiniert und nur gelegentlich selbst fährt (FG München v. 19.6.2007 – 13 K 2991/04).
- **Ingenieur,** der dort komplizierte technische Lösungen für die Wartung von Anlagen der Kunden erarbeitet, obwohl zu seinen Tätigkeiten auch die Betreuung der Kunden vor Ort gehört (BFH v. 13.11.2002 – BStBl II 2004 S. 59, 2003 S. 805). Als Bombenargument erwies sich hier, dass der gute Mann alle Konstruktionsunterlagen in seinem Arbeitszimmer hatte und dort für seine Kunden telefonisch zu erreichen war.
- **Ingenieurin,** die als Außendienstmitarbeiterin und Betreuerin zwar auch Beratungsgespräche bei den Kunden vor Ort durchführt, sich aber zwei Drittel der Arbeitszeit im Arbeitszimmer mit Projektplanung und der Begleitung von Ausschreibungen beschäftigt (FG Düsseldorf v. 5.5.2011 – 11 K 2591/09 E)
- **Key Account Manager,** der in seinem Arbeitszimmer anwenderneutrale Softwareprodukte an spezielle Kundenbedürfnisse anpasst (BFH v. 29.4.2003 – BFH/NV 2003 S. 1175).
- **Key Account Manager,** der in reiner Beratungsfunktion für Fachhandelspartner tätig ist und im Betrieb keinen Arbeitsplatz hat. Das Arbeitszimmer ist selbst bei umfangreichem Außendienst der qualitative Mittelpunkt seiner beruflichen Tätigkeit, so dass die Kosten ohne Einschränkung abgezogen werden können (FG des Saarlandes v. 30.5.2007 – EFG 2007 S. 1421).
- **Praxis-Consultant,** der ärztliche Praxen in betriebswirtschaftlichen Fragen berät, obwohl er einen nicht unerheblichen Teil der Arbeitszeit im Außendienst verbringt (BFH v. 29.4.2003 – BStBl II 2004 S 76).
- **Verkaufsleiter,** der den Einsatz seiner Mitarbeiter im Arbeitszimmer plant, dort ständig für seine Kollegen erreichbar ist, sämtliche Analysen und Planungen dort vornimmt und vielleicht als Sahnehäubchen regelmäßige Meetings mit Mitarbeitern im Arbeitszimmer abhält. Dem BFH ist es in so einem Fall egal, dass im Schnitt an zwei Tagen in der Woche Außendienst anfällt (Urt. v. 13.11.2002 – BStBl II 2004 S. 65).
- **Versicherungsangestellten,** der in seinem Arbeitszimmer spezielle Altersvorsorgekonzepte für seine Kunden entwickelt (FG Köln v. 18.12.2000, EFG 2001 S. 488).

Folgende Berufsgruppen, die den Mittelpunkt ihrer gesamten Tätigkeit nicht im Arbeitszimmer haben, können in aller Regel wieder mit einem zumindest teilweisen Abzug der Kosten rechnen:

- **Architekten,** die neben der Planung mit der Ausführung der Bauwerke und der Bauüberwachung betraut sind (BFH v. 26.6.2003 – BStBl II 2004 S. 50).
- **Außendienstler,** die einen Arbeitsplatz in einem Großraumbüro haben (BFH v. 7.8.2003 – BStBl II 2004 S. 78).
- **Betreuer, hauptamtlicher;** das Arbeitszimmer stellt auch dann nicht den Mittelpunkt der Betreuungstätigkeit dar, wenn der zeitliche Aufwand die Tätigkeiten außerhalb des Arbeitszimmers überwiegt (BFH/NV 2009 S. 161 und FG Köln v. 4.3.2009 – 3 K 3980/05).
- **Diakone,** weil sie regelmäßig auch als Seelsorger außerhalb der vier Wände tätig sind (BFH v. 22.7.2003 – BFH/NV 2004 S. 33).
- **EDV-Dozent,** der im häuslichen Arbeitszimmer vorbereitete Schulungen in MS-Office-Produkten und Spezialprogrammen im Seminarraum seines Arbeitgebers und beim Kunden durchführt, hat seinen Betätigungsmittelpunkt nicht im häuslichen Arbeitszimmer (FG Berlin-Brandenburg v. 25.9.2008 – 14 K 6286/04 B).
- **Fachberater,** wenn der wesentliche Teil ihrer Arbeit in der Beratung und Produktwerbung besteht und sich im Außendienst abspielt (BFH v. 13.11.2002 – BStBl II 2004 S. 62).
- **Geschäftsführer,** weil ein wesentlicher Teil der Arbeit die Leitung und Repräsentanz des Unternehmens außerhalb des Arbeitszimmers ist (FG Rheinland-Pfalz v. 22.3.2004 – 5 K 1234/02). Das ändert sich auch nicht dadurch, dass sie gelegentlich Kunden und Mitarbeiter zu Besprechungen im Arbeitszimmer empfangen (FG München v. 20.11.2007 – 6 K 3122/06).
- **Handelsvertreter,** weil das Arbeitszimmer nicht nur wegen des anfallenden Schriftverkehrs und der Telefonate den Außendienst als weiteren Tätigkeitsmittelpunkt überlagert (BFH v. 23.3.2005 – BFH/NV 2005 S. 1537).
- **Journalisten,** zu deren Aufgaben auch die Recherche gehört (BFH v. 28.8.2003 – BStBl II 2004 S. 53).
- **Konzertmusiker (Solisten),** bei denen neben dem Üben die Auftritte einen wesentlichen Teil ihrer Gesamtbetätigung darstellen (BFH v. 15.12.2005 – XI B 87/05).
- **Lehrer,** weil deren berufsprägende Merkmale im Unterrichten bestehen und diese Tätigkeiten in der Schule und nicht im Arbeitszimmer erbracht werden (BFH v. 26.2.2003 – BStBl II 2004 S. 72; FG Rheinland-Pfalz v. 10.4.2008 – 6 K 1212/06).
- **Professoren** mit üblicher Lehrverpflichtung, weil der Unterricht ein prägendes Element der Tätigkeit ist, wenn ihnen an der Uni kein Arbeitsplatz zur Verfügung steht (BFH v. 27.10.2011 – VI R 71/10; BStBl 2012 II S. 234).

- **Prüfer**, die in ihrer Stammdienststelle nur auf einen eingeschränkt verfügbaren Poolarbeitsplatz zurückgreifen können (BFH v. 26.2.2014 – VI R 37/13)
- **Richter** ohne Arbeitsraum im Gericht, weil die Sitzungstermine im Gericht für seine Arbeit prägend sind (BFH v. 8.12.2011 – VI R 13/11, BStBl 2012 II S. 236).
- **Unternehmensberater und Dozent,** der Seminare und Workshops abhält, weil die Durchführung der Seminare der wesentliche Tätigkeitsteil ist (FG München v. 10.9.2008 – 10 K 2577/07).

GUTER RAT

Mit einem Heimarbeitsplatz kommen Sie sehr viel schneller zur Anerkennung Ihres Arbeitszimmers als Mittelpunkt Ihrer gesamten betrieblichen und beruflichen Tätigkeit und haben damit Ihre kompletten Arbeitszimmerkosten im Sack.
Entscheidend ist, ob die im Arbeitszimmer und in der Firma ausgeübten Tätigkeiten qualitativ gleichwertig sind. Ist das gegeben, liegt der Mittelpunkt der Tätigkeit im häuslichen Arbeitszimmer, wenn Sie mehr als die Hälfte der Arbeitszeit dort tätig werden.
In diesem Fall kommt es nicht mehr darauf an, ob Sie in der Firma noch einen Arbeitsplatz haben oder nicht. Die Mittelpunktfrage geht vor (BMF-Schreiben v. 2.3.2011 – BStBl 2011 S. 195, Rz 11). Unterstützung bei dieser Meinung bekommen Sie auch vom Finanzgericht Rheinland-Pfalz, das einen an drei von fünf Arbeitstagen genutzten Telearbeitsplatz in der Wohnung des Steuerzahlers als Mittelpunkt der Tätigkeit anerkannt hat (FG Rheinland-Pfalz, v. 19.1.2012 – 4 K 1270/09, KÖSDI 8/2012 S 1810).

TIPP

Tappen Sie nicht in die Falle beim Telearbeitsplatz!

So schön, wie sich die Sache mit dem Telearbeitsplatz auf den ersten Blick anhört: Fiskus und BFH haben ein paar ganz üble Fußangeln ausgelegt, die Ihren Werbungskostenabzug verhindern sollen. Und so argumentierte der BFH bei einem Steuerzahler, der in seiner Wohnung einen vom Arbeitgeber eingerichteten Telearbeitsplatz hatte, an dem er an zwei von fünf Tagen in der Woche arbeitete (BFH v. 26.2.2014 – VI R 40/12):

1. Der Telearbeitsplatz sei wie ein typisches Arbeitszimmer in der Wohnung des Steuerzahlers eingerichtet. Schon deshalb seien die Abzugsbeschränkungen für häusliche Arbeitszimmer anzuwenden.

2. Da der Arbeitnehmer an den zwei Tagen auch im Betrieb hätte arbeiten können, ihm dort also ein vollwertiger Arbeitsplatz zur Verfügung stand, werde das Arbeitszimmer sowieso nicht anerkannt.

Sie werden natürlich den Teufel tun und Ihre Arbeitszimmerkosten in den Wind schreiben. Bei der Einrichtung Ihres Telearbeitsplatzes treffen Sie mit Ihrem Brötchengeber saubere Vereinbarungen. Sie regeln feste Arbeitstage mit festen Anwesenheitszeiten am Telearbeitsplatz. In dieser Zeit steht Ihnen Ihr Arbeitsplatz im Betrieb nicht zur Verfügung, Sie können also an den Heimarbeitstagen ausschließlich in Ihrem Arbeitszimmer werkeln. Vereinbaren Sie mit Ihrem Chef Zeitaufzeichnungen oder ein An- und Abmeldesystem, wenn Sie Ihre Arbeitszeit zu Hause freier einteilen wollen. Noch besser sieht es für Sie aus, wenn Sie die vereinbarte ausschließliche Nutzung Ihres Arbeitszimmers auf mehr als 50 % Ihrer Arbeitszeit ausdehnen können. Dann nämlich stellt Ihr Arbeitszimmer den Mittelpunkt Ihrer Tätigkeit dar und Sie setzen statt max. 1.250 € die vollen Kosten von der Steuer ab.

Richter, Universitätsprofessoren und andere Arbeitnehmer, die keiner Anwe- 275
senheitspflicht am Arbeitsplatz unterliegen, können ihr Arbeitszimmer nur dann (und nur im Rahmen des Höchstbetrags von 1.250 €) absetzen, wenn ihnen im Gericht, an der Uni oder wo auch immer kein Arbeitsplatz (Dienstzimmer) zur Verfügung steht.

Kein anderer Arbeitsplatz steht zur Verfügung 276
Gehören Sie zu denen, die auf ihr Arbeitszimmer angewiesen sind, weil der Arbeitgeber keinen Arbeitsplatz zur Verfügung stellt, sind Sie also Lehrer (Klassenräume und das Lehrerzimmer sind allgemein anerkannt kein geeigneter Platz), Nebenberufler, Azubi, Bereitschaftsdienstler, Meisterschüler etc.? Oder sind Sie im Hauptberuf Arbeitnehmer und nebenberuflich als Schriftsteller von Kriminalromanen tätig oder erstellen als Krankenhausarzt in Ihrer Freizeit nebenberuflich medizinische Gutachten etc., gehen Sie also einer Nebentätigkeit nach, die vom Brötchengeber Ihres Hauptjobs eigentlich genehmigt werden müsste? Dann benötigen Sie Ihr Arbeitszimmer sicher in erster Linie für Ihre (neben-)beruflichen Aktivitäten.
In all diesen Fällen gesteht Ihnen der Fiskus den Abzug von Arbeitszimmerkosten – bis zu 1.250 € – zu.

SUPER TRICK

Bei Poolarbeitsplätzen im Betrieb ist Ihr häusliches Arbeitszimmer gesichert!

Ein »anderer Arbeitsplatz« steht Ihnen selbstverständlich nur dann zur Verfü- 277
gung, wenn Sie im Betrieb des Arbeitgebers jederzeit und ohne Einschränkung

auf einen eigenen büromäßig ausgestatteten Arbeitsplatz zugreifen können. Müssen Sie sich dagegen einen Arbeitsplatz gleich mit mehreren Kollegen teilen, weil wegen des häufigen Außendienstes für 40 Mitarbeiter nur 10 Büros zur Verfügung stehen, erfüllt das nicht die Anforderungen an einen Arbeitsplatz im Betrieb. Als Betroffener können Sie daher die Kosten für ein häusliches Arbeitszimmer bis zu 1.250 € als Werbungskosten abziehen.
Der BFH hat das noch einmal ausdrücklich für den Fall eines Betriebsprüfers bekräftigt, der sich mit 7 anderen Kollegen 3 Poolarbetisplätze teilen musste. (BFH v. 26.02.2014 – VI R 37/13) Die Kosten für sein häusliches Arbeitszimmer waren abzugsfähig, weil die Poolarbeitsplatz nicht für die Erledigung aller Innendienstarbeiten (Fallauswahl, Prüfungsvorbereitungen, Fertigen der Prüfberichte etc.) in dem jeweils konkret erforderlichen Umfang zur Verfügung standen.
Allerdings konnte es sich der BFH nicht verjkneifen, mit seiner Entscheidung ein wenig Wasser in den Wein zu schütten. Er weist nämlich darauf hin, dass auch ein Poolarbeitsplatz ausnahmsweise als ausreichender anderer Arbeitsplatz angesehen werden kann. Das wäre zum Beispiel der Fall, wenn der Arbeitgeber eine ausreichende Anzahl an Poolarbeitsplätzen zur Vefügung stellt oder einen Nutzungsplan für die Poolarbeitsplätze aufstellt, und die betroffenen Arbeitnehmer dadurch Ihre Arbeit so einteilen können, dass sie sie in dem konkret erforderlichen Umfang am Poolarbeitsplatz erledigen können.
Also Arbeitgeber und Arbeitnehmer, wenn Sie schon zum Instrument des Polarbeitsplatzes greifen, dann aber bitte so, dass Sie sich nicht wegen der zuvor beschriebenen Ausnahmtatbestände den schönene Steuervorteil aus dem Arbeitszimmer vermasseln.

278 Ehepaare, die ein Arbeitszimmer gemeinsam nutzen, müssen darauf achten, dass ihnen nicht große Teile der Arbeitszimmerkosten durch die Lappen gehen. Hat nur ein Ehepartner im Arbeitszimmer den Mittelpunkt seiner gesamten Tätigkeit, kann nur der Teil der Kosten abgesetzt werden, der auf ihn entfällt. Angenommen, Sie haben in Ihrem Arbeitszimmer einen Heimarbeitsplatz – also einen astreinen Tätigkeitsmittelpunkt. Ihr als Lehrer tätiger Ehepartner benutzt das Arbeitszimmer ebenfalls. Sie ahnen schon, was jetzt kommt! Richtig, die rechnerisch auf Ihren Ehepartner entfallenden Kosten können Sie nicht absetzen.

TIPP

Aufteilung der Arbeitszimmerkosten!

Nutzen Ehegatten einen Raum in einer von ihnen bewohnten und gemeinsam angemieteten Wohnung als Arbeitszimmer, müssen sie die Miete und die Nebenkosten jeweils zur Hälfte auf die Ehegatten aufteilen. Gehört die Wohnung oder das Haus beiden Ehepartnern, sind die Kosten im Verhältnis der Eigentumsanteile zuzurechnen (BFH v. 20.4.2010 – VI B 150/09).

SUPER TRICK

Ihr Ehepartner bekommt einen anderen Arbeitsraum!

Das ganze Theater mit der Kostenaufteilung lässt sich vermeiden, indem Ihr 279
Ehepartner das Arbeitszimmer Ihnen allein überlässt und sich z.B. im Wohn- oder Schlafzimmer, in der Diele oder im Bügelzimmer eine Arbeitsecke einrichtet. Begründen lässt sich das prima damit, dass Sie beide bei der Arbeit Ruhe brauchen und Sie mit Ihrem Tätigkeitsmittelpunkt zu Hause viel mehr auf einen abgeschlossenen Arbeitsraum angewiesen sind. Noch überzeugender als blumige Worte ist es natürlich, wenn Sie Ihrer Steuererklärung ein paar Fotos von beiden Räumen und Arbeitsplätzen beifügen.
Mit diesem Kniff setzen Sie wieder die gesamten Arbeitszimmerkosten von der Steuer ab.

TRICK

Ein Mietvertrag mit dem Arbeitgeber erhöht die abzugsfähigen Kosten.

Klappt es bei Ihnen nicht mit dem Arbeitszimmer als Mittelpunkt Ihrer gesam- 280
ten Tätigkeit und benötigen Sie einen Büroraum, können Sie die kleinlichen Abzugsbeschränkungen des Fiskus mit Hilfe Ihres Arbeitgebers unterlaufen. Sie vermieten Ihrem Arbeitgeber Ihr Arbeitszimmer, das Sie für berufliche Zwecke benötigen, und er überlässt Ihnen den von ihm angemieteten Raum als betriebliches Büro. Schließen Sie aber unbedingt einen astreinen **Mietvertrag** über das Arbeitszimmer und regeln Sie das Ganze nicht über den Arbeitsvertrag oder Zusatzklauseln zum Arbeitsvertrag (BFH v. 8.3.2006 - BFH/NV S.1810). Außerdem macht es sich wesentlich besser, wenn Ihr Arbeitgeber Sie dazu auffordert, zu Hause für ihn tätig zu werden, und er das Ganze nicht etwa nur generös duldet, um Ihnen einen Gefallen zu tun. Nur so vermeiden Sie, dass man es Ihnen als besonders starkes Eigeninteresse ankreidet, dass Sie nun bequem von zu Hause aus arbeiten können.
Der Bundesfinanzhof hilft Ihnen dabei: Ihr Chef kann Ihnen die anteiligen Kosten fürs Arbeitszimmer steuerfrei erstatten, wenn die Anmietung des Zimmers bei Ihnen vorrangig in seinem Interesse erfolgt (BFH v. 19.10.2001 – BStBl 2002

II, S. 300). Ihre Chancen auf Anerkennung steigen stark an, wenn Sie zu Hause einen Heim- oder Telearbeitsplatz haben. Das an den Arbeitgeber vermietete, aber von Ihnen genutzte Büro ist danach kein »häusliches Arbeitszimmer«. Das wiederum hat die erfreuliche Folge, dass die Kosten dafür voll absetzbar sind, auch wenn es nicht die ansonsten erforderlichen Bedingungen (Tätigkeitsmittelpunkt) erfüllt (BFH v. 20.3.2003 – BStBl II 2003 S. 519). Allerdings muss Ihr Arbeitgeber bestätigen, dass er den Raum aus handfesten betrieblichen Interessen angemietet hat (BFH v. 16.9.2004 – BStBl II 2006 S. 10), z.B. aus Kostenersparnisgründen, weil er Ihnen im Gegenzug im Betrieb kein Büro zur Verfügung stellen muss oder weil es Ihnen die extrem weite Entfernung vom Betrieb unmöglich macht, für Ihre regelmäßig anfallenden Büroarbeiten ständig dorthin zu fahren, oder weil Ihr Brötchengeber Ihre Privatadresse als eine den Kunden bekannte Anlaufstelle nutzt.

Die Finanzverwaltung sieht nach einer im Anschluss an die o.g. Urteile ergangenen Anweisung (BMF-Schreiben v. 13.12.2005 – BStBl I 2006 S. 4) die Vermietung an den Arbeitgeber vorrangig in dessen Interesse, wenn folgende Punkte vorliegen:

- Für Sie ist im Unternehmen kein geeignetes Büro vorhanden; die Versuche Ihres Arbeitgebers, entsprechende Räume von Dritten anzumieten, sind erfolglos geblieben.
- Ihr Arbeitgeber hat für andere Arbeitnehmer des Betriebs, die über keine für ein Arbeitszimmer geeignete Wohnung verfügen, Zimmer bei betriebsfremden Dritten angemietet.
- Es wurde ein ausdrücklicher, schriftlicher Vertrag über die Nutzung des als Arbeitszimmer angemieteten Raumes abgeschlossen.

Allerdings sind diese Bedingungen nicht der Weisheit letzter Schluss. So sieht zwar auch der BFH in der Tatsache, dass Ihnen im Betrieb noch ein Büro zur Verfügung steht, ein Indiz gegen ein überwiegendes betriebliches Interesse an der Anmietung, sagt aber gleichzeitig, dass die Anerkennung deshalb nicht von vornherein ausgeschlossen ist. Auch wenn Ihr Brötchengeber gar nicht erst bei anderen die Anmietung eines Arbeitszimmers versucht hat, darf Ihnen das Finanzamt nicht allein daraus einen Strick drehen. Das spielt nämlich zumindest dann keine Rolle, wenn damit zu rechnen war, dass er anderswo keinen günstigeren Raum bekommen hätte (BFH v. 11.1.2005 – BFH/NV 2005 S. 882).

Beispiel
Sie haben ein Einfamilienhaus mit 150 qm Wohnfläche gebaut. Die Baukosten von 300.000 € haben Sie zu 250.000 € über eine Hypothek finanziert. Die jährlichen Zinsen belaufen sich auf 18.000 €. Ein 25 qm großes Zimmer haben Sie für 5 €/qm an Ihren Arbeitgeber vermietet, der es Ihnen als Arbeitszimmer zur

Verfügung stellt. Die sonstigen Nebenkosten für Ihr Haus belaufen sich auf 2.400 €.

So sieht Ihre Rechnung fürs Finanzamt aus:

Mieteinnahmen 12 × 25 qm × 5 €		1.500 €
Werbungskosten:		
Zinsen 18.000 € × 25 qm/150 qm	3.000 €	
Abschreibung 2 % v. 300.000 € = 6.000 € × 25 qm/150 qm	1.000 €	
Nebenkosten 2.400 € × 25 qm/150 qm	400 €	
	4.400 € >	4.400 €
Verlust aus Vermietungseinkünften		2.900 €

c) Wie prüft das Finanzamt, ob es bei Ihnen überhaupt ein Arbeitszimmer anerkennt? 281

Am besten reichen Sie eine Wohnungsskizze ein, in der das Arbeitszimmer gekennzeichnet und die Lage und Art der Möbel vermerkt ist (Vorsicht: kein Bett o. Ä. einzeichnen) (➤ Rz 289). Daneben muss genügend Wohn- und Schlafraum für Sie und Ihre Familie vorhanden sein.

Als Single brauchen Sie in Ihrer Wohnung nicht allzu viel Platz. Aber auch bei Ihnen müssen die neben dem Arbeitszimmer als Wohnraum verbleibenden Räume passend möbliert werden. Achten Sie also bei der Einrichtung darauf, dass Ihnen nicht das Gleiche passiert wie einem Steuerzahler aus Trier. Dem hatten die Finanzrichter nämlich einen als Arbeitszimmer eingerichteten Raum seiner Zweizimmerwohnung nur deshalb nicht steuerlich anerkannt, weil er den anderen Raum nicht zum Wohn-/Schlafraum umfunktioniert hatte. Angesichts fehlender Wohnraummöblierung in diesem Zimmer haben sie es nur als Schlafraum akzeptiert. Das Wohnen müsse sich zwangsläufig auch im Arbeitszimmer abspielen, mutmaßten die Richter, und schon waren die Werbungskosten zum Teufel (FG Rheinland-Pfalz v. 1.2.1995, 1 K 2180/94 – NWB-Eilnachrichten 1995 S. 90). Stellen Sie sich deshalb etwas geschickter an und verfrachten Sie Couch, Tisch, Fernseher und Stereoanlage in den Wohn-/Schlafraum.

Weitere unabdingbare Voraussetzung ist, dass das Arbeitszimmer separat liegt, d.h., es muss ein von den übrigen Räumen der Wohnung getrennter, in sich abgeschlossener Raum sein. So wurde einem armen Teufel das Arbeitszimmer im Dachgeschoss seines Hauses, das nur über eine Wendeltreppe zu erreichen war und nicht durch eine Tür abgeschlossen werden konnte, nicht anerkannt (FG Baden-Württemberg v. 22.9.1986 – EFG 1987 S. 70).

Achtung, Fangeisen: Sie haben schlechte Karten, wenn das Arbeitszimmer ein sog. Durchgangszimmer ist. Denn der Durchgang wird als private Nutzung aufgefasst (BStBl 1984 II S. 110). Der BFH lenkte aber in seinem Urteil vom 19.8.1988 (BStBl 1988 II S. 1000) etwas ein: Das gelegentliche Durchqueren des

Arbeitszimmers durch den Ehegatten (um in das Schlafzimmer zu gelangen) hielt er für unbedeutend. Außerdem ist hinscihtlich der Frage der gelegentlichen privaten Mitbenutzung eiens Arbeitszimmers derzeit sowieso fraglich, ob es bei dieser kleinlichen Sichtweise bleibt (vgl. ➤ Rz 264).

GUTER RAT

Gegenstände im Arbeitszimmer, die keine Arbeitsmittel sind, wie Fernseher, Radio, Klavier, Gästebett usw., können dem Arbeitszimmer den Garaus machen, denn sie deuten auf private Mitbenutzung des Zimmers hin. Auch wenn das eine oder andere Finanzgericht Gnade vor Recht ergehen ließ, sollten Sie nach Möglichkeit von vornherein jedes Risiko vermeiden. Ich würde zumindest nicht die Hand dafür ins Feuer legen, dass die folgenden Urteile jedes Finanzamt überzeugen.

- Eine *Liege* im Arbeitszimmer steht dessen Anerkennung selbst dann nicht entgegen, wenn der Steuerzahler sie während der Arbeitspausen für ein kleines Nickerchen nutzt (FG Hessen v. 27.1.1983 – IV 75/84; BFH v. 18.3.1988 – BFH/NV 1988 S. 773).
- Eine ganz sporadische Nutzung des Arbeitszimmers als Gästezimmer, z.B. beim Weihnachtsbesuch von Angehörigen, soll dessen Anerkennung nicht gefährden (FG Berlin v. 16.8.1988 rk – EFG 1989 S. 17).
- Auch ein Schaukelstuhl, der während der Arbeitspausen zur Entspannung genutzt wird, soll nicht schädlich für Ihr Arbeitszimmer sein (BFH v. 28.9.1990 – BFH/NV 1991 S. 294).

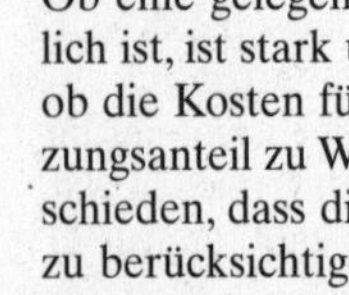

TIPP

Bei geringer privater Mitbenutzung des Arbeitszimmers Einspruch einlegen!

Ob eine gelegentliche private Nutzung des Arbeitszimmers überhaupt schädlich ist, ist stark umstritten. Erneut steht nämlich die Frage auf dem Prüfstand, ob die Kosten für das Zimmer nicht doch entsprechend dem beruflichen Nutzungsanteil zu Werbungskosten führen. Das Finangericht Köln hat hierzu entschieden, dass die Kosten für ein kombiniertes Wohn-/Arbeitszimmer anteilig zu berücksichtigen sind. Die Begründung liegt vor allem darin, dass der BFH z.B. auch bei Arbeitsmitteln nicht mehr bei jeder privaten Mitnutzung die Werbungskostenbremse zieht. Lassen sich die entstandenen Kosten sachgerecht z.B. nach dem jeweiligen Zeitanteil der Nutzung in einen privat und einen beruflich veranlassten Anteil aufteilen, kann der beruflich veranlasste Teil anerkannt werden. Die Kölner Richter haben den beruflichen Anteil bei einem kombinierten Wohn-/Arbeitsraum mit 50 % geschätzt. Zum weiteren Vorgehen in einem solchen Fall vgl. ➤ Rz 264.

Achtung, Hausbesuch vom Finanzamt!
Gelegentlich müssen Sie damit rechnen, dass das Finanzamt mal einen Beamten losschickt, der nachprüfen soll, ob alles so stimmt, wie es angegeben wurde. Kommt er am Abend, können Sie dem Prüfer den Zutritt zum Arbeitszimmer verweigern, ohne dass er daraus negative Schlüsse ziehen darf (FG Düsseldorf, Urt. v. 14.10.1992 – EFG 1993 S. 64). Wenn der Besuch während der üblichen Geschäfts- und Arbeitszeit erfolgt und vorher angemeldet war, müssen Sie ihn einlassen – oder hinnehmen, dass man Ihnen die Arbeitszimmerkosten streicht. So geschehen mit Billigung der Finanzrichter in Niedersachsen (Urt. v. 9.3.1993 – EFG 1994 S. 182) bei einem Lehrer, dem die Arbeitszimmerprüfer des Finanzamts gleich zweimal auf die Bude rücken wollten, wobei sie jedes Mal unverrichteter Dinge abziehen mussten.

TIPP

für drohende Hausbesuche

Die meisten Genauigkeitskrämer kündigen ihren Arbeitszimmerkontrollbesuch an. Um sie sich vom Hals zu halten, machen Sie sich die sprichwörtliche Bequemlichkeit des deutschen Beamten zunutze und kontern auf die Kontrollankündigung etwa wie folgt:

Sehr geehrte Damen und Herren,
selbstverständlich bin ich bereit, Ihnen mein »100% steuerlich lupenreines Arbeitszimmer« vorzuführen. Leider bringt es mein Beruf aber mit sich, dass ich schon morgens gegen 6.00 Uhr das Haus verlassen muss und für gewöhnlich nicht vor 18.00 Uhr zurückkehre. Ich schlage daher vor, dass Sie die Besichtigung am . . . . um ca. 5.30 Uhr oder alternativ am . . . . um ca. 19.00 Uhr vornehmen.

Datum . . . . . . Unterschrift . . . .

Wetten, dass sich kaum ein Finanzer finden wird, der bereit ist, seine Freizeit für eine Arbeitszimmerbesichtigung zu opfern? Den Rotstift muss er dann aber bei Ihren Arbeitszimmerkosten auch eingepackt lassen. Sie sind ja schließlich besichtigungsbereit, und man kann ja wohl nicht von Ihnen verlangen, dass Sie für das Misstrauen anderer Ihren wohlverdienten Urlaub verplempern …

Fertigt der Prüfer über seinen Besuch eine Niederschrift, dann lassen Sie sich einen Durchschlag geben, damit Sie wissen, was in den Akten steht. Und passen Sie auf, was Sie unterschreiben.
Vor allem, wenn es verdächtig nach Amtsdeutsch klingt. Bestehen Sie darauf, dass rechtliche Würdigungen oder Schlussfolgerungen gestrichen werden. Also nicht: »Private Unterlagen waren zu 20 % vorhanden«, sondern: »Es ist ein Ordner Versicherungsangelegenheiten abgestellt.«
Auf diese Weise bleibt Ihnen die Möglichkeit erhalten, später die Bedeutung dieses Ordners herunterzuspielen. Und schreibt der Prüfer: »Die vorgefundenen Verhältnisse lagen im Veranlagungszeitraum unverändert vor«, müssen Sie sofort ausdrücklich widersprechen und notfalls das Gegenteil protokollieren lassen, wenn dieser Satz nicht zutrifft.

282 **d) Arbeitsmittel im häuslichen Arbeitszimmer**

Der BFH hatte ein Einsehen und geurteilt, dass der Abzug von Arbeitsmitteln im weitesten Sinne Vorrang vor den Abzugsbeschränkungen für die Arbeitszimmerkosten hat (BFH v. 21.11.1997 – BStBl 1998 II S.351). Im Klartext bedeutet das, dass alle Kosten für Arbeitsmittel, die auch ohne ein Arbeitszimmer durchgehen würden, unabhängig davon, wie die eigentlichen Arbeitszimmerkosten steuerlich behandelt werden, steuerlich absetzbar sind. Dieser Entscheidung hat sich die Finanzverwaltung gebeugt und sie mit dem BMF-Schreiben vom 16.6.1998 (BStBl 1998 I S.863) für verbindlich erklärt. Das heißt: Auch wenn Sie Ihr Arbeitszimmer nicht absetzen können, weil es nicht Ihr Tätigkeitsmittelpunkt ist, so können Sie zumindest Ihre Arbeitsmittel absetzen.
Dazu müssen Sie unterscheiden zwischen den Kosten für die Raumaustattung des Arbeitszimmers einerseits und für Arbeitsmittel im engeren Sinne andererseits.

Unmittelbare Arbeitszimmerkosten/Raumausstattung
(nur bei Arbeitszimmern als Tätigkeitsmittelpunkt absetzbar)

- Miete,
- Heizung, Strom, Wasser,
- Müllabfuhr, Kaminkehrer, Abwasser,
- Grundsteuer, Gebäudeversicherung,
- Hauswart etc.,
- Gebäudeabschreibung,
- Zinsen,
- Reinigung,
- Gebäudereparatur,
- Renovierung,
- Tapeten, Teppichböden, Vorhänge,
- fest eingebaute Lampen.

Auch ohne Arbeitszimmer absetzbare Arbeitsmittel

- Computer und Zubehör,
- Telefon, Fax, Anrufbeantworter,
- Taschenrechner, Rechenmaschine,
- typische Arbeitsmittel je nach Beruf (z.B. Musikinstrumente, Maschinen etc.),
- Einrichtungsgegenstände
  - Schreibtisch,
  - Stühle,
  - Bücherregale,
  - Schränke,
  - Bürocontainer,
  - sonstige berufliche Einrichtung,
  - Schreibtischlampe,
  - Papierkorb,

Wand- oder sonstige Uhr, Pinnwand etc. Für Einrichtungsgegenstände mit einem Anschaffungspreis von mehr als 410 € (Rechnungsbetrag ohne Umsatzsteuer) setzen Sie die Abschreibung an. Dazu werden die Anschaffungskosten (jetzt mit Umsatzsteuer) auf die Dauer der Nutzung verteilt. Die Nutzungsdauer beträgt für Mobiliar 13 Jahre, für Kopierer sieben Jahre, für PC, Drucker und Scanner drei Jahre.

Bei Anschaffung im Lauf des Jahres ist nur eine zeitanteilige Abschreibung zulässig. Für jeden Monat des Jahres, in dem Ihnen das Arbeitsmittel gehört, also $^1/_{12}$ der Jahresabschreibung.

Beträgt der Anschaffungspreis (ohne Umsatzsteuer) nicht mehr als 410 €, können Sie den gesamten Betrag für das »geringwertige Wirtschaftsgut« (so das Amtsdeutsch) sofort in voller Höhe absetzen.

Weitere Einzelheiten zur Berechnung der Kosten, insbesondere der Abschreibungen, vgl. ➤ Rz 283, Rz 336.

Kunstgegenstände wie Bilder und Skulpturen gehören grundsätzlich zur Arbeitszimmerausstattung. Sie werden Ihnen aber nur ausnahmsweise steuerlich anerkannt, wenn Sie glaubhaft machen, dass Sie sie aus Repräsentationsgründen benötigen, weil Sie des Öfteren geschäftlichen Besuch im Arbeitszimmer empfangen. Andernfalls fallen sie dem Rotstift zum Opfer, wie die Aufwendungen für ein Gobelinbild (BFH-Urt. v. 30.10.1990 – BStBl 1991 II S. 340). Auch Geweihe und Jagdwaffen als Schmuck hat der BFH nicht mit steuerlicher Wirkung zugelassen (BFH v. 18.3.1988 – BFH/NV 1988 S. 556).

e) Was können Sie für Ihr Arbeitszimmer absetzen? **283**

Gehören Sie zu den Glücklichen, die ihre Arbeitszimmerkosten voll absetzen können, gilt Folgendes:

- Kosten, die dem Arbeitszimmer direkt zugeordnet werden können, können Sie in voller Höhe absetzen, wie z.B. Schönheitsreparaturen, Elektroinstallation, Telefonanschluss, Einrichtung.

Sie können das Arbeitszimmer nach Ihrem Geschmack einrichten, auch wenn der gehoben ist. Ein Kargheitsgebot gibt es nicht. Tatsächlich genutztes antikes Mobiliar können Sie ebenso absetzen wie Bilder, Teppiche oder Wandschmuck (BFH-Urt. v. 31.1.1986 – BStBl 1986 II S. 355). Siehe hierzu aber ➤ Rz 282.

284 Wie flatterhaft Finanzgerichte bei ihren Entscheidungen über Arbeitszimmerkosten sind, können Sie an folgendem Beispiel sehen: Das Finanzgericht des Saarlands hat einem Zahnarzt seinen Orientteppich nicht anerkannt, weil so ein Teppich eine behagliche Atmosphäre schaffe und seinen Besitzer geistig anrege (EFG 1994 S. 235). Das Finanzgericht Niedersachsen hingegen meinte, ein Orientteppich sei als ganz normaler, alltäglicher Ausstattungsgegenstand mit Bezug zur täglichen Arbeit anzusehen (EFG 1992 S. 65 und 1994 S. 236).

285 • Kosten, die dem Arbeitszimmer nicht direkt zugeordnet werden können, weil sie das ganze Gebäude oder die ganze Wohnung betreffen, sind nur mit dem auf das Arbeitszimmer entfallenden Anteil abziehbar. Die Aufteilung erfolgt im Verhältnis der Fläche des Arbeitszimmers zur Fläche des gesamten Gebäudes oder der gesamten Wohnung. Nebenräume wie Keller, Dachböden und Wirtschaftsräume brauchen Sie nicht mitzurechnen.

Beispiel

Gesamtfläche Gebäude/Wohnung	150 qm
Fläche des Arbeitszimmers	30 qm
Anteil des Arbeitszimmers $^1/_5$ =	20 %

Hier sind also 20 % der Kosten des Gebäudes oder der Wohnung absetzbar. Dazu gehören

- bei einer Mietwohnung die Miete einschließlich aller Umlagen, auch für Strom, Heizung, Frischwasser, Abwasser, Straßenreinigung und Müllabfuhr,
- beim eigenen Haus oder bei einer Eigentumswohnung außerdem die Abschreibung, die Schuldzinsen, die Versicherungen und alle Reparaturen.

Wenn Sie alle Kosten hübsch beisammenhaben, fertigen Sie eine kleine Aufstellung. Etwa so:

286 Arbeitszimmerkosten in einer Mietwohnung

1. Anteilige Wohnungsmiete (5 Zimmer, Miete 600 €)	120 € monatl.
(Anteil Arbeitszimmer an der gesamten Wohnfläche 20 %)	
2. Anteilige Heizungs- und Lichtkosten 20 %	10 € monatl.
3. Anteilige Hausratversicherung (20 %)	1 € monatl.

4. Putzkosten, lt. Bescheinigung der Putzhilfe	15 € monatl.	
Summe	146 € × 12 =	1.752 € 5.
Neuanschaffung von Vorhängen		150 € 6.
Neuanschaffung einer Lampe		250 €
Summe der Kosten		2.152 €
7. Einrichtungsgegenstände – bis 410 € (ohne MwSt.) – sofort absetzbar.		
1 Aktenregal, angeschafft für	100 €	
2 Büroschränke à 100 €	200 €	
1 Bürosessel	100 €	
1 Schreibtischlampe	50 €	
1 Leselampe	40 €	
2 Besuchersessel à 375 € 750 €		
1 Besuchertisch	360 €	
1 gr. Vase	50 €	
Kleininventar	350 €	
1 gebrauchter PC	400 €	
Gesamt	2.400 €	> 2.400 €
		4.552 €

Auf diesen Betrag gibt es eine Steuererstattung zwischen 637 und 2.345 €.

Arbeitszimmerkosten im eigenen Haus, in eigener Eigentumswohnung (anteilige 20 %) 287

a) Anteilig abziehbare Kosten

Gebäudeabschreibung		
Herstellungskosten vor 10 Jahren 150.000 €		
Davon 2 % Abschreibung =	3.000 €	
Jährliche Schuldzinsen	6.000 €	
Kosten für Heizung und Elektrizität	1.250 €	
Hausratversicherung	150 €	
Jährliche Grundsteuer, Gebäudeversicherung	500 €	
Jährliche Abgaben für Wasser, Abwasser, Müllabfuhr, Straßenreinigung	1.200 €	
Reparaturaufwendungen am Dach	1.100 €	
Summe	13.100 €	
Davon entfallen auf das Arbeitszimmer 20 %		2.620 €
Reinigungskosten		150 €
Summe		2.770 €

b) Direkte Arbeitszimmerkosten

Für Einrichtungsgegenstände m. Anschaffungskosten u. 410 € 2.400 €		
Büroschrank antik 2.600 €, Abschreibung 7,69 %		200 €
Kosten für das Arbeitszimmer insgesamt		5.370 €

TIPP

zur Abschreibung

288 Gehört das Objekt, in dem sich Ihr Arbeitszimmer befindet, z. B. Ihrer besseren Hälfte, kommen Sie nur dann in den Genuss der Abschreibung Ihres Arbeitszimmers, wenn Sie nachweislich einen Teil der Anschaffungs- oder der Herstellungskosten getragen haben, der mindestens dem Anteil des Arbeitszimmers entspricht. Daher macht es sich gegenüber dem Finanzamt gut, wenn Sie bei den Darlehensverträgen als Mitverpflichteter auftauchen und einen Teil der Zins- und Tilgungsleistungen bezahlen (Drittaufwand).

Einfacher ist es, wenn Sie und Ihr Ehepartner gemeinsame Eigentümer sind. Dann wird nämlich auf alle Fälle unterstellt, dass Sie die auf das Arbeitszimmer entfallenden Kosten in voller Höhe selbst getragen haben. Sie bekommen also die volle Abschreibung (BFH v. 23.8.1999 – BStBl II 1999 S. 778 ff.).

TRICK

Ein Arbeitszimmer bei Angehörigen mieten?

289 **Haben Sie nichts zu den Anschaffungs- oder den Herstellungskosten des Hauses oder der Eigentumswohnung Ihres Ehepartners beigetragen, schließen Sie einen Mietvertrag fürs Arbeitszimmer.**

Genauso können Sie ein Arbeitszimmer im Haus eines Angehörigen oder Ihres Lebenspartners mieten und kommen so zu Arbeitszimmerkosten. Ihr gemietetes Arbeitszimmer ist in diesem Fall kein »häusliches«. Was bedeutet, dass Sie die vollen Kosten (Miete, Nebenkosten) absetzen können. Den Vollabzug gibt es allerdings nur, wenn Sie nicht auch selbst in der Wohnung leben, denn dann wäre das Arbeitszimmer wieder ein »häusliches«.

Schließen Sie einen schriftlichen Mietvertrag, in dem der gemietete Raum samt Größe und Lage beschrieben wird und die genaue Miethöhe (mindestens 75 % der ortsüblichen Miete) sowie die von Ihnen zu zahlenden Nebenkosten festgelegt sind. Die Zahlung von Miete und Nebenkosten müssen Sie nachweisen können. Am besten überweisen Sie sie monatlich, und schon klappt der Laden. Mit einem so sauber vereinbarten und tatsächlich durchgeführten Mietvertrag spielt es keine Rolle, dass der Vermieter Ihnen verwandtschaftlich oder freundschaftlich verbunden ist (BFH-Urt. v. 28.8.1991 – BFH/NV 1992 S. 166).

SUPER TRICK

Sparen Sie durch ein kleineres Arbeitszimmer 5.000 €!

S Wenn Sie selbständig sind, kann ein zu großes Arbeitszimmer zur Steuer- 290
falle werden. Liegt seine Größe anteilig über 20 % oder sein anteiliger Grundstückswert über 20.500 €, kann das Finanzamt sagen, es sei notwendiges Betriebsvermögen. Wenn Sie dann irgendwann einmal Ihr Häuschen verkaufen, knöpft Ihnen der Fiskus vom Verkaufserlös nach Abzug des Restbuchwerts (anteilige Herstellungskosten – anteilige Abschreibung) gnadenlos Steuern ab – ganz egal, ob Sie Ihre Arbeitszimmerkosten absetzen können oder ob man Ihnen den Abzug wegen der gesetzlichen Beschränkungen streitig macht.
Und so könnte sich ein steuerpflichtiger Veräußerungserlös auswirken:
Klemm und Schlau hatten sich je einen Werkstattraum in ihren 150 qm großen Einfamilienhäusern (Erbbaugrundstück) eingerichtet. Nach zehn Jahren verkaufen beide ihr Haus für 300.000 €.

			Klemm		Schlau
Größe des Arbeitszimmers			18 qm		9 qm
Anteil an den Baukosten v. 200.000 €		$^{18}/_{150}$ = 12 %	24.000 €	$^{9}/_{150}$ = 6 %	12.000 €
Laufende Hauskosten 15.000 €			1.800 €		900 €
AfA 3 % v. 200.000 € = 6.000 €			720 €		360 €
Jährliche Arbeitszimmerkosten			2.520 €		1.260 €
Für 10 Jahre			25.200 €		12.600 €
./. steuerpflichtiger Verkaufserlös 12 % v. 300.000 €		36.000 €			
./. Buchwert:					
Baukosten alt	24.000 €				
./. AfA 10 × 720 €	– 7.200 €				
	16.800 €	> – 16.800 €			
Steuerpflichtiger Erlös		19.200 €	> – 19.200 €		
Betriebsausgaben insgesamt			6.000 €		12.600 €

Obwohl Schlau das kleinere Arbeitszimmer hatte, kann er insgesamt 12.600 € absetzen, Klemm dagegen per saldo nur 6.000 €. Der Vorteil von Schlau beläuft sich damit auf 6.600 €. Noch drastischer wird die Rechnung, wenn beide ein »häusliches« Arbeitszimmer gehabt hätten, für das sie aber keine Kosten absetzen konnten. In diesem Fall müsste Klemm den fiktiven Erlös von 19.200 € versteuern, während Schlau plus/minus null aus der Sache herauskäme.

291 **Reinigung des Arbeitszimmers**

Wird Ihr Arbeitszimmer steuerlich anerkannt, können Sie neben den Kosten für Putzmittel etc. Ihre Aufwendungen für eine Reinigungskraft, den Fensterputzer etc. ins Spiel bringen. Engagieren Sie nahe Angehörige als Reinigungskraft, müssen Sie Folgendes beachten: Da die Arbeitszimmerreinigung unter die Verpflichtung der Ehepartner zur Haushaltsführung (§ 1360 BGB) fällt, nutzt ein Arbeitsvertrag mit dem Ehepartner nichts. Für einen eigenen Haushalt führende erwachsene Kinder, Eltern und Geschwister gilt das nicht (BFH v. 27.10.1978 – BStBl II 1979 S. 80). Gegen ein anzuerkennendes Arbeitsverhältnis zwischen Vater und volljähriger Tochter spricht neben der Haushaltsgemeinschaft auch ein besonders geringer Stundenlohn (hier: 1,42 €), freie Arbeitszeit und die Überweisung des Entgelts unter der Bezeichnung »Taschengeld« (FG Niedersachsen v. 30.1.1986 – EFG 1986 S. 484). Also?

Um Ihre Chancen auf Anerkennung eines Vertrags über Reinigungsarbeiten mit Angehörigen zu erhöhen, sollten Sie den Lohn per Überweisung zahlen und **einen schriftlichen Arbeitsvertrag schließen,** in dem genau geregelt ist, wann in welchem Umfang die Reinigung zu erfolgen hat. Auch sollten Sie tunlichst vermeiden, dass laut Arbeitsvertrag nur das Arbeitszimmer gereinigt werden muss. Wesentlich größere Chancen haben Sie, wenn Angehörige als Putz- oder Haushaltshilfe zur Reinigung der gesamten Wohnung angestellt werden.

... klagen wir nicht,
kämpfen wir!
(Clara Zetkin)

GUTER RAT

Bei allem Bemühen um Steuerersparnis müssen Sie sich vorsehen, nicht nach der Devise »Gier frisst Hirn« zu verfahren. Bei einem echten Anstellungsverhältnis wird das Finanzamt immer streng darauf schauen, ob Sie es bei der Sozialversicherung angemeldet haben. Selbst wenn Ihre Angehörigen-Reinigungskraft als Minijobber durchgeht, kostet das pauschale Sozialversicherung und Steuer. Da die Reinigungskosten nur zum Teil auf Ihr Arbeitszimmer entfallen, könnte sich so ein Arbeitsvertrag schnell als Draufzahlgeschäft entpuppen, wenn es Ihnen nicht gelingt, die Reinigungskosten für die übrigen Räume Ihrer Wohnung z. B. als haushaltsnahe Dienstleistung bei der Steuer unterzubringen und auch hierfür eine Ermäßigung zu kassieren.

6. Das strittige Problem der Berufskleidung

Das Gesetz sagt ganz klar: Berufskosten sind Aufwendungen zur Erhaltung, Sicherung und Erwerbung von Lohn oder Gehalt. Sie können aber nicht nackt in den Betrieb wandern, das ist doch klar. Um in den allermeisten Fällen die Bekleidungskosten trotzdem nicht anerkennen zu müssen, argumentierte der Fiskus: Bürgerliche Kleidung (gewöhnliche Bekleidungsstücke) werde auch getragen, wenn der Beruf gerade nicht ausgeübt werde, während der Arzt z.B. in seiner Freizeit keinen weißen Kittel anhabe. Deshalb betrifft normale bürgerliche Bekleidung stets die Privatsphäre – selbst wenn sie ausschließlich während der Arbeitszeit getragen wird. Dazu sagt das FG Hamburg in einem geheimen Urteil: »Es würde ein mit der heutigen Stellung des Staatsbürgers nicht zu vereinbarendes Eindringen in die intime Privatsphäre bedeuten, wenn die Finanzverwaltung überprüfen sollte, welche Kleidung ein Steuerpflichtiger privat und welche er ausschließlich während der Berufsausübung trägt. Schon die Möglichkeit der Privatnutzung muss mithin eine Anerkennung der dafür gemachten Aufwendungen ausschließen.« 292

Als Grundsatz hat sich herauskristallisiert, dass Bekleidung dann eine typische Berufskleidung ist, wenn eine private Verwendung ausgeschlossen oder nur in verschwindend geringem Umfang möglich ist. Abzugsfähig sind somit z.B. Amtstrachten, Uniformen, Kellnerfrack, Tankwartskombination, Asbestanzüge, Berufskleidung der Bäcker, Livree von Chauffeuren, Köche usw. So lässt man z.B. den typischen Arztkittel – nicht aber die weiße Hose eines Arztes – als abzugsfähig zu (BFH-Urt. v. 6.12.1990 – BStBl 1991 II S. 348), widersprach aber beim Staubkittel des Architekten (BFH – HFR 1964 S. 458; BFH – BStBl 1956 III S. 195), weil angeblich nicht klar getrennt werden könne, wann er den Staubkittel beruflich und wann privat benutze. (Haben Sie schon mal einen Architekten im Staubkittel in der Oper gesehen?)

Bürgerliche Kleidung könne nur in Ausnahmefällen als Berufskleidung anerkannt werden, etwa, wenn durch die dienstliche Tätigkeit ein starker Aufwand für Bekleidung notwendig sei (z.B. bei Hoteldirektoren, Leiterinnen von Modeateliers usw.) oder besondere Anlässe es bedingten, wie z.B. der Smoking für einen Journalisten (EFG 1966/12). Mit rechtskräftigem Urteil vom 30.5.1968 (VI 3469/66 E – EFG 1969 S. 10) hat das FG Münster einem Tanzschullehrer nicht nur einen Gesellschaftsanzug und drei Smokinghemden, sondern auch drei Cocktailkleider für die Ehefrau als steuerfreien Bekleidungsaufwand anerkannt.

Einer Fernsehansagerin, die ja immer ordentlich und adrett gekleidet sein muss, hat der BFH mit einem Federstrich die gesamte Berufskleidung gestrichen, weil ja alles auch privat getragen werden könne (BStBl 1990 II S. 49). 293

Sagte die Petra Schürmann zu dem Finanzrichter, der ihren Einspruch auf den Tisch bekam: »Die Kleider, die ich trage, sind wahnsinnig teuer. Ich muss sie aber tragen, damit ich Lieschen Müller stets aufs Neue imponiere und ankomme. Ein zweites Mal kann ich die Dinger niemals tragen! Wenn das keine

beruflich bedingten Anschaffungen sind! Selbst meine Fernsehchefs erwarten es von mir!« – »Ja«, antwortete ihr der Richter, »Sie *könnten* aber theoretisch Ihre modischen Sächelchen zweimal tragen!«
»Ich tue es aber nicht! Ich verkaufe die Sachen sofort an Secondhandshops!«
»Aber den Gesetzen kommt es nur auf die Möglichkeit an. Und was die Verkäufe an Gebrauchtbekleidungsläden betrifft, wird das Finanzamt zu prüfen haben, ob Sie diese als steuerpflichtige, wiederholte Geschäftstätigkeit gemeldet und sich evtl. bei Nichtangabe strafbar gemacht haben.« Sprach's und urteilte im Namen des Volkes für das Finanzamt. Welches wiederum gegen Petra Schürmann statt eines Erstattungsbescheids einen saftigen Steuernachzahlungsbescheid erließ.

294 Die Krönung ist aber das Urteil, mit dem die obersten Steuerrichter einer Musikerin die extra für Auftritte gekaufte schwarze Hose nicht als Arbeitskleidung anerkannten (BFH v. 18.4.1991 – BStBl 1991 II S.751).
Wie konfus die Urteile des BFH zur Arbeitskleidung sind, werden Sie feststellen, wenn Sie als Angestellter eines Bestattungsunternehmens Ihren schwarzen Anzug absetzen wollen. Sind Sie fest angestellt, soll er Arbeitskleidung sein. Betten Sie dagegen als Aushilfe verstorbene Mitmenschen zur letzten Ruhe, ist der Anzug keine Arbeitskleidung (BFH NV 1991 S.25).

295 Etwas leichteres Spiel haben Sie mit Uniformen oder uniformähnlicher Kleidung. Abzugsfähig ist z.B. die Uniform von Soldaten, auch der Trainingsanzug mit Bundeswehrwappen oder Rangabzeichen (FG Bremen, EFG 1992 S.735). Als Postler können Sie selbstgekaufte Dienstkleidung absetzen, wenn sie mit dem Posthorn gekennzeichnet ist (FG Niedersachsen, EFG 1991 S.8). Farblich und vom Schnitt her einheitliche Kleidung von Flugbegleitern ist ebenfalls Berufskleidung (FG Hessen, EFG 1993 S.648). Das gilt übrigens auch für entsprechend gestaltete Kleidung des Personals eines Friseurs (FG Hamburg, EFG 1987 S.172).
Gute Karten hatten auch Filialleiter sowie angestellte Metzger und Verkäufer in Berlin. Die vom Arbeitgeber zur Verfügung gestellten Pullunder, Strickjacken, Hemden, Blusen, Krawatten und Tücher wurden als im betrieblichen Interesse überlassene Berufskleidung anerkannt. Als Argumente dienten das vom Arbeitgeber gewünschte einheitliche Erscheinungsbild und hygienische Gesichtspunkte: Aufgrund der Einheitlichkeit sei die Kleidung besser zu reinigen (BFH v. 22.6.2006 – DStR 2006 S.1795).
Keine Berufskleidung soll dagegen vorliegen bei

- einheitlicher grauer Kleidung ohne Uniformcharakter von Chauffeuren (Vfg. der OFD München v. 25.3.1987),
- Krawatten und Tüchern von Angestellten einer Bank, wenn das Arbeitgeberlogo klein und nur an einer Stelle angebracht ist (Vfg. OFD Münster v. 29.10.1988, DB 1988 S.2384),
- Lodenmänteln von Forstbeamten (BFH v. 19.1.1996 – BStBl II 1996 S.202).

GUTER RAT

Ein Bund-Länder-Erlass (z.B. Niedersächsisches Finanzministerium v. 296
1.11.1996 – S 2354 – 70 – 35) regelt, dass Kleidung vom Arbeitgeber steuerfrei überlassen werden kann, wenn sie dauerhaft als Dienstkleidung oder Uniform gekennzeichnet ist, z.B. weil Wappen, Behördenkennzeichen oder Logos gut sichtbar angenäht oder eingewebt sind.

Was für Dienstkleidung im öffentlichen Dienst recht ist, sollte für private Unternehmen mehr als billig sein. Wenn die Firma Ihres Chefs ein schönes Logo hat, sollte es deutlich sichtbar auf gleichfarbige T-Shirts, Hosen, Baseballkappen etc. genäht und die Rechnung dem Finanzamt präsentiert werden. Bei normalen Schuhen, Socken und Unterwäsche klappt das aber wohl nicht. Auch winzige, kaum sichtbare Logos, wie bei den Bankerkrawatten und -tüchern (s.o.), oder mit Klettverschluss angebrachte Firmenschilder, die man jederzeit entfernen kann, haben vor den gestrengen Augen des Fiskus keinen Bestand.

Tropenbekleidung 297
Besondere Kleidung wegen beruflich veranlassten Klimawechsels, z.B. Dienstreise oder Umzug in die Tropen, ist nicht absetzbar. Nachdem der BFH hartnäckig in mehreren Urteilen – z.B. vom 20.3.1992 (BStBl 1993 II S.192) – den Abzug abgelehnt hatte, verfährt nach anfänglichem Zögern und nicht ganz überraschend der Fiskus genauso und lässt Sie auf den Bekleidungskosten sitzen (H 9.9 LStH).

Eine amtliche Vorschrift des Landes Nordrhein-Westfalen schreibt die genauen Richtwerte für das Schultaschengewicht vor. In einer Auflage von 3,5 Millionen Exemplaren wurde sie mit einem Kostenaufwand von 1,7 Millionen Mark versandt.
(BStZ)

TRICK

Besser zerrissen als verschlissen

Gehören Sie, wie z.B. Kellner, Laboranten oder Chemiker, zu denen, deren als 298
privat angesehene sog. bürgerliche Kleidung im Beruf außerordentlich stark strapaziert wird? Nun, für Sie hat der Bundesfinanzhof ein kleines Schlupfloch offen gelassen. Allerdings müssen Sie dazu dem Finanzamt beibringen, dass ein

Teil Ihrer Kleiderkosten durch den besonderen beruflichen Verschleiß bedingt ist (BFH-Urt. v. 26.6.1969 – BStBl 1970 II S. N7). Und der muss objektiv leicht nachprüfbar vom normalen Kleidungsverschleiß abgegrenzt werden können (BFH-Urt. v. 24.7.1981 – BStBl 1981 II S. 781). Also kommen Sie mit dem lapidaren Hinweis auf stärkere Verschmutzung, z.B. durch Getränke- und Essensflecken beim Kellnern, und dadurch häufiges Waschen nicht weit. Geradezu grob fahrlässig ist es, wenn Sie beim Finanzamt einfach pauschal 25 bis 30 % Ihrer Kleiderkosten wegen starken Verschleißes als Werbungskosten abzusetzen beantragen. Damit zwingen Sie selbst einen Ihnen wohlgesinnten Sachbearbeiter förmlich dazu, den Rotstift anzusetzen.
Ein Chemiearbeiter hätte fast seine Aufwendungen für bürgerliche Kleidung durchbekommen, weil sie mehr verschleißt als normal. Er hatte in seiner Rechtsbeschwerde gesagt, dass seine Hosen nach vier Wochen von den Säuren, mit denen er arbeite, zerfressen seien, seine Schuhe bald danach. Doch das hohe Gericht fand nach eingehender Prüfung heraus, dass er nur zwei Hosen und drei Paar Schuhe geltend gemacht hatte, während es doch – wenn seine Angaben zutreffend gewesen wären – zwölf Hosen und zehn Paar Schuhe hätten sein müssen. Seien Sie schlauer und versuchen Sie es in so einem Fall mit mehr Belegen! (BFH v. 24.7.1981 – BStBl 1981 S. 781)

SUPER TRICK

Steuervergünstigung für Ungeschicklichkeit!

299 Ist es Ihnen nicht auch schon mal passiert, dass Sie sich im Betrieb etwas verschandelt haben? An eine frisch gestrichene Wand geraten oder mit dem Rock irgendwo hängengeblieben sind? Sie sich bei einer Autopanne (anlässlich einer dienstlichen Fahrt) Schäden an der Oberbekleidung eingehandelt haben?
Ihre Chancen auf Anerkennung von Werbungskosten steigen, je konkreter Ihre Angaben sind. Besser ist es also, wenn Sie als Chemielehrer sagen können: »... habe ich mir bei einem Unterrichtsexperiment mit Schwefelsäure Löcher in meine drei Wochen alte Hose gebrannt. Üblicherweise trage ich Hosen zwei Jahre. In Höhe des Kaufpreises von 84 € abzgl. Abschreibung für einen Monat (84 € ÷ 24 Monate) = 3,50 € bitte ich Bekleidungskosten wegen außergewöhnlichen Verschleißes anzuerkennen.« Als Kellner teilen Sie dem Finanzamt mit, dass es zu dem Verschleiß gekommen ist, weil Sie sich Ihr Hemd an einer Kerze versengt haben oder die Fruchtsaftflecken trotz Megaperls und Hauptwaschgang nicht mehr zu entfernen waren.
Was Sie arbeiten und welche Kleidung Sie beschädigt haben, ist nicht so entscheidend. Wichtig ist einzig und allein: Der Schaden muss während der Arbeit geschehen sein. Werbungskosten stehen Ihnen also auch zu, wenn Sie Ihre teure

Lederjacke in der Firmengarage zerrissen haben. Bei einem solchen Stück setzen Sie beruhigt fünf Jahre Nutzungsdauer an (FG Thüringen 4.11.1999, EFG 2000 S.211).

Wenn es mit den Reinigungskosten getan war – haben Sie sicher die Rechnung aufgehoben, um sie dem Finanzamt zu präsentieren?
War der Anzug nicht mehr für den Dienst verwendbar, können Sie – auch wenn Sie nicht leitender Angestellter sind – mit folgendem

Eigenbeleg über Bekleidungsschaden

Verlust eines Anzugs infolge von Schäden, die durch den Betrieb veranlasst wurden (hingefallen auf dem Parkplatz infolge Eisglätte am. . . . . . .), Anschaffungskosten ca. 200 €; Abschreibung für bisherige Nutzung (1 Jahr) mit 40 €, verbleiben: 160 €

. . . .
Ort und Datum (Unterschrift)

die Steuer drücken und zwischen 27 und 82 € Erstattung herausholen.

TIPP

zur Berufskleidung

Setzen Sie pauschal an, was anzusetzen geht! Der Satz für Arbeitsmittel, zu denen auch Arbeitskleidung gehört, beträgt jährlich ca. 100 €. Die Finanzämter verzichten aus Zweckmäßigkeitsgründen in der Regel auf die Vorlage von Belegen, wenn dieser Satz nicht überschritten wird. Außer der Arbeitskleidung selbst können Sie natürlich die Kosten für deren Instandsetzung und Reinigung absetzen, z.B. so:

Für die Reparatur der Arbeitskleidung entstandene Kosten für

Garne und Stoffreste	15 €
Knöpfe und Reißverschlüsse	10 €
Nadeln usw.	2 €
	27 €

Wenn Ihre nette Hauswirtin Ihnen die Sachen in Ordnung hält, sollten Sie sich nicht scheuen, den monatlichen Blumenstrauß oder den Likör, den Sie ihr als Dank dafür zukommen lassen, gleichfalls beim Finanzamt geltend zu machen.

Wenn Sie als Sportlehrer z.B. im Schuldienst tätig sind, sind Ihre Aufwendun- 300
gen für Trainingsanzüge, Sporthosen und -schuhe abzugsfähig.

Aufwendungen für Sportgeräte und -kleidung können für Diplompädagogen (Erzieher) in vollem Umfang Berufskosten sein, wenn die private Nutzung von ganz untergeordneter Bedeutung ist. Ab einer privaten Nutzung von 15,5 % (wie, um Himmels willen, soll das jemand so genau ermitteln können?) fallen sie unter das Aufteilungs- und Abzugsverbot des § 12 Nr. 1 Satz 2 EStG (BFH-Urt. v. 21.11.86 VI R 137/83).
Stellt sich ein Finanzamt bei Ihrer Sportkleidung quer, reiben Sie ihm den Erlass des Finanzministers Nordrhein-Westfalens vom 10.5.1985 (S. 2353 – 45 – VB 3) unter die Nase, der immer noch gültig ist und Ihnen zumindest dann Werbungskosten für Ihre Sportkleidung zugesteht, wenn sie in der Schule aufbewahrt wird. So sah das auch das FG Münster, das einer Sportlehrerin Tasche, Kleidung und Pfeife als Werbungskosten anerkannte (FG Münster v. 12.11.1996 – EFG 1997 S. 334). Dem Problem mit der privaten Nutzung können Sie wunderbar mit dem Argument entgehen, Sie hätten für Ihre privaten Sportaktivitäten weitere Sportsachen. Weisen Sie dem Finanzamt per Beleg also nicht nur die Sportkleidung nach, die Sie für die Schule benötigen, sondern auch die privat gekauften Sportsachen. So sind Ihre Chancen, dass Sie wenigstens einen Teil Ihrer Kosten durchbekommen, jedenfalls wesentlich größer, als wenn Sie versuchen, alle Belege als Berufskosten durchzudrücken (FG Düsseldorf v. 16.11.1995 – EFG 1996 S. 176).
Ihre Skiausrüstung können Sie als Werbungskosten absetzen, wenn Sie als *Sportlehrer* etwa Kurse für Schulklassen leiten oder hauptberuflich Skilehrer sind (OFD München v. 19.10.72 S 2354 – 52/4 – 62137 und Finanzministerium Nordrhein-Westfalen v. 13.12.72 S 2330).

Für Lehrer hat der BFH folgende Kriterien für eine Anerkennung von Skiausrüstungen und Fortbildungen im Skilaufen, z.B. zum Erwerb einer Schulskileiter-Lizenz, aufgestellt (BFH v. 26.8.1988 – BStBl 1989 II S. 91):

- Sie müssen als Lehrer tatsächlich Sportunterricht erteilen oder entsprechende Arbeitsgemeinschaften leiten;
- Veranstalter des Lehrgangs muss ein anerkannter Verband oder die Schulverwaltung sein;
- der Teilnehmerkreis des Lehrgangs muss im Wesentlichen homogen sein, also vornehmlich aus Lehrern mit vergleichbarem schulischem Hintergrund bestehen;
- Sie haben für die Teilnahme Sonderurlaub erhalten, oder der Lehrgang findet während der Unterrichtszeit statt;
- die Schulverwaltung bescheinigt das dienstliche Interesse an der Lehrgangsteilnahme;
- der Lehrgang muss darauf abzielen, den Teilnehmern Kenntnisse zu vermitteln, die die Beaufsichtigung und Unterrichtung von Schülern beim Skilaufen betreffen;
- das Programm und die Durchführung des Lehrgangs müssen durch eine straffe Organisation gekennzeichnet sein;

- Ihre Teilnahme muss bescheinigt werden;
- der Lehrgang muss mit einer Prüfung abgeschlossen werden, über die ein dem Lehrgangsziel entsprechendes Zertifikat erteilt wird;
- Sie müssen die erworbenen Fähigkeiten anschließend im Lehrberuf verwenden.

WICHTIGER HINWEIS

Zeitnaher Einsatz der Ski-Ausrüstung im Unterricht tut not!

Wollen Sie als Sportlehrer die Aussicht auf Anerkennung der Kosten für Ihre Skiausrüstung erhöhen, müssen Sie sie unbedingt im Unterricht einsetzen. Dabei sollten Sie nicht zu viel Zeit ins Land streichen lassen. Können Sie nämlich dem Finanzamt gegenüber nicht belegen, dass Sie die Skier zeitnah im Unterricht oder in einer Sportfreizeit mit Schülern verwendet haben, scheidet eine steuerliche Berücksichtigung aus. Dasselbe gilt letztendlich auch für Ihre Fortbildung im Skifahren. Ohne konkreten Einsatz für die Schule kann es sogar bei Skikursen zu Schwierigkeiten kommen, die von einem anerkannten Verband oder der Schulverwaltung durchgeführt wurden (FG Saarland v. 9.7.2008 – 2 K 2326/05 – NWB EN Heft 40/2008 S. 3737).
»Und was soll ich jetzt völlig verwirrter Steuerzahler nun tun?«, fragen Sie. Immer nur lächeln. Und steif und fest behaupten: »Die Kinder sind heute alle so steif, dass ich ihnen die Übungen mindestens dreimal vormachen muss! Das schlaucht mich derart, dass ich alle Knochen einzeln spüre und privat keinen Sport mehr betreiben will – und es auch gar nicht mehr *kann*.«

TRICK

Tennisspielen auf Kosten des Fiskus!

»Wie soll denn das funktionieren?«, fragen Sie. »Ich denke, beim kleinsten 301
Hauch von Privatvergnügen versagt mir das Finanzamt die Anerkennung des Aufwands als Werbungskosten.«
Natürlich haben Sie recht, Sie müssen dazu schon einen Beruf haben wie Polizist oder Soldat, in dem Ihr Dienstherr verlangt, dass Sie Sport treiben. Nur – muss es denn immer Fußball oder ein anderer Mannschaftssport sein? Tennis ist schließlich auch weit verbreitet. Zumindest meinten das die Richter vom FG Saarland. Sie ließen einen Polizisten alle Aufwendungen für die Ausübung des

Tennissports als Werbungskosten absetzen, weil Tennis offiziell als Dienstsport ausgewiesen war und die Spiele während der Dienstzeit stattfanden (FG Saarland v. 19.3.1991 - EFG 1991 S.377). Das Finanzgericht aus dem Münsterland allerdings hat in einem Parallelfall die Werbungskosten abgelehnt (FG Münster v. 5.10.1993 - EFG 1994 S.238). Ähnlich restriktiv wurde über den Fall eines Polizisten entschieden, der sein Fahrrad und seine Sportkleidung für den Dienstsport absetzen wollte. Da er seinen Drahtesel aber nachweislich nur vier Stunden in der Woche beim Dienstsport eingesetzt hatte, wurden ihm die Werbungskosten verwehrt (FG Baden-Württemberg v. 23.11.2005 – EFG 2006 S.811). Nichtsdestotrotz, Wachtmeister, Kommissare, Offiziere und Unteroffiziere! Nichts wie hin zu den Vorgesetzten. Sie sollen zur Abwechslung mal Tennis auf den Dienstplan setzen. Auf diese Weise können Sie Tenniskleidung, Schläger, Schuhe, Tasche und eventuelle Platzmiete als Werbungskosten für Dienstsport absetzen.

SUPER TRICK

Bei jedem Waschtag klingelt's in der Kasse.

302 Kosten für die Reinigung Ihrer Arbeitskleidung sind ohne Zweifel Werbungskosten. Nur – wer schleppt schon seine ölverschmierten Arbeitsanzüge oder sonstige Arbeitskleidung ständig in die Reinigung? Natürlich landen die Sachen in der eigenen Waschmaschine. Aber die wäscht ja schließlich auch nicht umsonst!
Die obersten Steuerrichter des BFH entschieden gleich mit zwei Urteilen, dass Sie die Kosten für das Reinigen Ihrer Berufskleidung in der privaten Waschmaschine als Werbungskosten absetzen können (BFH-Urteile v. 29.6.1993 – BStBl 1993 II S.837 und S.838). Sie dürfen die Waschkosten sogar schätzen und sich dabei an den Erfahrungswerten von Verbraucherverbänden orientieren, vgl. Verbraucherzentrale Bundesverband e.V. (Quelle: vzbv e.V. »Schätzkosten für die Wäschepflege im privaten Haushalt«, Stand: Dezember 2002).

Danach ergeben sich folgende Reinigungskosten **je Kilogramm** Wäsche:

Zahl der Personen im Haushalt	1	2	3	4
	€	€	€	€
Kochwäsche	0,77	0,50	0,43	0,37
Buntwäsche	0,76	0,48	0,41	0,35
Pflegeleichte Wäsche	0,88	0,60	0,53	0,47
Ablufttrockner	0,41	0,26	0,23	0,19
Kondenstrockner	0,55	0,34	0,29	0,24
Bügeln	0,07	0,05	0,05	0,05

Bei einem Zwei-Personen-Haushalt setzen Sie bei je einem Waschgang Kochwäsche und Buntwäsche pro Woche und 48 Arbeitswochen für die Reinigung, Trocknung und das Bügeln Ihrer Arbeitskleidung folgende Gesamtkosten ab:

Kochwäsche	48 Waschgänge à 3 kg à (0,50 € + 0,26 € + 0,05 € =) 0,81 €	116,64 €
Buntwäsche	48 Waschgänge à 3 kg à (0,48 € + 0,26 € + 0,05 € =) 0,79 €	113,76 €
Gesamtkosten		230,40 €

Mittlerweile orientieren sich die Finanzgerichte zwar grundsätzlich alle an den Werten, die die Verbraucherverbände ermittelt haben, kommen aber dennoch zu zum Teil recht unterschiedlich hohen Waschkosten. Das liegt zum einen am Beruf des betreffenden Steuerzahlers. Zum anderen ist ganz entscheidend, für wie glaubwürdig die Finanzgerichte die Schätzung der wöchentlichen Mengen an beruflicher Wäsche halten. Folgende Urteile geben Ihnen einen Orientierungsrahmen, was an Waschkosten für Sie absetzbar ist:

- Bankangestellter; keine Werbungskosten, da Anzüge keine typische Berufskleidung sind (FG Saarland v. 28.1.2008 – 2 K 1497/07).
- Lokführer; 216 € (FG Münster v. 27.8.2002 – EFG 2002 S. 1589).
- Polizist; ca 75 € (Niedersächsisches Finanzgericht v. 12.9.2002 – 16 K 10551/99).
- Polizist; ca. 90 bis 100 € (FG Münster v. 19.2.2002, EFG 2002 S. 670).
- Polizist; ca 250 € (FG Brandenburg v. 7.2.2001 – EFG 2001 S. 812).
- Polizist beim Bundesgrenzschutz; ca. 100 € (FG Münster v. 13.8.2004 – 4 K 4303/02 E).
- Soldat; ca. 240 € (FG München v. 29.4.2005 – INF 2006 S. 209).
- Verkaufsfahrer; keine Werbungskosten, da er keine typische Berufskleidung trägt (FG Hamburg v. 2.8.2001 – II 123/00).
- Waldarbeiter; ca. 100 € (FG Rheinland-Pfalz v. 23.9.2004 – 6 K 2813/01).

Exakt mit den Verbraucherverbandwerten arbeiten offensichtlich auch die Richter in Baden-Württemberg (FG Baden-Württemberg v. 23.11.2005 – EFG 2006 S. 811), die einem Polizisten für die Reinigung seiner Dienstkleidung ca. 260 € Werbungskosten zugestanden. An dem vom Finanzgericht verwendeten Berechnungsschema können Sie sich orientieren:

Uniformteil	**Waschmenge**	**Kosten je kg**	**Gesamtkosten**
Diensthemden (Buntwäsche)	5 × 46 Wochen × 290 g = 66,7 kg	× 0,48 €	32,01 €
Jeanshosen (Buntwäsche)	2 × 46 Wochen × 820 g = 113,16 kg	× 0,48 €	54,32 €

Uniformteil	Waschmenge	Kosten je kg	Gesamtkosten
Pullover (Herbst-/Wintermonate) (Pflegeleicht)	2 × 23 Wochen × 950 g = 43,7 kg	× 0,60 €	26,22 €
Schutzwestenhülle (Kochwäsche)	2 × 23 Wochen × 550 g = 25,3 kg	× 0,50 €	12,65 €
Anorak (Herbst-/Wintermonate) (Pflegeleicht)	12 Wochen × 950 g = 11,4 kg	× 0,60 €	6,84 €
Einsatzanzug (Buntwäsche)	6 pro Jahr × 1.250 g = 7,5 kg	× 0,48 €	3,60 €
KSA Tuchjacke (Buntwäsche)	2 pro Jahr × 720 g = 1,44 kg	× 0,48 €	0,69 €
Trainingsanzug (Buntwäsche)	1 × 46 Wochen × 500 g = 23,0 kg	× 0,48 €	11,04 €
Imprägniermittel	Lederkleidung und Schuhe	Jahresbedarf	5,60 €
Zwischensumme			152,97 €
Trocknen	292,96 kg	× 0,34 €	99,61 €
Bügeln (Hemden, Jeans)	179,86 kg	× 0,05 €	9,00 €
Gesamtsumme			261,58 €

Wie Sie sehen, entscheiden die Gerichte nicht immer einheitlich und gilt auch hier wieder einmal die alte Weisheit: »Auf See und vor Gericht ist man in Gottes Hand!«

TIPP

Bei den Reinigungskosten sollten Sie nicht übertreiben!

Schaut man sich die Urteile der Finanzgerichte an, scheint sich die Schmerzgrenze für die Anerkennung von Reinigungskosten in der privaten Waschmaschine auf 150–300 € einzupendeln. Also: Selbst wenn Sie mit den Werten der Verbraucherzentrale arbeiten, sollten Sie nicht unrealistisch viele Waschgänge zugrunde legen. So sollte der tägliche Wechsel von Uniformhemden und -blusen durchaus in Ordnung gehen. Wer allerdings angibt, im selben Umfang auch Hosen, Jacken und Pullover zu reinigen, dürfte auf Widerstand stoßen. Waschkosten, die in Richtung 500 € bis 600 € gehen oder gar an den vierstelligen Bereich heranrücken, rufen den Fiskus und regelmäßig auch die Gerichte auf

den Plan. Deshalb lassen Sie die Kirche im Dorf und können sich so über einen geringeren, aber sicheren und vor allem widerstandsfreien Werbungskostenabzug freuen.
Denken Sie einfach an die alte indische Weisheit:
Wer den Tiger in den Schwanz kneift, muss damit rechnen, dass er sich umdreht und zubeißt!

TRICK

Die Nachbarin wäscht billiger.

Als Friseurin, Verkäuferin oder Krankenschwester benötigen Sie für die Arbeit jeden Tag einen frischen Kittel. In der Wäscherei kostet Sie die Reinigung pro Stück ca. 2,50 €. Das läppert sich übers Jahr auf 600 bis 700 € zusammen, und das ist Ihnen einfach zu viel. Aber zum Glück ist ja da die nette Nachbarin, die Ihnen die Kittel für die Hälfte wäscht und bügelt. Damit es mit dem Absetzen beim Finanzamt kein Theater gibt, lassen Sie sich von Ihrem Arbeitgeber am besten eine Bescheinigung ausstellen:

. . . halten wir es sowohl aus hygienischen Gründen als auch aus Verpflichtung dem Ruf unseres Hauses gegenüber für absolut erforderlich, dass Herr/Frau . . . . ihren/seinen Dienst täglich in frisch gereinigter Arbeitskleidung antritt.

. . . .
Ort und Datum (Unterschrift)

Bei einer 5-Tage-Woche machen Sie dann	230 Tage × 1 €	= 230 €
bei einer 6-Tage-Woche sogar	280 Tage × 1 €	= 280 €

als Reinigungskosten für Ihre Arbeitskleidung geltend.

Der Schulausschuss im Düsseldorfer Landtag hat für 50.000 € in Japan die »japanische Erziehung von Körper und Geist« ergründet, was die Abgeordneten mit einem Dutzend Straßenbahntickets auch hätten tun können: In Düsseldorf-Oberkassel steht die größte japanische Schule Europas.

7. Die Kosten für Ihre Fortbildung

303 **S** Fortbildungskosten sind Aufwendungen zu dem Zweck, in dem bereits ausgeübten Beruf auf dem Laufenden zu bleiben, um den jeweiligen Anforderungen gerecht zu werden, oder sich weiterzuqualifizieren. Auch die Qualifizierung für den Wiedereinstieg in den Beruf nach einer längeren Pause geht als Fortbildung durch. Ebenso Umschulungen, Zweitausbildungen und Zweitstudiengänge. Fortbildungskosten sind wegen des Zusammenhangs mit dem Beruf als Werbungskosten abzugsfähig.

Im Gegensatz dazu werden *Ausbildungskosten* der privaten Lebensführung zugerechnet und sind als Sonderausgaben abzugsfähig, allerdings nur in folgenden Fällen (§ 12 Nr. 5 EStG):

- bei einer erstmaligen Berufsausbildung,
- bei einem erstmaligen Studium,
- beim Besuch einer allgemeinbildenden Schule.

Der Sonderausgabenabzug ist dabei auf 6.000 € im Jahr beschränkt. Wenn Sie verheiratet sind und Ihre bessere Hälfte ebenfalls Ausbildungskosten hat, steht ihr ebenfalls der Betrag von 6.000 € zu.

Diese Beschränkungen des Kostenabzugs für eine erstmalige Ausbildung sind lt. BFH nicht verfassungswidrig. Das typisierende Abzugsverbot liege im Dispositionsbereich des Gesetzgebers, so auch, ob er Aufwendungen für eine berufliche Erstausbildung den Werbungskosten/Betriebsausgaben zuordnet oder ob er – wie geschehen – die private (Mit-)Veranlassung in den Vordergrund stellt und eine Zuordnung der Aufwendungen zu den Sonderausgaben vornimmt (BFH v. 5.11.2013 – VIII R 22/12). Auch der Umstand, dass die Beschränkungen auf Jahre vor 2011 angewendet werden, sieht der BFH als nicht problematisch an. Also bedeutet das für Sie wieder einmal, dass Sie Ihre steuerlichen Verhältnisse den fiskalischen Restriktionen anpassen, um zu Ihrem Recht zu kommen.

Die Einschränkung kann Sie nämlich nicht treffen, wenn Sie Ihre erstmalige Berufsausbildung in einem normalen Ausbildungsberuf oder als Beamtenanwärter, Soldat etc. absolvieren und schon in der Ausbildung Lohn oder Gehalt beziehen. Dann können Sie mit der Trumpfkarte **Ausbildungsdienstverhältnis** argumentieren und Werbungskosten absetzen.

Mehr zu den Kosten der Berufsausbildung unter ➤ Rz 546 ff.

304 **Gute Nachrichten:** Egal, ob Sie sich vor, während oder nach Ihrem Job fortbilden, eine Umschulung durchlaufen oder ein Zweitstudium hinlegen, Ihre Aufwendungen stellen bei entsprechendem beruflichen Hintergrund immer Wer-

bungskosten dar (BFH v. 4.12.2002 – BStBl 2003 II S. 403). Wie der BFH stellen Sie sich auf den Standpunkt, dass Werbungskosten immer vorgehen. Wenn Ihre Aus- oder Fortbildung mit einer konkret geplanten Berufstätigkeit zusammenhängt, erfüllt sie die Voraussetzungen für vorweggenommene Werbungskosten oder Betriebsausgaben.

Dabei spielt es überhaupt keine Rolle, ob Sie mit Ihrer Fortbildung erst die Qualifikation für einen völlig anderen Beruf schaffen müssen. Sprechen Sie deshalb gegenüber dem Finanzamt ganz hartnäckig immer nur von Fortbildungskosten, wenn Sie z.B. als bisheriger Bilanzbuchhalter zum Heilpraktiker umschulen (BFH v. 13.2.2003 – BStBl II 2003 S. 698) oder nach längerer Berufspause als kaufmännische Angestellte eine Fahrlehrerausbildung absolvieren (BFH v. 4.12.2002 – BStBl 2003 II S. 403). Auch der Erwerb einer höheren Qualifikation in Ihrem Beruf führt zu Fortbildungskosten. Deshalb sind die Aufwendungen für Meisterkurse genauso Werbungskosten wie die Kosten von Steuerfachangestellten beim Abschluss der Steuerberaterprüfung.

Vor allem wenn Sie vor Ihrer Fortbildung arbeitslos waren und damit Ihre Chancen steigern, endlich einen neuen Job zu finden, gehen Ihre Kosten als voll abzugsfähige Werbungskosten durch. Dass Sie einen Beruf in einer vollkommen anderen Branche ergreifen wollen, hat das Finanzamt dabei überhaupt nicht zu interessieren. Deshalb musste es z.B. zähneknirschend einem Diplomgeographen den Lehrgang zum Abfallwirtschaftsberater anerkennen (BFH v. 18.4.1996 – BStBl II 1996 S. 482).

Ihre erste Ausbildung muss kein klassisches Studium sein oder ein formal geregelter Ausbildungsberuf. Auch eine Ausbildung, die nicht zwei Jahre dauert, Sie gleichwohl auf einen Beruf vorbereitet, der später Ihre Existenzgrundlage bildet, reicht aus, damit Ihre spätere weitere Ausbildung als steuerlich anzuerkennende Zweitausbildung mit vollem Werbungskostenabzug durchgeht. So jedenfall hat der BFH einer Flugbegleiterin die Kosten für Ihre Ausbildung zur Pilotin als Werbungskosten anerkannt (BFH v. 28.2.1013 –VI R 6/12).

Sollten Sie die öffentliche Hand vermissen?
Ich kann Ihnen sagen, wo sie ist: in Ihrer Tasche.

Studienkosten als Werbungskosten **305**

Auch ein Studium ist keine Tabuzone mehr, wenn es sich um ein Zweitstudium handelt. Hat die Fachrichtung auch nur am Rande etwas mit Ihrer jetzigen Arbeit zu tun, deklarieren Sie sämtliche Studienkosten in der Anlage N als Werbungskosten.

TRICK

Keine Abzugsbeschränkung für ein Erststudium nach abgeschlossener Ausbildung !

Mit einem ganzen Bündel von Urteilen hat der BFH entschieden, dass Kosten für ein Erststudium nach einer abgeschlossenen Berufsausbildung in voller Höhe als Werbungskosten abgezogen werden können statt nur bis zu 6.000 € als Sonderausgaben. So hat der BFH z.B. bei einer Buchhändlerin, die nach ihrer Ausbildung ein Lehramtsstudium absolvierte, die Aufwendungen für das Studium als Werbungskosten anerkannt (BFH v. 18.6.2009 – VI R 14/07, BFH/NV 2009 S. 1875).

Auch nach Abschluss des Bachelor-Studiums absolvierte Master-Studiengänge, die z.B. mit dem akademischen Grad Master of Science, Master of Business Administration oder Master of Laws enden, führen zu Werbungskosten (OFD Frankfurt/M. v. 1.3.2006 – S 2332 A – 63 – St II 3 01).

TIPP

für vor Beginn Ihres Jobs angefallene Kosten

306 Wenn Sie während eines Lehrgangs keine Einkünfte haben, gehen die Werbungskosten in dieser Zeit zwar ins Leere, trotzdem sind sie nicht endgültig verloren. Da Sie ja keine Einnahmen hatten, ergibt sich durch die Werbungskosten ein Verlust (BFH v. 4.11.2003 – BFH/NV 2004 S. 483), und den können Sie sich als Verlustrücktrag von Ihrem Einkommen im Vorjahr abziehen lassen. Hatten Sie auch da keine Einkünfte, besteht die Möglichkeit, den Verlust so lange in die nächsten Jahre vorzutragen, bis sich eine Verrechnungsmöglichkeit ergibt. Dann drücken Sie durch den Verlustabzug Ihr Einkommen und sparen einen dicken Batzen an Steuern.

Geben Sie zu diesem Zweck einen Einkommensteuererklärungsvordruck bei Ihrem Finanzamt ab und kreuzen Sie auf der ersten Seite des Mantelbogens das Kästchen »Erklärung zur Feststellung des verbleibenden Verlustvortrags« an. Das Finanzamt stellt daraufhin Ihren Verlust verbindlich fest. Denken Sie an diese Möglichkeit z.B. auch, wenn Sie im Erziehungsurlaub oder arbeitslos sind (BFH v. 22.7.2003 – BStBl II 2004 S. 888) oder wenn Sie nach einem Erststudium ein Zweitstudium absolvieren und währenddessen nicht berufstätig sind.

TRICK

Retten Sie ein paar Jahre rückwirkend Ihre vorweggenommenen Werbungskosten!

Vermutlich haben Sie bislang nicht im Traum daran gedacht, eine Steuererklä- 307
rung für Ihre Umschulungs-, Zweitstudien- oder Meisterlehrgangskosten abzugeben, da Sie ja keine Einkünfte hatten und keine Steuern gezahlt haben, die Sie sich hätten erstatten lassen können.
Trotzdem ist für Sie noch nicht alles verloren. Steuererklärungen zur Feststellung des Verlustvortrags, der sich aus Ihren vorweggenommenen Werbungskosten ergibt, können Sie auch noch nachträglich einreichen. Die Verjährungsfrist für solche Steuererklärungen beträgt im günstigsten Fall sieben Jahre. Wollen Sie also im Jahr 2015 rückwirkend entsprechende Steuererklärungen abgeben, klappt das für die Jahre 2008 bis 2014. Sind Sie schnell genug und schaffen die Erklärungen bis zum 31.12.2014 zum Finanzamt, können Sie sogar noch das Jahr 2007 mitnehmen.
Ein kleiner Pferdefuß bei der ganzen Sache ist, dass von Ihren vorweggenommenen Werbungskosten in den jeweiligen Jahren andere Einkünfte z.B. aus Zinsen oder Gelegenheitsjobs abgezogen werden. Die Werbungskosten werden zunächst einmal im jeweiligen Jahr genutzt, um diese Einkünfte auf 0 € herunterzurechnen. Was dann übrig bleibt, können Sie später steuermindernd verrechnen.

TIPP

für Auszubildende, Referendare und Seminarteilnehmer

Werden im Rahmen der Ausbildung steuerpflichtige Einnahmen bezogen, so 308
sind die Kosten, die mit der Ausbildung in Zusammenhang stehen, in voller Höhe als Werbungskosten abzugsfähig (H 9.2 LStH »Ausbildungsdienstverhältnis«). Die Beschränkung, dass Kosten der erstmaligen Ausbildung keine Werbungskosten sein sollen, gilt nämlich ausdrücklich nicht für Ausbildungsdienstverhältnisse (§ 12 Nr. 5 EStG).
Auszubildende können somit ihre Fahrtkosten zur Berufsschule und zum Ausbildungsbetrieb als Werbungskosten abziehen – zu Einzelheiten vgl. ➤ Rz 259.
Das gilt auch für Referendare und Teilnehmer an Seminaren.
Aus demselben Grund können zum Studium beurlaubte Offiziere oder zum Erwerb von Reifezeugnissen abkommandierte Soldaten auf Zeit ihren gesamten Ausbildungsaufwand als Werbungskosten absetzen (BFH v. 28.9.1984 – BStBl II 1985 S. 87).

309 *Kosten zur Erlangung des Doktortitels* sind Fortbildungskosten, wenn es für den Doktortitel einen beruflichen Anlass gibt (BFH v. 4.11.2003 - BStBl II 2004 S.891). Dem hat sich inzwischen auch der Fiskus angeschlossen (BMF v. 4.11.2005 - BStBl I 2005 S.955). Einen beruflichen Grund finden Sie doch schnell. Im Zweifel reichen die besseren Berufsaussichten und Aufstiegschancen durch einen Doktortitel, oder Sie machen geltend, Sie würden einen Job an der Uni anstreben und möchten irgendwann Professor werden.

Welche Kosten Sie absetzen können

310 Bei Teilnahme an einem Fortbildungslehrgang sind als Werbungskosten abzugsfähig:

- die Teilnahmegebühr,
- Aufwendungen für Fachzeitschriften und Fachbücher,
- die Fahrtkosten in tatsächlicher Höhe, bei Verwendung eines Pkw 0,30 € je gefahrenen Kilometer,
- Unterkunftskosten in tatsächlicher Höhe. Das Finanzamt will von Ihnen immer Belege für Ihre Hotel- oder Pensionskosten sehen, bewahren Sie deshalb die Rechnungen auf.
- Verpflegungsmehraufwand, abgerechnet nach den Reisekostengrundsätzen. Das gilt zumindest für die ersten drei Monate. Und: Die Verpflegungspauschalen stehen Ihnen auf jeden Fall zu, auch wenn Ihre tatsächlichen Kosten viel niedriger lagen! Zum Verpflegungsmehraufwand siehe ➤ Rz 191.
- Wenn Sie während der Fortbildung oder Ihrer Referendarzeit länger auswärts untergebracht sind und eine Zweitwohnung oder ein Zimmer unterhalten, können Sie Kosten für doppelte Haushaltsführung absetzen.

Bei einer Fortbildungsveranstaltung unmittelbar im Anschluss an den Dienst kommt oft ein Anspruch auf die Verpflegungspauschale nicht zustande, weil die für Dienstreisen notwendige Mindestdauer von acht Stunden nicht erreicht wird. In diesen Fällen können Sie sich damit helfen, dass Sie an die Fortbildungsveranstaltung eine Arbeitsgemeinschaft mit anderen Teilnehmern anhängen, in der der Lehrstoff ausführlich diskutiert und nachbereitet wird.

GUTER RAT

311 Nehmen Sie an einem länger dauernden Lehrgang teil, bei dem – weil entsprechend teuer – Ratenzahlung vorgesehen ist, vereinbaren Sie mit dem Veranstalter, die Gebühr in einer Summe zu bezahlen. Auf diese Weise können Sie den Betrag auf einmal ansetzen und überwinden vielleicht locker den Arbeitnehmerpauschbetrag.

Gibt es bei einem längeren auswärtigen Lehrgang Gemeinschaftsverpflegung, setzen Sie trotzdem für die ersten drei Monate die vollen Verpflegungspauschalen ab. Schließlich wird Ihnen für die Gemeinschaftsverpflegung pro Tag ein Sachbezugswert zugerechnet.

Angenommen 80 Tage × 24 € = 1.920 €

Fortbildungskosten bei Lehrern

Lehrer, aufgemerkt: Die Kosten für Konzert- oder Theaterbesuche sind grundsätzlich keine Werbungskosten, es sei denn, die Veranstaltung ist der Art und Gestaltung nach ausgesprochen auf den Fortbildungszweck ausgerichtet (BFH-Urt. v. 8.2.1971 – BStBl 1971 II S. 368). 312

Nicht ersetzte Aufwendungen von Lehrern können u.a. in folgenden Fällen Werbungskosten sein:

- bei Wandertagen oder Klassenausflügen (FG Düsseldorf v. 20.6.1974 – EFG 1974 S. 516);
- bei Skifreizeiten mit Schülern oder Ski- und Snowboardlehrgängen für Lehrer, die Skifahren als Schulsport unterrichten. Verlangt wird regelmäßig, dass an den Kursen im Wesentlichen Lehrer teilnehmen, Veranstalter ein anerkannter Verband oder die Schulverwaltung ist, das Programm straff organisiert und auf die Befähigung ausgerichtet ist, Skifahren zu unterrichten. Außerdem sollte der Lehrgang mit einer Prüfung und einem Zertifikat abschließen. Letzteres und die Tatsache, dass der Lehrer zuvor nur geringe Grundkenntnisse im Skifahren besaß, sieht der BFH aber nicht als unabdingbare Voraussetzung an (BFH v. 22.6.2006 – BFH/NV 2006 S. 1751);
- wenn ein Jugendseelsorger an Jugendfreizeiten teilnimmt (FG Münster – EFG 1995 S. 6);
- bei Balintgruppen, wenn nur Lehrer teilnehmen und die Gruppe ausschließlich das Thema Lehrer-Schüler-Verhältnis behandelt (Hess. FG – EFG 1985 S. 341);
- bei Kursen in Gesprächsführung, wenn sie nicht in erster Linie der Persönlichkeitsentwicklung der Teilnehmer dienen (FG Rhld.-Pflz. – EFG 1995 S. 8);
- bei einem Yoga-Lehrgang, wenn der Lehrer an seiner Schule im Rahmen von Arbeitsgemeinschaften Yoga-Kurse gibt (FG Niedersachsen v. 17.2.1999 – EFG 1999 S. 543);
- bei der zweiten Lehrerprüfung, weil die Referendare – obwohl noch in Berufsausbildung – bereits steuerpflichtige Einnahmen haben und somit in einem Ausbildungsdienstverhältnis stehen (BFH v. 17.12.1971 – BStBl 1972 II S. 259);
- bei Psychotherapiekursen, wenn sie auf eine professionelle Anwendung des Stoffes z.B. als Beratungslehrer vorbereiten und nicht vorrangig der eigenen Persönlichkeitsentfaltung dienen (FG Nürnberg v. 21.9.2005 – III 169/2005);

- bei Supervisionskursen bei Beratungslehrern (FG München v. 17.11.2003 – EFG 2004 S. 646);
- bei einer Zusatzausbildung zum analytischen Kinder-Psychotherapeuten (Psychagogen) (BFH v. 26.6.2003 – BFH/NV 2003 S. 1415);
- bei einem Auslandssprachkurs für Englischlehrkräfte. Das Finanzgericht gestand sie einer Lehrerin für ihren Sprachkurs in Irland zu. Entscheidend ist, dass Sie für den Lehrgang von der Schule freigestellt werden, der Lehrgang konsequent z.B. an den Werktagen morgens und an zwei Tagen auch nachmittags durchgeführt wird. Gelegentliche private Aktivitäten in der Freizeit, wie eine Stadtführung, eine Halbtagesexkursion in die nähere Umgebung oder eine Ganztagesfahrt am Wochenende, sind unschädlich (FG München v. 27.10.2009 – 6 K 3043/08).

Demgegenüber wurden einer Sonderschullehrerin die Kosten für einen *Biorelease-Kurs* zur Befreiung von Stress mit einem offenen Teilnehmerkreis ohne speziellen Zuschnitt auf ihre berufliche Situation nicht als Werbungskosten anerkannt (Hess FG v. 24.1.1985 – EFG 1985 S. 342).

313 **Wer an beruflichen Fortbildungslehrgängen teilnimmt, kann überdies noch finanzielle Hilfe aus dem Förderungsprogramm nach dem SGB III erhalten.**
Erkundigen Sie sich auf jeden Fall bei dem Veranstalter des Lehrgangs, ob der Lehrgang von der zuständigen Agentur für Arbeit als förderungsfähig anerkannt ist. Die Förderung kann aus einem Zuschuss, einem Darlehen oder einer Kombination aus beidem bestehen.
Da kommt allerhand zusammen.

TIPP

für vergessliche Kursteilnehmer

314 Wer nichts abzusetzen vergessen will, muss wissen, was alles abzugsfähig ist. Wer sich fortbildet, besucht meistens Kurse. Und ein Kurs beginnt erst mal mit einer Gebühr, die abzugsfähig ist, sofern der Lehrgang nicht dazu dient, einen neuen Beruf aufzubauen.

Kursgebühr	200 €
Porto und Telefon für die Anmeldung und das Beschaffen von Informationsmaterial	20 €
Für 6 Wochen fahren Sie in die Stadt, um dort den Lehrgang zu besuchen. Bahnfahrtkosten	240 €
Fahrten mit dem eigenen Pkw zum Lehrgang sind in Höhe von 0,30 € pro gefahrenen Kilometer abzugsfähig (H 9.5 LStH »Pauschale Kilometersätze«)	

Gepäckbeförderung	10 €
Unterkunftskosten lt. Rechnung des Hotels	
42 Übernachtungen à 40 €	1.680 €
Nebenkosten für Stadtplan, Fahrkarten etc.	80 €
Für Verpflegung ziehen Sie die Pauschalen ab	
42 Tage × 24 €	1.008 €

Zu den Pauschalen siehe ➤ Rz 191.

Kosten für den Meistertitel sind generell als Fortbildungskosten abzugsfähig. 315
Von einer erstmaligen Berufsausbildung kann hier keinesfalls die Rede sein. Wenn Sie während des Meisterlehrgangs keinen Job ausüben, geben Sie in Ihrer Steuererklärung die Kosten als vorweggenommene Werbungskosten an. Den Verlust, der sich dadurch rechnerisch ergibt, stellt das Finanzamt fest, und Sie können ihn später, wenn Sie wieder eine Beschäftigung gefunden haben, absetzen; vgl. dazu auch ➤ Rz 306 ff.
Zum Meisterstück siehe ➤ Rz 374.

SUPER TRICK

Setzen Sie Fortbildungskosten mit internem Fremdvergleich voll ab!

S Der Fiskus piesackt gerade kleine Familienbetriebe gern mit folgender 316
Taktik: Wollen Eltern die Fortbildungskosten, auch das weiterlaufende Gehalt etc. als Betriebsausgaben absetzen, wenn Sohn oder Tochter etwa die Meisterschule besucht, wird ihnen entgegengehalten: Sie hätten andere Mitarbeiter doch sicher auch nicht gefördert, das Geld für Sohn oder Tochter sei daher der privaten Lebensführung zuzuordnen.
Dem beugen Sie geschickt vor, indem Sie anderen fähigen Mitarbeitern ebenfalls eine Fortbildung anbieten, am besten schriftlich per Aushang im Betrieb. Selbst wenn diese kein Interesse haben, gelingt Ihnen damit der »interne Fremdvergleich« – und der, so das BFH-Urteil vom 11.12.1997 (BFH/NV 1998 S. 952), reiche aus.

Ganz wichtig dabei: Einen schriftlichen Fortbildungsvertrag abschließen, mit Rückzahlungsklausel für den Fall, dass der Mitarbeiter (auch Sohn oder Tochter) nach Abschluss der Fortbildung nicht mindestens zwei bis drei Jahre im Betrieb bleibt.

Bürokratie ist die Vervielfältigung von Problemen durch Einstellung weiterer Beamter.
(N. Parkinson)

TRICK

Fordern Sie die Vorsteuer aus den Rechnungen für die Meisterprüfung zurück!

317 **S** Nach der Meisterprüfung machen Sie sich selbständig. Jetzt haben Sie die Möglichkeit, sich nachträglich die Vorsteuer aus den Rechnungen für die Meisterprüfung vom Finanzamt erstatten zu lassen. Denn die Meisterprüfung gehörte umsatzsteuerlich gesehen bereits zu den Vorbereitungshandlungen zur Betriebseröffnung und die Unternehmereigenschaft, auf die es hier ankommt, beginnt wiederum mit den ersten Vorbereitungshandlungen (Quelle: Abschnitt 19 Umsatzsteuer-Richtlinien).

318 Auch Aufwendungen für einen Führerschein können Werbungskosten sein, wenn der Arbeitgeber dessen Erwerb nahelegt und der Arbeitnehmer bei einer Weigerung, den Führerschein zu machen, Nachteile in seinem beruflichen Fortkommen befürchten muss. Dies gilt insbesondere für ältere Arbeitnehmer, die selbst kein eigenes Kraftfahrzeug besitzen (FG Münster v. 30.6.1965 – EFG 1965 S. 607). Ebenfalls gute Karten haben Sie, wenn Sie als Bauhandwerker, der bisher schon häufig für die Firma Klein-Lkw gefahren hat, den Führerschein Klasse II machen (FG Münster v. 25.2.1998 – EFG 1998 S. 941). Auch die Kosten eines Busführerscheins sind Werbungskosten, wenn ein Steuerzahler damit seine Chance, als Kraftfahrer eine Stelle zu bekommen, vergrößern möchte (FG Baden-Württemberg v. 29.8.2006 – 14 K 46/06).
Dagegen hat der Bundesfinanzhof (Urt. v. 20.2.1969 – IV R 119/66 – BStBl 1969 II S. 433) entschieden, dass Aufwendungen für den Erwerb des Führerscheins in aller Regel auch dann zu den Kosten der Lebensführung gehören, wenn der Beruf oder der Betrieb die Benutzung eines Personenkraftwagens erforderlich macht. Der BFH rechtfertigt diese Auffassung u. a. damit, dass in aller Regel der einmal erworbene Führerschein in nicht unbedeutendem Umfang auch für Privatfahrten benutzt wird. Allein die Tatsache, dass der Steuerzahler für seine Fahrten zwischen Wohnung und Arbeitsstätte auf den Pkw angewiesen ist, rechtfertigt ebenfalls keinen Abzug der Führerscheinkosten als Werbungskosten (BFH v. 15.2.2005 – BFH/NV 2005 S. 890).

319 Was für den Führerschein gilt, muss für den Flugschein nur recht und billig sein. Wenn Sie als Stewardess oder Angestellter einer Fluggesellschaft den Aufstieg zum Piloten schaffen wollen oder Ihnen nach erfolgreich absolvierter erster Ausbildung doch mehr der Sinn nach einem Arbeitsplatz über den Wolken steht und Sie auf Pilot umsatteln und deshalb den Verkehrsflugzeugführerschein machen, sind Ihre Kosten auf jeden Fall Werbungskosten (BFH v. 27.5.2003 – BStBl II 2005 S. 202). Dass die Ausbildung zum Flugbegleiter möglicherweise keine Ausbildung nach dem Berufsbildungsgesetz darstellt, spielt nach Auffas-

sung des BFH keine Rolle. Eine erstmalige Berufsausbildung ist auch eine Ausbildung in einem Anlernberuf, bei dem die Ausbildung nicht nach einer festen Ausbildungsordnung absolviert wird und nicht die sonst übliche Ausbildungszeit von mindestens zwei bis drei Jahren dauert. Absolvieren Sie also im Anschluss eine weitere Ausbildung, zählt diese als weitere Berufsausbildung und führt auf jeden All zu Werbungskosten (BFH v. 28.2.2013 – VI R 6/12, BFH/NV 2013 S. 1166). Ist Ihre Pilotenausbildung dagegen tatsächlich Ihre erstmalige Berufsausbildung und findet sie ausnahmsweise nicht im Rahmen eines Arbeitsverhältnisses mit der Fluggesellschaft (Ausbildungsdienstverhältnis) statt, sind die von Ihnen getragenen Kosten nur Ausbildungskosten (§ 12 Nr. 5 EStG) und können lediglich bis zu 6.000 € im Jahr als Sonderausgaben abgezogen werden.

Die Kosten einer Privatpilotenlizenz sind ungleich schwieriger als Werbungskosten abzusetzen. Wenn Sie nicht gerade eine Lizenz zum Fluglehrer anstreben, rechnet man sie Ihrem Privatvergnügen zu.

TIPP

zum kostenlosen Führerschein

Wenn Sie Ihren Führerschein beruflich brauchen und Ihr Arbeitgeber die Füh- 320
rerscheinkosten übernimmt, ist das für Sie komplett steuerfrei. So sehen das jedenfalls der BFH für den Führerschein eines Polizisten (BFH-Urt. v. 26.6.2003 – BStBl II 2003 S. 886) und das Bayerische Staatsministerium der Finanzen bei Feuerwehrleuten, die den Führerschein Klasse »C« auf Kosten der Gemeinde machen (Erlass v. 16.6.2004 – S 2337 – 158 – 25617/04).

TIPP

für Auslandssprachkurse

In Zeiten der Globalisierung sind Sie ohne Fremdsprachenkenntnisse auf der 321
Karriereleiter ganz schnell abgemeldet. Also entschließen Sie sich vielleicht doch, Sprachkurse zu belegen. Doppelte Freude bringen solche Kurse natürlich dann, wenn Sie sie von der Steuer absetzen können und statt an einer Fach- oder Volkshochschule zu büffeln das Lernprogramm ins Ausland verlegen.

Um die Werbungskosten durchzupauken, müssen Sie Folgendes beachten (BFH v. 13.6.2002 – BStBl II 2003 S. 765):

- Der Sprachkurs sollte auf Ihre beruflichen Belange zugeschnitten sein. Wenn Sie einen Spezialkurs z. B. in Wirtschaftsenglisch belegen, haben Sie an sich immer gute Karten. Aber auch ein allgemeiner Sprachkurs gilt als auf Ihre beruflichen Belange zugeschnitten, wenn Sie für Ihren Job nur grundlegende Sprachkenntnisse, also kein Fachchinesisch benötigen.

- Der Lehrgang muss straff durchorganisiert sein und darf keinen umfangreichen Raum für touristische Aktivitäten lassen. Der BFH hat es jedoch als ausreichend angesehen, wenn Sie an fünf Tagen in der Woche jeweils sechs Stunden Unterricht absolvieren und zusätzliche Zeit für das Nacharbeiten des Unterrichtsstoffs anfällt. Dass Sie am Abend und am Wochenende Gelegenheit haben auszuspannen, steht der Anerkennung nicht entgegen. Schließlich müssen Sie ja den Kopf auch mal wieder frei bekommen, und vergleichbare unterrichtsfreie Zeiten wären ja genauso angefallen, wenn der Kurs im Inland stattgefunden hätte.
- Gelegentliche Exkursionen mit der Gruppe am unterrichtsfreien Samstag und ein generell freier Sonntag stehen der Anerkennung der Werbungskosten nicht entgegen.
- Auf keinen Fall darf der Fiskus die berufliche Veranlassung Ihres Sprachkurses mit der Begründung ablehnen, dieser habe im Ausland stattgefunden und ein vergleichbarer Inlandssprachkurs hätte es auch getan. Diese Argumentation verstößt nämlich, zumindest wenn es um Kurse in einem EU-Staat geht, gegen EU-Recht.

An diesen Kriterien hat sich der BFH auch orientiert, wenn es um die Frage ging, ob Sie neben den reinen Kursgebühren auch die übrigen Kosten, wie Verpflegungspauschalen, Unterkunfts- und Fahrtkosten, absetzen können (BFH v. 19.12.2005 – BFH/NV 2006 S.934).
Um die berufliche Notwendigkeit Ihres Sprachkurses zu untermauern, kann eine entsprechende Bescheinigung des Chefs natürlich nie schaden.

Bescheinigung

Da Herr/Frau . . . . . . in der Funktion als . . . . . . ständig mit unseren internationalen Kunden und Geschäftspartnern verhandeln muss, war es für die weitere Ausübung der bisherigen Funktion in unserem Haus und im Interesse eines Ausbaus der Kundenbeziehungen im Ausland unbedingt erforderlich, dass er/sie zur Verbesserung seiner/ihrer Französischkenntnisse (o. Ä.) einen (Intensiv-)Sprachkurs belegt.

. . . .
Ort und Datum (Unterschrift)

Sie sollten nicht gleich die Flinte ins Korn werfen, wenn das Finanzamt Ihnen doch wieder mit dem Argument kommt, der Auslandssprachaufenthalt sei nicht zu 100 % beruflich veranlasst. Der BFH hat ausdrücklich entschieden, dass bei einer partiell auch privat veranlassten Sprachreise ins Ausland zumindest ein Teil der Kosten abgezogen werden muss (BFH v. 24.2.2013 – BStBl 2013 II S.796). Sogenannte »gemischte« Aufwendungen müssen demnach grundsätzlich aufgeteilt und der berufliche veranlasste Teil muss als Werbungskosten bzw. Betriebsausgaben berücksichtigt werden. Die Kunst liegt in der Aufteilung der Kosten. Einfach ist es, wenn Sie erst den Sprachkurs machen und anschließend die Urlaubstage dranhängen – oder umgekehrt. Die Reisekosten können Sie dann schlicht nach Tagen auf den beruflichen und auf den privaten Bereich aufteilen. **Übrigens: Die Kursgebühren für den beruflich notwendigen Sprachkurs selbst sind in jedem Fall Werbungskosten.**

Lassen sich die einzelnen Reiseteile nicht so einfach zeitlich trennen und gibt es auch keinen anderen vernünftigen Aufteilungsmaßstab, kommt lt. BFH eine Aufteilung im Verhältnis 50:50 in Betracht.

TIPP

für Sprachkurse vor einem Auslandseinsatz

Einen Hinweis sollten Sie unbedingt beachten: **War der Sprachkurs nur die Vor-** 322
bereitung für einen längeren Einsatz im Ausland für Ihre Firma, seien Sie auf der Hut. Die im Anlegen kräftiger Daumenschrauben für Steuerzahler recht rührigen Bundesfinanzhofrichter – immerhin entscheiden sie 80 % ihrer Fälle für den Fiskus – sind auf den Trichter verfallen, dass Ihre Werbungskosten dann ja mit steuerfreien Auslandseinkünften zusammenhängen, die Sie später beziehen, und deswegen nach § 3 c EStG nicht abzugsfähig sein sollen (BFH v. 24.4.1992 – BStBl II 1992 S. 666). Schreibt Ihre Firma in der Bescheinigung, dass Ihr Französischkurs wegen Ihrer geplanten Versetzung in die Filiale in Paris erforderlich war, haben Sie schlechte Karten.

Sie werden sich stattdessen eine Bescheinigung holen, nach der Sie Ihre neuen Sprachkenntnisse auch bei Ihrer regulären Arbeit in Deutschland gewinnbringend für die Firma einsetzen sollen. Das Finanzamt darf den Sprachkurs dann nicht mehr Ihrem Auslandsaufenthalt zurechnen (BFH v. 10.4.2003 – BStBl 2002 II S.579).

Was die Fahrtkosten betrifft, können Sie sie nach dem Urteil des FG Düsseldorf vom 19.8.1970 (EFG 1971 S.18) nebst Verpflegungsaufwendungen als Werbungskosten für den Besuch auswärtiger Fortbildungsveranstaltungen abziehen. Auch die Finanzverwaltung zieht da inzwischen mit (R 9.4 Abs.2 LStR).

Wenn Sie am Lehrgangsort wohnen, ansonsten einen eigenen Hausstand haben, können Sie für die gesamte Zeit Ihre Miete sowie Ihre Heimfahrten und die Fahrten von der Unterkunft zum Lehrgangsort als Reisekosten absetzen. Für die Fahrtkosten bedeutet das: Abzug von mindestens 0,30 € pro gefahrenen Kilometer. Mit dem Abzug von Verpflegungsmehraufwendungen ist allerdings nach Ablauf von drei Monaten Schluss.

SUPER TRICK

Profitieren Sie zweimal vom Wissen Ihrer Kollegen!

323 Wie oft treffen Sie sich als Azubi, Geselle in der Meisterausbildung, Referendar oder Beamtenanwärter mit Ihren Kollegen nach Feierabend oder am Wochenende, um ein wenig zu fachsimpeln, für die nächste Prüfung zu büffeln oder sich einfach gegenseitig beim Aufarbeiten des Lehrstoffs zu helfen?
Ganz wichtig: Bier und Wein und Kartenspiele haben auf solchen Treffen nichts zu suchen, wenn Sie Ihre Kosten unter dem Stichwort *Arbeitsgemeinschaft* absetzen wollen.
Für Ihre Fahrten zu den Arbeitsgemeinschaften machen Sie selbstverständlich Dienstreisekosten geltend, also die Fahrtkosten für Ihr Auto mit 0,30 € je km und Verpflegungspauschalen, wenn Sie mindestens acht Stunden (inkl. Wegezeiten) von zu Hause abwesend waren.
Damit Sie dem Finanzamt einen wasserdichten Nachweis vorlegen können, besorgen Sie sich von Ihren Mitstreitern eine schriftliche Teilnahmebestätigung:

Bestätigung

Hiermit bestätigen wir Herrn/Frau . . . ., dass er/sie an folgenden Terminen
Datum . . . .; Datum . . . .; Datum . . . . etc.
in . . . . an einer ausschließlich beruflich bedingten Lern- und Arbeitsgemeinschaft teilgenommen hat.
Die Arbeitsgemeinschaften begannen regelmäßig um . . . . . . Uhr und endeten um . . . . . . Uhr.

. . . .
Ort und Datum   Stempel   Unterschrift

324 Eine Obergrenze, wie viele Arbeitsgemeinschaften anerkannt werden und wie lange diese dauern dürfen, gibt es nicht. Trotzdem ist Vorsicht geboten. Sie sollten es nicht übertreiben. Bei allzu häufigen Treffen – vor allem, wenn sie auch noch lange dauern – dichtet Ihnen der Fiskalvertreter nur zu gern eine vermeintliche private Mitveranlassung an und hat auch noch Schützenhilfe vom FG Münster (EFG 1995 S. 7). Das strich nämlich einem sich zum Meister fort-

bildenden Installateur seine Arbeitsgemeinschaften aus ebendiesem Grund. Allerdings hat sich unser Installateur auch reichlich dumm angestellt: Statt eine lange Liste über den geübten Lernstoff zusammenzuschreiben, hat er nur steif und fest behauptet, er habe gelernt.
Stellen Sie sich also geschickter an und schauen in Ihrem Lehrplan nach, dann fällt Ihnen bestimmt auch im Nachhinein noch ein, was Sie so alles gepaukt haben. Außerdem sollten Sie es mit den Finanzrichtern im Rheinland halten, die offensichtlich manchmal etwas großzügiger gestimmt sind und einer angehenden Bilanzbuchhalterin ohne weiteres 61 Treffen an Samstagen und Sonntagen à sieben Stunden als Werbungskosten anerkannt haben (FG Düsseldorf – EFG 1994 S. 648).

TIPP

zur Verpflegungspauschale

Lassen Sie sich nicht von der Schummelei mancher Teilnehmer an einer Lehr- 325
gemeinschaft anstecken, die dem Finanzamt Fahrten zu den Kollegen aufs Auge drücken, die überhaupt nicht stattgefunden haben.
Machen Sie besser Folgendes: Statt Ihre 30 Treffen im Jahr mit Gewalt auf je 8,5 Stunden auszudehnen, um in den Genuss von Verpflegungspauschalen zu kommen, und damit dem Fiskus Munition für angeblich private Mitveranlassungen wegen überlanger Dauer zu geben, **treffen Sie und die anderen sich 60-mal für ca. fünf Stunden.** Die schlappen 360 € (30 Tage à 12 € Verpflegungspauschale), die Sie so aufgeben, holen Sie durch die Fahrtkosten doppelt und dreifach herein.

SUPER TRICK

Erfahrungsaustausch mit Steuerspareffekt

Wenn Sie meinen, Sie als alten Berufshasen ginge das alles nichts an: Wer sagt Ihnen denn eigentlich, dass Arbeitsgemeinschaften ein Privileg für Auszubildende, Referendare, Beamtenanwärter und Lehrgangsteilnehmer sind? Wann bleibt Ihnen denn schon einmal die Zeit, sich während Ihrer normalen Arbeitszeit beruflich auf dem Laufenden zu halten? Da Sie trotzdem in Ihrem Job am Ball bleiben wollen, könnten Sie doch mit ein paar Kollegen eine regelmäßige selbstorganisierte Fortbildung nach Feierabend ins Leben rufen. Neben dem

Bombeneindruck, den das auf Ihren Chef oder Ihre Vorgesetzten macht, verhilft Ihnen das zusätzlich zu einer hübschen Steuerersparnis.

Abc der Fortbildungskosten

326 Zum Schluss eine kleine Übersicht – vor allem zur persönlichen Auswertung, ob die Situation bei Ihnen ähnlich liegt oder hingebogen werden könnte –, die zeigt, welche Fortbildungskosten anerkannt wurden. Das war z.B. der Fall, als ein (in manchen Fällen eine)

Altenpflegehelfer sich zum Altenpfleger mauserte (EFG 1994 S.470),
Angestellter ins Beamtenverhältnis übernommen wurde,
Arbeitsloser eine Fortbildung absolvierte, um seine Chancen auf einen Arbeitsplatz zu verbessern (BFH – BStBl 1996 II S.482),
Arzt sich zu einem Industriechemiker umwandelte, was das Gericht mit der Begründung genehmigte, beide Tätigkeiten seien verwandt (wie wahr, wie wahr!),
Arzt vom Humanmediziner zum Kiefer- und Gesichtschirurgen aufstieg (BFH – BFH/NV 1995 S.594),
Arzt sich zum Psychotherapeuten fortbildete (EFG 1989 S.105),
Bauhandwerker eine Technikerschule besuchte (EFG 1973 S.424),
Bauingenieur Betriebswirtschaft studierte (BFH – BStBl 1998 II S.239),
Betriebswirt an der Akademie für angewandte Betriebswirtschaft studierte (BFH – BStBl 1979 II S.675),
Bilanzbuchhalter zum Heilpraktiker umschulte (BFH v. 13.2.2003 – VI R 44/01),
Bundeswehrpilot auf Linienflugzeugpilot umschulte (BFH – BStBl 1979 II S.337),
Bundeswehrsoldat einen Sprachkurs in Südafrika absolvierte und die Kosten zumindest teilweise anerkannt bekam (BFH – BStBl 2013 II S.796),
Bürokaufmann sich mit einem zweijährigen Vollzeitunterricht zum Fremdsprachenkorrespondenten fortbildete (EFG 1991 S.603),
Chemielaborant eine Technikerschule besuchte (EFG 1975 S.277),
Dipl.-Betriebswirt wegen Arbeitslosigkeit auf Immobilienmakler umschulte (BFH v. 17.12.2002 – BFH/NV 2003 S.476),
Dipl.-Ingenieur ein Führungskräfteseminar und einen Managementkurs belegte (EFG 1994, S.26),
Dipl.-Ingenieur Wirtschaftsingenieur studierte (BFH – BStBl 1992 II S.966) oder Dipl.-Betriebswirt werden wollte (EFG 1995 S.829),
Dipl.-Kaufmann Steuerberater werden wollte (BFH – BStBl 1990 II S.572),
Dipl.-Pädagogin zur Psychotherapeutin für Kinder und Jugendliche umschulte (EFG 1995 S.615),
Dipl.-Physiker studierte, um den Titel Master of Business Administration zu erwerben (BFH – BFH/NV 1997 S.648),
Dipl.-Psychologin sich zur Psychotherapeutin fortbildete (BFH – BStBl 1977 II S.547),
Exportsachbearbeiterin einen Spanischkurs in Ecuador belegte (Kursgebühren

zu 100 %, Reisekosten zu 50 % Werbungskosten, Sächsisches FG v. 16.5.2012 – 8 K 1691/06; BFH v. 9.1.2013 – VI B 133/12, BFH/NV 2013 S. 552)
Finanzbeamter einen Steuerberaterkurs belegte,
Flugbegleiterin eine (Zweit-)Ausbildung zur Verkehrsflugzeugführerin absolvierte (BFH v. 28.2.2013 – BFH/NV 2013 S. 1166)
Flugingenieur eine Fluglizenz erwarb (BFH – BStBl 1992 II S. 963),
Gastarbeiter aus beruflichen Gründen einen Sprachkurs belegte (EFG 1995 S. 19),
Geistlicher Hochschullehrer wurde (BFH 28.6.1963 – BFH E 77 S. 313),
Geistlicher Predigerhandschriften studierte und diese erwarb,
Gerichtsreferendar sich um die Zweite Juristische Staatsprüfung bewarb,
Geselle sich auf die Meisterprüfung vorbereitete,
Handwerksmeister einen Lehrgang »Betriebswirt des Handwerks« belegte (EFG 1995 S. 9),
Heilerzieherin in Shiatsu-Kursen zur Shiatsu-Praktikerin fortgebildet wurde (FG Hamburg v. 1.2.2000, EFG 2000 S. 616),
Industriekaufmann zum praktischen Betriebswirt fortgebildet wurde (BFH – BStBl 1979 II S. 773),
Inspektor eine Wirtschaftsakademie besuchte,
Justizobersekretär sich zur Prüfung als Rechtspfleger aufmachte,
Kaufmann an der Hessischen Verwaltungs- und Wirtschaftsakademie einen Fortbildungsstudiengang zum Betriebswirt (VWA) belegte (EFG 2000 S. 355),
Kaufmannsgehilfe an einer Wirtschaftsoberschule paukte (EFG 1967 S. 903),
Knappschaftsangestellter an einer Verwaltungsakademie studierte,
Krankenpfleger sich zum Heilpraktiker fortbildete (EFG 1992 S. 324),
Laborassistentin (Erziehungsurlaub) den Studiengang »Weiterbildung für Lehrpersonen an Schulen des Gesundheitswesens« (EFG 2000 S. 1063) belegte,
Landwirt wegen Arbeitslosigkeit auf Dachdecker umschulte (BFH v. 17.12.2002 – BFH/NV 2003 S. 477),
Lehrer auf Jugend-Skileiter machte,
Lehrer an Supervisionen teilnahm, auch wenn damit gleichzeitig seine Persönlichkeitsweiterbildung gefördert wurde (EFG 1996 S. 1025),
Lehrer sich vom Grundschullehrer zum Realschullehrer fortbildete (BFH – BStBl 1992 II S. 962),
Lehrer der Sekundarstufe I sich die Lehrbefähigung für die Sekundarstufe II zulegte (BFH – BStBl 1992 II S. 556),
Lehrer sich zum Sonderschullehrer fortbilden ließ (BFH – BStBl 1975 II S. 280),
Lehrerin nach ihrem Auslandsstudium in Deutschland neu studierte (BFH – BFH/NV 1998 S. 844),
Lehrerin an einer Sonderschule sich per Studium zur analytischen Kinder-Psychotherapeutin und Psychagogin weiterbildete (EFG 1997 S. 1105),
Management-Consultant einen psychologischen Coaching-Kurs besuchte (FG Hamburg v. 7.3.2008 – 5 K 30/07),

Musiker mit B-Schein das A-Examen ablegte (BFH – BStBl 1992 II S. 961),
Musiker ein Tonmeisterstudium absolvierte (BFH – BStBl 1996 II S. 449),
Revisor sich auf die Wirtschaftsprüfer- oder Steuerberaterprüfung vorbereitete,
Schiffsbaugeselle eine Schiffsingenieurschule besuchte (BFH – BStBl III 1962 S. 489),
Sozialarbeiter (grad.) ein Anschlussstudium Pädagogik/Erziehungswissenschaften absolvierte (EFG 1989 S. 628),
Sozialarbeiter sich zum Psychagogen fortbildete (EFG 1982 S. 238),
Sportlehrer einen Kursus zur Ausbildung als Surfing-Instruktor besuchte (EFG 1990 S. 55),
Steuerassistent einen Steuerrechtslehrgang mitmachte,
Steuerberater einen Intensivsprachkurs in England absolvierte (EFG 1998 S. 809),
Steuerfachgehilfe sich zum Steuerberater mausern wollte (EFG 1990 S. 172),
Verkäuferin zur Arzthelferin umschulte (BFH v. 17.12.2002 – BFH/NV 2003 S. 474),
Volksschullehrer ein Musikseminar belegte oder auf die Zweite Lehramtsprüfung hinstrebte,
Werkspilot den Berufsflugzeugführerschein erwarb (EFG 1997 S. 1304),
Wissenschaftlicher Assistent sich auf eine Professur vorbereitete (BFH – BStBl III 1967 S. 778),
Yoga-Lehrerin, die Yoga-AGs abhält, einen Yoga-Lehrgang machte (FG Nds v. 17.2.1999 – IX 647/97).

8. Bei Studienreisen heißt es aufpassen!

327 **S** Von Studienreisen spricht man oft, wenn man die Welt kennenlernen will. Kein Wunder also, wenn da das Finanzamt nicht immer mitmacht. Viele Fälle dieser Art wurden bereits in der Rechtsprechung entschieden. So zugunsten eines Studienrats, der mit seiner Klasse eine Studienreise machte (BFH-Urt. v. 12.7.1956 – BStBl III S. 291), bei einem Zahnarzt in amerikanischen Diensten für eine Reise in die USA zu dortigen Zahnkliniken und -praxen (BFH-Urt. v. 24.8.1962 – BStBl III S. 487), bei einem Sprachlehrer, der in Englisch seine Fachprüfung betrieb und deshalb an einer internationalen Sommerschule in England teilnahm (BFH-Urt. v. 29.7.1954 – BStBl III S. 264), bei einer Dipl.-Betriebswirtin, die in einem Versandunternehmen arbeitete und an einer Auslandsreisegruppe einer Fachzeitschrift zur Besichtigung von Kaufhäusern in den USA teilnahm (FG Hessen v. 12.10.1989 – EFG 1990 S. 56).

328 Hingegen wurden einer Lehrerin die Kosten für einen Sprachkurs in die Türkei nicht anerkannt, obwohl in den von ihr unterrichteten Klassen ein besonders hoher Anteil türkischer Schüler war (BFH-Urt. v. 24.4.1992 – BFH/NV 1992

S. 730). Die Richter meinten, dass für einen Lehrer, der in der Bundesrepublik türkische Schüler unterrichte, eine Sprachreise in die Türkei nicht beruflich veranlasst sei, wenn dabei zugleich touristische Sehenswürdigkeiten aufgesucht würden. Zu der inzwischen günstigeren Rechtsprechung, nach der eine Aufteilung in abzugsfähige Werbungskosten und nicht abzugsfähige Kosten der privaten Lebensführung möglich ist, vgl. ➤ Rz 330.

Die Abgrenzungskriterien der Gerichte und des Fiskus **329**

Wie Sie sehen, geht es bei den Gerichtsentscheidungen munter durcheinander. Weder Ihr Beruf noch das Reiseziel oder der Anlass der Reise bieten für sich allein genommen eine Gewähr für die steuerliche Anerkennung. Zunächst einmal müssen Sie also wissen, nach welchen Kriterien die Frage entschieden wird, ob Ihre Studienreise beruflich veranlasst ist.

Es spricht dafür, dass eine Reise ins Ausland betrieblich bzw. beruflich veranlasst ist, wenn:

- das Reiseprogramm auf die besonderen betrieblichen/beruflichen Bedürfnisse und Gegebenheiten der Teilnehmer zugeschnitten ist,
- ein konkreter, aktueller betrieblicher bzw. beruflicher Anlass für die Reise besteht sowie ein konkreter Nutzen eintritt oder zumindest zu erwarten sein sollte,
- die Reiseteilnehmer aus einem im Wesentlichen gleichartigen Personenkreis bestehen,
- das Reiseprogramm straff organisiert ist und der Steuerzahler auch tatsächlich an den einzelnen Programmpunkten – am besten durch Teilnahmezertifikate nachgewiesen – teilnimmt,
- die Reise von einem Fachverband organisiert und unter fachkundiger Leitung durchgeführt wird,
- Zuschüsse des Arbeitgebers gegeben werden,
- der Arbeitgeber für die Teilnahme Dienstbefreiung oder Sonderurlaub gewährt.

Folgendes spricht gegen eine ausschließliche oder zumindest überwiegende betriebliche bzw. berufliche Veranlassung:

- Das Reiseprogramm dient nur allgemeinen Informationen, auch wenn diese von beruflichem Interesse sind.
- Die Reise ist zeitlich und örtlich sehr auseinandergezogen, was für sich allein jedoch noch nicht zur Aberkennung des Werbungskosten- oder Betriebsausgabenabzugs führen muss.
- Die Reise schließt besonders Wochenende und sonstige arbeitsfreie Tage ein, an denen private Interessen verfolgt werden können.

- Die Reise findet während einer typischen Touristensaison statt.
- Besuch von bevorzugten Tourismuszentren.
- Die Mitnahme des Ehegatten, es sei denn, dieser ist im selben Beruf bzw. in derselben Firma tätig und/oder die Mitnahme ist aus betrieblichen/beruflichen Gründen erforderlich.
- Die Reise wird mit einem vorhergehenden oder anschließenden Privaturlaub verbunden.
- Für die Reise wird Jahresurlaub genommen (kein Sonderurlaub vom Arbeitgeber).
- Vergleichbare Informationen hätten auch im Inland oder näher gelegenen Ausland erworben werden können. Das dürfen die Fiskaljünger aber nicht ins Feld führen, wenn Sie Ihr Sprachkurs in einen EU-Staat führt (BFH v. 13.6.2002 – BStBl II 2003 S.765).
- Ein besonders zeitaufwendiges Beförderungsmittel (z.B. Schiff statt Flugzeug, Bahn oder Pkw) wird benutzt.

Wenn Sie für Ihre Reise keinen unmittelbaren beruflichen Anlass haben, also nicht z.B. einen Vortrag halten müssen oder einen Kunden aufsuchen wollen, sind die Gerichte bisher recht kleinlich mit der Anerkennung. So wurde einer Lehrerin ihre berufliche Englandreise nicht anerkannt, weil am Wochenende ein Ausflug geplant war und von den übrigen zehn Tagen ein Tag sowie drei weitere Nachmittage zur freien Verfügung standen (BFH – BStBl 1995 S.729).

Wenn Sie als Richter zusammen mit anderen Richtern und Staatsanwälten einen Trip durch Japan machen und sich dabei in ausreichender Zahl japanische Gerichte, Behörden und Universitäten ansehen, soll es nach Meinung des FG Hamburg im Urteil vom 11.6.1991 (EFG 1992 S.254) keine Rolle spielen, dass Sie nebenbei die schönen Seiten Japans besichtigen und die Reise für Ihre Richtertätigkeit eigentlich nicht direkt von Vorteil ist. Dem Bundesfinanzhof war diese Vergnügungsreise allerdings ein Dorn im Auge. Obwohl ja an sich eine Krähe der anderen kein Auge aushackt, haben sie den Abzug als Reisekosten gestrichen (BFH – BStBl III 1993 S.612).

Wenn Sie hingegen als ehrenamtlicher Gewerkschaftler eine Studienreise unternehmen, um sich gewerkschaftlich weiterzubilden, können Sie Werbungskosten geltend machen; das meinten jedenfalls die Finanzrichter in Köln im Urteil vom 13.12.1989 (EFG 1990 S.299).

Die Ausdehnung einer Reise oder eines Kongresses über ein Wochenende hinweg allein reicht nicht aus, um den Werbungskosten- oder Betriebsausgabenabzug zu streichen; es sei denn, dieses Kriterium wiegt so stark, dass dadurch die Reise insgesamt als überwiegend privat veranlasst zu sehen ist.

TIPP

Teilen Sie gemischte Kosten auf!

S Der große Senat des BFH hat seine bisherige Rechtsprechung zum Auftei- 330
lungs- und Abzugsverbot gemischter Aufwendungen aufgegeben (BFH v. 21.9.2009 – GrS 1/06, BStBl II 2010 S. 672) und lässt jetzt eine Aufteilung von sog. *gemischten Aufwendungen* in einen beruflich/betrieblichen und einen privaten Anteil zu. Demnach können z.B. die Kosten für die Hin- und Rückfahrt bei einer gemischt veranlassten Reise in Werbungskosten und in private Kosten aufgeteilt werden. Aufteilungsmaßstab ist der berufliche und der private Zeitanteil der Reise. Unverändert bleiben Kosten, die eindeutig der beruflichen Sphäre zugeordnet werden können (Kongressgebühren, Hotelkosten etc.), voll abzugsfähig. Der Vorteil der neuen Rechtsprechung besteht vor allem darin, dass Sie in jedem Fall einen Teil der Fahrt- oder Flugkosten, der Unterbringungskosten und Verpflegungsmehraufwendungen in die Werbungskosten einbeziehen können. Können die Kosten nicht eindeutig voneinander getrennt werden, können Sie den beruflichen Anteil sachgerecht schätzen. Unverändert müssen Sie dazu die berufliche Veranlassung darlegen.

Prompt hat der BFH eine kleinliche Entscheidung von Finanzamt und Finanzgericht kassiert. Die hatten einer Gymnasiallehrerin für Englisch und Religion die Kosten für eine achttägige Fortbildungsreise für Englischlehrer nach Dublin komplett gestrichen, obwohl die Reise von der Englischlehrervereinigung angeboten und durchgeführt worden war, die Lehrerin dafür vom Dienst befreit wurde und die Reise nach einem festen Programm ablief. Dass auch kulturelle Vortragsveranstaltungen und Besichtigungstermine sowie ein Tagesausflug nach Belfast anstanden, störte den BFH im Unterschied zu Finanzamt und Finanzgericht nicht. Er verdonnerte das Finanzgericht vielmehr dazu, den beruflichen Anteil zu ermitteln und als Werbungskosten anzuerkennen (Urt. v. 21.4.2010 – VI R 5/07).

Ganz ohne Wermutstropfen geht es aber auch nach der nun viel steuerzahlerfreundlicheren Rechtsprechung nicht ab. Die berufliche Veranlassung darf nicht von völlig untergeordneter Bedeutung sein. Überwiegen bei einer Auslandsreise bei weitem die privaten Gründe, gibt es nach wie vor keinen Werbungskostenabzug. Ein einziger beruflicher Vortrag bei einer ansonsten touristisch ausgerichteten Reise reicht nicht aus (BFH v. 5.2.2010 – IV B 57/09 und v. 17.12.2009 – X B 115/09). Wichtig ist nach wie vor zudem, dass der berufliche Anteil vom privaten abgegrenzt werden kann. Ist das bei den einzelnen Programmpunkten nicht möglich, kann es passieren, dass man wie eine Englischlehrerin mit ihrer USA-Studienreise am Werbungskostenabzug scheitert, weil bei allen Aktivitäten sowohl eine berufliche als auch eine private Mitveranlassung gegeben war (FG Münster v. 27.8.2010 – 4 K 3175/08 E, EFG 2010, S. 2094)

Zum Glück gibt es mittlerweile Rückendeckung durch die jüngere Rechtsprechung. Zwar geht der BFH bei Sprachkursen im Ausland meist davon aus, dass zumindest ein Teil der Reisekosten privat veranlasst ist, er nimmt das aber nicht zum Anlass, Ihnen die Kosten komplett zu streichen. Können Sie einen triftigen beruflichen Grund für den Sprachkurs anführen, sind auf jeden Fall schon einmal die Kursgebühren in voller Höhe Werbungskosten. Ist der Kurs zeitlich von den übrigen Reiseteilen abgegrenzt, können Sie Ihre Reisekosten im Verhältnis der Reisetage für den Sprachkurs und die privaten Aktivitäten aufteilen. Haben Sie z.B. bei einer dreiwöchigen Reise an zwei Wochen durchgehend den Sprachkurs besucht und in der letzten Woche einen Badeurlaub angehängt, sind 2/3 der Reisekosten (Fahrt-, Flug-, Unterkunfts- und Verpflegungskosten) als Werbungskosten abzugsfähig.

Finden Sie keinen so klaren Aufteilungsmaßstab, akzeptiert der BFH auf jeden Fall eine Aufteilung im Verhältnis 50:50. So z.B. bei einem Bundeswehrsoldaten, der einen beruflich erforderlichen Englischkurs in Südafrika absolviert hat (BFH v. 24.2.2011 – BStBl 2011 II S.796), oder bei einer Exportsachbearbeiterin, die einen Spanischkurs in Ecuador gebucht hatte (BFH v. 9.1.2013 – VI B 133/12, BFH/NV 2013 S.552).

Die geänderte Rechtsprechung gilt im Übrigen nicht nur für Reisekosten, sondern grundsätzlich auch für andere gemischte Aufwendungen. Allerdings schränkt der BFH hier die Aufteilungsmöglichkeit ein, soweit »unverzichtbare Aufwendungen für die Lebensführung« betroffen sind, die durch das steuerliche Existenzminimum pauschal abgegolten oder als Sonderausgaben bzw. außergewöhnliche Belastungen abzugsfähig sind. Damit sind insbesondere Aufwendungen für bürgerliche Kleidung, Brillen (Ausnahme: sog. Bildschirmarbeitsplatzbrillen und spezielle Schutzbrillen) trotz beruflicher Benutzung weiterhin nicht (anteilig) abzugsfähig.

TRICK

Reisen Sie auf Kosten des Finanzamts zu den Sehenswürdigkeiten dieser Welt.

331 Wenn Sie es geschickt anstellen, können Sie sich die Niagarafälle oder den Schiefen Turm von Pisa ansehen und Ihre Reisekosten völlig legal dem Finanzamt als Werbungskosten oder Betriebsausgaben unterjubeln. Was Sie dazu benötigen, ist lediglich ein beruflicher Anlass für Ihre Reise. Besonders leicht haben Sie es da, wenn Sie Geschäftsfreunde Ihrer Firma im Ausland besuchen müssen oder z.B. im Ausland einen Vortrag halten sollen. Auch wenn Sie einige private Unternehmungen mit der Reise verbinden, sind Ihre Reisekosten absetzbar, denn Sie können dem Finanzamt gegenüber ja mit gutem Gewissen

versichern: »Meine Reise habe ich selbstverständlich nur unternommen, weil ich dafür einen konkreten beruflichen Anlass hatte. Die privaten Aktivitäten waren demgegenüber völlig untergeordnet.« Wenn Sie dann noch auf das Urteil des BFH vom 21.9.2009 – GrS 1/06, BStBl II 2010 S. 672 – pochen, dürften Sie keine Schwierigkeiten haben, Ihre Reisekosten zumindest zu einem großen Teil durchzudrücken.

TIPP

fürs Praktikum im Ausland

Die Kosten für ein Auslandspraktikum können Sie nur ansetzen, wenn Sie **für** 332
Ihr Praktikum keinen Arbeitslohn beziehen. Andernfalls kommen Ihnen die Fiskalritter mit § 3 c EStG und streichen Ihnen Ihre gesamten Kosten mit der Begründung, sie stünden mit steuerfreien Auslandseinkünften im Zusammenhang. Aus demselben Grund sollten Sie tunlichst nicht ins Feld führen, Sie würden eine Anstellung im Ausland anstreben. Pochen Sie besser darauf, Sie seien ganz wild auf einen Job bei einem deutschen Unternehmen mit internationalen Kontakten. Ihr Praktikum würde die Anstellungschancen erheblich verbessern.

TRICK

Schinden Sie mit hochtrabenden Reisebeschreibungen Eindruck!

Machen Sie es wie der Uni-Professor, sofern Sie einen entsprechenden Beruf 333
haben. Der hat seine Reise nach Indien kurz entschlossen zur Forschungsreise deklariert. Auf die Richter beim Finanzgericht hat wohl am meisten Eindruck gemacht, dass er angab, die Sand-Lücken-Fauna zu erforschen. Vermutlich haben die bei dem ganzen Fachchinesisch nur noch Bahnhof verstanden. Jedenfalls hielten sie die Argumente, dass es sich um eine Forschungsreise handelte und der Professor während der Reise den ein oder anderen Fachkollegen besuchte, für ausreichend, um eine mehr als untergeordnete berufliche Veranlassung zu belegen (FG Niedersachsen – EFG 1992 S. 122). Nach der neueren Rechtsprechung des BFH können Sie nun mindestens den beruflichen Teil der Kosten absetzen (BFH vom 21.9.2009 – GrS 1/06, BStBl II 2010 S. 672).

Man sollte den Gesetzen in
Kleinigkeiten ein Bein stellen.
(Ringelnatz)

TRICK

Suchen Sie sich als Sprachlehrer oder Fremdsprachenkorrespondent die richtigen Kurse aus!

334 Wollen Sie als Lehrer für Sprachen Ihre Reise nach England oder Frankreich durch einen Sprachkurs zur steuerlich absetzbaren Bildungsreise machen, müssen Ihre Vorbereitungen stimmen. Achten Sie bei der Auswahl des Sprachkurses darauf, dass es möglichst ein Kurs für Fortgeschrittene oder vielleicht sogar einer speziell für Lehrer ist.

Zu den grundlegenden Voraussetzungen, unter denen Sprachkurse im Ausland anerkannt werden, vgl. ➤ Rz 321 ff.

Ein Wisch mit Stempel und Unterschrift vom Schulrektor könnte allerdings auch hier helfen, die Anerkennung Ihrer Reisekosten zu fördern, wenn er etwa in diesem Sinn abgefasst ist:

> Der Rektor der Schule . . . .
>
> Bescheinigung zur Vorlage beim Finanzamt
>
> Hierdurch bestätige ich meiner Lehrerin, Frau Müller, Folgendes: Als Leiterin künftiger Arbeitsgemeinschaften und Grundkurse in Französisch muss sie sich die notwendigen Sprachkenntnisse aneignen. Ich halte daher die beabsichtigte Reise nach Frankreich unter Teilnahme an einem Fortbildungskurs für dienstlich dringend erforderlich!
>
> . . . .
>
> Siegel + Unterschrift

Geld allein macht nicht unglücklich.

SUPER TRICK

Lernen Sie mit Hilfe einer Stellenbewerbung auf Staatskosten Spanisch oder Englisch!

335 Mit ein wenig Schreiberei und der Investition von ein paar Briefmarken und Kopien setzen Sie auch einen Grundkurs für eine Fremdsprache ab.

Allerdings müssen Sie es etwas geschickter anstellen als die Sachgebietsleiterin eines Finanzamts, die vor dem BFH ihren Spanischkurs im Inland durchboxen wollte. Dies mit der Begründung, sie habe sich bei einer Bundesbehörde bewerben und dabei durch die Spanischkenntnisse ihre Einstellungschancen erhöhen wollen. Dem BFH war der Zusammenhang zum Beruf der Sachgebietsleiterin nicht eng genug, weil der »subjektive Wunsch nach einer beruflichen Veränderung sich nicht durch eine Bewerbung hinreichend konkretisiert hatte« (BFH-Urt. v. 26.11.1993 – BStBl 1994 II S. 248).

Diesen Fehler werden Sie nicht begehen. Vielmehr werden Sie sich mit Ihren neuerworbenen Sprachkenntnissen auf einige Stellen bewerben, bei denen solche Sprachkenntnisse gefordert werden. So schlagen Sie zwei Fliegen mit einer Klappe. Haben Sie mit der Bewerbung Erfolg, springt vielleicht ein lukrativer Job für Sie heraus. Wenn nicht, haben Sie jedenfalls Ihren Wunsch nach beruflicher Veränderung so hinreichend konkretisiert, dass Sie sich bei Ihrem nächsten Urlaub über Ihre vom Finanzamt mitfinanzierten Sprachkenntnisse doppelt freuen können.

S Achtung, Ärzte, die einen Fortbildungskurs in einem bekannten Wintersportort absolvieren: 336

- Besucht eine angestellte Ärztin während ihrer Ausbildung zur Fachärztin für Chirurgie einen Fortbildungskurs, der nur in einem bekannten Wintersportort in der Schweiz angeboten wird, können die Aufwendungen für die Teilnahme als Werbungskosten berücksichtigt werden. Dies gilt nach dem BFH-Urteil vom 5.9.1990 (BStBl 1990 II S. 1059) nicht, wenn der Kurs während der Wintersaison stattfindet und für die Mittagspause die Zeit von 11.30 bis 16.00 Uhr zur Verfügung steht. Die lange Mittagspause sah das Gericht als Anzeichen »für eine nicht unerhebliche private Mitveranlassung« an. Gleichwohl kann die Ärztin einen beruflichen Anteil der Gesamtkosten absetzen.
- Ein Arzt, der an einer Fortbildungsveranstaltung im Fach Skilaufen eines Sportärzteverbands in einem bekannten Wintersportort teilnimmt, kann seine Kosten dafür teilweise absetzen, wenn er damit das Recht erwerben will, sich künftig Sportmediziner zu nennen. Die Kosten für die theoretische Ausbildung sahen die Gerichte als beruflich veranlasst an. Die praktischen Sportübungen wie Skilaufen etc. wurden dagegen der Privatsphäre zugerechnet. Im Verhältnis der Zeitanteile müssen die Kosten daher aufgeteilt werden (BFH v. 21.4.10 – VI R 66/04).

Arbeitgeber oder Firmen, die so etwas veranstalten: Sie wissen jetzt, wie der Tagungsplan auszusehen hat!

Wenn Sie z.B. als Universitätslektor, Hochschullehrer oder Lehrer Ihre Seminare im Ausland vorbereiten müssen, sollten Sie sich wappnen, dass Sie auf Nachfrage für jeden Tag angeben können, welchen beruflichen Aktivitäten Sie nachgegangen sind (FG Baden-Württemberg v. 12.3.1998 – 6 K 394/97). 337

338 Bei Teilnahme an einem Fachkongress dürfen die Anforderungen an den Nachweis durch Testate nicht überzogen werden … Das FG Köln war jedenfalls der Meinung, dass eine Testierung jeder Veranstaltung unzumutbar ist. Auch bei der Anwendung von Beweisvorschriften sei der Verhältnismäßigkeitsgrundsatz zu beachten. Dass der Veranstaltungsort der Steuerzahlerin schon von früheren Besuchen bekannt war und Familienmitglieder oder Freunde nicht mitgereist waren, reichte dem Gericht als Beleg aus, dass der Kongress und damit nur berufliche Motive für die Reise ausschlaggebend waren (FG Köln – EFG 1986 S. 109).

TRICK

Setzen Sie als Organisator oder Reiseführer die tollsten Reisen ab!

339 Den ganzen Nachweiszauber, den der Fiskus bei Studienreisen veranstaltet, können Sie vergessen, wenn Sie selbst mit der Organisation und Durchführung einer solchen Reise betraut sind. Auch wenn auf der Reise neben dem beruflichen Programm Gelegenheit zum Sightseeing, Segeln, Skifahren oder Surfen besteht, sind Sie fein heraus, wenn Sie als auserkorener Reiseleiter sozusagen 24 Stunden im Dienst sind. Hilfreich ist, wenn Sie zusätzlich damit aufwarten können, dass Sie vor den Teilnehmern Vorträge gehalten und, wie z. B. die wissenschaftliche Mitarbeiterin eines Geographischen Instituts beim Besichtigen alter Steine etc., das Protokoll geschrieben haben. Dann steigen Ihre Chancen, die gesamten Kosten, die Ihnen durch die Reise entstehen, selbst dann als Werbungskosten abzusetzen, wenn der berufliche Anstrich der Reise für die übrigen Teilnehmer zu dünn ist. Sie haben nämlich anders als sie einen unmittelbaren beruflichen Anlass für die Reise. Helfen Sie einem allzu ungläubigen Fiskalvertreter ruhig mit dem BFH-Urteil vom 27.8.2002 (VI R 22/01) und 6.5.2002 (BFH/NV 2002 S. 1030) auf die Sprünge. Auch wenn Sie von Ihrer Firma als Reiseleiter auf eine Auslandsreise mitgeschickt wurden, um die übrigen Teilnehmer zu betreuen, haben Sie mit der Anerkennung der beruflichen Veranlassung gute Karten. Für Sie ergibt sich aus einer solchen »Incentive-Reise« jedenfalls kein Arbeitslohn (BFH v. 14.6.1993 – BStBl II 1993 S. 640). Dasselbe gilt für einen Pfarrer, der Angehörige einer Pfarrei auf ihrer Pilgerwallfahrt nach Rom begleitet und dabei deren seelsorgerische Betreuung übernimmt. Die Bescheinigung, dass er sich zur Teilnahme dienstlich verpflichtet hat, beflügelt die Anerkennungsbereitschaft des Fiskus in solchen Fällen ungemein (BFH v. 9.12.2010 – VI R 42/09, BStBl 2011 II S. 522).
Kritisch wird es allerdings, wenn Sie Ihren Ehepartner oder Lebensgefährten mitnehmen, ohne dass Sie dafür einen triftigen Grund ins Feld führen können (BFH v. 25.3.1993 – BStBl II 1993 S. 639).

Wenn Sie statt der Sekretärin lieber die Ehefrau mit auf Dienstreise nehmen, können Sie das in bestimmten Fällen »ruhigen steuerlichen Gewissens« tun. Eine Ehefrau, die ihren Mann auf einer Reise nach Moskau begleitete, arbeitete im Betrieb mit, verrichtete dort Büroarbeiten, bediente im Geschäft und leistete Dolmetscherdienste. Durch die besonderen betrieblichen Kenntnisse unterstützte sie den Ehemann bei den Verkaufsverhandlungen in Moskau wesentlich. Das konnten zwar die Finanzbeamten, nicht aber die Finanzrichter ignorieren. Ein erfreuliches Urteil des BFH vom 13.2.1980 (BStBl 1980 II S.386). 340

TRICK

Mit einer Klassenfahrt Geld sparen

Insbesondere bei einer Klassenfahrt ins Ausland, z.B. einer Studienreise nach Rom, können Sie als Lehrer ein gutes Geschäft machen, denn sie ist für Lehrer immer beruflich veranlasst und damit eine Dienstreise. Daher gelten für Sie die Verpflegungspauschalen für Auslandsreisen, d.h. gegenüber den mickrigen Inlandspauschalen erheblich höhere Beträge. Für Ihre Übernachtungskosten müssen Sie sich aber unbedingt mit einer Rechnung der Herberge im Ausland wappnen, da Sie nur Ihre tatsächlich angefallenen – und nachgewiesenen – Kosten absetzen können. 341

So eine Reise muss natürlich gründlich vorbereitet werden, und Sie haben sich doch sicherlich vorher am Zielort umgesehen, Termine abgesprochen und das Besichtigungsprogramm zusammengestellt. Sie benötigen von der Schule keinen besonderen Auftrag, um die dabei entstandenen Kosten als Dienstreisekosten absetzen zu können (FG Schleswig-Holstein v. 18.12.1990 rk – EFG 1991 S.311). Sie sollten allerdings eine ganz konkrete Klassenfahrt vorbereiten. Eine allgemeine Informationsreise, um mögliche Ziele zu erkunden, reicht nach Meinung des BFH nicht aus, der einer Lehrerin die Kosten für eine siebentägige Reise an den Gardasee nicht als Werbungskosten anerkannte, weil der konkrete Anlass fehlte (BFH 27.7.2004 – BFH/NV 2005 S.42).

Das teuerste Klo Sachsens für 110.000 €
leistete sich das 6.000-Einwohner-Städtchen
Dippoldiswalde am Karl-Marx-Platz:
außen Fachwerk, innen Marmor und Stahl,
automatische Wasserregulierung und Musik von oben.
(stern 34/1992)

TRICK

Setzen Sie als Berufsschüler, Azubi, Beamtenanwärter den Kurztrip nach London ab!

342 Gute Nachrichten bei Klassenfahrten gibt es nicht nur für Lehrer, sondern auch für Berufsschüler. Sie können die Kosten für offizielle Klassen- oder Schulfahrten als Werbungskosten absetzen. Wichtig ist nur, dass die Fahrt als offizielle Lehrveranstaltung der Schule oder Fachhochschule ausgewiesen wird. Berufen Sie sich beim Finanzamt auf das BFH-Urteil vom 7.2.1992 (BStBl 1992 II S. 531), das ein hartnäckiger Berufsschüler erstritten hat. Also, auf geht's, London sehen und das Finanzamt (mit)bezahlen lassen!

9. Hilfe durch Arbeitsmittel

343 Es ist keine Frage: Ausgaben für Gegenstände, die der Berufsausübung dienen, sind als berufliche Kosten abzugsfähig (Arbeitsmittel). Bei vielen Arbeitsmitteln müssen Sie aber damit rechnen, dass das Finanzamt prüft, ob das Arbeitsmittel nicht auch privat genutzt werden kann.
Die besten Karten im Steuerpoker haben Sie, wenn Sie sagen können: Die private Nutzung meines Arbeitsmittels ist völlig unbedeutend, d.h., sie liegt unter 10 % der Gesamtnutzung. Dann ist alles abzugsfähig.
Liegt der private Nutzungsanteil über 10 %, muss der aufgewendete Betrag aufgeteilt werden in einen abzugsfähigen beruflichen und einen nicht abzugsfähigen privaten. Das hört sich noch alles ganz vernünftig an. Aber jetzt kommt der Haken: Eine Aufteilung will das Finanzamt oft nur zulassen, wenn »objektive Merkmale und Unterlagen eine zutreffende und leicht nachprüfbare Trennung ermöglichen« – ansonsten rechnet der Fiskus gern den gesamten Betrag zu den nicht abzugsfähigen Kosten der Lebenshaltung (BFH – BStBl 1971 II S. 17).

TRICK

Aufteilen statt vollständig streichen

344 Mit der vollständigen Streichung der Kosten für Ihre Arbeitsmittel müssen Sie sich nicht mehr widerspruchslos zufriedengeben. Verlangen Sie, dass man Ihnen zumindest in Höhe der anteiligen beruflichen Nutzung Ihres Arbeitsmittels Werbungskosten zuerkennt. Im Zweifelsfall beschreiben Sie die berufliche Nut-

zung und schätzen deren Anteil. Das Aufteilungs- und Abzugsverbot, auf das sich der Fiskus bei seinen Streichorgien so gern stützt, gilt nämlich nicht mehr (vgl. dazu ➤ Rz 330).

Die Finanzämter sehen von der Anforderung von Belegen normalerweise ab, 345
wenn als Aufwendungen für Arbeitsmittel nicht mehr als ca. 100 € bis 110 € geltend gemacht werden. Leider haben Sie aber keinen gesetzlichen Rechtsanspruch auf Anerkennung dieser »Arbeitsmittelpauschalen«.
Achten Sie beim Kauf auf eine wasserdichte Rechnung. Also nicht »Schuhe«, sondern »Arbeitsschuhe«. Statt »Ledertasche« besser »Aktentasche«, statt »Schreib-« oder »Papierwaren« oder »Buch« lassen Sie »Büromaterial« oder »Fachbuch« (mit Autor und Titel) eintragen.

a) In welcher Höhe sind Ihre Aufwendungen abziehbar?

I. Arbeitsmittel, deren Nettokaufpreis 410 € nicht übersteigt 346

Arbeitsmittel, deren Nettokaufpreis 410 € nicht übersteigt (das entspricht 488 € mit 19 % und 438 € mit 7 % Mehrwertsteuer), setzen Sie sofort in voller Höhe als Werbungskosten ab. Dazu zählen insbesondere: Aktentasche, Arbeitskleidung, kleine Büromöbel (z.B. Stühle, Papierkorb), Diktiergerät, Fachzeitschriften und Fachbücher, Schreibtischlampe, Taschenrechner, kleinere Werkzeuge. Im Beamtendeutsch werden diese Arbeitsmittel als *»geringwertige Wirtschaftsgüter«* bezeichnet.
Lassen Sie sich bloß nicht kirre machen, wenn der Fiskalvertreter mit der Behauptung angetanzt kommen sollte, mehrere Gegenstände, wie z.B. eine Büroeinrichtung (Schreibtisch, Regale, Stühle, Lampen, Papierkorb usw.), seien bei der Frage, ob die 410-€-Grenze überschritten ist, zusammenzufassen. Tatsache ist: Jeder Gegenstand, den Sie für sich allein nutzen können, steht auch steuerlich gesehen für sich allein. Nur technisch aufeinander abgestimmte Gegenstände, wie z.B. Rechner, Monitor, Tastatur und Drucker einer Computeranlage, müssen Sie zusammenfassen (BFH v. 19.2.2004 – BStBl II 2004 S. 958).
Allerdings: Gibt etwa Ihr Monitor den Geist auf und Sie kaufen für 488 € brutto einen neuen, können Sie ihn sofort absetzen.

TRICK

Wählen Sie das Zubehör richtig aus!

Einen Laptop für 470 € brutto können Sie sofort voll absetzen. Gehört zu dem 347
Laptop eine Tragetasche für z.B. 30 €, die nur zum Transport des Computers genutzt werden kann, sind Laptop und Tragetasche als Einheit anzusehen. Folge: Der Gesamtkaufpreis von 500 € ist auf die Nutzungsdauer zu verteilen.

Kaufen Sie für den Transport aber eine Aktentasche, die auch für andere berufliche Zwecke nutzbar ist, gehört sie nicht zum Computer, und Sie setzen beide Beträge sofort voll ab.
Zur Büroeinrichtung müssen Sie wissen: Einzelne Büromöbel sind selbst dann nicht zu einer Einheit zusammenzufassen, wenn sie in einheitlichem Stil gehalten sind (BFH – BStBl 1967 III S.61).

348 **II. Arbeitsmittel, deren Nettokaufpreis 410 € übersteigt**

Arbeitsmittel, deren Kaufpreis 410 € netto (bzw. 488 € mit 19 % und 438 € mit 7 % Mehrwertsteuer) übersteigt, werden verteilt auf ihre Nutzungsdauer abgeschrieben. Nur den jährlichen Abschreibungsbetrag können Sie als Werbungskosten absetzen. Im Beamtendeutsch heißt das »Absetzung für Abnutzung«, abgekürzt AfA. Natürlich setzt der Fiskus schonendste Behandlung der Arbeitsmittel voraus. Entsprechend lang ist die von ihm angenommene Nutzungsdauer, die für Sie aber nicht maßgebend ist, wenn Sie Ihre Arbeitsmittel stärker als allgemein üblich beanspruchen.

Nutzungsdauer nach der fiskalischen Abschreibungstabelle bei Anschaffung nach dem 31.12.2000		
	Nutzungsdauer	**AfA-Satz**
Autotelefon	5 Jahre	20 %
Büromöbel	13 Jahre	7,69 %
Diktiergerät	5 Jahre	20 %
Fotokopiergerät	7 Jahre	14,28 %
Frankiermaschine	8 Jahre	12,5 %
Funktelefon	5 Jahre	20 %
Panzerschrank	23 Jahre	4,35 %
Perserteppich	15 Jahre	6 ⅔ %
PC, Drucker, Scanner	3 Jahre	33 ⅓ %
Pkw	6 Jahre	16 ⅔ %
Telefaxgerät	6 Jahre	16 ⅔ %

349 Auch Antiquitäten können steuerlich abgeschrieben werden, wenn sie als Arbeitsmittel genutzt werden. Durch den Gebrauch fällt selbst dann eine technische Abnutzung an, wenn der Wert der Antiquität steigt. Sie setzen also ohne weiteres Ihren antiken Schreibtisch im Arbeitszimmer oder den zur Aufbewahrung Ihrer wertvollen Fachbücher genutzten 150 Jahre alten Bücherschrank ab (BFH v. 31.1.1986 – BStBl II 1986 S.355).
Allerdings werden sehr lange Nutzungsdauern zugrunde gelegt. Für ein 260 Jahre altes Cello eines Dozenten einer Musikhochschule hatte das Finanzgericht 50 Jahre und damit eine jährliche AfA von 2 % angesetzt (FG Hamburg v. 15.5.1985 – III 188/82). Das war den Richtern beim BFH zu kurz, sie halten bei historischen Musikinstrumenten, z.B. einer 300 Jahre alten Geige einer Mu-

sikerin, einen Abschreibungszeitraum von mindestens 100 Jahren und damit eine jährliche AfA von nur 1 % für angemessen (BFH v. 26.1.2001 – BStBl II 2001 S.194). Bei einer Meistergeige neueren Datums (Alter deutlich unter 100 Jahre) hält der BFH dagegen eine Abschreibung auf nur 50 Jahre für möglich (BFH v. 1.3.2002 – BFH/NV 2002 S.787).

TIPP

für sehr wertvolle Arbeitsmittel

Die lange Nutzungsdauer ist für Sie positiv, wenn Ihr antiquarisches Arbeitsmit- 350
tel zerstört oder gestohlen wird. In diesem Fall setzen Sie den Restwert auf einen Schlag als Werbungskosten ab. So machte es die Meistergeigerin, der vom Ehegatten die Stradivari im Wert von 150.000 € gestohlen worden war (BFH v. 9.12.2003 – BStBl II 2004 S.491).

SUPER TRICK

Machen Sie aus der Not eine Tugend!

Ist es für Sie günstiger, die Anschaffungskosten auf die Nutzungsdauer abzu- 351
schreiben, z.B. wenn wegen Arbeitslosigkeit oder Verlusten nur ein besonders niedriges Einkommen im laufenden Jahr anfällt, kann natürlich auch diese Methode gewählt werden – selbst wenn der Nettokaufpreis unter 410 € lag.

SUPER TRICK

Sparen Sie durch Umwidmung Steuern!

Wandert Ihr vor vier Jahren für 6.000 € erworbener Perserteppich vom Wohn- 352
zimmer in Ihr Arbeitszimmer, wird er fortan beruflich genutzt, das ist klar. Umwidmung heißt das Zauberwort, das beim Fiskalvertreter den Reflex zum Abhaken auslöst. Allerdings müssen Sie sich die Zeit der privaten Nutzung auf die Gesamtnutzungsdauer anrechnen lassen (BFH v. 14.2.1989 – BStBl 1989 II S.922). Dies bedeutet: Vom Kaufpreis des Perserteppichs ist für die private Nutzung eine sog. fiktive Abschreibung vorzunehmen. Beruflich absetzen können Sie nur noch den Restbetrag.

Seien Sie nicht so dumm, die Gesamtnutzungsdauer zu niedrig anzusetzen. Denn je höher sie ist, umso höher ist der steuerlich interessante Restwert, den Sie in den kommenden Jahren abschreiben können.

Und so wird dann gerechnet:

Kaufpreis für den Perserteppich vor vier Jahren	6.000 €
./. fiktive Abschreibung für die Zeit der privaten Nutzung z.B. jährlich 6,66 %	– 1.600 €
Restwert für berufliche Abschreibung	4.400 €
Angenommene Restnutzungsdauer 11 Jahre	
Berufliche Abschreibung jährlich	400 €

SUPER TRICK

Die Masche mit der verlängerten Nutzungsdauer

353 Sie verwenden in Ihrem Arbeitszimmer einen bisher privat genutzten Schrank, dessen normale Nutzungsdauer von 13 Jahren gerade abgelaufen ist. Nach BFH soll die private Nutzung voll angerechnet werden, so dass für eine berufliche Abschreibung nichts mehr verbleibt (BFH-Urt. v. 14.2.1989 – BStBl 1989 II S. 922). Doch Sie sagen zu Recht: Die berufliche Nutzung ist Beweis genug, dass die Gesamtnutzungsdauer noch nicht abgelaufen ist, und verlängern sie deshalb von 13 auf 20 Jahre. Jetzt haben Sie noch eine Restnutzungsdauer von sieben Jahren:

Anschaffungskosten vor 13 Jahren	4.000 €
Nutzungsdauer 20 Jahre = Abschreibung 5 %	
Abschreibung als Werbungskosten 7 Jahre lang 5 % von 4.000 € je	200 €

TRICK

Machen Sie aus einem Diebstahl steuerlich eine Tugend!

354 Wenn Sie nicht versichert sind oder die Versicherung nicht bezahlt, ist ein Diebstahl besonders ärgerlich. Richtig dramatisch wird es natürlich, wenn Ihnen Gegenstände geklaut werden, die Sie als Arbeitsmittel benutzen, dann kommt zu dem allgemeinen Ärger und dem finanziellen Verlust häufig beruflicher Stress hinzu.

Holen Sie sich deshalb zumindest einen kleinen Ausgleich von Vater Staat, indem Sie den Restwert Ihres gestohlenen Arbeitsmittels als Werbungskosten

absetzen und so einen ordentlichen Batzen als Steuererstattung kassieren. Auch wenn der Diebstahl nicht unmittelbar bei der Ausübung Ihres Berufs geschieht, z.B. während der Arbeit oder auf einer Dienstreise, stehen Ihnen Werbungskosten zu (BFH-Urt. v. 9.12.2003 – BStBl II 2004 S. 491).
Und so könnte Ihre Rechnung aussehen, wenn Ihnen am 10.5.2014 ein Laptop gestohlen wurde:

Kauf des Laptops am 10.1.2014 für	2.700 €
./. Abschreibung (3 Jahre) $^1/_3$ von 2.700 € = 900 € × $^4/_{12}$ (Jan.-Apr.)	– 300 €
Restwert = außerordentliche Abschreibung	2.400 €

Ich hör schon ein paar schwarze Schafe mit der Zunge schnalzen und denken: »Na prima, da werde ich doch schnell meinen alten Rechner, den nun mein Sohn nutzt, als gestohlen deklarieren. Ich wollte mir ja sowieso einen neuen zulegen. Wer sollte mir da schon auf die Schliche kommen?« Wer so denkt, dem muss ich ganz klar abraten, schließlich würde er damit nicht nur Steuerhinterziehung begehen, sondern auch eine Straftat vortäuschen. Und in meinem Buch geht es nicht ohne Grund um »1000 ganz **legale** Steuertricks«.

TRICK

Schadensbegrenzung, wenn Ihnen Ihr Auto geklaut wird

Trotz Erstattung von Ihrer Versicherung sollten Sie bei Ihrer Steuererklärung 355
an Ihren im Vorjahr geklauten fahrbaren Untersatz denken. Zumindest dann, wenn Sie ihn fast ausschließlich beruflich genutzt haben (ca. 90 % für dienstliche Fahren) oder das Auto bei einer Dienstfahrt abhandenkam, können Sie steuerlich noch ein paar Extra-Euro herausschlagen (BFH v. 25.5.1992 – BStBl II 1993 S. 44). Allerdings müssen Sie hier auf der Hut sein: Wenn Sie während der Dienstreise abends ins Theater oder ins Kino gefahren sind oder den Weihnachtsmarkt besucht haben, droht Ungemach. Hat der Autoklau nämlich bei dieser Gelegenheit stattgefunden, ist das Ganze eine private Angelegenheit und können Sie die Kosten nicht abziehen (BFH v. 18.4.2007 – BStBl 2007 II S. 762). Etwas anderes muss aber wohl gelten, wenn Sie anlässlich Ihrer Dienstreise abends (nur) zum Essen in die Stadt gefahren sind und Ihnen Ihr fahrbarer Untersatz entwendet wurde, während Sie gespeist haben.
Sie machen sich hier den steuerlichen Restwert Ihres Autos zunutze, der durchaus höher liegen kann als der Zeitwert, den die Versicherung zugrunde legt: Der BFH legte die Abschreibungszeit für ein Auto in derartigen Fällen auf acht Jahre fest (BFH v. 26.7.1991 – BStBl II 1992 S. 1000 und FG München v. 27.3.2001 – 6K 4093/00).

Und so sieht dann die Rechnung für Ihr am 10.9.2014 bei einer Dienstfahrt gestohlenes Auto für das Finanzamt aus:

Kaufpreis für den Pkw am 1.7.2012	40.000 €
./. Abschreibung bis zum Diebstahl	
jährlich 12,5 % von 40.000 € = 5.000 × 2 Jahre und 3 Monate	– 11.250 €
Restwert des Autos beim Diebstahl	28.750 €
./. Erstattung aus der Teilkaskoversicherung	
wegen hoher Laufleistung nur	– 21.500 €
Verbleiben als Werbungskosten abzusetzen	7.250 €

356 **b) Welche Arbeitsmittel gehen beim Fiskus durch?**

Als Fachbücher wurden ***Lehrern*** anerkannt: »Grzimeks Tierleben« bei einem Biologielehrer, »Propyläen Weltgeschichte«, »Encyclopaedia Britannica«, »Wege zum Gedicht«.

Musiklehrer haben es etwas einfacher. Flügel, Orgel und Klavier wurden anerkannt, als sie vor Gericht zogen (EFG 56/222, 1974/310, 1976/178, HFR 1963/57, BStBl 1978 II S. 459). Voraussetzung ist aber, dass sich die Kosten in Grenzen halten. Alles untermauert mit einer entsprechenden Bescheinigung der Schulbehörde. Die Schreibmaschine wurde anerkannt einem ***Gewerbelehrer***, einem Studienrat (EFG 1960/26, EFG 1970/219), einem Richter (BStBl 1971 II S. 17, 21) sowie einem Verbandsprüfer (BStBl 1963 II S. 219). Tonbandgerät wurde anerkannt: ***Musik-, Religions-, Gewerbe- und Hochschullehrern*** (HFR 1963/57 – EFG 1957/66, 1965/491). Ein Teleskop als Arbeitsmittel begründete ein Lehrer erfolgreich mit der Verbesserung seines Astronomieunterrichts (FG Berlin v. 22.3.2004, EFG 2004 S. 1362). ***Sportlehrer:*** Anerkannt wurden Fußballstiefel, Hallenturnschuhe und Badmintonschläger (BFH – BStBl 1987 II S. 262). Bei Skiausrüstung und sonstiger Sportkleidung tun sich die Finanzämter und tut sich mit ihnen die Finanzgerichtsbarkeit noch schwer. Sie wollen nicht einsehen, dass bei einem Sportlehrer Sportkleidung eben eine typische Berufskleidung ist (BFH – BStBl 1975 II S. 407 und FG Rheinland-Pfalz – EFG 1985 S. 173). Wie Sie Ihre Skiausrüstung dennoch als Werbungskosten durchsetzen, vgl. ➤ Rz 300. Der BFH hat allerdings auch ausdrücklich Finanzgerichtsentscheidungen bestätigt, in denen die Kosten für Jacken, Shirts, Trainingsanzüge und Inliner nicht anerkannt wurden (BFH v. 18.6.2007 – BFH/NV 2007 S. 1869). Eine Stereoanlage durfte ein ***Musiker*** absetzen, wenn er zusätzlich eine private hatte (EFG 1971 S. 329). (Tipp: Gebrauchte Anlage für ein paar Euro erwerben und privat verwenden. Fotos davon fertigen und dem Finanzamt einsenden!) Fromme Literatur und Mikrofilme ließ man bei einem *Geistlichen* zu. Ein Jagdhund und eine Büchse waren abzugsfähig bei einem ***Forstbeamten***. Ebenfalls das Cembalo eines ***Kirchenmusikers*** (EFG 1976 S. 178), der Flügel bei einer *Dozentin* am Konservatorium, die anspruchsvollere Aufgaben erfüllt (BFN, BStBl 1989 S. 356), und das Cello eines Dozenten an einer Musikhochschule (FG Hamburg v. 15.5.1985 – III 188/82). Genau entgegengesetzt urteilte der

BFH am 10.3.1978 (BStBl 1978 II S.459) bei einer ***Musiklehrerin***, weil es statt des Flügels auch ein Klavier getan hätte. Ebenfalls zuungunsten eines Musiklehrers hat das FG BW am 18.12.1997 (EFG 1998 S.643) entschieden, der seinen Flügel für einen fünfstelligen Betrag reparieren ließ. Mit einem Rennrad als Arbeitsmittel hat ein ***Polizist*** beim FG Baden-Würtemberg auf Granit gebissen (Urteil v. 23.11.2005 – EFG 2006 S.811). Die Aufwendungen eines ***Erdkundelehrers*** für den Bezug der Zeitschrift *GEO* wurden mit folgender durch das Gesetz nicht gerechtfertigten Begründung abgelehnt: Bei Wirtschaftsgütern, bei denen nicht nachprüfbar oder nicht klar erkennbar ist, ob sie nur dem Beruf oder auch den privaten Interessen des Steuerpflichtigen dienen, verbietet § 12 Nr. 1 Satz 2 EStG zur Wahrung der steuerlichen Gerechtigkeit (das Gericht sollte besser von Nichtwahrung sprechen!) die Aufteilung und damit den Abzug von Aufwendungen, die sowohl der Lebensführung dienen als auch den Beruf fördern. Das FG Münster (rk Urt. v. 8.4.1986 – EFG 1986 S.491) vermag aus dem objektiven Charakter der Zeitschrift *GEO* nicht herzuleiten, dass eine nahezu ausschließlich berufliche Verwendung als sicher anzusehen ist. Vielmehr handle es sich um eine Zeitschrift, die sich von Aufmachung und Inhalt her an eine breite Leserschicht auch ohne fachliche Vorkenntnisse wende. Einer ***Oberstudienrätin*** hatte das Finanzamt die Zeitschriften *Kosmos*, *Das Tier* und *Weltatlas des Tierlebens* nicht als Werbungskosten anerkannt. In dem nicht amtlich veröffentlichten Urteil vom 2.2.1990 (VI R 112/87, BFH/NV 1990 S.564) sagte der BFH dazu: Für die Frage, ob Bücher und Zeitschriften mit nicht ausschließlich allgemeinbildendem Inhalt bei einem Lehrer als Arbeitsmittel anzusehen sind, kommt es regelmäßig auf den tatsächlichen Verwendungszweck der Literatur an. Das Finanzamt muss Feststellungen dazu treffen, in welchem Umfang die Literatur für dienstliche und für private Zwecke genutzt wird. Also aufgepasst, Lehrer! Erbringen Sie den Nachweis der beruflichen Nutzung von Fachbüchern, indem Sie für jedes einzelne Buch angeben, in welcher Zeit und in welcher Klasse Sie es zu Unterrichtszwecken benutzt haben. Entsprechendes gilt für Fachzeitschriften und vor allem für Videorekorder und Kassettengeräte (BFH-Urt. v. 27.9.1991 – BStBl 1992 II S.195).

GUTER RAT

Ordentliche Quittungen helfen beim Absetzen der Fachliteratur!

Vor allem wenn Sie größere Beträge in Fachliteratur investieren, sollten Sie sich mit Rechnungen oder zumindest ausführlichen Quittungen des Buchhändlers wappnen. Im Zweifel hängt nämlich die Anerkennung Ihrer Kosten von der Vorlage von Quittungen des Buchhandels ab, die Ihren Namen als Erwerber und den Titel des angeschafften Buches enthalten (BFH v. 4.12.2003 – BFH/NV 2004, 488 und BFH v. 26.5.2006 – IV B 150/05).

TRICK

Steuerermäßigung für Pferde!

357 Gute Nachricht für Sie als Reitlehrer oder Berufsreiter. Kosten für Ihr Pferd können Sie von der Steuer absetzen. Stellen Sie sich dazu dem Finanzamt gegenüber auf den Standpunkt, Sie könnten Ihren Beruf nur dann erfolgreich ausüben, wenn Ihre reiterlichen Fähigkeiten ständig erhalten und verbessert würden. Da das aber nur auf zuverlässigen, qualifizierten und gut ausgebildeten Pferden möglich sei, müssten Sie ein eigenes Pferd halten (evtl. zwei oder drei).

Außerdem sei es für Ihre berufliche Reputation unerlässlich, das Können von Pferd und Reiter bei Wettbewerben und Turnieren unter Beweis zu stellen. Um höhere Leistungsklassen mit entsprechend höheren Einnahmemöglichkeiten zu erreichen, seien Sie zwingend auf ein eigenes Pferd angewiesen. Schließlich gewännen auch Ludger Beerbaum oder Mathias Rath ihre Turniere nicht auf einem x-beliebigen Feld-Wald-und-Wiesen-Klepper.

Die Aufwendungen, die Ihnen durch Pferdehaltung, Boxenmiete, Sattelzeug, Tierärzte, Medikamente, Pflegemittel, Hufschmied, Spezialkleidung für Training und Turniere entstehen, sind dann ebenso Werbungskosten oder Betriebsausgaben wie Nenn- und Startgelder für Turniere, Transportkosten (z.B. Abschreibung für einen Pferdehänger, Kilometerpauschalen für das Zugfahrzeug), Übernachtungskosten und Verpflegungspauschalen, Versicherungen, Fortbildungskosten und beruflich bedingte Mitgliedsbeiträge. Nicht zuletzt sollten Sie daran denken, dass Sie Ihre Pferde steuerlich genauso wie ein Auto, einen Computer oder eine Werkzeugmaschine abschreiben können. Die Höhe der Abschreibung richtet sich dabei nach dem Alter des Pferdes. Nach Auskunft der Bundesvereinigung der Berufsreiter kann dabei für drei- bis fünfjährige Pferde von acht Jahren und für sechsjährige oder ältere Pferde von fünf Jahren ausgegangen werden.

Unterstützung für Ihre Argumentation liefern Ihnen netterweise das Finanzgericht Düsseldorf (Urt. v. 22.6.1982 – XV 691/78 E, rkr.), das Hessische Finanzgericht (Urt. v. 2.12.1982, EFG 1983 S. 226) und das FG Berlin (Urt. v. 22.6.1982, EFG 1983 S. 65).

TIPP

Was Reitlehrern recht ist, muss für Polizei-Hundeführer billig sein!

Ein Polizei-Hundeführer kann die von ihm getragenen Kosten für seinen Diensthund als Werbungskosten absetzen.

Der BFH hat nämlich entschieden, dass der Diensthund eines Polizei-Hundeführers ein Arbeitsmittel ist, unmittelbar der Erledigung der dienstlichen Aufgaben dient und dass seine Haltung keine private Angelegenheit ist (BFH v. 30.6.2010 – BStBl 2011 II, S. 45). Die vom Hundeführer getragenen Kosten zur Haltung des Hundes sind deshalb zu 100 % abzugsfähige Werbungskosten, egal ob es das Hundeshampoo, das Hundefutter oder das Leckerli für zwischendurch ist.

Und was, wenn Ihr Personalcomputer vom Tisch gefallen und selbst nach einer 358
Reparatur nicht mehr zuverlässig wäre? Sie zucken die Schultern ... vielleicht wissen Sie nicht, dass Selbständige eine sog. technische Abnutzung bei ihren betrieblichen Wirtschaftsgütern vornehmen können.

Nun – auch bei Ihnen ist ein dienstliches Arbeitsmittel vorzeitig entwertet worden. Das schreiben Sie dem Finanzamt und machen zu der bisherigen Abschreibung von angenommenen 400 € eine zusätzliche von 500 € geltend! Auch eine Zerstörung oder ein vorzeitiges Absinken des Marktwerts eines Arbeitsmittels würde so etwas rechtfertigen (BFH in BStBl 1954 III S. 362).

Steuerfreiheit für Computer und Internet am Arbeitsplatz 359
Bei der steuerlichen Förderung der Benutzung von Computern und Internet hat es in letzter Zeit einen ganzen Strauß von Vergünstigungen und Erleichterungen gegeben.

Die private Nutzung Ihres Computers in der Firma ist nun komplett steuerfrei gestellt. Neben den Aufwendungen für die Geräte und das Verbrauchsmaterial betrifft das vor allem Telefon- und Providergebühren. Ihr Arbeitgeber kann Ihnen also völlig unbelastet von Lohnsteuer und Sozialversicherung etwas Gutes tun, wenn er Ihnen die kostenlose private Nutzung betrieblicher Geräte gestattet.

Um betriebliche Geräte, die Sie steuerfrei nutzen können, handelt es sich auch, wenn Ihnen Ihr Arbeitgeber Ihren Heimarbeitsplatz – neudeutsch: Home-Office – damit ausstattet.

TRICK

Erhalten Sie sich geschickt die Steuerfreiheit für den Computer zu Hause!

360 Der Kniff, wenn Ihnen Ihr Arbeitgeber für die Arbeit zu Hause einen Computer zur Verfügung stellt, ist: Sie müssen unbedingt vermeiden, dass Ihnen das **wirtschaftliche Eigentum** an dem Gerät zugerechnet wird.

Etwas problematisch wird die Sache, wenn Ihnen der Arbeitgeber den PC ohne weitere Bedingungen für mindestens drei Jahre überlässt. Weil die Überlassung damit für die gewöhnliche Nutzungsdauer erfolgt, wittern die Fiskalritter hier praktisch eine Schenkung. Dem können Sie begegnen, indem Sie mit dem Arbeitgeber schriftlich vereinbaren, dass er anfallende Reparaturkosten trägt, bei einem Totalausfall für entsprechenden Ersatz sorgt und für die spätere Entsorgung des Geräts verantwortlich ist.

361 **Werbungskosten für PC und Internet**

Leider geht die Großzügigkeit des Fiskus nicht so weit, dass er auch Aufwendungen für Ihren privaten PC ohne Einschränkung als Werbungskosten anerkennt. Bislang durften Sie PC- und Internetkosten nur abziehen, wenn Sie eine ausschließliche oder so gut wie ausschließliche berufliche Nutzung glaubhaft darlegen konnten.

Mangels einer Regelung, mit der die privaten und beruflichen Kosten pauschal aufgeteilt werden können, nehmen Sie selbst eine Aufteilung vor. Sie müssen dazu den Umfang der beruflichen und der privaten Nutzung nachweisen oder glaubhaft machen. Im Zweifelsfall müssen die Fiskalritter eine sachgerechte Schätzung hinnehmen. Sie müssen also nur kräftig genug darauf beharren, dass Sie Ihren PC und das Internet teilweise beruflich nutzen, um den Werbungskostenabzug durchzubekommen. Wenn Sie dabei die Kirche im Dorf lassen und nicht gerade darauf pochen, dass 95 % Ihrer Kosten beruflich veranlasst sind, müsste es schon mit dem Teufel zugehen, wenn Sie nicht wenigstens einen erklecklichen Teil Ihrer Kosten durchbringen. Berufen Sie sich dazu z.B. auf den Erlass des FinMin NRW vom 8.12.2000 (S 2354 – 1 – VB 3). Mindestens 50 % sind immer drin (BFH v. 19.2.2004 – BStBl II 2004 S.958; FG Baden-Württemberg v. 5.5.2010 – 12 K 18/07, BB 2011 S.406).

Wer jedermann dient,
bekommt keinen Lohn.
(Dänischer Spruch)

Ihre Kosten für das Internet, ein Modem und die entsprechenden Anschlusskosten setzen Sie als Werbungskosten ohne Probleme ab, wenn es Ihnen gelingt, die umfangreiche berufliche Nutzung darzulegen und vielleicht mit Arbeitgeberbescheinigung die berufliche Erforderlichkeit Ihrer Multimediaausstattung und Ihres Modems herauszustellen. Hilfreich ist, wenn Sie mit dem PC im firmeneigenen Netz arbeiten oder vielleicht sogar Ihr Boss einen Kostenzuschuss zahlt. In diesem Fall muss Ihnen das Finanzamt trotz aller Verfügungen und Finanzgerichtsurteile zumindest den glaubhaft gemachten Teil von z.B. 77,5 % anerkennen (FinMin NRW v. 8.12.2000 – S.2354 – 1 – VB3). 362

Selbst wenn Sie sich häufiger im Internet aufhalten, müssen Sie nicht mehr befürchten, dass Ihnen Ihre Computerkosten deshalb nicht als Werbungskosten anerkannt werden. Kontern Sie bei streichwütigen Finanzern z.B. mit dem FG Rheinland-Pfalz, das einem Lehrer mit den Fächern EDV und Kommunikationstechnik den PC trotz Internetanschluss – oder gerade deswegen? – als Werbungskosten anerkannte (Urt. v. 10.5.1999 – 5 K 2776/98, NWB Eil' 2000 S.84).

Bei den nur stationär verwendbaren Personalcomputern (PCs) legen sich unsere eifrigen Finanzbeamten meistens besonders ins Zeug, um Ihnen eine steuerschädliche hohe private Verwendung anzuhängen. Dabei scheuen sie sich nicht, Ihre Familie mit ins Spiel zu bringen und mir nichts, dir nichts zu behaupten, Ihr PC werde in nicht unerheblichem Umfang privat genutzt, wenn Sie noch schulpflichtige Kinder haben. 363

Lassen Sie sich so etwas nicht gefallen! Schließlich hat das Bundesverfassungsgericht gesagt, dass allein wegen der familiären Verhältnisse keine steuerlich nachteiligen Konsequenzen gezogen werden dürfen (BVerfG – BStBl 1985 II S.475). Wenn Sie schon beim Kauf Ihres Computers clever sind, können Sie sich das ganze Nachweistheater sparen. Legen Sie sich statt eines PCs einen Laptop zu. Die sind genauso leistungsfähig, viel handlicher, und vor allem seien sie »aufgrund ihrer technischen Gestaltung regelmäßig nur für eine berufliche Nutzung gedacht und für eine private Nutzung, besonders für Heim- und Videospiele, nicht geeignet« (OFD Köln, Verfügung v. 26.7.1985 S.2354-27 St 121). Das Finanzamt wird Ihnen bei einem solchen Computer viel weniger Schwierigkeiten bei der Anerkennung aller Kosten als Werbungskosten machen.

Und was die Gerissenheit angeht:
Wenn sie nötig ist,
muss man sie besitzen.

(Adenauer)

TIPP

zur Nutzungsdauer eines Computers

364 Nach langem Hin und Her haben die Fiskalbürokraten in Berlin eingesehen, dass Computer eine Nutzungsdauer von max. drei Jahren haben, weil sie danach hoffnungslos überaltert sind, und dies in den amtlichen Abschreibungstabellen (BMF-Schreiben v. 15.12.2000 – BStBl I 2000 S. 1532) verbindlich geregelt. Die Nutzungsdauer von drei Jahren gilt übrigens auch für Drucker, Modem, Scanner etc. Mit guter Begründung können Sie aber auch schneller abschreiben, z.B., wenn der Arbeitsspeicher Ihres Rechners für die zu Hause beruflich genutzten Programme, Datenbanken etc. zu klein wurde.

TRICK

Setzen Sie mit Fachliteratur gleich noch ein Regal ab!

365 **S** Sicher denken Sie daran, Ihre Fachbücher (nebst den teuren Klarsichtfolienumschlägen) und Fachzeitschriften unter Werbungskosten aufzuführen, aber vielleicht vergessen Sie das Bücherbord, auf dem sie alle ihren Platz finden! Sie können es mit seinem jetzigen Wert von sagen wir mal ca. 100 € absetzen. Steuerersparnis zwischen ca. 20 und 54 €. Was für das Bücherbord recht ist, sollte für einen Schreibsekretär und einen Arbeitsstuhl billig sein.
Man tut gut daran, dem Finanzamt glaubhaft zu machen, dass Bücherregal und Sekretär nur beruflich genutzt werden, z.B. weil man als Lehrer in der Schule keinen Arbeitsplatz (Bescheinigung der Schuldirektorin!) hat.

366 In mehreren Urteilen hat der BFH recht großzügig entschieden, dass Fachliteratur eines Lehrers, die dieser nachweislich zur Unterrichtsvorbereitung nutzt, nicht einfach wegen der rein theoretischen Möglichkeit der Privatnutzung gestrichen werden darf (BFH v. 21.6.1989 – VI R 138/86, und v. 2.2.1990 – VI R 112/87). Vgl. ➤ Rz 356.
Als Lehrer können Sie Literatur, die Sie zur Unterrichtsvor- und -nachbereitung gekauft haben, ebenso wie Bücher und Zeitschriften, die Sie für eine Unterrichtseinheit erworben haben, die letzlich nicht abgehalten wurde (vergebliche Aufwendungen), als Werbungskosten absetzen. Auch wenn Sie an solcher Literatur ein außerschulisches Interesse haben, steht das der steuerlichen Berücksichtigung nicht entgegen (BFH v. 20.5.2010 – BStBl 2011 II S. 723). Folglich müssen Sie nur detailliert darlegen, dass Sie die Bücher für den Unterricht eingesetzt haben. Die überzogene Forderung, z.B. *für Bücher der Rubrik*

Deutsch nachzuweisen, dass Sie das gleiche Buch zweimal besitzen, einmal zur privaten Lektüre, einmal als Arbeitsmittel im Unterricht, kann der Fiskus nicht aufrechterhalten.

Zu den Fachzeitschriften gehören alle branchenspezifischen und Wirtschafts- **367**
zeitschriften, also auch das *Handelsblatt* (BFH-Urt. v. 12.11.1982 – VI R 193/79, DB 1983 S.372 und v. 13.6.1996 – BFH/NV 1997 S.98), obwohl das FG Brandenburg das anders sieht und sogar einem Bankkaufmann den Abzug verweigert hat (FG Brandenburg v. 4.4.2002 – EFG 2002 – 1085 und v. 29.4.2008 – 6 K 1567/04, BBK-KN-Nr. 124/2008).
Aber auch hier scheint das längst fällige Umdenken eingesetzt zu haben. So konnte ein Diplomingenieur, der in einer Marketingabteilung tätig war, eine Reihe von Börsenzeitungen von der Steuer absetzen. Er konnte das Gericht nämlich davon überzeugen, dass er die Zeitschriften *Effekten Spiegel, Depot-Optimierer, Finanztip, Wahrer Wohlstand und Oxford Club* als Arbeitsmittel zur Vorbereitung von Entscheidungsgrundlagen für Firmeninvestitionen abonniert hatte (FG München v. 3.3.2011 – 5 K 3379/08, GStB 2011 S.374). Besonders interessant ist dabei, dass nach Meinung der Finanzrichter die Vielzahl der abonnierten Zeitschriften eher *für* als gegen eine berufliche Verwendung spricht.

TIPP

zu Tageszeitungen

Lokale oder überregionale Tageszeitungen sind grundsätzlich nicht abzugsfähig (BFH-Urt. v. 7.9.1989 – BStBl 1990 II S.19). Man könne nicht objektiv zwischen privatem und beruflichem Nutzen unterscheiden, sagt der BFH und hat daher die Tageszeitung bei einem Lehrer nicht anerkannt (BFH v. 7.4.2005 – BFH/NV 2005 S.1300). Ähnlich erging es einem angestellten Steuerberater mit dem Bezug der *FAZ* (Hessisches FG v. 8.5.2008 – 13 K 3379/07). Doch keine Regel ohne Ausnahme: **Sie können Tageszeitungen absetzen, wenn Sie sie nur zur beruflichen Information beziehen.**
So hat das Finanzgericht Köln (EFG 1994 S.199) einem Autoverkäufer einen Teil seiner Zeitungskosten als Werbungskosten zugestanden, weil er sich aus den Zeitungen über die Autopreise in anderen Städten informieren wollte.
Auch wenn Sie die Tageszeitung vor allem deshalb beziehen, um die Stellenangebote für einen neuen Job zu studieren, haben Sie gute Karten (FG Münster v. 16.8.2006 – 10K 3390/04E).

Ein guter Rat: Abonnieren Sie mehrere Zeitungen und deklarieren Sie zumindest eine als privat, damit Ihnen die Fiskalvertreter nicht sofort mit dem Rotstiftargument der nicht abzugsfähigen Lebenshaltungskosten und § 12 EStG kommen können.

SUPER TRICK

Wie Sie beim Kauf von Arbeitsmitteln zusätzlich Steuern sparen können

368 Wie sind Sie denn z.B. an Ihr Fachbuch gekommen? Wenn Sie es nicht per Internet bestellt haben, mussten Sie zu einer Buchhandlung fahren, und dabei sind Ihnen Fahrtkosten entstanden! Die Sie selbstverständlich absetzen können! Und so argumentieren Sie beim Finanzamt: »Da das Fachbuch in der Buchhandlung in unserem Ort bereits vergriffen war, musste ich in die nächste Stadt fahren, um es mir dort zu kaufen.«

Anschaffungskosten	8,90 €
Anschaffungsnebenkosten:	
Fahrtkosten 16 km × 0,30 €	10,80 €
Parkgebühr	0,50 €
Gesamtkosten	20,20 €
Einkommensteuerersparnis ca. 35 %	7,07 €
Solidaritätszuschlag	0,39 €
Kirchensteuer 9 %	0,64 €
Zuzahlung des Finanzamts insgesamt	8,10 €

TIPP

für Fachbücher

369 Denken Sie immer daran, dem Finanzamt Fahrt- und andere Nebenkosten für die Anschaffung mit auf die Rechnung zu setzen. Dabei bleiben Sie natürlich immer streng dienstlich. **Damit Ihnen das Finanzamt nicht mit gemischten Aufwendungen kommt**, werden Sie nicht so unvorsichtig sein und den Abzug der Fahrtkosten gefährden, indem Sie bei der Fahrt noch ein privates Würstchen oder Brot einkaufen.

TRICK

Wie das Finanzamt kräftig zu Ihren Anschaffungen zuschustern muss.

370 Wie war das noch mit Ihrer Handschrift? Haben Sie nicht eine Hühnerklaue, wenn Sie schnell schreiben müssen? Die zu entziffern wollen Sie der Steno-

typistin im Betrieb nicht zumuten. Sie nehmen sich Geschäftspapier mit nach Hause und schreiben die Briefe gleich fix und fertig auf einem PC, den Sie sich dafür anschaffen. Ihre Ansprüche auf Steuerermäßigung untermauern Sie mit einer entsprechenden Bescheinigung Ihrer Firma. Überhaupt: Immer viele Papiere und Bescheinigungen beifügen, das beeindruckt Beamte ungemein!
Und das verabfolgt Ihnen ein vernünftiger Chef:

Bescheinigung

Herrn/Frau . . . . . . wird hierdurch bescheinigt, dass er/sie nach Dienstschluss unerledigte Schreibarbeiten unserer Firma zu Hause bearbeitet und auf seinem eigenen PC fertigstellt. Für sein berufliches Fortkommen halten wir dies für sehr fördernd.

. . . ., den . . . .

. . . .
Stempel Unterschrift

Da Sie das Gerät so gut wie ausschließlich beruflich nutzen, dürfte es Ihnen nicht schwerfallen, die Kosten durchzubekommen. Sie können darüber hinaus dem Finanzamt plausibel machen, dass wegen Ihrer wenig ausgeprägten Kenntnis im Maschineschreiben der Computer mit Rechtschreibprogramm nahezu unerlässlich ist, um in angemessener Zeit brauchbare und vorzeigbare Arbeitsergebnisse zu erzielen oder dass Sie einen PC zum Üben und Fördern Ihrer Schreibleistung benötigen (vielleicht ist die Betriebsstenotypistin oft krank, und der Betrieb bestätigt das). Legen Sie dem guten Veranlagungsbeamten dann noch zwei dicke Ordner mit Kopien Ihrer gesammelten Werke auf den Tisch, die Sie für einen repräsentativen Zeitraum von drei Monaten zum Nachweis der Nutzung zusammengestellt haben, möchte ich mal sehen, mit welcher stichhaltigen Begründung er Ihnen die Kosten streichen will.

Was für den PC gilt, trifft auch für ein *Diktiergerät* zu, falls es dienstlich **371**
(oder zu Hause für den Dienst) benötigt wird, wenn Sie z.B.

- als Pastor zu Hause Ihre Predigten vorbereiten und sie dazu auf Band sprechen,
- als Lehrer Themen vorzubereiten haben oder Wissenswertes Ihren Schülern auf Band vermitteln,
- als Forscher Sprachübungen auf Band durchführen,
- als Verkäufer verkaufsfördernde Gespräche vorbereiten
- oder als Musikus sich selbst abhören wollen.

372 Wegen der vielseitigen Inanspruchnahme des Geräts wird es voraussichtlich eine Nutzungsdauer von drei Jahren haben. In diesem Fall können bei einem Kaufpreis von 500 € jährlich rd. 167 € als Werbungskosten abgesetzt werden (FG Düsseldorf v. 19.10.1953 – EFG 1954, S. 41 und BFH v. 25.1.1971 – BStBl 71 II S. 459).
Ein schlagendes Argument, mit dem Sie z.B. ein Tonband, einen CD-Spieler oder einen MP3-Recorder als Werbungskosten durchdrücken, ist ein gleichwertiges Zweitgerät für die Privatnutzung.

TRICK

Warum Sie wissen sollten, was man Ihnen zum Geburtstag schenkt.

373 S Alles, was dem Zweck des beruflichen Fortkommens dient, ist abzugsfähig. Das gilt selbst dann, wenn Sie sich das Arbeitsmittel nicht selbst gekauft haben, sondern Ihre Lieben Ihnen mit dem teuren Aktenkoffer für 650 € zum Geburtstag oder zu Weihnachten eine Freude machen wollten.
Auch wenn Sie den Koffer nicht selbst bezahlt haben: Tragen Sie ihn beruhigt und ohne schlechtes Gewissen unter Werbungskosten in Ihre Steuererklärung ein. Und wenn das Finanzamt auf die Idee kommt, an Ihren Kosten herumzustreichen, berufen Sie sich auf das BFH-Urteil vom 16.2.1990 (BStBl 1990 II S. 883). Darin hat der BFH nämlich ganz in Ihrem Sinn entschieden, dass geschenkte Arbeitsmittel abgesetzt werden können. Das gilt natürlich nicht nur für den Aktenkoffer, sondern auch für den schicken Füllfederhalter, die Schreibtischunterlage oder das witzige Mousepad.
Die Abschreibung für den Koffer macht bei einer Nutzungsdauer von zwei Jahren – wegen der besonders starken Beanspruchung – 50 % von 650 € = 325 € pro Jahr. Ihre Steuerersparnis liegt je nach Steuersatz zwischen 55 € und 167 €.

TRICK

Auf die Wahl des richtigen Standorts kommt es an.

374 Werden Meisterstücke nach der Meisterprüfung nicht mehr ausschließlich für berufliche Zwecke genutzt, können nur die Abschreibungen bis zur Meisterprüfung abgesetzt werden, so lautet das BFH-Urteil vom 15.12.1989 (BStBl 1990 II S. 692). Sie schlagen dem Fiskus ein Schnippchen, wenn Sie sagen können: »Mein Meisterstück ist ein reines Schauobjekt, das für eine private Nutzung

völlig ungeeignet ist. Ich habe es ausschließlich und allein für meine Prüfung erstellt.« Da in diesem Fall eine private Verwendung nicht angenommen werden kann, werden Sie Ihre Kosten sofort und in voller Höhe abschreiben.
Trifft das bei Ihnen nicht zu, dann überlegen Sie doch einmal, wie wichtig es für Sie und Ihren Betrieb ist, wenn die Kunden sehen, welch ein fähiger Mitarbeiter Sie sind. Wie wäre es, wenn Sie Ihr Meisterstück im Betrieb ausstellten? Lassen Sie das von Ihrem Chef schriftlich bestätigen, und schon kann Ihnen das Finanzamt nicht mehr damit kommen, Sie würden das gute Stück privat nutzen.
Statt im Betrieb können Sie es natürlich genauso gut in Ihrem Arbeitszimmer unterbringen. Auch in diesem Fall muss das Finanzamt die weitere berufliche Verwendung akzeptieren und Ihre Kosten für das Meisterstück als Werbungskosten anerkennen.

TRICK

Wie treibe ich die Kosten für Arbeitsmittel auf die Spitze?

Werbungskosten können so hoch sein, wie sie wollen: Das Finanzamt muss sie 375
anerkennen! Wenn Sie sich statt einer billigen Aktentasche eine aus feinstem Saffianleder mit so und so vielen Innentaschen leisten wollen, um Ihre Butterbrote und Papiere mit zur Arbeit zu nehmen, ist das Ihre Sache. Glauben Sie, es sich schuldig zu sein, mit eigenem und besonders verchromtem Werkzeug zu arbeiten, dann ist das wahrscheinlich ein teurer Spaß, aber das Finanzamt muss Ihnen die Kosten trotzdem in voller Höhe anerkennen. Sind Sie der Meinung, Sie könnten die Briefe für Ihren Chef besser entwerfen und überarbeiten, wenn Sie sie vorher auf ein eigens angeschafftes Diktiergerät sprechen und dann aufs Papier übertragen, stellt der Aufwand dafür eben Werbungskosten dar. Fürchten Sie als Verkäufer, keine so guten Verkaufserfolge zu erzielen, wenn Sie mit einem gewöhnlichen Kuli statt mit einem vergoldeten Füller mit Platinfeder schreiben, so ist das Entgelt für das recht teure Stück als Werbungskosten anzusehen. Und wenn Sie in Ihrem Firmenbüro keine Uhr haben – aus dienstlichen und aus Gründen der Arbeitseinteilung aber wissen müssen, wie spät es jeweils ist –, können Sie die von Ihnen gekaufte teure Schreibtischuhr absetzen, müssen sie allerdings im Betrieb lassen.

Abc der Arbeitsmittel 376
Aktentasche ist z.B. Arbeitsmittel bei einem Betriebsprüfer (FG Berlin v. 2.6.1978 – EFG 1979 S.225).
Bücher sind Arbeitsmittel, wenn es sich um Fachliteratur handelt. Einzelheiten unter ➤ Rz 356.

Bücherregal zur ausschließlichen Unterbringung von Fachliteratur ist Arbeitsmittel. Dazu mehr unter ➤ Rz 365.
Cello ist Arbeitsmittel bei Dozenten an der Musikhochschule (FG Hamburg v. 15.5.1985 – III 188/82). *Cembalo* ist Arbeitsmittel beim hauptberuflichen Musiker (FG Münster v. 19.11.1975 – EFG 1976 S. 178).
Dias, die ein Lehrer während einer steuerlich anerkannten Studienreise gemacht hat, sind **keine** Arbeitsmittel, denn es handle sich um persönliche Erinnerungsstücke (BFH-Urt. v. 25.8.1961 – BStBl 1961 III S. 486).
Diktiergerät ist Arbeitsmittel (BFH v. 29.1.1971 – BStBl 1971 II S. 327 betr. Richter).
Elektroorgel ist Arbeitsmittel für Lehrer im Fach Musik (FG Berlin v. 13.11.1973 – EFG 1974 S. 311).
Fernseh- und Rundfunkgerät sind keine Arbeitsmittel, auch nicht für einen Schriftsteller, der für Fernsehen und Rundfunk schreibt (BFH – BStBl 1964 III S. 455 und 528; BStBl 1971 II S. 17). Dagegen kann das Gerät eines Professors für Medienpolitik, das in seinem Dienstzimmer steht, abgesetzt werden (FG Münster v. 20.1.1987 – FR 1987 S. 458).
Flügel ist Arbeitsmittel bei einem Pianisten, der öffentlich Konzerte gibt; bei einem Musiklehrer in einer Schule ist ein neuer Flügel kein Arbeitsmittel, wohl aber ein gebrauchter, preiswerter (BFH v. 10.3.1978 – BStBl 1978 II S. 459). Auch bei einer Musikpädagogin macht der BFH Schwierigkeiten (BFH v. 21.10.1988 – BStBl 1989 II S. 356).
Fußballschuhe sind Arbeitsmittel bei einem Sportlehrer (BFH v. 21.11.1986 – BStBl 1987 II S. 262).
Geige ist Arbeitsmittel bei einer Orchestermusikerin. Auch wenn es sich um ein sehr teures antikes Stück handelt (BFH v. 9.12.2003 – VI R 185/97).
Gitarre ist Arbeitsmittel bei einem Musiklehrer (anderer Ansicht: FG im Urt. v. 21.5.1982 – EFG 1982 S. 562).
Heimcomputer ist Arbeitsmittel bei einem Lehrer für Mathematik (FG Rheinland-Pf. v. 6.5.1985 – EFG 1985 S. 605). Einzelheiten unter ➤ Rz 359.
Hund kann bei Wachmännern, Hundeführern bei Polizei, Zoll, Bundesgrenzschutz und bei Forstbediensteten Arbeitsmittel sein (BFH v. 29.1.1960 – BStBl 1960 III S. 163; Niedersächsisches FG v. 29.7.2009 – EFG 2009, S. 1924). Auch bei einem Hausmeister können die Kosten für das Halten eines Wachhundes Werbungskosten sein (FG Hamburg v. 22.1.1988 – EFG 1989 S. 228).
Kleidung in Form der typischen Berufskleidung ist Arbeitsmittel (§ 9 Abs. 1 Nr. 6 EStG). Typische Berufskleidung wird getragen von Bergleuten und Schornsteinfegern, ferner von Richtern und Anwälten (weißer Schlips und Robe), Geistlichen (Amtstracht), von Monteuren, Architekten und technischen Zeichnern (Schutzkleidung), Ärzten (weißer Kittel), Oberkellnern (Kellnerfrack), Leichenbestattern (schwarzer Anzug) (BFH-Urt. v. 30.9.1970 – BStBl 1971 II S. 50). Bürgerliche Kleidung dagegen ist auch dann kein Arbeitsmittel, wenn feststeht, dass sie im Beruf einem erhöhten Verschleiß unterliegt. Ausnahmen bestätigen die Regel: Weiße Blusen und Hemden bei Metz-

gereiangestellten gingen beim FG Berlin durch (Urteil v. 22.2.2005 – 7 K 4312/01.

Koffer bei einem Piloten (Hess. FG, EFG 1989 S.173).

Kunstgegenstände im Arbeitszimmer wie z.B. Bilder sind Arbeitsmittel, wenn der Steuerzahler in seinem Arbeitszimmer auch Repräsentationsaufgaben wahrzunehmen hat (BFH-Urt. v. 30.10.1990 – BStBl 1991 II S.340).

Lexikon ist kein Arbeitsmittel, auch nicht bei Lehrern (BFH-Urt. v. 29.4.1977 – BStBl 1977 II S.716).

Lichtschutzbrille ist Arbeitsmittel bei Cockpitpersonal (FG Hamburg v. 17.1.1972 – EFG 1972 S.329), nicht aber eine gewöhnliche Sonnenbrille.

Meisterstücke, die nach der Meisterprüfung nicht ausschließlich für berufliche Zwecke verwendet werden, erkennen die Finanzämter nicht als Arbeitsmittel an. Nach dem BFH-Urteil vom 15.12.1989 (BStBl 1990 II S.692) ist in diesem Fall nur die Abschreibung bis zur Meisterprüfung abziehbar; ➤ Rz 374.

Motorrad ist Arbeitsmittel beim Revierförster (Hess. FG v. 15.9.1958 – EFG 1958 S.414).

Motorsäge, die einem Waldarbeiter selbst gehört, ist Arbeitsmittel.

Reisekoffer, den ein Flugkapitän nur auf Kurzstreckenflügen benutzt, auch wenn darin zugleich private Gegenstände transportiert werden, ist Arbeitsmittel (Hess. FG v. 3.8.1988 – EFG 1989 S.173).

Reitpferd ist Arbeitsmittel bei einem Reitlehrer (Hess. FG v. 2.12.1982 – EFG 1983 S.226). Weitere Einzelheiten vgl. ➤ Rz 357.

Schreibtisch, *Schreibtischlampe*, *Schreibtischstuhl* sind Arbeitsmittel in einem anerkannten Arbeitszimmer (BFH-Urt. v. 21.1.1966 – BStBl 1966 III S.219). Bei einem Lehrer auch dann, wenn sie nicht in einem Arbeitszimmer stehen, aber beruflich genutzt werden (BFH-Urt. v. 18.2.1977 – BStBl 1977 II S.464).

Schusswaffe ist Arbeitsmittel bei Forstbeamten (BFH v. 10.7.1964 – StRK § 9 R 275).

Skiausrüstung ist Arbeitsmittel bei hauptberuflichen Skilehrern, nicht dagegen bei nebenberuflichen (BFH-Urt. v. 24.10.1974 – BStBl 1975 II S.407), desgleichen nicht bei einem Sportlehrer, der sie mitunter auch beruflich verwendet (BFH-Urt. v. 21.11.1986 – BStBl 1987 II S.262). Wie die Chancen auf Anerkennung steigen, siehe ➤ Rz 300.

Stereoanlage kann bei einem Berufsmusiker Arbeitsmittel sein, wenn sie in einem Arbeitszimmer installiert ist (Hess. FG, Urt. v. 9.3.1972 – EFG 1972 S.329).

Tageszeitung ist kein Arbeitsmittel (BFH-Urt. v. 5.7.1957 – BStBl 1957 III S.328). Ausnahme *Handelsblatt* (BFH v. 13.6.1996 – BFH/NV 1997 S.98).

Taschenrechner ist Arbeitsmittel bei Mathematiklehrern (FG Nürnberg, Urt. v. 25.1.1978 – EFG 1978 S.267).

Telefonanschluss in der Wohnung eines Arbeitnehmers ist ein Arbeitsmittel, wenn die Art der beruflichen Tätigkeit die regelmäßige Nutzung des Telefonanschlusses in der Wohnung erfordert (FG Nürnberg, Urt. v. 22.11.1979 – EFG 1980 S.176, ferner BFH v. 21.11.1980 – BStBl 1981 II S.131).

Tennisausrüstung ist Arbeitsmittel bei einem Polizisten, der damit Dienstsport ausübt (FG Saarland v. 19.3.1991 – 1 K 55/91).
Tonbandgerät ist Arbeitsmittel bei einem hauptberuflich tätigen Musiker (BFH-Urt. v. 29.1.1971 – BStBl 1971 II S. 459), auch bei Musiklehrern, wenn sie das Gerät im Unterricht verwenden (BFH-Urt. v. 24.8.1962 – HFR 1963 S. 57), gleicher Ansicht später EFG 1965 S. 491 auch bei Musik-, Religions-, Gewerbe- und Hochschullehrern. Weiteres unter ➤ Rz 371.
Turnschuhe sind Arbeitsmittel bei Sportlehrern (BFH-Urt. v. 21.11.1986 – BStBl 1987 II S. 262).
Zeichengerät ist Arbeitsmittel bei einem Soldaten, wenn er die Bundeswehrfachhochschule besucht (BFH-Urt. v. 28.9.1984 – BStBl 1985 II S. 89).
Zeitschrift: *GEO* ist kein Arbeitsmittel, auch nicht bei einem Erdkundelehrer (FG Münster, Urt. v. 8.4.1986 – EFG 1986 S. 491). Die *Flug Revue, Aero* oder *Flight* sind auch bei einem Piloten keine Fachliteratur (FG Niedersachsen, EFG 1993 S. 375). Börsenzeitschriften sind bei einem Wirtschaftsingenieur im Marketingbereich Werbungskosten (FG München, Urt. v. 3.3.2011 – 5 K 3379/08).
Zeitungen können Arbeitsmittel sein, wenn Sie daraus berufliche Informationen beziehen und wenigstens eine weitere für private Zwecke halten (FG Köln v. 7.7.1993 – EFG 1994 S. 199).

Denken Sie daran, dass grundsätzlich jeder Gegenstand ein berufliches Arbeitsmittel sein kann, sofern Sie ihn zu mehr als 90 % beruflich verwenden. Dies kann auch nach jahrelangem privatem Gebrauch geschehen. In diesem Fall setzen Sie den Restwert als Werbungskosten ab. Fertigen Sie dafür einen Eigenbeleg.

10. Welche Telefongebühren sind absetzbar?

377 Halb acht Uhr abends im Büro, Ihr Chef sitzt mit zerfurchter Stirn über ein paar Angeboten. Plötzlich klingelt das Telefon. Am anderen Ende der Strippe sind Sie. Der Alte hört: »… wollte ich Ihnen nur sagen, dass Sie bei dem Angebot für Meier & Co. ruhig noch 10 % draufschlagen können. Ich habe mich eben mit meinem Bekannten von der Konkurrenz unterhalten. Der meint, dass wir bei den Materialkosten viel zu niedrig liegen.« Meinen Sie nicht, das freut den Chef? »Wie komme ich denn dazu, mich kurz vor der Tagesschau noch mit den Angelegenheiten meiner Firma zu beschäftigen?«, maulen Sie. Weil Sie weiterkommen wollen! Wenn Sie darauf pfeifen, dann tun Sie es wenigstens, um etwas bei der Steuer herauszuholen. Denn wenn Sie angeben können, mit wem Sie von Ihrem privaten Telefon beruflich telefonieren, erkennt der Fiskus einen Teil Ihrer Telefongebühren als Werbungskosten an. Sie haben dabei die Wahl, den abzugsfähigen, beruflichen Teil Ihrer Kosten anhand repräsentativer Aufzeichnungen für drei Monate, z. B. per Einzelverbindungsnachweis, zu ermitteln oder eine Pauschale anzusetzen (R 9.1 Abs. 5 LStR).

Mit dem Einzelnachweis können Sie einen höheren beruflichen Anteil heraus- 378
schlagen. Aufzuzeichnen sind Tag, Gesprächsteilnehmer, Dauer des Gesprächs sowie die Gesprächsgebühren. Einfacher geht das mit einem Einzelverbindungsnachweis, den Sie bei Ihrem Anbieter anfordern können, sofern sie ihn nicht online abrufen können oder zusammen mit der Monatsrechnung zugeschickt erhalten. Den über drei Monate so ermittelten prozentualen Anteil an beruflichen Telefonkosten können Sie dann ohne weiteren Nachweis auch bei Ihren Telefonrechnungen der übrigen neun Monate des jeweiligen Jahres absetzen. Im nächsten Jahr müssen Sie aber wieder für drei Monate den Nachweisgriffel schwingen.

TRICK

Nehmen Sie pauschal 240 € im Jahr ohne Nachweistheater!

Einfacher ist es, wenn Sie sich mit der beruflichen Telefonkostenpauschale be- 379
gnügen. Sie beträgt schlicht und ergreifend 20 % Ihrer sämtlichen Telefonkosten, höchstens aber 20 €/Monat. Damit kommen Sie zwar auf höchstens 240 € Werbungskosten im Jahr, dafür fragt Sie aber keiner, ob Sie in die Kategorie der beruflichen Vieltelefonierer fallen oder Ihren Apparat nur gelegentlich mal für berufliche Zwecke nutzen.

TIPP

zum Telefonkostennachweis

Seien Sie so schlau und achten Sie darauf, Ihren Dreimonatsnachweis nicht ge- 380
rade in Zeiten zu führen, in denen Sie besondersviel privat telefonieren, z.B. an Weihnachten und Neujahr.

TIPP

Vergessen Sie nicht, die Kosten Ihres Handys abzusetzen!

Der Fiskus meint nicht zu Unrecht, Sie würden mit Ihrem Handy auch Privat- 381
gespräche führen, und kürzt Ihnen deshalb die Kosten. Schützenhilfe leistet ihm das FG Rheinland-Pfalz mit seinem Urteil vom 28.11.1997 (4 K 1694/86), das nur 75 % der Kosten steuerlich anerkennt, und selbst dies nur dann, wenn Sie

eine Bescheinigung des Arbeitgebers vorlegen können, dass Sie Ihr Handy zu 100 % beruflich nutzen.

»Nur 75 % trotz 100 %iger beruflicher Nutzung? Und was ist mit den restlichen 25 %?«, fragen Sie verwundert.

Man könnte es wohl Sicherheitsabschlag nennen. Bestehen Sie auf vollem Kostenabzug, müssen Sie mittels Einzelverbindungsnachweis die ausschließlich berufliche Nutzung belegen. Was Sie aber sicher nicht tun möchten …

In Wirklichkeit ist der Staat
nichts als eine Maschine zur Unterdrückung
einer Klasse durch die andere.
(Becher)

382 Mit einer Bescheinigung von Ihrem Chef, dass Sie ein Handy beruflich brauchen, können Sie alternativ auch 20 € pro Monat angeben, ohne die Einzelkosten nachweisen zu müssen.

383 Ist es Ihnen nicht auch schon oft so ergangen: Sie wollen ein berufliches Telefongespräch führen, aber Ihr Töchterlein telefoniert mal wieder stundenlang mit ihrem Liebsten? Diesem Ärger gehen Sie aus dem Weg, indem Sie sich für Ihre vielen beruflichen Telefonate einen Zweitanschluss zulegen oder einen ISDN-Anschluss mit drei Nummern und den Einzelverbindungsnachweis nutzen.

Mit dem Dreimonatsnachweis belegen Sie dem Finanzamt, dass Sie den Zweitanschluss bzw. eine der drei Nummern des ISDN-Anschlusses zu 95 % beruflich nutzen, und setzen für den Rest des Jahres ebenfalls 95 % der Gebühren ab. Niemanden interessiert übrigens, ob und wie viel Ihre Tochter in diesen restlichen neun Monaten das Telefon mit Beschlag belegt.

SUPER TRICK

»Telefon ist Telefon«,

384 sagen Sie sich zu Recht. Was für mein Telefon zu Hause oder mein Handy gilt, muss umso mehr für mein teures Autotelefon gelten. Schließlich haben Sie es sich ja nur zugelegt, weil Sie so viel für Ihre Firma unterwegs sind und als wichtiger Mitarbeiter ständig erreichbar sein müssen. Sie beziehen natürlich alle Kosten mit in Ihren Einzelnachweis ein. Vergessen Sie die Abschreibung nicht! Liegt der Kaufpreis für Ihr Autotelefon unter 488 €, ist eine Vollabsetzung im ersten Jahr gerechtfertigt. Liegt der Preis höher, müssen Sie sich mit jährlich

20 % (Nutzungsdauer fünf Jahre) begnügen (BFH v. 14.10.1993 – BStBl 1993 I S. 908). Dasselbe gilt natürlich für Ihr Handy.

11. Umzugskosten – Was gibt das Finanzamt dazu?

Oft fallen aus beruflichen Gründen Umzugskosten an, die das Finanzamt aber 385
bei weitem nicht jedem anerkennt. Auf den Ämtern spukt oft genug noch der alte Begriff von der »Notwendigkeit der Werbungskosten« herum. Damit haben Sie nichts zu schaffen! Sie müssen sich aber fragen lassen, ob der Umzug privat mitveranlasst war. Ist das der Fall, müssen Sie mit Schwierigkeiten rechnen. Was Sie allerdings im Interesse Ihres Berufs tun, können Sie selbst entscheiden. Dienen die Kosten der Sicherung oder dem Erwerb beruflicher Einkünfte, sind sie abzugsfähig. Die Sache ist ganz klar, wenn

- man Ihnen gekündigt hat oder Sie selbst gekündigt haben oder der Betrieb geschlossen wurde und Sie an einem anderen Ort neue Arbeit gefunden haben,
- Sie nach Ihrer Pensionierung aus einer Dienst- oder Werkswohnung ausziehen müssen,
- der Betrieb an einen anderen Ort verlegt wurde,
- sich durch den Umzug die Fahrzeit zwischen Wohnung und Betrieb pro Tag um eine Stunde verkürzt (BFH v. 23.3.2001 - BStBl 2001 II S.585, BFH – BStBl 1987 II S. 81). Wenn Sie in Zusammenhang mit Ihrer Heirat mit Ihrer besseren Hälfte in eine gemeinsame Wohnung ziehen und sich daraus eine Fahrzeitersparnis von einer Stunde ergibt, können Sie die Umzugskosten ebenfalls als Werbungskosten absetzen.
- Sie in der Hierarchie aufgestiegen sind und sich dadurch Ihre Lebensstellung wesentlich verändert hat (BFH – BStBl 1975 II S. 327),
- Sie auf Veranlassung Ihres Arbeitgebers umziehen, damit Sie schneller einsatzbereit sind (BFH v. 28.4.1988 – BStBl 1988 II S. 777),
- Sie nach dem Umzug Ihren Arbeitsplatz z. B. in zehn Minuten zu Fuß erreichen können und deswegen nicht mehr auf ein Verkehrsmittel angewiesen sind (FG Baden-Württemberg v. 6.4.1990 – EFG 1990 S. 627),
- Sie am Ende einer doppelten Haushaltsführung umziehen und damit gleichzeitig eine neue doppelte Haushaltsführung begründen (R 9.11 Abs. 5 und Abs.9 LStR).

Ein restriktives Urteil aus Köln: Bei Versetzung auf eigenen Wunsch aus priva- 386
ten Gründen, also ohne eine berufliche Verbesserung, gibt es keinen Abzug der Umzugskosten (FG Köln v. 19.4.1988 – EFG 1988 S. 467)! Großzügiger sind die Richter in der anderen Rheinmetropole, die haben nämlich geurteilt: Umzugs-

kosten sind selbst dann beruflich veranlasst und damit abzugsfähig, wenn Sie sich z.B. als Beamter auf eigenen Wunsch versetzen lassen (FG Düsseldorf v. 26.11.1987 – EFG 1988 S. 114). Auch wenn Sie sich von Ihrem Ehegespons trennen und sich zu Ihrem weit entfernten Arbeitsort verkrümeln, können Ihre Umzugskosten als Werbungskosten anerkannt werden. Dass Sie sich gleichzeitig aus Ihrer Beziehungskiste verabschieden, schlägt nicht als privater Grund durch (FG Rheinland-Pfalz v. 23.9.1997 – 2 K 1033/97).

Die eigentlichen Gründe für einen Umzug sind meistens vielschichtig und dem Einzelnen oft gar nicht so richtig bewusst. So lernte ein junger Bankangestellter aus Dortmund ein Mädchen aus München kennen und erfuhr bei Besuchen in München, dass die dortige Filiale der Großbank wesentlich höhere Gehälter zahlt als diejenige in Dortmund. Auch gab es bessere Aufstiegsmöglichkeiten. Also nichts wie hin nach München und sofort geheiratet. Die Umzugskosten muss das Finanzamt als beruflich veranlasst anerkennen, auch wenn private Gründe den Arbeitsplatzwechsel mitveranlasst haben (FG Rheinland-Pfalz v. 29.8.1986 – EFG 1989 S. 18).

387 Noch etwas: Das FG des Saarlands erkannte auch Umzugskosten anlässlich der Beendigung eines Arbeitsverhältnisses an. Der Steuerzahler hatte am neuen Wohnort keine neue Tätigkeit aufgenommen (Urt. v. 25.2.1987 - EFG 1987 S. 347). Deutlich kleinlicher zeigte sich dagegen der BFH; der stellte nämlich die gewagte These auf, ein Rückumzug sei nicht ausreichend beruflich veranlasst, wenn er im Zusammenhang mit dem Ausscheiden des Steuerzahlers aus dem aktiven Berufsleben steht (BFH-Urt. v. 22.7.1999 – BFH/NV 2000 S. 37).

388 **Wenn Sie einen befristeten Arbeitsvertrag abgeschlossen haben und in die Nähe Ihrer Arbeitsstelle gezogen sind, können Sie Ihre Kosten für den Rückumzug nach Beendigung des Arbeitsverhältnisses absetzen.**

389 Wenn Sie in dem Ort, an den Sie Ihre Firma versetzen will, eine Wohnung gesucht, vielleicht schon gemietet haben und Ihr Brötchengeber dann Ihre Versetzung plötzlich abbläst, machen Sie »vergebliche Umzugskosten« geltend und helfen dem Finanzamt im Zweifel mit dem BFH-Urteil vom 24.5.2000 (BStBl 2000 II S. 584) auf die Sprünge.

390 Wenn Sie wegen einer täglichen Fahrzeitersparnis von einer Stunde umziehen, sind diese Kosten beruflich bedingt und abzugsfähig – selbst wenn Sie dabei von einer Miet- in eine Eigentumswohnung umziehen. Ist nach den Gesamtumständen anzunehmen, dass Sie in dieselbe oder eine ähnliche Wohnung auch dann eingezogen wären, wenn Sie sie nicht als Eigentum erworben hätten, ist das ein Anzeichen für die berufliche Veranlassung des Umzugs (BFH – BStBl 1987 II S. 81).

WICHTIGER HINWEIS

Ungemach droht Ehepaaren beim Umzug in das neugebaute Eigenheim. Waren Sie beide in der Nähe Ihres bisherigen Wohnorts berufstätig, nutzt es auch nichts, wenn einer von Ihnen nach dem Umzug am neuen Wohnort einen Job annimmt. Nach Meinung der BFH-Richter schlägt hier der private Anlass – der Bau des Hauses – durch, und die Umzugskosten sind nicht abziehbar (BFH v. 21.2.2006 – BFH/NV 2006 S. 1273).

TIPP

zur Fahrzeitersparnis

Seien Sie nicht zu pingelig beim Berechnen Ihrer Fahrzeitersparnis, denn unter 391
einer Stunde machen Ihnen die Fiskalritter Schwierigkeiten beim Anerkennen Ihrer Umzugskosten. Führen Sie vielleicht ins Feld, dass Sie ein besonders vorsichtiger Fahrer sind. Und dass Sie übliche Fahrzeiten durch Stau und zähfließenden Verkehr so nicht einhalten können. Eine Fahrzeitverkürzung von nur 20 bis 30 Minuten genügt auch dann nicht, wenn Sie sich in Ihrer neuen Wohnung erstmals das dringend benötigte Arbeitszimmer einrichten konnten (BFH-Urt. v. 16.10.1992 – BStBl 1993 II S. 610). Die erforderliche Stunde können Sie sich leider auch nicht dadurch zusammenrechnen, dass Sie und Ihre bessere Hälfte jeweils eine halbe Stunde einsparen (BFH v. 27.7.1995 – BStBl 1995 S. 728).
Zum Glück ist der BFH hier konsequent! Fahrzeitveränderungen bei Ehepartnern werden nicht zusammengerechnet, das gilt aber genauso für das Saldieren der Veränderungen, wenn also zwar für einen Partner mindestens eine Stunde weniger Fahrzeit herausspringt, der andere aber sogar einen längeren Weg zur Arbeit hat. Sie sind also schlau und setzen die Umzugskosten bei dem von Ihnen beiden an, bei dem der Arbeitsweg kürzer wurde (BFH v. 21.2.2006 – BStBl II 2006 S. 598). Wer die Umzugskosten bezahlt hat, spielt keine Rolle. Lassen Sie sich in so einem Fall vom Finanzamt nicht mit angeblichem Drittaufwand abwimmeln (BFH v. 23.5.2006 – BFH/NV 2006 S. 1650).
Trotz Fahrzeitersparnis von einer Stunde schaut der Fiskus gelegentlich auf die Entfernung zwischen neuer Wohnung und Arbeitsplatz. Einem Piloten, der nach dem Umzug immer noch 255 km zu seinem Stammflughafen fahren musste, hat das Finanzamt mit Billigung der Niedersächsischen Finanzrichter einen Strich durch den Abzug der Umzugskosten gemacht (Niedersächsisches FG v. 28.8.2013 – 4 K 44/13EFG 2013, 1994). Inzwischen liegt die Frage beim BFH, der noch einmal grundsätzlich über das Problem nachdenken soll. Bis das

abschließend geschehen ist, können Sie sich in vergleichbaren Fällen auf das Revisionsverfahren berufen (VI R 73/13).

392 Eine Stunde Fahrzeitersparnis ist zwar ganz schön, aber nicht der Weisheit letzter Schluss. Gute Argumente hatte z.B. ein Pärchen, bei dem sie nach einer beruflichen Pause in ihren alten Beruf zurückstrebte. Die beiden haben ihre Umzugskosten durchgeboxt, obwohl sich die tägliche Fahrzeit für ihn verlängert und sich ihre Fahrzeit nicht um eine ganze Stunde verkürzt hat.
Die beiden haben argumentiert, dass sie durch den Umzug jederzeit für die Bereitschaftsdienste zur Verfügung steht und der Umzug damit zu einer allgemeinen Verbesserung der Arbeitsbedingungen führt. Sie hatten mit diesen Argumenten zumindest die Finanzrichter im »Ländle« auf ihrer Seite (FG Baden-Württemberg v. 2.4.2004, EFG 2004 S.1204).

TRICK

Mit täglichen Zusatzfahrten reißen Sie die Hürde bei der Fahrzeitersparnis!

393 Kommen Sie nach Ihrem Umzug auf eine Fahrzeitersparnis von weniger als einer Stunde pro Arbeitstag, wird es schwierig, die Umzugskosten als Werbungskosten anerkannt zu bekommen. Kontern Sie in einem solchen Fall die Streichgelüste des Fiskus mit einem einfachen Kniff: Wer sagt denn, dass die Fahrzeitersparnis nur für eine Fahrt pro Tag gerechnet werden darf? Wenn Sie als Lehrer, Schauspieler, Musiker etc. eine geteilte Arbeitszeit haben und mehr als einmal pro Tag zur Arbeit fahren, können Sie zwar nur für eine Fahrt pro Tag die Entfernungspauschale absetzen, gleichwohl sollten Sie die Ersparnis an Fahrzeit für alle Fahrten pro Tag zusammenrechnen. Dabei müssen Sie sich unbedingt geschickter anstellen als der Steuerzahler im BFH-Urteil vom 12.11.2008 (BFH/NV 2009 S.171). Dem hatten die Richter zwar dem Grunde nach recht gegeben und die zusätzlichen täglichen Fahrten in die Berechnung der Fahrzeitersparnis einbezogen. Gescheitert war sein Antrag aber daran, dass seine Aufstellung der Arbeitstage und Zusatzfahrten in sich widersprüchlich war.
Für Sie als Lehrer könnte die Rechnung nach einem Umzug z.B. so aussehen: Sie sind von Ihrem bisherigen Wohnort, der 30 km von der Schule entfernt lag, in unmittelbare Nähe ihres Arbeitsplatzes umgezogen. Bisher hatten Sie eine Fahrzeit pro Weg von 30 Minuten, nach dem Umzug nur noch einen von zehn Minuten. Die tägliche Fahrzeitersparnis von 2 × 20 Minuten = 40 Minuten reicht dem Finanzamt noch nicht. Wenn Sie allerdings zusätzlich zu Ihren 200 Arbeitstagen an 100 Tagen wegen Konferenzen, Elternsprechtagen, Nachmittagsunterricht, Leitung von Arbeitsgemeinschaften etc. zur Schule fahren, ergibt sich folgende Rechnung:

Fahrten zur Schule	Fahrzeitersparnis Hin-/Rückfahrt	Fahrzeitersparnis insgesamt
Reguläre Arbeitstage: 200	40 Minuten	8.000 Minuten
Zusätzliche Fahrten: 100	40 Minuten	4.000 Minuten
Gesamtfahrzeitersparnis		12.000 Minuten

Rechnen Sie nun die Gesamtfahrzeitersparnis auf Ihre 200 Arbeitstage um, ergibt sich pro Tag eine Fahrzeitersparnis von 60 Minuten. Damit steht der Anerkennung der beruflichen Veranlassung nichts mehr im Weg.

Was sind alles abzugsfähige Umzugskosten? Beförderungskosten durch den **394** Spediteur; Miete für Leih-Lkw; Lohn für Umzugshelfer (dazu gehört auch das Abendessen mit Freunden, die Ihnen unentgeltlich geholfen haben); Reisekosten, die im Zusammenhang mit Wohnungsbesichtigungen und dem Umzug angefallen sind (Fahrtkosten mit je 0,30 € je km, Verpflegungsmehraufwendungen, Übernachtungs- und Nebenkosten, vgl. ➤ Rz 191 und Rz 229); die Übernachtungskosten von Ihnen und Ihrer Familie in einem Hotel, falls die neue Wohnung noch nicht eingeräumt war; doppelte Mietzahlungen bis zum Ablauf der Kündigungsfrist; Maklergebühren; Aufwendungen für Nachhilfeunterricht für die Kinder (➤ Rz 406) und *sonstige Umzugskosten.*

Wenn auf etwas Verlass ist, dann darauf, dass bei den Steuern auf nichts Verlass **395** ist. Da haben doch die Richter beim BFH zunächst zugunsten aller aus beruflichen Gründen in ein eigenes Haus umgezogenen Steuerzahler entschieden, dass zumindest der Anteil der Maklerkosten *als Umzugskosten abzugsfähig ist, der auch bei der Vermittlung einer* Mietwohnung angefallen wäre (BFH v. 15.11.1991 – BStBl 1992 S. 492). Aber plötzlich ist ihnen eingefallen, die Maklerkosten seien Anschaffungskosten für das Haus und gehörten schon deshalb nicht in die Umzugskostenaufstellung (BFH v. 24.8.1995 – BStBl 1995 II S. 895). Damit nicht genug: Kosten für den umzugsbedingten Verkauf Ihres Hauses – für Makler, Finanzierung etc. – sollen ebenso wie ein eventueller Wertverlust keine Umzugskosten sein (BFH v. 24.5.2000 – BStBl 2000 II S. 476).

Besondere Vorsicht ist geboten, wenn Sie an Ihrem neuen Wohnort zunächst **396** nicht in Ihre endgültige Wohnung einziehen können und deshalb erst einmal ein behelfsmäßiges Quartier beziehen und Ihre Möbel einlagern. Mit dem Bezug Ihres Notquartiers haben Sie steuerlich Ihr Umzugspulver verschossen. Weder die Kosten für das Einlagern Ihrer Möbel noch für den endgültigen Umzug werden vom Fiskus anerkannt (BFH v. 21.9.2000 – BStBl 2001 II S. 70).

Für die *sonstigen Umzugskosten* können Sie wählen, ob Sie sie *einzeln nachweisen* oder *Pauschbeträge* ansetzen. Zu den sonstigen Umzugskosten gehören **397** kleinere Ausgaben, z.B. für Inserate, Telefonate und öffentliche Gebühren, aber auch Ausgaben für Schönheitsreparaturen in der neuen und der alten Wohnung, wenn sie laut Mietvertrag fällig waren; Trinkgelder für das Umzugspersonal; Kosten für Abbau, Anschluss, Abnahme und Befestigungen von Öfen, Herden und anderen Heizgeräten; Ausgaben für die Erweiterung, Änderung von Elektro-, Gas- oder Wasserleitungen, um vorhandene Geräte weiterbenutzen zu können; Ausgaben für das Abnehmen, Ändern und Anbringen von Vorhängen, Vorhangstangen, Rollos usw. Setzen Sie also alles an: die Nägel für die Bilder, den dafür benötigten Hammer, Schulbücher für die Kinder, das Taxi zum Bahnhof, Installations- und Ummeldekosten, Umbaukosten für eine neue Antenne, Lack und Pinsel, mit denen Sie die Schrammen an Ihren Möbeln vertuschen. Die Neuanschaffung von Möbeln, Lampen, Gardinen und anderen Einrichtungsgegenständen können Sie leider nicht absetzen, so jedenfalls der BFH am 17.12.2002 (BStBl II 2003 S.314). Geht Ihnen allerdings beim Umzug ein Teil Ihres Hausrats verloren oder wird er zerstört, können Sie trotzdem versuchen, seinen Wert als Werbungskosten abzusetzen (FG Düsseldorf v. 5.4.1978, EFG 1978 S.539).

398 Die Anschaffung von »Sonderbekleidung« wird Ihnen steuerlich nicht anerkannt, auch wenn sie wegen des mit dem Umzug verbundenen Klimawechsels erforderlich ist (H 9.9 LStH »Höhe der Umzugskosten«). Siehe aber ➤ Rz 299.

399 Da man die dicken Ausgabenbrocken für die Neuanschaffungen von Möbeln, Vorhängen und Elektrogeräten nicht anerkennt, können Sie sich die Mühe mit dem Nachweis Ihrer sonstigen Umzugsauslagen sparen. Stattdessen greifen Sie auf die gar nicht so mickrigen Pauschbeträge zurück. Berufen Sie sich auf das Bundesumzugskostengesetz (BUKG) und auf R 9.9 LStR.

Auf der Basis von § 10 Abs. 1 BUKG können Sie für sonstige Umzugsauslagen seit dem 1.8.2013 pauschal 695 €/1.390 €, als Werbungskosten abziehen (BMF v. 1.10.2012 – IV C 5 – S 2353/08/10007, BStBl 2012 I S.942). Einen Zuschlag von 306 € erhalten Sie für jede Person, die in Ihrem Haushalt mit Ihnen zusammenwohnt, z.B. Eltern, Kinder, Großeltern oder andere Verwandte.

Beispiel
Sie sind mit Ihrem Ehepartner und zwei Kindern am 10.05.2014 aus beruflichen Gründen umgezogen. Das ergibt einen Pauschbetrag von 1.390 € + 306 € + 306 € = **2.002 €**.

400 **Die höhere Pauschale für Verheiratete steht Ihnen auch als Alleinstehendem zu, wenn Sie verwitwet oder geschieden sind. Auch wenn Sie als Lediger aus gesundheitlichen Gründen auf ständige Betreuung angewiesen sind und deshalb jemand in Ihrer Wohnung lebt oder wenn in Ihrer Wohnung nahe Verwandte leben, die Sie auf Ihre Kosten unterhalten, werden Sie bei einem Umzug den Verheirateten gleichgestellt.**

TRICK

Kassieren Sie als Berufsanfänger die volle Pauschale!

Wenn Sie sich z. B. als Azubi oder nach dem Ende Ihrer Ausbildung von zu Hause 401
abnabeln und in eine eigene Wohnung ziehen, heißt es für Sie: Vorsicht, Falle! Führen Sie für Ihren Umzug berufliche Gründe ins Feld, werden Ihnen zwar Werbungskosten anerkannt, aber bei der Pauschale für sonstige Umzugsauslagen zeigt sich der Fiskus einmal mehr von seiner geizigen Seite. Hatten Sie nämlich vor Ihrem Umzug keine eigene Wohnung, streicht man Ihnen die Pauschale rigoros auf 20 % zusammen, wenn Sie ledig sind, und auf 30 %, wenn Sie verheiratet sind. Dieser Kürzung entgehen Sie, wenn Sie behaupten können: »Ich habe zwar bisher im Haus meiner Eltern gewohnt, aber dort hatte ich eine eigene abgeschlossene Wohnung. Sie war mit eigenen Möbeln ausgestattet, und ich habe schon seit langem selbständig gewirtschaftet.« Das Ganze lassen Sie sich von Ihren Eltern schriftlich bestätigen, und schon kommen Sie zu einem Beleg, den der kritische Fiskalknecht in seinen Akten abheften kann.

TRICK

Gönnen Sie sich ein Zusatzgeschäft mit der Pauschale für sonstige Umzugsauslagen!

Sind Sie innerhalb der letzten fünf Jahre bereits einmal beruflich bedingt umge- 402
zogen, sollten Sie jetzt einen Zuschlag von pauschal 50 % der *Pauschvergütung* ansetzen. Bei einem Vier-Personen-Haushalt sind das immerhin 1001 €. Bei einem Steuersatz von angenommen nur 30 % honoriert Ihnen das Finanzamt die Zusatzarbeit mit 300 €.

Einem kritischen Finanzbeamten halten Sie dazu § 10 Abs. 6 Bundesumzugskostengesetz unter die Nase, der diesen sog. *Häufigkeitszuschlag* eindeutig regelt.

Einen Strich durch diese Rechnung kann Ihnen der Fiskus allenfalls machen, wenn Sie zunächst jahrelang zu Ihrer Arbeitsstelle gefahren und erst umgezogen sind, nachdem Sie von der ewigen Fahrerei und den damit verbundenen Kosten die Nase voll hatten (Hessisches FG v. 19.8.1997 – 11 K 4490/96). Ziehen Sie dagegen unmittelbar im Zusammenhang mit dem Wechsel Ihres Arbeitsplatzes um, steht dieses kleinliche Urteil der Anerkennung des Häufigkeitszuschlags nicht im Weg.

403 Wenn die Kinder am neuen Wohnort wegen des Schulwechsels nicht richtig mitkommen und Nachhilfeunterricht brauchen, packen Sie die Aufwendungen dafür in die Umzugskosten – zusätzlich zu den unmittelbaren Umzugskosten und der Pauschale für sonstige Umzugsauslagen! Und zwar die ersten 50 % des Ausgangsbetrags in voller Höhe und vom übersteigenden Betrag 75 % (Quelle: § 9 BUKG und R 9.9 LStR):

	Ausgangsbetrag	Werbungskosten
seit 1.8.2013	1.752 €	1.533,00 €

404 Leider gehören Instandsetzungskosten in der alten Wohnung nicht zu den abzugsfähigen Werbungskosten, wenn sie ohnehin fällig waren. Das FG Rheinland-Pfalz hat ihren Abzug in seinem Urteil vom 6.9.1972 (EFG 1973 S. 110) abgelehnt.

405 Wenn Sie Ihre Arbeitnehmertätigkeit einmal aufgeben sollten, um an einem anderen Ort eine gleichartige selbständige Tätigkeit aufzunehmen, sind die Umzugskosten in der Regel steuerlich abzugsfähige Betriebsausgaben (BFH v. 1.3.1972 – BStBl 1972 II S. 458).

GUTER RAT

406 Schon eine alte Bauernregel sagt: Dreimal umgezogen ist wie einmal abgebrannt. Damit Sie nicht Möglichkeiten übersehen, sich vom Finanzamt wenigstens einige Brandlöcher in Ihrem Portemonnaie stopfen zu lassen, geben Ihnen die folgenden Übersichten eine Hilfe.

Vergessen Sie nicht, auch Ihre Fahrtkosten mit anzusetzen. Sobald Sie sich ins Auto setzen, um z. B. bei der Gemeinde den Personalausweis ändern zu lassen, oder zur Zeitung fahren, um ein Inserat für eine Wohnung aufzugeben und die Angebote abzuholen, können Sie dem Finanzamt 0,30 € je km auf die Rechnung setzen!

Berechnung der Umzugskosten	**Betrag €**
1. Beförderungsauslagen 1.1 Beförderungsauslagen (Spediteur, Leih-Lkw, Entgelt für Umzugshelfer) Transportversicher. (lt. Versicherungsschein)	
2. Reisekosten 2.1 Besichtigungsreisen zum Suchen einer Wohnung ...... € 2.2 Fahrtkosten für die Reisen zur Vorbereitung und Durchführung des Umzuges ...... € 2.3 Umzugsreise ...... €	
3. Doppelte Mietzahlungen für die alte Wohnung ohne Beschränkung bis zum Ablauf der Kündigungsfrist (BFH v. 1.12.1993 – BStBl 1994 II S. 323)	

4. **Maklergebühren für Mietwohnungen**	
5. **Auslagen für zusätzlichen Unterricht** (vgl. ➤ Rz 411)	
6. **Pauschvergütung für sonstige Umzugsauslagen** (vgl. ➤ Rz 405)	
7. **oder nachgewiesene sonst. Umzugsauslagen** (lt. ➤ Rz 405)	
8. **Häufigkeitszuschlag zur Pauschvergütung 50 %** von Nr. 6 (bei erneutem Umzug innerhalb von 5 Jahren)	

Art der sonstigen Umzugsauslagen	**Beleg** Nr.	**Betrag** €
1. Außertarifliche Zuwendungen an das Umzugspersonal Trinkgelder ...... € andere Zuwendungen ...... € insgesamt ...... €		
2. Auslagen für Abbau, Anschließen, Abnehmen und Anbringen a) von ...... Herd(en) ...... Öfen ...... anderen Heizgeräten b) von folgenden in der bisherigen Wohnung verwendeten hauswirtschaftlichen Geräten: Waschmaschine, Trockner, Geschirrspüler, Kühlschrank, Gefrierschrank, -truhe, Abzugshaube usw. c) von Beleuchtungskörpern und anderen Einrichtungsgegenständen		
3. Auslagen für das Ändern und Erweitern von Elektro-, Gas- und Wasserleitungen, um in der bisherigen Wohnung benutzte Geräte in der neuen Wohnung anschließen zu können		
4. Auslagen für das Ändern von folgenden in der bisherigen Wohnung verwendeten elektrischen Geräten, weil das Leitungsnetz in der neuen Wohnung eine andere Spannung oder Stromart hat		
5. Auslagen für das Umbauen von Gasgeräten		
6. Auslagen für das Anbringen von Anschlüssen an folgenden elektrischen Geräten einschl. der hierfür notwendigen Stecker und Verbindungsschnüre, um die in der bisherigen Wohnung benutzten Gegenstände verwenden zu können		
7. Auslagen für den Einbau eines Wasserenthärters für Geschirrspülmaschinen		
8. Auslagen für das Umschreiben von Personalausweisen und Personenkraftfahrzeug(en) a) für Personalausweis b) für Pkw/Wohnwagenanhänger c) Anschaffen und Anbringen von amtlichen Kennzeichen an Pkw/Wohnwagenanhänger		
9. Auslagen für den Erwerb eines ausländischen Führerscheins für Pkw bei Tätigkeiten im Grenzverkehr		
10. Auslagen wegen Schulwechsels der Kinder a) Schulbücher b) Umschulungsgebühren		
11. Auslagen für Anzeigen und amtliche Gebühren zum Zwecke der Wohnungsbeschaffung a) Anzeigen b) Gebühren c) amtliche Gebühren		

GUTER RAT

407 Doppelte Mietzahlungen, die Ihnen dadurch entstehen, dass Sie für eine gewisse Zeit sowohl für Ihre neue als auch für Ihre alte Wohnung Miete zahlen müssen, sind abzugsfähige Umzugskosten. Miete für Ihre leerstehende alte Wohnung können Sie bis zum Ablauf der Kündigungsfrist als Umzugskosten deklarieren (§ 8 Abs. 1 BUKG). Auch die Miete für die leerstehende neue Wohnung packen Sie in die Umzugskosten, wenn Sie sie schon vor dem Umzug angemietet haben. Das geht allerdings nur bis zu drei Monate lang (§ 8 Abs. 2 BUKG; BFH v. 13.7.2011; BStBl 2012 II S. 104).

Wenn Sie bei Ihrem Umzug eine Eigentumswohnung zurücklassen, können Sie die weiterlaufenden Kosten absetzen. Das geht natürlich nur, solange Sie die Wohnung nicht vermietet haben. Außerdem können Sie nur die tatsächlich anfallenden Kosten absetzen. Der Abzug einer fiktiven entgangenen Miete ist nicht möglich (BFH v. 19.4.2012 – VI R 25/10, BFH/NV 2012 S. 1531).

Laut Bundesumzugskostengesetz ist diese Regelung auch nur für eine Maximalfrist von sechs Monaten möglich. Machen Sie dem Finanzamt klar, dass Sie sich redlich bemüht haben, die Eigentumswohnung abzustoßen oder zu vermieten, aber bisher zu einem vertretbaren Preis keinen Käufer bzw. Mieter gefunden haben. Schützenhilfe bekommen Sie durch das Urteil des FG Rheinland-Pfalz vom 16.4.1996 (EFG 1996 S. 975), wonach Sie nicht an die beamtenrechtliche Frist von sechs Monaten gebunden sind.

SUPER TRICK

Schlagen Sie Profit aus Ihren Pleiten bei der Wohnungssuche!

408 Gehören Sie zu denen, die jeden Tag 80 oder 90 km zur Arbeit fahren müssen? Für eine gewisse Zeit geht das ja vielleicht noch. Auf die Dauer nerven Sie die lange Fahrerei und die damit verlorene Zeit aber doch ganz schön. Also sehen Sie sich nach einer Wohnung oder einem Eigenheim in der Nähe Ihres Arbeitsplatzes um.

Ich hoffe stark, dass Sie dem Finanzamt die Kosten für Ihre erfolglose Wohnungssuche auf die Rechnung setzen. Jedes Mal wenn Sie ein Wohnungsangebot prüfen, aber nicht für gut befinden, sind für Sie nämlich Werbungskosten angefallen. Da läppert sich ganz schön was zusammen, z. B.:

Telefon, Portokosten, Papier, Briefumschläge	5 €
1 Flasche Wein für den potenziellen Vermieter A.	10 €
1 Blumenstrauß oder 1 Schachtel Pralinen, um die potenzielle Vermieterin B. günstig zu stimmen	15 €
Fahrtkosten zur Wohnungsbesichtigung z.B. 2 × 70 km × 0,30 €	42 €
Verpflegungspauschale, wenn es länger als 6 Stunden gedauert hat	6 €
Kosten für die Prüfung eines Wohnungsangebotes ca.	78 €

Übers Jahr gesehen kommen Sie so locker auf 300 bis 500 € an Werbungskosten für vergebliche Wohnungssuche. Damit der Fiskalritter ein paar Zettelchen zum Abhaken hat, sammeln Sie fleißig die von Ihnen näher geprüften Inserate und legen ein paar schriftliche Absagen – von Ihnen und/oder Vermietern – bei. Wichtig ist nur, dass sich für Sie eine tägliche Fahrzeitersparnis von mindestens einer Stunde ergeben hätte, wenn es mit der Wohnung geklappt hätte (FG Düsseldorf – EFG 1994 S. 652).

TIPP

für Auslandsumzüge

Haarig kann es für Sie werden, wenn Sie ins Ausland umgezogen sind. Die Fis- 409
kalritter sind auf einen Dreh verfallen, Ihnen die Steuerermäßigung für Umzugskosten streitig zu machen. Trotz Abschnittsbesteuerung, nach der es auf die Verhältnisse im jeweiligen Jahr ankommt, argumentieren sie, die Umzugskosten hingen mit Ihren künftigen steuerfreien Auslandseinkünften zusammen, und verweigern Ihnen unter Hinweis auf § 3 c EStG den Abzug als Werbungskosten oder Betriebsausgaben. Auch das Argument, Ihr Auslandsaufenthalt fördere Ihre spätere Karriere im Inland und ermögliche Ihnen Beförderungen und höhere Einkünfte, wollen sie nicht gelten lassen. Der unmittelbare Zusammenhang der Umzugskosten und des anstehenden Auslandsaufenthalts gehe dem allenfalls mittelbaren und zudem vagen Zusammenhang mit späteren Einkünften im Inland vor (BFH v. 20.9.2006 – BStBl 2007 II S. 756).

Werfen Sie nicht gleich die Flinte ins Korn!
Das Finanzamt muss Ihre Umzugskosten nämlich bei der Berechnung des Steuersatzes *(Progressionsvorbehalt)* für Ihre restlichen steuerpflichtigen inländischen Einkünfte berücksichtigen. Mit diesem *negativen Progressionsvorbehalt* holen Sie vor allem bei teuren Auslandsumzügen eine ganz anständige Steuerermäßigung heraus. Besonders vorteilhaft fällt die ganze Sache für Sie aus, wenn Sie zum Ende des Jahres umgezogen sind und somit Ihre Umzugskosten nicht teilweise schon durch im Ausland erzielte steuerfreie Einkünfte aufgezehrt werden.

Angenommen, Sie übernehmen zum 1.1.2015 für mehrere Jahre eine sehr gut dotierte leitende Position bei einer amerikanischen Firma. 2014 haben Sie ein Einkommen von ca. 80.000 € bezogen. Der Umzug mit Ihrer Familie im Dezember 2014 hat Sie rund 25.000 € gekostet. Ohne Umzugskosten liegt Ihre Einkommensteuer bei ca. 17.966 €. Durch Abzug der Umzugskosten in 2014 ergibt sich ein deutlich geringerer Progressionssteuersatz für Ihre Einkünfte. Die Ersparnis allein an Einkommensteuer daraus beträgt ca. 3.926 €; inkl. Kirchensteuer und Solidaritätszuschlag sparen Sie sogar mehr als 4.495 €.
Können Sie aus welchen Gründen auch immer erst im Januar umziehen, verpufft die Steuerersparnis, weil Sie 2015 ja in Deutschland keine Steuern zahlen. Sie werden sich aber geschickt verhalten und unter Ausnutzung des Zufluss-/Abflussprinzips (§ 11 EStG) Ihre Umzugskosten nach Möglichkeit in das Jahr 2014 vorverlagern. Für den größten Brocken Ihrer Aufwendungen ist das relativ einfach: Sie werden für die Transport- und Speditionskosten Vorkasse leisten und die Rechnung des beauftragten Unternehmens oder zumindest einen saftigen Abschlag schon Ende Dezember 2014 überweisen.

12. Doppelte Haushaltsführung und was alles dazugehört

410 Steuerlich abzugsfähige Kosten für eine doppelte Haushaltsführung haben Sie immer dann, wenn Sie aus beruflichen Gründen neben Ihrer eigentlichen Wohnung eine Zweitwohnung in der Nähe Ihrer Arbeitsstelle unterhalten. Die Kosten für diesen beruflich bedingten Zweithaushalt können Sie ohne zeitliche Einschränkungen absetzen.
Eine Zweitwohnung muss nicht unbedingt eine »Wohnung« sein. Vom Hotelzimmer über Gemeinschaftsunterkünfte bis zum Wohnwagen geht alles als beruflicher Zweithaushalt durch. Übernachten Sie dagegen in Ihrem Wohnmobil, mit dem Sie auch Ihre Familienheimfahrten durchführen, sollen Sie nach dem Willen der Richter am Hessischen Finanzgericht Ihre Kosten, insbesondere die für das Wohnmobil, nicht absetzen können (Urteil v. 14.4.1988 – EFG 1988 S. 517).

411 Ob Ihnen ein Umzug an den Arbeitsort oder die tägliche Rückfahrt an den Wohnort zugemutet werden kann, steht nicht zur Debatte.
Genauso wenig spielt es eine Rolle, ob Sie verheiratet sind, in einer nichtehelichen Lebensgemeinschaft oder allein leben. In Ihrer Wohnung am Wohnort muss nämlich während Ihrer Abwesenheit nicht unbedingt hauswirtschaftliches Leben herrschen. Es kommt vielmehr darauf an, dass Ihr Aufenthalt in dem Haushalt im Wesentlichen nur durch Ihre arbeitsbedingte Abwesenheit und eventuelle Urlaubsfahrten unterbrochen wird (R 9.11 LStR und BFH v. 14.6.2007 – BFH/NV 2007 S. 1976).
Bei einem nichtverheirateten Arbeitnehmer wird eine doppelte Haushaltsführung demnach anerkannt, wenn die Wohnung am Wohnort ihm selbst gehört oder von ihm gemietet ist und wenn sie nach seinen persönlichen Bedürfnissen eingerichtet ist. Sind Sie dagegen in einen fremden Haushalt, z. B. in den der

Eltern, eingegliedert oder dort als Gast, akzeptiert der Fiskus keine doppelte Haushaltsführung. Doch auch, wenn Sie nicht selbst Mieter oder Eigentümer sind, sondern bei Ihrem Lebenspartner wohnen und sich an den Kosten des Haushalts beteiligen, muss Ihr Fiskalvertreter die doppelte Haushaltsführung anerkennen (BFH v. 12.9.2000 – BStBl 2001 II S.29). Nutzen Sie die Wohnung, weil Ihnen ein Wohnrecht oder Nießbrauchsrecht daran zusteht, reicht auch das aus. Einen eigenen Hausstand können Sie auch unterhalten, wenn Sie die Mittel dazu von einem Dritten, z.B. den Eltern oder dem Lebenspartner oder dem geschiedenen/getrennt lebenden Ehepartner, erhalten. Vor allem wenn Sie Ihren Haupthaushalt in einer in sich abgeschlossenen Wohnung führen, die groß genug ist und auch eine Einrichtung hat, die eigenständiges Wohnen und Wirtschaften gestattet, kann vom Unterhalten eines eigenen Hausstands ausgegangen werden (BFH v. 28.3.2012 – VI R 87/10; DB 2012 S. 1186).
Sie müssen aber praktisch Ihre gesamte Restfreizeit – Wochenenden, Urlaub etc. – in Ihrer Hauptwohnung sein. Das Vorhalten einer Wohnung für gelegentliche Besuche oder für Ferienaufenthalte soll nicht ausreichen, damit diese als eigener Hausstand durchgeht. Die Wohnung muss also von Anfang an Ihr Lebensmittelpunkt sein und das auch auf Dauer bleiben. Das gilt übrigens auch für Ehegatten, die eine andere Wohnung als die am Arbeitsort zum eigenen Hausstand und Lebensmittelpunkt erklären wollen.
Mit der Anerkennung eines Haupthausstandes am Lebensmittelpunkt gibt es ganz schnell Probleme, wenn Sie nur gelegentliche Familienheimfahrten durchführen. So reichten den Finanzgerichten 20 Heimfahrten im Jahr (FG München v. 20.9.2007 – 9 V 1692/07) oder elf Heimfahrten in einem Zeitraum von neun Monaten (FG Hamburg v. 6.11.2007 – 8 K 44/07) nicht aus. In beiden Fällen haben sie unterstellt, dass die Wohnung am Arbeitsort zum Lebensmittelpunkt geworden ist.

Listen Sie alle Mehraufwendungen für die doppelte Haushaltsführung wie folgt auf: 412

```
1. Ich führe seit . . . . . . einen doppelten Haushalt,
weil . . . . . . . . . . . . . . .
2. Durch die doppelte Haushaltsführung habe ich
die folgenden Mehraufwendungen:
a) Miete am Beschäftigungsort                        . . . . €
b) Ausgaben für die Einrichtung (Möbel,
Bettwäsche, Herd usw.)                               . . . . €
c) Licht und Heizung am Beschäftigungsort            . . . . €
d) Mehrausgaben für Verpflegung (3 Monate)           . . . . €
e) Kosten wöchentlicher Familienheimfahrten          . . . . €
f) Sonstige Mehrausgaben (Putzkosten,
Telefongebühren statt Familienheimfahrt)             . . . . €
Summe:                                               . . . . €
```

3. Als Entschädigung für doppelte Haushaltsführung
erhalte ich von meinem
Arbeitgeber . . . . . . monatlich . . . . €
4. Diese Entschädigung unterwirft mein Arbeitgeber
(nicht) dem Steuerabzug vom Arbeitslohn.

Ich versichere, dass ich die Angaben nach bestem Wissen und Gewissen gemacht habe.

. . . .
(Ort und Datum) (Unterschrift des Antragstellers)

Die zu Ziffer 2, 3 und 4 gemachten Angaben werden von mir bestätigt.

. . . .
(Ort und Datum) (Unterschrift des Arbeitgebers)

Die zu Ziffer 2 a) bis c) gemachten Angaben müssen Sie durch Quittungen und glaubhafte Unterlagen belegen.

Es kommt nicht darauf an, ob Ihnen ein Umzug an den Arbeitsort oder die tägliche Rückkehr an den Wohnort zugemutet werden kann. Das Finanzamt muss eine doppelte Haushaltsführung auch anerkennen, wenn Sie aus persönlichen Gründen Ihre Wohnung nicht aufgeben. Die Heimfahrten zu Ihrer Hauptwohnung sind grundsätzlich Werbungskosten.

413 Das Finanzamt muss anerkennen:

- Die tatsächlichen Fahrtkosten für die erste Fahrt zum Beschäftigungsort und für die letzte Fahrt vom Beschäftigungsort zum Ort des eigenen Hausstands. Wird für diese Fahrten ein eigener Pkw benutzt, sind hierfür wie bei Dienstreisen 0,30 € je tatsächlich gefahrenen Kilometer anzusetzen.
- Die Fahrtkosten für **wöchentlich eine Heimfahrt** zur Hauptwohnung (Familienheimfahrt). Mehr ist nicht drin. So hat das Finanzgericht Rheinland-Pfalz einem Polizisten, der wegen seines ungünstigen Schichtdienstes auf 87 Heimfahrten kam, diese auf 48 zusammengestrichen (EFG 1991 S. 664). Bei Benutzung eines eigenen Pkws ist die Entfernungspauschale mit 0,30 € je Entfernungskilometer anzusetzen. Anders als bei Fahrten zwischen Wohnung und Arbeitsstätte ist die Entfernungspauschale hier nicht auf 4.500 € im Jahr begrenzt, wenn Sie kein eigenes oder zur Nutzung überlassenes Auto benutzen. Mit Ausnahme von Flugkosten können Sie keine tatsächlichen Aufwendungen für Ihre Heimfahrten absetzen. Dass gilt neben den Kosten für öffentliche Verkehrsmittel vor allem auch für Unfallkosten, wenn Sie auf einer Familienheimfahrt einen Crash mit Ihrem Auto hatten.
- Körperbehinderte, deren Minderung der Erwerbsfähigkeit mindestens 70 % beträgt, können die tatsächlich entstandenen Fahrtkosten, ersatzweise 0,60 € je Entfernungskilometer pauschal, ansetzen. Entsprechendes gilt für Körper-

behinderte mit mindestens 50 % und Merkzeichen »G« (erheblich gehbehindert). Die oben beschriebenen Einschränkungen beim Abzug tatsächlicher Aufwendungen gelten bei entsprechend Körperbehinderten nicht.

- Anstelle der Fahrtkosten für eine Heimfahrt wöchentlich können Telefongebühren für Gespräche mit den Angehörigen bis zu einer Dauer von 15 Minuten berücksichtigt werden. Anerkannt werden aber nur die Gebühren nach dem günstigsten Tarif. Mehr dazu vgl. ➤ Rz 426. 414

- Die notwendigen Mehraufwendungen für Verpflegung, und zwar für längstens drei Monate mit 24 € täglich. Für Reisetage, an denen Sie nicht 24, aber mehr als 8 Stunden von Ihrer Hauptwohnung abwesend waren, wird Ihnen die Pauschale auf 12 € gekürzt. 415

Resultiert Ihre doppelte Haushaltsführung aus einer vorangegangenen Dienstreise, wird deren Zeit auf die Dreimonatsfrist für Verpflegungsmehraufwendungen angerechnet.

Beispiel
Sie werden von Ihrer Firma zunächst befristet in eine Filiale beordert, um dort auszuhelfen. Nach vier Monaten stellt sich heraus, dass aus dem befristeten Einsatz eine dauerhafte Versetzung wird. Sie hatten sich für die ursprünglich geplante Dauer der Abordnung in der Nähe der Filiale ein möbliertes Zimmer gemietet, das Sie nun behalten. Die ersten vier Monate deklarieren Sie als Dienstreise und rechnen alle Kosten als Reisekosten ab. Danach gilt die Zweigstelle als Ihre regelmäßige Arbeitsstätte. Das hat zur Folge, dass Sie ab dem vierten Monat Ihre Kosten nur noch nach den Grundsätzen der doppelten Haushaltsführung absetzen können. Da aber die vorangegangenen Dienstreisemonate bei Ihren Verpflegungskosten angerechnet werden, ist der Dreimonatszeitraum bereits überschritten, und Sie können keine Verpflegungspauschalen mehr absetzen.

Bei *Auslandsbeschäftigung* werden für die ersten drei Monate die Mehraufwendungen für Verpflegung bis zum niedrigsten Auslandstagegeld anerkannt, das für das jeweilige Land maßgebend ist und auch bei Auslandsdienstreisen gilt. Die Kosten für Ihre Unterkunft müssen Sie hingegen durch Belege wie Hotelquittungen oder Mietverträge nachweisen. 416
Anders sieht es aus, wenn Ihnen der Arbeitgeber die Kosten erstattet: Er kann auf einen Nachweis der Unterkunftskosten verzichten und stattdessen Auslandsübernachtungspauschalen zahlen.

Werbungskostenabzug nur für die Wohnung am Beschäftigungsort 417
Eine doppelte Haushaltsführung kann nur für die Unterkunft **am Beschäftigungsort** geltend gemacht werden. Sie müssen dazu nicht unbedingt in der politischen Gemeinde wohnen, in der sich Ihre Arbeitsstätte befindet. Es reicht aus,

wenn Sie in ihrem Einzugsgebiet wohnen. Allerdings sollten Sie darauf achten, dass die Entfernung zwischen Ihrer beruflichen Zweitwohnung und dem Beschäftigungsort nicht allzu weit ist. So erkannte der BFH in einer seiner Entscheidungen Kosten für eine doppelte Haushaltsführung nicht an, weil ihm die 62 km, die die Zweitwohnung vom Beschäftigungsort entfernt war, auch bei großzügiger Auslegung zu groß erschien. Er vermutete vielmehr, dass die Wohnung aus privaten Gründen gewählt worden war (BFH v. 2.10.2008 – VI B 33/08).

TRICK

Stimmt das mit den zwei Wohnorten?

418 Dass mit einem Arbeitsplatz fern der Heimat Werbungskosten absetzbar sind, animiert viele Steuerzahler, gegenüber dem Finanzamt zwei Wohnorte zu deklarieren – obwohl die Zelte in der Heimat längst abgebrochen wurden. Die meisten Arbeitnehmer mit Zweithaushalt werden daher kritisch unter die Lupe genommen. Sie müssen zunächst einmal nachweisen, dass sie tatsächlich eine zweite Wohnung unterhalten, und zudem glaubhaft machen, dass alte Verbindungen zu Freunden und Bekannten nicht gekappt sind. Vor allem bei Alleinstehenden sieht der Fiskus mit zunehmender Dauer des Zweitwohnsitzes immer stärkeren Anlass zu prüfen, wo sich der Lebensmittelpunkt befindet (BFH v. 9.8.2007 – BStBl 2007 II S. 820).

Eine Wohngemeinschaft am Arbeitsort ist nicht sofort schädlich. Wenn Sie also in der Wohnung am Arbeitsort nicht allein leben, kann trotzdem eine doppelte Haushaltsführung vorliegen. Wie eng und persönlich die Beziehungen zu Ihren Mitbewohnern sind, spielt nur eine untergeordnete Rolle. Wichtig ist, dass Sie dem Finanzamt gegenüber darlegen können, dass der Hausstand am bisherigen Wohnort weiterhin Ihren Lebensmittelpunkt bildet (BFH v. 28.3.2012 – BStBl 2012 II S. 831).

Entscheidend ist, dass Sie Ihre Freizeit praktisch komplett am Hauptwohnsitz verbringen müssen. Natürlich haben Sie wie jeder andere Arbeitnehmer das Recht, Ihren Urlaub außerhalb der heimischen Gefilde zu verbringen, für die restlichen Urlaubszeiten, alle Wochenenden, längere Feiertagspausen etc. ist aber Rückkehr in Ihre *Hauptwohnung* angesagt. Wer Stress mit der Behörde vermeiden will, sollte sich also nicht darauf beschränken, den Austritt aus dem Heimatverein oder dem Kirchenchor hinauszuschieben. Sie sollten unbedingt Fahrkarten, Benzinquittungen und andere Belege sammeln, die beweisen, dass Sie sich regelmäßig und in ausreichendem Maß in Ihrer Hauptwohnung aufgehalten haben. Eine ganz neue Masche der Finanzämter und der Finanzgerichte ist es, ihre Kontoauszüge und Kreditkartenabrechnungen daraufhin durchzusehen, wo Sie Zahlungen und Geldabhebungen vorgenommen haben. Um Missverständnisse zu vermeiden, sollten Sie Ihre Einkäufe für das Wochenende nicht noch schnell am letzten Arbeitstag an Ihrem Arbeitsort erledigen oder sich dort am Geldautomaten mit dem nötigen Bargeld versorgen, sondern das tunlichst erst am Wochenende zu Hause erledigen.

Der Fiskus achtet peinlich darauf, dass Sie tatsächlich **zwei** Haushalte führen. **419**
Wenn Sie noch im Haushalt Ihrer Eltern wohnen, können Sie Ihre Miete und Verpflegungsmehraufwendungen folglich nicht von der Steuer absetzen. Besonders hart trifft das natürlich all diejenigen, die während der Ausbildung, wenn das Geld ohnehin knapp ist, am Arbeitsort ein Zimmer oder eine Wohnung anmieten müssen. Schauen Sie aber hierzu auch einmal unter dem Stichwort »Mehrgenerationenhaushalt« in der ➤ Rz 422 nach.

TRICK

Statt doppelter Haushaltsführung Fahrten zwischen Wohnung und Arbeitsstätte!

Zumindest bei Ihren Fahrtkosten können Sie den Schaden in Grenzen halten. **420**
Wohnung ist nun einmal Wohnung. Wenn Sie also als Lediger ohne eigenen Hausstand nach Hause zu Ihren Eltern fahren, sind das keine privaten Besuchsfahrten, sondern Fahrten zwischen Wohnung und Arbeitsstätte. Dazu genügt es, dass der »Mittelpunkt Ihrer Lebensinteressen« – was für ein schreckliches Amtsdeutsch – im Wohnort Ihrer Eltern liegt. Wenn das ein Fiskalritter anzweifelt, werden Sie ihm blumig schildern, dass Ihre Freundin dort wohnt, Sie im örtlichen Sport- und Schützenverein stark engagiert sind und Ihre Eltern sowie Ihre sämtlichen anderen Verwandten, Freunde und Bekannten dort leben.

Für jede Fahrt in Ihren Heimatort setzen Sie die Entfernungspauschale von 0,30 € je Entfernungskilometer ab. Zum Ausgleich dafür, dass Ihnen die Miete steuerlich durch die Lappen geht, setzen Sie natürlich nicht nur die Fahrt am Wochenende an, sondern selbstverständlich auch die zusätzlichen Fahrten unter der Woche. Ob es Sie zwischendurch vor Sehnsucht zu Ihrem Schatz zieht, Sie an einem wichtigen Meisterschaftsspiel Ihrer Sportmannschaft teilnehmen wollen oder Tante Ernas Geburtstag zu feiern ist, spielt dabei keine Rolle. Schließlich machen Sie ja keine Familienheimfahrten, von denen nur eine pro Woche anerkannt wird, sondern Fahrten zwischen Wohnung und Arbeitsstätte. Auf die Entfernung kommt es dabei nicht an (BFH-Urt. v. 13.12.1985 – BStBl 1986 II S. 221).

Und so könnte die Rechnung für Sie aussehen:	**mit** doppelter Haushalts-führung	**ohne** doppelte Haushalts-führung
Monatsmiete für Ihr Zimmer 12 × 150 €	1.800 €	–
Heimfahrten pro Woche		
46 Wochen à 200 km × 0,30 €	2.760 €	–
46 Fahrten à 200 km × 0,30 €		2.760 €
60 zusätzliche Fahrten à 200 km × 0,30 €		3.600 €
Werbungskosten insgesamt	4.560 €	6.360 €

Wie Sie sehen, können Sie durch die in höherer Zahl absetzbaren Fahrten zwischen Wohnung und Arbeitsplatz den Nachteil, keine doppelte Haushaltsführung ansetzen zu können, mehr als wettmachen.
Dieser Trick funtioniert auch, wenn es Sie häufiger als einmal in der Woche zu den Lieben zieht. Dann haben Sie die Möglichkeit, statt der doppelten Haushaltsführung alle Heimfahrten als *Fahrten zwischen Wohnung und Arbeitsstätte* abzusetzen, wenn das für Sie günstiger ist (BFH-Urteil v. 9.6.1988 – BStBl 1988 II S.990; R 9.11 Abs.5 S.2 LStR).

Natürlich können Sie nur die tatsächlich durchgeführten Fahrten ansetzen. Weil das Finanzamt meist Unrat wittert, wenn jemand eine Vergünstigung völlig legal für sich beansprucht, kann es passieren, dass es einen Nachweis über die Fahrleistung Ihres Pkws verlangt. Ist diese geringer als das, was Sie als Werbungskosten angegeben haben, versuchen sie Ihnen in die Suppe zu spucken und übersehen dabei möglicherweise, dass Sie ja einen Teil der Fahrten mit dem Wagen Ihrer Frau unternommen haben, weil Ihre Mühle in der Werkstatt war oder einfach nur geschont werden sollte, damit nicht beim Verkauf der Käufer wegen der hohen Fahrleistung den Kaufpreis drückt.

TRICK

Saubere Mietverträge nehmen dem Fiskus den Wind aus den Segeln!

421 Oder wie wäre es denn, wenn Sie z.B. von Ihren Eltern die kleine Einliegerwohnung unter dem Dach oder im Souterrain mieteten? Präsentieren Sie dem Finanzamt Ihren Mietvertrag, und schon können Sie wunderbar Ihren eigenen Hausstand begründen. Zwar sagt der BFH, dass bei der Prüfung, ob ein alleinstehender Arbeitnehmer einen eigenen Hausstand unterhält oder in

einem fremden eingegliedert ist, immer alle Umstände heranzuziehen sind. Trotzdem hält er es auch von erheblicher Bedeutung, ob der Arbeitnehmer die Wohnung entgeltlich oder unentgeltlich nutzt (BFH v. 14.6.2007 – BStBl 2007 II S.890). Um von vornherein keine Angriffsflächen zu bieten, werden Sie für die Wohnung mit Ihren Eltern einen erstklassigen, schriftlichen Mietvertrag abschließen und auch brav Monat für Monat die Miete samt Nebenkosten überweisen.

TRICK

Gute Chancen für einen eigenen Hausstand bei den Eltern, wenn erwachsene Kinder finanziell auf eigenen Füßen stehen!

Damit Ihre »Hauptwohnung« bei den Eltern als eigener Hausstand durchgeht, 422
müssen Sie nicht unbedingt eine astrein abgeschlossene, komplett ausgestattete Wohnung und einen Mietvertrag mit den Eltern haben. Wichtig ist nur, dass Sie dort allein oder gemeinschaftlich mit Ihren Eltern wirtschaften und nicht mehr die Füße im Hotel Mama unter den Tisch stellen. Berufen Sie sich im Zweifel darauf, dass Sie zusammen mit Ihren Eltern einen **Mehrgenerationenhaushalt** führen, in dem Sie über eigene, nach Ihren Bedürfnissen eingerichtete Wohnräume verfügen. Der BFH hat in diesem Fall seinen Segen zur Anerkennung einer doppelten Haushaltsführung gegeben (BFH v. 26.7.2012 – VI R 10/12, BStBl 2013 II S.208). Wenn Sie sich also das Bad oder die Küche mit Ihren Eltern teilen, ist längst nicht Hopfen und Malz verloren. Ganz im Gegenteil. Der BFH hat sogar einem Steuerzahler, der mit seinem Vater in einem Haus wohnte, dort für sich allein nur ein ca. 12 qm großes Zimmer hatte und sich die übrigen Räume mit dem Vater teilte, einen eigenen Hausstand anerkannt. Weil der Vater schon recht betagt, der Sohn finanziell völlig eigenständig war, sind die Richter quasi von einer Wohngemeinschaft von Vater und Sohn ausgegangen. Und schon war die doppelte Haushaltsführung anerkannt (BFH v. 14.11.2013 – VI R 10/13, BFH/NV 2014 S.507).

Der BFH lässt sich bei seinen Entscheidungen wohl von folgender Grundüberlegung leiten: Ein 18-jähriger Auszubildende, der am Arbeitsort ein Zimmer oder ein Appartement bewohnt, hat in der Regel bei den Eltern keinen eigenen Hausstand, ist vielmehr in den elterlichen Haushalt eingegliedert. Ein 45-jähriger Sohn hingegen, der voll im Berufsleben steht, über ein entsprechendes Einkommen verfügt und mit den Eltern zusammen in deren Haus oder Wohnung wohnt, führt mit diesen zusammen einen gemeinsamen Hausstand, den er maßgeblich mit beeinflusst. Dessen Zweitwohnung am Arbeitsort geht regelmäßig als doppelte Haushaltsführung durch.

TIPP

Sie müssen sich unbedingt finanziell am Haushalt beteiligen!

423 Ohne eigenen finanziellen Beitrag zum Haupthausstand läuft seit 2014 nichts mehr, heißt: Eine rein persönliche Beteiligung reicht nicht mehr. Egal ob Sie mit einem (nicht eingetragenen) Lebenspartner zusammenleben oder in einem Mehrgenerationenhaushalt mit den Eltern: Die Wohnung wird Ihnen nur dann als eigener Hausstand anerkannt, wenn Sie mehr als 10 % der für den Haushalt anfallenden Kosten nachweislich aus der eigenen Tasche bezahlen (BMF v. 30.9.2013 – BStBl 2013 I S. 1279). Zu diesen Kosten gehören neben der Miete oder den Hausunkosten die Nebenkosten und auch die Kosten für Lebensmittel und andere Dinge des täglichen Bedarfs. Um allen Problemen aus dem Weg zu gehen, überweisen Sie monatlich einen ausreichenden Betrag auf das Konto des Wohnungsinhabers unter dem Vermerk »Kostenbeteiligung am gemeinsamen Haushalt«. Alternativ sollten Sie die Belege über die Einkäufe, die Sie für den gemeinsamen Hausstand tätigen, sammeln. Deren Nachweiskraft steigt natürlich rapide, wenn Sie die Beträge mit Ihrer EC- oder Kreditkarte bezahlen.
Dasselbe gilt z.B. auch, wenn Sie sich einen Haushalt mit Ihrem Bruder oder Ihrer Schwester teilen müssen. Auch das spricht noch nicht gegen einen eigenen Hausstand. Machen Sie es so wie die Geschwister im BFH-Urteil vom 14.10.2004 (BStBl II 2005 S. 98). Die haben sich auf dem Hof der Eltern ein älteres Haus geteilt. Der Bruder wohnte im Obergeschoss in zwei Zimmern mit Kochnische, die Schwester bewohnte im Erdgeschoss zwei Zimmer mit Küche. Bad und Toilette nutzten die beiden gemeinsam. Mit einem astreinen Mietvertrag für das Haus und regelmäßigen Mietzahlungen haben sich die Steuerrichter überzeugen lassen. Dass der Hausstand keine Wohnung im steuertechnischen Sinn war, hat sie dabei nicht interessiert.
Die Überlassung von ein paar Kellerräumen, die keine abgeschlossene Wohnung darstellen und für die darüber hinaus kein Mietvertrag vorliegt, werden vor den strengen Augen des Fiskus wohl nach wie vor nicht als eigener Hausstand durchgehen (BFH v. 5.7.2007 – BFH/NV 2007 S. 1878).

SUPER TRICK

Sorgen Sie treu für Ihre Eltern und lassen Sie sie bei Ihnen wohnen!

424 Ihr Leben lang haben Sie bei Vater und Mutter gewohnt und sich von ihnen umsorgen lassen. Deshalb ist es höchste Zeit, sich zu revanchieren: Sie überneh-

men die elterliche Wohnung und schließen als neuer Großverdiener der Familie den Mietvertrag mit dem Hauswirt ab. Selbstverständlich verlangt niemand, dass Sie Ihre Altvorderen vor die Tür setzen. Als dankbare(r) Sohn/Tochter lassen Sie sie in Ihrem Haushalt leben. Dass sie Ihnen dafür einen Zuschuss zu Ihren Miet- und Haushaltskosten zahlen, ist ja wohl selbstverständlich – schließlich haben Sie von Ihrem Verdienst früher ja auch ein monatliches Kostgeld abgedrückt.
Jetzt leben Sie also nicht mehr im Haushalt Ihrer Eltern, sondern Ihre Eltern leben in Ihrem Haushalt! So können Sie guten Gewissens sagen: »Ich unterhalte in einer von mir angemieteten Wohnung einen eigenen Hausstand. Zu diesem Hausstand gehören außer mir noch zwei Angehörige, die sich lediglich im Rahmen ihrer Möglichkeiten an den Miet- und Haushaltskosten beteiligen.«

Wenn Ihnen Ihre Eltern zum Geburtstag oder zu Weihnachten großzügig ein paar Scheine als Geschenk zukommen lassen, brauchen Sie das natürlich nicht mit zur Kostenbeteiligung zu zählen.

Es ist ein albern Schaf,
das dem Wolf beichtet.
(Australisches Sprichwort)

TIPP

zum Möbelkauf

Durch den gesetzgeberischen Formulierungstrick, dass im Rahmen der doppel- **425**
ten Haushaltsführung nur notwendige Kosten abzugsfähig sind, soll erreicht werden, dass die steuerlichen Abzüge nicht unangemessen hoch ausfallen. Die Zweitwohnung am Beschäftigungsort darf nach Meinung des Fiskus also insbesondere nicht Repräsentationsbedürfnisse befriedigen. Vielmehr muss sie hinsichtlich Einrichtung und Hausrat auf das zum Leben Notwendige beschränkt bleiben (BFH v. 3.12.1982 – BStBl 1983 II S.467). Gleichwohl bedeutet das nicht, dass Sie sich kein gutes Mobiliar anschaffen dürfen. Unter doppelter Haushaltsführung absetzen können Sie preisgünstige Schlaf-, Sitz- sowie Aufbewahrungsmöbel, Ess- und Schreibtisch, eine funktionelle Kücheneinrichtung mit Herd, Kühlschrank und Geschirr. Nicht zu vergessen Gardinen und Lampen, Sie können ja schließlich kaum bei ständig herabgelassenen Rollos im Finstern leben. Auch ein Zweitradio ist abzugsfähig (FG Köln v. 5.2.1992 – EFG 1993 S.144). Bei einem Fernseher zieht der Fiskus allerdings die rote Karte und weist die Kosten der privaten Lebensführung zu (FG des Saarlandes v. 29.8.2001 – EFG 2001 S.1491).
Am besten verfahren Sie nach dem Motto: klein und fein, aber nicht protzig. Sonst geraten Sie in die Notwendigkeitsfalle. Das bedeutet: Haben Sie nach der

Devise »Man gönnt sich ja sonst nichts« exklusive Designerlampen, Orientteppiche, alte Stiche und eine teure Stereoanlage gekauft, können Ihnen nach dem Urteil des FG Köln (EFG 1993 S.145) die Ausgaben gekürzt werden. In dasselbe Horn bliesen die Richter beim FG Rheinland-Pfalz (Urt. v. 19.2.1998 – 4 K 2213/96; NWB Eil 98 S.285), die nur die Abschreibung auf solche Einrichtungsgegenstände anerkannten, die dem Grunde und der Höhe nach angemessen sind. Lassen Sie es sich aber auf keinen Fall gefallen, wenn man Ihnen mit diesem Argument Ihre Kosten komplett streicht. Schließlich sagt das Finanzgericht Köln in seinem Urteil, dass notwendige Kosten anerkannt werden müssen und »notwendig« nicht der billigste Kram sein muss. Bestehen Sie also darauf, dass man Ihnen für den Orientteppich zum Preis von 5.000 € zumindest den Preis eines normalen Teppichs von ca. 1.000 € anerkennt.
Um zu vermeiden, dass Ihnen nach Ende der doppelten Haushaltsführung die nicht verbrauchte Abschreibung durch die Lappen geht, stellen Sie sich besonders geschickt an und achten darauf, dass der Preis der einzelnen Einrichtungsgegenstände möglichst nicht über 488 € (= 410 € + 19 % MwSt) liegt. Dann setzen Sie nämlich die gesamten Kosten als geringwertige Wirtschaftsgüter **gleich im ersten Jahr in voller Höhe** ab. Lieben Sie es dagegen etwas gediegener und exklusiver, müssen Sie die Anschaffungskosten auf bis zu 13 Jahre verteilen und sich mit einer jährlichen Abschreibung von ca. 7,7 % begnügen.

TIPP

Vergessen Sie nicht, dass bei doppelter Haushaltsführung mehr telefoniert wird!

426 Liegen Ihre Hauptwohnung und Ihre berufliche Zweitwohnung sehr weit voneinander entfernt, Letztere vielleicht sogar im Ausland, werden Sie sich nicht jede Woche zu einer Familienheimfahrt aufmachen können. Es spricht aber nichts dafür, dass die Kommunikation innerhalb der Familie auf die Familienheimfahrten beschränkt sein muss. Dieser Meinung waren auch die Richter beim BFH. Sie haben entschieden, dass immer dann, wenn keine Familienheimfahrt durchgeführt wird, ein Telefonat mit der Familie abgesetzt werden kann (BFH v. 18.3.1988 – BStBl 1988 S.988). Aber wie üblich haben sie dabei dem Steuerzahler nicht die ganze Hand, sondern nur den kleinen Finger gereicht. Abziehen können Sie nämlich nur die Kosten für ein höchstens 15-minütiges Gespräch. Achten Sie deshalb darauf, Telefonate dieser Länge in den Wochen zu führen, in denen Sie nicht nach Hause fahren.
15 Minuten Telefonat pro Woche kann nun wirklich nicht der Weisheit letzter Schluss sein. Wenn Sie notwendigerweise mehr telefonieren müssen, scheuen Sie sich nicht, auch mehr anzusetzen. Rückendeckung bekommen Sie durch das Urteil des Niedersächsischen FG vom 22.2.1996 (EFG 1996 S.1156).
Es kann Ihnen passieren, dass man von Ihnen im reinsten Amtsdeutsch einen

Nachweis darüber verlangt, »dass zumindest die faktische Möglichkeit einer telefonischen Kontaktaufnahme mit der Familie besteht«, wenn es zu Hause keinen Telefonanschluss gibt. Dahinter steckt der Versuch, Ihnen die Telefonkosten zu streichen. Natürlich ist das blanker Unsinn. Es reicht völlig aus, wenn Sie sich darauf berufen können, dass Ihr Ehepartner die Anrufe z.B. bei einer Nachbarin oder bei Verwandten entgegennimmt und Sie deren Telefonnummer angeben. Auch das Argument, dass Anrufe zu vorher abgesprochenen Zeiten im Postamt an Ihrem Heimatort vereinbart werden, nimmt dem streichwütigen Fiskalritter den Wind aus den Segeln.
Übrigens: Berufliche Gespräche können Sie selbstverständlich zusätzlich zu den Gesprächen mit Ihrer Familie als Werbungskosten abziehen, wenn Sie sie von dem Apparat in Ihrer Zweitwohnung aus führen (vgl. ➤ Rz 377 f., Rz 370).

S Achtung, Selbständige: Hat ein Freiberufler keine feste Berufsstätte (z.B. ein **Künstler** mit ständig wechselnden kurzfristigen Auftritten), können die Kosten eines kleinen Apartements, in dem er sich nach seiner Tätigkeit immer wieder aufhält, als doppelte Haushaltsführung steuerlich berücksichtigungsfähig sein (FG Nürnberg, Urt. v. 4.7.1984, rechtskräftig – EFG 1984 S. 600). 427

GUTER RAT

Besucht Sie Ihre Familie am Arbeitsort, statt dass Sie am Wochenende nach Hause fahren, spricht man von umgekehrten Familienheimfahrten. Die Kosten dafür sollen Sie nach Meinung des BFH nicht absetzen können (BFH v. 2.2.2011, BStBl 2011 II S. 456). **Aber:** Das soll nur gelten, wenn Sie Ihre Familienheimfahrt aus privaten Gründen nicht angetreten haben. 428
Können Sie dem Finanzamt also sagen, dass Sie die Familienheimfahrt aus beruflichen Gründen nicht durchführen konnten, weil Sie am Wochenende z.B.

- berufliche/dienstliche Termine oder
- (Ruf-)Bereitschaft hatten, steigen die Chancen auf Anerkennung der Besuchsfahrt des (Ehe-)Partners.

Erheblich wirksamer werden Ihre Angaben durch eine Bescheinigung Ihres Arbeitgebers oder durch Vorlage Ihres Terminkalenders. Hilfestellung bekommen Sie auch durch ältere Entscheidungen der Münchener Richter (BFH v. 2.7.1972 – BStBl 1972 II, S. 67).
Ihre bessere Hälfte kann auch steuerlich absetzbar die gemeinsamen Kinder mitbringen. Faustregel: Die Kosten für den Besuch durch Ihre Familie sind in der Höhe absetzbar, wie Sie mögliche, aber nicht durchgeführte Familienheimfahrten hätten absetzen können (BFH-Urt. v. 28.1.1983 – BStBl 1983 II S. 313). Andere Aufwendungen, wie z.B. Unterkunft und Verpflegung des Ehepartners – und ggf. der Kinder – am Beschäftigungsort des Arbeitnehmers, sind keine Werbungskosten.

Bei Behörden ist die Vollbeschäftigung stets garantiert. Beamte schaffen sich gegenseitig so viel Arbeit, dass sie ständig zu tun haben.
(N. Parkinson)

SUPER TRICK

Wie Sie mittels einer Tasse Kaffee zu steuerlich abzugsfähigen Familienheimfahrten kommen

Es ist schon erstaunlich, auf welche Ideen manche Fiskalvertreter kommen, um Ihnen zusätzlich ein paar Steuergroschen abzuzwacken. So haben einige ganz eifrige Steuereintreiber mit Hilfe des Finanzgerichts Saarland einen Dreh gefunden, Besuchsfahrten nicht anerkennen zu müssen. Ein leidgeplagter Familienvater, der am Wochenende überraschend für seine Firma arbeiten musste, konnte nicht wie vorgesehen nach Hause fahren, weshalb ihm sein Sohn mit dem Auto frische Hemden, Anzüge und Wäsche für die nächste Woche vorbeibrachte. Die Fahrtkosten wurden dem Vater aber mit der fadenscheinigen Begründung gestrichen, Kleidung sei privat und somit auch ihr Transport (FG Saarland v. 28.2.1992 – 1 K 397/91).
Damit Ihnen nicht etwas Ähnliches passiert, werden Sie Ihrem Filius eine Tasse Kaffee und ein Stück Kuchen anbieten und mit ihm ein Schwätzchen über die Neuigkeiten der letzten Woche halten. Und schon haben Sie aus der nicht absetzbaren Transportfahrt für Kleidung eine als Familienheimfahrt absetzbare Besuchsfahrt gezaubert!

SUPER TRICK

Setzen Sie die Kosten für Ihre Ferienwohnung als Werbungskosten ab!

429 Voraussetzung dafür ist allerdings, dass Sie kein Single sind. Mit Hilfe Ihres Partners und folgendem Fahrplan bleiben Sie beim Steuerpoker mit der Ferienwohnung der lachende Dritte und setzen deren Kosten von der Steuer ab.

1. Sie kaufen sich Ihre heißersehnte, schnuckelige Ferienwohnung.
2. Ihre bessere Hälfte zieht mit Hauptwohnsitz in die Ferienwohnung ein und sucht sich dort am Ort einen Job.
3. Nach der Hochzeit wird die Ferienwohnung zum gemeinsamen Familienwohnsitz erklärt, und schon fallen Sie unter das BFH-Urteil vom 4.10.1989

(BStBl 1990 II S. 321). Nach diesem Urteil entsteht bei berufstätigen Ehegatten eine doppelte Haushaltsführung, wenn eine der Wohnungen – wie bei Ihnen die Ferienwohnung – zum Familienwohnsitz erklärt wird.

Wenn Ihr Ehepartner den Job wieder aufgibt und während der Woche bei Ihnen am Arbeitsort wohnt, ist das für die doppelte Haushaltsführung nicht schädlich. Sie müssen dem Finanzamt nur beibringen, dass in der Ferienwohnung weiter Ihr Lebensmittelpunkt ist. Verweisen Sie notfalls auf das BFH-Urteil vom 5.10.1994 (BStBl 1995 II S. 180). Freilich können Sie nicht die Kosten Ihrer Ferienwohnung absetzen, aber diejenigen Ihrer Wohnung am Arbeitsort. Bei einer teuren Wohnung müssen Sie zwar mit einer Kürzung auf die für einen beruflichen Zweitwohnsitz notwendigen Kosten von 1.000 € monatlich leben (vgl. dazu ➤ Rz 433), trotzdem setzen Sie – zusammen mit den Verpflegungskosten von 24 €/Tag in den ersten drei Monaten und den wöchentlichen Fahrten zur Familien-(Ferien-)Wohnung – auf diese Weise etliche Tausender pro Jahr von der Steuer ab, die Sie sonst in den Wind schreiben müssten.

TRICK

Setzen Sie die vollen Kosten Ihrer Wohnung ab!

Angenommen, Sie sind mit Ihrer Familie an Ihren neuen Beschäftigungsort gezogen. Ihre bisherige Wohnung im Haus Ihrer Schwiegereltern haben diese nicht wieder vermietet. Sie wollten halt keine fremden Leute im Haus haben, und außerdem steht Ihnen so die Wohnung jederzeit zur Verfügung, wovon Sie auch ausgiebig Gebrauch machen. Stellen Sie sich auf den Standpunkt, die alte Wohnung sei weiter der gemeinsame Wohnort sowie Ihr eigentlicher Lebensmittelpunkt und in der neuen Wohnung am Beschäftigungsort würden Sie lediglich einen beruflich bedingten doppelten Haushalt unterhalten. Sie meinen, das klappe nicht? Falsch gedacht! Genau so einen Fall hat das Finanzgericht Thüringen abgesegnet (Urt. v. 28.1.1998, EFG 1998 S. 1254).

Doppelter Vorteil daraus: Sie setzen die Fahrten zur bisherigen Wohnung als Familienheimfahrten ab, und Ihre Schwiegereltern können aufgrund des astreinen Mietvertrags, der natürlich geschlossen werden muss, selbst bei nur 66 % der ortsüblichen Miete alle Kosten für die Wohnung von der Steuer absetzen.

Schwierigkeiten macht Ihnen der Fiskus allerdings, wenn Ihre Kinder am Beschäftigungsort in den Kindergarten oder die Schule gehen. Dann wird die Wohnung am Beschäftigungsort in der Regel als neuer Familienwohnort angesehen (BFH v. 9.7.2008 – BFH/NV 2008 S. 2000; FG München v. 25.4.2007 – 1 K 1239/05; FG Hamburg v. 17.8.2007 – 5 K 160/06).

WICHTIGER HINWEIS

für alle, die von ihrem Arbeitsort wegziehen!

430 Bis vor kurzem griffen die Mitarbeiter des Fiskus gleich zum Rotstift und veranstalteten bei Ihren Kosten für eine doppelte Haushaltsführung wahre Streichorgien, wenn Sie sich neben der Wohnung am Beschäftigungsort einen zusätzlichen privaten Wohnort zulegten. »Es liegt kein beruflich begründeter doppelter Haushalt vor, weil die Verlagerung des Hauptwohnsitzes in die neue Wohnung privat veranlasst ist«, war die hierfür schnell gefundene Begründung. Unerwartete Schützenhilfe für alle Betroffenen leistete der BFH. Er änderte nämlich kurzerhand seine Rechtsprechung zugunsten der Steuerzahler. Warum eine andere Wohnung zusätzlich bezogen wird, soll völlig unerheblich sein. Private Gründe hin oder her, entscheidend ist, dass Sie Ihre bisherige Wohnung am Arbeitsort weiter nutzen. Dieses Beibehalten der Wohnung ist der berufliche Anlass, der die Kosten abzugsfähig macht.

Ihre doppelte Haushaltsführung wird demnach problemlos anerkannt, wenn

- Sie mit Ihrer Familie umziehen, Ihren Job und die alte Wohnung aber behalten,
- Sie als Lediger z.B. mit Freund oder Freundin zusammenziehen, ohne Job und bisherige Wohnung aufzugeben.

Wenn das Finanzamt nicht mitspielen will, verhelfen Sie ihm mit einem Hinweis auf folgende Urteile zu einer unschlagbaren Entscheidungshilfe (BFH v. 5.3.2009 – VI R 58/06 und BFH v. 5.3.2009 – VI R 23/07).

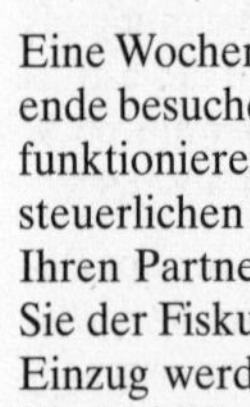

TRICK

Mit einem Umzug zur Freundin setzen Sie Ihre kompletten Wohnungskosten ab!

Eine Wochenendbeziehung hat einige Nachteile. Um Ihren Schatz am Wochenende besuchen zu können, müssen Sie schon einiges investieren. Normalerweise funktionieren solche Beziehungen so, dass man sich wechselseitig besucht. Aus steuerlichen Gründen ist das aber nicht wirklich eine kluge Idee. Wenn Sie Ihren Partner überzeugen können, dass Sie offiziell zusammenziehen, belohnt Sie der Fiskus mit einigen tausend Euro Steuererstattung. Nach dem offiziellen Einzug werden auf einen Schlag die Miete und Nebenkosten Ihrer Wohnung, für drei Monate Verpflegungspauschalen und wöchentliche Fahrten zwischen der Wohnung am Arbeitsort und der Wohnung Ihres Partners als Werbungskosten abzugsfähig. Aus bisher nicht steuerlich relevanten Besuchsfahrten wird nämlich nun eine astreine doppelte Haushaltsführung. Also nichts wie ab zur Meldebehörde und den Hauptwohnsitz in der Wohnung des Partners anmelden. Künftig werden Sie Ihre Freizeit und die Wochenenden immer in der Wohnung Ihrer besseren Hälfte verbringen.

Einziger kleiner Wermutstropfen auch hier ist, dass Sie als Wohnungskosten max. 1.000 € monatlich absetzen können – egal wie groß die Wohnung ist. Ist Ihre Wohnung teurer, sind die Kosten nur anteilig abzugsfähig (vgl. ➤ Rz 433).

Und so könnte die Rechnung für das Finanzamt künftig aussehen, wenn Sie sagen können, dass Sie zu Ihrer Freundin gezogen sind, die z.B. 150 km weit entfernt wohnt, Sie aber unter der Woche weiter in Ihrer bisherigen Wohnung (80 qm) leben und von dort die 10 km zur Arbeit zurücklegen.

Miete	12 × 480 € = 5.760 €	5.760 €	
Nebenkosten	12 × 160 € = 1.920 €	1.920 €	
Nachzahlung Nebenkosten	120 €	120 €	
Wohnungskosten		7.800 €	> 7.800 €
Verpflegungspauschalen (1. – 3. Monat)	14 Wochen à 3 × 24 € + 2 × 12 €		1.344 €
Familienheimfahrten	46 Fahrten à 150 km × 0,30 €		2.070 €
Fahrten zwischen Wohnung und Arbeitsstätte	220 Tage à 10 km × 0,30 €		660 €
Gesamtkosten der doppelten Haushaltsführung			11.874 €

Statt des Werbungskostenpauschbetrags von 1.000 € setzen Sie nun nahezu 12.000 € von der Steuer ab. Bei einem Steuersatz von ca. 35 % macht das eine Ersparnis inkl. Kirchensteuer und Solidaritätszuschlag von etwa 4.200 €. Mit diesem staatlichen Zuschuss können Sie locker einen Teil der Miete für die Wohnung Ihrer Freundin übernehmen und behalten trotzdem einen hübschen Batzen übrig.

TRICK

Auch nach Umzug oder Trennung ist Ihnen die doppelte Haushaltsführung sicher.

Wenn Sie Ihren Hauptwohnsitz wechseln, will Ihnen der Fiskus die doppelte 431
Haushaltsführung nicht mehr als berufsbedingt anerkennen.

Damit müssen Sie sich nicht abfinden, wenn Sie lediglich am bisherigen Hauptwohnort oder in dessen unmittelbarer Nähe umgezogen sind, da Sie ja Ihren Lebensmittelpunkt dort beibehalten haben (BFH v. 4.4.2006 – BFH/NV

2006 S.1915). Der Grund für den Umzug spielt dabei keine Rolle. Nach Meinung des BFH ist es daher völlig gleich, ob Sie als Lediger umziehen, als Paar, z.B. weil Sie wegen Nachwuchs eine größere Wohnung brauchen, oder weil Sie sich von Ihrem Ehepartner getrennt haben.

GUTER RAT

432 Sie können sich, falls Sie viel Geld haben, am Arbeitsort auch eine Eigentumswohnung zulegen. In diesem Fall können Sie statt einer Miete die laufenden Betriebskosten dieser Wohnung inkl. Abschreibung ansetzen (BFH-Urteile im BStBl 1983 II S.476 und v. 3.12.1982 – BStBl 1983 II S.467).

TIPP

Nur angemessene Wohnungskosten sind abzugsfähig!

433 Vorsicht, Fußangel! Wenn Sie zu den etwas besser betuchten Steuerzahlern gehören und sich bei der Wahl Ihrer beruflichen Zweitwohnung mehr gönnen als ein mickriges Apartment, kann es passieren, dass Ihnen ein staatlich besoldeter Geizkragen einen Teil Ihrer Wohnungskosten nicht anerkennen will.
Der Gesetzgeber hat kurz und knapp entschieden, dass Sie als angemessene Wohnungskosten höchstens 1.000 € im Monat absetzen können. Diese Beschränkung wird auch dann vorgenommen, wenn Sie im Rahmen Ihrer doppelten Haushaltsführung eine Eigentumswohnung oder ein Eigenheim nutzen. Dann treten an die Stelle von Miete und Nebenkosten die AfA, Schuldzinsen, Reparaturkosten, Nebenkosten. Die Größe der Wohnung spielt keine Rolle mehr (BMF v. 30.9.2013 – BStBl 2013 I S.1279 Rz 98).
Dem können Sie **nicht** entgegenhalten, Sie hätten trotz intensiver Suche keine kleinere Wohnung gefunden oder dass die Lage auf dem Markt für Kleinwohnungen hoffnungslos sei und Sie gezwungen gewesen wären, sich die teure und eigentlich auch für Ihren Geschmack zu aufwändige Wohnung zu mieten. Anders als das FG Köln (Urt. v. 14.5.1997 – EFG 1997 S.1108), das solchen Argumenten zugänglich war, hat der Gesetzgeber sie rundweg vom Tisch gefegt und als nicht relevant bezeichnet.

Die Obergrenze von 1.000 € umfasst sämtliche Aufwendungen wie:
- Miete, Hauskosten (Betriebskosten),
- Kosten der laufenden Reinigung und Pflege,
- Abschreibung für notwendige Einrichtungsgegenstände (ohne Arbeitsmittel),

- Zweitwohnungsteuer,
- Rundfunkbeitrag,
- Miet- oder Pachtgebühren für Kfz-Stellplätze,
- Aufwendungen für Sondernutzung (wie Garten),
- Kosten für die Möblierung,
- separat angemieteter Garagenstellplatz.

Drei Wege, sich zu ruinieren:
durch Frauen, der schönste Weg;
durch Spielen, der schnellste Weg; durch
Computer, der sicherste Weg.

TRICK

Machen Sie aus Ihrer Luxusbehausung durch ein Arbeitszimmer eine angemessene Wohnung!

Haben Sie in Ihrer beruflichen Zweitwohnung ein Arbeitszimmer, das Sie »als 434
Mittelpunkt der beruflichen Tätigkeit« (➤ Rz 274) steuerlich absetzen können, oder ein Home-Office, gehört das **nicht** zur Wohnfläche. Ohne die anteilige Miete für das Arbeitszimmer bleiben Sie vielleicht unter der 1.000-€-Grenze. Zur steuerlichen Anerkennung eines Arbeitszimmers vgl. ➤ Rz 264 ff.

Phantasie ist gefordert, wenn Sie nur gelegentlich Ihre Hauptwohnung aufsu- 435
chen. Die Fiskalritter werden da nämlich auf den linken Dreh verfallen, sie Ihnen als Lebensmittelpunkt abzusprechen. Bei mehr als zwei Fahrten im Monat ist alles in Butter, fahren Sie seltener, gibt es erhebliche Probleme, und bei unter sechs Fahrten im Jahr soll es mit dem Absetzen der Fahrtkosten nach dem Fiskalwillen ganz aus sein.
Diese Streichgelüste haben allerdings einen empfindlichen Dämpfer bekommen. Der BFH hat nämlich entschieden, dass die Zahl der Heimfahrten zwar ein wichtiges Indiz für den Lebensmittelpunkt sei, aber auf keinen Fall die allein selig machende Weisheit und daher einem Alleinstehenden mit nur drei Heimfahrten im Jahr diese als Fahrten zwischen Wohnung und Arbeitsstätte anerkannt (Urt. v. 10.2.2000 – VI R 60/98, DStR 2000 S. 728).
Ausschlaggebend ist, dass Sie Ihrem Finanzamt klarmachen, dass am bisherigen Wohnort Ihre persönlichen Bindungen besonders stark sind und Sie kein Interesse am Aufbau eines neuen Bekanntenkreises am Beschäftigungsort haben, weil Sie dort sowieso nur für eine begrenzte Zeit bleiben wollen; dass häufigere Fahrten zum Wohnort allein an der großen Entfernung und den damit verbundenen Kosten scheitern. Bei so wenig Fahrten müssen Sie allerdings darauf gefasst sein, dass Ihre Hauptwohnung nicht mehr als eigener Hausstand durch-

geht und Ihnen nur der Abzug der Fahrtkosten, nicht dagegen der Unterkunftskosten und Familienheimfahrten bleibt.

SUPER TRICK

Setzen Sie zweimal Umzugskosten ab!

436 So eine doppelte Haushaltsführung ist ja für eine gewisse Zeit vielleicht ganz nett, weil Sie unter der Woche am Abend tun und lassen können, was Sie wollen. Doch irgendwann werden Sie sich Gedanken über eine Familienzusammenführung machen. Also stiefeln Sie los und suchen eine passende Wohnung. Damit die ganze Sache für Sie nicht zu teuer wird, werden Sie das Finanzamt kräftig zur Ader lassen.

Zunächst einmal werden Sie Ihre Fahrtkosten zur Wohnungssuche mit 0,30 € je Kilometer unter berufsbedingten Umzugskosten ansetzen. Dann natürlich den Umzug in die neue Wohnung, denn schließlich ziehen Sie ja mit Ihrer Familie aus Zeitersparnisgründen in die Nähe Ihrer Arbeitsstelle (vgl. ➤ Rz 391). Doch damit nicht genug. Sie mussten ja schließlich und endlich Ihre berufliche Zweitwohnung aufgeben. Auch diese Umzugskosten können Sie absetzen und darüber hinaus die Kosten für deren Renovierung (FG München – EFG 1992 S. 187 rk). Bewahren Sie unbedingt die Belege für Ihre Umzugskosten, etwa für Renovierung, Transportkosten und sonstige Auslagen (➤ Rz 406), auf. Natürlich achten Sie als ehrlicher Steuerzahler peinlichst darauf, dass Ihnen nicht etwa Rechnungen für Tapeten und Farbe zur Herrichtung Ihrer neuen Familienwohnung dazwischengeraten. Auf den Abzug von Pauschalen für sonstige Umzugsauslagen (➤ Rz 399) können Sie sich bei einem Umzug im Zusammenhang mit der Begründung oder Beendigung einer doppelten Haushaltsführung leider nicht berufen (BFH v. 14.6.2007 – BStBl 2007 II S. 890).

SUPER TRICK

Bringen Sie mit »dreifacher« Haushaltsführung das Finanzamt zur Weißglut!

437 Sind Sie beide, Sie und Ihre bessere Hälfte, an getrennten Orten auswärts tätig und haben beide dort für die Zeit unter der Woche eine Unterkunft gemietet, dann ist »dreifache« Haushaltsführung angesagt. Denn wenn beide nicht am Wohnort arbeiten, muss das Finanzamt für jeden von Ihnen doppelte Haushaltsführung anerkennen (FG Rheinland-Pfalz v. 16.10.1992 – EFG 1993 S. 300 und BFH v. 6.10.1994 – BStBl 1995 II S. 184).

Lieber Heinz, hier bei uns ist alles noch beim Alten. Du musst Dir also keine Sorgen in Deinen Ferien machen. Wenn wir die letzten Raten für das Schlafzimmer und die ersten für den neuen Geschirrspüler nicht bezahlen, dann können wir ohne weiteres die geforderte Anzahlung für den Wäschetrockner aufbringen.
Liebe Grüße von Deiner Muschi
(Aus »Sehr geehrter Herr Firma!«, dtv)

IV. Der Lohnsteuerabzug

1. Die elektronische Steuerkarte und die Steuerklassen

Das Eintreiben der Steuer für Arbeitseinkünfte hat der Fiskus bekanntlich den Betrieben aufgebürdet. Sie haben für jeden ihrer Arbeitnehmer die (Lohn-) Steuer festzustellen, vom Arbeitslohn einzubehalten und an das Betriebsstättenfinanzamt abzuführen. **438**

Die Höhe der Lohnsteuer wird – außer im Fall der Pauschalierung – aus der Lohnsteuertabelle abgelesen. Dabei werden die persönlichen Verhältnisse (Familienstand und Kinder) des Arbeitnehmers berücksichtigt, die in verschlüsselter Form, ausgedrückt durch Steuerklassen, angegeben sind.

1. In die *Steuerklasse I* gehören Arbeitnehmer, die
   a) ledig sind,
   b) verheiratet, verwitwet oder geschieden sind und bei denen die Voraussetzungen für die Steuerklasse III oder IV nicht erfüllt sind;
2. in die *Steuerklasse II* gehören die unter Nummer 1 bezeichneten Arbeitnehmer, wenn ihnen ein Kinderfreibetrag oder Kindergeld für mindestens ein Kind zusteht;
3. in die *Steuerklasse III* gehören Arbeitnehmer,
   a) die verheiratet sind, wenn beide Ehegatten unbeschränkt einkommensteuerpflichtig sind und nicht dauernd getrennt leben und der Ehegatte des Arbeitnehmers
   aa) keinen Arbeitslohn bezieht oder
   bb) auf Antrag beider in die Steuerklasse V eingereiht wird,
   b) die verwitwet sind, wenn sie und ihr verstorbener Ehegatte zum Zeitpunkt seines Todes unbeschränkt einkommensteuerpflichtig waren und zu diesem Zeitpunkt nicht dauernd getrennt gelebt haben, für das Kalenderjahr, das dem Todesjahr des Ehegatten folgt,
   c) deren Ehe aufgelöst worden ist, wenn
      aa) im Kalenderjahr der Auflösung der Ehe beide Ehegatten unbeschränkt einkommensteuerpflichtig waren und nicht dauernd getrennt gelebt haben,

bb) der andere Ehegatte wieder geheiratet hat, von seinem neuen Ehegatten nicht dauernd getrennt lebt und er und sein neuer Ehegatte unbeschränkt einkommensteuerpflichtig sind, für das Kalenderjahr, in dem die Ehe aufgelöst worden ist;

4. in die *Steuerklasse IV* gehören Arbeitnehmer, die verheiratet sind, wenn beide Ehegatten unbeschränkt einkommensteuerpflichtig sind und nicht dauernd getrennt leben und der Ehegatte ebenfalls Arbeitslohn bezieht;
5. in die *Steuerklasse V* gehören die unter Nummer 4 bezeichneten Arbeitnehmer, wenn der Ehegatte auf Antrag beider in die Steuerklasse III eingereiht wird;
6. die *Steuerklasse VI* gilt bei Arbeitnehmern, die nebeneinander von mehreren Arbeitgebern Arbeitslohn beziehen, für die Einbehaltung der Lohnsteuer vom Arbeitslohn aus dem zweiten und weiteren Dienstverhältnis.

Alle Daten, die für die Ermittlung Ihrer Lohnsteuer relevant sind (elektronische Lohnsteuerabzugsmerkmale oder kurz ELStAM genannt), kann der Arbeitgeber aus einer zentralen Datenbank elektronisch abrufen. Sie müssen ihm dazu vor Beginn der Beschäftigung Ihre Steueridentifikationsnummer und Ihr Geburtsdatum mitteilen. Außerdem müssen Sie ihn informieren, ob er Ihr Hauptarbeitgeber ist oder ob Sie zu ihm in einem zweiten oder weiteren Dienstverhältnis stehen, für das die Besteuerung nach der Steuerklasse VI erfolgt.

Viele Änderungen Ihrer Lohnsteuerabzugsmerkmale werden automatisch berücksichtigt, z.B. die Geburt eines Kindes, Heirat, Scheidung, Tod oder Kirchenaustritt. Für alle Änderungen der Steuerklassen bei Ehepartnern und die Eintragung von Freibeträgen ist ausschließlich das Finanzamt zuständig.

WICHTIGER HINWEIS

439 Die Datenbank des Fiskus enthält eine große Zahl von Fehlern. Auch die laufende Aktualisierung klappt nicht immer so reibungslos, wie es eigentlich sein sollte. Kontrollieren Sie daher Ihre Lohnabrechnung ganz genau darauf, ob Ihre Lohnsteuermerkmale stimmen. Falls das nicht der Fall ist, wenden Sie sich umgehend an Ihr Finanzamt und bitten um Korrektur. Wenn die Korrektur nicht in akzeptabler Zeit möglich ist, stellt Ihnen das Finanzamt eine Bescheinigung über die zutreffenden Besteuerungsmerkmale aus. Ihr Arbeitgeber kann dann die Besteuerung nach dieser Papierbescheinigung vornehmen und die elektronische Lohnsteuerkarte so lange ignorieren, bis sie korrigiert und endlich zutreffend ist.

2. Ab welchem Verdienst bin ich überhaupt steuerpflichtig?

Das zu wissen ist wichtig, wie wir bei verschiedenen Tricks gesehen haben. Am einfachsten ersieht man dies aus der Jahreslohnsteuertabelle. 440

Ich gebe hier die Mindestgrenzen an, ab denen man Lohnsteuer zu zahlen hat. Dabei ergeben sich unterschiedliche Beträge, je nachdem, ob für Sie die allgemeine oder die besondere Lohnsteuertabelle anzuwenden ist. Der Unterschied zwischen den beiden Tabellen liegt in der Höhe der als Freibetrag eingearbeiteten Vorsorgepauschale, mit der im laufenden Jahr Ihre Versicherungsbeiträge abgegolten werden. In der allgemeinen Lohnsteuertabelle, die vorrangig für sozialversicherungspflichtige Arbeitnehmer gedacht ist, ist die Vorsorgepauschale höher, weil sie eine Zusatzkomponente für die Altersvorsorgebeiträge (Rentenversicherung) enthält. Diese Freibetragskomponente fehlt bei der besonderen Lohnsteuertabelle, die deshalb in erster Linie bei nicht sozialversicherungspflichtigen Arbeitnehmern zur Anwendung kommt, wie Beamten, Richtern, Soldaten etc., Pensionären und Rentnern, die sich ihre Rente durch einen Job aufbessern.

Beginn der Lohnsteuerpflicht		
Allgemeine Lohnsteuertabelle		
	2014	
Steuerklasse	Monatstabelle	Jahrestabelle
	€	€
I/IV	946,91	11.362,99
II	1.078,74	12.944,99
III	1.789,49	21.473,99
V	105,24	1.262,99
VI	0,83	9,99
Besondere Lohnsteuertabelle		
	2014	
Steuerklasse	Monatstabelle	Jahrestabelle
	€	€
I/IV	889,99	10.679,99
II	1.013,91	12.166,99
III	1.681,83	20.181,99
V	98,91	1.186,99
VI	0,83	9,99

3. Frei- und Pauschbeträge

441 Beim Lohnsteuerabzug sind ab dem Jahr 2014 folgende Frei- und Pauschbeträge eingearbeitet:

- Ein Tabellengrundfreibetrag für alle von 8.354 €, der sich in Steuerklasse III auf 16.708 € verdoppelt. Er entfällt in den Steuerklassen V und VI.
- Ein Arbeitnehmerpauschbetrag von 1.000 € in den Steuerklassen I bis V. Bei Bezug von Versorgungsbezügen (Pensionen, Werksrenten etc.) beträgt der Pauschbetrag nur 102 €.
- Ein Sonderausgabenpauschbetrag von 36 €, der sich in Steuerklasse III auf 72 € verdoppelt. Er entfällt in den Steuerklassen V und VI.
- Eine Vorsorgepauschale: Arbeitslohn × 5,292 % (2015: 5,67 %) Rentenversicherung + Arbeitslohn × 8,2 % (2015: 7,30 %) Krankenversicherung + Arbeitslohn × 1,025 % (2015: 1,175 %) Pflegeversicherung (1,275 % für Kinderlose/2015: 1,425 %).
- Ein Entlastungsbetrag für alleinerziehende Steuerzahler mit Kind in einer Höhe von 1.308 € (109 € monatlich) in Steuerklasse II.
- Kinderfreibeträge sind nicht in die Lohnsteuertabellen eingearbeitet. Allerdings wird ein Kinderfreibetrag von monatlich 364 € (mit der Zahl 1,0) bzw. von 182 € (mit der Zahl 0,5 – Eltern sind geschieden, leben dauernd getrennt oder sind nicht verheiratet) und ein Betreuungsfreibetrag von monatlich 220 € (Zahl 1,0) bzw. 110 € (Zahl 0,5) bei der Berechnung der Kirchensteuer und des Solidaritätszuschlags berücksichtigt.

4. Wählen Sie die Steuerklasse richtig, wenn Sie und Ihr Ehepartner verdienen

442 Wenn Sie *und* Ihr Ehegatte in einem Arbeitsverhältnis stehen, können sich beide die Steuerklasse IV eintragen lassen oder einer III und der andere V.
Lassen Sie eine eventuelle Änderung unbedingt vor dem 31. 12. vornehmen. Da Sie nach Beginn des Jahres nur einmal die Steuerklasse wechseln dürfen, halten Sie sich so die Tür für einen erneuten Wechsel offen. Aber keine Regel ohne Ausnahme: Einen zweiten Wechsel im laufenden Jahr erlaubt der Fiskus, wenn einer von Ihnen arbeitslos wird oder aus anderen Gründen zu arbeiten aufhört. Findet der arbeitslose Ehegatte im Lauf des Jahres einen neuen Job, ist sogar eine dritte Steuerklassenänderung drin. Und eine weitere, wenn Sie sich im Lauf des Kalenderjahrs trennen.
Anträge auf Änderung der Lohnsteuerklasse können bei Ihrem Finanzamt in der Zeit vom 1.10. des Vorjahres bis zum 30. November des Jahres gestellt werden, für das die Lohnsteuerkarte gilt.

443 Bei der Kombination III/V z.B. kann man viel Steuern sparen, wenn ein Ehegatte viel weniger verdient als der andere oder nur als Aushilfe tätig wird. Denn in Klasse V sind die geringsten, in Klasse III die höchsten Freibeträge einge-

arbeitet. Werden Sie beide aber nach Steuerklasse IV besteuert, ergibt sich zumeist eine Überzahlung, die Sie erst durch eine Antragsverlängerung erstattet bekommen können.
Werden Sie nach der Steuerklasse III und Ihr Ehegatte nach der Steuerklasse V besteuert, wird Ihnen in der Regel zu viel Lohnsteuer einbehalten, wenn Ihr Ehegatte mehr als 40 % (Faustregel) zum Gesamteinkommen beiträgt. Dagegen wird zu wenig Lohnsteuer einbehalten, wenn er weniger als 40 % des Gesamteinkommens erzielt und dieses ca. 16.000 € jährlich übersteigt.
Wenn Sie später allerdings einen Antrag auf Ausgleichsveranlagung stellen, ist es gleich, ob Sie Lohnsteuer nach den Klassen III und V oder nur nach der Klasse IV bezahlt haben. Denn dann werden beide Einkünfte in einen Topf geworfen und nach der Splittingtabelle besteuert, die der Steuerklasse III entspricht.
Mit welcher Steuerklassenkombination er sich am besten stellt, muss jeder für seine persönlichen Verhältnisse selbst ausrechnen (Tabellen siehe ➤ Rz 445 f.). Wer es ganz genau wissen will, kann sich die günstigste Kombination auch im Internet ausrechnen lassen (www.ofd.niedersachsen.de > Aktuelles&Service, Steuerberechnungen). Die Tabellen gehen jeweils vom Monatslohn des höherverdienenden Ehegatten aus. Dazu ist angegeben der Monatslohn des geringerverdienenden Ehegatten, der bei einer Steuerklassenkombination III/V nicht überschritten werden sollte. Der höherverdienende Ehegatte erhält dann die Steuerklasse III. Anderenfalls kommt die Steuerklassenkombination IV/IV in Betracht.

Beispiel
Bei einem Arbeitnehmerehepaar – beide rentenversicherungspflichtig – ohne Kinder bezieht der höherverdienende Ehegatte 2014 einen Monatslohn (nach Abzug etwaiger Freibeträge) von 2.100 €. Wenn der Monatslohn des geringerverdienenden Ehegatten nicht mehr als 1.621 € (siehe Spalte 2 der ersten Tabelle) beträgt, führt die Steuerklassenkombination III/V zur geringsten Lohnsteuer. Übersteigt er 1.621 €, ist die Steuerklassenkombination IV/IV günstiger.

WICHTIGER HINWEIS

Die Leistungen des Arbeitsamts richten sich nach Leistungsgruppen, die **444**
wiederum von Ihrer Steuerklasse am 1. Januar abhängen. Wenn Sie verheiratet sind und schon vor Beginn des neuen Jahres wissen, dass Sie dann arbeitslos werden, sollten Sie unbedingt noch schnell in die Steuerklasse III wechseln, um die höheren Leistungen nach der Leistungsgruppe C zu kassieren. Ihr Ehepartner wechselt in die Steuerklasse V, auch wenn dadurch zunächst einmal zu viel Lohnsteuer gezahlt wird. Die können Sie sich aber im übernächsten Jahr durch eine Antragsveranlagung (hieß früher Jahresausgleich) vom Finanzamt zurück-

holen. Das fehlende Arbeitslosengeld durch falsche Steuerklassenwahl dagegen ist ein für alle Mal verloren.

Eine Änderung der Steuerklasse im Lauf des Jahres, in dem Sie arbeitslos werden oder während Sie Leistungen vom Arbeitsamt beziehen, wird von diesem mit Argusaugen auf ihre Zweckmäßigkeit hin untersucht. Im Klartext bedeutet das: Das Arbeitsamt macht den Steuerklassenwechsel nur mit, wenn dadurch insgesamt eine niedrigere Lohnsteuer herausspringt. Haben Sie eine andere Kombination der Steuerklassen gewählt, setzt es fiktiv die günstigere an. Erkundigen Sie sich also vorher beim Arbeitsamt, ob sich eine Änderung der Steuerklassen für die Berechnung von Arbeitslosengeld, Arbeitslosenhilfe, Unterhaltsgeld etc. lohnt.

A) Tabelle zur richtigen Steuerklassenwahl 2014 (bei Rentenversicherungspflicht des höherverdienenden Ehegatten)* 445

Monatlicher Arbeitslohn A* in €	Monatlicher Arbeitslohn B* in € bei … des geringer-verdienenden Ehegatten		Monatlicher Arbeitslohn A* in €	Monatlicher Arbeitslohn B* in € bei … des geringer-verdienenden Ehegatten	
	Rentenversiche-rungspflicht	Rentenversiche-rungsfreiheit		Rentenversiche-rungspflicht	Rentenversiche-rungsfreiheit
1	2	3	4	5	6
1.250	471	443	3.300	2.362	2.184
1.300	544	511	3.350	2.397	2.216
1.350	627	589	3.400	2.432	2.244
1.400	718	675	3.450	2.468	2.275
1.450	815	766	3.500	2.503	2.306
1.500	914	859	3.550	2.540	2.337
1.550	1.134	1.066	3.600	2.575	2.367
1.600	1.193	1.122	3.650	2.609	2.395
1.650	1.257	1.181	3.700	2.645	2.426
1.700	1.323	1.244	3.750	2.680	2.457
1.750	1.387	1.313	3.800	2.717	2.489
1.800	1.445	1.368	3.850	2.753	2.520
1.850	1.475	1.397	3.900	2.792	2.554
1.900	1.506	1.426	3.950	2.831	2.587
1.950	1.537	1.455	4.000	2.872	2.622
2.000	1.565	1.482	4.050	2.914	2.658
2.050	1.594	1.510	4.100	2.962	2.699
2.100	1.621	1.535	4.150	3.010	2.740
2.150	1.643	1.556	4.200	3.061	2.784
2.200	1.663	1.575	4.250	3.115	2.831
2.250	1.694	1.602	4.300	3.172	2.879
2.300	1.726	1.632	4.350	3.227	2.927
2.350	1.758	1.666	4.400	3.288	2.980
2.400	1.791	1.693	4.450	3.351	3.033
2.450	1.825	1.724	4.500	3.417	3.089
2.500	1.856	1.750	4.550	3.486	3.148
2.550	1.889	1.778	4.600	3.560	3.211
2.600	1.917	1.802	4.650	3.635	3.277
2.650	1.943	1.825	4.700	3.719	3.349
2.700	1.968	1.844	4.750	3.806	3.424
2.750	1.987	1.863	4.800	3.900	3.505
2.800	2.009	1.882	4.850	4.002	3.590
2.850	2.045	1.911	4.900	4.111	3.689
2.900	2.078	1.941	4.950	4.231	3.804
2.950	2.116	1.972	5.000	4.364	3.932
3.000	2.149	2.002	5.050	4.531	4.088
3.050	2.186	2.034	5.100	4.772	4.314
3.100	2.221	2.064	5.150	-	-
3.150	2.257	2.092	5.200	-	-
3.200	2.290	2.123	5.250	-	-
3.250	2.327	2.155	5.300	-	-
3.250	2.327	2.163	5.300	-	-
3.250	2.327	2.163	5.300	-	-

*Nach Abzug etwaiger Freibeträge.

446 **B) Tabelle zur richtigen Steuerklassenwahl 2014 (bei Rentenversicherungsfreiheit des höherverdienenden Ehegatten)***

Monatlicher Arbeitslohn A* in €	Monatlicher Arbeitslohn B* in € bei ... des geringer-verdienenden Ehegatten		Monatlicher Arbeitslohn A* in €	Monatlicher Arbeitslohn B* in € bei ... des geringer-verdienenden Ehegatten	
	Rentenversicherungspflicht	Rentenversicherungsfreiheit		Rentenversicherungspflicht	Rentenversicherungsfreiheit
1	2	3	4	5	6
1.250	589	554	3.150	2.728	2.498
1.300	672	632	3.200	2.769	2.533
1.350	767	721	3.250	2.812	2.571
1.400	871	819	3.300	2.855	2.608
1.450	1.112	1.045	3.350	2.901	2.647
1.500	1.174	1.103	3.400	2.949	2.688
1.550	1.240	1.165	3.450	2.998	2.730
1.600	1.309	1.230	3.500	3.050	2.774
1.650	1.377	1.302	3.550	3.102	2.819
1.700	1.436	1.360	3.600	3.158	2.868
1.750	1.475	1.396	3.650	3.214	2.915
1.800	1.513	1.433	3.700	3.275	2.968
1.850	1.552	1.469	3.750	3.337	3.021
1.900	1.590	1.506	3.800	3.402	3.077
1.950	1.628	1.542	3.850	3.472	3.136
2.000	1.666	1.578	3.900	3.547	3.201
2.050	1.727	1.635	3.950	3.624	3.266
2.100	1.793	1.697	4.000	3.704	3.336
2.150	1.856	1.751	4.050	3.794	3.412
2.200	1.923	1.807	4.100	3.890	3.495
2.250	1.980	1.858	4.150	3.995	3.584
2.300	2.036	1.906	4.200	4.102	3.683
2.350	2.090	1.950	4.250	4.222	3.795
2.400	2.138	1.991	4.300	-	3.924
2.450	2.183	2.032	4.350	-	4.086
2.500	2.228	2.067	4.400	-	4.320
2.550	2.267	2.104	4.450	-	-
2.600	2.305	2.136	4.500	-	-
2.650	2.343	2.168	4.550	-	-
2.700	2.381	2.200	4.600	-	-
2.750	2.417	2.233	4.650	-	-
2.800	2.458	2.266	4.700	-	-
2.850	2.494	2.298	4.750	-	-
2.900	2.535	2.332	4.800	-	-
2.950	2.572	2.364	4.850	-	-
3.000	2.610	2.399	4.900	-	-
3.050	2.649	2.431	4.950	-	-
3.100	2.687	2.463	5.000	-	-

*Nach Abzug etwaiger Freibeträge.

Immer wenn die Eltern die Schnauze voll haben,
müssen die Kinder hungrig zu Bett.
(W. Mitsch)

Faktorverfahren statt Steuerklasse III/V 447

Den Nachteil bei der Steuerklassenkombination III/V trägt vor allem der Ehepartner, der in Steuerklasse V eingereiht wird. Weil praktisch alle Frei- und Pauschbeträge für Ehegatten in der Steuerklasse III zusammengefasst sind, zahlt er überproportional viel Lohnsteuer. Wählen die Ehepartner dagegen die Steuerklasse IV/IV, zahlt der Besserverdienende erheblich höhere Steuern als eigentlich notwendig. Diesem vermeintlichen Problem will der Fiskus mit dem sog. **Faktorverfahren** begegnen. Statt der Steuerklassenkombination III/V können die Ehegatten sich vom Finanzamt jeweils »ihren« **Faktor** auf der Lohnsteuerkarte eintragen lassen. Dieser ergibt sich aus dem Verhältnis der voraussichtlichen gemeinsamen Einkommensteuer zur gemeinsamen Lohnsteuer, berechnet nach der Steuerklasse IV. Der Arbeitgeber berechnet dann mit Hilfe des Faktors den Steueranteil des Ehegatten.

Beispiel:
Bei einem Ehepaar verdient die Ehefrau 30.000 € und der Ehemann 10.000 € im Jahr. Die gemeinsame Einkommensteuer nach dem Splittingtarif beträgt ohne weitere besondere absetzbare Kosten ca. 3.014 €. An Lohnsteuer nach der Steuerklasse IV würden für sie 3.951 € anfallen, für ihn 0 €, zusammen also 3.951 €. Wie Sie sehen, würde das Ehepaar allein wegen der Steuerklassenkombination IV/IV 937 € Steuern zu viel zahlen. Hinzu kämen noch die Kirchensteuer und der Solidaritätszuschlag.
Das Finanzamt rechnet nun das Verhältnis zwischen 3.014 € Einkommensteuer und 3.951 € Lohnsteuer aus. Daraus ergibt sich der Faktor 0,763, der auf den Lohnsteuerkarten beider Ehepartner eingetragen wird.
Die Arbeitgeber der Eheleute rechnen die Lohnsteuer nun so aus:
Ehefrau: Lohn 30.000 € = Lohnsteuer IV = 3.951 € × 0,763 = 3.014 €
Ehemann: Lohn 10.000 € = Lohnsteuer IV = 0 € × 0,763 = 0 €
Damit beträgt der Lohnsteuerabzug insgesamt nur noch 3.014 € statt wie bisher 3.951 €.

TRICK

Sparen Sie mit Steuerklasse III/V weiterhin im Lauf des Jahres Steuern!

Liebe Leser, lassen Sie sich nicht auf den Arm nehmen. Das Faktorverfahren wird von Politikern gern als Segen für teilzeitbeschäftigte Ehefrauen verkauft, die wegen der hohen Abzüge in der Steuerklasse V angeblich in Scharen in

nicht rentenversicherungspflichtige Minijobs flüchten. Sie werden nicht darauf hereinfallen. Entscheidend ist schließlich, was insgesamt auf dem Familienkonto landet, und nicht, ob der eine ein wenig mehr und der andere etwas weniger Steuern zahlt. Deshalb würde ich Ihnen im obigen Beispiel raten, die Finger vom Faktorverfahren zu lassen. Hätte das Ehepaar nämlich die Steuerklasse III/V gewählt, wären an Lohnsteuer im Lauf des Jahres bei ihr (30.000 € Lohn) 1.360 € und bei ihm (10.000 € Lohn) 1.012 €, also insgesamt nur 2.372 € angefallen. Das sind 642 € weniger als beim Faktorverfahren.
Richtig ist zwar, dass unser Musterehepaar diese 642 € über die Einkommensteuererklärung zurückzahlen müsste, aber immerhin hätten sie ein schönes zinsloses Steuerdarlehen.

5. Mehrere Arbeitsverhältnisse

448 Wenn Sie mit Ihrem Arbeitgeber nicht ein klares Aushilfsverhältnis vereinbaren, sind Sie grundsätzlich verpflichtet, bei Dienstbeginn eine Lohnsteuerkarte vorzulegen. Das gilt auch, wenn Sie mehrere Dienstverhältnisse begründen. Bei einem zweiten und weiteren Arbeitsverhältnis ist der Arbeitgeber verpflichtet, Lohnsteuer nach Steuerklasse VI einzubehalten. Das ist alles gut und schön, wenn Sie genügend verdienen, denn es hat sich ja mittlerweile herumgesprochen, dass für Einkommen über dem Grundfreibetrag die Steuer mindestens 14 % ausmacht.
Wenn Sie aber mit dem ersten Arbeitsverhältnis nicht steuerpflichtig sind, zahlen Sie mit einem zweiten und mit weiteren unweigerlich zu viel, weil man Ihnen ja stur nach Steuerklasse VI die Steuer einbehält. Sie sollten in einem solchen Fall unbedingt einen Antrag auf Ausgleichsveranlagung stellen, damit Ihnen die über das Jahr zu viel gezahlte Steuer erstattet wird.

449 Natürlich ist es nicht sonderlich berauschend, wenn Sie, nur weil Sie zwei Jobs haben, in denen Sie jeweils 460 € im Monat verdienen, im Lauf des Jahres Lohnsteuer abdrücken sollen, während Ihnen das bei nur einem Job mit 920 € Monatsverdienst erspart bleibt.
Ja, Sie lesen richtig. Für Ihr erstes Dienstverhältnis bekommen Sie z.B. die Steuerklasse I, für jedes weitere die Steuerklasse VI. Und so sieht dann der Lohnsteuerabzug aus:

	2 Jobs à 460 €	**1 Job à 920 €**
Lohnsteuer Arbeitsverhältnis 1 (StKl I)	(460 €) = 0,00 €	(920 €) 0,00 €
Lohnsteuer Arbeitsverhältnis 2 (StKl VI)	(460 €) = 53,25 €	
Lohnsteuer insgesamt (monatlich)	53,25 €	0,00 €
Lohnsteuer insgesamt (jährlich)	639,00 €	0,00 €

Berücksichtigen Sie auch die Kirchensteuer (ca. 58 €) und den Solidaritätszuschlag (0 €), zahlen Sie während des Jahres ca. 700 € an Steuern, auf deren Erstattung Sie warten müssen, bis sich das Finanzamt bequemt, Ihre Steuererklärung im Jahr darauf zu bearbeiten und einen Steuerbescheid in die Welt zu setzen. In dieser Situation haben Sie zwei Möglichkeiten.

Variante 1 450

Sie können nach § 39a Abs. 7 EStG den lohnsteuerfreien Betrag sozusagen beliebig zwischen der Steuerkarte mit der Steuerklasse I und der mit der Steuerklasse VI verteilen. (Die lohnsteuerfreien Beträge in den einzelnen Steuerklassen finden Sie unter ➤ Rz 440.) Verdienen Sie also z.B. 500 € in Ihrem Erstjob, haben Sie einen steuerfreien Betrag von ca. 420 € monatlich, den Sie auf die Steuerkarte VI übertragen können. Technisch wird das so gelöst, dass Ihnen der entsprechende Betrag auf der Steuerkarte VI als Freibetrag und auf der Steuerkarte I als Hinzurechnungsbetrag, also quasi als negativer Freibetrag, eingetragen wird.

TIPP

zur elektronischen Lohnsteuerkarte

Wenn die zusammengerechneten Arbeitslöhne aus Ihren Arbeitsverhältnissen zusammen mit Ihren anderen Einkünften (aufs Jahr gesehen) insgesamt unter den max. steuerfreien Beträgen liegen, sollten Sie regelmäßig zu dieser Möglichkeit der Verteilung der Freibeträge greifen, weil dann schlussendlich überhaupt keine Steuern anfallen.

Da Ihr Arbeitgeber die Lohnsteuerdaten aus einer zentralen Datenbank abruft, müssen Sie ihm mitteilen, in welcher Höhe er den Freibetrag zur Steuerklasse VI abrufen soll. Im Beispiel oben teilen Sie Ihrem Brötchengeber also mit, er soll mit Ihren anderen Lohnsteuerdaten einen Freibetrag von 420 € abrufen.

Variante 2 451

Haben Sie zwei Jobs und liegen Sie mit Ihrem Verdienst im einen über 450 € und im anderen bei höchstens 450 €, können Sie von der Minijobregelung profitieren. Ein Zweitjob bis 450 € bleibt nämlich sozialversicherungsfrei und kann mit dem lächerlichen Betrag von 2 % pauschal besteuert werden. Der Vorteil für Sie: Sowohl die anfallenden pauschalen Sozialversicherungsbeiträge als auch die pauschale Steuer trägt Ihr Arbeitgeber. Sie bekommen also den Lohn aus Ihrem Zweitjob ohne Abzüge ausgezahlt.

Welche der beiden Varianten günstiger ist, hängt natürlich entscheidend davon ab, wie viel Sie im Erstjob verdienen, ob Sie die Steuerklasse I haben oder die Steuerklasse III mit doppelt so hohen Freibeträgen. Außerdem müssen Sie bei Ihren Vergleichen immer beachten, dass Sie etwa 20 % Sozialversicherungs-

beiträge am Hals haben, wenn Sie im Zweitjob mit Ihrem Verdienst über 450 € liegen. Machen Sie allerdings aus Ihrem Zweitjob eine 450-€-Beschäftigung, haben Sie aus diesem Arbeitslohn später geringere Rentenansprüche als aus normalem Arbeitslohn und für diesen Teil Ihres Lohns auch keinen Anspruch auf Arbeitslosengeld, falls Sie Ihren Job verlieren.

452 Für Ihre Berechnung können Sie sich an dem folgenden Beispiel orientieren:

Sie sind 40 Jahre alt und beziehen aus Ihrem Hauptjob 1.400 € und aus Ihrem Zweitjob 470 € Monatslohn. Um beim Zweitjob von der Minijobregelung zu profitieren, sollten Sie auf 20 € Lohnteil verzichten.

Gesamtnetto	Freibetrag		Gehaltsverzicht	
	Hauptjob StKl III	Aushilfe 450 € StKl VI	Hauptjob StKl III	Aushilfe 450 €
Bruttoarbeitslohn	1.400,00	470,00	1.400,00	450,00
Freibetrag 1.790 € (➤ Rz 440) – 1.400 €		– 390,00		
Hinzurechnungsbetrag	336,00			
maßgebender Arbeitslohn (fiktiv)	1.736,00	80,00	1.400,00	450,00
Abzüge:				
Lohnsteuer	– 0,00	– 9,25	– 0,00	– 0,00
Kirchensteuer	– 0,00	– 0,83	– 0,00	– 0,00
Solidaritätszuschlag	– 0,00	– 0,00	– 0,00	– 0,00
Sozialversicherung (ca. 20 %)	– 280,00	– 94,00	– 280,00	– 0,00
Nettoverdienst (Bruttoarbeitslohn ./. Abzüge)	1.120,00	365,92	1.120,00	450,00
Gesamtnetto aus beiden Beschäftigungen	1.485,92		1.520,00	

Wie Sie sehen, fahren Sie trotz eines Verzichts auf 20 € Lohn in Ihrem Zweitjob wesentlich besser. Unter dem Strich haben Sie jeden Monat ca. 34 € mehr im Geldsäckel.

Aufs Jahr gerechnet macht das immerhin ein Plus von gut 408 €. Und der Arbeitgeber Ihres Zweitjobs spart – Ihren Gehaltsverzicht eingerechnet – durch die pauschalen Sozialversicherungsbeiträge und Steuern unter dem Strich ca. 4 € im Monat. Das sollte ihm die Sache doch wohl schmackhaft machen.

Das zahllose Beamtenheer ist die wahre
Peitsche Deutschlands.
(Freiherr vom Stein)

V. Lohnsteuerermäßigung durch Freibetrag beim Lohnsteuerabzug

Beantragen Sie beim Finanzamt, schon für das laufende Jahr einen Freibetrag **453**
beim elektronischen Lohnsteuerabzugsverfahren zu berücksichtigen. Durch den Freibetrag ermäßigt sich die Lohnsteuer, die der Betrieb von Ihrem Arbeitslohn einbehalten muss. Das Finanzamt verteilt den Jahresfreibetrag gleichmäßig auf die Monate nach der Antragstellung. Der Antrag kann in der Zeit vom 1.10. des Vorjahres bis zum 30.11. des laufenden Jahres gestellt werden, für 2014 also in der Zeit von 1.10.2013 bis 30.11.2014.

Ab 2015 können Sie den Freibetrag für zwei Jahre im Voraus beantragen.
Rein rechtlich hätte das schon 2014 möglich sein sollen, doch es funktionierte aus technischen Gründen nicht. Nach derzeitigem Stand soll das ELStAM-Verfahren ab dem Kalenderjahr 2015 endlich auf den rechtlich erforderlichen Stand gebracht sein. Der genaue Zeitpunkt der erstmaligen Anwendung soll in einem Schreiben des Bundesfinanzministeriums mitgeteilt werden.
Für Sie heißt das: Ändert sich Ihr Freibetrag von Jahr zu Jahr nicht, können Sie ihn voraussichtlich Ende 2014 gleich für 2015 und 2016 eintragen lassen. Das Finanzamt speichert ihn dann im elektronischen Lohnsteuerkartendatensatz, der automatisch an Ihren Arbeitgeber übermittelt wird. Das nächste Mal müssen Sie erst wieder für das Jahr 2017 zum Finanzamt, es sei denn, an Ihren Aufwendungen ändert sich zwischenzeitlich etwas.

TIPP

zum Freibetrag

Wenn Sie den **Antrag so spät wie möglich stellen**, z.B. erst im November, wird der Jahresfreibetrag in voller Höhe bei der Lohnsteuerberechnung für Dezember abgezogen.
Haben Sie bei der Eintragung alle Ihre Kosten durchdrücken können, weil Sie durch die späte Antragstellung alles belegen konnten, haben Sie damit gleichzeitig die Antragsveranlagung quasi vorgezogen und als Erster Ihr Geld zurück. Der Kinderfreibetrag wird durch Änderung der Lohnsteuerklasse berücksichtigt. Bringen Sie dazu die Geburtsurkunde des Kindes mit. Allerdings wirken

sich Kinder beim Lohnsteuerabzug nur auf die Höhe der Kirchensteuer und des Solidaritätszuschlags aus. Eine Ermäßigung der Lohnsteuer erfolgt nicht, da für das Kind im laufenden Jahr schon Kindergeld gezahlt wird.

454 Auf der Lohnsteuerkarte können mit Einschränkung folgende Freibeträge eingetragen werden:

- Werbungskosten nach Abzug des Arbeitnehmerpauschbetrags von 1.000 €;
- Kinderbetreuungskosten (§ 10 Abs. 1 Nr. 5 EStG), Unterhaltsleistungen an den geschiedenen Ehegatten, auf besonderen Verpflichtungsgründen beruhende Renten und dauernde Lasten, Kirchensteuern, Aufwendungen für die Berufsausbildung nach Abzug des Sonderausgabenpauschbetrags von 36 €/72 €;
- außergewöhnliche Belastungen, Unterhalts- und Ausbildungsfreibeträge, Pflegepauschbetrag.

Ein Freibetrag wird in diesen Fällen nur eingetragen, wenn die Aufwendungen bzw. die abziehbaren Beträge insgesamt mindestens 600 € betragen. Liegen Sie unter dieser Grenze, können Sie die Steuerermäßigung erst im Rahmen einer Antragsveranlagung oder Veranlagung zur Einkommensteuer beantragen.

Ohne Einschränkung und ohne Beachtung der 600-€-Grenze können folgende Beträge eingetragen werden:

- Behindertenpauschbetrag;
- das Vierfache der Steuerermäßigung nach § 35 a EStG für haushaltsnahe Beschäftigungen, Dienstleistungen und Handwerkerleistungen;
- Verluste, die sich insgesamt ergeben beim Zusammenrechnen Ihrer Einkünfte aus Gewerbebetrieb, Land- und Forstwirtschaft, selbständiger Tätigkeit, Vermietung und Verpachtung und sonstigen Einkünften;
- ein in den Vorjahren noch nicht ausgeglichener Verlustabzug;
- Förderbeträge für
  - zu eigenen Wohnzwecken genutzte Baudenkmale (§ 10 f EStG),
  - schutzwürdige Kulturgüter (§ 10 g EStG),
  - energetische Sanierungsmaßnahmen am eigenen Haus (§ 10 k EStG),
  - selbstgenutztes Wohneigentum in Ostdeutschland (§ 7 FördG).

455 Für Vorsorgeaufwendungen wird kein Freibetrag eingetragen. Vorsorgeaufwendungen sind insbesondere die Arbeitnehmerbeiträge zur gesetzlichen Sozialversicherung, Beiträge zu privaten Kranken-, Unfall-, Haftpflicht-, Lebens- oder Todesfallversicherungen und zu Bausparkassen. Die Vorsorgeaufwendungen werden bei der Lohnsteuer durch eine Vorsorgepauschale berücksichtigt, die in die Lohnsteuertabellen eingearbeitet ist. Wenn Ihnen höhere Vorsorgeaufwendungen entstehen, können Sie diese bei einer Veranlagung zur Einkommensteuer geltend machen.

Eine Ausnahme gilt für die **Beiträge zur einer privaten Krankenversicherung**. Wenn Sie dem Arbeitgeber eine Bescheinigung Ihrer Krankenkasse über die Höhe der voraussichtlich im laufenden Jahr zu zahlenden Basiskranken- und der Pflegepflichtversicherungsbeiträge einreichen, berücksichtigt er schon beim Lohnsteuerabzug die tatsächlichen Beträge, sofern diese höher sind als die Pauschale.

Osnabrück-Schilda
Auf dem Marktplatz wurden drei megamoderne Klohäuschen aufgestellt (Musikberieselung, automatische Spülung, elektronische Türöffner) – für 180.000 €. Das teure Zeug taugte nix: Mal musste die Feuerwehr mit der Brechstange anrücken, um eine eingeklemmte Tür aufzubrechen, mal ging das Häuschen, wie von Geisterhand gesteuert, auf, und der entblößte Benutzer stand im Freien.

SUPER TRICK

Lassen Sie sich den Freibetrag auf Zuruf eintragen!

Die Eintragung von Freibeträgen ist einfach: Sie nehmen das hierzu vorgese- **456**
hene vereinfachte Antragsformular, beantragen, den Freibetrag wie im Vorjahr und die gleiche Kinderzahl einzutragen, und setzen im Antrag auf Lohnsteuerermäßigung nur noch das Kreuzchen an den magischen Satz »Die Verhältnisse haben sich nicht wesentlich verändert«. Ohne einen einzigen Beleg zu Gesicht zu bekommen, muss der Fiskalritter den gewünschten Freibetrag/Kinderzahl akzeptieren und in Ihren elektronischen Lohnsteuermerkmalen speichern. Berufen Sie sich notfalls auf § 39 a Abs. 2 S. 5 EStG.

Aber der Fiskus wäre nicht der Fiskus, wenn er bei einer so steuerzahlerfreundlichen Regelung nicht Fallstricke ausgelegt hätte, in diesem Fall zum einen die Einkommensteuererklärungspflicht. **Wer einen Freibetrag – einzige Ausnahme bildet der Behindertenpauschbetrag – beantragt hat, ist verpflichtet, nach Jahresablauf eine Steuererklärung abzugeben,** bei der mit Sicherheit die geltend gemachten Kosten eingehend beäugt werden. Zum anderen will das Finanzamt von Ihnen eine Mitteilung, wenn sich Ihr Freibetrag im Nachhinein als zu hoch erweist. Es korrigiert ihn dann entsprechend nach unten.

WICHTIGER HINWEIS

Durch Eintragung eines Freibetrags auf der Lohnsteuerkarte erhalten Sie im Steuerabzugsverfahren automatisch eine niedrigere Vorsorgepauschale, als Ihnen aufgrund Ihres Lohns zusteht. Denn der Betrieb geht bei der Berechnung der Lohnsteuer von dem um den Freibetrag geminderten Arbeitslohn aus.

Schließlich ist nicht
der Einzelne für eine Behörde,
sondern die Behörde für
den Einzelnen da.
Die Ämter haben sich
mit dieser einfachen
demokratischen Tatsache
abzufinden.

(Urteil des Finanzgerichts Düsseldorf –
leider 40 Jahre alt.
So viel Demokratiebewusstsein
und den Bürgersinn Stärkendes ist heute
nicht mehr zu erwarten.)

VI. Machen Sie in der Einkommensteuererklärung alles geltend!

1. Das Verfahren

Als Arbeitnehmer haben Sie es in der Regel mit drei verschiedenen Verfahren **457**
zu tun. Zunächst einmal unterliegt Ihr Arbeitslohn im Lauf des Jahres dem Lohnsteuerabzug, der im Wesentlichen die Einkommensteuer abgelten soll. Damit dabei gleich steuermindernde Umstände berücksichtigt werden können, können Sie sich einen Freibetrag auf der Lohnsteuerkarte eintragen lassen. Weil die Lohnsteuer aber sehr häufig von Pauschalierungen ausgeht, wird der richtige Steuerbetrag nicht immer genau getroffen. Die Fälle, in denen Sie entweder zu viel oder zu wenig Lohnsteuer gezahlt haben, werden nach Ablauf des Jahres durch die Abgabe einer Einkommensteuererklärung beim Finanzamt korrigiert.

Wollen Sie sich zu viel gezahlte Steuer zurückholen, können Sie freiwillig eine **458**
Einkommensteuererklärung abgeben, eine sog. *Antragsveranlagung*.

Andererseits verzichtet auch der Fiskus nicht ohne Not auf Geld. Steht zu erwarten, dass Sie zu wenig Steuern gezahlt haben, wird von Ihnen zwingend die Abgabe der Steuererklärung verlangt, eine sog. *Pflichtveranlagung*.

Das Finanzamt hat einige formelle Fußangeln eingebaut, bis überhaupt ein **459**
wirksamer Antrag vorliegt. Sie müssen daher unbedingt die folgenden Regeln beachten:

- Der Antrag muss auf dem amtlichen Steuererklärungsformular gestellt werden. Ausnahmen gelten, wenn Sie die Steuererklärung am PC ausdrucken. Übermitteln Sie Ihre Steuererklärung per Internet ans Finanzamt, genügt der Ausdruck einer »Sparerklärung«, die Sie unterschreiben müssen. Ganz ohne Papier und Unterschrift geht es, wenn Sie sich vom Finanzamt haben zertifizieren lassen. Die elektronische Signatur ersetzt dann Ihre Unterschrift.

- Bei zusammen veranlagten Eheleuten muss der Antrag von beiden unterschrieben werden, es sei denn, dem stehen wichtige Gründe entgegen (z.B. wenn ein Ehegatte im Lauf des Jahres verstorben ist oder Sie eine elektronische Signatur verwenden).
- Die Lohnsteuerkarte mit der vom Arbeitgeber vollständig ausgefüllten Lohnsteuerbescheinigung muss beigefügt werden, wenn die Lohnsteuerdaten ausnahmsweise nicht elektronisch an das Finanzamt übermittelt wurden.
- Ebenso müssen Unterlagen über die Zeiten, in denen Sie nicht beschäftigt waren (z.B. Leistungsbescheid des Arbeitsamts, Bescheinigung der Krankenkasse über den Bezug von Krankengeld), eingereicht werden. Solche Bescheinigungen verlangt das Finanzamt immer, wenn Ihr Arbeitgeber in Zeile 2 Ihrer Lohnsteuerbescheinigung Eintragungen zu Unterbrechungszeiträumen ohne Lohnanspruch vorgenommen hat.

Sie müssen diesen Formalkram unbedingt beachten! Ansonsten kann es Ihnen passieren, dass Ihr Antrag wegen Formfehlern als nicht gestellt gilt. Ist dann irgendwann die Zweijahresfrist abgelaufen, müssen Sie die ersehnte Steuerrückzahlung abschreiben (EFG 1985 S.89).

460 **Statt einer Erstattung aus der Einkommensteuerveranlagung erhalten Sie eine Nachzahlungsforderung?**

Das kann Ihnen tatsächlich passieren. So gibt es Fälle, in denen die Vorsorgepauschale für Basiskranken- und Pflegepflichtversicherungsbeiträge beim Lohnsteuerabzug höher ausfällt als der endgültige Abzug der Beiträge in der Einkommensteuerveranlagung. Außerdem kann es beim Bezug sog. Lohnersatzleistungen zu Nachzahlungen bei der Steuer kommen: Arbeitslosengeld und -hilfe, Krankengeld und Kurzarbeitergeld etc. sind zwar steuerfrei, werden aber bei der Besteuerung Ihrer steuerpflichtigen Einkünfte berücksichtigt. Dabei wird der Steuersatz zugrunde gelegt, der sich ergeben würde, wenn Arbeitslosengeld und -hilfe steuerpflichtig wären.

So etwas nennt der Gesetzgeber »Progressionsvorbehalt« (§ 32 b EStG u. § 46 Abs. 2 Nr. 1 EStG). Haben Sie neben Arbeitseinkünften Leistungen der Agentur für Arbeit oder Krankengelder erhalten und können nur in geringem Umfang Werbungskosten, Sonderausgaben, außergewöhnliche Belastungen oder andere Steuerermäßigungen absetzen, beantwortet Ihnen ein Blick in die Steuertabelle im Anhang die Frage, ob Sie etwas nachzuzahlen haben.

461 Das Problem: Die Abgabe einer Steuererklärung ist **keine** freiwillige Sache für Sie, wenn die Vorsorgepauschale für Ihre Kranken- und Pflegeversicherung höher war als die tatsächlichen Basiskranken- und Pflegepflichtversicherungsbeiträge oder Ihre dem Progressionsvorbehalt unterliegenden Leistungen im Jahr über 410 € liegen. So muss z.B. ein Arbeitsloser mit steuerpflichtigem

Arbeitslohn nach § 46 EStG eine Steuererklärung abgeben, wenn er mehr als 410 € Arbeitslosengeld bezogen hat. Er wird dann veranlagt und wird meistens (Anwendung des sog. Progressionsvorbehalts nach § 32 b EStG) nachzahlen müssen. Das betrifft Sie auch, wenn Sie mehr als 410 € aus

- Kurzarbeiter-, Saison-Kurzarbeiter-, Insolvenz-, Überbrückungs- oder Übergangsgeld,
- Kranken-, Mutterschafts- oder Verletztengeld,
- Entschädigung nach dem Bundesseuchengesetz,
- Versorgungskrankengeld oder Aufstockungsbeträge nach dem Altersteilzeitgesetz bezogen
- oder nach einem Doppelbesteuerungsabkommen steuerfreie Einkünfte haben.

München gewährte seinem Stardirigenten eine Gehaltserhöhung von 370.000 DM. Der Maestro der Philharmoniker verfügt damit über Jahreseinnahmen von 3,4 Millionen DM.
(stern)

GUTER RAT

für Arbeitnehmer im Bauhauptgewerbe

Als Bauarbeiter haben Sie bei witterungsbedingten Lohneinbußen Anspruch 462
auf Saison-Kurzarbeitergeld, das dem Progressionsvorbehalt unterliegt. Daneben erhalten Sie unter Umständen auch noch ein sog. *Zuschuss-* oder ein *Mehraufwandswintergeld.* Diese Zahlungen sind bei Ihnen ebenfalls steuerfrei (§ 3 Nr. 2 EStG, R 3.2 Abs. 3 LStR), unterliegen aber nicht dem Progressionsvorbehalt.

Zu dieser positiven Nachricht kommt eine weitere dazu: Die o. g. Leistungen müssen Sie zusammen mit Ihrem Arbeitgeber durch die sog. *Winterbeschäftigungsumlage* in Höhe von 2 % des Arbeitslohns finanzieren. Den von Ihnen gezahlten Arbeitnehmeranteil zu dieser Umlage von 0,8 % können Sie als Werbungskosten absetzen. Das Finanzamt darf Ihnen nach dem ausdrücklichen Willen des Gesetzgebers diese Steuervergünstigung nicht mit dem Argument streitig machen, die Umlage hänge mit späteren steuerfreien Einnahmen zusammen und sei daher gem. § 3 c EStG nicht abzugsfähig (vgl. BT-Drs. 16/429 Seite 12 und Vfg des Bayerisches Landesamts für Steuern v. 9.5.2007 – S 2354 – 10 St 32/ St 33).

TIPP

Progressionsvorbehalt auch für die ersten 300 € Elterngeld!

463 Beim Elterngeld wird in jedem Fall ein vom Einkommen unabhängiger Sockelbetrag von 300 € im Monat gezahlt. Obwohl es insoweit nicht darauf ankommt, ob die Eltern vorher Lohn oder Einkommen bezogen haben, hat der Fiskus geregelt, dass der Sockelbetrag als Lohn- oder Einkommensersatzleistung dem Progressionsvorbehalt unterworfen wird (§ 32b EStG). Leider hat sich der BFH hier auf die Seite des Fiskus geschlagen (BFH v. 21.9.2009 – VI B 31/09, BStBl 2011 II S. 382). Auch das folgende Einschalten des Bundesverfassungsgerichts hat nichts genutzt. Dieses hat mit Beschluss vom 20.10.2010 (2 BvR 2604/09) eine entsprechende Verfassungsbeschwerde gar nicht erst zur Entscheidung angenommen und die Rechtsfrage damit endgültig zuungunsten der betroffenen Eltern entschieden.

TIPP

für schnelle Steuererstattung

464 Wenn Ihr Geld nach sechs Wochen noch nicht eingetrudelt sein sollte, wird es Zeit, **etwas Druck zu machen**. Seien Sie ruhig penetrant und erkundigen Sie sich mehrmals, wo Ihre heißersehnte Steuererstattung bleibt. Schließlich haben Sie auf der ersten Seite der Steuererklärung das Kästchen »Ich rechne mit einer Steuererstattung« angekreuzt. Das bedeutet für Ihr Finanzamt, dass es Ihren Fall bevorzugt bearbeiten muss.

Fruchten Ihre Anrufe nicht und kommt Ihnen der für Sie zuständige Staatsdiener gar mit Ausreden wie »Arbeitsüberlastung«, »Urlaubsvertretung«, »Krankheit« etc., wenden Sie sich an den Vorsteher des Finanzamts:

> Sehr geehrter Herr Vorsteher,
> ich habe am . . . . . . meine Einkommensteuererklärung eingereicht, bis heute aber keinen Bescheid erhalten. Eine Bearbeitungszeit von nunmehr über . . . Wochen erscheint mir mehr als genug, zumal mir die Steuer immer sofort abgeknöpft wird. Arbeitskollegen und Bekannte von mir haben ihr Geld längst erstattet bekommen. Da ich dringend wegen größerer Ausgaben auf die Steuererstattung angewiesen bin, möchte ich Sie bitten, sich meiner Sache doch einmal persönlich anzunehmen. Vielleicht

```
können Sie den Amtsschimmel, der in einem Teil Ihres Hauses offensicht-
lich nur im Schritt geht, einmal in leichten Trab, besser allerdings in
gestreckten Galopp versetzen.

Mit freundlichen Grüßen

. . . . . . . . . . . .
(Datum, Unterschrift)
```

Wenn auch das nichts bringt, fahren Sie schwereres Geschütz auf. Setzen Sie dem Finanzamt eine kurze Frist und sagen ihm, nach deren Ablauf möge es Ihr Schreiben als Beschwerde ansehen, das Sie der Oberfinanzdirektion zuleiten.

Todesfall 465

Die *Erben* eines Lohnsteuerpflichtigen sind berechtigt, einen Antrag auf Ausgleichsveranlagung für den Verstorbenen zu stellen. Ist Ihr Ehepartner mitten aus dem Leben gerissen worden, können Sie per Antragsveranlagung beantragen, dass Ihnen dessen zu viel gezahlte Lohnsteuer zugutekommt. Vergessen Sie auch nicht, von der Firma des Verstorbenen eventuell nachträglich zu zahlendes Gehalt oder ausstehende Provisionen zu fordern.

Weil die Beträge, die Sie nun erhalten, auf Ihren Namen versteuert werden müssen, müssen Sie sich beim Finanzamt in eine (andere) Steuerklasse einstufen lassen. Sofern Sie kein Arbeitnehmer sind, erhalten Sie die Steuerklasse III; die bisherige Steuerklasse III des verstorbenen Ehegatten wird im Gegenzug in V geändert und der entsprechende elektronische Datensatz dem Arbeitgeber des Verstorbenen übermittelt. Sind Sie selbst Arbeitnehmer, werden Sie für das weitere Arbeitsverhältnis in Steuerklasse VI eingereiht.

Wegen der Steuerklassenkombination III/V bzw. VI müssen Sie für dieses Jahr zwingend eine Steuererklärung abgeben. Das bedeutet aber nicht automatisch, dass Sie Steuern nachzahlen müssen. Häufig ergibt sich nämlich eine Steuererstattung. Der Grund dafür liegt in den sehr hohen Abzügen in der Steuerklasse VI und dem aufgrund des Todes Ihres Ehepartners im laufenden Jahr stark schwankenden Arbeitslohn.

Vermögenswirksame Leistungen 466

Die Arbeitnehmersparzulage für Ihre vermögenswirksamen Leistungen bekommen Sie nicht mit Ihrem Steuerbescheid direkt ausgezahlt. Sie wird nur festgesetzt. Die Auszahlung erfolgt erst, wenn die Festlegungsfristen abgelaufen sind oder Sie anderweitig unschädlich über die Anlage verfügen, z.B., weil Ihr Bausparvertrag zuteilungsreif geworden ist und Sie ihn zum Bau oder Kauf eines Hauses verwenden.

Damit Ihnen die Sparzulage nicht durch die Lappen geht, brauchen Sie unbedingt eine »Bescheinigung über vermögenswirksame Leistungen« (Anlage VL) des Instituts, bei dem Ihre vermögenswirksamen Leistungen angelegt sind.

Achtung: Es gibt Finanzämter, die bei fehlender Bescheinigung zwar Ihre Steuererklärung bearbeiten und einen Einkommensteuerbescheid erlassen, den Antrag auf Festsetzung der Arbeitnehmersparzulage aber einfach ignorieren. Seien Sie also auf der Hut.

467 **Wahl der günstigsten Veranlagungsart**

Hier einen Überblick zu gewinnen ist nicht einfach, gilt es doch, zunächst zwischen der Einzel- und der Ehegattenveranlagung zu unterscheiden. Letztere kommt nur für Verheiratete in Betracht, die beide unbeschränkt steuerpflichtig sind und nicht dauernd getrennt leben. Folge: Sie werden zusammen veranlagt unter Anwendung der günstigen Splittingtabelle. Alle anderen werden einzeln veranlagt. Für sie kommt nur die Grundtabelle in Frage, wenn man vom Witwensplitting einmal absieht. Wer nämlich seinen Ehepartner verliert, kann im nächsten Jahr noch einmal – trotz Einzelveranlagung – den Splittingtarif erhalten.
Verheiratete können sich aber auch für die getrennte Veranlagung entscheiden oder im Jahr der Eheschließung für die besondere Veranlagung, um z.B. Verluste absetzbar zu machen oder einen günstigen Steuersatz zu erhalten.

468 **Die besondere Veranlagung**

Seit 2013 ist die besondere Veranlagung für Ehegatten im Jahr der Eheschließung ersatzlos weggefallen.

469 **Die Zusammenveranlagung**

Diese hauptsächlichste Form der Veranlagung kommt für alle Ehegatten in Betracht, wenn sie mindestens eine Zeitlang im Jahr zusammengelebt haben. Das ist eigentlich die steuergünstigste Form (die durch Ankreuzen in der Steuererklärung gewählt werden kann) für alle Ehen, in denen nur jeweils ein Partner einen Verdienst bezieht. Warum? Weil es für Verheiratete die günstige Splittingtabelle gibt. Hier wird die Steuer so berechnet, als würde jeder Ehepartner 50 % aller gemeinsamen Einkünfte verdienen. Das heißt praktisch, dass jeder Partner den Grundfreibetrag erhält und die steuerliche Progression stark abfällt.

TRICK

Schieben Sie das Getrenntleben vor Ihrer Scheidung solange es geht hinaus!

470 Soll ich Ihnen mal sagen, was Sie 2014 mehr an Steuern zahlen, wenn Sie nach einer Scheidung plötzlich in Steuerklasse I statt III eingestuft werden?

Jahresbruttolohn	StKl. III	StKl. I	Unterschied
€	€	€	€
15.000	0	510	510
30.000	1.360	3.951	2.591

Der Vorteil, der sich aus der Zusammenveranlagung ergibt, beträgt 2014 max. 8.239 € und wird bei einem Einkommen der Ehe-/Lebenspartner zwischen 105.764 € und 501.460 € erreicht. Bei noch höheren Einkommen steigt dieser Vorteil durch die Reichensteuer bei Einkommen über 501.460 € auf 15.761 € an. Auch fallen weniger Solidaritätszuschlag und Kirchensteuer an.

TRICK

Retten Sie mit einem gemeinsamen Wohnsitz die Vorteile des Splittingtarifs!

Leben Sie das ganze Jahr über von Ihrem Ehepartner getrennt, ist der günstige 471
Splittingtarif vertan. Also fackeln Sie nicht lange, klemmen Sie sich eine Flasche Wein unter den Arm und machen Sie Schönwetter bei Ihrem Ex-Partner. Sie haben steuerlich das Beste erreicht, wenn er damit einverstanden ist, dass Sie Ihren ersten Wohnsitz wieder bei ihm anmelden. Dann haben Sie für den Fiskus eine gemeinsame Anschrift, und alles ist – wenigstens für die Steuer – in Butter.

Für den Splittingtarif reicht dieser ernsthafte Versöhnungsversuch, auch wenn er in die Hose gegangen ist. So jedenfalls das FG Köln im Urteil vom 21.12.1993 (2 K 4543/92 nrk – EFG 1994 S. 791). Dem haben sich auch die Richter beim FG Münster angeschlossen, obwohl sich in dem Fall die Ehegatten nach nur sechs Wochen erneut verkracht und getrennt hatten (Urt. v. 22.3.1996, – EFG 1996 S. 921). Ihr Versöhnungsversuch mit Einzug beim Ex sollte aber mindestens vier Wochen halten. Geht die Versöhnung über den Jahreswechsel, retten Sie sogar den Splitting-Vorteil für zwei Jahre (FG Nürnberg v. 7.3.2005 – VI 160/2004; DStRE 2005 S. 938).
Sind Sie geschieden, so sollten Sie wissen: Scheidungsakten sind für den Fiskus tabu (BFH-Urt. v. 12.6.1991 – BStBl 1991 II S. 806). Haben Sie im Scheidungsprozess geschwindelt, um Ihre Ehe möglichst schnell hinter sich zu bringen, und als Beginn des Getrenntlebens einen zu frühen Termin angegeben, ist das kein Beinbruch.

Die Einzelveranlagung 472
Sie ersetzt seit 2013 die »getrennte Veranlagung« und die »besondere Veranlagung im Jahr der Eheschließung«. Sie ist nur in folgenden Fällen für Sie und Ihren Ehepartner vorteilhafter als die Zusammenveranlagung:

1. Wenn Ihr Ehepartner aus einer der sieben Einkunftsarten einen Verlust erlitten hat, das gemeinsame Einkommen aber auch so schon nicht zu einer Steuer führen würde.
2. Wenn einem von Ihnen Einkünfte mit sog. Progressionsvorbehalt zugeflossen sind, z.B. steuerfreie ausländische Einnahmen oder Arbeitslosengelder. Hierbei ist aber eine Kontrollrechnung anhand der beiden Steuertabellen zu machen und zu ermitteln, was vorteilhafter ist.
3. Wenn einer der Partner Einkünfte hat, die ermäßigt zu besteuern sind. Meist wird es sich dabei um Gewinne aus der Veräußerung eines Gewerbebetriebs oder um Abfindungen aus einem Dienst- oder Arbeitsverhältnis handeln. Auch hier ist eine Rechnung zur Kontrolle nötig.
4. Wenn das Einkommen für die Eigenheimzulage und damit auch das Baukindergeld zu hoch ist. Bei der Eigenheimzulage ist der Gesamtbetrag von Erst- und Vorjahr maßgebend. Der darf 70.000 €/140.000 € zzgl. 30.000 €/15.000 € je Kind nicht übersteigen (Bauantrag/Kaufvertrag nach dem 31.12.2003). Dabei stellt das Gesetz aber nicht auf das zu versteuernde Einkommen ab, sondern auf die Summe der positiven Einkünfte (= ohne Abzug von Verlusten).
5. Wenn beide Partner annähernd gleich verdienen, einer selbständig und der andere Arbeitnehmer ist. In diesem Fall können Sie durch die Einzelveranlagung ein paar tausend Euro vom Vorwegabzug für Vorsorgeaufwendungen retten.
6. Wenn einer der Partner vor dem jahr der Heirat verwitwet ist. In diesem Fall retten Sie für den im Vorjahr verwitweten Ehepartner den Splittingtarif, der sich aus dem Witwensplitting ergibt.

TIPP

Änderung des Veranlagungswahlrechts!

473 Wenn Sie feststellen, dass die on Ihnen gewählte Veranlagungsart, doch nicht so optimal ist, wie Sie angenommen hatten, können Sie die Wahl der Veranlagungsart – wie bisher – bis zur Bestandskraft Ihres Steuerbescheides ändern.

Ist die Einspruchsfrist für Ihren Steuerbescheid erst einmal abgelaufen, wird es mit der Änderung des Wahlrechts schon etwas schwieriger aber nicht unmöglich. Sie können das Wahlrecht auch dann noch einmal ändern, wenn Ihr gemeinsamer Steuerbescheid geändert wurde. Voraussetzung ist allerdings, dass Sie bis zum Ablauf der Einspruchsfrist des Änderungsbescheides einen entsprechenden schriftlicher Antrag stellen und die Änderung der Veranlagungswahl für beide Ehegatten (Lebenspartner) zusammen zu einem günstigeren Ergebnis führt. Dabei wird die gemeinsamen Steuer nach dem bisher ausgeübten Wahlrecht und dem neuen Wahlrecht verglichen.

TRICK

Lassen Sie sich vom geschiedenen Ehegatten nicht über den Tisch ziehen!

Ist Ihr Ehemaliger während der Trennung bzw. Scheidung zu Ihrem Feind ge- 474
worden? Ist er ein Quertreiber, und Sie können sich bei der Wahl der Veranlagung nicht einigen? Für die Zeit vor der tatsächlichen Trennung kann grundsätzlich nämlich noch Zusammenveranlagung gewählt werden. Es kann jedoch sein, dass für den einen die Zusammenveranlagung günstiger wäre, für den anderen aber die Einzelveranlagung.

Merken Sie sich bitte: Es ist einzeln zu veranlagen, wenn einer der Ehegatten dies beantragt. Dieses Antragsrecht haben nach dem Tod des Ehegatten dessen Erben (BFH v. 21.6.2007 – BStBl 2007 II S.770). Der einseitige Antrag ist jedoch unwirksam, wenn der antragstellende Ehegatte keine eigenen Einkünfte hat oder diese so gering sind, dass keine Einkommensteuer anfällt und auch kein Steuerabzug (Lohnsteuer, Kapitalertragsteuer, Zinsabschlag) vorgenommen worden ist. Dies ist der einzige Fall, in dem das Finanzamt Ihren Wunsch auf getrennte Veranlagung ignorieren kann.

Selbst wenn diese Voraussetzungen nicht vorliegen, kann der Antrag auf Einzelveranlagung und damit die Verweigerung der Zustimmung zur Zusammenveranlagung unbillig sein. Erscheinen die Interessen des Verweigernden gegenüber denen des Antragstellers geringfügig, kann Letzterer auf Zustimmung klagen. Stattdessen kann er auch Schadenersatz fordern. Der Expartner muss der Zusammenveranlagung in der Regel zustimmen, wenn sie zur insgesamt geringsten steuerlichen Belastung beider Ehegatten führt und der Ehegatte, der die Zusammenveranlagung verlangt, sich verpflichtet, den finanziellen Nachteil auszugleichen (BGH v. 23.5.2007 – XII ZR 250/04 – NJW 2007 S.2554). Diesen Rechtsstreit können Sie aber nicht im Einspruchsverfahren vor dem Finanzamt und mit einer Klage beim Finanzgericht führen, sondern nur vor dem Zivilgericht (BFH v. 7.2.2005 – BFH/NV 2005 S.1083). Trotzdem sollten Sie gegen Ihren Einkommensteuerbescheid Einspruch einlegen mit der Begründung, Sie würden die Zustimmung zur Zusammenveranlagung einklagen. Bitten Sie das Finanzamt, den Einspruch ruhenzulassen, bis über Ihre Klage entschieden ist. So vermeiden Sie, dass es später Streit wegen der nachträglichen Änderung des Steuerbescheids oder eventueller Verjährung gibt.

2. Wann müssen Sie als Lohnsteuerzahler Belege beibringen?

475 Bei der Antragsveranlagung geht es um absetzbare Ausgaben. Da glauben Sie zumeist, dass die stets durch Belege nachgewiesen werden müssten.

Aber: Sie unterliegen als Lohnsteuerzahler keinen Aufzeichnungspflichten und Aufbewahrungsfristen wie die Selbständigen. Sie müssen absetzfähige Ausgaben nur glaubhaft machen! Machen Sie allerdings ziemlich hohe Beträge geltend, so kann man schon verstehen, wenn das Finanzamt dafür Belege fordert.

SUPER TRICK

Abzug ohne Belege nach EB-FAGO

476 Die Finanzämter *sollen* – **müssen aber nicht!** – aufgrund interner Anweisungen ohne Nachprüfung und ohne Belege zu fordern Folgendes anerkennen:

EB-FAGO-Tabelle			
Fahrten zur Arbeitsstätte			
(5-Tage-Woche)			230 Arbeitstage
(6-Tage-Woche)			285 Arbeitstage
Andere Werbungskosten			
bis zu	110 €	jährlich	für Arbeitsmittel (Schreibmaschine, Aktentasche, Fachliteratur, Berufskleidung usw.)
bis zu	150 €	jährlich	für Beiträge an Berufsverbände
bis zu	16 €	jährlich	für Kontoführungsgebühren
bis zu	256 €	jährlich	für Reisekosten, wenn Sie eine Kostenaufstellung einreichen
bei Hausbesitz			
bis zu	25.500 €	jährlich	für Reparaturkosten, wenn Sie eine Einzelaufstellung über Ihre Kosten vorlegen
bei Sonderausgaben			
bis zu	2.050 €	jährlich	für Versicherungsbeiträge
bis zu	100 €	jährlich	für Spenden
außergewöhnliche Belastungen			
bis zu	2.050 €	jährlich	für selbstgetragene Krankheitskosten. Einzelaufstellung ist auch bei niedrigerem Aufwand erforderlich.
unbegrenzt abzugsfähig:			Beerdigungskosten. Belege sind nur in Zweifelsfällen vorzulegen.

EB-FAGO-Tabelle		
bis zu	900 €	für Fahrtkosten Behinderter (Grad der Behinderungen 70 % + »G« oder mehr als 80 %)
bis zu	4.500 €	bei Merkzeichen »aG« (außergewöhnliche Gehbehinderung), »H« (hilflose Person) und »Bl« (blind) oder bei Zuerkennung der Pflegestufe III

Geraten Sie an einen Fiskalknecht, der trotz Unterschreiten der Grenzen Nachweise verlangt, und Sie solche nicht haben und auch nicht nachträglich besorgen können, bleibt Ihnen nur, kräftig zu jammern und auf Ihren Beweisnotstand zu verweisen, weil Sie sich auf die Behandlung in den Vorjahren verlassen und für die Bagatellbeträge keine Belege aufgehoben haben.

Bundeseinheitliche Prüfkriterien 477

Um den Steuerzahlern das Leben schwerzumachen, hat sich der Fiskus die »GNOFÄ 1.1.1997« einfallen lassen. Hintergrund dieses Wortungetüms ist:

Die Finanzbeamten vor Ort bekommen vom Computer Fälle zugewiesen, die sie besonders intensiv prüfen müssen. Falls Sie das Pech haben sollten, als solcher Intensivprüfungsfall ausgewählt zu werden, müssen Sie damit rechnen, dass für jeden noch so kleinen Betrag Belege verlangt werden. Und wenn die nicht vorliegen, Ihre Kosten nicht anerkannt werden.

Die Auswahl zur Prüfung erfolgt per Zufall und ist nach Höhe der Einkünfte gestaffelt. Je niedriger Ihr Einkommen im Vorjahr war, umso geringer ist die Wahrscheinlichkeit, dass ausgerechnet Ihr Fall ausgewählt wird. Während Sie in der obersten Einkommenskategorie (Einkünfte über 200.000 € bzw. Verluste über 100.000 €) damit rechnen müssen, fast jedes Jahr auf Herz und Nieren durchleuchtet zu werden, trifft es Sie als Mitglied der untersten Kategorie rein rechnerisch nur etwa alle 50 bis 200 Jahre.

Das Besondere an dieser Regelung ist, dass Ihr Fall bei einer Intensivprüfung generell akribisch unter die Lupe genommen wird und sich die Fiskalknechte nicht etwa nur auf unschlüssige Dinge stürzen. Daher kann es Ihnen passieren, dass auch Selbstverständlichkeiten aufs Korn genommen werden und Sie z.B. die Geburtsurkunden Ihrer Kinder vorlegen müssen.

Aber damit nicht genug! Jahr für Jahr nehmen sich die Finanzer unter der Bezeichnung »Prüffelder« bzw. »Risikomanagement« wechselnde Teilbereiche der Steuererklärungen besonders vor. So werden sie in einem Jahr in den Arbeitszimmerkosten herumwühlen, im nächsten Jahr haben sie es dann möglicherweise auf Computer abgesehen und im übernächsten Jahr vielleicht auf Vermietungseinkünfte.

Durch diese Prüforgien werden die eigentlich recht praktischen und sowohl dem Steuerzahler als auch dem Fiskus Geld und Arbeit sparenden Nichtprüfungsgrenzen fast zur Makulatur.

Was zugunsten des Staates begonnen wird,
geht zuungunsten der Welt aus.
(Karl Kraus)

VII. Nebeneinkünfte – Veranlagung von Arbeitnehmern

1. Wann müssen Sie als Arbeitnehmer eine Steuererklärung abgeben?

Wenn das Finanzamt glaubt, dass Ihnen – der Sie ja eigentlich einkommensteuer- **478**
pflichtig sind – vom Lohn zu wenig Lohnsteuer einbehalten wurde, sagt es sich: Schicken wir dem Burschen doch eine Einkommensteuererklärung zu, in der er alle seine Einkünfte genauestens spezifizieren soll. Vielleicht gibt es doch irgendwo ein Eckchen bei ihm, das wir steuerlich nicht erfassten.
Die Höhe Ihres Einkommens als Arbeitnehmer allein hat keinen Einfluss darauf, ob Sie eine Einkommensteuererklärung abgeben müssen. Der Fiskus verlangt von Ihnen aber eine Steuererklärung in folgenden Fällen:

- Wenn Sie oder Ihr Ehegatte neben dem Arbeitseinkommen andere Einkünfte beziehen, die insgesamt über 410 € hinausschießen. Das umfasst alle Einkünfte als Gewerbetreibender, Land- und Forstwirt, sonstig Selbständiger, Freiberufler, ferner Einkünfte aus Vermietung, Kapital, Renten oder Spekulationsgeschäften. Dabei werden positive Einkünfte mit Verlusten, z.B. aus der Vermietung eines Hauses, verrechnet.
  Nebeneinkünfte bis 410 € sind also steuerfrei. Wenn sie aber über diesen Betrag hinausgehen, schlägt der Fiskus zu, zunächst behutsam, denn zwischen 410 € und 820 € gewährt er einen Freibetrag (Härteausgleich) in Höhe der Differenz zwischen den Nebeneinkünften und 820 €.

Beispiel

Nebeneinkünfte		500 €
Grenzbetrag	820 €	
./. Nebeneinkünfte	– 500 €	
Freibetrag	320 € >	– 320 €
Zu versteuern		180 €

- Wenn einer aus mehreren Arbeitsverhältnissen Entlohnung oder Gehalt be- **479**
  zieht.
- Wenn einer steuerfreie Bezüge über 410 € hatte, die dem Progressionsvorbehalt unterliegen (siehe dazu ➤ Rz 461).

- Wenn jemand Arbeitslohn bezogen hat, von dem zu Recht keine Steuer abgezogen wurde.
- Wenn Ehegatten die Steuerklassenkombination III/V gewählt oder vom Faktorverfahren Gebrauch gemacht haben.
- Wenn Lohn nach der Steuerklasse VI besteuert wurde.
- Wenn einer während eines Teils des Jahres rentenversicherungsfreien und während der übrigen Zeit rentenversicherungspflichtigen Arbeitslohn bezogen hat.
- Wenn sich jemand auf seiner Lohnsteuerkarte einen Freibetrag wegen Verlust aus Vermietung und Verpachtung oder wegen Förderung von Wohneigentum, für erhöhte Werbungskosten, Sonderausgaben oder außergewöhnliche Belastungen eintragen ließ.
- Wenn die Vorsorgepauschale für Kranken- und Pflegeversicherung beim Lohnsteuerabzug höher war als die tatsächlichen Beiträge.
- Wenn bei einem Elternpaar einer den vollen Kinderfreibetrag eingetragen bekam und der andere bisher beschränkt Steuerpflichtige im Lauf des Jahres unbeschränkt steuerpflichtig wurde.
- Wenn auf Antrag eines Elternteils der Kinderfreibetrag übertragen wurde.
- Wenn bei Scheidung einer der Geschiedenen oder bei Tod des Ehegatten der Überlebende im selben Jahr wieder heiratete.
- Wenn geschiedene oder dauernd getrennt lebende Elternpaare einen Kinderausbildungsfreibetrag oder einen Pauschbetrag für ein körperbehindertes Kind anders als hälftig aufgeteilt haben.
- Wenn Entschädigungen im laufenden Jahr nach der Fünftel-Regelung besteuert wurden.
- Wenn auf der Lohnsteuerbescheinigung der Großbuchstabe »S« eingetragen ist.
- Wenn bei der Abgeltungsteuer auf Kapitaleinkünfte keine Kirchensteuer einbehalten wurde.

Ein Steuerzahler kann auch von sich aus die Einkommensteuerveranlagung beantragen, wenn er

- ausländische Steuer angerechnet haben möchte,
- einen ermäßigten Steuersatz für außerordentliche Einkünfte beantragen will,
- Verluste aus einer anderen Einkunftsart als der nichtselbständigen angerechnet haben möchte,
- Verlustabzüge und Verlustrückträge geltend machen will,
- zu viel gezahlte Abgeltungsteuer angerechnet haben möchte, weil der persönliche Steuersatz geringer ist als die Abgeltungsteuer,

- zu viel gezahlte Lohnsteuer erstattet bekommen will (Quelle: § 46 EStG),
- wenn er als Ehegatte eine getrennte oder besondere Veranlagung (ab 2013: eine Einzelveranlagung) wünscht.

2. Abgabetermin für die Steuererklärung

Die Erklärung für eine *Pflichtveranlagung* soll bis zum 31. 5. des folgenden Jahres abgegeben werden. Wird sie von einem Steuerberater oder Lohnsteuerhilfeverein erstellt, verlängert sich die Abgabefrist bis zum 31. 12. (§ 149 AO). Wird sie nicht rechtzeitig abgegeben, kann das Finanzamt einen Verspätungszuschlag festsetzen (§ 152 AO). **480**

GUTER RAT

Meist sind die Finanzämter nicht kleinlich mit der Verlängerung der Abgabefrist auch für Steuerzahler, die keinen Steuerberater engagieren. Rufen Sie am besten Ihren Sachbearbeiter beim Amt an (Durchwahl steht auf dem letzten Steuerbescheid) und vereinbaren Sie eine großzügige Fristverlängerung. Notieren Sie sich Name, Datum und Uhrzeit. **481**

Die Frist für die *Antragsveranlagung* beträgt vier Jahre. Den Antrag auf Veranlagung für 2014 können Sie also bis zum 31.12.2018, 24 Uhr, stellen. Maßgebend ist dabei, wann der Antrag beim Finanzamt eingeht. Es genügt also nicht, wenn Sie Ihren Antrag für 2014 an Silvester 2018 beim Postamt aufgeben. **482**

GUTER RAT

Wenn Sie Ihren Antrag in der Nacht von 31. Dezember auf 1. Januar direkt in den Hausbriefkasten des Finanzamts werfen, bekommt er den Eingangsstempel des letzten Werktags.

Stellen Sie am letzten Tag der Abgabefrist fest, dass Sie kein Antragsformular haben, genügt leider kein formloses Schreiben an das Amt (»Unterlagen werden nachgereicht«). Sie müssen immer einen Antrag ausfüllen. Im Notfall können Sie sich ein Formular aus dem Internet herunterladen – Adresse: www. steuerliches-info-center.de. **483**

Chaos, wohin man blickt, nichts als Chaos!
(Dr. W. Dann, ehem. Präsident der Bundessteuerberaterkammer, zum deutschen Steuerrecht)

3. Wie verhalte ich mich geschickt bei Nebeneinkünften?

484 S Haben Sie neben Ihren Arbeitseinkünften andere Einkunftsquellen, die insgesamt mehr als 410 € einbringen, müssen Sie, wie schon gesagt, eine Einkommensteuererklärung abgeben (= Pflichtveranlagung).

Haben Sie neben Ihren Arbeitseinkünften *Verluste* aus einer anderen Einkunftsart, werden Sie von sich aus eine Erklärung abgeben, um die Verluste berücksichtigen zu lassen (= Antragsveranlagung).

TRICK

Arbeiten Sie nebenberuflich als selbständiger Fotograf!

Warum nicht Ihr Hobby professionell ausüben? Luftige Bilder von netten Modellen lassen sich ganz gut an Boulevardzeitungen verkaufen.

»Und was bringt mir das? Nehmen wir mal an, ich bekomme für ein Foto 150 € und kann zehn davon im Jahr absetzen, dann sind das 1.500 €, mit denen ich sicher nicht umsatzsteuerpflichtig bin«, sagen Sie, »aber ich werde damit einkommensteuerpflichtig. Wenn ich die Abschreibung für meine Fotoausrüstung, die Spesen für die Modelle und die Beiträge an die Berufsgenossenschaft rechne, bleibt vielleicht ein Tausender übrig, den ich aber noch versteuern muss.«

Richtig. Nur nicht richtig, wenn Sie Ihren Konz gelesen haben. Der rät Ihnen nämlich: Stellen Sie z.B. Ihren Ehepartner als Hilfskraft ein. Er kann Ihnen die Ausleuchtlampen halten oder als Schreibkraft die Zeitschriftenredaktionen anschreiben und mit Ihren Bildchen bombardieren, Ihre Bücher führen, Terminvereinbarungen mit Ihren Modellen treffen …

Sie schließen einen Arbeitsvertrag mit ihm, den das Finanzamt anerkennen muss, auch wenn Sie hauptberuflich *nicht selbständig* sind. **Vereinbaren Sie darin, dass er z.B. als Teilzeitkraft wöchentlich ein Entgelt von 50 € erhält.**

Der Monatslohn beträgt dann ca. 200 €, und Sie können von der Minijobregelung Gebrauch machen. Es fallen lediglich pauschale Sozialversicherungsbeiträge (15 % Rentenversicherung, 13 % Krankenversicherung, 0,99 % Umlagen) und lächerliche 2 % Pauschalsteuern an, insgesamt also 30,99 %, die Sie als Betriebsausgaben abziehen können. Hinzu kommt noch je nach Branche der Beitrag zur gesetzlichen Unfallversicherung.

Und so sieht Ihre Rechnung für das Finanzamt aus:

Einnahmen	1.500 €
./. Ausgaben für Schreibmaterial, Fotoausrüstung, Modellhonorare	– 500 €
./. Gehalt Aushilfe 12 × 200 €	– 2.400 €
./. Pauschalabgaben	– 744 €
= Verlust aus Fotografentätigkeit	– 2.144 €
Steuerersparnis bei einem durchschnittlichen Steuersatz von 30 %	643 €

Womit Sie die Abgaben auf den Aushilfsjob zum weitaus größten Teil wieder heraushaben.

Gleichzeitig haben Sie Ihrer besseren Hälfte künftige Rentenansprüche verschafft. Die fallen übrigens deutlich attraktiver aus, wenn Sie auf den Rentenpauschalbeitrag 3,9 % des Lohns drauflegen.

Gehören Sie zu den Besserverdienenden, kann die Steuerersparnis sogar bis zu 45 % zzgl. Solidaritätszuschlag und Kirchensteuer, also ca. 1.105 € betragen.

Aufpassen müssen Sie allerdings, dass das Finanzamt ein solches Tätigsein nicht **485**
als (steuerlich unbeachtet zu lassende) Liebhaberei auslegt. Deshalb sollten Sie nach ein paar Anlaufjahren auch mal einen kleinen Gewinn ausweisen. Außerdem sollten Sie vermeiden, dass ortsansässige Fotografen mit der Handwerksordnung winken oder Ihnen gar das Gewerbeaufsichtsamt ins Haus kommt: Denn Fotograf darf sich nur nennen, wer die entsprechende Gesellenprüfung abgelegt hat, ein selbständiger Fotograf braucht sogar die Meisterprüfung. Deshalb sollten Sie sich tunlichst nicht Fotograf, sondern z.B. »Fotodesigner« nennen und offiziell nur Reportage- und künstlerische Fotos anfertigen. Eine solche Tätigkeit ist durch die Handwerksordnung nicht geschützt.

GUTER RAT

Wenn beide Ehepartner Nebeneinkünfte von 410 € im Jahr haben, werden sie **486**
nochmals extra veranlagt. Das Finanzamt fordert für die 820 € eine Steuer zwischen 140 € und 394 € nach. Dem kann man entgehen, indem man einen Antrag auf Einzelveranlagung für Ehegatten stellt. In diesem Fall muss das Finanzamt den Freibetrag von 410 € zweimal gewähren und somit die Versteuerung der gesamten 820 € ins Wasser fallen lassen. Zwar verliert man dann den Splittingvorteil, aber wenn beide Ehegatten ein etwa gleich hohes Einkommen beziehen, macht der kaum etwas aus.

SUPER TRICK

Drücken Sie gelegentliche Vermittlungsprovisionen unter die Steuergrenze!

487 S Viele Leute sind zu bange, sich nebenbei etwas zu verdienen, weil sie glauben, Scherereien mit der Steuer zu bekommen. Das ist Unsinn. Das Finanzamt ist dazu da, seine Schröpfköpfe nach den gesetzlichen Bestimmungen anzusetzen, und die besagen nun mal, dass bei Arbeitnehmern Nebeneinkünfte unter 410 € im Jahr nicht steuerpflichtig sind. Liegen Sie also insgesamt unter 410 €, brauchen Sie keine Steuererklärung abzugeben. Und denken Sie daran: Verluste aus einer anderen Einkunftsart können Sie mit Ihren positiven Nebeneinkünften aufrechnen. Wenn Sie mal alle Fahrgelder, das Arbeitsmaterial, den Kleider- und Wäscheverschleiß, die Waschkosten etc. von dem abziehen, was Sie in die Hand gedrückt bekommen (und wofür Sie dem anderen eine Quittung geben, damit er es von seiner Steuer absetzen kann), mindert sich der erhaltene Betrag sicher beträchtlich!

488 Und selbst wenn die steuerfreien 410 € überstiegen werden sollten, ist bis 820 € (Milderungsregel/Härteausgleich) noch immer nicht alles steuerpflichtig, wie die folgende Tabelle zeigt:

Gesamtbetrag der Nebeneinkünfte	steuerfreier Betrag	steuerpflichtiger Rest
€	€	€
450	370	80
500	320	180
550	270	280
600	220	380
650	170	480
700	120	580
750	70	680
800	20	780
820	0	820

489 **Trick 17:** Wenn Sie im Lauf des Jahres merken, dass Sie es wahrscheinlich nicht schaffen, unter 410 € zu bleiben, geben Sie sich einen Stoß und überlassen den Auftrag/die Arbeit einem anderen. Eine Vermittlungsprovision z.B. kann genauso gut von Ihrem Vater bezogen werden. Oder von Ihrem Ehegatten. Dabei ist jedoch zu beachten, dass sich die 410-€-Grenze auf die Summe der von den Ehegatten bezogenen Einkünfte bezieht. Überlegen Sie, ob evtl. eine getrennte Veranlagung in Frage kommt (➤ Rz 473). Natürlich muss der andere das Vermittlungsgeschäft dazu auch abschließen. Ihn nur die Quittung unterschreiben

zu lassen und sonst alles selbst zu machen darf natürlich nicht sein. Das wäre Steuerumgehung, und das wollen Sie ja nicht.

Ist Trick 17 nicht möglich und kriegen Sie mehr Geld auf die Hand, rate ich Ihnen, das dem Finanzamt zu melden. Besonders wenn Sie arbeitslos sind oder befürchten müssen, beim Finanzamt verpfiffen zu werden. Denn dann gilt das Steuergeheimnis nicht mehr, und das Finanzamt darf aufgrund von § 31 a AO Ihre Bezüge dem Arbeitsamt melden. Was böse für Sie enden könnte.

Bei der Berechnung Ihrer Nebeneinkünfte werden zwar grundsätzlich alle Einkünfte zusammengerechnet, bestimmte sonstige Einkünfte wie Provisiönchen oder aus Gelegenheitsgeschäften, Vermietung beweglicher Sachen und gelegentlichen Vermittlungen bleiben dabei aber von vornherein unberücksichtigt, sofern sie 256 € im Jahr nicht übersteigen. Die 256 € sind eine **Freigrenze**, kein Freibetrag, d.h., wenn die Grenze überschritten wird, ist der gesamte Betrag steuerpflichtig. Haben Sie z.B. als Arbeitnehmer geringe Vermietungseinkünfte von 350 € und aus der einmaligen Vermittlung einer Versicherung Provisionseinkünfte von 250 €,wird die Provision nicht berücksichtigt. Sie müssen deswegen also weder eine Steuererklärung abgeben noch die Nebeneinkünfte versteuern. Lagen Ihre Provisionseinkünfte dagegen bei 300 € – also über der Grenze von 256 € –, werden sie voll mitgerechnet. Zusammen mit den Mieteinkünften kommen Sie nun auf Nebeneinkünfte von 650 € und müssen eine Steuererklärung einreichen, aufgrund deren Ihre Nebeneinkünfte nachträglich besteuert werden. Da der Gesamtbetrag Ihrer Nebeneinkünfte aber unter 820 € liegt, wird ein Härteausgleich (➤ Rz 488) von 170 € abgezogen, und Sie müssen nur 480 € tatsächlich versteuern.

Der größte Feind des Rechts ist das Vorrecht.
(Ebner-Eschenbach)

TRICK

Werfen Sie mit der Wurst nach der Speckseite!

Sie freuen sich mächtig über die Provision, die Ihnen die Lebensversicherung für den Vertrag zahlt, den Sie gerade vermittelt haben. Die 350 € können Sie gut brauchen, Sie müssen ja schließlich noch Ihr Häuschen abzahlen. **490**

Selbst wenn Sie von den	350 €
Ihre Fahrtkosten abziehen,	– 50 €
bleiben Ihnen noch	300 €

Denken Sie! Denn nun kommt das Finanzamt, schlägt diese 300 € als Nebenverdienst Ihrem Einkommen zu und knöpft Ihnen so auf Umwegen zwischen 51 und 144 € ab.

»Was soll ich denn dagegen machen?«, fragen Sie.

Ganz einfach. Denken Sie doch einmal nach, wer Ihnen den Tipp mit Ihrem Versicherungskunden gegeben hat. Vielleicht der Papa oder die Freundin? Zeigen Sie sich großzügig und lassen Sie als Belohnung einen Fünfziger springen, schließlich hätten Sie ohne den Tipp das Geschäft nicht gemacht. Nun lautet die Rechnung:

Provision	350 €
./. Fahrtkosten	– 50 €
./. Unterprovision	– 50 €
Gewinn	250 €

Der Gewinn liegt jetzt nicht mehr über der Freigrenze, und damit sparen Sie die gesamte Steuer. Das nenne ich wundersame Geldvermehrung. 50 € ausgegeben und dadurch zwischen 50 € und 144 € gespart!

TRICK

Wie Sie als Hausbesitzer oder mit Nebeneinkommen rd. 400 € Steuer im Jahr sparen

491 **S** Nehmen wir an, Sie haben im Jahr 2014 Einkünfte aus nichtselbständiger Arbeit bzw. aus einem früheren Dienstverhältnis in Höhe von 12.000 € Außerdem Einkünfte aus der Vermietung eines Hauses, die Sie wie folgt deklarieren:

Einnahmen aus Mieten			2.600 €		
Ausgaben:					
Grundsteuer	200 €				
Abschreibung	200 €				
Reparaturen	800 €				
Versicherungen, Kaminfeger	100 €				
Hypothekenzinsen	400 €				
	1.700 €	>	– 1.700 €		
Einkünfte aus Vermietung			900 €	>	900 €
Gesamtbetrag der Einkünfte					12.900 €

Das Finanzamt setzt diese Rechnung fort,	
zieht Ihnen die Vorsorgeaufwendungen von 1.577 €	
und den Sonderausgabenpauschbetrag von 36 € ab =	– 1.613 €
und kommt auf ein zu versteuerndes Einkommen von	11.287 €
Darauf entfällt eine Einkommensteuer von	494 €
Es zieht die bereits von Ihnen gezahlte Lohnsteuer ab	– 77 €
und fordert von Ihnen an Einkommensteuer	417 €
zzgl. z.B. 9 % Kirchensteuer	38 €
und Solidaritätszuschlag	0 €
Zusammen also einen Betrag von	455 €

S Um das zu vermeiden, könnten Sie z.B. Hypothekenzinsen am Jahresende gleich für das kommende Jahr mitzahlen, also zweimal 400 €, oder die Grundsteuer mit 200 € im Voraus abdrücken oder dem Handwerker einen Vorschuss in Höhe von 150 € auf seine Rechnung im nächsten Jahr geben. Wenn Sie dann noch die Dezembermiete eines zuverlässigen Hausbewohners einen Monat später (nach dem 10. Januar, weil sie Ihnen das Finanzamt sonst noch dem alten Jahr hinzurechnet – vgl. § 11 EStG) kassieren, bleiben Ihre Hauseinkünfte unter 410 €.
Das Finanzamt kann nichts verlangen, und Sie haben die ganze Einkommensteuer gespart. Natürlich gilt das auch für all diejenigen, die kleinere Nebeneinkünfte aus anderen Sparten als Vermietung und Verpachtung haben.
Wenn Ihr Ehepartner nebenbei Kerzen oder Haushaltswaren vertritt oder Sie selbst eine kleinere Versicherungsvertretung oder Einkünfte aus Landwirtschaft haben, dürfen Sie natürlich keine Einnahmen kürzen, denn das wäre ja Steuerhinterziehung. Aber Sie können ohne weiteres eine Betriebsausgabe in der Höhe machen, dass Sie unter 410 € Einkünften bleiben! (BFH v. 13.3.1964 – IV 152/63)

TRICK

Wie Handelsvertreter und andere ihre Einnahmen übertragen

S Autohandel ist zwar nicht Ihre Sache, aber Sie verdienen sich als nichtselbständiger Automobilverkäufer gern nebenbei ein paar Hunderter mit der Vermittlung von Autos. 492
Die Einnahmen aus diesen Nebengeschäften haben Sie bisher wie folgt versteuert: Im Durchschnitt veräußern Sie zwei Wagen zu je 4.000 €. Die Wagen wurden

mit je 3.600 € eingekauft. Umsatzsteuer fällt keine an, denn der Umsatz liegt unter der Freigrenze von 17.500 €. Aber an Einkommen-, Kirchensteuer und Solidaritätszuschlag zahlen Sie etwa 35 % vom Verdienst (800 €), das sind 280 €. Warum?

Lassen Sie doch Ihren alten Vater eines der Geschäfte mit den Wagen abwickeln! Er kann sich ja auch mal ein paar Euro nebenbei verdienen. Der Vater bezieht eine Pension und hat sonst keinerlei Einkünfte. Er kauft auf seinen Namen eines der Fahrzeuge und verkauft es mit entsprechendem Kaufvertrag, den er unterschreibt. Es stört nicht, dass er keine Gewerbeerlaubnis besitzt. Die Tätigkeit ist lediglich eine gelegentliche, und die ist in diesem Fall nicht steuerpflichtig.

Auch eine Gewerbemeldepflicht für den alten Herrn besteht nicht, weil Gewerbesteuer erst ab einem Gewerbeertrag von 24.500 € zu zahlen ist. Das Schöne aber ist, dass der Vater mit dem erzielten Verdienst auch nicht einkommensteuerpflichtig ist, da sein Gewinn aus dem Wagen nur 400 € betragen hat. Sie zahlen ebenfalls nicht, weil Ihre Einkünfte aus dem Autohandel jetzt ebenfalls unter 410 € liegen.

Ihre Gesamtersparnis inkl. Kirchensteuer und Solidaritätszuschlag liegt je nach Steuersatz zwischen 155 und 430 €.

In einer Untersuchung zum Thema »Bürger und Finanzamt« ließ das hessische Finanzministerium unter anderem fragen, was den Leuten an ihrem Amt denn nun am besten gefalle. Kürzeste Antwort: »Der Ausgang.«

VIII. Sonderausgaben

Von den Einkünften können zur Berechnung des Einkommens verschiedene **493**
private Ausgaben abgezogen werden, insbesondere *Sonderausgaben* und außergewöhnliche Belastungen.
Unter Sonderausgaben versteht man eine Reihe von Lebenshaltungskosten, die zumeist aus sozial- oder steuerpolitischen Gründen einkommensmindernd zum Abzug zugelassen sind. Das Gesetz unterscheidet zwischen *Vorsorgeaufwendungen* und *übrigen Sonderausgaben.*

1. Vorsorgeaufwendungen

In einem großen Rundumschlag hat der Fiskus mit dem Alterseinkünftegesetz **494**
sowohl die Besteuerung von Renten und Pensionen als auch die steuerliche Abzugsfähigkeit von Vorsorgeaufwendungen auf völlig neue Füße gestellt. Dadurch können Sie Ihre Aufwendungen für die Altersvorsorge in vollem Umfang von der Steuer absetzen. Im Gegenzug müssen Sie aber Ihre späteren Alterseinkünfte in voller Höhe versteuern.
Dieses Prinzip nennt die Ministerialbürokratie im schönen Fiskaldeutsch »nachgelagerte Besteuerung«.
Die Finanzakrobaten haben natürlich ganz schnell gerechnet und festgestellt, wenn sie ab sofort alle Beiträge zur Altersvorsorge steuerlich abzugsfähig machen, kostet sie das ein Heidengeld. Die Steuermehreinnahmen durch die volle Versteuerung der Renten und Pensionen fließen nämlich erst viel später, wenn die Steuerzahler nach und nach in Rente gehen. Folglich hat man die endgültige Umsetzung der nachgelagerten Besteuerung mit einer Übergangsregelung über sage und schreibe 20 Jahre gestreckt. Für Sie bedeutet das: Sie können jedes Jahr nur ein kleines Häppchen mehr von Ihren Beiträgen zur Altersvorsorge absetzen, und die neu hinzukommenden Rentner versteuern Jahr für Jahr ein wenig mehr von ihrer Rente.
Die Folge: Es ist wieder alles viel komplizierter geworden. Ich würde zu gern einmal Mäuschen spielen, wenn einige der vermeintlichen Steuerexperten im Finanzausschuss des Bundestags versuchen, die absetzbaren Sonderausgaben eines bestimmten Jahres zu berechnen. Wetten, dass keiner dieser hochbezahlten Volksvertreter auch nur einen Hauch von dem versteht, was er da mit verbrochen hat?

495 **a) Was sind Vorsorgeaufwendungen, und welche sind steuerlich interessant?**
Vorsorgeaufwendungen sind im Prinzip Beiträge zu Versicherungen, mit denen Sie für Alter, Arbeitslosigkeit, Krankheit, Unfall, Pflegebedürftigkeit und Haftpflichtschäden vorsorgen. Neben Zahlungen an private Versicherungen gehören dazu vor allem Ihre Beiträge zur gesetzlichen Sozialversicherung.
Unterschieden wird dabei letztlich zwischen folgenden Gruppen von Versicherungen:

496 **Aufwendungen für die Altersvorsorge (»Basisversorgung«)**, die auf lange Sicht bis zu 20.000 €/40.000 € (Ledige/Verheiratete) abzugsfähig sind.
Dazu gehören Beiträge

- an die gesetzliche Rentenversicherung,
- zur landwirtschaftlichen Alterskasse,
- zur Künstlersozialkasse,
- an berufsständische Versorgungswerke, z.B. Versorgungskassen der Ärzte-, Notar-, Rechtsanwalts-, Steuerberaterkammern etc.,
- in eine kapitalgedeckte Altersversorgung (sog. Rürup-Rente), die nach dem 31.12.2004 begann (keine Beitragszahlung vor dem 1.1.2005).

Zusätzlich werden, wenn Sie Arbeitnehmer sind, Ihren eigenen Beiträgen der steuerfreie Arbeitgeberanteil zur Rentenversicherung oder vergleichbare steuerfreie Zuschüsse Ihres Brötchengebers zugeschlagen.

497 **Sonstige Vorsorgeaufwendungen,** die nur sehr eingeschränkt abzugsfähig sind.
Dazu rechnen

- die Beiträge zur gesetzlichen oder privaten Arbeitslosenversicherung.
- für Sonderleistungen (Komfortleistungen wie Ein-Bett-Zimmer, Chefarztbehandlung etc.) bei privaten Kranken- und Pflegeversicherungen.
- Unfallversicherungen.
- Erwerbs- und Berufsunfähigkeitsversicherungen, die nicht ausnahmsweise mit einer »Rürup-Renten-Versicherung« gekoppelt sind.
- Reine Risikolebensversicherungen. Dabei ist egal, ob die Hinterbliebenen eine Rente oder eine Kapitalauszahlung bekommen.
- Lebensversicherungen, wenn der Versicherungsvertrag bis spätestens 31.12.2004 abgeschlossen wurde **und** die erste Beitragszahlung bis spätestens 31.12.2004 erfolgte.
- Haftpflichtbeiträge jeglicher Art, sofern sie keine Betriebsausgaben oder Werbungskosten sind, also die Beiträge für die allgemeine Privathaftpflicht, für die Pkw-Haftpflicht, für das Wohnmobil und das Segelboot. Auch wenn Sie eine Hunde- oder Pferdehaftpflichtversicherung abgeschlossen haben, können Sie die Beiträge hier unterbringen.

Die sonstigen Vorsorgeaufwendungen werden mit den Beiträgen zur Basiskranken- und Pflegeversicherung zusammengerechnet und nur bis zum Höchstbetrag von insgesamt 1.900 € (bei Selbständigen 2.800 €) abgezogen. Allerdings werden mindestens die Basiskranken- und Pflegeversicherungsbeiträge berücksichtigt, auch wenn diese für sich gesehen über 1.900 € (bzw. 2.800 €) liegen.

Beiträge zur Krankenversicherung 498

Abzugsfähig als Sonderausgaben sind Beiträge zur Krankenversicherung in Höhe der sog. Basisabsicherung für

- Sie selbst,
- Ihren Ehepartner,
- Ihren eingetragenen Lebenspartner,
- Ihre Kinder, die steuerlich zu berücksichtigen sind.

Leisten Sie als Unterhaltsverpflichteter Beiträge zur Kranken- und Pflegeversicherung des getrennt lebenden oder geschiedenen Ehegatten, erhöht sich der Höchstbetrag von 13.805 € um die übernommenen Beiträge zur Basiskranken- und Pflegepflichtversicherung.
Zusätzlich wird für die Unterstützung unterhaltsberechtigter Angehöriger und diesen gleichgestellter Personen der Abzug von Beiträgen zur Basisabsicherung als außergewöhnliche Belastung geregelt. Dazu wird der Unterhaltshöchstbetrag nach § 33a Abs. 1 EStG um die zugunsten der unterhaltenen Person gezahlten Beiträge erhöht. Betroffen sind Zahlungen für folgende Personen:

- nicht mehr steuerlich zu berücksichtigende Kinder, z.B. Kinder in Berufsausbildung nach Vollendung des 25. Lebensjahres,
- Eltern,
- Großeltern,
- geschiedener oder getrennt lebender Ehegatte, wenn vom Realsplitting kein Gebrauch gemacht wird,
- Partner einer nichtehelichen Lebensgemeinschaft, wenn wegen der eheähnlichen Gemeinschaft Sozialleistungen verweigert oder gekürzt werden,
- Mutter eines unehelichen Kindes des Steuerpflichtigen.

Beiträge, die über die sog. Basisabsicherung hinausgehen, sind nur als *sonstige Vorsorgeaufwendungen* abzugsfähig. Das sind vor allem Beitragsanteile für Wahlleistungstarife und Zusatztarife, z.B. für Chefarztbehandlung, Ein-Bett-Zimmer-Unterbringung, Zahnzusatz, Beihilfeergänzung etc. und zwar unabhängig davon, ob die Versicherung in der gesetzlichen oder einer privaten Krankenversicherung erfolgt. Ebenso die Beitragsanteile, soweit sie zur Finanzierung des Krankengeldes dienen. Vermittelt die Krankenversicherung einen Anspruch auf Krankengeld oder vergleichbare Ansprüche, wird der jeweilige Beitrag dazu pauschal um 4 % vermindert.
Unter diese Regelung dürften zudem sog. Ruhensbeiträge zu einer privaten KV fallen, die eine spätere Fortführung der KV ohne Alterszuschläge ermöglichen.

Beiträge zu Pflegepflichtversicherungen

Die Beiträge zur gesetzlichen Pflegeversicherung inkl. Zuschlag für Kinderlose sind in voller Höhe als Sonderausgaben abziehbar.

Sonstige Vorsorgeaufwendungen

Der gemeinsame Höchstbetrag für sonstige Vorsorgeaufwendungen und andere Versicherungen liegt bei 1.900 € (2.800 € für Selbständige).

Beispiel

Sie sind als Selbständiger privat krankenversichert. Ihr Krankenversicherungsbeitrag beträgt 2.400 €. Davon entfallen 10 % auf Wahlleistungen wie Chefarztbehandlung etc. Für Ihre Pflegepflichtversicherung fallen zusätzlich 200 € an. Außerdem haben Sie 800 € für Haftpflicht- und Unfallversicherungen gezahlt.

Beiträge zur Krankenversicherung		2.400 €
Beiträge zur Pflegeversicherung		200 €
Weitere Vorsorgeaufwendungen		800 €
Summe		3.400 €
Höchstbetrag 2.800 €		
Mindestens Basiskrankenversicherung	2.160 €	
Pflegeversicherung	200 €	
	2.360 € >	2.360 €
Anzusetzen sind		2.800 €

499 **Vorsorgepauschale**

Im Veranlagungsverfahren werden nur die tatsächlich geleisteten Beiträge berücksichtigt. Ohne Nachweis wird im Rahmen der Einkommensteuerveranlagung lediglich der Sonderausgabenpauschbetrag (36 €/72 €) geregelt.
Die Berücksichtigung der als Sonderausgaben abziehbaren Beiträge im Lohnsteuerabzugsverfahren erfolgt dagegen pauschal durch Abzug einer Vorsorgepauschale.
Daneben bleibt es bei der sukzessiv bis 2024 Jahr für Jahr steigenden Berücksichtigung einer gesonderten Pauschale für Basisversorgungsbeiträge zur Altersvorsorge. Begünstigt sind in der Rentenversicherung Pflichtversicherte oder wegen Versicherung in einem berufsständischen Versorgungswerk von der Rentenversicherungspflicht befreite Arbeitnehmer. Damit scheidet die Berücksichtigung z. B. bei Beamten, beherrschend beteiligten Gesellschafter-Geschäftsführern und weiterbeschäftigten Rentnern aus.

Vorsorgepauschale für Krankenversicherung bei gesetzlich Krankenversicherten

Abgezogen wird in den Steuerklassen I bis VI – unabhängig davon, ob der Arbeitnehmer freiwillig oder pflichtversichert ist – ein Betrag, der dem Arbeitnehmeranteil ohne Krankengeldanspruch entspricht.

Die Berechnung der Vorsorgepauschale für die Krankenversicherung geht vom ermäßigten Beitragssatz (ohne Anspruch auf Krankengeld) aus, der für 2014 14,9 % beträgt. Daraus ergibt sich ein Arbeitnehmeranteil von 7,9 % (50 % von 14,0 + 0,9 % Zusatzanteil Arbeitnehmer).

Da nur auf den ermäßigten Beitragssatz abgestellt wird, ist der Beitragsanteil für Krankengeldzahlungen von vornherein ausgeklammert.

Vorsorgepauschale für Pflegeversicherung
Bei Arbeitnehmern, die in der sozialen Pflegeversicherung versichert sind, werden die Versicherungsbeiträge in den Steuerklassen I bis VI mit 1,025 % des Bruttoarbeitslohns berücksichtigt. Eine Ausnahme gilt, wenn Sie in Sachsen leben. Hier beträgt der Arbeitnehmeranteil 1,525 %. Hinzu kommt jeweils der Zuschlag für Kinderlose von 0,25 %, macht insgesamt 1,275 % bzw. in Sachsen 1,775 % des Arbeitslohns.

Vorsorgepauschale bei privat Versicherten
Auch die Beiträge zur privaten Kranken- und Pflegepflichtversicherung werden beim Lohnsteuerabzug berücksichtigt. Zu diesem Zweck übermittelt die Versicherungsgesellschaft die Kranken- und Pflegeversicherungsbeiträge des Versicherten und ggf. von dessen Ehe- oder Lebenspartner und Kindern an das Bundeszentralamt für Steuern, das die Daten im Rahmen der elektronischen Lohnsteuerkartenmerkmale zur Verfügung stellt.

Von dieser Regelung betroffen sind neben Beamten vor allem Gesellschafter-Geschäftsführer und wegen Überschreiten der Pflichtversicherungsgrenze privat versicherte Arbeitnehmer.

Statt der tatsächlichen Basisbeiträge wird beim Lohnsteuerabzug eine Mindestvorsorgepauschale von 12 % des Arbeitslohns, max. aber 1.900 € (StKl I, II, IV, und V) bzw. 3.000 € (StKl III) abgezogen.

Beispiel
Auf der Basis der aktuellen Beitragssätze ergibt sich für die Vorsorgepauschale (2014) eines verheirateten, familienversicherten Arbeitnehmers mit einem Kind und einem Jahresarbeitslohn von 40.000 € folgende Berechnung:

Krankenversicherungspauschale (50 % v. 14,0 % = 7,0 % + 0,9 % =) 7,9 % v. 40.000 €	3.160 €
Pflegeversicherungspauschale (50 % v. 2,05 % =) 1,025 % v. 40.000 €	410 €
Mindestvorsorgepauschale	3.570 €

Für einen privat versicherten, ledigen und kinderlosen Arbeitnehmer mit 40.000 € Arbeitslohn ergibt sich folgende Vorsorgepauschale:

Mindestvorsorgepauschale 12 % v. 40.000 €,	4.800 €
max. aber	1.900 €
Vorsorgepauschale	1.900 €

TRICK

Melden Sie als Rentner das Auto Ihrer Kinder oder Enkel auf sich an!

500 Längst sind Ihre Kinder erwachsen und stehen im Berufsleben. Trotzdem stehen sie Ihnen natürlich zur Seite und fahren Sie, seit Sie selbst das Autofahren aufgegeben haben, so manches Mal mit ihrem Pkw. Klar stecken Sie ihnen dafür immer wieder ein paar Scheinchen als »Spritgeld« zu. Steuerlich können Sie das viel schlauer anstellen: Melden Sie das Auto Ihrer Kinder auf sich an und übernehmen Sie die Versicherungsbeiträge. Für Ihre Kinder spielt das in der Regel steuerlich keine Rolle. Die zahlen sich ja schon an der Sozialversicherung dumm und dusslig, so dass die Autoversicherung sich bei der Steuer gar nicht mehr auswirkt. Sie dagegen können jeden Euro Autohaftpflicht als Sonderausgaben absetzen, wenn Sie als Rentner Ihren Höchstbetrag von 1.900 €/3.800 € (Alleinstehende/Verheiratete) noch nicht ausgeschöpft haben. Und als Rentner stehen Sie ja oft vor dem Problem, dass Sie gar nicht so viele sonstige Vorsorgeaufwendungen haben, um den Höchstbetrag voll nutzen zu können.
Wenn Sie Ihrem Enkel auf diese Weise ein Auto sponsern, wird auch gleich der happige Anfängertarif in der Autoversicherung umgangen. Dass nicht Sie selbst, sondern Ihr Enkel die Beulen in das Vehikel fährt, ist dabei ohne Belang.
Wichtig in beiden Fällen ist nur, dass Fahrzeug und Versicherung auf Ihren Namen laufen! Denn: Nach der BFH-Rechtsprechung ist zum Abzug von Versicherungsbeiträgen als Sonderausgaben grundsätzlich nur berechtigt, wer die Beiträge als Versicherungsnehmer schuldet und entrichtet (BFH-Urt. v. 8.3.1995 – BStBl 1995 II S. 637). Als Nachweis haben Sie neben dem Versicherungsschein die Überweisung der Prämie von Ihrem Konto. Zahlen Sie aber Haftpflichtbeiträge, die Ihr Enkel oder Ihre Kinder als Versicherungsnehmer schulden, sind sie weder bei Ihnen noch bei Ihren Abkömmlingen absetzbar.

TIPP

für die Haftpflicht für Ihr Wohnungseigentum

Das Wohnen im eigenen Haus ist ein schönes, aber teures Vergnügen. Und steuerlich ist nicht viel zu holen. Deshalb vergessen Sie nicht, wenigstens die Gebäudehaftpflicht anzusetzen. Für Ihre Eigentumswohnung soll Ihnen der Hausverwalter den Jahresbetrag nennen, der auf Ihre Wohnung entfällt. Dasselbe gilt natürlich auch dann, wenn Sie Ihr Häuschen oder Ihre Wohnung nicht selbst nutzen, sondern z.B. Ihre Kinder oder andere Angehörige mietfrei darin wohnen lassen. Aber: Vermieten Sie Ihr Wohneigentum, fällt die Gebäudehaftpflicht unter die Werbungskosten.

Beiträge zu zertifizierten Altersvorsorgeverträgen 501

Wenn Sie einen zertifizierten Riester-Vertrag abgeschlossen haben, bekommen Sie dafür normalerweise die sog. Riester-Zulage. Da bei Ledigen und kinderlosen Ehepaaren die Förderung häufig recht mager ausfällt, wurde zur Ergänzung ein zusätzlicher Sonderausgabenabzug (§ 10 a EStG) von 2.100 € für solche Beiträge eingeführt. Ist die Steuerersparnis aus dem Sonderausgabenabzug höher als die Riester-Zulage, wird Ihnen der übersteigende Betrag über Ihre Einkommensteuererklärung erstattet.

b) Was können Sie von Ihren Vorsorgeaufwendungen höchstens absetzen? 502

Die Höchstbeträge für den Abzug Ihrer Vorsorgeaufwendungen werden streng getrennt nach

- Altersvorsorgeaufwendungen und
- sonstigen Vorsorgeaufwendungen

berechnet.

Höchstbetrag für Altersvorsorgeaufwendungen 2014: 503

	Alleinstehende	**Verheiratete**
Allgemeiner Höchstbetrag	20.000 €	40.000 €
./. Kürzung um 18,9 % des Arbeitslohns/ der Bezüge (max. 60.000 €) (nur bei Beamten, Soldaten, Geistlichen etc., Vorständen, Geschäftsführern mit Pensionsanspruch und Abgeordneten)	–	– ....
= (gekürzter) Höchstbetrag (Betrag 1)	....	....
Tatsächliche Beiträge für Altervorsorgeversicherungen (gesetzliche Rentenversicherung, landwirtschaftl. Alterskassen, Versorgungswerke, Rürup-Versicherungen)	....	....
Arbeitgeberanteil zur Rentenversicherung	....	....
= insgesamt gezahlte Altersvorsorgeaufwendungen (Betrag 2)	....	....
vom geringeren Betrag **(Betrag 1/Betrag 2) 78 %** (der abzugsfähige Prozentsatz erhöht sich		

	Alleinstehende	Verheiratete
jährlich um weitere 2 %, bis 2024 volle 100 % erreicht sind)	....	....
./. Arbeitgeberanteil zur Rentenversicherung (nur bei rentenversicherungspflichtigen Arbeitnehmern)	–	– ....
= Höchstbetrag für Altersvorsorgeaufwendungen	=	= ....

504 **Zusätzlicher Höchstbetrag für sonstige Vorsorgeaufwendungen 2014**

Für Ihre sonstigen Vorsorgeaufwendungen, insbesondere die Beiträge zur Kranken- und Pflegeversicherung, gilt:

- Die Beiträge zur Basiskranken- und Pflegepflichtversicherung sind voll absetzbar, auch wenn sie die nachfolgend genannten Höchstbeträge übersteigen.
- Für Steuerzahler, die keine unmittelbaren Zuschüsse zu ihren Krankheitskosten oder steuerfreie Zuschüsse zur Krankenversicherung erhalten (= Selbständige, nicht sozialversicherungspflichtige Vorstände und Geschäftsführer, nicht mitarbeitende Ehegatten von Beamten), beträgt der Höchstbetrag 2.800 €.
- Steuerzahlern, die unmittelbare Zuschüsse zu ihren Krankheitskosten oder steuerfreie Zuschüsse zur Krankenversicherung erhalten (= sozialversicherungspflichtige Arbeitnehmer, Beamte, Soldaten, Geistliche, Rentner, familienversicherte Ehepartner etc.), steht ein Höchstbetrag von 1.900 € zu.

505 Bei Ehegatten wird der Höchstbetrag für jeden getrennt ermittelt. So bekommt z.B. ein Ehepaar, bei dem der Ehemann selbständig und die Ehefrau als sozialversicherungspflichtige Arbeitnehmerin tätig ist, einen Höchstbetrag von zusammen (2.800 € + 1.900 € =) 4.700 €.
Ist nur ein Ehegatte erwerbstätig, verdoppelt sich in aller Regel sein Höchstbetrag. Ist also der erwerbstätige Ehegatte selbständig, liegt der gemeinsame Höchstbetrag bei 5.600 €, während er bei einem als sozialversicherungspflichtiger Arbeitnehmer erwerbstätigen Ehegatten nur 3.800 € beträgt.
Einen Höchstbetrag von 3.800 € erhalten auch Ehepaare, bei denen einer oder beide Rentner sind.

Bislang hatten sich Beamte ein Sonderprivileg gegönnt: Für den nicht arbeitenden Ehe- oder Lebenspartner konnten sie sich über einen Höchstbetrag von 2.800 € freuen, also den Betrag, der an sich für Selbständige gedacht war, die sämtliche Versicherungen und Kosten für den Krankheitsfall aus der eigenen Tasche aufbringen müssen. Dieses Privileg hat der BFH jetzt einkassiert. Nach der Devise „Gleiches Recht für alle“ gibt es wie bei sozialversicherungspflichtigen Arbeitnehmern für den Ehepartner nun ebenfalls max. 1.900 € als Höchstbetrag (BFH v. 23.1.2013 – BStBl II 2013, 608).

Übersicht über den Höchstbetrag für sonstige Vorsorgeaufwendungen bei Ehegatten 506

Ehegatte1 / Ehegatte2	SV-pflichtiger Arbeitnehmer	Beamter	Selbständiger	Keine Beschäftigung
SV-pflichtiger Arbeitnehmer	3.800 €	3.800 €	4.700 €	3.800 €
Beamter	3.800 €	3.800 €	4.700 €	3.800 €
Selbständiger	4.700 €	4.700 €	5.600 €	5.600 €
Keine Beschäftigung	3.800 €	3.800 €	5.600 €	5.600 €

- **Günstigerprüfung: Alternativberechnung nach der bis 2004 gültigen Methode** 507
  Die Berechnung der abzugsfähigen Höchstbeträge führt für Arbeitnehmer mit kleineren Einkommen und bei Selbständigen, die für ihre Altersversorgung in erster Linie auf Kapitallebensversicherungen gesetzt haben, aber auch bei Rentnern und Pensionären in vielen Fällen zu erheblichen Nachteilen gegenüber der Rechtslage bis zur Reform der Alterseinkünftebesteuerung. Um diese Nachteile auszugleichen, wird in einer Übergangszeit bis 2019 mindestens der Betrag als Sonderausgaben abgezogen, der sich bis 2004 als Höchstbetrag ergeben hätte.

Der Vorsorgehöchstbetrag berechnet nach der Rechtslage bis 2004 setzt sich für 2014 aus folgenden Einzelbeträgen zusammen: 508

	Alleinstehende	Verheiratete
1. Vorwegabzug	1.800 €	3.600 €
2. Sonderhöchstbetrag für freiwillige Pflegeversicherung bei nach dem 31.12.1957 Geborenen	184 €	368 €
3. Grundhöchstbetrag	1.334 €	2.668 €
Summe = Vollabzug	3.318 €	6.636 €
4. Hälftiger Höchstbetrag	667 €	1.334 €
Gesamtsumme = Vorsorgehöchstbetrag	3.985 €	7.970 €

Der **Vorwegabzug** steht Ihnen als **Selbständigem** ungekürzt zu. Er soll ausglei- 509
chen, dass Sie nicht wie ein Arbeitnehmer steuerfreie Arbeitgeberzuschüsse für Ihre Alters-, Krankheits- und Arbeitslosenvorsorge bekommen und deshalb höhere eigene Beiträge leisten müssen. Bei Arbeitnehmern, Beamten sowie Vorständen mit Pensionsanspruch wird der Vorwegabzug um 16 % des Arbeitslohns gekürzt. Ab einem Lohn von 11.250 €/22.500 € (Alleinstehende/Verheiratete) entfällt der Vorwegabzug daher.

Auch **Pensionäre** erhalten den Vorwegabzug in der Regel in voller Höhe, da die Kürzung nur mit 16 % des Arbeitslohns aus einer aktiven Tätigkeit vorgenommen wird und nicht von Pensionen (Versorgungsbezügen). **Rentner**, die nebenbei als Arbeitnehmer schaffen, müssen ebenfalls keine Kürzung des Vorwegabzugs hinnehmen. Bei ihnen muss der Arbeitgeber nämlich keine Zukunftssicherungsleistungen mehr erbringen. Der bei der Beschäftigung von Altersrentnern ausnahmsweise zu zahlende Arbeitgeberanteil zur Rentenversicherung zählt hier nicht mit, da der Rentner daraus keine weiteren Rentenansprüche ableiten kann.
Den Sonderhöchstbetrag für eine freiwillige Pflegeversicherung bekommen Sie nur, wenn Sie nach dem 31.12.1957 geboren sind und Beiträge für eine zusätzliche freiwillige Pflegeversicherung zahlen. Dieser Sonderhöchstbetrag verdoppelt sich bei Verheirateten nur dann, wenn beide Ehegatten nach dem 31.12.1957 geboren sind.
Für alle darüber hinausgehenden Beiträge steht Ihnen der **Grundhöchstbetrag** zu.

510 **Vollabzug** bedeutet, dass sich Ihre Versicherungsbeiträge steuerlich in voller Höhe auswirken.

511 Wenn Sie höhere Aufwendungen haben, wirken sie sich über den **hälftigen Höchstbetrag** nur noch zu 50 % aus. Das bedeutet für Sie: Wollen Sie über den Vollabzug hinaus auch den hälftigen Höchstbetrag ausschöpfen, benötigen Sie nicht nur 667 €/1.334 € (Alleinstehende/Verheiratete) an zusätzlichen Beiträgen, sondern doppelt so viel, also 1.334 €/2.668 €.

TRICK

Weisen Sie als Gesellschafter-Geschäftsführer die Kürzung zurück!

512 Wenn Sie Ihre Firma z.B. aus Haftungsgründen lieber als GmbH betreiben und daher als deren Geschäftsführer fungieren, sind Sie aus steuerlicher Sicht Angestellter Ihrer eigenen Firma. Bei der Sozialversicherung dagegen behandelt man Sie wie einen Selbständigen, d.h., Sie müssen Ihre Altersversorgung komplett selbst finanzieren. Deshalb steht Ihnen für Ihre Versicherungsbeiträge ohne Wenn und Aber der volle Vorwegabzug bzw. der volle Höchstbetrag zu.
Haben Sie jedoch eine Pensionszusage Ihrer GmbH oder zahlt diese für Sie Beiträge in eine Direktversicherung oder einen Pensionsfonds, dann wird der Höchstbetrag für Ihre Basisversorgung von 20.000 €/40.000 € um 18,9 % Ihres Arbeitslohns (max. 18,9 % von 60.000 €) gekürzt. Diese Kürzungsregelung gilt

aber nicht so uneingeschränkt für die Günstigerprüfung. In vielen Fällen können Sie vom alten Vorwegabzug von 1.800 €/3.600 € (2014) weiter profitieren. Völlig ohne Probleme klappt das, wenn Sie Alleingesellschafter Ihrer GmbH sind, also 100 % der Anteile Ihr Eigen nennen. In diesem Fall unterstellt der Fiskus nämlich, dass die Finanzierung Ihrer Altersversorgung komplett aus Ihrer eigenen Tasche finanziert wird.

Dasselbe gilt für den Fall, dass an der Gesellschaft mehrere Gesellschafter beteiligt sind und alle eine Pensionszusage haben, die jeweils der Beteiligung an der Gesellschaft entspricht. Sind z. B. zwei Gesellschafter jeweils zu 50 % beteiligt und haben gleich hohe Pensionszusagen, bekommt jeder der beiden den ungekürzten Vorwegabzug. Hat dagegen Gesellschafter A eine Pensionszusage von 3.000 €, während Gesellschafter B später 7.000 € Pension bekommen soll, erhält nur A den Vorwegabzug ungekürzt. Gesellschafter B muss dagegen eine Kürzung um 16 % seines Arbeitslohns hinnehmen. Mit Nachdruck sei auf das BFH-Urteil vom 16.10.2002 (BStBl II 2004 S. 546) und das BMF-Schreiben vom 22.5.2007 (IV C 8 – S 2221/07/0002) hingewiesen.

Wenn Sie als Gesellschafter/Geschäftsführer verheiratet sind und Ihre bessere Hälfte Arbeitnehmer ist, müssen Sie es sich gefallen lassen, dass der gemeinsame Vorwegabzug von 3.600 € um 16 % des Ehegattenarbeitslohns gekürzt wird. Ihr Geschäftsführergehalt bleibt bei der Kürzung außer Betracht (BFH-Urt. v. 3.12.2003 – BStBl II 2004 S. 709).

TRICK

Mit einem Rürup-Vertrag machen Sie steuerlich immer ein Geschäft!

Der Fiskus hat in seinem verzweifelten Bemühen, die lahmende Idee der Rü- 513
rup-Rente aufzupeppen, einen besonderen Steuervorteil geschaffen. Obwohl es Rürup-Verträge 2004 und früher noch gar nicht gab, werden die Beiträge bei der Günstigerprüfung durch einen gesonderten Höchstbetrag berücksichtigt. Bei der Berechnung Ihres Höchstbetrags für Vorsorgeaufwendungen werden zunächst einmal Ihre Beiträge zur Rürup-Rente außer Acht gelassen. Auf diesen Höchstbetrag bekommen Sie dann als gesonderten Höchstbetrag 2014 zusätzlich 78 % Ihrer Rürup-Beiträge. Der Prozentsatz, mit dem die Rürup-Beiträge abgesetzt werden können, steigt künftig jedes Jahr um 2 %, beträgt also z. B. 2015 schon 80 %.

Beispiel für einen Selbständigen 514

Ein Jungunternehmer, der am 10.4.1960 geboren ist, zahlt Beiträge zu folgenden Versicherungen

Altersvorsorgelebensversicherung (Rürup-Rente) (Rentenzahlung nach 62. Geburtstag)	2.400 €		
Private Krankenversicherung (davon Basisversicherung 1.700 €)		1.800 €	
Private Pflegeversicherung (Pflichtversicherung)		150 €	
Freiwillige private Pflegeversicherung		150 €	
Unfallversicherung		90 €	
Kapitallebensversicherung (Vertragsabschluss 2001) 5.000 €, abzugsfähig 88 %		4.400 €	
Privathaftpflichtversicherung		100 €	
Übrige Vorsorgeaufwendungen		6.690 €	
Als Vorsorgeaufwendungen abzugsfähig 2014:			
Altersvorsorgebeiträge			
Altersvorsorgelebensversicherung	2.400 €		
Höchstbetrag:	20.000 €		
./. Kürzung	–		
= gekürzter Höchstbetrag	20.000 €		
78 % vom geringeren Betrag = 78 % von 2.400 € =		1.872 €	
./. Arbeitgeberanteil zur Rentenversicherung		–	
Höchstbetrag 2014 für Altersvorsorgeaufwendungen		1.872 €	> 1.872 €
Übrige Vorsorgeaufwendungen			
Vorsorgeaufwendungen	6.690 €		
Höchstbetrag	2.800 €		
Mindestens Basiskranken- und Pflegepflichtversicherung	1.850 €		
Abzugsfähig von den 6.690 € somit max.			2.800 €
Vorsorgeaufwendungen 2014			4.672 €
Alternativberechnung (Höchstbetrag wie 2004)			
Ausgaben für Versicherungen (ohne »Rürup-Rente«)	6.540 €		
freiwillige Pflegeversicherung	150 €		
	6.690 €		
Vorwegabzug für Ledige	– 1800 €		> 1.800 €
Restbetrag	4.890 €		
Sonderhöchstbetrag Pflegeversicherung max. 184 €		– 150 €	> 150 €
Restbetrag		4.740 €	
Grundhöchstbetrag für Ledige		– 1.334 €	> 1.334 €
Restbetrag		3.406 €	
Davon 50 % =		1.703 €	

Maximal 50 % v. Grundhöchstbetrag 1.334 €	667 €	>	667 €
Vorsorgeaufwendungen ohne Rürup			3.951 €
Rürup-Renten-Beiträge 2.400 € × 76 %			1.872 €
Vorsorgehöchstbetrag insgesamt			5.823 €

Da sich durch die Alternativberechnung ein höherer Betrag ergibt, kann unser Jungunternehmer für 2014 den für ihn günstigeren Betrag von **5.823 €** abziehen.

Beispiel für einen verheirateten Arbeitnehmer 515

Angenommen, Sie sind am 10.4.1960 geboren, verheiratet und bekommen als Alleinverdiener 50.000 € brutto. Sie zahlen Beiträge zu folgenden Versicherungen:

Rentenversicherung 18,9 % von 50.000 € × 50 %	4.725 €
Gesetzliche Krankenversicherung (Arbeitnehmeranteil) 8,2 % × 48.600 € (Bemessungsgrenze)	3.985 €
Gesetzliche Pflegeversicherung (Kinderlose) (2,05 % × 50 % = 1,025 + 0,25 % =) 1,275 % × 48.600 € (Bemessungsgrenze)	620 €
Arbeitslosenversicherung 3,0 % von 50.000 € × 50 %	750 €
Altersvorsorgelebensversicherung (Rentenzahlung nach dem 62. Geburtstag)	2.400 €
Unfallversicherung	200 €
Kapitallebensversicherung (Vertragsabschluss 2001)	2.000 €
Abzugsfähig 88 % von 2.000 €	1.760 €
Kfz- und Privathaftpflichtversicherung	600 €

Als Vorsorgeaufwendungen abzugsfähig 2014:

Altersvorsorgebeiträge

Gesetzliche Rentenversicherung	4.725 €		
Steuerfreier Arbeitgeberanteil zur Rentenversicherung	4.725 €		
Altersvorsorgelebensversicherung	2.400 €		
Beiträge insgesamt	11.850 €		
Höchstbetrag Verheiratete:	40.000 €		
./. Kürzung	–		
= gekürzter Höchstbetrag	40.000 €		
78 % vom geringeren Betrag = 78 % von 11.850 € =		9.243 €	
./. Arbeitgeberanteil zur Rentenversicherung		– 4.725 €	
Höchstbetrag für Altersvorsorgeaufwendungen		4.518 €	
Abzugsfähig sind damit nur magere			4.518 €

Übrige Vorsorgeaufwendungen

Vorsorgeaufwendungen	7.915 €		

Höchstbetrag 2 × 1.900 €	3.800 €	
Mindestens Basiskrankenversicherung		
./. 4 % + Pflegeversicherung	4.446 €	
Abzugsfähig von 7.915 € somit		4.446 €
Vorsorgeaufwendungen 2014		8.964 €

Alternativberechnung (Höchstbetrag wie 2004)

Ausgaben für Versicherungen (ohne Rürup-Renten-Versicherung)			12.640 €
Vorwegabzug für Verheiratete	3.600 €		
./. Kürzung 16 % von 50.000 €	– 8.000 €		
Verbleibender Vorwegabzug	0 € >	– 0 € >	0 €
Restbetrag		12.640 €	
Grundhöchstbetrag für Verheiratete		– 2.668 € >	2.668 €
Restbetrag		9.972 €	
Davon 50 % =		4.986 €	
Maximal 50 % v. Grundhöchstbetrag 2.668 €		1.334 € >	1.334 €
Zwischensumme			4.002 €
Rürup-Renten-Versicherung 78 % von 2.400 €			1.872 €
Vorsorgehöchstbetrag			5.874 €

In diesem Fall ergibt sich durch die Neuregelung ein höherer Abzug. Sie können also für 2014 **8.964 €** abziehen.

516 **Beispiel für einen Beamten**

Angenommen, Sie sind am 10.4.1954 geboren, verheiratet und bekommen als Beamter 40.000 € brutto. Ihr am 13.6.1955 geborener Ehepartner ist nicht berufstätig. Sie zahlen Beiträge zu folgenden Versicherungen:

Rürup-Rente	2.400 €
Private Krankenversicherung (Basisversicherung 2.800 €)	3.000 €
Pflegeversicherung	360 €
Unfallversicherung	200 €
Kapitallebensversicherung (Vertragsabschluss 2001)	2.000 €,
Abzugsfähig zu 88 %	1.760 €
Kfz- und Privathaftpflichtversicherung	600 €

Als Vorsorgeaufwendungen abzugsfähig:

Altersvorsorgebeiträge

Altersvorsorgelebensversicherung	2.400 €
Höchstbetrag Verheiratete:	40.000 €
./. Kürzung 18,9 % von 40.000 €	7.560 €
= gekürzter Höchstbetrag	32.440 €

78 % vom geringeren Betrag = 78 % von 2.400 € =		1.872 €		
./. Arbeitgeberanteil zur Rentenversicherung		–		
Höchstbetrag für Altersvorsorgeaufwendungen		1.872 €		
Abzugsfähig sind damit nur magere				1.872 €

Übrige Vorsorgeaufwendungen

Vorsorgeaufwendungen		5.920 €		
Höchstbetrag 1.900 € + 1.900 €		3.800 €		
Höchstbetrag mind. Kranken-/Pflegeversicherung €		3.160 €		
Abzugsfähig von 5.920 € somit max. 3.800 € =				3.800 €
Vorsorgeaufwendungen 2014				**5.672 €**

Alternativberechnung (Höchstbetrag wie 2004)

Ausgaben für Versicherungen (ohne Rürup-Rente)		5.920 €		
Vorwegabzug für Verheiratete	3.600 €			
./. Kürzung 16 % von 40.000 €	– 6.400 €			
Verbleibender Vorwegabzug	0 €	– 0 €	>	0 €
Restbetrag		5.920 €		
Grundhöchstbetrag für Verheiratete		– 2.668 €	>	2.668 €
Restbetrag		3.252 €		
Davon 50 % =		1.626 €		
Max. 50 % v. Grundhöchstbetrag	2.668 €	1.334 €	>	1.334 €
Zwischensumme				4.002 €
Rürup-Beiträge 78 % von 2.400 €				1.872 €
Vorsorgehöchstbetrag				**5.874 €**

In diesem Fall ergibt sich durch die Günstigerprüfung nach altem Recht ein höherer Abzug. Sie können also für 2014 **5.874 €** abziehen.

Beispiel für einen Pensionär 517

Angenommen, Sie sind pensionierter Beamter, verheiratet, Ihr Ehepartner hat keine eigenen Einkünfte. Sie beziehen eine Pension von 24.000 €. 2014 zahlen Sie Beiträge zu folgenden Versicherungen:

Private Krankenversicherung (Basisversicherung 3.600 €)	3.800 €
Pflegeversicherung	360 €
Unfallversicherung	200 €
Kfz- und Privathaftpflichtversicherung	600 €

Als Vorsorgeaufwendungen abzugsfähig:

Altersvorsorgebeiträge

Altersvorsorgelebensversicherung	– €
Höchstbetrag Verheiratete:	40.000 €
./. Kürzung 18,9 % von … €	– €

= gekürzter Höchstbetrag	40.000 €		
78 % vom geringeren Betrag = 78 % von 0 € =		0 €	
./. Arbeitgeberanteil zur Rentenversicherung		– €	
Höchstbetrag für Altersvorsorgeaufwendungen		0 €	0 €

Übrige Vorsorgeaufwendungen

Vorsorgeaufwendungen	4.960 €	
Höchstbetrag 1.900 € + 1.900 €	3.800 €	
Mindestens Basiskranken-/Pflegeversicherung	3.960 €	
Abzugsfähig von 4.760 € somit max. 3.800 € =		3.800 €
Vorsorgeaufwendungen 2014		**3.800 €**

Alternativberechnung (Höchstbetrag wie 2004)

Ausgaben für Versicherungen (ohne Rürup-Rente)		4.960 €	
Vorwegabzug für Verheiratete	3.600 €		
./. Kürzung 16 % von 0 €	– €		
Verbleibender Vorwegabzug	3.600 €	– 3.600 €	> 3.600 €
Restbetrag		1.360 €	
Grundhöchstbetrag für Verheiratete, max. Rest		– 2.668 €	> 1.360 €
Restbetrag		0 €	
Davon 50 % =		0 €	
Maximal 50 % v. Grundhöchstbetrag	2.668 €	1.334 €	> 0 €
Zwischensumme			4.960 €
Rürup-Beiträge, 78 % von 0 €			0 €
Vorsorgehöchstbetrag			4.960 €

In diesem Fall ergibt sich durch die Günstigerprüfung nach altem Recht ein höherer Abzug. Sie können also für 2014 **4.960 €** abziehen.

518 **Beispiel für einen Rentner**

Angenommen, Sie sind Rentner, verheiratet, Ihr Ehepartner bezieht ebenfalls eine Rente. 2014 zahlen Sie Beiträge zu folgenden Versicherungen:

Krankenversicherung der Rentner	3.600 €
Pflegeversicherung	360 €
Unfallversicherung	200 €
Kfz- und Privathaftpflichtversicherung	600 €

Als Vorsorgeaufwendungen abzugsfähig:

Altersvorsorgebeiträge

Altersvorsorgebeiträge	0 €	
Höchstbetrag für Altersvorsorgeaufwendungen	0 €	0 €

Übrige Vorsorgeaufwendungen		
Vorsorgeaufwendungen	4.760 €	
Höchstbetrag 2 × 1.900 €	3.800 €	
Mindestens Kranken-/Pflegeversicherung	3.960 €	
Abzugsfähig von 4.760 € somit		3.960 €
Vorsorgeaufwendungen 2014		3.960 €

Alternativberechnung (Höchstbetrag wie 2004)			
Ausgaben für Versicherungen (ohne Rürup-Rente)		4.760 €	
Vorwegabzug für Verheiratete	3.600 €		
./. Kürzung 16 % von 0 €	– €		
Verbleibender Vorwegabzug	3.600 €	– 3.600 €	> 3.600 €
Restbetrag		1.160 €	
Grundhöchstbetrag für Verheiratete, max Rest		– 2.668 €>	1.160 €
Restbetrag		0 €	
Davon 50 % =	0 €		
Maximal 50 % v. Grundhöchstbetrag	2.668 €	1.334 €	> 0 €
Zwischensumme			4.760 €
Rürup-Beiträge, 78 % von 0 €			0 €
Vorsorgehöchstbetrag			4.760 €

In diesem Fall ergibt sich durch die Günstigerprüfung nach altem Recht ein höherer Abzug. Sie können also für 2014 **4.760 €** abziehen.

Nicht alle privaten Versicherungen können Sie in der Steuererklärung unterbringen. Nicht zum Steuerabzug führen insbesondere Sachversicherungen wie z.B. Hausrat-, Kfz-Kasko- und Rechtsschutzversicherungen. 519

OTTO SCHILY: »Wenn die Verbeamtung winkt, dann melden sich gerne die, die im Beruf nicht sonderlich erfolgreich sind. Das muss man ganz deutlich sagen. Dann sind sie verbeamtet und können auch als Professoren so wenig erfolgreich sein, wie sie wollen, sie werden immer dort bleiben.«

(Aus einem Gespräch mit dem Rektor der Universität Witten-Herdecke in der *ZEIT* vom 12.1.1993)

SUPER TRICK

Teilen Sie und setzen ab!

Deckt Ihre Unfall- oder Rechtsschutzversicherung sowohl berufliche als auch private Risiken ab, teilen Sie die Beiträge in einen beruflichen und einen privaten Anteil auf und setzen 50 % des Beitrags als Werbungskosten an. Wenn Sie 520 sich nicht mit der Halbierung zufriedengeben wollen, können Sie auch Ihr Versicherungsunternehmen bitten, Ihnen mitzuteilen, welcher Anteil des Beitrags nach seiner Kalkulation das berufliche Risiko abdeckt. Mit dieser Bescheinigung im Rücken teilen Sie dann möglicherweise im Verhältnis 3 : 1 auf (Quelle: BMF – Schreiben v. 17.7.2000 – BStBl I 2000 S. 1204).

521 Wesentlich engherziger ist der Fiskus bei Ihrer Rechtsschutzversicherung. Hier will er Ihnen partout keinen pauschalen Werbungskostenabzug zugestehen. Nur mit einer Bescheinigung Ihrer Versicherung über den beruflichen Prämienanteil haben Sie eine Chance auf teilweise Berücksichtigung Ihrer Kosten (BMF-Schreiben v. 17.7.2000 – BStBl I 2000 S. 1204).

TIPP

zu Ihren Kapital- und Lebensversicherungen

522 Es gibt Lebensversicherungen, die nur im Todesfall Geld bringen. Diese sog. Risikolebensversicherungen sind nur rd. ein Zehntel so teuer wie Kapitallebensversicherungen. Letztere (Lebensversicherungen mit Sparanteil) bringen nicht nur im Todesfall Geld, sondern auch bei Ablauf der Versicherungsdauer. Denken Sie daran: Auch die Sterbegeldversicherung ist eine Lebensversicherung, ja sogar die Aussteuer- oder Ausbildungsversicherung für Ihre Tochter, die Sie nach deren Geburt abgeschlossen haben und die genau mit dem 18. Geburtstag fällig wird.
Kapitallebensversicherungen, die Sie nach dem 1.1.2005 abgeschlossen haben, können Sie nicht als Vorsorgeaufwendungen absetzen. Außerdem sind solche Lebensversicherungen nicht mehr steuerfrei. Die Erträge aus der Versicherung, also die Differenz aus der Kapitalauszahlung und Ihren über die Jahre gezahlten Beiträgen, sind zu 50 % als Kapitaleinkünfte steuerpflichtig, wenn sie Ihnen frühestens zu Ihrem 60. Geburtstag ausgezahlt werden.

Gut zu wissen:
Da neuere Kapitallebensversicherungen nicht mehr als Sonderausgaben abziehbar und bei Auszahlung generell zu 50 % steuerpflichtig sind, können Sie sie ungeniert zur Sicherheit für ein Darlehen einsetzen.

523 Ein Abzug als Vorsorgeaufwendungen kommt nur noch für vor 2005 abgeschlossene Versicherungen und nur noch sehr eingeschränkt im Rahmen der Höchstbeträge für sonstige Versorgungsaufwendungen in Betracht für

- Risikolebensversicherungen,
- Rentenversicherungen ohne Kapitalwahlrecht,

- Rentenversicherungen mit Kapitalwahlrecht gegen laufende Beitragsleistung mit Sparanteil bei einer Vertragsdauer von mindestens zwölf Jahren (aber max. 88 % der Beiträge) und
- Kapitallebensversicherungen gegen laufende Beitragsleistung mit Sparanteil bei einer Vertragsdauer von mindestens zwölf Jahren (aber max. 88 % der Beiträge).

SUPER TRICK

Kassieren Sie die Erbschaft steuerfrei!

Wenn Sie ganz clever sind, Sie und Ihre bessere Hälfte je eine eigene Lebens- 524
versicherung haben wollen und mal nicht den Gedanken an den Tod verdrängen, dann ersparen Sie ihr später die Erbschaftsteuer auf die Auszahlung der Lebensversicherung. Das geht ganz einfach: Sie schließen mit ihrer Zustimmung eine Versicherung auf ihr Leben ab, sie eine auf Ihres. Sie zahlen jeder die Prämien der Versicherung aus der eigenen Tasche.
In Ihrem Todesfall bekommt Ihr Ehepartner die Summe nicht als »Erwerb von Todes wegen«, sondern eben als Versicherungsnehmer steuerfrei ausbezahlt – und umgekehrt natürlich ebenso. Der Trick ist noch interessanter bei Personen, die nicht verheiratet oder nahe verwandt sind, weil die Freibeträge der Erbschaftsteuer niedriger und die Steuersätze höher sind.

Thomas Mann auf die Frage, was die Regierung in einem bestimmten Fall tun werde: »Weiß ich, was das Dümmste ist?«

2. Übrige Sonderausgaben

Als *übrige Sonderausgaben,* die also keine Vorsorgeaufwendungen sind, zählt 525
das Gesetz auf:

- Unterhaltszahlungen an den geschiedenen oder dauernd getrennt lebenden Ehegatten bis 13.805 €, wenn dieser der Versteuerung der empfangenen Beträge zugestimmt hat,
- Renten und dauernde Lasten, insbesondere Altenteilslasten in der Landwirtschaft,
- Kirchensteuer,

- Kinderbetreuungskosten, zwei Drittel der Aufwendungen, höchstens 4.000 € je Kind,
- Aufwendungen für die eigene Berufsausbildung und Weiterbildung im *nicht* ausgeübten Beruf, Höchstbetrag jährlich 6.000 €,
- Schulgeld für den Privatschulbesuch des Kindes, 30 % der Kosten, höchstens 5.000 €,
- Spenden.

Ausgaben dieser Art wirken sich steuerlich erst aus, wenn sie höher sind als der dafür vorgesehene Sonderausgabenpauschbetrag von 36 €, bei Ehegatten 72 €.

a) Unterhaltsleistungen

SUPER TRICK

Der Kuhhandel mit dem Ex-Ehepartner

526 Dass Steuergesetze unverständlich sind, wissen wir schon lange. Dass die Unverständlichkeit jedoch Purzelbäume schlägt, erkennen Sie an der Bestimmung, die einem geschiedenen Ehegatten zumutet, vor dem anderen zu Kreuz zu kriechen, um einigermaßen gerecht besteuert zu werden. Nur wenn der Unterhaltsempfänger kein Einkommen hat und daher den Unterhaltsbetrag nicht oder nur gering versteuern muss, kann man erwarten, dass er die Anlage U unterschreibt, mit der er bestätigt, dass er den Unterhalt versteuert. Diese Zustimmung ist bis auf Widerruf wirksam, braucht also nicht jedes Jahr erneut erklärt zu werden (BMF v. 19.9.1990 – BStBl 1990 I S.569).

Weigert sich der Unterhaltsempfänger ohne triftigen Grund, die Anlage U zu unterschreiben, hat der zahlende Ehegatte einen gerichtlich einklagbaren Anspruch darauf, wenn er sich bindend verpflichtet, dem Empfänger alle steuerlichen Nachteile auszugleichen, soweit dieser sie im Einzelfall nachweist. Ein solcher Ausgleich ist wiederum als Unterhaltszahlung anzusehen (BFH v. 28.11.2007 – XI B 68/07).

Der Unterhaltsempfänger kann im Übrigen nicht verlangen, an den Steuervorteilen beteiligt zu werden, die der zum Unterhalt Verpflichtete durch den Sonderausgabenabzug erhält. So zumindest der BGH in seinem Urteil vom 26.9.1984 (IV b ZR 30/83 – HFR 1985 S.530).

Damit Sie nicht nach der Scheidung Schwierigkeiten mit der Zustimmung zum 527
Abzug der Unterhaltszahlungen bekommen, drängen Sie schon vor dem Familiengericht oder beim Unterhaltsprozess darauf, dass Ihr Ex-Partner im Urteil verpflichtet wird, die Zustimmung zu erteilen. Die Finanzämter bestehen nämlich darauf, dass der Ehegatte ausdrücklich in der Anlage U seine Zustimmung bestätigt. Und wenn er das verweigert, brauchen die Fiskalritter mit Billigung des BFH nicht zu prüfen, ob die Weigerung rechtsmissbräuchlich ist (Urt. v. 25.7.1990 - BStBl 1990 II S.1022). Wenn es hart auf hart geht, bleibt Ihnen nichts anderes übrig, als Ihren Ex-Partner vor den zivilen Kadi zu zerren und zur Zustimmung verurteilen zu lassen.

Will Ihr Ex-Partner selbst dann die Anlage U nicht unterschreiben, reicht für den Abzug der Unterhaltszahlungen bei Ihrer Einkommensteuererklärung ersatzweise das o.g. Zivilgerichtsurteil aus (BFH v. 25.10.1988 – BStBl 1989 II S.192).

TIPP

bei fehlender Zustimmung

Verweigert Ihr Ex die Zustimmung, brauchen Sie mit der Abgabe Ihrer Steuererklärung nicht zu warten. **Setzen Sie Ihre Unterhaltskosten zunächst als außergewöhnliche Belastung bis zu 8.004 € ab.** Sie können den höheren Abzug als Sonderausgaben jederzeit nachträglich beantragen, sobald Ihnen die Zustimmung oder ein entsprechendes Gerichtsurteil vorliegt. Das Finanzamt muss dann sogar schon bestandskräftige Steuerbescheide zu Ihren Gunsten ändern. Berufen Sie sich auf § 175 Abs. 1 Nr. 2 AO und das BFH-Urt. v. 12.7.1989 – BStBl 1989 II S.957.

WICHTIGER HINWEIS

Wenn Sie dem Abzug der Unterhaltszahlungen bei Ihrem Ex-Partner ohne 528
betragsmäßige Beschränkung zustimmen, gilt die Zustimmung immer für den tatsächlich als Unterhalt gezahlten Betrag, max. 13.805 € zzgl. der im laufenden Jahr gezahlten Beiträge zur Basiskranken- und Pflegeversicherung. Damit bestimmt also grundsätzlich Ihr Ex-Partner mit seinem Antrag auf Sonderausgabenabzug, wie hoch die Einkünfte aus dem Unterhalt sind, die Sie zu versteuern haben.

Sie können Ihre Zustimmung aber auch von vornherein nur für einen bestimmten Betrag der Unterhaltsleistungen erteilen. Wenn sich diese später erhöhen, ist ein höherer Abzug nur mit Ihrer Zustimmung möglich (BFH v. 12.12.2007 – XI R 36/05).

TIPP

zur Erteilung einer Zustimmung

Da eine einmal erteilte Zustimmung nur mit Wirkung für die Zukunft widerrufen werden kann, sollten Sie sich den Ausgleich für eventuelle Nachteile aus der Versteuerung der Unterhaltsleistungen **von vornherein schriftlich zusichern lassen**.

TRICK

Nach oben korrigieren können Sie immer!

529 Wenn Sie sich mit Ihrem Ex-Partner darauf geeinigt haben, von den gezahlten 15.000 € nur einen kleinen Betrag von z.B. 5.000 € als Unterhalt abzusetzen, ist die Tür zu einem höheren Abzug nicht endgültig geschlossen. Eine nachträgliche Ausweitung des Sonderausgabenabzugs ist nämlich jederzeit möglich – sofern Ihr Ex dem zustimmt. Dann beantragen Sie eine entsprechende Änderung Ihres Einkommensteuerbescheids. Auch wenn dieser längst bestandskräftig war, muss er zu Ihren Gunsten korrigiert werden. Ihr Antrag auf höheren Unterhaltsabzug stellt nämlich zusammen mit der erweiterten Zustimmung des Ex ein rückwirkendes Ereignis i. S. des § 175 Abs. 1 Satz 1 Nr. 2 AO 1977 dar, das zur Korrektur des Steuerbescheids berechtigt (BFH v. 28.6.2006 – BStBl 2007 II S. 5).
Umgekehrt funktioniert das nicht. Im selben Urteil hat der BFH entschieden, dass Sie einen einmal gestellten Antrag auf Sonderausgabenabzug nicht im Nachhinein einschränken können. Möchten Sie also statt der 13.805 €, die Sie nun immer abgesetzt haben, nach Absprache mit dem Unterhaltsempfänger nur noch 5.000 € absetzen, muss der entsprechende Antrag vor Bestandskraft des Einkommensteuerbescheids gestellt werden, also bis spätestens vier Wochen nach Zustellung.

TIPP

bei verspäteter Antragstellung

Wie Sie gerade gelesen haben, können Sie bei nachträglich erteilter Zustimmung des Ex-Partners die Änderung Ihres Steuerbescheids und den Abzug der Unterhaltszahlungen beantragen. Die Sache hat aber einen Haken: Sind die Gründe für eine Änderung des Steuerbescheids *nicht nachträglich* eingetreten, macht Ihnen der Fiskus Scherereien. Das heißt: Hatten Sie die Zustimmung zum Unterhaltsabzug Ihres Ex-Partners schon längere Zeit in der Tasche und entschließen sich erst später, die Unterhaltskarte steuerlich zu ziehen, liegt nach Meinung des Fiskus kein rückwirkendes Ereignis vor, das eine Änderung Ihres Steuerbescheids rechtfertigt. Rückendeckung bekommen die Ritter von Fiskalia vom Finanzgericht Münster (FG Münster v. 5.9.2012 – 12 K 1948/11 E).
Sie werden nicht in diese Falle tappen und sich spätestens bei der Abgabe der Steuererklärung entschieden haben, ob Sie vom Realsplitting Gebrauch machen wollen oder nicht. Falls Sie noch unentschlossen sind, sollten Sie versuchen, die Abgabe der Steuererklärung etwas hinauszuschieben, statt das Risiko eingehen, dass Ihnen der Vorteil aus dem Abzug der Unterhaltszahlungen verloren geht. Für alle, die den Antrag doch erst später gestellt haben, gibt es einen kleinen Hoffnungsschimmer. Beim BFH ist gegen das strenge Urteil des FG Münster eine Revision (Az X R 33/12) anhängig. Bei verspätetem Antrag können Sie sich damit gegen ein ablehnende Entscheidung des Finanzamts zunächst per Einspruch zur Wehr setzen. Ihr Einspruch ruht dann, bis der BFH abschließend entschieden hat.

TRICK

Die Unterhaltshöchstgrenze überschritten – was tun?

»Was, wenn ich mehr als 13.805 € Unterhalt bezahle?« Ihr Pech! Alles, was dar- 530
über hinausgeht, bringt Ihnen keine Steuervergünstigung.

»Und da ist nichts zu machen?«, fragen Sie augenzwinkernd. Nur, wenn Sie bereit sind, Ihre Verhältnisse auf die Steuer einzurichten. Sehen Sie zu, dass Ihr Ex-Partner Sie darum bittet, Sonderbelastungen zu übernehmen. Und zwar solche, die eine außergewöhnliche Belastung darstellen, etwa Krankheitskosten oder Kuraufwand. Dann vereinbaren Sie mit ihm, den regulären Unterhalt zu vermindern und als Ausgleich dafür diese Sonderbelastungen zu tragen – für die Sie als Zahler dann die Steuerermäßigung in Anspruch nehmen dürfen (H 33.1-33.4 EStH »Krankheitskosten für Unterhaltsberechtigte«).

TIPP

Holen Sie mit der Krankenversicherung mehr heraus!

Sie können den Abzug Ihrer Unterhaltsleistungen über den Höchstbetrag von 13.805 € hinaus um einige tausend Euro steigern, wenn für den Ex-Partner Beiträge zur privaten Kranken- und Pflegeversicherung anfallen. Durch das Bürgerentlastungsgesetz wird der Höchstbetrag dann nämlich um die sog. Basisabsicherung aufgestockt. Dabei ist nicht entscheidend, ob Sie die Beiträge zahlen oder Ihr Ex-Partner. Allerdings können Sie auch im Rahmen des aufgestockten Höchstbetrags nicht mehr absetzen, als Sie an Unterhalt aus Ihrer Tasche gezahlt haben.

SUPER TRICK

Barunterhalt statt kostenloser Wohnung

531 Für den Sonderausgabenabzug Ihrer Unterhaltsleistungen ist es egal, ob Ihr Ex-Partner von Ihnen jeden Monat Bares bekommt oder Sachleistungen. Überlassen Sie ihm z.B. unentgeltlich eine Eigentumswohnung, können Sie dafür die unmittelbar durch die Nutzung entstehenden Kosten als Unterhaltsleistungen absetzen. Was auf den ersten Blick ganz vernünftig aussieht, ist in Wirklichkeit eine böse Fallgrube. Die Fiskalritter gestehen Ihnen als Unterhaltsaufwendungen nämlich nur die von Ihnen getragenen Kosten für Heizung, Strom, Wasser, Abwasser, Müllabfuhr und Grundsteuer zu. Den dicksten Batzen, wie Zinsen, Reparaturen, Abschreibung und Versicherungen für die Wohnung, lassen sie mit einem Federstrich unter den Tisch fallen. Begründung: »Keine Unterhaltsaufwendungen lt. H 86 b EStH«.
Richtig hinterhältig wird die Geschichte aber erst dadurch, dass Sie die Kosten auch nicht als Werbungskosten im Rahmen von Vermietungseinkünften absetzen können. Hier setzen die Fiskalritter den Rotstift nämlich mit dem fadenscheinigen Argument an, da die Wohnung nicht vermietet sei, hätten Sie keine Einkunftserzielungsabsicht.

Mein Rat: Legen Sie auf den monatlichen Unterhalt an Ihren Ex-Partner von 750 € noch 350 € freiwillig drauf. Natürlich nur, um mit ihm gleichzeitig einen Mietvertrag für die Wohnung mit einer Warmmiete von 350 € abzuschließen. So schlagen Sie (ohne tatsächlich einen Cent mehr auszugeben) zwei Fliegen mit einer Klappe: 532

1. Sie treiben Ihre als Sonderausgaben absetzbaren Unterhaltsleistungen geschickt nach oben.
2. Sie verschaffen sich für die Steuer ein erstklassiges Vermietungsobjekt mit Einkunftserzielungsabsicht, bei dem Sie alle Kosten absetzen können.

Sehen Sie sich an, was das in Euro und Cent ausmacht:

Unterhaltszahlungen lt. Gericht 12 × 750 €	9.000 €		
freiwilliger monatlicher Unterhalt 12 × 350 €	4.200 €		
Unterhalt insgesamt	13.200 €	>	13.200 €
Miete 12 × 350 €	4.200 €		
./. Heizung, Strom, Wasser etc.	– 1.200 €		
./. Reparaturen	– 400 €		
./. Zinsen 7 % v. 80.000 €	– 5.600 €		
./. Abschreibung 2 % v. 80.000 €	– 1.600 €		
./. Hausversicherung	– 150 €		
Absetzbarer Vermietungsverlust	– 4.750 €	>	4.750 €
Insgesamt wirken sich für Sie so steuermindernd aus			17.950 €

Ohne Mietvertrag und erhöhten Unterhalt könnten Sie absetzen:

Gerichtlichen Unterhalt	9.000 €		
Übernommene Wohnungskosten	1.200 €		
Insgesamt	10.200 €	>	10.200 €
Ihr Steuervorteil aus der Differenz von			7.750 €

beträgt je nach Steuersatz zwischen 1.330 € und 3.727 €.

b) Renten und dauernde Lasten 533

Um zu verstehen, wann Renten und dauernde Lasten als Sonderausgaben abzugsfähig sind, müssen Sie zunächst ein wenig Steuerrecht über sich ergehen lassen:

Wiederkehrende Zahlungen können entweder Entgelt für den Kauf von Vermögen oder Unterhalts- oder Versorgungsleistungen sein. Von einem Kauf wird nur ausgegangen, wenn Ihre Gegenleistung insgesamt in etwa dem realen Wert des Vermögens entspricht. Wollen Sie z.B. die Eigenheimzulage für ein Ihnen übertragenes Haus in Anspruch nehmen, geht das nur, wenn die Vermögensübertragung als Kauf durchgeht.

Sonderausgaben haben Sie dagegen nur, wenn Ihre Zahlungen als Versorgungsleistungen akzeptiert werden. Von solchen Versorgungsleistungen können Sie ausgehen, wenn Ihre wiederkehrenden Zahlungen im Zusammenhang mit der Übertragung von Vermögen stehen. Solche Vermögensübertragungen können im Rahmen einer Erbschaft vorkommen oder durch Schenkung zu Lebzeiten. Damit ein Sonderausgabenabzug überhaupt in Betracht kommt, muss die Übertragung des Vermögens an Sie entweder voll unentgeltlich geschehen oder zumindest zu einem Preis, bei dem man davon ausgehen kann, dass er nicht wie unter Fremden entsprechend dem tatsächlichen Wert des Vermögens ausgehandelt worden ist.

534 **Abzug von Versorgungsleistungen**

Als Sonderausgaben abzugsfähige Versorgungsleistungen liegen nur vor, wenn im Gegenzug Betriebsvermögen in Form folgender Vermögenswerte übertragen wurde:

1. Anteile an einer Personengesellschaft (OHG, KG, GbR), die eine eigenständige landwirtschaftliche, gewerbliche oder freiberufliche Tätigkeit ausübt,
2. landwirtschaftliche oder gewerbliche Einzelunternehmen oder Teilbetriebe und Freiberuflerkanzleien,
3. GmbH-Anteile von mindestens 50 %, wenn Sie nach der Übergabe als Geschäftsführer tätig sind und Ihr Vorgänger (Eltern) diese Funktion vor der Übertragung ausgeübt hat.

Für alle anderen Vermögensübertragungen, z.B. Immobilien, selbstgenutzte Wohnungen, Wertpapiere etc., kommt ein Sonderausgabenabzug nicht mehr in Betracht.

Diese Einschränkungen gelten aber erst für Übertragungsverträge, die 2008 oder später geschlossen wurden. Haben Sie eine Vermögensübertragung gegen Zahlung von Versorgungsleistungen schon vorher vertraglich geregelt, gilt die großzügigere alte Regelung so lange weiter, wie Sie entsprechende Zahlungen erbringen.

WICHTIGER HINWEIS

Keine betragsmäßige Beschränkung bei Zahlungen zum Versorgungsausgleich!

535 Bei einer Scheidung werden die in der Ehe begründeten Ansprüche auf eine Altersversorgung der beiden Ehegatten ausgeglichen. Das blüht Ihnen z.B. in Bezug auf Ihre künftigen Rentenansprüche, Ansprüche aus einer betrieblichen

Altersversorgung, Ihre Pension als Beamter oder die Altersansprüche, die Sie als Freiberufler aus einem berufsständischen Versorgungswerk haben.

Bei Rentenansprüchen aus der gesetzlichen Rentenversicherung bekommt der geschiedene Ehepartner eine eigene Rente, und Ihre Rente fällt entsprechend geringer aus. Jeder versteuert in diesem Fall seine eigenen Rentenzahlungen.

Pensionsansprüche und Ansprüche aus der betrieblichen Altersversorgung werden dagegen ausnahmsweise schuldrechtlich ausgeglichen. Der ausgleichsverpflichtete Ehegatte zahlt dazu in der Regel eine Geldrente an den geschiedenen Ehegatten und gleicht so die Differenz zwischen den Altersbezügen aus. Die Zahlungen beginnen normalerweise ab Beginn der Zahlung Ihrer Altersbezüge, also wenn Sie in Ruhestand gehen. Sie können sie in voller Höhe als Sonderausgaben abziehen (Quelle: § 10 Abs. 1 Nr. 1b EStG). Anders als bei Unterhaltsleistungen ist der Abzug nicht auf einen Höchstbetrag begrenzt. Ihr Ex-Ehepartner muss im Gegenzug die Zahlungen als sonstige Einkünfte versteuern (§ 22 Nr. 1c EStG).

Aber auch bei Altverträgen vor 2008 müssen Sie eine wichtige Hürde nehmen. **536**
Damit Sie Ihre Versorgungsleistungen als Versorgungsrente mit dem Ertragsanteil oder in voller Höhe als dauernde Last absetzen können, muss das Vermögen, das Sie im Gegenzug bekommen haben, im Durchschnitt so viel Erträge abwerfen, dass die Versorgungsleistungen damit finanziert werden können.

Am folgenden Beispiel sehen Sie, wie die Erträge aus dem an Sie übertragenen Vermögen errechnet werden. Bei Miethäusern haben Sie es einfach. Die durchschnittlichen Erträge ergeben sich aus der Steuererklärung des bisherigen Eigentümers. Bekommen Sie dagegen eine Eigentumswohnung oder ein Haus übertragen, in dem Sie selbst wohnen, wirft das keine Erträge ab. In einem solchen Fall wird die für solche Objekte übliche Miete fiktiv angesetzt.

Den so ermittelten Erträgen werden die abgezogenen außerordentlichen Kosten und die Abschreibungen hinzugerechnet.

Beispiel
Sie bekommen von Ihrem Vater ein vermietetes Einfamilienhaus (Wert 200.000 €) übertragen. Die Miete liegt bei monatlich 750 €. Neben Reparaturen von 2.500 € und der Abschreibung von 3.000 € fallen Kosten in Höhe von ca. 1.000 € im Jahr an.

Die durchschnittlichen Einkünfte betragen	
(750 € × 12 =) 9.000 € – 2.500 € – 3.000 € – 1.000 €	2.500 €
Hinzugerechnet werden:	
Reparaturkosten	2.500 €
Abschreibung	3.000 €
Durchschnittsertrag	8.000 €

Bei betrieblichen Einheiten wird eine ausreichende Ertragskraft zur Finanzierung der Versorgungsleistungen regelmäßig unterstellt.

TRICK

Machen Sie aus der Not eine Tugend!

537 Immobilienübertragungen von Eltern auf Kinder und damit verbundene regelmäßige Zuwendungen an die Eltern wird es trotz geänderter Rechtslage weiterhin geben. Eine solche Vermögensübertragung wird nunmehr rechnerisch in ein Teilgeschäft gegen Entgelt und ein Teilgeschäft ohne Entgelt aufgeteilt. Ihre Versorgungsleistungen können Sie mit dem Ertragsanteil als Werbungskosten bei den Vermietungseinkünften aus der Immobilie abziehen.

Beispiel
Auf dem Grundstück Ihres 65 Jahre alten Vaters (Wert 400.000 €) lag eine Resthypothek in Höhe von 50.000 €, die Sie übernommen haben. Der sog. Barwert (er entspricht dem Kapital, das Ihr Vater anlegen müsste, um mit Zins und Zinseszins bei einer verrenteten Auszahlung eine lebenslange Rente von z.B. 1.000 € pro Monat zu kassieren) der von Ihnen monatlich zu leistenden Zahlungen beläuft sich auf 150.000 €. Insoweit liegt zu 50 % ein entgeltliches Geschäft und zu 50 % ein unentgeltliches vor.

Für Sie bedeutet dass, dass Sie neben 50 % der Abschreibungen, die Ihr Vater bisher geltend machen konnte, weitere 2 % von 200.000 € = 4.000 € Abschreibung absetzen können. Außerdem können Sie den Ertragsanteil von 18 % aus den laufenden monatlichen Zahlungen an Ihren Vater von z.B. 1.000 € = 18 % von 12.000 € = 2.160 € bei Ihren Vermietungseinkünften absetzen.

TRICK

Setzen Sie den Grabstein Ihrer Eltern als Sonderausgabe ab!

538 Wollen Ihnen die Eltern den Betrieb, Bauernhof oder eine mindestens 50%ige Beteiligung an ihrer GmbH übertragen, sollten Sie sich im Übertragungsvertrag verpflichten, nach ihrem Tod für einen anständigen Grabstein zu sorgen. Da Sie als gutes Kind diese Kosten sowieso getragen hätten, verhilft Ihnen dieser kleine Formulierungsschlenker dazu, dass Sie den Grabstein in voller Höhe als dauernde Last absetzen können (BFH v. 15.2.2006 – BStBl 2007 II S.160).

c) Kirchensteuer 539

TRICK

Ersparen Sie sich die Kirchensteuer, ohne ein schlechtes Gewissen zu haben!

Wenn Sie sich mit der Kirche nicht mehr identifizieren können, dann helfen Sie z.B. denen, die etwas für den Erhalt der Natur und unserer Erde tun. Zahlen Sie nach Austritt – in der Kirchengemeinschaft können Sie auch als nichtzahlendes Mitglied bleiben – die ersparte Kirchensteuer als steuermindernde Spende an Organisationen wie

- Greenpeace, Vorsetzen 53, 20459 Hamburg, Tel. 0 40/31 18 60,
- Robin Wood, Lahnstr. 65, 28199 Bremen, Tel. 04 21/50 04 05,
- World Wide Fund for Nature, Hedderichstr. 110, 60596 Frankfurt/M., Tel. 0 69/6 05 00 30
- oder das örtliche Tierheim.

Die Kirchensteuer ist die einzige Steuer, von der Sie sich abmelden können. 540
Wenn Sie austreten, endet die Kirchensteuerpflicht in den Ländern

- Baden-Württemberg, Bayern, Niedersachsen, Nordrhein-Westfalen, Rheinland-Pfalz, Saarland mit Ablauf des Monats Ihres Austritts,
- Berlin, Brandenburg, Bremen, Hamburg, Hessen, Mecklenburg-Vorpommern, Sachsen, Sachsen-Anhalt, Schleswig-Holstein, Thüringen mit Ablauf des Monats nach dem Austrittsmonat.

Achten Sie in Ihrem Steuerbescheid darauf, dass Ihr Finanzamt den richtigen Endzeitpunkt berücksichtigt.

Rein technisch betrachtet ist die Kirchensteuer ein Zuschlag zur Einkommen- 541
steuer. Für jedes Kind werden zunächst der Kinderfreibetrag von 2.184 €/4.368 € (Alleinstehende/Verheiratete) und der Betreuungsfreibetrag von 1.320 €/2.640 € (Alleinstehende/Verheiratete) abgezogen und von der sich daraus ergebenden Einkommensteuer je nach Region 8 oder 9 % berechnet.

Dies gilt auch dann, wenn Ihnen die Freibeträge oder das Kindergeld nur für einen Teil des Jahres zustanden, z.B., weil Ihr Nachwuchs die Berufsausbildung beendete oder das 18. Lebensjahr (Betreuungsfreibetrag) vollendete.

TRICK

Setzen Sie als Erbe die Kirchensteuer des Verstorbenen ab!

542 Als Erbe müssen Sie die ausstehenden Steuererklärungen des Verstorbenen einreichen. Ergibt sich aus einer dieser Steuererklärungen eine Nachzahlung von Kirchensteuer, die Sie als Erbe aus dem ererbten Vermögen begleichen, dürfen Sie diese Kirchensteuernachzahlung bei der eigenen Steuererklärung als Sonderausgaben absetzen. Wenn das Finanzamt mit den Zähnen knirscht, weisen Sie es auf eine entsprechende Entscheidung des FG Hessen (Urt v. 26.9.2013 – 8 K 649/13) und die in derselben Angelegenheit anhängige Revision beim BFH (Az X R 43/13) hin.

543 **Aufgepasst:** Wenn Sie aus der Kirche ausgetreten sind und Ihr Ehepartner nicht, darf man Ihnen in der Lohnabrechnung *keine* Kirchensteuer abziehen. Dasselbe gilt, wenn Sie als Verheirateter zur Einkommensteuer veranlagt werden oder eine Ausgleichsveranlagung beantragen. Hat Ihr Ehegatte keine Einkünfte, fällt somit keine Kirchensteuer an. Andernfalls ist die Kirchensteuer nach dem Verhältnis der auf ihn entfallenden Einkommen- oder Lohnsteuer festzusetzen. Oft vergisst der Bearbeiter im Finanzamt aber die entsprechende Computereingabe, und dann werden Ihnen auch als Nichtmitglied Kirchensteuern in Rechnung gestellt. Deshalb prüfen Sie den Bescheid zumindest überschlägig auf die richtige Festsetzung.
Beispiel für überschlägige Berechnung der Kirchensteuer, wenn beide Eheleute Einkünfte haben:

	Ehemann		Ehefrau
Konfession	–		ev.
Einkommen	20.000 €		10.000 €
Gemeinsame Einkommensteuer		3.706 €	
Anteilige Einkommensteuer	2.470 €		1.236 €
Kirchensteuer, z.B. 9 %	0 €		111 €

Einen besonderen Dreh haben sich die Fiskalritter einfallen lassen, wenn Sie in einem Jahr mehr Kirchensteuer erstattet bekommen, als Sie zahlen mussten. Vorkommen kann das vor allem, wenn Sie einen Verlust in ein altes Jahr zurücktragen können und dadurch bereits gezahlte Steuern zurückbekommen.
In einem solchen Fall muss das Finanzamt die Erstattung zunächst immer mit der im selben Jahr gezahlten Kirchensteuer bis auf 0 € verrechnen. Verbleibt ein Überhang an Kirchensteuererstattung, zieht ihn das Finanzamt von der Kirchensteuer im Jahr der ursprünglichen Zahlung ab und ändert den alten Steuerbescheid zu Ihren Ungunsten. Auf diese Weise kommt es in den alten

Jahren zu einer entsprechenden Steuernachzahlung und darüber hinaus auch noch zu einer Verzinsung des Nachzahlungsbetrags (BFH v. 26.11.2008 – X R 24/08).

d) Steuerberatungskosten **544**

Ihre privaten Steuerberatungskosten können Sie nicht als Sonderausgaben absetzen. Aber auch hier gilt die alte Weisheit, dass es fast keine steuerliche Gemeinheit gibt, die man nicht zumindest teilweise kontern kann. Soweit nämlich Ihre Steuerberatungskosten unmittelbar mit Einkünften in Zusammenhang stehen, können Sie sie weiterhin als Betriebsausgaben oder als Werbungskosten bei der jeweiligen Einkunftsart abziehen. Das Abzugsverbot für Steuerberatungskosten betrifft damit vor allem Kosten im Zusammenhang mit folgenden Steuererklärungen bzw. Teilen von Steuererklärungen:

- Mantelbogen der Einkommensteuererklärung,
- Anlage Kind,
- Anlage FW,
- Anlage AV,
- Anlage VL,
- Kindergeldantrag,
- Erbschaftsteuerangelegenheiten,
- Grundsteuer und Grunderwerbsteuer für nicht vermietete Immobilien,
- Kfz-Steuer für private Fahrzeuge.

Abzugsfähig im Rahmen der jeweiligen Ermittlung der Einkünfte ist dagegen der Teil der Steuerberatungskosten, der mit der Erstellung der folgenden Unterlagen zusammenhängt:

- Anlagen L, Weinbau, GSE, EÜR, N, KAP, V, R, SO zur Einkommensteuererklärung,
- Betriebssteuererklärungen wie Umsatzsteuer-, Gewerbesteuer- und Körperschaftsteuererklärung, Umsatzsteuer- und Lohnsteuervoranmeldungen etc.,
- Jahresabschluss, Gewinnermittlung, Buchführung,
- Gestaltungsberatung, um möglichst geringe Einkünfte zu versteuern oder Gewinne zu vermeiden.

Teilen Sie also Ihre Kosten für Steuerfachliteratur, Fahrten zum Finanzamt, um Zweifelsfragen zu besprechen oder sich einen Freibetrag auf der Lohnsteuerkarte eintragen zu lassen, immer munter in einen privaten und einen betrieblichen bzw. beruflichen Teil auf. Bei Beiträgen an Lohnsteuerhilfevereine, Aufwendungen für steuerliche Fachliteratur und Software akzeptiert es der Fiskus, wenn Sie pauschal 50 % als Betriebsausgaben/Werbungskosten abziehen. Außerdem können Sie Kosten bis zu 100 € voll als Betriebsausgaben bzw. Werbungskosten absetzen (BMF v. 21.12.2007 – BStBl 2008 I S. 256).

Beispiel

Sie haben für Fachliteratur, wie z.B. dieses Buch, Software und Fahrten insgesamt 120 € Steuerberatungskosten zusammenbekommen. Davon ordnen Sie 100 € den Werbungskosten zu. Nur die verbleibenden 20 € fallen damit unter den Tisch.

WICHTIGER HINWEIS

Das Abzugsverbot für Steuerberatungskosten ist nun doch endgültig entschieden!

545 Der Bundesfinanzhof hat sich leider nicht auf die Seite der Steuerzahler geschlagen. Er hat inzwischen vielmehr wiederholt dem Fiskus den Rücken gestärkt und geurteilt, dass das Verbot des Sonderausgabenabzugs für private Steuerberatungskosten rechtens ist und nicht gegen das Grundgesetz verstößt. Da keiner der betroffenen Steuerzahler den Gang vor das Bundesverfassungsgericht angetreten hat, sind diese Urteile mittlerweile rechtskräftig. Der Kampf gegen diese ungerechte Regelung ist damit verloren.
Das Bundesfinanzministerium hat denn auch prompt angeordnet, dass Steuerbescheide insoweit nicht mehr vorläufig ergehen und Einsprüche nicht mehr ruhen dürfen. (BMF v. 25.4.2013 – IV A 3 – S 0338/07/10010). Sie müssen sich also wohl oder übel mit dem Abzug des beruflichen bzw. betrieblichen Teils der Steuerberatungskosten als Werbungskosten oder Betriebsausgaben begnügen.

546 **e) Ausbildungskosten**

Sie können bis zu **6.000 €** pro Jahr als Ausbildungskosten absetzen. Sind Sie verheiratet und auch Ihre bessere Hälfte steckt noch in der Ausbildung, können Sie beide je bis 6.000 € als Ausbildungskosten in der Steuererklärung unterbringen. Wie Sie sehen, sind das dann im günstigsten Fall bis zu 12.000 € im Jahr.

WICHTIGER HINWEIS

547 Sie sollten trotz des vergleichbar hohen Betrags von 6.000 € immer versuchen, Ihre Kosten als Werbungskosten durchzubringen. Siehe dazu ➤ Rz 303ff.

TRICK

Wie Sie mit Ihren Kosten an die 6.000-€-Grenze herankommen

Mit Ausgaben für Fachbücher, Fotokopien, Schreibblocks, Stifte etc. können Sie 548
natürlich keinen allzu großen Blumentopf gewinnen. Bei 6.000 € Höchstbetrag lohnen sich vor allem dicke Brocken, als da wären:

- *Fahrtkosten zur Ausbildungsstelle, Uni etc.* Für jeden Tag, den Sie zur Uni fahren, setzen Sie die tatsächlichen Fahrtkosten an. Benutzen Sie für die Fahrten ein eigenes Auto, steht Ihnen lediglich die Entfernungspauschale von 0,30 € je Entfernungskilometer zu. Aber keine Regel ohne Ausnahme. Werden Sie außerhalb der Uni tätig, z.B. wegen eines Praktikums, gibt es die doppelt so hohen Reisekostenpauschalen von 0,30 € je gefahrenen Kilometer. Die Reisekostenpauschalen stehen Ihnen darüber hinaus zu, wenn Sie Ihr Studium im Rahmen eines Ausbildungsdienstverhältnisses absolvieren (duale Ausbildung) oder wenn die Uni nicht als Vollzeitbildungseinrichtung gilt, weil Sie Ihr Studium neben Ihrem eigentlichen Job betreiben.

- Den für Ausbildungszwecke gekauften *Computer* setzen Sie über drei Jahre mit je 33,3 % des Kaufpreises an.

- Ihr Arbeitszimmer können Sie zwar nicht absetzen, die Einrichtung wie Stuhl, Regale und Schreibtisch hingegen sehr wohl.

- Nun, wie sieht es denn mit *Telefon und Internet* aus? Natürlich brauchen Sie den Internetanschluss und Ihr Telefon auch für Ihre Ausbildung, also werden Sie z.B. 80 % Ihrer Kosten in der Aufstellung unterbringen. (**Aufgepasst:** Auf unter 20 % der Kosten lassen Sie sich auf keinen Fall herunterhandeln. Berufen Sie sich auf die analoge Anwendung der Vereinfachungsregelung bei Werbungskosten in R 9.1 Abs. 5 LStR.)

- Dann wären da noch die *Lerngemeinschaften* und die Meetings zur Klausurvorbereitung mit Kollegen und Kommilitonen, für die Sie 0,30 € je gefahrenen Kilometer absetzen.

- Wenn Sie am Ausbildungsort ein Zimmer für unter der Woche gemietet haben, weil der tägliche Weg von Ihrer Wohnung zu weit ist, können Sie die Kosten für *die Unterkunft im Rahmen einer doppelten Haushaltsführung absetzen,* vor allem die Miete für das Zimmer und die Heimfahrt zu Ihrer Familie. Das gilt seit 2014 allerdings nur, wenn Sie einen eigenen Hausstand haben. Der liegt in der Regel vor, wenn Sie die Kosten für eine Wohnung allein tragen oder die Wohnung zusammen mit Ihrem (Ehe-)Partner nutzen. Daneben sollten Sie für die ersten drei Monate am Studienort Verpflegungspauschalen ansetzen.

- Vergessen Sie nicht die ganzen Gebühren, den gebraucht gekauften Taschenrechner und, und, und …

Wie Sie sehen, läppert sich ganz schnell ein schönes Sümmchen zusammen, wenn Sie etwas kreativ sind.

GUTER RAT

549 Gute Karten haben Sie, wenn Sie schon einen anderen Beruf hatten und umschulen, um wieder Geld zu verdienen (BFH v. 4.12.2002 – BStBl 2003 II S. 403).

550 Der BFH sagt aber, dass Ausbildungskosten nur dann vorliegen, wenn sie dazu dienen, einem Erwerb nachgehen zu können. Sind Sie z.B. Apotheker und interessieren sich fürs Fotografieren, können Sie Aufwendungen für Fotobücher oder einen Fotokurs nicht als Berufsausbildungskosten ansetzen. Das Gericht sagte: Fotograf zu sein ist mehr Hobby als Beruf.

551 **Merken Sie sich: Aufwendungen für die Doktorprüfung (Promotion) gehören zu den voll abziehbaren Werbungskosten (BFH v. 4.11.2003 – BStBl 2004 II S. 891).** Machen Sie also Ihre Ausgaben für z.B. Bücher, Reisen, Druck der Dissertation, Computer, Drucker, Schreibtisch etc. als Werbungskosten geltend.

552 Wie die Doktorprüfung sieht der BFH die **Professorenprüfung (Habilitation)**. Sie ist nach seiner Ansicht beruflich veranlasst, weil sie in einer konkreten Beziehung zu einem bereits ausgeübten Beruf steht. Also sind die Aufwendungen dafür Werbungskosten (BFH v. 7.8.1967 – BStBl 1967 III S. 778).

WICHTIGER HINWEIS

Ein gekaufter Doktortitel verhilft Ihnen nicht zu Werbungskosten!

553 Etwas übertrieben hat es ein Steuerzahler, der seinen Doktortitel an der Uni einer Bananenrepublick gegen Zahlung eines größeren fünfstelligen Betrags gekauft hat. Trotz schöner Bescheinigungen des Arbeitgebers, dass der Doktortitel erwartet werde und für die weitere Karriere förderlich sei, haben sich weder Fiskus noch Gerichte erweichen lassen. Wer es sich mit dem Erwerb

des Doktors so einfach macht, streichelt in erster Linie das eigene Ego und verfolgt nicht vorrangig berufliche Ziele (BFH v. 8.6.2004 – BFH/NV 2004 S. 1406).

WICHTIGE FRAGE

Was geschieht jetzt wohl mit den vielen Schummel-Doktoren?

Liebe Leser, da frage ich mich doch ganz ernsthaft, wie ergeht es denn jetzt wohl den ganzen Guttenbergs und Koch-Mehrins und den vielen anderen Schummel-Doktoren, die ihre Doktorarbeiten weitgehend abgeschrieben haben? Ich meine, derartige Kosten für einen *gestohlenen* Doktortitel gehören ebenso wenig in die Steuererklärung wie die Kosten für einen gekauften Titel.

TIPP

für Sprachkurse im Ausland

Einen Sprachkurs können Sie problemlos als Ausbildungskosten absetzen, **554**
wenn Sie Dolmetscher oder Auslandskorrespondent werden wollen. Deklarieren Sie Ihren Auslandsaufenthalt einfach als »Auslandspraktikum als Fremdsprachenkorrespondentin«. Den Segen des BFH, dass ein Auslandspraktikum Teil der Ausbildung ist, haben Sie (BFH v. 14.1.2000 – BStBl 2000 II S. 199).

Wie Sie Sprachkurse als Werbungskosten absetzen, vgl. ➤ Rz 321, Rz 322.

f) Private Spenden (§ 10 b EStG)

TRICK

Vergessen Sie die Steuerermäßigung beim Spendenabzug nach § 34 g EStG nicht!

Spenden können nicht nur Geldleistungen, sondern auch Sachleistungen sein. **555**
Bei Sachleistungen muss ihr Wert aus der Spendenbescheinigung hervorgehen. Auch der Verbrauch von Gütern für begünstigte Zwecke, z.B. von Benzin, Öl usw. zur Beförderung gehbehinderter Personen im Auftrag einer gemeinnützi-

gen Gesellschaft, ist eine Spende, wenn diese Gesellschaft Spendenquittungen ausstellen darf. Ihre eigene unbezahlte Arbeitsleistung können Sie allerdings nicht als Spende absetzen (BFH-Urt. v. 24.9.1985 – BStBl 1986 II S. 727).

556 **Das Finanzamt verlangt von Ihnen als Beleg eine Spendenbescheinigung, eine normale Quittung genügt meistens nicht.**
Wenn der Empfänger der Spende keine Körperschaft des öffentlichen Rechts ist, z.B. eine Kirche oder Universität, muss aus der Spendenbescheinigung neben der Höhe der Spende auch hervorgehen, dass der Empfänger zu den begünstigten Körperschaften gehört. Dazu genügt die Angabe des Steuerfreistellungsbescheids. Bei einigen Spenden, z.B. auf ein Sonderkonto im Katastrophenfall, das ein Spitzenverband der freien Wohlfahrtspflege eingerichtet hat, genügt der Zahlungsbeleg der Post (§ 50 Abs. 2 EStDV).

557 Der Abzug von Spenden ist auf einen einheitlichen Höchstbetrag von 20 % des Gesamtbetrags der Einkünfte begrenzt, egal ob Ihre Zuwendung wissenschaftlichen, mildtätigen, besonders förderungswürdigen kulturellen oder anderen Zwecken dient.

GUTER RAT

558 Als alternative Spendenhöchstgrenze gilt für Landwirte, Gewerbetreibende und Freiberufler 0,4 % der Summe der Umsätze plus Löhne plus Gehälter. Haben Sie reichlich gespendet und die Grenze von 20 % Ihrer Einkünfte überschritten, prüfen Sie nach, ob diese alternative Spendenhöchstgrenze für Sie günstiger ist. Auch das Finanzamt prüft in diesem Sinne. Dazu muss der Bearbeiter jedoch eine zusätzliche Kennziffer eingeben. Manchmal vergisst er das aber, und dann sind Sie als Steuerzahler der Dumme. Also prüfen Sie besser selbst nach.

Wer viel arbeitet, macht viele Fehler.
Wer nicht arbeitet, macht keine Fehler.
Wer keine Fehler macht, wird befördert.
(Antwort auf Prüfungsfrage
an Beamtenanwärter)

559 Außerdem können Sie zusätzlich zu den o.g. Höchstbeträgen von Ihren Zahlungen in den Vermögensstock einer öffentlich-rechtlichen oder gemeinnützigen Stiftung in den ersten zehn Jahren insgesamt bis zu 1 Mio. € als Spende absetzen. Werden Sie mit Ihrem Ehe- oder Lebenspartner zusammen veranlagt, beträgt Ihr gemeinsamer Höcshtbetrag sogar 2 Mio €. Wie Sie diesen Höchstbetrag auf die einzelnen Jahre verteilen, bleibt dabei Ihnen überlassen. Sie können ihn in einem Jahr voll ausschöpfen, in zehn gleichen Raten nutzen oder völlig anders gestückelt in Anspruch nehmen.

Überschreiten Ihre Zuwendungen die Spendenhöchstgrenzen, können Sie die 560
übersteigenden Beträge ähnlich wie beim Verlustabzug nach § 10 d EStG in den nächsten Jahren absetzen. Der verbleibende Spendenabzug wird in einem gesonderten Verfahren förmlich festgestellt. Die Feststellung wird dann regelmäßig mit dem Einkommensteuerbescheid verbunden und Ihnen bekanntgegeben (§§ 10 b Abs 1 und 10 d Abs. 4 EStG).

Für Parteispenden und Mitgliedsbeiträge gilt eine besonders großzügige Steu- 561
erabzugsregelung. Schließlich sollen viele Milliönchen in die Parteikassen fließen, denn der ganze unnütze Parteienwasserkopf kostet jedes Jahr horrende Summen.

Zwei Wege zum Absetzen von Parteispenden und Beiträgen gibt es:

1. Für die ersten 1.650 €/3.300 € (Ledige/Verheiratete) gibt es einen Steuerabzugsbetrag von 50 %, höchstens 850 €/1.650 €. Dieser Betrag wird direkt von Ihrer Steuerschuld abgezogen (§ 34 g EStG).
2. Den Rest der Spenden oder Beiträge können Sie unabhängig von der Höhe Ihres Einkommens jährlich nur bis zu weiteren 1.650 €/3.300 € (Ledige/Verheiratete) als Sonderausgaben absetzen. Soweit Spenden und Mitgliedsbeiträge an politische Parteien und Wählervereinigungen, die Kandidaten aufstellen, nach § 34 g EStG begünstigt sind, entfällt ein Spendenabzug nach § 10 b EStG.

Hier ein Beispiel, wie gerechnet wird: 562
Nehmen wir an, der Spender ist verheiratet, sein Gesamtbetrag der Einkünfte beträgt 50.000 € und die Vorsorgeaufwendungen liegen bei ca. 5.000 €. Er spendete 2014 für die Krebsforschung 8.000 €, den örtlichen Sportverein 3.000 € und zahlte an eine politische Partei Mitgliedsbeiträge und Spenden von 7.000 €.

a) *Spenden (ohne politische Parteien):*			
für Krebsforschung	8.000 €		
an Sportverein	3.000 €		
insgesamt	11.000 €		
./. Spendenhöchstbetrag 20 % von 50.000 € =	– 10.000 €	>	10.000 €
Rest Vortrag 2015	1.000 €		
b) *Mitgliedsbeiträge und Spenden an politische Parteien:*	7.000 €		
./. Abgeltung durch § 34 g EStG	– 3.300 €		
Verbleiben	3.700 €		
Abzugsfähig höchstens		>	3.300 €
Spendenabzug insgesamt			13.300 €
Zusätzlich Steuerabzugsbetrag (§ 34 g EStG)	1.650 €		

Steuerersparnis inkl. Kirchensteuer und Soli ca. 7.242 €.

Wenn wir eine Demokratie haben,
dann muss das Widerstandsrecht
jedem Bürger zugestanden werden.
(Generalstaatsanwalt Bauer)

WICHTIGER HINWEIS

563 Jeder gemeinnützige Verein oder jede gemeinnützige Körperschaft kann Ihnen eine Spendenquittung ausstellen. Der umständliche Weg, Spenden über eine inländische juristische Person des öffentlichen Rechts, z.B. den Landessportverband, oder eine inländische öffentliche Dienststelle, z.B. das Stadtsportamt, zu zahlen, ist nicht mehr zwingend vorgeschrieben, und man kann Ihnen den Spendenabzug bei Unterlassung dieser überflüssigen Formalie nicht mehr streitig machen.

TRICK

Setzen Sie Ihre Mitgliedsbeiträge als Spenden ab!

564 Sie können Ihre Mitgliedsbeiträge nur dann als Spenden absetzen, wenn sie an Institutionen gezahlt werden, die nicht überwiegend Leistungen gegenüber ihren Mitgliedern erbringen oder in erster Linie der eigenen Freizeitgestaltung dienen. Aus diesem Grund gibt es gemeinnützige Zwecke erster Klasse (mit Mitgliedsbeitragsabzug) und zweiter Klasse (ohne Mitgliedsbeitragsabzug). Übrigens: Dieselbe unselige Unterscheidung gilt auch für von Ihnen gezahlte Umlagen und Aufnahmegebühren.
Mitgliedsbeiträge an Institutionen, die folgende Zwecke fördern, sind daher ausdrücklich vom Spendenabzug ausgeschlossen:

- Sport,
- kulturelle Zwecke, die vorrangig der Freizeitgestaltung dienen (Gesangs- oder Musikvereine, Tanzgruppen, Laientheater und -chöre etc.),
- Heimatpflege, Pflanzenzucht, Kleingärtnerei, traditionelles Brauchtum (z.B. Schützen- und Trachtenvereine, Karnevals- bzw. Faschingsvereine), Soldaten- und Reservistenbetreuung, Amateurfunk, Modellbau/-flug und Hundesport.

Mitgliedsbeiträge können demnach wie Spenden abgezogen werden, wenn der Verein z.B. folgende Zwecke verfolgt:

- Bildung, Erziehung,
- Naturschutz,
- Landschaftspflege,
- Umweltschutz,
- Entwicklungshilfe,
- Jugendhilfe,
- Brandschutz etc.

Deshalb ist es wichtig, bei der Anerkennung der Gemeinnützigkeit des Vereins darauf zu achten, dass die richtigen Vereinszwecke zugrunde gelegt werden. Förderung der Jugendpflege ist z.B. wesentlich günstiger als Förderung des Sports auf dem Gebiet des Jugendfußballs.

Ich empfehle Ihnen, im Verein dafür zu sorgen, dass die Mitgliedsbeiträge möglichst gering sind. Besser ist es, statt 250 € Mitgliedsbeitrag und 30 € Spende im Jahr nur 30 € Mitgliedsbeitrag und dafür 250 € Spende zu zahlen. Für den Verein kommt das finanziell und steuerlich auf dasselbe heraus, aber Sie sind mit der deutlich höheren Spende der große Sieger beim Finanzamt.

WICHTIGER HINWEIS

Für den Nachweis Ihrer Spenden gibt es Spendenquittungsvordrucke. Vor 565
allem, wenn Sie eine Spendenquittung für Ihre Mitgliedsbeiträge haben wollen oder für eine Sachspende, z.B. weil Sie Ihrem Fußballverein 20 neue Bälle gestiftet haben, muss die Art der Spende ausgewiesen werden, sonst machen die Fiskalritter Zinnober beim Spendenabzug.

Sind Sie in einem Verein Vereinskassierer, müssen Sie unbedingt beachten, dass es für Spenden besondere Aufzeichnungspflichten gibt. Folgende Angaben und Unterlagen zu den Spenden müssen Sie festhalten:

- Name und Anschrift des Spenders,
- Datum der Zahlung,
- Nachweis über die Verwendung der Spende,
- Kopie oder Durchschrift der Spendenquittung.

WICHTIGER HINWEIS

Erst muss der Verein zahlen, dann Sie!

566 Übles hat der Fiskus mit Ihnen vor, wenn Sie als Vereinsvorstand, Kassierer oder sonst Verantwortlicher Missbrauch mit Spendenquittungen betreiben. Kommt Ihnen der Fiskus auf die Schliche, dass Sie z.B. Spendenquittungen ausgestellt haben, obwohl keine Spenden geflossen sind, oder in einem Sportverein für Mitgliedsbeiträge eine Spendenquittung ausgestellt haben, droht zumindest finanzielles Ungemach.

Zunächst einmal haftet der Verein in solchen Fällen mit einer Pauschale von 30 % der zu Unrecht als Spenden quittierten Summen für den vermeintlichen Steuerausfall, und nur wenn beim Verein nichts zu holen ist, kassiert der Fiskus diese Strafpauschale von Ihnen. So weit die Theorie.

Denn: Der Versuch, sich aus den immer klammen Vereinskassen zu bedienen, ist dem Fiskus oft zu mühselig. Da reizt es ihn, sich das Geld auf viel einfachere Weise gleich bei Ihnen zu holen. Das müssen Sie sich aber nicht gefallen lassen. Für die Spendenhaftung gilt nach § 10 b Abs. 4 EStG ganz klar das Prinzip: Vorrang der Haftung des Vereins vor der Haftung durch die Vereinsorgane (Vorstand, Kassierer etc.). Auch wenn es Mühe macht und der Verein vielleicht nur in Raten zahlen kann: Solange beim Verein Geld zu holen ist, hat das Finanzamt nichts mit seinen Fingern in Ihrer Geldbörse zu suchen.

TRICK

Spenden Sie den Haftungsbetrag doch einfach an Ihren Verein!

Kann der Verein der Forderung des Finanzamts nach Spendenhaftung tatsächlich nicht nachkommen, werden Sie den Teufel tun und seelenruhig abwarten, bis auch Ihnen als Vereinsvorstand ein Haftungsbescheid ins Haus flattert. Statt an das Finanzamt zahlen Sie doch lieber einen entsprechenden Betrag als Spende an den Verein. Der ist nun flüssig und kann die Spendenhaftung begleichen. Sie dagegen haben statt 5.000 € Zahlung an das Finanzamt, die Ihnen keinerlei Steuervorteil bringt, nun eine lupenreine Spende, die Ihnen im günstigsten Fall bis zu ca. 50 % Steuerersparnis bringt. Na, wenn das kein toller Dreh ist, dem Fiskus die Hälfte seiner Strafzahlungen selbst ans Bein zu binden.

SUPER TRICK

Füllen Sie mit Sponsorengeldern die Vereinskasse!

Sicher gibt es bei Ihnen am Ort jede Menge Handwerksbetriebe, kleine Firmen, Banken, Sparkassen etc. Machen Sie ihnen schmackhaft, dass sie Ihren Verein kräftig mit Geld, Kleidung, Maschinen, vielleicht sogar einem neuen Transporter oder einem Anbau an das Vereinsheim unterstützen. Wichtig: Die edlen Gönner treten nicht als Spender, sondern als Sponsoren auf. Das setzt nur voraus, dass sie und Ihr Verein deutlich darauf hinweisen, wer wen fördert (in Prospekten, Anzeigen, bei der Durchsage im Stadion etc.). Dann können die Firmen ihre Zuwendung voll als Betriebsausgabe absetzen, und weder sie noch Ihr Verein braucht sich mit den kleinkarierten Spendenformalitäten herumzuschlagen. Schaut der Finanzritter daraufhin ungläubig, verweist ihn die Firma auf das BMF-Schreiben vom 18.2.1998 (BStBl I S. 212), in dem diese Möglichkeit haarklein bestätigt wird. 567

TRICK

Wie Sie die Fahrtkosten für den Sportverein als Spende absetzen können.

Eine Spende kann auch vorliegen, wenn Sie im Interesse Ihres Vereins Kosten, z. B. Fahrtkosten, tragen und auf deren Erstattung verzichten. **Aber:** Dazu müssten Sie einen offiziellen Erstattungsanspruch gegen Ihren Verein haben. Also soll der Verein Ihnen Ihre Ausgaben ersetzen, und Sie spenden dieses Geld dem Verein. So erhalten Sie eine schöne Spendenquittung für das Finanzamt. Und den Verein kostet das keinen Cent, weil die Fahrtkostenerstattung ja als Spende zurückkommt. 568

TRICK

So bekommen Sie Steuervergünstigung für verschlissene oder unmoderne Anzüge.

Suchen Sie Kleidung und Schuhe zusammen, die Sie ohnehin nicht mehr tragen wollen – vielleicht haben Ihre Bekannten auch noch solche Stücke im Schrank –, und verschenken Sie sie! Wie das zu einer Steuerermäßigung führt? 569

Ganz einfach: Sie müssen sich nur den richtigen Empfänger aussuchen. Nicht also irgendwann einmal bei einer Straßensammlung abgeben, sondern einer gemeinnützigen Organisation geben, die berechtigt ist, eine Spendenquittung über Ihre mildtätige Gabe auszustellen (etwa Caritas, Rotes Kreuz, Innere Mission, Arbeiterwohlfahrt, Hilfswerk Misereor). Der Bundesfinanzhof hat in seinem Urteil vom 23.5.1989 (BStBl 1989 II S. 879) festgestellt, dass auch Sachwerte (wie z.B. gebrauchte Kleidungsstücke) als Spenden abzugsfähig sind. Denn sie haben einen Marktwert, wie die zahlreichen Secondhand-Shops zeigen. Allerdings hat der BFH dem Steuerzahler die Beweislast über den Wert der Kleidungsstücke auferlegt. Also müssen Sie dafür sorgen, dass auf der Spendenbescheinigung die für die Schätzung des Marktwerts maßgebenden Faktoren wie Neupreis, Zeitraum zwischen Anschaffung und Weggabe und Erhaltungszustand angegeben sind.

Wie mir Leser berichtet haben, gibt es Organisationen, die keine Spendenquittung für Sachwerte ausstellen wollen. Sie berufen sich auf das vorgenannte Urteil und behaupten, sie könnten keine konkreten Wertangaben zu den gespendeten Sachen machen. In diesem Fall helfen Sie ihnen mit einer detaillierten Aufstellung auf die Sprünge, z.B.:

	Erwerb in	Neupreis	Zustand	Wert
Anzug, blau	2013	ca. 400 €	neuwertig	50 €
Wintermantel, braun	2013	ca. 500 €	neuwertig	75 €
Lackschuhe usw.	2012	ca. 120 €	1-mal getragen	40 €

SUPER TRICK

Passen Sie als Selbständiger schön auf!

570 **S** Manche Ärzte oder Selbständige glauben besonders clever zu sein, wenn sie ältere medizinische oder andere noch brauchbare Gerätschaften aus humanitären Gründen einer Hilfsorganisation für die Dritte Welt überlassen, weil sie dafür eine abzugsfähige Spendenquittung bekommen. Und dann freut es sie besonders, wenn in dieser Quittung ein höherer Wert angegeben ist, als die Spende tatsächlich besitzt … Und wundern sich nicht nur, sondern ärgern sich später schwarz, wenn der Finanzamtssachbearbeiter zwar den Abzug zulässt, aber zugleich eine Nachzahlung für die Sachspende verlangt. Wie das?

Nun, befand sich das Gerät im Betriebsvermögen, ist der Spendenwert gleichzeitig der Entnahmewert. Liegt der aber über dem Buchwert, entsteht ein Gewinn. Dem entgehen Sie, indem Sie das Gerät unmittelbar nach der Entnahme spenden, denn dann kann als Entnahmewert der Buchwert angesetzt werden. Der ist dann allerdings auch für die Bewertung der Spende maßgebend (§ 6 Abs. 1 Nr. 4 S. 4 EStG).

TRICK

So verhindern Sie, dass das Finanzamt Sie beim Abzug Ihrer Spenden drankriegt.

Es heißt in schönstem Amtsdeutsch: »Der Spendenabzug setzt voraus, dass ver- 571
mutet werden kann, dass der Spender über eine ordnungsgemäße Spendenquittung verfügt. Spenden, für die üblicherweise solche Spendenquittungen nicht ausgestellt werden (z. B. Straßensammlungen, Klingelbeutelspenden etc.), können daher nicht zum Abzug zugelassen werden.«

Vermeiden Sie daher, dass solche Spenden in Ihrer Einzelaufstellung für das Finanzamt auftauchen. Natürlich dürfen Sie nicht schwindeln und statt »20 € Klingelbeutel« einfach »20 € Welthungerhilfe« schreiben. Statt zu Ostern oder Weihnachten anonym einen Zwanziger in den Klingelbeutel zu stecken, gehen Sie also direkt zum Pfarrer und drücken ihm den Schein für die Renovierung der Kirche oder für seelsorgerische Aktivitäten in die Hand. Für solche Spenden kann Ihnen die Kirchengemeinde üblicherweise eine Spendenquittung ausstellen, und das Finanzamt kann vermuten, dass Sie über eine Spendenquittung verfügen. Sie können also beruhigt »20 € für kirchliche Zwecke« in Ihre Aufstellung eintragen. Das Finanzamt hat jetzt keinen triftigen Grund mehr, diese Spende nicht anzuerkennen.

g) Schulgeld 572

Nach der früheren Fassung des § 10 Abs. 1 Nr. 9 EStG konnte Schulgeld als Sonderausgabe nur dann abgezogen werden, wenn Ihr Kind eine staatlich genehmigte oder nach Landesrecht erlaubte Ersatzschule oder eine nach Landesrecht anerkannte allgemeinbildende Ergänzungsschule besucht.

Der EuGH (Urt. v. 11.9.2007, C-318/05, C-76/05) hat entschieden, dass diese Einschränkung gegen EU-Recht verstößt, weil im Ausland gelegene Schulen diese Anforderungen in der Regel nicht erfüllen und ein Sonderausgabenabzug insoweit ausgeschlossen war.

Diesem Druck hat sich der Fiskus gebeugt. Nunmehr können alle Schulgeldzahlungen an Schulen in privater Trägerschaft oder an überwiegend privat finanzierte Schulen innerhalb des EU-/EWR-Raums gleich behandelt werden. Zu den begünstigten Schulen gehören neben reinen Privatschulen auch ausländische öffentliche Schulen oder konfessionsgebundene Schulen der Kirchen- und Religionsgemeinschaften. Es kommt nun nur noch darauf an, dass der Abschluss der ausländischen Schule in Deutschland vom Kultusministerium eines Bundeslandes, von der Kultusministerkonferenz der Länder oder einer inländischen Zeugnisanerkennungsstelle anerkannt ist.

Entgelte an Schulen außerhalb des EU-/EWR-Raums, z.B. in Amerika, Afrika etc., können Sie – wie bisher – nicht als Sonderausgaben abziehen. Eine Ausnahme bleiben die sog. **Deutschen Schulen im Ausland**. Hier greift der Sonderausgabenabzug für das Schulgeld auch dann, wenn sie außerhalb des EU/EWR-Raums gelegen sind.

TIPP

Wappnen Sie sich mit einer Zeugnisanerkennungsbescheinigung!

Besucht Ihr Kind eine inländische Schule, lassen Sie sich die Bescheinigung über die Anerkennung des Schulabschlusses an ebendieser Schule ausstellen. Geht das Kind dagegen im Ausland zur Schule, bekommen Sie die Bescheinigung bei den inländischen Schulbehörden. Im Zweifel wenden Sie sich an Ihren zuständigen Regierungspräsidenten oder die Kultusbehörde und beantragen dort die für das Finanzamt notwendige Bescheinigung.

WICHTIGER HINWEIS

Anders als früher können Sie auch Schulgeld für Privatschulen absetzen, die zu einem berufsbildenden Schul-, Jahrgangs- oder Berufsabschluss führen. Hierzu gehören auch Volkshochschulen und andere Weiterbildungseinrichtungen, die z.B. auf den Erwerb des Haupt- oder Realschulabschlusses, der Fachhochschulreife oder des Abiturs vorbereiten. Die Schulen des Gesundheitswesens fallen ebenfalls unter die Neuregelung. Das sind endlich einmal gute Nachrichten für Eltern, deren Kinder sich an einer solchen Schule z.B. auf die staatliche Prüfung zum Ergo- oder Physiotherapeuten vorbereiten.
Weiterhin kleinlich stellt sich der Fiskus allerdings beim Besuch von Nachhilfeeinrichtungen, Musikschulen, Sportvereinen, Ferienkursen (z.B. Feriensprachkursen) und Ähnlichem an. Die Kosten sollen wie bisher nicht als Schulgeld abgezogen werden können. Besonders ungerecht ist, dass Hochschulen, Fach-

hochschulen oder gleichstehende Einrichtungen nicht begünstigt werden. Damit scheidet u.a. der Abzug der Studiengebühren aus (BMF v. 9.3.2009 – BStBl 2009 I S. 487).

Wie viel Schulgeld kann ich absetzen? 573

Der steuerliche Abzug beträgt 30 %, aber max. 5.000 €. Das bedeutet, dass Sie Schulgeld bis zu 16.667 € pro Jahr und Kind ansetzen können. Nicht zum Schulgeld gehören die Kosten für Unterkunft und Verpflegung. Sie brauchen deshalb eine detaillierte Abrechnung der Schule, aus der sich die einzelnen Schulgeldkomponenten ergeben. Wenn Eltern sich die Kosten des Schulbesuchs teilen, z.B. weil sie getrennt leben, kann der Höchstbetrag insgesamt nur einmal abgezogen werden. Statt einer 50:50-Aufteilung können die Eltern auch ein anderes Verhältnis wählen, wenn Sie das Schulgeld in unterschiedlicher Höhe tragen.

Beispiel

Ein getrennt lebendes Ehepaar bezahlt für die Privatschule der Tochter insgesamt 25.000 € im Jahr. Davon leistet die Mutter 20.000 € und der Vater 5.000 €. Die Eltern können den maximalen Schulgeldabzug von 5.000 € in $^{4}/_{5}$ = 4.000 € (Mutter) und $^{1}/_{5}$ = 1.000 € (Vater) aufteilen.

Die Schulgeldzahlungen können Sie sich selbstverständlich schon während des Jahres als Freibetrag auf der Lohnsteuerkarte eintragen lassen.

Prinzipien sind der jämmerlichste Grund,
den es gibt, Steuerermäßigungsmöglichkeiten
nicht bis zur Grenze auszunutzen.

IX. Außergewöhnliche Belastungen

S **Das gesamte Kapitel gilt auch für Selbständige** 574

Der oberste Grundsatz der Einkommensteuer ist – höre und staune –, dass sich die Höhe der Steuer an der Leistungsfähigkeit des Steuerzahlers orientiert. Aus diesem Grund müssen besondere persönliche Umstände, die einen Steuerzahler im Vergleich zu seinen Leidensgenossen über Gebühr finanziell belasten, zu einer Verringerung der Steuerbelastung führen. Dieser an sich begrüßenswerten Forderung kommen unsere Steuerbürokraten mehr schlecht als recht nach, indem sie Ihnen unter der Bezeichnung »außergewöhnliche Belastungen« einige Steuerermäßigungen einräumen.

Folgende zwei Kategorien gibt es:

- Allgemeine außergewöhnliche Belastungen, die Sie – nach Abzug eines »zumutbare Belastung« genannten Eigenanteils – in voller Höhe absetzen können (§ 33 EStG).
- Außergewöhnliche Belastungen besonderer Art, deren Abzug auf bestimmte Höchst- und Pauschbeträge beschränkt ist. Dazu gehören im Einzelnen
  - Unterhaltszahlungen an Angehörige,
  - Ausbildungsfreibeträge,
  - Kosten für eine Haushaltshilfe,
  - Pauschbeträge für Behinderte,
  - Pauschbetrag für die Betreuung pflegebedürftiger Personen (§§ 33 a–b EStG).

A. Außergewöhnliche Belastungen im Allgemeinen

1. Auch Sie sind außergewöhnlich belastet

S Statt klar und verständlich zu sagen, welche Steuervergünstigungen Ihnen zustehen, haben die Steuergesetzakrobaten mit § 33 EStG einen ausgesprochenen Gummiparagraphen geschaffen. Er bestimmt Folgendes: 575

Eine außergewöhnliche Belastung liegt vor, soweit einem Steuerzahler zwangsläufig größere Aufwendungen als der überwiegenden Mehrzahl der Steuerzahler gleicher Einkommensverhältnisse, gleicher Vermögensverhältnisse und glei-

chen Familienstandes entstehen und diese Aufwendungen die steuerliche Leistungsfähigkeit wesentlich beeinträchtigen.

Unter diese Vorschrift fallen hauptsächlich:

- **Krankheits- und Kurkosten,**
- **Kosten im Zusammenhang mit Wiederbeschaffung von Hausrat,**
- **behinderungsbedingte Kosten,**
- **Beerdigungskosten,**
- **Pflegekosten.**

Eine umfangreiche Übersicht finden Sie unter ➤ Rz 644.

576 **S** **Soweit Ihnen von dritter Seite die Kosten ersetzt werden, sind Sie nicht belastet und können auch nichts geltend machen.**

WICHTIGER HINWEIS

Nicht jede Ausgabe im Zusammenhang mit Ihren außergewöhnlichen Belastungen wird berücksichtigt. So können Sie Beerdigungskosten nur insoweit absetzen, als sie nicht durch den Nachlass des Verblichenen gedeckt sind, und Krankheitskosten nur, wenn sie nicht durch eine Krankenversicherung erstattet wurden. Hier gilt es aber wie ein Schießhund aufzupassen. Das Krankengeld, das Sie als Lohnfortzahlung von Ihrer Krankenversicherung bekommen, müssen Sie sich genauso wenig wie das Krankentagegeld aus einer privaten Zusatzversicherung anrechnen lassen. Beide Leistungen sind Verdienstausfallentschädigungen und nicht als Ausgleich für die unmittelbaren Krankheitskosten gedacht. Anders dagegen die Zahlungen aus einer Krankenhaustagegeldversicherung. Diese werden vor einer Berücksichtigung der Kosten für Ihren Krankenhausaufenthalt, auf denen Sie sitzengeblieben sind, abgezogen. Hat dagegen Ihre Versicherung den gesamten Krankenhausaufenthalt bezahlt, kassieren Sie die Krankenhaustagegelder und müssen Sie sich nicht etwa auf andere Krankheitskosten, z.B. für Ihre neue Brille oder eine ambulante Behandlung, anrechnen lassen (BFH v. 22.10.1971 – BStBl 1972 II S. 177).

HINWEIS

Das Ärgernis mit dem Gegenwert

577 Dummerweise ist eine außergewöhnliche Belastung nur das, was das Finanzamt als eine solche ansieht, und nicht das, was Sie für eine halten, etwa die hohen

Anschaffungskosten für Ihre neuen Möbel oder die Raten für den Farbfernseher.

»Warum stellen solche Ausgaben eigentlich keine Belastungen dar?«, wollen Sie wissen.

Nun, das Finanzamt sagt sich, dass Sie ja einen **Gegenwert** erhalten haben, indem Sie sich z.B. ein schönes Heim schaffen. Und außerdem ist die Anschaffung neuer Möbel oder eines neuen Fernsehers meist freiwillig, also nicht zwangsläufig.

Der Fiskus nimmt immer dann einen Gegenwert an, wenn der angeschaffte Gegenstand eine gewisse Marktgängigkeit hat und nicht nur vom Steuerzahler selbst, sondern auch von anderen genutzt werden kann. Bei behinderungsbedingten Umbauten jedoch hat sich die Rechtsprechung des BFH um 180 Grad gedreht. Er akzeptierte die Aufwendungen eines Steuerzahlers, der nach einem Schlaganfall einen Treppenlift in sein Wohnhaus eingebaut, das Schlafzimmer ebenerdig eingerichtet und das Badezimmer behindertengerecht umgebaut hatte (BFH v. 22.10.2009 – BStBl 2010 II S.280). Damit sind die entgegenstehenden Urteile zum Badezimmerumbau (BFH v. 2.6.2005 – BFH/NV 2006 S.36) oder Einbau eines Aufzugs an das Haus eines Rollstuhlfahrers (BFH v. 25.1.2007 – III R 7/06) überholt. Inzwischen hat der BFH seine Meinung so erweitert, dass es für den Abzug nicht mehr darauf ankommt, dass der behinderungsbedingte Umbau aufgrund einer akuten Lage erforderlich wurde. Im Urteilsfall war eines der Kinder von Geburt an schwerbehindert. Die Steuerpflichtigen, die zunächst zur Miete wohnten, haben das ältere Haus nach dem Kauf umgebaut und modernisiert. Der BFH akzeptierte die behinderungsbedingten Umbaukosten für die von dem behinderten Kind genutzten Wohnräume (BFH v. 24.2.11 – VI R 16/10, DB 2011, 850).

Um nachzuweisen, dass Umbaukosten behinderungsbedingt und damit zwangsläufig angefallen waren, können Sie z.B. folgende Unterlagen einreichen (R 33.4 Abs. 5 EStR):

- Bescheid der Sozialversicherung, des Integrationsamtes, Sozialamtes etc. über die Bewilligung eines Zuschusses zu den Umbaukosten,
- Bescheid über einen Zuschuss zur Verbesserung des individuellen Wohnumfeldes nach § 40 Abs. 4 SGB XI,
- Gutachten des Medizinischen Dienstes der Krankenversicherung, des Sozialmedizinischen Dienstes (SMD) oder der Medicproof Gesellschaft für Medizinische Gutachten mbH über die Notwendigkeit des Umbaus.

Von Ihren Aufwendungen wird Ihnen neben den Kostenerstattungen von Dritten immer eine Art steuerlicher Eigenanteil, genannt **zumutbare Belastung**, abgezogen. Deren Höhe ist davon abhängig, wie hoch Ihre Einkünfte sind, ob Sie verheiratet sind und wie viele Kinder Sie haben. Mehr dazu unter ➤ Rz 581. **578**

Prüfen Sie daher zunächst immer, ob Sie Ihre Aufwendungen nicht vielleicht als Werbungskosten, Betriebsausgaben oder Sonderausgaben durchbekommen. Das bringt Ihnen eine größere Steuerersparnis, weil keine zumutbare Belastung abgezogen wird und sie sich deshalb in voller Höhe auswirken.

Haben Sie sich also als Arzt oder Krankenschwester trotz aller Vorsicht bei einem Patienten mit Gelbsucht angesteckt oder sind als Dachdecker vom Gerüst gepurzelt, so sind Ihre selbstgetragenen Krankheitskosten Werbungskosten und nicht etwa außergewöhnliche Belastungen.

579 Wenn Sie außergewöhnliche Belastungen geltend machen, wollen die Fiskalritter wie gesagt einen Nachweis sehen, dass Ihre Ausgaben *zwangsläufig* waren, weil Sie sich ihnen aus tatsächlichen, rechtlichen oder sittlichen Gründen nicht entziehen konnten. Rechtliche Gründe liegen z.B. vor, wenn Sie Unterhalt an Ihren getrennt lebenden oder geschiedenen Ehegatten oder an Ihre Kinder bzw. Ihre Eltern zahlen oder als Erbe die Beerdigungskosten des Verblichenen bestreiten. Dagegen können Sie sich auf Zwangsläufigkeit aus tatsächlichen Gründen berufen, wenn Sie ein unabwendbares Ereignis wie Unfall, Krankheit, Erpressung, Brand, Diebstahl, Vertreibung oder eine Naturkatastrophe trifft. Demgegenüber spielt die sittliche Verpflichtung meist nur eine Rolle bei der Frage, ob Sie Pflegekosten für Nichtangehörige absetzen können.

Der Fiskus achtet wie gesagt darauf, ob Ihr Einkommen tatsächlich durch die Ausgabe belastet ist, also von dritter Seite, z.B. der Krankenkasse, keine Erstattung erfolgt.

WICHTIGER HINWEIS

580 Sie können Ihre außergewöhnlichen Belastungen immer im Jahr der Bezahlung absetzen. Auch wenn Sie dazu einen Kredit aufnehmen müssen, bleibt es beim vollen Abzug im Zahlungsjahr. Auf die Darlehenstilgung kommt es steuerlich nicht an (BFH-Urt. v. 10.6.1988 – BStBl 1988 II S.814). Denken Sie in so einem Fall daran, während der Laufzeit des Darlehens Jahr für Jahr die Zinsen als außergewöhnliche Belastung anzusetzen (BFH-Urt. v. 6.4.1990 – BStBl 1990 II S.958).

Damit eine Steuerermäßigung rausspringt, muss Ihre finanzielle Leistungsfähigkeit *wesentlich* beeinträchtigt sein. Dazu müssen zwangsläufige Aufwendungen die in der folgenden Übersicht bezeichneten Sätze des Gesamtbetrags der Einkünfte übersteigen:

Zumutbare Belastung 581

Bei einem Gesamtbetrag der Einkünfte	in Prozent bei			
	Alleinstehenden	Verheirateten u. Verwitweten bis zum 2. Todesjahr	Personen mit steuerlich zu berücksichtigenden Kindern	
			1 – 2 Kinder	3 oder mehr Kinder
15.340 €	5	4	2	1
15.340 – 51.130 €	6	5	3	1
über 51.130 €	7	6	4	2

Der Betrag, der nach Abzug der zumutbaren Belastung verbleibt, wird als Steuerermäßigung bei der Berechnung Ihres Einkommens abgezogen. Als Arbeitnehmer können Sie ihn sich bereits im Lauf des Jahres als Freibetrag auf der Lohnsteuerkarte eintragen lassen.
Es ist wichtig zu wissen, dass die zumutbare Belastung nur von *allgemeinen* außergewöhnlichen Belastungen abgezogen wird. Die Höchst- und Freibeträge, die bei außergewöhnlichen Belastungen *besonderer Art* angesetzt werden, bleiben von einer solchen Kürzung verschont. Dazu mehr ab ➤ Rz 645.

Berechnungsschema 582

Und so rechnet das Finanzamt die außergewöhnliche Belastung aus:
Ein Verheirateter mit einem Kind – 25.000 € Gesamtbetrag der Einkünfte im Kalenderjahr – hatte in einem Jahr 6.000 € Zahnarztkosten, von denen die Krankenkasse 3.500 € übernommen hat.

Berechnung

Zahnarztkosten	6.000 €
./. Erstattung Krankenkasse, aber ohne Krankengeld/ Krankentagegeld	– 3.500 €
Belastung	2.500 €
./. zumutbare Belastung (§ 33 Abs. 3 EStG) 3 % von 25.000 € Gesamtbetrag der Einkünfte =	– 750 €
Außergewöhnliche Belastung	1.750 €

Sie sehen: Von Ihren Belastungen bleibt nicht viel zum Abzug übrig, besonders wenn Sie als führender oder leitender Angestellter ziemlich viel verdienen.

WICHTIGER HINWEIS

Zahlreiche Krankheitskosten werden mittlerweile von den Krankenkassen 583
überhaupt nicht mehr oder zumindest nicht vollständig abgedeckt. Nehmen Sie nur einmal die Zuzahlungen für Arznei-, Heil- und Hilfsmittel, Tagespauschalen

bei einem Krankenhausaufenthalt oder Rehamaßnahmen und Kuren. Für Brillen und Zahnersatz ist die Erstattung der Kosten inzwischen so lächerlich klein, dass man durchaus an einer medizinischen Grundversorgung zweifeln kann. Also bleibt Ihnen als Steuerzahler wieder einmal nichts anderes übrig, als selbst tief in die eigene Geldbörse zu greifen. Sie haben also typische außergewöhnliche Belastungen. Und nun kommt der Fiskus und zieht Ihnen von dem Eigenanteil, den Ihnen die gesetzlichen und privaten Krankenkassen ans Bein binden, mit der *zumutbaren Belastung* noch einmal einen steuerlichen Eigenanteil ab. Sie bleiben also auch steuerlich auf Krankheitskosten sitzen, obwohl die letztlich anfallen, um Ihr Existenzminimum zu sichern – und dazu gehört ja wohl eindeutig auch die Gesundheit.
Wie schreibt so schön der Präsident des BFH Prof. Dr. Rudolf Mellinghoff: »Erst wenn das familiäre Existenzminimum gesichert ist, kann der Steuerpflichtige auf frei verfügbares Einkommen zugreifen; erst dann steht disponibles Einkommen zur Verfügung« (in »Leitgedanken des Rechts,« § 174, Heidelberg 2013). Deshalb darf der Staat erst dann mit der Steuer zugreifen.
Über den Abzug der zumutbaren Belastung bei selbst getragenen Krankheitskosten darf in nächster Zeit der BFH entscheiden. Legen Sie also Einspruch ein, wenn man Ihnen den Abzug Ihrer Krankheitskosten kürzt, und berufen Sie sich auf das anhängige Revisionsverfahren (VI R 32/13). Ihr Einspruch ruht dann bis zur Entscheidung des BFH.

TRICK

Planen Sie Ihre außergewöhnlichen Belastungen!

584 Angenommen, Sie haben jedes Jahr so an die 2.000 € bis 4.000 € außergewöhnliche Belastungen. Mal ist es ein Zahnersatz, mal die Kur Ihrer Ehefrau, dann die neue Brille usw. Da Sie nicht gerade zu den Ärmsten im Land gehören, zieht Ihnen der Fiskus die zumutbare Belastung von 6 % Ihres Gesamtbetrags der Einkünfte von 60.000 € = 3.600 € ab. Damit verpuffen Ihre Kosten nahezu wirkungslos. Deshalb werden Sie künftig etwas pfiffiger sein und Rechnungen, die am Ende des Jahres anfallen, möglichst erst im neuen Jahr bezahlen. So fallen in einem Jahr plötzlich ca. 6.000 € an außergewöhnlichen Belastungen an, und Sie können sich nach Abzug der zumutbaren Belastung von 3.600 € über eine Steuerersparnis von ca. 2.400 € freuen. Selbst wenn der BFH die zumutbare Belastung für Krankheitskosten endgültig akzeptiert (➤ Rz 583), haben Sie so zumindest teilweise eine Steuerermäßigung gerettet.
Zudem werden Sie bei Ihrer Steuererklärung noch einmal in sich gehen, damit Sie auch ja keine Kosten vergessen, die Ihnen im Lauf des Jahres entstanden sind.

Die Fahrtkosten beider Partner zum Zahnarzt	75 €
Die Grippeschutzimpfung	90 €
Die Akupunkturbehandlung gegen das Rauchen als Vorbeugung gegen den Sie besonders bedrohenden Herzinfarkt	150 €
Die Migränebehandlung Ihres Ehepartners beim Akupunkteur	150 €
sowie die Fahrtkosten zu diesem Heilpraktiker	50 €
Und schon sind als weitere außergewöhnliche Belastungen	515 €

anzusetzen. Auf Nummer sicher gehen Sie, wenn Sie sich die Behandlungen nicht nur einfach verordnen, sondern ihre Notwendigkeit durch einen Amtsarzt bestätigen lassen.

2. Das sind Krankheitskosten

Grundsätzlich sind alle Kosten, die durch das Kranksein (auch der Familienan- 585
gehörigen) anfallen, steuerlich berücksichtigungsfähig.

Beruflich veranlasst? 586
Zuallererst müssen Sie überlegen, ob die Erkrankung auf Ihren Beruf zurückzuführen ist, denn dann sind die *Krankheitskosten in voller Höhe* – also ohne Abzug der zumutbaren Belastung – als Betriebsausgaben oder Werbungskosten abzugsfähig, sofern nicht im Fall einer Berufskrankheit die Berufsgenossenschaft die Kosten übernimmt.

Wichtig ist, den Zusammenhang zwischen der Erkrankung und Ihrem Beruf nachzuweisen. Das ist der Fall, wenn Sie z.B. körperliche Schäden durch einen Unfall bei Ausübung des Berufs oder auf dem Weg zur Arbeitsstätte erlitten haben (Berufsunfall). Anerkannt werden inzwischen aber auch Therapien bei beruflich verursachten Stresssituationen, wie die Teilnahme an einer Selbsthilfegruppe »Anti-Mobbing« (FG Niedersachsen v. 8.6.2006 – 14 K 57/03).

Typische Berufskrankheiten
Bei inneren Erkrankungen wird es schon schwieriger. Da müssen Sie nachweisen, dass die Erkrankung eine typische Berufskrankheit ist. Bisher sind u.a. von den Steuergerichten als typische Berufskrankheiten anerkannt: Pilzerkrankungen in Papierfabriken, Vergiftungserscheinungen in chemischen Fabriken, Gelbsucht bei Chirurgen und Zahnärzten, Tuberkulose beim Lungenfacharzt, Wirbelsäulenerkrankung durch Heben oder Tragen. Bei typischen Berufskrankheiten ist die berufliche Veranlassung nicht mehr zu prüfen, sondern zu unterstellen.

Als Arbeitnehmer haben Sie bei einer typischen Berufskrankheit zumeist keine unmittelbaren Kosten, weil alles nach § 9 SGB VII in Verbindung mit der geltenden Berufskrankheitsverordnung abgegolten ist und die mittelbaren Kosten mit einem Pauschbetrag für Körperbehinderung berücksichtigt werden (§ 33 b EStG, R 33 b EStR; ➤ Rz 668ff.). Haben Sie indessen Kosten selbst getragen, sind diese in der Anlage N als Werbungskosten zu erklären.

587 **a) Kosten für Medikamente, Heil- und Hilfsmittel**

Die Anerkennung Ihrer Kosten für Medikamente, Heil- und Hilfsmittel als außergewöhnliche Belastung hängt davon ab, dass Sie deren Notwendigkeit nachweisen. Nach § 64 EStDV benötigen Sie dafür in jedem Fall das Rezept eines Arztes oder eines Heilpraktikers.

Bei Medikamenten, die Sie dauernd oder über längere Zeit einnehmen müssen, genügt es, ein Mal eine ärztliche Dauerverordnung vorzulegen. Auch für Hilfsmittel wie Brillen benötigen Sie ein Rezept des Augenarztes. Die Bescheinigung des Optikers über die Veränderung Ihrer Sehstärke reicht danach wohl nicht aus.

Erfreulich das BFH-Urteil vom 11.8.1991 (III R 70/88 – BFH/NV 385/1991), wonach nicht rezeptpflichtige Medikamente und allgemeine Stärkungsmittel steuerlich abziehbar sind, wenn sie – nach Gegenstand und Menge spezifiziert – ärztlich verordnet wurden und die Krankenkasse eine Erstattung der Kosten abgelehnt hat. Mit derselben Begründung können Sie auch die Zuzahlungen absetzen, die Sie leisten mussten, weil Sie lieber das erprobte teurere Markenmedikament genommen haben, statt sich mit einer unbekannten Ersatzpille zufriedenzugeben.

Genauso förmlich geht es mit den Nachweisen zu bei Heil- und Hilfsmitteln, die Gegenstände des täglichen Bedarfs ersetzen, z.B. Spezialbetten, orthopädische Schuhe, Stützstrümpfe, Spezialwäsche etc. Oder wenn bei Ihnen eine wissenschaftlich nicht anerkannte Behandlungsmethode wie Frischzellen- oder Trockenzellenbehandlung, Sauerstoff-, Chelat- oder Eigenbluttherapie angewendet wird. In diesen Fällen benötigen Sie ein vor dem Kauf des Hilfsmittels bzw. vor Beginn der Behandlung ausgestelltes Attest vom **Amtsarzt** oder vom **Medizinischen Dienst**.

Keine Ausnahme von der Regel: Die Ausnahmen, nach denen die medizinische Erforderlichkeit bestimmter Maßnahmen auch nachträglich durch den Amtsarzt bestätigt werden konnte, hat der Gesetzgeber mit Einführung des § 64 EStDV einkassiert. So ließ der BFH z.B. die Kosten für das Fällen von Birken im Garten eines Steuerzahlers mit massiver Allergie als außergewöhnliche Belastung zu, obwohl das amtsärztliche Gutachten hierfür erst im Nachhinein eingeholt worden war (BFH v. 15.3.2007 III R 28/06 – BFH/NV 2007, 1841). Er hatte sogar mehrfach entschieden, dass zum Abzug von Krankheitskosten als außergewöhnliche Belastungen nicht zwingend ein vor Behandlungsbeginn eingeholtes amtsärztliches oder vertrauensärztliches Gutachten bzw. ein Attest erforderlich ist. Der Nachweis könne zudem auch durch andere geeignete Beweismittel geführt werden (BFH v. 11.11.2010 – VI R 17/09, DStR 2011 S.115 und BFH v. 11.11.2010 VI R 16/09, BFH/NV 2011, 503ff).

All diese Ausnahmen sind nun hinfällig. Die gesetzliche Regelung zum Nachweis fordert ausdrücklich, dass das Rezept für Ihre Medikamente vor deren Erwerb ausgestellt werden muss und der Besuch beim Amtsarzt bzw. das Gutachten des medizinischen Dienstes vor Behandlungsbeginn erfolgen muss.

TIPP

zu Ihren Rezeptgebühren

Zuzahlungen und Rezeptgebühren sind außergewöhnliche Belastungen, die Sie 588
absetzen können. Damit Sie sich nicht mit dem Sammeln von 1.000 kleinen Quittungen belasten müssen und möglicherweise die Hälfte vergessen oder verlegen, fragen Sie doch mal in Ihrer Apotheke nach, ob sie **Heftchen für die Selbstbeteiligung** hat. Darin wird bei jedem Kauf der zugezahlte Betrag eingetragen und von der Apotheke abgestempelt. Sie brauchen am Jahresende nur noch die Beträge zusammenzurechnen und haben dann einen wunderbaren Nachweis Ihrer Zuzahlungen. Ersatzweise tut's ein einfaches Schulheft. Wichtig ist nur, die Einträge von der Apotheke abstempeln zu lassen.

Übrigens: Die Kosten der Grippeschutzimpfung sind natürlich als außergewöhnliche Belastung abziehbar.

GUTER RAT

Sollten Sie einen erheblichen Verbrauch an Schmerzmitteln haben, die Sie aus 589
eigener Tasche bezahlen müssen, weil Ihnen der Arzt nicht genügend verschreibt, dann lassen Sie sich von ihm halt ein Privatrezept ausstellen. Eine Kostenerstattung von der Krankenkasse gibt es damit zwar auch nicht, aber Sie haben für das Finanzamt den erforderlichen Nachweis einer ärztlichen Verordnung der Medikamente.

Der Gipfel der Unverfrorenheit ist, dass Sie medizinische Fachbücher nicht absetzen können sollen. So zumindest nach Meinung des BFH vom 24.10.1995 (BStBl II 1996 S.88), der einem Steuerzahler die Fachbücher, mit denen er sich auf eine Therapie vorbereiten wollte, nicht anerkannte. Offensichtlich meinen die Herren Richter, dass Sie sich nicht zu informieren brauchen, ob Sie einem seriösen Mediziner oder einem Pfuscher mit zweifelhaften Methoden in die Hände fallen, der Sie Gesundheit und Leben kosten kann.

TIPP

Setzen Sie Ihre Diätverpflegung doch ab!

590 Der Fiskus hat vor Jahren gesetzlich festgelegt, dass Kosten für Diätverpflegung grundsätzlich nicht als außergewöhnliche Belastung abgezogen werden dürfen (§ 33 Abs. 2 Satz 3 EStG). Dieses kategorische Nein mutet recht hart an, vor allem wenn die Diätverpflegung aus medizinischen Gründen zwingend erforderlich ist. Schützenhilfe für seine kleinliche Haltung bekam der Fiskus jüngst vom Finanzgericht Düsseldorf (FG Düsseldorf v. 15.7.2013 – 9 K 3744/12 E).
Allerdings hat der betroffene Steuerzahler, dem der Arzt wegen einer chronischen Stoffwechselerkrankung Vitamine und andere Mikronährstoffe verordnet hatte, nicht so schnell klein beigegeben und durchgesetzt, dass sich der BFH jetzt noch einmal mit dieser ungerechten Rechtslage beschäfigt. Seine Revision trägt das Aktenzeichen VI R 89/13.
Sind Sie also aufgrund Ihres Gesundheitszustandes ebenfalls auf eine bestimmte Diät angewiesen, sollten Sie die Kosten dafür in Ihrer Steuererklärung geltend machen. Ganz wichtig dabei ist, dass Ihr Arzt die Diätverpflegung zuvor wie ein Medikament verordnet hat. Streicht das Finanzamt die Kosten erwartungsgemäß, können Sie sich mit einem Einspruch dagegen wehren und beantragen, dass das Verfahren kostenfrei ruht, bis der BFH abschließend entschieden hat.

591 **b) Krankheitsbedingte Fahrtkosten**

Wer hat schon das Glück, dass der nächste Arzt in drei Minuten zu Fuß zu erreichen ist? Und welcher weißbekittelte Spitzenverdiener der Nation macht sich noch die Mühe des Hausbesuchs? Sie müssen also zusehen, wie Sie in die Praxis kommen. Wenn Sie das nicht gerade auf Schusters Rappen erledigen, entstehen Ihnen Fahrtkosten, egal, ob Sie mit Auto, Fahrrad oder öffentlichen Verkehrsmitteln fahren.
Ich möchte fast jede Wette eingehen, dass Sie bisher vergessen haben, dem Finanzamt die Fahrtkosten zu Ihren Ärzten zu präsentieren. Bei z.B. 20 Taxifahrten à 10 € läppern sich da schnell 200 € zusätzliche Krankheitskosten zusammen. Schwingt etwa ein Fiskalritter den Rotstift bei Ihren durch Quittungen oder eine Einzelaufstellung glaubhaft gemachten Taxikosten, dann erklären Sie ihm, dass es Ihnen so schlecht ging, dass Sie weder mit dem Auto noch mit dem Bus fahren konnten, sondern ein Taxi rufen mussten (BFH – BStBl 1967 III S. 655).

Haben Sie Ihr eigenes Auto benutzt, beanspruchen Sie den Kilometerpauschbetrag von 0,30 €. Einen Einzelnachweis Ihrer tatsächlichen Kilometerkosten wollen die Fiskalritter grundsätzlich nicht akzeptieren (BFH – BStBl 1997 II S. 538). Sparen Sie sich also das Belegesammeln!

Wenn es auf der Fahrt zum Arzt oder Krankenhaus gekracht hat und Sie die Unfallkosten selbst tragen müssen, gehören sie – wie die Fahrtkosten – in Ihre Zusammenstellung der Krankheitskosten. Zu den Kosten, die Sie bei einem Unfall absetzen können, siehe ➤ Rz 247 ff. Sollte sich ein Fiskalritter querstellen, berufen Sie sich auf folgenden Grundsatz: 592

Ist eine Krankenfahrt zwangsläufig notwendig und angemessen, dann können auch Kosten infolge eines Unfalls auf einer solchen Fahrt nicht unberücksichtigt bleiben.

Stoßen Sie ihn mit der Nase auf die EFG 1980 S. 284 oder die BFH-Urteile BStBl 1974 II S. 104 und BStBl 1978 II S. 105, 109, mit denen z. B. die Abschlepp- und Reparaturkosten anerkannt wurden.

TIPP

für die Fahrt zur Kur

Manchmal sind die Finanzämter noch pingeliger als Ihre Krankenkasse. So kann es Ihnen passieren, dass man Ihnen als Fahrtkosten für An- und Abreise zur Kur nur die Kosten öffentlicher Verkehrsmittel anerkennt (BFH-Urt. v. 12.6.1991 – BStBl 1991 II S. 763). Der Termin für eine solche Kur steht ja auch Wochen vorher fest. Trotzdem ist das für Sie nicht der Weisheit letzter Schluss. Können Sie z. B. **besondere Gründe ins Feld führen**, wie eine Gehbehinderung, Asthma oder ein Herzleiden, das Sie hindert, schwere Koffer über Bahnsteige zu schleppen, sind auch Fahrtkosten mit dem Auto abzugsfähig (BFH v. 30.6.1967 – BStBl 1967 III S. 655). Und wenn Sie sich mit einer dicken Backe und mordsmäßigen Zahnschmerzen quälen, kann wohl niemand verlangen, dass Sie zwei Stunden auf den nächsten Bus warten. Oder berufen Sie sich auf die schlechten Verbindungen mit öffentlichen Verkehrsmitteln. 593

Zuerst verbraucht man seine Gesundheit,
um zu Geld zu kommen, dann sein Geld,
um die Gesundheit zurückzuholen.
(Robert Lembke)

Wenn Sie zur Behandlung einer Krankheit zu einem auswärts wohnenden Arzt oder Heilpraktiker fahren und dort bis zum Abschluss der Behandlung im Hotel wohnen, sind auch diese Aufwendungen und die Fahrtkosten voll abzugsfähig, falls der Aufenthalt nur der Krankheitsbehandlung gedient hat, also keine Kur war (FG Rheinland-Pfalz v. 19.8.1980 – EFG 1981 S. 21). 594

595 Ebenfalls zu den außergewöhnlichen Belastungen gehören die Reisekosten für Besuchsfahrten zu Angehörigen, die in einem auswärtigen Krankenhaus untergebracht sind. Allerdings müssen Sie zwingend durch eine Bescheinigung des behandelnden Krankenhausarztes belegen, dass die Besuchsfahrten zu Ihrem für längere Zeit in einem Krankenhaus liegenden Ehegatten oder Kind entscheidend zur Heilung oder Linderung von dessen Krankheit beitragen können. Also wappnen Sie sich auf jeden Fall mit einem solchen Nachweis.
Andererseits urteilten die BFH-Richter, dass 14-tägliche Fahrten zu den über 80-jährigen und 800 km weit weg wohnenden Eltern nicht als außergewöhnlich angesehen werden können (BFH-Urt. v. 22.10.1996 – BStBl 1997 II S.558). Damit ist der Abzug von Fahrtkosten auf die Fälle reduziert, in denen Sie Ihre Angehörigen besonders oft aufsuchen, weil Sie deren Pflege praktisch im Alleingang besorgen.

SUPER TRICK

Lassen Sie sich vom Arzt das richtige Papierchen für Ihre Besuchsfahrten ausstellen!

596 Lassen Sie sich von dem Arzt, der Ihren Angehörigen behandelt, eine Bescheinigung ausstellen, dass Ihre Besuche unbedingt erforderlich sind, weil sie den Heilungsprozess nachhaltig fördern. Hierdurch erfüllen Sie den Wortlaut des § 33 EStG und § 64 EStDV, der einen Nachweis darüber fordert, dass Ihre Fahrtkosten zwangsläufig entstanden sind. Durch den Hinweis auf den Heilungsprozess kommen Sie nicht umhin, schon aus diesem Grund so oft wie möglich Besuchsfahrten zu unternehmen. Wenn der Arzt die Bescheinigung zusätzlich mit einigen der unverständlichen lateinischen Medizinerfloskeln spickt, wird es jedem Fiskalritter vergehen, Ihnen die Fahrtkosten zu streichen.
Ohne ärztliche Bescheinigung läuft da gar nichts. Sogar dem Besuch bei der im Sterben liegenden Mutter verwehrten die Steuerrichter die Anerkennung (FG Hamburg v. 12.09.2001 – II 296/00).
Auf eine ganz unangenehme Idee sind die Richter des FG München verfallen. Trotz ärztlicher Bestätigung, dass die Besuchsfahrten zur Mutter medizinisch notwendig waren, hat das Gericht die Anerkennung der Kosten versagt. Die Begründung war – man mag es kaum glauben –, dass die Steuerzahler ihre Mutter ernsthaft hätten auffordern müssen, die Fahrten zu bezahlen. Nur wenn die Mutter finanziell dazu nicht in der Lage gewesen wäre, wären die Fahrtkosten abzugsfähig gewesen (FG München v. 22.9.2008 – 7 K 4430/06)?

597 Allerdings gibt es einen kleinen Silberstreif am Horizont. Sie haben nämlich unter Umständen die Alternative, den Pflegepauschbetrag (§ 33 b Abs. 6 EStG) in Höhe von 924 € abzusetzen, wenn Sie mehr als reine Besuchsfahrten ausführen. Zum Pflegepauschbetrag siehe ➤ Rz 687 ff.

Für nicht abzugsfähig erklärt wurden Fahrten zum Ehegatten, der in Kur weilt, und Krankenbesuche bei der alleinstehenden Schwester (BFH – BStBl 1975 II S. 536). 598

Tatsachen schafft man nicht dadurch aus der Welt,
dass man sie ignoriert.
(Aldous Huxley)

Auch als bekehrter Alkoholiker können Sie Fahrtkosten in Ihrer Steuererklärung unterbringen. Alkoholismus ist eine Krankheit, und wenn Sie zweimal pro Woche je 10 km zur Gruppentherapie bei den Anonymen Alkoholikern fahren, haben Sie im Jahr 52 Wochen à zwei Fahrten à 10 km = 1.040 km × 0,30 € = 312 € Fahrtkosten für Ihre Aufstellung der außergewöhnlichen Belastungen (BFH v. 13.2.1987, BStBl 1987 II S. 427). 599

Gute Nachricht für Behinderte! 600
Wenn Sie aufgrund Ihrer Behinderung auf fremde Hilfe angewiesen sind, können Sie die Kosten für eine Begleitperson bis zur Höhe von ca. 767 € pro Jahr als außergewöhnliche Belastung ansetzen.

Wichtig: Diese Kosten gehören nicht zu den laufenden und typischen, mit der Körperbehinderung zusammenhängenden Kosten und sind deshalb neben dem Behindertenpauschbetrag gem. § 33 b Abs. 3 EStG abziehbar (FG Nürnberg v. 6.10.1998, EFG 1999 S. 70; BFH v. 4.7.2002 – BStBl 2002 II S. 765). Zu behinderungsbedingten Fahrtkosten vgl. ➤ Rz 674.

c) Kosten für Vorsorgemaßnahmen 601
Will Ihnen Ihr Finanzamt die Vorbeugekosten streichen, weisen Sie darauf hin, dass *Vorsorgekuren* zu den vorbeugenden gesundheitlichen Maßnahmen gehören und nach der Rechtsprechung als Krankheitskosten anerkannt werden müssen, wenn mit ihrer Hilfe eine konkrete Erkrankung abgewendet werden soll. Das A und O ist, dass Sie sich die medizinische Notwendigkeit der Kur vor Antritt durch den Amtsarzt oder den medizinischen Dienst Ihrer Krankenversicherung hochoffiziell bestätigen lassen. Der BFH hat dies in seinen Urteilen wiederholt bestätigt. Kosten für die Kneippkur eines gesunden Bundeswehrpiloten etwa, um seinen allgemeinen Gesundheitszustand (»vollständige Fitness«) zu erhalten, sind weder als außergewöhnliche Belastung noch als Werbungskosten abzugsfähig (Urt. v. 17.12.1997 – III R 32/97).

Ebenfalls als *Vorbeugekosten* anzuerkennen sind Aufwendungen für die Ausübung eines Sports unter ärztlicher oder krankengymnastischer Anleitung (Aufwendungen für den Reitsport bei hämorrhoidalen Leiden – BFH v. 602

15.10.1971 – VI R 80/68, BStBl 1972 II S. 14), für Besuche von Warmwasser- und Solebädern bei Wirbelsäulenschäden (FG v. Niedersachsen 22.12.1975 – EFG 1976 S. 184) und für Vorsorgeuntersuchungen in Diagnosezentren, wenn sie nicht unangemessen im Preis sind. Die Vorbeugekosten dürfen nur nicht den Eindruck machen, sie dienten nur ganz allgemein der Gesundheit.
Beim Sport müssen Sie nicht nur darauf achten, dass er unter Verantwortung eines Arztes, Heilpraktikers oder einer sonst zur Ausübung der Heilkunde zugelassenen Person, z.B. einer Krankengymnastin, und gemäß einer genauen Einzelverordnung betrieben wird, sondern auch durch eine *zuvor* ausgestellte amts- oder vertrauensärztliche Bescheinigung den Nachweis erbringen, dass der Sport für die Heilung oder Linderung einer Krankheit erforderlich ist (BFH-Urt. v. 14.8.1997 – III R 67/96, BStBl 1997 II S. 732).

603 Wenn der Staat es so haben will, dann gehen Sie den bürokratischen Weg! Merken Sie sich, Alkoholiker: Alle Kosten, auch die einer versuchten Heilung von Ihrer Sucht, sind abzugsfähig! (FG Düsseldorf v. 28.10.1977 – EFG 1978 S. 125, bestätigt durch BFH-Urt. v. 14.8.1984 – VI R 34/78)

604 Die Kurkosten für eine Begleitperson sind ebenfalls steuerlich absetzbar! Damit können Sie sowohl Unterbringungs- als auch Verpflegungs- und Fahrtkosten für eine Begleitperson absetzen, wenn der Amtsarzt oder der medizinische Dienst die Notwendigkeit der Begleitung vor der Kur bescheinigt hat, vgl. ➤ Rz 630.

605 Ganz besonders wichtig, wenn Sie in psychotherapeutischer Behandlung sind: Egal ob Sie schon eine ausgewachsene psychische Störung haben, die therapiert werden muss, oder Sie einer solchen Situation durch eine entsprechende Behandlung vorbeugen wollen, Sie können sich die Kosten nur dann steuerlich subventionieren lassen, wenn Sie vor der Behandlung beim Amtsarzt oder dem medizinischen Dienst waren und diese Experten ihr Okay zur Behandlung gegeben haben.

606 Auch wenn Sie Aufwendungen für alternative Behandlungsmethoden steuerlich geltend machen wollen, benötigen Sie vor Behandlungsbeginn ein amtsärztliches Attest über die medizinische Notwendigkeit. Nur der Amtsarzt besitzt laut Bundesfinanzhof (Urteil v. 1.2.2000 – BStBl 2001 II S. 543) Sachkunde und Neutralität, um dies zu beurteilen. Damit stoßen die BFH-Richter in dasselbe Horn wie der Fiskus in R 33.4 EStR. Dabei sollten Sie aber vor dem Weg zum Amtsarzt schauen, ob Ihre alternative Heilbehandlung als »nicht wissenschaftlich anerkannt« gilt. Anderenfalls genügt nämlich auch das Attest Ihres Arztes. So müssen Sie z.B. bei Frisch- und Trockenzellenbehandlungen, Sauerstoff-, Chelat- und Eigenbluttherapien zum Amtsarzt, während eine heileurythmische Behandlung eine anerkannte Behandlungsmethode ist und deshalb das Attest Ihres behandelnden Arztes vollkommen ausreicht (FG Schleswig-Holstein v. 17.4.2013 – 5 K 71/11).

SUPER TRICK

Fitnesstraining auf Krankenschein

Sind Sie guter Kunde in einer krankengymnastischen Massage- und Bäder- 607
praxis, weil Sie oft Kreuz- und Gliederschmerzen plagen? Was Sie eigentlich brauchen, meinen Sie zu wissen: nämlich tüchtige Eigenbewegung, kräftigere Muskeln und Sehnen, damit Sie weniger anfällig sind. Jetzt passen Sie auf: In den meisten krankengymnastischen Massage- und Bäderpraxen befindet sich ein größerer Gymnastikraum, der mit den verschiedensten technischen Geräten ausgestattet ist, die sich kaum von denen in einem gewerblichen Fitnesscenter unterscheiden. Fragen Sie doch den Inhaber, ob Sie zwei- bis dreimal in der Woche im Gymnastikraum trainieren können. Wenn Sie guter Fango- und Massagekunde sind, hat er bestimmt nichts dagegen.

Schade: Aufwendungen für die Anschaffung neuer Kleidung infolge einer Ab- 608
magerungskur sind nach dem BFH-Urteil vom 17.7.1981 (VI R 105/78 – HFR 1981 S.518) keine außergewöhnliche Belastung. Entsprechendes gelte für Änderungskosten (FG Hessen v. 2.3.1978 – EFG 1978 S.432). Übergewicht sei ebenso wenig wie Übergröße zwangsläufig. Allerdings war das FG Düsseldorf am 13.1.1981 (IX 457/77 E, nv) so einsichtig, die Kosten für den notwendigen Mindestbestand an Bekleidung nach einer krankhaft bedingten Abmagerung (von mehr als 30 kg) als außergewöhnlich anzuerkennen. Und weil die Dicken in der Überzahl sind, hier noch ein besonderer Tipp für sie:

d) Erweiterte Krankheitskosten 609

Der Bundesfinanzhof berücksichtigt grundsätzlich nur Aufwendungen, die unmittelbar zum Zweck der Heilung, Linderung oder zur Erträglichmachung einer Krankheit aufgewendet werden. Wie die vorstehenden Ausführungen zur Krankheitsvorbeugung zeigen, fallen unter § 33 EStG aber auch mittelbar durch die Krankheit entstandene Aufwendungen, wenn sie in einem engen Zusammenhang mit ihr stehen. Hierzu rechnen insbesondere die sog. erweiterten Krankheitskosten. Entfernte mittelbare Kosten sind außer Betracht zu lassen, da sie die allgemeine Lebensführung betreffen.
Als erweiterte Krankheitskosten hat die Rechtsprechung u.a. anerkannt:

- eine Mietabfindung, die ein Steuerpflichtiger zur Erlangung einer geeigneten Wohnung an den Vormieter zahlte, weil der Wohnungswechsel wegen des völlig gelähmten Sohnes notwendig war (BFH-Urt. v. 14.12.1965 – BStBl 1966 III S.113),

- Aufwendungen für bauliche Veränderungen am eigenen Einfamilienhaus eines gehunfähigen Schwerbeschädigten zur Benutzung eines fahrbaren Hebeapparats (FG Hamburg, EFG S.557) ebenso wie die Kosten für einen Treppenschräglift (FG Berlin, EFG 1995 S.264; FG Sachsen v. 12.10.2006 – 2 K 1859/04); Schwierigkeiten gibt es allerdings, wenn die Gehbehinderung nicht durch einen Schwerbehindertenausweis oder ein ärztliches Gutachten bestätigt wird (FG Nürnberg v. 4.12.2003 – VI 361/2002), oder
- Umbaumaßnahmen wegen Querschnittslähmung eines Kindes (FG Hessen – EFG 1977 S.373, und FG Rheinland-Pfalz – EFG 1979 S.231).
- Aufwendungen für den Einbau einer Spezialbadewanne (Sitzbadewanne mit Wannentür) sind außergewöhnliche Belastungen, wenn vorher ein amts- oder vertrauensärztliches Attest eingeholt wurde (FG Rheinland-Pfalz v. 23.10.2001 – 2 K 2105/01).
- Die Annahme erweiterter Krankheitskosten hatte der BFH abgelehnt bei Einbau eines Fahrstuhls in das Einfamilienhaus eines gelähmten Steuerpflichtigen (BFH v. 10.10.1996 – BStBl 1997 II S.491; BFH v. 25.1.2007 – III R 7/06).
- Die folgenden Aufwendungen sah das Niedersächsische Finanzgericht (EFG 1969 S.491) neben dem Pauschbetrag als abzugsfähig bei *Conterganerkindern* an:
  - für Fahrten zu einer auswärtigen Spezialklinik, um der Tochter die notwendige Wäsche zu bringen,
  - die Eigenbeteiligung an den Kosten einer Armprothese,
  - für Fahrten zur Prothesenversorgung als mittelbare Kosten der Anschaffung der Prothese und
  - für Spezialmöbel zur Schreibhilfe.

Dass der Einbau von Schwimm- oder Bewegungsbädern wegen des gleichzeitig entstehenden Gegenwerts nicht unter erweiterte Krankheitskosten fällt, dürfte spätestens nach der Entscheidung des BFH zum Einbau eines Fahrstuhls bei Behinderten und dem letzten Urteil des FG Rheinland-Pfalz zum Schwimmbadbau wegen Behinderung zuungunsten der betroffenen Steuerzahler geklärt sein (FG Rheinland-Pfalz v. 11.10.2006 – 6 K 2169/05).
Trinkgelder an das Krankenhauspersonal gehören nicht zu den unmittelbaren Krankheitskosten. Entgegen seinem früheren, den Abzug bejahenden Urteil (BFH v. 22.10.1996 – BStBl 1997 II S.346) vollzog der BFH hier eine 180-Grad-Wende (BFH v. 30.10.2003 – BStBl 2004 II S.270).

610 Aufwendungen für den Privatschulbesuch Ihres Kindes können ebenfalls zu außergewöhnlichen Belastungen führen, wenn Sie die Krankheit in den Vordergrund stellen und den Schulbesuch quasi nebenbei laufen lassen. Schulgeldzahlungen für den medizinisch indizierten Besuch einer Privatschule durch ein geistig und körperlich behindertes Kind sind von der Rechtsprechung als au-

ßergewöhnliche Belastung berücksichtigt worden (FG Köln, Urt. v. 23.7.1997 – EFG 1998 S. 318). Anerkannt wurden auch z. B. die Aufwendungen für die Unterbringung eines an Asthma erkrankten Kindes in einem »Oberschulinternat«, wenn der Aufenthalt aus klimatischen Gründen zur Heilung oder Linderung der Krankheit nachweislich unabdingbar notwendig ist und der Schulbesuch nur anlässlich dieser Heilbehandlung gleichsam nebenbei und nachrangig erfolgt (BFH-Urt. v. 26.6.1992, III R 83/91, BStBl 1993 II S. 212). Entsprechendes gilt für die Unterbringung eines legasthenischen Kindes, wenn die Lese- und Rechtschreibschwäche Krankheitswert hat (BFH-Urt. v. 26.6.1992, III R 8/91, BStBl 1993 II S. 278). Wappnen Sie sich in diesem Fall unbedingt mit einem amtsärztlichen Nachweis. Eine Bescheinigung des Schulaufsichtsamts oder eines einschlägig tätigen Professors reicht nicht aus (BFH v. 7.6.2000 – BStBl 2001 II S. 94).
Abziehbar sind auch die Aufwendungen für den Besuch besonderer Behindertenschulen, wie z. B. von Blinden- und Taubstummenschulen. Nicht berücksichtigt wurde jedoch die Unterbringung eines hochbegabten Kindes in einem Internat mit Hochbegabtenförderung oder die Unterbringung eines schwer erziehbaren Kindes in einer geeigneten Schuleinrichtung (BFH-Urt. v. 26.6.1992 – BStBl 1993 II S. 278). Es sei denn, der Aufenthalt war amtsärztlich bestätigt auf eine Krankheit zurückzuführen (BFH v. 22.9.2005 – BFH/NV 2006 S. 281).
Allgemein gilt Folgendes: Ist Ihr Kind auf den Besuch einer Privatschule (Sonderschule oder allgemeine Schule in privater Trägerschaft) mit individueller Förderung angewiesen, damit es eine angemessene Schul- und Berufsausbildung erhält, sind die Kosten außergewöhnliche Belastungen. Der Fiskus schaut dabei auch danach, ob es in zumutbarer Entfernung eine geeignete öffentliche Schule gibt. Zum Nachweis, dass der Besuch der Privatschule erforderlich ist, besorgen Sie sich am besten eine Bescheinigung des zuständigen Kultus- oder Schulministeriums oder einer von dieser betimmten Behörde – häufig ist das der Regierungspräsident ihrer Region (R 33.4 Abs. 2 EStR).

TRICK

Tun Sie etwas für Ihre Schönheit – und setzen Sie es von der Steuer ab!

Die Kosten einer Schönheitsoperation oder einer Haartransplantation werden 611
im Allgemeinen nicht als zwangsläufig anzusehen sein. Lassen Sie sich von Ihrem Arzt z. B. physische und psychische Gründe für eine Schönheitsoperation (besser: kosmetischen Eingriff) bestätigen und bitten Sie so das Finanzamt mit zur Kasse.
Nur in Ausnahmefällen können Aufwendungen für ein *Toupet* zu den außergewöhnlichen Belastungen gerechnet werden (FG Baden-Württemberg, Urt. v.

12.9.1978, III 152/77, EFG 1979 S.125, FG Düsseldorf, Urte. v. 18.1.1983, XI 298/82 E, EFG 1983 S.500, rechtskräftig). Der *kreisförmige Haarausfall*, der zu fleckenhaften »Löchern« im Haarwuchs führt, stellt eine Krankheit dar. Erwerben Sie ein Toupet, so hat es die Funktion einer Prothese. Die Anschaffungskosten können deshalb als außergewöhnliche Belastung abgesetzt werden. Selbst Aufwendungen in Höhe von 1.625 € sind noch angemessen. Wenn Sie als Mann unter normalem (erblich bedingtem) Haarausfall leiden, sollen die Kosten nicht abzugsfähig sein (FG Rheinland-Pfalz, Urt. v. 12.11.2008 – 2 K 1928/0). *Haartransplantationskosten* sind als außergewöhnliche Belastung abzugsfähig, wenn z.B. ein fach- oder amtsärztliches Gutachten überwiegend medizinische Gründe für die Operation nennt. Besorgen Sie sich ein solches amtsärztliches Attest *vor* der Herstellung Ihrer neuen Haarpracht, sonst sinken Ihre Chancen auf Anerkennung der Kosten als außergewöhnliche Belastung rapide (FG Niedersachsen v. 2.2.2000 – EFG 2000 S.496).
Transsexualität ist eine einer Krankheit vergleichbare Disposition. Im Zusammenhang mit der Behandlung entstandene Aufwendungen können daher als außergewöhnliche Belastungen abgesetzt werden. Das gilt allerdings nicht für die Anschaffung neuer Bekleidung nach der Geschlechtsumwandlung. Die Aufwendungen für eine »weibliche« Perücke können nur ausnahmsweise als außergewöhnliche Belastungen berücksichtigt werden, z.B. wenn das natürliche Haupthaar durch eine Teilglatze einen für eine Frau entstellenden Charakter hat und dies durch ein vorab erstelltes amts- oder vertrauensärztliches medizinisches Gutachten nachgewiesen wird (BFH v. 25.10.2007 – III R 63/06).

TRICK

Erben Sie durch nachträgliche Feststellung einer Behinderung eine Steuerermäßigung!

612 Vielleicht war einer Ihrer Elternteile vor dem Tod lange krank, einen Antrag auf Körperbehinderung zu stellen ist aber keinem in den Sinn gekommen. Sie als Erbe können das Versäumnis nachholen. Die Versorgungsämter sind nämlich angewiesen, auch für bereits Verstorbene Feststellungen über eine Körperbehinderung zu treffen, soweit dies nach den vorhandenen Unterlagen möglich ist.

Die nachträgliche Feststellung der Behinderung beantragen Sie beim Finanzamt, wenn Sie die Steuererklärung z.B. Ihres Vaters abgeben. Das Finanzamt holt dann eine Stellungnahme des Versorgungsamts ein und muss ggf. den Pauschbetrag für Behinderte berücksichtigen. Für die Steuererstattung können Sie als Erbe Ihr Konto angeben (Quelle: § 65 Abs. 4 EStDV).

TRICK

So finanziert Ihnen das Finanzamt ein neues Bioschlafzimmer.

Sie (oder Ihre Familie) leiden nachweislich unter dem giftigen Lack und dem 613
Formaldehyd, das aus Ritzen und Kanten Ihres Schlafzimmers quillt, haben ständig Kopfschmerzen, Schwindel, Unwohlgefühl, Schwächeanfälle, Allergien etc.? Und das besonders stark, weil Sie etwa mit Bronchialasthma geplagt sind?

Dann passen Sie gut auf!
Aufwendungen für Renovierungsmaßnahmen einer Wohnung können ausnahmsweise eine außergewöhnliche Belastung i. S. des § 33 EStG darstellen, wenn sich infolge einer Erkrankung die Notwendigkeit ergibt, noch neue Gegenstände auszuwechseln (BFH-Urt. v. 29.11.1991 – BStBl 1992 II S. 290). Auch Aufwendungen für Sanierungsmaßnahmen bei Gesundheitsgefährdung durch Asbest, Formaldehyd und Holzschutzmittel sind, soweit nicht Werbungskosten oder Betriebsausgaben vorliegen, nach Auffassung der Finanzverwaltung abziehbar; Entsprechendes gilt für die vollständige Entsorgung nicht sanierungsfähiger Wirtschaftsgüter (OFD Hannover, Verfügung v. 8.11.1996, S 2284 – 98 – StO 213 b, FR 1997 S. 192, vgl. auch OFD Saarbrücken, Verfügung v. 18.7.1997, S 2284 – 22 St 222) und für eventuelle Gutachtenkosten, sofern das Gutachten Ihre Meinung stützt, dass eine Sanierung erforderlich war (Erlass des Finanzsenators Bremen v. 24.2.2000 – S. 2284 – 181, Der Betrieb 2000, S. 799).

Allerdings müssen Sie dem Finanzamt durch ein amtsärztliches oder amtlich technisches Gutachten klarmachen, wie verseucht Ihr Haus und wie dringend erforderlich die Renovierung aus Krankheitsgründen ist (BFH v. 9.8.2002 – BStBl 2002 II S. 240)!
Bei Sanierungen ist anders als bei Krankheitskosten nicht zwingend, dass das Gutachten vor Beginn der Sanierung eingeholt wird (BFH v. 29.03.2012 – BStBl 2012 II S. 570). Allerdings gehen eventuelle Unklarheiten für den Fall, dass die Notwendigkeit der Sanierung imNachhinaien nicht mehr zweifelsfrei festgestellt werden kann, zu Ihren Lasten. Deshalb ist es unter dem Strich immer besser, wenn Sie den Gutachter vor Begin der Sanierung anrücken lassen.

Die Bestätigung einer Uniklinik, so haben die Richter beim FG Rheinland-Pfalz am 29.3.1999 (5 K 2932/96 DStR E 2000 S. 740) entschieden, reiche ebenso. Oder das Gutachten einer amtlichen technischen Stelle wie TÜV, Umweltamt etc. (FG Nürnberg v. 31.1.2003 – VII 370/1999).

Auf die Kleidung musst du besonders schauen. Zu gut, und sie sind sich zu gut für die Arbeit; zu zerrissen, und sie haben einen schlechten Charakter.

(Brecht, Herr Puntila)

614 **e) Pflegekosten**

Trotz Pflegeversicherung sind Sie finanziell nicht aus dem Schneider, wenn es Sie oder einen Angehörigen wirklich einmal so hart trifft. Wollen Sie eine einigermaßen anständige Betreuung, müssen Sie in die eigene Tasche greifen. Die gute Nachricht: Ihre Aufwendungen für die Unterbringung in einem Pflegeheim, Altenpflegeheim oder auf der Pflegestation eines Altenheims können Sie als allgemeine außergewöhnliche Belastung von der Steuer absetzen.

Damit Ihnen der Fiskus Ihre Pflegebedürftigkeit abnimmt, benötigen Sie entweder einen Behindertenausweis, in dem das Merkzeichen »H« für hilflos eingetragen ist, einen entsprechenden Bescheid Ihres Versorgungsamts oder einen Bescheid der Pflegeversicherung, dass Sie mindestens in die Pflegestufe I eingestuft sind. Stellen Sie ggf. schleunigst einen Antrag beim Versorgungsamt oder bei der Pflegeversicherung, denn: Ohne amtliches Behinderungsfeststellungspapier können Sie bei Ihrem Finanzamt buchstäblich mit dem Kopf unter dem Arm auftauchen, man wird Ihnen trotzdem die »Hilflosigkeit« nicht anerkennen.

Wichtig: Für den Pflegepauschbetrag ist Pflegestufe III oder »H« erforderlich (siehe auch ➤ Rz 687 ff.).

Mit der amtlich bescheinigten Hilflosigkeit haben Sie nun die Wahl:

- **Pausch- und Freibetrag**
  Sie können den Behindertenpauschbetrag für »Hilflose« in Höhe von 3.700 € beantragen (§ 33 b Abs. 3 EStG). Damit sind alle pflegebedingten Kosten abgegolten. Zusätzlich können Sie für die vom Pflegeheim berechneten Kosten für haushaltsnahe Dienstleistungen die Steuerermäßigung nach § 35 a Abs. 2 EStG in Anspruch nehmen.

615
- **Tatsächliche Kosten**
  Wenn Sie in einem Pflegeheim leben, kommen Sie mit dem Pauschbetrag nicht aus. Dann müssen Sie die tatsächlichen Kosten geltend machen. Das können Sie übrigens auch, wenn Sie krankheitsbedingt in einem Seniorenwohnstift untergebracht sind (BFH v. 14.11.2013 – BStBl 2014 II S. 456

Vorab: Besonders pfennigfuchserisch stellen sich die Fiskalritter an, wenn Sie wegen der Heimunterbringung Ihre Wohnung aufgelöst haben. Wegen angeblicher Haushaltsersparnis kürzen sie Ihnen nach R 33.3 Abs. 2 EStR Ihre Kosten zusätzlich zur zumutbaren Belastung um

22,23 €	pro Tag
667,00 €	pro Monat
8.004,00 €	im Jahr

Bei einem Gesamtbetrag der Einkünfte von 25.000 € und von Ihnen selbst gezahlten monatlichen Pflegeheimkosten von 2.000 € ergibt sich für Sie folgende Rechnung:

Pflegekosten im Jahr 2.000 € monatlich × 12 =	24.000 €
./. Haushaltsersparnis pauschal	– 8.004 €
Verbleiben	– 15.996 €
./. zumutbare Belastung (➤ Rz 581) 6 % von 25.000 € =	– 1.500 €
Abziehbare außergewöhnliche Belastungen nach § 33 EStG	14.496 €

WICHTIGER HINWEIS

Einen genauso dicken Batzen an Steuern können Sie sparen, wenn Sie die 616
Kosten für die Unterbringung von Angehörigen in einem Pflegeheim oder auf einer Pflegestation tragen. Wenn das Einkommen z.B. Ihrer Mutter zur Bestreitung der Pflegekosten nicht langt, sind Sie als ihr Kind schließlich verpflichtet, ihr finanziell beizustehen. Das gilt umso mehr, wenn Sie das Sozialamt für die Pflegekosten eines Angehörigen zur Kasse bittet (Vfg. der OFD Münster v. 4.4.1989 – S 2284 – 30 – St 16 – 31). Bezahlen Sie also einen Teil der Heimkosten, sind das für Sie allgemeine außergewöhnliche Belastungen (§ 33 EStG).

TRICK

Pauschbeträge bekommen Sie auch für Ihr Kind im Pflegeheim!

Ist Ihr erwachsenes Kind wegen seiner Behinderung in einem Heim unter- 617
gebracht, stehen Ihnen die Kinderfreibeträge zu, da Ihr Kind ja wohl kaum in der Lage ist, seinen Unterhalt aus eigenen Einkünften und Bezügen zu bestreiten.

Mit dem Kinderfreibetrag ist zugleich die Tür zu größeren Steuerermäßigungen aufgestoßen: Sie übertragen den Behindertenpauschbetrag Ihres Kindes von

3.700 € auf sich und setzen gleichzeitig den Pflegepauschbetrag mit 924 € ab. Insgesamt können Sie also ohne großen Aufwand – Behindertenausweis oder Pflegestufenbescheid reichen aus – Jahr für Jahr über 4.600 € von der Steuer absetzen. Dass Ihr Kind bis auf die Besuche zu Hause überwiegend im Heim untergebracht ist, hat darauf keinen Einfluss. Wenn Ihnen ein Fiskalritter mit dieser fadenscheinigen und zudem noch völlig unsensiblen Begründung die Pauschbeträge streichen will, klopfen Sie ihm kräftig mit dem BMF-Schreiben vom 14.4.2003 (BStBl 2003 I S. 360) auf die Finger.

Natürlich können Sie statt des Behindertenpauschbetrags Ihres Kindes auch die tatsächlichen Kosten lt. Nachweis ansetzen. Das lohnt sich aber nur, wenn Sie neben Ihren Besuchs- und Abholfahrten sowie eventuell damit verbundenen Übernachtungskosten weitere Aufwendungen ins Spiel bringen können, wie z. B. die behindertengerechte Ausstattung Ihrer Wohnung, von Ihnen bezahlte Pflegedienste oder die Kosten für eine Begleitperson im Urlaub, sofern Ihr Kind auf ständige Begleitung angewiesen ist.

SUPER TRICK

Verdienen Sie mit Großmutters Möbeln im Souterrain 2.750 €!

618 Nehmen wir an, Sie als Krösus im Geschwisterkreis sind der Einzige, der es sich leisten kann, die Kosten für Großmutters Pflegeheimunterbringung zu bezahlen. Natürlich lassen Sie sich nicht lumpen, schließlich war sie es, die immer ein paar leckere Sachen für Sie hatte und Ihnen während Ihres Studiums von ihrer kleinen Rente so manches zugesteckt hat.

Damit Ihnen die Fiskalritter nicht die Haushaltsersparnis von Ihren Kosten abknapsen, haben Sie Ihre Verhältnisse entsprechend gestaltet und können sagen: »Meiner Großmutter steht weiterhin die mit ihren Möbeln eingerichtete $1^{1}/_{2}$-Zimmer-Wohnung im Souterrain meines Hauses zur Verfügung. Eine Haushaltsauflösung hat nicht stattgefunden.« Für das Finanzamt ist es Essig mit der Kürzung um die Haushaltsersparnis. Sie setzen also 8.004 € mehr als außergewöhnliche Belastung ab und sparen bei einem -Steuersatz von 30 % ca. 2.750 € (inkl. Kirchensteuer und Solidaritätszuschlag).

SUPER TRICK

Schlagen Sie selbst aus Kürzungen durch das Finanzamt noch Kapital!

Mit der Steuer ist es wie beim Pokern: Sieger bleibt, wer ein Ass mehr im Ärmel 619
hat. Mag sich der Fiskalritter ruhig selbstgefällig die Hände reiben, wenn er Ihnen durch Abzug der Haushaltsersparnis einen dicken Batzen der Pflegekosten für Ihre Großmutter gestrichen hat, weil deren Haushalt irgendwann aufgelöst wurde. Sie wenden das Blatt, indem Sie sagen: »Halt! Ein Teil der Haushaltsersparnis wird durch die Rente meiner Oma gedeckt, und der Rest, der mir angerechnet wird, stellt typischen Unterhalt dar. Ich beanspruche dafür den Unterhaltsfreibetrag nach § 33 a Abs. 1 EStG.« Zähneknirschend muss der Steuerknecht dann so rechnen:

Pflegekosten			12.000 €
Haushaltsersparnis		8.004 €	
Durch Omas kleine Rente gedeckt		– 2.400 €	
Bei Ihnen anzurechnen		5.604 € >	– 5.604 €
Als außergewöhnliche Belastung anzurechnende Pflegekosten			6.396 €
Unterhaltsleistungen			5.604 €
Höchstbetrag		8.004 €	
Omas Rente	2.400 €		
./. Werbungskosten	– 102 €		
./. Unkostenpauschale	– 180 €		
Anzurechnende Einkünfte	2.118 €		
./. anrechnungsfreier Betrag	– 624 €		
Anrechnung auf den Unterhalt	1.494 € >	– 1.494 €	
Höchstbetrag		6.510 €	

Neben den Pflegekosten setzen Sie also zusätzlich als Unterhaltsfreibetrag die 5.604 € ab, die Ihnen als Haushaltsersparnis abgezogen wurden. Ihre Ersparnis daraus beträgt je nach Steuersatz zwischen 898 € und 2.887 €.

GUTER RAT

Für die häusliche Pflege durch Angehörige besteht ein Anspruch auf Leistun- 620
gen aus der Pflegeversicherung. Pflegen Sie z.B. Ihre Eltern, können diese dafür Pflegegeld beantragen. Man glaubt es kaum, auf welch abwegige Ideen

manche Fiskalritter kommen, um ihre Schröpfgelüste auszuleben. Da gab es tatsächlich ein paar dieser Kameraden, die Ihnen steuerpflichtige Einkünfte anhängen wollten, wenn Ihre Eltern Ihnen für Ihre Mühen und Kosten einen Teil des Pflegegelds zukommen lassen.

Zum Glück war das sogar den Ministerialbürokraten des Schlechten zu viel. Mit dem BMF-Schreiben vom 28.4.1995 (BStBl 1995 I S.251) haben sie ihre allzu vorwitzigen Kollegen zurückgepfiffen. Wenn Sie sich darauf berufen können, dass Sie sich zur Übernahme der Pflege sittlich und moralisch verpflichtet fühlen, bleibt das an Sie weitergeleitete Pflegegeld auch dann steuerfrei, wenn Sie nicht Ihre Eltern, sondern z.B. Tante Amalie, Onkel Kuno oder Nichte Claudia pflegen (§ 3 Nr. 36 EStG).

3. Wann ist die Beschaffung von Hausrat und Bekleidung steuerlich abzugsfähig?

621 **Haben Sie durch Kriegseinwirkung, Terror im Ausland, Vertreibung, Ungezieferbefall, Brand, Diebstahl oder Einbruch, Unwetter, Wohnsitzaufgabe aus zwangsläufigen Gründen oder wegen Spätaussiedlung aus den Ostblockstaaten Hausrat und Bekleidung ganz oder zum Teil verloren, ist für die Wiederbeschaffung eine erhebliche Steuervergünstigung möglich (Quelle: R 33.2 EStR)! Die Beschaffungen müssen allerdings notwendig sein. Aufwendungen für eine Wiederinstandsetzung sind dabei ebenso zu behandeln wie Aufwendungen für Wiederbeschaffung.**

Die Anerkennung als Asylberechtigter allein reicht den Richtern des Bundesfinanzhofs nicht aus, Ihre Verfolgung im Heimatland und die Übersiedlung nach Deutschland als unabwendbares Ereignis anzusehen. Wiederbeschaffungskosten für Hausrat und Kleidung wollen sie deshalb nur dann berücksichtigen, wenn Ihr Verbleiben im Heimatland mit Gefahr für Leib und Leben oder Ihre persönliche Freiheit verbunden gewesen wäre (BFH, Urteil v. 26.4.1991, III R 69/87, BStBl 1991 II S.755).

Auch die Beseitigung kriegsbedingter Schäden an Ihrem Haus im Heimatland wird nicht berücksichtigt (FG München v. 4.12.2003 – 1 K 2561/03).

WICHTIGER HINWEIS

622 Außergewöhnliche Belastungen liegen immer dann nicht vor, wenn Sie zumutbare Schutzmaßnahmen und allgemein zugängliche und übliche Versicherungsmöglichkeiten nicht genutzt haben (BFH v. 26.6.2003 – BStBl 2004 II S.47; R 33.2 Nr. 7 EStR). Stellt sich z.B. heraus, dass der Einbrecher, der Ihnen die Woh-

nung ausgeräumt hat, leichtes Spiel hatte, weil Sie vergessen hatten abzusperren, sieht es mit einem Abzug der Kosten für die Wiederbeschaffung der gestohlenen Gegenstände ganz schlecht aus. Dasselbe Ungemach droht, wenn Sie keine Hausratversicherung abgeschlossen haben. Der Fiskus geht sogar so weit, Ihnen bei Unterversicherung nicht ausreichendes Ausschöpfen einer zumutbaren und üblichen Versicherung zu unterstellen. Bei Schäden am Hausrat durch Brand, Diebstahl oder Wasserschaden, die grundsätzlich durch die Hausratversicherung abgedeckt werden, sind Sie also immer zweiter Sieger. Haben Sie eine Versicherung, zahlt die Hausratversicherung, und Sie sind nicht belastet. Sind Sie dagegen gar nicht oder nicht in ausreichender Höhe versichert, bleiben Sie auch steuerlich auf den Wiederbeschaffungskosten sitzen (BFH-Urt. v. 20.11.2003 – III R 2/02).
Werden Ihnen z.B. beim Campingurlaub oder bei der Urlaubsfahrt mit Ihrem Wohnmobil die Koffer mit Kleidung und der Hausrat gestohlen, können Sie die Wiederbeschaffung nur absetzen, wenn Sie eine Reisegepäckversicherung abgeschlossen hatten und diese nicht die vollen Kosten erstattet. So wurden einem Ehepaar, dem im Italienurlaub das Wohnmobil mitsamt Einrichtung und Kleidung gestohlen worden war, mangels einer solchen Versicherung die Wiederbeschaffungskosten verwehrt (FG Baden-Württemberg v. 7.11.2007 – EFG 2008 S. 379).
Sind die Schäden durch Naturkatastrophen wie Überschwemmung, Orkan etc. entstanden, zahlen die normalen Hausrat- und Gebäudeversicherungen häufig nicht. Ersatz bekommen Sie da in der Regel nur, wenn Sie eine sog. *Elementarschadenversicherung* abgeschlossen hatten. Die wird aber von so wenigen Steuerzahlern genutzt, dass Sie sich beruhigt auf den Standpunkt stellen können, eine Elementarschadenversicherung sei nicht üblich, so dass Ihnen ihr Fehlen nicht zum Nachteil angerechnet werden dürfe. Das sieht auch der Fiskus so. Verweisen Sie Ihr Finanzamt im Zweifel auf das entsprechende BMF-Schreiben zu Hochwasserschäden (BMF v. 21.6.2013 – BStBl 2013 I S. 769).

Zum notwendigen Hausrat gehören die Gegenstände, die nach allgemeiner An- **623**
schauung zur bescheidenen Einrichtung einer Wohnung und zur Führung eines bescheidenen Haushalts erforderlich sind, z.B.: die Einrichtung für Küche (Wohnküche), Schlafzimmer, Wohnzimmer (bei größerer Familie) sowie Fußbodenbelag und Rundfunkgerät; sämtliche Gegenstände in einfacher Ausführung. Aber: Auch *Polstermöbel, Teppiche* und sogar *Markenporzellan* zählen zum notwendigen Hausrat (Vfg. OFD Koblenz v. 12.5.1956 S. 2220 A-St. 222). Und ein Klavier (EFG 1960 S. 418). Nicht dagegen ein Auto oder eine Garage (R 33.2 Nr. 1 EStR). In welcher Höhe das Finanzamt *Wiederbeschaffung von Hausrat* steuerlich anerkennt, kann der Verfügung der OFD Münster v. 3.5.1993 (S 2285-27 – St 12-31) entnommen werden. Danach sind Aufwendungen in Höhe von ca. 10.740 €/17.900 € (Ledige/Verheiratete) zzgl. 2.965 € für jedes Kind angemessen. Mit diesen Sätzen muss aber nicht Schluss sein. Zur notwendigen Kleidung etwa gehört, was nach allgemeiner Anschauung als unentbehr-

lich anzusehen ist. Außerdem ist die Verfügung schon recht alt, da müssten saftige Zuschläge wegen der gestiegenen Lebenshaltungskosten möglich sein. Der Umstand, dass man vor dem Ereignis Gegenstände aller Art besessen hat, begründet nicht deren Notwendigkeit. Andererseits ist es nicht nötig, wieder die *gleichen* Gegenstände zu erwerben.

TIPP

zum Kauf von Hausrat

Sehen Sie zu, dass Sie die **Wiederbeschaffung Ihres Hausrats innerhalb von drei Jahren** erledigen (R 33.2 Nr. 8 EStR). Lassen Sie sich nämlich länger Zeit, unterstellen Ihnen die Fiskalritter, dass Sie nicht Verlorenes wiederbeschaffen, sondern nur ergänzen, was Sie vorher besessen haben. Bevor Ihnen die Steuerersparnis für ein paar Tausender durch die Lappen geht, zahlen Sie besser die Zinsen für einen kurzfristigen Kredit und kaufen rechtzeitig ein. Wenn Sie für die Wiederbeschaffung ein Darlehen aufnehmen müssen, sind die Zinsen insoweit abzugsfähig, als dadurch die Sätze in der o. a. Verfügung der OFD Münster überschritten werden.

TRICK

Besser spät als nie!

624 Wenn Sie erst Jahre nach dem Schaden einen Antrag auf Ermäßigung stellen, geben Sie vorsorglich an, weshalb Sie so lange mit den Anschaffungen gewartet haben (vgl. BFH v. 23.9.1960, VI 90/60 S, BStBl III S. 488). Mussten Sie Schäden an Ihrem Haus beseitigen, genügt es, wenn Sie innerhalb der Frist von drei Jahren mit den Reparaturen begonnen haben.

Dreimal umgezogen ist wie einmal abgebrannt.
(Spruch)

TRICK

Klug sein: Vorher die Beweise für eine Steuerermäßigung zusammentragen!

Vier Millionen Bundesdeutsche ziehen jährlich um. Allen entstehen saftige 625
Umzugskosten, angefangen von den Trinkgeldern für die Möbelpacker bis zu den neuen Gardinen für die größeren Fenster. Haben keine beruflichen Gründe den Umzug veranlasst, ist ein Abzug der Kosten als außergewöhnliche Belastung in aller Regel nicht möglich. Eine Ausnahme gibt es nur, wenn Sie mit einem glasklaren Attest vom Amtsarzt begründen können, dass der Umzug krankheitsbedingt notwendig ist (BFH v. 14.12.1965, BStBl 1966 II S. 113 und FG Düsseldorf v. 26.11.1999, DStRE 2000, S. 243). Und das FG Münster (Urt. v. 31.3.1971 – II 1239/69 E – EFG S. 436) sagt: Machen außergewöhnliche Umstände (im Urteilsfall Streitigkeiten mit dem Vermieter und dadurch bedingte Krankheit der Ehefrau) einen Wohnungswechsel dringend erforderlich, können Umzugskosten eine außergewöhnliche Belastung darstellen.

Lässt man sich wegen schlechten Betriebsklimas in einer Firma oder Schule an einen anderen Ort versetzen und bekommt vom Amtsarzt bescheinigt, dass man andernfalls arbeitsunfähig würde, sind Umzugskosten wegen außergewöhnlicher Belastung abzugsfähig (FG Rheinland-Pfalz v. 12.4.1972 – EFG 1972 S. 425).

Mit entsprechendem Nachweis können z.B. Umzugskosten in ein Altenheim außergewöhnliche Belastungen sein (Hessisches FG v. 23.5.2005 – 13 K 1676/04; FG München v. 27.6.2006 – 2 K 859/03). Aber auch bei einem krankheitsbedingten Umzug liegen außergewöhnliche Belastungen nur insoweit vor, als Sie keine Gegenwerte erhalten haben (FG Nürnberg v. 9.1.1985 – EFG 1985 S. 349). Also können Sie z.B. neu angeschaffte Möbel oder Vorhänge nicht absetzen. Neben den Transportkosten stehen Ihnen aber die allgemeinen Umzugspauschalen zu (➤ Rz 399) (FG Rheinland-Pfalz v. 10.11.2003 – 5 K 1429/02). Wenn Sie zusätzlich eine Mietabfindung für Ihre alte Wohnung berappen mussten, können Sie diese sogar mit oberstem Richtersegen als außergewöhnliche Belastung absetzen (BFH – BStBl 1966 III S. 113).

Besonders kleinkariert ist ein steuerzahlerfeindliches Urteil, das besagt, dass die Kosten für einen aus gesundheitlichen Gründen vorgenommenen Umzug nicht als außergewöhnliche Belastung abziehbar seien, insbesondere dann nicht, wenn Sie Gegenwerte erhalten haben. So bei einem Steuerzahler, der sich wegen Schimmelbefall in einzelnen Räumen eine neue Wohnung zulegte, um eine Erkrankung gar nicht erst aufkommen zu lassen (BFH v. 8.10.2008 – VI B 66/08).

Nichts zu machen ist auch, wenn Ihnen Ihr Vermieter wegen Eigenbedarf kündigte oder weil das Gebäude in Kürze abgebrochen werden muss; das sei nicht ungewöhnlich, meinte in unerschütterlicher Gesinnung der BFH in seinen Urteilen vom 28.2.1975 (BStBl 1975 II S.482) und vom 23.6.1978 (BStBl 1978 II S.526).

TRICK

Privater Umzug als haushaltsnahe Dienstleistung

Will das Finanzamt Ihnen die Kosten für Ihren krankheitsbedingten Umzug nicht als außergewöhnliche Belastung anerkennen, kassieren Sie zumindest eine Steuerermäßigung von 20 % der (Lohn-)Kosten bis zu 20.000 €, also max. 4.000 €, unter der Überschrift haushaltsnahe Dienstleistungen (§ 35 a Abs. 2 EStG). Voraussetzung ist, dass Sie über die Umzugskosten eine ordentliche Rechnung mit Ausweis der Lohnkosten vorweisen können und die Umzugskosten unbar per Überweisung, Verrechnungsscheck, Kreditkarte oder E-Cash bezahlt haben.

Wenn Männer Kinder bekämen, wäre die Abtreibung längst ein Sakrament der Kirche.

(Lore Lorentz)

4. Ein freudiges Ereignis? Jedenfalls für die Steuervergünstigung!

626 Tausende von Kindern kommen täglich in der Bundesrepublik zur Welt, doch die Anträge, die Entbindungsaufwand geltend machen, kann man an fünf Fingern abzählen. Oft genug meinen die Leute, dass es ihre Sache sei, die Kosten für Hebamme, Arzt, Krankenhaus und Medikamente, die nicht von der Krankenkasse erstattet werden, zu tragen. Von wegen! Diese Kosten sind – wie Krankheitskosten – als außergewöhnliche Belastung anzusetzen (BFH – BStBl 1964 III S.302).

Bei der Geburt von Drillingen hat der Fiskus ein Einsehen und lässt die vollen Kosten für eine Haushaltshilfe zum Abzug zu (FG Baden-Württemberg v. 12.11.1990 rk – EFG 1991 S.326).

5. Wann bekomme ich eine Steuervergünstigung wegen Kurkosten?

Das Finanzamt streicht in den meisten Fällen die Kurkosten nur deshalb, weil 627
nicht verstanden wurde, sie *richtig* geltend zu machen. Grundsätzlich glaubt das Finanzamt schon einmal Ihrem Arzt nicht, wenn er Ihnen bestätigt, dass eine Kur für Sie dringend nötig ist – sofern Sie nicht gerade von den Toten auferstanden sind, eine schwere Operation oder Krankheit hinter Ihnen liegt oder Sie (als Mutter) einen Haufen Kinder großgezogen haben.

Inzwischen hat der Gesetzgeber ein Übriges getan und genauso detaillierte wie kleinliche Regelungen geschaffen, wie Sie die Notwendigkeit Ihrer Kur nachweisen müssen. Der § 64 Einkommensteuerdurchführungsverordnung kennt da kein Pardon. Ohne amtliche Feststellung Ihrer Kurbedürftigkeit beißen Sie bei den Fiskalrittern auf Granit. Sie benötigen daher unbedingt

- eine Bescheinigung über Ihre Kurbedürftigkeit, die Ihnen der Amtsarzt vor Antritt der Kur ausgestellt hat.
- eine Bescheinigung des medizinischen Dienstes vor Kurantritt, dass Sie eine Kur bitter nötig haben.

Unbedingt beachten! Nachträglich ausgestellte Atteste reichen nicht.
Mit dieser gesetzlichen Regelung hat der Fiskus die wesentlich günstigere Rechtsprechung des BFH abgeschafft. Der hatte nämlich entschieden, dass nicht zwingend eine amtsärztliche Begutachtung erforderlich sei, sondern auch andere Nachweise, wie das – evtl. auch nachträglich ausgestellte – Gutachten eines Facharztes, akzeptiert werden müssten (BFH-Urteile v. 11.11.2010 – VI R 17/09, DStR 2011 S. 115 und VI R 16/09, BFH/NV 2011 S. 503 ff.).

TIPP

zum Kurantrag

Um allem Ärger aus dem Weg zu gehen, sollten Sie nicht versäumen, während der Kur dem Kurarzt den ein oder anderen Besuch abzustatten – selbst wenn Sie sich überhaupt nicht krank fühlen. Dann können Sie dem Finanzamt mit dem dezenten Hinweis: »Während der gesamten Kur stand ich unter ärztlicher Aufsicht!«, seine Rotstiftgelüste austreiben.

Wenn auch die Aufwendungen für einen Kurarzt, für Bäder und Medikamente als außergewöhnliche Belastung gelten, so sind die anderen Kurkosten nicht außergewöhnlich, wenn die Kur an die Stelle einer sonst üblichen Ferienreise tritt (Badekur). Sie sehen, es ist gar nicht so leicht, eine Steuerermäßigung zu bekommen, wenn Sie den Urlaub mit einer Kur verbinden. Das Finanzamt nimmt keine Rücksicht darauf, dass Sie als Arbeitnehmer nicht so einfach über Ihre Zeit verfügen und zur Kur fahren können, wann Sie möchten.

Es kann in unserer Welt
nicht nur Erfolgreiche geben.
Wir brauchen auch Menschen,
die arbeiten.
(W. Mitsch)

TIPP
zur Vermeidung des Abzugs der zumutbaren Belastung

628 Versuchen Sie, es hinzukriegen, dass der Arzt auf die Kurbestätigung ausdrücklich schreibt: »Die Kur ist notwendig zur Abwehr einer drohenden Berufskrankheit, nämlich …« (möglichst in lateinischer Sprache, weil das auf den Fiskalritter mehr Eindruck macht). In diesem Fall setzen Sie Ihre Kurkosten ohne den leidigen Abzug der zumutbaren Belastung als Werbungskosten ab (BFH-Urt. v. 17.7.1992 – BFH/NV 1993 S. 19).

629 Wenn Sie nach Aussage und entsprechender Bescheinigung des Amtsarztes kurbedürftig sind, fahren Sie los. Wohin, ist Ihre Sache. Ob Sie sich nach Bad Neuenahr begeben, um mehr am Spieltisch zu sitzen, als im Kurgarten wandelnd Ihr Heilwasser zu trinken, oder nach Bad Wörishofen und sich nur mal eben pro forma beim Kurarzt für eine Kneippkur vorstellen, um sich Diät, Güsse und Wassertreten verordnen zu lassen, stört komischerweise keinen Richter.

630 **Den Kurkosten können Sie auch die Kosten für eine Begleitperson zuschlagen.** Nur mit hochoffiziellen amtsärztlichen Notwendigkeitsbescheinigungen sollen Ihre Kosten für eine Begleitperson anerkannt werden. So jedenfalls die Meinung der Richter des BFH in ihrem Urteil vom 17.12.1997 (BStBl 1998 II S. 298) und nun auch der § 64 EStDV.

Haben Sie es verbummelt, sich die amtsärztliche Absolution erteilen zu lassen? Nun, eine kleine Chance, die Kosten dennoch durchzubekommen, haben Sie, wenn die Notwendigkeit der Begleitung offenkundig ist. Dies ist etwa bei einer hilflosen Person (Merkmal H), einer Person mit dem Merkzeichen »B« oder in der Pflegestufe III der Fall. Auch bei einem Kind kann das der Fall sein (vgl. FG Münster, Urt. v. 24.5.1996, 13 K 4024/94 E, EFG 1996 S. 926 für ein neunjähriges Kind). Wegen der kleinlichen Regelung in § 64 EStDV ist es aber in jedem Fall angeraten, auch hier vor der Kur den Amtsarzt oder den medizinischen Dienst einzuschalten.

GUTER RAT

Wenn Sie für Ihr Kind einen Kurantrag stellen, stellen Sie gleich für sich einen mit. Dadurch haben Sie einen doppelten Vorteil: Sie tun etwas für Ihre Gesundheit und entgehen dem Theater mit dem Amtsarzt, der eine Begleitperson für Ihr Kind befürworten muss und dies womöglich ablehnt.

Die Fiskalbürokraten haben hier mit höchstrichterlicher Rückendeckung einen Fallstrick eingebaut. Sie verlangen, dass Ihr Kind während der Kur in einem Kinderheim untergebracht ist. Diesem Schwachsinn können Sie begegnen, wenn der Amtsarzt bestätigt, dass der Kurerfolg auch ohne Heimaufenthalt gewährleistet ist (BFH-Urt. v. 12.6.1991 – BStBl 1991 II S.763; BFH-Urt. v. 2.4.1998 – BStBl 1998 II S.613). Überzeugen Sie ihn, dass es für Ihr Kind viel besser ist, während der Kur von einem Elternteil betreut und umsorgt zu werden, als in einem Kinderverwahrheim mit völlig überlastetem Pflegepersonal zu sein.

Wird die Kur in einem typischen Erholungsort oder nicht unter ständiger ärztlicher Aufsicht durchgeführt, soll sie nicht anerkannt werden. Als Nachweis für die Anerkennung sind Rechnungen des Kurarztes vorzulegen (BFH v. 14.2.1980 – BStBl II S.295).

Reichen Sie dem Finanzamt eine Aufstellung der Kurkosten und das Attest des Arztes in folgender Form ein: 631

Außergewöhnliche Belastung durch Kuraufwand

Fahrtkosten für Hin- und Rückfahrt (➤ Rz 593)		148 €
Verpflegungskosten am Kurort, 20 Tage à 24 €		480 €
Übernachtungskosten für 20 Tage		488 €
Kosten des Kurarztes	720 €	
./. Erstattung der Krankenkasse	– 70 €	
	650 €	> 650 €
Aufwendungen für Bäder, Massagen, Packungen usw. lt. ärztlicher Verordnung		635 €
Sonstige Kosten während der Kur (Taxis usw.)		30 €
		2.431 €

Wenn Sie alt oder hilfsbedürftig sind, vergessen Sie nicht, die Kosten Ihrer Begleitperson mit aufzuführen.

Damit das Finanzamt Ihnen die Kosten für eine Nachkur in einem typischen Erholungsort anerkennt, müssen Sie sich nach dem Willen des Bundesfinanzhofs auch dann in eine Kurklinik oder ein Sanatorium unter ständige ärztliche

Aufsicht begeben, wenn Ihnen die Nachkur ärztlich verordnet wurde (BFH v. 4.10.1968 – BStBl 1969 II S. 179; H 188 EStH). Ohne amtsärztliches Attest sieht es schlecht aus; es sei denn, Sie machen eine Reha-Nachkur.

GUTER RAT

632 Bei reinen Klima- oder Badekuren werden mindestens ebenso hohe Ansprüche gestellt. Nach § 64 EStDV ist die Kur nur dann anzuerkennen, wenn sie im Voraus amtsärztlich oder durch den medizinischen Dienst befürwortet wird **und** unter ärztlicher Kontrolle stattfindet. Denkbare Ausnahmen von dieser Regel gelten eventuell bei schweren Leiden wie Neurodermitis oder Psoriasis (Schuppenflechte). Da können Sie sich wenigstens während der Kur den Gang zum Arzt sparen (H 186-189 EStH »Kur«; BFH v. 12.6.1991 – BStBl 1991 II S. 763).

Die Finanzverwaltung verlangt zusätzlich, dass der Amtsarzt/medizinische Dienst auch den aus medizinischen Gründen gebotenen Kurort und die genaue Dauer der Kur ausdrücklich festlegt. Wird die Klimakur während des Jahresurlaubs durchgeführt, ist außerdem erforderlich, dass der Erholungszweck gegenüber der medizinischen Zielsetzung, also der Behandlung der Krankheit, »deutlich in den Hintergrund tritt«. Für einen steuerschädlichen Aufenthalt spricht, wenn die kurbedürftige Person nicht in einem Sanatorium, sondern in einem Hotel oder Privatquartier untergebracht ist, von Familienangehörigen begleitet wird, den Pkw zur Anreise benutzt, sich selbst verköstigt oder die Reise vom Reisebüro allgemein für Erholungszwecke veranstaltet wird. Hier müssen Sie also mit Hilfe des Amtsarztes vorbeugen und Zeitpunkt, Dauer, Ort und Aufenthaltsstätte genau im Attest festlegen und ggf. die Notwendigkeit der Familienbegleitung darlegen lassen. Denn wie wollen Sie ohne Ihre Lieben genesen!

Wenn Sie merken, dass Sie die Kurkosten nicht auf das Finanzamt abwälzen können ...

TRICK

Machen Sie Urlaub auf Kosten der Krankenkasse!

633 Herz- und Kreislaufkrankheiten nehmen heutzutage ständig zu. Auch Erschöpfungszustände körperlicher und seelischer Art treten immer häufiger auf. Grund genug, über Ihren Hausarzt eine Vorsorgekur zu beantragen. Wenn

Ihnen jetzt eine Kur verschrieben würde, könnten spätere ernstere Gesundheitsstörungen möglicherweise verhindert werden ... Oder vielleicht waren Sie gerade im Krankenhaus. Der dortige behandelnde Arzt kann ebenfalls einen entsprechenden Antrag zur »Genesungsverschickung« einreichen.

TRICK

Versuchen Sie doch einmal eine Campingkur!

Ja, Sie lesen richtig. Wenn Sie es geschickt anstellen, können Sie auf Staatskosten mit Ihrem Reisemobil oder Campingwagen in Kur fahren und sich statt in einem sterilen Sanatorium auf dem benachbarten Campingplatz einmieten. Das Zauberwort in diesem Fall ist »ambulante Kur«. Bei einer ambulanten Kur werden Sie nicht in ein Sanatorium oder eine Kurklinik eingeliefert, sondern erhalten nur die entsprechenden Anwendungen. Die Kosten für Unterkunft und Verpflegung im Wohnwagen und, da Sie ihn ja schließlich zum Kurort bringen mussten, die Fahrtkosten sind als außergewöhnliche Belastung abzugsfähig, wenn wegen Ihrer Krankheit ein Erholungscharakter Ihres Campingaufenthalts ausgeschlossen ist (FG Baden-Württemberg, EFG 1997 S.882).

GUTER RAT

Wenn Sie unbedingt nach Mallorca wollen, versuchen Sie dort ein Sanatorium zu finden, das Ihnen bestätigt, dass Sie da kuren. Aber vor dem Kurantritt zum Amtsarzt oder zum Medizinischen Dienst der Krankenkasse, Beamte zur Beihilfestelle! Denn ohne entsprechende Bescheinigung macht Ihnen der Fiskus mit § 64 EStDV schon beim Abzug der Kurkosten dem Grunde nach einen Strich durch die Rechnung und denkt über die Höhe eventuell abzugsfähiger Kurkosten gar nicht erst nach.
Vorsicht: Sie dürfen Ihre Kur nicht einfach in Griechenland statt wie bewilligt in Deutschland machen – sonst geht ebenfalls der ganze steuerliche Abzug zum Teufel (FG Baden-Württemberg, Urt. v. 5.9.1996, 6 K 54/95, EFG 1997 S.172 rkr).

Selbst wenn es beim Amtsarzt mit der Kur auf den Balearen geklappt hat, setzt der Fiskus noch einmal den Rotstift an. In jedem Fall will er die Kosten für eine Auslandskur nur bis zur Höhe der Aufwendungen anerkennen, die bei einem entsprechenden Kuraufenthalt im Inland entstanden wären. Verpflegungsmehraufwendungen anlässlich einer Kur werden nur in Höhe der tatsächlichen Kosten anerkannt. Außerdem zieht das Finanzamt noch 20 % als sog. Haushaltsersparnis ab (R 33.4 Abs. 2 EStR).

6. So bringen Sie Prozess- und Anwaltskosten bei der Steuer unter

634 Mit der Anerkennung von Gerichts- und Anwaltskosten für Zivilprozesse als außergewöhnliche Belastung tut sich der Fiskus ungeheuer schwer. Zwar hatte der BFH die Kosten für Zivilprozesse in vielen Fällen zum Abzug als außergewöhnliche Belastung zugelassen, wenn der Steuerpflichtige kein *Prozesshansl* ist und der Prozess hinreichende Aussicht auf Erfolg hat und nicht mutwillig betrieben wird (BFH v. 12.5.2011 – BStBl 2011 II S. 1015). In einem seiner unseligen Nichtanwendungserlasse hat das BFM den Finanzämtern aber sofort verboten, die für Sie günstige Rechtsprechung des BFH anzuwenden (BMF-Schreiben v. 20.12.2011 – BStBl 2011 I S. 1286). Inzwischen können Sie die Hoffnung auf Abzug der Prozesskosten fast ganz aufgeben. 2013 hat der Fiskus schlicht das Gesetz geändert und in § 33 Abs.2 EStG den Abzug verboten.

Einzige Ausnahme: In dem Prozess geht es darum zu verhindern, dass Sie Ihre Existenzgrundlage verlieren oder Ihre lebensnotwendigen Bedürfnisse nicht mehr im üblichen Rahmen befriedigen können. Das kann z. B. der Fall sein, wenn Sie um den Erhalt Ihres Einfamilienhauses kämpfen oder um die Beseitigung von Schäden, die Ihr Haus unbewohnbar machen. Denkbar ist auch ein Abzug, wenn Sie sich gegen eine Enteignung zur Wehr gesetzt haben oder um die Durchführung einer medizinisch notwendigen Therapie gestritten haben.

Unabhängig davon müssen Sie diese Kosten auch aus anderen Gründen nicht immer in den Kamin schreiben. Streiten Sie sich z. B. um Arztkosten, den Grad Ihrer Behinderung oder Schmerzensgeld, sollten Sie versuchen, Ihre Gerichts- und Anwaltskosten unter Berufung auf das FG Baden-Württemberg vom 9.9.1982 (EFG 1983 S. 290) als erweiterte Krankheitskosten geltend zu machen.

TRICK

Wie Sie Prozesskosten auf Umwegen abzugsfähig machen

Denken Sie mal nach! Wenn Sie selbst die Kosten nicht abziehen können, kann's vielleicht ein anderer! Passen Sie Ihre Verhältnisse den Steuern an! Sie bitten Ihre noch lohnsteuerpflichtigen Eltern oder Ihre Kinder, die Kosten eines Sie betreffenden Strafverfahrens zu tragen. Denn: Übernehmen Eltern die Kosten eines Wahlverteidigers für ihren eines Kapitalverbrechens angeklagten Sohn, können sie diese Aufwendungen nach dem Urteil des BFH vom 23.5.1990 (BStBl 1990 II S.895) als außergewöhnliche Belastung geltend machen, soweit sich die Honorare innerhalb der Gebührenordnung für Anwälte bewegen. Es handle sich dabei nämlich um Aufwendungen, die den Eltern aufgrund sittlicher Verpflichtung erwachsen seien, besonders dann, wenn das Kind als Heranwachsender noch nicht innerlich gefestigt ist (BFH v. 30.10.2003 – III R 23/02). Das gilt auch, wenn das Kind nicht freigesprochen wird. Aufwendungen für den Besuch des Kindes in der Haftanstalt sind nach demselben Urteil allerdings allein von den Eltern zu tragen. Nicht abzugsfähig sollen dagegen Kosten für einen Strafprozess sein, die Sie für Ihren angeklagten Bruder oder Ihre Schwester übernehmen. Angeblich fehlt es da an der sittlichen Verpflichtung zur Kostenübernahme (FG Berlin v. 26.8.2004, EFG 2005 S.44). Die Richter in Berlin scheinen alle Einzelkinder zu sein.

Wegen des Abzugsverbot von Prozesskosten gibt es derzeit eine ganze Reihe von Verfahren, in denen der BFH klären muss, ob und inwieweit dieses Verbot tatsächlich gilt:

- Sind Gerichts- und Anwaltskosten für den Rechtsstreit zur Erteilung eines Erbscheins abzugsfähig, weil sie mit dem existenziell notwendigen Lebensbedarf zusammenhängen (BFH – VI R 17/14 und VI R 20/14)?
- Sind Kosten für einen Zivilprozess abzugsfähig, in dem es darum geht, dass der Kaufvertrag über ein Eigenheim wegen nicht behobener Baumängel rückabgewickelt wurde (BFH – VI R 19/14)?
- Sind Kosten für einen Scheidungsprozess auch bei Abschluss eines Vergleichs abzugsfähig und betrifft der Abzug ebenfalls die sog. Scheidungsfolgekosten wie Unterhaltsregelungen, Zugewinnausgleich und Sorgerechtsregelungen für die Kinder (BFH – VI R 25/14 und VI R 26/14)?
- Sind Gerichts-, Sachverständigen- und Rechtsanwaltskosten wegen eines ärztlichen Kunstfehlers abzugsfähig (BFH VI R 7/14)?
- Sind Gerichts- und Rechtsanwaltskosten zur Erstreitung eines Studienplatzes für ein Kind abzugsfähig (BFH – VI R 9/13)?

Kosten bei Einstellung eines Strafverfahrens, z.B. wegen geringer Schuld, fehlendem öffentlichem Interesse an der Strafverfolgung oder weil eine Auflage an eine gemeinnützige Institution gezahlt wurde, sind nicht als außergewöhnliche Belastung abzugsfähig (BFH v. 19.12.1995 – BStBl 1996 II S.197).

Bei einem erfolgreichen Prozessausgang gehen die Anwalts- und Gerichtskosten zu Lasten der Staatskasse. Insoweit sind Sie nicht finanziell belastet. Haben Sie allerdings mit Ihrem Anwalt eine höhere Honorarvereinbarung getroffen, bleiben Sie steuerlich auf dem selbst getragenen Teil sitzen, weil dieser nach Ansicht der obersten Steuerrichter nicht zwangsläufig anfällt und damit eine der wichtigen Voraussetzungen für den Abzug außergewöhnlicher Belastungen nicht erfüllt (BFH v. 18.10.2007 – BStBl 2008 II S. 223).

Wiederum abzugsfähig sind die Anwalts- und Gerichtskosten eines Beamten, die ihm in einem Dienstverfahren entstehen. Erstaunlich, oder auch wieder nicht, dieses Urteil des Bundesfinanzhofs (BStBl 1961 III S. 482). Den Abzug sollten Sie aber wegen der unmittelbaren Beziehung zum Beruf als Werbungskosten beantragen.

GUTER RAT

Sind Sie Opfer einer Straftat geworden und haben dadurch einen Vermögensschaden erlitten, kann das zu einer außergewöhnlichen Belastung nach § 33 EStG führen. Voraussetzung ist allerdings, dass es zum einen keine Möglichkeit gab, sich den Kosten zu entziehen, und Sie zum anderen keine zumutbare Versicherungsmöglichkeit z. B. durch eine Hausratversicherung hatten. Machen Sie also Vermögensschäden, die Ihnen durch Erpressung, Kidnapping oder dergleichen entstanden sind, als außergewöhnliche Belastung geltend.
Auf finanziellen Beistand des Fiskus werden Sie aber verzichten müssen, wenn Sie Erpressungsgelder gezahlt haben, damit Ihre bessere Hälfte nicht erfährt, dass Sie fremdgegangen sind (BFH-Urt. v. 18.3.2004 – III R 31/02).

7. Steuervergünstigung beim Tod eines Angehörigen

635 Fast alle Kosten, die beim Todesfall eines Angehörigen entstehen und den Wert des Nachlasses übersteigen, sind außergewöhnliche Belastungen – außer z. B. für die Trauerkleidung. Denn für deren Kosten hätten Sie ja einen Gegenwert erhalten und könnten sie, so der BFH, auch anderweitig nutzen, z. B. bei einer festlichen Gelegenheit. Sie vermögen die Gegenwerttheorie nur dann mit Erfolg zu entkräften, wenn Sie bereits ein hohes Alter erreicht haben (HFR 1963 S. 208).
Neben dem reinen Nachlass des Verstorbenen werden Lebensversicherungen, die anlässlich des Todes des Angehörigen an Sie ausgezahlt werden, auf die Beerdigungskosten angerechnet. Unabhängig davon, ob es sich um eine spezielle Sterbegeld- oder eine ganz normale Lebensversicherung handelt, zieht der Fiskus die Versicherungszahlung von den Bestattungskosten ab (BFH v. 22.2.1996 – BStBl 1996 II S. 413), und Sie können nur den Rest als außergewöhnliche Aufwendungen absetzen.

TIPP

Sterbegeld vorrangig bei der Trauerfeier verrechnen!

Die Sterbegeld- und auch die Lebensversicherung soll alle Beerdigungskosten abdecken, also auch solche, die nicht als außergewöhnliche Belastung anerkannt werden, wie z.B. die Trauerkleidung. Sie werden deshalb die Versicherungserstattungen vorrangig für diese Kosten verwenden und nur einen evtl. vorhandenen Rest für die als außergewöhnliche Belastung anzuerkennenden übrigen Beerdigungskosten.

Als außergewöhnliche Belastung bekommen Sie ohne Probleme die Bestat- **636**
tungskosten im engeren Sinn durch. Dazu gehören

- Sarg,
- Blumen, Kränze,
- Traueranzeigen, Trauerkarten, Porto,
- Grabstätte, Grabstein,
- Gebühren, Beerdigungskosten,
- Reisekosten, z.B. zu Beerdigungsunternehmer, Druckerei, Zeitung, Post, Friedhofsamt, Kirche etc.,
- Zinsen für einen Kredit zur Finanzierung der Beerdigungskosten (FG München v. 28.6.2006 – 10 K 4343/04).

Wenn Ihnen Ihr Finanzamt mit angeblich unangemessen hohen Kosten kommt und den Rotstift ansetzen will, kontern Sie mit der Verfügung der OFD Berlin vom 27.11.2003 (S 2284 – 1/90; NWB Eil Nr. 301/2004). Danach sind vor Abzug von Versicherungsleistungen zumindest ca. 7.500 € angemessen.

Nicht absetzen können Sie die Kosten für Grabpflege (BFH v. 23.11.1967 – BStBl 1968 II S. 259), Grabmalerneuerung, Umbettung und die Bewirtung der Trauergäste (BFH v. 17.9.1987 – BStBl 1988 II S. 130). Nicht als außergewöhnliche Belastung anerkannt hat der BFH die Kosten einer Reise zur Beerdigung eines nahen Angehörigen (BFH-Urt. v. 17.6.1994 – BStBl 1994 II S. 754). Mit dieser absurden Entscheidung sollten Sie sich nicht von vornherein abfinden und auf jeden Fall einen Antrag auf Abzug stellen.

Überführungskosten, um einen vor Jahren verstorbenen nahen Angehörigen in **637**
der Nähe Ihres Wohnorts bestatten zu lassen, entstehen aufgrund sittlicher Verpflichtung zwangsläufig und können daher als außergewöhnliche Belastungen abgezogen werden. Das gilt vor allem, wenn mit dem Tod des Angehörigen die

persönlichen Verbindungen zu dessen Wohnort beendet wurden und dort auch keine Verwandten des Verstorbenen leben (FG Düsseldorf v. 13.5.1998 – 9 K 3046/96 E).

Wer den Tod fürchtet,
hat das Leben verloren.
(Seume)

GUTER RAT

638 Es dauert oft lange, unter Umständen bis ins neue Jahr, bis der bestellte Grabstein endlich geliefert wird. Das Finanzamt setzt die Kosten aber nicht im Jahr der Bestellung, sondern im Jahr der Bezahlung an. Um einen zweimaligen Abzug der zumutbaren Belastung zu vermeiden, sollten Sie also darauf achten, dass alle Zahlungen für eine Beerdigung in ein und demselben Jahr geleistet werden! Zahlen Sie dem Steinmetz notfalls einen Abschlag auf die Rechnung. Und Quittung nicht vergessen.

Als Erben müssen Sie sich die Beerdigungskosten teilen. Das bedeutet aber auch: mehrfacher Abzug der zumutbaren Belastung. Wenn Sie nun alle Rechnungen auf einen Namen schreiben lassen, ist das zwar ganz pfiffig, bringt Ihnen aber nur dann einen Vorteil, wenn Ihr Finanzamt das Urteil des FG Hessen vom 13.12.2005 (3 K 3562/03) nicht kennt: Wer Beerdigungskosten über seine Erbquote hinaus übernimmt, kann keine außergewöhnliche Belastung geltend machen.

GUTER RAT

Wenn kein nennenswerter Nachlass vorhanden war, entgehen Sie dieser Falle, indem alle anderen Erben formell die Erbschaft ausschlagen. Prompt müssen Sie als Alleinerbe 100 % der Kosten tragen.

8. Wann und wie sind Scheidungskosten abzugsfähig?

639 Bei einer Ehescheidung sind sämtliche dabei entstandenen Gerichts- und Beratungskosten als außergewöhnliche Belastung absetzbar. Das gilt ebenso für die Kosten eines Gutachtens und die Anwalts- und Gerichtskosten für einen Prozess, den Sie gegen Ihren Ex-Gatten führen, um Ihre Unterhaltsverpflichtung zu verringern, weil Sie nach Ihrer Pensionierung nur noch über ein viel geringeres Einkommen verfügen (FG Köln v. 23.1.1989 – EFG 1989 S. 233).

TIPP

zu Detektivkosten

Kosten für einen Detektiv können Sie nur dann als außergewöhnliche Belastung absetzen, wenn Sie von Ihrem Ehegatten getrennt leben, dieser mit einem neuen Partner auf Ihre Kosten in Saus und Braus lebt und Sie befürchten müssen, dass er das beim Unterhaltsprozess bestreiten wird, um Sie finanziell über den Tisch zu ziehen (BFH-Urt. v. 21.2.1992 – BStBl 1992 II S. 795).

Kosten, um eine Scheidung zu verhindern, z.B. mit Hilfe einer Eheberatung oder sog. Familienmediationen, sind keine außergewöhnlichen Belastungen (BFH-Urteile v. 30.6.2005, BStBl 2006 II S. 491 und BStBl 2006 II S. 492). **640**

SUPER TRICK

Trotz höherer Unterhaltskosten mehr im Portemonnaie behalten!

Wenn Sie nach der Scheidung kräftig für den Unterhalt Ihres Ex-Partners zur Kasse gebeten werden, haben Sie zwei Möglichkeiten. Sie können Ihre Unterhaltszahlungen entweder als außergewöhnliche Belastung besonderer Art (➤ Rz 645 ff.) absetzen. Dazu sind Sie nicht auf die Mitwirkung Ihres Ex angewiesen, allerdings fällt alles, was Sie über den jährlichen Höchstbetrag von 8.004 € hinaus an Unterhalt zahlen, gnadenlos unter den Tisch. Oder Sie ziehen sie bis zu 13.805 € im Jahr als Sonderausgaben ab. **641**

Beispiel

Sie zahlen bei einem Einkommen von 35.000 € an Ihr früheres Ehegespons, das sonst keine Einkünfte hat, 12.500 € Unterhalt.

Ohne Unterschrift des Ex-Gatten zahlen Sie

Einkommen	35.000 €	
./. Unterhaltshöchstbetrag	– 8.004 €	
Zu versteuerndes Einkommen	26.996 €	
Steuer nach der Grundtabelle		4.674 €

Ihre Belastung mit Realsplitting sieht dagegen so aus:

Einkommen	35.000 €	
./. Unterhalt	– 12.500 €	
Zu versteuerndes Einkommen	22.500 €	
Steuer nach der Grundtabelle		3.365 €

Steuerübernahme für den Ex-Gatten:	
Sonstige Einkünfte	12.500 €
./. Werbungskostenpauschbetrag	– 102 €
./. Sonderausgaben (Versicherungen) ca.	– 500 €
Zu versteuerndes Einkommen	11.898 €

Steuer nach der Grundtabelle	660 €	
Insgesamt	4.025 € >	– 4.025 €
Die Ersparnis für Sie somit		649 €

Mehr zu Unterhaltszahlungen als Sonderausgaben unter ➤ Rz 526 ff.

GUTER RAT

642 Speziell zur Frage, ob auch ab 2013 Kosten einer Ehescheidung weiter als außergewöhnliche Belastung abzugsfähig sind, ist beim FG München ein Musterverfahren anhängig (Az 13 K 1421/14.). Hatten Sie also ab 2013 Kosten für eine Ehescheidung zu tragen, sollten Sie diese weiterhin als außergewöhnliche Belastungen beantragen. Streicht das Finanzamt die Kosten, legen Sie Einspruch ein und beantragen, das Verfahren wegen des Münchener Musterverfahrens ruhen zu lassen.

Wenn Sie an Ihren geschiedenen Partner Unterhalt für Kinder zahlen und er das Kindergeld erhält, haben Sie Anspruch darauf, dass dies bei Ihren Unterhaltszahlungen berücksichtigt wird.

TRICK

Antrag vergessen? Kein Problem!

643 Wer kann es Ihnen verübeln, wenn Sie gerade erst beim Lesen der letzten Zeilen darauf gekommen sind, dass Sie die Kosten Ihrer Scheidung vor zwei Jahren als außergewöhnliche Belastung hätten absetzen können? Da Sie von dieser Möglichkeit nicht wissen mussten und die amtlichen Hinweise dazu recht dürftig sind, können Sie eine nachträgliche Änderung Ihres Steuerbescheids wegen »neuer Tatsachen« beantragen (FG Baden-Württemberg v. 19.5.2004 – NW Eil Nr. 86/2005).

9. Abc-Übersicht zu allgemeinen außergewöhnlichen Belastungen

Abfindungen 644

- Abzugsfähig sind Zahlungen an den Vormieter bei krankheitsbedingtem Wohnungswechsel (BFH, BStBl 1966 III S. 113).
- Nicht abzugsfähig für Unterhaltsverpflichtungen (BFH v. 19.06.2008 – III R 57/05).

Abflussprinzip

- Abzugsfähig sind die Aufwendungen im Jahr der Zahlung, auch wenn sie über einen Kredit finanziert werden, dessen Tilgung erst in einem späteren Jahr erfolgt (BFH v. 10.6.1988 – BStBl 1988 II S. 814). Siehe auch Schuldentilgung.
- Bei sehr hohen Kosten, die sich im Zahlungsjahr gar nicht auswirken, sollten Sie eine Verteilung auf mehrere Jahre aus Billigkeitsgründen beantragen (§ 163 AO). Berfuen Sie sich im Zweifel auf FG Saarland v. 6.8.2013 – 1 K 1308/12 und die Revision beim BFH Az. VI R 68/13.

Abmagerungskur

- Nicht abzugsfähig (BFH v. 17.7.1981 – HFR 1981 S. 518).

Abwehrkosten

- Abzugsfähig gegen Strafverfolgung oder ehrenrührige Angriffe (BFH v. 9.11.1957 – BStBl 1958 III S. 105).
- Abzugsfähig gegen anonyme Bedrohung (einer Ärztin: Hess. FG v. 22.5.1989 – EFG 1989 S. 576).

Adoptionskosten

- In der Regel nicht abzugsfähig (BFH v. 13.3.1987, BStBl II 1987 S. 495); abzugsfähig können ausnahmsweise Fahrtkosten (Flugkosten) für Familienzusammenführung sein (EFG 1977 S. 129). Aufgrund neuer Entwicklungen evtl. doch abzugsfähig. Die Frage liegt derzeit beim Großen Senat des BFH (BFH v. 18.4.2013 – VI R 60/11, GrS 1/13)

Alkoholsucht

- Abzugsfähig sind Heilungs- und Therapiekosten wegen Alkohol- oder Drogenmissbrauchs (BFH, BStBl 1967 III S. 459). Auch der Besuch der Anonymen Alkoholiker, wenn er durch ein vor Therapiebeginn ausgestelltes amtsärztliches Zeugnis verordnet wurde (BFH, BStBl 1987 II S. 427).

Allergiebettwäsche

- Abzugsfähig, wenn die medizinische Notwendigkeit vor dem Kauf durch ein amtsärztliches Attest nachgewiesen wird. Ein Attest des Hausarztes reicht nicht (BFH v. 14.12.2007 – III B 178/06; BFH-NV 2008 S. 561).

Altenheim

- Abzugsfähig, soweit die Unterbringung durch Krankheit bedingt ist (Pflegeheim). Bei lediglich altersbedingter Unterbringung sind die Kosten als typische Unterhaltsaufwendungen nur nach § 33 a Abs. 1 abzugsfähig, wenn sie von nahen Angehörigen getragen werden (BFH v. 12.1.1973 – BStBl 1973 II S. 442).

Arzneimittel

- Abzugsfähig sind Kosten für Medikamente, Stärkungsmittel etc., wenn sie krankheitsbedingt und ärztlich verordnet sind (BFH, BStBl 1990 II S. 958). Entsprechendes gilt für Verordnungen durch Heilpraktiker (§ 64 EStDV).

Asbestsanierung

- Abzugsfähig, wenn ein Gutachten die Asbestbelastung bescheinigt (Erlass Bremer Senat für Finanzen v. 24.2.2000 – Der Betrieb 2000 S. 799, BFH v. 9.8.2001 – BStBl 2002 II S. 240). Die Belastung darf nicht beim Kauf erkennbar gewesen noch vom Eigentümer verschuldet worden sein. Kein Verschulden, wenn Verwendung der Baustoffe ursprünglich zulässig war und erst später verboten wurde. Schadensersatzansprüchen wird der Vorteil *Neu für Alt* gegengerechnet (BFH v. 12.5.2011, VI R 47/10).

Augenoperationen

- Laserbehandlung ist als anerkannte Heilmethode abzugsfähig (OFD Hannover v. 22.9.2006 – DStR 2006 S. 1984).

Ausbildungskosten

- Abzugsfähig als erweiterte Krankheitskosten bei Umschulung aus Krankheitsgründen (BFH, BStBl 1967 III S. 596).

Bandscheibenmatratze

- Abzugsfähig mit Attest vom Amts- oder Vertrauensarzt (FG Rheinland-Pfalz v. 25.5.2004 – 1 K 2625/03); dasselbe gilt für Lattoflex-Rahmen.

Beerdigungskosten

- Dem Grunde nach abzugsfähig sind bis zu einem angemessenen Betrag von ca. 7.500 € (OFD Berlin, Verfügung v. 27.11.2003 St 177 – S 2284 – 1/90), soweit sie den **Nachlass** und etwaige Versicherungsleistungen übersteigen:

- Trauerdrucksachen,
- Blumenschmuck,
- Sarg,
- Erwerb der Grabstätte,
- Überführung.

- Nicht abzugsfähig:
  - Bewirtung der Trauergäste (BFH v. 17.9.1987 – BStBl 1988 II S. 130),
  - Grabpflegekosten (BFH v. 23.11.1967 – BStBl III S. 259),
  - Graberneuerung (FG Nürnberg v. 18.7.1979 – EFG 1979 S. 600 rk),
  - Trauerkleidung (BFH v. 12.8.1966 – BStBl 1967 III S. 364),
  - Reisekosten (BFH v. 17.6.1994 – BStBl 1994 II S. 754); auch in die USA – Überführung einer Urne (BFH v. 11.5.1979 – BStBl 1979 II S. 558).

Begleitperson

- Abzugsfähig bei Kuraufenthalt, wenn amtsärztlich die Notwendigkeit bestätigt wird, siehe Kurkosten.
- Ebenfalls abzugsfähig im Urlaub, wenn eine ständige Begleitung nachgewiesenermaßen erforderlich ist. Die Höhe der Aufwendungen orientiert sich an dem Betrag, den ein Bundesbürger durchschnittlich im Jahr für Urlaubsreisen ausgibt (BFH v. 4.7.2002 – BStBl 2002 II S. 765). Im Streitjahr 1994 hielt das Gericht einen jährlichen Betrag von 767 € für angemessen und berücksichtigungsfähig.

Behinderte

- Abzugsfähig sind Privatfahrten, wenn Sie »außergewöhnlich gehbehindert« sind (mit »aG« im Ausweis: 15.000 km mit je 0,30 €; mit mindestens 70 % Behinderung plus Merkzeichen »G« oder 80 % Behinderung: 3.000 km mit je 0,30 €). Gehbehinderten Ehegatten (beide gehbehindert) stehen die Ermäßigungen doppelt zu. Zu Fahrtkosten Behinderter vgl. ➤ Rz 674 ff.

Brille

- Siehe Krankheitskosten (Hilfsmittel).

Delphintherapie

- Abziehbar mit amtsärztlichem Attest bei Autisten (FG Düsseldorf v. 8.11.2005 – 1 K 4334/03 E; BFH v. 15. 11 .2007 – III B 205/06).

Detektivkosten

- Abzugsfähig lt. BFH vom 21.2.1992 (BStBl 1992 II S. 795).

Diätverpflegung

- Nicht abzugsfähig lt. Gesetz (§ 33 Abs. 2 Satz 3 EStG), auch wenn ärztlich verordnet oder bei medizinisch verordneten Sonderdiäten (BFH-Urt v. 21.6.2007 III R 48/04).

Ehescheidung

- Abzugsfähig sind:
  - Detektivkosten, wenn konkrete Beweise notwendig sind, seinen Standpunkt durchzusetzen (BFH v. 21.2.1992 – BStBl 1992 II S. 795),
  - Prozesskosten für Anwalt, Gericht, Fahrten,
  - Prozesskosten für das Umgangsrecht mit seinen Kindern (BFH v. 4.12.2001, BStBl 2002 II S. 382).
- Nicht abzugsfähig sind:
  - Mediationskosten (FM Niedersachsen v. 15.9.2000 – S 2284 – 264 – 35),
  - Umzug,
  - Unterhalt; aber abzugsfähig als Sonderausgaben oder als außergewöhnliche Belastung der besonderen Art,
  - Vermögensauseinandersetzung (BFH v. 30.6.2005 – BStBl 2006 II S. 491).

Einnahmen, entgangene

- Nicht abzugsfähig (BFH v. 4.11.2009 – VI B 43/09):

Erpressungsgelder

- wegen außerehelicher Beziehung sind mangels Zwangsläufigkeit nicht abzugsfähig (BFH v. 18.3.2004 – III R 31/02).
- wegen eines strafbaren oder sonst sozialwidrigen Verhaltens sind ebenfalls nicht zwangsläufig. Anders, wenn der Erpresser Gesundheit oder Leben des Steuerzahlers oder ihm nahestehender Personen bedroht (FG Rheinland-Pfalz v. 104.2014 – 5 K 1989/12)

Fachbücher mit medizinischem Inhalt

- Nicht abzugsfähig (BStBl 1996 II S. 88).

Fahrstuhl

- siehe Umbauten.

Fettabsaugung

- siehe Krankheitskosten.

Formaldehydsanierung

- siehe Asbestsanierung.

Frischzellenbehandlung

- siehe Krankheitskosten.

Führerscheinkosten

- Abzugsfähig
  - bei schwerbehindertem Kind (BFH v. 26.3.1993 – BStBl 1994 II S. 749),
  - für Schwerbehinderte mit Merkzeichen »aG«.

Geburtskosten

- Abzugsfähig wie Krankheitskosten.
- Nicht abzugsfähig:
  - Erstlingsausstattung (BFH v. 28.2.1964 – BStBl 1964 III S. 302), auch nicht für Zwillinge (BFH v. 19.12.1969 – BStBl 1970 II S. 242),
  - Umstandskleidung.

Geldstrafe

- Abzugsfähig, wenn sie z.B. im Ausland unrechtmäßig verhängt wurde (FG Bremen, EFG 1980 S. 183).

Haartransplantationsaufwand

- Abzugsfähig unter besonderen Voraussetzungen.

Haushaltshilfe

- Abzugsfähig nach Geburt von Drillingen (EFG 1991 S. 326).

Hausrat und Kleidung

- Abzugsfähig als Wiederbeschaffung nach Verlust durch Feuer, Vertreibung, Flucht (FG Niedersachsen v. 22.10.1985 – EFG 1986 S. 239). Mehr dazu unter ➤ Rz 621.

Hausschwamm

- siehe Asbestsanierung.

Hebeapparat

- siehe Umbauten.

Heileurythmische Behandlung

- Abzugsfähig (FG Schleswig-Holstein v. 17.4.2013 – 5 K 71/11)

Holzschutzmittelsanierung

- Abzugsfähig wie Asbestsanierung, siehe dort.

Hörgerät

- siehe Krankheitskosten (Hilfsmittel).

Integrationskurse

- Abzugsfähig bei Teilnahmeverpflichtung (FinMin Schleswig-Holstein, Erlass v. 27.5.2010, VI 314 – S – 2284 – 176).

Kautionszahlungen für Inhaftierte

- Abzugsfähig nur in besonderen Fällen (FG Düsseldorf v. 27.9.1977 – III 119/77 und EFG 1965 S. 15).

Kontaktpflege

- Nicht abzugsfähig sind die Kosten zur Pflege des Eltern-Kind-Verhältnisses (BFH – BStBl 1997 II S. 54). Gilt auch bei trennungs- bzw. scheidungsbedingten Kontaktpflegekosten (BFH v. 11.1.2011 – VI B 60/10).

Kosmetische Operation

- siehe Krankheitskosten.

Kraftfahrzeugkosten

- siehe Behinderte.

Krankheitskosten

- Abzugsfähig sind
  - medizinisches **Bestrahlungsgerät** (FG Rheinland-Pfalz v. 2.9.1988 – EFG 1989 S. 60 rk),
  - **Fettabsaugung** unter besonderen Voraussetzungen (FG Rheinland-Pfalz v. 28.2.1996 – 1 K 2779/95),
  - **Frischzellenbehandlung** nach amtsärztlichem Attest (BFH v. 17.7.1981 – BStBl 1981 II S. 711),
  - **Haartransplantation** unter besonderen Voraussetzungen (FG Baden-Württemberg v. 12.9.1978 – EFG 1979 S. 125 rk),
  - **Heimdialyse** anstelle des Behindertenpauschbetrags nach § 33b EStG (OFD Frankfurt/M. v. 17.9.1996 – A – 16 – St II 20),
  - **Hilfsmittel** (Brille, Rollstuhl, Hörgerät etc.) (BFH v. 1.12.1978 – BStBl 1979 II S. 78); Spezialbett nach Vorlage eines qualifizierten Attests (FG Baden-Württemberg v. 5.9.1996 – EFG 1997 S. 172 rk),
  - **kosmetische Operationen** nach amtsärztlicher Anordnung,
  - Eigenanteile an **Krankenhauskosten**. Krankentagegelder einer Versicherungsgesellschaft sind nicht auf die Krankenhauskosten anzurechnen, wohl

aber Krankenhaustagegelder (BFH v. 22.10.1972 - BStBl 1972 II S. 177). Von der Anrechnung einer Haushaltsersparnis muss abgesehen werden (BFH v. 22.6.1979 – BStBl 1979 II S. 646),

- **Medikamente** (Arzneimittel) nach ärztlicher Verordnung, auch nicht rezeptpflichtige Medikamente; bei Behandlung einer längeren Erkrankung mit denselben Medikamenten reicht einmalige ärztliche Verordnung,
- **Pflegeheim**. Dem Aufenthalt in einem Pflegeheim steht die Unterbringung in einem Krankenhaus gleich, wenn der Aufenthalt krankheitsbedingt ist (BFH v. 22.8.1980 - BStBl 1981 II S. 23). Zu Pflegekosten mehr unter ➤ Rz 620,
- **Psychotherapie**, wenn amtsärztlich verordnet (FG Köln v. 16.3.1994 – EFG 1995 S. 121 rk; FG Berlin v. 1.3.1995 – EFG 1995 S. 717 rk),
- **Suchtkrankheiten** (FG Niedersachsen v. 7.6.1995 – EFG 1997 S. 1026 betr. Spielsucht nrk; Alkoholismus FG Düsseldorf v. 28.10.1977 - EFG 1978 S. 125 betr. Sanatoriumskosten, Medikamente).

- Nicht abzugsfähig sind
  - **Gasthausessen** während des Krankenhausaufenthalts der Ehefrau (FG Düsseldorf v. 9.7.1976 – EFG 1977 S. 17, rk),
  - Anschaffung von Gegenständen bei **Hausstauballergie** (BFH v. 29.11.1991 – BStBl 1992 II S. 290),
  - **Schönheitsoperation** (Brustvergrößerung) (FG Köln v. 20.9.1996 EFG 1997 S. 16 rk). Anders bei amtsärztlich bescheinigter Notwendigkeit (FG Hamburg v. 27.4.2005 – II 76/03),
  - **Sterilisation** oder Rückgängigmachung derselben (FG Köln v. 1.12.1994 – EFG 1995 S. 718 rk).

Kulturgüter

- Abzugsfähig sind Aufwendungen zu deren Unterhaltung (FinMin Hessen, Erlass v. 31.10.1972, StEK EStG § 33 Nr. 45).

Künstliche Befruchtung

- Abzugsfähig bei In-vitro-Fertilisation (BFH – BFH/NV – BFH/R 1997 S. 346),
- Abzugsfähig auch bei lediger Frau in stabiler Partnerschaft (BFH v. 21.2.2008 – III R 30/07),
- Abzugsfähig bei Unfruchtbarkeit des Ehemannes (BFH v. 16.12.2010 – BStBl 2011 II S. 414), nicht dagegen bei vorhergehender Sterilisation (BFH v. 3.3.2005 – III R 68/03).

Kur-Camping

- siehe Kurkosten.

Kurkosten

- Abzugsfähig bei Kurbedürftigkeit nach amtsärztlichem Attest oder Bescheinigung des Medizinischen Dienstes (§ 64 EStDV) sind Behandlungs-, Unterbringungs- und Fahrtkosten sowie Verpflegungsaufwendungen nach Abzug einer Haushaltsersparnis von 20 %,
- **Kur-Camping** – Unterbringung und Verpflegung im eigenen Wohnwagen – ist abzugsfähig (FG Baden-Württemberg v. 9.4.1997 - EFG 1997 S. 883, rk),
- **Begleitperson** ist abzugsfähig, wenn amtsärztlich oder entsprechend bescheinigt (BFH v. 17.12.1997 - BStBl 1998 II S. 298); bei hilflosen Personen oder Ausweismerkzeichen »B« kann auf die Bescheinigung verzichtet werden (BFH v. 13.3.1964 - BStBl 1964 III S. 331),
- **Besuchsfahrten** bei Heilkur des Ehegatten sind nicht abzugsfähig (BFH v. 16.5.1975 - BStBl 1975 II S. 536), wohl aber bei medizinisch veranlassten Besuchsfahrten lt. Bescheinigung des behandelnden Krankenhausarztes (BFH v. 2.3.1984 - BStBl 1984 II S. 484 mit Einschränkungen; FG Baden-Württemberg v. 28.4.1977 - EFG 1977 S. 427 rk; FG Nürnberg v. 11.8.1978 - EFG 1979 S. 126, rk).

Lärmschutz

- Nicht abzugsfähig, da Gegenwert lärmfreies Wohnen (BFH, BStBl 1976 II S. 194).
- Anders bei Gesundheitsgefährdung wegen Überschreiten von Lärmgrenzwerten (FG Nürnberg v. 26.1.2006 - VI 237/2005).

Legasthenie (Lese-Rechtschreib-Schwäche)

- Abzugsfähig sind Mehrkosten für den Besuch einer Privatschule für ein hinreichend begabtes legasthenisches Kind; allerdings nur mit amtsärztlichem Attest (BFH v. 7.6.2000 - BStBl 2001 II S. 94 und BFH v. 3.3.2005 - BFH/NV 2005 S. 1286).

Logopädische Behandlung

- Abzugsfähig, wenn zuvor amtsärztliches Attest eingeholt wird (BFH v. 30.6.1998 - BFH/NV 1998 S. 1480).

Lösegeldzahlungen

- Abzugsfähig nach Lage des Falles (EFG 1962 S. 259).

Mietabfindungskosten

- Abzugsfähig, wenn wegen Krankheit eines – gelähmten – Kindes notwendig.

Mietzahlungen

- Abzugsfähig, wenn die eigene Wohnung z.B. wegen Einsturzgefahr oder Brand vorübergehend nicht bewohnbar ist und bis zu ihrer Instandsetzung eine andere Wohnung gemietet werden muss (BFH v. 21.4.2010; BStBl 2010 II S.965).

Nachhilfeunterricht

- Nicht abzugsfähig.

Pflegeheim

- siehe Krankheitskosten.

Psychotherapie

- siehe Krankheitskosten.

Raucherentwöhnungskurse

- Abzug ist umstritten, auch bei betriebsärztlicher Verordnung (Revisisonsverfahren beim BFH – XI R 19/12)

Rollstuhl

- siehe Krankheitskosten (Hilfsmittel).

Rollstuhlrampe

- siehe Umbauten.

Rückzahlung von Unterstützungsleistungen

- Abzugsfähig nach »Der Betrieb« 1961, S.220.

Schadenersatz

- Abzugsfähig, wenn nicht vorsätzlich oder leichtfertig gehandelt wurde (BStBl 1982 II S.749). Bei Hundehaltung nur, wenn sie zwangsläufig ist: einzeln stehendes Haus, Landwirtschaft, Blindenhund.

Schuldentilgung/-übernahme

- Abzugsfähig, soweit die Schuldenaufnahme durch Aufwendungen veranlasst war, die ihrerseits eine außergewöhnliche Belastung darstellen, wie z.B. Krankheitskosten, und für die eine Steuerermäßigung noch nicht gewährt werden konnte (BFH v. 9.5.1996 – BStBl 1996 II S.596 und BFH v. 29.7.1997 – BStBl 1997 II S.772). Siehe dazu aber **Abflussprinzip.** Die Schuldentilgung muss allerdings zwangsläufig erfolgen, etwa zur **Abwendung des Konkurses** des Vaters (FG Münster v. 20.4.1978 – EFG 1978 S. 592 rk).

- Nicht abzugsfähig sind, da nicht zwangsläufig:
  - Schuldübernahme für **Bekannte** (BFH v. 30.9.1954 – BStBl 1954 III S. 357),
  - Begleichung von **Nachlassschulden** und Finanzierung von Spekulationsgeschäften (BFH v. 27.3.1958 – BStBl 1958 III S. 290),
  - Tilgung eines **Studiendarlehens** (BFH v. 6.3.1964 – BStBl 1964 III S. 330),
  - Tilgung einer durch **Betrug** entstandenen Schuld (FG Rheinland-Pfalz v. 18.6.1985 – EFG 1985 S. 552 rk),
  - Tilgung wegen **Bürgschaft (Kreditsicherung)** für Angehörige (FG Nürnberg v. 20.7.1992 – EFG 1992 S. 731 rk).

Schuldzinsen

- Abzugsfähig, wenn mit dem Darlehen außergewöhnliche Belastungen bestritten werden (BFH v. 6.4.1990 – BStBl 1990 II S. 998).

Schulfahrten

- Abzugsfähig, wenn behindertes Kind zur Schule gebracht wird.

Schulgeld

- abzugsfähig für bestimmte Schulen (➤ Rz 572).

Schwangerschaftsabbruch

- Abzugsfähig sind selbstgetragene Kosten, wenn medizinische oder soziale Indikation gegeben war.

Schwimmbad

- siehe Umbauten.

Sterilisation

- siehe Krankheitskosten.

Studiengebühren

- für den Besuch einer Hochschule sind nicht als außergewöhnliche Belastung abziehbar (BFH v. 17.12.2009 – BStBl 2010 II S. 341).

Treppenschräglift

- siehe Umbauten.

Trinkgelder

- Nicht abzugsfähig sind Trinkgelder an Kur- und Krankenhauspersonal (BFH v. 30.10.2003 – BStBl 2004 I S. 527).

Umbauten in Gebäuden

- Abzugsfähig sind
  - **Hebeapparat** (FG Hamburg v. 1.6.1976 – EFG 1976 S.557, rk),
  - **Treppenschräglift** (BFH-Urt. v. 5.10.2011 VI R 41/11; FG Berlin v. 1.11.1994 – EFG 1995 S.264, rk; FG Baden-Württemberg, Urt. v. 6.4.2011 4 K 2647/08),
  - **Behinderungsbedingter Umbau von Badezimmer und Schlafzimmer** (BFH v. 22.10.2009 – BStBl 2010 II S.280),
  - **Umbaukosten eines Hauses wegen Behinderung eines Kindes** (BFH v. 24.2.11 – VI R 16/10, DB 2011, 850).
- Nicht abzugsfähig, da Herstellungskosten des Gebäudes bzw. Gegenwert:
  - **Schwimmbad** – Abschreibung und Betriebskosten – (FG Niedersachsen v. 22.12.1975 – EFG 1976 S.184, rk),
  - **Whirlpool** (FG Hamburg v. 1.2.1994 – EFG 1994 S.793, rk).

Umzugskosten

- Abzugsfähig, wenn der Umzug krankheitsbedingt war (FG München – EFG 1991 S.26). Dies kann auch gegeben sein, wenn ein Familienmitglied behindert ist. Umzug in eine Erdgeschosswohnung (BFH v. 14.12.1965 – BStBl 1966 III S.113). Ein Umzug in eine größere Wohnung kann auch bei Familienzusammenführung zwangsläufig sein.

Vaterschaftsprozess

- Abzugsfähig, wenn Zweifel an der Vaterschaft dargelegt und schlüssige Beweise angeboten werden (BFH v. 18.3.2004; BStBl 2004 II S.726).

Verdienstausfall

- Ein bloßer Verdienstausfall ist keine Aufwendung i. S. von §§ 33 ff. EStG (BFH, Beschluss v. 18.8.1995 – III B 26/95).

Wasserschaden

- Abzugsfähig sind nicht erstattete Kosten (BFH v. 6.5.1994 – BStBl 1995 II S.104).

Wohngruppe

- Abzugsfähig sind die Unterbringungskosten für einen verhaltensgestörten Jugendlichen, wenn ein amtsärztliches Attest vorliegt (BFH v. 21.4.2005 – BFH/NV 2005 S.1427).

Zinsen

- Abzugsfähig, wenn mit dem Darlehen abzugsfähige außergewöhnliche Belastungen finanziert wurden (BFH v. 6.4.1990; BStBl 1990 II S. 958).

Zeitaufwand

- Reiner Zeitaufwand führt nicht zu außergewöhnlichen Belastungen (FG Hessen v. 11.3.2011 – 11 K 1850/10).

B. Außergewöhnliche Belastungen in besonderen Fällen

1. Was man wissen muss, wenn man jemanden unterstützt

645 Begünstigt ist die Unterstützung Angehöriger, soweit es sich um unterhaltsberechtigte handelt. Darunter fallen insbesondere Eltern, Großeltern und geschiedene Ehegatten. Auch die Unterstützung eigener Kinder ist begünstigt, wenn niemand für sie Kindergeld oder einen Kinderfreibetrag erhält. Diese Voraussetzung erfüllen Kinder über 25 Jahre und Kinder über 18, wenn sie nicht mehr in der Berufsausbildung sind. Da Sie auch für Ihre Kinder im Ausland Anspruch auf einen Kinderfreibetrag haben (Auslandskinderfreibetrag), gelten für sie dieselben Einschränkungen. Auch für Unterhaltskosten an den geschiedenen oder getrennt lebenden Ehepartner steht außergewöhnliche Belastung zu. Abziehbar sind alle typischen Unterhaltskosten, insbesondere für Ernährung, Kleidung und Wohnung. Der Unterhalt kann also darin bestehen, dem Unterhaltsbedürftigen eine Wohnung oder Sachwerte wie z. B. einen Wintermantel zu überlassen (BFH-Urt. v. 17.12.1990 – II B 209/90 – BFH/NV 1991 S. 306).

Der Unterhaltshöchstbetrag liegt bei jährlich 8.354 € und gilt unabhängig vom Alter für alle unterstützten Personen. Wer allerdings weniger zahlt, kann nur ansetzen, was er leistet. Unterstützen Sie den anderen außer mit Bargeld noch mit Sachwerten, so vergessen Sie nicht, das anzugeben.

TIPP

für unterstützte Personen im eigenen Haushalt

Lebt die unterstützte Person in Ihrem Haushalt, können Sie ohne besonderen Nachweis den gesetzlichen Höchstbetrag von 8.354 € ansetzen (R 33a.1 Abs. 1 S. 5 EStR).

Hat die unterstützte Person Einkünfte oder Bezüge, vermindert sich der Unterhaltshöchstbetrag um ebendie Einkünfte und Bezüge, die den anrechnungs-

freien Betrag von 624 € übersteigen. BAföG (nur Zuschüsse, nicht Darlehen) und andere öffentliche Ausbildungshilfen werden dabei in voller Höhe, also ohne anrechnungsfreien Betrag, abgezogen.
Zu den Einkünften gehört z.B. der steuerpflichtige Teil der Rente oder Arbeitslohn. Natürlich müssen davon vor Anrechnung die Werbungskosten, ggf. Pauschbeträge, abgezogen werden, außerdem die von der unterstützten Person gezahlten Pflichtbeiträge zur Sozialversicherung (BMF-Schreiben v. 18.11.2005 – BStBl 2005 I S.1027). Bei der Berechnung der Bezüge – das sind nicht steuerpflichtige Einnahmen – wird ein Unkostenpauschbetrag von 180 € abgezogen.
Nach der Einkommensteuerrichtlinie 33a.1 Abs. 2 muss der Zahlungsempfänger zunächst seine Arbeitskraft und sein eigenes Vermögen, sofern es nicht geringfügig ist, einsetzen und verwerten. Als »geringfügig« wird dabei ein gemeiner Wert (Verkehrswert) von 15.500 € (bei Ehepaaren 31.000 €) angesehen (BFH v. 14.8.1997 – BStBl II 1998 S.241). 25.600 € sind in jedem Fall zu hoch, so in ihrem unendlichen Ratschluss ebenfalls die Münchner Obersteuerrichter (BFH v. 19.5.1999 – BFH/NV 2000 S.22).
Trotz einer restriktiven Entscheidung des BFH vom 12.12.2002 (III R 41/01), nach der Unterstützungsleistungen von Kindern an ihre Mutter nicht abzugsfähig sein sollten, weil diese ein kleines selbst bewohntes Häuschen ihr Eigen nannte, **hatte der Fiskus ein Einsehen. Ein Einfamilienhaus oder eine Eigentumswohnung, die der Unterstützte selbst bewohnt, bleibt als Vermögen außer Betracht (§ 33 Abs. 1 S. 4 EStG). Diese Regelung gilt für alle noch nicht bestandskräftigen Fälle.**
Auch bei behinderten Kindern muss nicht sämtliches Vermögen zunächst für den Unterhalt eingesetzt werden, wenn es für die spätere Altersversorgung des Kindes gedacht ist. Unterhaltsaufwendungen von Eltern an ihr behindertes Kind ließ der BFH zum Abzug zu (BFH Urt. v. 11.2.2010 – VI R 61/08). Das Mehrfamilienhaus des Kindes muss diesem unangestastet verbleiben, weil ja ungewiss sei, ob das Kind stets durch seine Eltern unterhalten werden kann. Das Mehrfamilienhaus sei gerade als Altersversorgung für die Zeit gedacht, wenn die Eltern keinen Unterhalt mehr leisten können.

Mit dem Abzug von Unterstützungsleistungen schauen Sie allerdings wohl **646**
immer dann in die Röhre, wenn der unterstützte Angehörige zuvor sein Vermögen auf Sie oder andere Angehörige übertragen hat. In so einem Fall verneint der BFH die Zwangsläufigkeit Ihrer Unterhaltszahlungen (BFH-Urt. v. 1.12.2009 – VI B 146/08).

Was hat es mit der »Opfergrenze« bei Unterhaltsleistungen auf sich? **647**

Grundsätzlich sind Sie zivilrechtlich nur insoweit zu Unterhaltsleistungen verpflichtet, als Ihnen noch genügend Mittel zur Bestreitung des eigenen Lebensbedarfs und des Ihrer Familie verbleiben. Sie müssen Ihren Verwandten also nur bis zu Ihrer persönlibchen Opfergrenze unterstützen. Andererseits: Nur bis

zu dieser fiktiven Grenze werden Ihre Unterhaltsleistungen steuerlich berücksichtigt. Von der Beschränkung durch die Opfergrenze ausgenommen sind Ihr Ehepartner und Ihr in einer Haushaltsgemeinschaft mit Ihnen lebende Lebenspartner (BFH v. 29.5.2008 – III R 23/07).
Die Opfergrenze beträgt 1 % je volle 500 € des Nettoeinkommens, insgesamt jedoch höchstens 50 %. Dieser Prozentsatz ist um je fünf Prozentpunkte für den Ehegatten und jedes Kind zu kürzen, höchstens um 25 Prozentpunkte. Zur Ermittlung des Nettoeinkommens sind neben steuerpflichtigen Einkünften steuerfreie Einnahmen (z.B. Kindergeld, Arbeitslosen- und Kurzarbeitergeld), welche die Leistungsfähigkeit erhöhen, zu berücksichtigen. Deshalb wird auch bei Selbständigen ein vom Gewinn abgezogener Investitionsabzugsbetrag wieder hinzugerechnet (FG Niedersachsen v. 24.4.2012 – 15 K 234/11). Abzuziehen sind Werbungskosten und andere Ausgaben, die die Leistungsfähigkeit vermindern. Nur in einigen Monaten erzieltes Einkommen ist zum Vorteil des Unterhaltszahlers in ein fiktives Jahreseinkommen hochzurechnen (BFH v. 25.9.1996 – BFH/NV 1997 S. 221).

Beispiel
Sohn S unterstützt seine mittellose Mutter M monatlich mit 490 €. S ist verheiratet und hat zwei Kinder. M hat eigene Einkünfte und Bezüge in Höhe von 2.000 € pro Jahr. Nach Abzug des anrechnungsfreien Betrags von 624 € verbleiben 1.376 €, um die der Unterhaltshöchstbetrag von 8.354 € gekürzt wird. Abzugsfähig wären für S mithin 6.978 €. Das Finanzamt prüft aber, ob der Sohn finanziell in der Lage ist, die Mutter zu unterstützen.

Bruttolohn zzgl. Steuererstattung und Kindergeld	30.696 €
./. Steuerabzüge	– 3.810 €
./. Beiträge zur Sozialversicherung	– 5.400 €
./. Werbungskosten wegen doppelter Haushaltsführung	– 4.200 €
Nettoeinkommen	17.286 €

Opfergrenze = 1 % je volle 500 € des Nettoeinkommens = 34 % abzgl. 15 Prozentpunkte (je fünf für Ehefrau und Kinder). Die Opfergrenze beträgt somit 19 % von 17.286 €. Statt 6.978 € lässt das Finanzamt nur 3.284 € zum Abzug zu.

Da bei Selbständigen in der Regel die Einkünfte von Jahr zur Jahr schwanken, wird für die Berechnung der Opfergrenze der Durchschnitt des Nettoeinkommens der letzten drei Jahre angesetzt. Wenn Sie auf Ihr Einkommen Steuern gezahlt haben, werden die Zahlungen in dem Jahr vom Einkommen abgezogen, in dem Sie sie gezahlt haben. Steuernachzahlungen, aber auch Erstattungen beeinflussen also das Nettoeinkommen des Jahres, in dem das Geld tatsächlich an das Finanzamt oder vom Finanzamt geflossen ist (BFH v. 28.3.2012 – VI R 31/11; DStR 2012 S. 1084).

SUPER TRICK

Hebeln Sie bei der Unterstützung Angehöriger die Sätze des Finanzamts aus!

Wenn Sie sich mit dem zufriedengeben, was Ihnen das Finanzamt ansetzt, wird 648
selten viel herauskommen. Nun ist es doch so: Wer jemanden unterstützt, tut dies sicher nicht, um dessen Faulheit zu stärken. Meistens ist der Unterstützte krank und nicht mehr erwerbsfähig. Vielleicht, weil er ein chronisches Leiden hat. Und chronische Leiden bedingen einen besonderen Aufwand, wenn man sie in einigermaßen erträglichen Grenzen halten will. Wer aber will behaupten, dass der Unterhaltshöchstbetrag von 8.354 €, den das Finanzamt für *Unterhalt* anrechnet, auch für besondere *zusätzliche* Kosten angemessen sei? Genieren Sie sich nicht, *neben* dem Unterhalt andere Kosten anzugeben (BFH v. 11.7.1990 – BStBl 1991 II S. 62, BFH in HFR 1963 S. 395 und FG Düsseldorf – EFG 1978 S. 544). In Betracht kommen

- für die unterstütze Person getragene Krankheitskosten,
- Operations- oder Krankenhauskosten bei Nichtversicherten.
  Sie können den Unterhaltshöchstbetrag von 8.354 € generell um die zugunsten der unterhaltenen Person übernommenen Beiträge zur Basiskranken- und Pflegepflichtversicherung aufstocken.

Sie unterstützen nur, weil der Bedürftige von seinem bisschen Rente nicht leben kann? Raten Sie ihm doch mal, einen Antrag auf Mietbeihilfe oder Wohngeld zu stellen.

Zur Bestätigung der Unterstützungsleistungen fügen Sie dem Antrag eine Be- 649
scheinigung der unterstützten Person bei:

Bescheinigung

Ich werde von . . . . seit . . . . . . mit monatlich € . . . . und Sachwerten von ca. . . . . monatlich unterstützt.
Ich habe eigene Einkünfte von monatlich € . . . . und kein wesentliches Vermögen.

. . . .
(Unterschrift)

Werden zwei bedürftige Personen unterstützt, so ist der abziehbare Betrag für jede unterstützte Person getrennt zu berechnen. Eine Ausnahme gilt nur bei

Ehegatten, die in Haushaltsgemeinschaft leben. Bei ihnen verdoppeln sich alle Beträge.

Da der einheitliche Unterhaltshöchstbetrag unabhängig davon gilt, ob der Unterhaltsempfänger minderjährig oder volljährig ist, ergibt sich das Problem, wie Unterhaltszahlungen z.B. an Ihren Ex-Gatten und an Ihr Kind aufzuteilen sind. Der Fiskus macht sich die Sache recht einfach: Er teilt streng nach Köpfen auf, wenn die Unterhaltenen in einem gemeinsamen Haushalt leben.

Das passiert auch, wenn nicht begünstigte Personen in dem Haushalt leben. Hier nun aufgemerkt, wer A sagt, muss auch B sagen. Lebt z.B. Ihre alte Mutter mit zwei Ihrer Geschwister im selben Haushalt, dann gilt der Aufteilungsgrundsatz auch für die eigenen Einkünfte Ihrer Mutter. Davon wird nämlich nun nur $^1/_3$ als schädlich angerechnet, der Rest entfällt auf die nicht geförderten Haushaltsmitglieder (BFH v. 19.6.2002 – BStBl II 2002 S. 753).

TIPP

zu Altenheim, Gefängnis, ausländischem Ehepartner

650 Die Kosten der Unterbringung eines Familienangehörigen in einem Altenheim sind als außergewöhnliche Belastung berücksichtigungsfähig, wenn die Unterbringung wegen außergewöhnlicher Umstände (etwa Pflegebedürftigkeit wegen Alters oder Unfalls) erforderlich wird (BFH v. 11.2.1965 – BStBl III S. 2407). In diesem Fall gilt die Begrenzung auf den Höchstbetrag von 8.354 € nicht. Vgl. dazu ➤ Rz 615 ff.

Wenn Sie Ihren Sohn, der wegen einer Dummheit im Gefängnis sitzt, mit Geld und kleinen Geschenken unterstützen, um ihm den Aufenthalt hinter Gittern etwas zu erleichtern, können Sie das als Unterstützungsleistungen absetzen. Die steuerliche Anerkennung ist nämlich nicht generell dadurch ausgeschlossen, dass ein Strafgefangener Unterkunft, Kost und Bekleidung von der Haftanstalt bekommt (BFH v. 11.11.1988 – BStBl 1989 II S. 233).

Das Folgende betrifft nur Gastarbeiter oder Deutsche mit ausländischen Ehepartnern:

651 Der Unterhaltshöchstbetrag ist bei Zahlungen ins Ausland zu ermäßigen, und zwar um

$^1/_4$ für z.B. Afghanistan, Ägypten, Bangladesch, Jordanien, Marokko, Nigeria,
$^1/_2$ für z.B. Argentinien, Algerien, Barbados, Brasilien, Chile, China, Lettland, Polen, Rumänien, Serbien, die Russische Föderation, Türkei, Weißrussland
$^3/_4$ für z.B. die Bahamas, Estland, Griechenland, Korea, Kroatien, Portugal, Saudi Arabien, Slowenien, Slowakei, Taiwan, Tschechische Republik

Vergleiche dazu im Einzelnen das BMF-Schreiben v. 18.11.2013 – BStBl 2013 I S. 1462). Müssen Sie erhaltene Unterstützungsleistungen zurückzahlen, kann das eine außergewöhnliche Belastung für Sie sein! (Näheres siehe in DB 1961 S.220.)

Das Problem mit der Erwerbsobliegenheit 652

Für Unterhaltsempfänger, die im Inland oder in einem Staat der EU/EWR leben, ist kein besonderer Nachweis erforderlich, ob sie ihrer sog. Erwerbsobliegenheit nachkommen bzw. objektiv an einer Erwerbstätigkeit gehindert waren (BFH v. 18.5.2006 – BStBl 2007 II S. 108).

Für erwachsene Unterstützungsempfänger im Nicht-EU/EWR-Ausland hingegen lässt der Fiskus den Abzug von Unterhaltsleistungen nur zu, wenn sie aus triftigen Gründen keiner Erwerbstätigkeit nachgehen können (BMF v. 9.2.2006 – BStBl 2006 I S. 217). Als Gründe kommen dabei insbesondere in Betracht:

- Alter,
- Behinderung,
- schlechter Gesundheitszustand,
- Erziehung oder Betreuung von Kindern unter sechs Jahren,
- Pflege behinderter Angehöriger,
- ernsthaftes Studium,
- Berufsausbildung.

Mit einer Bescheinigung aus dem Heimatland, dass der Unterhaltsempfänger arbeitslos war und deshalb keiner Erwerbstätigkeit nachgehen konnte, tun sich die Finanzämter oft schwer. Solche Bescheinigungen würden ja häufig aus Gefälligkeit ausgestellt, und man könne ja auch nicht sagen, ob der Unterhaltsempfänger im Heimatland nicht schwarz arbeite, führt das Bayerische Landesamt für Steuern in seiner nun wohl doch ein wenig über das Ziel hinausschießenden Verfügung vom 17.11.2008 (S 2285.1.1-5 St 32/St 33) an. Dass man behördliche Bescheinigungen aus dem Ausland nicht schlicht mit einem solchen Generalverdacht verwerfen kann, hat der BFH klargestellt. Ihm genügte eine Bescheinigung über Arbeitslosigkeit als Unterstützungsgrund (BFH v. 11.2.2009 – VI B 145/08).

Der BFH hat aber die Auffassung der Finanzverwaltung bestätigt, dass die Erwerbsobliegenheit bei Auslandsfällen stets zu prüfen ist (BFH v. 5.5.2010, VI R 5/09; BFH/NV 2010 S. 1896). Eine Ausnahme machten die Münchener Richter nur bei dem im Ausland lebenden Ehepartner. Für diesen ist eine entsprechende Prüfung nicht erforderlich. Nach Auffassung des BFH muss die sog. Erwerbsobliegenheit unabhängig davon geprüft werden, ob die Unterstützung an Personen im In- oder Ausland gezahlt wird (BFH v. 4.8.2011; BStBl 2011 II S. 975). Der Fiskus verzichtet allerdings nach wie vor auf diese Prüfung, wenn die von Ihnen unterstützten Angehörigen im Inland oder in einem EU-Staat leben (OFD Münster v. 22.12.2011 – aktualisiserte Kurzinfo ESt 2/2007; NWB Datenbank).

TRICK

Raffinierte Masche für alle, die keine Steuervergünstigung für Unterhaltszahlungen bekommen

653 Darüber ärgern Sie sich schwarz: Sie unterstützen Ihre Mutter finanziell und kriegen doch keine Steuerermäßigung, weil ihre Rente über den Hungersätzen des Finanzamts liegt. Seien Sie anpassungsfähig! Unterstützen Sie Ihre Mutter auf eine Weise, bei der keine unsozialen Höchstgrenzen bestehen. Tragen Sie die Kosten von sagen wir mal 2.500 € für eine Rentennachzahlung Ihrer Mutter und kann Ihre Mutter dadurch nun ihr Existenzminimum decken, dann findet solches Tun steuerlich Anerkennung, sagt das FG Hamburg (EFG 1976, S. 234) – allerdings nach Abzug der zumutbaren Belastung.

654 **Unterhalt an den Lebenspartner**

Bei Lebenspartnern müssen Sie unterscheiden zwischen einer *eingetragenen Lebenspartnerschaft* und einer *nichtehelichen Lebensgemeinschaft*. Eingetragene Lebenspartner werden wie Ehegatten behandelt und haben daher Anspruch auf den Splittingtarif (§ 2 Abs. 8 EStG), womit ein Abzug des Unterhaltsfreibetrags ausscheidet.

Etwas anderes gilt für die Unterstützung des Partners einer *nichtehelichen Lebensgemeinschaft* oder eines Angehörigen, der nicht mit Ihnen im ersten Grad verwandt ist. Voraussetzung für den Abzug Ihrer Unterhaltsleistungen ist hier, dass Sie einen gemeinsamen Haushalt führen, in dem einer von Ihnen (Sie) Einkünfte hat und der andere nicht berufstätig ist, weil er den Haushalt führt und daher auf Ihre Unterstützung angewiesen ist. Zusätzlich müssen dem unterstützten Lebenspartner bzw. Angehörigen Sozialleistungen (z. B. Hartz IV) wegen der Lebensgemeinschaft gekürzt werden. Dabei genügt die Kürzung als solche, auf ihre Höhe kommt es nicht an.

TIPP

zu Unterstützungsleistungen

Zur Anerkennung von Unterstützungszahlungen ist es nicht in jedem Fall erforderlich, dass Ihr Lebenspartner einen Antrag auf Sozial- oder Arbeitslosenhilfe gestellt hat und dieser abgelehnt wurde. Der Fiskus geht davon aus, dass bei nichtehelichen Lebensgemeinschaften der Partner ohne Einkommen und Vermögen generell zum begünstigten Personenkreis gehört, bei dem im Antragsfall die Sozialleistungen wegen der Partnerschaft gekürzt würden. Es reicht, wenn er schriftlich versichert, dass er für den jeweiligen Veranlagungszeitraum keine zum Unterhalt bestimmten Mittel aus inländischen öffentlichen Kassen erhalten und auch keinen Antrag gestellt hat, dass eine nichteheliche Lebensgemeinschaft besteht oder er mit Ihnen verwandt ist und eine Haushaltsgemeinschaft bildet. Zudem muss er angeben, über welche anderen zum Unterhalt bestimmten Einkünfte und Bezüge er verfügt sowie über welches Vermögen (BMF-Schreiben v. 28.3.2003 – BStBl 2003 I S. 243).

TRICK

Schaffen Sie sich höhere Steuererleichterungen bei einer Lebenspartnerschaft!

655

S Leider, leider geht das fast nur, wenn einer der Partner selbständig tätig ist. Dann haben Sie freie Hand, das Finanzamt auszutricksen. Denn: Verträge z.B. können Sie schließen, mit wem Sie wollen, und darin vereinbaren, was Sie wollen. Und es ist allein Ihre Sache, wenn Sie Ihren Lebenspartner in Ihrem Geschäft oder Betrieb mit anfassen sehen wollen.

Aber: Um Steuern zu sparen, müssen Sie schon einen Arbeitsvertrag mit ihm aufs Papier bringen. Dabei müssen Sie bei der Gehaltsvereinbarung aufpassen. Das Geld muss nämlich auf ein Konto des helfenden Partners überwiesen werden. Es spielt übrigens keine Rolle, wenn dafür die bisherigen Zahlungen für Haushaltskosten und Taschengeld entfallen. Und schließlich darf das Gehalt nicht viel höher sein als das eines in gleicher Weise tätigen familienfremden Mitarbeiters. Wenn Sie Ihren Partner allerdings mit einer führenden Position in einem größeren Betrieb betrauen, kann das Gehalt natürlich recht hoch sein. Das Gehalt können Sie nun als Betriebsausgaben absetzen – ohne Beschränkung auf 8.354 €.

TRICK

Was Ahmed recht ist, ist Paul billig.

Jeder Finanzbeamte muss nach seinem heiligen Amtseid Steuern gleichmäßig 656
festsetzen. Gleichmäßig festsetzen heißt aber auch: gleiche Nachweisschikanen für alle Steuerzahler.

In einem Spezialerlass für Gastarbeiter, die ihre Familien im Ausland unterstützen, sagte der Bundesfinanzminister: »Aus Vereinfachungsgründen kann davon ausgegangen werden, dass die letzte Unterhaltsrate den Unterhalt bis zum Jahresende deckt.« (BMF v. 9.2.2006 – BStBl 2006 I S. 217). Diese Auffassung hat der BFH ausdrücklich bestätigt (BFH v. 5.5.2010 – VI R 40/09, BStBl 2011 II S. 164). Normalerweise ist es so: Wird nicht regelmäßig, sprich jeden Monat, gezahlt, greift die Zwölftelvorschrift, wonach für jeden fehlenden Monat der Höchstbetrag um 1/12 gekürzt wird (§ 33 a Abs. 4 EStG).
Angenommen, Sie haben folgende Zahlungen geleistet

Mai	1.500 €
Juni	1.600 €
September	1.300 €
Dezember	4.000 €
insgesamt	8.400 €

Abzugsfähig sind in diesem Fall aber nur 8/12 (Mai–Dezember) von 8.354 € = 5.570 €

Pochen Sie auf den Gleichheitsgrundsatz und verlangen Sie, dass man Sie nicht schlechter stellt als Ihre ausländischen Mitbürger. Bekommt z. B. Ihre von Ihnen unterstützte Mutter nicht regelmäßig jeden Monat Geld, müssen Sie es so deichseln, dass die erste Zahlung möglichst im Januar erfolgt.

Da der Bundesfinanzminister nichts von gleichmäßigen Raten gesagt hat, können Sie Ihrer Mutter zu Beginn des Jahres kleinere Beträge überweisen und ihr im Dezember, nachdem Sie Ihre Weihnachtsgratifikation kassiert haben und richtig flüssig sind, einen größeren Batzen zukommen lassen. Mal angenommen, Sie zahlen ihr im

Januar	1.500 €
Juni	1.600 €
September	1.300 €
Dezember	4.000 €
insgesamt	8.400 €

dann steht Ihnen der volle Höchstbetrag von 8.354 € für Ihre Unterstützung zu.

Aber: Halten Sie Ihre Mutter zu Jahresanfang nicht allzu knapp. Bei Beträgen von 50 € im Quartal sind schon einige Finanzämter auf den dummen Gedanken verfallen, solche Mickerbeträge seien keine Unterhaltskosten. Also greifen Sie sicherheitshalber etwas tiefer ins Portemonnaie.

Umrechnen nach EZB-Umrechnungskurs

Wenn Sie den Unterhalt für Ihre Angehörigen im Ausland nicht in Euro bezahlen, stellt sich natürlich immer die Frage, wie rechne ich den Unterhalt für meine Steuererklärung um. Zur Vereinfachung hat der Fiskus festgelegt, dass Sie alle Zahlungen nach dem Umrechnungskurs der Europäischen Zentralbank zum 30.9. des Vorjahres umrechnen können. Also den Unterhalt für 2014 nach dem Währungskurs zum 30.9.2013 (§ 33 a Abs. 1 S. 8 EStG).

2. Ausbildungsfreibetrag für Kinder (§ 33a Abs. 2 EStG)

Seit einigen Jahren doktern die Fiskalbürokraten an den Steuervergünstigun- 657
gen für Kinder herum, nachdem ihnen das Bundesverfassungsgericht mehrmals kräftig auf die Füße getreten ist und verlangt hat, dass endlich mehr für Familien mit Kindern getan werden muss. Was letztlich herauskommt, kann man allenfalls als halbherzig, wenn nicht gar herzlos bezeichnen. Mit den Minibeträgen aus der Kindergelderhöhung werden die Steuerzahler für dumm verkauft, denn an allen anderen Stellen bleiben wirklich spürbare Verbesserungen auf der Strecke.

Ein Paradebeispiel ist der Ausbildungsfreibetrag: Die mickrigen 924 € gibt es nur für volljährige Kinder, wenn sie zur Ausbildung auswärts untergebracht sind und Sie noch Kindergeld oder einen Kinderfreibetrag für ein solches Kind bekommen. Das heißt, weder für volljährige Kinder, die während ihrer Schulausbildung, Lehre oder ihres Studiums zu Hause wohnen, noch für unter 18-jährige Kinder, die auswärts untergebracht sind, gibt es einen Ausbildungsfreibetrag.

Bisher waren alle Versuche, die Höhe des Ausbildungsfreibetrags vor Gericht als verfassungswidrig einstufen zu lassen, erfolglos. Der BFH ist der Meinung, dass er zusammen mit anderen Kindervergünstigungen ausreichend hoch ist (BFH v. 25.11.2010 – III R 111/07, BStBl 2011 II S. 281). Eine Verfassungsbeschwerde hat das Bundesverfassungsgericht nicht angenommen (BVerfG – 2 BvR 451/11). Ein Einspruch wegen der Höhe des Ausbildungsfreibetrags ist daher im Moment wohl zwecklos.

Zumindest wird der Ausbildungsfreibetrag nicht gekürzt, wenn Ihr Kind eigene Einkünfte oder Bezüge hat. Auch BAföG wird nicht auf den Freibetrag angerechnet.

TRICK

Die Steuer tut was dazu, wenn das Kind zu seiner Tante will!

658 Mit der auswärtigen Unterbringung von Kindern stellen sich die Fiskalvertreter recht zopfig an. Sie verlangen, dass diese von gewisser Dauer ist und entweder während der gesamten Ausbildung oder zumindest während einzelner Ausbildungsabschnitte vorliegt und das Kind während dieser Zeit räumlich selbständig ist.

Eine Klassenfahrt oder ein mehrwöchiger Sprachkurs im Ausland sollen dafür nicht reichen (BFH – BStBl II 1990, S. 898). Klar ist die Sache, wenn Ihr Nachwuchs z. B. während eines Praktikums, das länger als sechs Wochen dauert (BFH v. 20.5.1994 – BStBl 1994 II S. 699), während eines Semesters oder eines mehrmonatigen Lehrgangs am auswärtigen Unterrichtsort wohnt.

Aber warum in die Ferne schweifen, wenn das Gute so nah liegt? Denn: Auswärtig untergebracht ist Ihr Kind, wenn es hauswirtschaftlich nicht mehr in Ihren Haushalt eingegliedert ist. Auf gut Deutsch: wenn es nicht mehr seine Beine unter Ihren Tisch stellt. Ein kleines möbliertes Zimmer oder ein eigenes Appartement reicht dazu völlig aus. Diese Unterkunft kann ohne weiteres bei Verwandten sein. Und da Sie zu Hause ohnehin recht beengt leben, mieten Sie einfach in der Wohnung Ihrer ein paar Straßen weiter lebenden Schwester ein Zimmer für Ihr Kind. Und schon gibt's den Ausbildungsfreibetrag.

TRICK

Ein Überbrückungsjob muss nicht schädlich sein!

659 Nicht immer klappt es nahtlos mit dem Übergang zwischen Schule und Studium. Wenn der Unterbrechungszeitraum nicht länger als vier Monate ist, bekommen Sie weiter Kindergeld oder Kinderfreibetrag. Sie müssen also nicht betrübt sein, wenn Ihr Nachwuchs die Unterbrechung nutzt und fleißig ein paar tausend Euro zur Finanzierung des Studiums verdient.

Ein Ausbildungsfreibetrag steht Ihnen für diese Zeit nur zu, wenn Ihr Kind schon auswärtig untergebracht ist. Einkünfte, die Ihr Kind in dieser Zeit erzielt, spielen keine Rolle.

Einen Kinderfreibetrag bekommen Sie für Ihr studierendes Kind, egal ob es im Inland oder im Ausland lebt, nur, solange es das 25. Lebensjahr noch nicht vollendet hat. 660

Bei Söhnen aber, die vor Beendigung ihres Studiums oder ihrer Ausbildung Wehr- oder Zivildienst leisten, legt Vater Staat aus Gründen der Gleichberechtigung den Kinder- und damit auch den Ausbildungsfreibetrag für den Zeitraum, den Ihr Filius gedient hat, also z.B. für neun Monate, auf die o.g. Altersgrenze drauf.

GUTER RAT

Wenn der Kinderfreibetrag wegfällt, weil Ihr Nachwuchs die Altersgrenze überschritten hat, Ihnen aber immer noch auf der Tasche liegt, dann denken Sie daran, dass Sie den Unterhaltsfreibetrag geltend machen!

3. Haushaltshilfen, haushaltsnahe Beschäftigung und Dienstleistung

Wenn Sie für Arbeiten in Haus und Garten jemanden als Angestellten beschäftigen oder ein Unternehmen mit derartigen Arbeiten betrauen, können Sie eine Steuerermäßigung nach § 35 a EStG in Anspruch nehmen. Diese wird unmittelbar von der tariflichen Einkommensteuer abgezogen. Egal ob Sie also ein hohes oder niedriges Einkommen haben, verringert sich die von Ihnen zu zahlende Einkommensteuer um denselben Betrag. 661

Letztlich können Sie von vier verschiedenen Fördervarianten profitieren:

- geringfügige Beschäftigung im Haushalt (➤ Rz 662),
- sozialversicherungspflichtige Beschäftigung im Haushalt (➤ Rz 663 f.),
- haushaltsnahe Dienstleistungen sowie Pflege- und Betreuungsleistungen für pflegebedürftige Personen (➤ Rz 663 f.),
- Handwerkerleistungen für Renovierungs-, Erhaltungs- und Modernisierungsmaßnahmen (➤ Rz 665).

Geringfügige Beschäftigung im Haushalt 662

Haben Sie jemanden als 450-€-Arbeitskraft (geringfügige Beschäftigung) angestellt, der Ihnen bei den Arbeiten im Haushalt und im Garten zur Hand geht, können Sie für dieses **haushaltsnahe Beschäftigungsverhältnis** eine Steuerermäßigung von 20 % der Kosten, max. jedoch 510 € beanspruchen. In die abzugs-

fähigen Kosten einbezogen werden der Arbeitslohn, die pauschalen Sozialversicherungsbeiträge von 10 % (je 5 % Kranken- und Rentenversicherung), die Umlagen von 2,44 % und die pauschale Steuer von 2 %, insgesamt also 14,44 %. Steuerlich gefördert werden somit Ihre Aufwendungen bis zu 2.550 € im Jahr (2.550 € × 20 % = 510 €). Den Nachweis der Kosten können Sie durch die Bescheinigung der Minijobzentrale der Knappschaft führen, bei der Sie Ihre Hausangestellte anmelden müssen und an die Sie im sog. Haushaltsscheckverfahren Ihre Abgaben zahlen.
Durch die Förderung von Beschäftigungen im Privathaushalt nach § 35 a Abs. 2 EStG entfällt die Begünstigung von sozialversicherungspflichtigen Beschäftigungen über § 35 a Abs. 1 EStG (vgl. ➤ Rz 663 ff.).

TIPP

Haushaltsnahe Minijobs sind steuerbegünstigt.

Haushaltsnahe Minijobs sind mit 14,44 % Abgaben somit deutlich billiger als eine reguläre geringfügige Beschäftigung, die Pauschalabgaben von 30,99 % zzgl. Unfallversicherung auslöst. Begünstigt sind u. a. folgende Tätigkeiten:

- Zubereitung von Mahlzeiten,
- Reinigung der Wohnung,
- Gartenarbeiten,
- Waschen, Bügeln etc.,
- Kinderbetreuung,
- Betreuung und Pflege alter und kranker Haushaltsmitglieder,
- Einkäufe und Botengänge, Begleitung auch außerhalb des Hauses.

Nicht begünstigt sind dagegen:

- Erteilung von Unterricht jeglicher Art, wie Nachhilfe, Musik-, Reit-, Ballettunterricht etc.,
- Vermittlung besonderer Fähigkeiten,
- Sport,
- Freizeitaktivitäten,
- Betreuung außer Haus, Kindergarten, Tagesmutter, die die Betreuung in ihrer eigenen Wohnung durchführt.

Übernimmt Ihre Hausangestellte sowohl begünstigte als auch nicht begünstigte Arbeiten, müssen Sie die Gesamtkosten aufteilen.

WICHTIGER HINWEIS

Da nach Auffassung des Fiskus familienrechtliche Verpflichtungen nicht Gegenstand eines Vertrags über eine haushaltsnahe Beschäftigung sein können, beißen Sie beim Finanzamt auf Granit, wenn Sie eine mit Ihnen in einem Haushalt zusammenlebende nahestehende Person beschäftigen möchten. Das Finanzamt gesteht Ihnen die Steuerermäßigung in der Regel nicht zu bei Verträgen mit

- Ehegatten (§§ 1360, 1356 Abs. 1 BGB),
- in Ihrem Haushalt lebenden Kindern (§ 1619 BGB),
- Partnern einer eingetragenen Lebenspartnerschaft,
- Partnern einer nichtehelichen Lebensgemeinschaft.

Völlig anders sieht aber auch hier die Sache aus, wenn Sie Angehörige beschäftigen, die nicht (mehr) in Ihrem Haushalt leben. Deshalb können haushaltsnahe Beschäftigungsverhältnisse z.B. mit Kindern oder Eltern, die in einem eigenen Haushalt leben, steuerlich anerkannt werden (BMF v. 10.1.2014 – BStBl 2014 I S. 75, Rz 6). Wie immer bei der Beschäftigung von Angehörigen, dürfen Sie sich keine formalen Blößen geben. Sie werden also einen schriftlichen Vertrag schließen. Nehmen Sie doch einfach den Mustervertrag, den die Bundesknappschaft (www.minijob-zentrale.de) dafür anbietet, dann haben Sie gleich auch sichergestellt, dass man Ihnen nicht wegen unüblicher Vertragsinhalte steuerlich ein Bein stellt. Das Beschäftigungsverhältnis melden Sie bei der Minijob-Zentrale der Bundesknappschaft an. Und nicht vergessen: Schon aus Nachweisgründen sollten Sie den Lohn überweisen und auf Barzahlungen verzichten.

TRICK

Holen Sie mindestens so viel Steuerermäßigung heraus, wie Sie an Pauschalabgaben zahlen!

Besonders lukrativ wird ein haushaltsnaher Minijob für Sie, wenn Ihre Hausangestellte die Ehefrau oder Tochter eines Beamten, Soldaten oder eines anderen nicht gesetzlich Krankenversicherungspflichtigen ist. Bei einer Angestellten aus diesem illustren Personenkreis entfällt für Sie der pauschale Krankenversicherungsbeitrag von 5 %, Sie zahlen statt 14,44 % also nur noch 9,44 % an die Minijobzentrale. Und so sieht Ihre Rechnung steuerlich aus, wenn Ihre Perle 450 € im Monat erhält:

Pauschale Abgaben 5.400 € × 9,44 %		510 €
Lohnkosten	5.400 €	
Abgaben	510 €	
Aufwendungen insgesamt	5.910 €	
Steuerermäßigung darauf 5.910 € × 20 % = 1.182 €, max.		510 €
Vorteil für Sie		0 €

Wie Sie sehen, kostet Sie Ihre Putzfrau unter dem Strich keine Steuern und Abgaben, wenn Sie sie hochoffiziell anmelden. Und selbst wenn Sie die vollen 14,44 % Abgaben zahlen müssen, weil Sie sich nicht um die Krankenversicherungspauschale drücken konnten, kosten Sie Ihre Steuerehrlichkeit und Ihr ruhiges Gewissen im Monat nur rd. 270 €.

TIPP

Beim haushaltsnahen Minijob können Sie auch bar zahlen!

Für haushaltsnahe Dienstleistung und Handwerkerleistung ist eine Barzahlung nach wie vor nicht zulässig. Bei Minijobs, für die das Haushaltsscheckverfahren angewendet wird, sehr wohl. Hier gilt die von der Minijob-Zentrale zum Jahresende erteilte Bescheinigung als Nachweis. Deshalb ist bei diesen Minijobs zulässig, den Arbeitslohns bar zu zahlen. Das Finanzamt darf Ihnen die Steuerermäßigung nicht wegen der Barzahlung verwehren (so der Parlamentarische Staatssekretär im BMF Koschyk auf eine Anfrage im Bundestag, BT-Drucksache 18/51 S.35).

663 **Dienstleistungen im Haushalt**

Wenn Sie

- eine Hausangestellte sozialversicherungspflichtig beschäftigen,
- ein selbständiges Unternehmen mit der Erledigung typischer Leistungen im Haushalt beauftragen
- oder Leistungen für die eigene Pflege bzw. die von pflegebedürftigen Angehörigen in Anspruch nehmen,

winkt eine Steuerermäßigung von **20 % der Kosten, max. 4.000 €.**
Begünstigt sind vor allem solche Arbeiten, die gewöhnlich durch Mitglieder des Haushalts erledigt werden, in erster Linie Kochen, Putzen, Waschen, Einkaufen, Gartenpflege oder Kinderbetreuung. Nicht zuletzt fallen aber auch die Leistungen eines Umzugsunternehmens, das Ihren privaten Umzug durchführt, darunter.

WICHTIGER HINWEIS

Es ist völlig unerheblich, ob die Kosten für eine Hausangestellte, für Dienst- oder Pflegeleistungen anfallen. Alle Kostenarten sind gleichberechtigt mit bis zu 20.000 € begünstigt. Sehen Sie sich dazu die folgenden Beispiele an.

Reinigungsunternehmen	5.000 €		
Pflegekosten	12.000 €		
Gesamtkosten	17.000 €		
Steuerermäßigung darauf	20 % = 3.400 €	max. 4.000 €	= 3.400 €

Kosten für den Umzug	12.000 €		
Gartenpflege	3.600 €		
Lohn und Abgaben für die Köchin	9.600 €		
Gesamtkosten	25.200 €		
Steuerermäßigung darauf	20 % = 5.400 €	max. 4.000 €	= 4.000 €

Voraussetzung für den Abzug der Pflegekosten ist, dass die gepflegte Person zumindest in die Pflegestufe I eingeordnet ist bzw. Leistungen aus der Pflegeversicherung bekommt. In letzterem Fall wird vor der Steuerermäßigung das Pflegegeld von Ihren Kosten abgezogen.

TIPP

Steuerermäßigung, auch wenn die gepflegte Person nicht bei Ihnen wohnt!

Es ist für Ihre Steuerermäßigung egal, ob die gepflegte Person in Ihrem Haushalt lebt oder in ihrem eigenen. Wichtig ist nur, dass Sie die Kosten übernehmen. Kommt also z.B. der Pflegedienst zu Ihrer Mutter, die in ihrer eigenen Wohnung lebt, können Sie die Steuerermäßigung für die von Ihnen getragenen Kosten abzgl. Pflegegeld beanspruchen.

TRICK

Verzichten Sie auf 400 € und kassieren dafür 4.000 €!

Wie so oft gilt auch hier, dass weniger manchmal mehr ist. Die Steuerermäßi- 664
gung von bis zu 4.000 € für Pflegeleistungen steht Ihnen nach dem unendlichen Ratschluss des Gesetzgebers nur zu, wenn die Kosten bei Ihnen nicht als außer-

gewöhnliche Belastungen auftauchen, sprich, wenn Sie für die Pflege Ihres Angehörigen nicht den Pflegepauschbetrag von 924 € (§ 33 b Abs. 6 EStG) in Anspruch nehmen.

Verzichten Sie also lieber auf den Pflegepauschbetrag, der selbst bei einem absoluten Spitzenverdiener max. ca. 470 € Steuermäßigung bringt, und profitieren stattdessen von der viel höheren Steuerermäßigung für haushaltsnahe Pflegeleistungen.

Da der Pflegepauschbetrag zu den antragsabhängigen Steuervergünstigungen gehört, stellen Sie einfach keinen entsprechenden Antrag.

665 **Handwerkerleistungen**

Steuerlich gefördert werden 20 % Ihrer Kosten für Modernisierung und Instandhaltung. Dabei gilt eine Höchstgrenze von 6.000 € im Jahr, d.h., die Steuerermäßigung beträgt max. 1.200 €. Es spielt dabei keine Rolle, ob Sie als Eigentümer oder als Mieter den Auftrag geben.

Aufgemerkt: Sobald ein Handwerker Ihre Wohnung betritt, klingelt bei Ihnen die Kasse.

Sie können die Kosten u.a. für folgende Handwerkerleistungen in der Steuererklärung unterbringen:

- Arbeiten an Innen- und Außenwänden,
- Arbeiten am Dach, an der Fassade, an Garagen o. Ä.,
- Einziehen von Zwischenwänden,
- Reparatur oder Austausch von Fenstern und Türen,
- Streichen/Lackieren von Türen, Fenstern (innen und außen), Wandschränken, Heizkörpern und -rohren,
- Reparatur oder Austausch von Bodenbelägen (z.B. Teppichboden, Parkett, Fliesen),
- Reparatur, Wartung oder Austausch von Heizungsanlagen, Elektro-, Gas- und Wasserinstallationen,
- Modernisierung oder Austausch der Einbauküche,
- Modernisierung des Badezimmers,
- Reparatur und Wartung von Gegenständen (z.B. Waschmaschine, Geschirrspüler, Herd, Fernseher, Personalcomputer),
- Maßnahmen der Gartengestaltung,
- Pflasterarbeiten auf dem Wohngrundstück,
- Maler- und Tapezierarbeiten, Fassadenanstrich,
- Schornsteinfegerarbeiten,
- Kontrolle von Blitzschutzanlagen,
- Verlegen von Kabeln für Strom, Telefon oder Fernsehen,
- Anschluss des neuen Fernsehers,
- Montage einer Satellitenschüssel.

TRICK

Lassen Sie beim Hausbau den Garten erst nach dem Einzug anlegen!

Die Steuerermäßigung für Handwerkerleistungen nach § 35a Abs. 2 Satz 2 EStG können Sie auch für Erd- und Pflanzarbeiten im Garten Ihres selbstbewohnten Hauses absetzen. Dabei kommt es nicht darauf an, ob der Garten neu angelegt oder umgestaltet wird. Auch wenn in Ihrem Haushalt durch einen An- oder Ausbau Herstellungskosten anfallen, sind diese als Handwerkerleistungen zu berücksichtigen. Entscheidend ist in beiden Fällen lediglich, dass Sie zum Zeitpunkt der Arbeiten schon in Ihrem Haus wohnen. Nach Meinung des BFH sind nämlich nur solche Handwerkerleistungen vom Abzug ausgeschlossen, die die Errichtung eines Haushalts betreffen. Finden die Arbeiten dagegen in einem schon vorhandenen Haushalt statt, ist der Abzug möglich (BFH v. 13.7.2011; BStBl 2012 II S. 232).
Das muss jetzt auch der Fiskus akzeptieren (BMF v. 10.1.2014 – BStBl 2014 I S. 75).Begünstigt sind nur die reinen Lohn-, nicht jedoch die Materialkosten. Außerdem berücksichtigt der Fiskus nur Kosten, die auf Ihrem Grundstück anfallen, deshalb will man Ihnen z. B. für öffentliche Gebühren für Straßenreinigung und Müllabfuhr die Steuerermäßigung nicht zugestehen.

TRICK

Die richtige Aufteilung bringt den Steuersegen

Wenn Ihr Handwerker das Material mitliefert, bitten Sie ihn, die Rechnung entsprechend aufzuteilen und die Lohnkosten getrennt auszuweisen. Wenn er so nett ist und Ihnen das Material zum Einkaufspreis liefert und dafür einen höheren Arbeitslohn verlangt, soll Ihnen das nur recht sein.

Nachweishürden 666

Damit Ihnen die schöne Steuerermäßigung für haushaltsnahe Dienstleistungen und Handwerkerleistungen nicht durch die Lappen geht, muss alles schön offiziell und mit Nachweisen laufen.

- Sie persönlich müssen der Auftraggeber sein! Als Mieter oder Inhaber einer Eigentumswohnung lesen Sie hier nach ➤ Rz 667.
- Sie brauchen eine astreine und offizielle Rechnung von Ihrem Dienstleister oder Handwerker!

- Sie müssen Ihre Zahlungen ggf. durch einen Beleg Ihrer Bank oder Sparkasse nachweisen können. Sie müssen zwar Ihre Rechnungen und Überweisungsbelege nicht zwingend mit der Steuererklärung zusammen einreichen. Das Finanzamt kann Ihre haushaltsnahen Dienstleistungen auch ohne die Vorlage von Belegen anerkennen. Allerdings haben Sie keinen Anspruch darauf. Im Zweifel kann das Finanzamt die Belege nachfordern. Also zahlen Sie auf gar keinen Fall bar! Auch Abschläge dürfen Sie immer nur unbar zahlen. Lässt sich Ihr Handwerker darauf nicht ein und besteht auf Barzahlung, suchen Sie sich einen anderen, oder ziehen Sie ihm die verlorengegangene Steuerermäßigung schlicht und ergreifend von der Rechnung ab.

WICHTIGER HINWEIS

Die Steuerermäßigung für Handwerkerleistungen können Sie zusätzlich zu der für übrige haushaltsnahe oder Pflegedienstleistungen absetzen. Haben Sie also im laufenden Jahr ein Reinigungsunternehmen und/oder einen Pflegedienst beauftragt und zusätzlich einen Handwerker in Ihrer Wohnung werkeln lassen, beträgt Ihre Steuerermäßigung im günstigsten Fall bis zu 5.200 €.

TRICK

Setzen Sie die zumutbare Belastung von der Steuer ab!

Neben den formalen Hürden – ordentliche Rechnung, unbare Zahlung – hat der Fiskus eine weitere Spaßbremse bei der Steuerermäßigung eingebaut. Egal ob beim haushaltsnahen Beschäftigungsverhältnis oder bei Dienst- und Handwerkerleistungen: Der Abzug von Werbungskosten, Sonderausgaben und außergewöhnlichen Belastungen hat Vorrang vor der Steuerermäßigung. Sind Ihre Renovierungskosten z.B. Werbungskosten bei den Vermietungseinkünften oder können Sie die Betreuungskosten für Ihre Kinder als Sonderausgaben absetzen, tut Ihnen das nicht sonderlich weh. Auf eine Steuerermäßigung von 20 % kommen Sie nämlich schon bei einem Einkommen von ca. 11.000 €/22.000 € (Grundtabelle/Splittingtabelle). Übel wird die Geschichte allerdings z.B. bei den Pflegekosten. Können Sie die nämlich als außergewöhnliche Belastungen absetzen, wird Ihnen zunächst die zumutbare Belastung abgezogen. Dieser Betrag geht also steuerlich ins Leere – so der Wunsch des Fiskus. Aber der hat die Rechnung wieder einmal ohne den Wirt gemacht. In Höhe der zumutbaren Belastung konnten Ihre Kosten ja gerade nicht als außergewöhnliche Belastung berücksichtigt bzw. abgezogen werden. Also werden Sie für jeden Cent zumutbarer Eigenbelastung die Steuerermäßigung mit 20 % beantragen.

So ist das nun einmal im Leben! Wenn Sie auf jemanden treffen, der meint, er wäre ganz besonders schlau und könne Sie über den Tisch ziehen, müssen Sie halt versuchen, immer noch ein bisschen schlauer zu sein.

WICHTIGER HINWEIS

Ab 2014 wird der Fiskus besonders pingelig. Gutachtertätigkeiten sollen nämlich nicht mehr als Handwerkerleistungen anerkannt werden. Dass soll sogar dann gelten, wenn die Begutachtung z.B. von Ihrem Schornsteinfeger mit erledigt wird. Damit fallen alle Mess- oder Überprüfungsarbeiten, eine Legionellenprüfung, Kontrolle von Aufzügen oder von Blitzschutzanlagen, die Feuerstättenschau sowie andere technische Prüfungen als Handwerkerleistungen unter den Tisch.
Vor allem bei der Rechnung Ihres Kaminkehrers oder Schornsteinfegers müssen Sie Obacht geben. Er muss in der Rechnung die Kosten für die Kehrleistungen und die für die Mess- und Prüfarbeiten, z.B. die Emissionsprüfung Ihrer Heizung, getrennt abrechnen. Macht er das nicht, ist der gesamte Abzug für die Handwerkerleistung zum Teufel.

TRICK

Durchforsten Sie als Mieter und Besitzer einer Eigentumswohnung Ihre Nebenkostenabrechnung

Gute Zeiten für Sie als Mieter oder als Besitzer einer selbstbewohnten Eigen- 667
tumswohnung. Alle Kosten, die dem Grunde nach haushaltsnahe Dienstleistungen oder Handwerkerleistungen sind und Ihnen über die Nebenkostenabrechnung des Vermieters oder des Hausverwalters in Rechnung gestellt werden, können Sie genauso absetzen, als hätten Sie selbst den Auftrag erteilt. Angefangen von den Schornsteinfegergebühren über die Heizungswartung, die Pflege von Garten und Anlagen bis zur Reparatur des Daches an der Eigentumswohnanlage: Sie kassieren die Steuerermäßigung. Bestehen Sie also darauf, dass die entsprechenden Kosten aufgeteilt nach den Kategorien

- haushaltsnahe Beschäftigung,
- haushaltsnahe Dienstleistungen,
- Handwerkerleistungen

in Ihrer Nebenkostenabrechnung ausgewiesen werden, die dann als Nachweis für das Finanzamt genügt. Sie müssen nicht zusätzlich eine Kopie der Rechnung oder der Überweisung des Rechnungsbetrags vorlegen.

SUPER TRICK

Höhere Steuervergünstigung für Mieter und Eigentumswohnungsbesitzer

Beschäftigt Ihr Vermieter oder Hausverwalter einen Gärtner oder Reinigungskräfte auf 450-€-Basis, ergibt sich zunächst einmal ein formelles Problem. Sozialversicherungsrechtlich werden diese Minijobs als reguläre geringfügige Beschäftigungsverhältnisse behandelt – das bedeutet Pauschalabgaben von 30,99 % – und nicht als haushaltsnahe Beschäftigung. Da aber nur haushaltsnahe Beschäftigungen für eine Steuerermäßigung in Betracht kommen, würden Sie eigentlich insoweit leer ausgehen. Hier zeigt sich der Fiskus ausnahmsweise einmal von der großzügigen Seite. Er gestattet Ihnen, diese Kosten fiktiv als haushaltsnahe **Dienstleistungen** abzuziehen. Und das bedeutet, dass Ihre Steuerermäßigung nun 20 % der Kosten, max. aber 4.000 €, beträgt.

5. Pauschbeträge für Behinderte

668 Pauschbeträge werden ohne jeden Abzug in den elektronischen Lohnsteuerabzugsmerkmalen (ELStAM) eingetragen oder bei der Ermittlung des Einkommens berücksichtigt, sind also unabhängig vom Vorliegen besonderer Ausgaben und von der Höhe des Einkommens (§ 33 b EStG). Wenn Ihr Grad der Behinderung mehr als 50 % beträgt, haben Sie einen Schwerbehindertenausweis, den Sie beim Finanzamt vorlegen können (Fotokopie genügt).

Bei einem Grad der Behinderung unter 50 % brauchen Sie eine Bescheinigung des Versorgungsamts oder einen Rentenbescheid. Darin muss bescheinigt sein, dass die Behinderung auf einer typischen Berufskrankheit beruht oder Sie in Ihrer Beweglichkeit beeinträchtigt.

TIPP

für Leser mit einer äußerlich nicht erkennbaren Behinderung

Sie können die Steuerermäßigung z.B. auch dann bekommen, wenn Ihre Beweglichkeit durch Asthma, ein Blasenleiden oder eine Herzkrankheit eingeschränkt ist. Achten Sie in diesen Fällen ebenfalls unbedingt darauf, dass Ihnen

Ihre Bewegungsbeeinträchtigung vom Versorgungsamt ausdrücklich bescheinigt wird.

Behinderte – dazu gehören auch Personen mit geistigen Gebrechen – erhalten einen jährlichen Freibetrag bei folgender Behinderung:

669

Grad der Behinderung (GdB) in Prozent	€
25 – 30	310
35 – 40	430
45 – 50	570
55 – 60	720
65 – 70	890
75 – 80	1.060
85 – 90	1.230
95 – 100	1.420
Hilflos/blind	3.700
Hinterbliebenen-PB	370

Dass die Behindertenpauschbeträge schon seit Ewigkeiten nicht mehr angepasst wurden, ist nach Auffassung des Bundesverfassungsgerichts vom 17.1.2007 (2 BvR 1059/03) nicht bedenklich.

Übrigens: Weder die Gewährung des Pauschbetrags für Blinde (§ 33 b EStG) 670
noch das Verbot der Aufteilung von Aufwendungen in einen beruflich und in einen privat veranlassten Teil stehen der Anerkennung der Ausgaben eines blinden Arbeitnehmers für seinen Blindenhund, mit dem er den Weg von seiner Wohnung zur Arbeitsstätte und zurück zu Fuß zurücklegt, als Werbungskosten entgegen (FG München, rk Urt. v. 16.11.1984 – V 8/83 E).

TRICK

Bäumchen, Bäumchen, wechsle dich

Der Pauschbetrag für Behinderte gilt zunächst alle typischen Mehraufwendun- 671
gen ab, die durch die Behinderung entstehen, z.B. also Arzt- und Medikamentenkosten, Unterbringungskosten in Heil- oder Pflegeheim, Aufwendungen für die Betreuung des Behinderten usw. Und nun spitzen Sie Ihre Ohren: Leben Sie in einem Pflegeheim, ist es meistens günstiger, anstelle des Pauschbetrags von 3.700 € die tatsächlichen Kosten anzusetzen. Lassen Sie uns mal sehen, was herauskommt, wenn Ihr Anteil an den Pflegeheimkosten monatlich 1.300 € beträgt.

Gesamtkosten im Pflegeheim	15.600 €
./. Haushaltsersparnis	– 8.004 €
Verbleiben als allgemeine Pflegekosten	7.596 €

./. zumutbare Belastung, angenommen 6 % von z. B. 25.000 € (Gesamtbetrag der Einkünfte)	– 1.500 €
Abziehbar als allgemeine außergewöhnliche Belastung	6.096 €

Wie Sie sehen, können Sie locker auf den Pauschbetrag von 3.700 € verzichten und holen dafür 6.096 € rein. Also stellen Sie den Aufwand zusammen und beantragen (nach Abzug der zumutbaren Belastung) Berücksichtigung aufgrund der tatsächlichen Kosten.

Denken Sie immer steuerlich mit! Sie können sich in einem Jahr den Freibetrag geben lassen und im anderen den Einzelnachweis führen.

Wenn Sie weniger Kosten haben, wählen Sie den Pauschbetrag. Dann kriegen Sie was vom Finanzamt geschenkt. Für Einzelnachweis entscheiden Sie sich, wenn Sie sich etwa eine neue oder besonders gute Prothese beschaffen oder einen Rollstuhl, zu dem Sie zuzahlen müssen.

GUTER RAT

672 Ohne Nachweis der besonderen Pflegebedürftigkeit läuft beim Finanzamt gar nichts. Den erhöhten Behindertenpauschbetrag von 3.700 € bekommen Sie, wenn Sie entweder einen Behindertenausweis mit den Eintragungen »H« für hilflos oder »Bl« für blind oder einen Bescheid des Versorgungsamts mit den entsprechenden Feststellungen vorweisen können oder von der Pflegeversicherung in die Pflegestufe III eingestuft worden sind.

Fehlt Ihnen ein solcher Nachweis, müssen Sie einen Antrag beim Versorgungsamt oder bei der Pflegeversicherung stellen.

673 Mehraufwendungen an Krankenversicherungsbeiträgen, die ein Behinderter wegen einer chronischen Dauererkrankung zahlen muss, weil er trotz Beihilfeberechtigung keine angemessene Krankenversicherung findet und deshalb notgedrungen in die gesetzliche eintritt, können u. U. aus Billigkeitsgründen als außergewöhnliche Belastung berücksichtigt werden. Voraussetzung ist allerdings, dass die Beiträge zur gesetzlichen Krankenversicherung die sonst üblichen Kosten unter Berücksichtigung eines Risikozuschlags, der auch bei einer privaten Krankenversicherung anfiele, erheblich übersteigen (BFH – BStBl 1992 II S. 293).

674 Vergessen Sie nicht, Ihre Fahrtkosten geltend zu machen! Bei Behinderten, die einen Behinderungsgrad von mindestens 70 % und darüber hinaus eine Geh- und Stehbehinderung oder die einen Behinderungsgrad von 80 % haben, kön-

nen Kfz-Kosten, soweit sie nicht Betriebsausgaben oder Werbungskosten sind, in angemessenem Rahmen als außergewöhnliche Belastung nach § 33 EStG *zusätzlich zum Behindertenpauschbetrag* berücksichtigt werden, also nach Abzug der zumutbaren Belastung (siehe ➤ Rz 581).

Als angemessen kann im Allgemeinen ein nachgewiesener oder glaubhaft gemachter Aufwand für Privatfahrten von insgesamt 3.000 km jährlich angesetzt werden; dabei kann höchstens ein Kilometersatz von 0,30 € zugrunde gelegt werden. Bei 3.000 km ergibt das im Jahr 900 € (Quelle: H 33.1-33.4 EStH »Fahrtkosten behinderter Menschen«). Das gilt auch bei Überlassung eines firmeneigenen Kraftfahrzeugs.

Befindet sich in Ihrem Behindertenausweis das Merkzeichen »aG«, »Bl« oder »H«, können Sie zusätzlich zu Ihrem Behindertenpauschbetrag dem Finanzamt sämtliche Fahrten, die nicht Werbungskosten oder Betriebsausgaben sind, als außergewöhnliche Belastung aufs Auge drücken. Rechnen Sie so:

Kilometerstand des Autos am 31.12.2013	38.500
./. Stand am 1.1.2013	– 22.000
Im Jahr gefahrene km	16.500
Davon schon als Werbungskosten abgezogen	– 2.500
Rest	14.000
Macht an außergewöhnlichen Belastungen	
14.000 km à 0,30 € =	4.200 €

Hat es unterwegs gekracht, z.B. während einer Urlaubsreise, so vergessen Sie nicht, die Unfallkosten mit anzusetzen (BFH-Urt. v. 15.11.1991 – BStBl 1992 II S.179). **675**
Man hält es kaum für möglich, aber die Streichwut der Fiskalritter macht auch vor Ihren Fahrtkosten als erheblich Gehbehinderter nicht halt. »**15.000 km im Jahr** für Privatfahrten sind genug«, urteilte der BFH. Alles, was darüber hinausgeht, soll nicht angemessen und damit nicht abzugsfähig sein (BFH-Urt. v. 2.10.1992 – BStBl 1993 II S.286).

Als wäre die kleinliche Herumknapserei an den Kilometern nicht schon genug, **676**
haben die Robenträger vom BFH noch ein Urteil draufgesetzt: Als Kilometerkosten können Sie höchstens die Pauschale von 0,30 € je Kilometer ansetzen. Das soll selbst dann gelten, wenn Ihr Auto eine ungewöhnlich niedrige Gesamtfahrleistung – und damit zwangsläufig recht hohe Kilometerkosten – hat (BFH v. 18.12.2003 – BStBl 2004 II S.453) oder neben den Privatfahrten notwendige Fahrten zu Ärzten oder Kliniken anfallen (BFH v. 19.5.2004 – BStBl 2005 II S.23).

Allerdings können Sie zusätzlich den Einbau von behinderungsbedingter Zusatzausstattung geltend machen (BFH v. 21.2.2008 – EStB 2008 S.241). Dabei müssen Sie sich nicht mit der jährlichen Abschreibung begnügen. Der Fiskus hatte ein Einsehen und lässt die Einbaukosten – nach Abzug von Zuschüssen – im Jahr der Bezahlung voll zum Abzug zu (Bayerisches Landesamt für Steuern, Verfügung v. 28.5.2010, S 2284.1.1-2/6 St 32; NWB Datenbank). Haben Sie z.B. als Rollstuhlfahrer eine Hubvorrichtung oder eine Sondervorrichtung für Handgas und -bremse in Ihr Auto einbauen lassen, können Sie für die dafür angefallenen Kosten von angenommen 4.200 € abzgl. der Zuschüsse von angenommen 2.000 € 2.200 € voll absetzen, dazu die Kilometerkosten von max. 4.500 € (15.000 km × 0,30 €), in diesem Beispiel also insgesamt 6.700 €.

Sehen Sie daher zu, dass Sie im Jahr auf mindestens 15.000 km kommen, um dem Fiskus nicht unnötig Geld in den Rachen zu werfen. Außerdem sollten Sie Ihre Kosten dadurch drücken, dass Sie z.B. einen Zuschuss der Hauptfürsorgestelle des Landschaftsverbands beantragen.

TIPP

für gehbehinderte Ehegatten

677 Sind Sie beide gehbehindert (Grad der Behinderung 70 % und »G« oder mindestens 80 %) oder außergewöhnlich gehbehindert, hilflos oder blind (»aG«, »H«, »Bl« im Behindertenausweis), stehen Ihnen die Pauschalen für Fahrtkosten von mindestens 3.000 bzw. 15.000 km im Jahr zweimal zu – selbst wenn Sie zusammenleben und ein Auto gemeinsam benutzen. Macht Ihnen ein Finanzer Schwierigkeiten, helfen Sie ihm mit dem Urteil des Finanzgerichts Niedersachsen vom 9.3.1993 auf die Sprünge (EFG 1994 S. 251).

678 Sie können auch Fahrtkosten absetzen, wenn Sie den Behindertenpauschbetrag Ihres Kindes in Anspruch nehmen und dieses die Voraussetzungen für den Kfz-Kostenabzug erfüllt. Dabei können Sie allerdings nur Fahrten ansetzen, an denen Ihr behindertes Kind teilnimmt (H 188 EStH »Fahrtkosten Behinderter«).

Ändert sich der Grad der Behinderung, stellen Sie den Antrag immer nach dem höchsten Grad, der im Jahr festgestellt war.

TRICK

Drücken Sie als Behinderter die Kosten für Ihren Führerschein!

679 Wer heute keinen Führerschein besitzt, ist fast aufgeschmissen. Vor allem als Behinderter haben Sie mit erheblichen Schwierigkeiten zu kämpfen. Hohe Einstiege, zu enge Türen, unzureichend ausgestattete Abteile usw. sind nur ein

kleiner Teil der Dinge, die Ihnen die Benutzung öffentlicher Verkehrsmittel fast unmöglich machen. Also muss ein Auto her.
Argumentieren Sie so: »Bei erheblicher Geh- und Stehbehinderung sind laufende Pkw- und außergewöhnliche Kosten abzugsfähig. Solche außergewöhnlichen Kosten sind auch meine einmaligen Kosten für den Führerschein. Weil sie nicht laufend anfallen, sind sie nicht typischerweise mit meinem Behindertenpauschbetrag abgegolten.« Das Finanzamt möge nachlesen im BFH-Urteil v. 26.3.1993 (BStBl 1993 II S.749). Durch die Steuerersparnis drücken Sie Ihre Führerscheinkosten locker um 25 %.

TRICK

Ziehen Sie Kosten für eine Heilkur zusätzlich ab!

Gern kommt das Finanzamt mit der Behauptung, die Kosten für eine Heilkur 680
seien mit dem Pauschbetrag für Behinderte abgegolten. Wehren Sie sich dagegen, indem Sie Einspruch einlegen und das Finanzamt auf das BFH-Urteil vom 11.12.1987 (BStBl 1988 II S.275) hinweisen.
Auch als Behinderter benötigen Sie unbedingt ein *vor Antritt der Kur* ausgestelltes Attest des Amtsarztes oder des medizinichen Dienstes der Krankenkasse über die Notwendigkeit der Kur!

TRICK

So erlangt man auch bei kleinen Behinderungen einen Freibetrag auf Jahre hinaus

Liegt Ihr Behinderungsgrad unter 50 %, muss Ihre Behinderung entweder auf 681
einer Berufskrankheit beruhen oder zu einer Bewegungsbeeinträchtigung führen. Wenn Sie z.B. einen Herzschrittmacher eingepflanzt bekommen oder eine Nierenoperation hinter sich haben, führt dies im Normalfall zu einer Beeinträchtigung Ihrer Beweglichkeit und steht Ihnen nach dem Gesetzestext ein Freibetrag zu. Wie sich die Behörden bei diesen nicht alltäglichen Fällen anstellen, weiß man aber nie. Lassen Sie nicht locker, verweisen Sie auf § 65 Abs. 1 Satz 2 der EStDV.

Alle Freibeträge sind Jahresbeträge. Wer also z.B. am 30. Dezember als Körper- 682
behinderter anerkannt wurde, erhält für dieses Jahr den vollen maßgebenden Freibetrag. Bei rückwirkender Erhöhung des Körperbehinderungsgrades wird

der Steuerfreibetrag ebenfalls rückwirkend gewährt. Der Grad der Behinderung wird nach der allgemeinen körperlichen Lage beurteilt – nicht nach Ihren Fähigkeiten, einen Beruf auszuüben.

GUTER RAT

683 Nimmt Ihr Kind wegen fehlender oder geringer Einkünfte den Pauschbetrag nicht selbst in Anspruch, können Sie ihn in Ihrer Steuererklärung ansetzen. Sie haben also die Wahl, den Pauschbetrag dort anzusetzen, wo er sich am günstigsten auswirkt. Auch Groß- und Stiefeltern können den Behindertenpauschbetrag für das Kind in Anspruch nehmen, wenn das Kindergeld bzw. der Kinderfreibetrag auf sie übertragen worden ist.

TRICK

Schieben Sie den Behindertenpauschbetrag Ihren Eltern zu!

Wenn Sie ein behindertes Kind haben und noch im Haus Ihrer Eltern leben, sollten Sie überlegen, ob es nicht lukrativer ist, Ihre Eltern die Steuervergünstigungen geltend machen zu lassen. Angenommen, Sie sind nicht erwerbstätig oder gehen nur einer Teilzeitbeschäftigung nach, um Ihr Kind besser betreuen zu können, dann hält sich wegen Ihres geringen Einkommens die Steuerersparnis aus dem Behindertenpauschbetrag und den übrigen behinderungsbedingten Aufwendungen ziemlich in Grenzen. Viel mehr Steuern würden dagegen Ihre voll berufstätigen Eltern sparen.

Beispiel

Eines Ihrer beiden Kinder ist behindert, und Ihr Einkommen liegt ohne Behinderungsabzüge bei 12.000 €, das Ihrer doppelverdienenden Eltern bei 80.000 €. So sähe die Sache für Sie aus:

Einkommensteuer auf	12.000 €	681 €
./. Behindertenpauschbetrag	– 1.420 €	
./. Fahrtkosten 3.000 km × 0,30 € = 900 €,		
./. zumutbare Belastung	– 620 €	
Steuer auf das korrigierte Einkommen	9.960 €	– 287 €
Ersparnis für Sie		394 €

Und so sähe es für Ihre Eltern aus:

Einkommensteuer auf	80.000 €	17.966 €
./. Behindertenpauschbetrag	– 1.420 €	
./. Fahrtkosten 3.000 km × 0,30 € = 900 €,		
./. zumutbare Belastung	0 €	
Steuer auf das korrigierte Einkommen	78.580 €	– 17.444 €
Ersparnis		522 €

Nur durch den formalen Federstrich, mit dem Sie den Kinderfreibetrag und die übrigen Kindervergünstigungen übertragen haben, springen als Steuerermäßigung inkl. Kirchensteuer und Solidaritätszuschlag fast 150 € mehr heraus.

Die Bescheinigung des Versorgungsamts gilt für das Besteuerungsverfahren als 684
Grundlagenbescheid. Wird die Körperbehinderung für zurückliegende Jahre bescheinigt, muss die Steuervergünstigung nachträglich gewährt werden. Dies geschieht durch Berichtigung der für die zurückliegenden Jahre ergangenen Steuerbescheide. Daraus können sich beträchtliche Erstattungsbeträge ergeben. Dazu ein Hinweis: Bei Kindern werden Behinderungen häufig erst sehr spät erkannt. In diesem Fall ist es besonders wichtig, dass das Versorgungsamt bescheinigt, ab wann die Behinderung vorgelegen hat, z. B. ab Geburt.

Ist ein Behinderter verstorben und Sie können die Unterlagen über seine Be- 685
hinderung nicht vorlegen, genügt zum Nachweis eine gutachterliche Stellungnahme von Seiten der für die Durchführung des Bundesversorgungsgesetzes zuständigen Behörde. Und hier können Sie das Finanzamt für sich arbeiten lassen: Diese Stellungnahme hat die Finanzbehörde einzuholen!

GUTER RAT

Schwerbehinderte mit dem Ausweismerkzeichen »G« und Gehörlose (auch 686
ohne »G«) können wählen zwischen Freifahrten im öffentlichen Personennahverkehr und einer Kraftfahrzeugsteuerermäßigung von 50 %. Für Hilflose, Blinde und außergewöhnlich Gehbehinderte (Merkzeichen »H«, »Bl«, »aG«) beträgt die Steuerbefreiung 100 %.

Voraussetzung ist, dass das Auto auf den Namen des Behinderten zugelassen ist und es nur von ihm selbst oder von anderen nur in seinem Beisein benutzt wird. Ausnahmen gelten für Fahrten im Zusammenhang mit dem Transport des Behinderten (z. B. Abholfahrten, Leerfahrt, wenn der Behinderte zur Arbeit gebracht wird usw.) oder mit seiner Haushaltsführung (Fahrten zum Arzt, Einkauf, Apotheke usw.).

Auf einige Erleichterungen, die Behinderte mit außergewöhnlicher Gehbehinderung (Zusatzzeichen »aG«) in Anspruch nehmen können, will ich Sie noch hinweisen: Parkerlaubnis für Parkplätze mit dem Rollstuhlfahrerzeichen, Parkerlaubnis bis zu drei Stunden im eingeschränkten Halteverbot, kostenloses Parken an allen Parkuhren ohne Zeitbegrenzung; zusätzlich zur Kfz-Steuerbefreiung Freifahrten im öffentlichen Nahverkehr. Man braucht sich also nicht wie bei Merkzeichen »G« entweder für Freifahrten oder für die Steuerermäßigung zu entscheiden.

6. Pflegepauschbetrag

687 Wegen der außergewöhnlichen Belastungen, die durch die Pflege einer hilflosen Person entstehen, können Sie statt der tatsächlichen Kosten einen Pflegepauschbetrag von 924 € jährlich absetzen. Voraussetzung ist, dass die Pflege entweder in Ihrer Wohnung oder in der Wohnung der gepflegten Person erfolgt. Das gilt übrigens auch, wenn Sie die pflegebedürftige Person in deren Wohnung im EU-Ausland pflegen.

Wenn weitere Personen zur Pflege beitragen, wird der Pauschbetrag zwischen Ihnen geteilt (§ 33 b Abs. 6 EStG). Ob aufgeteilt wird, richtet sich danach, wie viele Personen sich die Pflege teilen, nicht danach, wer die Pflege in seiner Steuererklärung geltend macht (BFH v. 14.10.1997 – III R 102/96). Die Aufteilung lässt sich also nicht dadurch vermeiden, dass nur einer der Beteiligten in seiner Steuererklärung den Antrag stellt. Damit hat der BFH das anderslautende Urteil des FG Köln (EFG 1996 S. 1226) kassiert.

Die Hilflosigkeit muss entweder durch einen Schwerbehindertenausweis mit Merkzeichen »H«, einen Bescheid der Pflegeversicherung über Pflegestufe III oder durch eine Bescheinigung des Versorgungsamts nachgewiesen werden. Auf den Grad der Behinderung kommt es nicht an. Hilflos in diesem Sinn ist jemand auch, wenn er z. B. wegen eines Unfalls vorübergehend für eine längere Zeit auf fremde Hilfe angewiesen ist, mit einer Minderung oder dem Wegfall der Hilflosigkeit aber gerechnet werden kann (BFH v. 28.9.1984 – BStBl 1985 II S. 129). Der Pflegepauschbetrag steht Ihnen auch zu, wenn Sie die Pflege nicht persönlich durchführen, sondern sich zeitweise einer Hilfskraft bedienen. Auch wenn Sie sich aus sittlichen Gründen verpflichtet fühlen, im Wege der Nachbarschaftshilfe einen hilflosen Nachbarn zu betreuen, können Sie die 924 € beanspruchen.
Der Pflegepauschbetrag steht Ihnen auch dann zu, wenn der gepflegte Angehörige nicht in Deutschland, sondern in einem anderen EU-Staat lebt und dort von Ihnen oder Ihrem Ehepartner gepflegt wird. Lassen Sie sich nicht ins Bockshorn jagen, wenn Ihnen das Finanzamt Schwierigkeiten macht, weil Sie keinen Behindertenausweis oder einen vergleichbaren Nachweis für die Pflege-

bedürftigkeit vorweisen können. Die Versorgungsbehörden müssen in diesem Fall im Wege der Amtshilfe tätig werden und für den Angehörigen im Ausland feststellen, ob die Voraussetzungen für Hilflosigkeit oder die Pflegestufe III vorliegen.

TIPP

zum Pflegepauschbetrag

Da der Pflegepauschbetrag ein Jahresbetrag ist, bekommen Sie ihn auch dann 688
in ungekürzter Höhe, wenn Sie Ihren Angehörigen nicht während des gesamten Jahres gepflegt haben. Den Pauschbetrag werden Sie deshalb auch beantragen, wenn Ihr Angehöriger während der Woche in einem Heim lebt und nur am Wochenende nach Hause kommt. Diese steuerzahlerfreundliche Entscheidung hat zumindest das Finanzgericht München getroffen (EFG 1995 S. 722).

WICHTIGER HINWEIS

Sehen Sie zu, ob Sie nicht zusätzlich zu der mickrigen Steuerersparnis auf den 689
Pflegepauschbetrag von 924 € für Ihre Bemühungen bei Vater Staat die Hand aufhalten können. Mit der Pflegeversicherung besteht die Möglichkeit, für die häusliche Pflege erheblich Pflegebedürftiger Pflegegeld von monatlich zwischen 205 € und 665 € zu kassieren. Pflegen Sie z. B. Ihren Vater, so hat dieser, weil er seine Betreuung selbst organisiert, Anspruch auf Pflegegeld. Dieses kann er steuerfrei an Sie weiterleiten. Den Antrag auf Pflegegeld stellen Sie bei der Pflegekasse, die bei der zuständigen Krankenkasse eingerichtet ist. Sie müssen dazu wissen, dass es vier Pflegestufen gibt:

Das Pflegegeld ist nach den Pflegestufen gestaffelt. Es beträgt pro Monat:

Pflegestufe 0	120,00 €
Pflegestufe I	235,00 €
Pflegestufe II	440,00 €
Pflegestufe III	700,00 €

Pflegestufe 0
Anspruch haben Menschen mit Hilfebedarf im Bereich der Grundpflege und hauswirtschaftlichen Versorgung.

Pflegestufe I
Anspruch haben erheblich Pflegebedürftige, die einmal täglich bei wenigstens zwei Verrichtungen aus den Bereichen Körperpflege, Ernährung oder Mobilität und zusätzlich mehrfach in der Woche Hilfe bei der hauswirtschaftlichen Versorgung benötigen. Ihr Pflegeaufwand muss durchschnittlich ca. 1,5 Stunden pro Tag betragen.

Pflegestufe II
Betroffen sind Schwerpflegebedürftige, die dreimal täglich zu verschiedenen Zeiten für Verrichtungen aus den Bereichen Körperpflege, Ernährung oder Mobilität und zusätzlich mehrfach in der Woche Hilfe bei der hauswirtschaftlichen Versorgung benötigen. Ihr Pflegeaufwand muss hier durchschnittlich mindestens drei Stunden pro Tag betragen.

Pflegestufe III
Diese Pflegestufe betrifft Schwerstpflegebedürftige, die rund um die Uhr bei der Körperpflege, der Ernährung oder der Mobilität und zusätzlich mehrfach in der Woche Hilfe bei der hauswirtschaftlichen Versorgung benötigen. Ihr Pflegeaufwand muss hier durchschnittlich mindestens fünf Stunden betragen, wobei der konkrete Hilfebedarf jederzeit Tag und Nacht anfallen kann.

690 Selbst wenn Sie für Ihr behindertes Kind Pflegegeld kassieren, muss Ihnen das Finanzamt ohne weitere Nachweise zu dessen Verwendung den Pflegepauschbetrag anerkennen. Das wurde in § 33 b Abs. 3 EStG ausdrücklich geregelt.

TIPP

Lassen Sie sich bei Pflegekosten nicht austricksen!

691 Nach § 33 b EStG geht der Anspruch auf den Pauschbetrag verloren, wenn für die Pflege »Einnahmen« erzielt werden. Oft versuchen Finanzbeamte daher, Ihnen den Pflegepauschbetrag von 924 € zu versagen, wenn in irgendeiner Form Zahlungen für die Pflege erfolgen, wenn z.B. die Pflegeversicherung Rentenversicherungsbeiträge übernimmt (wenn neben der Pflegetätigkeit nicht mehr als 30 Stunden pro Woche gearbeitet werden kann). Dass die Finanzer den Begriff »Einnahmen« nicht überstrapazieren dürfen, beweist aber ein Urteil des Finanzgerichts Berlin (Az: 6 K 6175/00). Danach handelt es sich bei übernommenen Rentenbeiträgen **nicht** um Einkünfte im steuerlichen Sinn:

»Die Steuerzahlerin erbringt die Pflegeleistungen erkennbar nicht um des Entgelts willen, sondern allein, weil sie sich sittlich und moralisch dazu verpflichtet fühlt.«

Auch wenn Sie z.B. einen Elternteil pflegen, der Pflegegeld kassiert, ist das noch lange kein Grund, Ihnen den Pflegepauschbetrag abzuerkennen, wenn Sie das Geld nicht von den Eltern bekommen. Ihre Pflege ist unentgeltlich und trotzdem ausreichend zwangsläufig. Was Ihre Eltern mit dem Pflegegeld letztlich angestellt haben, geht das Finanzamt einen feuchten Kehricht an (FG Bremen v. 24.11.2004 – EFG 2005 S. 365).

Denken, das heißt nein sagen.
(Alain)

X. Steuervergünstigungen für Kinder

1. Kindergeld – Kinderfreibetrag

a) Überblick zum Familienleistungsausgleich 692

Bevor ich ins Detail gehe, will ich Ihnen im Kurzüberblick zeigen, was beim Kindergeld und beim Kinderfreibetrag wichtig ist.

- Die Voraussetzungen für den Erhalt von Kindergeld und den Abzug von Kinderfreibeträgen sind nahezu gleich. Kindergeld und Kinderfreibetrag führen nicht kumulativ zu Steuervergünstigungen. Der Kinderfreibetrag wirkt sich auf die Einkommensteuer nur insoweit aus, als die Steuerersparnis größer ist als der Anspruch auf Kindergeld. Neben dem Kinderfreibetrag erhalten Sie für jedes Kind einen Betreuungsfreibetrag.
- Im Lauf des Jahres wird Ihnen zunächst nur Kindergeld ausgezahlt. Der Kinder- und der Betreuungsfreibetrag spielen erst bei der Einkommensteuererstattung eine Rolle. Ist der Freibetrag für Sie günstiger, wird Ihnen die Differenz zwischen Einkommensteuerersparnis und schon ausgezahltem Kindergeld automatisch vom Finanzamt erstattet.
- Bei der Berechnung der Lohnsteuer im Lauf des Jahres werden Kinder- und Betreuungsfreibeträge nicht berücksichtigt. Allerdings haben sie Einfluss auf die Höhe der sog. Annexsteuern, nämlich Kirchensteuer und Solidaritätszuschlag. Die werden so berechnet, als wäre der Kinder- und der Betreuungsfreibetrag bei der Lohnsteuer berücksichtigt worden.

Wie das Kindergeld werden auch der Kinder- und der Betreuungsfreibetrag 693
monatsweise gewährt. Liegen also die Voraussetzungen für die Berücksichtigung eines Kindes in einzelnen Monaten nicht vor, erfolgt eine entsprechende Kürzung. Kinder- und Betreuungsfreibetrag sowie Kindergeld gibt es in folgender Höhe:

Kinder-/ Betreuungsfreibetrag		monatliches Kindergeld		
monatlich	jährlich	1. und 2. Kind	3. Kind	ab 4. Kind
€	€	€	€	€
584/292	7.008/3.504	184	190	215

Eine Familie mit vier Kindern erhält demnach 773 € Kindergeld. Das Kindergeld gibt es unabhängig von der Höhe des Einkommens.

Zu den Voraussetzungen siehe ➤ Rz 696ff.

694 **b) Kinder**

Als Kinder werden sowohl für das Kindergeld als auch den -freibetrag berücksichtigt:

- leibliche Kinder (sofern das Verwandtschaftsverhältnis zu den Eltern nicht durch eine Adoption erloschen ist),
- Adoptivkinder,
- Pflegekinder (dazu gehören nicht *Kostkinder*, die aus finanziellen Gründen aufgenommen werden),
- Stiefkinder und Enkelkinder, wenn sie im Haushalt der Stiefeltern oder der Großeltern leben und diesen von den Eltern der Kinderfreibetrag ausdrücklich übertragen wird.

Der BFH hat auch Eltern mit behinderten Kindern, die vollstationär untergebracht sind, den Kinderfreibetrag zuerkannt. Sie bekommen also neben dem Kinder- und dem Betreuungsfreibetrag (BFH v. 15.10.1999, BStB 2000 II S. 75) alle anderen Kindervergünstigungen wie Baukindergeld, Ausbildungsfreibetrag oder die Übertragung des Behindertenpauschbetrags.
Für Kinder, die im Ausland leben, steht Ihnen ebenfalls ein Kinderfreibetrag zu. Dieser Auslandskinderfreibetrag wird allerdings je nach Lebensstandard im jeweiligen Land auf $^3/_4$, $^1/_2$ oder $^1/_4$ gekürzt.

695 Kindergeld und Kinderfreibetrag gibt es nicht doppelt: Wird ein Kind adoptiert, ohne dass das Kindschaftsverhältnis zu den leiblichen Eltern erloschen ist, stehen der Kinderfreibetrag und das Kindergeld vorrangig den Adoptiveltern zu. Denselben Vorrang genießen Pflegeeltern gegenüber leiblichen Eltern.

696 Für Kinder bis zum 18. Lebensjahr bekommen Sie ohne weitere Voraussetzungen Kindergeld oder Kinderfreibeträge bis einschließlich des Monats, in dem der 18. Geburtstag liegt.

Ältere Kinder werden nur unter folgenden Voraussetzungen berücksichtigt:

- **Kinder zwischen 18 und 21 Jahren**, wenn sie arbeitslos sind und der Arbeitsvermittlung durch die Agentur für Arbeit im Inland zur Verfügung stehen. Es ist also absolut notwendig, dass sich das Kind arbeitslos und arbeitsuchend meldet. **Achtung:** Als arbeitsuchend geht Ihr Kind nur durch, wenn es die Meldung spätestens alle drei Monate wiederholt (BFH v. 19.6.2008 – BStBl 2009 II S. 1008). Tut es das nicht, gehen Kindergeld, Kinderfreibetrag und alle anderen vom Kind abhängigen Steuervergünstigungen verloren. Als Nachweis können Sie z.B. die Besucherkarte der Agentur für Arbeit vorlegen.

697 **Kinder zwischen 18 und 25 Jahren,** wenn sie

1. in der Berufsausbildung stehen; dazu gehört neben einer Lehre jede Schulausbildung oder z.B. ein Studium,

2. oder sich in der Übergangszeit zwischen zwei Ausbildungsabschnitten – z.B. zwischen Abitur und Beginn des Studiums oder einer anderen Berufsausbildung – befinden und diese Übergangszeit nicht länger als vier Monate dauert (➤ Rz 698),
3. oder sich in der Übergangszeit zwischen einem Ausbildungsabschnitt, z.B. dem Abitur, und dem Bundesfreiwilligendienst oder dem freiwilligen Wehrdienst befinden und diese Übergangszeit nicht länger als vier Monate dauert,
4. oder ein freiwilliges ökologisches oder soziales Jahr oder »Freiwilligendienst aller Generationen« oder Bundesfreiwilligendienst ableisten,
5. oder mangels Ausbildungsplatz eine Berufsausbildung nicht beginnen oder fortsetzen können, weil sie z.B. trotz intensiver Bemühungen keine Lehrstelle finden oder auf einen Studienplatz in einem Numerus-clausus-Fach warten.

WICHTIGER HINWEIS

Regelmäßige Meldung bei der Arbeitsagentur rettet Kindergeld und -freibetrag!

Hat Ihr Kind noch keinen Ausbildungsplatz gefunden, sollte es sich unbedingt bei der Ausbildungsvermittlung der Agentur für Arbeit melden. Diese Meldung dient als Nachweis dafür, dass sich Ihr Nachwuchs ernsthaft um einen Ausbildungsplatz bemüht. Sie wirkt jedoch nur drei Monate fort. Hat es mit der Lehrstelle oder einem anderen Ausbildungsplatz bis dahin nicht geklappt, muss sich das Kind unbedingt erneut als **Ausbildung Suchender** melden, da sonst der Kindergeldanspruch entfällt (BFH v. 19.6.2008 – BStBl 2009 II S. 1005).

TIPP

zum Kindergeld bei unterbrochener Ausbildung

Sichern Sie sich in jedem Fall das Kindergeld oder den Kinderfreibetrag, wenn **698**
Ihr Kind seine Ausbildung nicht fortsetzen kann. Für solche Unterbrechungszeiten in der Ausbildung, z.B. zwischen Schulabschluss und Beginn der Lehre oder des Studiums, behalten Sie Ihre **Kindervergütungsansprüche, wenn die Unterbrechung nicht länger als vier Monate dauert**. Dazu müssen Sie Folgendes wissen:

- Bei der Kinderberücksichtigung gilt immer das Prinzip, dass für angefangene Monate, in denen nur zeitweise die Anspruchsvoraussetzungen erfüllt sind,

Kindergeld und -freibetrag voll gewährt werden. Im Prinzip genügt jeweils ein Tag zur Erfüllung der Anspruchsvoraussetzungen.

- Es reicht völlig, wenn Ihr Kind seine Ausbildung in dem auf den vierten vollen Unterbrechungsmonat folgenden Monat beginnt.

Beispiel
Die Schulentlassung Ihres Kindes mit Übergabe des Zeugnisses und Bekanntgabe der Noten findet am 5. Juli statt.

Der max. Unterbrechungszeitraum (vier volle Kalendermonate) läuft nun von August bis November. Spätestens zum 31. Dezember muss Ihr Kind mit seiner weiteren Ausbildung begonnen haben. Nimmt es die Ausbildung erst am 2. Januar auf, entfällt der Kindergeld- bzw. Kinderfreibetragsanspruch für die Zeit von August bis Dezember und lebt erst ab Januar mit Weiterführen der Ausbildung wieder auf.

699 Leistet Ihr Kind nach der Schule

- ein freiwilliges soziales oder ökologisches Jahr,
- einen Freiwilligendienst im Rahmen des EU-Programms »Jugend in Aktion«,
- einen entwicklungspolitischen Freiwilligendienst,
- einen internationalen Jugendfreiwilligendienst oder
- Bundesfreiwiligendienst,

wird es für die Zeit zwischen Schule und Dienstbeginn berücksichtigt, sofern die Übergangszeit nicht mehr als vier Monate beträgt. Zudem kann das Kind nach dem Dienst für weitere vier Monate berücksichtigt werden, wenn sich an den Dienst eine Berufsausbildung oder ein Studium anschließt.

Beispiel
Ihr Kind beendet die Schule mit dem Abitur am 13.6.2014. Am 1.09.2014 beginnt es ein freiwilliges soziales Jahr (fsJ). Nach dessen Ende am 31.08.2015 beginnt es am 1.12.2015 eine Ausbildung.

Für die Zeit zwischen Abitur und fsJ von Juli 2014 bis August 2014 und von September 2015 bis einschließlich November 2015 bekommen Sie den Kindergeldfreibetrag. Ab Dezember 2015 befindet sich Ihr Kind wieder in der Berufsausbildung, und Sie können bis zur Vollendung seines 25. Lebensjahres den Kinderfreibetrag bzw. Kindergeld beanspruchen.

700 - **Kinder ohne Altersbeschränkung,** die sich wegen einer körperlichen, geistigen oder seelischen Behinderung nicht selbst unterhalten können.
Entscheidend ist, dass das Kind über keine eigenen Einkünfte und Bezüge

oder Vermögen verfügt, aus dem es seinen Unterhalt selbst bestreiten könnte. Dabei muss das Finanzamt mindestens 8.354 € an Einkünften und Bezügen zulassen. Diese Obergrenze erhöht sich um den Behindertenpauschbetrag.

Je nach Behinderungsgrad darf das Kind also eigene Einkünfte und Bezüge in folgender Höhe haben:

Grad der Behinderung	Behinderten-pauschbetrag	Grenzbetrag für eigene Einkünfte und Bezüge
45 – 50 %	570 €	8.924 €
55 – 60 %	720 €	9.074 €
65 – 70 %	890 €	9.244 €
75 – 80 %	1.060 €	9.414 €
85 – 90 %	1.230 €	9.584 €
95 – 100 %	1.420 €	9.774 €
»H«/»Bl« Pflegestufe III	3.700 €	12.054 €

Zweckgebundene Zuschüsse wie zur Beschaffung von Hilfsmitteln bleiben 701
dabei von vornherein unberücksichtigt (BFH v. 22.7.1988 – BStBl II 1988 S. 939). Liegen die Einkünfte und Bezüge über dieser Grenze, ist noch nicht aller Tage Abend. Legen Sie dem Finanzamt dar, dass Ihr Kind behinderungsbedingt einen erheblich höheren Aufwand hat und daher mit seinen Einkünften und Bezügen auf keinen Fall seinen Lebensunterhalt selbst bestreiten kann.
Das **Blindengeld** eines behinderten Kindes rechnet zu den Einkünften und Bezügen. Liegt es über dem Behindertenpauschbetrag von 3.700 €, können Sie statt des Pauschbetrags das tatsächlich gezahlte Blindengeld als behinderungsbedingten Mehrbedarf auf den Grenzbetrag für eigene Einkünfte und Bezüge Ihres Kindes aufschlagen (BFH v. 31.8.2006 – BFH/NV 2006 S. 2347).

TIPP

bei drogenabhängigen oder magersüchtigen Kindern

Als Behinderung kommen auch Suchtkrankheiten in Betracht. Wer ein drogen- 702
abhängiges Kind hat, das sich deswegen nicht selbst unterhalten kann, sollte Kindergeld beantragen und das Kind in der Steuererklärung geltend machen. Selbst wenn kein Schwerbehindertenausweis vorgelegt werden kann! Denn nach dem BFH-Urteil vom 16.4.2002 (BStBl 2002 II S. 738) ist der zu erbringende Nachweis der Behinderung im Gesetz nicht geregelt und kann auch auf andere Art als durch einen Schwerbehindertenausweis erbracht werden. Den Nachweis können Sie z.B. durch ein ärztliches Gutachten oder durch Zeugnis der behandelnden Ärzte oder durch ein Gutachten eines arbeitsmedizinisch-internistischen Sachverständigen führen (FG Hamburg v. 5.8.2008 – 3 K 117/07).

Wichtig ist, dass aus den Bescheinigungen Beginn, Grad und Folgen der Drogensucht (sprich Behinderung), wie körperliche und psychische Beeinträchtigungen, hervorgehen.

703 Hat ein Kind vor Vollendung des 21. oder 25. Lebensjahrs

- gesetzlichen Grundwehrdienst oder Zivildienst geleistet (egal, ob im In- oder Ausland)
- oder sich für höchstens drei Jahre freiwillig zum Wehrdienst oder Polizeivollzugsdienst verpflichtet
- oder eine vom Wehrdienst oder Zivildienst befreiende Tätigkeit als Entwicklungshelfer ausgeübt,

gab es zwar während der Dienstzeit kein Kindergeld/keinen Kinderfreibetrag, aber die Dienstzeit wird auf das 21. bzw. 25. Lebensjahr aufgeschlagen. Ihr Sohn, der nach seinem neunmonatigen Grundwehrdienst arbeitslos ist, kann somit über seinen 21. Geburtstag hinaus weitere neun Monate berücksichtigt werden. Wenn er über das 25. Lebensjahr hinaus z.B. wegen eines Studiums in der Berufsausbildung steht, bekommen Sie den Kinderfreibetrag bzw. das Kindergeld ebenfalls neun Monate länger.

Anders sieht das für den freiwilligen Wehrdienst aus. Die Dienstzeit führt nicht zur Verlängerung des Anspruchs über das 25. Lebensjahr hinaus.

704 Hat er seinen Wehr- oder Zivildienst im Ausland abgeleistet, wird nur die vergleichbare inländische Dienstzeit angerechnet. Ausgenommen von dieser Beschränkung ist **Wehrdienst in einem EU-Staat**, der mit der tatsächlichen Dienstzeit angerechnet wird (Quelle: § 32 Abs. 5 S. 3 EStG).

705 **Erwerbstätigkeit des Kindes**

Volljährige Kinder unter 25 Jahre werden ohne weitere Voraussetzungen bis zum Abschluss einer erstmaligen Berufsausbildung oder eines Erststudiums berücksichtigt, auch wenn sie eigene Einkünfte und Bezüge haben.

706 Nachdem Ihr Kind seine erste Berufsausbildung oder ein Erststudium abgeschlossen hat, kann es steuerlich nur noch berücksichtigt werden, wenn es weiterhin eine der Voraussetzungen lt. ➤ Rz 697 erfüllt und keiner Erwerbstätigkeit nachgeht, deren Umfang so groß ist, dass die Ausbildung dadurch behindert wird.

Eine Erwerbstätigkeit ist für die Gewährung von Kindergeld oder -freibeträgen in keinem Fall schädlich bei Kindern bis zur Vollendung des 21. Lebensjahres, die als arbeitsuchend gemeldet sind, sowie behinderten Kindern.

707 **Wann ist eine Berufsausbildung abgeschlossen?**

Eine Erwerbstätigkeit wird erst dann problematisch, wenn Ihr Kind eine Berufsausbildung im engeren Sinn abgeschlossen hat. Von einer solchen Berufs-

ausbildung spricht der Gesetzgeber nur dann, wenn der Beruf in einem öffentlich-rechtlich geordneten Ausbildungsgang erlernt wird, der durch eine Prüfung abgeschlossen wird.
Für die grundsätzliche Berücksichtigung eines Kindes ist allerdings nur die Rede davon, dass Ihr Kind »für einen Beruf ausgebildet wird«. Dieser Tatbestand ist aber bereits erfüllt, wenn das erwachsene Kind z.B. eine allgemeinbildende Schule besucht, ein Volontariat absolviert oder ein Berufspraktikum. So berechtigt der Besuch eines Gymnasiums grundsätzlich zur Berücksichtigung des Kindes, das Abitur stellt aber nicht den Abschluss einer »Berufsausbildung« dar.

Eine *erstmalige Berufsausbildung* liegt so lange vor, wie keine andere abgeschlossene Berufsausbildung bzw. kein abgeschlossenes Hochschulstudium an einer der folgenden Hochschulen vorausgegangen ist:

- Universität,
- Pädagogische Hochschule,
- Kunsthochschule,
- Fachhochschule,
- gleichgestellte private oder kirchliche Bildungseinrichtung,
- Hochschule des Bundes, die nach Landesrecht als Hochschule anerkannt wird,
- vewaltungsinterne Fachhochschule.

Ein Studium ist regelmäßig abgeschlossen, wenn Ihrem Kind der entsprechende akademische Grad verliehen wird. Das sind

- Diplom,
- Magister,
- Bachelor,
- Bakkalaureus und
- Master.

Wie die Beurteilung in Sonderfällen aussieht, sehen Sie an den folgenden Beispielen:

- Es bleibt bei einem Erststudium, wenn Ihr Kind sein Studium unterbricht und es später wieder aufnimmt.
- Ein Erststudium liegt vor, wenn das Kind seinen ursprünglichen Studiengang wechselt, bevor es einen Abschluss erreicht hat. Das Kind studiert z.B. zunächst Biologie und wechselt nach vier Semestern in den Studiengang Informatik.
- Studiert Ihr Kind mehrere Studiengänge parallel, liegt so lange ein Erststudium vor, bis in einem der Studiengänge ein Abschluss erfolgt. Ab diesem Zeitpunkt ist das weitere Studium kein Erststudium mehr.

- Wird zunächst ein Fachhochschulstudium mit Abschluss absolviert, stellt ein weiteres Studium an einer Universität keine Erstausbildung dar.
- Referendariate/Vorbereitungsdienste, z.B. bei angehenden Juristen, setzen das erste Staatsexamen voraus. Dieses gilt als berufsqualifizierender Studienabschluss. Das Referendariat ist daher keine Erstausbildung, fällt aber gleichwohl nicht unter die schädlichen Erwerbstätigkeiten (20-Stunden-Grenze), da es ein Ausbildungsdienstverhältnis darstellt, das generell unschädlich ist.
- Führt Ihr Kind nach dem Bachelor-Studiengang sein Studium mit einem Masterstudiengang fort, stellt der Bachelor den Studienabschluss dar. Das Masterstudium ist eine zweite Berufsausbildung/ein Zweitstudium.

708 **Unschädliche Erwerbstätigkeit**

Eine unschädliche Erwerbstätigkeit liegt vor, wenn die Erwerbstätigkeit die Zeit und die Arbeitskraft des Kindes nicht überwiegend beansprucht. Gesetzlich fingiert ist das immer der Fall, wenn die regelmäßige wöchentliche Arbeitszeit nicht über 20 Stunden in der Woche liegt. Auf jeden Fall unschädlich sind – ohne stundenmäßige Begrenzung – Ausbildungsdienstverhältnisse oder geringfügige Beschäftigungsverhältnisse (Minijobs).

Schädliche Erwerbstätigkeit

Erwerbstätigkeit ist jede auf Einkünfteerzielung gerichtete Tätigkeit des Kindes. Dabei ist unerheblich, ob es sich um eine nichtselbständige oder eine selbständige Tätigkeit handelt. Allerdings muss das Kind in der Woche durchschnittlich mehr als 20 Arbeitsstunden ableisten, bevor die Erwerbstätigkeit Einfluss auf Kindergeld und -freibeträge hat.

Aufgrund der 20-Stunden-Grenze ist die »passive« Einkünfteerzielung aus Vermögen (Kapitaleinkünfte, Vermietungseinkünfte, Beteiligungen an Unternehmen) regelmäßig unschädlich, solange kein oder nur ein geringer Einsatz der persönlichen Arbeitskraft des Kindes erforderlich ist.

Für die Prüfung der 20-Stunden-Grenze ist auf die im Einzelfall vertraglich vereinbarte Arbeitszeit abzustellen. Wird die Beschäftigung vorübergehend für höchstens zwei Monate auf mehr als 20 Stunden erweitert, ist dies unschädlich, wenn die durchschnittliche wöchentliche Arbeitszeit in dem gesamten Zeitraum, in dem das Kind zu berücksichtigen ist, nicht mehr als 20 Stunden beträgt.

Beispiel 1

Ihr Kind hat im Oktober 2014 eine Ausbildung zum Steuerfachangestellten abgeschlossen. Am 1.4.2015 beginnt es ein BWL-Studium. Mit seinem bisherigen Arbeitgeber hat es eine Teilzeitbeschäftigung ab dem 1.4.2015 mit einer Wochenarbeitszeit von 15 Stunden vereinbart. In den Semesterferien arbeitet Ihr Kind vom 1. 8. bis 30.9.2015 aber jeweils volle 40 Wochenstunden. Im Oktober und November (neun Wochen) geht Ihr Kind keiner Beschäftigung nach. Ab 1.12.2015 beginnt es eine Tätigkeit in einer anderen Kanzlei mit einer Wochenarbeitszeit von 15 Stunden.

1.4. bis 31.7.2015 = 17 Wochen à 15 Std.	255 Std.
1.8. bis 30.9.2015 = 8 Wochen à 40 Std.	320 Std.
(= Ausweitung der Beschäftigung)	
1.12. bis 31.12.2015 = 4 Wochen à 15 Std.	60 Std.
Gesamtarbeitsstunden	635 Std.
29 Arbeitswochen + 9 Wochen Oktober/November insgesamt	38 Wochen
Durchschnittliche Arbeitsstunden	16,7 Std.

Da die Beschäftigung im August/September lediglich vorübergehend ist und die durchschnittlichen Arbeitsstunden im Zeitraum 1. 4. bis 31.12.2015 mit 16,5 unter 20 Stunden liegen, ist die Erwerbstätigkeit unschädlich. Das Kind ist daher vom 1. 4. bis 31.12.2015 zu berücksichtigen.

Beispiel 2
Die Verhältnisse entsprechen denen im ersten Beispiel, aber Ihr Kind arbeitet vom 1. 7. bis 30.9.2015 je 40 Wochenstunden.

1.4. bis 30.6.2015 = 13 Wochen à 15 Std.	195 Std.
1.7. bis 30.9.2015 = 12 Wochen à 40 Std.	480 Std.
(= Ausweitung der Beschäftigung)	
1.12. bis 31.12.2015 = 4 Wochen à 15 Std.	60 Std.
Gesamtarbeitsstunden	735 Std.
29 Arbeitswochen + 9 Wochen Oktober/November insgesamt	38 Wochen
Durchschnittliche Arbeitsstunden	19,3 Std.

Da die Beschäftigung mit 40 Wochenstunden von Juli bis September zwei Monate übersteigt und damit nicht mehr nur vorübergehend ist, kann das Kind lediglich für die Zeiträume 1. 4. bis 31. 5. und 1. 10. bis 31.12.2015 berücksichtigt werden, weil die durchschnittliche Wochenarbeitszeit mit 19,3 weiter unter 20 Stunden liegt.

Beispiel 3
Die Verhältnisse entsprechen denen im ersten Beispiel, aber Ihr Kind arbeitet vom 1. 4. bis zum 30.9.2015 je 20 Wochenstunden.

1.4. bis 30.6.2015 = 13 Wochen à 20 Std.	260 Std.
1.7. bis 30.9.2015 = 12 Wochen à 40 Std.	480 Std.
(= Ausweitung der Beschäftigung)	
1.12. bis 31.12.2015 = 4 Wochen à 15 Std.	60 Std.
Gesamtarbeitsstunden	800 Std.
29 Arbeitswochen + 9 Wochen Oktober/November insgesamt	38 Wochen
Durchschnittliche Arbeitsstunden	21,05 Std.

Da die Beschäftigung in der Zeit vom 1. 4. bis 31.12.2015 durchschnittlich über 20 Wochenstunden liegt, kann Ihr Kind im Jahr 2015 überhaupt nicht berücksichtigt werden.

709 **c) Kinderfreibetrag und Betreuungsfreibetrag**

Als Alternative zum Kindergeld können Sie – allerdings erst in Ihrer Einkommensteuererklärung – Kinderfreibeträge abziehen. Auf den Steuervorteil, der sich daraus für Sie ergibt, wird das schon ausgezahlte Kindergeld angerechnet. Das Finanzamt zahlt Ihnen also nur eine mögliche Differenz zwischen Steuerersparnis durch die Freibeträge und Kindergeld aus.
Der Gesamtfreibetrag von 7.008 € für ein Kind setzt sich aus zwei Komponenten zusammen: dem eigentlichen Kinderfreibetrag von 2.184 €/4.368 € und dem Freibetrag für Betreuungs- und Erziehungs- oder Ausbildungsbedarf von 1.320 €/2.640 € (Alleinstehende/Verheiratete). Die beiden Freibeträge werden grundsätzlich nach denselben Kriterien jeweils gemeinsam bei den Eltern abgezogen. Unterschiede ergeben sich nur, wenn die einem Elternteil zustehenden Freibeträge beim anderen Elternteil abgezogen werden sollen. Während beim Kinderfreibetrag die Übertragung grundsätzlich nur in Betracht kommt, wenn der andere Elternteil nicht genügend Unterhalt zahlt, kann der Betreuungsfreibetrag bei minderjährigen Kindern unabhängig von den Unterhaltszahlungen komplett auf den Elternteil übertragen werden, bei dem das Kind gemeldet ist.

WICHTIGER HINWEIS

710 Wie beim Kindergeld gilt das Monatsprinzip, d.h., Sie erhalten nur für die Monate, in denen bei Ihnen ein Kind nach den steuerlichen Regeln berücksichtigt werden kann, jeweils $^1/_{12}$ des Jahresbetrags.

Beispiel

Hat Ihr 25-jähriger Sohn seine Ausbildung im Januar beendet, bekommen Sie nur noch für Januar einen Kinder-/Betreuungsfreibetrag, also $^1/_{12}$ von 7.008 € = 584 € (Monatsbetrag für zusammenveranlagte Ehegatten) bzw. $^1/_{12}$ von 3.504 € = 292 € (Monatsbetrag für z.B. getrennt lebende Elternteile).

711 Mit einer Eintragung Ihres Kindes in den elektronischen Lohnsteuermerkmalen sparen Sie nur Kirchensteuer und Solidaritätszuschlag. Wegen des Vorrangs der Kindergeldzahlung werden die Kinderfreibeträge nicht mehr wie früher in die normalen Lohnsteuertabellen eingearbeitet. Sie werden beim Steuerabzug vom Arbeitslohn im Lauf des Jahres nur noch gebraucht, um die fiktive Lohnsteuer zu berechnen, die sich beim Abzug von Kinderfreibeträgen ergeben würde. Auf dieser fiktiven Lohnsteuer basiert aber die Berechnung von Kir-

chensteuer und Solidaritätszuschlag. Und da Kleinvieh bekanntlich auch Mist macht und Sie schließlich nichts zu verschenken haben, sollten Sie sich also auf jeden Fall Ihre Kinder eintragen lassen.

d) Auslandskinderfreibetrag 712

Für Auslandskinder wird bei der Einkommensteuerveranlagung unter den gleichen Bedingungen wie für Inlandskinder ein Kinderfreibetrag berücksichtigt. Ganz ohne Pferdefuß geht es aber offensichtlich nicht. Leben die Kinder in Ländern mit niedrigerem Lebensstandard als dem der Bundesrepublik, werden die Kinderfreibeträge inkl. Freibetrag für Betreuungs- und Erziehungs- oder Ausbildungsbedarf um $^1/_4$, $^1/_2$ oder sogar um $^3/_4$ auf 5.256 €/3.504 €/1.752 € zusammengestrichen. Maßgebend dafür ist die Einteilung aller Länder in Ländergruppen (BMF-Schreiben v. 18.11.2013– BStBl 2013 I S. 1462).

TIPP

für ausländische Kinder

Auch für Auslandskinder gilt im laufenden Jahr der Vorrang Kindergeld vor 713
Kinderfreibetrag. Daher wird ein Kinderfreibetrag für die Berechnung der Lohnsteuer zunächst nicht eingetragen. Soweit Ihnen für Ihr Auslandskind Kindergeld in Ihrem Heimatland zusteht, bleibt es bei diesem Grundsatz. Bekommen Sie dagegen keine vergleichbaren Leistungen, können Sie sich ausnahmsweise den Kinderfreibetrag als Lohnsteuerfreibetrag auf der Lohnsteuerkarte eintragen lassen, damit Ihr Kind im laufenden Jahr überhaupt irgendwie berücksichtigt werden kann.

e) Übertragung von Kinder-/Betreuungsfreibeträgen 714

Nicht miteinander verheiratete oder getrennt lebende Eltern erhalten jeweils den halben Kinder- und Betreuungsfreibetrag (= 2.184 € bzw. 1.320 €).

Auf besonderen Antrag kann ein Elternteil die Freibeträge des anderen zwangsweise auf sich übergehen lassen, wenn er seine Unterhaltspflicht gegenüber dem Kind im Wesentlichen (d.h. zu mindestens 75 %) erfüllt, der andere Elternteil hingegen seiner Unterhaltsverpflichtung nicht nachkommt. Profitieren können davon vor allem Elternteile, in deren Haushalt die Kinder leben.

Beim Betreuungs-, nicht aber beim Kinderfreibetrag ist auch unabhängig davon, ob der andere Elternteil seiner Unterhaltsverpflichtung nachkommt, eine Übertragung auf denjenigen Elternteil möglich, bei dem das Kind gemeldet ist.

Die Freibeträge können einvernehmlich auch auf Stief- oder Großeltern übertragen werden, wenn das Kind in deren Haushalt lebt. In diesem besonderen

Fall können die leiblichen Eltern also auf den Betreuungs- **und** den Kinderfreibetrag verzichten.

Mit der Übertragung gehen dem übertragenden Elternteil alle kindbedingten Vorteile verloren, als da sind: Haushalts- und Ausbildungsfreibetrag, Minderung der zumutbaren Belastung und der Kirchensteuer, Übertragung des Behindertenpauschbetrags, der dem Kind zusteht, evtl. noch zustehendes Baukindergeld.

715 **Kindesunterhalt laut Düsseldorfer Tabelle 2013/2014**

	Nettoeinkommen des Barunterhaltspflichtigen	Altersstufe in Jahren 0 – 5	6 – 11	12 – 17	ab 18
	€	€	€	€	€
1.	bis 1.500	317	364	426	488
2.	1.501 – 1.900	333	383	448	513
3.	1.901 – 2.300	349	401	469	537
4.	2.301 – 2.700	365	419	490	562
5.	2.701 – 3.100	381	437	512	586
6.	3.101 – 3.500	406	466	546	625
7.	3.501 – 3.900	432	496	580	664
8.	3.901 – 4.300	457	525	614	703
9.	4.301 – 4.700	482	554	648	742
10.	4.701 – 5.100	508	583	682	781
	über 5.101	nach den Umständen des Falles			

Meistens ist der Elternteil, der nicht das Sorgerecht für das Kind hat, verpflichtet, Barunterhalt zu leisten. Um einer Übertragung des Kinderfreibetrags auf den anderen Elternteil entgegenzuwirken, ist es wichtig, dass der Unterhaltspflichtige wenigstens 75 % des Barunterhalts für das Kalenderjahr tatsächlich leistet. Wird die Höhe des Unterhalts nicht in einem Gerichtsurteil, einem Vergleich oder einer anderen Vereinbarung festgelegt, können die Unterhaltsbeiträge lt. Düsseldorfer Tabelle angesetzt werden.

Wichtig für Sie: Wenn ein Elternteil finanziell so schlecht gestellt ist, dass er nicht oder nur minimal unterhaltspflichtig ist, wird er so behandelt, als käme er einer Unterhaltsverpflichtung nach. Der Kinderfreibetrag kann dann nicht auf den anderen Elternteil übertragen werden.

WICHTIGER HINWEIS

716 Wenn Sie als getrennt Lebender oder Geschiedener Unterhalt für die Kinder zahlen, die bei Ihrem Ex-Partner leben, haben Sie Anspruch auf einen Teil der steuerlichen Entlastung durch die Kinder. Da es den sog. Halbteilungsgrund-

satz beim Kindergeld aber nicht gibt, wird das Kindergeld immer in voller Höhe an denjenigen ausgezahlt, bei dem die Kinder leben.

Sie als unterhaltsverpflichteter Elternteil bekommen das Ihnen zustehende halbe Kindergeld auf einem Umweg: In Höhe von 50 % des Kindergelds verringert sich Ihre Unterhaltsverpflichtung. Achten Sie also beim Aushandeln des Unterhalts für den Ex-Partner und die Kinder darauf, dass diese Gegenrechnung für Sie nicht unter den Tisch fällt. Bei Ihrer Steuererklärung tut das Finanzamt nämlich so, als hätten Sie das halbe Kindergeld erhalten, weil es nur auf den Anspruch auf Kindergeld, nicht dagegen auf dessen tatsächliche Zahlung ankommt.

f) Entlastungsbetrag für Alleinerziehende 717

»Echte« Alleinerziehende können einen zusätzlichen Freibetrag von 1.308 € im Jahr absetzen, wenn

- sie mit mindestens einem Kind (auch über 18 Jahre), für das sie einen Kinderfreibetrag oder Kindergeld bekommen, in einem eigenen gemeinsamen Haushalt leben;
- das Kind mit Wohnsitz bei ihnen gemeldet ist.

Der Pferdefuß bei der ganzen Geschichte ist »Echte«. Hier haben sich die Fiskalakrobaten einige üble Fallstricke einfallen lassen. So sollen Sie nämlich nur dann als Alleinerziehender Gnade vor den Augen des Fiskus finden, wenn

- Sie nicht die Ehegattenveranlagung beanspruchen können, d.h. weder die Zusammen- noch die getrennte Veranlagung oder die besondere Veranlagung im Jahr der Eheschließung für Sie in Betracht kommt,
- Sie komplett allein mit Ihren Kindern in Ihrem Haushalt leben. Es darf also keine andere Person in Ihrem Haushalt leben, weder Lebenspartner noch Ihre Eltern, Geschwister oder andere Verwandte. Sogar ein erwachsenes Kind, das nicht mehr in der Berufsausbildung steht, aber noch bei Ihnen wohnt, macht Ihnen den Freibetrag für seine jüngeren Geschwister kaputt. Also werden Sie dafür sorgen, dass es beim anderen Elternteil oder bei den Großeltern unterkommt und dort gemeldet wird.

Auch beim Entlastungsbetrag für Alleinerziehende gilt im Übrigen das Monatsprinzip. Wenn also z.B. Ihre Tochter am 10. 6. des Jahres ihr Studium beendet, bekommen Sie nur einen Entlastungsbetrag von 6/12 von 1.308 € = 654 €. Mit den o.g. Voraussetzungen sind alle nichtehelichen Lebensgemeinschaften vom Entlastungsbetrag für Alleinerziehende abgekoppelt. Vor allem, wenn der Lebenspartner in Ihrer Wohnung gemeldet ist – ob mit Haupt- oder Nebenwohnsitz, spielt keine Rolle –, wird eine Haushaltsgemeinschaft vom Gesetz einfach unterstellt. Aber selbst ohne Wohnsitzmeldung ist der Entlastungsbetrag futsch, wenn ein gemeinsamer Haushalt geführt wird.

TRICK

Retten Sie mit einem Mietvertrag den Freibetrag!

718 Wie schnell ist eine neue Liebe dahin, wenn man sich Tag für Tag auf der Pelle sitzt. Ein wenig Distanz wirkt da manchmal Wunder und hält die Beziehung frisch. Und nicht nur die, nebenbei erhält sie Ihnen auch den Entlastungsbetrag für Alleinerziehende. Warum schließen Sie also nicht einfach mit Ihrem Partner einen Mietvertrag für die kleine Dachgeschosswohnung. So haben Sie erst einmal jeder einen eigenen Haushalt und keine Haushaltsgemeinschaft. Natürlich hat jeder seinen eigenen Kühlschrank und wirtschaftet für sich, sonst wäre das Ganze ja eine Umgehung und damit Schmu, den Sie natürlich nicht begehen werden. Gut ist außerdem, wenn Sie getrennte Telefonanschlüsse und Türklingeln aufweisen können, sonst wittern die Fiskalritter gleich Unrat. Dass Sie sich, wie das gute Nachbarn und Freunde tun, gelegentlich besuchen, gegenseitig zum Essen einladen und auch mal beim anderen übernachten, macht aus Ihnen noch längst keine Haushaltsgemeinschaft. Also können Sie sich nach wie vor über Ihren Entlastungsbetrag freuen, und vielleicht springt bei dem Mietverhältnis ja noch ein kleiner Verlust heraus, den Sie zusätzlich von der Steuer absetzen können.

Das Land Niedersachsen kaufte das ehemalige Verwaltungsgebäude der Firma Kali + Salz.
In das Gebäude sollte die Verwaltung der Tierärztlichen Hochschule einziehen.
Die Landesverwaltung »verschätzte« sich bei den Kosten für die Herrichtung
und Sanierung um sage und schreibe 2068 %.

SUPER TRICK

Kassieren Sie den Entlastungsbetrag doppelt!

719 Getrennt lebende oder geschiedene Eltern mit mindestens zwei Kindern können den Entlastungsbetrag doppelt kassieren. Seien Sie flexibel und gestalten Sie Ihre Verhältnisse geschickt: Jeder von Ihnen nimmt eines der Kinder auf und meldet es bei sich mit Hauptwohnsitz an. Da Sie nun beide alleinerziehend sind, erfüllen Sie beide die Voraussetzungen für den Entlastungsbetrag.

g) Kindergeld 720

TRICK

372 € zusätzliches Kindergeld ergattern!

Wie beim Kinderfreibetrag können Sie beim Kindergeld die Ansprüche auf die Großeltern übertragen werden, wenn das Kind in deren Haushalt lebt. 721

Wenn Ihr Nachwuchs, der noch die Füße unter Ihren Tisch stellt, Sie frühzeitig zum Großpapa oder zur Großmama gemacht hat, müssen Sie auf Draht sein. Zwar bekommt Ihre Tochter oder Ihr Filius für den Nachwuchs Kindergeld, aber nur 184 € im Monat. Haben Sie selbst noch drei Kinder, die minderjährig sind oder in der Berufsausbildung stehen, sollten Sie sich den Kindergeldanspruch für Ihr Enkelkind übertragen lassen. Bei Ihnen wird der Enkel nämlich automatisch zum vierten Kind, und Sie bekommen dafür 215 €. Und so sieht die Rechnung aus:

Ohne Übertragung				Mit Übertragung	
Ihr Kindergeldanspruch		Kindergeldanspruch Ihres Kindes		Ihr Kindergeldanspruch	
1. Kind	184 €	1. Kind	184 €	1. Kind	184 €
2. Kind	184 €			2. Kind	184 €
3. Kind	190 €			3. Kind	190 €
Summe	558 €	Summe	184 €	4. (Enkel-)Kind	215 €
Insgesamt (558 € + 184 €) = 742 €				Summe	773 €

Wie Sie sehen, kassieren Sie Monat für Monat 31 € mehr an Kindergeld. Im Jahr beträgt der Gewinn satte 372 €. Und das mit einem lächerlichen kleinen Federstrich.
Denselben Kniff können Sie übrigens anwenden, wenn Sie sich von Ihrem Ehepartner getrennt haben und mit Ihren drei Kindern wieder zu Ihren Eltern gezogen sind, die noch Kindergeld für Ihren studierenden kleinen Bruder beziehen. In solch einem Fall werden Sie flugs die Kindergeldansprüche für Ihre drei Kinder auf Ihre Eltern übertragen, die somit Kindergeld für vier Kinder bekommen. Das macht ebenfalls wieder 372 € mehr als bei getrennter Kasse.

Wie kommen Sie an Ihr Kindergeld? 722
Das Kindergeld bekommen Sie von der sog. Familienkasse ausgezahlt. Sie hat ihren Sitz bei der für Sie zuständigen Agentur für Arbeit. Stellen Sie also dort

einen Kindergeldantrag. Sind Sie im öffentlichen Dienst beschäftigt, übernimmt die gehaltszahlende Stelle die Funktion der Familienkasse. Wenden Sie sich mit Ihrem Antrag auf Kindergeld in dem Fall an Ihre Personalabteilung.

GUTER RAT

723 Lassen Sie sich bei Kindern über 18 Jahre nicht davon ins Bockshorn jagen, dass das Kind einer Erwerbstätigkeit nachgeht. Bei einer erstmaligen Berufsausbildung, bei einem Erststudium und bei Ausbildungsdienstverhältnissen spielt das für Ihren Kindergeldanspruch überhaupt keine Rolle. Selbst wenn Ihr Kind sich in einer Zweitausbildung befindet und schon einmal nebenher Geld verdient, stellen Sie in jedem Fall erst einmal einen Antrag auf Auszahlung des Kindergelds. Sollte sich nach Ablauf des Jahres herausstellen, dass der Nachwuchs zu viel (mehr als 20 Stunden pro Woche) gearbeitet hat, müssen Sie zwar zurückzahlen, hatten aber ein hübsches zinsloses Darlehen.

WICHTIGER HINWEIS

724 Kindergeldansprüche verjähren genauso wie Steueransprüche grundsätzlich erst nach vier Jahren! Haben Sie also Ihren Kindergeldantrag in einem Jahr verschwitzt, können Sie ihn noch drei Jahre später stellen.

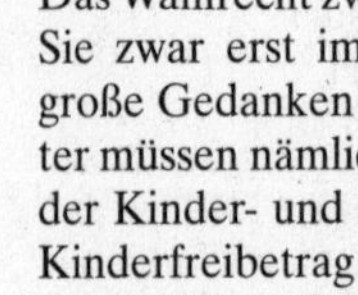

TIPP

für arme Familienväter

725 Das Wahlrecht zwischen Kinder-/Betreuungsfreibetrag und Kindergeld können Sie zwar erst im Rahmen Ihrer Einkommensteuererklärung ausüben, allzu große Gedanken müssen Sie sich deswegen aber nicht machen. Die Finanzämter müssen nämlich bei jedem Steuerzahler mit Kindern von sich aus prüfen, ob der Kinder- und Betreuungsfreibetrag mehr bringt als das Kindergeld. Ist der Kinderfreibetrag für Sie günstiger, bekommen Sie die Differenz vom Finanzamt mit Ihrer Steuererstattung zusammen ausgezahlt.
Wenn Sie nicht gerade zu den Großverdienern gehören, ist für Sie sowieso das **Kindergeld die günstigere Alternative**. Denn Sie müssen als Familienvater mit einem Kind schon auf einen Steuersatz von ca. 38 % kommen, damit Sie mit dem Kinderfreibetrag ein Geschäft machen können.

Kinderfreibetrag	3.648 €		
Betreuungsfreibetrag	2.160 €		
	= 5.808 €	× 38 %	= 2.207 €
Kindergeld 184 € × 12			= 2.208 €

Das Bruttoeinkommen Ihrer Ein-Kind-Familie müsste dazu grob gerechnet bei ca. 89.000 € im Jahr liegen.
Haben Sie mehr als drei Kinder, lohnt sich der Kinderfreibetrag erst bei noch höherem Einkommen.
Mit dem Kinderfreibetrag können Sie allerdings nur dann einen Teil der Steuervergünstigungen für Kinder retten, wenn Sie **keinen Anspruch** auf Kindergeld hatten. Bei der Vergleichsrechnung in Ihrem Steuerbescheid rechnet das Finanzamt nämlich immer dann Kindergeld gegen, wenn Ihnen dieses dem Grunde nach zusteht. Haben Sie z.B. schlicht vergessen, einen Kindergeldantrag zu stellen, und können das nicht mehr nachholen, wird trotzdem der fiktive Kindergeldanspruch gegengerechnet.

2. Was steht Ihnen außerdem noch zu?

S Seien Sie nicht so dumm, sich mit Kindergeld oder -freibetrag zufriedenzu- **726**
geben. Es gibt weitere Möglichkeiten, durch Kinder Vergünstigungen herauszuholen, aber meistens leider nur für Eltern, die gut betucht sind.

TIPP

Kinder helfen Steuern sparen.

Ihre Möglichkeiten bestehen in der Hauptsache darin, **Ihrem Kind eigene Einkünfte zu verschaffen**. Diese sind aufgrund der Frei- und Pauschbeträge bis zu einer bestimmten Höhe beim Kind steuerfrei, mindern aber Ihr Einkommen! Eine zusätzliche Entlastung erfahren Sie dadurch, dass das Kind die eigenen Einkünfte zu seinem Unterhalt und seiner Berufsausbildung verwendet. Dies kann Ihnen das Finanzamt nicht als Steuerumgehung ankreiden, weil es ein ganz normaler Vorgang ist (so NWB in Fach 3 Seite 5902; BFH v. 29.11.1983 – BStBl 1984 II S.366). Die folgenden Steuersparmöglichkeiten sollten Sie mal für sich ausloten:

a) Kapital übertragen **727**

Übertragen Sie Ihrem Kind Kapital, fließen die Kapitalerträge nicht Ihnen, sondern Ihrem Kind zu. Ihr Kind hat so lange nichts zu versteuern, wie die Zinseinnahmen 9.191 € jährlich nicht übersteigen. Sie müssen für Ihr Kind lediglich eine sog. Nichtveranlagungsbescheinigung beantragen und dem Anlageinstitut vorlegen, damit keine Abgeltungsteuer einbehalten wird.

Grundfreibetrag	8.354,00 €
Sparerpauschbetrag	801,00 €
Sonderausgabenpauschbetrag	36,00 €
Steuerfrei bleibender Mindestbetrag	9.191,00 €

TRICK

Es darf ruhig etwas mehr sein, ohne dass Sie Angst um das Kindergeld haben müssen.

Da für das Kindergeld die Einkünfte des Kindes keine Rolle spielen und aus dem Bezug von Kapitaleinkünften keine Erwerbstätigkeit resultiert, können Sie auch etwas mehr an Einkünften auf Ihre Kinder übertragen und behalten trotzdem den Kindergeldanspruch. Mehr dazu unter ➤ Rz 728.
Aufpassen müssen Sie allerdings wegen der Krankenversicherung Ihres Kindes. Sind dessen Einkünfte zu hoch, fällt es aus der Familienversicherung und muss sich unter Umständen selbst versichern (➤ Rz 730). Die dafür fälligen Beiträge schmälern natürlich die Steuerersparnis.
Die jährliche Steuerersparnis an Abgeltungsteuer beträgt bei den Eltern ca. 28 % inkl. Solidaritätszuschlag und Kirchensteuer. Das sind bei Kapitalerträgen von 9.191 € immerhin etwa 2.574 €.
Solange das Kind einen Steuersatz unter 25 % hat, bleibt bei der Übertragung einer höheren Summe zumindest eine Ersparnis an Steuern in Höhe der Differenz zwischen dem Steuersatz Ihres Kindes und der Abgeltungsteuer. Bis der Steuersatz Ihres Kindes 25 % erreicht, muss es ein Einkommen von ca. 16.500 € haben.
Bei einer Verzinsung von 1,5 % könnten Sie also rund 610.000 € auf jedes Kind übertragen, ohne dass für die Zinsen Einkommensteuern erhoben würden.

Gut zu wissen: Erbschaft- oder Schenkungsteuer fällt erst ab 400.000 € an.

Es gibt einen Haken bei der Sache
Der Bundesfinanzhof hat mit Urteil vom 24.4.1990 (BStBl II, S. 539) bestätigt, dass ein minderjähriges Kind nur dann eigene Einkünfte aus einem geschenkten Sparguthaben bezieht, wenn die Guthabenforderung endgültig in sein Vermögen übergegangen, es also nicht nur Kontoinhaber, sondern gleichzeitig Gläubiger der Spareinlage geworden ist. Auf den Kontoeröffnungsvordrucken mancher Banken ist extra eine Angabe vorgesehen, wer Gläubiger der Spareinlage sein soll.
Der Bundesfinanzhof in seiner Urteilsbegründung: »Richten die Eltern zwar ein Sparkonto auf den Namen des Kindes ein, verwalten dieses Vermögen aber nicht entsprechend den bürgerlich-rechtlichen Vorschriften über die elterliche Vermögenssorge, sondern wie eigenes Vermögen, so sind die Zinsen den Eltern

zuzurechnen. Auf den Besitz des Sparbuchs soll es nicht ankommen, da die Eltern bei minderjährigen Kindern aufgrund ihrer Verpflichtung zur elterlichen Sorge zum Besitz des Sparbuchs berechtigt sind.«

Aufgepasst: Fallen Kapitalerträge und Zinseinkünfte der Eltern im Vergleich zum Vorjahr drastisch, fragt das Finanzamt oft nach. Dann müssen Sie belegen können, dass Sie nicht an die Gelder der Kinder rankommen, weil keine Kontovollmacht besteht. Ansonsten müssen Sie damit rechnen, dass Gestaltungsmissbrauch angenommen wird.
Die Übertragung des Geldvermögens muss also eindeutig sein. Wollen Sie Wertpapiere in Form von Aktien, Anleihen, Pfandbriefen übertragen, so wird dies durch Übergabe vollzogen (§§ 929 ff. BGB). Befinden sich die Wertpapiere jedoch im Depot einer Bank, erfolgt die Übertragung durch die Abtretung des Herausgabeanspruchs gegen die Bank als Verwahrer (§§ 929, 931 BB).

Die Abtretung des Herausgabeanspruchs halten Sie als Beweis gegenüber dem Fiskus so fest:

```
Abtretungserklärung

Ich bin der Eigentümer folgender Wertpapiere:

Bezeichnung        Stückzahl          Nennwert           Kurswert
. . . . .          . . . . .          . . . . .          . . . . .
. . . . .          . . . . .          . . . . .          . . . . .
. . . . .          . . . . .          . . . . .          . . . . .
. . . . .          . . . . .          . . . . .          . . . . .

die in meinem Depot bei der . . . . . . . . . . . . . . . . . . . .
Nr. . . . . . . . . . . . . liegen. (Name der Bank/Sparkasse)

Hiermit trete ich den Herausgabeanspruch gegen die
. . . . . . . . . . . . . . . . . . . . . . . . . . . . . . . . . . .
hinsichtlich der oben genannten Wertpapiere ab an:
Herrn/Frau . . . . . . . . . . . . . . . . . . . . . . . . . . . .
geb. am . . . . . . . . . . . .
geb. in . . . . . . . . . . . .
Wohnhaft in . . . . . . . . . . . . . . . . . . . . . . . . . . . .

. . . . . . . . . . . . .                 . . . . . . . . . . . . . . .
(Ort, Datum)                              (Unterschrift)
```

Mit dieser Abtretungserklärung gehen Sie zu Ihrer Bank oder Sparkasse und bitten um Übertragung der Wertpapiere auf das neu einzurichtende oder bereits bestehende Depot Ihres Kindes. Hierfür hat die Bank eigene Formulare. Lassen Sie sich eine Kopie aushändigen, die Sie auf Anfrage dem Finanzamt präsentieren.

WICHTIGER HINWEIS

728 Wie sich die Übertragung von Einkünften und Vermögen auf Ihr Kind in etwa auswirkt, können Sie der folgenden Gegenüberstellung entnehmen. Dabei habe ich bei Ihnen einen Spitzensteuersatz von 35 % unterstellt, das entspricht einem zu versteuernden Einkommen von ca. 75.000 €.

Steuervergünstigungen ohne Einkünfteübertragung	
Kindergeld, umgerechnet 2.208 × 100 ÷ 35	6.309 €
Ausbildungsfreibetrag (auswärtige Unterbringung):	924 €
Einkommensminderung	7.233 €
Einkommensteuerersparnis ca. 35 %	2.532 €
Bei Übertragung von 6.000 € Zinseinnahmen	
Einkommensteuerersparnis wie oben	2.532 €
Ersparnis Abgeltungsteuer 25 % von 6.000 €	1.500 €
Steuerersparnis insgesamt	4.032 €
Bei Übertragung von 12.000 € Zinseinnahmen	
Einkommensteuerersparnis wie oben	2.532 €
Ersparnis Abgeltungsteuer 25 % von 12.000 €	3.000 €
./. Einkommensteuer des Kindes auf (12.000 € – 801 € – 36 €) = 11.163	– 470 €
Steuerersparnis insgesamt	5.062 €

Beachten Sie aber ➤ Rz 730.

TRICK

Schenken Sie und nehmen Sie zurück!

729 So geht's: Sie schenken Ihrem Kind z.B. 50.000 € in bar. Das Geld nehmen Sie aus Ihrem Betrieb. Dann vereinbaren Sie mit Ihrem Kind in einem notariellen Vertrag, dass es Ihnen ein Darlehen zu banküblichen Zinsen von z.B. 7 % gewährt. Doch Finanzamt und BFH haben vor der Steuerersparnis einige Fallstricke gezogen, über die Sie nicht stolpern dürfen:

1. Ist Ihr Kind minderjährig, muss beim Darlehensvertrag unbedingt ein Ergänzungspfleger bestellt werden.
2. Packen Sie die Geldschenkung und die anschließende Darlehensgewährung auf keinen Fall in einen einzigen notariellen Vertrag.
3. In der Schenkungsurkunde darf keine Auflage auftauchen, aus der hervorgeht, dass Ihr Kind verpflichtet ist, Ihnen das Geld als Darlehen wieder zur Verfügung zu stellen.
4. Lassen Sie zwischen Schenkung und Darlehensvereinbarung ein paar Monate verstreichen, damit Sie sagen können, beides sei sachlich und zeitlich völlig unabhängig voneinander erfolgt. In der Zwischenzeit sollten Sie natürlich das Geld für Ihr Kind zinsbringend anlegen. Außerdem sollten Sie Ihrem Kind etwas mehr schenken als den Darlehensbetrag.
5. Die Konditionen des Darlehens müssen wie zwischen Fremden geregelt sein. Dazu gehört vor allem, dass Sie die Laufzeit festlegen, die Höhe und die Fälligkeit der Zinsen sowie Art und Zeitpunkt der Rückzahlung. Außerdem müssen Sie Ihrem Kind für den Kredit ausreichende Sicherheiten bieten, z.B. Teile Ihres Betriebsinventars, eine Sicherungshypothek an einem Grundstück oder eine Bankbürgschaft.
6. Achten Sie darauf, dass die Zinsen pünktlich auf das Konto Ihres Kindes überwiesen werden.

Die Zinsen von 3.500 € jährlich für das Darlehen setzen Sie als Betriebsausgaben ab, und Ihr Kind hat nichts zu versteuern, weil die Freibeträge höher sind als die Zinsen. Wenn Sie es so machen, wie ich es beschrieben habe, haben Sie alle Steine, die Ihnen die H 4.8 EStR, das BMF-Schreiben vom (25.5.1993 BStBl I 1993 S.410) und die BFH-Urteile vom 4.6.1991 und 12.2.1992 (BStBl II 1991 S.838 und 1992 S.468) gegen eine Anerkennung Ihrer Steuerersparnis in den Weg zu legen versuchten, geschickt aus dem Weg geräumt.

TRICK

Umgehen Sie das Fangeisen der Krankenversicherung!

Wenn Ihr Kind ein Gesamteinkommen hat, das $^1/_7$ der monatlichen Bezugs- 730
größe überschreitet – das sind für 2014 395 €/Monat oder bei einem Minijob 450 €/Monat –, kann sein Anspruch auf Leistungen aus der gesetzlichen Familienkrankenversicherung verlorengehen. Statt beitragsfrei bei Ihnen mitversichert zu sein, muss das Kind dann eigene Beiträge zur Krankenversicherung zahlen.

Dazu müssen Sie wissen: Einkommen im Sinn der Sozialversicherung ist die Summe der Einkünfte nach dem Einkommensteuerrecht (§ 16 SGB IV), allerdings ohne Berücksichtigung von Steuervergünstigungen wie Sonderausgaben, Freibeträge, Sonderabschreibungen. Werbungskosten und Werbungskostenpauschbeträge können dagegen abgezogen werden. Hat Ihr Kind z.B. Kapitaleinkünfte, wird davon zunächst der Sparerpauschbetrag in Höhe von 801 € abgezogen.

Wenn Sie Ihrem Kind 2014 also nicht mehr als 5.541 € (12 × 395 € + Sparerpauschbetrag 801 €) an eigenen Zinseinnahmen haben zukommen lassen, kann die Krankenversicherung es nicht aus der Familienversicherung ausschließen.

WICHTIGER HINWEIS

Familienversicherung für Ehegatten und Lebenspartner!

Für Ehegatten und (eingetragene) Lebenspartner gelten übrigens vergleichbare Regelungen. Sie sind nur dann bei ihrem Ehegatten bzw. Lebenspartner als Familienangehörige mitversichert, wenn ihr Gesamteinkommen (bei Kapitaleinkünften nach Abzug des Sparerpauschbetrags) 2014 monatlich 395 € oder jährlich 4.740 € nicht überschreitet.

731 »Und was passiert, wenn die Kindeseinkünfte über dem Betrag von 395 € monatlich liegen?«, möchten Sie wissen. Meistens gar nichts. Wenn sich aber mal eine teure Behandlung für Ihr Kind ankündigen sollte – z.B. bei Einweisung in ein Krankenhaus –, schickt die Krankenkasse gern einen Fragebogen, in dem sie sich nach den Einkünften des Kindes erkundigt. Liegen die dann über 395 € monatlich, sind fortan für das Kind extra Versicherungsbeiträge fällig. Was bis dahin im Rahmen der Familienkrankenversicherung geleistet wurde, kann die Krankenkasse aber nicht zurückfordern. Dazu gibt es entsprechende Urteile. Bezieht Ihr Kind sein Einkommen aus einer geringfügigen Beschäftigung (450-€-Job), bleibt es in der Familienversicherung mitversichert, obwohl die 395-€-Grenze überschritten ist.

732 **b) Entgeltliche Mitarbeit des Kindes mit Steuerklasse I**

Größere Kinder können im Betrieb der Eltern mithelfen, z.B. regelmäßig die Ablage, Botengänge, Handlanger-, Lager-, Reinigungsarbeiten oder Ähnliches erledigen. Bei Vorlage einer Lohnsteuerkarte können sie dafür bis zu 450 €/Monat erhalten, ohne dass Lohnsteuer zu entrichten ist. Allerdings fallen pauschale Beiträge von 28 % zur Renten- und Krankenversicherung sowie 0,99 %

Umlagen an. Ist das Kind privat krankenversichert, entfallen die pauschalen Krankenversicherungsbeiträge, und es müssen nur 15 % Rentenversicherungspauschale gezahlt werden.

Das Arbeitsentgelt und die pauschalen Renten-/Krankenversicherungsbeiträge sind bei den Eltern Betriebsausgaben oder Werbungskosten. Die jährliche Steuerersparnis kann bei den Eltern Jahr für Jahr ca. 3.177 € (Steuerersparnis inkl. Gewerbesteuer ca. 4.743 € abzgl. pauschale Sozialversicherung 1.566 €) betragen, wenn ihr Spitzensteuersatz bei 42 % und der Gewerbesteuerhebesatz der Gemeinde bei 400 % liegt. Fällt wegen privater Krankenversicherung des Kindes für den 450-€-Job nur die Rentenversicherungspauschale von 15 % zzgl. 0,99 % Umlagen an, liegt die Ersparnis bei ca. 3.021 € (Steuerersparnis inkl. Gewerbesteuer ca. 3.884 € abzgl. pauschale Sozialversicherung 863 €).

Damit es mit dem Fiskus keine Schwierigkeiten bei der Anerkennung des Arbeitsverhältnisses mit Ihrem Nachwuchs gibt, sollten Sie sich auf einige Mindestanforderungen einstellen, die die Fiskalritter in R 4.8 Abs. 3 EStR fordern, und noch das ein oder andere beachten:

1. Für den wirksamen Abschluss eines Arbeitsverhältnisses müssen Sie nicht **733**
   unbedingt einen Ergänzungspfleger bestellen lassen.

2. Das Kind sollte mindestens 15 Jahre alt sein. Arbeitsverhältnisse mit jünge- **734**
   ren Kindern verstoßen nämlich gegen das Jugendschutzgesetz und werden deshalb von den Finanzämtern in der Regel als nichtig angesehen und steuerlich nicht anerkannt (R 4.8 Abs. 3 EStR).

3. Haben Sie für ein über 18-jähriges Kind z.B. wegen seiner Berufsausbildung **735**
   noch Anspruch auf Kindergeld, sollte das Kind zumindest bei einer Zweitausbildung nicht mehr als 20 Stunden pro Woche beschäftigt werden, sonst ist der Kindergeldanspruch futsch.

4. Die Arbeit des Kindes muss über gelegentliche kleine Hilfeleistungen hin- **736**
   ausgehen (BFH v. 19.12.1993 – BStBl II 1994 S. 298). Ärger mit dem Finanzamt ist in jedem Fall vorprogrammiert, wenn im Arbeitsvertrag nur von »gelegentlichen Hilfeleistungen« die Rede ist. Denn diese fallen unter die übliche familiäre Mitarbeitspflicht des Kindes nach § 1619 BGB und müssen grundsätzlich unentgeltlich erfolgen, wenn das Kind noch dem elterlichen Hausstand angehört. Das sporadische Annehmen von Telefonaten oder gelegentliche Fahrten zur Bank oder zur Post reichen für ein ernsthaftes Arbeitsverhältnis nicht aus. Zahlen Eltern in einem solchen Fall etwas für die Mithilfe, ist das kein Arbeitslohn, sondern nicht abzugsfähiger Unterhalt. Etwas anderes gilt, wenn die Kinder dieselben Arbeiten ausführen, die auch andere Aushilfen im Betrieb erledigen. Für Sie bedeutet das: Sie müssen im Arbeitsvertrag mit Ihrem Kind feste Aufgaben vereinbaren, und die Entloh-

nung muss diesen Aufgaben entsprechen, d.h., das Arbeitsverhältnis muss so gestaltet und abgewickelt werden, wie es auch zwischen Fremden üblich ist. Ein stichhaltiges Argument für einen Arbeitsvertrag mit Kindern ist, wenn das Kind eine fremde Arbeitskraft, die bisher für die Eltern gearbeitet hat, zu denselben Konditionen ersetzt.

737 5. Auch wenn Barzahlungen gegen Quittung rein formal ausreichen, sollten Sie kein Risiko eingehen. Besser, Sie überweisen das Geld auf ein Konto Ihres Kindes. Da fast jedes Kreditinstitut Taschengeldkonten anbietet, über die die Kinder in einem von den Eltern festgelegten Rahmen verfügen können, stellt das also keine Hürde dar. Sie schlagen sogar zwei Fliegen mit einer Klappe: Einen besseren Nachweis über die tatsächliche Lohnzahlung können Sie gar nicht bekommen, und außerdem gewöhnt sich Ihr Nachwuchs an den Umgang mit eigenem Geld auf der Bank.

Es ist im Übrigen durchaus zulässig, dass Sie von Ihrem Kind verlangen, dass es einen Teil dieses Geldes als anteiliges Haushaltsgeld zurückgibt (BFH-Urt. v. 29.11.1983 – BStBl 1984 II S.366).

3. Kinderbetreuungskosten

738 Kinderbetreuungskosten werden einheitlich als Sonderausgaben abgezogen (§ 10 Abs. 1 Nr.5 EStG). Sie können je Kind $^2/_3$ der Kosten für die Kinderbetreuung, höchstens jedoch 4.000 € abziehen.

Es gelten folgende Berücksichtigungsvoraussetzungen:

- das Kind hat das 14. Lebensjahr noch nicht vollendet,
- das Kind ist älter als 14 Jahre, aber behindert und kann sich deshalb nicht selbst unterhalten.

739 Persönliche Anspruchsvoraussetzungen in der Person der Eltern wie

- Erwerbstätigkeit,
- Krankheit,
- Behinderung

spielen für den Abzug keine Rolle mehr. So können auch Eltern, die ohne aktive Erwerbstätigkeit Einkünfte erzielen, z.B. aus Beteiligungen oder großem Vermögen, die Kosten für die Betreuung ihrer Kinder absetzen.

740 Da die Kinderbetreuungskosten als Sonderausgaben abgezogen werden und für den Ansatz des Arbeitnehmerpauschbetrags keine Rolle spielen, können sie zusätzlich zum Werbungskostenpauschbetrag von 1.000 € abgezogen werden. Was Arbeitnehmern recht ist, ist für Selbständige nicht mehr als billig. Zusätzlich zu den Kinderbetreuungskosten setzen Sie als hauptberuflicher selbständi-

ger Schriftsteller oder Journalist wie bisher Ihre übrigen Betriebsausgaben ohne Nachweis mit 30 % der Einnahmen, max. 2.455 €, ab. Dasselbe gilt für die Pauschale von 25 % der Einnahmen, max. 614 €, wenn Sie nebenberuflich einer selbständigen schriftstellerischen, journalistischen, künstlerischen oder Vortrags- und Lehrtätigkeit für nicht gemeinnützige Auftraggeber nachgehen (H 18.2 EStH »Betriebsausgabenpauschale«).

Beispiel
Sie sind als alleinerziehende Mutter eines achtjährigen Sohnes vollzeitbeschäftigt und haben während des ganzen Jahres 2014 zur Betreuung Ihres Kindes am Nachmittag eine Kinderfrau für insgesamt 7.200 € beschäftigt. Außer den Fahrtkosten zu Ihrer 5 km entfernten Arbeitsstelle haben Sie keine nennenswerten beruflichen Kosten. Und so sieht die Berechnung Ihrer abzugsfähigen Kosten aus:

Entfernungspauschale für 5 km	330 €	
Arbeitsmittel	110 €	
Kontoführungsgebühren	16 €	
Insgesamt	456 €	
Mindestens Arbeitnehmerpauschbetrag		1.000 €
Kinderbetreuungskosten 7.200 € × $^2/_3$ = 4.800 €, max.		4.000 €
Abzugsfähige Kosten 2014 insgesamt		5.000 €

Viel günstiger, als die Betreuungskosten als Sonderausgaben abzuziehen, ist es, 741
sie gleich steuerfrei als Zuschuss vom Arbeitgeber zu kassieren (➤ Rz 39).
Nicht zulässig ist es natürlich, die Kosten trotzdem in der Einkommensteuererklärung als Sonderausgaben abzuziehen.

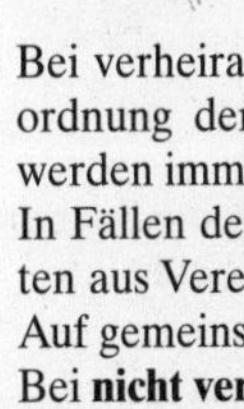

TRICK

Freie Wahl bei der Kostenzuordnung

Bei verheirateten Eltern, die zusammen veranlagt werden, gibt es bei der Zu- 742
ordnung der Kinderbetreuungskosten kein Problem, denn Sonderausgaben werden immer gemeinsam ermittelt und abgezogen.
In Fällen der Einzelveranlagung (§ 26 a EStG) werden Kinderbetreuungskosten aus Vereinfachungsgründen den Ehegatten jeweils zur Hälfte zugerechnet. Auf gemeinsamen Antrag ist auch eine andere Aufteilung möglich.
Bei **nicht verheirateten Eltern** und im Fall der **Einzelveranlagung** (§ 26 a EStG) kann zunächst nur der Elternteil Kinderbetreuungskosten abziehen, der sie tat-

sächlich getragen hat und zu dessen Haushalt das Kind gehört. Trifft das für beide Elternteile zu, weil Sie sich die Kosten teilen, kann jeder Elternteil $^2/_3$ seiner Aufwendungen bis zu 2.000 € (Hälfte des Höchstbetrags von 4.000 €) abziehen. Die Eltern können aber auch einvernehmlich eine beliebige andere Aufteilung wählen. Sie werden also die Kinderbetreuungskosten bei dem von Ihnen beiden abziehen, der das höhere Einkommen und damit den höheren Steuervorteil hat.

TIPP

zu Kinderbetreuungskosten

743 Wenn Sie nicht vom Abzug als Sonderausgaben profitieren, können Sie Ihre Kinderbetreuungskosten immer noch über die Steuerermäßigung für haushaltsnahe Beschäftigungen bzw. Dienstleistungen absetzen (vgl. ➤ Rz 661 ff.). Darunter fallen Sie vor allem mit den Betreuungskosten für Kinder über 14, die nicht schwerbehindert sind.

744 Damit Sie sehen, wie Ihre Kinderbetreuungskosten berechnet werden, hier ein

Beispiel
Sie sind verheiratet und berufstätig, Ihre bessere Hälfte ist Hausfrau und betreut Ihre beiden Töchter. Die ältere ist acht Jahre und geht zur Schule, die jüngere ist vier Jahre und besucht den Kindergarten. Die Kosten für den Kindergarten belaufen sich auf 125 €/Monat. Von den insgesamt 1.500 € im Jahr können Sie als Sonderausgaben $^2/_3$ = 1.000 € absetzen.

745 **Welche Kosten können Sie als Kinderbetreuungskosten absetzen?**
Zur Kinderbetreuung im Rahmen dieser Regelungen gehören die Kosten für die

- Unterbringung des Kindes in Kindergärten, -horten, -tagesstätten, -heimen und -krippen, bei Tagesmüttern, Wochenmüttern sowie in Ganztagspflegestellen,
- Beschäftigung von Kinderpflegerinnen, Erzieherinnen und Kinderschwestern,
- Beschäftigung von Haushaltshilfen, soweit sie ein Kind betreuen,
- Beaufsichtigung der häuslichen Schulaufgaben, dazu gehört auch die Beantwortung auftretender Fragen, solange kein systematischer Nachhilfeunterricht erteilt wird,
- Ganztagsbetreuung in der Schule, bis auf die anteilig enthaltenen Kosten für die folgenden Leistungen.

Nicht zu den Aufwendungen für Kinderbetreuung gehören

- Transport des Kindes zur Betreuungsperson,
- Reduzierung Ihres Gehalts, weil Sie zur Betreuung des Kindes nur noch Teilzeit arbeiten,
- Unterricht jeglicher Art, z.B. Schulgeld, Nachhilfe, Fremdsprachenunterricht,
- Vermittlung besonderer Fähigkeiten, wie Ballett- oder Musikunterricht, Computerkurse,
- sportliche oder andere Freizeitbeschäftigungen, z.B. Mitgliedsbeiträge für Sport- oder andere Vereine, Aufwendungen für Sportunterricht, wie Tennis- oder Reitunterricht,
- Verpflegung des Kindes, z.B. der Verpflegungszuschuss bei der Betreuung über Mittag.

Lassen Sie sich von der Schule eine aufgeschlüsselte Rechnung für die Ganztagsbetreuung ausstellen, in der die begünstigten und nicht begünstigten Kostenanteile getrennt ausgewiesen sind. Im Zweifelsfall hilft auch eine großzügige Schätzung.

Formale Hürden beim Nachweis der Kinderbetreuungskosten beachten! **746**

Für den Nachweis Ihrer Kinderbetreuungskosten hat der Fiskus besonders hohe Hürden aufgebaut. Im Prinzip gelten ähnlich formale Bedingungen wie für hauswirtschaftliche Beschäftigungsverhältnisse und Dienstleistungen. Sie müssen also dem Finanzamt

- eine Rechnung über die Kosten und
- einen Bankbeleg über die Zahlung

vorlegen. Lassen Sie sich daher von Ihrer selbständigen Tagesmutter auf jeden Fall eine Rechnung ausstellen und überweisen Sie das Geld auf ihr Konto, zahlen Sie auf keinen Fall bar. Statt einer Überweisung können Sie ausnahmsweise auf einen Verrechnungsscheck zurückgreifen. Rein theoretisch könnten Sie auch per Kreditkarte oder Electronic Cash bezahlen, aber welche Tagesmutter oder welcher Kindergarten nimmt schon an solchen Verfahren teil?

Nicht immer bekommen Sie eine formelle Rechnung, deshalb genügen auch andere Belege, aus denen sich die Kosten zweifelsfrei ergeben, z.B.

- Arbeitsvertrag bei einer angestellten Tagesmutter oder Haushaltshilfe,
- Gebührenbescheid über den Beitrag für den Kindergarten oder -hort,
- Abrechnung der Schule über die Ganztagsbetreuung,
- Dienstleistungsvertrag über die Kinderbetreuungskosten,
- Au-pair-Vertrag.

TRICK

Großmutter als Tagesmutter

747 Das Gesetz schreibt an keiner Stelle vor, wer die Kinderbetreuung durchführen darf. Also müssen Sie nicht unbedingt eine fremde Person engagieren. Bezahlen Sie etwa die Großeltern der Kinder oder Ihren älteren Neffen für die Beaufsichtigung und die Betreuung Ihrer Kinder, gibt es dagegen aus steuerlicher Sicht zunächst einmal nichts einzuwenden.

Wie bei Verträgen mit Angehörigen auch sonst üblich, schaut der Fiskus allerdings mit Argusaugen darauf, dass alles zwischen Ihnen genauso geregelt und abgewickelt wird wie zwischen Fremden. Also schließen Sie auf jeden Fall einen schriftlichen Vertrag, und sorgen Sie für regelmäßige vertragsgemäße Zahlungen. In folgenden Fällen bleibt der Fiskus aber auch mit den schönsten Verträgen und Zahlungsnachweisen unerbittlich und erkennt Kinderbetreuungskosten nicht an:

- Beschäftigung Ihrer Lebenspartnerin und Mutter des Kindes, die zusammen mit Ihnen und dem gemeinsamen Kind lebt;
- Beschäftigung des Partners einer eheähnlichen Lebensgemeinschaft oder einer Lebenspartnerschaft, auch wenn er kein Elternteil des Kindes ist;
- Beschäftigung einer Person, die für das betreute Kind Anspruch auf Kindergeld, einen Kinder- oder Betreuungsfreibetrag hat.

Achtung: Gegen Großmutter als Kinderbetreuerin ist also nichts einzuwenden. Aber: Um den Höchstbetrag für Ihr Kind abzusetzen ($^2/_3$ der Kosten, max. 4.000 €), müssen Sie mindestens 6.000 € im Jahr zahlen. Bei zwei Kindern reden wir schon von bis zu 12.000 € Betreuungskosten. Bedenken Sie, dass die Zahlungen bei Ihrer Mutter oder Schwiegermutter zu steuerpflichtigen Einkünften führen und eventuell Steuern auslösen können, selbst wenn sie nur eine kleine Rente hat.

TRICK

Setzen Sie die Kosten für ein Au-pair-Mädchen ab!

748 Haben Sie zur Kinderbetreuung ein Au-pair-Mädchen beschäftigt, benötigen Sie ebenfalls die formellen Nachweise. Reichen Sie unbedingt den schriftlichen Au-pair-Vertrag ein. Neben den Verpflegungs- und Unterkunftskosten, die Sie

mit den Sachbezugswerten ansetzen, fällt für ein Au-pair in der Regel auch Taschengeld an. Richten Sie der guten Seele unbedingt ein Bankkonto ein und überweisen Sie ihr das Taschengeld monatlich. So erhalten Sie den Nachweis über die bargeldlose Zahlung und können das Taschengeld als Kinderbetreuungskosten mit aufführen.

Da ein Au-pair neben der Kinderbetreuung oft noch andere Hausarbeiten erledigt, sind die Kosten nicht voll abzugsfähig. Dem können Sie entgehen, wenn Sie im Vertrag genau regeln, welche Aufgaben anfallen. Wenn von vertraglich festgelegten 20 Stunden in der Woche 18 Stunden auf Kinderbetreuung entfallen, sind 90 % der Kosten Kinderbetreuungskosten.

Haben Sie keinen so detaillierten Vertrag, können Sie auf jeden Fall 50 % der Geld- und Sachzuwendungen in die Kinderbetreuungskosten packen (BMF-Schreiben v. 19.1.2007 – BStBl I 2007 S. 184 Rz 5).

Der Besitz besitzt –
er macht die Menschen kaum unabhängiger.
(Nietzsche)

S

XI. Steuerersparnisse durch Hausbesitz und Bauen

1. Allgemeines

Aus Hausbesitz können Sie – wie aus jedem anderen Vermögen – steuerpflichtige Einkünfte haben, die Sie eine Menge Geld kosten können. Sie haben aber auch viele Möglichkeiten, Steuern zu sparen. Dazu müssen Sie Ihre Verhältnisse entsprechend gestalten und – wie es im Amtsdeutsch heißt – den steuergünstigen Tatbestand des Gesetzes erfüllen. Auch bei Hausbesitz und Bauen gilt, dass es schwer ist, den richtigen Weg durch den Steuerdschungel zu finden. Damit Sie schnell klarsehen, lesen Sie zunächst nur das, was für Sie in Frage kommt. Dabei unterscheiden Sie: **749**

Sie nutzen Ihr Haus selbst		Sie vermieten
Private Nutzung	Berufliche Nutzung	
Erwerb/Baubeginn vor 2006: Wohnraumförderung durch Eigenheimzulage für selbstgenutzte und an Angehörige überlassene Wohnungen	Abzug der Grundstücksaufwendungen (ggf. anteilig) als Werbungskosten oder Betriebsausgaben	Hieraus ergeben sich Einkünfte aus Vermietung und Verpachtung durch Überschuss oder Verlust
Seit 2008: Wohnraumförderung durch Riester-Zulage nach dem Eigenheimrentengesetz für selbstgenutzte Immobilien		

2. Wohnraumförderung durch Riester-Zulagen (Eigenheimrentengesetz)

Eigenheimzulage **750**

Die Begünstigung durch Eigenheimzulage wurde 2006 gundsätzlich abgeschafft. Sie können diese Wohnraumförderung allerdings noch beanspruchen, wenn Sie Ihre Wohnimmobilie

- gekauft haben und der notarielle Kaufvertrag vor dem 1.1.2006 abgeschlossen wurde,
- neu errichtet haben und den Bauantrag bzw. die Bauunterlagen vor dem 1.1.2006 beim Bauamt eingereicht haben.

In diesen Fällen profitieren Sie insgesamt acht Jahre – gerechnet ab dem Jahr des Erwerbs bzw. der Fertigstellung – von einer Zulage in Höhe von 1 % (max. 1.250 € im Jahr) der Anschaffungs- bzw. Herstellungskosten, zzgl. Baukindergeld von 800 € pro Kind und Jahr.

751 **Einkunftsgrenzen**

Die Eigenheimzulage ist nichts für Sie, wenn Sie ein Krösus sind. Ihre Gewährung hängt nämlich von einer Einkunftsgrenze ab: Übersteigen die zusammengerechneten positiven Einkünfte aus dem ersten Jahr der Förderung und dem vorangegangenen Jahr 70.000 € bzw. 140.000 € (Alleinstehende/Verheiratete), geht Ihnen die Eigenheimzulage durch die Lappen.
Für Steuerzahler mit Kindern erhöhen sich die Einkommensgrenzen für jedes Kind um 15.000 € bzw. 30.000 €.

TIPP

zur Einkommensgrenze

Wenn Sie die Einkunftsgrenze zu Beginn des achtjährigen Förderzeitraums überschritten haben, sollten Sie die Flinte noch nicht ins Korn werfen. Sobald Sie nämlich später auch nur einmal darunterrutschen, bekommen Sie die Eigenheimzulage bis zum Ende des Förderzeitraums. Und zwar auch dann, wenn Ihre Einkünfte in einem späteren Jahr wieder über der Grenze liegen.

2.1 Begünstigte Investitionen

752 Um die Schaffung selbstgenutzten Wohneigentums nach Wegfall der Eigenheimzulage zu fördern, wurde mit dem »Eigenheimrentengesetz« die Riester-Förderung auf den Kauf oder den Bau einer Wohnung oder eines ausschließlich selbstbewohnten Hauses ausgedehnt.
Begünstigt ist die Investition der geförderten Beträge in den

- Kauf einer selbstgenutzten Wohnung bzw. eines Einfamilienhauses,
- Bau einer selbstgenutzten Wohnung bzw. eines Einfamilienhauses,
- Erwerb von Genossenschaftsanteilen an Wohnungsgenossenschaften, wenn später eine Wohnung dieser Genossenschaft bezogen wird,
- Erwerb von Dauerwohnrechten, etwa in einem Seniorenheim,
- Darlehensverträge für die Anschaffung und den Bau von selbstgenutzten Wohnimmobilien,
- Bausparverträge, die zum Erwerb begünstigter Immobilien genutzt werden,
- Tilgung von Hypotheken und Krediten aus dem Kauf einer Immobilie.

Darüber hinaus können Steuerzahler, die schon länger einen Riestervertrag abgeschlossen hatten, das gesparte Kapital inkl. Zulagen aus dem Vertrag entnehmen und zur Finanzierung des Baus oder Erwerbs einer selbstgenutzten Immobilie einsetzen. Anders als früher muss das entnommene Kapital nicht innerhalb bestimmter Fristen wieder in den Vertrag zurückgezahlt werden.
Begünstigt ist allerdings nur der Einsatz des Kapitals zum Kauf oder Bau einer Immobilie, eines Genossenschaftsanteils oder Dauerwohnrechts, nicht dagegen die Renovierung oder Reparatur von Immobilien, die Ihnen bereits gehören.

Selbstnutzung 753

Wie bei der Eigenheimzulage ist auch bei der Förderung durch Riester-Zulagen im Rahmen des Eigenheimrentengesetzes Voraussetzung, dass Sie die geförderte Immobilie selbst bewohnen. Darüber hinaus muss sie Ihren Hauptwohnsitz darstellen. Damit sollen nach Auffassung des Fiskus Ferien- und Wochenendhäuser von der Eigenheimrentenförderung ausgeschlossen sein.

2.2 Förderung und Besteuerung nach dem Eigenheimrentengesetz

Wie hoch ist die Förderung? 754

Für entsprechende Beiträge gibt es die »Riester-Zulage«, und zwar pro Jahr

- für jeden rentenversicherungspflichtigen Erwachsenen 154 €,
- für jedes Kind, das vor 2008 geboren ist, 185 €,
- für jedes Kind, das ab 2008 geboren wurde bzw. wird, sogar 300 €.

Alternativ können die Beiträge bis zu 2.100 € auch als Sonderausgaben abgezogen werden. Dabei werden auf die Einkommensteuerersparnis darauf allerdings die Zulagen angerechnet.

Besteuerung nach Eintritt in den Ruhestand

Sie wissen, dass bei einem normalen Riester-Altersvorsorgevertrag in der Ansparphase die Beiträge gefördert werden und erst bei Eintritt in den Ruhestand, wenn die Auszahlungen aus dem Vertrag fließen, die sog. nachgelagerte Besteuerung greift. Das bedeutet, dass die später gezahlten Renten und eventuelle Kapitalauszahlungen in voller Höhe als sonstige Einkünfte der Besteuerung unterliegen.
Dieses Prinzip der nachgelagerten Besteuerung greift auch beim Eigenheimrentengesetz. Da allerdings das Geld bereits vorher ausgezahlt wurde und daher im Ruhestand keine Rentenzahlungen fließen, die man besteuern könnte, tritt an deren Stelle die Miete, die Sie nun im Alter einsparen, weil Sie über ein steuerlich gefördertes Eigenheim verfügen.
Natürlich wäre es viel zu kompliziert, auszurechnen, wie hoch die eingesparte Miete im Einzelfall tatsächlich ist. Deshalb werden die zu besteuernden Beträge auf der Basis des geförderten Kapitals pauschal ermittelt.

Dazu werden die geförderten Beträge aus Eigenleistung und Zulagen auf einem sog. »Wohnförderkonto« erfasst. Hinzu kommt eine jährliche fiktive Verzinsung von 2 %. Mit dieser Verzinsung wird zu Ihren Lasten ausgeglichen, dass Sie das Kapital ja schon vor Eintritt in den Ruhestand ausgezahlt bekommen hatten. Auf den daraus resultierenden Betrag zahlen Sie nach Eintritt in den Ruhestand Steuern. Für die Besteuerung gibt es zwei Alternativen, zwischen denen Sie wählen können.

1. **Sofortversteuerung**
   In diesem Fall versteuern Sie bei Eintritt in den Ruhestand 70 % des auf dem Wohnförderkonto erfassten Betrags mit Ihrem persönlichen Steuersatz ohne weitere Steuerermäßigung. Im Gegenzug bekommen Sie einen Nachlass von 30 % auf den Gesamtbetrag.
2. **Verrentung**
   Entscheiden Sie sich gegen die Sofortversteuerung, wird der Betrag aus dem Wohnförderkonto gleichmäßig auf den Zeitraum zwischen Eintritt in den Ruhestand und Vollendung des 85. Lebensjahres, max. aber 25 Jahre, verteilt. In jedem Jahr wird dann ein entsprechender Teilbetrag vom Wohnförderkonto abgezogen und als sonstige Einkünfte im Rahmen Ihrer Einkommensteuerveranlagung versteuert. Ob sich daraus eine Steuer ergibt und wie hoch diese letztlich sein wird, hängt von Ihrem individuellen Steuersatz im Ruhestand ab.

Beispiel
Auf Ihrem Wohnförderkonto ist insgesamt ein Betrag von 54.000 € erfasst. Sie gehen mit 67 Jahren in Rente und wählen die laufende Besteuerung.
Bis zur Vollendung Ihres 85. Lebensjahres vergehen 18 Jahre. Der jährlich zu versteuernde Betrag beläuft sich damit auf 54.000 € ÷ 18 Jahre = 3.000 €.

Was geschieht, wenn ich mein Eigenheim verkaufe?
Wer sein Haus verkauft, bevor der Betrag lt. Wohnförderkonto vollständig versteuert ist, muss den Restbetrag grundsätzlich voll versteuern. Dies können Sie aber vermeiden, indem Sie den entsprechenden Betrag in einen Riester-Vertrag überführen oder rechtzeitig in eine neue selbstgenutzte Immobilie investieren.

Tod des Steuerzahlers
Verstirbt der Anspruchsberechtigte, kann grundsätzlich der Ehegatte die Wohnung unschädlich weiternutzen und muss dann auch die Versteuerung fortführen. In allen anderen Fällen gilt der Restbetrag des Wohnförderkontos mit dem Tod als schädlich verwendet. Die Erben müssen diesen Betrag in der letzten Einkommensteuererklärung für den Verstorbenen in voller Höhe nachgelagert versteuern.

3. Einkünfte aus vermietetem Hausbesitz

Was Sie über Immobilien als Geldanlage wissen sollten 755

Die Rendite aus vermieteten Immobilien ist erbärmlich. Sie beträgt nach Steuern nicht viel mehr als 2 %. *Steuerersparnisse* aus vermietetem Hausbesitz haben Sie erst, wenn die Hauskosten höher sind als die Mieteinnahmen. Dann erklären Sie dem Finanzamt Verluste, die sich steuermindernd auf Ihr Einkommen auswirken. Aber wie kommen Sie an hohe Hauskosten, ohne sich finanziell arg zu strapazieren? Einige Möglichkeiten kennen Sie schon:

- Abschreibungen
- Schuldzinsenabzug
- Erhaltungsaufwand für vermietete Häuser nach R 21.1 EStR: Austausch von Fenstern, Türen; Umstellung oder Erneuerung der Zentralheizung; Dacheindeckung; Außen- und Treppenhausanstrich; Gartenrenovierung
- nachträgliche Herstellungskosten pro Jahr und Baumaßnahme von nicht mehr als 4.000 € (Rechnungsbetrag ohne Umsatzsteuer).

TIPP

zur gemischten Nutzung

Kosten, die auf das gesamte Haus entfallen, wie Grundsteuer oder Versicherungen, sind prozentual nach dem Verhältnis der Wohnflächen Vermietung/Eigennutzung aufzuteilen. Das gilt ebenso für Reparaturen oder Erhaltungsaufwand, die das ganze Haus betreffen (etwa Dachreparatur oder Fassadenanstrich). Reparaturen, die dagegen nur den vermieteten Teil betreffen (z.B. neue Fenster für den Mieter Meier), können Sie zu 100 % als Werbungskosten abziehen. Im Umkehrschluss ist natürlich das neue Badezimmer in Ihrer eigenen Wohnung nicht berücksichtigungsfähig. 756

Ordnen Sie Kosten also so weit wie möglich Ihren Mietwohnungen zu, um 100 % abziehen zu können und Ihre Steuerlast entscheidend zu mindern.

Was Sie unbedingt vermeiden sollten:

- eine niedrige Gebäudeabschreibung, z.B. die lineare statt der degressiven,
- umfangreiche Renovierungsarbeiten in den ersten drei Jahren nach Erwerb der Immobilie, die zu den Herstellungskosten gerechnet werden und deshalb nicht gleich abzugsfähig sind (anschaffungsnahe Aufwendungen ➤ Rz 789).

Schema zur Berechnung der Einkünfte aus vermietetem Hausbesitz 757

Mieteinnahmen im Kalenderjahr

- Kaltmieten .....€
- Umlagen .....€

• Vermietung von Garagen, Werbeflächen usw.	.....€	
• Mietvorauszahlungen	.....€	
• Summe der Mieteinnahmen	.....€	> .....€

Werbungskosten im Kalenderjahr (Aufwendungen zur Erwerbung, Sicherung und Erhaltung der Einnahmen)

1. Schuldzinsen (ohne Tilgungsbeträge) einschließlich Disagio	.....€	
2. Geldbeschaffungskosten (z.B. Notarkosten wegen Grundstücksbelastung)	.....€	
3. Grundsteuer, Müllabfuhr, Entwässerung, Wasserversorgung, Hausbeleuchtung usw.	.....€	
4. Schornsteinfeger, Hausversicherungen, Heizung, Treppenreinigung usw.	.....€	
5. Absetzung für Abnutzung (»Abschreibung des Gebäudes«; berechnet in % der Anschaffungskosten ohne Grundstücksanteil)	.....€	
Summe der Werbungskosten	.....€	> .....€

Einkünfte

Summe der Mieteinnahmen	.....€
./. Summe der Werbungskosten	– .....€
Einkünfte aus Vermietung und Verpachtung	.....€

3.1 Gebäudeabschreibung

758 Ist Ihr Miethaus oder Ihre Eigentumswohnung ein Selbstläufer, d.h., halten sich Einnahmen und Ausgaben die Waage, bringt Ihnen die Abschreibung (AfA) den gewünschten steuerlichen Verlust und damit eine Steuerersparnis.

Beispiel

Mieteinnahmen einschl. Umlagen	8.000 €
./. Werbungskosten	
Schuldzinsen, Versicherungen, Steuern und Gebühren, Reparaturen usw.	– 7.000 €
Bleiben	1.000 €
Abschreibung z.B. 2 % (§ 7 Abs. 4 EStG) von 310.000 € Anschaffungskosten für das Gebäude	6.200 €
Verlust aus Vermietung und Verpachtung	5.200 €
Steuerersparnis bei 30 % inkl. KiSt und Soli ca.	1.790 €

Durch die Abschreibung verteilen Sie die Anschaffungskosten für das Gebäude auf dessen Nutzungsdauer. Das ist die Zeit, in der das Gebäude Miete abwerfen wird. Für die Steuer wird aber nicht die tatsächliche Nutzungsdauer von meistens 100 Jahren zugrunde gelegt, sondern eine wesentlich kürzere fiktive Nutzungsdauer von höchstens 50 Jahren. 759

Unterscheiden müssen Sie zwischen der linearen Abschreibung mit einem immer gleichbleibenden Prozentsatz (Nr. 1 der folgenden Übersicht) und der degressiven Abschreibung (Nr. 2 und 3). Hier sind die Prozentsätze anfangs höher und verringern sich in Stufen. Außerdem gibt es die erhöhte Abschreibung als besondere Möglichkeit, steuerlich Verluste zu machen (Nr. 4 bis 6).

Gebäude	ND	AfA-Satz	Quelle
1. Lineare AfA Baujahr nach dem 31.12.1924 Baujahr vor dem 1.1.1925	 50 J. 40 J.	 2 % 2,50 %	 § 7 Abs. 4 § 7 Abs. 4
2. Degressive AfA für Geschäftsgebäude; Gebäude selbst gebaut: Bauantrag bis 31.12.1993, Kaufvertrag bis 31.12.1994	50 J.	8 J. 5,00 % 6 J. 2,50 % 36 J. 1,25 %	§ 7 Abs. 5 EStG
3. Degressive AfA für Wohngebäude; Gebäude selbst gebaut Bauantrag/Kaufvertrag zwischen 28.2.1989 und 31.12.1995 Bauantrag/Kaufvertrag zwischen 1.1.1996 und 31.12.2003 Bauantrag/Kaufvertrag zwischen 1.1.2004 und 31.12.2005	40 J. 50 J. 50 J.	4 J. 7,00 % 6 J. 5,00 % 6 J. 2,00 % 24 J. 1,25 % 8 J. 5 % 6 J. 2,5 % 36 J. 1,25 % 10 J. 4 % 8 J. 2,5 % 32 J. 1,25 %	§ 7 Abs. 5 Nr. 3a EStG § 7 Abs. 5 Nr. 3b EStG § 7 Abs. 5 Nr. 3c EStG
4. Erhöhte AfA für Sanierung in städtebaulichen Entwicklungsbereichen – Bauantrag/Einreichung von Bauunterlagen nach dem 31.12.2003	10 J. 12 J.	10 J. 10 % 8 J. 9 % 4 J. 7 %	§ 7h EStG
5. Erhöhte AfA für Sanierung bei Baudenkmälern – Bauantrag/Einreichung von Bauunterlagen nach dem 31.12.2003	10 J. 12 J.	10 J. 10 % 8 J. 9 % 4 J. 7 %	§ 7i EStG
6. Degressive AfA für Neubauten, Bauantrag nach dem 28.2.1989, fertig bis 31.12.1995, keine öffentl. Mittel, Vermietung an Sozialmieter gegen Höchstmiete, die je nach Bundesland nach Miete-VO, Mindestgröße der Wohnung 25 qm	50 J.	5 J. 10 % 5 J. 7 % 30 J. 3,5 % vom Restwert	§ 7k EStG

Ein Beispiel zur linearen Abschreibung nach Nr. 1:
Sie haben im Juli 2014 ein Miethaus, Bj. 1955, für 400.000 € gekauft. Die Abschreibung beträgt:

Anschaffungskosten	400.000 €
./. Anteil Grund und Boden 20 %	– 80.000 €
Gebäudeanteil	320.000 €
Jahresabschreibung 2 %	6.400 €
Abschreibung für 2014 $^{6}/_{12}$	3.200 €

Haben Sie von Ihren Eltern ein Haus geerbt, schreiben Sie weiterhin so ab, wie Ihre Eltern abgeschrieben haben.

760 **Abschreibung bei Übertragung einer Immobilie**
Ein wenig komplizierter wird es mit der Berechnung der Abschreibung, wenn z. B. Eltern eine Immobilie auf Ihre Kinder übertragen. Hier wird danach unterschieden, ob die Kinder die Immobilie komplett unentgeltlich und schuldenfrei übernehmen oder einen Kaufpreis zahlen müssen bzw. Schulden für die Immobilie mit übernehmen.

Bei einer unentgeltlichen Übernahme ergeben sich dieselben Rechtsfolgen wie bei einer Erbschaft. Man spricht in solchen Fällen auch von der ***Fußstapfentheorie***. Die Kinder schreiben die Immobilie schlichtweg genauso ab wie zuvor ihre Eltern.

Zahlen sie eine Gegenleistung in Form eines Kaufpreises und/oder evtl. übernommener Schulden, werden zwei Fälle unterschieden:

1. Die Gegenleistung entspricht dem tatsächlichen Wert der Immobilie (*Verkehrswert*): Dann wird die Abschreibung auf Basis der tatsächlichen Gegenleistung (Kaufpreis und übernommene Schulden abzgl. Anteil für Grund und Boden) berechnet.
2. Die Gegenleistung ist geringer als der Verkehrswert: Hier spricht man von einem teilentgeltlichen Geschäft. Der Erwerb wird aufgeteilt in einen unentgeltlichen Teil, für den die Fußstapfentheorie gilt, und einen entgeltlichen Teil, der wie ein normaler Kauf behandelt wird.

Beispiel zur Berechnung der Abschreibung bei einem teilentgeltlichen Immobilienerwerb:
Ihre Eltern haben Ihnen im Juli 2014 ein Miethaus (Bj. 1986, Verkehrswert 400.000 €) übertragen. Sie haben im Gegenzug die Resthypothek von 100.000 € übernommen. Ihre Eltern hatten seinerzeit für das Haus umgerechnet 200.000 € bezahlt.
Die Übertragung ist damit zu 25 % entgeltlich und zu 75 % unentgeltlich erfolgt.

Anschaffungskosten für den entgeltlichen Teil	100.000 €	
./. Anteil Grund und Boden 20 %	– 20.000 €	
Gebäudeanteil	80.000 €	
Jahresabschreibung 2 %		1.600 €
Anschaffungskosten für den unentgeltlichen Teil 75 % v. 200.000 €	150.000 €	
./. Anteil Grund und Boden 20 %	– 30.000 €	
Gebäudeanteil	120.000 €	
Jahresabschreibung 2 %		2.400 €
Summe der Abschreibungen		4.000 €
Abschreibung für 2014 $^{6}/_{12}$		2.000 €

3.2 Herstellungskosten–Anschaffungskosten–laufende Hauskosten

Wie sieht es mit der Abzugsfähigkeit aus? Grundsätzlich vorab: 761

- Die Anschaffungskosten für Grund und Boden sind nicht abzugsfähig.
- Die Herstellungs- und Anschaffungskosten für das Gebäude sind nur über die Abschreibung abzugsfähig.
- Die laufenden Hauskosten sind im Jahr der Bezahlung voll abzugsfähig.

Anschaffungskosten von Grund und Boden sind alle Aufwendungen, um das Eigentum an Grund und Boden zu erwerben. Dazu gehören auch die Nebenerwerbskosten wie Grunderwerbsteuer, Notariats-, Makler- und Grundbuchkosten, desgleichen Abbruchkosten und Straßenanliegerbeiträge.

762 **Zu den Herstellungskosten des Gebäudes gehören alle Aufwendungen, die erforderlich waren, um das Gebäude zu errichten und nutzbar zu machen, also alle Handwerkerrechnungen, das Architektenhonorar, öffentliche Gebühren für Baugenehmigung usw.** Dazu zählen auch Ihre persönlichen Ausgaben wie Fahrtkosten, Verpflegungsmehraufwand und die Kosten fürs Richtfest.

763 **Zu den Anschaffungskosten des Gebäudes gehören alle Aufwendungen, die erforderlich waren, um das Eigentum an dem Gebäude zu erlangen. Dazu gehören auch die Nebenerwerbskosten wie Grunderwerbsteuer, Notariats-, Makler- und Grundbuchkosten.**
Sind in den Anschaffungskosten auch welche für Grund und Boden enthalten, muss aufgeteilt werden, und zwar ausgehend von den gesamten Anschaffungskosten. Nur der Gebäudeanteil kann abgeschrieben werden, alle anderen Aufwendungen gehören zu den laufenden Hauskosten, die sofort und in voller Höhe abzugsfähig sind.

Doch aufgepasst: Das Finanzamt geht mehr und mehr dazu über, Grund und Boden nach qm-Preisen laut Bodenrichtwert anzusetzen. Diese Restwertmethode kann bei großen Grundstücken dazu führen, dass mehr als die Hälfte des Kaufpreises auf Grund und Boden entfällt und somit nicht der Abschreibung unterliegt.

GUTER RAT

Machen Sie dem Finanzamt klar, dass der Grund-und-Boden-Preis lt. Richtwertkarte nicht bindend ist; tatsächlich ist Ihr Häuschen aufgrund Größe und Ausstattung wesentlich mehr wert als nach dieser unlogischen Rechenoperation. Zudem verliert der Boden durch Bebauung und Übergröße an Wert. Eigentlich zutreffend ist die Aufteilung im Verhältnis der Verkehrswerte von Grundstück und Gebäude. Einen Hinweis auf Ihre Ausführung kann bereits eine entsprechende Angabe im Kaufvertrag geben, wenn Sie und der Käufer die Aufteilung des Kaufpreises genau beziffern.

764 **Zu den laufenden Hauskosten gehören alle Aufwendungen, die nicht Anschaffungs- oder Herstellungskosten sind und mit dem Grundstück in wirtschaftlichem Zusammenhang stehen.** Dazu gehören etwa die Finanzierungskosten. Sie sind natürlich in voller Höhe abzugsfähig, und zwar im Jahr der Bezahlung. Zu den Finanzierungskosten wiederum gehören die Geldbeschaffungskosten. Wenn Sie die Wörter irritieren, merken Sie sich einfach Folgendes: Zu den Finanzierungskosten gehören alle Kosten, die nur deshalb angefallen sind, weil Sie nicht über ein so hohes Bankkonto verfügen, dass Sie alle Anschaffungs- und Herstellungskosten aus Eigenmitteln bezahlen können.

765 **Merken Sie sich zum Disagio (Unterschied zwischen dem Nennbetrag eines Hausdarlehens und dem Auszahlungsbetrag): Das Disagio ist im Jahr der Auszahlung des Darlehens abzugsfähig. Wird das Darlehen – nach Baufortschritt – in Raten ausbezahlt, entsteht das Disagio anteilig und ist entsprechend anteilig im Jahr der Ratenauszahlung abzugsfähig.**

GUTER RAT

766 Maklergebühren sind ja bekanntlich Teil der Anschaffungskosten und deshalb nicht sofort abzugsfähig. Wenn der Makler allerdings bei der Finanzierung des Grundstückserwerbs behilflich war, kann er seine Rechnung in reine Maklergebühren und in Gebühren für Finanzierungsberatung aufteilen. Einigen Sie sich vorher mit ihm, dass Sie z.B. 2 % für die Vermittlung des Grundstücks und 1 % für die Finanzierungsberatung zahlen. So muss es im Auftrag und auch im Kauf-

vertrag stehen. Die Gebühren für die Finanzierungsberatung sind dann als Geldbeschaffungskosten im Jahr der Zahlung in voller Höhe als Werbungskosten abzugsfähig.
Ihre Grunderwerbsteuer mindert sich, wenn Sie mit dem Grundstück Einrichtungsgegenstände erwerben, z.B. eine Kücheneinrichtung oder Einbaumöbel. Ziehen Sie vom Kaufpreis dafür 30.000 € ab, und Sie sparen 600 € Grunderwerbsteuer.
Auch hier sollten die Gegenstände im Kaufvertrag aufgeführt werden – natürlich nur, wenn es zutrifft.

TRICK

Wie man die Herstellungskosten höher als gewöhnlich ansetzt

Sie sitzen über der Aufstellung Ihrer Herstellungskosten, die Sie dem Finanz- 767
amt als Grundlage für die Berechnung der Abschreibung einreichen wollen, und wundern sich über die niedrige Summe. Dann fällt Ihnen ein, dass Sie Ihren Freunden, die beim Bau mitgeholfen haben, ein paar Scheine in die Hand gedrückt haben. Außerdem haben Sie etliche Kästen Bier und viele kleine Fläschchen Whisky spendiert, damit der Bau etwas schneller vorwärtsging ... Und Ihrem Vater, der tüchtig mitgeholfen hat, haben Sie als Dankeschön einen neuen Fernseher gekauft. Außer über den Kauf des Fernsehers haben Sie allerdings keine Belege!
Kein Grund, dem Finanzamt all die Steuerersparnis zu schenken. Gehen Sie zu Ihren Freunden und lassen Sie sich nachträglich Quittungen ausstellen (Freundes- oder Nachbarschaftshilfe hat nichts mit Schwarzarbeit zu tun!).

Freunde, die Ihnen in der Not geholfen haben, erhielten	1.200 €
Der Fernseher für Ihren Vater kostete	870 €
Auf die	2.070 €

entfallen für die ersten Jahre an die 250 € Steuerersparnis.
Und den Aufwand für die Getränke, mit denen Sie die Arbeiter bei Laune gehalten haben, packen Sie hinzu.

TIPP

für Helfer am Bau

Bei den meisten Rentnern dürfte sich selbst eine höhere Nebeneinnahme nicht negativ auswirken, da sie in der Regel mit ihrem zu versteuernden Einkommen unter dem Grundfreibetrag liegen.

Bei Freunden und Verwandten, die lediglich Arbeitnehmereinkünfte haben, ergibt sich aufgrund des sog. Härteausgleichs keine Steuerzahlung, da hier bis zu 410 € steuerfrei bleiben. **Das allerdings nur, wenn sie nicht selbst Verluste, z.B. aus der Vermietung einer Immobilie, abziehen wollen.**

TRICK

Wie Sie dem Finanzamt in die Parade fahren, wenn es Geld von Ihnen verlangt

768 Sie haben gebaut, treu und brav die Baukosten dem Finanzamt eingereicht und erhalten wie aus unbewölktem Himmel einen Bescheid, in dem es heißt:… die von Ihnen geltend gemachten Baukosten konnten nicht in voller Höhe anerkannt werden und wurden gekürzt um

1.	die Vergütungen an Ihre Bekannten, die als Nichtunternehmer handwerkliche Arbeiten geleistet haben	2.000 €
2.	den Betrag, der für drei Schränke in den Schreinerarbeiten des Handwerksmeisters enthalten ist, mit	1.600 €
3.	Kosten der Getränke für die Bauarbeiter zum Aufrechterhalten ihrer Arbeitslust	250 €
4.	den Betrag für die Einfriedung (Zaun)	820 €
5.	Kosten einer Einbauküche	2.750 €
6.	Aufwand für Teppichböden	2.900 €
		10.320 €

Sie werden dem Finanzamt Folgendes schreiben:

769 **Zu 1. Arbeitnehmertätigkeit**

»… kann ich leider Ihre Kürzungen nicht akzeptieren. Die bei mir beschäftigten Personen waren völlig selbständig und keineswegs meinen Weisungen unterworfen. Wie wäre mir dies auch möglich, da ich vom Handwerk nichts verstehe. Die Zeit ihrer Arbeit bestimmten sie ebenfalls völlig von sich aus bzw. arbeiteten je nachdem, wie es ihre Zeit erlaubte. Als Beweis dafür dienen die von ihnen ausgestellten Quittungen, denen zu entnehmen ist, dass sie eine pauschale Tätigkeitsvergütung und keinen Lohn erhalten haben. Der BFH sagt im Übrigen dazu: ›Gegen die Unselbständigkeit spricht es, wenn jemand die übernommene Arbeit auch durch eine andere Person, z.B. einen Familienangehörigen, leisten lassen kann; denn ein Arbeitnehmer muss in der Regel persönlich tätig werden‹ (Urteile des Bundesfinanzhofs V 86/55 U v. 12.1.1956, BStBl 1956 III S. 119, Slg. Bd. 62, S. 322, VI 72/58 v. 3.7.1959, VI 186/58 U v. 11.3.1960, BStBl 1960 III S. 215, Slg. Bd. 70, S. 578, BFH v. 24.11.1961 – VI 183/59 S – BStBl 1962 III 37)! Das ist durch die Vielzahl meiner kurzfristigen Helfer eindeutig bestätigt. Und selbst wenn die Zeiteinteilung mit mir abgesprochen war – ich konnte meine Helfer nie zwingen, zu diesen Zeiten tatsächlich zu erscheinen. Auch hatten sie, wie es bei Arbeitnehmern üblich wäre, keinen bezahlten Urlaubsanspruch.«

Weisen Sie das Finanzamt darüber hinaus darauf hin, dass es sich um keine be- 770
rufliche Tätigkeit Ihrer Freunde und Verwandten handelte, sondern um einen reinen Freundschaftsdienst, so dass weder das Kriterium der Schwarzarbeit noch das der Scheinselbständigkeit erfüllt ist und weder Steuer- noch Sozialversicherungszahlungen zu leisten sind.
Seit Jahrzehnten haben verschiedene Finanzer diese Sache an die Gerichte getrieben, hoffend, endlich grünes Licht zur Besteuerung der sich ein Zubrot Verdienenden zu bekommen. Die Tendenz scheint dahin zu gehen, dass Gesellen oder Poliere des Bau- und Baunebengewerbes nicht, Hilfsarbeiter dagegen sehr wohl als Arbeitnehmer des Bauherrn angesehen werden. Beschäftigen Sie also vorsorglich nur Facharbeiter, die dann wie Selbständige behandelt werden können.

Zu 2. Gebäudebestandteile 771
»Auch zu Punkt 2 muss ich Ihnen widersprechen. Wenn es sich bei den Einbauschränken auch nicht um direkten Bauaufwand handelt, so sind sie mit dem Gebäude doch fest verbunden und deshalb als zugehörig zu betrachten. Für fest mit wesentlichen Gebäudeteilen zusammenhängende Schränke, die nicht mehr aus dem Zimmer herauszunehmen sind, ohne dabei die Wände zu beschädigen, ist allein deshalb schon Abschreibungsfreiheit gegeben, weil sie zu Gebäudeteilen geworden sind wie die Holzlatten am Dachstuhl. Beachten Sie bitte diesbezüglich H 6.4 EStH. Nicht absetzbar wäre etwa eine Schranktrennwand, die mehr die Funktion einer Wohnungseinrichtung erfüllt.«

Zu 3. Getränke 772
»Was den fehlenden Nachweis über die Getränke betrifft, die ich im Lauf der Bauzeit für die Bauarbeiter ausgeben musste, ist Folgendes zu sagen: Nach der allgemeinen Lebenserfahrung (ein Begriff, den Sie ja selbst so gern und oft anführen, wenn es darum geht, etwas abzulehnen) ist ein Betrag von 250 € eher zu niedrig als zu hoch für das Trinkvermögen von Bauarbeitern zu erachten.«

Zu 4. Einfriedung 773
»Auch die Aufwendungen für die Einfriedung gehören im Zweifelsfall zu den Herstellungskosten (H 6.4 EStH).«

Zu 5. Einbauküche 774
»Der Bundesfinanzhof hat entschieden, dass die Kosten einer Einbauküche zum Gebäude gehören, soweit sie auf Spüle und Herd entfallen (Urt. v. 13.3.1990 – BStBl 1990 II S. 574). Das gelte auch für eingebaute Schrankwände, wenn diese Küche und Esszimmer voneinander trennten …«

775 **Zu 6. Bodenbelag**
»Hinsichtlich des Teppichbodens weise ich darauf hin, dass er auf Estrich verlegt und zudem mit dem Untergrund fest verbunden wurde.«

776 Und nicht vergessen: Prozesskosten, die Ihnen entstehen, weil Sie den Bauunternehmer wegen Baumängel verklagen, gehören genauso wie die Kosten zur Mängelbeseitigung zu den Herstellungskosten (BFH-Urt. v. 1.12.1987 – BStBl 1988 II S.431).

Ebenfalls zu den über die Abschreibung zu erfassenden Kosten rechnen Ihre Aufwendungen für einen Rechtsanwalt, Gerichtskosten etc., um einen Konkurrenten, der Einwände gegen Ihren Kauf der Immobilie hatte, aus dem Feld zu schlagen. Die Kosten sind als nachträgliche Anschaffungskosten zu erfassen (BFH v. 17.4.2007 – BStBl 2007 II S.956). Dasselbe gilt, wenn Sie eine Immobilie ganz oder teilweise unentgeltlich von Ihren Eltern erworben haben und nun Kosten haben, um eine Zwangsvollstreckung in die Immobilie für Schulden Ihrer Eltern zu vermeiden (FG Düsseldorf v. 22.11.2006 – 7 K 1350/05 E).

Außerdem setzen Sie an: geschenkte Baumaterialien zum Marktpreis und die Anschaffungskosten für Geräte und Maschinen, die Sie für den Bau benötigt haben: Mischer, Bohrmaschine, Stichsäge, Flex, kleinere Werkzeuge. Wenn der Bau steht, wandert alles, was noch brauchbar ist, ganz legal in Ihren Hobbykeller.

Bauen ist süßes Armmachen.
(Alter Spruch)

TRICK

Machen Sie die Kosten für einen nicht zustande gekommenen Hauskauf oder Hausbau geltend!

777 Es kommt doch immer wieder vor, gerade wenn Sie mit unseren Baubehinderungsbehörden zu tun haben: Pläne oder Voranfragen wurden nicht genehmigt. Sie haben Bodenproben machen, Vermessungspläne erstellen lassen, eine Anzahlung ist verloren, weil der Empfänger Konkurs gemacht hat. Diese Planungskosten sind sofort abzugsfähige Werbungskosten, da die Planung nicht ausgeführt wurde (BFH-Urt. v. 4.6.1991 – BStBl 1991 II S.761). Und: Sieht das Haus nachher wesentlich anders aus als ursprünglich gedacht und konnten nicht einmal Teile der ersten Planung für die zweite genutzt werden, sind die Kosten für die erste Planung ebenfalls sofort absetzbare Werbungskosten (FG Niedersachsen v. 14.1.1982 – EFG 1982 S.460).

TRICK

Setzen Sie Abrisskosten von der Steuer ab!

Haben Sie ein Grundstück mit Haus gekauft oder einem Erbbauberechtigten 778
für sein Erbbaurecht eine Abstandszahlung geleistet, sind die Abstandszahlung und die Abrisskosten Herstellungskosten des neuen Gebäudes, das Sie bauen (BFH v. 13.12.2005 - BStBl 2006 II S. 461).

3.3 Sonstiges zu den Werbungskosten

Bei den Vermietungseinkünften verlangt der Fiskus genau wie bei anderen Ein- 779
kunftsarten, dass Sie die Vermietung mit *Einkunftserzielungsabsicht* betreiben, d.h. langfristig gesehen ein Plus machen wollen. Das ganze Nachweistheater können Sie sich sparen, wenn Sie eine ganz normale, auf Dauer angelegte Vermietung betreiben. In diesem Fall muss das Finanzamt nämlich – Verluste hin oder her – Ihre Einkunftserzielungsabsicht schlichtweg unterstellen (BFH v. 10.5.2007 – BStBl 2007 II S. 873; BMF v. 8.10.2004 – BStBl 2004 I S. 933). Wie so oft müssen Sie aber auch hier die berühmten Ausnahmen kennen, die die Regel bestätigen.

WICHTIGER HINWEIS

Wenn Sie Wohnungen verbilligt an Angehörige vermieten, achten Sie unbedingt darauf, dass die vereinbarte Warmmiete, also inkl. Nebenkosten, mindestens 66 % der ortsüblichen Warmmiete beträgt. Liegen Sie unter dieser Grenze, kürzen Ihnen die Fiskalritter gnadenlos Ihre Werbungskosten.

Beispiel
Sie haben eine 80-qm-Wohnung an Ihren Bruder vermietet. Da er finanziell nicht gerade auf Rosen gebettet ist, zahlt er gerade mal 200 € Warmmiete im Monat. Auf dem freien Markt würde die Wohnung 500 € kosten. Da die Wohnung also lediglich zu 40 % entgeltlich vermietet ist, sind auch Werbungskosten nur zu 40 % abzugsfähig (§ 21 Abs. 2 EStG).

Kürzung Ihrer Werbungskosten:
Angenommene Kosten: 200 € mtl. × 12 Monate = 2.400 €, davon abzugsfähig 40 % = 960 €. 1.440 € fallen unter den Tisch.
Wenn die Miete mindestens 66 % der ortsüblichen Miete beträgt, kann das Finanzamt bei Wohnungen keine auf die nächsten 30 Jahre hochgerechnete Überschussprognose verlangen.

Eine Überschussprognose müssen Sie allerdings weiterhin in folgenden Fällen erstellen:

- Sie lassen ohne besonderes Konzept die laufenden Schuldzinsen immer weiter auflaufen und tilgen die Darlehen für das Vermietungsobjekt nicht (BFH v. 10.5.2007 – BStBl 2007 II S. 873).
- Sie vermieten eine Ferienwohnung, vgl. ➤ Rz 811.
- Die Vermietung ist von vornherein befristet, weil Sie die Immobilie danach selbst nutzen oder verkaufen wollen (BFH v. 9.7.2002 – BStBl 2003 II S. 695; BFH v. 29.3.2007 – BFH/NV 2007 S. 1847). Kurzfristige Selbstnutzungs- oder Verkaufsabsicht unterstellt der Fiskus regelmäßig, wenn Verkauf/Selbstnutzung innerhalb von fünf Jahren nach Anschaffung erfolgen.
- Sie vermieten eine besonders aufwendige Immobilie (Luxusobjekt) (BFH v. 6.10.2004 – BStBl 2005 II S. 386).
- Sie erzielen die Einkünfte aus einem Bauherren- oder Mietkaufmodell mit Rückkaufgarantie (BFH v. 30.9.1997 – BStBl 1998 II S. 771).
- Sie vermieten oder verpachten langfristig unbebaute Grundstücke (BFH v. 28.11.2007 – IX R9/06, Der Betrieb 2008 S. 556).
- Sie vermieten eine Gewerbeimmobilie, ein Ladenlokal oder Räume für eine Arztpraxis oder Freiberuflerkanzlei.

WICHTIGER HINWEIS

Was ist eigentlich die ortsübliche Miete?
Bei der Prüfung, ob Sie die 66-%-Grenze eingehalten haben, vergleicht der Fiskus die tatsächlich von Ihrem Mieter gezahlte Miete inklusive aller Umlagen. Die Umlagen werden also immer in den Vergleich einbezogen. Haben Sie z. B. eine Wohnung an einen Angehörigen vermietet und nehmen an Miete dasselbe wie von Ihren übrigen Mietern, legen aber die Heiz- und Stromkosten nicht um, kann es vorkommen, dass Sie die 66-%-Hürde reißen.

TRICK

Beanspruchen Sie als Vergleichsmiete immer das für Sie günstigste Ergebnis!

780 Bei der Frage, ob die Grenze von 66 % der ortsüblichen Miete unterschritten ist, greift der Fiskus gern auf die Mietspiegel für die betreffende Gemeinde zu-

rück. Lassen Sie sich bei den Vergleichen mit dem Mietspiegel nicht Ihr steuerliches Ergebnis schlechtrechnen. Die Mietspiegel weisen als Vergleichsgröße eine Spanne als übliche Miete aus, z.B. »Neubauwohnungen bis 100 qm 5,50 €–7,10 €«. Die Vertreter des Fiskus gehen nun natürlich gern her und vergleichen Ihre tatsächliche Miete mit dem Mittelwert des Mietspiegels, in unserem Beispiel also 6,30 €. Das lassen Sie auf keinen Fall durchgehen! Wenn der Mietspiegel als untersten Wert 5,50 € ausweist, ist das eine zulässige Vergleichsmiete. Die Berechnung, ob und in welchem Umfang eine verbilligte Vermietung vorliegt, hat sich deshalb gefälligst an diesem – für Sie günstigeren Wert – zu orientieren. Was dem BFH für die Berechnung von Vorteilen aus der verbilligten Vermietung an Arbeitsnehmer recht war (BFH v. 17.8.2005 - BStBl 2006 II S. 71), muss ja wohl auch für Sie gelten. Rückendeckung gibt es dabei von der Finanzverwaltung in Nordrhein-Westfalen (OFD Rheinland v. 17.12.2007 - Kurzinfo ESt 82/2007).

SUPER TRICK

Keine Kürzung bei leerstehenden Wohnungen

Steht eine Ihrer Mietwohnungen leer? Seien Sie auf der Hut, denn schon spitzt 781
der Finanzbeamte seinen Rotstift und will Ihren Werbungskosten ans Leder, weil er argwöhnt, Sie wollten die Wohnung nicht mehr vermieten, sondern verkaufen. Aber Sie wissen sich zu wehren. Treiben Sie ihm die Streichgelüste aus, indem Sie wie folgt argumentieren: »Von einem Leerstand der Wohnung kann keine Rede sein. Die Wohnung ist lediglich infolge eines überraschenden Mieterwechsels vorübergehend nicht vermietet. Die Absicht, mit der Wohnung weiterhin Mieteinkünfte zu erzielen, besteht nach wie vor. Sehen Sie dazu die beigefügten Anzeigen im Immobilienteil der *Hintertupfinger Rundschau.*«

Bei einem solchermaßen begründeten Leerstand behalten Sie den ungekürzten Werbungskostenabzug.

Bei längerem Leerstand müssen Sie allerdings mehr tun, als ein oder zwei Proforma-Anzeigen im Jahr zu schalten. Investieren Sie lieber ein paar Euro mehr und inserieren Sie Ihre Wohnung mehrfach in verschiedenen Zeitungen oder im Internet. Bei einem mehrjährigen Leerstand müssen Sie einen Makler beauftragen. Nutzt auch das nichts, verlangt der BFH, dass Sie Abstriche bei der Höhe der Miete machen oder nicht mehr so wählerisch bei potenziellen Mietern sind. Damit nehmen Sie dem Finanzamt den Wind aus den Segeln, wenn es Ihnen mit dem Argument kommt, Ihre Vermietungsbemühungen seien nicht ernsthaft und nachhaltig gewesen. Und da auch Ihre Anzeigen- und Maklerkosten als Werbungskosten gelten, trägt der Fiskus durch die daraus resultierende

Steuerersparnis sowieso einen Teil Ihrer Aufwendungen (BFH v. 28.10.2008, IX R 1/07; BFH/NV 2009 S. 68; BFH, Urteil v. 11.12.2012 – IX R 14/12, BStBl 2013 II S. 279).

Sind all Ihre Bemühungen nicht von Erfolg gekrönt, geht der BFH sogar so weit, dass er von Ihnen verlangt, die Immobilie baulich umzugestalten, damit Sie sie vermieten können.

Sie können also den Fiskus sicher einige Zeit mit der Darlegung Ihrer Vermietungsbemühungen hinhalten und Ihre Verluste retten. Aber seine Geduld ist hier leider auch endlich.

782 **Was Sie grundsätzlich absetzen können**

- sämtliche Schuldzinsen, Disagio etc.,
- Erbbauzinsen,
- Abschreibungen,
- erhöhte Abschreibungen,
- Sonderabschreibungen, z.B. nach dem Fördergebietsgesetz,
- Geldbeschaffungskosten, Schätzgebühren, Notar- und Gerichtskosten,
- Ertragsanteil von Renten,
- Reparaturkosten,
- Instandhaltungs-, Modernisierungskosten,
- Strom, Gas, Wasser,
- Heizkosten,
- Grundbesitzabgaben wie Müllabfuhr- und Abwassergebühren,
- Hausversicherungen,
- Hausverwaltung etc.

SUPER TRICK

Setzen Sie als Pensionär oder Rentner Ihre vollen Arbeitszimmerkosten ab

783 Sie haben als Rentner oder Pensionär in aktiven Zeiten mit dem Kauf einiger Immobilien Ihre Altersversorgung gesichert. Natürlich verwalten sich die Häuser nicht von allein. Um dem ganzen Papierkram Herr zu werden, haben Sie sich in Ihrem eigenen Haus ein schickes 25 qm großes Arbeitszimmer eingerichtet. Da Sie für die Immobilienverwaltung keinen anderen Arbeitsplatz haben,

können Sie von Ihren Arbeitszimmerkosten mindestens 1.250 € im Jahr als Werbungskosten bei Ihren Vermietungseinkünften abziehen.
Wenn Sie neben Ihren Mieteinkünften nur noch Ihre Pension oder Rente beziehen, kracht es bei Ihren Arbeitszimmerkosten so richtig. Dann geht nämlich Ihr Arbeitszimmer als Mittelpunkt Ihrer gesamten Einkünfteerzielung durch. Das führt dazu, dass die Begrenzung auf 1.250 € im Jahr nicht gilt. Sie setzen in so einem Fall also jeden roten Heller, der für Ihr Arbeitszimmer anfällt, als Werbungskosten ab. Argumentiert ein übereifriger Fiskalritter, der Vollabzug der Arbeitszimmerkosten scheitere daran, dass Sie ja noch Renteneinkünfte haben, weshalb das Arbeitszimmer nicht Mittelpunkt der Einkünfteerzielung sei, dann tragen Sie mal wieder zur Weiterbildung des Sachbearbeiters bei. Bei der Beurteilung des Mittelpunkts der gesamten betrieblichen und beruflichen Betätigung sind nämlich nur Einkunftsarten einzubeziehen, die eine aktive Tätigkeit erfordern. Deshalb bleiben vor allem Pensionen oder Renten außer Betracht. Dass sie letztlich aus einer früher einmal aktiven Tätigkeit resultieren, spielt keine Rolle (Niedersächsisches Finanzgericht v. 8.11.2011 – 12 K 264/09).

Viele Finanzämter setzen sich neuerdings Veranlagungsschwerpunkte, d.h., be- **784**
stimmte Bereiche in Ihrer Steuererklärung werden besonders kleinlich geprüft. Womöglich ausgerechnet Ihre Vermietungseinkünfte. Dann hacken die Finanzbehörden auf den Umlagen herum, wollen genau wissen, was der Mieter gezahlt hat und ob diese Beträge mit Ihren Kosten übereinstimmen. Damit ist das bisher allseits praktizierte Nettoverfahren – nämlich einerseits die Umlagen nicht als Einnahme anzusetzen und im Gegenzug dafür die umlagefähigen Kosten nicht abzusetzen – hinfällig. Und so etwas wird einem dann auch noch hochtrabend als Steuervereinfachung verkauft.

Insbesondere wird das Auge des Fiskus auf Ihrer Finanzierung und den zugehörigen Schuldzinsen ruhen. Achten Sie also darauf, dass sich bei nachträglichen Darlehen der konkrete Zusammenhang mit der Modernisierung oder Renovierung herstellen lässt.

TIPP

zu Schuldzinsen

Zur Abzugsfähigkeit von Schuldzinsen hat der BFH sich endlich positiv im Sinn **785**
des Steuerzahlers geäußert: Wenn Sie und Ihr Ehegatte aus einem Topf wirtschaften und einer von Ihnen ein Haus kauft, Sie das Darlehen auf Wunsch der Bank aber gemeinsam aufnehmen, sind die Schuldzinsen in vollem Umfang als Werbungskosten bei den Einkünften aus Vermietung und Verpachtung des Eigentümerehegatten abziehbar.

Vorsicht: Der Eigentümer muss zumindest an dem Darlehen beteiligt sein! Denn der BFH sagt auch: Nimmt ein Ehegatte allein ein Darlehen zur Finanzierung eines vermieteten Gebäudes auf, das dem anderen Ehegatten gehört, sind die Schuldzinsen nicht abziehbar.

Doch ich weiß einen Ausweg für Sie: Zeigen Sie dem Finanzamt, dass der Eigentümerehegatte die Schuldzinsen aus eigenen Mitteln bezahlt hat, dann muss es den Werbungskostenabzug zulassen (Anschluss an die Beschlüsse des Großen Senats des BFH v. 23.8.1999 GrS 1/97, BFHE 189, 151, BStBl II 1999, 778, und v. 23.8.1999 GrS 2/97, BFHE 189, 160, BStBl II 1999, 782).

TRICK

Ziehen Sie die Schuldzinsen auch nach dem Verkauf der Immobilie weiter ab!

786 Sie haben Ihr Haus verkauft und sind auf einem Teil der Kredite sitzengeblieben. Der kleinlichen Regelung des Fiskus, dass es mit dem Verkauf des Hauses auch mit dem Abzug Ihrer Schuldzinsen vorbei sein soll, hat der BFH inzwischen den Garaus gemacht (BFH v. 20.6.2012 – BStBl 2013 S. 275). Diesem ersten Aufschlag ist der Fiskus inzwischen teilweise gefolgt und lässt unter folgenden Voraussetzungen Ihre nachträglich gezahlten Zinsen als Werbungskosten zu (BMF v. 28.3.2013 – BStBl 2013 I S. 508):

- Die Immobilie wurde steuerpflichtig innerhalb von 10 Jahren nach dem ursprünglichen Kauf verkauft.
- Der Veräußerungserlös reicht nicht aus, um die Darlehensverbindlichkeit zu tilgen.
- Bis zur Veräußerung bestand unverändert die Absicht, aus der Vermietung der Immobilie Einkünfte zu erzielen.

Ihre Streichgelüste lebten die Fiskalritter nun vor allem dann aus, wenn der Verkauf erst nach mehr als 10 Jahren erfolgte oder der Verkaufserlös statt zur Kredittilgung für andere Zwecke eingesetzt wurde.

Noch weiter ging der BFH in seinem zweiten Aufschlag (BFH v. 8.4.2014 – IX R 45/13, DStR 2014 S. 996). Demnach gibt es den nachträglichen Schuldzinsenabzug selbst dann, wenn Sie Ihre Immobilie nach der 10-Jahresfrist verkauft haben. Auch eine zwischenzeitliche Umfinanzierung verhindert den Schuldzinsenabzug nicht. Allerdings verlangt auch der BFH, dass Sie die Immobilie bis zur Veräußerung zur Erzielung von Einkünften aus Vermietung und Verpachtung genutzt haben oder zumindest die eindeutig belegbare Absicht dazu hatten.

TIPP

Setzen Sie den Verkaufserlös richtig ein!

Entscheidend für den nachträglichen Abzug der Schuldzinsen bei den Einkünften aus Vermietung und Verpachtung ist, wie Sie den Veräußerungspreis verwenden.

1. Anschaffung einer neuen Einkunftsquelle

Kaufen Sie von dem Geld eine neue Einkunftsquelle, z.B. ein anderes Vermietungsobjekt, hängen die Zinsen weiter mit Einkünften zusammen, sind also nach wie vor Werbungskosten aus Vermietung und Verpachtung. Sie ziehen sie bei der Berechnung der Einkünfte für die neue Immobilie ab. Wenn Sie nur einen Teil des Verkaufspreises in die neue Immobilie stecken, bleibt Ihnen der nachträgliche Schuldzinsenabzug entsprechend auch nur für einen Teil des bisherigen Darlehens.

1. Sie kaufen keine neue Einkunftsquelle

Erwerben Sie keine neue Einkunftsquelle und reicht der Verkaufserlös theoretisch aus, um das ursprüngliche Darlehen abzulösen, endet der wirtschaftliche Zusammenhang mit der ursprünglichen Vermietung, wenn Sie das Darlehen nicht tilgen.

Dienten die Darlehen nicht der Finanzierung des Kaufs oder des Baus der Immobilie, sondern der Finanzierung größerer Renovierungsmaßnahmen, bleibt Ihnen der nachträgliche Schuldzinsenabzug ebenfalls erhalten, sofern der Erlös aus dem Immobilienverkauf nicht zur Darlehenstilgung ausreicht. Eine besondere Finesse müssen Sie bei der Tilgung der alten Darlehen jedoch beachten: Sie sollten immer vorrangig die Darlehen mit der insgesamt höheren Zinsbelastung tilgen. Gehen Sie anders vor, verwehrt Ihnen das Finanzamt unter Umständen den kompletten Zinsabzug wegen nicht wirtschaftlichen Verhaltens.

3.4 Was Sie als Vermieter unbedingt über die Hausmodernisierung wissen müssen

Führen Sie als Vermieter Modernisierungsmaßnahmen durch, können Sie nach **787**
der allgemeinen Regelung eine Erhöhung der Miete bis zur Vergleichsmiete fordern, weil der Wohnwert höher geworden ist. Eine solche Mieterhöhung reicht aber nicht immer aus, die Modernisierungskosten zu decken. Deshalb wurde eine besondere Regelung getroffen, die zu höheren Mieten als der ortsüblichen Vergleichsmiete führen kann. Voraussetzung ist, dass die baulichen Änderungen den Gebrauchswert der Wohnung nachhaltig erhöhen oder die allgemeinen Wohnverhältnisse auf Dauer verbessern, z.B. durch Wärmedämmungsmaßnahmen wie den Einbau von Doppelglasfenstern.

Für die Durchführung einer derartigen Umbau- bzw. Sanierungsmaßnahme hat der Gesetzgeber im Interesse von Mieter und Vermieter Vorschriften erlassen, die bestimmte Regelungen vorsehen, so die §§ 541 a und b BGB, § 3 MiethöheG. Danach hat der Vermieter dem Mieter zwei Monate vor Beginn der Maßnahme deren Art, Umfang, Beginn und voraussichtliche Dauer sowie die zu erwartende Erhöhung des Mietzinses mitzuteilen.

Die Mieterhöhung darf jährlich bis zu 11 % der angefallenen Kosten betragen (§ 559 BGB), die indessen um die Reparaturersparnis zu mindern sind. Diese wird mit ca. 10 bis 20 % der Kosten für die Sanierung anzusetzen sein. Da es schwierig ist, bei mehreren Wohnungen die Baukosten angemessen aufzuteilen, sollten gleich bei Auftragserteilung getrennte Rechnungen für jede Wohnung verlangt werden. Nach Abschluss der Baumaßnahme haben Sie als Vermieter eine entsprechende Erklärung über die Mieterhöhung abzugeben.

Die Erklärung hat die Wirkung, dass vom Ersten des auf die Erklärung folgenden Monats an die erhöhte Miete an die Stelle der bisherigen tritt.

SUPER TRICK

Seien Sie gescheit und machen Sie Ihr Haus wertvoller!

788 Ihnen ist es möglich, 11 % der »reinen Modernisierungskosten« jährlich als Mieterhöhung auf den Mieter abzuwälzen. Das heißt, dass Sie in neun Jahren Ihre Auslagen hereinholen. Zudem sind die Aufwendungen bei Häusern, die nicht selbst zu Wohnzwecken genutzt werden, allgemein als Erhaltungsaufwand sofort steuerlich absetzbar. Der BFH entschied da zum Glück endlich großzügig. Zum Erhaltungsaufwand gehören die Aufwendungen für die laufende Instandhaltung und Instandsetzung. Diese Aufwendungen werden im Allgemeinen durch die gewöhnliche Nutzung des Grundstücks veranlasst. Als Beispiele seien genannt Dachreparaturen, Treppenhausrenovierung, Außenanstrich, Reparatur der Heizungsanlage. Auch Aufwendungen für die Erneuerung von bereits in den Herstellungskosten des Gebäudes enthaltenen Teilen oder Anlagen sind regelmäßig abzugsfähiger Erhaltungsaufwand, z.B. Austausch von Fenstern (Holz- gegen Aluminiumrahmen, Einfach- gegen Doppelglas), Ersatz von mit Kohle beheizten Einzelöfen durch Elektrospeicheröfen, Einbau einer Zentral- anstelle einer Einzelofenheizung, Anschluss einer Zentralheizung an eine Fernwärmeversorgung, Einbau messtechnischer Anlagen zur verbrauchsabhängigen Abrechnung von Heiz- und Warmwasserkosten, Umdeckung des Daches. Herstellungsaufwand kann sich nur über die Abschreibung steuerlich auswirken. Der Abschreibungssatz beträgt bekanntlich im Allgemeinen 2 % jährlich.

Beträgt der Herstellungsaufwand pro Baumaßnahme im Kalenderjahr nicht mehr als 4.000 € (Rechnungsbetrag ohne Umsatzsteuer), kann er sofort als Erhaltungsaufwand abgeschrieben werden (R 21.1 Abs. 1 S. 2 EStR).

TRICK

für die Modernisierung

Achten Sie darauf, dass Ihr Reparaturaufwand in den ersten drei Jahren nach 789
Hauserwerb nicht zu hoch wird. Übersteigen Ihre Reparatur- und Modernisierungskosten ohne Mehrwertsteuer 15 % des Gebäudekaufpreises, können Sie die Kosten nicht mehr sofort als Werbungskosten in voller Höhe bei Ihren Vermietungseinkünften absetzen. Als Gebäudekaufpreis wird der Kaufpreis der Immobilie ohne Grundstücksanteil und, soweit sie als Vorsteuer abziehbar ist, ohne Mehrwertsteuer zu Grunde gelegt. Der Fiskus bezeichnet Ihre Kosten dann vielmehr als *anschaffungsnahen Herstellungsaufwand*, der auf die gesamte Lebensdauer des Gebäudes (meist 50 Jahre) verteilt wird und nur mit 2 % pro Jahr abgeschrieben werden darf. Dabei springt natürlich nur eine erheblich geringere Steuerermäßigung heraus. Diese fiskalischen Anweisungen enthält § 6 Abs. 1 a EStG. Verteilen Sie daher die Kosten geschickt, indem Sie mit einem Teil der Renovierung warten, bis der Dreijahreszeitraum abgelaufen ist.

Achten Sie außerdem darauf, dass Ihnen das Finanzamt die Kosten für Ausbauten, Erweiterungen und Anbauten nicht in die Prüfung der 15-%-Grenze einbezieht. Weil solche Kosten Herstellungskosten sind, werden nur die übrigen Reparatur- und Erhaltungskosten daraufhin geprüft, ob die 15-%-Grenze überschritten wird. Dasselbe gilt für jährlich wiederkehrende Erhaltungsaufwendungen wie Schönheitsreparaturen.

Vergleichsgröße sind immer die Anschaffungskosten des gesamten Gebäudes, auch wenn Sie in Ihrem Drei-Familien-Haus nur eine Wohnung renovieren.

Nehmen wir an, Sie haben für 600.000 € ein Haus (Erbbaugrundstück) mit drei Mietwohnungen gekauft und renovieren in den ersten drei Jahren die untere Wohnung für 40.000 €. Die anteiligen Anschaffungskosten für diese Wohnung betragen 200.000 €. Damit wäre an sich die Grenze von 200.000 € × 15 % = 30.000 € überschritten. Aber so darf Ihnen der Fiskus nicht kommen. Maßgebend ist das Gesamtgebäude, also liegt Ihre Kostengrenze in den ersten drei Jahren bei 600.000 € × 15 % = 90.000 €. Erst wenn Ihre Reparaturen darüber hinausgehen, verlieren Sie den Sofortabzug als Werbungskosten und müssen den ganzen Batzen über 50 Jahre mit jährlich 2 % abschreiben.

Aufgepasst bei Reparaturen kurz vor Ende der Frist. Entscheidend ist, wann die Reparatur oder die Renovierung erfolgt, nicht, wann Sie die Handwerkerrechnung bezahlen. Es nutzt Ihnen also nichts, die Bezahlung einfach auf einen Termin nach Ablauf der Dreijahresfrist zu legen. Andererseits muss die jeweilige Renovierungsmaßnahme abgeschlossen sein. Wenn Sie also vier Wochen vor Fristende z.B. mit der Renovierung der Bäder beginnen, diese aber erst nach Fristende fertig werden, entgehen Sie der 15-%-Falle.

GUTER RAT

Haben Sie größere Ausgaben, können Sie die in einem Jahr angefallenen Erhaltungs- und Reparaturkosten gleichmäßig auf zwei bis fünf Jahre verteilt abziehen (§ 82 b EStDV). So haben Sie auch in den kommenden Jahren noch etwas von der Steuerermäßigung. Von der Verteilung sollten Sie vor allem dann Gebrauch machen, wenn Ihr Einkommen im Reparaturjahr niedrig ist und Sie in Zukunft mit einem höheren Einkommen rechnen, z.B. weil Ihr Ehepartner wieder zu arbeiten anfängt, Sie eine besser dotierte Stelle bekommen oder Sie in den nächsten Jahren schlicht weniger von der Steuer werden absetzen können.

Also: Überlegen Sie, ob Sie nicht bald fällige Instandsetzungsarbeiten als Modernisierung bezeichnen können (Kombination von Mieterhöhung und Steuerersparnis). Machen Sie sich mal Gedanken, was da so alles an Kosten anfällt.

TRICK

Seien Sie als Hausbesitzer auch in Kleinigkeiten wachsam!

790 Die meisten Besitzer eines Mietshauses machen nur deshalb nicht alles an Hauskosten geltend, weil es im Formular des Finanzamts (Einkünfte aus Vermietung) einfach keine Ausfüllspalten gibt bzw. entsprechende Hinweise fehlen.

Lassen Sie sich daher auf die Sprünge helfen, wie Sie schnell an die 200 € verdienen, indem Sie, etwa unter der Aufstellung für die Reparaturen, Folgendes angeben:

Fahrten mit dem eigenen Kfz:	
12 × zwecks Hauskontrolle à 10 km =	120 km
6 × zwecks Besprechung im Zusammenhang mit dem Haus à 10 km =	60 km
6 Fahrten zu schlecht zahlenden Mietern zum Abholen der Miete à 10 km =	60 km
20 Fahrten mit Interessenten zum Besichtigen der Wohnungen à 10 km =	200 km
2 Fahrten bei Auszug von Altmietern zur Abnahme der Wohnung à 10 km =	20 km
Es sind 460 km mit 0,30 € Fahrtkosten abzurechnen, das ergibt einen Betrag von	138 €
Hinzu kommen:	
Kosten für Bohrmaschine und Werkzeug zur Eigenausführung von Reparaturen in den Mieträumen, da ich auf Handwerker zu lange warten muss	350 €
Telefonkosten, anteilig 10 % der Gesamtkosten von 720 €	72 €
Porto für ca. 50 Briefe	30 €
Schreibmaterial	15 €
Präsente an Müllfahrer	25 €
Trinkgelder an Handwerker bzw. Angestellte	25 €
Streusalz im Winter, Schneeschaufel	30 €
Gesamtkosten	685 €

Steuerersparnis bei 30 % Belastung: ca. 206 €.

Was die Reisekosten zwecks *Anschaffung* eines Hauses betrifft, so stellen Fahrten zu nicht erworbenen Gebäuden sofort abziehbare Kosten bei den Vermietungseinkünften dar. Fahrtkosten zum erworbenen Gebäude zählen zu den Anschaffungskosten.

Immer aber gilt: Ohne Beweise läuft gar nichts! Also: Alle Nachweise (Tankquittungen, Bewirtungsbelege, Zeitungsinserat über das Haus etc.) penibel aufbewahren – es ist bares Geld wert! Daran kommt kein Beamter vorbei. Ohne Nachweis aber verlieren Sie Ihr Recht.

TRICK

Drücken Sie mit einem Vorschuss die Steuerlast!

791 Zum Jahresende überlegen viele, wie sie noch schnell die Steuerlast für das laufende Jahr mindern können. Als Mietshausbesitzer haben Sie die Möglichkeit, größere Reparaturen zum Erhalt Ihres Hauses durchzuführen, etwa das Dach zu erneuern oder eine bessere Zentralheizung einzubauen. Schwierig ist aber, einen Handwerker zu finden, der eine größere Erhaltungsmaßnahme bis zum Jahresende ausführen kann. Wie wär's, wenn Sie dem Handwerker zumindest den Auftrag erteilen und ihm vor Jahresende einen Vorschuss von 10.000 € zahlen? Wenn Sie ihn nicht so gut kennen, sollten Sie aber vorher Referenzen einholen. Der Vorschuss drückt Ihre Steuerlast für das laufende Jahr bei angenommen 40 % um 4.000 €. Kommt das Finanzamt später mit dem Paragraphen für Missbrauch angetanzt (§ 42 AO), können Sie sagen: Sie hätten sich nur der Technik des § 11 EStG bedient. Der sieht diese Möglichkeit ganz legal vor.

GUTER RAT

792 Ist Ihr Grundbesitz umfangreich, werden Sie ihn nicht ohne eigenes Büro ordnungsgemäß verwalten können. Befindet sich das Büro in Ihrem eigenen Haus, gelten die allgemeinen Grundsätze für »häusliche Arbeitszimmer«. Dazu mehr unter ➤ Rz 264 ff.

Wenn Sie nur von Ihrem vermieteten Grundbesitz leben und Ihre gesamten Arbeiten rund um die Immobilien im Büro (Arbeitszimmer) erledigen, ist dieses der Mittelpunkt Ihrer Erwerbstätigkeiten, und Sie setzen die gesamten Bürokosten als Werbungskosten bei den Vermietungseinkünften ab.

Schaff dir ein Mehrfamilienhaus an – und du hängst dein Lebensglück an den Nagel.
(Chinesisches Sprichwort)

TRICK

Drücken Sie vorbeugende Gesundheitskosten dem Finanzamt aufs Auge!

Die Kosten einer Asbestsanierung des Dachs in Ihrem Einfamilienhaus können **793**
Sie als außergewöhnliche Belastung absetzen. Die Gefährlichkeit des Asbests ist bekannt. Sie als Familienoberhaupt können sich dieser potenziellen Gefahrenquelle gegenüber nicht blind stellen. Sie sind nicht verpflichtet abzuwarten, bis eine konkrete Lebensgefährdung eingetreten und nachgewiesen ist. Also: Lassen Sie den Dreck rausreißen und das Finanzamt mitzahlen! Gleiches gilt für Holz in Innenräumen, das z.B. mit Formaldehyd imprägniert ist!

TRICK

Für alle, die eine vermietete Immobilie ihr Eigen nennen

Besitzen Sie eine Mietimmobilie, gehört dazu sicher auch ein Garten, der ge- **794**
pflegt, oder eine Rasenfläche, die gemäht sein will. Beauftragen Sie in Zukunft Ihre Kinder damit und zahlen Sie ihnen 4 € die Stunde. Jede Woche zehn Stunden Arbeit, das macht 40 €, für die Zeit von Mai bis Oktober: 26 Wochen à 40 € = 1.040 €, die Sie unter die Werbungskosten aus Vermietung einreihen. Steuerersparnis ca. 300 €. Wie?

Natürlich müssen Sie alles richtig eingefädelt haben, vgl. dazu ➤ Rz 732 ff.

Wenn sich das Finanzamt mit dem Hinweis sperrt, die Mithilfe des Kindes erfolge auf familienrechtlicher Basis und sei deshalb steuerlich nicht als Arbeitsverhältnis anzuerkennen, helfen Sie mit einem kleinen Hinweis auf das Urteil des FG Köln vom 19.3.1981 (EFG 1982 S. 124) nach.

Für das Finanzgericht war ausschlaggebend, dass im Urteilsfall das Kind schon die Anlagen des vom Steuerzahler selbst genutzten Einfamilienhauses unentgeltlich in Ordnung hielt. Damit war nach Meinung der Kölner Richter die Mitarbeitspflicht des Kindes auf familienrechtlicher Basis ausreichend erfüllt. Dass sich der Sohn auch um das in Rede stehende weitere Grundstück der Eltern kümmerte, das zudem am anderen Ende der Stadt lag, ging deutlich über den Rahmen der Mithilfe im Haushalt der Eltern hinaus. Hinzu kam, dass das Grundstück recht groß war und daher erheblicher Wartung und Pflege bedurfte.

Sicher hat dem Steuerzahler bei seiner Argumentation auch geholfen, dass er vor seinem Sohn eine fremde Hilfskraft zu denselben Konditionen für die Arbeiten beschäftigt hatte.

Wenn Ihr Kind den Garten in einem Haus pflegt, in dem neben anderen Mietern auch Sie selbst wohnen, wird das sicher nicht immer so reibungslos vonstattengehen. Einen Versuch ist das Ganze aber auf jeden Fall wert.

WICHTIGER HINWEIS

Doch aufgepasst: Sofern Sie Ihre Kinder nicht lediglich als Aushilfe (d.h. weniger als 50 Arbeitstage oder zwei Monate) beschäftigen, fallen für Sie in der Regel zusätzlich 28 % Sozialversicherung an. Die müssen Sie an die Krankenkasse abführen. Schwacher Trost: Selbstverständlich sind das für Sie Werbungskosten aus Vermietung. Erkennt der Fiskus in einem solchen Fall das Arbeitsverhältnis mit dem Kind wegen familienrechtlicher Mithilfe nicht an, fordern Sie im Gegenzug eventuell gezahlte Sozialversicherungsbeiträge zurück!

3.5 Mit Reparaturen eine höhere Steuerersparnis erlangen

795 Schlimm genug, wenn ein neues Haus schwere Mängel aufweist. Etwas schadlos halten können Sie sich – gleich, ob das Gebäude bereits fertig oder noch im Bau ist –, wenn Sie eine Abschreibung für außergewöhnliche Wertminderung vornehmen (FG Bremen v. 20.2.1980 – EFG 1980 S. 222). Einige Finanzämter wollen Wertminderungen allerdings nur dann als abzugsfähig anerkennen, wenn die Gebäude zum gewerblichen Betriebsvermögen gehören. Sind bei der Herstellung durch Fehlplanung oder fehlerhafte Ausführung Mehraufwendungen entstanden, gehören diese nicht zu den Herstellungs-, sondern den Werbungskosten.

Doch auch da machen einige Finanzämter Schwierigkeiten, denn sie rechnen unter Hinweis auf den BFH (BStBl 1988 II S. 431) Aufwendungen für Baumängelbeseitigung einschließlich Prozesskosten zu den Herstellungskosten, die nur langsam abgeschrieben werden.

Seien Sie clever: Sofort abgeschrieben werden können Reparaturaufwendungen für Schäden, die nach Fertigstellung aufgetreten sind. Eine Stellungnahme des Architekten hilft, den schnellen Abzug beim Finanzamt durchzusetzen.

Das Hessische Finanzgericht hat zusätzliche Kosten zur Abstützung des Fundaments als sofort abzugsfähig anerkannt. Im Urteilsfall drohte Einsturzgefahr infolge Grundwassersenkung (EFG 1984 S. 401).

Manchmal stellt sich erst nach dem Hauskauf heraus, dass umfangreiche Män- 796
gel vorliegen, die behoben werden müssen. Das Finanzamt rechnet entsprechende Kosten gern zu den anschaffungsnahen Herstellungskosten (§ 6 Abs. 1 a EStG). Dazu mehr unter ➤ Rz 789.

SUPER TRICK

Bitten Sie den Fiskus in zwei Schritten zur Kasse!

So richtig langen Sie in die Sahne, wenn Sie ein älteres Haus erwerben und es 797
zunächst vermieten, bevor Sie selbst einziehen, obwohl das mietrechtlich nicht einfach ist. Als Vermieter können Sie sämtliche Finanzierungskosten in der Steuererklärung unterbringen. Die Zinsen bürden Sie also zum Teil dem Fiskus auf. Wenn Sie später einziehen, können Sie den Fiskus noch einmal zur Kasse bitten, indem Sie das Haus gründlich aufmöbeln. Denn sämtliche Renovierungskosten vor Einzug sind als Werbungskosten absetzbar.

Lassen Sie sich aber unbedingt ein paar Jahre Zeit mit dem eigenen Einzug. Der 798
BFH hat Ihnen in seinen Urteilen vom 9.7.2002 (IX R 47/99 und 57/00 – BStBl 2003 II S. 580, 695) nämlich ein paar Steine in den Weg gelegt. Bei einer nur kurzfristigen Vermietung mit anschließendem Verkauf der Immobilie oder anschließender Selbstnutzung darf das Finanzamt dies als gewichtiges Anzeichen dafür nehmen, dass Ihnen die ernsthafte Absicht fehlte, mit der Vermietung auf Dauer Einkünfte zu erzielen. Der BFH geht in seinen Urteilen bei einer Vermietung von bis zu fünf Jahren von einer nur »kurzfristigen Vermietung« aus, d.h., Sie müssen sich mindestens fünf, besser noch ein bis zwei Jahre mehr gedulden, bevor Sie mit der Renovierung beginnen. Siehe hierzu auch ➤ Rz 801.

TIPP

für kurzfristige Mietverträge

Nicht bei jedem Mietvertrag mit zeitlich beschränkter Laufzeit darf das Finanzamt Ihnen Veräußerungs- oder Selbstnutzungsabsicht unterstellen und Ihnen Verluste streichen. Vor allem, wenn Ihr Mietvertrag sich ohne Kündigung stillschweigend verlängert oder Sie ihn auch ohne eine solche Verlängerungsoption verlängert haben, darf das Finanzamt Ihre Einkunftserzielungsabsicht nicht in Frage stellen (BFH v. 14.12.2004 – BStBl 2005 II S. 211).

TRICK

Retten Sie durch einen Mietvertrag mit Ihren Kindern die Renovierungskosten!

799 Sie wollen ein bisher vermietetes Haus oder eine Eigentumswohnung künftig selbst nutzen, die Immobilie ist aber, seit Sie sie gekauft haben, weniger als fünf Jahre vermietet. Bevor Sie nun mit Ihren Renovierungskosten eine steuerliche Bauchlandung erleben, bringen Sie Ihre Kinder ins Spiel. Nachdem Sie Ihren Mieter an die Luft gesetzt haben, vermieten Sie die Immobilie zunächst an Ihre Kinder und füllen so die fehlenden Jahre der Vermietung auf. Als zusätzlicher Vorteil kommt hinzu, dass Ihre Kinder sicher nicht ständig Ärger machen, wenn Sie schon einmal anfangen, das Haus oder die Wohnung Stück für Stück zu renovieren.

GUTER RAT

800 Besitzen Eltern mit geringem Einkommen ein dringend renovierungsbedürftiges Mietshaus, sollten sie es ihren besser verdienenden Kindern vorzeitig vererben. So führen die Renovierungskosten zu höheren Steuerentlastungen.

TRICK

So leimen Sie das Finanzamt bei geplanter Eigennutzung.

801 Wer nach jahrelanger Vermietung seines Hauses oder seiner Eigentumswohnung das Mietverhältnis wegen geplanter Eigennutzung kündigt und nach Auszug des Mieters die durch die Vermietung entstandenen Schäden beseitigt, dem sollte eigentlich das Recht zustehen, die Kosten dafür als nachträgliche Werbungskosten absetzen zu können. Doch weit gefehlt. Flugs kommt der Fiskalbürokrat mit der Begründung: Keine Absicht mehr auf Erzielung von Einkünften, also kein Abzug von Werbungskosten, und wedelt mit den restriktiven Urteilen des Hessischen Finanzgerichts vom 1.3.1991 (EFG 1991 S. 471) und des Saarländischen FG vom 11.12.1997 (2 K 29 197).

Daher rate ich Ihnen, bei geplanter Eigennutzung noch vor Beendigung des Mietverhältnisses zumindest all das zu renovieren, was richtig ins Geld geht: Badezimmer, Fenster, Türen, Heizung, Gasthermen, Bodenbeläge. Denn so-

lange der Mietvertrag besteht, kann unterstellt werden, dass Ihre Renovierung wegen der laufenden Vermietung erfolgt (BFH v. 11.3.2003 - BFH/NV 2003 S.1043). Als weitere Argumentationshilfe können sie dem Finanzamt unter die Nase reiben, dass der BFH dies als festen Grundsatz sieht (BFH v. 10.10.2000 - BStBl 2001 II S.787) und auch das Bundesministerium für Finanzen dieser Argumentation folgt (BMF v. 26.11.2001 - BStBl 2001 I S.868).
Wenn alle Stricke reißen, hilft evtl. der Trick in ➤ Rz 799 weiter.

Darauf sollten Sie noch achten: Legen Sie dem Finanzamt dar, dass es sich um zwingend notwendige und aus Ihrer Verpflichtung als Vermieter resultierende Reparaturen handelte; ansonsten kann Ihnen daraus ein Strick gedreht werden (siehe BFH v. 20.2.2001, II R 49/98 BFH/NV 2001 S.1022). Hierbei können Ihnen die vertragliche Gestaltung mit dem Mieter, aber auch die Handwerkerrechnungen helfen, die bestätigen, dass es sich um unbedingt erforderliche Reparaturen handelte.

Auch ohne bestehende Mängel sind größere Umbaumaßnahmen in aller Regel **802**
als Erhaltungsaufwendungen sofort als Werbungskosten abziehbar. Haben Sie z.B. in Ihrer vermieteten Immobilie nur den Zuschnitt der Räume verändert, indem Sie Wände versetzt oder neue Leichtbauwände eingebaut haben, sind die Kosten sofort abzugsfähig. So etwa, wenn Sie ein Großraumbüro in Einzelbüros umgebaut haben (BFH v. 16.1.2007 - BStBl 2007 II S.922).

TRICK

Drittaufwand: Ihre Eltern zahlen, Sie setzen die Kosten ab!

Auch wenn Sie die Renovierungskosten, Reparaturen etc. an Ihrer Immobilie nicht selbst bezahlt haben, können Sie die Kosten von der Steuer absetzen. Angenommen, Sie können sich aus beruflichen Gründen nicht ständig um Ihre vermieteten Immobilien kümmern und haben deshalb z.B. Ihre Eltern oder einen anderen Angehörigen gebeten, sich der Angelegenheit anzunehmen. Sie müssen sich keine Gedanken machen, wenn derjenige eine notwendige Reparatur in Auftrag gibt und evtl. das Geld für die Rechnung auslegt. Da die ganze Geschichte in Ihrem Namen und für Ihre Immobilie gelaufen ist, können Sie auch die Kosten absetzen. Dem Fiskus, der die Kosten unter Hinweis auf den sog. abgekürzten Vertragsweg nicht anerkennen wollte, hat der BFH zum wiederholten Mal kräftig auf die Finger geklopft und den Kostenabzug für zulässig erklärt (BFH v. 15.1.2008 - BStBl 2008 II S.572). Folglich musste das BMF bei aller Hartnäckigkeit einlenken und dies endlich auch akzeptieren (BMF-Schreiben v. 7.7.2008 - DStR 2008 S.1382). Lassen Sie sich also von Ihrem Finanzamt nicht mit angeblichen Nichtanwendungsschreiben ins Bockshorn jagen – die sind längst überholt.

3.6 Die Kosten vor dem Bau oder Kauf eines Hauses

803 Denken Sie mal an all die Fahrten zur Besichtigung der vielen Grundstücke oder Häuser, bis Sie sich für eines entschieden haben! Oder an die Pläne, die Sie sich haben entwerfen lassen und die später nicht realisiert wurden. All das haben Sie teuer bezahlt! Denn die Architekten und alle, die mit dem Bau zu tun haben, wissen, wie man schnell das große Geld macht. Auch da sind Ihnen doch gewiss Fahrtkosten entstanden. Und wenn Sie weiter wegfuhren, dann mussten Sie unterwegs mal essen. Das Essen in der Gaststätte ist immer teurer als zu Hause. Also entstanden Ihnen dadurch Mehrkosten, nicht wahr?
»Ich bin aber nicht einkommensteuerpflichtig – ich zahle nur Lohnsteuer und gebe deswegen keine Einkommensteuererklärung ab«, wenden Sie ein.

Wenn Sie als Arbeitnehmer Verluste aus Vermietung und Verpachtung geltend machen, können Sie einen Antrag auf Einkommensteuerveranlagung stellen, um die Steuererstattung für Ihre Verluste zu kassieren. Allerdings gilt eine Frist von nur vier Jahren, d.h., Sie müssen Ihre Einkommensteuererklärung z.B. für 2014 bis spätestens 31.12.2018 beim Finanzamt einreichen, sonst geht Ihnen die Steuererstattung durch die Lappen.
Fertigen Sie also eine Aufstellung über vorbereitende Aufwendungen des Hauskaufs an und reichen Sie sie schnellstens dem Finanzamt ein. Sogar der BFH gibt seinen Segen dazu (Urt. v. 10.3.1981 – BStBl 1981 II S. 470).

1. Fahrten zwecks Besichtigung verschiedener Häuser an Ort und Stelle:

Fahrt nach	A = 36 km		
	B = 24 km		
	C = 18 km		
usw. bis	Y = insg.	710 km	
Fahrten zum Makler		70 km	
Fahrten zu Hausmietern zwecks Verhandlungen		50 km	
Fahrten zum Notar zu Kaufvertragsvorbereitungen		40 km	
		870 km	
870 km × 0,30 € für Pauschalfahrtkosten			261 €
2. Einnahme von Mittagessen wegen Abwesenheit über 8 Stunden, pauschal 12 × 6 €			72 €
			333 €

804 Haben Sie die Anzahlung für das neue Haus durch Konkurs des Bauunternehmers verloren, können Sie den Verlust als Werbungskosten geltend machen. Gleiches gilt für Architektenkosten, wenn das Haus nicht errichtet wird (BFH v. 8.9.1998 – BStBl 1999 II S. 20).
Die Finanzierungskosten für Bauerwartungsland, das Sie auf Pump gekauft haben, können Sie ebenfalls als Werbungskosten in der Anlage V unterbringen, wenn Sie bereits beim Kauf konkrete Pläne für die Bebauung der Fläche hatten (BFH-Urt. v. 4.6.1991 – BStBl 1991 II S. 761).

Finanzierungskosten sind Werbungskosten! 805

Nicht nur die laufenden Zinsen, sondern auch die Kosten zur Beschaffung des Darlehens können Sie voll von der Steuer absetzen. Dazu gehören

- Disagio,
- Damnum,
- Maklerkosten zur Finanzierungsvermittlung,
- Kosten der Finanzierungsberatung,
- Gebühren für die Eintragung von Hypotheken im Grundbuch,
- Notarkosten für die Bestellung der Grundschuld,
- Fahrtkosten zur Bank, zum Notar oder Finanzierungsmakler mit 0,30 € je gefahrenen Kilometer.

Finanzieren Sie Ihren Immobilienerwerb mit einer Lebensversicherung, mit deren Kapital die Rückzahlung des Darlehens sichergestellt wird, lassen Sie sich vom Versicherungsmakler unbedingt eine getrennte Rechnung für die Beratung und Vermittlung geben. Der Teil der Provision, der darauf entfällt, stellt ebenfalls Werbungskosten bei Ihren Vermietungseinkünften dar.

Selbst wenn Sie die Versicherungsbeiträge zunächst vorfinanzieren müssen, sind zwar nicht die Beiträge selbst, aber sehr wohl die Zinsen zu deren Vorfinanzierung als Werbungskosten bei den Einkünften aus Vermietung und Verpachtung abziehbar (BFH v. 25.2.2009 – BStBl 2009 II S. 459).

TRICK

Machen Sie sich selbständig!

Melden Sie ein Gewerbe an. Sagen Sie, Sie nutzen das Haus teilweise für Ihr 806
Gewerbe! Dann muss das Finanzamt Ihnen als Investor die Umsatzsteuer (Vorsteuer) aus allen Bau- oder Handwerkerrechnungen erstatten. So hat es der Europäische Gerichtshof (EuGH) entschieden. Wenn Sie ein Haus bauen und es teils für die Firma (mindestens zehn Prozent), teils privat nutzen, können Sie es für die Umsatzsteuer dem sog. Unternehmensvermögen zuordnen. Dazu genügt ein Einfamilienhaus mit Büroraum.

Was aber ist mit Ihnen als Bauherr, wenn Sie vor dem EuGH-Urteil investiert haben, davon also nichts wissen konnten? Sie haben – wie damals üblich – die Vorsteuer nur für den Teil des Hauses geltend gemacht, den Sie geschäftlich selbst nutzen oder vermieten. Sie können nachträglich die restlichen Vorsteuerbeträge zurückverlangen! So entschied das Finanzgericht München (Urt. v. 14.7.2004 – 14 K 55/04 – EFG 2004 S. 1722). Das funktioniert meistens. Denn die Umsatzsteuerbescheide sind ja meist noch nicht bestandskräftig, weil sie als

Steueranmeldung kraft Gesetzes unter dem Vorbehalt der Nachprüfung (§ 164 AO) stehen.
Aber passen Sie auf: Im Gegenzug sind für die private Nutzung der Wohnung 19 % Umsatzsteuer fällig. Es handelt sich dabei um den sog. Eigenverbrauch. Bemessungsgrundlage dafür sind pro Jahr 10 % der Baukosten, die auf die Privatwohnung entfallen. Das bedeutet eine kräftige Steuererhöhung. Berlin verstößt damit allerdings sehenden Auges gegen EU-Recht, denn der Europäische Gerichtshof hat entschieden, dass jährlich nur 2 % der Baukosten zugrunde gelegt werden müssten. Mit ein bisschen Glück wird der EuGH den deutschen Gesetzgeber deswegen erneut zurückpfeifen.

3.7 Reparaturkosten bei der selbstgenutzten Immobilie

807 Renovierungskosten, Reparaturen etc. durch Handwerker in der eigenen Wohnung können Sie logischerweise nicht als Werbungskosten bei Vermietungseinkünften absetzen. **Aber:** Eine Steuerermäßigung von 20 % der Aufwendung bis zu 6.000 €, also bis zu 1.200 €, ist unter der Überschrift »Steuerermäßigung für Handwerkerleistungen und haushaltsnahe Dienstleistungen« möglich. Begünstigt sind allerdings nur die Lohnkosten, nicht die in der Rechnung enthaltenen Materialkosten. Außerdem brauchen Sie eine offizielle Rechnung, die Sie unbedingt bargeldlos bezahlen müssen. Vgl. dazu ➤ Rz 665.

3.8 Vermietung möblierter Zimmer

808 Ist das Vermieten eines möblierten Zimmers überhaupt steuerpflichtig? Aber ja. Nichts ist vor der Erfassungswut eines deutschen Finanzamts sicher. Doch zum Glück nehmen es die Ämter hier nicht so genau.
Wenn Sie als einfacher Angestellter ein Einfamilienhaus haben und ein Zimmer für 180 € vermieten, das 15 % der gesamten Wohnfläche ausmacht, müssten Sie wie folgt rechnen (holen Sie sich einen Untermieter in die Mietwohnung, ziehen Sie statt Zinsen und Abschreibung von Ihren Einnahmen die anteilige Miete ab, die Sie selbst bezahlen):

Mieteinnahmen			2.160 €
./. Abschreibung (Herstellkosten angenommen 160.000 €, davon 15 % =) 24.000 € × 2 % =	480 €		
Schuldzinsen 6.000 €, davon 15 %	900 €		
Übrige Werbungskosten 15 % von angenommen 1.000 €	150 €		
	1.530 €	>	– 1.530 €
Überschuss aus Vermietung und Verpachtung			630 €

Rein theoretisch müssten Sie also für 630 € Steuer abdrücken. Doch diesen Überschuss voll zu versteuern erscheint selbst dem Fiskus unbillig, weshalb er eine Härteregelung ersonnen hat (§ 46 Abs. 5 EStG, § 70 EStDV): Als Arbeitnehmer versteuern Sie nur 440 €.

Härteausgleich

Einkünfte			630 €
./. Freibetrag			
Grenze	820 €		
./. Einkünfte	– 630 €		
Freibetrag	190 €	>	– 190 €
Zu versteuern			440 €

TRICK

So können Einnahmen steuerfrei bleiben

Sie sagen zu Ihrer Frau: »Hör mal, du hast mit unserem möblierten Herrn eine 809
Menge Arbeit. Ich meine, dass du dafür eine kleine finanzielle Anerkennung bekommen solltest. Rückwirkend ab … vereinbaren wir Folgendes: Ich vermiete an den Herrn nur noch Wäsche und Leerzimmer, und zwar für einen Betrag von monatlich 152 €, du vermietest ihm die beweglichen Gegenstände – Bett, Schrank, Kommode – für monatlich 28 €.

Am Mietpreis von	180 € × 12 =		2.160 €
ändert sich nichts, aber für dich sind im Jahr die	28 € × 12 =		– 336 €
bestimmt. So bleiben von den obigen Einnahmen nur noch			1.824 €
Unserer Tochter haben wir, weil sie das möblierte Zimmer so schön in Ordnung hält, ja immer so um die 50 € im Monat an Sachwerten oder in bar gegeben.			
50 € × 12 sind			– 600 €
Für das Waschen der Bettwäsche geben wir ihr	15 € × 12		
Für Reinigungs- und Putzmittel verbraucht sie	5 € × 12		
	240 €	>	– 240 €
So verbleiben für mich genau			984 €
./. anteilige Werbungskosten			– 1.530 €
Ergibt einen Verlust von			546 €

der zu einer Steuererstattung führt.«

»Haha«, rufen Sie, »aber meine Frau hat jetzt 336 € Einkünfte! Und da sie mit mir zusammen veranlagt wird, muss ich doch blechen.«

Nein, müssen Sie nicht, denn das »Vermieten beweglicher Gegenstände« bleibt steuerfrei, wenn es jährlich unter 256 € liegt (§ 22 Nr. 3 EStG). Und 336 € – 85 € anteilige Abschreibung für die Möbel ergeben 251 € Einkünfte, womit Sie aus dem Schneider sind.

Denken Sie aber daran, dass für die Tochter 28 % Sozialversicherung fällig werden. Das sind immerhin 168 €, von denen die Familienkasse nichts hat. Besser also, Sie beschäftigen Ihre Tochter nur zweimal im Jahr einige Tage als Aushilfe (z.B. fürs Großreinemachen) und zahlen ihr statt monatlich 50 € für die jeweilige Großreinemachaktion je 300 €. Da die Beschäftigungszeit Ihrer Tochter weniger als 50 Tage beträgt, liegt eine sog. *kurzfristige Beschäftigung* vor, für die keine Sozialversicherungsbeiträge anfallen.

TRICK

Sparen Sie mit alten privaten Möbeln Steuern!

810 Wenigstens hatten Sie bei der Einrichtung des vermieteten Zimmers keine größeren Ausgaben, weil auf dem Dachboden genügend guterhaltene Möbel herumstanden. Vergessen Sie aber nicht, jährlich 10 % Abschreibung vom Wert dieser Möbel als Werbungskosten abzusetzen. Schließlich verwenden Sie Ihr Privatvermögen zur Erzielung steuerpflichtiger Einkünfte. Als Abschreibungsgrundlage nehmen Sie den tatsächlichen Gebrauchswert der Möbel. Dieser Wert ist meistens hoch zu veranschlagen, selbst wenn die Möbel alt sind, denn das Alter beeinträchtigt ihren Gebrauchswert nur wenig. Seien Sie also nicht allzu pingelig, wenn Sie den tatsächlichen Gebrauchswert der Möbel schätzen. Manchmal kommt in solchen Fällen der Fiskalritter mit der Behauptung daher, die Zeit der privaten Nutzung der Möbel sei auf die Gesamtnutzungsdauer anzurechnen (fiktive AfA), und wenn diese abgelaufen sei, sei keine Abschreibung mehr möglich. Sagen Sie dem Fiskalritter, die Gesamtnutzungsdauer sei noch nicht abgelaufen, was ja mit der Nutzung durch den Mieter bewiesen sei. Also setzen Sie eine Restnutzungsdauer von mindestens fünf Jahren an und verteilen den Wert der Möbel auf diese Zeit. Das geht aber nur insoweit, als Sie bisher für diese Möbel keine Abschreibung berücksichtigt haben.

3.9 Vermietung von Ferienwohnungen

TRICK

Setzen Sie Ihre Ferienwohnung richtig ab!

811 Wenn Sie Ihre Ferienwohnung nicht nur vermieten, sondern auch selbst bewohnen, können Sie nur die Kosten absetzen, die anteilig mit der Vermietung zusammenhängen. Das Dumme dabei ist, dass nicht nur die Kosten den Bach hin-

untergehen, die auf die Zeiten der tatsächlichen Eigennutzung entfallen (Selbstnutzung durch Sie oder kostenlose Überlassung). Der Fiskus bindet Ihnen auch die Zeiten, in denen die Wohnung leer steht, als Eigennutzung ans Bein. Aus diesem Dilemma kommen Sie heraus, wenn Sie dem Finanzamt klarmachen können, dass Sie die Wohnung während der Leerstandszeiten nicht ohne weiteres hätten selbst nutzen können oder wollen. Das geht z.B., wenn

- Sie die Vermietung der Ferienwohnung einem unabhängigen Vermittler, z.B. einem überregionalen Reiseveranstalter, der örtlichen Kurverwaltung oder einem gewerblichen Vermittlungsdienst, übertragen und im Vertrag eine Eigennutzung für das ganze Jahr ausschließen;
- die Ferienwohnung sich in Ihrem ansonsten selbstgenutzten Zwei- oder Mehrfamilienhaus oder in unmittelbarer Nähe zu Ihrer Hauptwohnung befindet. Wenn diese auch noch auf Ihre individuellen Wohnbedürfnisse abgestimmt ist, darf das Finanzamt ihnen nicht mit gelegentlicher Selbstnutzung kommen;
- Sie an demselben Ort mehr als eine Ferienwohnung haben und nur eine davon für sich nutzen oder sie gelegentlich unentgeltlich an Freunde oder Verwandte überlassen. Indem Sie also praktisch eine Wohnung opfern, die Sie nach Ihren persönlichen Vorstellungen ausstatten, retten Sie die Werbungskosten auch für die Leerstandszeiten der übrigen Wohnungen;
- die Dauer der Vermietung der Ferienwohnung zumindest dem Durchschnitt der Vermietungen in der am Ferienort üblichen Saison entspricht.

Wenn Sie es also so hingedeichselt haben, dass Sie die Ferienwohnung nicht selbst nutzen, sondern ausschließlich an wechselnde Feriengäste vermieten und in der übrigen Zeit hierfür bereithalten, können Sie auch dann alle Kosten absetzen, wenn sich jahrelang rote Zahlen ergeben (BFH-Urt. v. 21.11.2000 – BStBl 2001 II S. 705 – und v. 5.11.2002 – BStBl 2003 II S. 914).

Wird die Ferienwohnung teils selbst genutzt und teils an wechselnde Feriengäste vermietet, soll das Finanzamt prüfen, ob der Steuerzahler die Absicht hat, einen Überschuss zu erzielen. Hierzu müssen Sie eine Prognose erstellen, ob dies in einem **Zeitraum von 30 Jahren** gelingen kann. Kann es das nicht, ist die Ferienwohnung Liebhaberei und steuerlich ohne Belang. In dem Fall darf das Finanzamt die steuersparenden Verluste sogar rückwirkend streichen. Diese Prüfung droht Ihnen ausnahmsweise auch dann, wenn Sie die o.g. Formalien einhalten, Ihre Ferienwohnung also eigentlich nur zur Vermietung an Fremde bereitsteht, Sie aber mit Ihrer Vermietungsquote mehr als 25 % unter der ortsüblichen Vermietungsquote für Ferienwohnungen liegen (BFH v. 26.10.2004 – BStBl 2005 II S. 388). Also seien Sie nicht ganz so wählerisch bei der Auswahl Ihrer Vermietungsgäste. Ob Ihre Vermietungsquote ausreichend hoch ist, müssen Sie belegen (BFH-Urt. v. 19.8.2008 – BStBl 2009 II S. 138). Wappnen Sie sich also mit einer Bescheinigung der örtlichen Zimmer- und Wohnungsvermittlung oder der Gemeinde, in der Ihre Ferienwohnung liegt.

Eine Überschussprognose muss auch dann her, wenn die Ferienwohnung durch einen Makler/Hausverwalter vermietet wird und Sie sich Zeiten der

Selbstnutzung vorbehalten, auch dann, wenn Sie die Wohnung nicht tatsächlich selbst genutzt haben.

812 Bei einer Überschussprognose müssen Sie wie gesagt dem Finanzamt belegen, dass Sie innerhalb von 30 Jahren mit Ihrer Ferienwohnung unter Berücksichtigung aller voraussichtlich anfallenden Kosten unter dem Strich schwarze Zahlen schreiben. Die Höhe des Überschusses spielt dabei keine Rolle, rein theoretisch reicht in der Summe ein Plus von 1 €.

- Die Prognose beginnt grundsätzlich mit dem Jahr, in dem Sie sich die Ferienwohnung zugelegt haben.
- Zur Ermittlung des Gesamtüberschusses können Sie die Ergebnisse aus der Vermietung Ihrer Ferienwohnung der letzten fünf Jahre auf 30 Jahre hochrechnen.
- Haben Sie mehrere Ferienwohnungen, muss die Prognose grundsätzlich für jede Wohnung getrennt vorgenommen werden.
- Zu Ihren Gunsten können Sie die lineare Gebäudeabschreibung von nur 2 % als Kosten ansetzen, auch wenn Sie tatsächlich Sonderabschreibungen, erhöhte Absetzungen oder die degressive AfA in Anspruch nehmen.
- Statt der tatsächlichen Renovierungs- und Instandhaltungskosten können Sie den voraussichtlich anfallenden Betrag mit den Werten lt. § 28 der Zweiten Berechnungsverordnung vom 12.10.1990 ansetzen. Die Sätze betragen inkl. laufender Schönheitsreparaturen zwischen 15,60 € (Wohnung jünger als 22 Jahre) und 20,00 € (Wohnung über 32 Jahre alt).
- Wegen der Unsicherheit, die eine Prognose über einen so langen Zeitraum mit sich bringt, machen Sie mit fiskalischem Segen folgende Sicherheitsabschläge: Die Gesamtsumme der von Ihnen hochgerechneten Einnahmen erhöhen Sie pauschal um 10 %, während Sie von den insgesamt ermittelten Werbungskosten einen Abschlag von 10 % vornehmen.

813 **Muster für eine Überschussprognose**

Jahr	Einnahmen	Werbungskosten
2014	5.000 €	5.200 €
2013	3.500 €	4.700 €
2012	4.600 €	4.800 €
2011	3.800 €	5.000 €
2010	3.700 €	5.200 €
Summe	20.700 €	24.900 €
Jahresdurchschnitt	4.140 €	4.980 €
Hochrechnung auf 30 Jahre	124.200 €	149.400 €
Sicherheitszuschlag Einnahmen 10 %	12.420 €	
Sicherheitsabschlag Werbungskosten 10 %		– 14.940 €
Gesamtsummen	136.620 €	134.460 €
Gesamtüberschuss		2.160 €

Da im vorliegenden Fall der Gesamtüberschuss positiv ist, können die in der Zwischenzeit aus der Vermietung der Ferienwohnung anfallenden Verluste abgezogen werden.

Diese Prognose darf das Finanzamt aber nur von Ihnen verlangen, wenn nicht **814** feststeht, dass die Ferienwohnung ausschließlich für die Vermietung an fremde Feriengäste zur Verfügung steht, und Sie die Wohnung ebenfalls nutzen. Allein wegen **hohen Verlusts** darf das Finanzamt Ihre Einkunftserzielungsabsicht nicht in Frage stellen (BFH-Urt. v. 24.8.2006 – BFH/NV 2007 S. 540).

3.10 Woran Sie als Vermieter sonst noch denken sollten

Ab 64 Jahren gibt es einen Altersentlastungsbetrag (§ 24 a EStG). Sind Sie vor **815** 2005 64 Jahre alt geworden, beträgt er 40 % der Einkünfte, höchstens 1.900 €. Für Jüngere verringert er sich von Jahr zu Jahr. Hatten Sie z. B. erst 2013 Ihren 64. Geburtstag, liegt der Altersentlastungsbetrag für Sie ab 2014 bei 25,6 % bzw. max. 1.216 €.

Nun nehmen Sie mal an, Sie und Ihr Ehepartner haben beide den 64. Geburtstag vor 2005 gefeiert. Ihre bessere Hälfte hat keinerlei eigene Einkünfte, Sie beziehen welche aus zwei Mietshäusern. Das Finanzamt setzt von Ihren Einkünften bis zu 1.900 € ab. Das ist zwar ganz schön, aber Sie verschenken dabei Geld. Denn der Altersentlastungsbetrag steht *jedem* zu, der das 64. Lebensjahr vollendet hat. Also: Verschaffen Sie Ihrem Ehegatten schnellstens Einkünfte. Teilen Sie die Mietshäuser auf, eins auf Ihren, das andere auf seinen Namen, oder stellen Sie ihn als Hausverwalter mit einer Jahresvergütung von 4.750 € ein. Warum ausgerechnet 4.750 €? Nun, weil 40 % von 4.750 € exakt 1.900 € ergeben, also die Höchstgrenze des Altersentlastungsbetrags Ihres Ehepartners. Natürlich können Sie auch mehr vereinbaren. Denn die Hausverwaltungskosten können Sie als Werbungskosten von den Mieteinkünften absetzen.

Auch wenn Ihr Ehepartner seinen 64. Geburtstag später hatte, bleibt es bei max. begünstigten Einkünften von 4.750 €. Beim 64. Geburtstag z. B. im Jahr 2013 entspricht der Altersentlastungsbetrag 25,6 % von 4.750 € und somit wiederum genau dem entsprechenden Höchstbetrag von 1.216 €.

Aber Vorsicht: Denken Sie an die sozialversicherungsrechtliche Seite; denn wenn Ihr Ehegatte nur für Sie tätig ist, können aufgrund des Arbeitsverhältnisses oder weil der Tatbestand der Scheinselbständigkeit erfüllt ist, Beiträge an die Krankenkasse und die Pflegeversicherung sowie wegen Rentnerbeschäftigung Arbeitgeberbeiträge zur Rentenversicherung anfallen!

TIPP

Wenn Sie und Ihr Ehepartner privat versichert sind …

816 **… und Ihre bessere Hälfte nicht mehr als 450 € verdient, müssen Sie lediglich 15 % Rentenversicherung für sie abführen (statt regulär 28 %), dazu kommen Umlagen in Höhe von 0,99 %.**

Durch zusätzliche Pauschalsteuern von 2 % können Sie erreichen, dass der Lohn Ihres Ehegatten praktisch steuerfrei ist.

Trotzdem können Sie ihn absetzen. Kleiner Wermutstropfen: Er erhält keinen Altersentlastungsbetrag. Trotzdem ergibt sich eine Ersparnis:

Arbeitslohn	mit 2 % Pauschalsteuer in €	steuerpflichtig in €
450 € × 12 =	0	5.400
./. Werbungskostenpauschbetrag	– 0	– 1.000
Summe	0	4.400
./. Altersentlastungsbetrag	– 0	– 1.900
Einkünfte	0	2.500
Werbungskosten bei den Vermietungseinkünften		
Arbeitslohn	5.400	5.400
Sozialversicherung und Pauschalsteuer	971	864
Summe gesamt	6.371	6.264
Steuerersparnis ca. 30 % zzgl. KiSt und Soli	2.188	2.152
Sozialversicherungsmehrbelastung und Pauschalsteuer/ESt des Ehepartners	– 971	– 1.723
Gesamte Ersparnis im Jahr	1.217	429

TRICK

Verkaufen Sie Ihr Mietshaus der Steuer wegen!

817 Wenn Sie nur noch geringe Abschreibungen für Ihr Haus geltend machen können, verkaufen Sie es an Ihren Ehepartner. Unter Eheleuten unterliegt der Verkauf nicht der Grunderwerbsteuer! Und die Notariats- und Gerichtskosten machen sich wie folgt bezahlt: Angenommen, Sie können eine Abschreibung von jährlich 1.000 € ansetzen und verkaufen Ihr Haus für 300.000 €, dann ist

vom reinen Gebäudewert (250.000 €) die AfA mit 2 % anzusetzen = 5.000 €. Steuerersparnis zwischen 796 € und 2.220 € jedes Jahr! Nur: Der Partner muss den Kaufpreis auch tatsächlich zahlen!
Wenn er das nicht kann, könnten Sie den Kaufpreis z.B. in ein normal verzinstes Darlehen umwandeln. Ihr Ehepartner kann die Zinsen wiederum als Werbungskosten unter Vermietung und Verpachtung von seinen Einkünften abziehen. Sie müssen für die Zinsen, die ja bei Ihnen Kapitaleinkünfte sind, zwar Abgeltungsteuer zahlen, die beträgt allerdings nur 25 %, und zudem können Sie dafür den Sparerpauschbetrag von 1.602 € in Anspruch nehmen, so dass Sie unter Umständen auch daran noch Steuern sparen!
Wie viele Tricks, geht auch dieser am besten durch, wenn Sie auf dem Teppich bleiben. Denn allzu schnell kommt der Fiskalritter mit »Gestaltungsmissbrauch« angetanzt, und Sie müssen sich mit ihm rumärgern. Also werden Sie im Kaufvertrag beachtliche – nichtsteuerliche – Gründe für den Verkauf nennen, z.B. mögliche Trennung usw. Außerdem muss der Darlehensvertrag einem »Fremdvergleich« standhalten. Es muss also ein Vertrag sein, wie er auch unter Fremden möglich wäre (schriftliche Vereinbarungen über Sicherheiten, Laufzeit, Rückzahlung und Zinsen).

GUTER RAT

Statt 15.000 € für ein neues Auto teuer zu finanzieren, nehmen Sie lieber den 818
Kredit auf Ihr Mehrfamilienhaus für die stets anfallenden Reparaturen!

Dann nämlich mindern die Zinsen die steuerpflichtigen Einkünfte! Kreditzinsen fürs Auto können Sie nirgendwo absetzen. Steuerersparnis ca. 40 % von 1.800 € = 720 € jährlich!

TRICK

Machen Sie nicht alles allein!

Sie müssen nicht selbst in Ihrem Mietshaus nach dem Rechten sehen. Vielleicht 819
haben Sie in der Nähe einen geeigneten Verwandten, den Sie als Hausverwalter einsetzen können. Auch die Aufzeichnungen über die Mieteinnahmen können Sie an einen anderen übertragen. Das sollen die freiberuflich tun. Dann bleiben diese Nebeneinkünfte bis zu 510 € (minus 100 € für anfallende Kosten für Fahrten zum Haus u.a.) steuerfrei, falls die Betreffenden sonst noch in einem Gehaltsverhältnis stehen.

SUPER TRICK

Lassen Sie sich vom Finanzamt Ihren privaten Umzug bezahlen!

820 Spielen Sie manchmal mit dem Gedanken, aus Ihrem Haus in eine kleinere Wohnung umzuziehen, weil die Kinder ausgezogen sind und das Haus nun viel zu groß für Sie ist oder weil Ihre Liebe sich aus dem Staub gemacht hat und Sie die Belastung für das Haus allein nicht tragen können? Ziehen Sie in eine kleine Wohnung und vermieten Ihr Eigenheim, dann vergessen Sie nicht, beim Finanzamt einen kräftigen Zuschuss zu Ihren Umzugskosten einzufordern. Schließlich gilt auch bei den Vermietungseinkünften für den Abzug von Kosten das *Veranlassungsprinzip*. Und Ihr Umzug hatte ja nun einmal – zumindest offiziell – nur den Zweck, Ihr Haus einkünfteerzielend zu vermieten. Geraten Sie an einen Fiskalritter, dem das nicht einleuchtet, weisen Sie ihn mit der Entscheidung des FG Saarland vom 25.2.1993 (2 K 151/90, NWB 1994 Fach 1 S.33) in seine Schranken.

TIPP

Sparen Sie mit dem Haus der Eltern richtig Steuern!

821 Wer ein Mietshaus erbt oder geschenkt bekommt, hat zwei Möglichkeiten. Er kann auf eigene Rechnung weitervermieten. Die Steuerersparnis ist dabei null, da es keine Abschreibungen oder Darlehenszinsen zum Absetzen gibt. Die zweite Variante – abgesegnet vom Finanzgericht des Saarlands (Aktenzeichen 1 K 200/01) – ist weitaus lukrativer: Er verkauft die Immobilie an den Ehepartner, der den Deal per Bankdarlehen finanziert – und das Sparmodell ist fertig. Denn der Ehepartner kann jetzt hohe Abschreibungsbeträge und Darlehenszinsen von den Mieteinnahmen abziehen. Das beschert der Familie für die Steuererklärung kräftige Verluste, die sie mit anderen Einkünften verrechnet. Allerdings ist die Spekulationsfrist zu beachten. Zwischen dem Kauf des Hauses durch die Eltern und dem Verkauf müssen mindestens zehn Jahre liegen, damit der Verkaufsgewinn steuerfrei bleibt.

Beispiel:
Ein Unternehmer versteuert 102.000 € Gewinn und 18.000 € Miete. Das Haus hat er geerbt. Wenn er es für 300.000 € (ohne Grundstück) an seine Frau verkauft, sieht die Rechnung wie folgt aus:

Vermieter	Ehemann	Ehefrau
Firmengewinn	102.000	102.000
Miete	18.000	18.000
Zinsen	–	– 24.000
Abschreibung	–	– 6.000
Zu versteuern	120.000	90.000
Steuer	38.994	24.892

SUPER TRICK

Verlagern Sie Einkommens- und Vermögensteile auf Ihr Kind und sparen Sie Tausende an Steuern!

In einer so engen Lebensgemeinschaft wie der Familie ziehen meist alle an 822
einem Strang und stellt man das Gesamtwohl über kleinliche Vorteile der Einzelmitglieder. Wenn das alle so vernünftig sehen, ist der Weg frei, Vermögen oder Einkünfte offiziell auf ein Familienmitglied zu übertragen, das dafür eine geringere oder gar keine Steuer zu zahlen hat. Das ist selten der Ehepartner, der meist mit dem Ehegatten zusammen veranlagt wird, sondern das Kind. Oder die Kinder.

Eine offizielle Übertragung erfordert entsprechende Verträge – bei volljährigen Kindern kein Problem. Bei Verträgen, insbesondere Grundstücksverträgen, mit minderjährigen Kindern muss beim Vormundschaftsgericht ein Ergänzungspfleger bestellt werden. Dem Kind stehen wie jedem Steuerzahler Freibeträge in folgender Höhe zu:

Grundfreibetrag 2014	8.354 €
Sonderausgabenpauschbetrag	36 €
Summe	8.390 €

Sie könnten Ihrem Kind also 8.390 € zukommen lassen.

Angenommen, Sie übertragen von Ihrem Einkommen von 150.000 € pro Jahr durchschnittlich 10.000 € an Vermietungseinkünften auf Ihr minderjähriges Kind. Wenn das Kind nach z. B. 15 Jahren volljährig ist, beläuft sich Ihre Steuerersparnis auf ca. 66.000 € – ohne Zins und Zinseszins!

TRICK

Kindesnießbrauch an einem Grundstück

823 Wollen Sie Ihr Haus behalten, gibt es die Möglichkeit, Ihrem Kind durch Nießbrauch am Haus Einkünfte zuzuschustern. Das lässt sich übrigens auch auf einige Jahre beschränken.

Nießbrauch zwischen Eltern und Kindern bezeichnen die Fiskalbürokraten als »Zuwendungsnießbrauch«. Der Zuwendungsnießbrauch wird steuerlich nur anerkannt, wenn er im Grundbuch eingetragen ist. Bei Bestellung zugunsten minderjähriger Kinder will das Vormundschaftsgericht aber ein Wörtchen mitreden. Denn ein Nießbrauchsrecht bringt nach BGB Verpflichtungen mit sich. Außerdem muss der Nießbrauch tatsächlich durchgeführt werden, d.h., die Mietverträge müssen auf den Nießbraucher umgestellt und die Mieten an ihn gezahlt werden (BFH-Urt. v. 19.9.1978 – BStBl 1979 II S.42). Also werden Sie auf alle Fälle, bevor Sie den Nießbrauch mit Ihrem Kind vereinbaren, beim Amtsgericht die Bestellung eines sog. Ergänzungspflegers beantragen, der Ihr Kind formal vertritt. Den Ergänzungspfleger brauchen Sie aber nur einmal, nämlich bei Bestellung des Nießbrauchs. Läuft der Nießbrauch erst einmal, können Sie sich weiter um die Angelegenheiten Ihres Kindes und damit auch um die Verwaltung des Nießbrauchs kümmern (BMF v. 30.9.2013 – BStBl I 2013, 1184, BFH v. 13.5.1980 – BStBl II 1981 S.295).

Steuerliche Folge: Die Mieten sind dem Kind zuzurechnen. Es kann die von ihm getragenen Hausaufwendungen absetzen, soweit es sie nach den Vereinbarungen und nach dem Gesetz zu tragen hat. Dazu gehört nicht die Gebäudeabschreibung, da es nicht Eigentümer ist. Die Gebäudeabschreibung fällt aber auch bei Ihnen als Eigentümer weg, da Sie durch Einräumung des Nießbrauchs die Absicht aufgegeben hast, aus dem Haus Einkünfte zu erzielen (Nießbrauchserlass des BMF v. 15.11.1984 – BStBl 1984 I S.561). Also werden Sie sich nur dann für den »Zuwendungsnießbrauch« zugunsten Ihres Kindes entscheiden, wenn keine hohe Gebäudeabschreibung auf dem Spiel steht. Das kann z.B. bei älteren Gebäuden, die durch Erbfolge erworben wurden, der Fall sein (§§ 11 c und d EStDV).

WICHTIGER HINWEIS

824 Als Privatmann werden Sie für ein sog. privates Veräußerungsgeschäft zur Kasse gebeten, solange zwischen An- und Verkauf der Immobilie nicht mehr als

zehn Jahre lagen. Davon ausgenommen sind z.B. ständig zu eigenen Wohnzwecken genutzte Immobilien.

Der Fiskus hat aber noch eine andere Methode, mit der er Ihnen bei Immobilienverkäufen ans Geld geht: »Sie haben mehr als drei Objekte veräußert, das sehen wir als nachhaltige gewerbliche Tätigkeit an und versteuern Ihre Gewinne, auch den aus dem Verkauf ihres selbstgenutzten Hauses.« Schützen Sie sich dagegen! Lassen Sie bei mehr als drei Objekten Ihre Familienangehörigen die Geschäfte machen.

Es gilt als starkes Anzeichen für ein gewerbliches Grundstücksgeschäft, wenn zwischen An- und Verkauf nicht mehr als fünf Jahre gelegen haben (BFH-Urt. v. 23.10.1987).

Mit einem Getränkehändler aus dem Münsterland hatte der BFH in seinem Urteil vom 28.9.1987 (BStBl 1988 II S. 65) ein Einsehen. Für die Finanzrichter zählte, dass der Steuerzahler nicht mit dem Grundstücksmarkt verbunden war, etwa als Bauunternehmer, Architekt oder Makler. Der Getränkehändler hatte ein vor Jahren erworbenes Mehrfamilienhaus in Eigentumswohnungen umgewandelt und sieben Wohnungen nach und nach verkauft. Das Finanzamt unterstellte gewerblichen Grundstückshandel, wurde aber vom BFH belehrt: Der Mann wollte das Haus nicht von vornherein verkaufen, sondern vermieten, deshalb liege kein Gewerbe vor.

Deshalb gelten für Sie bei Grundstücksgeschäften folgende Faustregeln:

- Verkaufen Sie höchstens drei Objekte.
- Lassen Sie zwischen An- und Verkauf mindestens zehn Jahre verstreichen, dann droht weder gewerblicher Grundstückshandel noch ein privates Veräußerungsgeschäft.
- Vermieten Sie die Objekte zunächst – und verkaufen Sie sie erst dann.

Schalten Sie um, wenn Ihnen die Geschäfte nichts als Verluste eingebracht haben, und beantragen Sie beim Finanzamt eine Betriebsprüfung. Bei dieser rücken Sie damit heraus, Sie hätten einen heimlichen Gewerbebetrieb gehabt und man möge die Verluste daraus von Ihren Einkünften absetzen ... (BFH-Urt. dazu: BStBl 1972 II S. 279, 291 u. 1973 II S. 661). 825

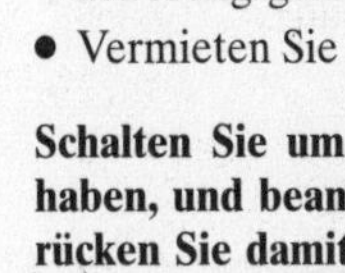

TIPP

für Grundstücksverkäufe

Bei der Drei-Objekte-Grenze zählt jedes Haus, jede Wohnung, sogar ein unbebautes Grundstück. Tragen Sie sich also mit der Absicht, Ihr Mietshaus zu 826 verkaufen, vermeiden Sie besser eine vorherige Aufteilung in Eigentumswohnungen.

Völlig aus dem Schneider sind Sie, wenn sich die von Ihnen verkauften Häuser oder Eigentumswohnungen mindestens zehn Jahre in Ihrem Besitz befunden haben. Denn dann ist die Spekulationsfrist abgelaufen, und Sie können Ihren Veräußerungsgewinn steuerfrei einstreichen – auch ungefährdet vom gewerblichen Grundstückshandel!

Wichtig: Maßgebend sind die Daten der Kaufverträge. Wenn Sie den Kaufvertrag zum Erwerb am 10.1.2005 geschlossen haben, dürfen Sie den Veräußerungsvertrag nicht vor dem 11.1.2015 schließen.

Lassen Sie es sich nicht gefallen, wenn das Finanzamt Ihnen den Verkauf doch als gewerblich ankreiden möchte. Denn: Beim BFH stapeln sich dutzendfach Klagen, dass die Finanzämter diese Regeln völlig willkürlich auslegen – natürlich zugunsten des Bundesfinanzministers und seiner Länderkollegen.

TIPP

zum gewerblichen Grundstückshandel

Wie ein Höllenhund müssen Sie aufpassen, dass Sie sich nicht den kleinsten Fehler leisten. Also keine Aufteilung vornehmen (siehe oben), Garagen nicht gesondert abrechnen, darauf achten, dass keine gewerbliche Nutzung der Gebäude vorliegt, etc. Denn ansonsten unterstellt das Finanzamt schnell Gewerblichkeit statt der steuerlich unbeachtlichen Vermögensverwaltung.

TRICK

Wecken Sie keinen schlafenden Hund!

827 Dumme Fragen ans Finanzamt wie etwa: »Ich habe zwei Doppelhaushälften erstellt. Muss ich den Gewinn versteuern, wenn ich sie veräußere?«, wecken beim Fiskalritter den Verdacht, dass Sie das Objekt nur gebaut haben, um daraus Profit zu schlagen. Für ihn sind Sie damit kein einfacher Bauherr mehr, sondern ein gewerblich Tätiger. Folge: Die bei einem normalen Hausverkauf übliche Steuerfreiheit geht in die Binsen. Er kann sich dabei auf ein Urteil des Finanzgerichts München (v. 6.11.2002 – EFG 2003 S. 616) berufen.

GUTER RAT

Vermeiden Sie auf alle Fälle, dass dem Finanzamt allzu früh Ihre Verkaufspläne bekannt werden. Eine verbindliche Auskunft einzuholen ist nur sinnvoll, wenn Ihnen die Objekte bereits mehrere Jahre gehören und Zweifelsfragen geklärt werden sollen.

TRICK

Haben Sie ein Haus geerbt und Miterben abgefunden? Steuervorteile winken!

Nehmen wir mal an, Ihr Vater hat Ihnen und Ihrer Schwester ein schmuckes **828**
Einfamilienhaus im Wert von rd. 150.000 € hinterlassen und Sie haben Ihre Schwester mit 75.000 € abgefunden. Dafür haben Sie einen Bankkredit aufnehmen müssen, der noch nicht getilgt ist und für den Sie 7.500 € Zinsen gezahlt haben.
Die steuerlichen Wirkungen sind unterschiedlich, je nachdem, ob Sie selbst in die Hütte einziehen oder sie vermieten. Lassen Sie sich zeigen, was steuerlich für Sie herausspringt, wenn Sie vermieten: Keine Frage, die Mieten müssen Sie versteuern, können aber davon die Hausaufwendungen einschließlich Abschreibung abziehen. Soweit Sie entgeltlich erworben haben, können Sie die Abschreibung von Ihren Anschaffungskosten von 75.000 € (abzgl. des anteiligen Grund und Bodens) vornehmen. Für den ererbten Teil können Sie die Abschreibung Ihres Vaters fortführen. Mal angenommen, die Baukosten Ihres Vaters lagen damals für die von Ihnen geerbte Hälfte bei 50.000 €.

Die Abschreibung nach § 7 Abs. 4 EStG beträgt:

Vom ererbten Teil 2 % von 50.000 € =			1.000 €
Vom erworbenen Teil			
Anschaffungskosten	75.000 €		
./. Anteil Grund und Boden 20 %	– 15.000 €		
Verbleiben	60.000 €		
Davon Abschreibung 2 %	1.200 €	>	1.200 €
Abschreibung insgesamt			2.200 €

Doch Vorsicht: War Ihr Vater noch nicht zehn Jahre lang Eigentümer des Hauses, droht Ihrer Schwester die Versteuerung eines Spekulationsgewinns (Ihres Vaters und Ihrer Schwester gesamte Besitzzeit ist maßgebend), wenn sie ihren Anteil veräußert, ohne ihn vorher zu eigenen Wohnzwecken genutzt zu haben!

TRICK

Vermieten Sie einem Freund Ihre Eigentumswohnung – und mieten Sie seine!

829 Da bei einer selbstgenutzten Wohnung keine Schuldzinsen abgezogen werden können, können Sie mit einem derartigen Wohnungstausch eine Menge Steuern sparen. Denn auf diese Weise treten Sie nun als Vermieter auf. Sie geben eine Einkommensteuererklärung ab und weisen darin folgenden Verlust aus Vermietung aus:

Mieteinnahmen		4.800 €
./. Werbungskosten		
Verwaltungsgebühren usw.	300 €	
Schuldzinsen	7.000 €	
Gesamt	7.300 €	> – 7.300 €
Verlust		2.500 €

Steuerersparnis zwischen 429 und 1.202 € jährlich. Natürlich werden Sie nicht so dumm sein und das mit einem Freund praktizieren, der im selben Finanzamtsbezirk wohnt wie Sie. Sonst käme das Finanzamt schnell hinter Ihren Trick und könnte sagen: Der will eigentlich gar nicht in einer anderen Wohnung wohnen. Denn die er von seinem Freund gemietet hat, ist völlig gleichgeartet und hat zudem eine gleiche Wohnlage.

Sparsamkeit ist die Kunst, aus dem Leben so viel wie möglich herauszuschlagen.
(G. B. Shaw)

3.11 Wenn nahe Angehörige in Ihrem Haus wohnen

830 Wohnt Ihr Kind in Ihrem Haus und nehmen Sie dafür keine Miete, sind die Kosten für die Wohnung nicht als Werbungskosten abzugsfähig.

WICHTIGER HINWEIS

Das A und O bei allen Vermietungen an Angehörige sind klare, nachprüfbare, möglichst schriftliche Vereinbarungen und Verträge. Und Sie müssen unbedingt darauf achten, dass alle Beteiligten sich an die Vertragsvereinbarungen halten.

Dazu gehört vor allem die pünktliche Zahlung der Miete und der Nebenkosten in vereinbarter Höhe. Zwar ist keine bestimmte Zahlungsform vorgeschrieben, doch Überweisungen stimmen das Finanzamt meistens anerkennungswilliger, als wenn Sie Quittungen über bar eingenommene Mieten präsentieren. Geradezu selbstmörderisch ist es, eine Überweisung zu vereinbaren, die Miete dann aber doch bar zu kassieren. Vorsicht mit Mietstundungen oder schwankenden Zahlungen. Selbst wenn z.B. Ihr Sohn, an den Sie die Wohnung vermietet haben, plötzlich arbeitslos wird, ist das in den Augen des Fiskus kein Grund, ohne weiteres niedrigere Mietzahlungen zu akzeptieren. Sie können sich bzw. Ihrem Sohn aus der Patsche helfen, indem Sie schriftlich und offiziell den Mietvertrag ändern und eine geringere Miete vereinbaren. Achten Sie darauf, dass erst danach die geringere Miete überwiesen wird. Lassen Sie sich auf keinen Fall zu Manipulationen hinreißen und versuchen Sie nicht, dem Fiskus weiszumachen, Mieten seien teilweise bar und teilweise unbar gezahlt worden. Die klare und glatte Lösung ist hier die erfolgversprechendere. Argumentieren Sie mit dem BFH-Urteil vom 20.10.1997 (BStBl 1998 S.106), das besagt: Wenn eine klare Vereinbarung besteht, welche Mietsache zu welchem Preis überlassen wird, und diese bisher durchgeführt wurde, können solche Vereinbarungen mit Wirkung für die Zukunft geändert werden.

Setzen Sie also vor der Reduzierung der Mietzahlungen einfach ein Schreiben auf mit etwa folgendem Inhalt:

Vereinbarung über die Stundung von Mietzahlungen

Herr/Frau ..... (Vermieter) und Herr/Frau ..... (Mieter) treffen mit Wirkung ab .... (Datum) wegen der durch die momentane Arbeitslosigkeit des Mieters verursachten finanziellen Schwierigkeiten folgende Zusatzvereinbarung zum Mietvertrag vom ..... (Datum).

Von der monatlichen Miete von bisher ...... € werden jeweils ...... € monatlich gestundet.

Die Stundung wird für die Zeit der Arbeitslosigkeit gewährt, längstens jedoch zwölf Monate. Nach Beseitigung der finanziellen Probleme, z.B. durch Aufnahme einer Beschäftigung, verpflichtet sich der Mieter, die gestundeten Beträge in monatlichen Raten von ...... € neben der Normalmiete lt. Mietvertrag vom .... (Datum) zurückzuzahlen.

X-Stadt, den ......

....
Vermieter Mieter

WICHTIGER HINWEIS

Kleine Macken im Mietvertrag führen nicht zwangsläufig dazu, dass Ihr Mietverhältnis mit Angehörigen nicht anerkannt wird. Zwar ist es immer besser, sich an die Gepflogenheiten zu halten, die auch zwischen Fremden üblich sind, wozu z.B. die Vereinbarung der Zahlung von Nebenkosten gehört. Haben Sie aber aus irgendeinem Grund die Nebenkosten in dem Mietvertrag mit einem Ihrer Lieben zu erwähnen vergessen, ist noch nicht aller Tage Abend. In solchen Fällen kommt es auf die Gesamtumstände des Mietverhältnisses an, will heißen: Wenn sonst alles blitzsauber vereinbart und nachweislich tatsächlich durchgeführt ist, sollen Ihnen die Fiskalritter keinen Strick aus einem kleinen Versäumnis drehen (BFH-Urt. v. 17.2.1998 – IX R 30/96 – DStR 1998 S. 761). Wenn Ihre Mietverträge mit Fremden auch noch dieselben Macken aufweisen wie die Verträge mit Angehörigen, spielen die Mängel praktisch keine Rolle (BFH v. 28.6.2002 – BStBl 2002 II S. 699).

TRICK

Nehmen Sie wenig, aber mindestens 66 % der normalen Miete!

831 Wenn die Kosten für die Wohnung höher sind als die Mieteinnahmen, haben Sie einen Verlust aus Vermietung und Verpachtung, der mit Ihren anderen Einkünften verrechnet wird. Und schließlich kann Sie ja niemand zwingen, als Rabenvater Ihr Kind zu rupfen.

Mindestens müssen Sie aber 66 % der ortsüblichen Miete verlangen, sonst kürzt der Fiskus die auf die vermietete Wohnung entfallenden Hausaufwendungen (§ 21 Abs. 2 EStG).

Beispiel

Ortsübliche Jahresmiete einschl. Umlagen: 3.600 €		
Vereinnahmte Miete 66 %		2.376 €
./. Werbungskosten		
Zinsen	3.000 €	
Grundsteuer, Versicherung, Heizung, Abwasser, Müllabfuhr, Reparaturen usw.	900 €	
Abschreibung	1.250 €	
	5.150 €	> – 5.150 €
Verlust aus Vermietung und Verpachtung		2.774 €

Der Verlust ist um 1.224 € höher als üblich, weil Sie nicht die volle Miete nehmen. Daraus ergibt sich eine Steuerersparnis zwischen 196 und 631 €.

Beträgt die Miete indessen weniger als 66 % der ortsüblichen Miete, z.B. nur 40 %, können Sie auch nur 40 % der Kosten für die Wohnung als Werbungskosten absetzen.

TIPP für den Mietvertrag

Geben Sie sich beim Abfassen des Mietvertrags viel Mühe. Nehmen Sie auf keinen Fall die allgemein gebräuchlichen Vertragsformulare. Unbedingt aufnehmen sollten Sie eine Klausel über die Zahlung der Nebenkosten, damit es Ihnen besser geht als einem Steuerzahler aus Hessen. Der hatte nämlich eine Wohnung an eine Angehörige vermietet und im Mietvertrag nichts zur Übernahme von Wasserkosten, Müllabfuhr, Straßenreinigung etc. festgelegt. Prompt hat ihm das Finanzamt das Mietverhältnis nicht anerkannt und mit dieser Meinung bei einigen profiskalisch eingestellten Richtern des FG Hessen recht bekommen (EFG 1996 S.1162). Sie werden natürlich nicht in eine solche Falle tappen. Da bei der Prüfung der 66-%-Grenze die Miete inkl. Umlagen mit der ortsüblichen Miete verglichen wird, gehen Sie einfach bei der Grundmiete etwas weiter herunter und rechnen dafür die Nebenkosten mit Ihrem Angehörigen spitz ab.

Achtung, es gibt nur noch das 66-%-Fangeisen! 832
Früher konnte der Fiskus die Hauskosten kürzen, wenn die Miete über 56 %, aber unter 75 % der ortsüblichen Miete lag und bei einer Überschussprognose kein Gesamtplus herauskam. Seit 2012 reicht es vollkommen, wenn Sie mit Ihrer Miete über 66 % liegen. Sie brauchen sich nicht mehr mit einer Überschussprognose zu plagen. Vgl. dazu ➤ Rz 812f.
Vorsicht ist geboten, wenn Sie denken, Sie könnten nun mir nichts, dir nichts die Miete von 75 auf 66 % reduzieren. Da könnte das Finanzamt Schwierigkeiten machen, da eine Anpassung nach unten bei gleich gebliebenem Mietpreisniveau nicht üblich ist. Also üben Sie sich ein wenig in Geduld und lassen einfach in den nächsten Jahren die Mieterhöhungen aus. So langsam nähern Sie sich dann auch der Grenze von 66 % der ortsüblichen Miete und dem für Sie optimalen steuerlichen Ergebnis.

Übrigens: Es liegt kein Gestaltungsmissbrauch (§ 42 AO) bei einem Mietver- 833
trag mit einem unterhaltsberechtigten Kind vor, das die Miete aus dem Bar-

unterhalt oder durch Verrechnung mit diesem zahlt (BFH-Urt. v. 19.10.1999 – BStBl 2000 II S. 223 und 224).

Für Sie heißt das, dass Sie zwei Möglichkeiten haben, mit Ihrem Kind, das noch kein eigenes Einkommen hat, ein steuerlich astreines Mietverhältnis zu begründen.

1. Sie vermieten die Wohnung an Ihr Kind und überweisen diesem jeden Monat Geld, damit es seinen Lebensunterhalt bestreiten kann. Das Kind wiederum überweist Ihnen brav jeden Monat die Miete und die Nebenkosten für die Wohnung auf Ihr Konto.
2. Wollen Sie sich dieses Hin-und-her-Schieben von Geld sparen, können Sie auch eine schriftliche Vereinbarung treffen, dass Ihr Kind von Ihnen monatlich einen Unterhaltsbetrag von z. B. 800 € bekommt, mit dem es seinen Unterhalt selbst bestreiten muss. Dann schließen Sie wiederum einen astreinen Mietvertrag ab. In den Zahlungsmodalitäten des Mietvertrags oder in einer schriftlichen Zusatzvereinbarung wird geregelt, dass die Miete von 300 € und die Nebenkostenvorauszahlung für die Wohnung von 100 € unmittelbar mit der Unterhaltszahlung verrechnet werden und Sie nur den Restbetrag an Ihr Kind überweisen.

TRICK

Schlagen Sie bei einer Hausübertragung durch die Eltern zwei Fliegen mit einer Klappe!

834 Zunächst verkaufen Ihre Eltern ihre Eigentumswohnung an Sie. Über den Kaufpreis schließen Sie einen Darlehensvertrag ab, in dem bei einem Zins von z. B. 4,5 % ein zehn Jahre unkündbares Darlehen vereinbart wird.

Im Kaufvertrag regeln Sie gleichzeitig, dass lediglich zur Sicherung eines noch abzuschließenden lebenslangen Mietvertrags Ihren Eltern ein Nießbrauchsrecht eingeräumt wird. Nach dem Kauf kommt der Abschluss des Mietvertrags. Das Nießbrauchsrecht wird dann zunächst nicht ausgeübt.

Auch wenn diese Konstruktion gefährlich rotstiftgefährdet erscheint, brauchen Sie sich keine Gedanken zu machen. Mit offizieller Absicherung der obersten Finanzrichter (BFH v. 3.2.1998 – BStBl 1998 II S. 539) wurde diese Vertragsgestaltung anerkannt. Es liegt kein Gestaltungsmissbrauch vor. Der Sohn in diesem Fall hat Jahr für Jahr einen dicken Verlust aus dem Mietverhältnis von der Steuer abgesetzt, und mit den Eltern gab es ebenfalls keinen Stress, weil die wegen des *Sicherungsnießbrauchs* nicht befürchten mussten, irgendwann plötzlich auf der Straße zu stehen.

TRICK

Mietvertrag statt Unterhalt

Eine Scheidung ist ein teures Spiel. Wenn es Sie erwischt, gibt es eigentlich nur 835
eine Devise: Schadensbegrenzung betreiben. Angenommen, Sie haben bislang mit Ihrem Ex-Partner in den eigenen vier Wänden gewohnt und sind nach der Trennung ausgezogen. Wenig lukrativ ist es, geringeren Unterhalt zu vereinbaren und dafür Ihre Immobilie mietfrei Ihrem Ex-Partner zu überlassen.

Lesen Sie unter ➤ Rz 532 nach, wie Sie aus der Kombination höhere Unterhaltszahlungen und gleichzeitiger kostenpflichtiger Vermietung an Ihren Ex-Partner ein gutes Geschäft machen, ohne dass einer von beiden dadurch finanzielle Einbußen hat.

GUTER RAT

Gehört das Haus Ihnen und Ihrem Ex gemeinsam, lassen Sie es sich zuvor, z.B. 836
gegen Übernahme der Schulden, übertragen. Damit Ihr Ex jetzt keine kalten Füße bekommt und argwöhnt, Sie würden ihn über kurz oder lang an die frische Luft setzen, können Sie einen längerfristigen Mietvertrag, z.B. über fünf Jahre, schließen und vereinbaren, dass Sie das Haus nur mit Zustimmung Ihres Ex-Partners verkaufen dürfen.

TRICK

Der Fiskus muss Ihre Überkreuzvermietungen schlucken.

Seit Jahren wohnen Sie im Haus Ihrer Eltern, die Ihnen aus steuerlichen Grün- 837
den eine Wohnung vermietet haben. Daraus machen sie jedes Jahr einen hübschen steuerlich absetzbaren Verlust. Da es Ihnen herzlich wenig bringen würde, die von Ihnen genutzte Wohnung zu kaufen, lassen Sie sich die Wohnung übertragen, in der Ihre Eltern wohnen, und vermieten sie ihnen anschließend. Dabei müssen Sie nur darauf achten, mit der vereinbarten Miete nicht unter 66 % der ortsüblichen Miete zu geraten. Obwohl hier eine Überkreuzvermietung vor-

liegt, muss der Fiskus in den sauren Apfel beißen und die Mietverträge anerkennen. Einem Abzug der Verluste steht nichts entgegen.

Natürlich wird sich ein eifriger Fiskalritter darauf stürzen und Ihnen mit blumigen Worten und alten BFH-Urteilen beizubringen versuchen, dass die Konstruktion wegen Gestaltungsmissbrauchs nicht anerkannt werden könne. Sie verweisen ihn dann ganz locker auf das BFH-Urteil vom 12.9.1995 (BStBl II 1996 S. 158), in dem der BFH in einem wie oben gestrickten Fall ausdrücklich keinen Gestaltungsmissbrauch sah und die Vermietungsverluste bei beiden Parteien anerkannt hat.

TRICK

So begründen Sie, dass kein Gestaltungsmissbrauch vorliegt.

838 Genauso gut könnten Sie ein von Ihnen gebautes Haus an Ihre Eltern vermieten, den zwangsläufig entstehenden Vermietungsverlust absetzen und selbst in einer Wohnung oder einem Haus wohnen, das Ihnen Ihre Eltern unentgeltlich zur Nutzung überlassen. Wenn das Finanzamt den Verlust aus der Vermietung nicht anerkennen will, da in seinen Augen ein Gestaltungsmissbrauch vorliegt, wird es das wie folgt begründen: Ein verständiger Eigentümer hätte sein Haus nicht – wie es hier die Eltern mit dem Sohn vereinbarten – mit dem eines anderen getauscht, um dort Miete zu zahlen und selbst zugleich auf Mieteinnahmen zu verzichten.

Streichwütigen Finanzbeamten reiben Sie das BFH-Urteil vom 14.1.2003 (BStBl 2003 II S. 509) unter die Nase.

Für die Frage des Missbrauchs kommt es nicht auf das Verhalten der Eltern bei der unentgeltlichen Überlassung ihres Hauses an den Sohn an. Entscheidend ist allein, ob die Überlassung des vom Sohn gekauften Hauses an die Eltern anders als durch entgeltlichen Mietvertrag hätte gestaltet werden müssen. Da der Sohn nicht verpflichtet war, es den nicht unterhaltsbedürftigen Eltern kostenlos zu überlassen, gab es keine steuerlich angemessenere Form.

Auch unter dem Blickwinkel sog. Überkreuzvermietungen ist in diesem klug gedeichselten Fall kein Rechtsmissbrauch zu erkennen. Die gegenseitige Überlassung ziele nicht darauf ab, Verluste bei den Einkünften aus Vermietung wechselseitig abzuziehen, denn für das vom Sohn bewohnte Haus der Eltern wurden keine Werbungskosten geltend gemacht.

Ein Bürger, der nur resigniert,
muss dulden, dass man ihm diktiert.
(Spruch)

TRICK

Schaffen Sie neuen Wohnraum für die Großfamilie!

Haben Sie ein hübsches kleines Häuschen, das für Sie und Ihren Ehepartner 839
gerade groß genug ist? Da Sie aber Kinder und Enkelkinder näher bei sich haben wollen, überlegen Sie doch einmal, ob Sie nicht aufstocken oder anbauen können. Was, kein Geld? Dann lesen Sie mal, welche Steuerersparnis so etwas bringt!
Sie schaffen durch Aufstockung des bisherigen Gebäudes oder durch einen Anbau eine zusätzliche abgeschlossene Wohnung und vermieten sie an die Kinder.
Sie nehmen nur etwa 66 % der ortsüblichen Miete, können aber die vollen Werbungskosten absetzen! Die Sie steuerlich durch die Abschreibung (Altsubstanz bei den Herstellungskosten nicht vergessen!) und durch Schuldzinsen bei Fremdfinanzierung des Anbaus erheblich aufstocken können! Sie können sich das Geld auch von Ihrem Sohn leihen, dann bleiben seine Zinseinnahmen bis zum Sparerpauschbetrag steuerfrei.

Beispiel
Sie bauen Ihr älteres, selbstgenutztes Einfamilienhaus durch Aufstockung in ein Zweifamilienhaus um. Die Herstellungskosten betragen 120.000 €. Zur Finanzierung nehmen Sie am 1.7. ein Bankdarlehen von 50.000 € auf (Zinssatz: 4,5 %) und vereinbaren ein Disagio von 2.500 €. Außerdem gibt Ihnen Ihr Sohn ein Darlehen von 50.000 € (Zinssatz 4 %). Die neuerrichtete Wohnung (90m²) vermieten Sie nach Fertigstellung ab 1.12. an Ihren Sohn. Die monatliche Miete beträgt inkl. Nebenkosten 350 €; bei Fremdvermietung könnten Sie 500 € erzielen. Sie müssen mtl. 350 € als Einnahme versteuern. An Werbungskosten fallen an:

	1. Jahr	**2. Jahr**
Abschreibung 2 % von 120.000 € (1. Jahr nur 1 Monat)	200 €	2.400 €
Schuldzinsen	2.125 €	4.250 €
Disagio	2.500 €	–
Sonstige Kosten (angenommen)	2.800 €	2.800 €
Werbungskosten insgesamt	7.625 €	9.450 €
./. Einnahmen (350 €/Monat, 1. Jahr 1 Monat)	– 350 €	– 4.200 €
Verlust	7.275 €	5.250 €

3.12 Sie haben Ihr Haus verkauft?

840 Passen Sie gut auf: Wer sein Haus *verkaufen* will und es deshalb *leer stehen* lässt, kann *keine* Werbungskosten geltend machen. Nach Meinung des Niedersächsischen Finanzgerichts betrachtet der Verkäufer sein Haus nur noch *als Gegenstand des Vermögens* und *nicht* (mehr) als *Gegenstand der Einnahmenerzielung*. Aufwendungen zur Erwerbung, Sicherung und Erhaltung von Einnahmen, also Werbungskosten, könnten daher *nicht* mehr entstehen (FG Niedersachsen v. 16.1.1981, XI 105/77). Andererseits hat der BFH entschieden, dass Sie auch nach dem Verkauf Ihrer Immobilie bestimmte Schuldzinsen weiter als nachträgliche Werbungskosten absetzen können (BFH-Urt. v. 12.10.2005 – BStBl 2006 II S. 407; BMF-Schreiben v. 3.5.2006 – BStBl 2006 I S. 363). Vgl. auch ➤ Rz 786.

Haben Sie mit den Krediten laufende Kosten wie für Reparaturen, Modernisierungsmaßnahmen oder laufende Grundstückskosten finanziert, bleibt der durch die tatsächliche Verwendung des Kredits geschaffene wirtschaftliche Zusammenhang mit der Einkunftsart Vermietung und Verpachtung auch nach Veräußerung des Hauses bestehen, d. h., Sie können diese Schuldzinsen bis zur endgültigen Ablösung des Kredits als Werbungskosten bei Ihren Vermietungseinkünften absetzen, obwohl Sie keinen roten Heller Mieteinnahmen mehr haben. Allerdings müssen Sie auch bei diesen Krediten den Verkaufserlös aus der Immobilie vorrangig zur Tilgung einsetzen (BMF v. 15.1.2014 – BStBl 2014 I S. 108).

Also achten Sie darauf, die Verwendung von Fremdgeldern entsprechend zu dokumentieren!

TRICK

Wenn schon tilgen, dann aber die richtigen Kredite!

Wenn der Erlös aus dem Verkauf Ihres Hauses nicht reicht, um die Kredite insgesamt zu tilgen, machen Sie aus der Not eine Tugend: Tragen Sie mit dem Verkaufserlös vorrangig die Hypotheken mit den höheren Zinssätzen ab.

Da der BFH die Zinsen aus den Anschaffungs- und Baukrediten auch dann zum Abzug zulässt, wenn Sie die Immobilie erst nach mehr als 10 Jahren verkauft haben, spielt die Unterscheidung zwischen Bau- und Renovierungskredit insoweit keine Rolle mehr. Sie können sich also die Kredite vom Hals schaffen, die Sie finanziell am stärksten belasten. Gleichzeitig können Sie dem Finanzamt mit Fug und Recht sagen, dass Sie sich bei der Tilgungsentscheidung wie ein ordentlicher und gewissenhafter Geschäftsmann verhalten haben. Das Finanzamt kann damit nichts mehr gegen den Abzug der Zinsen für die danach noch verbleibenden Kredite einwänden (BMF v. 15.01.2014 – BStBl 2014 I S. 108).

4. Finanzierungsfragen – Besonderheiten zum Abzug von Zinsen

Schuldzinsen für das selbstbewohnte Haus können Sie nicht absetzen, das ist 841
klar. Versuchen Sie deshalb, sich anderweitig zu helfen. Ärgerlich ist, dass die Hypothekenzinsen aus versteuertem Einkommen aufgebracht werden müssen. Ich rate Ihnen deshalb, die Resthypotheken für Ihr Einfamilienhäuschen bis auf den letzten Euro abzulösen, wenn Sie die entsprechenden Mittel dazu haben. Denn das ist die beste Kapitalanlage.

Dazu folgendes Berechnungsbeispiel: Ihr selbstgenutztes Einfamilienhaus ist noch mit einem Restdarlehen (Zinssatz 4,5 %) von 75.000 € belastet. Die Jahreszinsen betragen 3.375 € und müssen aus versteuertem Einkommen bezahlt werden. Sie haben aber ein Kapitalvermögen von 150.000 €, das einen Bruttoertrag von 2.250 € abwirft, und daraus folgende liquide Mittel:

Bruttoertrag	2.250 €
./. Sparerpauschbeträge	– 1.602 €
Steuerpflichtige Einkünfte	648 €
Abgeltungsteuer inkl. KiSt und Soli	186 €

Wenn Sie das Restdarlehen von 75.000 € ablösen, sind Sie für die Zukunft zinsfrei und haben noch ein Restkapital von 75.000 € übrig, dessen Zinsen (1.125 €) wegen des Freibetrags keine Steuer auslösen.

Unter dem Strich haben Sie dadurch eine ganze Menge mehr Geld zur Verfügung:

Wegfall Zinsbelastung	3.375 €
./. Halbierung der Kapitalerträge	– 1.125 €
Gesparte Abgeltungsteuer	186 €
Mehr an zur Verfügung stehenden Mitteln	2.436€

TRICK

Beim Kauf von Eigentumswohnungen die Kredite richtig zuordnen!

Angenommen, Sie kaufen ein Zweifamilienhaus. Oder ein Einfamilienhaus mit 842
einer Einliegerwohnung. Sie nehmen einen Kredit von 150.000 € zu 6 % Zinsen auf und vereinbaren mit dem Verkäufer, dass er das Gebäude vorher in zwei Eigentumswohnungen aufteilt. Die 80-qm-Wohnung vermieten Sie, die 120-qm-Wohnung beziehen Sie selbst. Mit der Bank schließen Sie den Darlehensvertrag nur über die vermietete Wohnung ab.

Dem Notar überweisen Sie zwei getrennte Beträge: den Kaufpreis für die vermietete Eigentumswohnung in voller Höhe vom Darlehenskonto, den Betrag für die andere Wohnung vom Darlehenskonto und aus Eigenmitteln. An Zinsen zahlen Sie jährlich 9.000 €, die Sie jetzt von den Mieteinnahmen absetzen können. Das macht bei einer Steuerbelastung von 45 % eine Steuerersparnis von 4.100 €.

TRICK

Baukosten, Kredite und Rechnungsbezahlung richtig zuordnen!

843 Mit der Aufteilung eines Hauses in Eigentumswohnungen lassen sich beim Kauf die Zinsen natürlich besonders einfach in den steuerwirksamen Bereich verlagern. Aber auch wenn Sie selbst bauen oder der Vorbesitzer nicht bereit ist, vor dem Verkauf Eigentumswohnungen aus seinem Zweifamilienhaus zu machen, geht diese Steuersparmöglichkeit nicht an Ihnen vorbei.

Sie müssen nach Möglichkeit dafür sorgen, dass die von Ihnen vermieteten Immobilien so weit wie möglich aus den Darlehnsmitteln finanziert werden und Sie für die Finanzierung Ihrer eigenen Wohnung – für die es ja keine Steuervorteile aus den Zinsen gibt – möglichst Ihre Eigenmittel einsetzen. Ohne ein wenig Mühe und Trickserei geht das aber nicht so ohne weiteres. Der Fiskus macht sich nämlich im ersten Ansatz die Sache recht einfach.

Bauen Sie z.B. ein Einfamilienhaus mit Einliegerwohnung, bei der Ihre Wohnung 100 qm und die vermietete Wohnung 50 qm groß ist, rechnet das Finanzamt die Kredite und die Eigenmittel im Verhältnis der Wohn- bzw. Nutzflächen den einzelnen Wohnungen zu. Im Ergebnis bedeutet das für Sie, dass steuerlich die Mietwohnung mit einem Drittel Ihrer Eigenmittel finanziert wird. Den entsprechenden Teil des Darlehens rechnet der Fiskus Ihrer eigenen Wohnung zu, bei der die Zinsen wirkungslos verpuffen.

Wie Sie das steuerlich viel geschickter gestalten können, zeige ich Ihnen im Folgenden.

844 **Zinszuordnung bei Herstellung eines Gebäudes**

Um Ihre Zinsen später voll bei der vermieteten Wohnung ansetzen zu können, müssen Sie dafür sorgen, dass deren Herstellung ausschließlich aus Darlehensmitteln finanziert wird. Dazu gehen Sie wie folgt vor:

- Sie richten zunächst zwei Baukonten bei Ihrer Bank ein. Auf Konto 1 kommen nur die Auszahlungen aus Ihren Baudarlehen und Hypotheken, auf Konto 2 überweisen Sie Ihre für den Bau gedachten Eigenmittel.

- Von den Handwerkern lassen Sie sich für alle Arbeiten, die ausschließlich eine bestimmte Wohnung betreffen, getrennte Rechnungen schreiben (z.B. für Türen, Bodenbeläge, Decken, Badezimmer, Elektroinstallationen, Malerarbeiten). Wo Sie keine gesonderte Rechnung haben, können Sie die Aufteilung durch eine eigene Aufstellung ergänzen, in der Sie die einzelnen Rechnungspositionen der jeweiligen Wohnung zuordnen.
- Herstellungskosten, die das gesamte Gebäude betreffen, werden im Verhältnis der Wohnflächen aufgeteilt (z.B. der Kaufpreis für das Grundstück, die Kosten für Bodenaushub, Dach, Treppenhaus, Gemeinschaftsräume, Heizungsanlage, Anschluss, Entwässerung etc.).

So haben Sie nun grundsätzlich für jede Rechnung zwei Teilbeträge. Bei der Bezahlung gehen Sie wie folgt vor:

1. Rechnungsteilbeträge, die auf Ihre später selbst genutzte Wohnung entfallen, überweisen Sie von dem Baukonto mit Eigenmitteln. Bei der Überweisung machen Sie das deutlich, indem Sie als Verwendungszweck neben der Rechnungsnummer z.B. ergänzen: *»Teilbetrag für Wohnung Erdgeschoss«*.
2. Rechnungsteilbeträge, die auf die später vermietete Wohnung entfallen, überweisen Sie nur von dem Baukonto, auf dem die Baudarlehen gelandet sind. Auch hier machen Sie bei der Überweisung die Zuordnung deutlich, z.B.: *»Teilbetrag für Einliegerwohnung 1. OG«*.

Und so könnte die Rechnung für Sie aussehen:
Angenommen, Sie bauen ein Einfamilienhaus mit Einliegerwohnung. Die eigene Wohnung im Erdgeschoss wird 120 qm, die Einliegerwohnung 60 qm groß. Die gesamten Baukosten inkl. Grund und Boden belaufen sich auf 360.000 €. Sie haben Eigenmittel in Höhe von 160.000 €. Der Rest wird durch eine Hypothek (Zinssatz 5 %) finanziert.
Aus Ihren nach dem oben beschriebenen Muster vorgenommenen Aufteilungen und der Begleichung der Rechnungen ergibt sich ein Anteil von 60 % an den Gesamtkosten für die eigene Wohnung und von 40 % für die Einliegerwohnung.
Da Sie sämtliche Rechnungsbeträge für die Einliegerwohnung vom Darlehens-Baukonto überwiesen haben, wurden somit die gesamten Kosten für die Einliegerwohnung von 144.000 € fremdfinanziert.
Von den Hypothekenzinsen entfallen folglich pro Jahr 5 % von 144.000 € = 7.200 € auf die Vermietungseinkünfte und nur 5 % von 56.000 € = 2.800 € auf die selbstgenutzte Wohnung.
Ohne Aufteilung der Rechnungen und getrennte Bezahlung wären für die Einliegerwohnung von den gesamten Zinsen von 5 % von 200.000 € = 10.000 € nur $^1/_3$ = 3.333 € als Werbungskosten abzugsfähig gewesen. Wie Sie sehen, hat sich in diesem Fall mit ein bisschen Arbeit der steuerwirksame Zinsabzug mehr als verdoppelt. Und das Jahr für Jahr!

WICHTIGER HINWEIS

Genauso wie die laufenden Zinsen können Sie ein Damnum oder Disagio, die Bearbeitungsgebühren und die Eintragung der Hypothek im Grundbuch aufteilen. Im obigen Beispiel wären von einem Damnum oder Disagio 144.000/ 200.000 als Werbungskosten abzugsfähig gewesen.

TRICK

Die Zinszuordnung klappt auch beim Kauf eines Gebäudes.

845 Auch beim Kauf eines Hauses sind Sie nicht darauf angewiesen, dass vorher in Eigentumswohnungen aufgeteilt wird. Sie können im Prinzip dasselbe Strickmuster anwenden wie bei der Herstellung eines Gebäudes. Und so gehen Sie vor:

- Sie richten wieder zwei Konten ein, eines für Ihre Eigenmittel und eines, auf dem die Kredite für den Erwerb eingezahlt werden.
- Bereits im Notarvertrag wird der insgesamt vereinbarte Kaufpreis rechnerisch auf die selbstgenutzte Wohnung und den vermieteten Teil der Immobilie aufgeteilt. Wenn dabei nicht gerade völlig unrealistische Maßstäbe angelegt werden, wird das Finanzamt dieser Aufteilung folgen.
- Die Bezahlung erfolgt dann wieder in zwei Teilbeträgen:
  Den Kaufpreisanteil für die vermietete Wohnung überweisen Sie mit dem Verwendungszweck *»Teilkaufpreis Wohnung I. OG«* von Ihrem Darlehenskonto auf das Notaranderkonto. – Den Kaufpreisanteil für die selbstgenutzte Wohnung überweisen Sie von Ihrem Eigenmittelkonto und einen evtl. Restbetrag vom Darlehenskonto – jeweils mit dem Verwendungszweck *»Teilkaufpreis Wohnung Erdgeschoss«*.

Dass der Notar später dem Verkäufer den gesamten Kaufpreis von seinem Notaranderkonto in einer Summe überweist, ist für Ihre Zuordnung nicht schädlich.

Sie müssen sich bei diesen Tricks auch keine Gedanken machen, dass der Fiskus Ihnen mit Umgehung oder Gestaltungsmissbrauch kommt. Nach einigem Zögern haben Sie nämlich den obersten fiskalischen Segen erhalten (BMF-Schreiben v. 16.4.2004 – BStBl 2004 I S.464).

Herrenmenschen sind in der Regel
weder Herren noch Menschen.
(W. Mitsch)

XII. Sonstige Einkünfte (Renten, Unterhalt, Spekulationsgewinne)

Mit den sonstigen Einkünften sind wir bei der letzten, der siebten Einkunftsart angelangt (§ 22 EStG). Die hier aufgeführten Einkünfte gehören aber nur dann in diese Einkunftsart, wenn sie nicht in eine der vorangehenden einzureihen sind. **846**

Sonstige Einkünfte sind:

- Einkünfte aus wiederkehrenden Bezügen (§ 22 Nr. 1 EStG), insbesondere Renten und Vorteile, bei denen der zur Zahlung Verpflichtete den Ertragsanteil (Renten) oder die gesamten Zahlungen (dauernde Lasten) als Sonderausgaben abziehen kann (➤ Rz 533 ff.);
- Einkünfte aus Unterhaltsleistungen (§ 22 Nr. 1 a EStG), soweit sie beim Geber als Sonderausgaben abziehbar sind (➤ Rz 526 ff.);
- Einkünfte aus privaten Veräußerungsgeschäften (Spekulationsgeschäfte) (§ 22 Nr. 2 EStG);
- Einkünfte aus Leistungen (§ 22 Nr. 3 EStG), soweit sie mindestens 256 € im Kalenderjahr betragen. Hierunter fallen insbesondere Liebeslohn, Bestechungsgelder, Schmiergelder, aber auch die Mitnahmegebühr für die Fahrt zur Arbeit und Einnahmen aus der Vermietung beweglicher Gegenstände;
- Abgeordnetenbezüge (§ 22 Nr. 4 EStG);
- Leistungen aus Altersvorsorgeverträgen (§ 22 Nr. 5 EStG).

1. Einkünfte aus wiederkehrenden Bezügen (Renten)

Ab welchem Betrag sind Rentner und Pensionäre steuerpflichtig?

1.1 Altersversorgung durch Rente

Die Steuer aus Renteneinkünften ist für die meisten Rentner schwer zu berechnen, wie aus vielen Schreiben meiner Leser hervorgeht. **847**
Steuerfrei sind unter anderem

- Renten aus der gesetzlichen Unfallversicherung, z.B. aus der Berufsgenossenschaft,

- Kriegs- und Schwerbeschädigtenrenten und
- Wiedergutmachungsrenten.

Die meisten Renten sind jedoch steuerpflichtig, vor allem

- Renten wegen Alters oder verminderter Erwerbsfähigkeit,
- Renten wegen Todes, die an Witwen und Waisen gezahlt werden,
- Renten aus einer betrieblichen Zusatzversicherung (Direktversicherung),
- Renten aus Lebensversicherungen.

848 Mit dem Alterseinkünftegesetz wurde die Besteuerung von Renten und Pensionen komplett neu geregelt. Kern dieser Neuregelung ist der schrittweise Übergang zur »nachgelagerten Besteuerung«. Auf der einen Seite werden die *Beiträge* zur gesetzlichen Rentenversicherung, zu berufsständischen Versorgungswerken und an private kapitalgedeckte Rentenversicherungen in der Endstufe bis zu 20.000 € (Ehegatten: 40.000 €) im Jahr abzugsfähig sein. Auf der anderen Seite werden diese Renten in voller Höhe besteuert. Die Altersvorsorgebeiträge sind seit 2005 abzugsfähig. Beginnend mit 60 % im Jahr 2005, steigt der Prozentsatz in einer Übergangszeit bis 2025 Jahr für Jahr um 2 %, bis 2025 schließlich 100 % abzugsfähig sind. In 2014 beträgt er somit 78 %, in 2015 80 % usw.

Renten aus solchen Basisaltersversorgungssystemen wie z.B. der

- gesetzlichen Rentenversicherung,
- berufsständischen Versorgungswerken,
- der landwirtschaftlichen Alterskasse und
- nach dem 31.12.2004 abgeschlossenen privaten kapitalgedeckten Leibrentenversicherungen (Rürup-Rente)

unterliegen seit 2005 mit einem Prozentsatz von mindestens 50 % der Besteuerung. Für Renten, die erstmalig ab 2006 gezahlt wurden bzw. werden, steigt der Prozentsatz bis 2020 Jahr für Jahr um jeweils 2 % und danach bis 2040 um je 1 %.

Das bedeutet, eine Rente mit Zahlungsbeginn in 2006 wird zu 52 %, mit Zahlungsbeginn in 2014 mit 68 % besteuert. Beginnt die Rentenzahlung in 2015, gilt ein steuerpflichtiger Rentenanteil von 70 %.

Wenn Ihnen in diesem Zusammenhang der Begriff »Kohorte« unterkommt, sind Sie nicht etwa bei Asterix und Obelix gelandet. Mit Kohorte bezeichnen die Fiskalritter die einzelnen Rentnerjahrgänge. Gehen Sie 2014 in Rente, gehören Sie zur »Kohorte 68«. Der Rentner, dessen Rente in 2015 zu laufen beginnt, gehört zur »Kohorte 70«.

Ganz besonders böse betroffen von der Anhebung der Besteuerungsanteile sind **Renten wegen Erwerbsunfähigkeit**, siehe dazu ➤ Rz 857.

Gut zu wissen: 849
Die Neuregelung führt zumindest noch für einige Rentnerjahrgänge nicht zwangsläufig dazu, dass Sie als Rentner ohne Wenn und Aber wieder Zwangsmitglied im Club der Steuerzahler sind oder werden. Eine Steuer ergibt sich nur, wenn Ihr Einkommen nach Hinzurechnung eventueller anderer Einkünfte, z.B. aus der Vermietung von Immobilien oder aus Kapitalanlagen, und nach Abzug aller Steuervergünstigungen und Abzüge, z.B. Sonderausgaben für Versicherungsbeiträge oder außergewöhnliche Belastungen, über dem Grundfreibetrag liegt.

Leider haben sich die Fiskalritter bei der Berechnung des Teils der Rente, der steuerfrei bleibt, eine ganz hinterlistige Gemeinheit ausgedacht. Steuerfrei bleibt in Wahrheit nämlich gar nicht ein bestimmter Prozentsatz, sondern ein fester Betrag, der sog. **Rentenfreibetrag**, den das Finanzamt im ersten vollen Rentenjahr auf der Basis des Kohortenprozentsatzes berechnet.

Angenommen, Sie beziehen schon seit Jahren Ihre Rente von der BfA. Als sog. 850
Bestandsrentner gehören Sie also zur »Kohorte 50 %«. Ausgangspunkt für die Berechnung Ihres steuerfreien Rentenbetrags, des **Rentenfreibetrags**, waren die Rentenzahlungen im Jahr 2005. Der Rentenfreibetrag wurde danach festgeschrieben und gilt nun auch in den folgenden Jahren.

Sind Sie nach 2005 in Rente gegangen, wird der Rentenfreibetrag immer auf der Basis des ersten vollen Rentenjahres berechnet. Sind Sie also z.B. in 2008 in Rente gegangen, wurde Ihr Rentenfreibetrag von der Jahresrente des Jahres 2009 berechnet und gilt unverändert seit 2010. Ja, Sie sehen das richtig: Selbst im Jahr 2014, 2015 oder 2020 wird immer nur der für das erste volle Rentenzahlungsjahr festgestellte Rentenfreibetrag abgezogen. Dabei stört sich der Fiskus nicht daran, dass in der Zwischenzeit Ihre Rente regelmäßig angepasst wird. Na, haben Sie den unverschämten Griff des Finanzministers in Ihr Geldsäckel bemerkt? Genau, durch diesen fiskalischen Hütchenspielertrick werden nämlich künftige Rentenerhöhungen samt und sonders zu 100 % in die Besteuerung einbezogen.

Beispiel
Sie beziehen seit Januar 2008 Rente aus der gesetzlichen Rentenversicherung. Im Januar 2008 betrug Ihre Rente 1.500 €. Damit haben Sie in den Jahren 2008 bis 2014 folgende Renten bezogen:

2008	18.099 €
2009	18.417 €
2010	18.637 €
2011 (West)	18.729 €
2012 (West)	19.026 €
2013 (West)	19.255 €
2014 (West)	19.440 €

Rentenbezug 2008	18.099 €		
./. Rentenfreibetrag	– 7.964 €		
Steuerpflichtiger Teil der Rente 56 % von 18.099 €	10.135 €	>	10.135 €
Rentenbezug 2009	18.417 €		
./. Rentenfreibetrag 44 % von 18.417 €	– 8.104 €		
Steuerpflichtiger Teil der Rente	10.313 €	>	10.313 €
Rentenbezug 2010	18.637 €		
./. Rentenfreibetrag	– 8.104 €		
Steuerpflichtiger Teil der Rente	10.533 €	>	10.533 €
Rentenbezug 2011	18.729 €		
./. Rentenfreibetrag	– 8.104 €		
Steuerpflichtiger Teil der Rente	10.625 €	>	10.625 €
Rentenbezug 2012	19.026 €		
./. Rentenfreibetrag	– 8.104 €		
Steuerpflichtiger Teil der Rente	10.922 €	>	10.922 €
Rentenbezug 2013	19.255 €		
./. Rentenfreibetrag	– 8.104 €		
Steuerpflichtiger Teil der Rente	11.151 €	>	11.151 €
Rentenbezug 2014	19.440 €		
./. Rentenfreibetrag	– 8.104 €		
Steuerpflichtiger Teil der Rente	11.336 €	>	11.336 €

Wie Sie sehen, werden Rentenanpassungen – in diesem Beispiel die der Jahre 2009 – 2014 – von insgesamt 1.201 € in voller Höhe und nicht etwa nur mit 56 % – oder je nach Kohorte auch mehr – der Besteuerung unterworfen.

WICHTIGER HINWEIS

Bei Ihren regelmäßigen Rentenanpassungen wird der Rentenfreibetrag zwar nicht neu berechnet, geht Ihre Rente aber unplanmäßig nach oben oder unten, sieht die Sache anders aus. Dann nämlich muss das Finanzamt Ihren Freibetrag neu berechnen. Das passiert z.B., wenn Ihre Rente wegen der Anrechnung anderer Einkünfte hochgesetzt wird. Bestehen Sie in einem solchen Fall darauf, dass die Anpassung nicht als regelmäßige anzusehen ist und Ihnen deshalb ein entsprechend höherer Rentenfreibetrag zusteht.

SUPER TRICK

Konservieren Sie für einen Teil Ihrer Rente den günstiger besteuerten Ertragsanteil!

50 % und mehr Ihrer Rente versteuern zu müssen ist an sich schon recht uner- 851
freulich. Wenn Sie als Selbständiger, Freiberufler oder Mitglied in einem berufsständischen Versorgungswerk Beiträge in die Versorgungskasse oder über eine Höherversicherung in die gesetzliche Rentenversicherung eingezahlt haben, die deutlich höher waren als die Höchstbeiträge zur gesetzlichen Rentenversicherung, ist das noch viel ärgerlicher. Ihnen stand regelmäßig keine Entlastung durch einen steuerfreien Arbeitgeberanteil zur Rentenversicherung zu, und der Abzug Ihrer Beiträge als Sonderausgaben war häufig nicht sehr ergiebig. Was kommt also bei dem ganzen Spaß heraus? In der Ansparphase konnten Sie kaum etwas absetzen, aber jetzt, wo Sie kassieren, sollen Sie einen Riesenbatzen Ihrer Altersbezüge versteuern. Natürlich werden Sie das nicht so ohne weiteres hinnehmen. Dafür haben Sie schließlich mein Buch gekauft.

»Öffnungsklausel« heißt die magische Formel, mit der Sie die Besteuerung Ihrer Rente auf ein erträgliches Maß zurechtstutzen können. Und so funktioniert das:

Der Teil Ihrer Rente, der auf Beiträgen beruht, die Sie über den Höchstbeitrag der gesetzlichen Rentenversicherung hinaus gezahlt haben, wird mit den niedrigen Ertragsanteilen lt. ➤ Rz 854 besteuert. Nur der Rest fällt unter die Kohortenbesteuerung. Voraussetzung ist, dass Sie bis zum 31.12.2004 in mindestens zehn Jahren Beiträge über dem Höchstbeitrag zur gesetzlichen Rentenversicherung gezahlt haben. Die Jahre müssen übrigens nicht zusammenhängen.

Trifft das auf Sie zu, stellen Sie im ersten Jahr, in dem Sie Rente beziehen, beim Finanzamt den Antrag auf gesplittete Versteuerung Ihrer Rente durch Anwendung der Öffnungsklausel in § 22 Nr. 1 S. 3 EStG. Zum Nachweis, dass Sie die Voraussetzungen erfüllen, bitten Sie Ihre Rentenzahlstelle um eine Bestätigung der Beitragsjahre mit Beiträgen über dem jeweiligen gesetzlichen Höchstbeitrag.

Angenommen, von Ihrer Rente in Höhe von 2.400 €, die Sie seit dem 1.1.2008 erhalten, beruhen 25 % auf dem erhöhten Beitrag. Dann ergibt sich folgendes Bild:

Rententeil 1 (Kohortenbesteuerung)
2.400 €, davon 75 % = 1.800 € × 12 Monate × 56 %

Steuerpflichtiger Teil = 12.096 €

Rentenanteil 2 (Ertragsanteil)
2.400 €, davon 25 % = 600 € × 12 Monate × 18 %

Steuerpflichtiger Teil =	1.296 €
Insgesamt steuerpflichtig	13.392 €
Ohne Antrag steuerpflichtig 2.400 € × 12 × 56 %	16.128 €
Differenz	2.736 €

Je nach Steuersatz macht das eine jährliche Ersparnis von 445 € bis 1.335 €, und das Jahr für Jahr bis zu Ihrem Lebensende.

WICHTIGER HINWEIS

Kontrollsystem des Fiskus für alle Rentner

852 Der Überwachungsstaat wird immer weiter ausgebaut. Nicht nur dass der Fiskus alle Ihre im Inland geführten Konten mit erzwungener Hilfe durch die Banken in einer Datenbank speichert, ihm fast alle EU-Staaten Ihre im Ausland kassierten Zinsen mitteilen, bekommt das Finanzamt von Ihrem Rentenversicherungsträger auch Jahr für Jahr eine **Rentenbezugsmitteilung**, in der haarklein jeder Cent aufgeführt ist, den Sie als Rente bekommen. Dank dieser Rentenbezugsmitteilungen kommt selbst der faulste und dümmste Fiskalritter dahinter, dass Sie mit Ihren Einkünften steuerpflichtig sind. Da Sie ja kein Steuerexperte sind und bisher nur deshalb keine Steuererklärung eingereicht haben, weil Sie der festen Meinung waren, Sie müssten als Rentner keine Steuern zahlen, darf Sie das Finanzamt nicht der Steuerhinterziehung bezichtigen. Stellen Sie sich im Zweifel ruhig dümmer, als die Polizei erlaubt.

Die steuerpflichtigen Teile der Rente (Besteuerungsanteil) können Sie folgender Tabelle entnehmen.

853 **Besteuerungsanteiltabelle für Leibrenten**

Jahr des Rentenbeginns	Besteuerungsanteil in v.H.
bis 2005	50
2006	52
2007	54
2008	56
2009	58
2010	60
2011	62
2012	64
2013	66
2014	68

Diese hohen Ertragsanteile gelten allerdings nur für Renten aus

- der gesetzlichen Rentenversicherung, auch für Erwerbs- und Berufsunfähigkeitsrenten,
- der landwirtschaftlichen Alterskasse,
- berufsständischen Versorgungswerken, z.B. der Rechtsanwalts-, Ärztekammern etc.,
- privaten kapitalgedeckten Rentenversicherungen, die ab dem 60. Lebensjahr eine Rente zahlen und deren Beiträge als Altersvorsorgeaufwendungen bei den Sonderausgaben abgezogen werden können und die nach dem 31.12.2004 abgeschlossen wurden.

Bei Renten, die nicht in die o.g. Kategorien fallen, gelten folgende günstigere Ertragsanteile. Diese können ebenfalls angewendet werden, soweit eine Rente auf Beiträgen beruht, die unter die Öffnungsklausel fallen (➤ Rz 851). **854**

Ertragsanteiltabelle

Bei Beginn der Rente vollendetes Lebensjahr des Rentenberechtigten	Ertrags-anteil in v.H.	Bei Beginn der Rente vollendetes Lebensjahr des Rentenberechtigten	Ertrags-anteil in v.H.
0 bis 1	59	19 bis 20	50
2 bis 3	58	21 bis 22	49
4 bis 5	57	23 bis 24	48
6 bis 8	56	25 bis 26	47
9 bis 10	55	27	46
11 bis 12	54	28 bis 29	45
13 bis 14	53	30 bis 31	44
15 bis 16	52	32	43
17 bis 18	51	33 bis 34	42
35	41	63	20
36 bis 37	40	64	19
38	39	65 bis 66	18
39 bis 40	38	67	17
41	37	68	16
42	36	69 bis 70	15
43 bis 44	35	71	14
45	34	72 bis 73	13
46 bis 47	33	74	12
48	32	75	11
49	31	76 bis 77	10
50	30	78 bis 79	9
51 bis 52	29	80	8
53	28	81 bis 82	7
54	27	83 bis 84	6
55 bis 56	26	85 bis 87	5
57	25	88 bis 91	4
58	24	92 bis 93	3
59	23	94 bis 96	2
60 bis 61	22	ab 97	1
62	21		

Diese günstigen Besteuerungsanteile gelten unter anderem für folgende Renten:

- Renten aus privaten Leibrentenversicherungen (Lebensversicherungen), die vor 2005 abgeschlossen wurden,
- Kaufpreisrenten, z.B. aus dem Verkauf eines Hauses oder Betriebs auf Rentenbasis,
- Versorgungsrenten, die z.B. Ihre Kinder an Sie zahlen, nachdem Sie ihnen Ihr Vermögen vermacht haben,
- Renten aus pauschal besteuerten Direktversicherungen,
- Renten aus öffentlichen Zusatzversorgungskassen (z.B. der VBL, ZVK etc.).

TRICK

Erklären Sie Rentennachzahlungen richtig!

855 Eine Wohltat kommt selten allein, so sagt man. Haben Sie es geschafft, die Rente durchzukriegen, werden Sie auch noch mit einer dicken Nachzahlung überrascht.

Obendrein zeigt sich der Fiskus vernünftig, indem er die Nachzahlung nach der »Fünftel-Regelung« besteuert. Das bedeutet: Die Nachzahlung wird mit einem Fünftel angesetzt und die Steuer, die auf dieses Fünftel entfällt, dann mit fünf vervielfacht (§ 34 Abs. 1 EStG). Auf diese Weise wird der Steuerprogression die Spitze genommen. Damit es zu der ermäßigten Besteuerung kommt, müssen Sie das Formular Anlage R richtig ausfüllen.

Den Eigenanteil zur Kranken- und Pflegeversicherung tragen Sie in der Anlage Vorsorgeaufwand ein. Das sind 2014 8,2 % Krankenversicherung und der von Rentnern voll zu tragende Beitrag von 2,05 %/2,30 % zur Pflegeversicherung (erhöhter Satz für Kinderlose).

Doch nun spitzen Sie die Ohren: Haben Sie in den Vorjahren Kranken- oder Arbeitslosengeld bezogen, wurde dieses vielleicht mit der Rentennachzahlung verrechnet. Die Nachzahlung müssen Sie indessen mit dem vollen Betrag, also ungekürzt, eintragen. Dies führt dazu, dass die Steuerbescheide der Vorjahre berichtigt werden müssen, da sich das Kranken- und Arbeitslosengeld nachteilig auf die Höhe Ihrer Steuer ausgewirkt hat (Progressionsvorbehalt; § 32 b EStG). Was es damit auf sich hat, dazu mehr unter ➤ Rz 460.

Den Berichtigungsantrag für die Vorjahre stellen Sie unter Hinweis auf § 175 Abs. 1 Nr. 2 AO – Berichtigung wegen eines rückwirkenden Ereignisses.

856 Der Ertragsanteil von in der Laufzeit beschränkten privaten Renten, z.B. aus dem Kauf von Immobilien, ergibt sich aus folgender Tabelle:

Beschränkung der Laufzeit der Rente auf … Jahre ab Beginn des Rentenbezugs	Der Ertragsanteil beträgt vorbehaltlich der Spalte 3 … v.H.	Es ist der Ertragsanteil der Tabelle in ➤ Rz 854 maßgebend, wenn der Rentner zu Beginn des Rentenbezugs das …te Lebensjahr vollendet hatte
1	2	3
1	0	entfällt
2	1	entfällt
3	2	97
4	4	92
5	5	88
6	7	83
7	8	81
8	9	80
9	10	78
10	12	75
11	13	74
12	14	72
13	15	71
14 - 15	16	69
16 - 17	18	67
18	19	65
19	20	64
20	21	63
21	22	62
22	23	60
23	24	59
24	25	58
25	26	57
26	27	55
27	28	54
28	29	53
29 - 30	30	51
31	31	50
32	32	49
33	33	48
34	34	46
35 - 36	35	45
37	36	43
38	37	42
39	38	41
40 - 41	39	39
42	40	38
43 - 44	41	36
45	42	35
46 - 47	43	33
48	44	32
49 - 50	45	30
51 - 52	46	28
53	47	27
54 - 55	48	25
56 - 57	49	23
58 - 59	50	21

Beschränkung der Laufzeit der Rente auf … Jahre ab Beginn des Rentenbezugs	Der Ertragsanteil beträgt vorbehaltlich der Spalte 3 … v.H.	Es ist der Ertragsanteil der Tabelle in ➤ Rz 854 maßgebend, wenn der Rentner zu Beginn des Rentenbezugs das …te Lebensjahr vollendet hatte
1	2	3
60 – 61	51	19
62 – 63	52	17
64 – 65	53	15
66 – 67	54	13
68 – 69	55	11
70 – 71	56	9
72 – 74	57	6
75 – 76	58	4
77 – 79	59	2
ab 80	Der Ertragsanteil ergibt sich immer aus der Tabelle in ➤ Rz 854	

857 Erwerbs- und Berufsunfähigkeitsrenten aus der gesetzlichen Rentenversicherung unterliegen seit 2005 ebenfalls der Besteuerung nach dem Kohortenprinzip, während vor 2005 nur ein Minianteil – häufig unter 10 % – steuerpflichtig war. Ihr Besteuerungsanteil ergibt sich also ebenfalls aus der Tabelle in ➤ Rz 853.

Diese recht hohe Besteuerung greift aber nur für Erwerbs- bzw. Berufsunfähigkeitsrenten, die aus einem der Basisversorgungssysteme kommen, z.B. der gesetzlichen Rentenversicherung, den landwirtschaftlichen Alterskassen, berufsständischen Versorgungswerken oder einer Rürup-Rente. Entsprechende Renten aus privaten Versicherungen, z.B. reine Erwerbsunfähigkeitsversicherungen oder Rentenlebensversicherungen, die vor dem 1.1.2005 mit Erwerbsunfähigkeitszuschlag abgeschlossen wurden, werden dagegen mit den geringeren Ertragsanteilen lt. ➤ Rz 856 besteuert.

858 **Rentenbezüge, bis zu denen keine Einkommensteuer anfällt** (bei einem Eigenanteil zur Krankenversicherung von 8,2 %, Pflegeversicherung 2,05 %).

Unter Berücksichtigung des Grundfreibetrags von 8.354 €/16.708 € und der als Sonderausgaben abzugsfähigen Beiträge zur Kranken- und Pflegeversicherung für Rentner ergeben sich für 2014 abhängig vom Jahr des Rentenbeginns folgende steuerfreie Rentenbeträge im Jahr.

Rentenbeginn	Ledige €	Verheiratete €
2005	19.630	39.024
2006	18.821	37.415
2007	18.076	35.934
2008	17.467	34.723
2009	16.965	33.726
2010	16.639	33.079
2011	16.031	31.870
2012	15.564	30.941
2013	15.221	30.259
2014	14.700	29.099

Wenn weitere abzugsfähige Sonderausgaben wie Haftpflichtversicherungen, Kirchensteuern, Spenden etc. anfallen, erhöht sich der steuerfreie Rentenbetrag.

Liegen dagegen noch andere Einkünfte, etwa aus der Vermietung von Immobilien oder aus Zinsen, vor, verringert sich der steuerfreie Rentenbetrag.

Beziehen Sie eine private Rente, z.B. weil Sie Ihr Haus gegen Rente verkauft haben, ist sie ebenfalls nur mit dem Ertragsanteil (s. Tabelle ➤ Rz 854) zu versteuern. Bei einer Veräußerungsrente aus dem Verkauf Ihrer Firma haben Sie ein Wahlrecht: Entweder Sie versteuern nur den Ertragsanteil, den aber von Beginn an, oder Sie versteuern die Renteneinnahmen komplett, dies allerdings erst, wenn sie die Höhe des Kapitalkontos der Firma erreicht haben.

SUPER TRICK

Machen Sie aus 1.060 € steuerpflichtiger Rente 1.827 € abzugsfähige Ausgaben!

Als Rentner zahlen Sie jede Menge Versicherungsbeiträge, z.B. Haftpflicht- und 859
Unfallversicherung. Einen ganz dicken Batzen machen die Beiträge zur Kranken- und Pflegeversicherung aus. Zum Teil erhalten Sie zu Ihren Krankenversicherungsbeiträgen zwar einen steuerfreien Zuschuss des Rentenversicherungsträgers, den Rest zahlen Sie aber aus Ihren versteuerten Rentenzahlungen. Zum Glück. Denn ansonsten könnten Ihre Versicherungsbeiträge nicht als Vorsorgeaufwendungen abgezogen werden. So aber versteuern Sie von diesem Teil der Rente nur den Ertragsanteil von z.B. 58 % und können ihn in voller Höhe bei Ihren Vorsorgeaufwendungen unterbringen.

Beispiel
Bei einer Monatsrente von ca. 1.500 € belaufen sich Ihre Kranken- und Pflegeversicherungsbeiträge auf etwa 3.159 € im Jahr. Dafür bekommen Sie einen Zuschuss von etwa 1.314 €. Aus der eigenen Tasche bezahlen Sie also 1.845 €.

Als Vorsorgeaufwendungen abzugsfähige	
eigene Krankenversicherungsbeiträge	1.845 €
Steuerpflichtiger Ertragsanteil auf 1.845 € × 58 %	1.070 €
Zusätzlicher Vorteil aus den nicht versteuerten Restbeiträgen	775 €

Wie Sie sehen, haben Sie in diesem Fall buchstäblich mit der Wurst nach der Speckseite geworfen. Für jeden Euro Rente, der zur Zahlung Ihrer Krankenversicherung verwendet wird und den Sie versteuern, setzen Sie im Gegenzug fast den doppelten Betrag als Sonderausgaben ab.

1.2 Altersversorgung aus Pensionen

860 Stammt Ihre Altersversorgung nicht aus einer gesetzlichen Sozial- oder einer betrieblichen Zusatzversicherung, sondern von Ihrem früheren Arbeitgeber (Staats-, Dienstpension), müssen Sie sie als nachträglichen Arbeitslohn versteuern. Deshalb müssen Sie bei Ihrem früheren Arbeitgeber eine Lohnsteuerkarte abgeben und wird von der Pension Lohnsteuer einbehalten. Bei solchen Pensionen bleibt nur ein Versorgungsfreibetrag steuerfrei. Dasselbe gilt für Arbeitnehmer, die vorzeitig aus dem Erwerbsleben ausscheiden und hierfür von ihrem Betrieb für eine Übergangszeit Vorruhestandsgeld erhalten. Den Versorgungsfreibetrag gibt es in diesem Fall aber erst nach Vollendung des 63. Lebensjahres. Wenn Sie erst im laufenden Jahr 63 Jahre alt geworden sind oder Ihre Versorgungsbezüge nur einige Monate gezahlt wurden, ist Ihnen beim Lohnsteuerabzug ein Teil des Versorgungsfreibetrags entgangen. Der Versorgungsfreibetrag von früher 40 % Ihrer Versorgungsbezüge, max. 3.000 € wird bis 2040 stufenweise abgebaut – bis 2020 um 1,6, ab 2021 um 0,8 Prozentpunkte pro Jahr –, so dass ab 2040 Renten und Pensionen im Endeffekt in gleicher Weise voll besteuert werden.

In der Übergangszeit wird neben dem Grundversorgungsfreibetrag ein Zuschlag abgezogen. Im Gegenzug können Sie aber, obwohl Ihre Versorgungsbezüge nach wie vor Arbeitslohn sind, als Arbeitnehmerpauschbetrag nicht wie andere aktive Arbeitnehmer 1.000 € im Jahr, sondern wie ein Rentner nur noch 102 € absetzen.

WICHTIGER HINWEIS

Zweimal kassieren Sie im ersten Jahr Ihrer Pensionierung. Für die aktive Zeit steht Ihnen der Arbeitnehmerpauschbetrag mit 1.000 € voll zu, und für die Pension wird Ihnen zusätzlich der Pauschbetrag von 102 € abgezogen.

Der Prozentsatz, nach dem Ihr Versorgungsfreibetrag berechnet wird, der Höchstbetrag und der Zuschlag zum Versorgungsfreibetrag ergeben sich aus der folgenden Tabelle:

861 **Versorgungsfreibetrag**

Jahr des Versorgungsbeginns	Versorgungsfreibetrag in v.H. der Versorgungsbezüge	Höchstbetrag in Euro	Zuschlag zum Versorgungsfreibetrag
bis 2005	40,0	3.000	900
2006	38,4	2.880	864
2007	36,8	2.760	828
2008	35,2	2.640	792
2009	33,6	2.520	756
2010	32,0	2.400	720

Jahr des Versorgungsbeginns	Versorgungsfreibetrag in v.H. der Versorgungsbezüge	Höchstbetrag in Euro	Zuschlag zum Versorgungsfreibetrag
2011	30,4	2.280	684
2012	28,8	2.160	648
2013	27,2	2.040	612
2014	25,6	1.920	576
2015	24,0	1.800	540

Die Berechnung des Versorgungsfreibetrags erfolgt während der gesamten Laufzeit bis 2040 unverändert auf folgender Basis:

- Versorgungsbeginn vor 2005
  = Versorgungsbezug für Januar 2005 × 12
  + Weihnachtsgeld und andere Sonderzahlungen mit Rechtsanspruch.
- Versorgungsbeginn ab 2005
  = Versorgungsbezug für den ersten vollen Zahlungsmonat × 12
  + Weihnachtsgeld und andere Sonderzahlungen mit Rechtsanspruch.

Bis 2040 eintretende normale Steigerungen Ihrer Versorgungsbezüge bleiben bei der Berechnung unberücksichtigt.

GUTER RAT

Wenn sich Ihre Versorgungsbezüge dagegen außergewöhnlich ändern, weil bestimmte Regelungen zur Anrechnung anderer Einkommensteile, zur Berücksichtigung von Ruhezeiten oder andere außerordentliche Kürzungen oder Erhöhungen zum Tragen kommen, wird eine Neuberechnung Ihrer maßgebenden Versorgungsbezüge durchgeführt.

1.3 Noch steuerbegünstigte Alterseinkünfte

Neben dem Versorgungsfreibetrag können Sie während einer Übergangszeit 862
einen **Altersentlastungsbetrag** in Anspruch nehmen. Das ist ein bestimmter Prozentsatz der Summe aus Ihrem aktiven Arbeitslohn (ohne Versorgungsbezüge) zzgl. der positiven Summe Ihrer anderen Einkünfte ohne Renten und Abgeordnetenbezüge. Voraussetzung für seinen Abzug ist aber, dass Sie vor Beginn des Kalenderjahres Ihr 64. Lebensjahr vollendet haben. Das ist der Fall, wenn Sie spätestens am 1. 1. des jeweiligen Jahres Ihren 64. Geburtstag feiern. Für 2014 können also alle Steuerzahler den Altersentlastungbetrag beanspruchen, die am 1.1.1950 oder früher geboren sind.

Wie der Versorgungsfreibetrag wird der Altersentlastungsbetrag bis 2040 nach und nach abgebaut. Die für seine Berechnung maßgebenden Werte ergeben sich aus der folgenden Tabelle:

Altersentlastungsbetrag

Das auf die Vollendung des 64. Lebensjahres folgende Kalenderjahr	in v.H. der Einkünfte	Höchstbetrag in Euro
2005	40,0	1.900
2006	38,4	1.824
2007	36,8	1.748
2008	35,2	1.672
2009	33,6	1.596
2010	32,0	1.520
2011	30,4	1.444
2012	28,8	1.368
2013	27,2	1.292
2014	25,6	1.216
2015	24,0	1.140

Beispiel für Renten- und Pensionsbezüge 2015

Geboren 1.7.1939. Rente von der Bundesversicherungsanstalt 7.529 € [= ursprüngliche Rente im Jahr 2005 von 7.000 € zzgl. Rentenerhöhung zum 1.7.2007 um 0,54 %, zum 1.7.2008 um 1,1 %, zum 1.7.2009 um 2,41 % (West)/3,38 % (Ost), zum 1.7.2011 um 0,99 %, zum 1.7.2012 um 2,18 % (West)/2,26 %(Ost), zum 1.7.2013 um 0,25 % (West)/3,29 % (Ost) und zum 1.7.2014 um 1,67 % (West)/2,53 %(Ost)]. Staatspension jährlich 16.750 €. Unfallrente jährlich 1.440 €. Kriegsbeschädigtenrente monatlich 240 €. Einkünfte aus gelegentlicher Vermittlungsprovision 175 €. Zinsen für Festverzinsliche 2.100 €. Zinsen vom Sparbuch des Ehepartners 35 €. Dividenden aus Aktienbesitz 50 €.

Gewinn aus Aktienverkauf 450 €. Einkünfte aus Hausbesitz 1.260 €.

Unfallrente (bleibt völlig steuerfrei)			0 €
Kriegsbeschädigtenrente (ebenfalls steuerfrei)			0 €
Pension	16.750 €		
./. Versorgungsfreibetrag 40 %, max.	– 3.900 €		
./. Arbeitnehmerpauschbetrag für Versorgungsbezüge	– 102 €		
Verbleiben	12.748 €		> 12.748 €
Zinsen insgesamt	2.135 €		
Dividende	50 €		
Summe	2.185 €		> 2.185 €
./. Sparerpauschbetrag	– 1.602 €		
Verbleiben	583 €		> 583 €
Einkünfte aus Vermietung			1.260 €
Rente 2014 (Rentenbeginn vor 2005)		7.601 €	
./. Rentenfreibetrag (50 % von 7.000 €)		– 3.500 €	
./. Werbungskostenpauschbetrag		– 102 €	
Verbleiben		3.999 €	> 3.999 €

Einkünfte aus				
gelegentlicher Vermittlung		175 €		
./. Freigrenze		– 256 €		
Verbleiben		0 €	>	0 €
Spekulationsgewinn		450 €		
./. Freigrenze		– 511 €		
Verbleiben		0 €	>	0 €
Zwischensumme				20.775 €
./. *Altersentlastungsbetrag*, 40 % der Einkünfte aus Vermietung und Kapital, max. 1.900 €			–	727 €
Gesamtbetrag der Einkünfte				20.0048 €
./. Sonderausgaben, Vorsorgeaufwendungen	3.000 €			
Sonderausgabenpauschbetrag	72 €			
Summe	3.072 €		> –	3.072 €
Zu versteuerndes Einkommen				16.976 €
Steuer darauf				36 €
Anrechnung der Abgeltungsteuer				146 €
Steuererstattung				110 €

TRICK

Verdienen Sie sich als 65-Jähriger schnell 600 €!

Schneidern Sie Ihre persönlichen Verhältnisse auf die steuerlichen Bestimmungen zu, und zwar auf den *Altersentlastungsbetrag*, der allen über 64 Jahre alten Personen zugestanden wird. 863

Nehmen wir an, Sie sind 74 Jahre alt und beziehen eine Pension von jährlich	17.000 €
Haben daneben Vermietungseinkünfte von	10.000 €
Einkünfte aus Wertpapieren	5.000 €
dann wird der Altersentlastungsbetrag 2014 wie folgt berechnet: 40 % von 15.000 € = 6.000 €, max.:	1.900 €

Wenn Sie nun Ihrem ebenfalls 74-jährigen Ehepartner die Verwaltung Ihres Grundvermögens für jährlich 5.000 € übertragen und ihm Wertpapiere schenken, die einen Ertrag von jährlich 2.500 € erbringen, muss das Finanzamt so rechnen:

Altersentlastungsbetrag für Sie: 40 % der Einkünfte von 7.500 € = 3.000 €, max.	1.900 €
Altersentlastungsbetrag für Ihren Ehepartner:	1.900 €

Durch diese wundersame Verdopplung des Altersentlastungsbetrags sparen Sie rund 600 €.
Sind Sie erst nach 2005 64 Jahre alt geworden, verringert sich der Prozentsatz des Altersentlastungsbetrags geringfügig, der Steuervorteil ist aber nach wie vor erstklassig.

TIPP

für alle, die kurz vor der Rente oder Pensionierung stehen

864 … vor allem für höherverdienende Angestellte. Erwerben Sie Banksparbriefe oder Bundesschätzchen Typ B, deren Zinszuwachs erst im Jahr der Einlösung versteuert werden muss, obwohl rechnerisch ein jährlicher Zinszuwachs anfällt. Wenn Sie diese Sparbriefe oder Bundesschätzchen erst nach der Pensionierung einlösen, fällt für den Zinszuwachs max. die Abgeltungsteuer von 25 % an. Da die Renteneinkünfte nur z.T. steuerpflichtig sind, könnte es sogar sein, dass ihr individueller Steuersatz sogar unter 25 % liegt. In diesem Fall bekämen Sie einen Teil der Abgeltungsteuer erstattet, und die Steuerbelastung läge noch niedriger.

Die beste Regierung ist die,
welche gar nicht regiert.
(Henry David Thoreau)

1.4 Wie viel Sie als Rentner nebenbei verdienen dürfen, ohne Ihre Rente zu gefährden

865 Vielen reicht die Rente nicht aus, ein angemessenes Leben zu führen. Sie als Rentenempfänger suchen sie deshalb durch einen Zusatzverdienst aufzubessern. Doch Sie sträuben sich dagegen, ein reguläres Arbeitsverhältnis einzugehen, weil Sie – mit Recht – befürchten, dass Ihre Rente gekürzt werden könnte. Arbeitgeber haben nämlich nach den Vorschriften der Sozialgesetze und nach der Datenerfassungs- und Übermittlungsverordnung (DEÜV) bestimmte Meldepflichten zu erfüllen. Auch praktizieren die Behörden untereinander ein gut funktionierendes Meldesystem. Dies gilt trotz Steuergeheimnis auch für die Finanzämter (§ 31 a AO). Deshalb ist es gut zu wissen, ob und unter welchen Umständen Ihre Rente gefährdet ist, wenn Sie nebenbei etwas arbeiten.

Ungeschoren kommen Sie davon, wenn Ihr Zubrot bestimmte Hinzuverdienstgrenzen nicht überschreitet. Neben den allgemeinen Hinzuverdienstgrenzen gibt es individuelle. Diese sind abhängig vom versicherten Entgelt in den letzten drei Kalenderjahren, insbesondere bei Erwerbsunfähigkeit.

Ab dem 65. Lebensjahr bestehen keinerlei Hinzuverdienstgrenzen. Eine Kürzung Ihrer Rente brauchen Sie nicht zu befürchten.

Anders hingegen alle, die **vor dem 65. Lebensjahr** eine Rente beziehen. Für sie gelten unterschiedliche Hinzuverdienstgrenzen je nachdem, um welche Rente es sich handelt.

a) Vollrente wegen Alters ab 60 bzw. 63
Hinsichtlich des Hinzuverdienstes gilt die Grenze für geringfügig Beschäftigte.

Hinzuverdienstgrenze 2014

Vollrente wegen Alters	Lebensalter	Hinzuverdienstgrenze
• als langjährig Versicherter	ab 63	450 € monatlich
• als Schwerbehinderter	ab 63	
• nach Arbeitslosigkeit oder nach Altersteilzeitarbeit	ab 60	

b) Teilrente wegen Alters ab 60 bzw. 63
Es kann eine Rente von $^2/_3$, $^1/_2$ oder $^1/_3$ der Vollrente beantragt werden, wobei dieselben Altersgrenzen gelten wie unter a). Der Antrag auf Teilrente, also der Verzicht auf einen Teil der Vollrente, kann sinnvoll sein, weil Teilrentenbezieher der gesetzlichen Rentenversicherung unterliegen und die während des Teilrentenbezugs erworbenen Beitragszeiten später bei der Vollrente zusätzlich angerechnet werden. Zudem gelten höhere Hinzuverdienstgrenzen.

Rentenabschläge
Vorzeitig in Rente gehen und dann hinzuverdienen? Keine schlechte Idee, doch passen Sie auf, dass Sie die Rechnung nicht ohne den Wirt, d.h. die Rentenkasse, machen. In den letzten Jahren wurden die Altersgrenzen immer weiter angehoben, auch für Frauen. Inzwischen beträgt sie für alle Renten mindestens 65 Jahre. Unter bestimmten Voraussetzungen können die Altersrenten zwar nach wie vor grundsätzlich vor dem 65. Lebensjahr in Anspruch genommen werden, jedoch mit einem sog. Abschlag, genauer gesagt einer Kürzung.
Grundsätzlich gilt: Für jeden Monat der Inanspruchnahme einer Altersrente vor der Regelaltersgrenze wird die Rente um 0,3 % gekürzt. Wer z.B. als Arbeitsloser oder nach Altersteilzeitarbeit mit Geburtsjahrgang 1946 mit 60 Jahren vorzeitig in Rente ging, muss eine Kürzung von 60 Monaten × 0,3 % = 18 % hinnehmen.
Durch die Anhebung der Regelaltersgrenze für die Rente auf 67 Jahre ergeben sich in Zukunft höhere Abschläge. Erstmalig betroffen sind Rentner der Geburtsjahrgänge 1947 und jünger. So beträgt z.B. die Regelaltersgrenze für Personen des Geburtsjahrgangs 1953 65 Jahre und 7 Monate. Geht eine Arbeitnehmerin des Geburtsjahres 1953 im Jahr 2014, also im Alter von 61, in Rente, muss sie bereits 55 Monate à 0,3 % = 16,5 % als Rentenabschlag hinnehmen. Diese Kürzung soll aber für Personen unterbleiben, die mindestens 45 Beitragsjahre aufweisen können.

1.5 Wann bin ich bei einer Nebenarbeit von der Sozialversicherung befreit?

866 Wenn Sie als Rentner weiterhin arbeiten, ist es wichtig für Sie zu wissen, wann für Ihre Beschäftigung Sozialversicherungsbeiträge anfallen. Nach dem Motto »Gelobt sei, was kompliziert ist« hängt Ihre Sozialversicherungspflicht davon ab, welche Art von Rente Sie beziehen. Im Einzelnen gilt dabei Folgendes:

Berufsunfähigkeitsrente
Beziehen Sie eine Berufsunfähigkeitsrente, sind Sie zunächst wie jeder normale Arbeitnehmer sozialversicherungspflichtig. Allerdings entfällt für Sie die Arbeitslosenversicherung, wenn das Arbeitsamt festgestellt hat, dass Sie der Arbeitsvermittlung nicht mehr zur Verfügung stehen, weil Ihre Leistungsfähigkeit vermindert ist (§ 169 c Nr. 3 AFG).

Erwerbsunfähigkeitsrente
Als Bezieher einer Erwerbsunfähigkeitsrente sind Sie – mit Ausnahme der Arbeitslosenversicherung (§ 169 c Nr. 2 AFG) – grundsätzlich sozialversicherungspflichtig. Da Sie aber nur im Rahmen der Grenzen für sozialversicherungsfreie Geringverdiener hinzuverdienen können, ist die Frage der Sozialversicherungspflicht für Sie eher akademischer Natur. Liegt Ihr Arbeitsentgelt unter der Grenze von 400 €, gilt für Sie die Regelung für geringfügig Beschäftigte. Liegen Sie dagegen darüber, ist Ihre Erwerbsunfähigkeitsrente zum Teufel (§ 44 Abs. 2 SGB VI).

Altersruhegeld
Als weiterbeschäftigter Vollrentner sind Sie wie andere Arbeitnehmer kranken- und pflegeversicherungspflichtig. Mit der Rentenversicherung haben Sie jedoch nichts mehr am Hut, da Alters- oder Vollrentner stets rentenversicherungsfrei sind (§ 5 Abs. 4 SGB VI). Trotzdem muss Ihr Arbeitgeber seinen Beitragsanteil zur Rentenversicherung zahlen. Arbeitslosenversicherung fällt für Sie nicht mehr an, wenn Sie bereits im Rentenalter sind. Gleichwohl muss auch in diesem Fall Ihr Arbeitgeber in den sauren Apfel beißen und wie bei der Rentenversicherung den Arbeitgeberanteil leisten.

Solange Sie nur eine geringfügige Beschäftigung ausüben, zahlt Ihr Arbeitgeber für Sie 28 % Sozialversicherung. Allerdings müssen Sie als Rentner oder Pensionär Ihren Arbeitslohn versteuern (sofern Einkommensteuer anfällt). Was heißt geringfügig? Dazu lassen sich ausführlich und in bestem Amtsdeutsch die »Geringfügigkeits-Richtlinien« zu § 8 Sozialgesetzbuch aus.

Eine Beschäftigung ist demnach geringfügig, wenn sie entweder geringfügig entlohnt wird oder nur kurzfristig ist.

Eine geringfügig entlohnte Beschäftigung liegt vor, wenn der regelmäßige Arbeitslohn 450 € pro Monat nicht übersteigt.

Eine kurzfristige Beschäftigung wird ausgeübt, wenn die Beschäftigung auf längstens zwei Monate oder 50 Arbeitstage begrenzt ist.

Wichtig: Mehrere geringfügige Beschäftigungen sind zusammenzurechnen und müssen bei der Sozialversicherung angemeldet werden. Dazu einige Beispiele:

1. Sie sind Rentner und arbeiten 14 Stunden in der Woche für monatlich 250 €: Sie sind geringfügig beschäftigt, weil der Lohn 450 € pro Monat nicht übersteigt.
2. Sie beziehen als Rentner (ab 65 Jahre) ein Altersruhegeld von 1.000 € im Monat und sind 14 Stunden wöchentlich für 300 € beschäftigt:

Zahlbetrag der Rente	1.000 €
Arbeitsentgelt	300 €
Zusammen	1.300 €

Aufgrund der Minijobregelungen muss Ihr Arbeitgeber für Sie 28 % an die Bundesknappschaft entrichten, und Sie müssen – sofern Ihr Arbeitgeber nicht zusätzlich 2 % Pauschalsteuer abdrückt – den Hinzuverdienst ganz regulär versteuern. Es ergibt sich folgende Berechnung:

Arbeitslohn 12 × 300 =	3.600 €		
./. Arbeitnehmerpauschbetrag	– 1.000 €		
Verbleiben	2.600 €	>	2.600 €
Rente mit Ertragsanteil 12 × 1.000 × 50 % =	6.000 €		
./. Werbungskostenpauschbetrag	– 102 €		
Verbleiben	5.898 €	>	5.898 €
Summe der Einkünfte			8.498 €
./. Altersentlastungsbetrag, z.B. 40 %			– 1.440 €
./. Sonderausgabenpauschbetrag			– 36 €
Zu versteuerndes Einkommen			7.022 €
Einkommensteuer			0 €

Wenn Sie Ihrem Arbeitgeber Ihre Steuerkarte vorlegen, wird bei Steuerklasse I keine Belastung für Sie entstehen, und Ihr Arbeitgeber spart sich die 2 % Pauschalsteuer.

3. Sie arbeiten bei zwei Arbeitgebern:

Sie arbeiten	Fall A	Fall B
bei Arbeitgeber 1	für 110 €	für 220 €
bei Arbeitgeber 2	für 100 €	für 250 €
Summe	210 €	470 €

Im Fall A sind Sie in beiden Beschäftigungen geringfügig beschäftigt, weil Ihr monatlicher Lohn 450 € nicht übersteigt. Im Fall B fallen in beiden Beschäftigungen Kranken- und Rentenversicherungsbeiträge an, weil die Lohngrenze von 450 € überschritten ist.

4. Sie arbeiten 14 Stunden in der Woche für einen Lohn von 430 € monatlich. Außerdem erhalten Sie ein Weihnachtsgeld von 360 €: Es fallen Kranken- und Rentenversicherungsbeiträge an, weil Ihr durchschnittlicher Monatslohn 450 € übersteigt (430 € × 12 = 5.160 € + Weihnachtsgeld 360 € = 5.520 €, davon $^1/_{12}$ = 460 €).
5. Sie arbeiten zusätzlich neben einer Hauptbeschäftigung regelmäßig als Aushilfe: Ihr Aushilfsjob bleibt geringfügig, wenn der Verdienst nicht über 450 €/ Monat liegt. Sind Sie privat versichert, entfällt die Krankenversicherungspauschale von 13 %.
6. Sie nehmen am 1.5. eine Beschäftigung als Urlaubsvertretung an, die am 15.6. beendet ist: Der Lohn beträgt monatlich 1.000 €. Die Beschäftigung ist kurzfristig und damit geringfügig, denn sie dauert nicht länger als zwei Monate. Somit besteht keine Sozialversicherungspflicht.

867 **Beitrags- und Entgeltgrenzen für die Sozialversicherung**

	West		Ost	
	2013	2014	2013	2014
Beitrag vom Arbeitsentgelt	%	%	%	%
Rentenversicherung	18,9	18,9	18,9	18,9
Arbeitslosenversicherung	3,0	3,0	3,0	3,0
Krankenversicherung	14,6	14,6	14,6	14,6
Sonderbeitrag zur Krankenversicherung[1]	0,9	0,9	0,9	0,9
Pflegeversicherung	2,05	2,05	2,05	2,05
Beitragsbemessungsgrenzen monatlich	€	€	€	€
Rentenversicherung	5.800,00	5.950,00	4.800,00	5.000,00
Arbeitslosenversicherung	5.800,00	5.950,00	4.800,00	5.000,00
Krankenversicherung	3.937,50	4.050,00	3.937,50	4.050,00
Pflegeversicherung	3.937,50	4.050,00	3.937,50	4.050,00
Versicherungspflichtgrenzen monatlich	€	€	€	€
am 31.12.2002 nicht Pflichtversicherte	3.937,50	4.050,00	3.937,50	4.050,00
Krankenversicherung	4.350,00	4.462,50	4.350,00	4.462,50
Entgeltgrenzen monatlich	€	€	€	€
Geringfügigkeit	450,00	450,00	450,00	450,00
Alleinige Beitragspflicht d. Arbeitgebers	325,00	325,00	325,00	325,00

[1] Sonderbeitrag geht voll zu Lasten des Arbeitnehmers.

2. Einkünfte aus Unterhaltsleistungen

Hoffentlich war Ihnen, als Sie die Anlage U Ihres Ex unterschrieben haben, klar, dass die Unterhaltsleistungen von Ihnen versteuert werden müssen (➤ Rz 526), soweit sie von Ihrem Ex als Sonderausgaben nach § 10 Abs. 1 Nr. 1 EStG abgezogen werden können (§ 22 Nr. 1 a EStG). Die Regelungen betreffen neben getrennt lebenden bzw. geschiedenen Ehepartnern nun auch Partner einer eingetragenen Lebenspartnerschaft, die getrennt leben bzw. deren Lebenspartnerschaft aufgelöst wurde. 868

Dies bedeutet für Sie:

1. Weil der Abzug als Sonderausgaben bei Ihrem Ex auf 13.805 € begrenzt ist, brauchen übersteigende Beträge von Ihnen nicht versteuert zu werden.
2. Ein Abzug als Sonderausgaben steht nur Steuerzahlern mit Wohnsitz oder gewöhnlichem Aufenthalt im Inland zu, also nur unbeschränkt steuerpflichtigen Personen. Lebt Ihr Ex im Ausland, brauchen Sie die Unterhaltsleistungen trotz unterschriebener Anlage U nicht zu versteuern.

GUTER RAT

Die beiden Beträge korrespondieren. Wenn Ihr Ex Ihnen seine Wohnung zur Nutzung überlassen hat und der Mietwert auf den Unterhalt angerechnet wird, brauchen Sie nicht den ganzen Mietwert zu versteuern. Denn steuerlich werden bei Ihrem Ex nur die von ihm getragenen verbrauchsabhängigen Kosten anerkannt (H 86 b EStH; BFH-Urt. v. 12.4.2000 – XI R 127/96; BFH/NV 2000 S. 1286). Das sind die Grundsteuern und die Gebühren für Heizung, Strom, Wasser, Müllabfuhr etc., nicht aber die Zinsen, die Abschreibung und die Versicherungskosten.

Berechnung der Einkünfte aus Unterhaltsleistungen
Von den Unterhaltsleistungen geht lediglich ein Pauschbetrag für Werbungskosten in Höhe von 102 € runter, den das Finanzamt automatisch abzieht (§ 9 a EStG). Es sei denn, Sie sind mit Ihrem Ex wegen der Unterhaltsleistungen im Streit und hatten Kosten für Rechtsberatung, Mahn- und Gerichtsverfahren. Sofern sie den Pauschbetrag übersteigen, können Sie sie absetzen.

WICHTIGER HINWEIS

Die Zustimmung zur Anlage U gilt auf jeden Fall bis auf Widerruf. Ein solcher Widerruf wirkt sich aber erst ab dem Folgejahr aus (BFH v. 8.2.2007 – XI B 124/06). Sind Sie betroffen, müssen Sie dem Unterhaltszahler den Widerruf also 869 rechtzeitig vor dem Jahreswechsel bekanntgeben. Sicherheitshalber sollten Sie auch dem Finanzamt rechtzeitig eine Durchschrift schicken.

Beachten sollten Sie außerdem, dass Sie dem Finanzamt gegenüber die Zustimmung nicht auf einen bestimmten Betrag beschränken können. Versteuern müssen Sie immer den Betrag, den der Zahlende als Sonderausgaben beantragt, natürlich max. 13.805 €. Wollen Sie weniger versteuern, gelingt das nur, wenn Sie das mit dem Ex schon in der Unterhaltsvereinbarung entsprechend festgelegt haben. Richtet sich der nicht danach, müssen Sie zivilrechtlich dagegen vorgehen. Das Finanzamt hängt sich in diesen Streit nicht hinein. Ganz im Gegenteil: Ihr Ex könnte rein theoretisch den Antrag auf Abzug von Unterhaltsleistungen sogar nachträglich erhöhen (BFH v. 28.6.2006 – BStBl 2007 II S. 5).

Aufgepasst: Versteuern müssen Sie den Unterhalt nur, wenn er beim Ex abgezogen wurde, das bedeutet, sich dort steuerlich auswirkt. Ist das einmal nicht der Fall, z. B. weil dessen Einkünfte so gering sind, müssen Sie auch keine Versteuerung hinnehmen (FG Köln v. 7.11.2007 – EFG 2008 S. 444).

3. Einkünfte aus privaten Veräußerungsgeschäften (§ 23 EStG)

870 Der Fiskus ist fest entschlossen, selbst für kleinste Vermögensvorteile den Steuersäckel aufzuhalten, so auch für Vorteile aus privaten Veräußerungsgeschäften, wenn sie mit dem Makel der **Spekulation** behaftet sind. Das ist der Fall, wenn der Zeitraum zwischen An- und Verkauf eine bestimmte **Frist** unterschreitet und der Gewinn im Kalenderjahr insgesamt über **512 €** beträgt.

Spekulationsfristen

Grundstücke, grundstücksgleiche Rechte (z. B. Erbbaurechte)	10 Jahre
Andere Wirtschaftsgüter, z. B. Autos, Kunstgegenstände, Antiquitäten, Sammlungen etc.	1 Jahr
Wenn Sie für die Gegenstände Abschreibungen beansprucht haben	10 Jahre

Zu Wertpapieren siehe ➤ Rz 872.

3.1 Spekulationssteuer bei Immobilienverkauf

871 Viele Häuslebauer, die ihre Ersparnisse in einer *vermieteten* Immobilie angelegt haben und diese verkaufen wollen, fallen aus allen Wolken, wenn sie hören, dass Spekulationssteuer anfallen könnte. Dabei ist Schummeln zwecklos, weil der Notar dem Finanzamt den Kaufvertrag zusendet. Eine Ausnahme von der Spekulationssteuer macht der Fiskus, wenn ein bislang *eigengenutztes* Haus verkauft wird.

TIPP

Zwei Varianten, die Sie vor Spekulationseinkünften verschonen!

1. Sie haben seit dem Kauf oder der Fertigstellung ununterbrochen selbst in der Immobilie gewohnt,
2. Sie haben zumindest im Jahr des Verkaufs und den beiden Vorjahren selbst darin gelebt.

Beispiel
Sie haben Ihr Einfamilienhaus am 15.10.2008 gekauft und zunächst vermietet. Am 20.12.2012 sind Sie dann selbst eingezogen. Am 10.2.2014 haben Sie das Haus verkauft, weil Sie aus beruflichen Gründen umziehen mussten.
Da Sie im Jahr des Verkaufs (2014) und in den beiden Vorjahren (2012 und 2013) selbst in dem Haus gewohnt haben, ist ein Gewinn aus dem Verkauf nicht steuerpflichtig.

3.2 Spekulationssteuer bei Aktiengeschäften

Spekulationsgewinne aus Wertpapieren fallen unter die Kapitaleinkünfte (§ 20 **872**
Abs. 2 EStG) und unterliegen generell der pauschalen Abgeltungsteuer von 25 % zzgl. Kirchensteuer und Solidaritätszuschlag.
Und: Gewinne sind grundsätzlich steuerpflichtig, unabhängig davon, ob Sie die Wertpapiere vier Wochen oder vier Jahre nach der Anschaffung verkaufen. Eine Spekulationsfrist gibt es nicht.
Allerdings gilt auch hier: Keine Regel ohne Ausnahme. Aus Vertrauensschutzgründen gilt der Wegfall der Spekulationsfrist nicht für Wertpapiere, die Sie vor Inkrafttreten des Unternehmenssteuerreformgesetzes, also vor dem 1.1.2009, erworben haben. Daher können Sie mit Ihren *Altpapieren* auch noch im Jahr 2015 oder 2020 steuerfreie Spekulationsgewinne erzielen.

Berücksichtigung von Altverlusten **873**
Trotz der Verlagerung der Wertpapierveräußerungsgeschäfte in den Bereich der Einkünfte aus Kapitalvermögen hat der Gesetzgeber für Altverluste aus privaten Veräußerungsgeschäften, die in der Zeit bis zum 31.12.2008 angefallen sind, eine Verrechnung mit Gewinnen aus Wertpapierverkäufen längstens bis zum **31.12.2013** geregelt.

3.3 Spekulationssteuer bei anderen Sachwerten

Nicht nur der Verkauf von Immobilien oder von Wertpapieren, auch der Ver- **874**
kauf anderer Sachwerte kann zu Spekulationseinkünften führen, wenn zwischen Kauf und Verkauf weniger als ein Jahr liegt.

Wenn Sie also innerhalb dieser Frist z.B. Kunstgegenstände oder -sammlungen etc. kaufen und verkaufen, verdient der Fiskus über die Besteuerung der privaten Veräußerungsgewinne mit.
Wenn Sie gar Gegenstände verkaufen, die Sie zuvor im Rahmen von Vermietungs- oder sonstigen Einkünften abgeschrieben haben, verlängert sich die Spekulationsfrist sogar auf 10 Jahre.
Der Gesetzgeber nimmt aber Gebrauchsgüter, sog. *Gegenstände des täglichen Bedarfs*, aus der Spekulationsbesteuerung generell aus. Waren Sie z.B. mit Ihrer neu angeschafften Stereoanlage nicht zufrieden und haben sie kurz nach dem Erwerb wieder verkauft, müssen weder Gewinne noch Verluste, die dabei entstanden sind, in der Steuererklärung angegeben werden.

Was sagt der Universitätsprofessor? Dieses: »Die Versteuerung von Zinsen ist eine Sache von Dummen und Skrupelhaften.«
(Prof. K. Tipke, Universität Köln)

XIII. Kapitaleinkünfte

1. Versteuerung von Kapitaleinkünften (Abgeltungsteuer)

Die **Abgeltungsteuer** strebt eine möglichst einheitliche Besteuerung von Zinsen, Dividenden, Investmenterträgen, Zertifikatserträgen und Gewinnen aus der Veräußerung privater Kapitalanlagen an. **875**

Die Besteuerung erfolgt unmittelbar an der Quelle mit einem einheitlichen Quellensteuersatz von 25 % zzgl. Solidaritätszuschlag und Kirchensteuer. Unmittelbar an der Quelle heißt, dass die Abgeltungsteuer direkt von den Banken, bei denen die Kapitalanlagen gehalten werden, einbehalten und an das Finanzamt abgeführt wird. Für die Kapitalerträge gilt also ein ähnliches Verfahren wie bei der Lohnsteuer.
Wie schon der Name sagt, wird durch diese Quellensteuer die Steuer auf die entsprechenden Erträge abgegolten. Sie werden daher – von wenigen Ausnahmen abgesehen – nicht mehr im Rahmen der Einkommensteuerveranlagung miterklärt.

Um die Kapitalerträge möglichst umfangreich besteuern zu können, hat der Fiskus die Anlagen, die zu Einkünften aus Kapitalvermögen führen, deutlich ausgedehnt. Im Rahmen der Abgeltungsteuer werden folgende Anlagen erfasst:

- Dividenden **876**
  Dividenden und ähnliche Gewinnausschüttungen für Anlagen im Privatvermögen unterliegen zu 100 % der Besteuerung. Das Halbeinkünfteverfahren, nach dem Dividenden früher nur zu 50 % besteuert wurden, während die andere Hälfte steuerfrei war (§ 3 Nr. 40 EStG), gilt nicht mehr.
- Partiarische Darlehen und stille Beteiligungen
- Zinsen
  Dazu gehören auch Erträge aus Risikoanleihen und sog. Finanzinnovationen. Die Besteuerung erfasst somit auch alle laufenden Erträge aus reinen Spekulationsanlagen. Das gilt insbesondere für Erträge aus Zertifikaten, selbst wenn ein Ertrag oder die Rückzahlung der Anlage garantiert wird.
- Zinsen vom Finanzamt aus Steuererstattungen
- Stillhalterprämien (Erträge aus Optionsgeschäften)
- Erträge aus Kapitallebensversicherungen
- Veräußerungen von Lebensversicherungen

- Veräußerungsgewinne mit Anteilen an Kapitalgesellschaften
- Versteuert wird der Gewinn aus Veräußerungen von allen Anteilen, die nach dem 31.12.2008 erworben wurden, unabhängig von der Zeit zwischen Kauf und Verkauf.
- Gewinne aus der Rückgabe oder Veräußerung von Investmentanteilen
- Veräußerung und Abtretung von Dividenden- und Zinsansprüchen
  Der isolierte Verkauf von Dividendenscheinen ohne das Wertpapier selbst sowie die Veräußerung von Zinsscheinen oder Zinsforderungen bei festverzinslichen Wertpapieren ist steuerpflichtig.
- Termingeschäfte
  Dazu zählen vor allem Optionsgeschäfte, Swaps, Devisentermingeschäfte, Forwards, Futures etc.

877 **Ausnahmen von der Abgeltungsteuer**
Manche Kapitalerträge müssen Sie trotz Abgeltungsteuer in der Einkommensteuererklärung angeben. Dabei sind zwei Gruppen zu unterscheiden.

Gruppe I: Erfassung in der Einkommensteuererklärung und Besteuerung mit einem pauschalen Steuersatz von 25 %
Wenn Ihr Kapital nicht bei einem im Inland ansässigen institutionellen Anlageinstitut angelegt ist, kann kein Quellensteuerabzug vorgenommen werden. Die Kapitalerträge müssen Sie dann wie bisher in Ihrer Einkommensteuererklärung angeben. Dort werden Sie allerdings nicht mit dem übrigen Einkommen zusammen versteuert, sondern unterliegen nur einer Einkommensteuer in Höhe des Abgeltungsteuersatzes von 25 %. Ist Ihr persönlicher Steuersatz niedriger, wird nur dieser angewendet.

Zu den so zu besteuernden Anlagen gehören vor allem:
- Erträge aus Anlagen, die nicht in einem inländischen Depot liegen. Zinsen, Dividenden etc. aus Ihren Geldanlagen in Österreich, der Schweiz oder Luxemburg werden erst mit der Einkommensteuererklärung der deutschen Steuer unterworfen,
- Zinsen aus Privatdarlehen, wenn Sie z.B. einem Bekannten oder einem Angehörigen Geld geliehen haben und dieser die Zinsen steuerlich nicht abziehen kann.
- Erträge aus ausländischen thesaurierenden Investmentfonds.

Gruppe II: Erfassung in der Einkommensteuererklärung und Besteuerung zusammen mit den übrigen Einkünften
Außerdem gibt es Kapitaleinkünfte, die nach wie vor nicht der Abgeltungsteuer unterliegen, sondern zusammen mit den übrigen Einkünften des Steuerzahlers in der Einkommensteuerklärung erfasst werden müssen und dann dem jeweils persönlichen Steuersatz unterworfen werden.

Dazu zählen:

- Erträge aus nach dem 31.12.2004 abgeschlossenen Kapitallebensversicherungen, wenn die Erträge nur zur Hälfte bei der Steuer angesetzt werden.
- Kapitalerträge, bei denen die Anlage zum Betriebsvermögen eines landwirtschaftlichen Betriebs, eines Gewerbebetriebs oder einer selbständigen Tätigkeit rechnet. Ein ganz typischer Fall sind z.B. die Zinsen auf ein betriebliches Kontokorrentkonto oder Dividenden auf Aktien oder GmbH-Anteile im Betriebsvermögen. In diesem Fall werden dann auch 40 % der Erträge freigestellt (Teileinkünfteverfahren; tritt an die Stelle des bisherigen Halbeinkünfteverfahrens).
- Veräußerungsgewinne aus mindestens 1 %igen Beteiligungen an Kapitalgesellschaften.
- Erträge aus sog. Back-to-back-Finanzierungen, also aus einer Anlage, die Sie als Sicherheit für ein Betriebsdarlehen verpfändet haben.
- Laufende Erträge wie Zinsen und Dividenden, die an Anteilseigner von Kapitalgesellschaften mit mindestens 10 % Beteiligung gezahlt werden.
- Zinsen aus Privatdarlehen, wenn Sie z.B. einem Angehörigen Geld geliehen haben und dieser die Zinsen steuerlich als Betriebsausgaben oder Werbungskosten abziehen kann, weil er mit dem Darlehen z.B. eine vermietete Wohnimmobilie gebaut oder erworben hat.

Für Dividenden und Veräußerungsgewinne aus Aktien und Anteilen, die Sie im **878** Betriebsvermögen halten, gilt die Abgeltungsteuer nicht. Im Gegenzug dafür unterliegen diese Erträge dem »Teileinkünfteverfahren«. Dabei handelt es sich um eine Modifikation des Halbeinkünfteverfahrens, mit der Besonderheit, dass statt 50 % nur 40 % der Erträge steuerfrei sind. Im Gegenzug dafür können Sie allerdings auch nur 40 % der Kosten als Betriebsausgabe abziehen. Aus dem Halbeinkünfteverfahren ist somit ein 60-%-Verfahren geworden.

2. Sparerpauschbetrag

Kapitaleinkünfte bleiben dank des Sparerpauschbetrags bis zu einer Höhe von **879** 801 €/1.602 € (Alleinstehende/Verheiratete) steuerfrei.
Für Ehegatten gut zu wissen: Der Sparerpauschbetrag verdoppelt sich auch dann, wenn nur einer der Ehegatten Kapitalerträge bezogen hat.

Beispiel

	Ehemann	Ehefrau
Dividenden 5.000 €	5.000 €	–
Zinsen	–	200 €
Summe	5.000 €	200 €

Insgesamt (5.000 € + 200 € =)	5.200 €
./. Sparerpauschbetrag	– 1.602 €
Einkünfte, die der Abgeltungsteuer unterliegen	3.598 €

Nicht ausgeschöpfte Freibeträge fallen übrigens sang- und klanglos unter den Tisch.

TRICK

Schöpfen Sie die Freibeträge der Kinder aus!

880 Die steuerlichen Freibeträge machen es Ihnen schmackhafter, Ihren Kindern einen Teil Ihres Vermögens zu übertragen. Siehe dazu unbedingt ➤ Rz 727 ff.

3. Berechnung der Abgeltungsteuer (Kapitalertragsteuer)

881 Die Abgeltungsteuer beträgt 25 % des Kapitalertrags. Bemessungsgrundlage sind bei laufenden Kapitalerträgen die Bruttokapitalerträge.

Bei Veräußerungserlösen aus Wertpapieren ist es die Differenz zwischen Verkaufserlös und Anschaffungskosten sowie Veräußerungsnebenkosten. Wenn Sie Ihr Depot zu einer anderen Bank übertragen, hat die bisherige Bank der neuen Bank die Anschaffungskosten mitzuteilen. Sind diese nicht nachgewiesen, kommt die Ersatzbemessungsgrundlage zum Tragen. Sie beträgt 30 % der Einnahmen aus der Veräußerung oder Einlösung der Wertpapiere (§ 43a Abs. 2 Satz 7 EStG).

Dem Steuerabzug unterliegen die vollen Kapitalerträge ohne jeden Abzug (§ 43a Abs. 2 Satz 1 EStG). Im Kapitalertragsteuerabzugsverfahren werden allerdings folgende Sachverhalte berücksichtigt:

- Im Fall einer Kirchensteuerpflicht mindert sich die Kapitalertragsteuer um 25 % der auf die Kapitalerträge entfallenden Kirchensteuer. Die Kirchensteuer zur Kapitalertragsteuer ist gem. § 10 Abs. Nr. 4 EStG dann aber nicht als Sonderausgabe abziehbar.
- Anrechenbare ausländische Steuern.

TRICK

Kassieren Sie durch ein Baudarlehen an Ihre Kinder Zinseinnahmen ohne Abschlagsteuer!

Keiner hindert Sie daran, Ihr Geld in eigener Regie zu verwalten und zu verlei- 882
hen. Gehören Sie aber zu den Schlawinern, die Zinsen in der Steuererklärung nicht angeben, gehen Sie ein hohes Risiko ein, beim Finanzamt als privater Geldgeber aufzufallen. Denn: Meistens werden Ihre Kunden die Zinsen als Werbungskosten bei Vermietung und Verpachtung oder als gewerbliche Zinsausgaben absetzen. Und bei privater Geldvergabe schreiben die Finanzämter gern Kontrollmitteilungen. Dann sind Sie dran.
Benötigen aber Ihre Kinder Baugeld für ein Einfamilienhaus oder für eine Eigentumswohnung, sieht die Sache anders aus. Durch ein Baudarlehen an Ihre Kinder bringen Sie Ihr Geld lukrativ unter, und es fällt keine Zinsabschlagsteuer an. Auch Ihren Kindern ist geholfen, denn sie erhalten die Geldmittel zu günstigen Konditionen und ohne große Formalitäten und Nebenkosten. Für Sie bedeutet das natürlich, dass Sie die kassierten Zinsen in Ihrer Steuererklärung angeben müssen.

Also: Taucht die Immobilie in der Steuererklärung Ihrer Kinder auf, interessiert sich das Finanzamt so nebenbei für die Finanzierung, und wenn diese nicht plausibel belegt werden kann, wird das Finanzamt Fragen zur Herkunft der Geldmittel stellen. Darauf müssen Ihre Kinder vorbereitet sein.

4. Freistellungsauftrag

Soll die Bank bei der Auszahlung von Zinsen oder Dividenden auf die KapESt 883
verzichten, müssen Sie ihr einen Freistellungsauftrag erteilen. Er gilt zeitlich unbefristet bis zu seinem Widerruf. Entsprechende Formulare hält jede Bank bereit. Bis zur Höhe von 801 €/1.602 € (Alleinstehende/Ehegatten) bleiben Sie dann von der Abgeltungsteuer verschont (§ 44 b Abs. 1 EStG).

Steuerfalle bei mehr als einem Auftrag!
Haben Sie Konten bei mehreren Banken, können Sie Ihren Freibetrag nach Belieben aufteilen. Aber Achtung: Die Banken sind verpflichtet, dem Bundesamt für Finanzen die tatsächliche Höhe der Zinsen und Dividenden mitzuteilen, wodurch der Sachbearbeiter auf Anhieb erkennt, wenn eines seiner Schäfchen den Freibetrag überzogen hat.
Haben Sie keine Freistellung beantragt, ist nichts verloren. Denn die Zinsen und Dividenden werden zusammen mit den Abzugsteuern in der Steuererklä-

rung angegeben und die Abzugsteuern auf die Steuerschuld angerechnet, ggf. also voll erstattet.

Anrechnung bzw. Erstattung der Kapitalertragsteuer

Es sind also nur die Zinsen oberhalb der Freibeträge steuerpflichtig. Beträgt der persönliche Steuersatz bis 25 %, entsteht für die Zinsen kein Erstattungsanspruch, denn die Abgeltungsteuer beträgt ebenfalls 25 %. Liegt Ihr persönlicher Steuersatz unter 25 %, können Sie einen Teil der Abgeltungsteuer zurückerhalten, wenn Sie beantragen, die Einkünfte in die Veranlagung einzubeziehen.

Ausländer

Ein Steuerabzug ist auch vorzunehmen, wenn der Gläubiger der Kapitalerträge seinen Wohnsitz im Ausland hat. Hier greifen aber meistens Doppelbesteuerungsabkommen, die vorsehen, dass Einkünfte aus Kapitalvermögen vom Wohnsitzstaat zu versteuern sind, was zur Erstattung der KapESt führen muss. Steuerausländer können ihre Erstattungsansprüche beim Bundesfinanzminister geltend machen (§ 50 d EStG).

TIPP

zur richtigen Aufteilung der Freibeträge

884 Haben Sie Zinserträge oder Dividenden aus mehr als einer Bankverbindung, werden Sie den Freibetrag aufteilen müssen, sofern Sie ihn nicht bei einer Bank voll verbrauchen.
Schätzen Sie daher überschlägig ab, wie viel Sie bei den verschiedenen Banken an Zinsen oder Dividenden erwarten können. Haben Sie sich mal verkalkuliert, können Sie den Freistellungsauftrag jederzeit widerrufen oder ändern.

Damit Sie den Überblick behalten, machen Sie eine Aufstellung

Geldanlageform	Geschätzte Zinsen und Dividenden bei der	
	Bank A	Bank B
Sparbuch		
Festgeld		
Anleihen		
Bundesschatzbriefe		
Aktien		
Fondsanteile		
Summe		

Auch als Bausparer oder als Sparer nach dem Vermögensbildungsgesetz brauchen Sie weiterhin einen Freistellungsauftrag.

Beispiel

Saldo per 31.12.: 19.000 €

Zinsen	540 €
Abgeltungsteuer auf 540 €	– 135 €
SolZ darauf ca.	– 7 €
Zinsgutschrift ca.	398 €

Die Erstattung der einbehaltenen Steuer in Höhe von 142 € können Sie mit Hilfe Ihrer Einkommensteuererklärung beantragen. Die Steuern werden Ihnen ganz oder zum Teil erstattet, wenn Ihr persönlicher Steuersatz 0 % oder unter 25 % beträgt.

Achtung! Behalten Sie Ihre Freistellungsaufträge im Blick. Denn wenn Sie später einen weiteren erteilen und das Freistellungsvolumen überschreiten, haben Sie bald darauf Theater mit dem Finanzamt. 885

Als Ehegatten können Sie das gemeinsame Freistellungsvolumen von 1.602 € nach Belieben verbraten – egal, welcher Ehegatte die Zinsen erzielt, ob das Konto auf den Ehemann, die Ehefrau oder beider Namen läuft.

5. Nichtveranlagungsbescheinigung

Was der Freistellungsauftrag bewirken kann, kann die Nichtveranlagungsbescheinigung noch viel besser. Legen Sie eine solche Bescheinigung Ihrer Bank vor, sind alle Ihre Kapitalerträge in voller Höhe steuerfrei. Das Finanzamt stellt Ihnen auf Antrag eine solche Bescheinigung aus, wenn Sie nicht zur Einkommensteuer veranlagt werden, weil z.B. Ihr Einkommen den Eingangsbetrag der Steuertabelle (8.354 €/16.708 € Alleinstehende/Verheiratete) nicht erreicht (§ 44 Abs. 1 Nr. 2 EStG). 886

Dies trifft vielfach für Rentner zu, aber auch für andere Steuerzahler mit hohen Freibeträgen. Die Finanzämter erteilen die Nichtveranlagungsbescheinigung unter Vorbehalt des Widerrufs und für eine Zeitdauer von höchstens drei Jahren. Danach werden die Einkommensverhältnisse des Antragstellers neu durchleuchtet.

Und so wird gerechnet, wenn Sie z.B. 2014 in Rente gegangen sind:

Rentenbezüge 10.000 €, davon 68 %	6.800 €		
./. Werbungskostenpauschbetrag	– 102 €		
	6.698 €	>	6.689 €

Zinsen	5.000 €		
./. Sparerpauschbetrag	– 801 €		
Einkünfte aus Kapitalvermögen	4.199 €	>	4.199 €
Summe der Einkünfte			10.888 €
./. Altersentlastungsbetrag			
= 25,6 % der Zinseinkünfte, max. 1.216 €			– 1.075 €
Gesamtbetrag der Einkünfte			9.813 €
./. Vorsorgeaufwendungen Versicherungen			– 1.500 €
./. Sonderausgabenpauschbetrag			– 36 €
zu versteuerndes Einkommen			8.277 €
Steuer darauf			0 €

Ihr Einkommen liegt im Beispielfall unter dem Grundfreibetrag. Der Ausstellung einer Nichtveranlagungsbescheinigung für die nächsten drei Jahre steht also nichts im Weg.
Für Ehepaare liegen die Einkünftegrenzen deutlich höher, da sie den doppelten Sparerpauschbetrag und Sonderausgabenpauschbetrag erhalten, Vorsorgeaufwendungen mit deutlich höheren Beträgen abgezogen werden können und nicht zuletzt der Grundfreibetrag doppelt so hoch ist wie bei einem Alleinstehenden.

GUTER RAT

Haben Sie Ihr Geld bei verschiedenen Banken angelegt, benötigen Sie für jede eine Originalbescheinigung. Beantragen Sie deshalb beim Finanzamt gleich genügend Exemplare.
Kleiner Trost, wenn Ihr Ehepartner überraschend verstirbt: Im ersten Jahr nach seinem Tod haben Sie weiterhin den Splittingtarif. Als Sparerfreibetrag stehen Ihnen aber nur die 801 € für Alleinstehende zu. Bis zum nächsten Jahr sollten Sie dann Ihre Sparguthaben auf Kinder oder Enkelkinder verteilt haben, damit auch deren Freibeträge genutzt werden.

6. Zinsen und ähnliche Erträge

Gehören Sie zu denen, die ihre Zinsen pflichtgemäß erklären, so wie das Gesetz es verlangt? Dann müssen Sie sich einiges Grundsätzliches anhören.

887 **a) Zufluss der Zinsen**

Zinseinnahmen sind in dem Kalenderjahr zu versteuern, in dem sie zugeflossen sind (§ 11 EStG).

Zinsen aus Sparbüchern und Festgeldern, die zum Jahresende fällig werden, sind noch im alten Jahr zu versteuern, obwohl sie erst im neuen Jahr auf dem Konto erscheinen (§ 11 EStG; BMF-Schreiben v. 26.10.1992 – BStBl 1992 Teil I S. 693).

Zinsen aus abgezinsten Wertpapieren wie Bundesschatzbriefen Typ B oder ähnlichen Sparbriefen und Nullkuponanleihen ergeben sich aus dem Unterschied zwischen Erwerbspreis und Verkaufs- bzw. Einlösungspreis bei Fälligkeit. Sie sind erst im Zeitpunkt des Verkaufs bzw. der Einlösung zu versteuern (BFH v. 8.10.1991 – BStBl 1992 II S. 174; FG Hamburg v. 21.7.1992 – EFG 1992 S. 740).

GUTER RAT

Wer sich bald zur Ruhe setzen will und dann weniger zu versteuern hat, sollte **888**
sein Geld in abgezinsten Sparbriefen oder sog. Nullkupons, Zero-Bonds etc. anlegen. Die Zinsen daraus sind erst bei Fälligkeit in einigen Jahren oder bei vorzeitiger Rückgabe zu versteuern, weil sie steuerlich gesehen erst dann als zugeflossen gelten. Da Sie dann weniger Einkünfte haben, muss sich der Fiskus mit weniger Steuern auf die Zinsen zufriedengeben, wenn er nicht sogar völlig in die Röhre schaut.

b) Stückzinsen **889**

Viele Steuerzahler merken gar nicht, dass ihnen beim Kauf eines festverzinslichen Wertpapiers Stückzinsen in Rechnung gestellt bzw. beim Verkauf vergütet werden. Was hat es damit auf sich?

Werden festverzinsliche Wertpapiere gekauft, hat der Erwerber dem Verkäufer die bis dahin aufgelaufenen Zinsen, eben die Stückzinsen, zu vergüten. Hier spricht der Fiskus von negativen Einnahmen. Diese können im Kalenderjahr der Zahlung abgesetzt (H 20.2 EStH), d.h. mit – positiven – Zinseinnahmen oder Dividenden oder ggf. anderen Einkünften dieses Jahres oder späterer Jahre ausgeglichen werden (Stückzinstopf). Der Verkäufer muss die erhaltenen Stückzinsen versteuern. Die Bank behält Abgeltungssteuer ein.

Gut zu wissen: In Höhe der gezahlten Stückzinsen werden Zinseinnahmen von der Abgeltungssteuer freigestellt. Ihre Bank bildet dafür in Ihrem Depot eine Art Merkposten, den sog. »Stückzinstopf«. Wenn Ihnen dann Ihre Bank Zinsen auszahlt, rechnet sie diesen Merkposten zunächst so lange gegen, bis er rechnerisch verbraucht ist. Soweit die Zinsen mit dem Stückzinstopf verrechnet werden können, muss die Bank keinen Abschlag für die Zinsen einbehalten. Das gilt übrigens auch, wenn Sie Ihr Freistellungsvolumen schon bei anderen Geldanlagen verbraucht haben. Wie die Bank rechnet, zeigt das folgende

Beispiel
Ein Steuerzahler hat sein Freistellungsvolumen bereits voll ausgeschöpft und folgende Ausgaben und Einnahmen

		Topfinhalt	Zinsabschlag von Beträgen
am 15. 3. gezahlte Stückzinsen	3.000 €	3.000 €	
am 15. 5. vereinnahmte Zinsen	2.000 €	1.000 €	2.000 €
am 15. 7. vereinnahmte Zinsen	1.500 €	0 €	1.375 €

Dies zeigt: Der Steuerzahler hat am 15. 3. festverzinsliche Wertpapiere während des Zinslaufs gekauft und für die bis dahin bei dem Wertpapier aufgelaufenen Zinsen 3.000 € Stückzinsen gezahlt. In Höhe von 3.000 € bildet die Bank den Merkposten »Stückzinstopf« im Depot. Von den am 15.5. vereinnahmten Zinsen aus einem im Depot befindlichen Wertpapier in Höhe von 2.000 € ist keine Abgeltungsteuer einzubehalten, da die Bank die Zinsen zunächst mit den am 15.3. gezahlten Stückzinsen laut »Stückzinstopf« verrechnet. Es verbleiben nach dieser Zinszahlung noch nicht verrechnete Stückzinsen von 1.000 € im »Stückzinstopf«. Diese 1.000 € wiederum werden mit den am 15.7. vereinnahmten Zinsen von 1.500 € verrechnet. Aus dieser Zinszahlung bleiben daher noch 500 € übrig, die nicht mit früher gezahlten Stückzinsen verrechnet werden können. Dieser Betrag unterliegt nun der Abgeltungsteuer von 25 %.

Jeder Schäfer schert seine Schafe
nur einmal im Jahr.
Der Finanzminister aber mehrmals und
nimmt das Fell auch noch mit …
(Aus dem Stundungsantrag eines Landwirts)

890 **c) Wechselkursgewinne**
Alles, was dem Anleger irgendwie zum Vorteil gereicht, wird erbarmungslos besteuert. Dazu gehören auch sonstige Vorteile aus der Überlassung von Kapital (§ 20 Abs. 1 Nr. 7 EStG), wie z. B. gewisse Finanzinnovationen. Wechselkursgewinne hat der Fiskus ebenfalls mehrfach ins Visier genommen, doch dabei vom BFH eine Abfuhr erhalten (Urteil v. 24.10.2000 – BStBl 2001 II S. 97). Ein Wechselkursgewinn, der bei Zeichnung einer Auslandsanleihe erzielt wird, ist nicht steuerpflichtig, so der BFH. Sonst müssten ja auch Wechselkursverluste absetzbar sein. Im Urteilsfall hatte ein Sparer eine australische Dollaranleihe mit Euro gekauft und bei Verkauf wesentlich mehr Euro erhalten, als er gezahlt hatte, weil der Kurs des australischen Dollar stark gestiegen war.

891 **d) Zinsen aus Lebensversicherungen**
Zusätzlich zur Versicherungssumme fließen dem Versicherten Zinsen aus Sparanteilen zu. Das ist zunächst der garantierte Sparanteil, im Einzelfall weitere außerrechnungsmäßige Zinsen.

Zinsen aus Kapitallebensversicherungen, die vor dem 1.1.2005 abgeschlossen wurden, steuerlich als Sonderausgaben (Vorsorgeaufwendungen) förderungswürdig sind und eine Laufzeit von mindestens zwölf Jahren (§ 20 Abs. 1 Nr. 6 EStG) haben, sind steuerfrei.

Kapitallebensversicherungen, die ab 2005 abgeschlossen wurden oder werden, sind dagegen nicht mehr steuerfrei. Die Erträge aus der Versicherung (= Differenz aus Versicherungssumme und eingezahlten Beiträgen) sind grundsätzlich in voller Höhe steuerpflichtig. Die Steuerpflicht wird ausnahmsweise auf 50 % der Erträge reduziert, wenn die Versicherungssumme eine Mindestlaufzeit von zwölf Jahren hat und im Erlebensfall nicht vor Vollendung des 60. Lebensjahrs ausgezahlt wird. In diesem Fall werden die Erträge ab 2009 weiterhin im Rahmen der Einkommensteuerveranlagung mit dem individuellen Steuersatz besteuert.

e) EU-Zinsrichtlinie oder europaweite Zinsschnüffelei 892

George Orwell und der alles überwachende Große Bruder lassen schön grüßen. Mit der Zinsrichtlinie der Europäischen Union findet die Schnüffelei des Fiskus in Ihren Konten und Geldanlagen ihren vorläufigen Höhepunkt. Neben den EU-Staaten machen bei dieser Steuerzahlerhatz aber auch frühere Steueroasen mit, z.B. die Schweiz, Liechtenstein, Andorra, Monaco, San Marino, die Kanalinseln, die Niederländischen Antillen, die Virgin Islands und die bisher als Steuerfluchtburg schlechthin bekannten Cayman Islands.

Die Zinsrichtlinie soll eine effektive Besteuerung von Zinserträgen bei der Einkommensteuer sicherstellen: Banken in der EU und einigen anderen Staaten müssen dem deutschen Fiskus entweder sämtliche Zinszahlungen mitteilen, die ein deutscher Bürger auf Konten im Ausland kassiert, oder dem Anleger eine Quellensteuer von derzeit 15 % auf die Zinsen abknöpfen, die dann zwischen dem Staat, in dem die Bank sitzt, und Deutschland aufgeteilt wird.

Wen trifft die EU-Zinsrichtlinie?

Betroffen sind ausschließlich Privatpersonen mit ihren privaten Zinsen. Läuft die Geldanlage über eine Kapitalgesellschaft, z.B. eine GmbH oder eine Aktiengesellschaft, werden weder Informationen weitergegeben noch Quellensteuer abgezogen. Dasselbe gilt, wenn der Kontoinhaber eine Gesellschaft ist, die in Deutschland der Unternehmensbesteuerung unterliegt. Das sind vor allem die offene Handelsgesellschaft, Kommanditgesellschaft, GmbH & Co. KG oder die Gesellschaft bürgerlichen Rechts. Der Pferdefuß dabei: Eine Gesellschaft, die der Unternehmensbesteuerung unterliegt, braucht für die ausländische Bank eine ausdrückliche Bescheinigung ihres Finanzamts über die Besteuerung als Unternehmen. Indem sie diese Bescheinigung beantragt, teilt sie ihrem Finanzamt natürlich gleichzeitig mit, dass sie Konten im Ausland hat.

893 **Bankgeheimnis, aber Quellensteuer**

Für eine Übergangszeit hat ein Teil der Staaten sein Bankgeheimnis gerettet und verhindert die Weitergabe von Informationen an den deutschen Fiskus, indem bei der Zinszahlung eine Quellensteuer eingezogen wird. Diese für Steuerflüchtlinge etwas günstigere Variante praktizieren derzeit vor allem Österreich, Belgien, Luxemburg sowie die Schweiz, Liechtenstein, Andorra, Monaco, San Marino, die Kanalinseln, die Virgin Islands und die Niederländischen Antillen.

Die Quellensteuer, die Ihnen von den Zinsen aus diesen Staaten abgezogen wird, beträgt seit 2011 35 %.

WICHTIGER HINWEIS

Als ehrliche Haut, die schon seit Jahren brav die Zinsen aus Luxemburg oder Österreich in der Steuererklärung angegeben hat, dürfen Sie nicht vergessen, sich von Ihrer ausländischen Bank eine Steuerbescheinigung für die Quellensteuer zu besorgen. Die EU-Quellensteuer auf Zinsen muss Ihnen nämlich das Finanzamt genauso wie die deutsche Zinsabschlagsteuer auf die Einkommensteuer anrechnen, d.h., liegen Sie mit Ihren Zinsen unter den Freibeträgen, bekommen Sie die EU-Quellensteuer über den Einkommensteuerbescheid erstattet.

TRICK

Vermeiden Sie mit den richtigen Papieren die Quellensteuer!

Falls Sie sich von Ihrem Finanzamt eine Nichtveranlagungsbescheinigung ausstellen lassen (➤ Rz 886), beantragen Sie dort gleich noch eine »Bescheinigung zur Abstandnahme vom Quellensteuerabzug nach Artikel 13 der EU-Zinsrichtlinie«. In dem entsprechenden Antrag teilen Sie dem Finanzamt lediglich die Auslandskonten mit, auf denen Ihr Geld parkt. Mit der ebenfalls bis zu drei Jahre gültigen Bescheinigung haben Sie sozusagen eine amtliche Bestätigung Ihrer Steuerehrlichkeit. Sie schicken die Bescheinigung dann nur noch Ihrer ausländischen Bank, und die zieht postwendend keine Quellensteuer mehr ab, sondern schreibt Ihnen den vollen Zinsbetrag gut.

TRICK

Vermeiden Sie mit der richtigen Anlageart einen Quellensteuerabzug!

Von der EU-Quellensteuer bzw. den Schnüffelinformationen an Ihr Finanzamt 894
sind Sie ja nur betroffen, wenn das Geld auf Ihren Namen angelegt ist, während Kapitalgesellschaften oder Vereine nicht der EU-Zinsrichtlinie unterliegen. Achtung: Wenn Sie nicht gerade über ein Riesenvermögen verfügen, sollten Sie schnell das Weite suchen, wenn Ihnen jemand mit dem glorreichen Tipp kommt, eine GmbH oder AG zu gründen und Ihr Geld über diese im Ausland anzulegen. Die Kosten dafür sind unter dem Strich wahrscheinlich um ein Vielfaches höher als die eingesparte Quellensteuer. Aber Sie gehören ja ohnehin nicht zu den bösen Buben und Mädeln, die diesen Umweg der Geldanlage nur wählen, um die Auslandskonten vor dem Fiskus zu verstecken.
Für Sie als ehrliche Haut gibt es viel bessere Möglichkeiten, der Quellensteuer zu entgehen. Sie nutzen einfach den Umstand, dass die Quellensteuer nur von Zinsen, nicht aber von anderen Kapitalerträgen abgezogen wird. Also werden Sie einfach Geldanlagen wählen, die keine Zinsen abwerfen. Die banalste Möglichkeit ist, in Aktien oder Aktienfonds zu investieren, die Ihnen statt Zinsen Dividenden bescheren. Weitere Alternativen sind Papiere, bei denen Sie Ihre Zinsen nicht unmittelbar, sondern auf Umwegen über Kursgewinne kassieren.

Durch Gewinnmitnahmen ist noch keiner arm geworden.
(Alte Börsenweisheit)

7. Dividenden und Wertpapierveräußerungen

a) Dividenden 895

Seit Einführung der Abgeltungsteuer unterliegen Dividenden aus Aktien und Anteilen im Privatvermögen nicht mehr dem Halbeinkünfteverfahren. Die Abgeltungsteuer wird vielmehr auf den vollen Dividendenbetrag erhoben.

b) Veräußerungsgewinne 896

Veräußerungsgewinne unterliegen der Abgeltungsteuer – und zwar unabhängig davon, wie viel Zeit zwischen An- und Verkauf vergangen ist. Dies gilt für alle Wertpapiere, die Sie nach dem 1.1.2009 gekauft haben bzw. noch kaufen.
Die Bemessungsgrundlage für die Abgeltungsteuer auf Veräußerungsgewinne ist der Unterschiedsbetrag zwischen den Einnahmen aus der Veräußerung nach Abzug der Aufwendungen, die in unmittelbarem sachlichen Zusammenhang mit dem Veräußerungsgeschäft stehen, und den Anschaffungskosten. Hierbei kann sich auch ein Verlust ergeben.

Hatten Sie Ihre Wertpapiere in einem Depot mit sog. Girosammelverwahrung, so findet die Methode »first in, first out« weiterhin Anwendung. Das bedeutet, bei einem Verkauf wird unterstellt, dass Sie diejenigen Wertpapiere verkauft haben, die Sie zuerst erworben hatten. Hatten Sie in Ihrem Depot z.B. 1.000 Aktien von Siemens, die Sie zu verschiedenen Zeitpunkten gekauft hatten, und verkauften davon 200 Stück, gelten die 200 Aktien mit dem ältesten Kaufdatum als verkauft.
Zu berücksichtigen sind darüber hinaus Aufwendungen, die zu Anschaffungsnebenkosten führen, wie beispielsweise

- Ausgabeaufschläge bei Investmentfonds,
- Provisionen,
- Maklergebühren.

Zu den Aufwendungen, die in unmittelbarem sachlichen Zusammenhang mit dem Veräußerungsgeschäft stehen, zählen insbesondere Veräußerungskosten.

Ermittlungsschema:
Einnahmen aus der Veräußerung
./. Veräußerungsnebenkosten
./. Anschaffungskosten (inkl. Anschaffungsnebenkosten)
= Bemessungsgrundlage für die Abgeltungsteuer

Die Börse ist eine Mischung
aus Gier und Angst.
(Ein Spekulant)

8. Werbungskosten bei Kapitalvermögen – Was können Sie dem Fiskus unterjubeln?

897 Die Rechtslage in Bezug auf Werbungskosten bei Kapitaleinkünften ist so einfach wie unbefriedigend. Außer dem Sparerpauschbetrag von 801 €/1.602 (Ledige/Verheiratete) können Sie als Privatanleger keinerlei Werbungskosten zur Minderung der Abgeltungsteuer abziehen.

Wegen dieser Problematik ist ein Musterverfahren anhängig. Haben Sie Werbungskosten, z.B. hohe Depotgebühren, Vermögensverwaltungsgebühren oder Refinanzierungskosten für den Wertpapierkauf, legen Sie gegen den Nichtabzug Einspruch ein. Sie erhalten Schützenhilfe vom FG Baden-Württemberg (Urt. v. 17.12.2012 – 9 K 1637/10), das gegen das absolute Werbungskostenabzugsverbot entschieden hat. Da wegen der Rechtsfrage inzwischen auch ein Revisionsverfahren beim BFH anhängig ist (VIII R 13/13), kann Ihr Einspruch kostenfrei ruhen, bis der BFH für Klarheit sorgt.

Nicht Nachrichten machen Kurse,
sondern Kurse machen Nachrichten.
(Börsenguru Kostolany)

9. Wie komme ich im Alter gut über die Runden?

Die Spatzen pfeifen es seit langem von den Dächern: Die gesetzliche Alters- 898
rente wird schon in wenigen Jahren nicht mehr für eine ausreichende Altersversorgung genügen, weshalb sich jeder künftig eine zusätzliche Altersversorgung schaffen muss, d.h. zusätzliches Vermögen.

Aktien scheinen auf lange Sicht die beste Kapitalanlage. Warum das so ist, liegt auf der Hand: Die Wirtschaft entwickelte sich bisher stetig weiter, was sich in steigenden Kursen der großen Unternehmen niederschlägt. Der Konkurrenzkampf unter den Staaten, so die Analysten, finde in großen Kriegen als Wettbewerb auf wirtschaftlichem Gebiet statt, und das führe zu Wohlstand und steigenden Einkünften weltweit. Auch in Zukunft werde es Weltkriege wie früher nicht mehr geben. Die Produktivkräfte könnten sich nunmehr ohne Vernichtung von Vermögen durch Kriege frei entfalten. Ob das zutrifft oder ob uns nicht doch eine größere Wirtschaftskrise erreicht – wer weiß das schon? Und was in den Ländern passiert, wo unkluge Politiker ihre Bürger durch ständig höhere Abgaben immer ärmer machen, ist nicht abzusehen.

TRICK

Planmäßig blank, wenn Sie das Zeitliche segnen

Im Alter ganz bescheiden von den Zinsen zu leben, aber den Kindern ein Vermögen zu hinterlassen, kann nicht in Ihrem Interesse sein. Sie haben ihnen eine gute Ausbildung zukommen lassen und somit Ihre Pflicht getan. Im Übrigen sind sie inzwischen erwachsen und aller Wahrscheinlichkeit nach nicht auf ein Erbe angewiesen. Also sollte Ihre Vermögensplanung so aussehen, dass nach dem Tod des letztversterbenden Partners das Vermögen weitgehend aufgezehrt ist.

Entnahmetabelle
Wie lange reicht aber das Vermögen, wenn ich einen bestimmten Betrag entnehme? Die Antwort gibt die folgende Tabelle von John Hancock Insurance aus »Trachsler, Big Money«. Dabei kann der jährliche Entnahmebetrag zum Inflationsausgleich um 3 % erhöht werden. Die Entnahmedauer wird erheblich von der Anlagerendite beeinflusst.

Anlagerendite	3 %	4 %	**5 %**	6 %	7 %
Jahresbezug (in % des Kapitals)	Entnahmedauer				
12	8 Jahre	8 Jahre	8 Jahre	9 Jahre	9 Jahre
11	9 Jahre	9 Jahre	9 Jahre	10 Jahre	10 Jahre
10	10 Jahre	10 Jahre	10 Jahre	11 Jahre	12 Jahre
9	11 Jahre	11 Jahre	12 Jahre	13 Jahre	14 Jahre
8	12 Jahre	13 Jahre	14 Jahre	15 Jahre	16 Jahre
7	14 Jahre	15 Jahre	16 Jahre	18 Jahre	20 Jahre
6	16 Jahre	18 Jahre	**19 Jahre**	22 Jahre	25 Jahre
5	20 Jahre	22 Jahre	24 Jahre	29 Jahre	36 Jahre
4	25 Jahre	28 Jahre	33 Jahre	42 Jahre	

Die Tabelle zeigt mit den fettgedruckten Werten: Haben Sie **200.000 €** zu **5 %** angelegt und möchten jährlich 12.000 € entnehmen, also **6 %**, ist das Kapital nach **19 Jahren** aufgebraucht. Insgesamt haben Sie dann 228.000 € (= 12.000 € × 19 Jahre) zzgl. 3 % für Inflationsausgleich zur Verfügung gehabt.

10. Veranlagung trotz Abgeltungsteuer?

899 Die Abgeltungsteuer erfasst zwar eine große Zahl von Kapitaleinkünftefällen, trotzdem gibt es weiterhin Konstellationen, in denen die Kapitaleinkünfte im Rahmen der Einkommensteuererklärung erfasst und besteuert werden. Im Einzelnen wird unterschieden zwischen

- Pflichtveranlagung hinsichtlich der Einkünfte aus Kapitalvermögen,
- Wahlveranlagung hinsichtlich der Einkünfte aus Kapitalvermögen,
- einem gesonderten Tarif für Einkünfte aus Kapitalvermögen und die Anrechnung der ausländischen Steuern sowie
- der Besteuerung von Kapitalerträgen mit der normalen Tarifsteuer.

Pflichtveranlagung

Eine Pflichtveranlagung unter Einbeziehung Ihrer Kapitaleinkünfte erfolgt immer dann, wenn Sie Kapitalerträge erzielen, die nicht der Kapitalertragsteuer unterlegen haben. Zum Beispiel aus der Veräußerung von GmbH-Anteilen bei Beteiligungen unter 1 % oder ausländischen Zinseinkünften.

Sie müssen diese Einkünfte dann in Ihrer Einkommensteuererklärung angeben. Die Einkommensteuer auf diese Kapitaleinkünfte wird unabhängig von Ihren übrigen Einkünften mit dem pauschalen Abgeltungsteuersatz ermittelt und erhöht die Tarifsteuer auf Ihre übrigen Einkünfte.

Und so wird die Steuer auf die Einkünfte aus Kapitalvermögen berechnet:

Sie beträgt grundsätzlich 25 %. Allerdings werden bei der Berechnung auch eventuelle ausländische Quellensteuern und die Kirchensteuer berücksichtigt. Dafür gilt folgende Formel:

$$\text{Einkommensteuer auf Kapitaleinkünfte} = \frac{\text{Einkünfte} - 4 \times \text{anrechenbare ausländische Steuer}}{4 + {}^{1}/_{100} \text{ des Kirchensteuersatzes}}$$

Beispiel

Sie erzielten 2014 Einkünfte aus Kapitalvermögen aus einem Luxemburger Depot in Höhe von 10.000 €, die anrechenbare ausländische Quellensteuer beträgt 500 €.

Die Einkommensteuer auf Ihre Kapitaleinkünfte beläuft sich demnach auf (10.000 € – 4 × 500 €) ÷ (4 + 0,09) = 8.000 € ÷ 4,09 = 1.955 €. Die Kirchensteuer beträgt 1.955 € × 9 % = 175,95 €.

Wahlveranlagung

Für Kapitalerträge, die der Abgeltungsteuer unterlegen haben, haben Sie ein Wahlrecht. Sie können es bei der Abgeltungsteuer belassen oder die Einkünfte freiwillig im Rahmen Ihrer Veranlagung zur Einkommensteuer angeben. Damit können Sie für Sie günstige Umstände, die bei der Abgeltungsteuer nicht berücksichtigt werden, geltend machen. Eine solche Wahlveranlagung lohnt sich für Sie z. B. in folgenden Fällen:

- Sie haben bei der Abgeltungsteuer den Sparerpauschbetrag nicht ausgeschöpft.
- Abzugsfähige Verluste aus Kapitaleinkünften wurden bei der Abgeltungsteuer noch nicht berücksichtigt.
- Sie haben noch einen Verlustvortrag, der aus Kapitalanlagen herrührt.
- Ausländische Steuern sind noch nicht berücksichtigt worden.
- Sie haben als Rentner, Schüler oder Azubi ein so geringes Einkommen, dass die reguläre Einkommensteuer niedriger ist als die Abgeltungsteuer.

Wenn Sie eine Wahlveranlagung beantragen, führt das Finanzamt automatisch eine Günstigerprüfung zwischen Abgeltungsteuer und regulärer Einkommensteuer durch und rechnet die Abgeltungsteuer auf die Einkommensteuer an. Falls die reguläre Steuer für Sie günstiger ist, bekommen Sie die zu viel abgezogene Abgeltungsteuer erstattet.

Tarifliche Einkommensteuer für Einkünfte aus Kapitalvermögen

Bei folgenden Kapitalerträgen wird ohne Wenn und Aber immer die reguläre Einkommensteuer im Rahmen einer Einkommensteuerveranlagung festgesetzt und nicht die evtl. günstigere Abgeltungsteuer. Das bedeutet, dass sich Ihre Steuerbelastung auf die Kapitalerträge ggf. auf bis zu 45 % und nicht lediglich auf den Abgeltungsteuersatz von 25 % beläuft.

- Erträge aus stillen Gesellschaften,
- Erträge aus verbundenen Unternehmen, bei denen Sie wegen Ihres Einflusses als »nahestehende Person« gelten,

- Erträge aus Kapitalgesellschaften, wenn Sie oder ein Angehöriger zu mehr als 10 % beteiligt sind,
- Erträge aus sog. Back-to-back-Finanzierungen,
- Einnahmen aus neuen Kapitallebensversicherungen,
- Zinsen aus Darlehen an nahestehende Personen (Angehörige), wenn diese wiederum die Zinsen in ihrer Steuererklärung als Werbungskosten oder Betriebsausgaben absetzen.

GUTER RAT

900 Bei Darlehen an nahe Angehörige fällt bei den Zinszahlungen zunächst im Lauf des Jahres keine Abgeltungsteuer an. Schließlich sind Ihre Verwandten ja kein Kreditinstitut und damit nicht verpflichtet, bei jeder Zinszahlung 25 % einzubehalten und an den Fiskus abzuführen. Gleichwohl sind die Zinsen bei Ihnen als Darlehensgeber steuerpflichtig. Sie müssen die Zinsen in Ihrer Steuererklärung in der Anlage KAP angeben.

Aufgepasst! Teuer wird es, wenn Ihre Angehörigen mit dem Darlehen Kosten im Rahmen einer Einkunftsquelle gedeckt haben, z.B. ein Firmenfahrzeug, Maschinen, Büroeinrichtungen gekauft oder für die Finanzierung oder Renovierung einer Vermietungsimmobilie verwendet haben. Da aufseiten Ihrer Angehörigen Betriebsausgaben oder Werbungskosten anfallen, die zu einer vollen Steuerermäßigung von bis zu 45 % führen, will der Fiskus Ihnen nicht die günstige Abgeltungsteuer zugestehen. Ihnen wird für die Zinsen daher im Rahmen der Einkommensteuerveranlagung die reguläre tarifliche Steuer abgeknöpft.

Also immer schön schauen, wofür Ihre Lieben die Kohle verwendet haben.

TRICK

Trotz Werbungskostenabzugsverbot Zinsen abziehen!

901 Zum Schluss noch ein Trick, wie Sie die Finanzierung Ihrer GmbH-Anteile voll von der Steuer abziehen und das Werbungskostenabzugsverbot ganz legal umgehen können. Angenommen, Sie haben das Stammkapital Ihrer GmbH bei Gründung durch einen Kredit finanziert oder irgendwann die Anteile gekauft und dafür ein Darlehen aufgenommen. Die Zinsen für dieses Darlehen sind an sich Werbungskosten bei Ihren Kapitaleinkünften, fallen aber wegen des Werbungskostenabzugsverbots unter den Tisch. Es gibt aber einen Kniff: Sie ver-

zichten darauf, dass die Dividenden, die Sie von der GmbH bekommen, mit der Abgeltungsteuer belegt werden, und zahlen stattdessen freiwillig die reguläre Tarifsteuer. Der Vorteil für Sie: Mit dieser »Unternehmeroption« (§ 32d Abs. 2 Nr. 3 EStG) greift das Werbungskostenabzugsverbot nicht. Sie können jetzt die gesamten Zinsen aus der Finanzierung als Werbungskosten abziehen. Das gilt übrigens auch in den Jahren, in denen die Gesellschaft überhaupt keine Dividenden zahlt.

Besonders interessant ist das Ganze, wenn Ihre GmbH vor der Pleite steht. Dann sind nämlich mit Sicherheit keine Dividenden zu erwarten, aber Sie retten trotzdem den Abzug der Zinsen als Werbungskosten.

Ein wenig längerfristig müssen Sie dabei aber planen. Denn an die Option sind Sie fünf Jahre gebunden, d.h., Sie können sich nicht Jahr für Jahr neu entscheiden.

Das Leben ist das, was uns die Epoche,
der Staat und die Ehepartner davon übrig lassen.
(Gabriel Laub)

XIV. Gewerbliche und freiberufliche Einkünfte

1. Überschussrechnung oder Bilanzierung?

Sind Sie Kaufmann nach Handelsrecht, müssen Sie für jedes Wirtschaftsjahr anhand einer doppelten Buchführung eine Bilanz mit Verlust-und-Gewinn-Rechnung aufstellen (§ 238 HGB). **902**

Sind Sie kein »Kaufmann«, kann Sie als Gewerbetreibender trotzdem die Buchführungspflicht treffen, und zwar nach dem Steuerrecht – §§ 140, 141 AO –, wenn

- Ihr Jahresumsatz mehr als 500.000 € oder
- Ihr Jahresgewinn mehr als 50.000 € betragen hat.

Das Finanzamt muss Sie allerdings ausdrücklich zur Bilanzierung auffordern, also fangen Sie ruhig erst einmal mit einer Überschussrechnung an – so nennt das Finanzamt ein einfaches Aufzeichnen der Einnahmen und Ausgaben.

Freiberufler brauchen nicht zu bilanzieren, wenn sie nicht wollen (H 18.2 EStH); eine Überschussrechnung genügt auch dann, wenn sie die o.g. Grenzen überschreiten. Allerdings können Freiberufler freiwillig Bilanzen aufstellen. Das kann sich in bestimmten Fällen rentieren, etwa um sich die Möglichkeit zu eröffnen, einen Investitionsabzugsbetrag in Anspruch zu nehmen oder von der Thesaurierungsbesteuerung für nicht entnommene Gewinne mit einem Steuersatz von nur 28,25 % zu profitieren.

Mit der Überschussrechnung können Sie die Höhe des Gewinns beeinflussen, **903**
indem Sie Einnahmen in das nächste Jahr verlagern – Rechnungen später schreiben – und Ausgaben in das gegenwärtige Jahr vorziehen, z.B. durch Vorauszahlungen. Ziel muss es dabei immer sein, große Schwankungen beim Gewinn zu vermeiden, sonst werden Sie Opfer der Einkommensteuerprogression. Sie sollten auch keine zu hohen Verluste ausweisen. Zwar können Sie Verluste, die nicht mit positiven Einkünften ausgeglichen worden sind, in einem anderen Jahr abziehen, jedoch bestehen dabei erhebliche Einschränkungen:

1. Ein Rücktrag ist nur in das Vorjahr möglich, und zwar zu max. 1.000.000 €/ 2.000.000 € (Ledige/Verheiratete).
2. Durch den Rücktrag nicht ausgeglichener Verluste können Sie im Folgejahr bis zu 1 Mio. €/2 Mio. € (Ledige/Verheiratete) unbeschränkt abziehen. Sind Ihre Verluste größer, können Sie noch einmal bis zu 60 % des den Verlustvortrag von 1 Mio. €/2 Mio. € übersteigenden Teils des Gesamtbetrags der Einkünfte wegputzen. Und so geht das in den kommenden Jahren weiter, bis Ihre Verluste verrechnet sind.

Was Finanzämter wieder akzeptieren müssen:
Anlaufverluste bei Investitionen
Ein Unternehmer hat kräftig in seinen Betrieb investiert. Daraus resultieren Verluste durch Abschreibungen und Finanzierungskosten. Diese sind voll verrechenbar mit anderen Einkünften, etwa Überschüssen aus Vermietung, Gehalt des Ehepartners.
Verluste durch Insolvenz
Die Firma macht weniger Umsatz. Außerdem geraten einige Kunden in die Pleite. Rechnungen bleiben offen. Dadurch schreibt der Betrieb rote Zahlen. Die darf der Inhaber in vollem Umfang saldieren – etwa mit Zinsen, Mieten, Pachten, Gewinnen aus Beteiligungen. Und natürlich auch mit den Einkünften des Ehepartners.
Modernisierungsverluste
Der Besitzer eines Mietshauses hat viel Geld in die Modernisierung und Renovierung des Gebäudes gesteckt. Daher schreibt er vorübergehend rote Zahlen. Die sparen kräftig Steuern – per Verlustausgleich mit Überschüssen aus anderen Tätigkeiten.
Verluste bei Kapitalanlagen
Verluste aus Kapitalanlagen können Sie **nur mit Einkünften aus Kapitalanlagen** verrechnen.
Vermietungsverluste
Ein Kapitalanleger hat Mietwohnungen auf Kredit gekauft. Das Investment bringt aber nicht die erwarteten Mieten. Die Einnahmen reichen nicht, um die Kapitalkosten zu decken – ein Verlustgeschäft. Die Miesen sind voll abziehbar vom Einkommen.
Verluste bei Praxisgründung
Eine Ärztin richtet ihre Praxis ein, zahlt Miete und stellt Mitarbeiter ein. Gewinn liegt noch in weiter Ferne. Startverluste sind voll mit anderen Einkünften – auch des Gatten – verrechenbar. Dies gilt für jeden Gründer, ob Freiberufler oder Gewerbetreibender, und in jeder Branche.

Kaum drehst du den Höflingen (den damaligen Bürokraten) den Rücken, reißen sie dir die Kleider herunter.
(Richard Wagner an Franz Liszt)

2. Einnahmenüberschussrechnung – die Buchführung für alle, die in kleinem Rahmen selbständig arbeiten

904 **S** Als Freiberufler haben Sie die freie Wahl, entweder Aufzeichnungen zu machen oder nach Soll und Haben zu buchen, und werden sich deshalb für Aufzeichnungen entscheiden. Freiberuflich ist z.B. die selbständige Tätigkeit als Lehrer, Krankenschwester, Krankengymnast, Hebamme, Übersetzer und Dolmetscher, Journalist, Schriftsteller, Künstler. Als Gewerbetreibender, der keinen handelsrechtlichen Betrieb hat – das trifft in der Regel auf Anlageberater,

Berater für Datenverarbeitung, Berufssportler, Bühnenvermittler, Buchführungshelfer, Detektive, Fotomodelle, Handelsvertreter, Immobilienmakler oder Künstleragenten zu –, sind Sie ebenfalls von der Bilanzierung befreit, wenn Sie nicht in einem Jahr über 50.000 € Gewinn erklärt haben. Dann nämlich wird Sie das Finanzamt zu einer Soll/Haben-Buchführung verdonnern.

a) Das Zu- und Abflussprinzip
Bei der Überschussrechnung sind die Betriebseinnahmen in dem Kalenderjahr anzusetzen, in dem sie zugeflossen sind, und die Betriebsausgaben in dem Kalenderjahr abzusetzen, in dem sie geleistet worden sind; das gilt auch für Vorschüsse, Teil- und Abschlagszahlungen. Diese Regelung gilt prinzipiell und wird deshalb als »Zu- und Abflussprinzip« bezeichnet.

b) Abschreibungen **905**
Siehe hierzu ➤ Rz 974 ff.
Sobald Sie selbständig sind, unterliegen Sie der *Umsatzsteuer*: Von z.B. 1.000 € **906**
Einnahmen zzgl. 19 % Umsatzsteuer = insgesamt 1.190 € gehen 190 € an das Finanzamt. Die Ihnen in Rechnung gestellten Umsatzsteuerbeträge, z.B. 114 € (= 19 % von 600 €) aus Wareneinkäufen, sind als Vorsteuer von der vereinnahmten Umsatzsteuer abziehbar. An das Finanzamt geht also nur eine Mehrwertsteuer (Zahllast von 190 € Umsatzsteuer – 114 € Vorsteuer = 76 € Mehrwertsteuer). Aber: Wenn der Vorjahresumsatz 17.500 € und der diesjährige Umsatz voraussichtlich 50.000 € nicht übersteigt, sind Sie Kleinunternehmer und werden wie ein nichtsteuerpflichtiger Privatmann behandelt, d.h., die Betriebseinnahmen unterliegen nicht der Umsatzsteuer. Folge: Sie haben auch keinen Anspruch auf Vorsteuererstattung. (Quelle: § 19 UStG)

Steuerpflichtiger Gewinn ist der Überschuss der Betriebseinnahmen über die **907**
Betriebsausgaben. Den Gewinn berechnen Sie durch einen *Jahresabschluss*. Sind die Ausgaben höher als die Einnahmen, entsteht beim Abschluss ein Verlust. Den Gewinn oder den Verlust erklären Sie dem Finanzamt in der Anlage GSE zur Einkommensteuererklärung und fügen eine Abschlussrechnung bei.
Für Ihre Gewinnermittlung müssen Sie die amtliche Einnahmenüberschussrechnung verwenden, d.h. in der »Anlage EÜR« Ihre laufenden Aufzeichnungen zusammenfassen.

Dieses Formular zeigt Ihnen:
Die **Betriebseinnahmen** teilen Sie auf in solche aus den regulären Geschäften und solche aus Hilfsgeschäften wie dem Verkauf von Anlagegütern und den Entnahmen und Privatnutzungen, jeweils ohne Umsatzsteuer. Die vereinnahmte Umsatzsteuer geben Sie getrennt an. Nur so kann der Fiskalritter die für ihn obligatorische Gewinnverprobung und die Umsatzsteuerverprobung durchführen.
Bei den **Betriebsausgaben** weisen Sie die von Ihnen an Lieferanten und Dienstleister gezahlte Vorsteuer gesondert aus, um dem Fiskalritter nochmals wegen der Umsatzsteuerverprobung gut zu sein. Auch bei den gemischten Kosten wie Kfz-, Telefon- und Raumkosten kommen Sie dem Finanzamt entgegen, indem

Sie den von Ihnen angesetzten Privatanteil extra ausweisen. Denken Sie daran, Umsatzsteuer auf den Eigenverbrauch oder unentgeltliche Leistungen an Sie umsatzsteuerlich zu erfassen bzw. den Vorsteuerabzug zu kürzen.
Für die laufenden Aufzeichnungen besorgen Sie sich eine Spaltenkladde, auch Journal oder Geschäftsbuch genannt. Für kleines Geld gibt es inzwischen auch ganz passable EDV-Programme für Ihre Einnahmenüberschussrechnung.

GUTER RAT

908 Bei der Einnahmenüberschussrechnung ist nur die Anlage EÜR vorgeschrieben. Ansonsten unterliegt Ihre Gewinnermittlung keinen Formvorschriften. Allerdings müssen Sie ein Anlagenverzeichnis erstellen für die Dinge, die Sie in Ihrem Betrieb längere Zeit benutzen und deshalb über ihre Nutzungsdauer abschreiben müssen.

909 **Buchführungsunterlagen**
Sind Sie als Gewerbetreibender zur Buchführung verpflichtet, müssen steuerliche Belege je nach der Art der Unterlagen mindestens sechs oder sogar zehn Jahre lang gebunkert werden.

2013

Zeile			
1	Name/Gesellschaft/Gemeinschaft/Körperschaft		**Anlage EÜR**
2	Vorname		**Bitte für jeden Betrieb eine gesonderte Anlage EÜR einreichen!**
3	**(Betriebs-)Steuernummer**		77 | 13 | 1

Einnahmenüberschussrechnung
nach § 4 Abs. 3 EStG für das Kalenderjahr 2013 — 99 \| 15

Zeile		Beginn		Ende
4	**davon abweichend**	131	2013	132
5	Art des Betriebs: 100		Zuordnung zur Einkunftsart (siehe Anleitung)	105
6	Rechtsform des Betriebs			
7	Wurde im Kalenderjahr/Wirtschaftsjahr der Betrieb veräußert oder aufgegeben? (Bitte Zeile 76 beachten)	111		Ja = 1
8	Wurden im Kalenderjahr/Wirtschaftsjahr Grundstücke/grundstücksgleiche Rechte entnommen oder veräußert?	120		Ja = 1 oder Nein = 2

1. Gewinnermittlung — 99 \| 20

Betriebseinnahmen

Zeile		Kz.	EUR	Ct
9	Betriebseinnahmen als umsatzsteuerlicher **Kleinunternehmer** (nach § 19 Abs. 1 UStG)	111		
10	davon nicht steuerbare Umsätze sowie Umsätze nach § 19 Abs. 3 Satz 1 Nr. 1 und 2 UStG — 119		*(weiter ab Zeile 15)*	
11	Betriebseinnahmen als **Land- und Forstwirt,** soweit die Durchschnittssatzbesteuerung nach § 24 UStG angewandt wird	104		
12	Umsatzsteuerpflichtige Betriebseinnahmen	112		
13	Umsatzsteuerfreie, nicht umsatzsteuerbare Betriebseinnahmen sowie Betriebseinnahmen, für die der Leistungsempfänger die Umsatzsteuer nach § 13b UStG schuldet	103		
14	Vereinnahmte Umsatzsteuer sowie Umsatzsteuer auf unentgeltliche Wertabgaben	140		
15	Vom Finanzamt erstattete und ggf. verrechnete Umsatzsteuer	141		
16	Veräußerung oder Entnahme von Anlagevermögen	102		
17	Private Kfz-Nutzung	106		
18	Sonstige Sach-, Nutzungs- und Leistungsentnahmen	108		
19	Auflösung von Rücklagen und Ausgleichsposten (Übertrag aus Zeile 86)			0,00
20	**Summe Betriebseinnahmen** (Übertrag in Zeile 71)	159		0,00

Betriebsausgaben — 99 \| 25

Zeile		Kz.	EUR	Ct
21	Betriebsausgabenpauschale **für bestimmte Berufsgruppen** und/oder Freibetrag nach § 3 Nr. 26, 26a und/oder 26b EStG	190		
22	Sachliche Bebauungskostenpauschale für **Weinbaubetriebe/** Betriebsausgabenpauschale für **Forstwirte**	191		
23	Waren, Rohstoffe und Hilfsstoffe einschl. der Nebenkosten	100		
24	Bezogene Fremdleistungen	110		
25	Ausgaben für eigenes Personal (z. B. Gehälter, Löhne und Versicherungsbeiträge)	120		
	Absetzung für Abnutzung (AfA)			
26	AfA auf unbewegliche Wirtschaftsgüter (ohne AfA für das häusliche Arbeitszimmer)	136		
27	AfA auf immaterielle Wirtschaftsgüter (z. B. erworbene Firmen-, Geschäfts- oder Praxiswerte)	131		
28	AfA auf bewegliche Wirtschaftsgüter (z. B. Maschinen, Kfz)	130		
	Übertrag (Summe Zeilen 21 bis 28)			0,00

2013AnlEÜR801NET – Juni 2013 – **2013AnlEÜR801NET** 034046_13

(Betriebs-)Steuernummer

Zeile					EUR	Ct
	Übertrag (Summe Zeilen 21 bis 28)				0,00	
31	Sonderabschreibungen nach § 7g EStG			134		
32	Herabsetzungsbeträge nach § 7g Abs. 2 EStG (Erläuterungen auf gesondertem Blatt)			138		
33	Aufwendungen für geringwertige Wirtschaftsgüter nach § 6 Abs. 2 EStG			132		
34	Auflösung Sammelposten nach § 6 Abs. 2a EStG			137		
35	Restbuchwert der ausgeschiedenen Anlagegüter			135		
	Raumkosten und sonstige Grundstücksaufwendungen (ohne häusliches Arbeitszimmer)					
36	Miete/Pacht für Geschäftsräume und betrieblich genutzte Grundstücke			150		
37	Miete/Aufwendungen für doppelte Haushaltsführung			152		
38	Sonstige Aufwendungen für betrieblich genutzte Grundstücke (ohne Schuldzinsen und AfA)			151		
	Sonstige unbeschränkt abziehbare Betriebsausgaben					
39	Aufwendungen für Telekommunikation (z. B. Telefon, Internet)			280		
40	Übernachtungs- und Reisenebenkosten bei Geschäftsreisen des Steuerpflichtigen			221		
41	Fortbildungskosten (ohne Reisekosten)			281		
42	Rechts- und Steuerberatung, Buchführung			194		
43	Miete/Leasing für bewegliche Wirtschaftsgüter (ohne Kraftfahrzeuge)			222		
44	Beiträge, Gebühren, Abgaben und Versicherungen (ohne solche für Gebäude und Kraftfahrzeuge)			223		
45	Werbekosten (z. B. Inserate, Werbespots, Plakate)			224		
46	Schuldzinsen zur Finanzierung von Anschaffungs- und Herstellungskosten von Wirtschaftsgütern des Anlagevermögens (ohne häusliches Arbeitszimmer)			232		
47	Übrige Schuldzinsen			234		
48	Gezahlte Vorsteuerbeträge			185		
49	An das Finanzamt gezahlte und ggf. verrechnete Umsatzsteuer (Die Regelung zum 10-Tageszeitraum nach § 11 Abs. 2 Satz 2 EStG ist zu beachten)			186		
50	Rücklagen, stille Reserven und/oder Ausgleichsposten (Übertrag aus Zeile 86)				0,00	
51	Übrige unbeschränkt abziehbare Betriebsausgaben			183		
	Beschränkt abziehbare Betriebsausgaben und Gewerbesteuer		nicht abziehbar EUR Ct		abziehbar EUR	Ct
52	Geschenke	164		174		
53	Bewirtungsaufwendungen	165		175		
54	Verpflegungsmehraufwendungen			171		
55	Aufwendungen für ein häusliches Arbeitszimmer (einschl. AfA und Schuldzinsen)	162		172		
56	Sonstige beschränkt abziehbare Betriebsausgaben	168		177		
57	Gewerbesteuer	217		218		
	Kraftfahrzeugkosten und andere Fahrtkosten					
58	Leasingkosten			144		
59	Steuern, Versicherungen und Maut			145		
60	Sonstige tatsächliche Fahrtkosten ohne AfA und Zinsen (z. B. Reparaturen, Wartungen, Treibstoff, Kosten für Flugstrecken, Kosten für öffentliche Verkehrsmittel)			146		
61	Fahrtkosten für nicht zum Betriebsvermögen gehörende Fahrzeuge (Nutzungseinlage)			147		
62	Kraftfahrzeugkosten für Wege zwischen Wohnung und Betriebsstätte; Familienheimfahrten (pauschaliert oder tatsächlich)			142 –		
63	Mindestens abziehbare Kraftfahrzeugkosten für Wege zwischen Wohnung und Betriebsstätte (Entfernungspauschale); Familienheimfahrten			176 +		
64	**Summe Betriebsausgaben** (Übertrag in Zeile 72)			199	0,00	

2013AnlEÜR802NET 2013AnlEÜR802NET

(Betriebs-)Steuernummer

Ermittlung des Gewinns

Zeile		Kz		EUR Ct
71	Summe der Betriebseinnahmen (Übertrag aus Zeile 20)			0,00
72	abzüglich Summe der Betriebsausgaben (Übertrag aus Zeile 64)		–	0,00
	zuzüglich			
73	– Hinzurechnung der Investitionsabzugsbeträge nach § 7g Abs. 2 EStG (Erläuterungen auf gesondertem Blatt)	188	+	
74	– Gewinnzuschlag nach § 6b Abs. 7 und 10 EStG	123	+	
	abzüglich			
75	– Investitionsabzugsbeträge nach § 7g Abs. 1 EStG (Erläuterungen auf gesondertem Blatt)	187	–	
76	Hinzurechnungen und Abrechnungen bei Wechsel der Gewinnermittlungsart (Erläuterungen auf gesondertem Blatt)	250		
77	Ergebnisanteile aus Beteiligungen an Personengesellschaften	255		
78	Korrigierter Gewinn/Verlust	290		0,00

Zeile		Kz	Gesamtbetrag	Kz	Korrekturbetrag
79	Bereits berücksichtigte Beträge, für die das Teileinkünfteverfahren bzw. § 8b KStG gilt	261		262	

Zeile		Kz		EUR Ct
80	Steuerpflichtiger Gewinn/Verlust vor Anwendung des § 4 Abs. 4a EStG	293		0,00
81	Hinzurechnungsbetrag nach § 4 Abs. 4a EStG	271	+	
82	**Steuerpflichtiger Gewinn/Verlust**	219		0,00

2. Ergänzende Angaben 99 27

Rücklagen und stille Reserven

(Erläuterungen auf gesondertem Blatt)

Zeile		Kz	Bildung/Übertragung EUR Ct	Kz	Auflösung EUR Ct
83	Rücklagen nach § 6c i.V.m. § 6b EStG, R 6.6 EStR	187		120	
84	Übertragung von stillen Reserven nach § 6c i.V.m. § 6b EStG, R 6.6 EStR	170			
85	Ausgleichsposten nach § 4g EStG	191		125	
86	Gesamtsumme	190	0,00	124	0,00
			(Übertrag in Zeile 50)		(Übertrag in Zeile 19)

3. Zusätzliche Angaben bei Einzelunternehmen 99 29

Entnahmen und Einlagen i. S. d. § 4 Abs. 4a EStG

Zeile		Kz	EUR Ct
87	Entnahmen einschl. Sach-, Leistungs- und Nutzungsentnahmen	122	
88	Einlagen einschl. Sach-, Leistungs- und Nutzungseinlagen	123	

2013AnlEÜR803NET 2013AnlEÜR803NET

Buchführungsunterlagen, die 2015 vernichtet werden können

Art der Unterlagen	Bücher und Aufzeichnungen	Inventare, Eröffnungsbilanzen, Jahresabschlüsse, Lageberichte	Arbeitsanweisungen, Organisationsunterlagen, Buchungsbelege	Handels-Geschäftsbriefe, sonstige Unterlagen wie Lohnabrechnungen, Preisverzeichnisse, Kalkulationsunterlagen
Aus dem Jahr	letzte Eintragung 2004 oder früher	Aufstellung 2004 oder früher	2004 oder früher	2008 oder früher
Ausnahme	Unterlagen sind für Steuern von Bedeutung, für die die Festsetzungsfrist noch nicht abgelaufen ist. Das ist z.B. der Fall bei einer begonnenen und noch nicht abgeschlossenen Außenprüfung, bei vorläufigen Steuerfestsetzungen, anhängigen Ermittlungen, schwebenden Rechtsbehelfsverfahren und noch zu bearbeitenden Anträgen. In diesen Fällen besteht eine Aufbewahrungspflicht.			

TRICK

So kassieren Sie Vorsteuer bei einem häuslichen Arbeitszimmer

910 Wenn Sie in der glücklichen Lage sind, Ihr Arbeitszimmer absetzen zu können, weil es entweder

- der Mittelpunkt Ihrer gesamten Tätigkeit ist,
- nicht büromäßig eingerichtet ist und als Lagerraum, Werkstatt etc. von vornherein nicht der Abzugsbeschränkung für Arbeitszimmer unterliegt
- oder nicht in Ihrem häuslichen Bereich liegt,

bekommen Sie Vorsteuern für Ihre Arbeitszimmerkosten. Zu den Lieferanten gehören unter anderem die Stadtwerke mit der Lieferung von Elektrizität, Gas und Wasser. Einmal im Jahr kommt die Jahresabrechnung, in der z.B. steht:

	Netto	Umsatzsteuer 19 %	Brutto
Gesamtkosten	654 €	124 €	778 €
Anteil Arbeitsz. z.B. 21 %	137 €	26 €	163 €

Also werden Sie 137 € als Betriebsausgaben absetzen und sich 26 € Vorsteuer vom Finanzamt erstatten lassen. Wichtig: Denken Sie daran, dass die Rechnung auf Sie als Unternehmer lauten muss, damit Sie in den Vorsteuergenuss kommen.

TIPP

für Steuerberatungskosten

Ihre Steuerberatungskosten können Sie als Betriebsausgaben absetzen, wenn 911
sie für Betriebskosten, Buchhaltung etc. anfallen. Der Vorteil liegt auf der Hand: Sie können die Vorsteuer aus dem Rechnungsbetrag geltend machen und als Gewerbetreibender zudem Gewerbesteuer sparen.

Schuldzinsen als Betriebsausgaben 912

Schuldzinsen können Sie als Betriebsausgaben abziehen, wenn sie durch betriebliche Vorgänge veranlasst sind. Das ist vor allem dann der Fall, wenn Sie mit den Krediten betriebliche Investitionen bezahlt haben oder laufende Betriebsausgaben, wie Löhne, Lieferantenrechnungen oder Betriebssteuern. Dabei ist unerheblich, ob es sich um langfristige Kredite handelt oder um kurzfristige wie Kontokorrente. Der Betriebsausgabenabzug für Zinsen ist auch möglich, wenn Sie z.B. teure Kredite, wie etwa Kontokorrentkredite, durch zinsgünstigere langfristige Kredite ablösen.

Sie müssen peinlich darauf achten, dass Sie betriebliche Konten nicht durch private Ausgaben ins Minus bringen oder ein schon bestehendes Minus weiter erhöhen. Ihren Lebensunterhalt oder andere private Ausgaben sollten Sie immer nur dann vom Betriebskonto bestreiten, wenn dieses im Plus ist.

Wollen Sie eine größere private Investition tätigen und benötigen dafür auch Geld aus dem Betrieb, hilft Ihnen der Kniff mit dem *Zwei-Konten-Modell:* Sie richten für den Betrieb zwei separate Kontokorrentkonten ein. Auf ein Konto laufen eine Weile lang alle Einnahmen und bleiben dort stehen. Von dem anderen Konto werden nur Betriebsausgaben beglichen. Ist auf dem Einnahmenkonto genug Geld, können Sie es entnehmen. Im nächsten Schritt finanzieren Sie nur das Ausgabenkonto um, z.B. durch einen langfristigen Kredit. Auf diese Weise haben Sie den an sich im Privatbereich benötigten Kredit völlig legal in den Betrieb verlagert. Die daraus resultierenden Schuldzinsen hängen ja formal mit Betriebsausgaben zusammen und können gewinnmindernd abgezogen werden.

Allerdings hat der Fiskus zwei Fallstricke ausgelegt, mit denen er Ihnen den Betriebsausgabenabzug für die Schuldzinsen streitig machen will:

- die Überentnahmen und
- die Zinsschranke.

Überentnahmen 913

Für eine sog. Überentnahme – das ist eine Entnahme, deren Betrag die Summe aus Gewinn und Einlagen des Wirtschaftsjahrs übersteigt – werden fiktive

Schuldzinsen von 6 % als Hinzurechnung zum Gewinn angesetzt (§ 4 Abs. 4 a EStG). Dabei bleiben Entnahmen und Einlagen, die in den letzten drei Monaten eines Wirtschaftsjahrs getätigt wurden, unberücksichtigt, soweit sie in der Summe in den ersten drei Monaten des Folgejahrs rückgängig gemacht werden (§ 4 Abs.4 a Sätze 2 und 3 EStG). Die Überentnahme, auch die der Vorjahre, gekürzt um die Beträge, die in den Vorjahren als Gewinn und Einlagen über die Entnahmen hinausgingen (sog. Unterentnahmen), werden wegen einer unterstellten privaten Verursachung mit 6 % als nicht abziehbare Schuldzinsen angesetzt.

Wichtig: Der Hinzurechnungsbetrag an fiktiven Schuldzinsen darf höchstens die im Wirtschaftsjahr tatsächlich angefallenen Schuldzinsen abzgl. 2.050 € ausmachen. Dabei bleiben Schuldzinsen für Darlehen zur Finanzierung von Anschaffungs- oder Herstellungskosten von Wirtschaftsgütern des Anlagevermögens außer Ansatz. Damit Sie verstehen, welche Tücken der Fiskus hier bereithält, ein

Beispiel
Der Einzelunternehmer A hat in 2014 Entnahmen in Höhe von 150.000 € und Einlagen in Höhe von 50.000 € getätigt. Für das Wirtschaftsjahr 2014 ist ein Gewinn in Höhe von 50.000 € angefallen. Aus der Buchführung ergibt sich, dass die Schuldzinsen, die nicht auf Anschaffungs- oder Herstellungskosten von Wirtschaftsgütern des Anlagevermögens entfallen, 3.000 € betragen haben.

Für 2014 ergibt sich folgende Überentnahme

Einlagen	50.000 €
Gewinn	50.000 €
Zwischensumme	100.000 €
Entnahmen	– 150.000 €
Überentnahme	50.000 €
Fiktive Schuldzinsen auf die Überentnahme (6 % v. 50.000 €)	3.000 €
Tatsächliche Schuldzinsen ohne Berücksichtigung der Zinsen für Anschaffungs- oder Herstellungskredite im Anlagebereich	3.000 €
Unschädlicher Betrag	– 2.050 €
Höchstbetrag für den Ansatz nicht abziehbarer Betriebsausgaben	950 €

Die fiktiven Schuldzinsen aufgrund der Überentnahme sind mit dem Höchstbetrag von 950 € dem Gewinn des Jahres 2014 außerhalb der Steuerbilanz hinzuzurechnen. Ermitteln Sie Ihren Gewinn durch Einnahmeüberschussrechnung, gelten die Regelungen entsprechend (§ 4 Abs. 4 a Satz 7 EStG). Dafür sind Entnahmen und Einlagen gesondert aufzuzeichnen und in der Anlage EÜR auszuweisen.

Für private Einkünfte, insbesondere für Vermietungseinkünfte, sind die Grundsätze des § 4 Abs. 4 a EStG nicht anzuwenden (vgl. § 9 Abs.5 EStG). Mieteinnahmen müssen demnach nicht vorrangig für die Tilgung von Schulden eingesetzt werden, sondern können bei entsprechender kontenmäßiger Trennung für private Zwecke verwendet werden.

Sie können sich also wieder Ihre Segeljacht finanzieren, indem Sie zwei separate Konten für Einnahmen und Ausgaben führen!

Allerdings hat der Staat auch den ernsthaften Willen zum Sparen verloren. Man könnte in allen Bereichen sparen, besonders im Verwaltungsbereich. Die Staatsverwaltung könnte halbiert werden …
(Der Präsident des Landesrechnungshofs Sachsen-Anhalt)

Zinsschranke 914
Mit der Zinsschranke verbietet der Fiskus grundsätzlich den Abzug von Finanzierungskosten, wie z. B. Zinsen, als Betriebsausgaben. Von diesem Abzugsverbot gibt es allerdings eine Vielzahl von Ausnahmen.

Das Abzugsverbot greift in jedem Fall erst, wenn die Zinsen im laufenden Jahr höher sind als 3 Mio €.

Sie sehen, als Otto Normalunternehmer können Sie die Zinsschranke ruhig vergessen.

TRICK

Mindern Sie Ihren Gewinn durch Vorauszahlungen!

Als Freiberufler mit Einnahmeüberschussrechnung können Sie den Gewinn für das ablaufende Jahr mindern, indem Sie z. B. die Praxismiete für einige Monate des nächsten Jahres im Voraus zahlen. So könnten Sie die Miete für die Monate Januar bis Juni des nächsten Jahres von angenommen 6 × 2.500 € = 15.000 € am 28. 12. bezahlen. Folge: Die Miete für Februar bis Juni mindert den Gewinn des ablaufenden Jahres um 12.500 €. Lediglich die Miete für Januar rechnet nach einer Sonderregelung in § 11 EStG zum neuen Jahr. Die Mietvorauszahlung ist kein Missbrauch nach § 42 AO, weil Sie nur die technischen Möglichkeiten des § 11 EStG ausnutzen. Und das ist ganz legal! 915

TIPP

für Ihre Buchhaltung

916 Besonders für Jungunternehmer und in Finanznöten zitternde kleine Geschäftsleute, die sich keinen Steuerberater leisten können, ist nicht so sehr das fachliche Wissen das Problem als vielmehr die lästige Buchführung.

Da trifft es sich gut, dass Sie Profihilfe in Form kaufmännischer Computerprogramme in Anspruch nehmen können, die passgenau auf Selbständige sowie kleinere und mittlere Unternehmen zugeschnitten sind. So ein Programm erleichtert Ihnen das Rechnungswesen spürbar. Und schützt vor unnötigen Verlusten: Mangelhafte Buchführung und ein entsprechend schlechtes Mahnwesen führen dazu, dass jedes vierte Unternehmen mehr als ein Prozent seines Jahresumsatzes verliert.

TRICK

Machen Sie mal eine Steuerpause!

917 Wenn Sie als Gewerbetreibender auf den 31.12. bilanzieren und außerdem im Handelsregister eingetragen sind, wählen Sie einfach ein vom Kalenderjahr abweichendes Wirtschaftsjahr, und schon können Sie eine Steuerpause einlegen. Das funktioniert so: Der Bilanzgewinn wird immer in dem Kalenderjahr versteuert, in dem das Wirtschaftsjahr endet, also der Gewinn aus der Bilanz 31.12.2014 im Jahr 2014. Wenn Sie ein abweichendes Wirtschaftsjahr wählen, z.B. vom 1.4. zum 31.3., müssen Sie nach dem 31.12. ein Rumpfwirtschaftsjahr einschieben – in diesem Fall vom 1.1. bis zum 31.3. Also versteuern Sie in dem einen Jahr nur den Gewinn von drei Monaten. Das bewirkt ein Hinausschieben der Steuerzahlung. Die Umstellung kann zwar nur im Einvernehmen mit dem Finanzamt vorgenommen werden, aber dieses muss seine Zustimmung erteilen, wenn Sie triftige betriebliche Gründe vorbringen, z.B. Inventurschwierigkeiten am Jahresende durch Hochsaison in Ihrer Branche oder einfach witterungsbedingte Schwierigkeiten.

Übrigens: Vor 100 Jahren noch waren die Steuern so niedrig, dass viele höhere Einkünfte angaben, als sie hatten – nur um wegen der höheren Zahlung von ihren Mitbürgern besser angesehen zu sein. Mein Gott, waren das Zeiten!

»Was ist das? Drei in einem Raum, aber nur einer arbeitet?
Ganz klar: zwei Beamte und ein Ventilator.«
Solche Witze kommen nicht von ungefähr: Nach dem Urteil von Wirtschaftsexperten beträgt die Produktivität der Behörden nur 20 % gegenüber der der Wirtschaft.

3. Reisekosten

a) Inlandsreisen 918

Wenn Sie sich aus betrieblichen Gründen außerhalb Ihres Betriebs aufhalten, befinden Sie sich steuerlich gesehen auf einer *Geschäftsreise*. Verpflegungsmehraufwendungen können nur mit Pauschalen berücksichtigt werden.

Tagespauschsätze 2014 für Verpflegungsmehraufwand im Inland

Abwesenheit: mindestens	Pauschale
8 Stunden	12 €
24 Stunden	24 €

Die kleine Pauschale von 6 €, die es bis 2013 gab, ist entfallen. Für eintägige Geschäftsreisen gibt es jetzt nur noch die 12-€-Pauschale, die aber bereits bei mehr als 8 statt wie bisher erst ab 14 Stunden Abwesenheit.

TRICK

für selbständig tätige Handwerker

Sind Sie als selbständiger Maler-, Elektro- oder Maurermeister auf Baustellen 919
außerhalb Ihres Betriebs tätig, können Sie ohne Einschränkung den Verpflegungsmehraufwand nach den für Geschäftsreisen geltenden Grundsätzen als Betriebsausgaben abziehen – auch wenn die Rückkehr stets am selben Tag erfolgt (BFH-Urt. v. 13.11.1987 – BStBl 1988 II S. 428). Wie weit die Baustelle von Ihrer Wohnung oder Ihrem Betrieb entfernt liegt, spielt bei Ihnen als Unternehmer ebenso wenig eine Rolle wie bei einem Arbeitnehmer.

Die Dreimonatsfrist

Reisen Sie mehr als drei Monate lang zur selben auswärtigen Tätigkeitsstätte, ist ab dem vierten Monat kein Abzug von Verpflegungskosten als Betriebsausgaben möglich. Dabei müssen Sie berücksichtigen, dass Unterbrechungen der Tätigkeit, ob wegen Urlaub oder Krankheit, nicht zum Neubeginn der Dreimonatsfrist führen. Auch Unterbrechungen wegen anderweitiger geschäftlicher Verpflichtungen setzen erst dann eine neue Dreimonatsfrist in Gang, wenn sie mindestens vier Wochen dauern.

Die Dreimonatsfrist gilt nicht für Fahrt-, Übernachtungs- und etwaige Reisenebenkosten (➤ Rz 227).

TRICK

Nehmen Sie für betriebliche Fahrten den Privat-Pkw Ihres Ehepartners!

920 Für betriebliche Fahrten mit privatem Pkw können Sie nämlich 0,30 € je gefahrenen Kilometer absetzen.

921 **b) Auslandsreisen**

Führt Sie Ihre Reise ins Ausland, können Sie je nach Reiseland und Reisedauer gestaffelte Pauschbeträge für Verpflegungsmehraufwendungen beanspruchen. Die Möglichkeit, die tatsächlichen Verpflegungskosten abzusetzen, gibt es leider nicht.

Die Auslandspauschbeträge für Verpflegung gelten ohne Nachweis sowohl für Dienstreisen ins Ausland als auch für den Fall, dass Sie dort aus beruflichen Gründen einen doppelten Haushalt führen.

Damit Sie bei der Anwendung der Auslandspauschale auf keinen Fall Geld verschenken, müssen Sie Folgendes wissen:

- Führt Sie Ihre Reise vom Inland ins Ausland, sind die Verpflegungspauschalen des Ortes maßgebend, den Sie vor Mitternacht zuletzt erreicht haben.
- Für eintägige Auslandsreisen beanspruchen Sie immer die Pauschale für Ihr ausländisches Reiseziel, egal, wie lange Sie sich dort aufhalten. Angenommen, Sie fahren von Kassel nach Amsterdam zu einem Kunden. Fünf Stunden Hinfahrt, eine Stunde Aufenthalt und fünf Stunden Rückfahrt läppern sich zu immerhin elf Stunden zusammen. Obwohl Sie den größten Teil Ihrer Dienstreise im Inland verbracht haben, kassieren Sie statt der Inlandspauschale von 12 € (Abwesenheit mehr als 8 Stunden) die etwas höhere Auslandspauschale für die Niederlande von 14 €.
- Für den Rückreisetag aus dem Ausland steht Ihnen immer die Pauschale Ihres letzten ausländischen Tätigkeitsorts zu. Das gilt selbst dann, wenn Sie den Rückreisetag komplett im Inland verbringen. Angenommen, Sie fahren von einer mehrtägigen Dienstreise nach Spanien mit dem Auto zurück nach Berlin. Am vorletzten Reisetag übernachten Sie in einem Hotel in Trier und kommen am nächsten Tag um 18.00 Uhr zu Hause an. Obwohl Sie den gesamten letzten Reisetag im Inland verbracht haben, beanspruchen Sie die Pauschale für Spanien in Höhe von 24 € (Abwesenheit mehr als 8 Stunden) und damit doppelt so viel wie die Inlandspauschale von 12 €.

Achtung: Es gibt keine Übernachtungspauschalen bei Auslandsreisen. **Sie müssen also unbedingt Belege sammeln.** Von dieser Regelung nicht betroffen ist die Erstattung von Übernachtungskosten durch den Arbeitgeber. Der kann die zum Teil sehr hohen Beträge ohne Nachweis pauschal steuerfrei erstatten.

Land	Pauschbeträge 2014 für Verpflegungsmehraufwendungen bei einer Abwesenheitsdauer je Kalendertag von		Pauschbetrag für Übernachtungskosten
	mindestens 24 Stunden	mehr als. 8 Stunden	
	€	€	€
Afghanistan	30	20	95
Ägypten	40	27	113
Äthiopien	30	20	175
Äquatorialguinea	50	33	226
Albanien	23	16	110
Algerien	39	26	190
Andorra	32	21	82
Angola	77	52	265
Antigua und Barbuda	53	36	117
Argentinien	36	24	125
Armenien	24	16	90
Aserbaidschan	40	27	120
Australien			
– Melbourne	58	39	158
– Sydney	59	40	186
– im Übrigen	56	37	133
Bahrain	36	24	70
Bangladesch	30	20	75
Barbados	58	39	179
Belgien	41	28	135
Benin	41	28	90
Bolivien	24	16	70
Bosnien und Herzegowina	24	16	70
Botsuana	33	22	105
Brasilien			
– Brasilia	53	36	160
– Rio de Janeiro	47	32	145
– São Paulo	53	36	120
– im Übrigen	54	36	110
Brunei	36	24	85

Bulgarien	22	15	72
Burkina Faso	36	24	100
Burundi	47	32	98
Chile	40	27	130
China			
– Chengdu	32	24	85
– Hongkong	62	41	170
– Peking	39	26	115
– Shanghai	42	28	140
– im Übrigen	33	22	80
Costa Rica	36	24	69
Côte d'Ivoire	54	36	145
Dänemark	60	20	150
Dominica	40	27	94
Dominikanische Republik	30	20	100
Dschibuti	48	32	160
Ecuador	39	26	55
El Salvador	46	31	75
Eritrea	30	20	58
Estland	27	18	85
Fidschi	32	21	57
Finnland	39	26	136
Frankreich			
– Paris[1]	58	39	135
– Straßburg	48	32	89
– Lyon	53	36	83
– Marseille	51	34	86
– im Übrigen	44	29	81
Gabun	60	40	135
Gambia	18	12	70
Georgien	30	20	80
Ghana	46	31	174
Grenada	51	34	121
Griechenland			
– Athen	57	38	125
– im Übrigen	42	28	132
Guatemala	28	19	96
Guinea	38	25	110
Guinea-Bissau	30	20	60
Guyana	41	28	81
1) sowie die Departements 92 (Haute-de-Seine), 93 (Seine-Saint-Denis) und 94 (Val-de-Marne)			

Haiti	50	33	111
Honduras	35	12	115
Indien			
– Chennai	30	20	135
– Kalkutta	33	22	120
– Mumbai	35	24	150
– Neu-Delhi	35	24	130
– im Übrigen	30	20	120
Indonesien	39	26	110
Iran	28	19	84
Irland	42	28	90
Island	53	36	105
Israel	59	40	175
Italien			
– Mailand	39	26	156
– Rom	52	35	160
– im Übrigen	34	23	126
Jamaika	54	36	135
Japan			
– Tokio	53	36	153
– im Übrigen	51	34	136
Jemen	24	16	95
Jordanien	36	24	85
Kambodscha	36	24	85
Kamerun	40	27	130
Kanada			
– Ottawa	36	24	105
– Toronto	41	28	135
– Vancouver	36	24	125
– im Übrigen	36	24	100
Kap Verde	30	20	55
Kasachstan	39	26	109
Katar	56	37	170
Kenia	35	24	135
Kirgisistan	18	12	70
Kolumbien	41	28	126
Kongo, Demokratische Republik	60	40	155
Kongo, Republik	57	38	113
Korea, Demokratische Volksrepublik	30	20	186
Korea, Republik	66	44	180
Kosovo	26	17	65

Kroatien	29	20	57
Kuba	50	33	85
Kuwait	42	28	130
Laos	33	22	67
Lesotho	24	16	70
Lettland	18	12	80
Libanon	44	29	120
Libyen	45	30	100
Liechtenstein	47	32	82
Litauen	27	18	100
Luxemburg	47	32	102
Madagaskar	38	25	83
Malawi	29	26	110
Malaysia	36	24	100
Malediven	38	25	93
Mali	40	27	125
Malta	30	20	90
Marokko	42	28	105
Marshall Inseln	63	42	70
Mauretanien	48	32	89
Mauritius	48	32	140
Mazedonien	24	16	95
Mexiko	36	24	110
Mikronesien	56	37	74
Moldau, Republik	18	12	100
Monaco	41	28	52
Mongolei	29	20	84
Montenegro	29	20	95
Mosambik	42	28	147
Myanmar	46	31	45
Namibia	29	20	85
Nepal	32	21	72
Neuseeland	47	32	98
Nicaragua	30	20	100
Niederlande	60	40	115
Niger	36	24	70
Nigeria	60	40	220
Norwegen	64	43	182
Oman	48	32	120
Österreich	29	20	92
Pakistan			

– Islamabad	24	16	150
– im Übrigen	24	16	70
Palau	51	34	166
Panama	34	23	101
Papua-Neuguinea	36	24	90
Paraguay	36	24	61
Peru	38	25	140
Philippinen	30	20	90
Polen			
– Breslau	33	22	92
– Danzig	29	20	77
– Krakau	28	19	88
– Warschau	30	20	105
– im Übrigen	27	18	50
Portugal			
– Lissabon	36	24	95
– im Übrigen	33	22	95
Ruanda	36	24	135
Rumänien			
– Bukarest	26	17	100
– im Übrigen	27	18	80
Russische Föderation			
– Moskau	48	32	135
– St. Petersburg	36	24	110
– im Übrigen	36	24	80
Sambia	36	24	95
Samoa	29	20	57
San Marino	41	28	77
São Tomé – Príncipe	42	28	75
Saudi-Arabien			
– Djidda	48	32	80
– Riad	48	32	95
– im Übrigen	47	32	80
Schweden	72	48	165
Schweiz			
– Genf	62	41	174
– im Übrigen	48	32	139
Senegal	42	28	130
Serbien	30	20	90
Sierra Leone	39	26	82
Simbabwe	45	30	103

Singapur	53	36	188
Slowakische Republik	24	16	130
Slowenien	30	20	95
Spanien			
– Barcelona, Madrid	32	21	118
– Kanarische Inseln	32	21	98
– Madrid	41	28	113
– Palma de Mallorca	32	21	110
– im Übrigen	29	20	88
Sri Lanka	40	27	118
St. Kitts und Nevis	45	30	99
St. Lucia	54	36	129
St. Vincent und die Grenadinen	52	35	121
Südafrika			
– Kapstadt	38	25	94
– im Übrigen	36	24	72
Sudan	32	21	120
Südsudan	46	31	146
Suriname	30	20	75
Syrien	38	25	140
Tadschikistan	26	17	67
Taiwan	39	26	120
Tansania	40	27	141
Thailand	32	21	120
Togo	33	22	80
Tonga	32	21	36
Trinidad und Tobago	54	36	164
Tschad	47	32	151
Tschechische Republik	24	16	97
Tunesien	33	22	80
Türkei			
– Istanbul	35	24	92
– Izmir	42	28	80
– im Übrigen	40	27	78
Turkmenistan	33	22	108
Uganda	33	22	130
Ukraine	36	24	85
Ungarn	30	20	75
Uruguay	36	24	70
Usbekistan	30	20	60
Vatikanstaat	52	35	160

Venezuela	48	32	207
Vereinigte Arabische Emirate	42	28	145
Vereinigte Staaten von Amerika			
– Atlanta	57	38	122
– Boston	48	32	206
– Chicago	48	32	130
– Houston	57	38	136
– Los Angeles	48	32	153
– Miami	57	38	102
– New York City	48	32	215
– San Francisco	48	32	110
– Washington, D.C.	57	38	205
– im Übrigen	48	32	102
Vereinigtes Königreich von Großbritannien und Nordirland			
– London	57	38	160
– im Übrigen	42	28	119
Vietnam	38	25	86
Weißrussland	27	18	109
Zentralafrikanische Republik	29	20	52
Zypern	39	26	90

TIPP

Übernachtung im Ausland nur mit Beleg!

Wie für Arbeitnehmer gilt auch für Selbständige, dass Übernachtungskosten 922
bei Auslandsgeschäftsreisen nur bei Vorlage entsprechender Belege als Betriebsausgaben abgezogen werden können. Lassen Sie sich daher unbedingt eine Rechnung über Ihre Hotelkosten bzw. über die Miete für Ihre Bleibe ausstellen.

Beachten Sie, dass Ihnen der Fiskus von den Hotelkosten in der Regel 20 % Verpflegungspauschale für das Frühstück abzieht. Da in vielen ausländischen Hotels das Frühstück extra berechnet wird, erfolgt keine Kürzung, wenn Sie belegen können, dass die Hotelrechnung kein Frühstück beinhaltet. Wenn sich das nicht schon unmittelbar aus der Rechnung ergibt, akzeptieren viele Finanzämter inzwischen auch, wenn Sie selbst einen handschriftlichen Vermerk, z.B. »Übernachtung ohne Frühstück«, anbringen.

923 **Aufgepasst bei Gruppenreisen und Reisen zu Kongressen!** Hatten Sie für Ihre Reisen ins Ausland jeweils einen unmittelbaren betrieblichen Anlass, seien es Besprechungen mit Geschäftsfreunden, Wareneinkäufe o.Ä., gehen sie beim Fiskus anstandslos durch. Anders hingegen allgemeine Informationsreisen, für die nur ein mittelbarer betrieblicher Anlass vorliegt. Hier setzt der Fiskalritter gern seinen Rotstift an, wenn er feststellt, dass Sie dabei auch privaten Interessen nachgegangen sind. Sie benötigen also Unterlagen, mit denen Sie nachweisen können, dass bei der Reise eindeutig berufliche Aspekte im Vordergrund standen und evtl. private Aspekte von untergeordneter Bedeutung waren. Der BFH lässt aber eine Aufteilung in berufliche und private Kosten zu (BFH v. 21.9.2009 – GrS 1/06, BFH/NV 2010 S. 285). Sie müssen es also nicht hinnehmen, dass man Ihnen wegen einiger privater Kosten bei der Reise die gesamten Aufwendungen streicht. Legen Sie ggf. Einspruch ein und weisen das Finanzamt auf die Urteile in der Sache hin, mit denen der BFH zur Jagd auf die Streichgelüste des Fiskus geblasen hat (BFH v. 21.4.2010 – VI R 5/07, DB 2010 S. 12 und VI R 66/04, DB 2010 S. 1328).

Wichtig zu wissen: Bei Tagungen und Fachkongressen sollten Sie sich vom Tagungsleiter per Stempel und Unterschrift an jedem Tag Ihre Teilnahme testieren lassen. Alternativ heben Sie Ihre Aufzeichnungen aus den Veranstaltungen als Nachweis Ihrer Anwesenheit auf (FG des Saarlandes v. 14.7.1992 – EFG 1992 S. 727; BFH-Urt. v. 13.2.1980 – BStBl 1980 II S. 386). Lassen Sie sich vom Veranstalter außerdem eine schriftliche Garantie geben, dass die Reisekosten steuerlich absetzbar sind.

GUTER RAT

924 Abrechnungen über Geschäftsreisen müssen tipptopp sein. Führen Sie selbst kleinere Beträge auf, denn Kleinvieh macht auch Mist. Längere Geschäftsreisen sollten Sie einzeln und ggf. monatlich abrechnen. Kleben Sie der Übersichtlichkeit halber kleine Belege auf größere und heften Sie, wenn Kopiergerät zur Hand, die entsprechende Seite aus dem Fahrtenbuch gleich als Kopie mit an. Wenn Sie so vorgehen, kann der Prüfer ruhig kommen: Das Thema Reisekosten können Sie als erledigt abhaken.

925 Wenn Sie häufig aus betrieblichen Gründen im Ausland sind, sollten Sie sich unbedingt die dort gezahlte Umsatzsteuer zurückholen. Hierfür benötigen Sie eine Bescheinigung des deutschen Finanzamts, dass Sie umsatzsteuerlich erfasst sind, und die Rechnungen. (Der Europäische Gerichtshof hat entschieden, dass Kopien für eine Vorsteuererstattung ausreichen, wenn die Originalrechnungen

nicht mehr vorliegen – EuGH, Urteil v. 11.6.1996, C-361/96.) Reichen Sie den Antrag beim ausländischen Fiskus ein und beachten Sie dabei die engen Fristen. Weitere Informationen bekommen Sie beim Bundeszentralamt für Steuern in Bonn.

Wichtig: Sie können Vorsteuern aus Fahrtkosten mit öffentlichen Verkehrsmitteln sowie aus Übernachtungskosten ziehen, sofern Sie ordnungsgemäße Rechnungen vorlegen können. Aus den Verpflegungspauschalen ist jedoch kein Vorsteuerabzug zulässig (vgl. dazu BFH v. 23.11.2000 – BStBl 2001 II S. 266, und BMF v. 28.3.2001 – BStBl 2001 I S. 251). 926

4. Bewirtungskosten

Lassen Sie sich bei der nächsten Betriebsprüfung nicht in Verlegenheit bringen, wenn Ihre Bewirtungskosten geprüft werden. 927

Kosten zur Bewirtung von Geschäftsfreunden in Ihrer Wohnung brauchen Sie erst gar nicht aufzuführen, die sind nämlich nicht abzugsfähig – es sei denn, Sie können nachweisen, dass gesundheitliche Gründe oder Gründe der Geheimhaltung die Besprechung und Bewirtung in Ihrer Wohnung erforderlich gemacht haben (weshalb Sie Krankheitsnachweise immer gut aufheben sollten!).

Zwar müssen Sie Bewirtungskosten nicht mehr auf amtlich vorgeschriebenem Vordruck nachweisen (§ 4 Abs. 5 Nr. 2 EStG), da selbst die Finanzbürokraten im Lauf der Jahre gemerkt haben, dass sich die wichtigsten Daten schon aus der Rechnung der Gaststätte ergeben, dafür wollen sie sie Ihnen nur noch anerkennen, wenn Sie eine ihnen genehme Rechnung vorlegen können (BMF-Schreiben v. 21.11.1994 – BStBl 1994 I S. 895). Damit Sie ihnen nicht in die Nachweisfalle tappen, müssen Sie darauf achten, dass die Gaststättenrechnung folgende Angaben enthält:

- Namen und Adresse der Gaststätte,
- Ihren Namen und Adresse, außer bei Rechnungen bis 100 €,
- eine haarkleine Aufschlüsselung aller verzehrten Speisen und Getränke mit den jeweiligen Preisen. Die Angabe »Speisen und Getränke« allein reicht nicht aus, möglich sind aber Bezeichnungen wie »Menü 3«, »Tagesgericht« oder »Lunch-Buffet«,
- Ort und Zeitpunkt der Bewirtung,
- Name und Adresse aller bewirteten Personen einschließlich Ihnen,
- den Gesamtrechnungsbetrag,
- die gesondert ausgewiesene Umsatzsteuer.
- Trinkgelder müssen ebenfalls gesondert nachgewiesen werden. Zahlen Sie mit Plastikgeld, reicht es aus, wenn Sie die entsprechende Trinkgeldzeile auf

dem Zahlungsbeleg ausfüllen. Ansonsten muss das Trinkgeld handschriftlich nachgetragen und vom Kellner durch seine Unterschrift bestätigt werden!

Zudem sollen nur noch Quittungen aus einer maschinellen oder elektronischen Registrierkasse anerkannt werden.

Wenn Gaststättenbelege mal nicht so optimal oder abhanden gekommen sind, müssen Sie die Flinte nicht ins Korn werfen. Erstellen Sie einen Eigenbeleg mit Angaben über Ort, Tag, Teilnehmer und Höhe der Aufwendungen. Zusammen mit einer Kreditkartenabrechnung über die Bewirtung reicht das zumindest dem Finanzgericht Düsseldorf als ausreichender Nachweis Ihrer Bewirtungskosten (FG Düsseldorf v. 7.12.2009 – 11 K 1093/07 E, EFG 2010 S. 633).

Findet die Bewirtung nicht in einer Gaststätte statt, sondern z.B. bei Ihnen im Betrieb, müssen Sie einen Eigenbeleg anfertigen.

928 **Jetzt kommt der Hammer: Aufwendungen für die Bewirtung von Personen aus *geschäftlichem* Anlass dürfen nur zu 70 % den Gewinn mindern (§ 4 Abs. 5 Nr. 2 EStG), sind also nur zu 70 % abzugsfähig.**

In diese Abzugsfalle tappen Sie auch, wenn Sie als Unternehmen Schulungsveranstaltungen z.B. für Reisende oder Handelsvertreter durchführen und diese während der Schulung bewirten. Schon zieht Ihnen der Fiskus mit gierigem Federstrich 30 % der Betriebsausgaben ab (BFH v. 18.9.2007 – 2008 II S. 116). Mit diesen Kürzungsgelüsten ist aber sofort Schluss, wenn die Teinehmer für die Schulung etwas bezahlen müssen. In diesem Fall gehört die Bewirtung genauso zum Leistungsangebot wie die Vorträge. Ergo sind die Bewirtungskosten voll abzugsfähig!

Nach wie vor in voller Höhe, also zu 100 %, sind Bewirtungskosten aus *betrieblichem* Anlass abziehbar, also z.B. die Bewirtung von Arbeitnehmern im Rahmen eines Betriebsfests oder eines Arbeitsessens.

Es gibt Leute, die halten den Unternehmer
für einen räudigen Wolf, den man totschlagen müsse.
Andere meinen, der Unternehmer sei eine Kuh,
die man ununterbrochen melken könne.
Nur wenige sehen in ihm ein Pferd, das den Karren zieht.
(Winston Churchill)

TIPP

für Ihre Geburtstagsfeier

Die Kosten hierfür als Betriebsausgaben abzusetzen hat der Bundesfinanzhof 929
für unzulässig erklärt, denn der Geburtstag des Betriebsinhabers oder des Geschäftsführers ist kein betrieblicher Anlass, auch wenn ganz überwiegend Geschäftsfreunde geladen werden (BFH-Urt. v. 28.11.1991 – BStBl 1992 II S. 359). Das FG Hessen hat in das gleiche Horn geblasen (v. 5.9.2006 – 11 K 4347/04). Allerdings hat sich der BFH bei einem Geschäftsführer großzügig gezeigt, der nur Mitarbeiter eingeladen und seine eigentliche Geburtstagsparty mit Freunden und Bekannten vorher pompös gefeiert hat. (BFH v. 1.2.2007 – BStBl 2007 II S. 459).
Ähnlich funktioniert es bei einem Empfang zum 60. Geburtstag eines verdienten Angestellten. Wenn Sie das nicht zu einem Privatfest für ihn machen, sondern als Feier des Betriebs zu seinen Ehren deklarieren, sind die Kosten Betriebsausgaben. Und für den Arbeitnehmer keine Sachzuwendungen (BFH-Urt. v. 28.1.2003 – BStBl 2003 II S. 724)!

Das weiß ich nicht! Der Polizei gebe ich nie Auskünfte,
man erspart ihr nur die Mühe.
(Graham Greene)

TRICK

Halten Sie sich durch Mietkosten schadlos!

Splitten Sie die Bewirtungskosten in Mietkosten und in Kosten für Speisen und 930
Getränke auf. Das lohnt sich bei größeren Anlässen. Vereinbaren Sie mit dem Wirt, dass er ihnen für Speisen und Getränke Sonderkonditionen einräumt und dafür für den Raum Mietkosten in Rechnung stellt. Die Mietkosten setzen Sie nämlich nicht zu läppischen 70 %, sondern zu 100 % ab.

5. Vertragsverhältnisse zwischen nahen Angehörigen

Verträge zwischen nahen Angehörigen werden steuerlich anerkannt, denn sie 931
sind grundsätzlich nicht anders zu beurteilen als Vertragsverhältnisse zwischen Fremden. Folge: Zahlungen, die auf solchen Vertragsverhältnissen beruhen, sind Betriebsausgaben, sofern sie betrieblich veranlasst sind. Wegen der engen

persönlichen Beziehung, in der nahe Angehörige normalerweise zueinander stehen, nimmt das Finanzamt diese Vertragsverhältnisse allerdings besonders scharf unter die Lupe. Daher müssen die Vereinbarungen klar und eindeutig und auch tatsächlich vollzogen sein.
Haben Sie es versäumt, einen schriftlichen Arbeitsvertrag zu schließen, werden Sie bei einer Prüfung auf die mündliche Vereinbarung und Ihr schlüssiges Verhalten verweisen. Ein schlüssiges Verhalten liegt vor, wenn das Gehalt tatsächlich ausgezahlt und Steuer- und Sozialabgaben regelmäßig angemeldet und abgeführt wurden.

a) Arbeitsvertrag mit dem Ehepartner

Der Arbeitnehmerehegatte ist nach den allgemeinen Vorschriften lohnsteuerpflichtig. Eine Versicherungspflicht in der Kranken-, Renten- und Arbeitslosenversicherung besteht in folgenden Fällen:

- Ihr Ehegatte ist tatsächlich in Ihren Betrieb eingegliedert,
- Sie zahlen ein angemessenes Entgelt,
- das Entgelt wird als Betriebsausgabe verbucht und wie steuerpflichtiger Arbeitslohn behandelt.

Auch wenn Ihr Ehepartner nur stundenweise Arbeiten übernimmt, sollte das auf jeden Fall über den Betrieb entlohnt und nicht mit einem Dankeschön abgetan werden. Um der Steuerpflicht und der regulären Sozialversicherungspflicht auszuweichen, schließen Sie mit Ihrem Ehegatten einen Arbeitsvertrag als Geringverdiener (Teilzeitkraft), wobei Sie die allgemeinen Entgelt- und zeitlichen Grenzen beachten. Wenn Ihr Ehepartner keine weiteren Einkünfte hat, ist die Versteuerung mit einer Minipauschale von 2 % abgegolten, d.h., den Pauschallohn brauchen Sie nicht in der gemeinsamen Einkommensteuererklärung anzugeben. Und so wird gerechnet:

Gehalt als Pauschalkraft monatlich	450 €		
Pauschalsteuer 2 %	9 €		
Pauschale Sozialversicherung 28,99 %	130,45 €		
Summe	589,45 €	× 12 Monate	7.073 €
Steuerersparnis bei 42 % inkl. KiSt und Soli			3.401 €
./. Aufwand pauschale Sozialversicherung + Steuer			– 1.673 €
Überschuss an Liquidität in der Familie			1.720 €

Ist Ihr Ehegatte privat krankenversichert, fällt sogar nur der pauschale Rentenversicherungsbeitrag in Höhe von 15 % an. Bei Gewerbetreibenden kommt zur Ersparnis an Einkommen-, Kirchensteuer und Soli auch noch die Einsparung an Gewerbesteuer hinzu.

Am besten setzen Sie das Gehalt aus einem Teil zu versteuernder und einem Teil steuerbegünstigter Bezüge zusammen.

Wenn Sie Ihren Ehepartner als Aushilfe deklarieren, muss die Wochenarbeitszeit nicht im Einzelnen geregelt sein. So entschied der BFH am 25.11.1999 (Az IV R 44/99). Dass der Ehepartner den Job während der Woche zu unterschiedlichen Zeiten mache, gehe in Ordnung, wenn die Arbeit unregelmäßig anfalle. Ansonsten müsse alles wie unter Fremden geregelt sein: Arbeitsaufgaben, Gehalt, Urlaub, Extras, Kündigungsfristen.

TIPP

Achten Sie auf die Formalitäten!

Bei einem Arbeitsverhältnis zwischen Ehegatten sucht der Betriebsprüfer mit Akribie nach Schwachpunkten. So prüft er, ob es wie ein Arbeitsverhältnis zwischen Fremden ausgestaltet ist, ob Lohnsteuer und Sozialversicherung in richtiger Höhe einbehalten und abgeführt wurden, ob der Ehepartner wirklich über das Gehalt verfügen konnte (R 19 EStR). Die Auszahlung des Gehalts kann in bar – gegen Quittung – vorgenommen werden oder durch Überweisung auf ein Konto.

Nach einer Entscheidung des Bundesverfassungsgerichts (BVerfG v. 7.11.1995 – 2 BvR 802/90) und einem Urteil des BFH (Urt. v. 5.2.1997 – X R 145/94) ist ein Mitverfügungsrecht beim Konto ausreichend. Der Arbeitnehmerehegatte muss also nicht allein verfügungsberechtigt sein. Zwar ist die Art der Kontoführung für die Beurteilung, ob ein Arbeitsverhältnis besteht, durchaus ein Kriterium, stehen die tatsächlich geleistete Arbeit und die Angemessenheit der Entlohnung aber außer Frage, kann ihnen das Finanzamt aus der Art der Kontoführung keinen Strick drehen. Das Arbeitsverhältnis wird auch anerkannt, wenn das Gehalt des Arbeitnehmerehepartners zur Tilgung eines Bankdarlehens des Arbeitgeberehepartners verwendet (FG Rheinland-Pfalz v. 26.5.1987 - EFG 1987 S. 609) oder als Darlehen dem Betrieb zur Verfügung gestellt wird (BFH-Urt. v. 25.7.1991 – BStBl 1991 II S. 842). Dazu verlangt der Fiskus aber, dass ein ordentlicher Darlehensvertrag abgeschlossen wurde.

TRICK

Mit Riester-Förderung noch mehr aus dem Ehegattenarbeitsverhältnis herausholen.

Die gängigsten Formen der betrieblichen Altersversorgung (Direktversiche- **932**
rungen, Pensionskasse oder -fonds) bleiben steuerfrei. Wenn Teile des Gehalts in eine ab 2005 abgeschlossene Direktversicherung gezahlt werden, können

davon 1.800 € + 4 % der Beitragsbemessungsgrenze zur Rentenversicherung steuerfrei bleiben (§ 3 Nr. 63 EStG). Allerdings muss die Direktversicherung, genau wie die anderen Anlageformen, die Riester-Voraussetzungen erfüllen. Unter dieser Bedingung können auch für schon vor dem 1.1.2005 laufende Altersvorsorgeverträge immerhin die 4 % der Rentenversicherungsbemessungsgrundlage steuerfrei bleiben, das sind 2014 auch schon 2.856 €.

Aber: Die Leistungen aus der Direktversicherung etc. dürfen zusammen mit den Rentenansprüchen des Ehepartners nicht zu einer Überversorgung führen. Dazu sollte die Gesamtversorgung später nicht mehr als 75 % der letzten Bezüge des Ehepartners betragen, und es muss auch den anderen Arbeitnehmern eine entsprechende Versicherung angeboten worden sein (BMF v. 3.11.2004 – BStBl 2004 I S. 1045). Das gilt allerdings nicht, wenn der mitarbeitende Ehepartner selbst bestimmt hat, dass Teile seines Arbeitslohns für die Direktversicherung, die Pensionskasse oder den Pensionsfonds verwendet werden sollen, die Beiträge also vom Betrieb nicht zusätzlich zum Gehalt aufgewendet werden (BFH v. 10.6.2008 – BStBl 2008 II S. 973).

Wichtig zu wissen: Renten aus einer ab 2005 geschlossenen Direktversicherung unterliegen später zu 100 % der Steuer.

933 Das Ehegattengehalt wird anerkannt, wenn es angemessen ist – am besten zahlen Sie also nach Tarif, denn Tarifzahlungen sind immer angemessen, oder nach branchenüblichen Gepflogenheiten (etwa für eine Aushilfskraft in der Gaststätte). Sonderzahlungen erkennt der Prüfer nur an, wenn auch die übrigen Beschäftigten sie erhalten haben (BFH-Urt. v. 26.2.1988 – BStBl 1988 II S. 606).

Achten Sie darauf, dass Ihr Ehegatte nicht an unternehmerischen Entscheidungen beteiligt ist. Das Finanzamt sieht darin nämlich eine »mitunternehmerische« Tätigkeit und besteuert das Gehalt als vorweggenommenen Gewinn. Dadurch gehen Freibeträge und die Vorteile bei der Gewerbesteuer verloren. Deshalb muss im Anstellungsvertrag das Aufgabengebiet genau beschrieben sein.

Die Betriebsprüfer werden immer kleinlicher und verwerfen das Arbeitsverhältnis beim kleinsten Mangel. Etwa wenn es wirtschaftlich keinen Sinn macht, dem Ehegatten kein Arbeitsgebiet zugewiesen oder keine auf seine Kenntnisse zugeschnittene Arbeitsplatzbeschreibung gegeben wurde. Begegnen Sie solchen finanzamtlichen Erbsenzählern, indem Sie diese Einzelheiten in den Arbeitsvertrag aufnehmen. Klar – die wollen vor allen Dingen wissen, ob Ihr Ehepartner überhaupt im Betrieb arbeitet …

Auch für den BFH kommt es in all seinen Entscheidungen in erster Linie darauf an, dass die Hauptpflichten aus einem Arbeitsvertrag tatsächlich erbracht werden: vorrangig die Erbringung der vereinbarten Arbeitsleistung auf der einen und die Zahlung der vereinbarten Vergütung auf der anderen Seite. Einzelne kleinere Macken im Arbeitsvertrag sind für ihn allerdings kein Anlass, das Arbeitsverhältnis nicht anzuerkennen. Das Finanzamt darf also keine Rosinensucherei veranstalten und nicht beanstanden, wenn z.B. die Urlaubsregelung, die Vereinbarung zur Auszahlung des Lohns oder die Arbeitszeiten nicht ganz der Norm entsprechen (BFH v. 23.12.2013 – III B 84/12, BFH/NV 2014 S. 533). Vor allem, wenn Ihr Partner (oder Ihre Eltern oder Kinder) unbezahlte Überstunden leisten, ist das kein Grund, dem Arbeitsvertrag die Anerkennung zu verweigern (BFH v. 17.7.13 – BStBl 2013 II S. 1015).

SUPER TRICK

Mit einem Lebenspartner haben Sie weniger Stress als mit dem Ehepartner.

Wenn Sie Ihren Lebenspartner in Ihrem Betrieb einstellen, kann Ihnen der Fiskus nicht damit kommen, es sei ein Fremdvergleich notwendig. Der Arbeitslohn ist in aller Regel als Betriebsausgabe abzugsfähig. Das gilt auch dann, wenn er z.B. etwas höher ist als das Gehalt der meisten anderen Mitarbeiter. So jedenfalls sahen es die Richter beim FG Niedersachsen am 12.11.1996 (EFG 1997 S. 334). 934

Fassen wir die besonderen Risiken noch einmal zusammen: 935
Voraussetzung für die steuerrechtliche Anerkennung eines Ehegattenarbeitsverhältnisses ist, dass

1. eine klare und ernsthafte Vereinbarung vorliegt,
2. das Arbeitsverhältnis tatsächlich durchgeführt wird,
3. das Arbeitsverhältnis vergleichbar auch mit einem fremden Dritten durchgeführt werden könnte (Fremdvergleich).

Der Aufgabenbereich des Arbeitnehmerehegatten ist möglichst genau anzugeben, weil nur dadurch die Angemessenheit der Bezüge dargestellt werden kann.

TIPP

zum Ehegattenarbeitsverhältnis

Am besten legen Sie das Aufgabengebiet Ihres Ehegatten in einer gesonderten Stellenbeschreibung dar. Hierauf richtet sich das Argusauge der Finanzbeamten besonders: 936

- Höhe der vereinbarten Vergütung,

- tatsächlicher Geldfluss,
- Angemessenheit der vereinbarten Vergütung,
- zeitlicher Umfang der Tätigkeit.

Die tatsächliche Erledigung der vereinbarten Arbeit dokumentieren Sie geschickt durch regelmäßige Zeiterfassung. Besonders einfach ist das, wenn Sie in Ihrem Betieb ein technisches Zeiterfassungssystem nutzen. Alternativ kann Ihr Partner auch Stundenzettel ausfüllen oder die jeweils geleisteten Arbeitsstunden auf andere Weise dokumentieren. Hier gilt die Devise: ein wenig aufzeichnen ist um Längen besser als überhaupt keine Aufzeichnungen. Andererseits ist ganz klar, dass das Finanzamt sich nicht einfach darauf stürzen kann, dass keine Stundenzettel oder Zeitaufzeichnungen vorliegen, und das umso weniger, wenn schon aus anderen Gründen klar ist, das die Arbeit tatsächlich durchgeführt wurde. (BFH v. 17.7.13 – BStBl 2013 II S. 1015).

TIPP

damit der Firmenwagen nicht zum Fallstrick wird!

937 Vorsicht ist geboten, wenn Sie Ihrem Angehörigen als Teil der Vergütung einen Firmenwagen überlassen. Das ist zwar vom Grunde her völlig in Ordnung, der Fiskus schaut aber sehr genau darauf, ob der Pkw im Verhältnis zur geleisteten Arbeit nicht ein paar Nummern zu groß ist. Ein Porsche als Dienstwagen für den Ehepartner, der nur mit kleineren Aushilfs- und Reinigungsarbeiten betraut ist, dürfte da wohl chancenlos sein. Rückendeckung bekommt der Fiskus durch den BFH, der die Überlassung eines 50.000 € teuren Firmenwagens an eine Ehefrau, die für einen Barlohn von ca. 150 € im Monat lediglich kleinere Buchführungsarbeiten erledigte, nicht anerkannt hat (BFH v. 21.1.2014 – X B 181/13).

Sie sind geschickter; mit einem Kleinwagen in der Kategorie von 20.000 € bis 25.0000 € werden Sie die Streichgelüste des Fiskus deutlich weniger in Wallung bringen und erhöhen die Chancen auf einen schönen Steuervorteil ganz erheblich.

Auf einen Clinch mit dem Finanzamt können Sie sich mit hoher Wahrscheinlichkeit in folgenden Fällen einstellen:

- Die vereinbarte Vergütung besteht allein aus der Überlassung des Firmenwagens.
- Im Rahmen einer geringfügigen Beschäftigung wird ein hochwertiges und teures Auto überlassen.
- Im Betrieb ist der Angehörige die einzige Person, die für vergleichbare Arbeiten einen Firmenwagen bekommt.

GUTER RAT

Wer als Selbständiger viel auf Reisen ist, hat jeden Grund, seinen Ehepartner bei sich einzustellen.

b) Verträge mit eigenen Kindern 938

Hilft Ihr Kind in Ihrem Betrieb mit, lassen Sie sich natürlich seine Lohnsteuerabzugsmerkmale geben. Ein Gehalt bis zu den Grenzen für Teilzeitkräfte von 450 € monatlich ist nämlich auch in Steuerklasse I lohnsteuerfrei, und es erscheint nicht in Ihrer Steuererklärung, denn eine Zusammenveranlagung mit Kindern gibt es bei der Einkommensteuer nicht. Bei Aushilfsarbeiten geht es sogar ohne schriftlichen Arbeitsvertrag. So hat das FG Rheinland-Pfalz (Urt. v. 28.8.1986 – EFG 1987 S.234) Aushilfslöhne an noch in Berufsausbildung befindliche und minderjährige Kinder als Betriebsausgaben anerkannt, da bei Aushilfsarbeiten der Abschluss schriftlicher Verträge auch zwischen Fremden nicht üblich sei.

Anmerkung: Arbeitsverhältnisse zwischen Eltern und minderjährigen Kindern sind auch ohne Mitwirkung eines Ergänzungspflegers steuerlich wirksam. Arbeitsverträge werden aber nur anerkannt, wenn das Kind mindestens 15 Jahre alt ist (vgl. R 4.8 Abs. 3 EStR).

Der Bund gewährte 1995 der Deutschen Bahn AG
Personalkosten in Höhevon 5,5 Milliarden Mark jährlich
wegen des angeblichen zusätzlichen Personalbedarfs.
Tatsächlich bestand jedoch nach Prüfungen
des Rechnungshofs für mindestens
20.000 Leute gar kein Erstattungsanspruch. Ausgaben dafür:
1,3 Milliarden im Jahr.
(Bericht des Bundesrechnungshofs)

TIPP

zum Einstellen auf die richterliche Denkweise

Nicht anzuerkennen sind »Arbeitsleistungen, die wegen ihrer Geringfügigkeit 939
oder Eigenart üblicherweise nicht auf arbeitsvertraglicher Grundlage erbracht werden« (R 4.8 Abs. 3 EStR). Die Abgrenzung kann schwierig sein und ist in der Praxis immer wieder streitig. Deshalb gebe ich Ihnen zwei Beispiele an die Hand:

Beispiel 1
A, praktischer Arzt, hat mit seiner 15-jährigen Tochter folgenden Arbeitsvertrag abgeschlossen: Für eine monatliche Vergütung von rund 200 € übernimmt sie zu bestimmten Zeiten, vor allem während der Wochenendbereitschaft, in der Familienwohnung den Telefondienst und wäscht und bügelt samstags für zwei Stunden die Praxiswäsche.
Der Bundesfinanzhof hat den »Arbeitsvertrag« nicht anerkannt, weil insbesondere der Telefondienst im Rahmen der normalen Lebensführung miterledigt werden kann (Urt. v. 9.12.1993, BStBl II 1994 S. 298).

Beispiel 2
B, Lebensmittelhändler, hat mit seinen beiden volljährigen Töchtern Arbeitsverträge geschlossen und die eine als Verkaufshilfe, die andere als Buchhalterin beschäftigt.
Der Bundesfinanzhof hat die Arbeitsverträge anerkannt, weil die Kinder Arbeiten übernommen haben, die häufig von Schülern, Studenten oder Hausfrauen gegen entsprechende Bezahlung ausgeführt werden (Urt. v. 25.1.1989, BStBl II S. 453).

GUTER RAT

Richten Sie sich darauf ein und sorgen Sie dafür, dass Ihre Kinder nicht nur geringfügige Dienstleistungen erbringen. Vereinbaren Sie zusätzlich zum Telefondienst Botengänge, Reinigungs- und Schreibarbeiten etc.

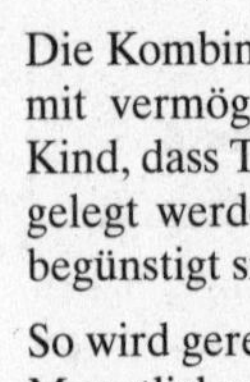

TRICK

Kombinieren Sie Pauschallohn mit vermögenswirksamen Leistungen!

940 Die Kombination abgabefreier Gehaltsbezüge (das gilt auch für Pauschallohn) mit vermögenswirksamen Leistungen ist besonders attraktiv. Bestimmt das Kind, dass Teile seines Lohns von z.B. monatlich 400 € vermögenswirksam angelegt werden, etwa in einen Bausparvertrag, bei dem monatlich bis zu 39 € begünstigt sind, kann es eine Arbeitnehmersparzulage von 9 % beanspruchen.

So wird gerechnet:

Monatliches Gehalt brutto =	400 €
./. vermögenswirksame Leistung	– 40 €
Auszahlungsbetrag	360 €

Die Arbeitnehmersparzulage in Höhe von 42,30 € (9 % von 470 €) wird auf Antrag jährlich vom Finanzamt festgesetzt und nach Ablauf der Sperrfrist von sieben Jahren ausbezahlt.

TRICK

Hören Sie her, Meisterväter und Meistermütter!

Ist doch klar, bevor Ihr Kind den Betrieb übernimmt, besucht es die Meister- 941
schule. Die Ausbildung finanziert natürlich der Betrieb, und das Gehalt läuft während der Ausbildung weiter. Und der Meisterschüler setzt von seinem Gehalt die Spesen während des Lehrgangs als Werbungskosten ab (BFH-Urt. v. 14.12.1990 – BStBl 1991 II S. 305).
Damit das klappt, muss ein handfester Vertrag her, in dem Vereinbarungen getroffen werden, wie sie auch zwischen Fremden üblich wären. Denn das FG Niedersachsen sah eine Meisterprüfung nicht als betrieblich bedingt an, wenn der Sohn den Betrieb übernehmen soll (2.12.1998 – XII 542/96).

Ausbildungsdienstvertrag

Zwischen der Firma Herbert Quast, Malerbetrieb in Stuttgart, und Egon Quast, Malergeselle, wohnhaft ebendort, wird folgender Ausbildungsdienstvertrag geschlossen:
Egon Quast ist bereit, alsbald die Prüfung als Malermeister abzulegen und sodann als solcher in der Firma Herbert Quast tätig zu sein.
Die Firma ist auf eine jüngere Meisterfachkraft angewiesen und deshalb bereit, die Lehrgangsgebühren zu übernehmen. Außerdem wird das Gehalt bis zum Ablauf der Regelausbildungsdauer von 14 Monaten weitergezahlt. Egon Quast besucht ab 1.2.20.. die Badische Malerfachschule. Das bereits bestehende Dienstverhältnis wird ab 1.2.20.. in ein Ausbildungsdienstverhältnis umgewandelt. Egon Quast verpflichtet sich, nach Ablegung der Meisterprüfung als Meister in der Firma Herbert Quast tätig zu sein.
Kündigt Egon Quast vor Ablauf von zehn Jahren, sind die von der Firma getragenen Lehrgangsgebühren und die während des Lehrgangs gezahlten Gehälter für jedes ausstehende Jahr in Höhe von einem Zehntel zurückzuzahlen.

Stuttgart, den ....

....
Unterschrift Herbert Quast Unterschrift Egon Quast

Damit drücken Sie Ihren Gewinn um:

Gezahltes Gehalt 1.500 € × 14 Monate	21.000 €
ca. 20 % Arbeitgeberanteil zur Sozialversicherung	4.200 €
Lehrgangsgebühren	2.900 €
Insgesamt	28.100 €
Steuerersparnis durch Einkommen-, Kirchen- und Gewerbesteuer bei ca. 60 % =	16.860 €

Egon muss sein Gehalt versteuern, kann aber seine Aufwendungen für die Ausbildung als Werbungskosten absetzen. Zudem tut er bereits jetzt etwas für seine Altersversorgung, da er in die Rentenkasse einzahlt. Und wenn er ausgelernt hat, machen Sie eine vernünftige Absicherung.

TRICK

Ihr Kind als stiller Teilhaber

942 »Stille Teilhaber habe ich genug, mehr brauche ich nicht«, sagen Sie sogleich und denken dabei ans Finanzamt und an die Hypothekenbank.
Doch was halten Sie davon, die stille Teilhaberschaft des Finanzamts deftig zu beschneiden und stattdessen Ihr Kind als stillen Gesellschafter in Ihre Firma aufzunehmen? Die Gewinnbeteiligung des Kindes wird zum größten Teil zu dessen Unterhalt verwendet, insoweit werden Sie also finanziell entlastet. Der Rest wird gewinnbringend angelegt, z.B. in eine nach zwölf Jahren (Mindestlaufzeit) fällige Lebensversicherung des Kindes.
Die Vorteile liegen auf der Hand: Die stille Beteiligung des Kindes mindert Ihre gewerblichen Einkünfte, wodurch Sie Steuern sparen. Das Kind selbst zahlt keine Steuern, weil es seine Freibeträge (801 € für Kapitaleinkünfte und 8.354 € Grundfreibetrag) ausschöpfen kann und die Beiträge in die Lebensversicherung als Sonderausgaben angesetzt werden. Der Gewinn aus der Lebensversicherung ist bei Fälligkeit nach einem Ablauf von zwölf Jahren zu mindestens 50 % steuerfrei. Die Vergünstigungen summieren sich innerhalb von zwölf Jahren auf steuerfreie Vorteile in hübscher Höhe.

Beispiel

1. Sie schenken Ihrem Kind 50.000 €. Die Schenkung wird notariell beurkundet, und es wird ein Ergänzungspfleger eingeschaltet, da Ihr Kind minderjährig ist. Die Schenkung ist steuerfrei, weil Ihrem Kind ein Schenkungsfreibetrag von 400.000 € zusteht.
2. In einem weiteren notariellen Vertrag räumen Sie Ihrem Kind eine stille Beteiligung nach §§ 230 ff. HGB an Ihrer Firma mit einer Vermögenseinlage

von 50.000 € ein. Damit Ihnen die Fiskalritter keinen Strich durch die Rechnung machen, wird das Kind auch an einem eventuellen Verlust angemessen beteiligt. Die Gewinnbeteiligung darf aber 15 % (ohne Verlustbeteiligung 12 %) der Vermögenseinlage nicht übersteigen, sonst geraten Sie mit dem Finanzamt in Konflikt (H 138 a Abs. 5 EStH).

3. Ihr Kind erhält also jährlich 15 % v. 50.000 € = 7.500 €.
4. Jährliche Steuerersparnis bei Ihnen 42 % von 7.500 € = 3.150 €.
5. Bei der Lebensversicherung ergibt sich bei einer Jahresprämie von ca. 2.500 € nach Ablauf der zwölf Jahre eine Versicherungssumme von ca. 46.000 €, von denen nach Abzug der gezahlten Prämien (12 × 2.500 € = 30.000 €) die Hälfte (46.000 € – 30.000 €) ÷ 2 = 8.000 € steuerfrei sind. Mit diesem Geld kann Ihr Kind die stille Beteiligung an Ihrer Firma auf fast 100.000 € aufstocken.

TRICK

So bauen Sie als kluger Mann einer Pleite vor.

Nehmen wir mal an, Sie greifen Ihrem Nachwuchs oder einem Freund beim 943
Sprung in die Selbständigkeit mit 20.000 € finanziell unter die Arme und vereinbaren ein Darlehen darüber. Nun, das ist so lange schön und gut, wie der Ausflug in die Selbständigkeit gutgeht und Profite abwirft. Aber was, wenn er in die Hose geht und Sie Ihre Kröten in den Schornstein schreiben müssen? In diesem Fall schauen Sie auch steuerlich belämmert aus, weil ihnen die Fiskalritter mit dem leider zutreffenden Hinweis, Darlehensverluste seien ein nicht berücksichtigungsfähiger Verlust auf Vermögensebene, jegliche steuerliche Berücksichtigung der verlorenen 20.000 € verweigern.

Das lässt sich vermeiden, indem Sie für Ihren Obolus eine stille Beteiligung verlangen und gleichzeitig eine Verlustbeteiligung vereinbaren. Wirft das neu gegründete Unternehmen Gewinne ab, fahren Sie mit den Erträgen aus stiller Beteiligung genauso gut wie mit einem herkömmlichen Darlehen. Erleidet es dagegen Schiffbruch, geht zwar immer noch Ihre Beteiligung den Bach hinunter, aber Sie können wenigstens den Verlust der stillen Beteiligung in voller Höhe steuerlich absetzen.

Die Bundeswehr wollte für 200 Millionen Mark Prüfautomaten anschaffen. Tatsächlicher Preis: 1,3 Milliarden. Weil das Heer 40.000 Lastwagen mit rostanfälligen Bremsanlagen kaufte, sind inzwischen Instandsetzungskosten von 100 Millionen Mark nötig. Die Umrüstung der Bremsanlagen kostet 400 Millionen.

(Bericht des Bundesrechnungshofs)

944 **c) Verträge mit anderen Familienangehörigen**

SUPER TRICK

Zahlen Sie wegen der Güterstandsvereinbarung nicht unnötig Steuer!

Viele Selbständige lassen sich auf Drängen ihres Partners verleiten, die Gütertrennung aufzugeben. Gütergemeinschaft kann aber dazu führen, dass Sie Ihr bisheriges Einzelunternehmen steuerlich nun in Mitunternehmerschaft mit Ihrem Ehepartner betreiben. Es ist für die Annahme einer Mitunternehmerschaft nämlich nicht ausschlaggebend, ob eine Person Gesellschafter im zivilrechtlichen Sinn ist oder nicht. Voraussetzung ist vielmehr, dass beide Ehegatten gemeinschaftlich eine selbständige, nachhaltige Tätigkeit ausüben, die mit Gewinnabsicht unternommen wird. Bei vereinbarter Gütergemeinschaft gehört das Betriebskapital beiden Ehegatten. Deshalb erfüllen auch beide durch den Einsatz dieses Kapitals in einem Gewerbebetrieb die Voraussetzungen für eine Mitunternehmerschaft.

Folgende steuerlich unangenehmen Folgen haben Sie dann in Kauf zu nehmen:

- Hat Ihr Ehepartner bisher im Ehegattenarbeitsverhältnis mitgearbeitet und Gehalt bezogen und wird nun als Mitunternehmer angesehen, sind die Gehaltszahlungen nicht mehr abzugsfähige Betriebsausgaben, sondern nichtabzugsfähige Gewinnvorableistungen. Mit der Folge, dass sich Gewerbe- und Einkommensteuer beträchtlich erhöhen.
- Direktversicherungsbeiträge sind keine abzugsfähigen Betriebsausgaben mehr.
- Sie können für Ihren Ehepartner keine gewinnmindernden Pensionsrückstellungen mehr bilden.
- Betriebsgebäude, die bisher Ihrer besseren Hälfte gehörten und an Sie vermietet wurden, stellen mit einem Mal Betriebsvermögen dar. Die Folge:
  - die Mietzahlungen sind keine abzugsfähigen Betriebsausgaben mehr,
  - ein bei einem Verkauf entstehender Gewinn fällt voll unter die Einkommen- und Gewerbesteuer, während eine Veräußerung aus dem Privatvermögen steuerfrei geblieben wäre.

Seien Sie vorsichtig bei der Finanzierung Ihrer Betriebsausgaben!!
Wenn Ihr Ehepartner für Sie ein Darlehen aufnimmt und die entsprechenden Schuldzinsen zahlt, können Sie diese auch dann nicht absetzen, wenn Sie das Geld für die Anschaffung betrieblicher Dinge verwendet haben! (BFH v. 24.2.2000 – BStBl 2000 II S. 314)

TRICK

Opa macht sich durch Teilzeitarbeit nützlich.

Es gibt nichts Schöneres, als wenn Großeltern, Eltern und Kinder sich gegenseitig helfen … und das Finanzamt noch etwas dazulegt. 945

Ihr Vater hilft Ihnen im Betrieb. Sie bedienen sich seiner langjährigen Erfahrungen, er erledigt Arbeiten verschiedenster Art, die insgesamt gesehen über den Rahmen der familiären Mithilfe hinausgehen. Er macht das schon seit Jahren und völlig unentgeltlich, auch deshalb, um die Kosten für eine teure Arbeitskraft zu sparen. Er könnte aber noch viel mehr für Sie tun: Er könnte Ihnen helfen, eine Menge Steuern zu sparen. Voraussetzung ist, dass Sie mit ihm einen Arbeitsvertrag schließen, in dem alles genau geregelt ist, sonst macht das Finanzamt nicht mit. Dann gibt es verschiedene Möglichkeiten.

Eine besteht darin, dass Ihr *Vater als kurzfristig beschäftigte Aushilfskraft* – nicht regelmäßig und für längstens 50 Tage im Jahr, aber zusammenhängend nicht mehr als 18 Tage – beschäftigt wird. Eine derartige Beschäftigung wäre sozialversicherungsfrei. Die Abgaben darauf könnten von Ihnen mit 25 % Lohnsteuer zzgl. 7 % Kirchensteuer und 5,5 % Solidaritätszuschlag, insgesamt also mit 28,12 % pauschal übernommen werden und wären bei Ihnen als Betriebsausgaben absetzbar. Ihr Vater hätte nichts zu versteuern.

Für die »klassischen« geringfügig Tätigen gilt allerdings etwas anderes. Bei einer auf Dauer angelegten geringfügigen Beschäftigung fallen in jedem Fall pauschale Sozialversicherungsbeiträge von 28,99 % an. Unter bestimmten Voraussetzungen können Sie den Lohn steuerfrei zahlen, nämlich wenn Ihnen eine Steuerkarte mit der Steuerklasse I bis IV vorliegt oder Sie 2 % pauschale Steuer in Kauf nehmen und an die Bundesknappschaft in Cottbus abführen.

Minijobs 946

Können Sie nicht auf Ihre Teilzeitkräfte verzichten, wollen sich aber auch keine zusätzliche Pauschalsteuer (2 %) ans Bein binden, machen Sie ihnen klar, dass in vielen Fällen trotzdem keine Steuerbelastung entsteht:

So sind 2014 mindestens steuerfrei

- 450 € Arbeitslohn zzgl. monatlich 804 €/2.057 € Altersrente (Alleinstehender/Verheiratete, Rentenbeginn 2013);
- 450 € Arbeitslohn zzgl. monatlich 619 €/1.318 € Pension (Alleinstehender/Verheiratete, Pensionsbeginn 2013);

- 450 € Arbeitslohn einer alleinerziehenden Mutter mit einem Kind, die von ihrem Ex monatlich 430 € Unterhalt bekommt und diesen im Rahmen des Realsplittings versteuert.

TRICK

Sie zahlen Opa ein Beraterhonorar.

947 Warum sollen Sie für ein Gutachten oder eine Beratung nicht auch mal Geld lockermachen? Es müssen ja nicht gleich Millionen sein, wie sie Politiker und Ministerien für ihre Begünstigten von unserem Geld als Steuerzahler verun …, nein, toleranter möchte ich sagen: vergeuden.
Schließen Sie mit Ihrem Vater nach seinem 65. Geburtstag einen Beratervertrag gegen Honorar ab und verpflichten ihn, Ihnen bei schwierigen betrieblichen Entscheidungen beratend zur Seite zu stehen, z.B. bei Investitionen, Expansionsplänen oder der Einstellung von Mitarbeitern. Ist Ihr Vater Frührentner, darf er erst ab frühestens 65 Jahren unbegrenzt hinzuverdienen, ohne dass ihm seine Rente gekürzt wird. Auch selbständige Erwerbstätigkeit ist vorher nicht erlaubt.
Die Honorarrechnung Ihres Vaters könnte so lauten:

Honorarrechnung

Für Beratertätigkeit an 50 Tagen mit insgesamt 500 Stunden (Stundensatz 30 €) erlaube ich mir, absprachegemäß folgende Kostennote zu erstellen:

Beraterhonorar	15.000 €
+ Mehrwertsteuer 19 %	2.850 €
Rechnungsbetrag	17.850 €

Eine Spezifikation über meine Tätigkeit an den einzelnen Tagen ist beigefügt.

Was zahlen Sie beide zusammen 2014 an Steuern – **ohne** Beraterhonorar?

Ihr Einkommen (bei einem Gewinn von 110.000 €)		100.000 €	
Einkommensteuer darauf (Splittingtabelle)			25.560 €
Gewerbesteuer bei Hebesatz 400 %			10.640 €
Opas Einkommen	21.000 €		
Einkommensteuer darauf (Grundtabelle)			2.905 €
Steuer insgesamt			39.105 €

Was zahlen Sie beide zusammen an Steuern – **mit** Beraterhonorar?

Ihr Einkommen wie oben		100.000 €	
./. Beraterhonorar		– 15.000 €	
verbleiben		85.000 €	
Einkommensteuer darauf (Splittingtabelle)			19.714 €
Gewerbesteuer bei Hebesatz 400 %			8.540 €
Opas Einkommen wie oben	21.000 €		
Beraterhonorar	15.000 €		
Summe	36.000 €		
Einkommensteuer darauf (Grundtabelle)			7.532 €
Steuer insgesamt			35.786 €
Steuerersparnis pro Jahr			3.319 €

Inklusive Kirchensteuer und Solidaritätszuschlag beläuft sich die Ersparnis auf immerhin ca. 3.800 €.
Ein erheblicher Teil der Steuerersparnis kommt aus der Gewerbesteuer, denn Ihr Gewerbeertrag wird durch das Beraterhonorar gekürzt, wohingegen Opa gewerbesteuerfrei bleibt, weil sein Gewerbeertrag unter dem Freibetrag von 24.500 € liegt. Die lange Nase zeigen Sie aber auch dem Finanzamt, wenn Opa sein Beraterhonorar am Jahresende in Rechnung stellt, der Betrag ihm jedoch erst im neuen Jahr zufließt. Dadurch können Sie das Honorar schon in der Bilanz des alten Jahres ausweisen und als Betriebsausgaben abziehen. Opa braucht es aber erst im neuen Jahr zu versteuern, weil er eine Einnahmenüberschussrechnung macht. Passen Sie nur auf, dass Opa nicht in die Scheinselbständigkeitsfalle tappt. Am besten berät er auch Ihren Bruder, Ihre Cousine usw. So gehen Sie auf Nummer sicher, und alles bleibt in der Familie.

TRICK

Wie Sie ohne höhere Abgaben Ihrerseits einer Teilzeitkraft mehr zahlen können.

Lohnsteuer und Sozialversicherung setzen der Bezahlung einer Teilzeitkraft 948
enge Grenzen. Was beide Seiten meist anstreben: Pauschalsteuer von 2 % und

pauschale Sozialversicherung sowie Umlagen von 28,99 %, insgesamt also 30,99 %. Dazu darf der monatliche Arbeitslohn 450 € nicht übersteigen. Die Teilzeitkraft ist dann geringfügig beschäftigt.

»Was mache ich aber, wenn ich meine Teilzeitkraft in den Monaten Juni und Juli zusätzlich als Urlaubsvertretung brauche und sie in diesen beiden Monaten jeweils 1.500 € brutto erhält?«, fragen Sie. In diesen beiden Monaten besteht keine Sozialversicherungspflicht, denn die Beschäftigung ist nur kurzfristig – d.h. längstens zwei Monate oder 50 Arbeitstage. Steuerlich können Sie die Lohnsteuer mit 2 % pauschal berechnen. Oft erkennt man dann, dass eine Lohnsteuer gar nicht anfällt (siehe ➤ Rz 440). Stehen keine Elektronischen Steuerabzugsmerkmale zur Verfügung, muss die Lohnsteuer entweder pauschal oder nach Steuerklasse VI erhoben werden, was sehr teuer wird.

»Und was mache ich, wenn ich der Teilzeitkraft im Dezember zusätzlich zu ihrem Pauschallohn 300 € Weihnachtsgeld zahle?«, fragen Sie weiter. Das Weihnachtsgeld wird als Einmalzahlung auf das ganze Jahr verteilt, d.h., jedem Monat werden rechnerisch 25 € zugeschlagen. Falls der Arbeitslohn dabei unter 450 € bleibt, bleibt es bei der pauschalen Sozialversicherungsbeitragspflicht. Wird die 450-€-Grenze durch das Weihnachtsgeld überschritten, besteht reguläre Sozialversicherungspflicht.

949 **Die billigsten Teilzeitjobber**

Die Hitliste (kurzfristige Beschäftigungen einmal außen vor gelassen) wird ganz deutlich von den Studenten angeführt. So muss beispielsweise für einen Studenten (Verdienst 450 €), der keine weiteren Einkünfte hat und gesetzlich krankenversichert ist, lediglich der Beitrag zur Rentenversicherung gezahlt werden. Dieser beträgt – da der Student ja geringfügig beschäftigt ist – 15 %. Das sind genau 67,50 €. Die steuerliche Belastung beläuft sich in Steuerklasse I auf 0 €. Es bleibt also bei den 67,50 € Rentenversicherung, die neben dem Entgelt zu zahlen sind.

Nummer 2 auf der Hitliste der billigsten Arbeitskräfte für Aushilfsjobs sind Beamtenehegatten (oder andere Ehegatten, die über den Partner privat krankenversichert sind). Haben sie keine weiteren Einkünfte, werden neben dem Rentenversicherungsbeitrag nur 2 % Pauschalsteuer fällig, insgesamt also 17 % (76,50 €). Der Unterschied zu Studenten ist klein, kann sich aber bei mehreren Aushilfskräften bemerkbar machen.

Um die Notwendigkeit, vor der Einstellung zum Taschenrechner zu greifen, noch deutlicher herauszustellen: Teuer wird's, wenn ein Arbeitnehmer eingestellt wird, der keinen Hauptjob, aber eigenes anderes Einkommen hat: Hier werden 13 % Krankenversicherung (58,50 €), 15 % Rentenversicherung (67,50 €) und, wenn die Lohnsteuer pauschaliert wird, 2 % Lohnsteuer inkl. Kirchensteuer und Solidaritätszuschlag (9 €) fällig. Das sind zusammen schon 135 €.

6. Angenehmer arbeiten und dabei Steuern sparen

Mit der schwammigen Vorschrift aus § 4 Abs. 5 EStG, der u. a. besagt: Aufwen- 950
dungen, die die Lebensführung berühren, dürfen den Gewinn nicht mindern, soweit sie nach der allgemeinen Verkehrsauffassung als unangemessen anzusehen sind, stempeln manche Finanzbürokraten im Handumdrehen betriebliche Ausgaben zu privaten Kosten ab, wenn sie mutmaßen, der gehobene Lebensstil im betrieblichen Bereich sei Privatvergnügen. Der Bundesfinanzhof und die Finanzgerichte sehen das aber anders und verlangen vom Fiskus Großzügigkeit. So darf das Finanzamt grundsätzlich nicht nachprüfen, ob Ausgaben für den Betrieb notwendig waren oder nicht. Über die Notwendigkeit entscheidet allein der Unternehmer. Auch sind Ausgaben abzugsfähig, die für den Betrieb eigentlich nicht notwendig, aber zweckmäßig waren oder üblich sind (BFH, zuletzt im Urt. v. 8.10.1987 – BStBl 1988 II S. 853). Es stellt sich nämlich meistens erst später heraus, ob eine Ausgabe sich rentiert hat oder nicht. Es geht nicht an, die Risikobereitschaft des Unternehmers dadurch einzuengen, dass der Fiskus seine Investitionen im Nachhinein auf ihre Nützlichkeit hin überprüft. Das gilt auch für Maßnahmen, mit denen der Unternehmer die Firma bei Kunden und Geschäftspartnern angemessen vertritt (Chefzimmer, Auto) oder mit denen er wichtige Geschäfte anknüpft, abschließt oder auch nur pflegt (Geschäftsessen). Lassen Sie sich also nicht durch übereifrige Finanzbürokraten ausbremsen.

Arbeitszimmer 951
Auch als Selbständiger können Sie das Arbeitszimmer und die Aufwendungen dafür nur unter bestimmten Voraussetzungen absetzen (➤ Rz 264 ff.).

SUPER TRICK

Setzen Sie Ihren PC ab, wenn er zumindest teilweise privat genutzt wird!

Da mittlerweile der Fiskus von seinen kleinlichen Streichgelüsten abgerückt ist, wenn Sie Ihren PC gelegentlich auch einmal privat nutzen, genügt es, wenn Sie den beruflichen oder betrieblichen Nutzungsumfang von z. B. 60 % bis 80 % glaubhaft machen, um die Kosten rund um den Computer absetzen zu können.

SUPER TRICK

Mieten Sie doch den Büroraum von der Ehefrau!

952 Die Abzugsbeschränkungen brauchen Sie nicht zu interessieren, wenn Sie kein »häusliches Arbeitszimmer«, sondern ein Büro haben. Als Geschäftsführer einer GmbH haben Sie es da besonders leicht. Ihre Firma mietet den bisher als Arbeitszimmer genutzten Raum von Ihrem Ehepartner und stellt ihn Ihnen als Büro zur Verfügung. Die Mietkosten stecken in Ihrer Firma als Betriebsausgaben, und Ihre bessere Hälfte macht einen schönen Verlust aus Vermietung und Verpachtung geltend, indem sie sämtliche auf das Zimmer entfallenden Kosten mit der Miete verrechnet. Unter dem Strich haben Sie so also weiterhin den Vollabzug aller Arbeitszimmerkosten erreicht. Achten Sie jedoch auf die Angemessenheit der Miete, sonst versucht der Fiskus, Ihnen eine verdeckte Gewinnausschüttung anzuhängen.

953 **Geschäftswagen**

Sie brauchen sich vom Finanzamt nicht sagen zu lassen, Ihr Geschäftswagen sei zu teuer, wenn Sie häufig betriebliche Fahrten über größere Strecken unternehmen müssen. Dafür brauchen Sie nämlich ein schnelles und sicheres Fahrzeug, und das hat seinen Preis. Sie können sich sogar auf Betriebskosten einen Sportwagen kaufen, wenn Sie entsprechende Umsätze und Gewinne machen (BFH v. 8.10.1987 – BStBl 1987 II S.853 zur betrieblichen Nutzung eines Porsche für 75.000 Mark durch eine Werbeagentur mit einem Umsatz von 1 Mio €). Einer Marketingagentur hat das FG Hamburg am 15.6.1987 (Az. II 90/85) sogar die Anschaffung eines italienischen Sportwagens für einen sechsstelligen Betrag als betrieblich veranlasst bescheinigt. Auch ein Mercedes 500 SEL ging bei einem Bestattungsunternehmen anstandslos als Geschäftswagen durch (BFH v. 26.1.1988 – BStBl 1988 II S.629).

954 Auch für Sie als Selbständigen gilt die 1-%-Regelung wie bei Kfz-Überlassung an Arbeitnehmer. Der Entnahmewert der privaten Pkw-Nutzung durch Sie beträgt somit monatlich 1 % des inländischen Listenpreises Ihres Autos zum Zeitpunkt der Erstzulassung zzgl. Kosten für Sonderausstattung, die werksseitig schon eingebaut war (BFH v. 13.10.2010 – VI R 12/09, BStBl 2011 II S.361), und USt. (§ 6 Abs.1 Nr.4 Satz 2 EStG). Nachträgliche Umbauten oder Tuningmaßnahmen erhöhen somit die Bemessungsgrundlage nicht.

Die 1-%-Regelung können Sie aber nur für Fahrzeuge des **notwendigen Betriebsvermögens** anwenden. Das bedeutet, dass Sie den fahrbaren Untersatz zu mehr als 50 % betrieblich nutzen müssen. Zur betrieblichen Nutzung gehören neben den echten Geschäftsfahrten auch die Fahrten zwischen Wohnung und Betrieb. Auch eine Mittagsheimfahrt, um zu Hause zu essen, können Sie beruhigt der betrieblichen Nutzung zurechnen. Dass Sie Ihr Auto zu mehr als 50 % betrieblich nutzen, müssen Sie dem Finanzamt belegen. Dazu wird man Ihnen zwar kein Fahrtenbuch abverlangen können, aber den Kilometerstand zu Beginn und zum Ende des Jahres müssen Sie nachprüfbar festhalten. Außerdem müssen Sie zumindest die von Ihnen durchgeführten betrieblichen Fahrten samt Kilometer aufschreiben.

Für Kraftfahrzeuge im sog. gewillkürten Betriebsvermögen, also bei einer betrieblichen Nutzung von nur 10 bis 50 %, müssen Sie den Wert Ihrer privaten Nutzung mit den anteilig auf die privaten Kilometer entfallenden Kosten ermitteln.

WICHTIGER HINWEIS

Liegt Ihre betriebliche Nutzung voraussichtlich unter 50 %, sollten Sie sich zu einem Fahrtenbuch durchringen. Nur so können Sie verhindern, dass Ihnen die Fiskalritter einen viel zu hohen privaten Kostenanteil zurechnen.

Das betrifft nur Einzelunternehmer, Mitunternehmer von Personengesellschaften, Land- und Forstwirte sowie Freiberufler und andere selbständig Tätige. Für Arbeitnehmer und für Gesellschafter-Geschäftsführer von Kapitalgesellschaften gilt die Anwendung der 1-%-Regelung auch dann, wenn die private Nutzung 50 % oder mehr beträgt.

Der Listenneupreis wird auch bei Gebrauchtwagen angesetzt und bei Autos, **955**
die Sie mit erheblichem Rabatt gekauft haben. Er gilt also z.B. auch bei einem reimportierten Kfz.

Wenn Sie im Betrieb mehr als einen Pkw haben, wird es unter Umständen haarig. Die Fiskalritter wollen Ihnen möglichst viel Privatnutzung ans Bein binden, indem sie die 1-%-Regelung für jedes genutzte Auto, sogar für Geländewagen (BFH-Urt. v. 12.2.2002 – BStBl 2003 II S.472), ansetzen. Halbwegs aus dem Schneider sind Sie, wenn ein Auto einem Arbeitnehmer fest überlassen wird oder Sie anhand eines Fahrtenbuchs belegen, dass der Wagen nicht privat genutzt wird (BMF-Schreiben v. 18.11.2009 – BStBl 2009 I S.1326).

Wichtig: Die 1-%-Regelung gilt nur für Pkw. Wenn Sie in Ihrem Betrieb also nur schmucke, kleine sog. Werkstattwagen oder Transportfahrzeuge haben, die als Lkw zugelassen sind, sind Sie aus dem Schneider. Weil solche Fahrzeuge grundsätzlich nicht für eine Privatnutzung geeignet sind, kann Ihnen der Fiskus hier keine 1-%-Regelung ans Bein binden. Nicht Sie müssen beweisen, dass Sie die Autos nicht privat nutzen, sondern das Finanzamt muss Ihnen die private Nutzung nachweisen (BFH v. 18.12.2008 – BStBl 2009 II S.381). Selbst wenn ihm das gelingt, greift nicht die 1-%-Regelung, sondern die Versteuerung der anteiligen Kosten für die privaten Kilometer zzgl. eines angemessenen Gewinnaufschlags.

TRICK

Fahren Sie einen Monat im Jahr mal kein Auto!

956 Nutzen auch Ihre Lieben (Frau/Mann/Kinder) die Firmenfahrzeuge privat, dann setzen Sie die 1-%-Regelung für den einen oder anderen Monat im Jahr aus. Das geht so: Die pauschale Nutzungswertermittlung wird monatsweise durchgeführt. Wird also in einem Monat ein Auto nicht privat genutzt, entfällt die Nutzungsbesteuerung. Als Unternehmer werden Sie eher selten vier Wochen Urlaub machen – der Rest der Familie vielleicht doch. **Aber Vorsicht:** Nur einmal im Monat genutzt – schon sind Sie mit von der Steuerpartie. Fragt sich nur, wie das Finanzamt das nachweisen will.

957 **Kostendeckelung**

Glücklicherweise hat alles seine Grenzen, sogar die Besteuerung – man möchte es ja nicht glauben. Jedem ist klar: Die teure 1-%-Regelung wächst sich zum absoluten Ärgernis aus, wenn das Auto schon abgeschrieben ist, denn dann kann es sein, dass die pauschal ermittelten Kosten für die Privatnutzung höher sind als die tatsächlich entstandenen. Ist das bei Ihnen der Fall, dann können Sie den Wert der Privatnutzung auf die Höhe der tatsächlich entstandenen Kosten begrenzen – und Sie müssen sich nicht einmal auf ein BFH-Urteil berufen, denn es gibt dazu sogar eine finanzinterne Anweisung (BMF-Schreiben v. 21.1.2002 – BStBl 2002 I S.148, Rz 14), der das Finanzamt folgen wird. Voraussetzung: Sie weisen die tatsächlich entstandenen Aufwendungen nach.

TIPP

zur Pkw-Nutzung

958 Entweder wenden Sie die private Nutzungswertbesteuerung auf die betroffenen Kfz zusammen an oder nur auf einzelne, für die das günstig ist.

SUPER TRICK

Setzen Sie für die Umsatzsteuer nur die tatsächlichen Kosten an!

Zwar hat der BFH entschieden, dass die 1-%-Regel verfassungsgemäß sein soll, 959
doch hat er Ihnen gleichzeitig die Möglichkeit eingeräumt, für die Umsatzsteuer nur die tatsächlichen Kosten anzusetzen. Das heißt für Sie, dass Sie nur Umsatzsteuer auf die mit Vorsteuer belasteten Kosten zahlen müssen und den Anteil sogar schätzen können!

Beispiel

Kfz-Kosten (netto) in €	Ansatz	kein Ansatz
Benzin	2.000 €	
Versicherung		800 €
Reparaturen	500 €	
Steuer		600 €
AfA	4.000 €	
Summe	6.500 €	1.400 €
Davon 35 %	1.950 €	
USt 19 %	370 €	

Zum Vergleich: Bei Ansatz des Listenpreises müssten Sie 23.200 € × 1 % × 12 Monate = 2.784 €, davon 80 %, also 2.227,20 € × 19 % = 423,17 € zahlen. Ersparnis 53,17 €! Lachen Sie jetzt nicht. Haben und nicht haben!

SUPER TRICK

Drücken Sie die Kosten für Ihren Oldtimer in den Betrieb!

Nennen Sie einen wunderschönen, aber leider auch extrem teuren Oldtimer Ihr 960
Eigen? Setzen Sie locker monatlich 1 % des Listenneupreises zum Zeitpunkt der Erstzulassung als Privatanteil an. Sie haben für Ihr Goldstück zwar umgerechnet 130.000 € berappt, 1958 aber, als es erstmalig zugelassen wurde, lag der Listenpreis bei schlappen 35.000 DM, umgerechnet also ca. 17.900 €. Macht für Sie pro Monat 179 €, im Jahr 2.148 € Privatanteil. Allein die Abschreibung – ohne die ganzen übrigen Kosten – beträgt dagegen schon rund 22.000 € im Jahr, und die steckt jetzt voll in den Betriebsausgaben. Damit Ihnen das Finanzamt nicht einen Strich durch diese schöne Rechnung macht und die betriebliche

Nutzung in Zweifel zieht, sollten Sie das Auto ein wenig umfangreicher als für nur 540 km für Betriebsfahrten nutzen, wie es ein Steuerzahler aus Baden-Württemberg tat (FG Baden-Württemberg, Urt. v. 28.2.2011, 6 K 2473/09).

Frauen sind wie Katzen:
Beide kann man nur zwingen,
das zu tun, was sie selbst mögen.
(Colette)

TRICK

Führen Sie bei gebraucht gekaufter Luxuskarosse ein Fahrtenbuch!

Weil Sie es gern bequem haben, haben Sie sich als Betriebs-Pkw einen acht Jahre alten Mercedes 560 SEL zugelegt, der noch ganz gut in Schuss ist und nur 8.000 € gekostet hat. Reparaturen und laufende Kosten halten sich in Grenzen, weil Sie nicht viel fahren. Inklusive Abschreibung kostet Sie das Auto nur etwa 6.000 € im Jahr. Leider hat die Mühle zu ihren Glanzzeiten als Neuwagen umgerechnet 62.000 € nach Liste gekostet. Ihr Privatanteil beträgt somit: 62.000 € × 1 % = 620 € × 12 = 7.440 €. Wie Sie sehen, ein überaus schlechtes Geschäft: Theoretisch müssten Sie sogar mehr versteuern, als Sie überhaupt an Kosten hatten. In der Praxis wird zwar die Versteuerung auf die Höhe der tatsächlichen Kosten begrenzt (BMF-Schreiben v. 12.5.1997 – BStBl 1997 S. 562, Tz 13), trotzdem gibt es für Sie nur eine Alternative: Führen Sie ein Fahrtenbuch, und schon können Sie belegen, dass das Auto zu 80 % betrieblich genutzt wird, womit 4.800 € von 6.000 € Ihrer Gesamtkosten abzugsfähige Betriebsausgaben sind!
Zum Fahrtenbuch siehe unbedingt ➤ Rz 124 ff.

TIPP

Sie hatten einen Unfall mit dem Firmen-Pkw?

961 Wenn Sie mit Ihrem Firmenwagen einen Unfall auf einer Privatfahrt haben, werden der Wertverlust bzw. die Reparaturkosten als private Kosten behandelt und sind nicht als Betriebsausgaben abzugsfähig. Dass die private Nutzung über die 1-%-Regelung besteuert wird, spielt insoweit keine Rolle. Dasselbe gilt übrigens auch, wenn Sie sich den fahrbaren Untersatz bei einer privaten Fahrt stehlen lassen (BFH v. 18.4.2007 – BStBl 2007 II S. 762).

Das bedeutet für Sie: Entweder Sie fahren auf Ihren Privatfahrten besonders vorsichtig, oder Sie haben immer einen beruflichen Anlass für die Fahrt in der Hinterhand.

Barbesuch und Gartenparty 962

Die Kosten für solche Vergnügungen sind als Betriebsausgaben abzugsfähig, wenn sie dazu beitragen können, ein Geschäft erfolgreich zum Abschluss zu bringen. Halten Sie aber die Kosten in Grenzen. Bei mehr als 100 € pro Gast und Abend kann das Finanzamt seine Streichgelüste an Ihnen auslassen (FG Düsseldorf v. 14.11.1985, VII/V 84/79 E). Die Kosten für ein größeres Firmenfest mit Kunden, Geschäftspartnern und Mitarbeitern sind ebenfalls abzugsfähig. Während bei kleinen Veranstaltungen die Namen aller Gäste aufgeführt werden müssen, genügt es bei größeren Festen, wenn die Zahl der bewirteten Personen und die Personengruppe generell erwähnt werden (BFH v. 30.1.1986 – BStBl 1986 II S. 488).

7. Passen Sie auf, dass man Ihnen keine Liebhaberei anhängt!

Gewerbebetrieb 963

Der Bundesfinanzhof hat die Annahme einer Liebhaberei in Einzelfällen erst nach Ablauf eines Zeitraums von etwa acht Jahren, in denen ausschließlich Verluste erwirtschaftet wurden, für gerechtfertigt gehalten. Selbst in diesen Fällen kann aber dem Finanzamt noch glaubhaft dargetan werden, dass besondere Umstände die andauernden Verluste verursacht haben und der Betrieb nach Wegfall dieser Umstände nachhaltig Gewinne erzielen kann. In der Praxis, so die OFD Köln, bereite diese in die Zukunft gerichtete Beurteilung einer Tätigkeit wegen der ungewissen Entwicklung erhebliche Schwierigkeiten. Es bestünden deshalb keine Bedenken, in Fällen, in denen die Art der Tätigkeit verstärkt auf Liebhaberei hindeute, die Steuerfestsetzung vorläufig nach § 165 AO durchzuführen (OFD Köln v. 29.10.1984 – S. 2240 – 32 – St. 113). Die OFD Nürnberg versteigt sich sogar zu der Anweisung an ihre Finanzämter, die Verluste im Rahmen der vorläufigen Steuerfestsetzung zunächst nicht zu berücksichtigen, es sei denn, erhebliche Anhaltspunkte sprächen für einen steuerlich anzuerkennenden Anfangsverlust (Vfg. OFD Nürnberg v. 28.4.1986 – S. 2113; NWB DokSt F. 3 §§ 2, 20 – EStG A2/87). Das ist wohl der Gipfel einer restriktiven Gesetzesauslegung.

Steuerlich unbeachtliche Einkünfte aus selbständiger Tätigkeit liegen jedenfalls dann vor, wenn absehbar auf Dauer geringfügige Einnahmen gleichbleibender Höhe Ausgaben gegenüberstehen, die sie in wachsender Tendenz um ein Vielfaches übersteigen, so dass bei den übrigen freiberuflichen Einkünften nachhaltig mit überdurchschnittlichen Steuerminderungen gerechnet werden kann (Urteilstenor des FG Saar v. 20.6.1984 – EFG 1985 S. 19).

Diese beiden Tricks gelten auch für Nichtselbständige:

TRICK

Ein Hobby zum Geschäft ausweiten und viel Steuern sparen

964 Nehmen wir an, Sie sind ein Autonarr. Sie wohnen in einem Einfamilienhaus und haben sich nebenan eine große Garage gebaut, in der mehr als genug Platz ist, Ihrem Hobby, Motoren zu frisieren, nachzugehen. Im Lauf der Jahre haben Sie sich sogar eine Inspektionsgrube gebaut und tolles Werkzeug beschafft. Zudem haben Sie einen Flaschenzug installiert, um Motoren und Maschinenteile bequem aus- und einbauen zu können. Kurz und gut: Sie haben eine richtige kleine Werkstatt für sich. Liegt es da nicht nahe, sich nebenbei Geld zu verdienen, indem Sie sie anderen Leuten zur Verfügung stellen und dafür Miete verlangen? »Nein – das liegt gar nicht nahe«, sagen Sie. »Ab und zu überlasse ich sie einem Freund, aber mich mit Fremden rumschlagen? Dafür habe ich weder Zeit noch Geduld.« Da haben Sie sich ja schon halb strafbar gemacht, wenn Sie Ihre Freunde dort arbeiten ließen, ohne eine Gewerbegenehmigung in der Tasche zu haben. Und was Sie dafür gezahlt bekamen, haben Sie sicher schwarz eingesteckt. Auch das ist strafbar.

Bleiben Sie lieber auf dem Weg des Gesetzes, holen Sie sich eine Gewerbeerlaubnis für ein paar Euro bei der Gemeinde und geben Sie dem Finanzamt ordnungsgemäß an, was Sie einnehmen. Ich rechne Ihnen vor, was das bringen kann:

Einnahmen aus Automietwerkstatt, die Sie zwecks Schonung Ihrer Nerven nur guten Freunden zur Verfügung stellen, die (was Sie dem Finanzamt nicht gerade erklären müssen) aus dem Gegenwert von jährlich

8 Kästen Bier bestehen, also ca.	120 €
Ausgaben	
Baukosten der Garage 12.000 €, AfA 7 %	840 €
Baukosten der Grube 3.500 €, AfA 10 %	350 €
Werkzeug 2.500 €, AfA 10 %	250 €
Maschinen 5.000 €, AfA 20 %	1.000 €
Anteilige Kosten Grundsteuer, Strom, Heizung, Wasser	150 €
Anteilige Telefonkosten	20 €
Teilzeitkraft Ehepartner, Tochter etc. (zur Annahme von Gesprächen, Buchführung usw.), monatlich 50 €	600 €
Spesen, Büromaterial	150 €
Diesem Aufwand von	3.360 €
stehen 120 € Einnahmen gegenüber, macht einen *Verlust* von	3.240 €

Übertreiben Sie es aber nicht und bewahren Sie alle Belege sorgfältig auf.

Anmerkung: Gewinne aus einem Gewerbebetrieb gibt es in den Anfangsjahren bei einem neu eröffneten Geschäft kaum. Das Finanzamt kennt das aus langer Erfahrung. Steuererstattung darauf: zwischen 553 € und 1.542 €.

Angenommen, Sie entdecken den Künstler in sich und richten sich ein teures 965
Atelier ein. Soweit es rechtlich vertretbar erscheint, berücksichtigt das Finanzamt in diesem Fall den Umstand, dass bis zur Erzielung ausreichender Einkünfte eine längere Zeit als bei manch anderer Berufsgruppe vergehen kann: »Ebenso wird zu berücksichtigen sein, dass bei Künstlern auf Jahre mit Gewinnen auch längere Perioden mit Verlusten folgen können. Letztlich können jedoch Verluste von Kunstschaffenden bei der ESt-Veranlagung steuermindernd nur berücksichtigt werden, wenn es sich um Verluste aus einer Tätigkeit handelt, die auf die Erzielung von positiven Einkünften gerichtet ist.« (OFD Köln v. 5.9.1984 S.2246 – 3 St – 113) Sie müssen also nur darauf achten, dass keiner sagen kann, es sei Liebhaberei!

TIPP

für Hobbyschriftsteller

Hegen Sie schriftstellerische Ambitionen? Leider werden von den Verlagen 999 von etwa 1.000 eingereichten Manuskripten mit ein paar höflichen Floskeln abgelehnt. Was liegt da näher, als Ihre Geschichte selbst drucken zu lassen und im Eigenverlag herauszugeben? In einschlägigen Zeitschriften können Sie Ihr Buch dann in Anzeigen anpreisen. Auf diese Weise können Sie Ihren Stolz befriedigen, sich einmal gedruckt zu sehen und außerdem das Finanzamt um einen guten Anteil Steuern gedrückt zu haben …

SUPER TRICK

Machen Sie Ihre persönlichen Vorlieben zur Goldgrube!

Wenn persönliches Interesse und Geschäftssinn in dieselbe Richtung gehen, 966
steht am Ende oft der große Erfolg, so sagt man. Und da jedes Unternehmen mit einem gewissen Risiko verbunden ist, sollten Sie finanziell gut abgesichert sein, um mögliche Verluste zu verkraften – am besten durch hohe Einkünfte aus anderen Quellen. »Die durch Verrechnung mit den Verlusten geschmälert werden. Das wollen Sie doch sagen«, so schließen Sie. Richtig, so erging es

- der Ehefrau eines gut verdienenden Arztes mit ihrer Töpferei (10.000 € Verlust in sechs Jahren),
- einem Diakon mit einer Mineralien- und Fossilienhandlung (55.000 € in acht Jahren),
- einem Studienrat a.D. und einem Lehrer als Schriftsteller über das Eisenbahnwesen (24.000 € in vier Jahren) bzw. Wappenkunde (72.000 € in 14 Jahren),
- einem Angestellten mit einer Papageienzucht (14.000 € in fünf Jahren),
- einem anderen Angestellten mit einer VIP-Autovermietung von Mercedes 600 (30.000 € nach zwei Jahren),
- einem Prokuristen und seiner Frau, die zusammen eine Heilpraxis ausübten (90.000 € in sieben Jahren),
- einem Angestellten als Kunstmaler, der durch Studienreisen hohe Verluste hatte (15.000 € in drei Jahren),
- einem Werklehrer als Bildhauer (über 100.000 € in 18 Jahren),
- einem Rechtsanwalt, der über 20 Jahre einen Verlust von 500.000 € abschrieb.

Das Finanzamt hat die Verluste nicht wegen Liebhaberei gestrichen und musste diesen Leuten die bereits bezahlten Steuern für die normalen Einkünfte wieder rausrücken. Einer hat sogar seine Kosten als Liebhaber abgesetzt (Verlust in sieben Jahren 90.000 €).

967 Nicht damit durchgekommen sind vielleicht ebenso viele Unternehmen. Bevor Sie Ihr Hobby zum Geschäft machen, schlagen Sie lieber die entsprechenden Entscheidungen nach. Ein paar Beispiele:

- Rallyesportunternehmen eines Fahrlehrers, sechs Jahre Verluste: Liebhaberei, FG Niedersachsen EFG 1992, S. 97,
- Secondhandshop infolge fehlender Deckung der fixen Kosten: Liebhaberei, FG Hessen EFG 1986, S. 271,
- Kunstgaleriefirma eines Arztes: Liebhaberei, FG Düsseldorf EFG 1992, S. 522,
- Vercharterung einer Segelyacht: Liebhaberei, FG Düsseldorf EFG 1992, S. 328,
- Getränkegroßhandel: nach allerdings erst 19 Verlustjahren als Liebhaberei deklariert, BFH vom 19.11.1985 – BStBl 1986 II S. 289, kaum glaubhaftes Urteil!
- Vollblutgestüt mit Rennstall: schon 1926 als Liebhaberei angesehen: Reichsfinanzhof vom 24.3.1926 – RStBl 1926, S. 194. Vgl. aber ➤ Rz 357,
- Springreitsport war nicht professionell genug: als Liebhaberei erklärt vom FG Rheinland-Pfalz vom 22.4.1982 – EFG 1983, S. 10. Vgl. aber ➤ Rz 357,
- Brieftaubenzucht: Liebhaberei, FG Münster vom 12.12.1962 – EFG 1963, S. 291,

- Architekt (dessen Ehefrau gut verdient) mit einem Gesamtverlust von über 120.000 € im Zeitraum von elf Jahren: Liebhaberei – nicht zu fassen!
- Pensionierter Richter, der über die Beschäftigung mit der Wappenkunde in 14 Jahren 72.000 € Verlust erklärte: Liebhaberei.

Lesen Sie zu Ausnahmen und Gestaltungen in den folgenden Rz nach.

TIPP

zur Liebhaberei

Der BFH verlangt vom Fiskus, dass der sich ganz genau mit dem Fall befasst. So 968
geschehen bei einem Künstler, der selbständig und gleichzeitig angestellt war und aus seiner Kunst insgesamt positive Einkünfte erzielte. Dennoch bestritt das Finanzamt seine Gewinnerzielungsabsicht. Der BFH gab dem Finanzamt eins auf die Finger: Man möge bitte genauer arbeiten (Urt. v. 6.3.2003 – BStBl 2003 II S. 602). Wappnen Sie sich also mit Argumenten, dann haben Sie gute Chancen.

Argumentieren Sie so, wie der Bundesfinanzhof die Sache sieht. Der meint nämlich: »Wenn dauernde Verluste auf das Fehlen einer Gewinnerzielungsabsicht hindeuten, kann dies allein noch nicht entscheidend sein. Aus weiteren Beweisanzeichen muss vielmehr die Feststellung abgeleitet werden können, dass der Steuerpflichtige die verlustbringende Tätigkeit nur aus im Bereich seiner Lebensführung liegenden persönlichen Gründen oder Neigungen ausübt. Der Steuerpflichtige kann sich also darauf berufen, dass er die Gewinnaussichten und die betrieblichen Erfordernisse verkannt und Fehlmaßnahmen getroffen habe. Damit dies glaubhaft wird, muss er allerdings korrigierend tätig werden, etwa die Art der Bewirtschaftung umstellen.« Der Bundesfinanzhof stellt besonders auf einen »Totalgewinn« ab. Und meint, wenn die Gewinnerzielungsabsicht nicht zu prüfen sei, müsse auf das Ergebnis von der Gründung bis zur Veräußerung des Geschäfts geschaut werden. Dabei wären auch evtl. geschaffene stille Reserven einzubeziehen. Würden also nach außen nur Verluste ausgewiesen, könnte möglicherweise doch ein indirekter Gewinn dabei rumgekommen sein.

Darin sehe ich eine Chance für Sie. Bereiten Sie eine genaue Darstellung vor, wenn Ihnen das eben erwähnte Schreiben des Amtes auf den Schreibtisch flattert. Führen Sie an, was in Ihrem Laden bislang nicht geklappt hat und warum ständig Verluste angefallen sind. Und dass Sie ein neues Konzept erarbeiten und Umstrukturierungen vornehmen werden. Und dass Sie erst mal Erfahrungen zu sammeln hatten, um konkurrenzmäßig mithalten zu können. Das Allerwichtigste, das Sie nie vergessen dürfen:

969 **Ihr Nebenjob muss kurz vor Ablauf der sog. Liebhabereifrist von zehn Jahren einen bleibenden Überschuss bringen. Ansonsten werden die Steuervorteile vom Finanzamt rückwirkend gestrichen! Mein Rat: Ist Ihnen das nicht möglich, dann melden Sie den Betrieb einfach ab – und Sie haben die Steuerermäßigungen für zehn Jahre sicher im Sack.**

Sie sind skeptisch? Überlegen Sie doch: Wie könnten Sie Ihre streng kaufmännische Denkweise und Ihr Streben nach einem Gesamtgewinn besser dokumentieren als dadurch, dass Sie Ihren Betrieb einstellen, weil sich Ihr Engagement als nicht lohnend herausgestellt hat. Gerade damit nehmen Sie streichwütigen Fiskalrittern den Wind aus den Segeln, denn die Schließung des Betriebs ist die wohl wirksamste und daher auch vom Bundesfinanzhof anerkannte Umstrukturierungsmaßnahme, um von dauernden Verlusten herunterzukommen (BFH-Urt. v. 15.11.1984 – BStBl 1985 II S. 205).

970 **Typische Gewerbebetriebe sind keine Liebhaberei**

Liebhaberei bedeutet immer, dass Ihr Betrieb langfristig Verluste abwirft **und zusätzlich** private Motive für seine Führung vorliegen. Fehlen solche privaten Gründe, kann Ihnen das Finanzamt nur noch in absoluten Ausnahmefällen mit Liebhaberei kommen. So gehört z.B. das Aufstellen von Automaten nicht zu den Tätigkeiten, die typischerweise der Befriedigung privater Neigungen dienen. Im Vorrang steht hier normalerweise das Ziel, Gewinne zu erwirtschaften. Werden trotzdem nachhaltig Verluste erzielt, kann Liebhaberei nur angenommen werden, wenn konkrete Anhaltspunkte dafür vorliegen, dass Sie die Verluste aus persönlichen Gründen hingenommen haben. Und das muss Ihnen das Finanzamt nachweisen (BFH v. 19.3.2009 – IV R 40/06).

Insbesondere bei Betrieben, bei denen es unwahrscheinlich ist, dass Sie damit nur Ihrem Hobby frönen, kann Ihnen das Finanzamt nur dann mit Liebhaberei kommen, wenn Sie über die Gründungsphase von ca. fünf Jahren hinaus sind und danach keine Maßnahmen ergriffen haben, die Verluste zu verringern. Allein die Steuerersparnis sieht der BFH als nicht ausreichend an, es sei denn, Sie legen es darauf an, gezielt die Verluste von der Steuer abzusetzen, spätere Gewinne dagegen möglichst steuerfrei zu kassieren (BFH v. 23.5.2007 – BStBl 2007 II S. 874).

971 **Vorgründungskosten**

Lassen Sie sich von den Fiskalrittern nicht die Vorgründungskosten für eine neue Existenz aberkennen! Nehmen wir mal an, Sie wollen sich mit einer McDonald's-Filiale im Franchising-System eine neue Existenz aufbauen. Dazu besuchen Sie teure Managerseminare, machen Lehrgänge in kaufmännischer Schulung, Englisch und Buchführung, fliegen zur Information in die Staaten

und haben dafür schon bald	10.000 €
ausgegeben. Dazu haben Sie Fahrtkosten von	2.500 €
Zusammen	12.500 €

Diese Ausgaben möchten Sie von Ihrem Einkommen	
als Konstrukteur bei VW in Höhe von	50.000 €
absetzen	– 12.500 €
so dass auf die verbleibenden	37.500 €
statt 12.847 € nur 8.119 € Steuer anfallen.	

Ihr Pech ist nun, dass McDonald's Ihnen die bereits in Aussicht gestellte Filiale nicht übergibt. Sie fragen nach, warum, und man sagt Ihnen, dass man durch eine Schufa-Auskunft erfahren habe, dass Sie in früheren Jahren einmal einen Offenbarungseid hatten ablegen müssen. Das Finanzamt meint: Sie hätten wissen müssen, dass damit Ihre Chancen auf eine Filiale und somit auf Selbständigkeit gering waren. Aus also für die Steuerrückzahlung. Als ordentlicher Mensch haben Sie aber alle Unterlagen aufbewahrt. Und aus denen geht hervor, dass Sie damals als selbständiger Plattenhersteller nur deshalb den Betrieb einstellen mussten, weil Sie der Pleitier Dr. Schneider mit in den Abgrund zog – Sie also unschuldig bankrottgegangen sind.

Resultat: Die Finanzer müssen klein beigeben. 4.728 € gerettet.

Pro Minute muss der Bund für Zinszahlungen mehr als 80.000 € ausgeben, in der Stunde fast fünf Millionen Euro. In den kommenden Jahren wird's noch mehr.
(Der frühere Finanzminister Hans Eichel)

GUTER RAT

Umsatzsteuerlich kommt es nicht auf Gewinn-, sondern auf Einnahmeerzie- 972
lungsabsicht an. Da das Umsatzsteuerrecht keine Liebhaberei kennt, können auch in einem solchen Fall die Regelungen des Vorsteuerabzugs anwendbar sein. So ist z.B. Karnevals- und Faschingsprinzen der Vorsteuerabzug nicht zu versagen (BFH v. 27.10.1993).

Vergessen Sie nicht: Eine private Nutzung eines Pkw müssen Sie bei der Umsatzsteuer als Eigenverbrauch erklären. Auch hier gelten als Bemessungsgrundlage zunächst einmal 1 % des Listenpreises pro Monat, allerdings abzgl. eines pauschalen Abschlags von 20 %. Damit wird bei der Pauschalregelung ausgeglichen, dass bei einem Pkw ein großer Teil Kosten entsteht, auf die keine Vorsteuern in Rechnung gestellt werden können, wie Kfz-Versicherung, Kfz-Steuer etc.

Sie sollten aber wissen: Bei Jahresumsätzen bis zu 17.500 € einschließlich Eigen- 973
verbrauch sind Sie Kleinunternehmer, d.h., von Ihnen wird keine Umsatzsteuer erhoben. Das bedeutet aber auch, dass keine Vorsteuer angerechnet und erstattet werden kann (§ 19 UStG). Damit Sie, wie geplant, die 6.650 € Vorsteuer aus der Wohnmobilrechnung erstattet bekommen, müssen Sie dem Finanzamt er-

klären, dass Sie *die Regelbesteuerung* wählen. An diese sind Sie dann fünf Jahre gebunden. Sie müssen dann Ihre Umsätze versteuern, auch wenn sie weiter unter der Grenze von 17.500 € liegen, können im Gegenzug aber aus den laufenden Kosten die Vorsteuern abziehen.

8. Abschreibungen

974 Die Kosten für Wirtschaftsgüter, die Sie zur Erzielung von Einkünften verwenden, können Sie steuermindernd als Betriebsausgaben abziehen. Wirtschaftsgüter, die länger als ein Jahr genutzt werden, können Sie allerdings nur im Weg der Abschreibung absetzen, wobei die Anschaffungskosten auf die voraussichtliche Nutzungsdauer verteilt werden. Abschreiben können Sie letztlich alle betrieblich genutzten Wirtschaftsgüter, die einem technischen oder wirtschaftlichen Wertverzehr unterliegen.
Bei Grundstücken und Gemälden anerkannter Künstler (BFH-Urt. v. 2.12.1977 – BStBl 1978 II S.164) und historischen Sammlungs- und Schaustücken (BFH-Urt. v. 9.8.1989 – BStBl 1990 II S. 50) erkennt der Fiskus einen Wertverzehr normalerweise nicht an. Sie begegnen dem aber ganz einfach mit dem Hinweis, dass z.B. Ihre antiken Möbel im Büro durch die tatsächliche Nutzung einer technischen Abnutzung unterliegen und deshalb abgeschrieben werden können, obwohl sie wegen ihres historischen Wertes von Jahr zu Jahr wertvoller werden. Weisen Sie ungläubige Fiskalvertreter auf das BFH-Urteil vom 31.1.1986 (BStBl 1986 II, S. 355) hin.
Die Nutzungsdauer ist nicht die tatsächliche Lebensdauer, sondern die Zeit, in der Sie den Gegenstand gewöhnlich in Ihrem Unternehmen einsetzen. Die Nutzungsdauer müssen Sie im Einzelfall schätzen, wobei Sie natürlich eher ein Jährchen zu wenig als zu viel schätzen sollten, denn je kürzer die Nutzungsdauer, umso höher Ihre Abschreibung.

Die Stuttgarter Regierung hat die Handschriftensammlung eines reichen Fürsten zum Rekordpreis von umgerechnet 24 Millionen € aufgekauft.

SUPER TRICK

Schreiben Sie auch ab, was Ihrem Ehepartner gehört!

975 Eine Abschreibung können Sie zunächst nur vornehmen, wenn Ihnen das Wirtschaftsgut zivilrechtlich gehört. Oder es Ihnen wegen besonderer Umstände zumindest steuerlich als wirtschaftliches Eigentum zugerechnet wird. Gehört ein Gegenstand oder ein Gebäude, das Sie für Ihren Betrieb oder Ihren Beruf

nutzen, ganz oder zum Teil Ihrem Ehegatten, haben Sie zwei Möglichkeiten. Einfach ist die Sache, wenn er zwar Miteigentümer ist, jedoch keine nennenswerten eigenen Einkünfte hat.
Haben Sie deshalb sowieso die gesamten Kosten getragen, z.B. die Baukosten für Ihr Haus, in dem sich auch Ihre Praxis befindet, können Sie die Abschreibung in voller Höhe als Betriebsausgaben absetzen. Den Anteil, der rechnerisch auf Ihren Ehepartner entfällt, setzen Sie unter der schönen Bezeichnung Drittaufwand ab.
Hat Ihre bessere Hälfte dagegen ihren Anteil am Kaufpreis oder den Herstellungskosten selbst bezahlt, hilft ein einfacher Mietvertrag, mit dem Sie ihren ideellen Anteil an den von Ihnen betrieblich genutzten Räumen mieten.
Sie bzw. er hat dadurch zwar Einkünfte aus Vermietung, kann andererseits aber auch die Abschreibung absetzen. Da Sie die Miete als Betriebsausgaben absetzen können, bleibt es per saldo dabei, dass Sie in Ihrer gemeinsamen Steuererklärung die Abschreibung in voller Höhe absetzen.

TIPP

für gebrauchte Gegenstände

Auch für Sachen, die Ihnen schon jahrelang gehören und die Sie neuerdings für Ihr Unternehmen einsetzen, können Sie Abschreibung geltend machen. Der Vorteil für Land- und Forstwirte, Gewerbetreibende bzw. selbständig Tätige ist, dass die Abschreibungen nicht von den ursprünglich gezahlten Anschaffungskosten berechnet werden müssen. Die Einlage eines privaten Gegenstands in den Betrieb können Sie vielmehr mit dem Teilwert ansetzen, das ist der aktuelle Wert zum Zeitpunkt der erstmaligen betrieblichen Verwendung. Die Abschreibung ergibt sich aus diesem im Zweifel geschätzten Teilwert und der angenommenen Restnutzungsdauer des Gegenstands. Allerdings gilt dies nur, wenn Sie für diesen Gegenstand bisher noch keinerlei Abschreibung einkommensmindernd geltend gemacht haben. Im anderen Fall wäre nur der verminderte Betrag abzuschreiben. Die Abschreibung beginnt zunächst immer mit der Anschaffung, d.h. wenn das Wirtschaftsgut geliefert wird, bzw. mit dem Zeitpunkt der Fertigstellung. Für bewegliche Gegenstände bei Anschaffung bzw. Herstellung im Lauf des Kalenderjahres können Sie von Ihrer Abschreibung für jeden angefangenen Monat $^{1}/_{12}$ der vollen Jahresabschreibung ansetzen. Eine Ausnahme bildet dabei die degressive Gebäudeabschreibung. Hier wird im ersten und letzten Jahr des Abschreibungszeitraums immer der volle Jahresbetrag angesetzt.

Beispiel
Sie kaufen am 15.4. für 36.000 € einen neuen Wagen, dessen Nutzungsdauer sechs Jahre beträgt. Die volle Jahresabschreibung beträgt also 6.000 €. Ihre Abschreibung im ersten Jahr beträgt $^{9}/_{12}$ von 6.000 € = 4.500 €.

Das Einkommensteuergesetz sieht in § 7 EStG für Gegenstände, die betrieblich oder freiberuflich genutzt werden, unterschiedliche Abschreibungsmethoden vor. Nehmen wir an, Sie legen einen PC in Ihr Betriebsvermögen ein, den Sie 2013 als Arbeitnehmer beruflich genutzt und abgeschrieben haben und seit Oktober 2014 betrieblich nutzen.

Ursprüngliche Anschaffungskosten 4/2013	2.700 €
./. Abschreibung 4/2013 bis 10/2014 = $^{18}/_{12}$ von 900 €	– 1.350 €
Einlage am 1.10.2014	1.350 €
./. Abschreibung 2014 im Betrieb: $^{3}/_{12}$ von 900 € (Restnutzungsdauer 1,5 Jahre)	– 225 €
Wert 31.12.2014	1.125 €
AfA für 2015: 900 €.	

976 • **Lineare Abschreibung nach § 7 Abs. 1 S. 1 u. 2 EStG**

Die Abschreibung wird entsprechend der Nutzungsdauer des Gegenstands in gleichbleibenden Jahresbeträgen berücksichtigt. Im Jahr der Anschaffung wird die Abschreibung für jeden Monat, in denen Ihnen das Wirtschaftsgut noch nicht gehört hat, um $^{1}/_{12}$ gekürzt (zeitanteilige Berücksichtigung der Abschreibung).

977 • **Degressive Abschreibung, § 7 Abs. 2 EStG**

Außer bei Gebäuden können Sie auch bei betrieblich genutzten beweglichen Wirtschaftsgütern die Abschreibung degressiv vornehmen – sofern Sie sie in der Zeit zwischen dem 1.1.2006 und dem 31.12.2007 oder zwischen dem 1.1.2009 und dem 31.12.2010 angeschafft haben.

Für Wirtschaftsgüter, die im Jahr 2008 oder ab 2011 erworben wurden, kann nur die lineare Abschreibung (➤ Rz 976) beansprucht werden.

Der Vorteil der degressiven Abschreibung liegt vor allem darin, dass sie in den ersten Jahren der Nutzungsdauer wesentlich höher ist als die lineare Abschreibung, während sie zum Ende hin niedriger ist. Die degressive Abschreibung lohnt sich allerdings allenfalls bei einer Nutzungsdauer über fünf Jahre. Mit ihrer Hilfe können Sie z.B. eine Maschine mit einer zehnjährigen Nutzungsdauer bereits in den ersten beiden Jahren zu 40 % abschreiben.

Anders als bei der linearen Abschreibung, bei der der Abschreibungssatz jeweils auf die Anschaffungs-/Herstellungskosten angewendet wird, wird er bei der degressiven Abschreibung nach dem Restwert zum Schluss des vergangenen Jahres berechnet. Die Anschaffungs- oder Herstellungskosten sind nur Ausgangswert für die Berechnung im ersten Jahr.

Der Prozentsatz der degressiven Abschreibung darf bei Anschaffung bzw. Herstellung nach dem 31.12.2005 höchstens dreimal so hoch sein wie der lineare Abschreibungssatz und höchstens 30 % betragen. Bei Anschaffungen nach dem 31.12.2008 liegen die Höchstbeträge beim 2,5-Fachen der linearen Abschreibung und max. 25 %. Die jeweils zulässigen Abschreibungssätze ergeben sich aus der folgenden Tabelle:

Betriebsgewöhnliche Nutzungsdauer	Abschreibung linear	Abschreibung degressiv (Kauf bis 2007)	Abschreibung degressiv (Kauf ab 2009)
Jahre	%	%	%
5 – 10	20 – 10	30,00	25,00
11	9,09	27,27	22,73
12	8,33	25,00	20,83
13	7,69	23,07	19,23
14	7,14	21,42	17,85
15	6,66	20,00	16,65
16	6,25	18,75	15,63
17	5,88	17,64	14,70
18	5,55	16,65	13,88
19	5,26	15,78	13,15
20	5,00	15,00	12,25
21	4,76	14,28	11,90
22	4,54	13,62	11,35
23	4,34	13,02	10,85
24	4,16	12,48	10,40
25	4,00	12,00	10,00
30	3,33	10,00	8,33
40	2,50	7,50	6,25

SUPER TRICK

Wechseln Sie rechtzeitig die Abschreibungsmethode!

Wie Sie gelesen haben, ist die degressive Abschreibung nur in den ersten Jahren 978
günstiger. Ich rate Ihnen daher, nach ein paar Jahren schleunigst zur linearen zu wechseln, wenn sich herausstellt, dass Sie damit besser fahren. Gegen einen Wechsel von der degressiven zur linearen Abschreibung können die Fiskalvertreter übrigens nichts machen, denn er ist nach § 7 Abs. 3 S. 1 EStG jederzeit möglich. Ein Wechsel von der linearen zur degressiven Abschreibung ist allerdings nicht zulässig. Wenn Sie den Wechsel vollzogen haben, wird der verbliebene Restbuchwert gleichmäßig auf die restliche Nutzungsdauer verteilt.

Beispiel

Die Anschaffungskosten Ihrer Büromöbel betrugen im Januar des Anschaffungsjahrs 20.000 €; Nutzungsdauer 13 Jahre.

Buch-/Restwert	Jahr	degressiv $^2/_{13}$ (20,07 %)	linear $^1/_{13}$	Differenz
Anschaffungskosten		20.000	20.000	
Abschreibung	1	4.014	1.538	2.476
Restbuchwert		15.986	18.462	
Abschreibung	2	3.208	1.538	1.670
Restbuchwert		12.778	16.923	
Abschreibung	3	2.565	1.538	1027
Restbuchwert		10.213	15.385	
Abschreibung	4	2.050	1.538	512
Restbuchwert		8.163	13.846	
Abschreibung	5	1.638	1.538	100
Restbuchwert		6.525	12.308	
Abschreibung	6	1.310	1.538	– 228
Restbuchwert		5.215	10.769	
Abschreibung	7	1.047	1.538	– 491
Restbuchwert		4.168	9.231	
Abschreibung	8	836	1.538	– 702
Restbuchwert		3.332	7.692	
Abschreibung	9	669	1.538	– 869
Restbuchwert		2.663	6.154	
Abschreibung	10	534	1.538	– 1.004
Restbuchwert		2.129	4.615	
Abschreibung	11	428	1.538	– 1.110
Restbuchwert		1.701	3.077	
Abschreibung	12	341	1.538	– 1.197
Restbuchwert		1.360	1.539	
Abschreibung	13	273	1.538	– 1.265
Restbuchwert		1.087	1	

Sie sollten in diesem Fall nach dem neunten Jahr zur linearen AfA wechseln. Die Abschreibung beträgt dann für die Jahre 10 bis 13 jeweils $^1/_4$ von 2.663 € = 666 €.

• **außerordentliche Abschreibung** 979

TIPP

bei Beschädigung oder technischem Fortschritt

Sie müssen sich nicht immer mit der regulären Abschreibung zufriedengeben. Wenn es z.B. bei einem Unfall mit dem Betriebs-Pkw gekracht hat oder ein unachtsamer Lehrling eine Maschine in Flammen aufgehen lässt, können Sie den Schaden in Form einer außerordentlichen Abschreibung zusätzlich absetzen. Auch wenn Ihnen die technische Entwicklung davongelaufen ist, können Sie von der außerordentlichen Abschreibung profitieren. Ist Ihr Büro noch etwas vorsintflutlich mit veralteten Computern ausgestattet, können Sie deren Restwert auf einen Schlag abschreiben, wenn Sie auf moderne Rechner umstellen.

Abschreibung für GWG 980

Dieses unverständliche Steuerchinesisch bezeichnet einen ganz simplen Vorgang: GWG bedeutet »geringwertiges Wirtschaftsgut«; um die Buchführung zu entlasten, brauchen die Anschaffungskosten für ein GWG nicht auf die normale Nutzungsdauer verteilt zu werden. Für die Abschreibung gelten folgende Regeln:

Vollabschreibung im Bereich private Einkünfte

Für die Vollabschreibung von Gegenständen im Bereich privater Einkünfte, z.B. als Arbeitnehmer oder Vermieter, gilt ein Grenzbetrag von 410 € (ohne Mehrwertsteuer). Das entspricht einem Kaufpreis von 488 €.

Abschreibung im betrieblichen Bereich
Kategorie 1 (Vollabschreibung)

Für betrieblich genutzte Gegenstände haben Sie zwei Möglichkeiten:

1. für Gegenstände bis 410 € Netto (Kaufpreis 488 €) setzen Sie die vollen Anschaffungskosten im Jahr des Erwerbs ab. Gegenstände mit höheren Anschaffungskosten müssen über die betriebliche Nutzungsdauer abgeschrieben werden.
2. Sie setzen nur Gegenstände mit Anschaffungskosten bis 150 € (Kaufpreis rd. 178 €) voll ab und sind im Übrigen an die Behandlung lt. **Kategorie 2** gebunden.

Kategorie 2 (Sammelposten mit fünfjähriger Abschreibung im Betrieb)

Für geringwertige Wirtschaftsgüter mit Anschaffungskosten (ohne abziehbare Vorsteuer) zwischen 150 € und 1.000 € gilt eine Besonderheit. Alle Anschaffungen in dieser Preiskategorie eines Jahres werden in einem Sammelposten zusammengefasst (»GWG-Pool«) und unabhängig von Ihrer tatsächlichen Nutzungsdauer einheitlich auf fünf Jahre abgeschrieben. Werden im Lauf dieser fünf Jahre einzelne Wirtschaftsgüter aus dem GWG-Pool vekauft, werden zwar die Verkaufserlöse als Betriebseinnahme erfasst, der Abgang der entsprechenden Gegenstände aber nicht gesondert erfasst. Obwohl sie also nicht mehr im Betrieb sind, werden sie bis zum Ablauf des Fünfjahreszeitraums weiter abgeschrieben.

Die Vollabschreibung ist auch für solche Wirtschaftsgüter zulässig, die zunächst privat genutzt und später dem Betrieb zugeführt (umgewidmet) wurden. (Sind die Gegenstände bis zu drei Jahre alt, müssen Sie die Abschreibung abziehen und den Restwert ansetzen. Sind sie älter, dürfen Sie sie mit dem Teilwert ansetzen. Nichtselbständige müssen immer die Vorabschreibungen berücksichtigen!) Diese Regelung machen Sie sich zunutze und legen dem Steuerberater zwecks Einlagenbuchung und anschließender Vollabschreibung z.B. folgende Abrechnung vor:

4 Besucherstühle à 200 € aus vierjährigem Privatbesitz	800 €
1 Perserbrücke aus fünfjährigem Privatbesitz	400 €
2 Ölgemälde aus vierjährigem Privatbesitz (300 € + 250 €)	550 €
Summe (mit Teilwert = Wiederbeschaffungskosten bewertet)	1.750 €
Steuerersparnis durch Abschreibung 20 % = ca.	350 €

Filz? Verschwendung auf jeden Fall:
Das Arbeitsministerium ist Mitglied eines
Dampfkesselvereins (Dampfkessel gibt's längst nicht mehr!),
dem es für diese Ehre jährlich gut 45.000 € Beiträge zahlt.
Welcher Ministerialbeamte mag wohl Vorstand dieses
Vereins sein? Wann melden Sie einen ähnlichen an?

9. Investitionsabzugsbetrag für kleinere und mittlere Betriebe sowie für Freiberufler – Die Abschreibung auf Zuruf

981 Handelt es sich bei Ihrem Unternehmen um einen kleinen bzw. mittleren Betrieb, können Sie wie eine Art vorweggenommene Abschreibung eine Gewinnminderung schon in Jahren absetzen, in denen Sie den betreffenden Gegenstand noch gar nicht gekauft haben. Das funktioniert, indem Sie außerhalb Ihrer Bilanz einen *Investitionsabzugsbetrag* (§ 7 g Abs. 1 EStG) in Höhe von bis zu 40 % der voraussichtlichen Anschaffungskosten ausweisen.

Als kleiner oder mittlerer Betrieb geht ein Unternehmen durch, wenn bei

- Gewerbetreibenden oder Freiberuflern, die Bilanzen aufstellen, das Betriebsvermögen max. 235.000 € beträgt;

- Gewerbetreibenden oder Freiberuflern, die eine Einnahmenüberschussrechnung erstellen, der Gewinn bei max. 100.000 € liegt;
- Land- und Forstwirten der Wirtschaftswert max. 125.000 € beträgt.

Die Wirtschaftsgüter, für die Sie einen Investitionsabzugsbetrag in Anspruch nehmen wollen, müssen zudem

- voraussichtlich innerhalb der nächsten drei Jahre erworben werden,
- beweglich sein,
- zum Anlagevermögen Ihres Betriebs gehören.

In den Genuss eines Investitionsabzugsbetrags kommen Sie auch mit **gebrauchten** Wirtschaftsgütern.

Damit Sie von dem Investitionsabzugsbetrag profitieren, muss das später erworbene Wirtschaftsgut mindestens bis zum Ende des Jahres nach der Anschaffung im Betrieb bleiben und dort zu mehr als 90 % betrieblich genutzt werden. Angenommen, Sie wollen 2017 eine neue Maschine oder einen neuen Lkw kaufen. Die betriebliche Nutzung liegt wie schon bei den Vorgängermodellen bei nahezu 100 %. Für den Kauf können Sie schon 2014 eine Gewinnminderung durch einen Investitionsabzugsbetrag erreichen.

Sie können Ihren Gewinn max. um 40 % der voraussichtlichen Anschaffungs-/Herstellungskosten kürzen. Zugleich beträgt der Höchstbetrag für Ihre Investitionsabzugsbeträge 200.000 €. Sie können also die Abschreibung für geplante Investitionen bis zu einer Höhe von max. 500.000 € um bis zu drei Jahre vorziehen.

SUPER TRICK

Gewinnminderung auf Zuruf

Bestimmte Nachweise oder gar einen detaillierten Investitionsplan müssen Sie 982
dem Finanzamt für einen Abzug des Investitionsabzugsbetrages nicht liefern. Es reicht völlig aus, wenn Sie als Anlage zu Ihrer Gewinnermittlung auf einem – möglichst geduldigen – Stück Papier Angaben zu

- Art,
- Zeitpunkt,
- Höhe und
- Ort

der geplanten Investition machen. Bei der Art der Investition reicht aber z.B. eine Gattungsbezeichnung. Statt Lkw werden Sie also den Begriff »Transportfahrzeug« und statt Schreibtisch »Büroausstattung« verwenden. Wenn es dann nämlich statt des Lkw ein Sattelanhänger wird oder statt des Schreibtischs eine Regalwand, müssen Sie nicht befürchten, dass Ihnen der Fiskus im Nachhinein die Gewinnminderung wegen nicht erfolgter (zutreffender) Investition streicht. Platzt die Investition oder wird sie nicht in der geplanten Höhe getätigt, wird die Gewinnminderung aus dem Investitionsabzugsbetrag rückwirkend ganz bzw. teilweise gestrichen. Dazu wird der ursprüngliche Einkommensteuerbescheid geändert und eine entsprechende Steurnachzahlung festgesetzt. Hinzu kommt, dass die Fiskalritter auf die Nachzahlung für jeden Monat zwischen dem 1. 4. des zweiten Jahres nach dem Veranlagungsjahr und der Begleichung der Nachzahlung 0,5 % Zinsen kassieren.

Beispiel
Sie führen seit Jahren einen Gewerbebetrieb. Zum 31.12.2014 haben Sie einen Investitionsabzugsbetrag von 20.000 € abgezogen mit dem Hinweis, dass Sie sich 2017 für 50.000 € einen neuen Transporter kaufen wollen. Die Steuerersparnis daraus hat 2014 6.000 € betragen. 2017 platzt der Kauf des neuen Autos jedoch.
Der Investitionsabzugsbetrag wird Ihnen nach Bearbeitung Ihrer Steuererklärung 2017 nachträglich für 2014 entzogen. Der Steuerbescheid 2014 wird geändert und eine Nachzahlung von 6.000 € Einkommensteuer festgesetzt, die Sie bei Fälligkeit, z.B. am 10.10.2018, begleichen. Neben der Nachzahlung an Einkommensteuer müssen Sie aber noch für die Zeit vom 1.4.2016 bis 30.9.2018 also für 30 Monate, Zinsen von 0,5 % pro Monat zahlen. Sie zahlen also nicht 6.000 € zurück, sondern 6.900 €.

Alternatives Beispiel
Sie haben im Jahr 2014 als Inhaber einer Werbeagentur die höchstmögliche Ansparrücklage in Höhe von 30.000 € (= 40 % der Anschaffungskosten) für eine in 2017 anzuschaffende EDV-Anlage (Kaufpreis 75.000 €) abgesetzt. Die Anlage wurde im ersten Halbjahr 2017 geliefert, kostete aber nur 60.000 €. Die Steuererklärung 2017 haben Sie im Oktober 2018 abgegeben, das Finanzamt hat den Steuerbescheid am 10.11.2018 erlassen.
Mit dem Steuerbescheid für 2017 korrigiert das Finanzamt gleichzeitig den Steuerbescheid 2014. Dort wird nun die Gewinnminderung aus dem Investitionsabzugsbetrag von 30.000 € auf 40 % von 60.000 € = 24.000 € reduziert und der Gewinn um 6.000 € erhöht. Daraus ergibt sich eine Einkommensteuernachzahlung von 2.100 € (Steuersatz ca. 35 %). Der korrigierte Steuerbescheid 2014 wird zusammen mit dem für 2017 erlassen. Die Rückzahlung von 2.100 € wird zum 13.12.2018 fällig. In diesem Fall wird der Betrag von 2.100 € für den Zeitraum vom 1.4.2016 bis 30.11.2018 (= 32 Monate) verzinst. Die Nachzahlungszinsen betragen 336 €.

SUPER TRICK

Zusätzlicher Gewinnabzug und Sonderabschreibung im Jahr der Anschaffung

Mit dem Investitionsabzugsbetrag sind zwei Vorteile verbunden: 983

1. Eine Sonderabschreibung von 20 % der Anschaffungskosten. Die Voraussetzungen für ihren Abzug sind dieselben wie für die Inanspruchnahme des Investitionsabzugsbetrags.
2. Ein weiterer Sonderabzug zu Lasten des Gewinns von bis zu 40 % der Anschaffungskosten (max. in Höhe des beanspruchten Investitionsabzugsbetrags). Mit der Gewinnminderung aus diesem Sonderabzug können Sie die Gewinnerhöhung aus der Auflösung des Investitionsabzugsbetrags im Jahr der Investition kompensieren. Einziger kleiner Pferdefuß: Die Abschreibungen werden nach den Anschaffungskosten, gekürzt um den Sonderabzug, berechnet.

Beispiel
Sie haben im Jahr 2014 einen Investitionsabzugsbetrag von 40.000 € gebildet für die voraussichtliche Anschaffung einer Maschine (Nutzungsdauer zehn Jahre) im Wert von 100.000 € im Jahr 2017. Die Maschine wird am 1.10.2017 geliefert.

Jahr	Abschreibungen/Korrekturen	Gewinnauswirkung
2014		
Investitionsabzugsbetrag	40 % v. 100.000 €	+ 40.000 €
2017		
Anschaffung der Maschine zum 1. 10.	100.000 €	
gewinnerhöhende Auflösung des Investitionsabzugsbetrags	40 % v. 100.000 €	40.000 €
Sonderabzug	40 % v. 100.000 €	– 40.000 €
Sonderabschreibung (Berechnungsgröße = 100.000 € – 40.000 €)	60.000 € × 20 %	– 12.000 €
reguläre Abschreibung (10 %) für 3 Monate	60.000 € × 10 % × $^{3}/_{12}$	– 1.500 €
Gewinnminderung bis 31.12.2016		53.500 €

Wie Sie sehen, können Sie auf diese Weise bis zum Ende des ersten Jahres, in dem Sie die Maschine gekauft haben, unter dem Strich über 53 % abschreiben.

TRICK

Beanspruchen Sie den Investitionsabzugsbetrag für EDV-Programme!

984 Den Investitionsabzugsbetrag erhalten Sie normalerweise nur für materielle Wirtschaftsgüter, das sind körperlich greifbare Gegenstände, die Sie für den Betrieb anschaffen wollen. EDV-Programme sind daher eigentlich außen vor. Allerdings gilt eine Ausnahme für sog. Trivialsoftware. Das sind EDV-Pakete, die konfektioniert sind und massenhaft im Handel angeboten werden, die also nicht auf Ihre Bedürfnisse zugeschnitten sind. Neben einfachen Buchhaltungsprogrammen gehört dazu vor allem typische Bürosoftware wie Textverarbeitungs-, Tabellenkalkulations- und E-Mail-Programme. Ohne weitere Prüfung können Sie von einer Trivialsoftware ausgehen, wenn der Kaufpreis dafür nicht über 410 € (ohne MwSt.) liegt.

TRICK

Kompensieren Sie mit einem Invetitionsabzugsbetrag eine Gewinnerhöhung durch das Finanzamt!

985 Angenommen, das Finanzamt weicht von Ihrer Steuererklärung ab und streicht Ihnen einen Teil der Betriebsausgaben oder es kommt im Rahmen einer Betriebsprüfung zu einer nachträglichen Gewinnerhöhung. Mithilfe des Investitionsabzugsbetrags fahren Sie dem Fiskus in die Parade. Beantragen Sie in einem solchen Fall schlicht die nachträgliche Erfassung eines Investitionsabzugsbetrags und kompensieren Sie damit die vom Fiskus vorgenommene Gewinnerhöhung und damit letztlich die drohende Steuernachzahlung.

Wenn Ihnen das Finanzamt mit Hinweis auf das BMF-Schreiben vom 20.11.2013 (BStBl 2013 I S. 1493) den nachträglichen Investitionsabzugsbetrag nicht anerkennen will, kontern Sie mit zwei aktuellen Gerichtsentscheidungen, die Ihren Standpunkt stützen. Die Finanzgerichte Sachsen (Sächsisches FG v. 3.12.2013 – 8 K 738/12) und Niedersachsen (FG Niedersachsen v. 18.12.2013 – 4 K 159/13, Revision beim BFH – IV R 9/14) sind da nämlich ganz anderer Meinung und wollen Ihnen den Abzugsbetrag zugestehen. Also auf ins Gefecht und dem Fiskus die Stirn geboten.

10. Vermasseln Sie dem Fiskus gänzlich die Tour

Längst haben Sie die Hoffnung auf niedrige Steuersätze und gerechte Steuergesetze aufgegeben, denn der Staat scheut sich nicht, auch verfassungswidrige Gesetze in Kraft zu setzen und anzuwenden, die das Verfassungsgericht konkret für verfassungswidrig erklärt hat.

Schöpfen Sie daher alle Möglichkeiten aus, den zu versteuernden Gewinn zu drücken.

TRICK

Geschenk oder Provision, das ist die Frage.

Geschenke, auch in Form von Geld, an Geschäftsfreunde dürfen Sie nur als 986
Betriebsausgaben absetzen, wenn die Aufwendungen dafür im Jahr je Empfänger 35 € nicht übersteigen (§ 4 Abs. 5 EStG). Schmiergeldzahlungen sind nicht abzugsfähig, wenn ihre Zahlung rechtswidrig ist (§ 4 Abs.5 Nr. 10 EStG).

Achtung: Das Finanzamt teilt der Staatsanwaltschaft gnadenlos Ihre Schmiergeldzahlungen mit. Da nutzt es Ihnen in der Regel auch nicht viel, wenn Sie sie als Provisionen bezeichnen. Sie entgehen einer Bestrafung nur durch einen vorher geschickt von einem Anwalt verfassten Vertrag.

TRICK

Die Betriebsveräußerung um eine Sekunde verschieben und reich werden.

Wenn Sie sich aus Ihrem Geschäft oder Ihrer Praxis zurückziehen wollen, 987
kommt es meist nicht auf ein Jahr mehr oder weniger an. Lassen Sie daher die Zeit für sich spielen, wenn es durch eine Steuerreform zu einer niedrigeren oder höheren Steuerbelastung als im Vorjahr kommt.

Da Betriebsveräußerungen und Praxisverkäufe vorwiegend zum Jahreswechsel abgewickelt werden, sollten Sie prüfen, ob eine Veräußerung, die zum 31.12. des Jahres geplant ist, nicht auch am 2.1. des darauffolgenden Jahres erfolgen kann.

Rein rechtlich sind der 31.12.24.00 Uhr und der 1. 1.0.00 Uhr – bedingt durch die sog. juristische Sekunde – zwei verschiedene Zeitpunkte. Es wird davon ausgegangen, dass die Praxistätigkeit zum 31. 12. eingestellt wird, im folgenden Jahr also keine Praxiseinkünfte mehr erzielt werden. Durch die Verlagerung der Gewinne in unterschiedliche Veranlagungszeiträume sinkt die Steuerbelastung noch einmal zusätzlich.

Finanzverwaltung und Rechtsprechung haben Kriterien dafür aufgestellt, wann eine steuerlich wirksame und begünstigte Praxisveräußerung vorliegt. Dazu muss die Praxis gegen Entgelt veräußert werden, und die wesentlichen Grundlagen der Praxis müssen so veräußert werden, dass der Käufer den Betrieb als solchen fortführen kann. Nur so besteht ein grundsätzlicher Anspruch auf den Freibetrag in Höhe von 45.000 €.

Ein Betriebs- oder Praxisverkauf will gut überlegt sein!

TRICK

Wechseln Sie vor dem Verkauf Ihre Buchführung!

988 Gehen Sie im Jahr vor der Betriebs- oder Praxisabgabe von der Einnahmenüberschussrechnung über zur Bilanzierung. Warum? Nun, bei der gewöhnlichen Gewinnermittlung werden Einnahmen und Ausgaben so erfasst, wie sie anfallen. Das heißt, eine Rechnung, die Sie im Dezember 2014 stellen und die im Januar 2015 beglichen wird, steigert Ihren Umsatz im Jahr 2015. Wenn es aber um die Vorüberlegung geht, im Jahr des Praxis-/Betriebsverkaufs, in diesem Fall 2015, möglichst wenig laufende Gewinne zu produzieren, ist es in Ihrem Interesse, dass die Privatliquidation noch in das alte Jahr gebucht wird, wo sie laut Rechnungsstellung auch hingehört. Das ist möglich, wenn Sie eine Bilanz aufstellen. Rechtlich und technisch stellt das kein Problem dar, nur muss Ihr Steuerberater Bescheid wissen.

Investitionen in den letzten Monaten der Tätigkeit können sich ebenfalls lohnen. Diese sollten mit dem Käufer abgesprochen werden. Der könnte durchaus ein Interesse daran haben, dass ihm z.B. ein moderner PC zur Verfügung steht. Den Wert des Betriebs und damit den erzielbaren Kaufpreis erhöht solch eine Investition allemal. Steuerrechtlich gibt es gute Gründe dafür, dass der Verkäufer noch sinnvoll investiert: Denn die Investition wirkt sich über die laufende Abschreibung zum vollen Steuersatz steuermindernd aus. Der höhere Gewinn aus dem Verkauf wird aber nur mit dem halben Steuersatz versteuert.

SUPER TRICK

Gestalten Sie die Bilanz 2014 so, dass Sie für mehrere Jahre gut fahren!

Abschreibungen 989

1. Erzielen Sie die höchstmögliche Abschreibung, indem Sie die betriebliche Nutzungsdauer für Maschinen und Anlagen so kurz wie möglich ansetzen.
2. Nutzen Sie grundsätzlich alle Abschreibungsmöglichkeiten, um Ihre Kosten in die Bilanz 2014 hineinzudrücken, falls der Gewinn hoch ausfällt.
3. Verschieben Sie bei kleinem Gewinn die Kosten durch niedrige Abschreibung 2014 in die nächste Bilanz.

410-€-Grenze für kleine Anschaffungen

1. Ziehen Sie alle Kosten für geringwertige Wirtschaftsgüter bis 410 € sofort als betrieblichen Aufwand ab.
2. Prüfen Sie bei Investitionen in Büroausstattung oder EDV, ob einzelne Teile, Regale oder Drucker, sofort absetzbar sind.

Investitionsabzugsbetrag und Sonderabschreibung

1. Bilden Sie für künftige Investitionen den max. Investitionsabzugsbetrag von 40 %, wenn das Betriebsvermögen bis 235.000 € beträgt.
2. Nutzen Sie den Investitionsabzugsbetrag aber nur, wenn Sie sicher sind, dass Sie die geplanten Investitionen auch vornehmen werden.
3. Nehmen Sie die Sonderabschreibung für kleine Betriebe von 20 % der Anschaffungskosten von betreiblichen Wirtschaftsgütern voll in Anspruch.

Außenstände

1. Kürzen Sie Ihre Forderungen grundsätzlich um 1 % als zweifelhaft. Droht einem Ihrer Kunden die Pleite, werten Sie die offenen Rechnungen kräftig ab.
2. Ziehen Sie 3 % vom Nennwert der Forderungen steuermindernd ab, wenn die Kunden überwiegend mit Skonto zahlen.
3. Früher abgeschriebene Forderungen können Sie höher bewerten, wenn der Kunde wieder zu Geld gekommen ist.
4. Ihre Forderungen sollten Sie pauschal stets mit 1 bis 3 % wertberichtigen.

Rückstellungen

1. Bei zu hohem Jahresgewinn rein in die Bilanz, damit irgendwas geht: für Resturlaub, Garantie- und Kulanzleistungen, Jahresabschluss etc.

2. Nutzen Sie alle Möglichkeiten für Rückstellungen, vergessen Sie dabei als GmbH-Chef die eigenen Benefits nicht.

Big Brother is watching you.
(George Orwell)

TIPP

für Veräußerungsgewinne

990 Für Veräußerungsgewinne ermäßigt sich Ihr Steuersatz auf Antrag auf nur 56 % des regulären Steuersatzes. Allerdings nur einmal im Leben und auch nur dann, wenn Sie mindestens 55 Jahre alt oder berufsunfähig waren, als Sie Ihren Betrieb verkauft haben. Außerdem beträgt der Mindeststeuersatz – Ermäßigung hin oder her – 14,0 %.

Beispiel

Unternehmer X (66 Jahre alt, ledig) hat seinen Betrieb am 15.3.2014 für 370.000 € veräußert. Der Wert des Betriebsvermögens betrug zu diesem Stichtag lt. Steuerbilanz 200.000 €.

Verkaufspreis			370.000 €
./. Wert des Betriebsvermögens			– 200.000 €
Veräußerungsgewinn			170.000 €
Freibetrag		45.000 €	
./. schädlicher Betrag	136.000 €		
	– 170.000 €		
	– 34.000 € >	– 34.000 €	
Verbleiben		11.000 € >	– 11.000 €
Zu versteuernder Gewinn			159.000 €
Vermietungseinkünfte			50.000 €
./. Sonderausgaben etc.			– 20.000 €
Zu versteuerndes Einkommen			189.000 €
ESt/regulär 2014			71.141 €
ESt/ohne Veräußerungsgewinn			5.558 €
Durchschnittl. Steuersatz 71.141/189.000 = 37,641 %,			
davon 56 % = 21,0789 % v. 159.000 €			33.515 €
ESt ohne Veräußerungsgewinn			5.601€
Einkommensteuer 2014			39.073 €
Ersparnis			32.068 €

In Sangerhausen (Sachsen-Anhalt)
steht eine Brücke einsam in der Landschaft.
Die Straße, die darüberführen sollte,
wurde anderswo gebaut. Kosten: 2,5 Millionen Euro.

TRICK

Lassen Sie den Fiskus leer ausgehen, wenn Sie sich zur Ruhe setzen!

Eine ganz böse Steuerfalle lauert auf Sie, wenn Sie es eigentlich am wenigsten **991**
erwarten. Nachdem Sie sich jahrzehntelang abgerackert haben, um sich ein gutgehendes Geschäft aufzubauen, wollen Sie die Früchte Ihrer Arbeit genießen. Geben Sie Ihr Unternehmen an Ihre Kinder weiter, können Sie z.B. von den Tricks unter ➤ Rz 987 ff. profitieren. Wenn Sie Ihren Laden für gutes Geld verkaufen können, machen Ihnen Freibetrag und Fünftelregelung den Zugriff des Fiskus auf die über Jahre angesammelten stillen Reserven (Differenz zwischen Buchwert und tatsächlichem Wert) zumindest etwas erträglicher.

Fatal wird es aber oft, wenn Sie gezwungen sind, den Betrieb aufzugeben und z.B. Ihre Geschäftsräume anderweitig zu vermieten oder zu verpachten, um Ihren Lebensunterhalt für die Zukunft zu sichern. Auch hier greift der Fiskus gnadenlos zu und verlangt von Ihnen die Versteuerung sämtlicher stiller Reserven. Natürlich fällt es Ihnen in diesem Fall besonders schwer, die Steuern aufzubringen. In Ihrer Kasse hat ja kein Cent geklingelt, schließlich steht der Gewinn aus der Aufgabe Ihres Betriebs nur auf dem Papier.

Damit Sie die Steuerlast nicht zu sehr drückt, müssen Sie wissen, dass Sie ein Wahlrecht haben, wenn Sie Ihren Laden verpachten. Es steht Ihnen frei, die Betriebsaufgabe zu erklären. Der fiktive Veräußerungsgewinn, der dann angesetzt wird, unterliegt nach Abzug des Freibetrags für Betriebsveräußerungen der Fünftelregelung. Die andere Alternative ist, dass sie Ihren verpachteten Betrieb als ruhenden Gewerbebetrieb fortführen. Die Pachterträge stellen dann weiterhin gewerbliche Einkünfte dar – allerdings ohne Gewerbesteuerpflicht. Die sofortige Versteuerung eines Aufgabegewinns entfällt. Sie können sie auf diese Weise bis zum Sankt-Nimmerleins-Tag hinausschieben. Einzige Voraussetzung: Sie müssen Ihren Betrieb im Ganzen verpachten, und der Pächter muss ein gleichartiges Unternehmen führen.

Vorsicht ist daher geboten, wenn ein Pächterwechsel ansteht und der Neue nicht wie Sie früher eine Apotheke, sondern z.B. ein Schuhgeschäft betreibt. Der Fiskus hängt Ihnen dann nämlich eine zwangsweise Betriebsaufgabe mit Aufdeckung aller stillen Reserven und Versteuerung entsprechender Gewinne an.

TIPP

für verpachtete Betriebe

992 **Gründen Sie eine GmbH & Co. KG, in die Sie Ihren Verpachtungsbetrieb zu Buchwerten – also ohne Steuerbelastung – einbringen.** Dann können Sie trotz Pächterwechsels den Betriebsaufgabegewinn leise vor sich hin schlummern lassen und Ihr Geld dem allzu gierigen Zugriff des Fiskus entziehen.

Die GmbH & Co. KG gilt gesetzlich fiktiv als sog. gewerblich geprägte Personengesellschaft (§ 15 Abs. 3 EStG), die Einkünfte aus Gewerbebetrieb erzielt. Ihr Vorteil: Sie können vermieten oder verpachten, an wen Sie wollen. Egal, ob sich in Ihrem Geschäft eine Kneipe oder eine Spielhalle einmietet, das Finanzamt kann Ihnen auf keinen Fall mehr mit einer zwangsweisen Betriebsaufgabe kommen. Und Sie bestimmen selbst, wann es Ihnen genehm erscheint, Ihren Betrieb einzustellen und eventuelle daraus entstehende Gewinne zu versteuern.

GUTER RAT

993 **Unterlassen Sie es, Ihren betrieblichen Kredit zu tilgen, weil Sie beispielsweise statt der dafür erforderlichen Veräußerung des Betriebsgrundstücks lieber Einkünfte aus dessen Vermietung erzielen wollen, sind die bisher betrieblich bedingten Schuldzinsen nunmehr als Werbungskosten aus Vermietung abzugsfähig (BFH v. 19.8.1998 – BStBl 1999 II S. 353).**

11. Die steuerliche Betriebsprüfung

994 Die steuerliche Betriebsprüfung ist für den Fiskus ein lohnendes Geschäft, denn in 95 % aller Prüfungen ergeben sich Nachzahlungen. Wappnen Sie sich also, wenn das Finanzamt eine Prüfung ankündigt, denn es wäre schon ein kleines Wunder, wenn Sie ungeschoren davonkämen. Sie können sich denken, dass sie ihre wertvollen Leute dort einsetzen, wo die Chancen am größten sind, hohe Nachzahlungen einzuheimsen. Also vermeiden Sie, in dieser Hinsicht aufzufallen. Ins Visier geraten Sie, wenn sich aus Ihrem Jahresabschluss ergibt,

- dass Ihre privaten Entnahmen aus dem Geschäft ziemlich niedrig liegen und keine anderen Einkünfte angegeben sind, die das Defizit decken,
- dass Ihr Lohn- und Materialaufwand plötzlich stark angestiegen ist, während Sie mit dem Bau einer Privatvilla beschäftigt sind,

- dass Ihr Personalaufwand und Ihre Investitionen stark gestiegen sind, Ihr Umsatz aber nicht mitgewachsen ist,
- dass Ihr Roh- und Reingewinn von den amtlichen Richtsätzen ziemlich stark abweicht,
- dass Sie Darlehen von Angehörigen oder Verwandten bekommen haben oder hohe Einlagen in den Betrieb machten,
- dass Ihr Roh- und Reingewinn gegenüber den Vorjahren stark schwankte oder vom Anlagevermögen oder vom Warenbestand hohe Sonderabschreibungen gemacht wurden,
- dass außerordentlich hohe Reparaturaufwendungen erfolgten, die möglicherweise aktivierungspflichtig sein könnten,
- dass ein Vergleich Ihrer Vermögen zu Beginn der selbständigen Tätigkeit (bzw. vom letzten Prüfungsjahr an) mit dem letzten Beobachtungsjahr einen ungeklärten Vermögenszuwachs ergibt, der vielleicht aus Ohne-Rechnung-Geschäften stammen könnte,
- dass trotz hoher Kundenzahlungen keine oder nur geringe halbfertige Arbeiten aktiviert wurden,
- dass hohe Rückstellungen für Wechselobligo oder Delkredere erscheinen und für Garantieverpflichtungen, die nicht erklärbar sind.

SUPER TRICK

Wie Sie vielleicht eine Betriebsprüfung verhindern können.

Enthalten Ihre Steuerbescheide den Zusatz »Vorbehalt der Nachprüfung nach 995
§ 164 AO«, sind Sie steuerlich aufgefallen, und es droht eine Betriebsprüfung (BP). Meistens wartet das Finanzamt aber ab, bis drei Jahre unter »Vorbehalt der Nachprüfung« veranlagt sind, und ordnet erst dann eine Betriebsprüfung an, denn der normale Prüfungszeitraum umfasst drei Jahre.

Schon nach dem ersten solchen Bescheid sollten Sie herausfinden, was dem Finanzamt missfallen hat. Dann geben Sie bei der nächsten Steuererklärung dazu eine Begründung ab, z. B., warum Ihr Rohgewinn so niedrig ist oder warum Sie ein Wohnmobil in Ihrem Fahrzeugpark haben. Wenn alles einleuchtend ist, sagt sich die Betriebsprüfungsstelle vielleicht »Nichts zu holen« und streicht Sie vom Prüfungsplan.

Ob Ihre Bemühungen gefruchtet haben, zeigt der nächste Bescheid. Enthalten er und auch der darauffolgende wieder den Zusatz »Vorbehalt der Nachprüfung«, sind Sie bald reif. Ein Jahr können Sie prüfungsfrei retten, wenn Sie ganz schnell die Steuererklärung für das vierte Jahr abgeben. Dann wird nämlich dieses vierte Jahr mitgeprüft und fällt das erste »Vorbehaltsjahr« aus der Prüfung raus.

996 Besonders fies: Die Finanzverwaltung darf im Rahmen ihrer Betriebsprüfung auf Ihre elektronische Buchführung zugreifen. Verweigern Sie den Zugriff, wird geschätzt. Und jeder weiß: Wenn das Finanzamt schätzt, dann immer zugunsten des Fiskus – auch wenn das ungesetzlich ist. Damit sollen Sie zur Mitarbeit gezwungen werden. Sie sehen: Mitwirkung ist angeraten. Dann hat man noch am meisten Einfluss auf das Ergebnis.
Bereiten Sie sich auf diese Situation sorgfältig vor und halten Sie alle Daten der Finanz-, Anlagen- und Lohnbuchhaltung bereit. Ansonsten müssen Sie den Prüfern nur steuerlich relevante Unterlagen überlassen.

TIPP
zur Betriebsprüfung

Um zu verhindern, dass der Prüfer seine Nase in Dinge steckt, die ihn nichts angehen, sollten Sie schon während des alltäglichen Geschäftsbetriebs steuerlich relevante Daten immer strikt von Personalangelegenheiten, Betriebsgeheimnissen oder gar privaten Dingen trennen – das geht bis hinein in den E-Mail-Verkehr und die Korrespondenz. Denn: Der Prüfer hat kein Verwertungsverbot für Daten, die ihm versehentlich unterkommen, aber nicht für ihn bestimmt sind.
Flattert Ihnen eine »Prüfungsanordnung« ins Haus, ist vor Prüfungsbeginn – die Frist beträgt meistens nur 14 Tage – noch allerhand zu tun:

- Schwachstellen der Prüfungsjahre erkunden, Antworten und Argumente vordenken;
- Unterlagen sichten und bereitlegen; private Unterlagen aussortieren;
- ruhigen Raum bereitstellen, denn Vorsicht: Unbefugte hören gern mit.

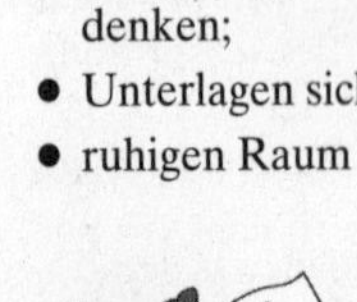

TIPP
zur Einsicht in EDV-Programme

Da hilft nur, den Prüfer (von ihm unbemerkt) an die kurze Leine zu nehmen, indem Sie ihm einen kundigen Mitarbeiter zur Seite stellen, der die EDV bedient und genügend Kenntnis hat, um zu verhindern, dass der Prüfer zu viel erfährt. Notfalls müssen Sie die Sache selbst übernehmen.

TRICK

Kein freier Raum für den Außenprüfer

Wenn ein Prüfer kein eigenes Zimmer haben kann und etwa gar mit Ihnen an 997
einem Schreibtisch sitzen muss, wird er sauer. Da Sie nun aber einmal keinen freien Raum für ihn haben, was Ihnen natürlich fürchterlich leidtut, lassen Sie dem Finanzamt folgendes Brieflein oder Fax zuflattern:

An das Finanzamt
Hochstein
000/0000

Helmut Unverzagt
Steuer-Nr. . . . . .

Sehr geehrte Damen und Herren,
ich habe das Ankündigungsschreiben zur Betriebsprüfung erhalten und muss Ihnen leider sagen, dass ich wegen beengter räumlicher Verhältnisse nicht in der Lage bin, Ihrem Prüfer einen Raum zur Verfügung zu stellen.
Ich bitte Sie daher, die Prüfung an Ihrer Amtsstelle durchzuführen. Alle dazu erforderlichen Unterlagen bitte ich am x. x. xx bei mir abzuholen.

Mit freundlichen Grüßen

Helmut Unverzagt

Dadurch haben Sie folgende Vorteile: Der Prüfer, stets ein Störfaktor in Ihrem Betrieb, ist nun weitab vom Schuss. Er kann nicht jeden Augenblick mit Fragen bei Ihnen aufkreuzen. Ihre Mitarbeiter bleiben von ihm verschont, Sie müssen sich keine Sorgen mehr machen, ob er auch stets heißen Kaffee in seiner Kanne hat. Falls er was zu meckern hat, vergeht viel Zeit, und Sie können besser darauf reagieren.

Sie haben vergessen, dass er während der vorigen Prüfung in Ihrem großen Empfangszimmer saß und daher weiß, dass Platz zur Verfügung steht? Seien Sie nicht so schwerfällig. Wollten Sie in diesem Raum nicht just in der Prüfungszeit eine Großrenovierung machen lassen?

Während der Prüfung:

- Dauer erfragen;

- Bücher und Belege nur jahrgangsweise vorlegen, nicht »en bloc«; nur geben, was der Prüfer gerade braucht; keine Selbstbedienung zulassen;
- auf Fragen verhalten antworten: »Weiß ich nicht genau, muss ich erst Mitarbeiter fragen ...«;
- keine Selbstbedienung beim Kopierer; alles, was kopiert wird, notieren; ggf. den betreffenden Geschäftspartner informieren, damit er rechtzeitig Selbstanzeige machen kann;
- nur Fragen an die dem Prüfer benannte Auskunftsperson zulassen, keine Fragen an andere Mitarbeiter oder den Ehepartner;
- für gutes Klima sorgen: Verständnis und Kompromissbereitschaft zeigen; Kaffee und kleinen Imbiss anbieten;
- Versehen ggf. eingestehen, aber niemals krumme Sachen ...

Haben Sie wirklich mal ein krummes Ding gedreht und müssen befürchten, dass Ihnen der Prüfer auf die Schliche kommt, dann erstatten Sie *vor* der Prüfung Selbstanzeige. So gehen Sie wenigstens straffrei aus (Näheres dazu siehe Konz: »Wenn der Betriebsprüfer kommt«, ISBN 3-548-355-9511).

TRICK

Lassen Sie sich keine »besonders schwere Steuerhinterziehung« anhängen!

998 Bei der Steuerhinterziehung wird zwischen der einfachen Steuerhinterziehung, die durch unrichtige oder nicht abgegebene Steuererklärungen begangen wird, und der besonders schweren Steuerhinterziehung unterschieden. Letztere liegt vor allem dann vor, wenn

- Steuern in großem Ausmaß verkürzt werden,
- Sie ein Amtsträger, z.B. Beamter, sind, der seine Möglichkeiten ausnutzt, um Steuern zu hinterziehen,
- Sie bei Ihrer Steuerhinterziehung mit einem Amtsträger zusammengearbeitet haben,
- Sie fortlaufend Steuern hinterzogen haben, indem Sie Belege und Unterlagen gefälscht haben (in diesem Fall geht es Ihnen möglicherweise auch noch wegen Urkundenfälschung an den Kragen),
- Sie bandenmäßig Umsatz- oder Verbrauchssteuern hinterzogen haben (z.B. als Teil eines sog »Umsatzsteuerkarussells«.)

Bei einer besonders schweren Steuerhinterziehung drohen Ihnen mindestens sechs Monate, im Extremfall bis zu zehn Jahre Knast.

Und aufgepasst: Beträgt die hinterzogene Steuer mehr als 1 Mio €, dürfen Freiheitsstrafen auf keinen Fall mehr zur Bewährung ausgesetzt werden. Wenn Sie es also ganz toll getrieben und keine wirksame Selbstanzeige erstattet haben oder das Finanzamt Sie auf andere Art und Weise erwischt hat, atmen Sie mit an Sicherheit grenzender Wahrscheinlichkeit gesiebte Luft.

Wenn Sie sich haben erwischen lassen, drohen Ihnen folgende Geldbußen: 999

Oberfinanz-direktion	Zahl der Tagessätze bei einer Steuerschuld von … €					
	1.000	2.500	5.000	10.000	25.000	50.000	100.000
Berlin	8 – 12	20 – 30	40 – 60	120	300	360	360
Bremen	15	25 – 30	45 – 50	70 – 80	130 – 140	210 – 220	360
Chemnitz	10	10 – 30	30	60	180	360	360
Cottbus	10	10 – 80	10 – 80	80	150	230	320
Düsseldorf	5 – 20	20	40	80	200	360	360
Aachen, Essen, Köln	5 – 20	20	40	80	140	240	340
Wuppertal	5 – 25	5 – 25	25	50	125	250	360
Erfurt	5 – 20	20	40	80	140	240	340
Frankfurt	8	20	40	80	200	360	360
Hamburg	16 – 20	40 – 50	80 – 100	140	250	360	360
Hannover	8	20	40	60 – 80	200	180 – 240	360
Karlsruhe	5 – 10	10	30	60 – 80	120	180 – 240	360
Magdeburg	8	20	40	80	200	340	360
München	5 – 90	5 – 90	5 – 90	5 – 90	180	360	360
Münster	5 – 20	20	40	80 – 100	140	240	340
Nürnberg	5 – 20	20	40	60 – 90	130 – 180	200 – 280	360
Rostock	5 – 12	12 – 40	40	80	160	240	360
Stuttgart	5 – 10	10	30	60-90	120	180 – 240	360

GUTER RAT

Wollen Sie Ihr Ferienhaus oder Ihre Motor- oder Segelyacht verkaufen, haben 1000
Sie, ehe Sie sich versehen, die Steuerfahnder am Hals. Sie holen sich von der

Zeitung, in der Sie annonciert haben – trotz Chiffre – Ihren Namen und fahnden bei Ihnen nach Schwarzgeld. Auch der Schiffsmakler muss Ihren Namen nennen, wenn er Ihre Yacht zum Verkauf anbietet (BFH-Urt. v. 17.3.1992 – BFH/NV 1992 S. 789). Zwar darf der Steuerfahnder nur bei hinreichendem Anlass Dritte um solche Auskünfte angehen, insbesondere sind Ermittlungen »ins Blaue hinein« nicht zulässig, doch es gehört zu den Aufgaben der Steuerfahndung, auch unbekannte Steuerfälle aufzudecken (§ 208 Abs.1 Nr.3 AO). Und bei Verkauf von Privatgrundstücken oder teuren Yachten haben die Fiskalritter schnell den Verdacht, dass Schwarzgeld geflossen ist, und hoffen, ein hohes Mehrergebnis einzuheimsen.

TRICK

Wie Sie bei Steuerhinterziehung ohne Strafe davonkommen

1001 Wenn Sie so im stillen Kämmerlein Ihre Sünden überdenken und zu dem Schluss kommen, dass ein Staatsanwalt eine Steuerhinterziehung entdecken könnte, dann müssen Sie wissen: Wenn Sie die Tat rechtzeitig anzeigen, bleiben Sie straffrei. »Rechtzeitig« bedeutet, solange die Steuerbehörden noch nichts von der Tat wissen. Zwar werden Sie die Steuer nachzahlen müssen, aber nicht aus dem Stand! Das Finanzamt wird Ihnen eine Zahlungsfrist einräumen.

Was Sie bedenken sollten: Wenn Ihnen die Beamten der Steuerfahndung erst mal gegenübersitzen und Sie offiziell wegen Steuerhinterziehung befragen, nützt auch ein dramatisches Geständnis nichts mehr. In dieser Situation kann man sich allenfalls noch helfen, indem man Gründe findet, die Tat nicht als (vollendete) Steuerhinterziehung darzustellen, oder indem man versucht, auf der subjektiven Seite eine andere Wertung durchzusetzen: etwa, dass die Tat nicht gewollt gewesen sei oder Ähnliches.

Das Gesetz sagt: Die Selbstanzeige ist ausgeschlossen, wenn der Außenprüfer »erschienen« ist (§ 371 AO). Also muss er körperlich in Ihrem Haus/Ihrer Wohnung über die Schwelle treten. Und er muss tatsächlich zum Zweck der Prüfung erscheinen. Kommt er nur zu einem Vorgespräch, z.B., um einen Prüfungstermin mit Ihnen abzusprechen, haben Sie noch ein Chance. Kommen Sie aber nicht auf die Idee, den Zeitpunkt für die rechtzeitige Selbstanzeige dadurch hinauszuzögern, dass Sie den Prüfer zu einem vereinbarten Termin einfach nicht hereinlassen (was im Übrigen rechtswidrig wäre). Der Prüfer muss sich im Übrigen an die üblichen Geschäftszeiten halten – und die sind bekanntlich bei einer Nachtbar anders als bei einem Zahnarzt. Oder er muss einen allen Seiten genehmen Zeitpunkt finden.

Aber es gibt eine (häufige) Ausnahme von dieser Regel: Haben Sie nur eine leichtfertige Steuerverkürzung begangen, können Sie jederzeit die Selbstanzeige machen, auch wenn der Prüfer schon bei Ihnen auf der Matte steht. Eine schriftliche Form ist dann nicht nötig. Das ist allerdings nicht ganz unstrittig (Bayerisches Oberstes Landesgericht v. 30.3.1978 – 3 Ob OWI 11/78).

Es gibt noch eine andere Situation, in der Sie an Selbstanzeige denken müssen: wenn Ihr Geschäftspartner, Kunde oder Lieferant die Außenprüfung im Haus hat und Sie befürchten müssen, dass bei dieser Gelegenheit Ihre Steuersünden zutage treten. Bedenken Sie, dass schon bei der Prüfung Ihrer Steuererklärung Kontrollmitteilungen verfasst werden. Bei der Bearbeitung der steuerlichen Verhältnisse Ihres Geschäftspartners kann es sein, dass das Finanzamt auch über Sie Erkenntnisse gewinnt und Ihrem Sachbearbeiter im Finanzamt Mitteilung macht.

Wenn Sie durch Kontrollmitteilungen gefährdet sein könnten, ist die strafbefreiende Selbstanzeige nur noch möglich, wenn

- die Tat noch nicht entdeckt wurde bzw.
- der Täter nicht mit einer Entdeckung rechnen musste.

Die Entdeckung durch das Finanzamt liegt frühestens vor, wenn es bei der Überprüfung Ihrer Steuerakte feststellt, dass die steuerlich bedeutsamen Vorgänge, die in der Kontrollmitteilung enthalten sind, von Ihnen nicht erklärt wurden.

Die Selbstanzeige ist strafbefreiend nur bei folgenden Steuerstraftaten möglich:

- Steuerhinterziehung in einfacher und schwerer Form, auch Versuch (§ 370 AO),
- Monopolhinterziehung nach dem Branntweinmonopolgesetz,
- Hinterziehung von Abgaben von Marktordnungswaren, die keine Zölle, Abschöpfungen, Ausfuhrabgaben oder Produktionsregelabgaben sind,
- Hinterziehung von Abwasserabgaben,
- Erschleichung von Spar-, Wohnungsbau- und Bergmannsprämien sowie Arbeitnehmersparzulagen.

Nicht strafbefreiend können Sie anzeigen:

- Steuerhehlerei (§ 374 AO),
- schweren Schmuggel (§ 373 AO),
- Subventionsbetrug (§ 264 StGB).

Was Sie tun müssen, solange es noch geht:

- die ausstehende Steuererklärung nachholen oder die alte, falsche Steuererklärung berichtigen,
- die zu wenig gezahlten Steuern nachzahlen, und zwar am besten gleich, spätestens innerhalb der vom Finanzamt gesetzten Frist.

Sie sehen: Allein in einer korrigierten Steuererklärung kann eine Selbstanzeige liegen. Das Schöne bei dieser Methode ist: Das Wort »Selbstanzeige« taucht gar nicht auf. Das heißt: Man sollte dem Finanzamt nicht unbedingt unter die Nase reiben, dass (vielleicht) eine Steuerstraftat vorliegt. Verfassen Sie also ein neutrales Schreiben, oder geben Sie eine berichtigte Steuererklärung an. Ihr Sachbearbeiter wird dann schon sehen, was er daraus macht.

GUTER RAT

Eine Selbstanzeige ist eine sehr komplizierte Angelegenheit, bei der vieles bedacht werden muss. Machen Sie nie eine Selbstanzeige, ohne sich mit einem Fachmann beraten zu haben!

TRICK

Lassen Sie sich nicht maßlos schätzen!

1002 100.000 € in bar waren einem Steuerberater zugeflossen. Geld, das ihm von einem Freund, den er nicht nennen wolle, als betriebliches Darlehen zinsfrei überwiesen worden sei. Da sich das Finanzamt mit dieser Erklärung nicht zufriedengab, deklarierte es das Geld zu nicht versteuerten Einnahmen und erließ neue Einkommensteuerbescheide. **Das Finanzgericht Düsseldorf (17 K 7587/99) stutzte die Beamten zurecht und erklärte die Hinzuschätzung für rechtswidrig.** Aber: Es war nicht die Schätzung an sich unzulässig, sondern nur deren Höhe. »*Ziel einer jeden Schätzung muss es sein, dass sie der Wirklichkeit möglichst nahe kommt. Sie muss demzufolge in sich schlüssig und zudem wirtschaftlich vernünftig sowie möglich sein*«, so das Finanzgericht. Möglich waren hier nur 9 % Zinsen aus den 100.000 € zzgl. eines Sicherheitszuschlags von 15 %.

GUTER RAT

1003 Ist das Finanzamt unrealistisch, sind die Chancen eines Prozesses immer gut. Achten Sie aber auf Ihre Mitwirkungspflicht. Im betrieblichen Bereich ist diese sehr viel höher (Pflicht zur Buchführung, Aufbewahrung von Belegen) als bei privaten Einkünften. Private Einnahmen brauchen in der Regel nur plausibel erläutert und nicht nachgewiesen zu werden.

In Frankfurt/Main wurde die »Leuna-Brücke« gebaut.
Dem Bauwerk fehlt der Straßenanschluss.
In den Sand gesetzte Kosten: 33 Millionen €.

XV. Die anderen Steuern

1. Die Gewerbesteuer

Die Gewerbesteuer ist eine Gemeindesteuer. Sozusagen im Auftrag der Gemeinde stellt das Finanzamt zunächst anhand des erklärten Gewinns den sog. Messbetrag fest. Auf der Grundlage dieses Gewerbesteuermessbetrags erhebt sie sodann nach ihrem Hebesatz die Gewerbesteuer. 1004
Und so wird die Gewerbesteuer berechnet:

Festsetzung des einheitlichen Steuermessbetrags durch das Finanzamt

Steuermessbetrag nach dem Gewerbeertrag		Zeile
Gewinn aus Gewerbebetrieb (nach dem EStG)	........€	1
Hinzu: 25 % des betrieblichen Finanzierungsaufwands	........€	2
	........€	3
Kürzung: 1,2 % v. EW des betriebl. Grundbesitzes		
140 %	........€	4
	........€	5
Gewerbeertrag nach Abrundung (auf volle 100 €)	........€	6
./. Freibetrag 24.500 €, max. Betrag Zeile 6	........€	7
Bemessungsgrundlage	........€	8
Steuermessbetrag = 3,5 % des Gewerbeertrags	........€	9

Festsetzung der Gewerbesteuer durch die Gemeinde

Einheitlicher Gewerbesteuermessbetrag (Zeile 9)	........€	10
Davon ... % (Hebesatz) = GewSt für das Kj =	........€	11

SUPER TRICK

So bringen Sie den Gemeindesäckel um den Profit!

Bis zu einem Gewerbeertrag von 24.500 € für jeden einzelnen Betrieb fällt keine Gewerbesteuer an. Jetzt können Sie sich denken, dass Sie sich besserstellen, wenn Sie diesen Freibetrag zweimal statt nur einmal in Anspruch nehmen können. Wie? Indem Sie Ihren Betrieb trennen, so dass beide nicht wesensverwandt sind, z.B. in eine Schreinerei und ein Bestattungsinstitut, oder einen anderen dazunehmen.

Beispiel
Beträgt Ihr Gewinn aus dem Gesamtbetrieb etwa 50.000 €, zahlen Sie eine Gewerbesteuer von etwa 1.620 €. Teilen Sie das Unternehmen, und jeder Betriebsteil erwirtschaftet etwa 25.000 €, haben Sie nur 40 € zu zahlen. Ein ganz schöner Unterschied jedes Jahr, was?
Geschickt kann es insoweit sein, wenn Sie eine Betriebsabteilung aus Ihrem Unternehmen ausgliedern und z.B. mit Ihrem Sohn als GmbH & Co. KG betreiben. So können Sie z.B. als Autohändler den reinen Handel als Einzelfirma, die Werkstatt als GmbH u. Co. KG betreiben.

Bei gleichartigen Betrieben werden zwei Gewerbebetriebe angenommen, wenn z.B. eine getrennte Personalpolitik, getrennte Warenbestellung und insbesondere getrennte Buchführung erfolgt. Erforderlich ist auch eine räumliche Trennung.

1005 Zur Ermittlung des Gewerbeertrags werden 25 % der Finanzierungskosten hinzugerechnet. Dazu gehören insbesondere **alle** Zinsen (ohne Skonti und Boni), egal ob für langfristige oder kurzfristige Kredite, daneben aber auch noch andere Ausgaben, die nach Meinung des Fiskus im weitesten Sinn Finanzierungscharakter haben. Im Einzelnen werden die Finanzierungskosten wie folgt ermittelt.

Ermittlungsschema für die betrieblichen Finanzierungskosten:

Art der Finanzierungskosten	Anteil	
Zinsen für Kredite	100 %	.... €
Renten und dauernde Lasten	100 %	.... €
Gewinnanteil stiller Gesellschafter	100 %	.... €
Miet-/Pachtzinsen/Leasingraten für bewegliche Wirtschaftsgüter	20 %	.... €
Miet-/Pachtzinsen/Leasingraten für Immobilien	50 %	.... €
Lizenzgebühren, Urheberrechtskosten etc.	25 %	.... €
Summe der Finanzierungskosten		.... €
./. Freibetrag		– 100.000 €
Bemessungsgrundlage für Hinzurechnung		.... €
davon 25 %		.... €

Die Gemeinde Ainring verkaufte einem Gemeinderatsmitglied ein Grundstück für 75.000 € und kaufte es ein Jahr später für 200.000 € zurück. Wie versichert wurde, ging alles streng rechtmäßig zu …

TRICK

Lassen Sie sich nicht doppelt abkassieren!

Was Sie bei der Berechnung der Finanzierungskosten unbedingt beachten müssen: Schuldzinsen müssen nur dann als Finanzierungskosten hinzugerechnet werden, wenn sie den Gewinn tatsächlich gemindert haben. Angenommen, Sie konnten Ihre Zinsen wegen Überentnahmen oder wegen der Zinsschranke ganz oder teilweise nicht als Betriebsausgaben abziehen. Dann müssen sie – oder der entsprechende Teil – selbstverständlich auch nicht als Finanzierungskosten berücksichtigt werden. Lassen Sie sich also nicht zweimal zur Kasse bitten! 1006

Gewerbesteuer zahlen Sie nur, wenn Sie kein Freiberufler oder Land- und Forstwirt sind. Legen Sie dem Finanzamt also überzeugend dar, dass Ihre Tätigkeit diesen Bereichen zuzuordnen ist. Die Finanzgerichte und der BFH haben dies z.B. für Hebammen, Heilmasseure, Kfz-Sachverständige, deren Gutachtertätigkeit mathematisch-technische Kenntnisse voraussetzt, wie sie üblicherweise nur durch Berufsausbildung als Ingenieur erlangt werden können, und Patentberichterstatter mit wertender Tätigkeit bestätigt.

SUPER TRICK

Ermäßigen Sie mit Ihrer Gewerbesteuer Ihre Einkommensteuer!

Die Gewerbesteuer stellt kraft gesetzlicher Fiktion **keine Betriebsausgabe** dar. Sie mindert also nicht den steuerlichen Gewinn. Das gilt aber nur für die Gewerbesteuer, die für die Jahre seit 2008 erhoben wird. Nachzahlungen für frühere Zeiträume können somit als Betriebsausgaben gebucht werden, selbst wenn Sie sie erst 2008 geleistet haben oder später leisten.

Sofern Sie ein Einzelunternehmen haben oder an einer Personengesellschaft beteiligt sind, bekommen Sie eine Ermäßigung bei der Einkommensteuer, um die Doppelbelastung des Gewinns mit Einkommensteuer und Gewerbesteuer auszugleichen. Dazu wird Ihnen pauschal das 3,8-Fache des Gewerbesteuermessbetrags auf den Teil Ihrer Einkommensteuer angerechnet, der auf gewerbliche Einkünfte entfällt.

2. Die Umsatzsteuer (Mehrwertsteuer)

1007 Die Umsatzsteuer besteuert Lieferungen und Leistungen eines Unternehmens sowie die Einfuhr von Gegenständen. Entnahmen werden einer fiktiven Lieferung oder sonstigen Leistungen gleichgestellt.

Einem Steuersatz von 7 % unterliegen z.B. Rundfunk, Fernsehen und Presse, Personennahverkehrsunternehmen, Hotelübernachtungen, Lebensmittel (nicht in Hotels und Gaststätten), Verlage, Buchhandlungen, Schriftsteller und Hilfsmittel für Körperbehinderte, Urheberrechte. Fast alles Übrige wird mit 19 % belegt.

Die gezahlte Vorsteuer – das ist die Umsatzsteuer, die der Unternehmer, also jeder Selbständige, selbst für seine betrieblichen Ausgaben und Investitionen zahlt – ist abzugsfähig. Praktisch wird damit nur der Mehrerlös versteuert. Steuerfrei sind Theater, Museen, Archive, Büchereien, Ärzte, Heilpraktiker, Versicherungsmakler und Umsätze, die der Grunderwerbsteuer unterliegen.

1008 Auch als **Kleinunternehmer** müssen Sie keine Umsatzsteuer zahlen. Theoretisch ist jeder Unternehmer, der ein paar Mal in Folge Sachen verkauft oder Dienstleistungen erbringt. Kinder, die auf dem Flohmarkt ihre alten Comics oder Computerspiele verhökern, würden damit automatisch zum Unternehmer und müssten Umsatzsteuer zahlen. Die Steuerbefreiung für Kleinunternehmer ist also weniger eine Wohltat für Sie als Steuerzahler als vielmehr für den Staat, der für ein paar Euro Umsatzsteuer einen riesigen Verwaltungsaufwand betreiben müsste, der die Einnahmen bei weitem übertreffen würde.
Kleinunternehmer sind Sie, wenn Ihre Umsätze im Vorjahr unter 17.500 € lagen und im laufenden Jahr die Marke von 50.000 € voraussichtlich nicht knacken werden. Aufgepasst: Eine Dauerfreistellung erreichen Sie nur, wenn Ihre Umsätze in jedem Jahr unter 17.500 € liegen.
Fallen Sie unter diese Steuerbefreiung, müssen Sie einige Faustregeln beachten:

1. Sie dürfen in Ihren Rechnungen keine Umsatzsteuer gesondert berechnen. Verstoßen Sie dagegen, knöpft Ihnen das Finanzamt die zu Unrecht ausgewiesene Umsatzsteuer als Strafsteuer ab. Wenn Sie allerdings einfach den Preis um 7 % bzw. 19 % höher kalkulieren, ohne das Wort Mehrwertsteuer zu erwähnen, haben Sie die Mehrwertsteuer im Sack, ohne teurer als die Konkurrenz zu sein und ohne dass es Theater mit dem Fiskus gibt. (Das gilt aber nur, wenn Ihre Kunden in erster Linie Privatleute sind!)
2. Umsatzsteuer, die Sie an Ihre Lieferanten zahlen, können Sie nicht als Vorsteuer abziehen.

In Plön (Schleswig-Holstein) wurden Schranke und Ampel installiert, um vier Mietparteien des einzigen Wohnhauses an dieser Ecke vor einem Bus zu schützen, der dort vorbeifährt. Kosten: 15.000 €.

TRICK

Verzichten Sie auf Umsatzsteuerbefreiung – und zahlen Sie trotzdem weniger Steuern!

»Wie soll denn so was möglich sein?«, fragen Sie erstaunt. Haben Sie's noch 1009
nicht gemerkt? Bei der Steuer ist das Unmögliche möglich. Nehmen wir mal an, Sie haben Ihr Hobby zu einem regelrechten Nebengewerbe ausgebaut (den Begriff »Hobby« sollten Sie dann fürderhin nicht mehr in den Mund nehmen, wenigstens nicht gegenüber dem Finanzamt). Sowohl im Vorjahr als auch im laufenden Jahr bleiben Sie mit Ihren Umsätzen unter der jeweiligen Höchstgrenze von 17.500 € bzw. 50.000 €, werden daher für das laufende Jahr von der Umsatzsteuer freigestellt. Statt nun die Steuerbefreiung in Anspruch zu nehmen, verpflichten Sie sich dazu, freiwillig fünf Jahre lang Umsatzsteuer zu zahlen. Das Fiskaldeutsch spricht dann von »Option zur Regelbesteuerung«. »Verrückt!« O nein. Denn jetzt können Sie Ihren Kunden Mehrwertsteuer draufschlagen und im Gegenzug die Ihnen von Lieferanten in Rechnung gestellte Mehrwertsteuer als sog. Vorsteuer abziehen. Abführen müssen Sie nur den Differenzbetrag aus diesen beiden Steuerbeträgen.

Damit Sie als Kleinunternehmer mit dem Trick was anzufangen wissen, hier ein Beispiel: Nehmen Sie an, ich kassiere im Jahr 9.000 € an Autorenhonoraren und wähle die Versteuerung (Regelversteuerung). Dem Verlag würde ich dann zusätzlich 7 % bzw. 630 € in Rechnung stellen. Da ich längerfristig schriftstellerisch tätig sein möchte, richte ich mir ein Arbeitszimmer ein. Für Schreibtisch, Regale, Schreibtischlampe, Schreibtischstuhl und PC zahle ich 10.000 €, in denen 19 % Vorsteuer, also 1.597 € (15,97 % von 10.000 €) enthalten sind. Außerdem schaffe ich mir einen Pkw für 22.000 € an (darin enthaltene Vorsteuer: 15,97 % von 22.000 € = 3.513 €). In den Benzin- und Inspektionskosten stecken Vorsteuern von 280 €.

Meine Umsatzsteuererklärung gegenüber dem Finanzamt sieht demnach folgendermaßen aus:

Ich habe dem Verlag in Rechnung gestellt:

Honorare (Umsatz)	9.000 €	
Mehrwertsteuer 7 %	630 €	
Rechnungsbetrag	9.630 €	
Ich habe an USt zu zahlen:		
Mehrwertsteuer 7 % von 9.000 €		630 €
./. Vorsteuer (1.597 € + 3.513 € + 280 €)		– 5.390 €
Erstattung		4.760 €

Neben der Erstattung des Finanzamts in Höhe von 4.760 € habe ich vom Verlag 630 € an Mehrwertsteuer erhalten. Also hat mir die Wahl der Regelbesteuerung zusätzliche Einnahmen in Höhe von 5.390 € gebracht.

TIPP

zum Firmenwagen

1010 Der Fiskus bindet Ihnen nicht nur die Umsatzsteuer für Ihre Verkaufserlöse oder Honorare ans Bein. Auch für Ihre privaten Entnahmen aus dem Betrieb verlangt er Umsatzsteuer. So z.B. wenn Sie mit einem Firmenwagen privat fahren. Im Gegenzug bekommen Sie aber die volle Vorsteuer für Ihren Firmenwagen.

Um den Eigenverbrauch zu berechnen, haben Sie zwei Möglichkeiten:

1. Die 1-%-Regelung, die Sie von der Dienstwagenbesteuerung bei Arbeitnehmern kennen (➤ **Rz 112ff.**). Weil in den Autokosten immer ein Teil enthalten ist, aus dem Sie keine Vorsteuer kassieren können, z.B. Steuern und Versicherung, wird ein pauschaler Abschlag von 20 % vorgenommen. Damit soll mehr schlecht als recht berücksichtigt werden, dass der Fiskus gemäß Europäischem Gerichtshof beim Eigenverbrauch nur noch vorsteuerbelastete Kosten in die Berechnung einbeziehen darf.
2. Als Alternative zur 1-%-Regelung können Sie ein Fahrtenbuch führen und einzeln die tatsächlichen Autokosten nachweisen. Als Eigenverbrauch wird dann nur der Anteil abgesetzt, der sich nach der per Fahrtenbuch ermittelten privaten Nutzungsquote ergibt. Achten Sie unbedingt darauf, dass bei der Berechnung diejenigen Kosten außen vor bleiben, aus denen Sie keine Vorsteuer kassieren. Neben der umsatzsteuerfreien Autoversicherung, der Kfz-Steuer und Gebühren kann das die gesamte Abschreibung sein. Haben Sie z.B. Ihr Auto von einem Privatmann oder von einem Kleinunternehmer gekauft, oder hat Ihnen Ihr Autohändler einen Gebrauchtwagen verkauft, den vorher ein Privatmann gefahren hat, bekommen Sie keine müde Mark Vorsteuer. Dementsprechend hat die Abschreibung für Ihr Gefährt bei der Berechnung des umsatzsteuerlichen Eigenverbrauchs nichts zu suchen. Das gilt übrigens auch, wenn Sie Ihren fahrbaren Untersatz zu einem Zeitpunkt gekauft haben, als Sie selbst noch als Kleinunternehmer besteuert wurden.

Damit Ihnen bei so viel misslungener Steuervereinfachung der Kopf nicht zu sehr schwirrt, zeige ich Ihnen, wie die Rechnung aussehen könnte, wenn Sie von einem Privatmann für 20.000 € einen Gebrauchtwagen gekauft haben, der bei seiner Erstzulassung einen Listenpreis von 30.000 € (inkl. Umsatzsteuer) hatte. Nach Ihrem Fahrtenbuch beträgt Ihre Privatnutzung 15 %.

1-%-Regelung:

Listenpreis 30.000 € × 12 %	3.600 €
./. Abschlag für nicht vorsteuerbelastete Kosten 20 %	– 720 €
Bemessungsgrundlage für den Eigenverbrauch	2.880 €
Umsatzsteuer darauf 19 %	547 €

Fahrtenbuch:	**mit** Vorsteuerabzug	**ohne** Vorsteuerabzug
Abschreibung 20 % v. 20.000 €		4.000 €
Kfz-Steuer		350 €
Versicherung		900 €
Reparaturen, Wartung etc.	1.900 €	
Betriebskosten, Benzin, Öl etc.	2.100 €	
	4.000 €	5.250 €
Eigenverbrauch 15 %	600 €	788 €
Umsatzsteuer 19 % v. 600 €	114 €	

Ihr Eigenverbrauch für die Berechnung der Umsatzsteuer beträgt also nur 600 €. Bei der Einkommensteuer kommen allerdings noch die 19 % der nicht vorsteuerbelasteten Autokosten dazu: 600 € + 114 € + 788 € = 1.502 €. Wie Sie sehen, fahren Sie mit dem Fahrtenbuch wesentlich besser. Allein bei der Umsatzsteuer bringt Ihnen das jährlich 433 € ein. Dazu kommt noch die Ersparnis durch die geringere Einkommensteuer. Welche Methode für Sie die günstigere ist, kann ich Ihnen nicht sagen, denn dabei kommt es immer auf Ihre persönlichen Verhältnisse an. Doch in folgenden Fällen sollten Sie sich genau durchrechnen, ob sich nicht ein Fahrtenbuch für Sie lohnt:

- Autokauf ohne Vorsteuerabzug, z.B. von einem Privatmann, Kleinunternehmer,
- Kauf eines älteren Gebrauchtwagens,
- geringe private Fahrleistung.

Was Ihnen blüht, wenn Sie einen neuen Pkw Ihrem Betrieb zuordnen und nicht ausschließlich (d.h. zu 100 %!) betrieblich nutzen:

- 100 % Vorsteuerabzug aus dem Autokauf,
- 100 % Vorsteuerabzug aus den laufenden Kosten,
- Versteuern der privaten Nutzung.

TRICK

Kassieren Sie Vorsteuern aus Reise- und Bewirtungskosten!

1011 Als Unternehmer können Sie aus Rechnungen für Übernachtungen bei eigenen Geschäftsreisen oder den Dienstreisen Ihrer Arbeitnehmer die Vorsteuer abziehen. Sie müssen lediglich dafür sorgen, dass die Rechnung auf Ihren bzw. den Namen Ihrer Firma ausgestellt ist.

Bei der Vorsteuer aus Verpflegungskosten wird es ein wenig komplizierter. Solange es um Ihre eigenen Verpflegungskosten bei Geschäftsreisen geht, ist der Vorsteuerabzug kein Problem, wenn Sie eine ordentliche Rechnung des Restaurants oder Hotels vorlegen können. Erstatten Sie dagegen Ihren Arbeitnehmern ihre anlässlich von Dienstreisen entstandenen Verpflegungsaufwendungen, sollen Sie daraus keine Vorsteuern abziehen dürfen, weil angeblich keine Leistung für Ihr Unternehmen vorliegt. Da nutzt es Ihnen auch nichts, wenn Ihnen Ihr Arbeitnehmer die Restaurantrechnung mitbringt. Anders liegt die Sache, wenn Sie für Ihre Angestellten das Restaurant ausgesucht, einen Platz reserviert und die Rechnung bezahlt haben (Quelle: StÄndG 2003 v. 15.12.2003, BGBl 2003 I S. 2645; BMF-Schreiben v. 28.3.2001, BStBl 2001 I S. 251).

Auch bei Ihren Bewirtungskosten hat der Fiskus kräftig eins auf die Finger bekommen und musste den Ausschluss des Vorsteuerabzugs aus diesen Kosten zurücknehmen (BMF-Schreiben v. 23.6.2005 – BStBl 2005 I S. 816). Mit seinem unternehmerfreundlichen Urteil vom 10.2.2005 (BStBl 2005 II S. 509) hat der BFH nämlich entschieden, dass Ihnen die Vorsteuern aus der Bewirtung von Geschäftspartnern und Kunden zu 100 % zustehen. Auch hier müssen Sie nur dafür sorgen, dass Sie eine **ordentliche Rechnung** bekommen.

TRICK

Machen Sie Durchschnittssätze geltend!

1012 **Gehören Sie als Unternehmer zu einer der Berufsgruppen in der folgenden Übersicht und müssen zudem keine Bücher führen oder aufgrund jährlicher Bestandsaufnahmen Abschlüsse machen, können Sie die Vorsteuern nach festgelegten Durchschnittssätzen geltend machen. Allerdings darf Ihr Umsatz im Vorjahr 61.356 € nicht übersteigen (§ 23 UStG).**

Zusätzlich zu den Durchschnittssätzen können Sie bei einer teilweisen Durchschnittssatzermittlung noch Vorsteuern abziehen für

- Wareneinkäufe, Rohstoffe, Halberzeugnisse, Hilfsstoffe und Zutaten,
- die Anschaffung von Betriebsgebäuden, Grundstücken und Grundstücksteilen sowie Aus-, Ein- und Umbauten oder Instandsetzungen,
- Grundstücks-, Gebäude- oder Raummieten.

Übersicht Vorsteuerdurchschnittssätze (Durchschnittssätze für die Berechnung sämtlicher Vorsteuerbeträge in Prozent des Umsatzes)

I. Handwerk

1. Bäckerei: 5,4
2. Bau- und Möbeltischlerei: 9,0
3. Beschlag-, Kunst- und Reparaturschmiede: 7,5
4. Buchbinderei: 5,2
5. Druckerei: 6,4
6. Elektroinstallation: 9,1
7. Fliesen- und Plattenlegerei, sonstige Fußbodenlegerei und -kleberei: 8,6
8. Friseure: 4,5
9. Gewerbliche Gärtnerei: 5,8
10. Glasergewerbe: 9,2
11. Hoch- und Ingenieurhochbau: 6,3
12. Klempnerei, Gas- und Wasserinstallation: 8,4
13. Maler- und Lackierergewerbe, Tapezierer: 3,7
14. Polsterei- und Dekorateurgewerbe: 9,5
15. Putzmacherei: 12,2
16. Reparatur von Kraftfahrzeugen: 9,1
17. Schlosserei und Schweißerei: 7,9
18. Schneiderei: 6,0
19. Schuhmacherei: 6,5
20. Steinbildhauerei und Steinmetzerei: 8,4
21. Stuckateurgewerbe: 4,4
22. Winder und Scherer: 2,0
23. Zimmerei: 8,1

II. Einzelhandel

1. Blumen und Pflanzen: 5,7
2. Brennstoffe: 12,5
3. Drogerien: 10,9
4. Elektrotechnische Erzeugnisse, Leuchten, Rundfunk-, Fernseh- und Phonogeräte: 11,7
5. Fahrräder und Mopeds: 12,2
6. Fische und Fischerzeugnisse: 6,6

7. Kartoffeln, Gemüse, Obst und Südfrüchte: 6,4
8. Lacke, Farben und sonstiger Anstrichbedarf: 11,2
9. Milch, Milcherzeugnisse, Fettwaren und Eier: 6,4
10. Nahrungs- und Genussmittel: 8,3
11. Oberbekleidung: 12,3
12. Reformwaren: 8,5
13. Schuhe und Schuhwaren: 11,8
14. Süßwaren: 6,6
15. Textilwaren verschiedener Art: 12,3
16. Tiere und zoologischer Bedarf: 8,8
17. Unterhaltungszeitschriften und Zeitungen: 6,3
18. Wild und Geflügel: 6,4

III. Sonstige Gewerbebetriebe

1. Eisdielen: 5,8
2. Fremdenheime und Pensionen: 6,7
3. Gast- und Speisewirtschaften: 8,7
4. Gebäude- und Fensterreinigung: 1,6
5. Personenbeförderung mit Personenkraftwagen: 6,0
6. Wäschereien: 6,5

IV. Freie Berufe

1. a) Bildhauer: 7,0
   b) Grafiker (nicht Gebrauchsgrafiker): 5,2
   c) Kunstmaler: 5,2
2. Selbständige Mitarbeiter bei Bühne, Film, Funk, Fernsehen und Schallplattenproduzenten: 3,6
3. Hochschullehrer: 2,9
4. Journalisten: 4,8
5. Schriftsteller: 2,6

Durchschnittssätze für die Berechnung eines Teils der Vorsteuerbeträge

1. Architekten: 1,9
2. Hausbandweber: 3,2
3. Patentanwälte: 1,7
4. Rechtsanwälte und Notare: 1,5
5. Schornsteinfeger: 1,6
6. Wirtschaftliche Unternehmensberatung, Wirtschaftsprüfung: 1,7

TRICK

Zahlen Sie mit der Differenzbesteuerung nur einen Bruchteil der Umsatzsteuer!

Aufgemerkt, alle Händler von Gebrauchtwaren, Besitzer von Secondhandlä- 1013
den, Floh- und Trödelmarktprofis! Jedes Mal die volle Umsatzsteuer abzudrücken, wenn Sie ein Geschäft gemacht haben, ist vor allem dann ärgerlich, wenn Sie die Vorsteuer der Einkäufe nicht gegenrechnen können, weil der Lieferant eine Privatperson war oder aus anderen Gründen keine Umsatzsteuer in Rechnung stellen konnte, z.B. weil er Kleinunternehmer ist. Die Zauberformel, mit der Sie künftig die Umsatzsteuerzahlung an das Finanzamt auf einen Bruchteil der bisherigen Höhe stutzen können, heißt »Differenzbesteuerung« oder »Margenbesteuerung«. Sie finden sie in § 25 a UStG, der anfangs nur als Sondervorschrift für den Handel mit gebrauchten Autos gedacht war, aber inzwischen für alle gilt, die bewegliche Sachen kaufen und weiterverkaufen. An sich ist die Sache ganz einfach. Bei der Differenzbesteuerung zahlen Sie die Umsatzsteuer nicht vom vollen Verkaufspreis, sondern von der Differenz zwischen Ihrem Einkauf und dem Verkaufserlös.

Beispiel

Angenommen, Sie handeln mit alten Möbeln. Von einem Privatmann haben Sie eine besonders schöne Truhe für 5.000 € erstanden. Verkaufen wollen Sie sie für 8.300 €.

Bislang haben Sie Ihre Umsatzsteuer so berechnet:

Verkaufspreis netto (Bemessungsgrundlage)	7.000 €		
19 % Umsatzsteuer	1.330 €	>	1.330 €
Bruttoverkaufspreis	8.330 €		

Mit Differenzbesteuerung sieht die Rechnung jetzt so aus:

Bruttoverkaufspreis	8.330 €		
./. Einkaufspreis	– 5.000 €		
Differenz (Marge) brutto	3.330 €		
Darin enthaltene Umsatzsteuer 19 % ca.	532 €	>	– 532 €
Nettodifferenz (Bemessungsgrundlage)	2.798 €		
Steuerersparnis für Sie			798 €

Wie Sie sehen, erhöht sich in diesem Fall Ihr Verdienst bei gleichem Verkaufspreis um etwa ein Drittel von 2.000 € auf 2.798 €, ohne dass Sie dafür einen Handschlag tun mussten. Für den richtigen Durchblick bei der Differenzbesteuerung sollten Sie Folgendes wissen:

- Sie können nur als sog. Wiederverkäufer von der Differenzbesteuerung profitieren. Das bedeutet aber nur, dass Sie Waren kaufen und wiederverkaufen müssen.
- Begünstigt ist nur der An- und Verkauf beweglicher körperlicher Gegenstände, mit Ausnahme von Edelmetallen und Edelsteinen. Nicht unter die Differenzbesteuerung fällt ferner der Verkauf gebraucht gekaufter Sachen, die Sie in Ihrem Betrieb genutzt haben, z.B. Firmenwagen oder Büroeinrichtung.
- Sie müssen die Sachen ohne Umsatzsteuer eingekauft haben, z.B. von
  - einer Privatperson,
  - einem Unternehmer, bei dem die Lieferung steuerbefreit ist (z.B. wenn Sie von einem Arzt Teile der Praxiseinrichtung kaufen),
  - einem Kleinunternehmer,
  - einem Wiederverkäufer, der selbst die Differenzbesteuerung anwendet.
- Machen Sie von der Differenzbesteuerung Gebrauch, gilt immer der Steuersatz von 19 %. Allerdings können Sie sich bei jedem Geschäft entscheiden, ob Sie die Normal- oder die Differenzbesteuerung wählen.

TIPP

zur Differenzbesteuerung

1014 Auf die Differenzbesteuerung sollten Sie verzichten, wenn Ihre Umsätze dem ermäßigten Umsatzsteuersatz von 7 % unterliegen und Ihre Gewinnaufschläge 100 % oder mehr betragen. In diesem Fall fahren Sie mit der Regelbesteuerung besser.

- In den Rechnungen für Ihre Verkäufe mit Differenzbesteuerung dürfen Sie keine Umsatzsteuer offen ausweisen.
- Wenn Sie neben der Differenzbesteuerung auch Umsätze mit Regelbesteuerung machen, müssen Sie für beide Sparten getrennte Aufzeichnungen führen. Richten Sie in Ihrer Buchführung möglichst getrennte Konten für die Einkäufe und die Verkäufe ein.

1015 **Neues Auto billig aus Dänemark?**

Wie preiswert neue Autos sein können, zeigen die Preislisten in manchen EU-Ländern. Holen Sie sich aber so ein neues Auto, müssen Sie – anders als beim Kauf eines alten Autos oder anderer Waren im Ausland – bei uns die Umsatzsteuer bezahlen. Dies gilt auch für Privatpersonen. Wichtig: Innerhalb von zehn Tagen nach dem Kauf müssen Sie eine Umsatzsteuererklärung beim Finanzamt einreichen und die Umsatzsteuer bezahlen. Sie zahlen 19 % vom Nettopreis des Autos. Tun Sie das nicht, bekommen Sie Ärger, denn die Zulassungsstelle schickt dem Finanzamt eine Kontrollmitteilung, und dann erscheint der Steuerprüfer. Und der hat auch Vordrucke parat, auf denen er Ihnen die Eröffnung eines Bußgeldverfahrens mitteilen kann (Quelle: § 18 Abs. 5 a UStG; BMF-Schreiben v. 26.11.1992 – BStBl 1992 I S. 761).

Ein Minister, egal ob vom Regierungschef gekündigt oder ob er das Handtuch schmeißt (wie Lafontaine), erhält mindestens ein Übergangsgeld von 55.000 €. Dafür genügt im Extremfall ein einziger Tag im Amt.
(Bund der Steuerzahler, 5/99)

3. Die Grundsteuer

Die Grundsteuer besteuert den Grund und Boden einschließlich Gebäude. Auf 1016
die Steuermesszahl schlägt die Gemeinde den Hebesatz (z.B. 300 %) auf, der jedem Grundsteuerbescheid zu entnehmen ist.

Die Steuermesszahl beträgt bezogen auf den Einheitswert für

- land- und forstwirtschaftliche Betriebe 6,0 ‰
- Einfamilienhäuser für die ersten 38.346,89 € 2,6 ‰
- den übersteigenden Rest 3,5 ‰
- Zweifamilienhäuser 3,1 ‰
- Eigentumswohnungen 3,5 ‰
- alle übrigen (z.B. Mietswohnhäuser, unbebaute Grundstücke) 3,5 ‰

Die Grundsteuer ist dem Grunde nach nicht verfassungswidrig, so hat das Bundesverfassungsgericht im Verfahren 1 BvR 1644/05 entschieden. Nichtsdestotrotz werden Sie als Inhaber einer *selbstgenutzen Immobilie* Ihren Grundsteuerbescheid anfechten. Vor dem Bundesverfassungsgericht sind nämlich neue Verfahren anhängig, in denen geklärt wird, ob Sie nicht doch um die Grundsteuer herumkommen oder sie jedenfalls nicht nach den realitätsfernen Einheitswerten berechnet werden darf (BVerfG – 1 BvR 456/12 und 2 BvR 287/11).

TRICK

So senken Sie die Grundsteuer!

Anders als bei der Erbschaftsteuer, bei der ein besonderer Bedarfswert für das Grundstück berechnet wird, gelten für die Grundsteuer Einheitswerte. Es lohnt sich, diesen Einheitswert anzugreifen, wann immer dies erfolgversprechend erscheint. Wie? Die Einspruchsfrist von vier Wochen ist verstrichen? Nun – das macht hier nichts, denn das Finanzamt ist verpflichtet, den Einheitswert zu überprüfen, wann immer es darauf aufmerksam gemacht wird, dass er überhöht ist. Wenn der neue Einheitswert vom bisherigen um mehr als 10 %, aber mindestens 250 € nach unten bzw. mindestens 2.500 € nach oben oder unabhängig von der prozentualen Abweichung um 2.500 € nach unten bzw. mehr als 50.000 € nach oben abweicht, muss fortgeschrieben, d.h. berichtigt werden.

Vielleicht können Sie einen der folgenden Gründe angeben, um Ihrem Angriff auf den Einheitswert zum Erfolg zu verhelfen:

- Neben dem Haus wurde ein Schießplatz bzw. ein Truppenübungsgelände errichtet (bis 4 km Nähe).
- Eine Flugschneise führt plötzlich über das zuvor ruhige Grundstück.
- Ein Industriebetrieb in der Nähe des Hauses entwickelt starken Lärm oder stinkende Rauch- oder Abgasschwaden.
- Bauerwartungsland wurde zur Grünzone erklärt.
- Ein Grundstück, das nur für frei stehende Häuser geplant war, wird für Reihenhäuser vorgesehen.
- Baumängel und Bauschäden sind plötzlich aufgetreten.
- Feuchtigkeitsschäden sind am Haus aufgetreten.
- Der Bau einer Schnellstraße durch die bisher ruhige Wohngegend rechtfertigt eine Minderung des Rohmietenansatzes.
- Die Mieten sind im Jahr der Bezugsfertigkeit nicht so hoch wie in den folgenden Jahren.
- Eine Ertragsminderung ist infolge leerstehender oder niedriger vermieteter Wohnung eingetreten.
- Es ist ein Brandschaden eingetreten. Fordern Sie hier unbedingt Grundsteuererlass und für den kommenden 1. 1. des Jahres eine Wertfortschreibung des Einheitswerts.

SUPER TRICK

Weniger Grundsteuer für Reihenhausbesitzer

Reihenhäuser stehen oft auf kleinen Grundstücken. Steht Ihr Haus auf einem Grundstück mit weniger als 250 qm, sollten Sie sich unbedingt vergewissern, ob das Finanzamt bei der Einheitsbewertung einen Abschlag wegen kleiner Grundstücksfläche vorgenommen hat.
Lassen Sie sich in der Bewertungsstelle des Finanzamts den örtlichen Mietspiegel zeigen, der für die Bewertung Ihres Reihenhauses maßgebend ist.

Hat die Bewertungsstelle für Ihr Reihenhaus eine Quadratmetermiete (übliche Miete) angesetzt, die für normal große Grundstücke gilt, beantragen Sie sofort Berichtigung des Einheitswertbescheids und verlangen Sie einen Abschlag von mindestens 20 %. Das hat zugleich die Berichtigung des Grundsteuermessbescheids zur Folge.

Sagen Sie dem Bearbeiter in der Bewertungsstelle: Wenn das Finanzamt bei übergroßer Grundstücksfläche einen Zuschlag macht, weil das Gesetz es so vorschreibt, muss es bei kleiner Grundstücksfläche einen Abschlag machen. Alles andere ist ungerecht. Einfamilienhäuser mit großer Grundstücksfläche erhalten einen Wertzuschlag, wenn und soweit die Grundstücksfläche größer als 1.500m² ist. Der Wertabschlag für Einfamilienhäuser mit kleiner Grundstücksfläche wird im Allgemeinen dadurch vorgenommen, dass die »übliche Miete« herabgesetzt wird.

Die Herabsetzung wirkt sich entsprechend auf die Höhe des Einheitswerts aus. Rechtsquellen: §§ 79 und 82 BewG, ferner Komm. Gürsching/Stenger § 82 Rd-Nr. 9.5; Rössler/Troll § 82 Anm. 51 und Grundbesitz-Kartei OFD München § 82 Abs. 1 Karte 1.

TRICK

Zahlen Sie für ein altes Haus weniger Grundsteuer!

Auch an Häusern nagt der Zahn der Zeit. Sie sollten deshalb Überlegungen anstellen, ob Ihre Häuser noch den heutigen Anforderungen genügen. Wenn sich die Maßstäbe hinsichtlich Belüftung, Belichtung, Zimmeranordnung, Treppenhausgestaltung, Dachkonstruktion etc. stark verschoben haben oder Sie erkennen, dass die Häuser längere Zeit vor Ablauf der angenommenen Nutzungsdauer wirtschaftlich nicht mehr zu nutzen sind, ist ein Abschlag vom bisherigen Einheitswert drin, und zwar wegen wirtschaftlicher Überalterung (BFH v. 11.10.1974 – BStBl 1975 II S. 54). Suchen Sie sich einen guten Sachverständigen, der das feststellt, und richten Sie an das Finanzamt einen Antrag auf Herabsetzung des Einheitswerts.

Für die Elektrifizierung einer Bahnstrecke fehlten
an einer Brücke 5 cm Durchfahrhöhe.
Die Bahn wollte die Brücke abreißen und eine höhere bauen.
Der Rechnungshof regte eine Tieferlegung der Gleise
um 5 cm an. Einsparung: 4 Millionen €.
(Bericht des Bundesrechnungshofs)

4. Die Grunderwerbsteuer

1017 Die Grunderwerbsteuer besteuert den Grundstückswechsel. Sie beträgt je nach Bundesland zwischen 3,5 % und 5 % des Kaufpreises. Keine Grunderwerbsteuer fällt jedoch an, wenn

- Sie ein Grundstück ohne Gegenleistung geschenkt erhalten;
- Sie es von jemandem erwerben, mit dem Sie in gerader Linie verwandt sind (Eltern – Kinder, Großeltern – Enkelkinder); begünstigt ist auch der Erwerb von Stiefkindern/-eltern, Schwiegerkindern und -eltern;
- Sie als Gegenleistung nicht mehr als 2.500 € zahlen;
- Sie es erben;
- es aus einem Nachlass stammt, der mit Miterben geteilt wird;
- durch Umwandlung von Flächen- in Gemeinschaftseigentum und umgekehrt ein Grundstück erworben wird;
- es vom Ehegatten bzw. eingetragenen Lebenspartner oder durch den früheren Ehegatten bzw. eingetragenen Lebenspartner im Rahmen der Vermögensteilung nach einer Scheidung/Auflösung der Lebenspartnerschaft erworben wird.

GUTER RAT

Mit der Besteuerung von Grunderwerb hängt sich der Fiskus an das elementare Bedürfnis des Menschen nach den eigenen vier Wänden, ohne selbst etwas Nützliches zum Erwerbsvorgang beizutragen, geschweige denn zur Wertsteigerung des Grundstücks. Besonders schlimm ist, dass der Fiskus schon kassiert, bevor der Grunderwerb überhaupt vollzogen ist. »Das Verpflichtungsgeschäft – sprich Abschluss des notariellen Kaufvertrages – begründet den Anspruch auf die Grunderwerbsteuer«, so der Originalton des GrEStG. Wollen Sie vom Finanzamt Ihr Geld zurück, weil das Verpflichtungsgeschäft nicht zustande gekommen ist, weil z.B. der Verkäufer nicht liefern kann, müssen Sie schweres Geschütz auffahren und sogar aufpassen, dass man Sie verfahrensmäßig nicht auf den Holzweg führt.

SUPER TRICK

So sparen Sie beim Hausbau über 5.000 € Grunderwerbsteuer.

1018 Wenn Sie sich mit Bauabsichten tragen, wollen Sie Ihren sowieso schon engen Finanzierungsspielraum sicher nicht mit unnötiger Grunderwerbsteuer strapazieren. Vorsicht ist immer dann geboten, wenn Sie Grundstück und Haus sozusagen aus einer Hand kaufen, Sie sich z.B. für ein vom Bauunternehmen schlüsselfertig angebotenes Eigenheim entscheiden. In diesem Fall knöpft Ihnen der Fiskus nämlich Grunderwerbsteuer nicht nur vom Kaufpreis für das Grundstück, sondern auch von den Baukosten für das Haus ab. Bei einem Grundstückspreis von 25.000 € und 150.000 € Baukosten sind das immerhin 6.125 €, die Sie in den Schornstein schreiben können.

Geht die Baufirma vor Fertigstellung des Hauses in Konkurs, haben Sie zwei Möglichkeiten zur Erstattung der Grunderwerbsteuer: vom Konkursverwalter den Rückerwerb des Grundstücks erwirken oder, wenn Sie in eigener Regie weiterbauen wollen, nachträgliche Herabsetzung des Kaufpreises auf die Höhe der tatsächlichen Leistung. Weisen Sie sodann das Finanzamt auf § 16 Abs. 2 und 3 GrEStG hin, dann klappt der Laden. Das muss aber innerhalb von zwei Jahren seit Entstehung der Steuer geschehen.

Wesentlich besser fahren Sie, wenn Sie von vornherein zunächst das Grundstück kaufen und sich dann selbst um ein Bauunternehmen und die Handwerker kümmern. Sie haben damit zwar ein wenig mehr Lauferei am Hals, die wird Ihnen aber dadurch versüßt, dass Sie auf die Baukosten von 150.000 € keinen Cent Grunderwerbsteuer zahlen. Ihre Ersparnis beläuft sich auf satte 5.250 €. Zusätzlich haben Sie den Vorteil, dass Sie sich aus mehreren Angeboten von Baufirmen das günstigste aussuchen können.

5. Die Kirchensteuer

Die Kirchensteuer wird nach der Einkommen- oder Lohnsteuer erhoben. Die 1019
Kirchensteuersätze sind regional unterschiedlich und betragen 8 oder 9 %, bei pauschalierter Lohnsteuer 4,5 bis 9 % der Pauschsteuer.

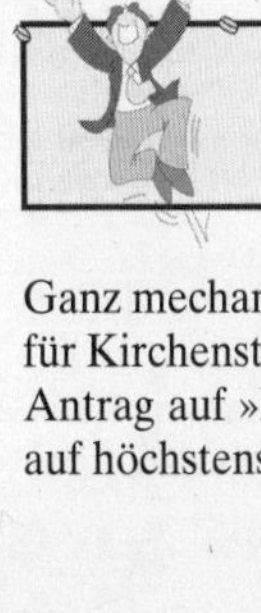

TRICK

Sparen Sie Kirchensteuer!

Ganz mechanisch berechnet das Finanzamt 8 oder 9 % Ihrer Einkommensteuer 1020
für Kirchensteuer. Stellen Sie an die Diözese oder die Landeskirche daher einen Antrag auf »Kappung« der Kirchensteuer und bitten Sie darum, diese Abgabe auf höchstens 3 bis 4 % Ihres *zu versteuernden Einkommens* zu begrenzen.

Hier eine Übersicht der Möglichkeiten:

Land	Hebesatz in % der Einkommensteuer	Kappungsmöglichkeit in % des steuerpfl. Eink.	
		ev. Kirchen	kath. Diözesen
Baden-Württemberg	8	3,5	3,5
Bayern	8	keine	keine
Berlin	9	3	3
Brandenburg	9	3	3
Bremen, Bremerhaven	8	3	3
Hamburg	8	3	3
Hessen	9	4	4
Mecklenburg-Vorpommern	9	keine[1]	keine
Niedersachsen	9	3,5	3,5
Nordrhein-Westfalen	9	3,5	4
Rheinland-Pfalz	9	4	4[2]
Saarland	9	3,75	3,75[2]
Sachsen	9	3,5	3,5
Sachsen-Anhalt	9	3,5	3,5
Schleswig-Holstein	9	3	3
Thüringen	9	3,5	3,5

[1] Außer Pommersche ev. Kirche 3,5 %.
[2] Außer Diözese Trier.

Die Kirchensteuer zu kappen gelingt leider erst bei einem sehr hohen zu versteuernden Einkommen. Es sei denn, Sie verhandeln an höchster Stelle und lassen bei einem ablehnenden Verhalten im Gespräch einfließen, dass Sie sich bei mangelndem Entgegenkommen die Kirchensteuer auch gänzlich sparen könnten …

Berechnungsbeispiel (Nordrhein-Westfalen, evangelisch)

Zu versteuerndes Einkommen		1.000.000 €
Darauf Einkommensteuer lt. Splittingtabelle		418.478 €
Kirchensteuer 9 % von 418.478 € =		37.663 €
Kappung der Kirchensteuer auf 3,5 % von 1.000.000 € =	35.000 € >	– 35.000 €
Ersparnis an Kirchensteuer		2.663 €

1021 Als Arbeitnehmer können Sie versuchen, aus Billigkeitsgründen einen Teilerlass der Kirchensteuer zu erhalten, wenn die Kirchensteuer am Ort der gehaltszahlenden Stelle niedriger ist als am Wohnort. Das ist z. B. der Fall, wenn Sie in Hamburg (Hebesatz 8 %) arbeiten und in Schleswig-Holstein (Hebesatz 9 %)

wohnen. Bei der Veranlagung zur Einkommensteuer knöpft Ihnen Ihr Finanzamt in Schleswig-Holstein zu Recht 9 % Kirchensteuer ab, an Lohnkirchensteuer werden Ihnen aber nur 8 % angerechnet, weil nicht mehr einbehalten wird. Sie müssen also regelmäßig nachzahlen, wenn Sie mit Ihrem Antrag auf Erlass von 1 % keinen Erfolg haben. Zuständig für Erlassanträge sind die Kirchenbehörden, nicht die Finanzämter.

Hinweis: Der Erlass ist eine sog. Billigkeitsmaßnahme. Sie sind also auf den guten Willen der Kirche angewiesen. Wie mir ein Leser berichtet hat, hatte er mit seinem Antrag keinen Erfolg. Wie kurzsichtig diese Entscheidung der Kirche war, sehen Sie an der Konsequenz, die er aus so viel Hartleibigkeit gezogen hat: Er ist aus der Kirche ausgetreten.
Wer aus der Kirche austreten will, muss je nach Bundesland eine entsprechende Erklärung beim Standesamt, beim Generalvikariat oder beim Amtsgericht einreichen. Erkundigen Sie sich beim Finanzamt, welche Institution in Ihrem Bundesland für die Entgegennahme der Kirchenaustrittserklärung zuständig ist. Die Steuer darf dann nur noch bis zum Ende des Monats erhoben werden, der auf den Austrittsmonat folgt. Wer also am 15. März seinen Austritt erklärt, zahlt ab 1. Mai keine Kirchensteuer mehr. Für Kinder unter 14 Jahren können die Eltern den Austritt erklären.

Ein *Kirchenangehöriger*, dessen Leistungsfähigkeit sich durch die Eheschlie- **1022**
ßung mit einem gut verdienenden, aber keiner Kirche angehörenden Ehegatten erhöht hat, braucht, wenn er nicht *selbst einkommensteuerpflichtig* ist, keine Kirchensteuer zu bezahlen (siehe auch ➤ Rz 543).
In solchen Fällen soll nach den Ausführungen des BVerfG in seinen Entscheidungen v. 14.12.1965 eine Besteuerung »etwa an dem Lebensführungsaufwand des kirchensteuerpflichtigen Ehegatten anknüpfen« können. In einigen neueren Kirchensteuerrahmengesetzen ist deshalb eine Besteuerung des in *glaubensverschiedener* Ehe lebenden Ehegatten in der Form eines »besonderen Kirchgelds« vorgesehen und dessen Erhebung den Kirchen anheimgestellt. Von dieser Ermächtigung wird nicht immer Gebrauch gemacht. Soweit doch, erfolgt die Erhebung durch die Finanzämter nach einer *Kirchgeldtabelle* für Gemeindemitglieder in glaubensverschiedener Ehe.

Lassen Sie sich die Kirchgeldtabelle im Zweifel von der für Sie zuständigen Kirchenkörperschaft, z. B. dem Generalvikariat, zuschicken.

Wenn Ehepaare verschiedenen Religionen angehören **1023**

Ist z. B. der berufstätige Ehemann römisch-katholisch und die nicht berufstätige Ehefrau evangelisch, wird auf der Lohnsteuerkarte des Ehemannes eingetragen: Kirchensteuerabzug Arbeitnehmer: rk, Ehegatte: ev. In diesem Fall erscheint die Kirchensteuer in > Zeile 7 der Lohnsteuerkarte. Die evangelische Kirche freut sich, denn sie profitiert in Höhe von 50 % von der Kirchensteuer des – katholischen – Arbeitnehmers (unfaire Halbteilung). Gehört der Ehe-

mann keiner Kirche an, steht auf der Lohnsteuerkarte »vd« oder »–«. In diesem Fall darf ihm keine Kirchensteuer abgezogen werden.
Haben beide Ehepartner Einkünfte, aber nur z.B. der Mann gehört einer Kirche an, wird die Kirchensteuer nach dem Verhältnis der auf ihn entfallenden Einkommen- oder Lohnsteuer gesondert festgesetzt.
Zur Berechnung der Bemessungsgrundlage wird in den einzelnen Bundesländern die Einkommensteuer nach unterschiedlichen Maßstäben aufgeteilt.
In Baden-Württemberg, Bremen, Hamburg, Hessen, Niedersachsen, Nordrhein-Westfalen und Rheinland-Pfalz wird die gemeinsame Einkommensteuer im Verhältnis der Steuerbeträge aufgeteilt, die sich bei Anwendung der Grundtabelle auf die jeweilige Summe der Einkünfte der Ehegatten ergibt.
In Berlin und den neuen Bundesländern wird eine fiktive getrennte Veranlagung durchgeführt.
In Bayern, Saarland und Schleswig-Holstein wird die Einkommensteuer beider Ehegatten im Verhältnis der Steuerbeträge aufgeteilt, die sich bezogen auf den Gesamtbetrag der Einkünfte eines jeden Ehegatten ergeben.
Immer wieder kommt es vor, dass die Finanzämter die volle Kirchensteuer von 8 oder 9 % festsetzen, obwohl nur ein Ehepartner kirchensteuerpflichtig ist. Werfen Sie daher ein scharfes Auge auf die Kirchensteuer!

6. Der Solidaritätszuschlag

1024 Der Solidaritätszuschlag hält sich nach wie vor hartnäckig, und angesichts leerer Kassen ist nicht damit zu rechnen, dass ihm die Politkaste in Berlin den Garaus macht.

Berechnungsgrundlage für den Soli ist die Einkommensteuerschuld abzgl. der anrechenbaren Körperschaftsteuer.

Aber bereits im laufenden Jahr wird Ihnen der Solidaritätszuschlag einbehalten, z.B. zusammen mit

- den Einkommensteuervorauszahlungen,
- der Kapitalertrag- und der Zinsabschlagsteuer.

Als Arbeitnehmer wird Ihnen der Solidaritätszuschlag bei jeder Lohnzahlung mit 5,5 % der Lohnsteuer abgezogen. Diese vorweg einbehaltenen Beträge werden Ihnen bei einer Veranlagung zur Einkommensteuer genau wie die Lohnsteuer auf den endgültigen Solidaritätszuschlag angerechnet.
Kleinverdiener mit einer Einkommensteuer von nicht mehr als 972 €/1.944 € bleiben vom Solidaritätszuschlag verschont, d.h., er wird nur erhoben, wenn er höher als 53 €/107 € (Ledige/Verheiratete) ist.

GUTER RAT

Liegen Sie mit Ihrer Einkommensteuer knapp über diesen Freibeträgen, fallen Sie unter eine Härteregelung. Bei einer Einkommensteuerschuld zwischen 972 € und 1.302 € (Ledige) bzw. 1.944 € und 2.604 € (Verheiratete) werden nur 20 % der Differenz zwischen Einkommensteuerschuld und 972 €/1.944 € als Solidaritätszuschlag erhoben. 1025

Zu versteuerndes Einkommen 2014	27.000,00 €
Einkommensteuer lt. Splittingtabelle	1.956,00 €
Solidaritätszuschlag 5,5 %	107,58 €
Höchstens 1.956 € – 1.944 € = 12 € × 20 %	2,40 €

Die Freibeträge und die Härteregelung gelten auch beim Lohnsteuerabzug. Bei der monatlichen Lohnzahlung fällt daher kein Solidaritätszuschlag an, wenn folgende Beträge nicht überschritten werden:

Steuerklasse	Lohnsteuer, bis zu der kein SolZ anfällt
I	81 €
II	81 €
III	162 €
IV	81 €
V	81 €
VI	81 €

Solidaritätszuschlag ist verfassungswidrig 1026

Zwar hat das Bundesverfassungsgericht mit Beschluss vom 11.2.2008 eine Verfassungsbeschwerde gegen den Solidaritätszuschlag nicht zur Entscheidung angenommen (Az 2 BvR 1708/06), doch es ist ein erneutes Musterverfahren beim Bundesverfassungsgericht anhängig (2 BvL 6/14; Vorinstanz FG Niedersachsen Urt. v. 21.8.2013 – 7 K 143/08), in dem es um die Abschaffung des Solidaritätszuschlags wegen dessen Verfassungswidrigkeit geht. Da die Finanzämter die Steuerbescheide insoweit vorläufig erlassen, müssen Sie keinen Einspruch einlegen (BMF v. 10.6.2014 – BStBl 2014 I S. 831).

Wenn Sie auf Ihre Kapitaleinkünfte Solidaritätszuschlag gezahlt haben, müssen Sie nicht nur deswegen die Einbeziehung der Kapitaleinkünfte in die Veranlagung zur Einkommensteuer beantragen. Die Vorläufigkeit gilt nämlich auch für den Solidaritätszuschlag zur Abgeltungsteuer.

Wenn der Pöbel aller Sorten
tanzt um die goldenen Kälber:
Denke, du hast vom Leben
doch am Ende nur dich selber.
(Goethe)

XVI. Der Umgang mit dem Finanzamt

1. Das Finanzamt stellt Steueransprüche. Was ist zu tun?

Jedem Steueranspruch liegt ein Steuerbescheid zugrunde. Der Steuerbescheid **1027**
enthält Angaben über Art und Höhe der Steuer, wer die Steuer schuldet und wann sie fällig ist. Außerdem werden die Besteuerungsgrundlagen (d.h. Ihre Einkünfte) angegeben und eine Einspruchsfrist erteilt.
Sind Sie nicht sicher, ob alles rechtens ist, dann legen Sie Einspruch gegen den Bescheid ein.

```
An Finanzamt Nimmstadt                    Ort, Datum ..........

Betrifft: Einkommensteuerbescheid für ........... vom ..........
Steuernummer ..........................

Gegen den obigen Bescheid lege ich Einspruch ein.
Begründung folgt.

................................
Unterschrift
```

Der Einspruch muss innerhalb der Einspruchsfrist von vier Wochen eingelegt werden, denn danach ist der Bescheid rechtskräftig und somit nicht mehr änderbar. Die Rechtsmittelfrist beginnt bei Zustellung des Steuerbescheids mit einfachem Brief – das ist der Normalfall – drei volle Tage nach Aufgabe zur Post durch das Finanzamt.

Beispiel
Poststempel Dienstag, 12.08.; Beginn der Rechtsmittelfrist Samstag, 16.08., 0:00 Uhr; Ende der Rechtsmittelfrist Montag, 15. 09., 24:00 Uhr.
Es genügt, wenn das Einspruchsschreiben am letzten Tag der Frist in den Hausbriefkasten des Finanzamts geworfen wird. Durch den Einspruch haben Sie nun Zeit gewonnen, um in Ruhe den Bescheid zu überprüfen. Sie können im Einspruchsverfahren auch noch vergessene Abzüge geltend machen.

Trotz Einspruch müssen Sie zunächst die geforderte Steuer zahlen. Andernfalls **1028**
entstehen Säumniszuschläge, die der Höhe nach unverschämt sind: 1 % pro

Monat (§ 240 AO). Die Säumniszuschläge entstehen sogar dann und werden auch nicht zurückgezahlt, wenn sich herausstellt, dass die Steuer zu hoch festgesetzt war. Eine weitere unverständliche Unverschämtheit!
Wollen Sie nicht zahlen und Säumniszuschläge vermeiden, kann Ihnen nur ein Antrag, die »Vollziehung des Steuerbescheids« auszusetzen, helfen, in dem Sie darlegen, dass *ernstliche Zweifel an der Richtigkeit* des Steuerbescheids bestehen (§ 361 AO). Es ist üblich und zweckmäßig, den Aussetzungsantrag mit dem Einspruch zu kombinieren.

```
An Finanzamt Greifswald                         Ort, Datum ..........

Betrifft: Einkommensteuerbescheid für .......... vom ..........
Steuernummer ...........................
hier: Einspruch und Aussetzung der Vollziehung

Gegen den obigen Bescheid lege ich Einspruch ein.
Begründung: Die festgesetzte Steuer ist zu hoch, weil ............

Gleichzeitig beantrage ich Aussetzung der Vollziehung des angefochtenen
Bescheids, weil ernstliche Zweifel an dessen Rechtmäßigkeit bestehen,
wie obige Begründung des Einspruchs zeigt.

................................
Unterschrift
```

Anmerkung: Dem Finanzamt dürfen Sie nicht blind vertrauen. Jeder zweite Steuerbescheid ist falsch.
Wenn das Finanzamt den Aussetzungsantrag ablehnt, legen Sie dagegen wieder Einspruch ein und stellen zusätzlich einen Stundungsantrag. Sie haben gute Aussichten, dass das Finanzamt nunmehr Ihrem Aussetzungsantrag entspricht und damit dem Einspruch abhilft, denn mit einer erneuten Ablehnung ist ein erheblicher Arbeitsaufwand verbunden. Was erreichen Sie damit? Dass Sie bis zur endgültigen Klärung die strittigen Steuerbeträge nicht zu zahlen brauchen! Solange das Aussetzungsverfahren läuft, müssen Sie auch nicht damit rechnen, dass Ihnen der Vollziehungsbeamte auf die Pelle rückt.
Seien Sie nicht zimperlich mit Einspruch und Aussetzungsantrag, nehmen Sie alle Verfahrensrechte in Anspruch. Kosten entstehen Ihnen dadurch nicht, abgesehen von Schreib- und Portokosten.

2. Einspruchsfrist verpasst! Was ist zu tun?

1029 **S** Beantragen Sie »Wiedereinsetzung in den vorigen Stand«, weil es Ihnen nicht möglich gewesen sei, rechtzeitig Einspruch einzulegen (§ 110 AO).

```
An Finanzamt Nimmstadt                          Ort, Datum .........

Betrifft: Einkommensteuerbescheid für .......... vom .........

Steuernummer ..............................
Gegen den obigen Bescheid lege ich hiermit Einspruch ein. Begründung
folgt. Gleichzeitig beantrage ich Wiedereinsetzung in den vorigen
Stand, weil es mir infolge einer fünfwöchigen Abwesenheit von meiner
Wohnung nicht möglich war, rechtzeitig Einspruch einzulegen. Ich habe
den Steuerbescheid erst vorgestern vorgefunden.

........................
Unterschrift
```

Beachten Sie: Der Antrag ist innerhalb eines Monats nach Wegfall des Hindernisses zu stellen. Die Wiedereinsetzung in den vorigen Stand ist meistens ein Ermessensfall, d.h., das Finanzamt beurteilt die Schwere des Hindernisses, das Sie davon abhielt, rechtzeitig Einspruch einzulegen. In den folgenden Fällen aber haben Sie einen *Rechtsanspruch auf Wiedereinsetzung:*

- Vorübergehende Abwesenheit von der Wohnung bis zu sechs Wochen. Bei längerer Abwesenheit müssen Sie Vorsorge treffen, dass Ihnen die Post nachgeschickt wird, oder einen Dritten bevollmächtigen, Ihre Steuerangelegenheit wahrzunehmen. Natürlich haben Sie keinen wirklich zuverlässigen Menschen dafür. Und natürlich dauert die Post ins Ausland viel länger und geht schneller verloren, der Campingplatz musste wegen Überflutung verlassen werden, das Hotelzimmer war unzumutbar, Kakerlaken, Vogelspinnen, Moskitos und andere Quälgeister fanden sich darin, weshalb Sie umziehen mussten in eine Unterkunft jwd (janz weit draußen)…
- Behinderung durch hohes Alter.
- Schwere plötzliche Erkrankung (Herzinfarkt, Diabetesschock).
- Schwerer Unfall.
- Jeder Fall von höherer Gewalt, Ehegatte ist weggelaufen, Ihr Haus hatte einen Wasserrohrbruch und, und, und.

Weist das Finanzamt Ihren Einspruch durch Einspruchsentscheidung zurück, 1030
können Sie dagegen klagen. Dann kommt das Verfahren vor dem Finanzgericht in Gang. Geht es beim Finanzamt schon recht formell zu, steigert sich das noch, wenn Sie vor den Finanzkadi ziehen. Ein paar Tipps zu den häufigsten Fragen sollen Ihnen helfen, die größten Fallstricke zu vermeiden, wenn Sie sich die Kosten für einen Steuerberater oder Rechtsanwalt sparen wollen:

Muss ich die vom Finanzamt geforderte Steuer trotz Klage bezahlen, oder kann ich mir bis zur Entscheidung durch das Finanzgericht Zeit lassen? Grundsätzlich verlangt der Fiskus von Ihnen, dass Sie spätestens vier Wochen nach Zustellung des Steuerbescheids in die Tasche greifen. Daran ändert formal auch eine Klage zunächst einmal nichts. Stellen Sie deshalb auf jeden Fall beim Finanzamt den Antrag, »die Vollziehung des Steuerbescheids auszusetzen«. Folgt das Finanzamt Ihrem Antrag, brauchen Sie vorläufig nicht zu zahlen. Aber selbst wenn das Finanzamt sich starrsinnig zeigt, was leider allzu oft vorkommt, ist noch nicht alles verloren. Stellen Sie in diesem Fall Ihren Aussetzungsantrag direkt beim Finanzgericht. Berufen Sie sich dazu auf § 69 der Finanzgerichtsordnung. Wie die Erfahrung lehrt, sind die Finanzgerichte häufig sehr viel großzügiger bei der Beurteilung der Frage, ob ernstliche Zweifel an der Rechtmäßigkeit des von Ihnen angegriffenen Steuerbescheids bestehen. Wenn Sie knapp bei Kasse sind, können Sie sich zudem darauf berufen, dass die Bezahlung der Steuern für Sie eine unbillige Härte zur Folge hätte.

1031 **Brauche ich vor Gericht einen Anwalt oder Steuerberater?** Nein, vor dem Finanzgericht dürfen Sie sich locker selbst vertreten. Dabei bleibt es Ihnen unbenommen, sich von einem guten Freund oder Bekannten helfen zu lassen. Ansonsten genügt manchmal schon die kostengünstige Hilfe durch einen Lohnsteuerhilfeverein. Oder fragen Sie doch einmal, ob nicht Ihre Gewerkschaft bereit ist, Ihnen beizustehen. Vielleicht übernimmt sie sogar einen Teil Ihrer Prozesskosten, wenn sie an Ihrem Fall interessiert ist. Deutlich anders sieht die Angelegenheit allerdings aus, wenn Ihr Prozess bis vor den Bundesfinanzhof geht. Dort gilt sog. Vertretungszwang. Das heißt, Sie *müssen* sich durch einen Steuerberater, Wirtschaftsprüfer oder Rechtsanwalt vertreten lassen. Um aber überhaupt dorthin zu gelangen, muss das Finanzgericht die Revision zulassen. Tut es das nicht, weil es Ihr Problem nicht als Grundsatzfrage ansieht, bleibt Ihnen nur der Weg, die Revision durch eine Nichtzulassungsbeschwerde zu erstreiten.

Was kostet mich ein Prozess vor dem Finanzgericht?
Zunächst einmal die positive Nachricht: Beim Finanzgericht wird Ihnen trotz Klage kein Kostenvorschuss abverlangt. Gewinnen Sie Ihren Prozess, muss das Finanzamt in der Regel die Kosten des Verfahrens tragen. Verlieren Sie, gehen Ihre Gerichtskosten wie Gebühren und Auslagen zu Ihren Lasten. Für die Kosten des Finanzamts müssen Sie jedoch nicht aufkommen. Sind Sie so klamm, dass Sie sich die Kosten einer Klage eigentlich nicht leisten können, werfen Sie die Flinte nicht ins Korn, sondern stellen Sie beim Finanzgericht einen Antrag auf Prozesskostenhilfe. Das Finanzgericht wird Ihnen diese vor allem dann zugestehen, wenn es Ihrer Klage Erfolgschancen beimisst. Erläuterungen und Antragsformulare für die Prozesskostenhilfe bekommen Sie beim Finanzgericht. Sie finden all das und entsprechende Berechnungsprogramme aber auch im Internet. *Die Gerichtsgebühren richten sich nach dem sog. Streitwert. Das ist in*

aller Regel der Steuerbetrag, über den Sie mit dem Finanzamt streiten. Im Finanzgerichtsverfahren gilt allerdings ein Mindeststreitwert von 1.000 €.

Entscheidet das Gericht durch Urteil oder Gerichtsbescheid, fällt das Vierfache an Gerichtsgebühren an. Wird das Verfahren dagegen ohne Urteil, sondern durch einen Beschluss (§ 138 FGO) erledigt, fällt nur eine doppelte Verfahrensgebühr an.

Streitwert bis ... Euro	Gerichtskosten in €		
	einfache Gebühr	2-fache Gebührl	4-fache Gebühr
500 €	35,00 €	70,00 €	140,00 €
1.000 €	53,00 €	106,00 €	212,00 €
1.500 €	71,00 €	142,00 €	284,00 €
2.000 €	89,00 €	178,00 €	356,00 €
3.000 €	108,00 €	216,00 €	432,00 €
4.000 €	127,00 €	254,00 €	508,00 €
5.000 €	146,00 €	292,00 €	584,00 €
6.000 €	165,00 €	330,00 €	660,00 €
7.000 €	184,00 €	368,00 €	736,00 €
8.000 €	203,00 €	406,00 €	812,00 €
9.000 €	222,00 €	444,00 €	888,00 €
10.000 €	241,00 €	482,00 €	964,00 €

TIPP

zum Finanzgerichtsprozess

Kommt Ihnen im Lauf Ihres Finanzgerichtsverfahrens die Erkenntnis, dass Sie 1032
verlieren werden, können Sie den größten Teil Ihrer Gerichtskosten vermeiden, wenn Sie die Klage zurückziehen. Entscheiden Sie sich zu diesem Schritt, bevor das Gericht einen Beweisbeschluss oder einen Gerichtsbescheid unterschrieben hat und zudem mehr als eine Woche vor dem Termin für eine mündliche Verhandlung, entfallen die Gerichtsgebühren komplett. Es könnte allenfalls sein, dass Sie ein paar Auslagen wie Kopien etc. bezahlen müssen. Die Gewinnaussichten auszuloten dürfte in der Regel nicht schwierig sein, da die Richter, die sich vorab mit Ihrem Fall beschäftigen dürfen (sie werden Berichterstatter genannt), Ihnen z.B. auf Nachfrage oder bei einem vor der eigentlichen Verhandlung anberaumten Erörterungstermin durchaus sagen, ob sie Ihnen eine Chance geben oder sich auf die Seite des Fiskus schlagen wollen. Dann ist es immer noch früh genug, um mit einer Klagerücknahme die Reißleine zu ziehen. Bei einem gewonnenen Steuerprozess verlangen Sie Erstattung aller, wirklich aller entstandenen Kosten – auch Ihres Zeitaufwands – und klagen bei Ablehnung durch alle Instanzen. Halten Sie die Bären so am Tanzen, dass sie nicht mehr zur Besinnung kommen. Und selbst die Ministerialbürokraten anschreien, ihr verrücktes Treiben einzustellen.

TRICK

Wenn das Finanzamt Ihren Einspruch angeblich nicht erhalten hat.

1033 S Es lehnt deshalb alles ab, was Sie in der späteren Begründung vortragen! Sie fluchen auf Teufel komm raus und wollen schon aufgeben, weil Sie keine Einschreibequittung in der Hand haben? Nichts da! Natürlich gehen Sie gegen den ablehnenden Bescheid an! Denn Sie haben den Einspruch schließlich selbst in den Briefkasten gesteckt – haben Sie doch, nicht wahr? Vielleicht treiben Sie sogar noch einen Zeugen auf. Also soll das Finanzamt gefälligst nach Ihrem Schreiben suchen!

Will das Finanzamt trotzdem nicht klein beigeben, weisen Sie es auf das sehr vernünftige Urteil des Finanzgerichts Köln (3 K 3432/92) hin: »Die Postdienste können in der alten Bundesrepublik Deutschland als außergewöhnlich zuverlässig gelten. Hierauf kann und muss sich ein Steuerpflichtiger verlassen. Es wäre zu viel verlangt, wenn alle wichtigen Briefe als Einschreiben versandt werden müssten und nur dann mit an Sicherheit grenzender Wahrscheinlichkeit beim Empfänger ankämen, sonst aber nicht. (…) Hingegen kommt es – wenn auch nicht häufig, so doch auch nicht selten – vor, dass beim Finanzamt eingegangene Schreiben in eine falsche Akte gelangen und dort mangels wirksamer Kontrollen auch bleiben. Posteingangsbücher werden nämlich beim Finanzamt nicht geführt. Nach allem geht das Gericht hier davon aus, dass das Einspruchsschreiben nicht bei der Post, sondern innerhalb der Finanzverwaltung abhandengekommen ist.«

3. Haben Sie vergessen, Ausgaben abzusetzen?

1034 S Das ist kein Beinbruch, auch wenn die Einspruchsfrist schon lange abgelaufen ist. Sie können die Ausgaben nachträglich geltend machen, indem Sie sagen: Ich habe nicht gewusst, dass ich diese Kosten absetzen kann. Wenn dem so ist, trifft Sie nämlich kein »grobes Verschulden« dafür, dass Sie dem Finanzamt nachträglich Arbeit machen. Daraufhin ändert das Finanzamt den Steuerbescheid zu Ihren Gunsten ab (Quelle: 173 AO). So konnte ein Kraftfahrzeugsachverständiger den Bundesfinanzhof davon überzeugen, er habe erst lange Zeit nach Erhalt des Steuerbescheids erfahren, dass Kosten für ein häusliches Arbeitszimmer absetzbar seien (BFH-Urt. v. 22.5.1992 – BStBl 1993 II S. 80). Allerdings gilt dies grundsätzlich nicht für Kosten, nach denen in der Steuererklärung ausdrücklich gefragt wird oder die in der amtlichen Anleitung zur Steuererklärung erläutert sind.

Können Sie Ähnliches vorbringen? Überlegen Sie und sichten Sie noch mal alles. Vor Ablauf der Einspruchsfrist und bei einem Einspruch können Sie aus Ihrer Einkommensteuererklärung eine Nachtragserklärung machen.

SUPER TRICK

Reichen Sie auch ohne Belege einen Nachtrag ein!

S Sie haben Ihre Steuererklärung bereits abgegeben, aus den »Steuertricks« aber dann einen dicken Fisch ziehen können, z.B., dass die Anschaffung eines neuen Anzugs absetzbar gewesen wäre, weil Sie den alten im Dienst durch einen Ausrutscher auf der Bürotreppe beschädigt haben.
Es ist noch nicht zu spät! Bis zur Rechtskraft können Sie Anträge nachschieben! Belege brauchen Sie nicht, aber

- Mut, die Ausgaben dem Finanzamt unbelegt zu präsentieren,
- Geduld, möglichen Abwimmelungseskapaden zu widerstehen.

Jetzt also schnell den Eigenbeleg geschrieben und abgegeben. Sie müssen nicht persönlich in die Höhle des Löwen gehen, Sie können auch schreiben:

Betrifft: St.-Nr. .... Einkommensteuererklärung ....

Sehr geehrte Herren!

anbei reiche ich Ihnen einen Nachtrag zu meinen Betriebsausgaben/Werbungskosten für das Jahr...... in Höhe von 1.080 € über vergessenen Bauaufwand (Bezahlung und Verköstigung von mithelfenden Bekannten und Hilfskräften) ein, die ich zusätzlich von meinem Einkommen abzusetzen bitte (Einzelaufstellung anbei).
Leider bin ich mir der Möglichkeit, diesen Posten steuerlich zu verwerten, erst heute bewusst geworden. Ich bitte um Entschuldigung für die Ihnen zugemutete Mühe- das nächste Mal werde ich besser aufpassen.

.... Unterschrift

4. Das Finanzamt mahnt Steuerbeträge an – aber Sie haben keinen Steuerbescheid erhalten

S Bestreiten Sie, überhaupt einen Steuerbescheid erhalten zu haben, und 1035
verlaufen evtl. diesbezügliche Ermittlungen des Finanzamts bei der Post ergebnislos, muss das Finanzamt einen neuen Steuerbescheid ausfertigen und

Ihnen zustellen. In diesem neuen Bescheid muss Ihnen das Finanzamt eine neue Zahlungs- und Einspruchsfrist setzen. Rechnen Sie aber damit, künftige Bescheide vom Finanzamt nur noch mit Postzustellungsurkunde zu erhalten. Es soll Sie nicht stören, wenn sich das Finanzamt Mehrarbeit machen will – wir wollen es aus bekannten Gründen nicht davon abhalten.

SUPER TRICK

Frist versäumt – was tun?

S Die Frist ist längst versäumt, und Sie ärgern sich schwarz, denn Sie haben hohe Ausgabeposten im alten Jahr nicht geltend gemacht. Und ins neue Jahr können Sie sie nicht reinpacken, das würde das Finanzamt an den Belegen merken ... Fatal, fatal! »Arbeitsstress« ist das Stichwort! Da macht man schnell mal einen Fehler. Das ist nur zu menschlich. Das müssten doch gerade die Finanzrichter verstehen, bei denen sich schließlich auch Akten und Arbeit türmen, weil sich der Steuerstreik von uns mehr und mehr ausdehnt. Ein BFH-Urteil vom 28.8.1992 hilft Ihnen bei der Argumentation (VI R 93/89, BFH/NV 1993 S. 147).

SUPER TRICK

Erwirken Sie einen Zahlungsaufschub!

1036 **S** Beantragen Sie Stundung! Stets und immer! Wozu gibt es denn die Stundungsvorschriften in der Abgabenordnung? »Das bringt bei mir nichts«, sagen Sie. »Ich habe das früher schon mal versucht. Das Finanzamt meinte damals, ich hätte genug Kreditmöglichkeiten, und diese müsste ich erst ausschöpfen.« Jetzt passen Sie gut auf: Wenn Sie Ihren Stundungsantrag erst *kurz vor* dem Zahlungstermin für Ihre Steuern stellen, ist das Finanzamt rein zeitlich nicht mehr in der Lage, ihn rechtzeitig abzulehnen, und muss Ihnen kulanterweise einen neuen Zahlungstermin geben. Dieser muss *mindestens eine Woche nach Zugang des ablehnenden Stundungsbescheids liegen*. Da wir alle wissen, wie langsam behördliche Mühlen mahlen, können Wochen verstreichen, bis Sie die Ablehnung Ihres Stundungsantrags in Ihrem Briefkasten finden. Gesetzt den Fall, Sie haben einen sehr ausführlichen Stundungsantrag gestellt, wird sich das Finanzamt damit auch entsprechend länger beschäftigen müssen. Da können gut und gern bis zu zwei Monate verstreichen, bis Sie letztendlich zahlen müssen. Damit ist Ihnen doch echt geholfen, oder? Sie müssen aber damit rechnen, dass Ihnen der Computer des Finanzamts – ganz automatisch – erst einmal Säumniszuschläge berechnet, weil er zum ersten Fälligkeitstermin Ihre Steuerzahlung vermisst und von Ihrem Stundungsantrag ja noch nichts weiß. Stellen Sie dann sofort einen Antrag auf Erlass der Säumniszuschläge. Dem Antrag wird das Finanzamt ohne weiteres entsprechen, weil Säumniszuschläge nicht zu erheben sind, wenn »ein Stundungsantrag vor Fälligkeit gestellt und nach Fälligkeit abgelehnt wurde und der Steuerzahler die neue Zahlungsfrist eingehalten hat«. Für NRW Erlass FinMin vom 2.1.1984 (S 0480 – I VA 1).

Der zweite positive Effekt des Zahlungsaufschubs, der sich durch Ihren Stundungsantrag ergibt, ist die Zinsersparnis, denn für die Zeit des Hinhaltens berechnet Ihnen die Bank für die Steuern, mit denen Sie Ihr strapaziertes Bankkonto belasten müssten, keine Schuldzinsen. Bei einer Steuernachzahlung von angenommen 15.000 €, die Sie durch Ihren Stundungsantrag um zwei Monate verzögern, sparen Sie bei Sollzinsen von 10 % allein 250 € Zinsen.

TRICK

Schulden bis zum Stehkragen?
Beantragen Sie Erlass der Säumniszuschläge!

S Ist es Ihnen einmal eine Zeitlang finanziell sehr schlecht ergangen und sind 1037
dabei Steuerrückstände entstanden, dann beantragen Sie Erlass der Säumniszuschläge. Das Finanzamt muss sie erlassen, »wenn dem Schuldner die Zahlung der Steuern wegen Zahlungsunfähigkeit und Überschuldung unmöglich war« (BFH – BStBl 1984 II S. 415). Das gilt auch, wenn vergessen wurde, einen Stundungsantrag zu stellen, obwohl eine »Stundungssituation« bestanden hat (BFH – BStBl 1985 II S. 489).

TRICK

Nutzen Sie die Schonfrist!

S Wenn Steuern fällig werden, weil z.B. eine Abschluss- oder eine Voraus- 1038
zahlung zu leisten ist, denken Sie daran, dass Ihnen nach § 240 Abgabenordnung eine Schonfrist zusteht. Wenn Sie innerhalb von drei Tagen nach Fälligkeit zahlen, entstehen keine Säumniszuschläge. Entscheidend ist aber, wann das Geld beim Finanzamt auf dem Konto gutgeschrieben wird, nicht, wann Sie

die Überweisung getätigt haben. Der Pferdefuß dabei: Zahlen Sie per Banküberweisung, müssen Sie zwei bis drei Tage für den Zahlungsweg einkalkulieren.

Achtung: Bei Zahlung per Scheck gilt die Schonfrist nicht, der Scheck muss also spätestens bei Fälligkeit der Steuer im Finanzamt sein. Allerdings haben Sie den Vorteil, dass mit Übergabe des Schecks an das Finanzamt die Zahlung erfolgt ist, Ihr Konto aber erst Tage später mit dem Betrag belastet wird.
Zahlen Sie also z.B. Ihre Umsatzsteuer per Verrechnungsscheck, müssen Sie diesen in der Regel schon am 8. des Monats bei der Post aufgeben, damit er pünktlich am Fälligkeitstag (in der Regel der 10. des Monats) beim Finanzamt ist.

5. So setzen Sie sich beim Finanzamt durch

1039 Es bürgert sich immer mehr ein, dass die Finanzämter in arroganter Manier für den Steuerzahler günstige Urteile einfach negieren. Die meisten Streichgelegenheiten bieten sich den Fiskalrittern, wo eine besondere Vergünstigung beansprucht wird. Um die brauchen Sie aber nicht zu betteln, sondern können fordern, dass Ihren berechtigten Ansprüchen nachgekommen wird. Sie werden deshalb den Steuerbescheid immer daraufhin prüfen, ob das Finanzamt in *allen* Punkten Ihren Angaben in der Steuererklärung entsprochen hat. Obwohl das Finanzamt verpflichtet ist, Streichungen zu begründen, spart es sich oft eine Erläuterung oder schreibt etwa: »Steuerermäßigung konnte aufgrund der gesetzlichen Bestimmungen nicht gewährt werden.«

So etwas machen Sie nicht mit!
Im Übrigen haben Sie Anspruch auf rechtliches Gehör (§ 91 AO). Bevor das Finanzamt einfach Ausgaben streicht, soll es Sie vorher dazu hören, zumindest aber Streichungen ausführlich begründen.

TRICK

Wenn das Finanzamt nach der Herkunft von Geldern auf privaten Sparkonten fragt.

1040 Zwar müssen Sie dem Finanzamt bei der Aufklärung von Steuersachverhalten behilflich sein, aber Sie brauchen keinen in sich geschlossenen Nachweis über die Herkunft Ihres Privatvermögens führen (BFH v. 28.5.1986 – BStBl 1986 II S. 732). Denn eine Verpflichtung, für private Sparkonten eine Buchführung einzurichten, besteht nicht. So kann man Ihnen nichts anhaben, wenn Sie sagen müssen: »Weiß ich nicht, ist schon zu lange her.«
Wenn das Finanzamt Ihnen die Beweislast über die Herkunft der Gelder auf

Ihren privaten Sparkonten zuschieben will, muss es zuvor den Nachweis erbringen, dass bei Ihnen ein ungeklärter Vermögenszuwachs oder Ausgabenüberschuss vorliegt. Beidem, sowohl der Vermögenszuwachs- als auch der Ausgabenüberschussrechnung – Letztere wird auch Geldverkehrsrechnung genannt –, liegt zwar der einfache Gedanke zugrunde, dass niemand mehr Geld anlegen oder ausgeben kann, als er aus seinen steuerpflichtigen und sonstigen Quellen zur Verfügung hat, aber in der Praxis sind diese Berechnungen ziemlich kompliziert und leicht zu entkräften.
Sie selbst können zur Not dem Finanzamt schnell beweisen, dass Ihr Privatvermögen aus den ungebundenen Entnahmen und aus Mitteln stammt, die zu Beginn der Vermögenszuwachs- und Geldverkehrsrechnung bereits vorhanden waren.
Sagen Sie bloß nicht – auch wenn es stimmt –, das Geld stamme von den Rentenersparnissen Ihrer Eltern oder von einem entfernten Verwandten in den USA. So etwas wirkt auf Finanzbeamte wie der Stich in ein Wespennest.
Auch die Geschichte über Spielbankgewinne hört das Finanzamt nicht zum ersten Mal, und selbst die Überweisung eines größeren Betrags von der Spielbank auf Ihr Privatkonto verfängt so ohne weiteres nicht, denn Sie könnten ja die Jetons, die Sie eingelöst und überweisen lassen haben, vorher mit Schwarzgeld gekauft haben. Kenntnisse der örtlichen Gegebenheiten in der Spielbank, exakte Kenntnisse über Spielregeln und die Benennung Ihnen bekannter Croupiers überzeugen da schon mehr. Diese Kenntnisse weisen Sie nämlich als Stammgast aus.

TRICK

Verlangen Sie vom Finanzamt Auskunft und Beratung!

S Nach dem Willen des Gesetzes (§ 89 AO) soll der Finanzbeamte Helfer des **1041**
Steuerzahlers sein, soll Auskünfte erteilen und sogar von sich aus zu steuersparenden Anträgen anregen, wenn Sie sie aus Versehen oder aus Unkenntnis nicht gestellt haben. Hahahahaha!
Sie werden meist nur auf Finanzbeamte treffen, die sich die Arbeit zu leicht machen und Sie abzuwimmeln versuchen: »Leider sind wir nicht zur Steuerberatung befugt, das ist den steuerberatenden Berufen vorbehalten«, so die Ausflüchte. Oder man hört: »Die Finanzämter entscheiden über den Steueranspruch eines Kalenderjahrs grundsätzlich erst dann, wenn das Jahr abgelaufen ist. Vorherige Auskünfte und Zusagen sind dem Steuerrecht wesensfremd.«
Damit geben Sie sich nicht zufrieden, denn der BFH hat die Finanzämter zur verbindlichen Auskunft verdonnert (BFH v. 19.3.1981 – BStBl 1981 II S. 538 und v. 16.3.1983 – BStBl 1983 II S. 459).

1042 Sie fordern Kundendienst und nicht obrigkeitliches Agieren. Das Finanzamt ist nämlich gesetzlich verpflichtet, Ihnen auf Verlangen eine verbindliche Auskunft zu erteilen (§ 89 Abs. 2 AO), wenn Sie Ihrerseits:

- ein besonderes Interesse an der Auskunft darlegen können,
- den geplanten Sachverhalt umfassend und in sich geschlossen darstellen,
- Ihr Rechtsproblem darlegen und dazu konkrete Rechtsfragen stellen und auch
- erklären, dass Sie bisher noch bei keiner anderen Finanzbehörde zu dem Sachverhalt eine verbindliche Auskunft beantragt haben und
- als Letztes noch bestätigen, dass all Ihre Angaben der Wahrheit entsprechen.

Allerdings hat der Fiskus hier eine ganz üble Hürde eingebaut. Für verbindliche Auskünfte gibt es eine allgemeine Gebührenpflicht (§ 89 Abs. 3 bis 5 AO). Das geht sogar so weit, dass das Finanzamt entscheiden kann, ob es die Gebühren nach der Auskunft erhebt oder ob es erst nach Vorkasse für Sie tätig wird. Sie müssen aber spätestens einen Monat nach Bekanntgabe der Gebührenfestsetzung zahlen. Die Gebühr richtet sich nach dem sog. **Gegenstandswert** (Streitwert). Das ist der Wert, den die verbindliche Auskunft für Sie hat. Im Endeffekt kommt es auf die Höhe der bei der Auskunft zur Debatte stehenden Steuern an. Die Höhe der Gebühr können Sie in folgender Tabelle ablesen:

Streitwert bis ... €	Gebühr ... €	Streitwert bis ... €	Gebühr ... €
500 €	35,00 €	95.000 €	906,00 €
1.000 €	53,00 €	110.000 €	1.026,00 €
1.500 €	71,00 €	125.000 €	1.146,00 €
2.000 €	89,00 €	140.000 €	1.266,00 €
3.000 €	108,00 €	155.000 €	1.386,00 €
4.000 €	127,00 €	170.000 €	1.506,00 €
5.000 €	146,00 €	185.000 €	1.626,00 €
6.000 €	165,00 €	200.000 €	1.746,00 €
7.000 €	184,00 €	230.000 €	1.925,00 €
8.000 €	203,00 €	260.000 €	2.104,00 €
9.000 €	222,00 €	290.000 €	2.283,00 €
10.000 €	241,00 €	320.000 €	2.462,00 €
13.000 €	267,00 €	350.000 €	2.641,00 €
16.000 €	293,00 €	380.000 €	2.820,00 €
19.000 €	319,00 €	410.000 €	2.999,00 €
22.000 €	345,00 €	440.000 €	3.178,00 €
25.000 €	371,00 €	470.000 €	3.357,00 €
30.000 €	406,00 €	500.000 €	3.536,00 €
35.000 €	441,00 €	550.000 €	3.716,00 €
40.000 €	476,00 €	600.000 €	3.896,00 €
45.000 €	511,00 €	650.000 €	4.076,00 €
50.000 €	546,00 €	700.000 €	4.256,00 €
65.000 €	666,00 €	750.000 €	4.436,00 €
80.000 €	786,00 €	800.000 €	4.616,00 €

Lässt sich der Gegenstandswert (Streitwert) beim besten Willen nicht ermitteln, rechnet das Finanzamt nach Stundensätzen ab. Der Stundensatz beläuft sich auf 50 € je angefangene halbe Stunde Bearbeitungszeit, mindestens jedoch 100 €.

WICHTIGER HINWEIS

Nach § 89 Abs. 3 Satz 1 AO wird die Gebühr »für die Bearbeitung von Anträgen auf verbindliche Auskunft erhoben«. Dies hat u. E. zur Folge, dass die **Gebühr auch bei Ablehnung der Erteilung einer verbindlichen Auskunft** anfällt.

TRICK

Prüfen Sie faule und unklare Angaben nach!

Da gibt es einen besonderen Weg, den die wenigsten kennen: Sie können nach 1043
§ 42 e EStG als Arbeitnehmer oder als Arbeitgeber das Finanzamt in Lohnsteuerfragen um Auskunft bitten. Ist Ihnen also z. B. nicht klar, ob bestimmte Einnahmen aus dem Arbeitsverhältnis steuerfrei oder steuerpflichtig sind, fordern Sie eine Auskunft der Lohnsteuerstelle des Finanzamts an.

Auch haken Sie nach, wenn Ihnen in einem Steuerbescheid irgendetwas unklar ist. Allerdings sind Sie nicht so vertrauensselig, sich die Auskunft telefonisch geben zu lassen. Mündliche Auskünfte sind für das Finanzamt nicht im Geringsten bindend. Schwarz auf weiß aber muss das Finanzamt zu seinem Wort stehen. Schreiben wie »Die Steuerermäßigung musste abgelehnt werden, weil die entsprechenden Unterlagen nicht vorgelegt werden konnten« oder Abwimmelungsversuche wie »Die Entscheidung wurde von einem Gericht getroffen, die aber für uns nicht bindend ist; hierfür haben wir unsere genauen Bestimmungen« nötigen Ihnen ein Lächeln ab, denn Sie wisen: Das Finanzamt ist gesetzlich verpflichtet, auch zu Ihren Gunsten eine Steuerermäßigung zu prüfen (Schön wär's, wenn's immer gemacht würde – hm?). Sie verlangen also als Arbeitnehmer eine genaue und lückenlose Aufklärung einschließlich aller einschlägigen Urteile und vor allem Kommentarauszüge und beschweren sich unter Umständen bei der Oberfinanzdirektion so lange, bis Sie eine solche zu Ihrer vollen Zufriedenheit erhalten haben!

Stellt sich einer dumm, kontern Sie: »Natürlich sind Sie dazu da, die zu beschaffen, denn Sie müssen auch meine Vorteile prüfen. Ich glaube, das steht in § 88 AO Absatz zwo.«

Und wenn Ihre Unterlagen nicht vollständig sind, hat das Amt Ihnen die Vorlage anderer Nachweise vorzuschlagen, aber nur, wenn Ihnen deren Beschaf-

fung zuzumuten ist. Vielfach verlangt man von Ihnen, alle möglichen Belege beizubringen, und weiß ganz genau, dass Ihnen dies nicht möglich ist. Wie sollen Sie für jedes gewaschene Hemd den Nachweis führen, wie viel Waschpulver dafür gebraucht wurde? Für so etwas gibt es Erfahrungssätze, und die soll Ihnen das Finanzamt ansetzen. Die Ämter sind ausdrücklich angewiesen, von kleinlichen Einzelermittlungen abzusehen, und dürfen Ihnen keinesfalls etwas streichen, nur weil Sie nicht in der Lage sind, einen Nachweis zu erbringen.
Auf diesem Standpunkt stehen auch die Urteile des BFH vom 8.11.1956 – BStBl 1957 III S. 149, vom 21.7.1961 – BStBl 1961 III S. 437 und vom 26.6.1962 – HFR 1962 S. 265. Zur Not können Sie dem Amt eine eidesstattliche Erklärung anbieten, dass Ihnen die angesetzten Aufwendungen entstanden sind. Dann ist es Sache des Finanzamts zu beweisen, dass Sie sie nicht gehabt haben, und Sie haben ihm den Schwarzen Peter zugeschoben.
Ohne genau durchrechnen zu müssen – was Sie aufgrund der vorhergegangenen Ausführungen ja eigentlich aus dem Effeff können sollten –, können Sie überschlagen, ob das Finanzamt Ihnen von den beantragten Ermäßigungen etwas abgezwackt hat. Nämlich so: Sie rechnen alle Ermäßigungsbeträge zusammen, ziehen davon die Pauschbeträge für Werbungskosten und Sonderausgaben sowie die zumutbare Belastungsgrenze ab. Vom dann übrigen Betrag muss Ihnen das Amt mindestens 15 % Lohn- und 1,35 % Kirchensteuer erstatten, klar? Noch genauer können Sie den Prozentsatz aus der Steuerersparnistabelle bestimmen!

Tschuang-tse sagte vor über 2000 Jahren:
Der Ruf zu den Waffen ist die niedrigste Form der Erziehung. Verordnungen und Gesetze sind die niedrigste Form des Regierens.

6. Decken Sie das Finanzamt mit Belegen ein!

GUTER RAT

1044 Wenn Sie den Abgabetermin für die Steuererklärung inkl. Erinnerungen verpasst haben, müssen Sie mit unangenehmer Post rechnen. Das Finanzamt schätzt nämlich dann Ihr Einkommen, und zwar meist großzügig. Es reicht dann allerdings aus, wenn Sie innerhalb von vier Wochen Ihre Erklärung nachreichen. Die Ämter können laut Bundesfinanzhof in so einem Fall keine förmlichen Einsprüche verlangen (V R 87/01): Sie müssen den Bescheid korrigieren und dürfen auch keine vorläufigen Zahlungen fordern, wenn Sie Aussetzung der Vollziehung beantragen.

Weht der Wind ein Blatt Papier in ein Amt,
sind nach einiger Zeit zwei Ochsen nötig,
den angewachsenen Aktenmist wegzuschaffen.
(Sprichwort aus China)

Sind Lügen vor dem Finanzamt erlaubt? 1045
Wenn es echte Notlügen sind, die zu keiner Steuerhinterziehung führen, kann man ausnahmsweise einmal ja sagen. Sie wissen, dass Finanzämter mit den Erstattungen meist recht langsam sind. Oft liegt es an der Arbeitsüberlastung bei den Einkommensteuerstellen, oft an der Computererledigung – immer jedoch an der Kompliziertheit des Steuerrechts. Wenn Sie also mal besonders dringend auf die Penunzen angewiesen sein sollten, die Ihnen Vater Staat schon so lange im Voraus abgenommen hat, sei es, dass Ihr Ehepartner krank ist oder ein Kindchen unterwegs oder eine andere Notlage vorherrscht, dann, ja dann dürfen Sie es auch mal dem deutschen Bundeskanzler Konrad Adenauer – Gott hab ihn selig! – nachmachen, der bekanntlich im Umgang mit der Wahrheit »nit so pingelig« war.

Deutsche Mädchenhändler und Drogenverbrecher,
die in asiatischen Gefängnissen einsitzen,
erhalten so viel Sozialhilfe aus Deutschland,
dass sie sich dort einen Koch, einen Diener und
die feinsten Speisen aus Gourmetlokalen leisten können.
Dafür blechen Sie und rackern sich ab,
Sie dummes Schaf von Steuerzahler.

TRICK

Decken Sie den Beamten mit Belegen ein!

Sie sollten Ihrer Steuererklärung alle unverfänglichen Belege, die Sie klugerweise im Lauf des Jahres gesammelt haben, beifügen und damit Ihren Fiskalritter ordentlich zupflastern. Auf ihn macht das den Eindruck, es sei bei Ihnen alles in Ordnung. Notfalls müssen Eigenbelege herhalten, so z.B. für Trinkgelder, Parkgebühren, Telefonkosten oder Zahlungen an Handwerker, die keine Quittung ausschreiben wollen. Hatten Sie dagegen Ausgaben, die Sie nicht belegen können, machen Sie nur Beträge bis zu den EB-FAGO-Grenzen geltend (siehe ➤ Rz 476). Heikle Ausgaben machen Sie ebenfalls bis zu diesen Grenzen geltend – ohne Belege! 1046
Anmerkung: Der Bearbeiter beim Finanzamt nimmt sich im Normalfall für jede Steuererklärung eine bestimmte Menge Zeit. Findet er keine Belege, fieselt er unruhig in den Formularen herum und fordert womöglich für einige heikle Sachen welche an. So etwas sollten Sie nicht unnötig provozieren.

Besteht Ihr Fiskalritter hartnäckig auf Belegen für alle Ausgaben, antworten Sie ihm höflich: »Leider habe ich die Belege im letzten Jahr nicht alle aufbewahrt und kann sie auch nicht nachträglich herbeischaffen. Aber ich bin gern bereit, ab sofort für alle Posten die Unterlagen zu sammeln. In der Ihnen vorliegenden Steuererklärung habe ich aber durch meine Unterschrift versichert, dass alle Angaben vollständig und richtig sind. Ich bitte Sie daher, die Veranlagung erklärungsgemäß durchzuführen.« Und schon klappt der Laden.

1047 **Seien Sie auch mal dem Finanzamt gut!**
Sosehr wir dem Finanzamt auf die Finger sehen wollen, so sehr wollen wir uns aber auch bemühen, dass es sich mit unseren Anträgen nicht über Gebühr aufhalten muss. Die meisten jüngeren Beamten sind aufgeschlossene, friedliche Menschen. Sie sind nicht wie etwa Betriebsprüfer oder gar Steuerfahnder scharfgemacht und suchen Sie nicht mit allen Mitteln zur Ader zu lassen. Helfen wir ihnen also und bleiben ihnen gegenüber nett und freundlich. Sie sind schließlich nicht schuld an dem, was ihnen die Politiker und Ministerialbürokraten ständig zumuten. Wir ordnen also alle Belege und fertigen – falls wir eine größerer Anzahl vorlegen – eine Aufstellung wie folgt:

Nr.	Datum	Gegenstand	bezahlt am	Betrag
1				
2				
...				

TIPP

zur Aufbewahrungspflicht

1048 **S** **Als Arbeitnehmer können Sie dem Finanzamt eingereichte und zurückerhaltene Belege wegwerfen – für Sie besteht keine Aufbewahrungspflicht. Selbständigen dagegen ist das nicht anzuraten.** Versuchen Sie aber nicht, das Finanzamt zu verschaukeln. Dort weiß man aus Tausenden von Anträgen, dass man z.B. als Beamter einen Zuschuss zu seinen Krankheitskosten bekommt oder gewisse Reisespesen vom Arbeitgeber ersetzt werden. Natürlich, möglich ist es schon, dass sie danach zu fragen vergessen, denn die Einkommensteuerstellen sind ja weiß Gott mit Arbeit gesegnet. Aber wenn Sie so etwas nachträglich beichten müssen, erschüttert das Ihre Glaubwürdigkeit, und das sollten Sie vermeiden!

TIPP

Setzen Sie höhere Pauschalbeträge ein!

In einigen Bundesländern haben die Fiskalbürokraten die Teuerungsraten berücksichtigt und akzeptieren für Arbeitsmittel wie Fachliteratur, Kleidung, Werkzeug etc. statt 100 € auch 150 €. Versuchen Sie es also erst einmal mit dem höheren Betrag. Denken Sie aber daran: Das Finanzamt *kann* vom Belegnachweis absehen, muss es jedoch nicht. Ihr Pech, wenn das Finanzamt gerade bei Ihnen den Belegnachweis fordert und Sie die Belege inzwischen weggeworfen oder verschludert haben. 1049

7. Darf das Finanzamt Sie vorladen?

Grundsätzlich ja. Aber es sollte Sie nicht mit einem Hund vergleichen, dem man 1050
nur pfeifen muss, damit er schnellstens angerannt kommt. Will das Amt eine selbstherrlich vorgenommene Handlung oder einen peinlichen Vorfall ausbügeln oder elegant aus der Welt schaffen, lädt es Sie gern vor, um Sie weichzuklopfen. Sie können jedoch die Verpflichtung, an der Amtsstelle zu erscheinen, ganz gut unterlaufen. Dass etwas faul ist, merken Sie daran, dass auf dem Vorladungsschreiben keine *genauen* Gründe und speziellen Fragen angeführt sind, über die Sie sich äußern sollen. Sie werden also schreiben: »Bevor ich auf Ihrem Amt erscheine, bitte ich, mich eingehend über die einzelnen Punkte aufzuklären, über die ich gehört werden soll.« Oder: »Ich möchte mir Verdienstausfall ersparen und bitte um schriftliche Erledigung …« Dann schickt Ihnen der Fiskalritter meist gleich die Fragen zur schriftlichen Erledigung, die er von Ihnen beantwortet wissen möchte, bzw. die Ausreden, die er sich für Ihren Fall parat gelegt hat.

Denn er weiß: Eine persönliche Vorladung kommt nur dann in Betracht, wenn ein schriftliches Verfahren unter Umständen nicht zum Ziel führt. Und Sie müssen Gelegenheit haben, sich auf seine Fragen vorzubereiten. Völlig unzulässig wäre eine Vorladung, wenn Sie weit entfernt wohnen und eine schriftliche Auskunft genügen würde (Urt. des FG Düsseldorf v. 29.3.1951 – Betriebsberater 1951, S. 326)

Sie werden auch die Beantwortung und die Erledigung telefonischer Anfragen ablehnen, selbst wenn Dinge belangloser Art aus der Welt geschafft werden sollen.

8. Darf das Finanzamt Ihnen die Beweislast übertragen?

1051 Das Finanzamt kehrt den Fall um, wenn es Ihnen die Beweislast aufbürdet. Selbst Finanzgerichte sehen da manchmal nicht völlig klar. Nun muss man dem Bundesfinanzhof eines lassen: Was die verfahrensrechtliche Stellung des Steuerzahlers betrifft, ist seine Rechtsprechung vorbildlich. In seinem Urteil vom 7. Dezember 1955 (BStBl 1956 III S. 75), das als Grundsatzentscheidung gekennzeichnet ist, sagte er nämlich: »Der Steuerprozess kennt grundsätzlich keine Beweislast und keine Beweisregeln wie der Zivilprozess. Die Amtspflicht zur Sachaufklärung und die gesetzliche Mitwirkungspflicht des Steuerpflichtigen bei der amtlichen Sachaufklärung, insbesondere seine Erklärungs-, Darlegungs- und Nachweispflichten gehen bis zur Grenze des Zumutbaren. Wo die Grenzen des Zumutbaren bei der Amtspflicht zur Sachaufklärung wie bei der Mitwirkungspflicht des Steuerpflichtigen im Einzelfall liegen, ist nach den Grundsätzen von Treu und Glauben unter Beachtung aller Umstände des einzelnen Falles zu entscheiden.« Einen wirksamen Rechtsschutz gewähren, insbesondere dadurch, dass es die Grenzen für die Ermittlungs- und Aufklärungspflicht der Finanzbehörden und der Steuergerichte denkbar weit spannt, will ebenfalls das Urteil vom 18.8.1960 (BStBl 1960 III S. 451). Es ist deshalb von besonderer Bedeutung, weil es die Pflicht der Finanzbehörden und der Steuergerichte zur vollständigen Ermittlung des Sachverhalts auch für den Fall feststellt, in dem die Rechtsstellung des Steuerzahlers von vornherein schwächer ist.

Wie im Rechtsspruch dieses Urteils gesagt ist, sind z.B. Finanzgerichte (selbstredend auch das Finanzamt und alle sonstigen beteiligten Behörden und Gerichte) gemäß § 162 Abs. 2 AO verpflichtet, im Rahmen der Schätzung alle vom Pflichtigen in substanziierter Weise vorgetragenen und als Schätzungsgrundlage in Frage kommenden Tatsachenbehauptungen zu berücksichtigen – dies selbst dann, wenn deren Richtigkeit erst durch Beweiserhebung geklärt werden muss und zur Anerkennung eines Verlusts führen würde.

1052 Nun aber wieder von den höchst seltenen freundlichen Worten der hohen Gerichte zurück ins Kampfgetümmel der Steuerzahler mit den Finanzämtern:

- **Das Finanzamt muss grundsätzlich beweisen, aufgrund welcher Einkünfte es Steuern von Ihnen haben will. Dabei legt das Finanzamt hinsichtlich der Einnahmen Ihre eigenen Angaben zugrunde. Sind diese unrichtig, können Sie sich strafbar gemacht haben.**
- **Sie als Steuerzahler müssen grundsätzlich alles beweisen, was zu einer Steuerminderung führt. Dabei gilt für nicht beweisbare Vorgänge der sog. Beweis des ersten Anscheins. So gilt das Halten eines Pkw als »Beweis des ersten Anscheins« für berufliche Kosten durch Fahrten zwischen Wohnung und Arbeitsstätte. Sie müssen daher nicht beweisen, dass Sie tatsächlich mit dem Auto arbeitstäglich zur Arbeitsstätte gefahren sind.**

Lassen Sie sich also nicht vom Finanzamt in Beweisnot bringen, berufen Sie sich auf Ihre Erklärung und den Beweis des ersten Anscheins. Eine Zusammenfassung der Beweislastregeln enthält übrigens das BFH-Urteil vom 7.7.1983 (BStBl 1983 II S. 760). Wenn Sie allerdings auf einen verbissenen Federfuchser treffen, müssen Sie wohl zu einer Oberfinanzdirektion wandern, in deren Bücherei Sie ziemlich alles zur Steuer finden. Oder schreiben Sie gleich die vornehmen Herren bei den Oberfinanzdirektionen an. Sie sind sehr auskunftsfreudig.

Doch denken Sie nicht, dass Sie immer erfahren, was und wie in den meisten Fällen von den Gerichten entschieden wird. Von den in einem Vorjahr gefällten 2.279 Entscheidungen z.B. wurden 386 (17 %) zur Veröffentlichung freigegeben! Vielleicht ist vieles darunter, was dem Finanzamt nicht passen könnte … Ich unterstelle den Richtern hier beileibe keine Absichten oder gar eine gewisse politische Steuerung – aber gut finde ich das nicht. Der Bundesfinanzhof teilt Ihnen auf Anfrage – sofern Sie ein begründetes Interesse nachweisen können – mit, ob bei ihm zu der Sie interessierenden Rechtsfrage ein Verfahren anhängig ist. Falls dem so ist, können Sie beim Finanzamt beantragen, Ihren Streitfall bis zur Entscheidung ruhenzulassen.

Fragen Sie den Verfasser bitte nicht nach zusätzlichen Urteilen und Hilfen für einen speziellen, Sie besonders interessierenden Fall. Alles, was er herausklamüsert hat, steht in diesem Buch. Deshalb sehen Sie ihm auch nach, wenn er Ihre Anfragen nicht beantwortet. Außerdem darf er das nach dem bestehenden Rechtsberatungsgesetz ohnehin nicht.

Lobend gleichzustellen ist diese deine Steuerreform, o Scaeferius,
allen Steuerreformen, die da waren, sind oder kommen werden.
Sie ist modern, gerecht, erleichternd und kunstvoll.
Modern, weil jede der alten Steuern einen neuen Namen trägt,
gerecht, weil sie alle Bürger des Römischen Reiches gleich benachteiligt,
erleichternd, weil sie keinem Steuerzahler mehr einen vollen Beutel lässt,
und kunstvoll, weil du in vielen Worten ihren kurzen Sinn verstecktest:
dem Kaiser zu geben, was des Kaisers ist, und dem Bürger zu nehmen,
was des Bürgers ist.

Wehruf eines römischen Bürgers
über die Steuerreform anno 282 n. Chr.

»Das Steuerrecht ist an sich verfassungswidrig,
weil es der normale Steuerbürger gar nicht begreifen kann.«
(Der ehemalige Präsident des Bundesverfassungsgerichts Benda)

Einkommensteuer- und Splittingtabellen für 2014 und die Vorauszahlungen 1053

- Die Einkommensteuer, die 2014 auf Ihr zu versteuerndes Einkommen erhoben wird, können Sie in der folgenden Tabelle ablesen.

- Ziehen Sie von diesem Betrag die von Ihnen voraussichtlich zu zahlende Lohn-, Kapitalertrags-, Zinsabschlag-, anrechenbare Körperschaftsteuer und die Einkommensteuervorauszahlungen ab.

Das Ergebnis ist der Betrag, den Sie erstattet bekommen oder – ich wünsche es Ihnen nicht – noch nachzahlen müssen.

zu versteuerndes Einkommen €	Einkommensteuer Grundtabelle €	Einkommensteuer Splittingtabelle €	zu versteuerndes Einkommen €	Einkommensteuer Grundtabelle €	Einkommensteuer Splittingtabelle €	zu versteuerndes Einkommen €	Einkommensteuer Grundtabelle €	Einkommensteuer Splittingtabelle €
7.400	0	0	8.650	42	0	9.900	239	0
7.425	0	0	8.675	45	0	9.925	243	0
7.450	0	0	8.700	49	0	9.950	248	0
7.475	0	0	8.725	53	0	9.975	252	0
7.500	0	0	8.750	56	0	10.000	256	0
7.525	0	0	8.775	60	0	10.025	261	0
7.550	0	0	8.800	64	0	10.050	265	0
7.575	0	0	8.825	68	0	10.075	269	0
7.600	0	0	8.850	71	0	10.100	274	0
7.625	0	0	8.875	75	0	10.125	278	0
7.650	0	0	8.900	79	0	10.150	282	0
7.675	0	0	8.925	83	0	10.175	287	0
7.700	0	0	8.950	86	0	10.200	291	0
7.725	0	0	8.975	90	0	10.225	296	0
7.750	0	0	9.000	94	0	10.250	300	0
7.775	0	0	9.025	98	0	10.275	304	0
7.800	0	0	9.050	102	0	10.300	309	0
7.825	0	0	9.075	106	0	10.325	313	0
7.850	0	0	9.100	109	0	10.350	318	0
7.875	0	0	9.125	113	0	10.375	322	0
7.900	0	0	9.150	117	0	10.400	327	0
7.925	0	0	9.175	121	0	10.425	331	0
7.950	0	0	9.200	125	0	10.450	336	0
7.975	0	0	9.225	129	0	10.475	340	0
8.000	0	0	9.250	133	0	10.500	345	0
8.025	0	0	9.275	137	0	10.525	349	0
8.050	0	0	9.300	141	0	10.550	354	0
8.075	0	0	9.325	145	0	10.575	359	0
8.100	0	0	9.350	149	0	10.600	363	0
8.125	0	0	9.375	153	0	10.625	368	0
8.150	0	0	9.400	157	0	10.650	372	0
8.175	0	0	9.425	161	0	10.675	377	0
8.200	0	0	9.450	165	0	10.700	382	0
8.225	0	0	9.475	169	0	10.725	386	0
8.250	0	0	9.500	173	0	10.750	391	0
8.275	0	0	9.525	177	0	10.775	396	0
8.300	0	0	9.550	181	0	10.800	400	0
8.325	0	0	9.575	185	0	10.825	405	0
8.350	0	0	9.600	189	0	10.850	410	0
8.375	2	0	9.625	193	0	10.875	414	0
8.400	6	0	9.650	197	0	10.900	419	0
8.425	9	0	9.675	201	0	10.925	424	0
8.450	13	0	9.700	206	0	10.950	429	0
8.475	17	0	9.725	210	0	10.975	433	0
8.500	20	0	9.750	214	0	11.000	438	0
8.525	24	0	9.775	218	0	11.025	443	0
8.550	27	0	9.800	222	0	11.050	448	0
8.575	31	0	9.825	227	0	11.075	453	0
8.600	35	0	9.850	231	0	11.100	457	0
8.625	38	0	9.875	235	0	11.125	462	0

zu versteuerndes Einkommen €	Einkommensteuer Grundtabelle €	Einkommensteuer Splittingtabelle €	zu versteuerndes Einkommen €	Einkommensteuer Grundtabelle €	Einkommensteuer Splittingtabelle €	zu versteuerndes Einkommen €	Einkommensteuer Grundtabelle €	Einkommensteuer Splittingtabelle €
11.150	467	0	12.400	725	0	13.650	1.014	0
11.175	472	0	12.425	731	0	13.675	1.020	0
11.200	477	0	12.450	736	0	13.700	1.026	0
11.225	482	0	12.475	742	0	13.725	1.032	0
11.250	487	0	12.500	747	0	13.750	1.038	0
11.275	492	0	12.525	753	0	13.775	1.044	0
11.300	497	0	12.550	759	0	13.800	1.050	0
11.325	501	0	12.575	764	0	13.825	1.056	0
11.350	506	0	12.600	770	0	13.850	1.062	0
11.375	511	0	12.625	775	0	13.875	1.068	0
11.400	516	0	12.650	781	0	13.900	1.074	0
11.425	521	0	12.675	786	0	13.925	1.080	0
11.450	526	0	12.700	792	0	13.950	1.086	0
11.475	531	0	12.725	798	0	13.975	1.092	0
11.500	536	0	12.750	803	0	14.000	1.098	0
11.525	541	0	12.775	809	0	14.025	1.104	0
11.550	546	0	12.800	815	0	14.050	1.111	0
11.575	552	0	12.825	820	0	14.075	1.117	0
11.600	557	0	12.850	826	0	14.100	1.123	0
11.625	562	0	12.875	832	0	14.125	1.129	0
11.650	567	0	12.900	837	0	14.150	1.135	0
11.675	572	0	12.925	843	0	14.175	1.141	0
11.700	577	0	12.950	849	0	14.200	1.147	0
11.725	582	0	12.975	855	0	14.225	1.153	0
11.750	587	0	13.000	860	0	14.250	1.159	0
11.775	592	0	13.025	866	0	14.275	1.165	0
11.800	598	0	13.050	872	0	14.300	1.171	0
11.825	603	0	13.075	878	0	14.325	1.177	0
11.850	608	0	13.100	883	0	14.350	1.183	0
11.875	613	0	13.125	889	0	14.375	1.190	0
11.900	618	0	13.150	895	0	14.400	1.196	0
11.925	624	0	13.175	901	0	14.425	1.202	0
11.950	629	0	13.200	907	0	14.450	1.208	0
11.975	634	0	13.225	913	0	14.475	1.214	0
12.000	639	0	13.250	919	0	14.500	1.220	0
12.025	645	0	13.275	924	0	14.525	1.226	0
12.050	650	0	13.300	930	0	14.550	1.232	0
12.075	655	0	13.325	936	0	14.575	1.238	0
12.100	661	0	13.350	942	0	14.600	1.245	0
12.125	666	0	13.375	948	0	14.625	1.251	0
12.150	671	0	13.400	954	0	14.650	1.257	0
12.175	677	0	13.425	960	0	14.675	1.263	0
12.200	682	0	13.450	966	0	14.700	1.269	0
12.225	687	0	13.475	972	0	14.725	1.275	0
12.250	693	0	13.500	978	0	14.750	1.281	0
12.275	698	0	13.525	984	0	14.775	1.287	0
12.300	704	0	13.550	990	0	14.800	1.294	0
12.325	709	0	13.575	996	0	14.825	1.300	0
12.350	715	0	13.600	1.002	0	14.850	1.306	0
12.375	720	0	13.625	1.008	0	14.875	1.312	0

zu versteuerndes Einkommen €	Einkommensteuer Grundtabelle €	Einkommensteuer Splittingtabelle €	zu versteuerndes Einkommen €	Einkommensteuer Grundtabelle €	Einkommensteuer Splittingtabelle €	zu versteuerndes Einkommen €	Einkommensteuer Grundtabelle €	Einkommensteuer Splittingtabelle €
14.900	1.318	0	16.150	1.630	0	17.400	1.948	98
14.925	1.324	0	16.175	1.636	0	17.425	1.955	102
14.950	1.331	0	16.200	1.642	0	17.450	1.961	106
14.975	1.337	0	16.225	1.648	0	17.475	1.967	110
15.000	1.343	0	16.250	1.655	0	17.500	1.974	112
15.025	1.349	0	16.275	1.661	0	17.525	1.980	116
15.050	1.355	0	16.300	1.667	0	17.550	1.987	120
15.075	1.361	0	16.325	1.674	0	17.575	1.993	124
15.100	1.368	0	16.350	1.680	0	17.600	2.000	128
15.125	1.374	0	16.375	1.686	0	17.625	2.006	132
15.150	1.380	0	16.400	1.693	0	17.650	2.013	136
15.175	1.386	0	16.425	1.699	0	17.675	2.019	138
15.200	1.392	0	16.450	1.705	0	17.700	2.026	142
15.225	1.398	0	16.475	1.712	0	17.725	2.032	146
15.250	1.405	0	16.500	1.718	0	17.750	2.039	150
15.275	1.411	0	16.525	1.724	0	17.775	2.045	154
15.300	1.417	0	16.550	1.731	0	17.800	2.052	158
15.325	1.423	0	16.575	1.737	0	17.825	2.058	162
15.350	1.429	0	16.600	1.743	0	17.850	2.065	166
15.375	1.436	0	16.625	1.750	0	17.875	2.071	168
15.400	1.442	0	16.650	1.756	0	17.900	2.078	172
15.425	1.448	0	16.675	1.762	0	17.925	2.084	176
15.450	1.454	0	16.700	1.769	0	17.950	2.091	180
15.475	1.461	0	16.725	1.775	2	17.975	2.097	184
15.500	1.467	0	16.750	1.782	4	18.000	2.104	188
15.525	1.473	0	16.775	1.788	8	18.025	2.110	192
15.550	1.479	0	16.800	1.794	12	18.050	2.117	196
15.575	1.485	0	16.825	1.801	16	18.075	2.123	200
15.600	1.492	0	16.850	1.807	18	18.100	2.130	204
15.625	1.498	0	16.875	1.813	22	18.125	2.136	208
15.650	1.504	0	16.900	1.820	26	18.150	2.143	212
15.675	1.510	0	16.925	1.826	30	18.175	2.149	214
15.700	1.517	0	16.950	1.833	34	18.200	2.156	218
15.725	1.523	0	16.975	1.839	36	18.225	2.162	222
15.750	1.529	0	17.000	1.845	40	18.250	2.169	226
15.775	1.535	0	17.025	1.852	44	18.275	2.175	230
15.800	1.542	0	17.050	1.858	48	18.300	2.182	234
15.825	1.548	0	17.075	1.865	50	18.325	2.188	238
15.850	1.554	0	17.100	1.871	54	18.350	2.195	242
15.875	1.560	0	17.125	1.877	58	18.375	2.202	246
15.900	1.567	0	17.150	1.884	62	18.400	2.208	250
15.925	1.573	0	17.175	1.890	66	18.425	2.215	254
15.950	1.579	0	17.200	1.897	70	18.450	2.221	258
15.975	1.586	0	17.225	1.903	72	18.475	2.228	262
16.000	1.592	0	17.250	1.910	76	18.500	2.234	266
16.025	1.598	0	17.275	1.916	80	18.525	2.241	270
16.050	1.604	0	17.300	1.922	84	18.550	2.247	274
16.075	1.611	0	17.325	1.929	88	18.575	2.254	278
16.100	1.617	0	17.350	1.935	90	18.600	2.261	282
16.125	1.623	0	17.375	1.942	94	18.625	2.267	286

zu versteuerndes Einkommen €	Einkommensteuer Grundtabelle €	Einkommensteuer Splittingtabelle €	zu versteuerndes Einkommen €	Einkommensteuer Grundtabelle €	Einkommensteuer Splittingtabelle €	zu versteuerndes Einkommen €	Einkommensteuer Grundtabelle €	Einkommensteuer Splittingtabelle €
18.650	2.274	290	19.900	2.607	496	21.150	2.947	718
18.675	2.280	294	19.925	2.613	500	21.175	2.953	722
18.700	2.287	298	19.950	2.620	504	21.200	2.960	726
18.725	2.294	302	19.975	2.627	508	21.225	2.967	730
18.750	2.300	306	20.000	2.634	512	21.250	2.974	736
18.775	2.307	310	20.025	2.640	516	21.275	2.981	740
18.800	2.313	314	20.050	2.647	522	21.300	2.988	744
18.825	2.320	318	20.075	2.654	526	21.325	2.995	750
18.850	2.327	322	20.100	2.661	530	21.350	3.002	754
18.875	2.333	326	20.125	2.667	534	21.375	3.009	758
18.900	2.340	330	20.150	2.674	538	21.400	3.015	764
18.925	2.346	334	20.175	2.681	542	21.425	3.022	768
18.950	2.353	338	20.200	2.688	548	21.450	3.029	772
18.975	2.360	342	20.225	2.694	552	21.475	3.036	776
19.000	2.366	346	20.250	2.701	556	21.500	3.043	782
19.025	2.373	350	20.275	2.708	560	21.525	3.050	786
19.050	2.380	354	20.300	2.715	564	21.550	3.057	792
19.075	2.386	358	20.325	2.721	568	21.575	3.064	796
19.100	2.393	362	20.350	2.728	574	21.600	3.071	800
19.125	2.399	366	20.375	2.735	578	21.625	3.078	806
19.150	2.406	370	20.400	2.742	582	21.650	3.085	810
19.175	2.413	374	20.425	2.749	586	21.675	3.092	814
19.200	2.419	378	20.450	2.755	592	21.700	3.098	820
19.225	2.426	382	20.475	2.762	596	21.725	3.105	824
19.250	2.433	386	20.500	2.769	600	21.750	3.112	828
19.275	2.439	390	20.525	2.776	604	21.775	3.119	834
19.300	2.446	394	20.550	2.783	608	21.800	3.126	838
19.325	2.453	398	20.575	2.789	614	21.825	3.133	842
19.350	2.459	402	20.600	2.796	618	21.850	3.140	848
19.375	2.466	406	20.625	2.803	622	21.875	3.147	852
19.400	2.473	412	20.650	2.810	626	21.900	3.154	858
19.425	2.479	416	20.675	2.817	630	21.925	3.161	862
19.450	2.486	420	20.700	2.823	636	21.950	3.168	866
19.475	2.493	424	20.725	2.830	640	21.975	3.175	872
19.500	2.499	428	20.750	2.837	644	22.000	3.182	876
19.525	2.506	432	20.775	2.844	648	22.025	3.189	880
19.550	2.513	436	20.800	2.851	654	22.050	3.196	886
19.575	2.519	440	20.825	2.858	658	22.075	3.203	890
19.600	2.526	444	20.850	2.864	662	22.100	3.210	896
19.625	2.533	448	20.875	2.871	666	22.125	3.217	900
19.650	2.539	454	20.900	2.878	672	22.150	3.224	906
19.675	2.546	458	20.925	2.885	676	22.175	3.231	910
19.700	2.553	462	20.950	2.892	680	22.200	3.238	914
19.725	2.560	466	20.975	2.899	684	22.225	3.245	920
19.750	2.566	470	21.000	2.905	690	22.250	3.252	924
19.775	2.573	474	21.025	2.912	694	22.275	3.259	930
19.800	2.580	478	21.050	2.919	698	22.300	3.266	934
19.825	2.586	482	21.075	2.926	704	22.325	3.273	938
19.850	2.593	486	21.100	2.933	708	22.350	3.280	944
19.875	2.600	492	21.125	2.940	712	22.375	3.287	948

zu versteuerndes Einkommen €	Einkommensteuer Grundtabelle €	Einkommensteuer Splittingtabelle €	zu versteuerndes Einkommen €	Einkommensteuer Grundtabelle €	Einkommensteuer Splittingtabelle €	zu versteuerndes Einkommen €	Einkommensteuer Grundtabelle €	Einkommensteuer Splittingtabelle €
22.400	3.294	954	23.650	3.648	1.206	24.900	4.009	1.472
22.425	3.301	958	23.675	3.655	1.210	24.925	4.017	1.478
22.450	3.308	964	23.700	3.662	1.216	24.950	4.024	1.484
22.475	3.315	968	23.725	3.669	1.222	24.975	4.031	1.490
22.500	3.322	974	23.750	3.677	1.226	25.000	4.039	1.494
22.525	3.329	978	23.775	3.684	1.232	25.025	4.046	1.500
22.550	3.336	984	23.800	3.691	1.236	25.050	4.053	1.506
22.575	3.343	988	23.825	3.698	1.242	25.075	4.061	1.512
22.600	3.350	994	23.850	3.705	1.248	25.100	4.068	1.518
22.625	3.357	998	23.875	3.713	1.252	25.125	4.075	1.522
22.650	3.364	1.002	23.900	3.720	1.258	25.150	4.083	1.528
22.675	3.371	1.008	23.925	3.727	1.262	25.175	4.090	1.534
22.700	3.378	1.012	23.950	3.734	1.268	25.200	4.097	1.540
22.725	3.385	1.018	23.975	3.741	1.274	25.225	4.105	1.544
22.750	3.392	1.022	24.000	3.748	1.278	25.250	4.112	1.550
22.775	3.399	1.028	24.025	3.756	1.284	25.275	4.119	1.556
22.800	3.406	1.032	24.050	3.763	1.290	25.300	4.127	1.562
22.825	3.413	1.038	24.075	3.770	1.294	25.325	4.134	1.566
22.850	3.420	1.042	24.100	3.777	1.300	25.350	4.141	1.572
22.875	3.427	1.048	24.125	3.784	1.306	25.375	4.149	1.578
22.900	3.435	1.052	24.150	3.792	1.310	25.400	4.156	1.584
22.925	3.442	1.058	24.175	3.799	1.316	25.425	4.163	1.590
22.950	3.449	1.062	24.200	3.806	1.322	25.450	4.171	1.596
22.975	3.456	1.068	24.225	3.813	1.326	25.475	4.178	1.600
23.000	3.463	1.072	24.250	3.821	1.332	25.500	4.185	1.606
23.025	3.470	1.078	24.275	3.828	1.338	25.525	4.193	1.612
23.050	3.477	1.082	24.300	3.835	1.342	25.550	4.200	1.618
23.075	3.484	1.088	24.325	3.842	1.348	25.575	4.208	1.624
23.100	3.491	1.092	24.350	3.849	1.354	25.600	4.215	1.630
23.125	3.498	1.098	24.375	3.857	1.358	25.625	4.222	1.634
23.150	3.505	1.104	24.400	3.864	1.364	25.650	4.230	1.640
23.175	3.513	1.108	24.425	3.871	1.370	25.675	4.237	1.646
23.200	3.520	1.114	24.450	3.878	1.374	25.700	4.244	1.652
23.225	3.527	1.118	24.475	3.886	1.380	25.725	4.252	1.658
23.250	3.534	1.124	24.500	3.893	1.386	25.750	4.259	1.664
23.275	3.541	1.128	24.525	3.900	1.390	25.775	4.267	1.668
23.300	3.548	1.134	24.550	3.907	1.396	25.800	4.274	1.674
23.325	3.555	1.138	24.575	3.915	1.402	25.825	4.281	1.680
23.350	3.562	1.144	24.600	3.922	1.408	25.850	4.289	1.686
23.375	3.569	1.148	24.625	3.929	1.412	25.875	4.296	1.692
23.400	3.577	1.154	24.650	3.937	1.418	25.900	4.304	1.698
23.425	3.584	1.160	24.675	3.944	1.424	25.925	4.311	1.704
23.450	3.591	1.164	24.700	3.951	1.430	25.950	4.319	1.710
23.475	3.598	1.170	24.725	3.958	1.434	25.975	4.326	1.714
23.500	3.605	1.174	24.750	3.966	1.440	26.000	4.333	1.720
23.525	3.612	1.180	24.775	3.973	1.446	26.025	4.341	1.726
23.550	3.619	1.184	24.800	3.980	1.450	26.050	4.348	1.732
23.575	3.627	1.190	24.825	3.988	1.456	26.075	4.356	1.738
23.600	3.634	1.196	24.850	3.995	1.462	26.100	4.363	1.744
23.625	3.641	1.200	24.875	4.002	1.468	26.125	4.371	1.750

zu versteuerndes Einkommen €	Einkommensteuer Grundtabelle €	Einkommensteuer Splittingtabelle €	zu versteuerndes Einkommen €	Einkommensteuer Grundtabelle €	Einkommensteuer Splittingtabelle €	zu versteuerndes Einkommen €	Einkommensteuer Grundtabelle €	Einkommensteuer Splittingtabelle €
26.150	4.378	1.756	27.400	4.754	2.052	28.650	5.137	2.354
26.175	4.385	1.760	27.425	4.761	2.058	28.675	5.144	2.360
26.200	4.393	1.766	27.450	4.769	2.064	28.700	5.152	2.366
26.225	4.400	1.772	27.475	4.776	2.070	28.725	5.160	2.372
26.250	4.408	1.778	27.500	4.784	2.076	28.750	5.167	2.380
26.275	4.415	1.784	27.525	4.792	2.082	28.775	5.175	2.384
26.300	4.423	1.790	27.550	4.799	2.088	28.800	5.183	2.392
26.325	4.430	1.796	27.575	4.807	2.094	28.825	5.191	2.398
26.350	4.438	1.802	27.600	4.814	2.100	28.850	5.198	2.404
26.375	4.445	1.808	27.625	4.822	2.106	28.875	5.206	2.410
26.400	4.453	1.814	27.650	4.830	2.112	28.900	5.214	2.416
26.425	4.460	1.820	27.675	4.837	2.118	28.925	5.222	2.422
26.450	4.467	1.826	27.700	4.845	2.124	28.950	5.229	2.428
26.475	4.475	1.830	27.725	4.853	2.130	28.975	5.237	2.434
26.500	4.482	1.838	27.750	4.860	2.136	29.000	5.245	2.440
26.525	4.490	1.842	27.775	4.868	2.142	29.025	5.253	2.446
26.550	4.497	1.848	27.800	4.875	2.148	29.050	5.261	2.452
26.575	4.505	1.854	27.825	4.883	2.154	29.075	5.268	2.458
26.600	4.512	1.860	27.850	4.891	2.160	29.100	5.276	2.464
26.625	4.520	1.866	27.875	4.898	2.166	29.125	5.284	2.470
26.650	4.527	1.872	27.900	4.906	2.172	29.150	5.292	2.476
26.675	4.535	1.878	27.925	4.914	2.178	29.175	5.299	2.482
26.700	4.542	1.884	27.950	4.921	2.184	29.200	5.307	2.490
26.725	4.550	1.890	27.975	4.929	2.190	29.225	5.315	2.494
26.750	4.557	1.896	28.000	4.937	2.196	29.250	5.323	2.502
26.775	4.565	1.902	28.025	4.944	2.202	29.275	5.331	2.508
26.800	4.572	1.908	28.050	4.952	2.208	29.300	5.338	2.514
26.825	4.580	1.914	28.075	4.960	2.214	29.325	5.346	2.520
26.850	4.587	1.920	28.100	4.967	2.222	29.350	5.354	2.526
26.875	4.595	1.926	28.125	4.975	2.226	29.375	5.362	2.532
26.900	4.603	1.932	28.150	4.983	2.234	29.400	5.370	2.538
26.925	4.610	1.938	28.175	4.990	2.240	29.425	5.378	2.544
26.950	4.618	1.944	28.200	4.998	2.246	29.450	5.385	2.550
26.975	4.625	1.950	28.225	5.006	2.252	29.475	5.393	2.556
27.000	4.633	1.956	28.250	5.013	2.258	29.500	5.401	2.562
27.025	4.640	1.962	28.275	5.021	2.264	29.525	5.409	2.568
27.050	4.648	1.968	28.300	5.029	2.270	29.550	5.417	2.574
27.075	4.655	1.974	28.325	5.036	2.276	29.575	5.424	2.580
27.100	4.663	1.980	28.350	5.044	2.282	29.600	5.432	2.588
27.125	4.670	1.986	28.375	5.052	2.288	29.625	5.440	2.594
27.150	4.678	1.992	28.400	5.059	2.294	29.650	5.448	2.600
27.175	4.686	1.998	28.425	5.067	2.300	29.675	5.456	2.606
27.200	4.693	2.004	28.450	5.075	2.306	29.700	5.464	2.612
27.225	4.701	2.010	28.475	5.083	2.312	29.725	5.472	2.618
27.250	4.708	2.016	28.500	5.090	2.318	29.750	5.479	2.624
27.275	4.716	2.022	28.525	5.098	2.324	29.775	5.487	2.630
27.300	4.723	2.028	28.550	5.106	2.330	29.800	5.495	2.636
27.325	4.731	2.034	28.575	5.113	2.336	29.825	5.503	2.642
27.350	4.739	2.040	28.600	5.121	2.342	29.850	5.511	2.648
27.375	4.746	2.046	28.625	5.129	2.348	29.875	5.519	2.654

zu versteuerndes Einkommen €	Einkommensteuer Grundtabelle €	Einkommensteuer Splittingtabelle €	zu versteuerndes Einkommen €	Einkommensteuer Grundtabelle €	Einkommensteuer Splittingtabelle €	zu versteuerndes Einkommen €	Einkommensteuer Grundtabelle €	Einkommensteuer Splittingtabelle €
29.900	5.527	2.662	31.150	5.924	2.970	32.400	6.328	3.284
29.925	5.534	2.666	31.175	5.932	2.976	32.425	6.336	3.290
29.950	5.542	2.674	31.200	5.940	2.984	32.450	6.344	3.296
29.975	5.550	2.680	31.225	5.948	2.990	32.475	6.353	3.304
30.000	5.558	2.686	31.250	5.956	2.996	32.500	6.361	3.310
30.025	5.566	2.692	31.275	5.964	3.002	32.525	6.369	3.316
30.050	5.574	2.698	31.300	5.972	3.008	32.550	6.377	3.322
30.075	5.582	2.704	31.325	5.980	3.014	32.575	6.385	3.328
30.100	5.590	2.710	31.350	5.988	3.020	32.600	6.393	3.334
30.125	5.598	2.716	31.375	5.996	3.026	32.625	6.402	3.340
30.150	5.605	2.722	31.400	6.004	3.034	32.650	6.410	3.348
30.175	5.613	2.728	31.425	6.012	3.040	32.675	6.418	3.354
30.200	5.621	2.736	31.450	6.020	3.046	32.700	6.426	3.360
30.225	5.629	2.742	31.475	6.028	3.052	32.725	6.434	3.366
30.250	5.637	2.748	31.500	6.036	3.058	32.750	6.443	3.372
30.275	5.645	2.754	31.525	6.044	3.064	32.775	6.451	3.378
30.300	5.653	2.760	31.550	6.052	3.070	32.800	6.459	3.386
30.325	5.661	2.766	31.575	6.060	3.076	32.825	6.467	3.392
30.350	5.669	2.772	31.600	6.068	3.084	32.850	6.475	3.398
30.375	5.677	2.778	31.625	6.077	3.090	32.875	6.484	3.404
30.400	5.685	2.784	31.650	6.085	3.096	32.900	6.492	3.410
30.425	5.692	2.790	31.675	6.093	3.102	32.925	6.500	3.416
30.450	5.700	2.796	31.700	6.101	3.108	32.950	6.508	3.424
30.475	5.708	2.802	31.725	6.109	3.114	32.975	6.516	3.430
30.500	5.716	2.810	31.750	6.117	3.120	33.000	6.525	3.436
30.525	5.724	2.816	31.775	6.125	3.126	33.025	6.533	3.442
30.550	5.732	2.822	31.800	6.133	3.134	33.050	6.541	3.448
30.575	5.740	2.828	31.825	6.141	3.140	33.075	6.549	3.454
30.600	5.748	2.834	31.850	6.149	3.146	33.100	6.558	3.462
30.625	5.756	2.840	31.875	6.157	3.152	33.125	6.566	3.468
30.650	5.764	2.846	31.900	6.165	3.158	33.150	6.574	3.474
30.675	5.772	2.852	31.925	6.174	3.164	33.175	6.582	3.480
30.700	5.780	2.858	31.950	6.182	3.172	33.200	6.591	3.486
30.725	5.788	2.864	31.975	6.190	3.178	33.225	6.599	3.492
30.750	5.796	2.872	32.000	6.198	3.184	33.250	6.607	3.500
30.775	5.804	2.878	32.025	6.206	3.190	33.275	6.615	3.506
30.800	5.812	2.884	32.050	6.214	3.196	33.300	6.624	3.512
30.825	5.820	2.890	32.075	6.222	3.202	33.325	6.632	3.518
30.850	5.828	2.896	32.100	6.230	3.208	33.350	6.640	3.524
30.875	5.836	2.902	32.125	6.238	3.214	33.375	6.648	3.532
30.900	5.844	2.908	32.150	6.247	3.222	33.400	6.657	3.538
30.925	5.852	2.914	32.175	6.255	3.228	33.425	6.665	3.544
30.950	5.860	2.922	32.200	6.263	3.234	33.450	6.673	3.550
30.975	5.868	2.928	32.225	6.271	3.240	33.475	6.681	3.556
31.000	5.876	2.934	32.250	6.279	3.246	33.500	6.690	3.564
31.025	5.884	2.940	32.275	6.287	3.252	33.525	6.698	3.570
31.050	5.892	2.946	32.300	6.295	3.260	33.550	6.706	3.576
31.075	5.900	2.952	32.325	6.304	3.266	33.575	6.715	3.582
31.100	5.908	2.958	32.350	6.312	3.272	33.600	6.723	3.588
31.125	5.916	2.964	32.375	6.320	3.278	33.625	6.731	3.594

zu versteuerndes Einkommen €	Einkommensteuer Grundtabelle €	Einkommensteuer Splittingtabelle €	zu versteuerndes Einkommen €	Einkommensteuer Grundtabelle €	Einkommensteuer Splittingtabelle €	zu versteuerndes Einkommen €	Einkommensteuer Grundtabelle €	Einkommensteuer Splittingtabelle €
33.650	6.739	3.602	34.900	7.158	3.922	36.150	7.584	4.246
33.675	6.748	3.608	34.925	7.167	3.928	36.175	7.592	4.252
33.700	6.756	3.614	34.950	7.175	3.934	36.200	7.601	4.260
33.725	6.764	3.620	34.975	7.183	3.942	36.225	7.610	4.266
33.750	6.773	3.626	35.000	7.192	3.948	36.250	7.618	4.272
33.775	6.781	3.634	35.025	7.200	3.954	36.275	7.627	4.278
33.800	6.789	3.640	35.050	7.209	3.960	36.300	7.635	4.286
33.825	6.798	3.646	35.075	7.217	3.966	36.325	7.644	4.292
33.850	6.806	3.652	35.100	7.226	3.974	36.350	7.653	4.298
33.875	6.814	3.658	35.125	7.234	3.980	36.375	7.661	4.304
33.900	6.823	3.666	35.150	7.243	3.986	36.400	7.670	4.312
33.925	6.831	3.672	35.175	7.251	3.992	36.425	7.678	4.318
33.950	6.839	3.678	35.200	7.260	4.000	36.450	7.687	4.324
33.975	6.848	3.684	35.225	7.268	4.006	36.475	7.696	4.330
34.000	6.856	3.690	35.250	7.277	4.012	36.500	7.704	4.338
34.025	6.864	3.696	35.275	7.285	4.018	36.525	7.713	4.344
34.050	6.873	3.704	35.300	7.294	4.026	36.550	7.722	4.350
34.075	6.881	3.710	35.325	7.302	4.032	36.575	7.730	4.356
34.100	6.889	3.716	35.350	7.311	4.038	36.600	7.739	4.364
34.125	6.898	3.722	35.375	7.319	4.044	36.625	7.747	4.370
34.150	6.906	3.730	35.400	7.328	4.052	36.650	7.756	4.376
34.175	6.914	3.736	35.425	7.336	4.058	36.675	7.765	4.384
34.200	6.923	3.742	35.450	7.345	4.064	36.700	7.773	4.390
34.225	6.931	3.748	35.475	7.353	4.070	36.725	7.782	4.396
34.250	6.940	3.754	35.500	7.362	4.078	36.750	7.791	4.404
34.275	6.948	3.760	35.525	7.370	4.084	36.775	7.799	4.410
34.300	6.956	3.768	35.550	7.379	4.090	36.800	7.808	4.416
34.325	6.965	3.774	35.575	7.387	4.096	36.825	7.817	4.422
34.350	6.973	3.780	35.600	7.396	4.104	36.850	7.825	4.430
34.375	6.981	3.786	35.625	7.404	4.110	36.875	7.834	4.436
34.400	6.990	3.794	35.650	7.413	4.116	36.900	7.843	4.442
34.425	6.998	3.800	35.675	7.421	4.122	36.925	7.851	4.448
34.450	7.007	3.806	35.700	7.430	4.130	36.950	7.860	4.456
34.475	7.015	3.812	35.725	7.438	4.136	36.975	7.869	4.462
34.500	7.023	3.820	35.750	7.447	4.142	37.000	7.877	4.468
34.525	7.032	3.826	35.775	7.455	4.148	37.025	7.886	4.474
34.550	7.040	3.832	35.800	7.464	4.156	37.050	7.895	4.482
34.575	7.049	3.838	35.825	7.472	4.162	37.075	7.903	4.488
34.600	7.057	3.844	35.850	7.481	4.168	37.100	7.912	4.494
34.625	7.065	3.850	35.875	7.490	4.174	37.125	7.921	4.502
34.650	7.074	3.858	35.900	7.498	4.182	37.150	7.930	4.508
34.675	7.082	3.864	35.925	7.507	4.188	37.175	7.938	4.514
34.700	7.091	3.870	35.950	7.515	4.194	37.200	7.947	4.522
34.725	7.099	3.876	35.975	7.524	4.200	37.225	7.956	4.528
34.750	7.107	3.884	36.000	7.532	4.208	37.250	7.964	4.534
34.775	7.116	3.890	36.025	7.541	4.214	37.275	7.973	4.540
34.800	7.124	3.896	36.050	7.550	4.220	37.300	7.982	4.548
34.825	7.133	3.902	36.075	7.558	4.226	37.325	7.991	4.554
34.850	7.141	3.910	36.100	7.567	4.234	37.350	7.999	4.560
34.875	7.150	3.916	36.125	7.575	4.240	37.375	8.008	4.568

zu versteuerndes Einkommen €	Einkommensteuer Grundtabelle €	Einkommensteuer Splittingtabelle €	zu versteuerndes Einkommen €	Einkommensteuer Grundtabelle €	Einkommensteuer Splittingtabelle €	zu versteuerndes Einkommen €	Einkommensteuer Grundtabelle €	Einkommensteuer Splittingtabelle €
37.400	8.017	4.574	38.650	8.457	4.906	39.900	8.904	5.240
37.425	8.025	4.580	38.675	8.466	4.912	39.925	8.913	5.246
37.450	8.034	4.588	38.700	8.475	4.918	39.950	8.922	5.254
37.475	8.043	4.594	38.725	8.483	4.924	39.975	8.931	5.260
37.500	8.052	4.600	38.750	8.492	4.932	40.000	8.940	5.268
37.525	8.060	4.606	38.775	8.501	4.938	40.025	8.949	5.274
37.550	8.069	4.614	38.800	8.510	4.946	40.050	8.958	5.280
37.575	8.078	4.620	38.825	8.519	4.952	40.075	8.967	5.288
37.600	8.087	4.626	38.850	8.528	4.958	40.100	8.976	5.294
37.625	8.095	4.634	38.875	8.537	4.964	40.125	8.985	5.300
37.650	8.104	4.640	38.900	8.546	4.972	40.150	8.994	5.308
37.675	8.113	4.646	38.925	8.555	4.978	40.175	9.003	5.314
37.700	8.122	4.654	38.950	8.563	4.986	40.200	9.012	5.322
37.725	8.130	4.660	38.975	8.572	4.992	40.225	9.021	5.328
37.750	8.139	4.666	39.000	8.581	4.998	40.250	9.030	5.334
37.775	8.148	4.672	39.025	8.590	5.006	40.275	9.040	5.342
37.800	8.157	4.680	39.050	8.599	5.012	40.300	9.049	5.348
37.825	8.166	4.686	39.075	8.608	5.018	40.325	9.058	5.354
37.850	8.174	4.692	39.100	8.617	5.026	40.350	9.067	5.362
37.875	8.183	4.700	39.125	8.626	5.032	40.375	9.076	5.368
37.900	8.192	4.706	39.150	8.635	5.038	40.400	9.085	5.376
37.925	8.201	4.712	39.175	8.644	5.046	40.425	9.094	5.382
37.950	8.209	4.720	39.200	8.653	5.052	40.450	9.103	5.388
37.975	8.218	4.726	39.225	8.662	5.058	40.475	9.112	5.396
38.000	8.227	4.732	39.250	8.671	5.066	40.500	9.121	5.402
38.025	8.236	4.738	39.275	8.679	5.072	40.525	9.130	5.408
38.050	8.245	4.746	39.300	8.688	5.078	40.550	9.139	5.416
38.075	8.253	4.752	39.325	8.697	5.086	40.575	9.148	5.422
38.100	8.262	4.760	39.350	8.706	5.092	40.600	9.158	5.430
38.125	8.271	4.766	39.375	8.715	5.098	40.625	9.167	5.436
38.150	8.280	4.772	39.400	8.724	5.106	40.650	9.176	5.442
38.175	8.289	4.778	39.425	8.733	5.112	40.675	9.185	5.450
38.200	8.298	4.786	39.450	8.742	5.120	40.700	9.194	5.456
38.225	8.306	4.792	39.475	8.751	5.126	40.725	9.203	5.462
38.250	8.315	4.798	39.500	8.760	5.132	40.750	9.212	5.470
38.275	8.324	4.806	39.525	8.769	5.140	40.775	9.221	5.476
38.300	8.333	4.812	39.550	8.778	5.146	40.800	9.230	5.484
38.325	8.342	4.818	39.575	8.787	5.152	40.825	9.240	5.490
38.350	8.351	4.826	39.600	8.796	5.160	40.850	9.249	5.498
38.375	8.359	4.832	39.625	8.805	5.166	40.875	9.258	5.504
38.400	8.368	4.838	39.650	8.814	5.172	40.900	9.267	5.510
38.425	8.377	4.846	39.675	8.823	5.180	40.925	9.276	5.518
38.450	8.386	4.852	39.700	8.832	5.186	40.950	9.285	5.524
38.475	8.395	4.858	39.725	8.841	5.192	40.975	9.294	5.530
38.500	8.404	4.866	39.750	8.850	5.200	41.000	9.303	5.538
38.525	8.412	4.872	39.775	8.859	5.206	41.025	9.313	5.544
38.550	8.421	4.878	39.800	8.868	5.214	41.050	9.322	5.552
38.575	8.430	4.886	39.825	8.877	5.220	41.075	9.331	5.558
38.600	8.439	4.892	39.850	8.886	5.226	41.100	9.340	5.566
38.625	8.448	4.898	39.875	8.895	5.234	41.125	9.349	5.572

zu versteuerndes Einkommen €	Einkommensteuer Grundtabelle €	Einkommensteuer Splittingtabelle €	zu versteuerndes Einkommen €	Einkommensteuer Grundtabelle €	Einkommensteuer Splittingtabelle €	zu versteuerndes Einkommen €	Einkommensteuer Grundtabelle €	Einkommensteuer Splittingtabelle €
41.150	9.358	5.578	42.400	9.820	5.920	43.650	10.288	6.266
41.175	9.367	5.586	42.425	9.829	5.928	43.675	10.298	6.272
41.200	9.377	5.592	42.450	9.838	5.934	43.700	10.307	6.280
41.225	9.386	5.598	42.475	9.848	5.942	43.725	10.317	6.286
41.250	9.395	5.606	42.500	9.857	5.948	43.750	10.326	6.294
41.275	9.404	5.612	42.525	9.866	5.954	43.775	10.336	6.300
41.300	9.413	5.620	42.550	9.876	5.962	43.800	10.345	6.308
41.325	9.423	5.626	42.575	9.885	5.968	43.825	10.355	6.314
41.350	9.432	5.634	42.600	9.894	5.976	43.850	10.364	6.322
41.375	9.441	5.640	42.625	9.904	5.982	43.875	10.374	6.328
41.400	9.450	5.646	42.650	9.913	5.990	43.900	10.383	6.336
41.425	9.459	5.654	42.675	9.922	5.996	43.925	10.393	6.342
41.450	9.468	5.660	42.700	9.932	6.004	43.950	10.402	6.350
41.475	9.478	5.666	42.725	9.941	6.010	43.975	10.411	6.356
41.500	9.487	5.674	42.750	9.950	6.018	44.000	10.421	6.364
41.525	9.496	5.680	42.775	9.960	6.024	44.025	10.430	6.370
41.550	9.505	5.688	42.800	9.969	6.030	44.050	10.440	6.378
41.575	9.514	5.694	42.825	9.978	6.038	44.075	10.449	6.384
41.600	9.524	5.702	42.850	9.988	6.044	44.100	10.459	6.392
41.625	9.533	5.708	42.875	9.997	6.052	44.125	10.468	6.398
41.650	9.542	5.716	42.900	10.006	6.058	44.150	10.478	6.406
41.675	9.551	5.722	42.925	10.016	6.066	44.175	10.487	6.412
41.700	9.561	5.728	42.950	10.025	6.072	44.200	10.497	6.420
41.725	9.570	5.736	42.975	10.035	6.078	44.225	10.506	6.426
41.750	9.579	5.742	43.000	10.044	6.086	44.250	10.516	6.434
41.775	9.588	5.748	43.025	10.053	6.092	44.275	10.525	6.440
41.800	9.597	5.756	43.050	10.063	6.100	44.300	10.535	6.448
41.825	9.607	5.762	43.075	10.072	6.106	44.325	10.545	6.454
41.850	9.616	5.770	43.100	10.081	6.114	44.350	10.554	6.462
41.875	9.625	5.776	43.125	10.091	6.120	44.375	10.564	6.468
41.900	9.634	5.784	43.150	10.100	6.128	44.400	10.573	6.476
41.925	9.644	5.790	43.175	10.110	6.134	44.425	10.583	6.482
41.950	9.653	5.798	43.200	10.119	6.142	44.450	10.592	6.490
41.975	9.662	5.804	43.225	10.128	6.148	44.475	10.602	6.496
42.000	9.671	5.810	43.250	10.138	6.156	44.500	10.611	6.504
42.025	9.681	5.818	43.275	10.147	6.162	44.525	10.621	6.510
42.050	9.690	5.824	43.300	10.157	6.170	44.550	10.630	6.518
42.075	9.699	5.832	43.325	10.166	6.176	44.575	10.640	6.524
42.100	9.708	5.838	43.350	10.175	6.184	44.600	10.649	6.532
42.125	9.718	5.844	43.375	10.185	6.190	44.625	10.659	6.538
42.150	9.727	5.852	43.400	10.194	6.196	44.650	10.669	6.546
42.175	9.736	5.858	43.425	10.204	6.204	44.675	10.678	6.552
42.200	9.746	5.866	43.450	10.213	6.210	44.700	10.688	6.560
42.225	9.755	5.872	43.475	10.222	6.218	44.725	10.697	6.566
42.250	9.764	5.880	43.500	10.232	6.224	44.750	10.707	6.574
42.275	9.773	5.886	43.525	10.241	6.232	44.775	10.716	6.580
42.300	9.783	5.894	43.550	10.251	6.238	44.800	10.726	6.588
42.325	9.792	5.900	43.575	10.260	6.246	44.825	10.736	6.594
42.350	9.801	5.906	43.600	10.270	6.252	44.850	10.745	6.602
42.375	9.811	5.914	43.625	10.279	6.260	44.875	10.755	6.608

zu versteuerndes Einkommen	Einkommensteuer		zu versteuerndes Einkommen	Einkommensteuer		zu versteuerndes Einkommen	Einkommensteuer	
	Grundtabelle	Splittingtabelle		Grundtabelle	Splittingtabelle		Grundtabelle	Splittingtabelle
€	€	€	€	€	€	€	€	€
44.900	10.764	6.616	46.150	11.247	6.968	47.400	11.737	7.324
44.925	10.774	6.622	46.175	11.257	6.976	47.425	11.747	7.332
44.950	10.783	6.630	46.200	11.267	6.982	47.450	11.757	7.338
44.975	10.793	6.636	46.225	11.276	6.990	47.475	11.767	7.346
45.000	10.803	6.644	46.250	11.286	6.996	47.500	11.777	7.354
45.025	10.812	6.650	46.275	11.296	7.004	47.525	11.787	7.360
45.050	10.822	6.658	46.300	11.306	7.010	47.550	11.797	7.368
45.075	10.831	6.664	46.325	11.315	7.018	47.575	11.806	7.374
45.100	10.841	6.672	46.350	11.325	7.026	47.600	11.816	7.382
45.125	10.851	6.678	46.375	11.335	7.032	47.625	11.826	7.388
45.150	10.860	6.686	46.400	11.345	7.040	47.650	11.836	7.396
45.175	10.870	6.692	46.425	11.354	7.046	47.675	11.846	7.404
45.200	10.880	6.700	46.450	11.364	7.054	47.700	11.856	7.410
45.225	10.889	6.706	46.475	11.374	7.060	47.725	11.866	7.418
45.250	10.899	6.714	46.500	11.384	7.068	47.750	11.876	7.426
45.275	10.908	6.720	46.525	11.393	7.074	47.775	11.886	7.432
45.300	10.918	6.728	46.550	11.403	7.082	47.800	11.896	7.440
45.325	10.928	6.734	46.575	11.413	7.088	47.825	11.906	7.446
45.350	10.937	6.742	46.600	11.423	7.096	47.850	11.915	7.454
45.375	10.947	6.748	46.625	11.433	7.102	47.875	11.925	7.460
45.400	10.957	6.756	46.650	11.442	7.110	47.900	11.935	7.468
45.425	10.966	6.762	46.675	11.452	7.118	47.925	11.945	7.476
45.450	10.976	6.770	46.700	11.462	7.124	47.950	11.955	7.482
45.475	10.986	6.778	46.725	11.472	7.132	47.975	11.965	7.490
45.500	10.995	6.784	46.750	11.482	7.138	48.000	11.975	7.496
45.525	11.005	6.792	46.775	11.491	7.146	48.025	11.985	7.504
45.550	11.014	6.798	46.800	11.501	7.154	48.050	11.995	7.512
45.575	11.024	6.806	46.825	11.511	7.160	48.075	12.005	7.518
45.600	11.034	6.812	46.850	11.521	7.168	48.100	12.015	7.526
45.625	11.043	6.820	46.875	11.531	7.174	48.125	12.025	7.532
45.650	11.053	6.826	46.900	11.540	7.182	48.150	12.035	7.540
45.675	11.063	6.834	46.925	11.550	7.188	48.175	12.045	7.548
45.700	11.073	6.840	46.950	11.560	7.196	48.200	12.055	7.554
45.725	11.082	6.848	46.975	11.570	7.202	48.225	12.065	7.562
45.750	11.092	6.854	47.000	11.580	7.210	48.250	12.075	7.568
45.775	11.102	6.862	47.025	11.589	7.218	48.275	12.085	7.576
45.800	11.111	6.870	47.050	11.599	7.224	48.300	12.095	7.584
45.825	11.121	6.876	47.075	11.609	7.232	48.325	12.105	7.590
45.850	11.131	6.884	47.100	11.619	7.238	48.350	12.115	7.598
45.875	11.140	6.890	47.125	11.629	7.246	48.375	12.125	7.604
45.900	11.150	6.898	47.150	11.639	7.254	48.400	12.134	7.612
45.925	11.160	6.904	47.175	11.649	7.260	48.425	12.144	7.620
45.950	11.169	6.912	47.200	11.658	7.268	48.450	12.154	7.626
45.975	11.179	6.918	47.225	11.668	7.274	48.475	12.164	7.634
46.000	11.189	6.926	47.250	11.678	7.282	48.500	12.174	7.642
46.025	11.199	6.932	47.275	11.688	7.288	48.525	12.184	7.648
46.050	11.208	6.940	47.300	11.698	7.296	48.550	12.194	7.656
46.075	11.218	6.946	47.325	11.708	7.302	48.575	12.204	7.662
46.100	11.228	6.954	47.350	11.718	7.310	48.600	12.214	7.670
46.125	11.237	6.960	47.375	11.727	7.318	48.625	12.224	7.676

zu versteuerndes Einkommen €	Einkommensteuer Grundtabelle €	Einkommensteuer Splittingtabelle €	zu versteuerndes Einkommen €	Einkommensteuer Grundtabelle €	Einkommensteuer Splittingtabelle €	zu versteuerndes Einkommen €	Einkommensteuer Grundtabelle €	Einkommensteuer Splittingtabelle €
48.650	12.235	7.684	49.900	12.739	8.048	51.150	13.250	8.416
48.675	12.245	7.692	49.925	12.749	8.056	51.175	13.261	8.422
48.700	12.255	7.698	49.950	12.759	8.062	51.200	13.271	8.430
48.725	12.265	7.706	49.975	12.769	8.070	51.225	13.281	8.436
48.750	12.275	7.714	50.000	12.780	8.078	51.250	13.292	8.444
48.775	12.285	7.720	50.025	12.790	8.084	51.275	13.302	8.452
48.800	12.295	7.728	50.050	12.800	8.092	51.300	13.312	8.460
48.825	12.305	7.734	50.075	12.810	8.098	51.325	13.323	8.466
48.850	12.315	7.742	50.100	12.820	8.106	51.350	13.333	8.474
48.875	12.325	7.750	50.125	12.830	8.114	51.375	13.343	8.482
48.900	12.335	7.756	50.150	12.841	8.122	51.400	13.354	8.488
48.925	12.345	7.764	50.175	12.851	8.128	51.425	13.364	8.496
48.950	12.355	7.772	50.200	12.861	8.136	51.450	13.374	8.504
48.975	12.365	7.778	50.225	12.871	8.142	51.475	13.385	8.510
49.000	12.375	7.786	50.250	12.881	8.150	51.500	13.395	8.518
49.025	12.385	7.792	50.275	12.892	8.158	51.525	13.405	8.526
49.050	12.395	7.800	50.300	12.902	8.166	51.550	13.416	8.534
49.075	12.405	7.808	50.325	12.912	8.172	51.575	13.426	8.540
49.100	12.415	7.814	50.350	12.922	8.180	51.600	13.436	8.548
49.125	12.425	7.822	50.375	12.932	8.186	51.625	13.447	8.556
49.150	12.435	7.830	50.400	12.943	8.194	51.650	13.457	8.562
49.175	12.445	7.836	50.425	12.953	8.202	51.675	13.467	8.570
49.200	12.456	7.844	50.450	12.963	8.210	51.700	13.478	8.578
49.225	12.466	7.850	50.475	12.973	8.216	51.725	13.488	8.584
49.250	12.476	7.858	50.500	12.984	8.224	51.750	13.498	8.592
49.275	12.486	7.866	50.525	12.994	8.230	51.775	13.509	8.600
49.300	12.496	7.874	50.550	13.004	8.238	51.800	13.519	8.608
49.325	12.506	7.880	50.575	13.014	8.246	51.825	13.530	8.614
49.350	12.516	7.888	50.600	13.024	8.254	51.850	13.540	8.622
49.375	12.526	7.894	50.625	13.035	8.260	51.875	13.550	8.630
49.400	12.536	7.902	50.650	13.045	8.268	51.900	13.561	8.638
49.425	12.546	7.910	50.675	13.055	8.274	51.925	13.571	8.644
49.450	12.556	7.916	50.700	13.065	8.282	51.950	13.582	8.652
49.475	12.567	7.924	50.725	13.076	8.290	51.975	13.592	8.660
49.500	12.577	7.932	50.750	13.086	8.298	52.000	13.602	8.666
49.525	12.587	7.938	50.775	13.096	8.304	52.025	13.613	8.674
49.550	12.597	7.946	50.800	13.106	8.312	52.050	13.623	8.682
49.575	12.607	7.952	50.825	13.117	8.320	52.075	13.634	8.688
49.600	12.617	7.960	50.850	13.127	8.326	52.100	13.644	8.696
49.625	12.627	7.968	50.875	13.137	8.334	52.125	13.654	8.704
49.650	12.637	7.976	50.900	13.148	8.342	52.150	13.665	8.712
49.675	12.648	7.982	50.925	13.158	8.348	52.175	13.675	8.718
49.700	12.658	7.990	50.950	13.168	8.356	52.200	13.686	8.726
49.725	12.668	7.996	50.975	13.178	8.364	52.225	13.696	8.734
49.750	12.678	8.004	51.000	13.189	8.370	52.250	13.706	8.742
49.775	12.688	8.012	51.025	13.199	8.378	52.275	13.717	8.748
49.800	12.698	8.018	51.050	13.209	8.386	52.300	13.727	8.756
49.825	12.708	8.026	51.075	13.220	8.392	52.325	13.738	8.764
49.850	12.719	8.034	51.100	13.230	8.400	52.350	13.748	8.770
49.875	12.729	8.040	51.125	13.240	8.408	52.375	13.759	8.778

zu versteuerndes Einkommen €	Einkommensteuer Grundtabelle €	Einkommensteuer Splittingtabelle €	zu versteuerndes Einkommen €	Einkommensteuer Grundtabelle €	Einkommensteuer Splittingtabelle €	zu versteuerndes Einkommen €	Einkommensteuer Grundtabelle €	Einkommensteuer Splittingtabelle €
52.400	13.769	8.786	53.650	14.294	9.160	54.900	14.819	9.538
52.425	13.780	8.792	53.675	14.304	9.168	54.925	14.829	9.546
52.450	13.790	8.800	53.700	14.315	9.174	54.950	14.840	9.552
52.475	13.800	8.808	53.725	14.325	9.182	54.975	14.850	9.560
52.500	13.811	8.816	53.750	14.336	9.190	55.000	14.861	9.568
52.525	13.821	8.822	53.775	14.346	9.198	55.025	14.871	9.576
52.550	13.832	8.830	53.800	14.357	9.206	55.050	14.882	9.584
52.575	13.842	8.838	53.825	14.367	9.212	55.075	14.892	9.590
52.600	13.853	8.846	53.850	14.378	9.220	55.100	14.903	9.598
52.625	13.863	8.852	53.875	14.388	9.228	55.125	14.913	9.606
52.650	13.874	8.860	53.900	14.399	9.236	55.150	14.924	9.614
52.675	13.884	8.868	53.925	14.409	9.242	55.175	14.934	9.622
52.700	13.895	8.876	53.950	14.420	9.250	55.200	14.945	9.628
52.725	13.905	8.882	53.975	14.430	9.258	55.225	14.955	9.636
52.750	13.916	8.890	54.000	14.441	9.266	55.250	14.966	9.644
52.775	13.926	8.898	54.025	14.451	9.272	55.275	14.976	9.652
52.800	13.937	8.906	54.050	14.462	9.280	55.300	14.987	9.660
52.825	13.947	8.912	54.075	14.472	9.288	55.325	14.997	9.666
52.850	13.958	8.920	54.100	14.483	9.296	55.350	15.008	9.674
52.875	13.968	8.928	54.125	14.493	9.302	55.375	15.018	9.682
52.900	13.979	8.934	54.150	14.504	9.310	55.400	15.029	9.690
52.925	13.989	8.942	54.175	14.514	9.318	55.425	15.039	9.698
52.950	14.000	8.950	54.200	14.525	9.326	55.450	15.050	9.706
52.975	14.010	8.958	54.225	14.535	9.332	55.475	15.060	9.712
53.000	14.021	8.964	54.250	14.546	9.340	55.500	15.071	9.720
53.025	14.031	8.972	54.275	14.556	9.348	55.525	15.081	9.728
53.050	14.042	8.980	54.300	14.567	9.356	55.550	15.092	9.736
53.075	14.052	8.988	54.325	14.577	9.364	55.575	15.102	9.742
53.100	14.063	8.994	54.350	14.588	9.372	55.600	15.113	9.750
53.125	14.073	9.002	54.375	14.598	9.378	55.625	15.123	9.758
53.150	14.084	9.010	54.400	14.609	9.386	55.650	15.134	9.766
53.175	14.094	9.018	54.425	14.619	9.394	55.675	15.144	9.774
53.200	14.105	9.024	54.450	14.630	9.402	55.700	15.155	9.782
53.225	14.115	9.032	54.475	14.640	9.408	55.725	15.165	9.788
53.250	14.126	9.040	54.500	14.651	9.416	55.750	15.176	9.796
53.275	14.136	9.046	54.525	14.661	9.424	55.775	15.186	9.804
53.300	14.147	9.054	54.550	14.672	9.432	55.800	15.197	9.812
53.325	14.157	9.062	54.575	14.682	9.438	55.825	15.207	9.820
53.350	14.168	9.070	54.600	14.693	9.446	55.850	15.218	9.828
53.375	14.178	9.076	54.625	14.703	9.454	55.875	15.228	9.834
53.400	14.189	9.084	54.650	14.714	9.462	55.900	15.239	9.842
53.425	14.199	9.092	54.675	14.724	9.470	55.925	15.249	9.850
53.450	14.210	9.100	54.700	14.735	9.478	55.950	15.260	9.858
53.475	14.220	9.108	54.725	14.745	9.484	55.975	15.270	9.866
53.500	14.231	9.114	54.750	14.756	9.492	56.000	15.281	9.874
53.525	14.241	9.122	54.775	14.766	9.500	56.025	15.291	9.880
53.550	14.252	9.130	54.800	14.777	9.508	56.050	15.302	9.888
53.575	14.262	9.138	54.825	14.787	9.514	56.075	15.312	9.896
53.600	14.273	9.144	54.850	14.798	9.522	56.100	15.323	9.904
53.625	14.283	9.152	54.875	14.808	9.530	56.125	15.333	9.912

zu versteuerndes Einkommen €	Einkommensteuer Grundtabelle €	Einkommensteuer Splittingtabelle €	zu versteuerndes Einkommen €	Einkommensteuer Grundtabelle €	Einkommensteuer Splittingtabelle €	zu versteuerndes Einkommen €	Einkommensteuer Grundtabelle €	Einkommensteuer Splittingtabelle €
56.150	15.344	9.920	57.400	15.869	10.304	58.650	16.394	10.692
56.175	15.354	9.926	57.425	15.879	10.312	58.675	16.404	10.700
56.200	15.365	9.934	57.450	15.890	10.320	58.700	16.415	10.708
56.225	15.375	9.942	57.475	15.900	10.326	58.725	16.425	10.716
56.250	15.386	9.950	57.500	15.911	10.334	58.750	16.436	10.724
56.275	15.396	9.958	57.525	15.921	10.342	58.775	16.446	10.732
56.300	15.407	9.966	57.550	15.932	10.350	58.800	16.457	10.740
56.325	15.417	9.972	57.575	15.942	10.358	58.825	16.467	10.746
56.350	15.428	9.980	57.600	15.953	10.366	58.850	16.478	10.756
56.375	15.438	9.988	57.625	15.963	10.374	58.875	16.488	10.762
56.400	15.449	9.996	57.650	15.974	10.382	58.900	16.499	10.770
56.425	15.459	10.004	57.675	15.984	10.388	58.925	16.509	10.778
56.450	15.470	10.012	57.700	15.995	10.396	58.950	16.520	10.786
56.475	15.480	10.018	57.725	16.005	10.404	58.975	16.530	10.794
56.500	15.491	10.026	57.750	16.016	10.412	59.000	16.541	10.802
56.525	15.501	10.034	57.775	16.026	10.420	59.025	16.551	10.810
56.550	15.512	10.042	57.800	16.037	10.428	59.050	16.562	10.818
56.575	15.522	10.050	57.825	16.047	10.436	59.075	16.572	10.826
56.600	15.533	10.058	57.850	16.058	10.444	59.100	16.583	10.834
56.625	15.543	10.064	57.875	16.068	10.450	59.125	16.593	10.840
56.650	15.554	10.072	57.900	16.079	10.458	59.150	16.604	10.848
56.675	15.564	10.080	57.925	16.089	10.466	59.175	16.614	10.856
56.700	15.575	10.088	57.950	16.100	10.474	59.200	16.625	10.864
56.725	15.585	10.096	57.975	16.110	10.482	59.225	16.635	10.872
56.750	15.596	10.104	58.000	16.121	10.490	59.250	16.646	10.880
56.775	15.606	10.110	58.025	16.131	10.498	59.275	16.656	10.888
56.800	15.617	10.118	58.050	16.142	10.506	59.300	16.667	10.896
56.825	15.627	10.126	58.075	16.152	10.514	59.325	16.677	10.904
56.850	15.638	10.134	58.100	16.163	10.522	59.350	16.688	10.912
56.875	15.648	10.142	58.125	16.173	10.528	59.375	16.698	10.920
56.900	15.659	10.150	58.150	16.184	10.536	59.400	16.709	10.928
56.925	15.669	10.158	58.175	16.194	10.544	59.425	16.719	10.934
56.950	15.680	10.166	58.200	16.205	10.552	59.450	16.730	10.944
56.975	15.690	10.172	58.225	16.215	10.560	59.475	16.740	10.950
57.000	15.701	10.180	58.250	16.226	10.568	59.500	16.751	10.958
57.025	15.711	10.188	58.275	16.236	10.576	59.525	16.761	10.966
57.050	15.722	10.196	58.300	16.247	10.584	59.550	16.772	10.974
57.075	15.732	10.204	58.325	16.257	10.590	59.575	16.782	10.982
57.100	15.743	10.212	58.350	16.268	10.598	59.600	16.793	10.990
57.125	15.753	10.218	58.375	16.278	10.606	59.625	16.803	10.998
57.150	15.764	10.226	58.400	16.289	10.614	59.650	16.814	11.006
57.175	15.774	10.234	58.425	16.299	10.622	59.675	16.824	11.014
57.200	15.785	10.242	58.450	16.310	10.630	59.700	16.835	11.022
57.225	15.795	10.250	58.475	16.320	10.638	59.725	16.845	11.030
57.250	15.806	10.258	58.500	16.331	10.646	59.750	16.856	11.038
57.275	15.816	10.266	58.525	16.341	10.654	59.775	16.866	11.044
57.300	15.827	10.274	58.550	16.352	10.662	59.800	16.877	11.054
57.325	15.837	10.280	58.575	16.362	10.668	59.825	16.887	11.060
57.350	15.848	10.288	58.600	16.373	10.676	59.850	16.898	11.068
57.375	15.858	10.296	58.625	16.383	10.684	59.875	16.908	11.076

zu versteuerndes Einkommen	Einkommensteuer		zu versteuerndes Einkommen	Einkommensteuer		zu versteuerndes Einkommen	Einkommensteuer	
	Grundtabelle	Splittingtabelle		Grundtabelle	Splittingtabelle		Grundtabelle	Splittingtabelle
€	€	€	€	€	€	€	€	€
59.900	16.919	11.084	61.150	17.444	11.480	62.400	17.969	11.880
59.925	16.929	11.092	61.175	17.454	11.488	62.425	17.979	11.888
59.950	16.940	11.100	61.200	17.465	11.496	62.450	17.990	11.896
59.975	16.950	11.108	61.225	17.475	11.504	62.475	18.000	11.904
60.000	16.961	11.116	61.250	17.486	11.512	62.500	18.011	11.912
60.025	16.971	11.124	61.275	17.496	11.520	62.525	18.021	11.920
60.050	16.982	11.132	61.300	17.507	11.528	62.550	18.032	11.928
60.075	16.992	11.140	61.325	17.517	11.536	62.575	18.042	11.936
60.100	17.003	11.148	61.350	17.528	11.544	62.600	18.053	11.944
60.125	17.013	11.156	61.375	17.538	11.552	62.625	18.063	11.952
60.150	17.024	11.164	61.400	17.549	11.560	62.650	18.074	11.960
60.175	17.034	11.172	61.425	17.559	11.568	62.675	18.084	11.968
60.200	17.045	11.180	61.450	17.570	11.576	62.700	18.095	11.976
60.225	17.055	11.186	61.475	17.580	11.584	62.725	18.105	11.984
60.250	17.066	11.196	61.500	17.591	11.592	62.750	18.116	11.992
60.275	17.076	11.202	61.525	17.601	11.600	62.775	18.126	12.000
60.300	17.087	11.210	61.550	17.612	11.608	62.800	18.137	12.008
60.325	17.097	11.218	61.575	17.622	11.616	62.825	18.147	12.016
60.350	17.108	11.226	61.600	17.633	11.624	62.850	18.158	12.024
60.375	17.118	11.234	61.625	17.643	11.632	62.875	18.168	12.032
60.400	17.129	11.242	61.650	17.654	11.640	62.900	18.179	12.040
60.425	17.139	11.250	61.675	17.664	11.648	62.925	18.189	12.048
60.450	17.150	11.258	61.700	17.675	11.656	62.950	18.200	12.056
60.475	17.160	11.266	61.725	17.685	11.664	62.975	18.210	12.064
60.500	17.171	11.274	61.750	17.696	11.672	63.000	18.221	12.072
60.525	17.181	11.282	61.775	17.706	11.680	63.025	18.231	12.080
60.550	17.192	11.290	61.800	17.717	11.688	63.050	18.242	12.088
60.575	17.202	11.298	61.825	17.727	11.696	63.075	18.252	12.096
60.600	17.213	11.306	61.850	17.738	11.704	63.100	18.263	12.104
60.625	17.223	11.314	61.875	17.748	11.712	63.125	18.273	12.112
60.650	17.234	11.322	61.900	17.759	11.720	63.150	18.284	12.120
60.675	17.244	11.330	61.925	17.769	11.728	63.175	18.294	12.128
60.700	17.255	11.338	61.950	17.780	11.736	63.200	18.305	12.136
60.725	17.265	11.346	61.975	17.790	11.744	63.225	18.315	12.144
60.750	17.276	11.354	62.000	17.801	11.752	63.250	18.326	12.154
60.775	17.286	11.360	62.025	17.811	11.760	63.275	18.336	12.160
60.800	17.297	11.370	62.050	17.822	11.768	63.300	18.347	12.170
60.825	17.307	11.376	62.075	17.832	11.776	63.325	18.357	12.176
60.850	17.318	11.384	62.100	17.843	11.784	63.350	18.368	12.186
60.875	17.328	11.392	62.125	17.853	11.792	63.375	18.378	12.194
60.900	17.339	11.400	62.150	17.864	11.800	63.400	18.389	12.202
60.925	17.349	11.408	62.175	17.874	11.808	63.425	18.399	12.210
60.950	17.360	11.416	62.200	17.885	11.816	63.450	18.410	12.218
60.975	17.370	11.424	62.225	17.895	11.824	63.475	18.420	12.226
61.000	17.381	11.432	62.250	17.906	11.832	63.500	18.431	12.234
61.025	17.391	11.440	62.275	17.916	11.840	63.525	18.441	12.242
61.050	17.402	11.448	62.300	17.927	11.848	63.550	18.452	12.250
61.075	17.412	11.456	62.325	17.937	11.856	63.575	18.462	12.258
61.100	17.423	11.464	62.350	17.948	11.864	63.600	18.473	12.266
61.125	17.433	11.472	62.375	17.958	11.872	63.625	18.483	12.274

zu versteuerndes Einkommen €	Einkommensteuer Grundtabelle €	Einkommensteuer Splittingtabelle €	zu versteuerndes Einkommen €	Einkommensteuer Grundtabelle €	Einkommensteuer Splittingtabelle €	zu versteuerndes Einkommen €	Einkommensteuer Grundtabelle €	Einkommensteuer Splittingtabelle €
63.650	18.494	12.282	64.900	19.019	12.688	66.150	19.544	13.098
63.675	18.504	12.290	64.925	19.029	12.696	66.175	19.554	13.106
63.700	18.515	12.298	64.950	19.040	12.706	66.200	19.565	13.116
63.725	18.525	12.306	64.975	19.050	12.712	66.225	19.575	13.124
63.750	18.536	12.314	65.000	19.061	12.722	66.250	19.586	13.132
63.775	18.546	12.322	65.025	19.071	12.730	66.275	19.596	13.140
63.800	18.557	12.330	65.050	19.082	12.738	66.300	19.607	13.148
63.825	18.567	12.338	65.075	19.092	12.746	66.325	19.617	13.156
63.850	18.578	12.348	65.100	19.103	12.754	66.350	19.628	13.164
63.875	18.588	12.354	65.125	19.113	12.762	66.375	19.638	13.172
63.900	18.599	12.364	65.150	19.124	12.770	66.400	19.649	13.182
63.925	18.609	12.372	65.175	19.134	12.778	66.425	19.659	13.188
63.950	18.620	12.380	65.200	19.145	12.786	66.450	19.670	13.198
63.975	18.630	12.388	65.225	19.155	12.794	66.475	19.680	13.206
64.000	18.641	12.396	65.250	19.166	12.804	66.500	19.691	13.214
64.025	18.651	12.404	65.275	19.176	12.810	66.525	19.701	13.222
64.050	18.662	12.412	65.300	19.187	12.820	66.550	19.712	13.230
64.075	18.672	12.420	65.325	19.197	12.828	66.575	19.722	13.238
64.100	18.683	12.428	65.350	19.208	12.836	66.600	19.733	13.248
64.125	18.693	12.436	65.375	19.218	12.844	66.625	19.743	13.256
64.150	18.704	12.444	65.400	19.229	12.852	66.650	19.754	13.264
64.175	18.714	12.452	65.425	19.239	12.860	66.675	19.764	13.272
64.200	18.725	12.460	65.450	19.250	12.868	66.700	19.775	13.280
64.225	18.735	12.468	65.475	19.260	12.876	66.725	19.785	13.288
64.250	18.746	12.476	65.500	19.271	12.886	66.750	19.796	13.296
64.275	18.756	12.484	65.525	19.281	12.892	66.775	19.806	13.304
64.300	18.767	12.494	65.550	19.292	12.902	66.800	19.817	13.314
64.325	18.777	12.500	65.575	19.302	12.910	66.825	19.827	13.322
64.350	18.788	12.510	65.600	19.313	12.918	66.850	19.838	13.330
64.375	18.798	12.518	65.625	19.323	12.926	66.875	19.848	13.338
64.400	18.809	12.526	65.650	19.334	12.934	66.900	19.859	13.346
64.425	18.819	12.534	65.675	19.344	12.942	66.925	19.869	13.354
64.450	18.830	12.542	65.700	19.355	12.950	66.950	19.880	13.362
64.475	18.840	12.550	65.725	19.365	12.958	66.975	19.890	13.370
64.500	18.851	12.558	65.750	19.376	12.968	67.000	19.901	13.380
64.525	18.861	12.566	65.775	19.386	12.974	67.025	19.911	13.388
64.550	18.872	12.574	65.800	19.397	12.984	67.050	19.922	13.396
64.575	18.882	12.582	65.825	19.407	12.992	67.075	19.932	13.404
64.600	18.893	12.590	65.850	19.418	13.000	67.100	19.943	13.412
64.625	18.903	12.598	65.875	19.428	13.008	67.125	19.953	13.420
64.650	18.914	12.608	65.900	19.439	13.016	67.150	19.964	13.430
64.675	18.924	12.614	65.925	19.449	13.024	67.175	19.974	13.438
64.700	18.935	12.624	65.950	19.460	13.032	67.200	19.985	13.446
64.725	18.945	12.632	65.975	19.470	13.040	67.225	19.995	13.454
64.750	18.956	12.640	66.000	19.481	13.050	67.250	20.006	13.462
64.775	18.966	12.648	66.025	19.491	13.058	67.275	20.016	13.470
64.800	18.977	12.656	66.050	19.502	13.066	67.300	20.027	13.478
64.825	18.987	12.664	66.075	19.512	13.074	67.325	20.037	13.486
64.850	18.998	12.672	66.100	19.523	13.082	67.350	20.048	13.496
64.875	19.008	12.680	66.125	19.533	13.090	67.375	20.058	13.504

zu versteuerndes Einkommen €	Einkommensteuer Grundtabelle €	Einkommensteuer Splittingtabelle €	zu versteuerndes Einkommen €	Einkommensteuer Grundtabelle €	Einkommensteuer Splittingtabelle €	zu versteuerndes Einkommen €	Einkommensteuer Grundtabelle €	Einkommensteuer Splittingtabelle €
67.400	20.069	13.512	68.650	20.594	13.930	69.900	21.119	14.350
67.425	20.079	13.520	68.675	20.604	13.938	69.925	21.129	14.358
67.450	20.090	13.528	68.700	20.615	13.946	69.950	21.140	14.366
67.475	20.100	13.536	68.725	20.625	13.954	69.975	21.150	14.374
67.500	20.111	13.546	68.750	20.636	13.962	70.000	21.161	14.384
67.525	20.121	13.554	68.775	20.646	13.970	70.025	21.171	14.392
67.550	20.132	13.562	68.800	20.657	13.980	70.050	21.182	14.400
67.575	20.142	13.570	68.825	20.667	13.988	70.075	21.192	14.408
67.600	20.153	13.578	68.850	20.678	13.996	70.100	21.203	14.418
67.625	20.163	13.586	68.875	20.688	14.004	70.125	21.213	14.426
67.650	20.174	13.596	68.900	20.699	14.014	70.150	21.224	14.434
67.675	20.184	13.604	68.925	20.709	14.022	70.175	21.234	14.442
67.700	20.195	13.612	68.950	20.720	14.030	70.200	21.245	14.452
67.725	20.205	13.620	68.975	20.730	14.038	70.225	21.255	14.460
67.750	20.216	13.628	69.000	20.741	14.046	70.250	21.266	14.468
67.775	20.226	13.636	69.025	20.751	14.054	70.275	21.276	14.476
67.800	20.237	13.646	69.050	20.762	14.064	70.300	21.287	14.486
67.825	20.247	13.654	69.075	20.772	14.072	70.325	21.297	14.494
67.850	20.258	13.662	69.100	20.783	14.080	70.350	21.308	14.502
67.875	20.268	13.670	69.125	20.793	14.088	70.375	21.318	14.510
67.900	20.279	13.678	69.150	20.804	14.098	70.400	21.329	14.520
67.925	20.289	13.686	69.175	20.814	14.106	70.425	21.339	14.528
67.950	20.300	13.696	69.200	20.825	14.114	70.450	21.350	14.536
67.975	20.310	13.704	69.225	20.835	14.122	70.475	21.360	14.544
68.000	20.321	13.712	69.250	20.846	14.130	70.500	21.371	14.554
68.025	20.331	13.720	69.275	20.856	14.138	70.525	21.381	14.562
68.050	20.342	13.728	69.300	20.867	14.148	70.550	21.392	14.570
68.075	20.352	13.736	69.325	20.877	14.156	70.575	21.402	14.578
68.100	20.363	13.746	69.350	20.888	14.164	70.600	21.413	14.588
68.125	20.373	13.754	69.375	20.898	14.172	70.625	21.423	14.596
68.150	20.384	13.762	69.400	20.909	14.182	70.650	21.434	14.604
68.175	20.394	13.770	69.425	20.919	14.190	70.675	21.444	14.612
68.200	20.405	13.778	69.450	20.930	14.198	70.700	21.455	14.622
68.225	20.415	13.786	69.475	20.940	14.206	70.725	21.465	14.630
68.250	20.426	13.796	69.500	20.951	14.214	70.750	21.476	14.638
68.275	20.436	13.804	69.525	20.961	14.224	70.775	21.486	14.646
68.300	20.447	13.812	69.550	20.972	14.232	70.800	21.497	14.656
68.325	20.457	13.820	69.575	20.982	14.240	70.825	21.507	14.664
68.350	20.468	13.828	69.600	20.993	14.248	70.850	21.518	14.672
68.375	20.478	13.836	69.625	21.003	14.256	70.875	21.528	14.680
68.400	20.489	13.846	69.650	21.014	14.266	70.900	21.539	14.690
68.425	20.499	13.854	69.675	21.024	14.274	70.925	21.549	14.698
68.450	20.510	13.862	69.700	21.035	14.282	70.950	21.560	14.706
68.475	20.520	13.870	69.725	21.045	14.290	70.975	21.570	14.714
68.500	20.531	13.880	69.750	21.056	14.300	71.000	21.581	14.724
68.525	20.541	13.888	69.775	21.066	14.308	71.025	21.591	14.732
68.550	20.552	13.896	69.800	21.077	14.316	71.050	21.602	14.740
68.575	20.562	13.904	69.825	21.087	14.324	71.075	21.612	14.748
68.600	20.573	13.912	69.850	21.098	14.334	71.100	21.623	14.758
68.625	20.583	13.920	69.875	21.108	14.342	71.125	21.633	14.766

zu versteuerndes Einkommen €	Einkommensteuer Grundtabelle €	Einkommensteuer Splittingtabelle €	zu versteuerndes Einkommen €	Einkommensteuer Grundtabelle €	Einkommensteuer Splittingtabelle €	zu versteuerndes Einkommen €	Einkommensteuer Grundtabelle €	Einkommensteuer Splittingtabelle €
71.150	21.644	14.774	72.400	22.169	15.202	73.650	22.694	15.634
71.175	21.654	14.782	72.425	22.179	15.210	73.675	22.704	15.642
71.200	21.665	14.792	72.450	22.190	15.220	73.700	22.715	15.650
71.225	21.675	14.800	72.475	22.200	15.228	73.725	22.725	15.660
71.250	21.686	14.808	72.500	22.211	15.236	73.750	22.736	15.668
71.275	21.696	14.816	72.525	22.221	15.244	73.775	22.746	15.676
71.300	21.707	14.826	72.550	22.232	15.254	73.800	22.757	15.686
71.325	21.717	14.834	72.575	22.242	15.262	73.825	22.767	15.694
71.350	21.728	14.842	72.600	22.253	15.270	73.850	22.778	15.702
71.375	21.738	14.850	72.625	22.263	15.280	73.875	22.788	15.712
71.400	21.749	14.860	72.650	22.274	15.288	73.900	22.799	15.720
71.425	21.759	14.868	72.675	22.284	15.296	73.925	22.809	15.728
71.450	21.770	14.876	72.700	22.295	15.306	73.950	22.820	15.738
71.475	21.780	14.884	72.725	22.305	15.314	73.975	22.830	15.746
71.500	21.791	14.894	72.750	22.316	15.322	74.000	22.841	15.754
71.525	21.801	14.902	72.775	22.326	15.330	74.025	22.851	15.764
71.550	21.812	14.910	72.800	22.337	15.340	74.050	22.862	15.772
71.575	21.822	14.918	72.825	22.347	15.348	74.075	22.872	15.780
71.600	21.833	14.928	72.850	22.358	15.356	74.100	22.883	15.790
71.625	21.843	14.936	72.875	22.368	15.366	74.125	22.893	15.798
71.650	21.854	14.944	72.900	22.379	15.374	74.150	22.904	15.806
71.675	21.864	14.954	72.925	22.389	15.382	74.175	22.914	15.816
71.700	21.875	14.962	72.950	22.400	15.392	74.200	22.925	15.824
71.725	21.885	14.970	72.975	22.410	15.400	74.225	22.935	15.832
71.750	21.896	14.980	73.000	22.421	15.408	74.250	22.946	15.842
71.775	21.906	14.988	73.025	22.431	15.416	74.275	22.956	15.850
71.800	21.917	14.996	73.050	22.442	15.426	74.300	22.967	15.860
71.825	21.927	15.004	73.075	22.452	15.434	74.325	22.977	15.868
71.850	21.938	15.014	73.100	22.463	15.444	74.350	22.988	15.876
71.875	21.948	15.022	73.125	22.473	15.452	74.375	22.998	15.884
71.900	21.959	15.030	73.150	22.484	15.460	74.400	23.009	15.894
71.925	21.969	15.038	73.175	22.494	15.468	74.425	23.019	15.902
71.950	21.980	15.048	73.200	22.505	15.478	74.450	23.030	15.912
71.975	21.990	15.056	73.225	22.515	15.486	74.475	23.040	15.920
72.000	22.001	15.064	73.250	22.526	15.494	74.500	23.051	15.928
72.025	22.011	15.072	73.275	22.536	15.504	74.525	23.061	15.938
72.050	22.022	15.082	73.300	22.547	15.512	74.550	23.072	15.946
72.075	22.032	15.090	73.325	22.557	15.520	74.575	23.082	15.954
72.100	22.043	15.100	73.350	22.568	15.530	74.600	23.093	15.964
72.125	22.053	15.108	73.375	22.578	15.538	74.625	23.103	15.972
72.150	22.064	15.116	73.400	22.589	15.546	74.650	23.114	15.982
72.175	22.074	15.124	73.425	22.599	15.556	74.675	23.124	15.990
72.200	22.085	15.134	73.450	22.610	15.564	74.700	23.135	15.998
72.225	22.095	15.142	73.475	22.620	15.572	74.725	23.145	16.006
72.250	22.106	15.150	73.500	22.631	15.582	74.750	23.156	16.016
72.275	22.116	15.158	73.525	22.641	15.590	74.775	23.166	16.024
72.300	22.127	15.168	73.550	22.652	15.598	74.800	23.177	16.034
72.325	22.137	15.176	73.575	22.662	15.608	74.825	23.187	16.042
72.350	22.148	15.184	73.600	22.673	15.616	74.850	23.198	16.050
72.375	22.158	15.194	73.625	22.683	15.624	74.875	23.208	16.060

zu versteuerndes Einkommen	Einkommensteuer		zu versteuerndes Einkommen	Einkommensteuer		zu versteuerndes Einkommen	Einkommensteuer	
	Grundtabelle	Splittingtabelle		Grundtabelle	Splittingtabelle		Grundtabelle	Splittingtabelle
€	€	€	€	€	€	€	€	€
74.900	23.219	16.068	76.150	23.744	16.506	77.400	24.269	16.950
74.925	23.229	16.076	76.175	23.754	16.516	77.425	24.279	16.958
74.950	23.240	16.086	76.200	23.765	16.524	77.450	24.290	16.966
74.975	23.250	16.094	76.225	23.775	16.534	77.475	24.300	16.976
75.000	23.261	16.104	76.250	23.786	16.542	77.500	24.311	16.984
75.025	23.271	16.112	76.275	23.796	16.550	77.525	24.321	16.994
75.050	23.282	16.120	76.300	23.807	16.560	77.550	24.332	17.002
75.075	23.292	16.130	76.325	23.817	16.568	77.575	24.342	17.010
75.100	23.303	16.138	76.350	23.828	16.578	77.600	24.353	17.020
75.125	23.313	16.146	76.375	23.838	16.586	77.625	24.363	17.028
75.150	23.324	16.156	76.400	23.849	16.596	77.650	24.374	17.038
75.175	23.334	16.164	76.425	23.859	16.604	77.675	24.384	17.046
75.200	23.345	16.174	76.450	23.870	16.612	77.700	24.395	17.056
75.225	23.355	16.182	76.475	23.880	16.622	77.725	24.405	17.064
75.250	23.366	16.190	76.500	23.891	16.630	77.750	24.416	17.074
75.275	23.376	16.200	76.525	23.901	16.638	77.775	24.426	17.082
75.300	23.387	16.208	76.550	23.912	16.648	77.800	24.437	17.092
75.325	23.397	16.216	76.575	23.922	16.656	77.825	24.447	17.100
75.350	23.408	16.226	76.600	23.933	16.666	77.850	24.458	17.110
75.375	23.418	16.234	76.625	23.943	16.674	77.875	24.468	17.118
75.400	23.429	16.244	76.650	23.954	16.684	77.900	24.479	17.126
75.425	23.439	16.252	76.675	23.964	16.692	77.925	24.489	17.136
75.450	23.450	16.260	76.700	23.975	16.702	77.950	24.500	17.144
75.475	23.460	16.270	76.725	23.985	16.710	77.975	24.510	17.154
75.500	23.471	16.278	76.750	23.996	16.718	78.000	24.521	17.162
75.525	23.481	16.286	76.775	24.006	16.728	78.025	24.531	17.172
75.550	23.492	16.296	76.800	24.017	16.736	78.050	24.542	17.180
75.575	23.502	16.304	76.825	24.027	16.744	78.075	24.552	17.188
75.600	23.513	16.314	76.850	24.038	16.754	78.100	24.563	17.198
75.625	23.523	16.322	76.875	24.048	16.762	78.125	24.573	17.206
75.650	23.534	16.332	76.900	24.059	16.772	78.150	24.584	17.216
75.675	23.544	16.340	76.925	24.069	16.780	78.175	24.594	17.224
75.700	23.555	16.348	76.950	24.080	16.790	78.200	24.605	17.234
75.725	23.565	16.358	76.975	24.090	16.798	78.225	24.615	17.242
75.750	23.576	16.366	77.000	24.101	16.808	78.250	24.626	17.252
75.775	23.586	16.374	77.025	24.111	16.816	78.275	24.636	17.260
75.800	23.597	16.384	77.050	24.122	16.824	78.300	24.647	17.270
75.825	23.607	16.392	77.075	24.132	16.834	78.325	24.657	17.278
75.850	23.618	16.402	77.100	24.143	16.842	78.350	24.668	17.288
75.875	23.628	16.410	77.125	24.153	16.852	78.375	24.678	17.296
75.900	23.639	16.418	77.150	24.164	16.860	78.400	24.689	17.306
75.925	23.649	16.428	77.175	24.174	16.868	78.425	24.699	17.314
75.950	23.660	16.436	77.200	24.185	16.878	78.450	24.710	17.324
75.975	23.670	16.444	77.225	24.195	16.886	78.475	24.720	17.332
76.000	23.681	16.454	77.250	24.206	16.896	78.500	24.731	17.342
76.025	23.691	16.462	77.275	24.216	16.904	78.525	24.741	17.350
76.050	23.702	16.472	77.300	24.227	16.914	78.550	24.752	17.358
76.075	23.712	16.480	77.325	24.237	16.922	78.575	24.762	17.368
76.100	23.723	16.490	77.350	24.248	16.932	78.600	24.773	17.376
76.125	23.733	16.498	77.375	24.258	16.940	78.625	24.783	17.386

zu versteuerndes Einkommen €	Einkommensteuer Grundtabelle €	Einkommensteuer Splittingtabelle €	zu versteuerndes Einkommen €	Einkommensteuer Grundtabelle €	Einkommensteuer Splittingtabelle €	zu versteuerndes Einkommen €	Einkommensteuer Grundtabelle €	Einkommensteuer Splittingtabelle €
78.650	24.794	17.394	79.900	25.319	17.844	81.150	25.844	18.296
78.675	24.804	17.404	79.925	25.329	17.852	81.175	25.854	18.306
78.700	24.815	17.412	79.950	25.340	17.862	81.200	25.865	18.316
78.725	24.825	17.422	79.975	25.350	17.870	81.225	25.875	18.324
78.750	24.836	17.430	80.000	25.361	17.880	81.250	25.886	18.334
78.775	24.846	17.440	80.025	25.371	17.888	81.275	25.896	18.342
78.800	24.857	17.448	80.050	25.382	17.898	81.300	25.907	18.352
78.825	24.867	17.458	80.075	25.392	17.906	81.325	25.917	18.360
78.850	24.878	17.466	80.100	25.403	17.916	81.350	25.928	18.370
78.875	24.888	17.476	80.125	25.413	17.924	81.375	25.938	18.378
78.900	24.899	17.484	80.150	25.424	17.934	81.400	25.949	18.388
78.925	24.909	17.492	80.175	25.434	17.942	81.425	25.959	18.396
78.950	24.920	17.502	80.200	25.445	17.952	81.450	25.970	18.406
78.975	24.930	17.510	80.225	25.455	17.962	81.475	25.980	18.414
79.000	24.941	17.520	80.250	25.466	17.970	81.500	25.991	18.424
79.025	24.951	17.528	80.275	25.476	17.980	81.525	26.001	18.434
79.050	24.962	17.538	80.300	25.487	17.988	81.550	26.012	18.442
79.075	24.972	17.546	80.325	25.497	17.998	81.575	26.022	18.452
79.100	24.983	17.556	80.350	25.508	18.006	81.600	26.033	18.460
79.125	24.993	17.564	80.375	25.518	18.016	81.625	26.043	18.470
79.150	25.004	17.574	80.400	25.529	18.024	81.650	26.054	18.480
79.175	25.014	17.582	80.425	25.539	18.034	81.675	26.064	18.488
79.200	25.025	17.592	80.450	25.550	18.042	81.700	26.075	18.498
79.225	25.035	17.600	80.475	25.560	18.052	81.725	26.085	18.506
79.250	25.046	17.610	80.500	25.571	18.060	81.750	26.096	18.516
79.275	25.056	17.618	80.525	25.581	18.070	81.775	26.106	18.524
79.300	25.067	17.628	80.550	25.592	18.080	81.800	26.117	18.534
79.325	25.077	17.636	80.575	25.602	18.088	81.825	26.127	18.542
79.350	25.088	17.646	80.600	25.613	18.098	81.850	26.138	18.552
79.375	25.098	17.654	80.625	25.623	18.106	81.875	26.148	18.560
79.400	25.109	17.664	80.650	25.634	18.116	81.900	26.159	18.570
79.425	25.119	17.672	80.675	25.644	18.124	81.925	26.169	18.580
79.450	25.130	17.682	80.700	25.655	18.134	81.950	26.180	18.588
79.475	25.140	17.690	80.725	25.665	18.142	81.975	26.190	18.598
79.500	25.151	17.700	80.750	25.676	18.152	82.000	26.201	18.606
79.525	25.161	17.708	80.775	25.686	18.160	82.025	26.211	18.616
79.550	25.172	17.718	80.800	25.697	18.170	82.050	26.222	18.626
79.575	25.182	17.726	80.825	25.707	18.178	82.075	26.232	18.634
79.600	25.193	17.736	80.850	25.718	18.188	82.100	26.243	18.644
79.625	25.203	17.744	80.875	25.728	18.196	82.125	26.253	18.652
79.650	25.214	17.754	80.900	25.739	18.206	82.150	26.264	18.662
79.675	25.224	17.762	80.925	25.749	18.214	82.175	26.274	18.670
79.700	25.235	17.772	80.950	25.760	18.224	82.200	26.285	18.680
79.725	25.245	17.780	80.975	25.770	18.232	82.225	26.295	18.688
79.750	25.256	17.790	81.000	25.781	18.242	82.250	26.306	18.698
79.775	25.266	17.798	81.025	25.791	18.252	82.275	26.316	18.708
79.800	25.277	17.808	81.050	25.802	18.260	82.300	26.327	18.716
79.825	25.287	17.816	81.075	25.812	18.270	82.325	26.337	18.726
79.850	25.298	17.826	81.100	25.823	18.278	82.350	26.348	18.734
79.875	25.308	17.834	81.125	25.833	18.288	82.375	26.358	18.744

zu versteuerndes Einkommen €	Einkommensteuer Grundtabelle €	Einkommensteuer Splittingtabelle €	zu versteuerndes Einkommen €	Einkommensteuer Grundtabelle €	Einkommensteuer Splittingtabelle €	zu versteuerndes Einkommen €	Einkommensteuer Grundtabelle €	Einkommensteuer Splittingtabelle €
82.400	26.369	18.754	83.650	26.894	19.214	84.900	27.419	19.676
82.425	26.379	18.762	83.675	26.904	19.222	84.925	27.429	19.686
82.450	26.390	18.772	83.700	26.915	19.232	84.950	27.440	19.696
82.475	26.400	18.780	83.725	26.925	19.240	84.975	27.450	19.704
82.500	26.411	18.790	83.750	26.936	19.250	85.000	27.461	19.714
82.525	26.421	18.798	83.775	26.946	19.260	85.025	27.471	19.724
82.550	26.432	18.808	83.800	26.957	19.268	85.050	27.482	19.732
82.575	26.442	18.818	83.825	26.967	19.278	85.075	27.492	19.742
82.600	26.453	18.826	83.850	26.978	19.288	85.100	27.503	19.752
82.625	26.463	18.836	83.875	26.988	19.296	85.125	27.513	19.760
82.650	26.474	18.846	83.900	26.999	19.306	85.150	27.524	19.770
82.675	26.484	18.854	83.925	27.009	19.314	85.175	27.534	19.778
82.700	26.495	18.864	83.950	27.020	19.324	85.200	27.545	19.788
82.725	26.505	18.872	83.975	27.030	19.334	85.225	27.555	19.798
82.750	26.516	18.882	84.000	27.041	19.342	85.250	27.566	19.808
82.775	26.526	18.890	84.025	27.051	19.352	85.275	27.576	19.816
82.800	26.537	18.900	84.050	27.062	19.362	85.300	27.587	19.826
82.825	26.547	18.908	84.075	27.072	19.370	85.325	27.597	19.834
82.850	26.558	18.918	84.100	27.083	19.380	85.350	27.608	19.844
82.875	26.568	18.928	84.125	27.093	19.388	85.375	27.618	19.854
82.900	26.579	18.936	84.150	27.104	19.398	85.400	27.629	19.864
82.925	26.589	18.946	84.175	27.114	19.408	85.425	27.639	19.872
82.950	26.600	18.956	84.200	27.125	19.416	85.450	27.650	19.882
82.975	26.610	18.964	84.225	27.135	19.426	85.475	27.660	19.890
83.000	26.621	18.974	84.250	27.146	19.436	85.500	27.671	19.900
83.025	26.631	18.982	84.275	27.156	19.444	85.525	27.681	19.910
83.050	26.642	18.992	84.300	27.167	19.454	85.550	27.692	19.920
83.075	26.652	19.000	84.325	27.177	19.462	85.575	27.702	19.928
83.100	26.663	19.010	84.350	27.188	19.472	85.600	27.713	19.938
83.125	26.673	19.020	84.375	27.198	19.482	85.625	27.723	19.946
83.150	26.684	19.028	84.400	27.209	19.492	85.650	27.734	19.956
83.175	26.694	19.038	84.425	27.219	19.500	85.675	27.744	19.966
83.200	26.705	19.048	84.450	27.230	19.510	85.700	27.755	19.976
83.225	26.715	19.056	84.475	27.240	19.518	85.725	27.765	19.984
83.250	26.726	19.066	84.500	27.251	19.528	85.750	27.776	19.994
83.275	26.736	19.074	84.525	27.261	19.538	85.775	27.786	20.004
83.300	26.747	19.084	84.550	27.272	19.546	85.800	27.797	20.012
83.325	26.757	19.092	84.575	27.282	19.556	85.825	27.807	20.022
83.350	26.768	19.102	84.600	27.293	19.566	85.850	27.818	20.032
83.375	26.778	19.112	84.625	27.303	19.574	85.875	27.828	20.040
83.400	26.789	19.122	84.650	27.314	19.584	85.900	27.839	20.050
83.425	26.799	19.130	84.675	27.324	19.592	85.925	27.849	20.060
83.450	26.810	19.140	84.700	27.335	19.602	85.950	27.860	20.070
83.475	26.820	19.148	84.725	27.345	19.612	85.975	27.870	20.078
83.500	26.831	19.158	84.750	27.356	19.622	86.000	27.881	20.088
83.525	26.841	19.166	84.775	27.366	19.630	86.025	27.891	20.096
83.550	26.852	19.176	84.800	27.377	19.640	86.050	27.902	20.106
83.575	26.862	19.186	84.825	27.387	19.648	86.075	27.912	20.116
83.600	26.873	19.194	84.850	27.398	19.658	86.100	27.923	20.126
83.625	26.883	19.204	84.875	27.408	19.668	86.125	27.933	20.134

zu versteuerndes Einkommen €	Einkommensteuer		zu versteuerndes Einkommen €	Einkommensteuer		zu versteuerndes Einkommen €	Einkommensteuer	
	Grundtabelle €	Splittingtabelle €		Grundtabelle €	Splittingtabelle €		Grundtabelle €	Splittingtabelle €
86.150	27.944	20.144	87.400	28.469	20.614	88.650	28.994	21.090
86.175	27.954	20.154	87.425	28.479	20.624	88.675	29.004	21.098
86.200	27.965	20.162	87.450	28.490	20.634	88.700	29.015	21.108
86.225	27.975	20.172	87.475	28.500	20.642	88.725	29.025	21.118
86.250	27.986	20.182	87.500	28.511	20.652	88.750	29.036	21.128
86.275	27.996	20.190	87.525	28.521	20.662	88.775	29.046	21.136
86.300	28.007	20.200	87.550	28.532	20.672	88.800	29.057	21.146
86.325	28.017	20.210	87.575	28.542	20.680	88.825	29.067	21.156
86.350	28.028	20.220	87.600	28.553	20.690	88.850	29.078	21.166
86.375	28.038	20.228	87.625	28.563	20.700	88.875	29.088	21.174
86.400	28.049	20.238	87.650	28.574	20.710	88.900	29.099	21.184
86.425	28.059	20.246	87.675	28.584	20.718	88.925	29.109	21.194
86.450	28.070	20.256	87.700	28.595	20.728	88.950	29.120	21.204
86.475	28.080	20.266	87.725	28.605	20.738	88.975	29.130	21.212
86.500	28.091	20.276	87.750	28.616	20.748	89.000	29.141	21.222
86.525	28.101	20.284	87.775	28.626	20.756	89.025	29.151	21.232
86.550	28.112	20.294	87.800	28.637	20.766	89.050	29.162	21.242
86.575	28.122	20.304	87.825	28.647	20.776	89.075	29.172	21.250
86.600	28.133	20.314	87.850	28.658	20.786	89.100	29.183	21.260
86.625	28.143	20.322	87.875	28.668	20.794	89.125	29.193	21.270
86.650	28.154	20.332	87.900	28.679	20.804	89.150	29.204	21.280
86.675	28.164	20.340	87.925	28.689	20.814	89.175	29.214	21.288
86.700	28.175	20.350	87.950	28.700	20.822	89.200	29.225	21.298
86.725	28.185	20.360	87.975	28.710	20.832	89.225	29.235	21.308
86.750	28.196	20.370	88.000	28.721	20.842	89.250	29.246	21.318
86.775	28.206	20.378	88.025	28.731	20.852	89.275	29.256	21.328
86.800	28.217	20.388	88.050	28.742	20.860	89.300	29.267	21.338
86.825	28.227	20.398	88.075	28.752	20.870	89.325	29.277	21.346
86.850	28.238	20.408	88.100	28.763	20.880	89.350	29.288	21.356
86.875	28.248	20.416	88.125	28.773	20.888	89.375	29.298	21.366
86.900	28.259	20.426	88.150	28.784	20.898	89.400	29.309	21.376
86.925	28.269	20.436	88.175	28.794	20.908	89.425	29.319	21.384
86.950	28.280	20.444	88.200	28.805	20.918	89.450	29.330	21.394
86.975	28.290	20.454	88.225	28.815	20.926	89.475	29.340	21.404
87.000	28.301	20.464	88.250	28.826	20.936	89.500	29.351	21.414
87.025	28.311	20.472	88.275	28.836	20.946	89.525	29.361	21.422
87.050	28.322	20.482	88.300	28.847	20.956	89.550	29.372	21.432
87.075	28.332	20.492	88.325	28.857	20.964	89.575	29.382	21.442
87.100	28.343	20.502	88.350	28.868	20.974	89.600	29.393	21.452
87.125	28.353	20.510	88.375	28.878	20.984	89.625	29.403	21.462
87.150	28.364	20.520	88.400	28.889	20.994	89.650	29.414	21.472
87.175	28.374	20.530	88.425	28.899	21.002	89.675	29.424	21.480
87.200	28.385	20.540	88.450	28.910	21.012	89.700	29.435	21.490
87.225	28.395	20.548	88.475	28.920	21.022	89.725	29.445	21.500
87.250	28.406	20.558	88.500	28.931	21.032	89.750	29.456	21.510
87.275	28.416	20.568	88.525	28.941	21.042	89.775	29.466	21.518
87.300	28.427	20.576	88.550	28.952	21.050	89.800	29.477	21.528
87.325	28.437	20.586	88.575	28.962	21.060	89.825	29.487	21.538
87.350	28.448	20.596	88.600	28.973	21.070	89.850	29.498	21.548
87.375	28.458	20.604	88.625	28.983	21.080	89.875	29.508	21.556

zu versteuerndes Einkommen €	Einkommensteuer Grundtabelle €	Einkommensteuer Splittingtabelle €	zu versteuerndes Einkommen €	Einkommensteuer Grundtabelle €	Einkommensteuer Splittingtabelle €	zu versteuerndes Einkommen €	Einkommensteuer Grundtabelle €	Einkommensteuer Splittingtabelle €
89.900	29.519	21.566	91.150	30.044	22.048	92.400	30.569	22.534
89.925	29.529	21.576	91.175	30.054	22.058	92.425	30.579	22.542
89.950	29.540	21.586	91.200	30.065	22.068	92.450	30.590	22.552
89.975	29.550	21.596	91.225	30.075	22.076	92.475	30.600	22.562
90.000	29.561	21.606	91.250	30.086	22.086	92.500	30.611	22.572
90.025	29.571	21.614	91.275	30.096	22.096	92.525	30.621	22.582
90.050	29.582	21.624	91.300	30.107	22.106	92.550	30.632	22.592
90.075	29.592	21.634	91.325	30.117	22.116	92.575	30.642	22.602
90.100	29.603	21.644	91.350	30.128	22.126	92.600	30.653	22.612
90.125	29.613	21.652	91.375	30.138	22.134	92.625	30.663	22.620
90.150	29.624	21.662	91.400	30.149	22.146	92.650	30.674	22.630
90.175	29.634	21.672	91.425	30.159	22.154	92.675	30.684	22.640
90.200	29.645	21.682	91.450	30.170	22.164	92.700	30.695	22.650
90.225	29.655	21.692	91.475	30.180	22.174	92.725	30.705	22.660
90.250	29.666	21.702	91.500	30.191	22.184	92.750	30.716	22.670
90.275	29.676	21.710	91.525	30.201	22.194	92.775	30.726	22.680
90.300	29.687	21.720	91.550	30.212	22.204	92.800	30.737	22.690
90.325	29.697	21.730	91.575	30.222	22.212	92.825	30.747	22.698
90.350	29.708	21.740	91.600	30.233	22.222	92.850	30.758	22.708
90.375	29.718	21.750	91.625	30.243	22.232	92.875	30.768	22.718
90.400	29.729	21.760	91.650	30.254	22.242	92.900	30.779	22.728
90.425	29.739	21.768	91.675	30.264	22.252	92.925	30.789	22.738
90.450	29.750	21.778	91.700	30.275	22.262	92.950	30.800	22.748
90.475	29.760	21.788	91.725	30.285	22.270	92.975	30.810	22.758
90.500	29.771	21.798	91.750	30.296	22.280	93.000	30.821	22.768
90.525	29.781	21.806	91.775	30.306	22.290	93.025	30.831	22.776
90.550	29.792	21.816	91.800	30.317	22.300	93.050	30.842	22.786
90.575	29.802	21.826	91.825	30.327	22.310	93.075	30.852	22.796
90.600	29.813	21.836	91.850	30.338	22.320	93.100	30.863	22.806
90.625	29.823	21.846	91.875	30.348	22.328	93.125	30.873	22.816
90.650	29.834	21.856	91.900	30.359	22.338	93.150	30.884	22.826
90.675	29.844	21.864	91.925	30.369	22.348	93.175	30.894	22.836
90.700	29.855	21.874	91.950	30.380	22.358	93.200	30.905	22.846
90.725	29.865	21.884	91.975	30.390	22.368	93.225	30.915	22.854
90.750	29.876	21.894	92.000	30.401	22.378	93.250	30.926	22.866
90.775	29.886	21.904	92.025	30.411	22.388	93.275	30.936	22.874
90.800	29.897	21.914	92.050	30.422	22.398	93.300	30.947	22.884
90.825	29.907	21.922	92.075	30.432	22.406	93.325	30.957	22.894
90.850	29.918	21.932	92.100	30.443	22.416	93.350	30.968	22.904
90.875	29.928	21.942	92.125	30.453	22.426	93.375	30.978	22.914
90.900	29.939	21.952	92.150	30.464	22.436	93.400	30.989	22.924
90.925	29.949	21.960	92.175	30.474	22.446	93.425	30.999	22.934
90.950	29.960	21.972	92.200	30.485	22.456	93.450	31.010	22.944
90.975	29.970	21.980	92.225	30.495	22.464	93.475	31.020	22.952
91.000	29.981	21.990	92.250	30.506	22.474	93.500	31.031	22.964
91.025	29.991	22.000	92.275	30.516	22.484	93.525	31.041	22.972
91.050	30.002	22.010	92.300	30.527	22.494	93.550	31.052	22.982
91.075	30.012	22.018	92.325	30.537	22.504	93.575	31.062	22.992
91.100	30.023	22.028	92.350	30.548	22.514	93.600	31.073	23.002
91.125	30.033	22.038	92.375	30.558	22.524	93.625	31.083	23.012

zu versteuerndes Einkommen €	Einkommensteuer Grundtabelle €	Einkommensteuer Splittingtabelle €	zu versteuerndes Einkommen €	Einkommensteuer Grundtabelle €	Einkommensteuer Splittingtabelle €	zu versteuerndes Einkommen €	Einkommensteuer Grundtabelle €	Einkommensteuer Splittingtabelle €
93.650	31.094	23.022	94.900	31.619	23.514	96.150	32.144	24.010
93.675	31.104	23.032	94.925	31.629	23.524	96.175	32.154	24.020
93.700	31.115	23.042	94.950	31.640	23.534	96.200	32.165	24.030
93.725	31.125	23.050	94.975	31.650	23.544	96.225	32.175	24.040
93.750	31.136	23.062	95.000	31.661	23.554	96.250	32.186	24.050
93.775	31.146	23.070	95.025	31.671	23.564	96.275	32.196	24.060
93.800	31.157	23.080	95.050	31.682	23.574	96.300	32.207	24.070
93.825	31.167	23.090	95.075	31.692	23.582	96.325	32.217	24.080
93.850	31.178	23.100	95.100	31.703	23.594	96.350	32.228	24.090
93.875	31.188	23.110	95.125	31.713	23.602	96.375	32.238	24.098
93.900	31.199	23.120	95.150	31.724	23.612	96.400	32.249	24.110
93.925	31.209	23.130	95.175	31.734	23.622	96.425	32.259	24.118
93.950	31.220	23.140	95.200	31.745	23.632	96.450	32.270	24.130
93.975	31.230	23.150	95.225	31.755	23.642	96.475	32.280	24.138
94.000	31.241	23.160	95.250	31.766	23.652	96.500	32.291	24.150
94.025	31.251	23.168	95.275	31.776	23.662	96.525	32.301	24.158
94.050	31.262	23.178	95.300	31.787	23.672	96.550	32.312	24.170
94.075	31.272	23.188	95.325	31.797	23.682	96.575	32.322	24.178
94.100	31.283	23.198	95.350	31.808	23.692	96.600	32.333	24.190
94.125	31.293	23.208	95.375	31.818	23.702	96.625	32.343	24.198
94.150	31.304	23.218	95.400	31.829	23.712	96.650	32.354	24.210
94.175	31.314	23.228	95.425	31.839	23.722	96.675	32.364	24.218
94.200	31.325	23.238	95.450	31.850	23.732	96.700	32.375	24.230
94.225	31.335	23.248	95.475	31.860	23.742	96.725	32.385	24.238
94.250	31.346	23.258	95.500	31.871	23.752	96.750	32.396	24.250
94.275	31.356	23.268	95.525	31.881	23.762	96.775	32.406	24.258
94.300	31.367	23.278	95.550	31.892	23.772	96.800	32.417	24.268
94.325	31.377	23.286	95.575	31.902	23.780	96.825	32.427	24.278
94.350	31.388	23.298	95.600	31.913	23.792	96.850	32.438	24.288
94.375	31.398	23.306	95.625	31.923	23.800	96.875	32.448	24.298
94.400	31.409	23.316	95.650	31.934	23.812	96.900	32.459	24.308
94.425	31.419	23.326	95.675	31.944	23.820	96.925	32.469	24.318
94.450	31.430	23.336	95.700	31.955	23.830	96.950	32.480	24.328
94.475	31.440	23.346	95.725	31.965	23.840	96.975	32.490	24.338
94.500	31.451	23.356	95.750	31.976	23.850	97.000	32.501	24.348
94.525	31.461	23.366	95.775	31.986	23.860	97.025	32.511	24.358
94.550	31.472	23.376	95.800	31.997	23.870	97.050	32.522	24.368
94.575	31.482	23.386	95.825	32.007	23.880	97.075	32.532	24.378
94.600	31.493	23.396	95.850	32.018	23.890	97.100	32.543	24.388
94.625	31.503	23.406	95.875	32.028	23.900	97.125	32.553	24.398
94.650	31.514	23.416	95.900	32.039	23.910	97.150	32.564	24.408
94.675	31.524	23.424	95.925	32.049	23.920	97.175	32.574	24.418
94.700	31.535	23.436	95.950	32.060	23.930	97.200	32.585	24.428
94.725	31.545	23.444	95.975	32.070	23.940	97.225	32.595	24.438
94.750	31.556	23.454	96.000	32.081	23.950	97.250	32.606	24.448
94.775	31.566	23.464	96.025	32.091	23.960	97.275	32.616	24.458
94.800	31.577	23.474	96.050	32.102	23.970	97.300	32.627	24.470
94.825	31.587	23.484	96.075	32.112	23.980	97.325	32.637	24.478
94.850	31.598	23.494	96.100	32.123	23.990	97.350	32.648	24.490
94.875	31.608	23.504	96.125	32.133	24.000	97.375	32.658	24.498

zu versteuerndes Einkommen €	Einkommensteuer Grundtabelle €	Einkommensteuer Splittingtabelle €	zu versteuerndes Einkommen €	Einkommensteuer Grundtabelle €	Einkommensteuer Splittingtabelle €	zu versteuerndes Einkommen €	Einkommensteuer Grundtabelle €	Einkommensteuer Splittingtabelle €
97.400	32.669	24.510	98.650	33.194	25.012	99.900	33.719	25.518
97.425	32.679	24.518	98.675	33.204	25.022	99.925	33.729	25.528
97.450	32.690	24.530	98.700	33.215	25.032	99.950	33.740	25.538
97.475	32.700	24.538	98.725	33.225	25.042	99.975	33.750	25.548
97.500	32.711	24.550	98.750	33.236	25.052	100.000	33.761	25.560
97.525	32.721	24.558	98.775	33.246	25.062	100.025	33.771	25.568
97.550	32.732	24.570	98.800	33.257	25.072	100.050	33.782	25.580
97.575	32.742	24.578	98.825	33.267	25.082	100.075	33.792	25.590
97.600	32.753	24.590	98.850	33.278	25.092	100.100	33.803	25.600
97.625	32.763	24.598	98.875	33.288	25.102	100.125	33.813	25.610
97.650	32.774	24.610	98.900	33.299	25.112	100.150	33.824	25.620
97.675	32.784	24.620	98.925	33.309	25.122	100.175	33.834	25.630
97.700	32.795	24.630	98.950	33.320	25.134	100.200	33.845	25.640
97.725	32.805	24.640	98.975	33.330	25.142	100.225	33.855	25.650
97.750	32.816	24.650	99.000	33.341	25.154	100.250	33.866	25.660
97.775	32.826	24.660	99.025	33.351	25.164	100.275	33.876	25.670
97.800	32.837	24.670	99.050	33.362	25.174	100.300	33.887	25.682
97.825	32.847	24.680	99.075	33.372	25.184	100.325	33.897	25.692
97.850	32.858	24.690	99.100	33.383	25.194	100.350	33.908	25.702
97.875	32.868	24.700	99.125	33.393	25.204	100.375	33.918	25.712
97.900	32.879	24.710	99.150	33.404	25.214	100.400	33.929	25.722
97.925	32.889	24.720	99.175	33.414	25.224	100.425	33.939	25.732
97.950	32.900	24.730	99.200	33.425	25.234	100.450	33.950	25.742
97.975	32.910	24.740	99.225	33.435	25.244	100.475	33.960	25.752
98.000	32.921	24.750	99.250	33.446	25.254	100.500	33.971	25.762
98.025	32.931	24.760	99.275	33.456	25.264	100.525	33.981	25.772
98.050	32.942	24.770	99.300	33.467	25.274	100.550	33.992	25.784
98.075	32.952	24.780	99.325	33.477	25.284	100.575	34.002	25.792
98.100	32.963	24.790	99.350	33.488	25.296	100.600	34.013	25.804
98.125	32.973	24.800	99.375	33.498	25.304	100.625	34.023	25.814
98.150	32.984	24.810	99.400	33.509	25.316	100.650	34.034	25.824
98.175	32.994	24.820	99.425	33.519	25.326	100.675	34.044	25.834
98.200	33.005	24.830	99.450	33.530	25.336	100.700	34.055	25.844
98.225	33.015	24.840	99.475	33.540	25.346	100.725	34.065	25.854
98.250	33.026	24.850	99.500	33.551	25.356	100.750	34.076	25.864
98.275	33.036	24.860	99.525	33.561	25.366	100.775	34.086	25.874
98.300	33.047	24.870	99.550	33.572	25.376	100.800	34.097	25.886
98.325	33.057	24.880	99.575	33.582	25.386	100.825	34.107	25.896
98.350	33.068	24.890	99.600	33.593	25.396	100.850	34.118	25.906
98.375	33.078	24.900	99.625	33.603	25.406	100.875	34.128	25.916
98.400	33.089	24.912	99.650	33.614	25.416	100.900	34.139	25.926
98.425	33.099	24.920	99.675	33.624	25.426	100.925	34.149	25.936
98.450	33.110	24.932	99.700	33.635	25.438	100.950	34.160	25.946
98.475	33.120	24.940	99.725	33.645	25.446	100.975	34.170	25.956
98.500	33.131	24.952	99.750	33.656	25.458	101.000	34.181	25.968
98.525	33.141	24.962	99.775	33.666	25.468	101.025	34.191	25.976
98.550	33.152	24.972	99.800	33.677	25.478	101.050	34.202	25.988
98.575	33.162	24.982	99.825	33.687	25.488	101.075	34.212	25.998
98.600	33.173	24.992	99.850	33.698	25.498	101.100	34.223	26.008
98.625	33.183	25.002	99.875	33.708	25.508	101.125	34.233	26.018

zu versteuerndes Einkommen €	Einkommensteuer Grundtabelle €	Einkommensteuer Splittingtabelle €	zu versteuerndes Einkommen €	Einkommensteuer Grundtabelle €	Einkommensteuer Splittingtabelle €	zu versteuerndes Einkommen €	Einkommensteuer Grundtabelle €	Einkommensteuer Splittingtabelle €
101.150	34.244	26.028	102.400	34.769	26.542	103.650	35.294	27.060
101.175	34.254	26.038	102.425	34.779	26.552	103.675	35.304	27.070
101.200	34.265	26.048	102.450	34.790	26.562	103.700	35.315	27.080
101.225	34.275	26.058	102.475	34.800	26.572	103.725	35.325	27.090
101.250	34.286	26.070	102.500	34.811	26.584	103.750	35.336	27.100
101.275	34.296	26.080	102.525	34.821	26.594	103.775	35.346	27.110
101.300	34.307	26.090	102.550	34.832	26.604	103.800	35.357	27.122
101.325	34.317	26.100	102.575	34.842	26.614	103.825	35.367	27.132
101.350	34.328	26.110	102.600	34.853	26.624	103.850	35.378	27.142
101.375	34.338	26.120	102.625	34.863	26.634	103.875	35.388	27.152
101.400	34.349	26.130	102.650	34.874	26.646	103.900	35.399	27.164
101.425	34.359	26.140	102.675	34.884	26.656	103.925	35.409	27.174
101.450	34.370	26.152	102.700	34.895	26.666	103.950	35.420	27.184
101.475	34.380	26.162	102.725	34.905	26.676	103.975	35.430	27.194
101.500	34.391	26.172	102.750	34.916	26.686	104.000	35.441	27.204
101.525	34.401	26.182	102.775	34.926	26.696	104.025	35.451	27.214
101.550	34.412	26.192	102.800	34.937	26.708	104.050	35.462	27.226
101.575	34.422	26.202	102.825	34.947	26.718	104.075	35.472	27.236
101.600	34.433	26.212	102.850	34.958	26.728	104.100	35.483	27.246
101.625	34.443	26.222	102.875	34.968	26.738	104.125	35.493	27.256
101.650	34.454	26.234	102.900	34.979	26.748	104.150	35.504	27.268
101.675	34.464	26.244	102.925	34.989	26.758	104.175	35.514	27.278
101.700	34.475	26.254	102.950	35.000	26.770	104.200	35.525	27.288
101.725	34.485	26.264	102.975	35.010	26.780	104.225	35.535	27.298
101.750	34.496	26.274	103.000	35.021	26.790	104.250	35.546	27.308
101.775	34.506	26.284	103.025	35.031	26.800	104.275	35.556	27.318
101.800	34.517	26.296	103.050	35.042	26.810	104.300	35.567	27.330
101.825	34.527	26.304	103.075	35.052	26.820	104.325	35.577	27.340
101.850	34.538	26.316	103.100	35.063	26.832	104.350	35.588	27.350
101.875	34.548	26.326	103.125	35.073	26.842	104.375	35.598	27.360
101.900	34.559	26.336	103.150	35.084	26.852	104.400	35.609	27.372
101.925	34.569	26.346	103.175	35.094	26.862	104.425	35.619	27.382
101.950	34.580	26.356	103.200	35.105	26.872	104.450	35.630	27.392
101.975	34.590	26.366	103.225	35.115	26.882	104.475	35.640	27.402
102.000	34.601	26.378	103.250	35.126	26.894	104.500	35.651	27.412
102.025	34.611	26.388	103.275	35.136	26.904	104.525	35.661	27.422
102.050	34.622	26.398	103.300	35.147	26.914	104.550	35.672	27.434
102.075	34.632	26.408	103.325	35.157	26.924	104.575	35.682	27.444
102.100	34.643	26.418	103.350	35.168	26.934	104.600	35.693	27.454
102.125	34.653	26.428	103.375	35.178	26.944	104.625	35.703	27.464
102.150	34.664	26.440	103.400	35.189	26.956	104.650	35.714	27.476
102.175	34.674	26.448	103.425	35.199	26.966	104.675	35.724	27.486
102.200	34.685	26.460	103.450	35.210	26.976	104.700	35.735	27.496
102.225	34.695	26.470	103.475	35.220	26.986	104.725	35.745	27.506
102.250	34.706	26.480	103.500	35.231	26.996	104.750	35.756	27.518
102.275	34.716	26.490	103.525	35.241	27.006	104.775	35.766	27.528
102.300	34.727	26.500	103.550	35.252	27.018	104.800	35.777	27.538
102.325	34.737	26.510	103.575	35.262	27.028	104.825	35.787	27.548
102.350	34.748	26.522	103.600	35.273	27.038	104.850	35.798	27.560
102.375	34.758	26.532	103.625	35.283	27.048	104.875	35.808	27.570

zu versteuerndes Einkommen €	Einkommensteuer Grundtabelle €	Einkommensteuer Splittingtabelle €	zu versteuerndes Einkommen €	Einkommensteuer Grundtabelle €	Einkommensteuer Splittingtabelle €	zu versteuerndes Einkommen €	Einkommensteuer Grundtabelle €	Einkommensteuer Splittingtabelle €
104.900	35.819	27.580	106.150	36.344	28.104	107.400	36.869	28.630
104.925	35.829	27.590	106.175	36.354	28.114	107.425	36.879	28.640
104.950	35.840	27.600	106.200	36.365	28.126	107.450	36.890	28.650
104.975	35.850	27.610	106.225	36.375	28.136	107.475	36.900	28.660
105.000	35.861	27.622	106.250	36.386	28.146	107.500	36.911	28.672
105.025	35.871	27.632	106.275	36.396	28.156	107.525	36.921	28.682
105.050	35.882	27.642	106.300	36.407	28.168	107.550	36.932	28.692
105.075	35.892	27.652	106.325	36.417	28.178	107.575	36.942	28.702
105.100	35.903	27.664	106.350	36.428	28.188	107.600	36.953	28.714
105.125	35.913	27.674	106.375	36.438	28.198	107.625	36.963	28.724
105.150	35.924	27.684	106.400	36.449	28.210	107.650	36.974	28.734
105.175	35.934	27.694	106.425	36.459	28.220	107.675	36.984	28.744
105.200	35.945	27.706	106.450	36.470	28.230	107.700	36.995	28.756
105.225	35.955	27.716	106.475	36.480	28.240	107.725	37.005	28.766
105.250	35.966	27.726	106.500	36.491	28.252	107.750	37.016	28.776
105.275	35.976	27.736	106.525	36.501	28.262	107.775	37.026	28.786
105.300	35.987	27.748	106.550	36.512	28.272	107.800	37.037	28.798
105.325	35.997	27.758	106.575	36.522	28.282	107.825	37.047	28.808
105.350	36.008	27.768	106.600	36.533	28.294	107.850	37.058	28.818
105.375	36.018	27.778	106.625	36.543	28.304	107.875	37.068	28.828
105.400	36.029	27.790	106.650	36.554	28.314	107.900	37.079	28.840
105.425	36.039	27.800	106.675	36.564	28.324	107.925	37.089	28.850
105.450	36.050	27.810	106.700	36.575	28.336	107.950	37.100	28.860
105.475	36.060	27.820	106.725	36.585	28.346	107.975	37.110	28.870
105.500	36.071	27.832	106.750	36.596	28.356	108.000	37.121	28.882
105.525	36.081	27.842	106.775	36.606	28.366	108.025	37.131	28.892
105.550	36.092	27.852	106.800	36.617	28.378	108.050	37.142	28.902
105.575	36.102	27.862	106.825	36.627	28.388	108.075	37.152	28.912
105.600	36.113	27.874	106.850	36.638	28.398	108.100	37.163	28.924
105.625	36.123	27.884	106.875	36.648	28.408	108.125	37.173	28.934
105.650	36.134	27.894	106.900	36.659	28.420	108.150	37.184	28.944
105.675	36.144	27.904	106.925	36.669	28.430	108.175	37.194	28.954
105.700	36.155	27.916	106.950	36.680	28.440	108.200	37.205	28.966
105.725	36.165	27.926	106.975	36.690	28.450	108.225	37.215	28.976
105.750	36.176	27.936	107.000	36.701	28.462	108.250	37.226	28.986
105.775	36.186	27.946	107.025	36.711	28.472	108.275	37.236	28.996
105.800	36.197	27.958	107.050	36.722	28.482	108.300	37.247	29.008
105.825	36.207	27.968	107.075	36.732	28.492	108.325	37.257	29.018
105.850	36.218	27.978	107.100	36.743	28.504	108.350	37.268	29.028
105.875	36.228	27.988	107.125	36.753	28.514	108.375	37.278	29.038
105.900	36.239	28.000	107.150	36.764	28.524	108.400	37.289	29.050
105.925	36.249	28.010	107.175	36.774	28.534	108.425	37.299	29.060
105.950	36.260	28.020	107.200	36.785	28.546	108.450	37.310	29.070
105.975	36.270	28.030	107.225	36.795	28.556	108.475	37.320	29.080
106.000	36.281	28.042	107.250	36.806	28.566	108.500	37.331	29.092
106.025	36.291	28.052	107.275	36.816	28.576	108.525	37.341	29.102
106.050	36.302	28.062	107.300	36.827	28.588	108.550	37.352	29.112
106.075	36.312	28.072	107.325	36.837	28.598	108.575	37.362	29.122
106.100	36.323	28.084	107.350	36.848	28.608	108.600	37.373	29.134
106.125	36.333	28.094	107.375	36.858	28.618	108.625	37.383	29.144

zu versteuerndes Einkommen €	Einkommensteuer Grundtabelle €	Einkommensteuer Splittingtabelle €	zu versteuerndes Einkommen €	Einkommensteuer Grundtabelle €	Einkommensteuer Splittingtabelle €	zu versteuerndes Einkommen €	Einkommensteuer Grundtabelle €	Einkommensteuer Splittingtabelle €
108.650	37.394	29.154	109.900	37.919	29.680	111.150	38.444	30.204
108.675	37.404	29.164	109.925	37.929	29.690	111.175	38.454	30.214
108.700	37.415	29.176	109.950	37.940	29.700	111.200	38.465	30.226
108.725	37.425	29.186	109.975	37.950	29.710	111.225	38.475	30.236
108.750	37.436	29.196	110.000	37.961	29.722	111.250	38.486	30.246
108.775	37.446	29.206	110.025	37.971	29.732	111.275	38.496	30.256
108.800	37.457	29.218	110.050	37.982	29.742	111.300	38.507	30.268
108.825	37.467	29.228	110.075	37.992	29.752	111.325	38.517	30.278
108.850	37.478	29.238	110.100	38.003	29.764	111.350	38.528	30.288
108.875	37.488	29.248	110.125	38.013	29.774	111.375	38.538	30.298
108.900	37.499	29.260	110.150	38.024	29.784	111.400	38.549	30.310
108.925	37.509	29.270	110.175	38.034	29.794	111.425	38.559	30.320
108.950	37.520	29.280	110.200	38.045	29.806	111.450	38.570	30.330
108.975	37.530	29.290	110.225	38.055	29.816	111.475	38.580	30.340
109.000	37.541	29.302	110.250	38.066	29.826	111.500	38.591	30.352
109.025	37.551	29.312	110.275	38.076	29.836	111.525	38.601	30.362
109.050	37.562	29.322	110.300	38.087	29.848	111.550	38.612	30.372
109.075	37.572	29.332	110.325	38.097	29.858	111.575	38.622	30.382
109.100	37.583	29.344	110.350	38.108	29.868	111.600	38.633	30.394
109.125	37.593	29.354	110.375	38.118	29.878	111.625	38.643	30.404
109.150	37.604	29.364	110.400	38.129	29.890	111.650	38.654	30.414
109.175	37.614	29.374	110.425	38.139	29.900	111.675	38.664	30.424
109.200	37.625	29.386	110.450	38.150	29.910	111.700	38.675	30.436
109.225	37.635	29.396	110.475	38.160	29.920	111.725	38.685	30.446
109.250	37.646	29.406	110.500	38.171	29.932	111.750	38.696	30.456
109.275	37.656	29.416	110.525	38.181	29.942	111.775	38.706	30.466
109.300	37.667	29.428	110.550	38.192	29.952	111.800	38.717	30.478
109.325	37.677	29.438	110.575	38.202	29.962	111.825	38.727	30.488
109.350	37.688	29.448	110.600	38.213	29.974	111.850	38.738	30.498
109.375	37.698	29.458	110.625	38.223	29.984	111.875	38.748	30.508
109.400	37.709	29.470	110.650	38.234	29.994	111.900	38.759	30.520
109.425	37.719	29.480	110.675	38.244	30.004	111.925	38.769	30.530
109.450	37.730	29.490	110.700	38.255	30.016	111.950	38.780	30.540
109.475	37.740	29.500	110.725	38.265	30.026	111.975	38.790	30.550
109.500	37.751	29.512	110.750	38.276	30.036	112.000	38.801	30.562
109.525	37.761	29.522	110.775	38.286	30.046	112.025	38.811	30.572
109.550	37.772	29.532	110.800	38.297	30.058	112.050	38.822	30.582
109.575	37.782	29.542	110.825	38.307	30.068	112.075	38.832	30.592
109.600	37.793	29.554	110.850	38.318	30.078	112.100	38.843	30.604
109.625	37.803	29.564	110.875	38.328	30.088	112.125	38.853	30.614
109.650	37.814	29.574	110.900	38.339	30.100	112.150	38.864	30.624
109.675	37.824	29.584	110.925	38.349	30.110	112.175	38.874	30.634
109.700	37.835	29.596	110.950	38.360	30.120	112.200	38.885	30.646
109.725	37.845	29.606	110.975	38.370	30.130	112.225	38.895	30.656
109.750	37.856	29.616	111.000	38.381	30.142	112.250	38.906	30.666
109.775	37.866	29.626	111.025	38.391	30.152	112.275	38.916	30.676
109.800	37.877	29.638	111.050	38.402	30.162	112.300	38.927	30.688
109.825	37.887	29.648	111.075	38.412	30.172	112.325	38.937	30.698
109.850	37.898	29.658	111.100	38.423	30.184	112.350	38.948	30.708
109.875	37.908	29.668	111.125	38.433	30.194	112.375	38.958	30.718

zu versteuerndes Einkommen	Einkommensteuer		zu versteuerndes Einkommen	Einkommensteuer		zu versteuerndes Einkommen	Einkommensteuer	
	Grundtabelle	Splittingtabelle		Grundtabelle	Splittingtabelle		Grundtabelle	Splittingtabelle
€	€	€	€	€	€	€	€	€
112.400	38.969	30.730	113.650	39.494	31.254	114.900	40.019	31.780
112.425	38.979	30.740	113.675	39.504	31.264	114.925	40.029	31.790
112.450	38.990	30.750	113.700	39.515	31.276	114.950	40.040	31.800
112.475	39.000	30.760	113.725	39.525	31.286	114.975	40.050	31.810
112.500	39.011	30.772	113.750	39.536	31.296	115.000	40.061	31.822
112.525	39.021	30.782	113.775	39.546	31.306	115.025	40.071	31.832
112.550	39.032	30.792	113.800	39.557	31.318	115.050	40.082	31.842
112.575	39.042	30.802	113.825	39.567	31.328	115.075	40.092	31.852
112.600	39.053	30.814	113.850	39.578	31.338	115.100	40.103	31.864
112.625	39.063	30.824	113.875	39.588	31.348	115.125	40.113	31.874
112.650	39.074	30.834	113.900	39.599	31.360	115.150	40.124	31.884
112.675	39.084	30.844	113.925	39.609	31.370	115.175	40.134	31.894
112.700	39.095	30.856	113.950	39.620	31.380	115.200	40.145	31.906
112.725	39.105	30.866	113.975	39.630	31.390	115.225	40.155	31.916
112.750	39.116	30.876	114.000	39.641	31.402	115.250	40.166	31.926
112.775	39.126	30.886	114.025	39.651	31.412	115.275	40.176	31.936
112.800	39.137	30.898	114.050	39.662	31.422	115.300	40.187	31.948
112.825	39.147	30.908	114.075	39.672	31.432	115.325	40.197	31.958
112.850	39.158	30.918	114.100	39.683	31.444	115.350	40.208	31.968
112.875	39.168	30.928	114.125	39.693	31.454	115.375	40.218	31.978
112.900	39.179	30.940	114.150	39.704	31.464	115.400	40.229	31.990
112.925	39.189	30.950	114.175	39.714	31.474	115.425	40.239	32.000
112.950	39.200	30.960	114.200	39.725	31.486	115.450	40.250	32.010
112.975	39.210	30.970	114.225	39.735	31.496	115.475	40.260	32.020
113.000	39.221	30.982	114.250	39.746	31.506	115.500	40.271	32.032
113.025	39.231	30.992	114.275	39.756	31.516	115.525	40.281	32.042
113.050	39.242	31.002	114.300	39.767	31.528	115.550	40.292	32.052
113.075	39.252	31.012	114.325	39.777	31.538	115.575	40.302	32.062
113.100	39.263	31.024	114.350	39.788	31.548	115.600	40.313	32.074
113.125	39.273	31.034	114.375	39.798	31.558	115.625	40.323	32.084
113.150	39.284	31.044	114.400	39.809	31.570	115.650	40.334	32.094
113.175	39.294	31.054	114.425	39.819	31.580	115.675	40.344	32.104
113.200	39.305	31.066	114.450	39.830	31.590	115.700	40.355	32.116
113.225	39.315	31.076	114.475	39.840	31.600	115.725	40.365	32.126
113.250	39.326	31.086	114.500	39.851	31.612	115.750	40.376	32.136
113.275	39.336	31.096	114.525	39.861	31.622	115.775	40.386	32.146
113.300	39.347	31.108	114.550	39.872	31.632	115.800	40.397	32.158
113.325	39.357	31.118	114.575	39.882	31.642	115.825	40.407	32.168
113.350	39.368	31.128	114.600	39.893	31.654	115.850	40.418	32.178
113.375	39.378	31.138	114.625	39.903	31.664	115.875	40.428	32.188
113.400	39.389	31.150	114.650	39.914	31.674	115.900	40.439	32.200
113.425	39.399	31.160	114.675	39.924	31.684	115.925	40.449	32.210
113.450	39.410	31.170	114.700	39.935	31.696	115.950	40.460	32.220
113.475	39.420	31.180	114.725	39.945	31.706	115.975	40.470	32.230
113.500	39.431	31.192	114.750	39.956	31.716	116.000	40.481	32.242
113.525	39.441	31.202	114.775	39.966	31.726	116.025	40.491	32.252
113.550	39.452	31.212	114.800	39.977	31.738	116.050	40.502	32.262
113.575	39.462	31.222	114.825	39.987	31.748	116.075	40.512	32.272
113.600	39.473	31.234	114.850	39.998	31.758	116.100	40.523	32.284
113.625	39.483	31.244	114.875	40.008	31.768	116.125	40.533	32.294

zu versteuerndes Einkommen €	Einkommensteuer Grundtabelle €	Einkommensteuer Splittingtabelle €	zu versteuerndes Einkommen €	Einkommensteuer Grundtabelle €	Einkommensteuer Splittingtabelle €	zu versteuerndes Einkommen €	Einkommensteuer Grundtabelle €	Einkommensteuer Splittingtabelle €
116.150	40.544	32.304	117.400	41.069	32.830	118.650	41.594	33.354
116.175	40.554	32.314	117.425	41.079	32.840	118.675	41.604	33.364
116.200	40.565	32.326	117.450	41.090	32.850	118.700	41.615	33.376
116.225	40.575	32.336	117.475	41.100	32.860	118.725	41.625	33.386
116.250	40.586	32.346	117.500	41.111	32.872	118.750	41.636	33.396
116.275	40.596	32.356	117.525	41.121	32.882	118.775	41.646	33.406
116.300	40.607	32.368	117.550	41.132	32.892	118.800	41.657	33.418
116.325	40.617	32.378	117.575	41.142	32.902	118.825	41.667	33.428
116.350	40.628	32.388	117.600	41.153	32.914	118.850	41.678	33.438
116.375	40.638	32.398	117.625	41.163	32.924	118.875	41.688	33.448
116.400	40.649	32.410	117.650	41.174	32.934	118.900	41.699	33.460
116.425	40.659	32.420	117.675	41.184	32.944	118.925	41.709	33.470
116.450	40.670	32.430	117.700	41.195	32.956	118.950	41.720	33.480
116.475	40.680	32.440	117.725	41.205	32.966	118.975	41.730	33.490
116.500	40.691	32.452	117.750	41.216	32.976	119.000	41.741	33.502
116.525	40.701	32.462	117.775	41.226	32.986	119.025	41.751	33.512
116.550	40.712	32.472	117.800	41.237	32.998	119.050	41.762	33.522
116.575	40.722	32.482	117.825	41.247	33.008	119.075	41.772	33.532
116.600	40.733	32.494	117.850	41.258	33.018	119.100	41.783	33.544
116.625	40.743	32.504	117.875	41.268	33.028	119.125	41.793	33.554
116.650	40.754	32.514	117.900	41.279	33.040	119.150	41.804	33.564
116.675	40.764	32.524	117.925	41.289	33.050	119.175	41.814	33.574
116.700	40.775	32.536	117.950	41.300	33.060	119.200	41.825	33.586
116.725	40.785	32.546	117.975	41.310	33.070	119.225	41.835	33.596
116.750	40.796	32.556	118.000	41.321	33.082	119.250	41.846	33.606
116.775	40.806	32.566	118.025	41.331	33.092	119.275	41.856	33.616
116.800	40.817	32.578	118.050	41.342	33.102	119.300	41.867	33.628
116.825	40.827	32.588	118.075	41.352	33.112	119.325	41.877	33.638
116.850	40.838	32.598	118.100	41.363	33.124	119.350	41.888	33.648
116.875	40.848	32.608	118.125	41.373	33.134	119.375	41.898	33.658
116.900	40.859	32.620	118.150	41.384	33.144	119.400	41.909	33.670
116.925	40.869	32.630	118.175	41.394	33.154	119.425	41.919	33.680
116.950	40.880	32.640	118.200	41.405	33.166	119.450	41.930	33.690
116.975	40.890	32.650	118.225	41.415	33.176	119.475	41.940	33.700
117.000	40.901	32.662	118.250	41.426	33.186	119.500	41.951	33.712
117.025	40.911	32.672	118.275	41.436	33.196	119.525	41.961	33.722
117.050	40.922	32.682	118.300	41.447	33.208	119.550	41.972	33.732
117.075	40.932	32.692	118.325	41.457	33.218	119.575	41.982	33.742
117.100	40.943	32.704	118.350	41.468	33.228	119.600	41.993	33.754
117.125	40.953	32.714	118.375	41.478	33.238	119.625	42.003	33.764
117.150	40.964	32.724	118.400	41.489	33.250	119.650	42.014	33.774
117.175	40.974	32.734	118.425	41.499	33.260	119.675	42.024	33.784
117.200	40.985	32.746	118.450	41.510	33.270	119.700	42.035	33.796
117.225	40.995	32.756	118.475	41.520	33.280	119.725	42.045	33.806
117.250	41.006	32.766	118.500	41.531	33.292	119.750	42.056	33.816
117.275	41.016	32.776	118.525	41.541	33.302	119.775	42.066	33.826
117.300	41.027	32.788	118.550	41.552	33.312	119.800	42.077	33.838
117.325	41.037	32.798	118.575	41.562	33.322	119.825	42.087	33.848
117.350	41.048	32.808	118.600	41.573	33.334	119.850	42.098	33.858
117.375	41.058	32.818	118.625	41.583	33.344	119.875	42.108	33.868

zu versteuerndes Einkommen €	Einkommensteuer Grundtabelle €	Einkommensteuer Splittingtabelle €	zu versteuerndes Einkommen €	Einkommensteuer Grundtabelle €	Einkommensteuer Splittingtabelle €	zu versteuerndes Einkommen €	Einkommensteuer Grundtabelle €	Einkommensteuer Splittingtabelle €
119.900	42.119	33.880	121.150	42.644	34.404	122.400	43.169	34.930
119.925	42.129	33.890	121.175	42.654	34.414	122.425	43.179	34.940
119.950	42.140	33.900	121.200	42.665	34.426	122.450	43.190	34.950
119.975	42.150	33.910	121.225	42.675	34.436	122.475	43.200	34.960
120.000	42.161	33.922	121.250	42.686	34.446	122.500	43.211	34.972
120.025	42.171	33.932	121.275	42.696	34.456	122.525	43.221	34.982
120.050	42.182	33.942	121.300	42.707	34.468	122.550	43.232	34.992
120.075	42.192	33.952	121.325	42.717	34.478	122.575	43.242	35.002
120.100	42.203	33.964	121.350	42.728	34.488	122.600	43.253	35.014
120.125	42.213	33.974	121.375	42.738	34.498	122.625	43.263	35.024
120.150	42.224	33.984	121.400	42.749	34.510	122.650	43.274	35.034
120.175	42.234	33.994	121.425	42.759	34.520	122.675	43.284	35.044
120.200	42.245	34.006	121.450	42.770	34.530	122.700	43.295	35.056
120.225	42.255	34.016	121.475	42.780	34.540	122.725	43.305	35.066
120.250	42.266	34.026	121.500	42.791	34.552	122.750	43.316	35.076
120.275	42.276	34.036	121.525	42.801	34.562	122.775	43.326	35.086
120.300	42.287	34.048	121.550	42.812	34.572	122.800	43.337	35.098
120.325	42.297	34.058	121.575	42.822	34.582	122.825	43.347	35.108
120.350	42.308	34.068	121.600	42.833	34.594	122.850	43.358	35.118
120.375	42.318	34.078	121.625	42.843	34.604	122.875	43.368	35.128
120.400	42.329	34.090	121.650	42.854	34.614	122.900	43.379	35.140
120.425	42.339	34.100	121.675	42.864	34.624	122.925	43.389	35.150
120.450	42.350	34.110	121.700	42.875	34.636	122.950	43.400	35.160
120.475	42.360	34.120	121.725	42.885	34.646	122.975	43.410	35.170
120.500	42.371	34.132	121.750	42.896	34.656	123.000	43.421	35.182
120.525	42.381	34.142	121.775	42.906	34.666	123.025	43.431	35.192
120.550	42.392	34.152	121.800	42.917	34.678	123.050	43.442	35.202
120.575	42.402	34.162	121.825	42.927	34.688	123.075	43.452	35.212
120.600	42.413	34.174	121.850	42.938	34.698	123.100	43.463	35.224
120.625	42.423	34.184	121.875	42.948	34.708	123.125	43.473	35.234
120.650	42.434	34.194	121.900	42.959	34.720	123.150	43.484	35.244
120.675	42.444	34.204	121.925	42.969	34.730	123.175	43.494	35.254
120.700	42.455	34.216	121.950	42.980	34.740	123.200	43.505	35.266
120.725	42.465	34.226	121.975	42.990	34.750	123.225	43.515	35.276
120.750	42.476	34.236	122.000	43.001	34.762	123.250	43.526	35.286
120.775	42.486	34.246	122.025	43.011	34.772	123.275	43.536	35.296
120.800	42.497	34.258	122.050	43.022	34.782	123.300	43.547	35.308
120.825	42.507	34.268	122.075	43.032	34.792	123.325	43.557	35.318
120.850	42.518	34.278	122.100	43.043	34.804	123.350	43.568	35.328
120.875	42.528	34.288	122.125	43.053	34.814	123.375	43.578	35.338
120.900	42.539	34.300	122.150	43.064	34.824	123.400	43.589	35.350
120.925	42.549	34.310	122.175	43.074	34.834	123.425	43.599	35.360
120.950	42.560	34.320	122.200	43.085	34.846	123.450	43.610	35.370
120.975	42.570	34.330	122.225	43.095	34.856	123.475	43.620	35.380
121.000	42.581	34.342	122.250	43.106	34.866	123.500	43.631	35.392
121.025	42.591	34.352	122.275	43.116	34.876	123.525	43.641	35.402
121.050	42.602	34.362	122.300	43.127	34.888	123.550	43.652	35.412
121.075	42.612	34.372	122.325	43.137	34.898	123.575	43.662	35.422
121.100	42.623	34.384	122.350	43.148	34.908	123.600	43.673	35.434
121.125	42.633	34.394	122.375	43.158	34.918	123.625	43.683	35.444

zu versteuerndes Einkommen €	Einkommensteuer Grundtabelle €	Einkommensteuer Splittingtabelle €	zu versteuerndes Einkommen €	Einkommensteuer Grundtabelle €	Einkommensteuer Splittingtabelle €	zu versteuerndes Einkommen €	Einkommensteuer Grundtabelle €	Einkommensteuer Splittingtabelle €
123.650	43.694	35.454	124.900	44.219	35.980	126.150	44.744	36.504
123.675	43.704	35.464	124.925	44.229	35.990	126.175	44.754	36.514
123.700	43.715	35.476	124.950	44.240	36.000	126.200	44.765	36.526
123.725	43.725	35.486	124.975	44.250	36.010	126.225	44.775	36.536
123.750	43.736	35.496	125.000	44.261	36.022	126.250	44.786	36.546
123.775	43.746	35.506	125.025	44.271	36.032	126.275	44.796	36.556
123.800	43.757	35.518	125.050	44.282	36.042	126.300	44.807	36.568
123.825	43.767	35.528	125.075	44.292	36.052	126.325	44.817	36.578
123.850	43.778	35.538	125.100	44.303	36.064	126.350	44.828	36.588
123.875	43.788	35.548	125.125	44.313	36.074	126.375	44.838	36.598
123.900	43.799	35.560	125.150	44.324	36.084	126.400	44.849	36.610
123.925	43.809	35.570	125.175	44.334	36.094	126.425	44.859	36.620
123.950	43.820	35.580	125.200	44.345	36.106	126.450	44.870	36.630
123.975	43.830	35.590	125.225	44.355	36.116	126.475	44.880	36.640
124.000	43.841	35.602	125.250	44.366	36.126	126.500	44.891	36.652
124.025	43.851	35.612	125.275	44.376	36.136	126.525	44.901	36.662
124.050	43.862	35.622	125.300	44.387	36.148	126.550	44.912	36.672
124.075	43.872	35.632	125.325	44.397	36.158	126.575	44.922	36.682
124.100	43.883	35.644	125.350	44.408	36.168	126.600	44.933	36.694
124.125	43.893	35.654	125.375	44.418	36.178	126.625	44.943	36.704
124.150	43.904	35.664	125.400	44.429	36.190	126.650	44.954	36.714
124.175	43.914	35.674	125.425	44.439	36.200	126.675	44.964	36.724
124.200	43.925	35.686	125.450	44.450	36.210	126.700	44.975	36.736
124.225	43.935	35.696	125.475	44.460	36.220	126.725	44.985	36.746
124.250	43.946	35.706	125.500	44.471	36.232	126.750	44.996	36.756
124.275	43.956	35.716	125.525	44.481	36.242	126.775	45.006	36.766
124.300	43.967	35.728	125.550	44.492	36.252	126.800	45.017	36.778
124.325	43.977	35.738	125.575	44.502	36.262	126.825	45.027	36.788
124.350	43.988	35.748	125.600	44.513	36.274	126.850	45.038	36.798
124.375	43.998	35.758	125.625	44.523	36.284	126.875	45.048	36.808
124.400	44.009	35.770	125.650	44.534	36.294	126.900	45.059	36.820
124.425	44.019	35.780	125.675	44.544	36.304	126.925	45.069	36.830
124.450	44.030	35.790	125.700	44.555	36.316	126.950	45.080	36.840
124.475	44.040	35.800	125.725	44.565	36.326	126.975	45.090	36.850
124.500	44.051	35.812	125.750	44.576	36.336	127.000	45.101	36.862
124.525	44.061	35.822	125.775	44.586	36.346	127.025	45.111	36.872
124.550	44.072	35.832	125.800	44.597	36.358	127.050	45.122	36.882
124.575	44.082	35.842	125.825	44.607	36.368	127.075	45.132	36.892
124.600	44.093	35.854	125.850	44.618	36.378	127.100	45.143	36.904
124.625	44.103	35.864	125.875	44.628	36.388	127.125	45.153	36.914
124.650	44.114	35.874	125.900	44.639	36.400	127.150	45.164	36.924
124.675	44.124	35.884	125.925	44.649	36.410	127.175	45.174	36.934
124.700	44.135	35.896	125.950	44.660	36.420	127.200	45.185	36.946
124.725	44.145	35.906	125.975	44.670	36.430	127.225	45.195	36.956
124.750	44.156	35.916	126.000	44.681	36.442	127.250	45.206	36.966
124.775	44.166	35.926	126.025	44.691	36.452	127.275	45.216	36.976
124.800	44.177	35.938	126.050	44.702	36.462	127.300	45.227	36.988
124.825	44.187	35.948	126.075	44.712	36.472	127.325	45.237	36.998
124.850	44.198	35.958	126.100	44.723	36.484	127.350	45.248	37.008
124.875	44.208	35.968	126.125	44.733	36.494	127.375	45.258	37.018

zu versteuerndes Einkommen €	Einkommensteuer Grundtabelle €	Einkommensteuer Splittingtabelle €	zu versteuerndes Einkommen €	Einkommensteuer Grundtabelle €	Einkommensteuer Splittingtabelle €	zu versteuerndes Einkommen €	Einkommensteuer Grundtabelle €	Einkommensteuer Splittingtabelle €
127.400	45.269	37.030	128.400	45.689	37.450	129.400	46.109	37.870
127.425	45.279	37.040	128.425	45.699	37.460	129.425	46.119	37.880
127.450	45.290	37.050	128.450	45.710	37.470	129.450	46.130	37.890
127.475	45.300	37.060	128.475	45.720	37.480	129.475	46.140	37.900
127.500	45.311	37.072	128.500	45.731	37.492	129.500	46.151	37.912
127.525	45.321	37.082	128.525	45.741	37.502	129.525	46.161	37.922
127.550	45.332	37.092	128.550	45.752	37.512	129.550	46.172	37.932
127.575	45.342	37.102	128.575	45.762	37.522	129.575	46.182	37.942
127.600	45.353	37.114	128.600	45.773	37.534	129.600	46.193	37.954
127.625	45.363	37.124	128.625	45.783	37.544	129.625	46.203	37.964
127.650	45.374	37.134	128.650	45.794	37.554	129.650	46.214	37.974
127.675	45.384	37.144	128.675	45.804	37.564	129.675	46.224	37.984
127.700	45.395	37.156	128.700	45.815	37.576	129.700	46.235	37.996
127.725	45.405	37.166	128.725	45.825	37.586	129.725	46.245	38.006
127.750	45.416	37.176	128.750	45.836	37.596	129.750	46.256	38.016
127.775	45.426	37.186	128.775	45.846	37.606	129.775	46.266	38.026
127.800	45.437	37.198	128.800	45.857	37.618	129.800	46.277	38.038
127.825	45.447	37.208	128.825	45.867	37.628	129.825	46.287	38.048
127.850	45.458	37.218	128.850	45.878	37.638	129.850	46.298	38.058
127.875	45.468	37.228	128.875	45.888	37.648	129.875	46.308	38.068
127.900	45.479	37.240	128.900	45.899	37.660	129.900	46.319	38.080
127.925	45.489	37.250	128.925	45.909	37.670	129.925	46.329	38.090
127.950	45.500	37.260	128.950	45.920	37.680	129.950	46.340	38.100
127.975	45.510	37.270	128.975	45.930	37.690	129.975	46.350	38.110
128.000	45.521	37.282	129.000	45.941	37.702	130.000	46.361	38.122
128.025	45.531	37.292	129.025	45.951	37.712			
128.050	45.542	37.302	129.050	45.962	37.722			
128.075	45.552	37.312	129.075	45.972	37.732			
128.100	45.563	37.324	129.100	45.983	37.744			
128.125	45.573	37.334	129.125	45.993	37.754			
128.150	45.584	37.344	129.150	46.004	37.764			
128.175	45.594	37.354	129.175	46.014	37.774			
128.200	45.605	37.366	129.200	46.025	37.786			
128.225	45.615	37.376	129.225	46.035	37.796			
128.250	45.626	37.386	129.250	46.046	37.806			
128.275	45.636	37.396	129.275	46.056	37.816			
128.300	45.647	37.408	129.300	46.067	37.828			
128.325	45.657	37.418	129.325	46.077	37.838			
128.350	45.668	37.428	129.350	46.088	37.848			
128.375	45.678	37.438	129.375	46.098	37.858			

Stichwortverzeichnis

Die Zahlen bezeichnen die Randziffern (Rz ➤). Halbfette Ziffern zeigen die Absätze an, in denen der betreffende Sachverhalt hauptsächlich dargelegt wird.

1 %-Regelung 112 ff., 120 ff., 132, 136, 954 ff., 1010
450-€-Job 28 f., 156 ff., 451 f., 949 *siehe auch* Geringfügige Beschäftigung, Minijob, Teilzeitarbeit
–, Barzahlung bei haushaltsnahem 662
– Ehegattenarbeitsverhältnis 167
– Familienversicherung 731
– Hinzuverdienst 157
– Rentner 865 ff.
– Steuerfreiheit 946

A

Abfindung **98 ff.**, 644
– Altersversorgung 172
– Aufstockung 99
– Direktversicherung 172
– Firmenwagen 99
– Miterben 828
– Nachzahlung 99
– Verlagerung 100
– Werkswohnung 99
Abfindungszahlung 828
Abflussprinzip 644, 904
Abgabepflicht 478
Abgekürzter Zahlungs- und Vertragsweg 802
Abgeltungsteuer 875 ff.
– Ausnahmen 877
– Bankwechsel 881
– Berechnung 881 f.
– Dividenden 876 ff., 895
– Ersatzbemessungsgrundlage 881
Abgeordnetenbezüge 846
Abholfahrt 242
Abmagerungskur 608, 644
Abrisskosten 761, 778
Abschlussrechnung 907 f.
Abschreibung 782, 839, **974–983**, 989
– Arbeitsmittel 346 f.
– Arbeitszimmer 287 f.
–, außerordentliche 979
–, betriebliche 980
– Computer 346 ff., 364
–, degressive 977 f.
– Drittaufwand 288, 975
– Einlage von Privatvermögen 975
– Einrichtung 810
– Fahrtkosten 215
– Firmenwagen 133
– Gebäude/Immobilien 758 ff.
– Gebrauchtwagen 215
– geringwertige Wirtschaftsgüter 346, 351, 980, 989
– Immobilienübertragung 760
– Investitionsabsicht 982
– Investitionsabzugsbetrag 981 ff., 989
– Kfz 212, 215
–, lineare 976 f.
– Methodenwechsel 978
– Nutzungsdauer 348, 974, 976 f.
– private Einkünfte 980
– Sammelposten 980
– Sofortabschreibung 346, 351
– Sonderabschreibung 133, 782, 983, 989
– Sonderabzug 983
– technische Abnutzung 349, 358, 974
– Teilwert 975, 980
– Übertragung einer Immobilie 760
– Umwidmung 352
– Verzeichnis 908
– Vollabschreibung 980
– Wechsel 978
Absetzung für Abnutzung (AfA) *siehe* Abschreibung
Abstandszahlung 778
Abwälzung der Lohnsteuer 145
Abwassergebühren 782
– Hinterziehung 1001
Abwehrkosten 644
Abwesenheitszeit 191 ff.
Abzug ohne Belege 476
Adoptionskosten 644
Adoptiveltern, Kinderfreibetrag/-geld 695
Adoptivkind, Kinderfreibetrag/-geld 694 f.
Aero 376
AfA *siehe* Abschreibung
Aktentasche 373, 375 f.
Aktien 8, 84
– Abgeltungsteuer 896
– Altverluste 873
– Betriebsvermögen 878
– Dividenden 878, 895 f.
– Spekulationssteuer 872
Aktienfonds 8
Akupunkturbehandlung 584
Alkoholiker 599, 603, 644
Alleinerziehende

- Entlastungsbetrag 441, 717 ff.
- Haushaltsgemeinschaft 718
Alleinstehende, doppelte Haushaltsführung 411, 419 f.
Allergie 587, 644
Altenheim 614, 644, 650
Altenpflegehelfer 326
Altenpfleger 24 f., 48
Alterseinkünftegesetz 848
Altersentlastungsbetrag 815 f., 862 f.
Altersruhegeld 866
Altersteilzeitgesetz 461
Altersversorgung 898
–, betriebliche 168 ff.
– – Scheidung 535
– Entlassung 172
–, kapitalgedeckte 496
– Vermögensentnahmetabelle 898
Altersvorsorgeaufwendungen 496
– Höchstbetrag 503
Altersvorsorgevertrag 178 ff., 754, 846, 932 *siehe auch* Riester-Förderung
– Beiträge 501
Altkleider 569
Amtsarzt 584, 587, 601 f., 604 ff., 609–613, 625, 627, 629–633, 644, 680
Amtspflicht zur Sachaufklärung 1051
Amtstracht 292
Änderung des Steuerbescheids 1034
Anfrage, telefonische 1050
Angehörige
– Arbeitsvertrag 291, 815
– Ausbildungsdienstvertrag 941
– außergewöhnliche Kosten 648
– Beraterhonorar 947
– Bausparvertrag 17
– Darlehen 899 f., 944, 994
– Kinderbetreuung 747
– Meisterkurse 941
–, Vermietung an 272, 779, 830 ff., 837 ff.
– Verträge 779, 794, 830, 834, **931–949**
Angestellter Fortbildung 326
Anlage EÜR 907 ff.
Anlage GSE 907
Anlage U 526 f., 868 f.
Anlage VL 8 f.
Anlageberater 904
Anlagegüter 907
Anlagenverzeichnis 908
Anlaufverluste 963
Annexsteuer 692
Anonyme Alkoholiker 28, 599
Anschaffungskosten 761–778
Anschaffungsnebenkosten 368
Antenne 397
Antiquität 349
– Wertverzehr 974
Antrag auf Lohnsteuerermäßigung 456
Antragsveranlagung 181, 444, 448, 453 f., 458 ff., 465
– Antragsfrist 482 f.
– formale Anforderungen 459
– Nebeneinkünfte 484
Anwaltskosten **634**, 639
Anzahlung 804
Anzeige *siehe* Inserat
Apotheke 991
Arbeit
–, gemeinnützige: Ein-Euro-Job 165
– Geringfügigkeit 939
Arbeitgeberdarlehen 72
– Rabattfreibetrag 57 f.
– Zinsersparnisse 72
– monatliche Zinszahlungen 72
Arbeitgeberanteil, Rentenversicherung 496
Arbeitnehmerjubiläum 37 f., 69
Arbeitnehmerpauschbetrag 4, 31, 181, 441, 740, 860
Arbeitnehmersparzulage 7 ff., 940
– Einkommensgrenzen 13
– Erschleichung 1001
– Festsetzung 466
Arbeitnehmertätigkeit 769
Arbeitsecke 279
Arbeitsessen 193, 199, 928
–, regelmäßiges 80
Arbeitsgebiet, weiträumiges 105, 207
Arbeitsgemeinschaft 323 ff.
Arbeitskleidung 87 f., **292–302**, 376
–, bürgerliche 292
– Ersatz 87 f.
– Firmenlogo 296
– Nachweis 299
– Pauschale 299, 1049
– private Nutzung 300
– Reinigungskosten 302
– Reparaturkosten 299
– Schaden 298 f.
– schwarzer Anzug 294
– Sportbekleidung 300
– Tropenbekleidung 297
– Uniform/uniformähnliche Kleidung 295
– Verschleiß 298
– Waschkosten 302
Arbeitslohn
– Unfallversicherungsprämie 79
– für mehrere Jahre 37
Arbeitslosengeld 460 f., 855
– Ein-Euro-Job 165
– Steuerklasse 444
Arbeitslosenhilfe 460 f., 654

Arbeitslosenversicherung 497
Arbeitslosigkeit 304
– Fortbildung 326
Arbeitsmittel 282 f., **343–376**
–, Abc der 376
– Abschreibungstabelle 348
– Abschreibungswahlrecht 351
– Antiquität 349
– Arbeitszimmer 282 f.
– berufliche Verwendung 381 f.
– Beschädigung 358
– Diebstahl 350, 354
– geringwertige Wirtschaftsgüter 346, 351
–, Geschenke als 373
– Meisterstück 374
– Nachweis 345, 370
– Nutzungsdauer 348
– Pauschale 1049
– private Nutzung 343 f.
– Sofortabschreibung 346, 351
– Tiere 356f.
– Umwidmung 352
– Werbungskosten 344
Arbeitsstätte, weiträumige 207
Arbeitstage-Berechnung 243
Arbeitsverhältnisse, mehrere 448 ff.
Arbeitsvertrag
– Angehöriger 291
– Ehegatte 484, 931–937
– Kind 938 ff.
– Lebenspartner 655
Arbeitszeit, geteilte 393
Arbeitszimmer 264–291
– abgeschlossener Raum 281
– Abschreibung 287f.
– Abzugsbeschränkung 265, 951
– abzugsfähige Kosten 283
– Abzugsvoraussetzung 264
– im Anbau 267
– Anmietung 268, 289, 952
– Arbeitsmittel 282 f.
– Archivraum 266
– Aufteilung zwischen Ehegatten 278 f.
– Ausbildung 276, 548
– Außendienst 274
– Bereitschaftsdienst 276
– Berufsmusiker 266
– Besichtigung 281
– Dachausbau 272
– Drittaufwand 288
– Durchgangszimmer 281
–, von Ehepaar gemeinsam genutztes 278 f.
– eigenes Haus/Wohnung 267, 287 f.
– Einfamilienhaus 267
– Einrichtung 282 f.
– fehlender Arbeitsplatz 276
– gemischte Nutzung 264
–, häusliches 264 ff.
– Heimarbeiter 274
– kein anderer Arbeitsplatz 276f.
– Keller 267, 270 f.
– Kostenabzug 282
– Kostenaufteilung 285
–, mehrere 267
– mehrere Jobs 274
– Mehrfamilienhaus 269
– Meisterschüler 276
– Mietvertrag mit Arbeitgeber 280
– Mietwohnung 286
– Nebenberuf 276
– notwendiges Betriebsvermögen 290
– Pensionär/Rentner 783
– Poolarbeitsplatz 277
– private Mitbenutzung 264
– Reinigungskosten 291
– Selbständiger 951
– Tätigkeitsmittelpunkt 274
– Umbenennung 266
– Vermietung 792
– Vorsteuererstattung 910
– Zugang 266 f., 273
– Zweifamilienhaus 272f.
– Zweitwohnung 434
Arbeitszimmerprüfer 281
Architekt 274, 292, 967
Architektenkosten 762, 804
Archivraum 266
Arzneimittel 587, 644
– Zuzahlung 587f.
Arzt 292, 939
– Fortbildung 326
– Nebenberuflichkeit 35
Ärztekongress 336
Ärztliche Bescheinigung 596
Arztpraxis 779
Asbestanzug 292
Asbestsanierung 613, 644, 793
Asthma 593, 610, 613, 668
Asylberechtigter 621
Aufbewahrungsfrist 475
Aufbewahrungspflicht 475, 909, 1048
Aufklärungspflicht 1051
Aufmerksamkeiten 36
Aufteilungs-/Abzugsverbot 300, 343 f.
Aufwandsentschädigung 24 f.
Aufzeichnungspflicht 475, 902
Augenoperation 644
Au-pair-Mädchen 748
Ausbilder 24 f., 28
Ausbildungsdienstverhältnis 303, 308, 707
– Angehörige 316
– Meisterkurse 941
Ausbildungsdienstvertrag 941
Ausbildungsfreibetrag 454, 657 ff., 694
– Einspruch 657
Ausbildungskosten 303, **546–554**, 644, 941

– Arbeitsgemeinschaften 548
– Computer 548
– doppelte Haushaltsführung 548
– Fahrtkosten 548
– Internet 548
– Telefon 548
Ausbildungsunterbrechung 659, 698 f.
Ausbildungsversicherung 522
Ausgaben
–, nachträgliche 1034
–, vergessene 1035
Ausgabenpauschale 33
Ausgleichsveranlagung *siehe* Antragsveranlagung
Aushilfe 150, 794, 938 f.
Auskunft
– Finanzamt 1041 f., 1050
– Gebührenpflicht 1042
– zur Lohnsteuer 1043
– Lohnsteuerstelle 1043
–, verbindliche 1042
Auskunftspflicht 1040 f.
Auslandsanleihe 890
Auslandsbeschäftigung 416
Auslandskind
– Freibetrag 645, 694, 712 f.
– Lohnsteuerkarte 713
Auslandskorrespondent 554
Auslandspraktikum 332
Auslandskur 633
Auslandsreise 921 f.
– Pauschbeträge 921
– Vorsteuer 925 f.
Auslandssprachkurs 321 f.
Auslandsumzug 409
Außendienst
– Arbeitszimmer 274
– erste Tätigkeitsstätte 189 f.
Außenstände 989
Außergewöhnliche Belastungen 454, **574–691**
–, Abc der 644
– Beerdigung 635 ff.
– Bekleidung (Ersatzbeschaffung) 621 ff.
– Berechnungsschema 582
– Berufskrankheiten 586, 628
– Besuchsfahrten 595 ff.
– Checkliste 644
– Darlehen 623
– Definition 575
– Einspruch 583
– Erpresserschäden 634
– erweiterte Krankheitskosten 609
– Fahrtkosten 584, 591 ff.
– Führerscheinkosten 679
– Geburt 626
– Haushaltsersparnis 615
– Hausrat 621 ff.
– Heimunterbringung 614 ff.
– Kinderkur 630
– Krankheitskosten 583, 585–620
– Kurkosten 627 ff.
– Pflegepauschbetrag 687 ff.
– Prozesskosten 634
– Renovierung 613
– Scheidung 639 ff.
– Todesfall 635 ff.
– Umbaukosten 609, 644
– Umzugskosten 625
– Unterhaltszuwendungen 645 ff.
– Vorrang von Werbungskosten 578
– Wiederbeschaffung von Hausrat 621 ff.
– Zinsen 580, 623
– zumutbare Belastung 578, **581 ff.**, 666
– Zwangsläufigkeit 579
Aussetzung der Vollziehung 1028, 1030, 1044
Aussetzungsantrag 1028, 1044
Aussteuerversicherung 522
Auswärtige Unterbringung 657 ff.
Auszubildende 259, 276, 308, 342
Auto *siehe* Kfz
Automatenaufsteller 970
Autonarr 964
Autotelefon 384
Autowäsche 219

B

Bachelor-Studiengang 707
Back-to-back-Finanzierung 877, 899
Badekur 632
Bäderpraxis 607
BAföG 657
Bagatellgrenze 44, 72, 153, 163
Bahnhofsmission 28
Balintgruppe 312
Bandscheibenmatratze 644
Bank
– Fahrtkosten 805
– Sparbrief 864
– Steuerbescheinigung 893
Bankangestellte 295
Bankgeheimnis 893
Barbesuch 962
Barlohn 737
Barunterhalt 531, 833
Barzuschuss 66, 71
Basisversorgung 496
Bauarbeiter 197, 326, 462
– Getränke 768, 772
Baudarlehen
– vom Arbeitgeber 72
– an Kinder 882
Bauerwartungsland 804, 1016
Baugenehmigung 762
Bauherrenmodell 779
Bauingenieur 326
Baukindergeld 694, 750
– Einkommensgrenze 472
Baukostenzuordnung 843 ff.
Bauleiter 260
Baumängel/-schäden 1016
Baumängelbeseitigung 795 f.

Baumaterial, geschenktes 776
Bausparen 7–18
– Abschlussgebühr 11
– Einkommensgrenzen 10, 13
– Freistellungsauftrag 884
– Prämie 10 ff.
– schädliche Rückzahlung 15
– Sperrfrist 12
– vorzeitige Kündigung 14 f.
– Wohnungsrenovierung 14
– wohnungswirtschaftliche Zwecke 14
Bausparvertrag
– Abtretung 17 f.
– Angehörige 17
– als Kapitalanlage 10 f.
Beamter
– Anwärter 303, 342
– Ehegatten/Vorsorgehöchstbetrag 505 f., 516
Bedienungsgeld 76
Bedienungspersonal 48
– Vereinslokal 25
Bedrohung, anonyme 644
Beerdigungskosten 576, 635 ff., 644
– Nachlass 576, 635, 636, 644
– Versicherungen 635
– Zinsen 636
Beförderungskosten 394, 406
Befruchtung, künstliche 644
Begleitperson Kur 630, 644
Behinderte/Behinderung
– außergewöhnliche Belastung 668–686
– Ausweis 614, 672
– Begleitperson 600, 604, 630, 644
– Bescheinigung 684 f.
– Einzelnachweis 671
– Entfernungspauschale 242, 413
– Fahrtkosten 413, 644, 674 ff.
– – behinderte Kinder 678
– Freifahrt 686
– Führerschein 679
– Kilometerpauschale 676
– Kinderfreibetrag/-geld 700 ff.
– Kfz-Kosten 674, 679
– Kfz-Steuerermäßigung 686
– Krankenversicherung 673
– Kurkosten 680
– nachträglicher Antrag 612
– Parkerlaubnis 686
– Pflegeheim 671
– Privatfahrten 674
– Transport, Übungsleiterfreibetrag 35
Behindertenpauschbetrag 454, 614, 617, **668–686**
– gutachterliche Stellungnahme 685
– Kinder 683 f.
– Nachweis 672
– Rückwirkung 684
– Tabelle 669, 700
– Übertragung 617, 683, 694
Beihilfe
– Erholung 86, 147
– Heirat/Geburt 36
– Lehrgang/Tagung 73
– Notstand 61
– verbilligte Krankenversicherung 62
Beiträge 43, 59, 561, 563 ff.
Beitragsbemessungsgrenze 867
Bekleidung *siehe* Kleidung
Belege 39, 475 f., 790, 1046
– Aufbewahrungspflicht 1048
–, Abzug ohne 476
– Nachweis 1046, 1049
Belegschaftsaktien 84
Beleuchtungskörper 397
Benzingutschein, steuerfreier 103, 164
Berater für Datenverarbeitung 904
Beraterhonorar 947
Beratervertrag 947
Beratungslehrer 312
Bereitschaftsdienst, Arbeitszimmer 276
Bergmannsprämie, Erschleichung 1001
Berufsausbildung 454, 697 ff., 705 f.
–, abgeschlossene 707
Berufsgenossenschaft 484, 586, 847
Berufskleidung *siehe* Arbeitskleidung
Berufskrankheit 586, 628
Berufsmusiker 266
Berufsreiter 357
Berufsschule 259, 308, 342
Berufssportler 904
Berufsständische Versorgungswerke 853
Berufsunfähigkeitsrente 853, 857, 866
Berufsunfähigkeitsversicherung 497
Beschäftigung im Privathaushalt
– Krankenversicherung 160
– Rentenversicherung 158
Beschwerde 464, 1031
Besichtigung 406, 803
Besondere Veranlagung 468
Bestattungsunternehmen, Arbeitskleidung 294
Bestechungsgelder 846
Besteuerung
–, ermäßigte 37
–, nachgelagerte 22, 180, 494, 754, 848
Besteuerungsanteiltabelle 853
Besteuerungsgrundlage 1027
Bestrahlungsgerät 644
Besuchsfahrten 598, 644
– ärztliches Attest 596
– doppelte Haushaltsführung 428
– Krankenhaus 595 f.

Beteiligung, stille 8, 84, 876, 942 f.
Beteiligungsvertrag 8
Betreuer 28, 35, 41, 274
Betreuungsfreibetrag 692 ff., 709 f.
– Übertragung 714
Betreuungsleistung 663
Betriebsaufgabe 991
Betriebsausflug *siehe* Betriebsveranstaltung
Betriebsausgaben 904 f., 907, 950, 962
–, nicht abzugsfähige 913, 928
– Finanzierungskosten 1005 f.
– Kinderbetreuungskosten 740
– Pauschale 33, 42
– Schuldzinsen 912 ff.
– Tagesmütter 42
– Umzugskosten 405
– Verpflegungsmehraufwand 919
Betriebseinnahmen 904, 907
Betriebsfest 38, 64 f.
Betriebspension 82
Betriebsprüfung 994 ff., 1001
– Anlässe 994
– Datenverwertungsverbot 996
– Datenzugriff 996
– EDV-Programme 996
– Mitwirkung 996
– Prüfungsanordnung 996
– Prüfungsraum 997
– Prüfungsschwerpunkte 994
– Prüfungszeitraum 995
– Selbstanzeige 997, 1001
Betriebsrat 53
Betriebsratsvergütung 75
Betriebssport 60
Betriebsveranstaltung 64 ff., 147
– Barzuschuss 66, 71
– Begleitperson 64 f., 68
– begrenzter Personenkreis 67
– Bewirtungskosten 65, 928
– Kostenaufteilung 70
– Lohnsteuerpauschalierung 67, 147
– Organisator 68
– Reisekosten 68
Betriebsveräußerung 987 f.
– Buchführungswechsel 988
– Freibetrag 987, 990
– Fünftelregelung 991
– Schuldzinsen 993
Betriebsvermögen
– Arbeitszimmer 290
–, gewillkürtes 954
–, notwendiges 954
Betriebsverpachtung 991 f.
Betriebswirt 326
Betrug 634, 644
Bettwäsche 425
Bewegliche Gegenstände, Vermietung 809, 846
Beweis des ersten Anscheins 1052
Beweisbeschluss 1032
Beweislast 1040, 1051 f.
Bewirtung von Arbeitnehmern 928
Bewirtungskosten 927 ff.
– Barbesuch 962
– Begrenzung 928, 930
– Feier 929
– Gartenparty 233, 962
– Mietkosten 930
– Mitarbeiter/Kollegen 232 f.
– nicht abzugsfähige Betriebsausgaben 928
– Rechnung 232, 927
– Versetzung 233
– Vorsteuerabzug 1011
Beziehungskauf 53
Bezirksleiter 118
Bezüge *siehe* Einkünfte
Bilanz 902 f.
Bilanzbuchhalter 326
Bilder, Wertverzehr 974
Bildhauer 966
Bildschirmarbeitsplatz 89
Biorelease-Kurs 312
Blasenleiden 668
Blaumann 88
Blindengeld 701
Blindenhund 670
Blindenschule 610
Blockunterricht 259
Bodenbelag 768, 775
Bodenrichtwert 763
Botengang 245
Boxenmiete 357
Brandschaden 621 f., 1016
Brieftaubenzucht 967
Brille 89, 587, 644
Bücher 376
Bücherregal 365, 376
Buchführung 904 ff., 916
– Computerprogramme 916
–, doppelte 902
–, elektronische 996
– Unterlagen 909
Buchführungshelfer 904
Buchführungspflicht 902
Buchhalter 939
Bühnenvermittler 904
Bundesfinanzhof 1031
Bundesfreiwilligendienst 697, 699
Bundesknappschaft 161, 662
Bundesschatzbrief 864, **887 ff.**
Bundesseuchengesetz 461
Bundeswehrgeneral 233
Bundeswehrpilot 326
Bürgerentlastungsgesetz 530
Bürgschaft 644
Büroeinrichtung 347
Bürokaufmann 326
Busfahrer/-depot 207

C

Campingkur 633, 644
Cello 349, 376
Cembalo 356, 376

Chauffeur 295
Chemielaborant 326
Chorleiter 28
Cola 80
Computer **359–364**, 370, 376
– Abschreibung 346 ff., 364
– Ausbildungskosten 548
–, betrieblicher 94, 359 ff., 951
– Buchführung 916
– Kostenaufteilung 361
– Multimediaausstattung 362
– Nutzungsdauer 364
– private Nutzung 148
– Teile 346
– Werbungskosten 359, 361 f.
– wirtschaftliches Eigentum 360
Contergankinder 609

D

Dachausbau, Arbeitszimmer 272
Damnum 805, 844
Darlehen 72
– Absicherung 522
– Angehörige 899f., 944, 994
– Arbeitgeberdarlehen 72
– Forderung 8
– Lebensversicherung 522
–, partiarisches 876
–, privates 877, 882, 943
– aus Schenkung 729
– Tilgung 580
– Verluste 943
– Wiederbeschaffung von Hausrat 623
– Zinsen 623, 818, 899f.
– Zinsen nach Immobilienverkauf 840
– Zuordnung 843 ff.
Darlehensvertrag Kinder 729
Das Tier 356
Datenzugriff Betriebsprüfung 996
Dauernde Lasten 454, **533 ff.**
Delphintherapie 644
Depot-Optimierer 367
Detektiv 639, 644, 904
Diakon 35, 274
Dias 376
Diätverpflegung 590, 644
Diebstahl 231
– Arbeitsmittel 350, 354
– Kfz 247 f., 355
– Kosten 621 f.
– Werbungskosten 350
Diensthund 357
Dienstjubiläum, Bewirtungskosten 233
Dienstkleidung 295 f.
Dienstleistungen *siehe* Haushaltsnahe Beschäftigung/Dienstleistung
Dienstreise 68, 77, 101, 183
– Abwesenheitszeit 193 f.
– Autokosten 207f.
– Autokosten/Kilometersatz 208, 214, 218
– Autokostennachweis 211
– Autokosten/Teilschätzung 216
– Bauleiter 260
– Bewirtungskosten 198, 232
– Dauer 192 ff.
– Diebstahl 231
– Dreimonatsfrist 191
– Ehegatte 228
– Fahrtkosten 206–221
– Kundenbewirtung 193, 199
– Marinesoldaten 195
– Mindestdauer 193 f.
– Mindestentfernung 192
– Pauschale 191
– Privatwagen 208
– Reisekosten 187–231
– Reisenebenkosten 221
– Seeleute 195
– Übernachtungskosten 221 ff.
– Unfallversicherung 78
– unzutreffende Besteuerung/Fahrtkosten 218
– Verpflegungspauschale 191
– Vollkaskoversicherung 229
– Vorsteuerabzug 209, 1011
Dienstwagen *siehe* Firmenwagen
Dienstzimmer 376
Differenzbesteuerung 1013 f.
Diktiergerät 371 f., 375 f.
Direktversicherung 151, **168 ff.**, 847, 854
– Arbeitgeberwechsel 170
– Aufstockungsbetrag 173
– biometrische Risiken 173
– Ehegattenarbeitsverhältnis 172, 932
– Gehaltsumwandlung 171
– Gehaltsverzicht 171
– Lohnsteuerpauschalierung 169
– Miniversicherung 173
– Vertragserweiterung 173
– zusätzlicher Vertrag 173
Direktzusage 168
Dirigent 28
Disagio 765, 782, 805, 844
Dividende
– Abgeltungsteuer 876 ff., 895
–, ausländische 877
– Halbeinkünfteverfahren 876, 878, 895
Doktorprüfung 309, 551
Doktortitel
– Kosten 309
–, gekaufter 553
Dolmetscher 554, 904
Doppelbesteuerungsabkommen 461, 883
Doppelte Haushaltsführung 310 f., 322, **410–437**
– Abzugsbeschränkung 419 f.
– Alleinstehende 411, 419
– angemessene Wohnung 433 f.
– Ausbildung 548
– Ausland 416
– Behinderte 413

- Beschäftigungsort 417
- Besuchsfahrt 428
- dreifache Haushaltsführung 437
- Ehepartner 437
- eigener Hausstand 411, 419, 421 ff.
- Eigentumswohnung 432
- Einrichtungsgegenstände 425
- Entfernungspauschale 236 f., 420
- Fahrtkosten 413, 420
- Familienheimfahrten 236, 412 ff.
- Ferienwohnung 429
- Gemeinschaftsunterkunft 410
- Haushaltsbeteiligung 423
- ohne eigenen Hausstand 419
- Heimfahrten 412 ff., 420, 428, 435
- Hotelzimmer 410
- Kostenaufstellung 412
- Künstler 427
- Lebenspartnerschaft 411, 423
- Ledige 411, 419
- Mehraufwendungen 412
- Mehrgenerationenhaushalt 422f.
- Mindestzahl an Heimfahrten 435
- Selbständige 427
- Telefonkosten 414, 426
- Übernachtungskosten 222
- umgekehrte Familienheimfahrt 428
- Umzug 429 ff.
- Umzugskosten 385, 436
- Unterkunft 410
- Verlegung des Familienwohnsitzes 429
- Verpflegungsmehraufwand 415 f.
- Wahlrecht Fahrtkosten 435 f.
- Wohnmobil 410
- Wohnungseinrichtung 425
- Wohnungseinrichtung/AfA 425
- Wohnwagen 410
- zwei Wohnorte 418 f.

Doppelte Mietzahlungen 394, 407

Doppelzimmer 228

Dreifache Haushaltsführung 437

Dreimonatsfrist
- Dienstreise 191
- Einsatzwechseltätigkeit 201 ff.
- Geschäftsreise 919
- Neubeginn 191
- Unterbrechung 191
- Urlaub/Krankheit 191

Drei-Objekt-Grenze 824, 826

Drillinge 626, 644

Drittaufwand 249, 391, 802, 975
- Arbeitszimmer 288

Drogenabhängiges Kind 702

Durchgangszimmer 281

Durchschnittssätze Vorsteuer 1012

Düsseldorfer Tabelle 715

E

EB-FAGO-Tabelle 476

Edelmetall 1013

Edelstein 1013

EDV-Dozent 274

EDV-Programm 984

Effekten Spiegel 367

Eheberatung 640

Ehegatte
-, ausländischer 650ff.
- Dienstreise 228
- Drittaufwand 975
- Entfernungspauschale 254
- Gehalt 932 f.
- Mietvertrag 975
- Mitunternehmerschaft 944
- Scheidung 470 f., 474, 639 ff.
- Veranlagung 467 ff.
- Vorsorgeaufwendungen 505f.

Ehegattenarbeitsverhältnis 931–937
- 450-€-Job 167
- Direktversicherung 172
- Firmenwagen 937
- Riester-Förderung 932
- Stellenbeschreibung 936

Ehegattenunterhalt 525–532
- Höchstbetrag 530
- Mietvertrag 835 f.
- Sonderausgabenabzug 526 f., 529
- Verweigerung der Zustimmung 526 f.
- Wohnungsüberlassung 531

Ehescheidung *siehe* Scheidung

Ehrenamtliche Tätigkeit 25

Eidesstattliche Erklärung 1043

Eigenbeleg 1034, 1046

Eigener Hausstand 411, 419, 421 ff.

Eigenheimrentengesetz (Wohn-Riester) 10, 19 ff., 749–754

Eigenheimzulage 472, 750 f.

Eigennutzung (Wohneigentum)
-, beabsichtigte 797 ff.
- Reparaturkosten 807
- Schuldzinsen 841

Eigentum, wirtschaftliches 975

Eigentumswohnung
- doppelte Haushaltsführung 432
- Wohnungstausch 829

Eigenverbrauch 907, 972f., 1010

Einbauküche 768, 774
Einbaumöbel 14
Einbauschrank 771
Einbruch 621, 634
Ein-Euro-Job 165
Einfriedungskosten 768, 773
Einheitswert 1016
Einkommensgrenze
- Arbeitnehmersparzulage 7
- Bausparen 10
- Eigenheimzulage 472, 751
- Wohneigentumsförderung 472
Einkommensteuererklärung 457–477
- Abgabefrist 480, 803
- Beschwerde 464
- Fristverlängerung 481
- Nebeneinkünfte 478 f.
- Pflichtveranlagung 478
- Progressionsvorbehalt 460 ff.
Einkommensteuertabellen 1053
Einkommensteuerveranlagung, Antrag auf 803
Einkünfte/Bezüge
- Einmalzahlungen 146, 948
- Kind 700 f., 705, 723, 735
-, sonstige 146, 846–874
- Übertragung 727 ff.
Einkunftserzielungsabsicht 779, 781, 972
- kurzfristige Vermietung 798
- Renovierung 801
Einliegerwohnung 842 ff.
Einmalzahlung 146
Einnahmen, entgangene 644
Einnahmenüberschussrechnung 902–917
- Anlage EÜR 907 ff.
- Anlagenverzeichnis 908
- Formvorschriften 908
Einrichtung
- Abschreibung 810
- Arbeitszimmer 282 f.
- doppelte Haushaltsführung 425
Einsatzstelle, ständig wechselnde 105
Einsatzwechseltätigkeit 182, 185, 201 ff.
- Dreimonatsfrist 201 ff.
- Fahrtkosten 208, 255 f.
- Pauschalversteuerung von Verpflegungskosten 197
- regelmäßige Arbeitsstätte 260
- Verpflegungskosten 201 ff.
Einspruch 1027 f., 1033, 1043
- Entscheidung 1030
- Frist 1027, 1029, 1034 f.
- Fristversäumnis 1029
- Verfahren 1027
Einsturzgefahr 795
Einzelveranlagung 467, 472 f.
Elektrizität 782, 910
Elektrofahrzeug, Firmenwagen 116
Elektroinstallation 283
Elektromeister 919
Elektroorgel 376
Elementarschadenversicherung 622
ELStAM-Verfahren 453
Elterngeld 461, 463
Encyclopaedia Britannica 356
Endpreis 51
Energetische Sanierungsmaßnahmen 454
Enkelkind, Kinderfreibetrag/-geld 694, 721
Entbindungskosten 626
Entfernungspauschale 104, 234–246
- Arbeitstage 243
- Berechnung 235, 240
- Behinderte 242, 413
- Berufsschule 303
- doppelte Haushaltsführung 236 f., 420
- Ehegatten 254
- Entfernung 240
- Fahrten zwischen zwei Arbeitsstätten 258
- Fahrgemeinschaft 261
- Firmenwagen 244
- Kundendienstmonteur 257
- Leihwagen 239
- maßgebende Entfernung 240
- maßgebende Wohnung 262
- Mindestanzahl an Heimfahrten 262
- öffentliche Verkehrsmittel 235 f.
- tatsächliche Kosten 235 f.
- trotz Reisetätigkeit 207
- Verkehrsmittel 238
- Wirkungsbereich 237
Entlastungsbetrag für Alleinerziehende 441, 717 ff.
-, doppelter 719
Entnahme 913
- Spende 570
- Tabelle 898
Entwicklungshelfer 703
Erbbaurecht Abstandszahlung 778
Erbbauzinsen 782
Erbschaft
- Behindertenpauschbetrag 685
- Haus/Wohnung 828
- Kirchensteuer 542
Erbschaftsteuer 524
Erfahrungssätze 1043
Erfrischungen 80
Ergänzungspfleger 729, 733, 822, 938
Ergänzungsschule 572
Ergotherapeut 572
Erhaltungsaufwand 756, 788 f., 802

Erholungsbeihilfe 86, 147
Erlass
– Antrag 1021
– Kirchensteuer 1021
– Säumniszuschlag 1037
Ermäßigte Besteuerung, Jubiläumsgeschenk 37
Ernährungsberatung 43
Erpresserschäden 634
Erpressungsgelder 644
Ersatzschule 572
Erste-Hilfe-Kurs 28
Erste Tätigkeitsstätte 187ff., 260
– Festlegung 189
– Prüfung 188
Erststudium 305, 707
Ertragsanteil 782, 851
– Tabelle 854, 856
Erwerbsobliegenheit 652
Erwerbsunfähigkeitsrente 853, 857, 866
Erwerbsunfähigkeitsversicherung 497
Erzieher 24f.
Essen auf Rädern 35
Essenszuschuss 147
EU-Quellensteuer 893
EU-Zinsrichtlinie 892
Euro/EZB-Umrechnungskurs 656
Europäische Schulen 572
Existenzminimum 3
Exportsachbearbeiterin 326

F

Fachberater 274
Fachbuch/-literatur
– Arbeitsmittel 356, 365f., 368f.
– Fahrtkosten 368f.
– gemischte Aufwendungen 369
–, medizinische 589, 644
– Pauschale 1049
– Quittung 356
– Steuerberatungskosten 544
– Zeitungen/Zeitschriften 365, 367
Fachhochschule 572
Fachkongress 338, 923
Fahrer, ehrenamtlicher 25
Fahrberufe 202
Fahrgeld 102–110
– Minijob 164
– Pauschalversteuerung 104
Fahrgemeinschaft 261
– Ehegatten 254
Fährhafen 207
Fahrkarten 45f.
Fahrlehrer 130
Fahrstuhl 609, 644
Fahrtätigkeit 182, 184, 201ff.
Fahrten zwischen Wohnung und Arbeitsstätte **102–121**, 149, 187, 207, **234–263**
– Behinderte 242
– dienstlicher Umweg 106f.
– 1 %-Regelung 117
– Entfernungspauschale 234ff.
– Filiale 258
– Firmenwagen 244
– Firmenzuschuss 241
– Flugkosten 238
– Kleinkraftrad/Mofa/Moped 241
– Leerfahrt 242
– Leihwagen 239
– Lohnsteuerfreibetrag 110
– mehrere Einsatzstellen am Tag 258
– Mitnahmegebühr 846
– Sammelbeförderung 105, 241, 256
– Zahl der Arbeitstage 243
– Zweigniederlassung 258
Fahrtenbuch 1010
– Aufzeichnungserleichterungen 127
– Einkommensteuererklärung 123
–, elektronisches 125
– Firmenwagen 122ff., 133, 960
– Form 125
– kleinere Mängel 126
– Methodenwechsel 132
– Mindestangaben 124
– Muster 125
– Sozialversicherung 123
– Tankbeleg 126
Fahrtkosten 101, 182, 368
– Abschreibung 215
– Alkoholiker 599
– Angemessenheit 207
– Arbeitgebererstattung 221
– Ausbildung 548
– Bank 805
– Bauleiter 260
– Behinderung 600, 674ff.
– Berufsschule 259
– Beteiligung 256
– Botengang 245
– Dienstreise 206–221
– doppelte Haushaltsführung 412, 420, 435f.
– Dreimonatsfrist 191, 919
– Ehegatten 247, 677
– Ehegatten/gemeinsame Fahrten 254
– Einsatzwechseltätigkeit 208, 255f.
– erste Tätigkeitsstätte 207
– Fahrgemeinschaft 261
– Finanzierungsmakler 805
– Firmenwagen 244
– Hausbau/-kauf 762, 803
– individueller Kilometersatz 214
– Kilometersatz 208, 214, 218
– Kostennachweis 211
–, krankheitsbedingte 591ff.
– Kur 593
– Leasing 217
– mehrere Wohnungen 262
– Mittagsheimfahrt 245

– Mittelpunkt der Lebensinteressen 262f., 420
– Notar 805
– Pauschale 207, 210
– Restnutzungsdauer 215
– Spende 568
– Teilschätzung 216
– Umzug 406
– Unfallkosten 247
– unzutreffende Besteuerung 218
– Vermietungseinkünfte 790
– weiträumige Arbeitsstätte 207
– Werbungskosten 208
– zum Zahnarzt 584
– Zweitwohnung 262 f.
Fahrtkostenerstattung 241
Fahrtkostenzuschuss
– Bescheinigung auf der Lohnsteuerkarte 109 f.
– dienstlicher Umweg 106 f.
– Lohnsteuerpauschalierung 149
– Pauschalsteuer 104
– Sammelbeförderung 105
Fahrzeitersparnis 385, 390 ff., 408
– Saldierung 391
Faktorverfahren 447
Familienheimfahrt *siehe* Heimfahrt
Familienkasse 722
Familienkrankenversicherung 730 f.
Familienleistungsausgleich 692
Familienmediation 640
Faschingsprinz 972
Fehlgeldentschädigung 83
Fehlplanung 795
Feiertagszuschlag 137 ff., 143
Ferienbetreuer 35
Ferienkurse 572
Ferienwohnung/-haus 429, 779, 811 ff., 1000
Fernsehgerät 376
Fernsehansagerin 293
Fernsehantenne 397
Fernsprechgebühren *siehe* Telefonkosten
Festgeld 887
Fettabsaugung 644
Feuchtigkeitsschaden 1016
Feuerschaden 622
Feuerwehr 320
Filialleiter 118
Finanzamt
– Aufklärungspflicht 1051
– Aufstellung 1047
– Auskunft 1041 f., 1050
– Auskunftsgebühr 1042
– Beweislast 1051 f.
– Lügen 1045
– rechtliches Gehör 1039
– Vorladung 1050
Finanzbeamter 326
Finanzgericht 1030 ff., 1051
– Prozess 1032
Finanzierung
– Beratung 766, 805
– Kosten 764, 805, 1005 f.
– Zinsabzug 841 ff.
Finanztip 367
Firmenfest 962
Firmenwagen **112–136**, 950, **953–961**
– Abschreibung 133
– Einkommensteuererklärung 123
– 1 %-Regelung 112 ff., 120 ff., 244, 954–961, 1010
– Elektrofahrzeug 116
– Entfernungspauschale 244
– Fahrkarten 117
– Fahrtenbuch 122 ff.
– Fahrzeugpool 121
– Garagengeld 91 f.
– Geländewagen 113
– Kostendeckelung 957
– Lkw 113, 115
–, mehrere 114
– Methodenwechsel 132
– notwendiges Betriebsvermögen 954
– Nutzungsverbot 118, 135
– Oldtimer 960
– Park and ride 117
– Pauschalierung der Lohnsteuer 119
– personenbezogene Berechnung 120
– Preisobergrenze 136
– Pritschenwagen 115
– Privatfahrt 112, 122, 136, 244, 954 ff.
– Sonderzubehör 136
– Sportwagen 953
– Transportfahrzeug 115
– Umsatzsteuer 959, 1010
– Unfall/Privatfahrt 133, 961
– Urlaub 134
– Versicherung 133
– Vorsteuer 1010
– Werkstattwagen 115
– Wohnmobil 113
– Zuzahlungen 136
Fitnesstraining 43, 607
Flight 376
Flohmarkt 1013
Flug Revue 376
Flugbegleiter 226, 295, 326
Flügel 356, 376
Flugingenieur 326
Flugschein 319
Flugschneise 1016
Flugticket 46
Forderungen 989
Förderungsprogramm 313
Formaldehydsanierung 613, 644, 793
Forschungsreise 333
Forstbeamte 295, 356, 376
Fortbildungskosten 73, **303–326**
–, Abc der 326
– Arbeitsgemeinschaft 323 ff.

- Arbeitslose 304
- Erfahrungsaustausch 325
- Führerschein 318
- interner Fremdvergleich 316
- Meisterlehrgang 307
- Sprachkurs 321 f.
- Studium 303 f.
- Umschulung 307
- vorweggenommene Werbungskosten 306 f.
- Zweitstudium 304, 307

Fortbildungslehrgang 310 f., 313 f.
- Teilnahmegebühr 310, 314

Fortbildungsvertrag 316
Fotograf 484 f., 550
Fotomodell 904
Freiberufler 32, 266, 427, 478, 535, 558, 851, 902 ff.
- Kanzlei 779

Freibetrag 441, 448, 681 f.
- Abfindung 98
- Behindertenpauschbetrag 454
- Betriebsveräußerung 987, 990
- eintragungsfähige Kosten 453 ff.
- Existenzminimum 3
- Fahrten zwischen Wohnung und Arbeitsstätte 109 f.
- Lohnsteuerkarte 453 ff.
- Rente 849 f.
- Übungsleiter 24 ff.
- vereinfachter Antrag 456
- Verlustabzug 454
- Verluste 454
- Vorsorgeaufwendungen 455
- Werbungskosten 181
- Wohneigentumsförderung 454

Freifahrt 686
Freigrenze *siehe* Sachbezug
Freistellungsauftrag 883 ff.
Freiwillige Steuererklärung 458, 478
Freiwilligendienste 697, 699
Fremdsprachenkorrespondent 334
Fremdvergleich 934
-, interner 316

Freundschaftsdienst 767 f., 770
Frischzellentherapie 587, 644
Fristverlängerung 481
Fristversäumnis 1035
Frühstück 227, 229, 922
Führerschein 81, 220, 644
- Arbeitgeberzuschuss 320
-, ausländischer 406
- Behinderte 679
- Feuerwehr 320
- Fortbildungskosten 318
- Polizist 320

Fuhrparkmanager 274
Fünftelregelung 99, 855, 991
Fußballschuhe 376
Fußstapfentheorie 760

G

Garagengeld 91 f.
Gardinen 425
Gartenparty 233, 962
Gartenpflege 794
Gaskosten 782, 910
Gastarbeiter
- Fortbildung 326
- Unterhaltsleistung 651 f., 656

Gebäck 80
Gebäude
- Abschreibung 758 ff.
- Anschaffungskosten 761, 763
- Aufteilung des Kaufpreises 763
- Baumängel/-schäden 1016
- Brandschaden 621 f., 1016
- Einsturzgefahr 795
- Feuchtigkeitsschäden 1016
- Haftpflichtversicherung 497, 500
- Herstellungskosten 761 f., 776
- Mängel 795 f.
- Versicherung 622
- Wertminderung 795
- Zinszuordnung bei Herstellung/Kauf 844 f.

Gebrauchtwagen 55, 215, 955, 960
Gebrauchtwaren 1013
Gebühren 397, 406, 762
Geburt 626, 644
Geburtsbeihilfe 36
Geburtstagsfeier 38, 233, 929
Gefängnisaufenthalt 650
Gegenstandswert 1042
Gegenwert 577
Gehaltsumwandlung
- arbeitnehmerfinanzierte Pensionszusage 174
- Direktversicherung 171
- Direktzusage 168
- Kindergartenzuschuss 40
- Pensionszusage 168

Gehaltsverzicht 168 ff., 452
Gehbehinderung 593, 675 ff., 686
Geige 350, 376
Geistlicher 326, 356
Geländewagen, 1 %-Regelung 113
Geldbeschaffungskosten 764, 766, 782
Geldbußen, Steuerschuld 999
Geldgeschenk 71, 74, 986
Geldstrafe 644
Geldverkehrsrechnung 1040
Gelegenheitsgeschenk 74
Gemälde, Wertverzehr 974
Gemeinschaftsunterkunft 410
Gemischte Aufwendungen 264, 300
Genossenschaftsguthaben 8

Genussmittel 80
GEO 356, 376
Gepäckaufbewahrung/-transport 229
Gerichtsbescheid 1032
Gerichtskosten 634, 776, 782, 817, 1031
Gerichtsreferendar 326
Geringfügige Beschäftigung/Dienstleistung **156–167** *siehe auch* 450-€-Job, Mini-Job, Teilzeitarbeit
– anzurechnende Einkünfte 163
– Beispiel 156
– Ehegattenarbeitsverhältnis 167
– Ein-Euro-Job 165
– haushaltsnahe Beschäftigung 662
– Kirchensteuer 161
– Krankenversicherung 160
– Lohngrenze 157
– Lohnsteuerpauschalierung 150
– Personalrabatt 54
– Rentenversicherung 158 ff.
– Rentenversicherungsbeitrag aufstocken 159
– Rentner/Pensionär 166, 865 ff.
– Solidaritätszuschlag 161
– Sozialversicherung 156 f.
– Steuer 161
– Steuerfreiheit 946
– Steuerpauschalierung 161 ff.
Geringwertiges Wirtschaftsgut
– Arbeitsmittel 346, 351
– Abschreibung 351, 980, 989
– Pool 980
Gesamtgewinn 969
Geschäftsanteile 84 f.
Geschäftsführer 138 f., 232, 274, 512
Geschäftsjubiläum 37
Geschäftsreise 918 ff.
– Abrechnung 924
– Ausland 921 f.
– Dreimonatsfrist 919
– Gruppenreise/Kongress 923
– Handwerker 919
– Inland 918
– Privat-Kfz 920
– Verpflegungsmehraufwand 918 ff.
Geschäftswagen *siehe* Firmenwagen
Geschenk 986
– Arbeitsmittel 373
– Baumaterial 776
– Geld 71, 74
– Gelegenheitsgeschenk 74
– Jubiläum 37 f.
– Sachgeschenk 74
Geschirr 425
Geschlechtsumwandlung 611
Geselle 326
Gesellschaft bürgerlichen Rechts (GbR) 534, 892
Gesellschaft mit beschränkter Haftung (GmbH) 892, 894
– Anteile 8, 534, 899, 901
– Gesellschafter 139
– Pensionszusage 512
Gesellschafter/Geschäftsführer 138 f., 512
Gesprächsführungskurs 312
Gesundheitsförderung, betriebliche 43
Gesundheitskosten, vorbeugende 601 ff., 793
Gesundheitswesen, Schule des 572
Getränke 74, 767 f., 772
Getränkegroßhandel 967
Gewerbebetrieb
– Geschäftsreise 918 ff.
– Liebhaberei 963 f., 970
–, ruhender 991
–, typischer 970
Gewerbeerlaubnis 964
Gewerbeimmobilie 779
Gewerbelehrer 356
Gewerbesteuer 1004 ff.
– Berechnungsschema 1004
– Freibetrag 1004
– Steuermessbetrag 1004, 1006
Gewerbetreibende 215, 454, 478, 492, 558, 806, 902 ff.
Gewerkschaftler, Studienreise 329
Gewinn 907
Gewinnerhöhung, nachträgliche 985
Gewinnermittlung 988
Gewinnerzielungsabsicht 968 ff., 972
Gewinnminderung 982
Gewinnschuldverschreibung 8
Gewinnverlagerung 915
Girosammelverwahrung 896
Gitarre 376
Gliederschmerzen 607
GmbH *siehe* Gesellschaft mit beschränkter Haftung
GmbH & Co. KG 892, 992
GNOFÄ 477
Gobelinbild 282
Grabstein 538, 638
Gratifikation 143
Greenpeace 539
Grippeschutzimpfung 584, 588
Großeltern
– Kinder-/Betreuungsfreibetrag 714
– Kindergeld 721
Grundbesitzabgaben 782
Grundbuchkosten 761, 763, 805
Grunderwerbsteuer 761, 763, 766, **1017 f.**

Grundfreibetrag 3
Grundlohn 143
Grundschuld 805
Grundsteuer 1016
Grundstück
– Anschaffungskosten 761, 766
– Aufteilung des Kaufpreises 763
– Drei-Objekt-Grenze 824, 826
– Spekulationsfrist 828, 870
– teilentgeltlicher Erwerb 537
– Verkauf 824 ff.
– Wert 763
– Wertverzehr 974
Grundstücksgeschäft, gewerbliches 824 ff.
Gründungskosten 971
Gründungsphase, Verluste nach 970
Grünzone 1016
Gruppenreise 923
Gruppenunfallversicherung 151, 175
Grzimeks Tierleben 356
Günstigerprüfung 507, 516 ff., 725
Gutachtertätigkeit 666
Gutachterliche Stellungnahme 685
Gütergemeinschaft 944
Güterstandsvereinbarung 944
Gütertrennung 944

H

Haarausfall 611
Haartransplantation 611, 644
Habilitation 552
Haftpflichtversicherung 497, 500
Halbeinkünfteverfahren 876, 878, 895
Halbteilungsgrundsatz 716
Hälftiger Höchstbetrag 511
Handelsblatt 367, 376
Handelsvertreter 128, 274, 904
Handwerkerleistung 662, 665 ff., 807
Handwerkerrechnung 762
Handwerksmeister 326
Handy 230, 381 f.
–, betriebliches 95
–, privates 382
Härteausgleich 478, 488 f., 767, 808
Häufigkeitszuschlag 402, 406
Haus, schlüsselfertiges 1018
Hausbau/-kauf 803
– Besichtigung 803
– Zinszuordnung 844 f.
Hausbesitz 749
–, vermieteter *siehe* Vermietung
Hausgehilfin *siehe* Haushaltshilfe
Haushaltsersparnis 615, 618 f.
Haushaltsgemeinschaft 718
Haushaltshilfe 454, **661**
– Drillinge 626, 644
Haushaltsnahe Beschäftigung/Dienstleistung 661 ff.
– Angehörige 662
– Barzahlung bei Minijob 662
– Betreuungsleistung 663
– Kinderbetreuung 743
– nicht eheliche Lebensgemeinschaft 662
– eingetragene Lebenspartnerschaft 662
– Mieter/Eigentumswohnungsbesitzer 667
– Mustervertrag 662
– Pflegeleistung 663
– Pflegepauschbetrag 664
– Steuerermäßigung 663 f.
– Umzug 663
Haushaltsscheckverfahren 159, 662
Hauskosten 782
–, laufende 761 ff.
–, sonstige 790
–, vergebliche 804
– vor Bau/Kauf 803 f.
Hausmodernisierung 787–794
Hausnotrufdienst 35
Hausrat
– doppelte Haushaltsführung 425
– Ersatzbeschaffung 621 ff., 644
– Versicherung 519, 622
Hausschwamm 644
Hausstauballergie 644
Hausverkauf 824 f., 840
Hausversicherung 782
Hausverwaltung 782, 819
Hauswirtschaftliches Leben 411
Hebamme 904, 1006
Hebeapparat 609, 644
Hebesatz 1004, 1016
Heilerzieher 326
Heilkur 644, 680
Heilmasseur 1006
Heilmittel 587
Heilpraktiker 584
Heilpraxis 966
Heimarbeitsplatz 274, 280
Heimaufenthalt 630
Heimdialyse 644
Heimfahrt 262, 410
– Besuchsfahrt 428
– Flugkosten 238
– doppelte Haushaltsführung 236 f., 412 ff.
– Lebensmittelpunkt 435
– Mindestumfang 435
Heiratsbeihilfe 36
Heizgerät 397, 406
Heizkosten 782
Herd 397, 406, 425

Herstellungsaufwand 788
–, anschaffungsnaher 789
Herstellungskosten 761–778, 788
–, anschaffungsnahe 796
Herzleiden 593, 668
Herzschrittmacher 681
Hilfeleistungen, gelegentliche 736
Hilflosigkeit 614
Hilfsgeschäft 907
Hilfsmittel 587
Hinterbliebenenversorgung 173
Hinzuschätzung 1002
Hobby 964–973, 1009
Hochbegabtenförderung 610
Hochschule 572
Hochschullehrer 337
Hochwasserschaden 61
Höherversicherung in der gesetzlichen Rentenversicherung 851
Holzschutzmittelsanierung 613, 644
Home-Office 95
Honorarrechnung 947
Hörgerät 644
Hotelkosten 594
– Frühstück 227, 229, 922
Hotelzimmer, Zweithaushalt 410
Hufschmied 357
Hund 356f., 376
– Haftpflichtversicherung 497
Hypothek 840
– Grundbucheintragung 805, 844

I

Immobilie als Geldanlage 755
Immobilienerwerb, Finanzierung mit Lebensversicherung 805
Immobilienmakler 904
Immobilienverkauf, Spekulationssteuer 870f.
Incentive-Reise 339
Industrieclub 59
Industriekaufmann 326
Informationspflicht
– Geringfügigkeit 162
– Krankenkasse 162
Ingenieur 274, 326
Inlandsreise 918ff.
Inserat 397, 406
Insolvenz 804, 903
Insolvenzgeld 461
Inspektor 326
Instandhaltungskosten 782
Installationskosten 397, 406
Integrationskurse 644
Intensivprüfungsfall 477
Internetkosten 359, 362
– Ausbildung 548
–, betriebliche 94, 148, 359
– Pauschalierung 148
–, private 148
– Werbungskosten 361
Inventurschwierigkeiten 917
Investition 982
– Anlaufverlust 903
Investitionsabzugsbetrag 981ff., 989
Investitionsplan 982
Investmentanteile 876
Investmentfonds, ausländische thesaurierende 877

J

Jagdhund 356
Jahresabschluss 907
Jahresabschnittsbesteuerung 2
Jobticket 45f., 103, 117, 164, 241
Journalist 274, 292, 904
Jubilarsfeier 69
Jubiläumsfeier 38
Jubiläumsgeschenk 37
Jugendfreiwilligendienst 699
Jugendfreizeiten 312
Jugendlicher, verhaltensgestörter 644
Jugendschutzgesetz 734
Jugendseelsorge 312
Justizobersekretär 326

K

Kaffee 80
Kaminkehrer 666
Kantinenmahlzeit 63, 147
Kapitalanlageverlust 903
Kapitaleinkünfte 875–899
– Abgeltungsteuer 872, 881f., 899
– Altverluste 873
– Betriebsvermögen 877
– Dividenden 895
– Einkommensteuer 899
– Freistellungsauftrag 883ff.
– Kapitalertragsteuer 881f.
– Lebensversicherung (Zinsanteil) 891
– Pflichtveranlagung 899
– Spekulationsgewinne 896
– Sparerpauschbetrag 879, 897
– Steuerbescheinigung 893
– Stückzinsen 889
– Übertragung der Einkünfte 880
– Wahlveranlagung 899
– Werbungskosten 897
– Zinserträge 887ff.
– Zufluss 887
Kapitalertragsteuer 881ff.
– Anrechnung/Erstattung 883
– Ausländer 883
– Kirchensteuer 881
Kapitalgesellschaft Anteile 876f., 899
Kapitallebensversicherung 522f., 876f., 891, 899

Kapitalübertragung *siehe* Vermögensübertragung
Karnevalsprinz 972
Kaskoversicherung 519
Kassettengerät 356, 371 f.
Kassierer 83
– Verein 25 f.
Kaufkraftausgleich 93
Kaufmann 326, 902
Kaufmannsgehilfe 326
Kaufpreisrente 854
Kautionszahlung 644
Keller, Arbeitszimmer 267, 270 f.
Kellner 48
Kellnerfrack 292
Key Account Manager 274
Kfz
– Abschreibung 212, 215
– Angemessenheitsprüfung 953
– Behinderte 644, 676, 686
– berufliches Arbeitsmittel 248
– Diebstahl 247 f., 355
– EU-Import 1015
– Fahrtenbuch 122 ff., 133, 960, 1010
– Haftpflichtversicherung 497, 500
– hohe Fahrleistung 218
– Kauf 55 f.
– Leasingsonderzahlung 217
– Oldtimer 960
–, privates 920
– Sachverständiger 1006
– Steuerermäßigung 686
– Totalschaden 251
– Umsatzsteuer 1010, 1015
– unzutreffende Besteuerung 218
– Verkäufer 367
– Wertverlust 250, 355
Kfz-Kosten 207
– Abschreibung 212, 215
– Behinderte 674, 679
– Betriebskosten 244
– Einzelnachweis 211
– Fahrtkostenersatz 221
– Gebrauchtwagen 215
– individueller Kilometersatz 214
– Teilschätzung 216
Kidnapping 634
Kilometersatz 208, 214, 218, 676
Kind
– Arbeitslosigkeit 696
– Arbeitsverhältnis 732 ff.
– Arbeitsvertrag 938 ff.
– Ausbildungsdienstvertrag 941
– Ausbildungsfreibetrag 657 ff., 694
– Ausbildungsunterbrechung 659, 698 f.
– auswärtige Unterbringung 657 ff.
– Barauszahlung von Arbeitslohn 737
– Baudarlehen 882
– Baukindergeld 472, 694, 750
– Behinderung 694, 700 ff.
– Darlehensvertrag 729
–, drogenabhängiges 702
– Einkommensbezugsgröße 730
– Einkünfte/Bezüge 700 f., 705, 726–737
– Erwerbstätigkeit 705 ff.
– –, schädliche/unschädliche 708
– Fahrtkosten Behinderung 678
– fehlender Ausbildungsplatz 697
– Freibeträge 822
– Kapitalübertragung 727 ff.
– Krankenversicherung 730 f.
– Lohnsteuerkarte 711
–, magersüchtiges 702
– Mietvertrag vor Selbstnutzung 799
– Mietzahlung aus Barunterhalt 833
– Mitarbeitspflicht 736
–, pflegebedürftiges 617
– stille Beteiligung 942 f.
– Telefondienst 939
– Verlängerung von Dienstzeit 703
– Vermietung 830 ff.
– Verträge 794
– Wehr-/Zivildienst 703 f.
– Zuschüsse 701
Kinderbetreuungskosten **39 ff.**, 454, **738–748**
–, absetzbare 745
– Angehörige 747
– Anspruchsberechtigte 739
– Arbeitgeber 39, 741
– Arbeitnehmerpauschbetrag 740
– Au-pair-Mädchen 748
– Berechnung 744
– Betriebsausgaben 740
–, erwerbsbedingte 739
– haushaltsnahe Beschäftigung 743
– Kostenzuordnung 742
– Lebenspartner 39
– Nachweis 39, 746
– Sonderausgaben 738, 740
– Voraussetzungen 738
– Werbungskostenpauschbetrag 740
– Zuschuss 40 f.
Kinderfreibetrag 441, 456, **692–725**
– Altersgrenze 660
– Anrechnung von Kindergeld 709, 716
– Ausbildungsunterbrechung 659, 698 f.
– Ausland 712 f.
– behinderte Kinder 700 ff.

– berücksichtigte Kinder 694 ff.
– Einkünfte/Bezüge der Kinder 705 ff.
– – aus Vermögen 708
– Eintragung auf der Lohnsteuerkarte 713
– Grenzbetrag Behinderte 700
– Günstigerprüfung 725
– Halbteilungsgrundsatz 716
– Kirchensteuer 541
– Monatsprinzip 710
– Pflegeheim 617
– Studium 660
– Tabelle 693
– Übertragung 714
– vollstationäre Unterbringung 694
– Wahlrecht 725
– Wehr-/Zivildienst 660
Kindergarten 39 ff.
Kindergartenzuschuss 40 f.
Kindergeld 692–725
– Anspruch 724, 735
– Antrag 722 ff.
– Ausbildungsunterbrechung 698 f.
– behinderte Kinder 700 ff.
– berücksichtigte Kinder 694 ff.
– Einkünfte/Bezüge der Kinder 705 ff., 723, 735
– Günstigerprüfung 725
– Halbteilungsgrundsatz 716
– suchtkrankes Kind 702
– Tabelle 693, 721
– Übertragung 721
– Unterhaltszahlung 642
– Verjährung 724
– Wahlrecht 725
Kinder-Psychotherapeut 312
Kindervergünstigungen 694
Kindesunterhalt 715
– Anrechnung von Kindergeld 716
Kirchenaustritt 539 f., 1020
– Ehegatte 543
Kirchenmusiker 356
Kirchensteuer 454, **539 ff.**, 692, **1019–1023**
– 450-€-Job 161
– Abzug für Kinder 541, 711
– Ehegatte ohne Kirchenzugehörigkeit 1022
– Erlass 1021
– Kapitalertragsteuer 881
– Kappung 1020
– Kirchenaustritt Ehegatte 543
– konfessionsverschiedene Ehe 1022 f.
– Nachzahlung bei Erbschaft 542
–, pauschale 154
– Sätze 1019 f.
– Zuschlagsteuer 541
Kirchgeld 1022
Klage 1030 f.
– Zurücknahme 1032
Klassenausflug 312, 341 f.
Klavier 356, 623
Kleidung
– Beruf 376
– Ersatzbeschaffung 621 ff.
Kleinkraftrad 241
Kleinunternehmer 906, 973, 1008
– Option 973, 1009
Klimakur 632
Knappschaftsangestellter 326
Kneippkur 601
Koch 48
Kochgerät 406
Koffer 376
Kohorte 848 ff.
Kommanditgesellschaft (KG) 534, 892
Kongress 338, 923
Konkurs 644, 804, 903
Kontaktpflegeaufwendungen 644
Kontokorrentkonto 877, 912
Kontrollmitteilung Renten 852
Konzertbesuch 312
Konzertmusiker 274
Körperbehinderte *siehe* Behinderte
Kosmetische Operationen 644
Kosmos 356
Kostenpauschale Tagesmutter 42
Kostenvorschuss 1031
Kostkind 694
Kraftfahrer 108, 189, 202, 208, 224
Kraftwerksingenieur 187
Krankenfahrt 591 ff.
Krankengeld 459 ff., 576, 855
Krankengymnast 904
Krankengymnastik 607
Krankenhaus
– Besuchsfahrt 595 f.
– Gasthausessen 644
– Kantinenmahlzeit 48
– Kosten 644
– Personalrabatt 57
Krankenhausarzt, Arbeitszimmer 276
Krankenhaustagegeldversicherung 576
Krankenkasse Informationspflicht 162
Krankenpfleger/-schwester 24 f., 48, 326, 904
Krankentagegeld 576
Krankentransport, Übungsleiterfreibetrag 35
Krankenversicherung 497 f., 730 f.
– Basisabsicherung 498
– Beitrag 673, 859
– geringfügig Beschäftigte 157, 160
– Kind 730 f.
– Pauschalbeitrag 157, 160

–, private 62, 455
– Selbstbeteiligung 62
– Tarifermäßigung 62
Krankheitskosten 578, **585–620**
– alternative Medizin 606
– Berufskrankheiten 586
– Besuchsfahrten 595 ff.
– Entbindung 626
–, erweiterte 609
– Fahrtkosten 591 ff.
– Hotelkosten 594
– Körperbehinderung (Pauschbetrag) 668
– Kurcamping 633, 644
– Kurkosten 604, 627–633
– Medikamente 587, 644
–, mittelbare 609
– Pflegekosten 614 ff.
– Schönheitsoperation 611, 644
– Selbstbeteiligung 588
– Umbaukosten 609, 644
– Vorsorgemaßnahmen 601 ff.
– Wohnungswechsel 609
– zumutbare Belastung 581 ff.
Kredit *siehe* Darlehen
Kreuzschmerzen 607
Kriegsbeschädigtenrente 847, 862
Kriegsschäden, Beseitigung von 621
Küche 623
Kühlschrank 425
Kulturgüter 644
Kundenbewirtung 193, 199, 232, 927
Kundendienstmitarbeiter 208
Kundendienstmonteur 108, 128, 257
Kunstgalerie 967 f.
Kunstgegenstände 282 f., 376
– Spekulationssteuer 874
Künstler 28, 427, 904, 965
Künstleragent 904
Künstlersozialkasse 496
Kunstmaler 966
Kur 598
–, ambulante 633
– im Ausland 633
– Bedürftigkeit 629
– Behinderter 680
Kurierdienstfahrer 128
Kurkosten **627–633**, 644
– Aufstellung 631
– Begleitperson 604, 630
– Berufskrankheit 628
– Fahrtkosten 593
– Kururlaub 633
Kurzarbeitergeld 461
Kurzfristige Beschäftigung 150, 156, 866

L

Laborassistent 326
Laborkittel 88
Ladenlokal 779
Lampen 425
Landwirt 326, 525, 534, 558
Landwirtschaftliche Alterskasse 496, 848, 853
Laptop 347, 363
Lärmschutz 644
Leasing 217
Lebensgemeinschaft 654 f., 717
– Arbeitsverhältnis 655, 934
– doppelte Haushaltsführung 411
– Haushaltshilfe 662
– Kinderbetreuung 39, 747
– Sozial-/Arbeitslosenhilfe 654
– Unterhaltsleistungen 654
Lebenshaltungskosten 343
Lebensmittelpunkt 262 f., 420
Lebenspartnerschaft, eingetragene 654 f., 662, 747
Lebensversicherung 168, 497, 522, 635, 891, 894
– Abgeltungsteuer 876
– Ehegatten 524
– Immobilienfinanzierung 805
– Erbschaft 524
– mit Sparanteil 522 f.
– sonstige Vorsorgeaufwendungen 523
– Todesfallrisiko 522
– Zinsen 891
Leerfahrt 242
Leerstandszeiten 781, 811
Legastheniker 610, 644
Lehramtsprüfung 312
Lehrbeauftragter an Schulen 35
Lehre 697
Lehrer
– Arbeitszimmer 274, 276
– Fachliteratur 356, 365 ff.
– Fahrzeitersparnis 393
– Fortbildungskosten 312 ff., 326
–, nebenberuflicher 32 f.
–, selbständiger 904
– Studienreisen 327 ff.
Lehrgang 310 f.
– Beihilfe 73
– Kosten 259, 306
– Teilnehmer 304, 310 ff.
Leibrenten *siehe* Rente
Leiharbeitnehmer 187
Leih-Lkw 394
Lernarbeitsgemeinschaft 323 ff., 548
Lexikon 376
Lichtschutzbrille 376
Liebeslohn 846
Liebhaberei 485, **963–973**
– Frist 969
– Gewerbebetrieb 963
– Vermietung 811
Listenpreis 51, 954 f.
Lkw 394
– 1 %-Regelung 113, 115
Lodenmantel 295

Logopädische Behandlung 644
Lohngrenze, geringfügige Beschäftigung 157, 948
Lohnsteuer 23, 438
– Frei-/Pauschbeträge 441, 713
– mehrere Arbeitsverhältnisse 448 ff.
Lohnsteuerabrechnung 439
Lohnsteuerabzug **438–452**
Lohnsteuerauskunft 1043
Lohnsteuerbescheinigung, Fahrtkostenzuschuss 109 f.
Lohnsteuerermäßigung
– vereinfachtes Verfahren 456
– Verfahren 453
Lohnsteuerhilfeverein 1031
Lohnsteuerkarte 438
– Auslandskind 713
– Eintragung Kinderfreibetrag 713
–, elektronische 450
– Fahrtkostenfreibetrag 110
–, Kinder auf der 711
– Kirchenzugehörigkeit 154
– mehrere Arbeitsverhältnisse 448 ff.
– Vorsorgeaufwendungen 455
Lohnsteuerpauschalierung 48, 144–155
– Abwälzung 145
– Aushilfen 150
– Betriebsveranstaltung 67, 147
– Direktversicherung 169
– Fahrtkostenzuschuss 149
– geringfügig Beschäftigte 150
– Kirchensteuer 154
– Solidaritätszuschlag 155
– Steuersatz 146 f.
– Teilzeitbeschäftigte 150
– Zukunftssicherungsleistung 151
Lohnsteuerpflicht 440
Lohnsteuertabelle 438 f.
Lohnzuschläge 137–143
– Geschäftsführer 138
– Grundlohn 143
– Nachweis 142
Lösegeldzahlung 644

M

Magersüchtiges Kind 702
Mahlzeiten 48 f., 63
– bei Dienstreisen 193 ff., 199
– Gestellung bei Dienstreisen 197 f.
– Kundenbewirtung 199
– Rabattfreibetrag 48 f.
– Sachbezugswert 63
Makler 904
Maklergebühr 394 f., 406, 761, 766
Malermeister 919
Management-Consultant 326
Mängel 795 f.
– Beseitigung 776
Margenbesteuerung 1013
Marinesoldaten 195
Markenporzellan 623
Marktmiete 779 f., 831 f.
Marktordnungswaren, Hinterziehung von Abgaben 1001
Massage 607
Maurermeister 919
Mediationskosten 640, 644
Medikament 587 ff., 644
– Zuzahlung 587 f.
Medizinischer Dienst 43, 587, 601, 605, 627, 632 f., 644, 680
Mehraufwand für Verpflegung *siehe* Verpflegungsmehraufwand
Mehraufwandswintergeld 462
Mehrgenerationenhaushalt 422
Mehrwertsteuer *siehe* Umsatzsteuer
Meisterlehrgang 307
Meisterprüfung 317, 374
– Vorsteuerabzug 317
Meisterschule 941
Meisterstück 374, 376
Meistertitel 315
Metergeld 76
Metzger 295
Mietabfindung 609
Mietabfindungskosten 644
Miete
– Handwerkerleistung 667
– haushaltsnahe Beschäftigung/Dienstleistung 667
– doppelte Haushaltsführung 433
–, ortsübliche 779 f., 831 f.
Mieteinnahmen *siehe* Vermietung
Mieterhöhung 787
Miethöhe 787
Mietkaufmodell 779
Mietshaus
–, geerbtes/geschenktes 821
– Verkauf an Ehepartner 821
Mietspiegel 780, 1016
Mietstundung 830
Mietverbilligung 49, 58
Mietvertrag
– Angehörige 272, 799, 830
–, kurzfristiger 798
– Sicherungsnießbrauch 834
– Unterhalt 532
Mietzahlungen 644
–, doppelte 394, 407
Migränebehandlung 584
Milderungsregel 488
Mineralien-/Fossilienhandlung 966

Minijob 484 *siehe auch* 450-€-Job, Geringfügige Beschäftigung, Teilzeitarbeit
- Ehegattenarbeitsverhältnis 167
- Ein-Euro-Job 165
- Fahrgeld 164
- haushaltsnahe Beschäftigung 662
- Lohnsteuerpauschalierung 145, 451
- Rabattfreibetrag 50
- Rentenversicherung 158
- Rentner 166, 946
- Steuerfreiheit 946
- Überschreitung der Lohngrenze 948
- Zweitjob 452

Minijob-Zentrale 662
Mitarbeiterbewirtung 233
Mitarbeiterkapitalbeteiligung 85
Mitarbeitspflicht, familiäre 736
Mitgliedsbeitrag 43, 59, 561, 564
Mittagsheimfahrt 245
Mittelpunkt der Lebensinteressen 262 f., 420
Mitunternehmerschaft 944
Mitwirkungspflicht 1003, 1040, 1051
Mobiliar 282 f., 425, 623, 774, 810
Mobiltelefon *siehe* Handy
Möbliertzimmervermietung 808 f.
Modernisierungskosten 782, 788 f.
Modernisierungsverlust 903
Mofa/Moped 241
Monatsprinzip 710
Monopolhinterziehung 1001
Montagearbeiter 197
Motorboot 1000
Motorrad 376
Motorsäge 376
Motorschaden 213, 247, 253
Müllabfuhr 782
Multimedia 362
Musiker 24, 28, 32, 294, 326, 356
Musiklehrer 356
Musikschule 572
Mütterberatung 28
Mutterschaftsgeld 461

N

Nachbarschaftshilfe 767 f.
Nachgelagerte Besteuerung 494
Nachhilfeunterricht 394, 403, 406, 572, 644
Nachkur 631
Nachlassschulden 644
Nachtarbeitszuschlag 137 ff., 143
Nachträgliche Ausgaben 1034
Nachversteuerung 146
Naturkatastrophe 622
Nebenberuflichkeit 25
Nebeneinkünfte 478–492
- Ehepartner 486
- Rentner 865 f.
- Steuererklärungspflicht 478
- übertragen 492
- Verluste 484
- zeitliche Verschiebung 491

Nebenkosten 182
Nebentätigkeit 24, 30 ff.
- Arbeitszimmer 276

Neue Tatsachen 1034
Neurodermitis 632
Nichtbeanstandungsgrenzen 1049
Nichtprüfungsanweisung 476 f.
Nichtveranlagungsbescheinigung 886, 893
Nichtzulassungsbeschwerde 1031
Nierenoperation 681
Nießbrauch 823, 834
Notaranderkonto 845
Notargehilfe 189
Notarkosten 757, 761, 763, 782, 805, 817
Notebook 363
Notfallunterstützung 61
Notlüge 1045
Notstandsbeihilfe 61
Nullkuponanleihe 887 f.
Nutzung, gemischte 756
Nutzungsdauer 348, 353, 372, 976 f.
- Computer 364

O

Oberfinanzdirektion 1052
Ofen 397, 406
Offene Handelsgesellschaft (OHG) 534, 892
Öffentliche Verkehrsmittel 235 f., 238
Öffnungsklausel 851
Ökologisches Jahr, freiwilliges 697, 699
Oldtimer 960
Operationskosten, übernommene 648
Option Kleinunternehmer 973, 1009
Optionsgeschäft 876
Organisation, gemeinnützige 28
Organist 35
Orgel 356
Orkanschäden 622
Orientteppich 284
Ortsbesichtigung Arbeitszimmer 281
Ortsübliche Miete 779 f., 831 f.
Outplacement-Beratung 99
Oxford Club 367

P

Pächterwechsel 991 f.
Pädagoge 326
Papageienzucht 966
Parkerlaubnis Behinderte 686
Parkgebühr 229, 368
Parkplatz 111
Parteispende 561 f.
Patentberichterstatter 1006
Pauschalierung der Lohnsteuer *siehe* Lohnsteuerpauschalierung
Pauschalsteuer 28 f., 946
– Abwälzung der Lohnsteuer 145
– Berechnungsgrundlage 163 ff.
– Betriebsveranstaltung 67
– Direktversicherung 169
– Fahrtkostenzuschuss 104
– Firmenwagen 119
– Kirchensteuer 154
– Sachgeschenke 152 f.
– Sozialversicherung 28 f.
– Teilzeitbeschäftigte 150
– Verpflegung 191–200, 197 f.
– Zukunftssicherungsleistungen 151
Pauschalsteuersatz, fester 147, 149
Pauschbeträge 441
– Auslandsreise 921
Pauschbeträge für sonstige Umzugsauslagen 399 ff., 406
– Häufigkeitszuschlag 402, 406
PC *siehe* Computer
Pension 82, 494, 860 f. *siehe auch* Rente
Pensionär
– Arbeitszimmer 783
– Vorsorgehöchstbetrag 517
Pensionsfonds 168 ff., 173, 932
Pensionskasse 151, 168 ff., 173, 932
–, umlagefinanzierte 177
Pensionszusage 168, 174
–, arbeitnehmerfinanzierte 174
– Gehaltsumwandlung 174
– GmbH 512
Personal Computer *siehe* Computer
Personaleinkauf 50
– Beziehungskauf 53
Personalrabatt 47–58
– begünstigte Rabatte 47
– beschädigte Waren 56
– Beziehungskauf 53
– doppelter Freibetrag 50
– Endpreis 51
– geringfügig Beschäftigte 54
– maßgeblicher Preis 51
– Mietverbilligung 49
– Teilzeitbeschäftigte 54
– Unfallschaden 56
Personalvertretung 61
Personengesellschaft 534, 954, 992, 1006
Persönlichkeitsentwicklung 312
Pferd 357
Pferdehänger 357
Pflege 25
– haushaltsnahe Dienstleistung 663
Pflegedienstmitarbeiter 108
Pflegeeltern, Kinderfreibetrag/-geld 695
Pflegegeld 620, 689
Pflegeheim 614 ff., 644, 671
– Kind 617
Pflegekind, Kinderfreibetrag/-geld 694 f.
Pflegekosten 614 ff., 663 f.
Pflegekraft, ehrenamtliche 25, 28
Pflegepauschbetrag 454, 597, 614, 617, **687 ff.**
Pflegestufen 614, **689**
Pflegeversicherung 497 f., 620, 691, 859
Pflichtveranlagung 458, 478, 484
Physiker 326
Physiotherapeut 572
Pkw *siehe* Kfz
Planungskosten 777
–, vergebliche 804
Platzkarte 229
Platzwart 25
Polizei-Hundeführer 357, 376
Polizeivollzugsdienst 703
Polizist 320, 356
Poolarbeitsplatz 277
Porto 790
Posteingangsbuch 1033
Postzustellungsurkunde 1035
Praktikum 332
Praxis 266
Praxis-Consultant 274
Praxisgebühr 588
Praxisgründung, Verlust bei 903
Praxisverkauf 987 f.
Pritschenwagen, 1 %-Regelung 115
Privatanteil 907
Privatdarlehen 943
– Zinsabschlagsteuer 882
–, Zinsen aus 877
Private Krankenversicherung 62, 455
Private Nutzung
– Arbeitskleidung 300
– Arbeitsmittel 343
– Arbeitszimmer 264
– Entfernungspauschale 244
– Firmenwagen 112, 122, 136, 244, 954 ff.
Private Veräußerungsgeschäfte, Einkünfte aus 870–874

Privatschule 572 f., 610
Professor 274 f.
Professorenprüfung 552
Progression 2
Progressionsvorbehalt 460 ff.
Promotion 309, 551
Propyläen Weltgeschichte 356
Provision 487, 489
- Unterprovision 490
Prozesskosten 247, **634**, 639, 644, 776, 795
Prüfer 274
Prüfungsanordnung 996
Psoriasis 632
Psychotherapie 605, 644
- Kurs 312
Psychagoge 312
Psychologe 326

Q

Quellensteuer 875, 892 ff.
Querschnittslähmung 609

R

Rabatte 47 ff., 53
Rabattfreibetrag 47–54, 57 f.
- Mahlzeiten 48 f.
Rallyesport 967
Raucherentwöhnungskurse 644
Realsplitting 529, 641, 946
Rechnungsbezahlung Zuordnung 843
Rechtliches Gehör 1039
Rechtsanwalt 776, 966
- Gerichtsverfahren 1031
Rechtsanwaltsgehilfe 189
Rechtsschutzversicherung 519 ff.
Referendar 308, 312, 707
Regelarbeitszeit 143
Regelbesteuerung 973
Reihenhaus 1016
Reinigungskosten
- Arbeitszimmer 291
- Kleidung 299, 302
Reinigungskraft 25
Reisegepäckversicherung 229
Reisekoffer 376
Reisekosten 101, **182–233**, 394, 406, **918–926**
- Abwesenheitszeit 191, 192 ff.
- Arbeitsessen 193, 199
- Ausland 921 f.
- Beerdigung 636
- Begleitung 644
- Betriebsausflug 68
- Diebstahl 231
- Entfernungspauschale 207
- erste Tätigkeitsstätte 187 ff.
- Hauskauf 790
- Hotelrechnung 227
- Inland 918 ff.
- steuerfreie Erstattung 210
- steuerfreie Leistungen 101
- Übernachtungskosten 221 ff.
- Übungsleiter 32
- Verpflegung/Pauschalierung 191–200
- Verpflegungsmehraufwand 191, 918 ff.
- Vorsteuerabzug 209, 925 f., 1011
Reiseleiter/-organisator 339
Reisenebenkosten 101, 213, 229
- Unfall 77, 229
Reisespesen 191
Reitlehrer 357
Reitpferd 376
Rennrad 356
Rennstall 967
Renovierungskosten 797 ff.
-, krankheitsbedingte 613
- vor Selbstnutzung 801
Rente 494, 533 ff., 846–867
- abgekürzte Laufzeit 856
- Abschläge 865
- Anpassung 850
- Berufsunfähigkeit 857
- Bezugsmitteilung 852
- Einkommensteuergrenze 858
- Einkünfte 849
- Ertragsanteil 782, 851
- Ertragsanteiltabelle 854, 856
- Erwerbsunfähigkeit 857
- Freibetrag 849 f.
- Hinzuverdienst 865
- Kohorte 848 ff.
- Laufzeittabelle 856
- Lohnsteuerkarte 454
- Nachzahlung 855
- Nebeneinkünfte 865 f.
- Öffnungsklausel 851
- Scheidung 535
-, steuerfreie/-pflichtige 847, 849, 858
- Steuerhinterziehung 852
-, Teil- 865
-, vorzeitige 865
Rentenbesteuerung, nachgelagerte 22, 180, 494, 754, 848
Rentenversicherung 496, 848, 853 f., 898
- geringfügig Beschäftigte 157 ff.
- Höherversicherung 851
- mit/ohne Kapitalwahlrecht 523
- Nachzahlung 653
- Pauschalbeitrag 158
- Vorsorgeaufwendung 497
Rentner
- Arbeitszimmer 783
- geringfügige Beschäftigung 166, 866 f.
- Hinzuverdienst 865
- Kfz-Versicherung Kind/Enkel 500
- Vorsorgehöchstbetrag 518
- Versicherungsbeiträge 859

Reparaturkosten 253, 782, 789, 818
Repräsentationsausgaben 950
Restaurantrechnung 232, 927
Restnutzungsdauer 353
Restwertmethode 763
Rettungssanitäter 28, 35
Rettungsschwimmer 35
Revision 1031
Revisor 326
Rezeptgebühr 588
Richter
– Studienreise 329
– Arbeitszimmer 274f.
– Nebenberuflichkeit 35
Richtfest 762
Riester-Förderung/Zulage 168f., 176–180, 501, 749–754
– Anspruchsberechtigte 20, 176
– begünstigte Investitionen 19, 752
– Besteuerung 22, 180, 754
– Ehegattenarbeitsverhältnis 932f.
– Ehegatten-Zulagenanspruch 178
– Förderhöhe 21, 754
– Kapitalentnahme 752
– Mindestbeiträge 178
– Sofortversteuerung 754
– Sonderausgabenabzug 179, 501
– Tod des Anspruchsberechtigten 22, 754
– umlagefinanzierte Pensionskasse 177
– Verrentung 22, 754
Risikoanleihen 876
Risikolebensversicherung 497, 522
Robin Wood 539
Roh-/Reingewinn 994, 999
Rollo 397
Rollstuhl 577, 644
Rückstellungen 989
Rufbereitschaft 141
Rundfunkantenne 397
Rundfunkgerät 376, 623
Rürup-Rente 496f., 513f., 848

S

Sachbezug 44
– Fahrgelder 104
– Freigrenze 44
– Preisabschlag 44, 53
Sachbezugswert 52, 63, 197
– Tabelle für Mahlzeiten 63
Sachgeschenk 74
– Pauschalierung 152f.
Sachspende 555, 569
– aus Betriebsvermögen 570
– Höhe der Spende 569
Saisonbeschäftigung 156
Saison-Kurzarbeitergeld 461f.
Sammelbeförderung 105, 109, 241, 256
Sanierungsmaßnahmen 787
Sanitäter 28, 35
Sattelzeug 357
Säumniszuschlag 1028, 1036ff.
– Erlass 1037
Schadenersatz 644
Schadenersatzprozess 634
Schadensfreiheitsrabatt-Verlust 251
Schätzgebühren 782
Schätzung 1002, 1044, 1051
Schätzungsgrundlage 1051
Schaustück Wertverzehr 974
Scheckzahlung 1038
Scheidung 639ff.
– Getrenntleben 470f.
– Mietvertrag 835f.
– Prozess 634
– Renten-/Pensionsansprüche 535
– Splittingtarif 471
– Unterhaltszahlung 498, 641
– Veranlagung 470f., 474
– Versöhnungsversuch 471
– Versorgungsausgleich 535
Scheinselbständigkeit 770
Schenkung 729
Schichtplan 142
Schießplatz 1016
Schiffsbaugeselle 326
Schiffsmakler 1000
Schlafzimmer 623
Schlüsselfertiges Haus 1018
Schmiergelder 846, 986
Schmuggel 1001
Schmutzberufe 298
Schneeschaufel 790
Schonfrist 1038
Schönheitsoperation 611, 644
Schönheitsreparatur 283, 397
Schornsteinfeger 666
Schranktrennwand 771
Schrankwand 774
Schreibkraft in Geschäftsstelle 25
Schreibmaschine 356, 376
Schreibmaterial 790
Schreibtisch 282, 376
Schreibtischlampe 376
Schreibtischstuhl 376
Schreibtischuhr 375f.
Schriftsteller 276, 904, 965f.
Schuhgeschäft 991
Schulausbildung 572f., 697
Schulbusbegleiter 35
Schuldentilgung/Schuldübernahme 644
Schuldzinsen 72, 644, 782, 784ff., 840f., 993
– Betriebsausgaben 912ff.
–, fiktive 913
Schuldzinsenabzug
–, nachträglicher 786
–, privater 913
Schule im Ausland 572
Schulfahrten 644

Schulgeld 572 f., 644
Schulweghelfer 35
Schuppenflechte 632
Schusswaffe 376
Schwangerschaftsabbruch 644
Schwarzarbeit 767, 770
Schwerbeschädigtenrente 847
Schwimmbad 644
Secondhandshop 967, 1013
Seeleute 195
Seelsorge 28
Segelboot 913, 967, 1000
Selbständige 427, 740, 851, 904, 951
Selbstanzeige 997, **1001**
Selbstbeteiligung, Krankheitskosten 588
Selbstgenutztes Wohneigentum 454, 753
– Reparaturen/Renovierung 807
– vorherige Renovierung 797 ff.
Selbsthilfegruppe 28
Seminar, Auslandsvorbereitung 337
Seminarkosten 259, 308
Sicherheitsgefährdete Personen 131
Sicherungsnießbrauch 834
Skiausrüstung 300, 356, 376
Skifreizeiten 312
Skilehrer 300
Snowboardlehrgang 312
Sofortabschreibung 346, 351
Software 984
Soldat Ausbildungsdienstverhältnis 303
Solidaritätszuschlag 155, 692, 711, **1024 ff.**
– 450-€-Job 161
– Einspruch 1026
– Freigrenze 1024 f.
– Härteregelung 1025
– Verfassungswidrigkeit 1026
Sonderabschreibungen 782, 983, 989
– Firmenwagen 133
Sonderausgaben 493–573
– Abzug 179, 501, 527, 529
– Kinderbetreuungskosten 738, 740
– Kirchensteuer 542
– Pauschbetrag 4, 441
–, übrige 525–573
Sonderbekleidung 398
Sonderbelastung 530
Sonderfahrzeug, 1 %-Regelung 113, 115
Sonnenbrille 376
Sonntagsarbeitszuschlag 137 ff., 143
Sonstige Einkünfte 846–874
– Definition 846
Sonstige Umzugskosten 394, 397, 399 ff.
Sozialarbeiter 326
Soziales Jahr, freiwilliges 697, 699
Sozialleistungen 654
Sozialversicherung 196
– Beitrags-/Entgeltgrenzen 867
– Fahrtenbuch 123
– Freundschaftsdienst 770
– Pauschale 28 f.
– Rentner 866 f.
Sozialversicherungspflicht 156
Sozialversicherungsträger, Informationspflicht 162
Sparbrief 887 f.
Sparbuch 887
Sparerpauschbetrag 879, 897
Sparkonto, privates 1040
Sparprämien-Erschleichung 1001
Sparvertrag 8
Spätaussiedlung 621
Spediteur 394
Speisen 74
Spekulationsfrist 870 f.
– Grundstück/Haus 826, 828, 870 f.
Spekulationsgewinn 828
Spekulationssteuer 870 ff., 874
Spende 555–571
– Aufwandsentschädigung 26
– Belege 556
– Bescheinigung 556, 565 f., 569 ff.
– Entnahme 570
– Fahrtkosten 568
– gebrauchte Kleidung 569
– Haftung 566
– Höchstgrenze 557 f.
– Missbrauch mit Quittungen 566
– Mitgliedsbeiträge 564
– Nachweis 571
– Parteispenden/-beiträge 561 f.
– Rück-/Vortrag 560
– Sachspende 555, 569 f.
– Stiftungsspende 559
Spielbankgewinn 1040
Splittingtabellen 1053
Sponsor 567
Sport 301, 602
Sportbekleidung 300, 356
Sportlehrer 300, 326, 356
Sportverein 572
– Fahrtkosten als Spende 568
– Mitgliedsbeiträge 43, 59, 564
– Spende 563 ff.
Sportwagen 953
Sprachkurs 321 f., 328, 334 f., 554
– Grundkurs 335
Sprachlehrer 334
Sprachreise 321 f., 328, 334
Springer 118
Springreitsport 967

Squash 60
Staatsanwalt 35, 329
Stadtführer 35
Stärkungsmittel 80
Startgeld 357
Stellplatz 111
Stempelkarte 142
Sterbegeldversicherung 522, 635
Stereoanlage 356, 376
Sterilisation 644
Steueranspruch 1027, 1041
Steuerassistent 326
Steuerbelastung 4
Steuerbelastungstabelle 5 f.
Steuerberater
- Fortbildung 326
- Gerichtsverfahren 1031
Steuerberatungskosten **544 f.**, 911
- Abzugsverbot 544 f.
- Gerichtsentscheid 545
- Fachliteratur 544
- Fahrten zum Finanzamt 544
Steuerbescheid 1027 f., 1039
- Aussetzungsantrag 1028
- nachträgliche Änderung 643
-, nicht erhaltener 1035
Steuerbescheinigung 893
Steuerermäßigung 1043
- Gewerbesteuer 1006
Steuerersparnis 4
Steuerfachgehilfe 326
Steuerfahndung 1000
Steuerfreibetrag 23 ff.
Steuerfreiheit
- *siehe* Abfindung
- *siehe* Arbeitgeberdarlehen
- *siehe* Bahnhofsmission
- *siehe* Arbeitskleidung
- *siehe* Betriebsratsvergütung
- *siehe* Betriebssport
- *siehe* Betriebsveranstaltung
- *siehe* Erfrischungen
- *siehe* Erholungsbeihilfe
- *siehe* Existenzminimum
- *siehe* Fehlgeldentschädigung
- *siehe* Fortbildungskosten
- *siehe* Sachbezug
- *siehe* Führerschein
- *siehe* Geburtsbeihilfe
- *siehe* Gelegenheitsgeschenk
- *siehe* Heiratsbeihilfe
- *siehe* Jobticket
- *siehe* Kaufkraftausgleich
- *siehe* Kindergartenzuschuss
- *siehe* Krankheitskosten
- *siehe* Mitgliedsbeitrag
- *siehe* Nebentätigkeit
- *siehe* Notfallunterstützung
- *siehe* Pension
- *siehe* private Krankenversicherung
- *siehe* Riester-Förderung
- *siehe* Sammelbeförderung
- *siehe* Sanitäter
- *siehe* Tagesmutter
- *siehe* Telefonkosten
- *siehe* Übungsleiterfreibetrag
- *siehe* Vermögensbeteiligung
- *siehe* Verpflegungspauschalen
- *siehe* Volkshochschule
- *siehe* Vorträge
- *siehe* Werkzeuggeld
Steuerhehlerei 1001
Steuerhinterziehung 1001
-, besonders schwere 998
-, leichtfertige 1001
- Rente 852
- Selbstanzeige 997, **1001**
Steuerkarte 438
Steuerklasse 438–452
- Faktorverfahren 447
- Kombination 443, 447
- Wechsel 442 f.
Steuerklassenwahl 442
- Arbeitslosengeld 444
- Tabellen 445 f.
Steuerlastminderung, kurzfristige 791
Steuermessbetrag 1004, 1006
Steuerpause 917
Steuerprogression 2
Steuerrückstände 1037
Steuersätze, besondere 146
Steuerschuld-Geldbußen 999
Steuervergünstigungen 1
Steuerzahlung, Schonfrist 1038
Stewardess 226
Stiefeltern Betreuungs-/Kinderfreibetrag 714
Stiefkind Kinderfreibetrag/-geld 694
Stiftung Spende 559
Stille Beteiligung 8, 84, 876, 942 f.
Stille Gesellschaft 899
Stille Reserve 991
Stillhalterprämie 876
Strafprozess 634
Straßenbenutzungsgebühr 229
Straßenanliegerbeiträge 761
Streitwert 1031, 1042
Streusalz 790
Streuwerbeartikel 153
Stromkosten 782, 910
Stückzinsen 889
Studiengebühr 572
Studienreise **327–342**, 966
- Abgrenzungskriterien 329
- Ärztekongress 336
- Begleitung 340
- Besuch von Geschäftspartnern 331
- Kostenaufteilung 330
- Übernachtungskosten 341
- Verhältnismäßigkeitsgrundsatz 338
- Vortragsreise 331

Studio 266
Studiengebühren 644
Studium 303 ff., 551, 697, 703
– Bachelor/Master 707
– Darlehenstilgung 644
–, Erst- 305, 707
– Fahrtkosten 548
– Sonderausgaben 303
– Werbungskosten 304 f.
Stundenzettel 142
Stundung
– Mietzahlungen 830
– Steuern 1036 f.
Stundungsantrag 1028
Sturmschäden 622
Subventionsbetrug 1001
Suchtkrankheiten 644, 702
Supervisionskurs 312

T

Tabakwaren 74
Tabellen
– Abschreibung linear/degressiv 977 f.
– Altersentlastungsbetrag 862
– Arbeitsmittel-Abschreibung 348
– Auslandsreise Pauschbeträge 921
– Bausparprämie 11
– Behindertenpauschbetrag 669, 700
– Besteuerungsanteil für Leibrenten 853
– Betriebsausgabenpauschale 42
–, Düsseldorfer 715
– EB-FAGO (Abzug ohne Belege) 476
– Einkommensteuer 1053
– Ertragsanteil 854, 856
– Finanzgerichtskosten 1031
– Gebäudeabschreibung 759
– Gebühr für Finanzamtsauskunft 1042
– Kfz-Kosten-Nachweis 211
– Kinderfreibetrag 693
– Kindergeld 693, 721
– Kindesunterhalt 715
– Kirchensteuerpauschalierung 154
– Kirchensteuerkappung 1020
– Lohnsteuer 440
– Nebeneinkünfte 488
– Rentenbezüge (keine Einkommensteuer) 858
– Rentenhinzuverdienstgrenze 865
– Rentenlaufzeit (Ertragsanteil) 856
– Sachbezugswert für Mahlzeiten 63
– Sozialversicherung, Beitrags-/Entgeltgrenzen 867
– Splitting 1053
– Steuerbelastung, Grundtarif 5
– Steuerbelastung, Splittingtarif 6
– Steuerklassenwahl 445 f.
– Steuerschuld-Geldbußen 999
– Umwandlung von Arbeitslohn in Direktversicherung 171
– Umzugskostenberechnung 406
– Vermögensentnahme 898
– Verpflegungsmehraufwandspauschale Inlandsreise 918
– Verpflegungsmehraufwand-Pauschbeträge 191
– Versorgungsfreibetrag 861
– Vorsorgeaufwendungen, Ehegatten 506
– Wäsche-Reinigungskosten 302
– Wohnungsbauprämie 11
– zumutbare Belastung 581
– Zuschläge 140
Tabellengrundfreibetrag 441
Tagesmutter 41 f.
Tageszeitung 367, 376
Tagung 923
Tagungsbeihilfe 73
Tankbeleg 126
Tankwartskombination 292
Tanzschullehrer 292
Taschenrechner 376
Tätigkeitsmittelpunkt 274
Tätigkeitsstätte, erste 187 ff., 260
Taubstumme 610
Taxifahrer 129, 220
Technische Abnutzung 349, 358
Tee 80
Teileinkünfteverfahren 878
Teilkaskoversicherung 252
Teilrente 865
Teilzeitarbeit 54, 150, **156–167**, 948 f. *siehe auch* 450-€-Job, Geringfügige Beschäftigung, Mini-Job
– geringfügige Beschäftigung 156
– Großeltern 945 ff.
– Kategorien 156
– Kirchensteuer 154
– kurzfristige Beschäftigung 150, 156, 948
– Land-/Forstwirtschaft 150
– Lohnsteuerpauschalierung 150
– Saisonbeschäftigung 156
– Sozialversicherung 156
– Weihnachtsgeld 948
Telearbeitsplatz 274, 280
Telefax 94 f.
Telefonkosten 94, 230, **377–384**, 397
– Anschluss 283, 376
– Arbeitgebererstattung 95

– Ausbildung 548
– Autotelefon 384
– doppelte Haushaltsführung 414, 426
– Einzelverbindungsnachweis 377 f., 380 f., 384
– Handy *siehe dort*
– Hauskosten 790
– Nutzungsdauer 348, 384
– pauschaler Werbungskostenabzug 379
– Zweitanschluss 383
Telefondienst 939
Telefonische Anfrage 1050
Teleskop 356
Tennis 60, 301, 376
Teppich 282 f., 623
Teppichboden 768, 775
Termingeschäft 876
Terror 621
Theaterbesuch 312
Theaterkarte 74
Tierausbildung 28
Todesfall 465
– außergewöhnliche Belastung 635 ff.
Tonbandgerät 356, 371 f., 376
Tonstudio 266
Töpferei 966
Totalschaden 251
Toupet 611
Trainer 24, 27 f.
Trainingsanzug 300
Transportfahrzeug, 1 %-Regelung 115
Transsexualität 611
Trauerfall 635 ff.
Treppenlift 609, 644
Trinkgeld 76, 229, 397, 406, 644, 927
Trivialsoftware 984
Trödelmarkt 1013
Tropenbekleidung 297
Truppenübungsplatz 1016
Turnschuhe 376

U

Überalterung (Gebäude) 1016
Überbrückungsgeld 461
Über-/Unterentnahme 913
Überführungskosten Verstorbener 637
Übergangsgeld 461
Übergangszeit 697
Überkreuzvermietung 837 f.
Über-Mitternacht-Tätigkeit 194
Übernachtungskosten 101, 182, 221 ff.
– Ausland 921 f., 926
– Begleitperson 228
– ohne Dienstreise 226
– doppelte Haushaltsführung 222
– bei Freunden/Verwandten 225
– Frühstück 227
– Pauschbetrag 921
– pauschale Arbeitgebererstattung 225
– Studienreise 341
– Vorsteuerabzug 1011
Übernachtungspauschale 225
Überschuldung 1037
Überschussprognose 779, 812 ff., 832
Überschuss-Rechnung *siehe* Einnahmenüberschussrechnung
Überschwemmung 622
Übersetzer 904
Überstundenvergütung 138, 143
Übertragung
– Behindertenpauschbetrag 683
– Einkünfte 727 ff.
– Immobilie 760, 834
– Kapital *siehe* Vermögensübertragung
– Kinder-/Betreuungsfreibetrag 714
– Kindergeld 721
– Zinseinnahmen 728
Übungsleiterfreibetrag 24–35
– Reisekosten 32
– Sozialversicherung 28f.
– Volksmusiker 34
Uhr 375
Umbaumaßnahmen 644, 787, 802
Ummeldekosten 397
Umsatzsteuer 906 f., 998, **1007–1015**
– Befreiung 1008 f.
– Differenzbesteuerung 1013 f.
– Durchschnittssätze 1012
– Eigenverbrauch 1010
– EU-Import von Kfz 1015
– Option zur Regelbesteuerung 1009
– Pkw 1010
– Steuersatz 1007, 1013 f.
– Voranmeldung 972 f.
– Wiederverkäufer 1013
Umschulung 304, 307, 549
Umstrukturierungsmaßnahmen 969
Umwegfahrt 106 f.
Umweltkatastrophe 61
Umwidmung 352
Umzug doppelte Haushaltsführung 430 f.
Umzugshelfer 394, 663
Umzugskosten **385–409**, 625, 644, 820
–, abzugsfähige 394
– Auslandsumzug 409
– befristeter Arbeitsvertrag 388
– Berechnungsschema 406
– Bereitschaftsdienst 392
– Berufsanfänger 401
– Besichtigungsfahrt 406

– Betriebsausgaben 405
– Checkliste 406
– doppelte Haushaltsführung 385, 436
– doppelte Mietzahlung 394, 407
– Fahrzeitersparnis 385, 390 ff., 408
– geteilte Arbeitszeit 393
– Häufigkeitszuschlag 402
– in eigenes Haus 390
– haushaltsnahe Dienstleistung 625, 663
– ohne eigenen Hausstand 401
–, krankheitsbedingte 625
– nach Kündigung 387
– leerstehende Eigentumswohnung 407
– Maklergebühr 394 f.
– Mehrfachumzug 402
– Möbellager 396
– Nachhilfeunterricht 394, 403, 406
– Pauschbeträge f. sonstige Umzugsauslagen 399 ff., 406
– Saldierung der Fahrzeitersparnis 391
– Sonderbekleidung 398
–, sonstige 394, 397, 399 ff.
– Umzug in Raten 396
–, vergebliche 389
– Versetzung ins Ausland 409
– Versetzung auf eigenen Wunsch 386
– Wohnungsinstandsetzung 404
– Wohnungssuche 408
– Zusatzfahrten 393
Umzugsreise 406
Unfallkosten 77, 213, 229, 247, 249, 675
– Alkoholunfall 247
– begünstigte Fahrten 247
– Fahrt zur Arbeit 247
– Fahrzeug des Lebenspartners 249
– Firmenwagen 133
– Glasbruch 252
– Kostenersatz 77 ff.
– Krankenfahrt 592
– nachträglicher Antrag 247
– Reparaturkosten 250
– Restwert 251
– Schadenersatz 247, 249
– Teilkaskoschaden 252
– Vandalismus 248
– Wertverlust 250
Unfallrente 862
Unfallschaden, Personalrabatt 56
Unfallversicherung 78 f., 175, 497, 520, 847
Ungezieferbefall 621
Uniform 292, 295 f.
– Waschkosten 302
Universität 572
Universitätslektor 337
Universitätsprofessor, Arbeitszimmer 274 f.
Unterhalt Kinder 715 f.
Unterhaltsfreibetrag 454, 619
Unterhaltshöchstbetrag 498, 530, 645, 648
Unterhaltsleistungen 641
– Ausland 651 f., 656
– außergewöhnliche Belastung 639 ff., 645–660
– eigenes Vermögen 645
–, Einkünfte aus 868 f.
– Erwerbsobliegenheit 652
– Euro/EZB-Umrechnungskurs 656
– Kindergeld 642
– Kopfaufteilung 649
– Krankheitskosten 530
– Lebenspartner 654
– Lohnsteuerkarte 454
– Mietvertrag 532, 835 f.
– Opfergrenze 647
– regelmäßige Zahlungen 656
– Sonderausgaben 525–532
– Vermögensübertragung 646
– Wohnungsüberlassung 531
– zeitanteilige Kürzung 656
– Zusatzkosten 648
– Zustimmung des Ehegatten 527 f.
– Zustimmung zum Abzug 526 f.
Unterhaltsverpflichtung 639
Unterhaltszuwendung *siehe* Unterhaltsleistungen
Untermieter 808
Unternehmensberater 274
Unternehmer 1006
– Vorsteuersätze 1012
Unterprovision 490
Unterstützung
– Angehöriger 645 ff.
– ausländischer Angehöriger 651 f., 656
– in Notfällen 61
Unterversicherung Hausrat 622
Unwetterschäden 621
Unzutreffende Besteuerung, hohe Kilometerleistung 218
Urlaub 134, 330
Urlaubsreise, Begleitung 644
Urlaubsvertretung 948

V

Vandalismus 248
Vaterschaftsprozess 634, 644
Veranlagung
–, besondere 468
– Ehegattenveranlagung 467 ff.
– Einzelveranlagung 472 f.
– Scheidung 470 f., 474
– Trennung 474
– Wahlrecht 473

- Zusammenveranlagung 469 f.
Veranlagungsart 467 ff., 473
Veranlagungsschwerpunkte 784
Veräußerungsgewinn 874, 987, 990
- Abgeltungsteuer 896
- ermäßigter Steuersatz 990
Veräußerungsrente 858
Veräußerungsverlust 873
Verdienst, steuerfreier 440
Verdienstausfall 644
Verdienstausfallentschädigung 576
Vereinsbeitrag 43, 59, 563 ff.
Vereinslokal, Bedienung 25
Vereinstätigkeit 28
Vergeblicher Aufwand 777
Vergleichsmiete 779 f., 831 f.
Verhandlung, mündliche 1032
Verjährung Kindergeld 724
Verkäufer 295, 326
Verkaufshilfe 939
Verkaufsleiter 274
Verkehrsmittel, öffentliche 235 f., 238
Verlagerung von Einkünften 492
Verletztengeld 461
Verlust 454, 484, 963
Verlustabzug 454
Verlustausgleich 889, 903
Verlustbeteiligung 943
Verlustrücktrag 306, 903
Verlustvortrag 306 f.
Vermietungsabsicht 781
Vermietungseinkünfte 755–840, 913
- Angehörige 830, 839
- anschaffungsnaher Herstellungsaufwand 789
- Arbeitszimmer 783, 792
- Berechnungsschema 757
- bewegliche Gegenstände 809, 846
- Drei-Objekt-Grenze 826
- Eigenbedarfskündigung 625
- Eigennutzung 801
- Erbbauzinsen 782
- Fahrtkosten 790
- Ferienwohnung 811 ff.
- Gartenpflege 794
- Gebäudeabschreibung 758 ff.
- Gestaltungsmissbrauch 837 f.
- Hausmodernisierung 787–794
- Hausverkauf 817
- Leerstand 781, 811
- Liebhaberei 811
- Mitarbeit von Angehörigen 794
- möbliertes Zimmer 808 f.
- Nebeneinkünfte 491
- Nießbrauch an einem Grundstück 823
- Schuldzinsen 782, 784 ff.
- Überkreuzvermietung 837 f.
- Umzugskosten 820
-, verbilligte 779 f., 831 f.
- vergebliche Planungskosten 804
- Verluste 803 f., 811, 830, 832, 837 ff., 903
- Werbungskosten 779 ff.
- Wohnungstausch 829
- Zinsen nach Verkauf 785, 840
Vermittlungsprovision 487, 489 f.
- Unterprovision 490
Vermögen
-, eigenes 645
- Entnahmetabelle 898
-, geringfügiges 645
Vermögensauseinandersetzung 644
Vermögensbeteiligung 7 f., 84 f.
Vermögensbeteiligungsvertrag 8
Vermögensplanung 898
Vermögensschaden 634
Vermögensübertragung 800, 822
- Abtretungserklärung 727
- Kind 727 ff., 880
- Scheidung 836
- Übernahme von Schulden 537
- Versorgungsleistung 533 ff.
Vermögenswirksame Leistungen 7 f., 466, 940
Verpachtungsbetrieb 991 f.
Verpflegung von Helfern 768, 772
Verpflegungskosten 101, 147, 926
Verpflegungsmehraufwand 182
- Abwesenheitszeit 205
- Auslandsreise 921
- Dienstreise 191–200, 197 f.
- doppelte Haushaltsführung 415 f.
- Dreimonatsfrist 191, 919
- Einsatzwechseltätigkeit 201 ff., 919
- Fortbildungsveranstaltung 310
- Geschäftsreise 918 f.
- Handwerker 919
- Herstellungskosten 762
- Nachweis 191
- Pauschbeträge 191, 921
- Pauschalversteuerung 191 f., 197
- Werbungskostenabzug 200
Verpflegungspauschalen 191–200, 227
-, doppelte 194, 196

– Fortbildungslehrgang 310 f.
– kostenlose Verpflegung 198
– Kundenbewirtung 199
– Lehrgemeinschaft 325
– Mahlzeitengestellung 197 f.
– Über-Mitternacht-Tätigkeit 194
Verschleiß Arbeitskleidung 298
Verschulden, grobes 1034 f.
Verschwiegenheitspflicht, Fahrtenbuch 127
Versetzung 386, 409
Versicherungen 519 f.
– keine Vorsorgeaufwendungen 519
– Vorsorgeaufwendungen 495 ff.
Versicherungsangestellter 274
Versicherungspflichtgrenzen 867
Versöhnungsversuch 471
Versorgungsamt 672, 684
Versorgungsausgleich 535
Versorgungsfreibetrag
– Altersversorgung 860 f.
– Tabelle 861
Versorgungskassen 496, 848, 851, 853
Versorgungskrankengeld 461
Versorgungsleistung 533 ff.
– Übertragung Wohneigentum 534, 536 f.
– Vermögensübertragung 533 f., 536
Verträge mit Angehörigen 794, **931–949**
– Mietvertrag 830
– Sicherungsnießbrauch 834
Vertragsweg, abgekürzter 802
Vertreibung 621
Vertretungszwang 1031
Verwaltungsbeamter, Nebenberuflichkeit 35
Verwandte 18
Verwarnungsgelder 97
Videorecorder 356
VIP-Autovermietung 966
Volkshochschule 28, 572
Volksmusiker 34
Vollabschreibung 980
Vollabzug 510
Vorbehalt der Nachprüfung 995
Vorbereitungsdienst 707
Vorbeugekosten 601 f.
Vorgründungskosten 971
Vorhänge 397
Vorladung 1050
Vormund, ehrenamtlicher 28
Vorschuss 791
Vorsorgeaufwendungen 455, **494–524**
–, abzugsfähige 534, 536
– Altersvorsorge 496
– Arbeitnehmer 515
– Beamter 505 f., 516
– Höchstbetrag 498, 502 ff.
– Höchstbetrag Ehegatten 505 f.
– Lebensversicherung 522
– Pensionär 517
– Rentner 518
– Selbständiger 514
–, sonstige 497 f., 500, 502, 504 ff., 523
– – bei Beamten 505 f., 516
– begünstigte Versicherungen 495 ff.
– nicht begünstigte Versicherungen 519
Vorsorgehöchstbetrag 502 ff., 508, 513 ff.
– abzugsfähige Versicherungen 496
– Arbeitnehmer 515
– Beamter 505 f., 516
– Grundhöchstbetrag 509
– Günstigerprüfung 507
– Pensionär 517
– Rentner 518
– Selbständiger 514
Vorsorgekur 601, 633
Vorsorgepauschale 441, 455, 499
Vorsorgeuntersuchung 96
Vorstand 26, 138
Vorsteuer 806, 1007 ff.
– Durchschnittssätze 1012
– Liebhaberei 972
Vorsteuerabzug 906, 972
– Bewirtungskosten 1011
– Dienstreise 209, 1011
– Firmenwagen 1010
– Meisterprüfung 317
– Reisekosten 926
– Übernachtungskosten 1011
Vorsteuererstattung 906, 910, 925 f.
Vorträge 28
Vorwegabzug 509
– Kürzung 512
Vorweggenommene Werbungskosten 306 f.

W

Wachhund 376
Wählervereinigung 561
Wahrer Wohlstand 367
Waisenrente 847
Waldgebiet 207
Wandelschuldverschreibung 8
Wandertag 312
Wandschmuck 283
Wappenkunde 966 f.
Wäscherei 302
Waschkosten 302
Wasserkosten 782, 910
Wasserschaden 622, 644
Wechsel
– der Abschreibungsmethode 978
– der Gewinnermittlung bei Betriebsveräußerung 988
– der Steuerklasse 442

Wechselkursgewinn 890
Wege zum Gedicht 356
Wehrdienst 703
– im Ausland 704
Weihnachtsfeier 64
Weihnachtsgeld 143, 174
– Teilzeitkraft 948
Weiterbildung *siehe* Fortbildungskosten
Weiträumige Arbeitsstätte 207
Weltatlas des Tierlebens 356
Werbungskosten 4, 181 f., 454
– Arbeitszimmer 792
– Damnum 805
– Disagio 765, 805
– Fahrten zur Arbeit 243
– Fahrtkosten 208
– Finanzierungskosten 764, 805
– Gartenpflege 794
– Kapitalvermögen 897
– Maklergebühren 763, 805
– möbliertes Zimmer 808 f.
– Pauschbetrag 4
– Planungskosten 777
– Promotion 309
– Renovierungskosten 787
– Studium 304 f.
– verbilligte Vermietung 779 f.
– Vermietung 779 ff.
– Verpflegungsmehraufwand 200
–, vorweggenommene 306 f.
– Wohnungsleerstand 781, 811
Werkspilot 326
Werksrente 168
Werkstatt 266
Werkstattwagen, 1 %-Regelung 115
Werkswohnung 99
Werkzeug 776, 790
Werkzeuggeld 90
Werkzeugpauschale 1049
Wertminderung bei Gebäuden 795
Wertpapiere 8, 895 f.
– Abgeltungsteuer 872, 881 f., 895 f.
– Altverluste 873
– Bankwechsel 881
– Kaufvertrag 8
– Spekulationsgeschäfte 872 ff.
– Stückzinsen 889
Wertverlust *siehe* Abschreibung, außerordentliche
Wertverzehr 974
Whirlpool 644
Wiederbeschaffung von Hausrat 621 ff.
– Darlehen 623
– Fristen 624
– notwendige Kosten 623
Wiedereinsetzung in den vorigen Stand 1029
Wiedergutmachungsrente 847
Wiederverkäufer 1013
Winterbeschäftigungsumlage 462
Wirbelsäulenschaden 602
Wirtschaftsclub 59
Wirtschaftsjahr
–, abweichendes 917
– Umstellung 917
Wissenschaftlicher Assistent 326
Witwenrente 847
Wochenendbereitschaft 939
Wohlfahrtsorganisation 28
Wohneigentumsförderung *siehe* Eigenheimzulage
Wohnförderkonto 22, 754
Wohngruppe 644
Wohnmobil 410
– 1 %-Regelung 113
Wohnraumförderung *siehe auch* Eigenheimzulage
– Riester-Zulagen 752–754
Wohnrecht 823
Wohn-Riester *siehe* Eigenheimrentengesetz
Wohnsitzaufgabe 621
Wohnung, leerstehende 781, 811, 1016
Wohnungsausstattung, behindertengerechte 609, 617, 644
Wohnungsbauanlage 7
Wohnungsbauprämie 10 ff.
– Erschleichung 1001
Wohnungskosten Unterhalt 531
Wohnungsrenovierung Bauspardarlehen 14
Wohnungssuche 408
Wohnungstausch 829
Wohnungswechsel (Krankheitskosten) 609
Wohnwagen 410
Wohnzimmer 623
World Wide Fund for Nature 539

Y

Yacht 913, 967, 1000
Yoga-Lehrgang 312, 326

Z

Zahlungs- und Vertragsweg, abgekürzter 802
Zahlungsaufschub 1036
Zahlungsfrist 1035
Zahlungstermin 1036
Zahlungsunfähigkeit 1037
Zahnarztkosten 582, 584
Zaun 768, 773
Zeichengerät 376
Zeitaufwand 644
Zeitmietvertrag 798
Zeitrenten-Ertragsanteil 856
Zeitschriften 367, 376
Zeitung 367, 376
Zero-Bonds 888
Zertifikate 876

Zeugnisanerkennungsbescheinigung 572
Zeugwart 25
Zinsabschlagsteuer 882, 889, 893, 1024
Zinsen 72, 644, 818, 879, 1006
– Abgeltungsteuer 876
–, ausländische 877
– Bausparvertrag 11
– Beerdigungskosten 636
– Kapitalgesellschaft 877
– Lebensversicherung 891
– Privatdarlehen 877, 899f.
– Werbungskosten nach Immobilienverkauf 840
Zinsansprüche 876
Zinsersparnis 72
Zinserträge 887–894
– Übertragung 727f.
Zinsrichtlinie 892
Zinsschranke 914
Zinszahlungen, monatliche 72
Zinszuordnung
– Gebäudeherstellung 844
– Hauskauf 845
Zivildienst 660, 703
– im Ausland 704
Zivilprozess 634
Zu- und Abflussprinzip 904
Zukunftssicherungsleistung 151
Zumutbare Belastung 578, **581ff.**, 666
Zusammenveranlagung 469f.
Zuschlag 137ff.
– Aufzeichnungen 142
– Beispielberechnung 143
– Umzugskostenpauschale 402
Zuschlagstabelle 140
Zuschuss 701
– Betriebsausflug 71
Zuschusswintergeld 462
Zustellbezirk 207
Zustellung 1035
Zuwendungsnießbrauch 823
Zwangsläufigkeit 579
Zwangsvollstreckung 776
Zweifamilienhaus 842ff.
– Arbeitszimmer 272
Zwei-Konten-Modell 912
Zweitstudium 304f., 307